Langenscheidt
Schulwörterbuch Latein + App

Entwickelt auf der Basis des
Langenscheidt Schulwörterbuch Latein
ISBN 978-3-12-514149-0

Bearbeitet von: Anette Dralle

Warenzeichen, Marken und gewerbliche Schutzrechte
Wörter, die unseres Wissens eingetragene Warenzeichen oder Marken oder sonstige gewerbliche Schutzrechte darstellen, sind als solche – soweit bekannt – gekennzeichnet.
Die jeweiligen Berechtigten sind und bleiben Eigentümer dieser Rechte. Es ist jedoch zu beachten, dass weder das Vorhandensein noch das Fehlen derartiger Kennzeichnungen die Rechtslage hinsichtlich dieser gewerblichen Schutzrechte berührt.

1. Auflage 2021 (1,01 - 2021)

www.langenscheidt.com

Projektleitung: Helen Schmidt
Landkarte: Jürgen Bartz
Covergrafik: Shutterstock/AVIcon, Jane Kelly,
davooda, linear design, Ismail Geiushov
Typgografisches Konzept: Kochan & Partner GmbH, München
Satz: preXtension GbR, Grafrath, Lumina Datamatics Ltd.
Druck und Bindung: Druckerei C. H. Beck Nördlingen
Printed in Germany

ISBN 978-3-12-514396-8

Inhalt

Wie benutzt du das Schulwörterbuch?

Damit du von deinem Wörterbuch den bestmöglichen Gebrauch machen kannst, solltest du wissen, wie und wo du all die Informationen finden kannst, die du für den Unterricht in der Schule sowie für die Hausaufgaben und das Lernen zu Hause brauchst. Die folgenden Seiten sollen dir dabei helfen.

1 Wie und wo findest du ein Wort?

Alle lateinischen Stichwörter des lateinisch-deutschen Teils und alle deutschen Stichwörter des deutsch-lateinischen Teils sind streng alphabetisch geordnet und erscheinen in blauer Farbe. Dazu gehören auch Abkürzungen, wie z. B. aed. pl. oder COSS.
Wenn du ein lateinisches oder deutsches Wort suchst, kannst du dich an den blau gedruckten Wörtern in der oberen Ecke jeder Seite orientieren, z. B. **oleārius – opera**. Angegeben werden hier jeweils das erste und letzte Stichwort auf der Seite.

Bei gleich geschriebenen Stichwörtern stehen Hochzahlen. Dabei handelt es sich entweder um unterschiedliche Wortarten oder um Wörter, die verschiedene Stämme haben.

acceptus[1] ⟨a, um⟩ PPP → accipere
acceptus[2] ⟨a, um⟩ ADJ angenehm, willkommen, lieb

2 Was bedeuten die verschiedenen Schriftarten?

In einem Stichwortartikel können sechs verschiedene Schriftarten vorkommen, wobei jede Schriftart eine ganz bestimmte Funktion hat:

fett und blau sind alle lateinischen und deutschen Stichwörter,
fett und schwarz sind alle lateinischen und deutschen Wendungen,

blau	sind alle lateinischen Flexionsangaben,
normale Schrift	wird für die Übersetzungen verwendet,
GROSSBUCHSTABEN	kennzeichnen die Sachgebietsangaben,
kursiv	sind alle anderen erklärenden Zusätze gedruckt.

★**dē-ligere** ⟨ligō, lēgī, lēctum 3.⟩ **1** pflücken, **uvas** Trauben **2** *fig* auslesen, auswählen, (er)wählen **3** MIL ausheben, mustern; **delecti milites** Elitetruppen

holen **1** (*herrufen*) arcessere, -o, -ivi, -itum *3.* **2** (*herbringen*) petere, peto, petivi, petitum *3.*, apportare, -o, -avi, -atum *1.*; **Wasser ~** aquam petere; MIL aquari (-or, -atus sum *1.*); **Holz ~** lignum petere; MIL lignari (-or, -atus sum *1.*)

3 Was sagen bestimmte Zeichen und Abkürzungen?

~ Die Tilde ist ein Wiederholungszeichen. Sie vertritt innerhalb des Eintrags das unveränderete Stichwort:

ē-doēre ⟨doceō, docuī, doctum 2.⟩ **1** gründlich lehren, genau berichten; **pueros linguam Latinam ~** die Jungen die lateinische Sprache lehren **2** benachrichtigen, in Kenntnis setzen; **edoctus omnia per legatos** durch Gesandte von allem gut unterrichtet

günstig secundus, -a, -um, prosper(us), -a, -um; **~er Zeitpunkt** opportunitas (-atis *f*)
(= günstiger Zeitpunkt)

★ Im lateinisch-deutschen Teil steht vor einigen Stichwörtern ein Sternchen. Dieses Zeichen bedeutet, dass die so gekennzeichneten Wörter zum lateinischen Grundwortschatz gehören, deren Kenntnis für die Lektüre lateinischer Texte in der Schule sehr wichtig ist:

★**magnus** ⟨a, um⟩, *komp* ⟨māior, māius⟩, *sup* ⟨maximus, a, um⟩ ADJ **1** (*örtl.*) groß; umfangreich, weit, hoch,

→ Verweise auf andere Stichwörter haben den Verweispfeil. Im Teil Lateinisch–Deutsch steht der Verweispfeil immer bei unregelmäßigen Wortformen und verweist auf die Grundform:

pepigī → pangere

Im Teil Deutsch-Lateinisch verweist der Pfeil auf die korrekte Schreibweise nach der neuen deutschen Rechtschreibung:

stehenbleiben → stehen

↔ Dieses Symbol steht vor Antonymen (= Wörtern mit gegensätzlicher Bedeutung):

★**animus** ⟨ī⟩ M 1 (↔ *Körper*) Seele, Geist

= Dieses Zeichen weist dich darauf hin, dass das betreffende Wort eine Schreibvariante oder ein Synonym, d. h. ein gleichbedeutendes Wort, des Haupteintrages ist:

ap-plōdere ⟨plōdō, plōsī, plōsum 3.⟩ = **applaudere**

/ Der Schrägstrich steht vor einer Alternative

★**dētrīmentum** ⟨ī⟩ N 1 das Abreiben, 2 *fig* Schaden, Nachteil, Verlust; ~ **accipere/capere/facere** Schaden erleiden; **alicui detrimento esse** j-m Schaden zufügen 3 MIL Niederlage 4 Krüppel

ā, ē, ī, ō, ū, ȳ

Das Längezeichen über einem Vokal zeigt an, dass die Silbe lang ist. Diese Angabe hilft dir bei der richtigen Betonung der lateinischen Wörter.

o͡e, e͡i, e͡u

Der Bogen über zwei Buchstaben zeigt an, dass zwei Vokale als Diphthong (= Doppellaut) zu sprechen sind:

Morphe͡us ⟨eī *u.* eos⟩ M *Traumgott*

4 Welche Übersetzung in welchem Fall?

Im einfachsten Fall gibt es zu einem Stichwort eine einzige Übersetzung. Häufig hat ein Stichwort aber zwei oder mehr Übersetzungsmöglichkeiten. Zwischen Übersetzungen, die dasselbe bedeuten, steht ein Komma:

effigiēs ⟨ēī⟩ F **1** Nachbildung, Bild

Unterscheidet sich eine Übersetzung nur leicht von der vorhergehenden, so wird die zweite Variante durch einen Strichpunkt abgetrennt:

ēsurīre ⟨iō, īvī *u.* iī, itūrus 4.⟩ **1** hungrig sein; Hunger leiden **2** *fig* begierig

Bei längeren Einträgen solltest du dir folgende Fragen stellen:
1. Nach welcher Wortart suche ich? Substantiv, Adjektiv oder Adverb? Präposition oder Konjunktion? Transitives oder intransitives Verb?
2. Was bedeuten die verschiedenen Zahlen?

Verschiedene Wortarten und die transitive bzw. intransitive Verwendung eines Verbs werden durch Buchstaben **A**, **B** und **C** getrennt:

★**cōnscius** **A** ⟨a, um⟩ ADJ **1** mitwissend, eingeweiht, vertraut **2** **(sibi)** ~ sich bewusst, selbstbewusst **3** schuldbewusst **B** ⟨ī⟩ M Mitwisser, Zeuge, Teilnehmer

nam-que **A** ADV freilich **B** KONJ denn; nämlich

★**ob-sidēre**[1] ⟨sideō, sēdī, sessum 2.⟩ **A** V/I sitzen, warten **B** V/T **1** *(Ort)* besetzt halten **2** *fig* beherrschen **3** *(Stadt)* belagern **4** *fig* auf *etw* lauern, *aliquid*

stoßen **A** V/T percutere, -cutio, -cussi, -cussum *3.* **B** V/I offendere, -fendo, -fendi, -fensum *3.*

Gibt es zu einem Stichwort mehrere, von der Bedeutung her deutlich unterschiedliche Übersetzungen, so werden diese durch arabische Ziffern **1**, **2**, **3** usw. untergliedert. Die verschiedenen Bedeutungen werden durch folgende Erläuterungen voneinander abgegrenzt:

1. kursiv gedruckte Hinweise in Klammern (z. B. Subjekte, Objekte),
2. Sachgebietsangaben (z. B. RHET für Rhetorik),
3. Angaben zum Sprachgebrauch (z. B. *fig* für figurativ),
4. Anwendungsbeispiele und Konstruktionsangaben.

Diese Angaben weisen dich darauf hin, in welchem Zusammenhang die Bedeutung oder Unterbedeutung eines Wortes angewendet wird oder wie sie eigentlich gemeint ist:

> **articulus** ⟨ī⟩ M **1** Knöchel, Gelenk **2** Finger(glied) **3** BOT Knoten **4** (*der Rede*) Abschnitt **5** *fig* Zeitpunkt; **in ipso articulo temporis** im entscheidenden Augenblick **6** GRAM Artikel

Besonders bei umfangreicheren Einträgen solltest du auf die kursiven Angaben in Klammern achten, denn diese werden dich zur richtigen Übersetzung führen.

5 Grammatik auch im Wörterbuch?

Eine Grammatik leitet aus typischen Fällen Regeln ab. Sie kann nicht jeden Einzelfall erfassen. Diese Möglichkeit hat aber ein Wörterbuch. Das **Schulwörterbuch Latein** bietet deshalb über die Wort-für-Wort-Gleichung hinaus viele grammatische Informationen, die dir helfen, das Wort in einem Satz richtig zu verstehen.

Jedes lateinische Substantiv, ob Stichwort oder Übersetzung, ist mit einer Genusangabe für *männlich, maskulin* = M, *m*, weiblich, feminin = F, *f* oder *sächlich, Neutrum* = N, *n* sowie mit der Endung des Genitivs Singular in Spitzklammern versehen:

> ★**furor** ⟨ōris⟩

> **Tempel** templum, -i *n*, aedes, -is *f*

Bei einsilbigen Wörtern wird der Genitiv ausgeschrieben:

> ★**ōs**[1] ⟨ōris⟩ N

> ★**os**[2] ⟨ossis⟩ N

Besonderheiten der Deklination werden stets angegeben:

★ignis ⟨is⟩, *abl* ⟨igne *u.* ignī⟩ M

In beiden Wörterbuchteilen wird bei dreiendigen Adjektiven der Nominativ *m* und die Endungen des Nominativs *f* und *n* angegeben:

in-tāctus ⟨a, um⟩ ADJ

rasch A ADJ celer, celeris, celere

Bei zweiendigen Adjektiven wird der Nominativ *m* und die Endung des Nominativs *n* angegeben:

memorābilis ⟨e⟩ ADJ

lobenswert laudabilis, -e

Bei einendigen Adjektiven steht der Genitiv Singular in Spitzklammern. Dies gilt auch für Partizipien, die als Adjektive verwendet werden:

perspicāx ⟨ācis⟩ ADJ

sīgnificāns ⟨antis, *adv* sīgnificanter⟩ ADJ deutlich, anschaulich

einig concors, -cordis

Unregelmäßige Komparativ- und Superlativbildungen sind an alphabetischer Stelle als Stichwort aufgeführt. Von hier wird auf die Grundform verwiesen, bei der sie zu finden sind:

maximus ⟨a, um⟩ ADJ *sup* → magnus

★magnus ⟨a, um⟩, *komp* ⟨māior, māius⟩, *sup* ⟨maximus, a, um⟩ ADJ

Regelmäßige Adverbien werden zusammen mit dem dazugehörigen Adjektiv angeführt. Wichtige und unregelmäßige Adverbien sind auch an alphabetischer Stelle als Stichwort zu finden; beim Grundadjektiv steht ein Verweis auf diese Adverbform:

★faustus ⟨a, um, *adv* faustē⟩ ADJ

fīnītē ADV mäßig

Bei Verben wird als Zitierform im Teil Lateinisch–Deutsch immer der Infinitiv angegeben. Bei allen Verben werden in beiden Wörterbuchteilen die Stammformen angegeben, aus denen sich andere Formen ableiten lassen. Das sind in der Regel die *1. Person Singular Indikativ Präsens Aktiv*, die *1. Person Singular Perfekt Aktiv*, das *Partizip Perfekt Passiv* und die *Nummer der Konjugation*.

★lūcēre ⟨luceō, lūxī, - 2.⟩

leuchten lucere, luceo, luxi, - *2.*

Im Wörterbuch unterscheiden wir vier regelmäßige Konjugationen; die Zahl 0. erhalten die unregelmäßigen Verben und ihre Komposita, z. B.

★af-ferre ⟨afferō, attulī, allātum 0.⟩

1. oder ā-Konjugation
2. oder ē-Konjugation
3. oder konsonantische bzw. kurzvokalische Konjugation
4. oder ī-Konjugation

★vocāre ⟨ō, āvī, ātum 1.⟩
★monēre ⟨eō, uī, itum 2.⟩
★tegere ⟨tegō, tēxī, tēctum 3.⟩
★capere ⟨capiō, cēpī, captum 3.⟩
★audīre ⟨iō, īvī *u.* iī, ītum 4.⟩

Sind einzelne Stammformen nicht belegt, steht an ihrer Stelle ein Strich -:

circum-fluere ⟨fluō, flūxī, - 3.⟩

überragen imminere, -eo, -, - *2.*

Unregelmäßige Formen des Perfekts Aktiv und des Partizips Perfekt Passiv sind an alphabetischer Stelle zu finden mit einem Verweis auf den Infinitiv:

ac-cēpī → accipere

Konstruktionsangaben und grammatikalische Erklärung werden grundsätzlich immer angegeben; zudem werden unregelmäßige Konstruktionen und Besonderheiten der Grammatik mit Beispielen genauer erläutert:

> ★**an**[3] *Fragepartikel* **1** *(in dir. u. indir. Alternativfragen zur Anreihung des zweiten Gliedes)* oder, oder ob; **utrum mentitus es ~ verum dixisti?** hast du gelogen oder die Wahrheit gesagt? **2** *(in rhet. Fragen zur Bekräftigung)* oder, oder etwa; **~ quisquam dubitat?** oder zweifelt etwa jd? **3** *(nachkl.) (zur Einleitung indir. Fragen)* ob; **expectabat ~ Pompeius ibi esset** er war gespannt, ob Pompeius dort wäre **4** *(nach Ausdrücken des Zweifelns)* ob nicht; **haud scio ~** ich weiß nicht, ob nicht

Zahlreiche Erläuterungen liefern Informationen zu geografischen Bezeichnungen, historischen Ereignissen, Mythen und Persönlichkeiten der Antike:

> **Tiberis** ⟨is⟩ M **1** Tiber, *Fluss durch Rom, früher Albula, umbenannt, nachdem der König Tiberinus in ihm ertrunken war, heute Tevere* **2** Flussgott Tiber

6 Woher kommen die lateinischen Beispielsätze?

Bei der Auswahl der Beispielsätze wurden die klassischen Autoren verschiedener Literaturgattungen – Lyrik, Epos, Geschichtsschreibung – besonders berücksichtigt. Darüber hinaus wurden ausgesuchte Wörter bzw. Bedeutungen vor- und nachklassischer Autoren aufgenommen. Da heute im Unterricht nahezu alle Epochen der lateinischen Literatur bis zum Humanismus sowie neulateinische Texte unserer Zeit mit einbezogen werden, wurde auch der Wortschatz der wichtigsten mittellateinischen Autoren sowie einiger Kirchenschriftsteller, Juristen und Mediziner berücksichtigt. Mittel- und neulateinische Begriffe sind im Wörterbuch durch *(mlat.)* und *(nlat.)* gekennzeichnet, christliches Vokabular durch die Angabe *(eccl.)*, die „Ecclesiastica“ (= Kirchenschriftsteller) bedeutet.

Abkürzungen und Symbole

A.	Aulus
abgek.	abgekürzt
ABK	Abkürzung
abl	Ablativ
AcI	Akkusativ mit Infinitiv
ADJ, *adj*	Adjektiv, adjektivisch gebraucht
ADV, *adv*	Adverb, adverbial gebraucht
akk	Akkusativ
allg.	allgemein
ARCH	Architektur
ASTROL	Astrologie
ASTRON	Astronomie
belg.	belgisch
bes	besonders
BOT	Botanik
C.	Caius
dat	Dativ
DEM PR, *dem pr*	Demonstrativpronomen
dir.	direkt
dopp	doppelt
eccl.	Kirchenlatein
erg.	ergänze
etrusk.	etruskisch
F, *f*	Femininum, weiblich
fig	figurativ
FPL	Femininum Plural
fut	Futur
gall.	gallisch
gen	Genitiv
germ.	germanisch

GRAM	Grammatik
griech.	griechisch
imp	Imperativ
imperf	Imperfekt
ind	Indikativ
INDEF PR, *indef pr*	Indefinitpronomen
indekl	indeklinabel
indir.	indirekt
inf	Infinitiv
INT, *int*	Interjektion
INT PR, *int pr*	Interrogativpronomen
iron	ironisch
ital.	italisch
jd	jemand
j-m	jemandem
j-n	jemanden
j-s	jemands
JUR	Rechtswesen
kelt.	keltisch
komp	Komparativ
KONJ, *konj*	Konjunktion
konjkt	Konjunktiv
L.	Lucius
Lat., lat.	Latein, lateinisch
M, *m*	Maskulinum, männlich
M.	Marcus
MATH	Mathematik
MED	Medizin
METR	Metrik
MIL	Militär
mlat.	mittellateinisch
MPL	Maskulinum Plural
MUS	Musik

MYTH	Mythologie
N, *n*	Neutrum, sächlich
nachkl.	nachklassisch
NcI	Nominativ mit Infinitiv
nlat.	neulateinisch
NO	Nordosten
nom	Nominativ
nördl.	nördlich
nordöstl.	nordöstlich
nordwestl.	nordwestlich
NPL	Neutrum Plural
NUM, *num*	Numerale, Zahlwort
NUM ADV, *num adv*	Zahladverb
NUM CARD, *num card*	Kardinalzahl, Grundzahl
NUM DISTR, *num distr*	Distributivzahl, Verteilungszahl
NUM ORD, *num ord*	Ordinalzahl, Ordnungszahl
od	oder
orient.	orientalisch
örtl.	örtlich
östl.	östlich
P.	Publius
PART, *part*	Partizip
patriz.	patrizisch
pej	pejorativ, abwertend
perf	Perfekt
pers	persönlich
PERS PR, *pers pr*	Personalpronomen
PHILOS	Philosophie
PL, *pl*	Plural
pleb.	plebejisch
POL	Politik
POSS PR, *poss pr*	Possessivpronomen
PPERF	Partizip Perfekt
PPP	Partizip Perfekt Passiv

PPR	Partizip Präsens
PRÄF	Präfix
PRÄP	Präposition
präs	Präsens
PRON, *pron*	Pronomen
Q.	Quintus
REFL PR, *refl pr*	Reflexivpronomen
REL	Religion
REL PR, *rel pr*	Relativpronomen
RHET	Rhetorik
röm.	römisch
scherz	scherzhaft
SCHIFF	Schifffahrt
schriftl.	schriftlich
SG, sg	Singular
Subst, subst	Substantiv, substantivisch
südöstl.	südöstlich
südwestl.	südwestlich
sup	Superlativ
SW	Südwesten
T.	Titus
unpersön.	unpersönlich
V/I	intransitives Verb
vok	Vokativ
V/T	transitives Verb
W, w.	Westen, westlich
z. B.	zum Beispiel
zeitl.	zeitlich
*	Grundwortschatz
=	gleich
↔	Gegenteil von
→	siehe

Latein – Deutsch

A

a, **A**[1] ABK **1** = **Aulus** **2** = **absolvo** ich spreche frei **3** = **antiquo** ich verwerfe einen Gesetzesantrag **4** **a. c.** = **anni currentis** laufenden Jahres **5** **a. Chr. n.** = **ante Christum natum** vor Christi Geburt **6** **a. d.** = **ante diem** *bei Datumsangaben* **7** **a. D.** = **Anno Domini** im Jahr des Herrn **8** **A et O** = **Alpha et Omega** Anfang und Ende **9** **a. m.** = **ante meridiem** Vormittag **10** **a. u. c.** = **ab urbe condita** seit Gründung Roms **11** *(nachkl.)* **a. f.** = **anni futuri** des kommenden Jahres

ā[2], **āh** INT ach, ah, wehe; hm, ach ja?

ā[3], **ab**, **abs**, *a vor Konsonanten, ab vor Vokalen und h, abs bei abs te* **A** PRÄF **1** von ... ab/her/weg; **ab-ducere** wegführen **2** miss-, ver-, un-; **ab-uti** miss-brauchen; **ab-sumere** verbrauchen; **ab-similis** un-ähnlich **B** PRÄP +*abl* **1** *(örtl., a. Urheber, Ursprung)* von; **a duobus milibus passuum** in einem Abstand von zwei Meilen; **ab hoste capi** vom Feind gefangen werden **2** vor; **a scelere abhorrere** vor einem Verbrechen zurückschrecken; **defendere aliquem ab aliquo** j-n vor j-m verteidigen **3** *(zeitl.)* von ... an; **a pueris** von Kindheit an **4** *(Wendungen)* **ab aliquo appellari** nach j-m benannt werden; **ab omni re** in jeder Hinsicht; **hoc est a me** dies spricht für mich; **servus ab epistulis** Geheimschreiber; **servus a pedibus** Eilbote; **solvo a me** ich bezahle aus eigenen Mitteln; **stare/esse ab aliquo** auf j-s Seite stehen

ab-āctus ⟨a, um⟩ PPP → abigere

abacus ⟨ī⟩ M **1** Tisch **2** Spielbrett **3** Rechenbrett **4** Kapitellabdeckplatte

ab-aliēnāre ⟨o, āvī, ātum 1.⟩ **1** veräußern, abtreten **2** *fig* berauben, **aliquem re** j-n einer Sache **3** *fig* abspenstig machen, entfremden, **aliquem ab aliquo/alicui** j-n j-m

abaliēnātiō ⟨ōnis⟩ F Abtretung

abaliēnātus ⟨a, um⟩ ADJ abtrünnig

ab-avus ⟨ī⟩ M Urgroßvater, Ahnherr

abbreviatura ⟨ae⟩ F *(mlat.)* Abkürzung

Abdēra ⟨ōrum⟩ NPL *Stadt in Thrakien*

★**ab-dere** ⟨dō, didī, ditum 3.⟩ **1** weggeben, abziehen, entfernen **2** **se ~** sich zurückziehen **3** verstecken; verbannen **4** tief hineinstoßen, **ensem lateri** das Schwert in die Seite

Abdērītēs ⟨ae⟩ M Bewohner von Abdera, Abderit, Schildbürger

★**ab-dicāre** ⟨ō, āvī, ātum 1.⟩ **1** lossagen, **se tutelā** sich von der Unterhaltspflicht **2** *(Sohn)* verstoßen **3** *(Amt)* niederlegen **4** abdanken

abdicātiō ⟨ōnis⟩ F **1** Niederlegung (eines Amtes) **2** Enterbung

★**ab-dīcere** ⟨dīcō, dīxī, dictum 3.⟩ absagen, untersagen; **aves abdicunt aliquid** die Vögel raten von etw ab

ab-didī → abdere

abdita ⟨ōrum⟩ NPL entlegene Räume, Geheimnisse

abditīvus ⟨a, um⟩ ADJ entfernt

abditus ⟨a, um⟩ ADJ entfernt, geheim

abdōmen ⟨inis⟩ N Bauch

★**ab-dūcere** ⟨dūcō, dūxī, ductum 3.⟩ **1** abführen, wegführen; **uxorem a marito ~** die Gattin dem Gatten entführen **2** **se ~** sich zurückziehen **3** *fig* abbringen, ablenken **4** *fig* erniedrigen, **artem ad quaestum** die Kunst zum bloßen Erwerb **5** *fig* verleiten

ab-ēgī → abigere

ab-eō → abire

ab-equitāre ⟨ō, āvī, ātum 1.⟩ wegreiten

ab-errāre ⟨ō, āvī, ātum 1.⟩ **1** sich verirren, abkommen, *absolut od.* **re/a re** von etw **2** *fig* abweichen **3** *fig* sich irren

aberrātiō ⟨ōnis⟩ F Ablenkung, Zerstreuung, **a dolore** vom Schmerz

★**ab-esse** ⟨āsum, āfuī, āfutūrus 0.⟩ **1**

abwesend sein, fern sein, **ab aliquo/a re** von j-m/von etw **2** nicht helfen **3** fehlen, **alicui/ab aliquo** j-m; **multum abest, ut** es fehlt viel, dass; **ego te tantum abest ut laudem, ut vituperem** weit davon entfernt, dich zu loben, tadle ich dich vielmehr **4** verschieden sein **5** unpassend sein, **ab aliquo** für j-n

ab-fore, ab-forem → abesse

ab-hinc ADV **1** *(örtl.)* von hier **2** *(zeitl.)* von jetzt an; jetzt vor; **~ viginti annos** vor/seit zwanzig Jahren; **~ triginta diebus** vor (ungefähr) dreißig Tagen

ab-horrēns ⟨entis⟩ ADJ fremd; abweichend; unpassend

ab-horrēre ⟨eō, uī, - 2.⟩ **1** zurückschrecken, verabscheuen; **~ (a) caede** vor einem Mord zurückschrecken **2** widersprechen, **re/a re/alicui rei** einer Sache; **~ a fide** unglaublich sein

★**ab-icere** ⟨iciō, iēcī, iectum 3.⟩ **1** wegwerfen; **aliquem ~** *fig* j-n fallen lassen **2** *(Geld)* verschleudern **3** herabwerfen, niederwerfen; **se de muro ~** sich von der Mauer stürzen; **se alicui/ad pedes alicuius ~** sich j-m zu Füßen werfen **4** erniedrigen; **se ~** sich (selbst) aufgeben

abiectiō ⟨ōnis⟩ F **1** das Wegwerfen, das Aufgeben **2** *fig* Entmutigung

ab-iectus ⟨a, um, *adv* abiectē⟩ ADJ **1** schwunglos; mutlos **2** niedrig

abiēgnus ⟨a, um⟩ ADJ aus Tannenholz

abiēs ⟨etis⟩ F **1** Tanne **2** *Gegenstand aus Tannenholz:* Schiff; Lanze; Speer

ab-igere ⟨igō, ēgī, āctum 3.⟩ **1** wegtreiben **2** abtreiben; **sibi partum ~** die Schwangerschaft abbrechen **3** *(Sorgen)* vertreiben

ab-iī → abire

★**ab-īre** ⟨eō, iī, itum 0.⟩ **1** weggehen; **exulatum ~** in die Verbannung gehen; **abi!** hau ab! **2** zurücktreten, **consulatu** vom Konsulat **3** davonkommen **4** *fig* abweichen **5** *(Krankheit)* aufhören, verschwinden; **tempus abit** die Zeit vergeht **6** *fig* zu/in *etw* übergehen

ā-bītere ⟨ō, -, - 3.⟩ weggehen

abitiō ⟨ōnis⟩ F das Weggehen

ab-itum PPP → abire

abitus ⟨ūs⟩ M **1** Abreise, Abzug **2** Ausweg

ab-iūdicāre ⟨ō, āvī, ātum 1.⟩ richterlich aberkennen, absprechen, **aliquid ab aliquo/alicui** etw j-m

ab-iungere ⟨iungō, iūnxī, iūnctum 3.⟩ **1** ausspannen **2** *fig* trennen, entfernen

ab-iūrāre ⟨ō, āvī, ātum 1.⟩ abschwören; verleugnen

ab-lātīvus ⟨ī⟩ M GRAM Ablativ

ab-lātus ⟨a, um⟩ PPP → auferre

ab-lēgāre ⟨ō, āvī, ātum 1.⟩ **1** wegschicken, entlassen **2** MIL abkommandieren

ablēgātiō ⟨ōnis⟩ F Entsendung, das Entfernen

ab-lūdere ⟨ō, -, - 3.⟩ abweichen; zu *j-m* nicht passen, *ab aliquo*

ab-luere ⟨luō, luī, lūtum 3.⟩ **1** abwaschen **2** *(Schandfleck)* beseitigen **3** *(Wassermassen)* fortspülen **4** *(eccl.)* taufen

ab-negāre ⟨ō, āvī, ātum 1.⟩ verweigern

ab-nepōs ⟨ōtis⟩ M Ururenkel

abneptis ⟨is⟩ F Ururenkelin

Abnoba ⟨ae⟩ M Schwarzwald

ab-noctāre ⟨ō, āvī, ātum 1.⟩ auswärts übernachten

ab-nōrmis ⟨e⟩ ADJ von der Regel abweichend, keiner Schule angehörend

ab-nuere ⟨nuō, nuī, nuitūrus 3.⟩ **1** abwinken, *+AcI* **2** verweigern; **imperium alicuius ~** j-m den Gehorsam verweigern **3** leugnen

abnūtāre ⟨ō, āvī, ātum 1.⟩ heftig abwinken, ablehnen

ab-olēre ⟨eō, ēvī, itum 2.⟩ **1** vernichten, zerstören **2** beseitigen; **magistratum ~ alicui** j-m ein Amt abnehmen **3** *(Gesetz)* abschaffen

ab-olēscere ⟨olēscō, olēvī, - 3.⟩ verschwinden, erlöschen

ab-olēvī → abolere *u.* → abolescere

abolitiō ⟨ōnis⟩ F **1** Abschaffung, Aufhebung **2** Amnestie

ab-olitus ⟨a, um⟩ PPP → abolere

ab-ōmināre ⟨ō, āvī, - 1.⟩ *(nachkl.)* *u.*

ab-ōminārī ⟨or, ātus sum 1.⟩ **1** wegwünschen **2** verabscheuen; **quod abominor!** was Gott verhüte!

Aborīginēs ⟨um⟩ MPL Aboriginer

ab-orīrī ⟨orior, ortus sum 4.⟩ untergehen, vergehen

aborīscī ⟨orīscor, - 3.⟩ vergehen

abortiō ⟨ōnis⟩ F Fehlgeburt

abortīvus ⟨a, um⟩ ADJ zu früh geboren

Grammatik

▶ ablativus – Ablativ

Der Ablativ besitzt drei verschiedene Funktionen:

ablativus separationis (*Trennung: woher?, wovon?*)	**urbe** – aus der Stadt
ablativus instrumentalis (*Mittel, Werkzeug: wodurch?*)	**baculo** – mit dem Stock
ablativus pretii (*Preis: (für) wie viel?*)	**ducentis talentis** – (für) zweihundert Talente
ablativus loci / temporis (*Ort: wo? / Zeit: wann?*)	**terra marique** – zu Land und zu Wasser **eo tempore** – zu dieser Zeit

Er wird in Verbindung mit Präpositionen gebraucht, z. B. **a/ab, e/ex, de, cum** und **sine, pro, prae**. Zudem gibt es einige wenige Verben, die den Ablativ regieren. Die wichtigsten aus dieser Gruppe sind:

frui	genießen	**potiri**	sich bemächtigen
fungi	verwalten, verrichten	**uti**	benutzen
niti	sich stützen	**vesci**	sich nähren

abortus ⟨ūs⟩ M Fehlgeburt

ab-rādere ⟨rādō, rāsī, rāsum 3.⟩ abkratzen, abschaben, abscheren

abrāsiō ⟨ōnis⟩ F **1** (*eccl.*) das Abscheren **2** MED Ausschabung

ab-ripere ⟨ripiō, ripuī, reptum 3.⟩ wegreißen, -schleppen; entführen; **~ in vincula** ins Gefängnis schleppen; **se ~** sich aus dem Staub machen

ab-rogāre ⟨ō, āvī, ātum 1.⟩ **1** (*Amt*) durch Volksbeschluss wegnehmen **2** (*Kredit*) entziehen **3** (*Gesetz*) abschaffen **4** *fig* beseitigen

abrogātiō ⟨ōnis⟩ F Aufhebung eines Gesetzes durch Volksbeschluss

ab-rumpere ⟨rumpō, rūpī, ruptum 3.⟩ **1** abreißen, losreißen, **re/a re** von etw **2** zerreißen, abbrechen **3** beenden; **vitam ~** dem Leben ein Ende machen; **venas ~** die Adern öffnen **4** **ordines ~** die Reihen durchbrechen **5** **abruptis procellis** nach dem Losbrechen des Sturms **6** **fas ~** göttliches Recht verletzen

abruptiō ⟨ōnis⟩ F **1** das Abreißen **2** *fig* Ehebruch

abruptum ⟨ī⟩ N **1** steile Höhe **2** schroffe Tiefe, Abgrund **3** *fig* Verderben.

abruptus ⟨a, um, *adv* abruptē⟩ ADJ **1** steil abfallend **2** RHET schroff, ohne Einleitung **3** schroff, trotzig, unbeherrscht

abs → a³ *u.* → absque

abs-cēdere ⟨cēdō, cessī, cessum 3.⟩ **1** weggehen, sich zurückziehen, *absolut od.* **ab aliquo** von j-m, **(a/de) re** von etw **2** *fig* weichen, vergehen **3** *fig* aufgeben, **obsidione** die Belagerung **4** *fig* verloren gehen

abscessiō ⟨ōnis⟩ F das Zurückweichen, Abnahme

abscessus ⟨ūs⟩ M Weggang, Abzug

abs-cīdere ⟨cīdō, cīdī, cīsum 3.⟩ **1** abhauen, abschneiden **2** *fig* trennen **3** *fig* entziehen, wegnehmen

ab-scidī → abscindere

abs-cīdī → abscidere

ab-scindere ⟨scindō, scidī, scissum 3.⟩ **1** abreißen, losreißen, **(a/de) re** von etw; **venas ~** die Adern öffnen; **abscissa comas** mit zerrauften Haaren **2** *fig* trennen **3** *fig* abschneiden, entziehen

abscīsus ⟨a, um, *adv* abscīsē⟩ ADJ **1** steil **2** RHET abgebrochen

abs-condere ⟨condō, condī *u.* condidī, conditum 3.⟩ **1** verstecken **2** *fig* einhüllen **3** *fig* verheimlichen

absconditus ⟨a, um, *adv* absconditē⟩ ADJ ■1 versteckt, verborgen ■2 *fig* heimlich ■3 *fig* tiefgründig

★**absēns** ⟨entis⟩ ADJ abwesend; **aliquo absente** in j-s Abwesenheit

absentia ⟨ae⟩ F ■1 Abwesenheit ■2 Mangel

ab-silīre ⟨iō, -, - 4.⟩ wegspringen

ab-similis ⟨e⟩ ADJ unähnlich

absis ⟨īdis⟩ F ■1 Wölbung, Segment ■2 ARCH Apsis *der Kirche*

ab-sistere ⟨sistō, stitī, - 3.⟩ ■1 weggehen, sich entfernen; **a signis** ~ desertieren ■2 aufgeben, **spe** die Hoffnung, **sequi/sequendo** die Verfolgung

absolūtiō ⟨ōnis⟩ F ■1 Freispruch, **alicuius rei** von etw ■2 Vollendung, Vollständigkeit, Vollkommenheit

absolūtōrius ⟨a, um⟩ ADJ befreiend

absolūtus[1] ⟨a, um⟩ PPP → absolvere

ab-solūtus[2] ⟨a, um⟩ ADJ ■1 vollendet, vollständig; **perfectus atque** ~ sittlich vollkommen ■2 unabhängig, uneingeschränkt, unbedingt

★**ab-solvere** ⟨solvō, solvī, solūtum 3.⟩ ■1 loslösen, befreien, **suspicione** vom Verdacht ■2 JUR freisprechen, **alicuius rei/(de) re** von etw, **aliquem iniuriarum** j-n von der Anklage der Gewalttätigkeit, **capitis** von der Todesstrafe ■3 vollenden ■4 erledigen, abfertigen; **cetera paucis verbis** ~ den Rest in wenigen Worten erzählen ■5 *(Gläubiger)* befriedigen

ab-sonus ⟨a, um, *adv* absonē⟩ ADJ misstönend; mit *etw* nicht übereinstimmend, *einer Sache* nicht entsprechend, *a re/alicuius rei*

ab-sorbēre ⟨eō, uī, - 2.⟩ ■1 aufsaugen, hinunterschlucken ■2 *fig* verschlingen ■3 *fig* ganz in Anspruch nehmen

absp... = **asp...**

abs-que PRÄP +*abl* ausgenommen, ohne

ab-stāre ⟨stō, -, - 1.⟩ ■1 abseits stehen ■2 fernhalten

abs-tēmius ⟨a, um⟩ ADJ enthaltsam

abs-tentus ⟨a, um⟩ PPP → abstinere

abs-tergēre ⟨tergeō, tersī, tersum 2.⟩ ■1 abwischen, abtrocknen ■2 beseitigen

abs-terrēre ⟨eō, uī, itum 2.⟩ ■1 abschrecken, verjagen; **aliquem ab urbe oppugnanda** ~ j-n von der Belagerung der Stadt abschrecken ■2 entziehen

abstinēns ⟨entis, *adv* abstinenter⟩ ADJ ■1 enthaltsam, **alicuius rei** in Bezug auf etw ■2 uneigennützig

abstinentia ⟨ae⟩ F ■1 Enthaltsamkeit, **alicuius rei/a re** von etw ■2 Bedürfnislosigkeit ■3 Uneigennützigkeit

★**abs-tinēre** ⟨tineō, tinuī, tentum 2.⟩ **A** V/T abhalten, zurückhalten, abwehren, (a) **re** von etw; **milites a praeda** ~ die Soldaten von der Plünderung abhalten **B** V/I ■1 sich von *etw* zurückhalten, *re/a re/alicuius rei* ■2 verschonen, **re** etw

ab-stitī → absistere

★**abs-trahere** ⟨trahō, trāxī, tractum 3.⟩ ■1 abziehen, wegziehen, wegreißen, **(a/de/ex) re** von etw ■2 *fig* abhalten, fernhalten, **(a/ex) re** von etw ■3 *fig* fortreißen; **se ad laudes** ~ sich zu Lobreden hinreißen lassen ■4 *fig* abspenstig machen ■5 **se** ~ *fig* sich losmachen, sich befreien

abs-trūdere ⟨trūdō, trūsī, trūsum 3.⟩ verstecken, verbergen

abstrūsus ⟨a, um⟩ ADJ ■1 verborgen ■2 *fig* geheim ■3 *(Charakter)* verschlossen

abs-tulī → auferre

absum → abesse

absūmēdō ⟨inis⟩ F das Verzehren

ab-sūmere ⟨sūmō, sūmpsī, sūmptum 3.⟩ ■1 verbrauchen; **purpura absumitur** der Purpur nutzt sich ab ■2 verbringen ■3 verschwenden ■4 vernichten

★**ab-surdus** ⟨a, um, *adv* absurdē⟩ ADJ ■1 misstönend ■2 *fig* ungereimt; **absurde dicere** dumm daherreden ■3 *fig* geschmacklos ■4 *fig* unfähig, ungeschickt

abundāns ⟨antis, *adv* abundanter⟩ ADJ ■1 überfließend, übervoll ■2 *fig* im Überfluss vorhanden ■3 *fig* überladen; **abundanter loqui** wortreich reden

abundantia ⟨ae⟩ F ■1 Überflutung ■2 *fig* Überfluss, Fülle, Reichtum; Übermaß

★**ab-undāre** ⟨ō, āvī, ātum 1.⟩ ■1 überfließen ■2 *fig* Überfluss haben, reich sein, **re** an etw ■3 *fig* überladen sein ■4 *fig* im Überfluss vorhanden sein

abundē ADV vollauf, im Überfluss

abundus ⟨a, um⟩ ADJ übervoll

abūsiō ⟨ōnis⟩ F RHET fehlerhafter Gebrauch eines Begriffes

abūsīvus ⟨a, um, *adv* abūsīvē⟩ ADJ uneigentlich

ab-ūsque PRÄP +*abl* ■1 *(örtl.)* von ... her, *auch nachgestellt*; **Oceano** ~ vom Ozean her **2** (*zeitl.*) seit

abūsus ⟨ūs⟩ M Verbrauch

★**ab-ūtī** ⟨ūtor, ūsus sum 3.⟩ **1** verbrauchen, **re** etw **2** gebrauchen, ausnutzen, **re** etw **3** missbrauchen, **re** etw

ac KONJ = **atque**

Acadēmīa ⟨ae⟩ F **1** Akademie, *Schule des Philos. Plato bei Athen* **2** (*mlat.*) Universität; **Acadēmicī** ⟨ōrum⟩ MPL die Akademiker

acanthus ⟨ī⟩ **1** M BOT Bärenklau **2** F Schotendorn

★**ac-cēdere** ⟨cēdō, cessī, cessum 3.⟩ **1** (*örtl.*), sich nähern; **(ad) Romam** ~ sich Rom nähern; **muris/ad muros** ~ sich den Mauern nähern **2** sich bittend an *j-n* wenden **3** heranrücken, angreifen, **alicui/(ad) aliquid** (an) j-n/etw **4** gelangen, kommen; **fama ad aures nostras accedit** das Gerücht kommt uns zu Ohren **5** *fig* sich anschließen, beipflichten **6** sich mit *etw* befassen, *ad aliquid* **7** (*geistig*) näher kommen; **proxime ad veritatem** ~ der Wahrheit sehr nahe kommen **8** hinzukommen; **rei accedit lumen** in die Angelegenheit kommt Licht; **accedit** hinzu kommt

ac-celerāre ⟨ō, āvī, ātum 1.⟩ **A** V/T beschleunigen **B** V/I herbeieilen

ac-cendere ⟨cendō, cendī, cēnsum 3.⟩ **1** anzünden **2** Feuer machen, **aras** auf den Altären **3** *fig* erregen **4** vermehren, vergrößern

ac-cēnsēre ⟨cēnseō, -, cēnsum 2.⟩ hinzuzählen, hinzurechnen

ac-cēnsus[1] ⟨a, um⟩ PPP → accendere *u.* → accensere

accēnsus[2] ⟨ī⟩ M **1** Amtsdiener **2** PL MIL Ersatzmannschaft

accentus ⟨ūs⟩ M Ton, Akzent

ac-cēpī → accipere

acceptāre ⟨ō, āvī, ātum 1.⟩ **1** wiederholt empfangen, regelmäßig erhalten **2** sich gefallen lassen

acceptiō ⟨ōnis⟩ F Annahme, Empfang

acceptor ⟨ōris⟩ M Empfänger

acceptrīx ⟨īcis⟩ F Empfängerin

acceptum ⟨ī⟩ N Einnahme, Haben; **accepta et expensa** Soll und Haben

acceptus[1] ⟨a, um⟩ PPP → accipere

acceptus[2] ⟨a, um⟩ ADJ angenehm, willkommen, lieb

accersere ⟨ō, -, - 3.⟩ = **arcessere**

ac-cessī → accedere

accessiō ⟨ōnis⟩ F **1** das Hinzukommen, Zutritt **2** das Auftreten, **febris** von Fieber **3** *fig* Vermehrung, Wachstum **4** ARCH Anbau **5** Anhang **6** Zugabe, Zusatz **7** PL *fig* Fortschritte

accessum PPP → accedere

accessus ⟨ūs⟩ M **1** Annäherung **2** Zutritt, Audienz **3** Zugangsstelle **4** *fig* Neigung

accidentia ⟨ium⟩ NPL zufällige Ereignisse, Umstände

★**ac-cidere**[1] ⟨cidō, cidī, - 3.⟩ **1** hinfallen **2** hingelangen **3** zu Ohren kommen, sich verbreiten **4** überfallen **5** sich ereignen; **calamitas accidit alicui** j-m stößt ein Unglück zu; **aliquid opportune accidit alicui** etw ging für j-n günstig aus; **accidit** es ereignet sich

ac-cīdere[2] ⟨cīdō, cīdī, cīsum 3.⟩ **1** anschneiden **2** *fig* schwächen

ac-ciēre ⟨cieō, cīvī, - 2.⟩ = **accire**

ac-cingere ⟨cingō, cinxī, cinctum 3.⟩ (*nachkl.*) **1** gürten **2** ausrüsten, ausstatten; **accingi/se ~ omnes casus** sich für alle Fälle rüsten

★**ac-cipere** ⟨cipiō, cēpī, ceptum 3.⟩ **1** erhalten **2** übernehmen **3** aufnehmen, zulassen; **hostes in deditionem** ~ die Unterwerfung der Feinde annehmen; **aliquem in fidem** ~ j-n unter seinen Schutz nehmen **4** annehmen, akzeptieren; **accipio!** einverstanden! **5** (*geistig*) aufnehmen, begreifen; **auribus** ~ hören; **ad/in contumeliam** ~ als Schande auslegen

accipiter ⟨tris⟩ M *u.* F **1** Habicht **2** habgieriger Mensch

ac-cīre ⟨iō, īvī, ītum 4.⟩ herbeirufen, kommen lassen

ac-cīsus ⟨a, um⟩ PPP → accīdere[2]

ac-cītus[1] ⟨a, um⟩ ADJ ausländisch, fremd

accītus[2] ⟨ūs⟩ M das Herbeirufen, Vorladung; **accitu** auf Vorladung

Accius ⟨a, um⟩ *röm. Gentilname*; **L.** ~ *röm. Tragiker*

ac-clāmāre ⟨ō, āvī, ātum 1.⟩ **1** zurufen **2** ausrufen, **aliquem imperatorem** j-n als Kaiser

acclāmātiō ⟨ōnis⟩ F Zuruf, Ausrufung

ac-clārāre ⟨ō, āvī, ātum 1.⟩ klarmachen, offenbaren

ac-clīnāre ⟨ō, āvī, ātum 1.⟩ anlehnen; **ad causam senatūs** ~ zur Haltung des Senats neigen
acclīnis ⟨e⟩ ADJ 1 sich anlehnend, **alicui rei** an etw 2 abwärts geneigt 3 *fig* zu *etw* neigend, *alicui rei*
ac-clīvis ⟨e⟩ ADJ ansteigend, aufwärts
acclīvitās ⟨ātis⟩ F sanfte Steigung
ac-clīvus ⟨a, um⟩ ADJ = **acclivis**
ac-cognōscere ⟨ōscō, -, - 3.⟩ anerkennen
accola ⟨ae⟩ M Anwohner, Nachbar; **accolae fluvii** Nebenflüsse
ac-colere ⟨colō, coluī, - 3.⟩ bei *etw* wohnen, **Tiberim** am Tiber
★**ac-commodāre** ⟨ō, āvī, ātum 1.⟩ 1 anlegen, anfügen; **sibi coronam ad caput** ~ sich einen Kranz auf den Kopf setzen 2 anpassen, angleichen 3 auf *etw* anwenden, beziehen, *in aliquid* 4 widmen
accommodātiō ⟨ōnis⟩ F Anpassung
accommodātus ⟨a, um, *adv* accommodātē⟩ ADJ passend, geeignet, **alicui rei/ad aliquid** für etw; *einer Sache* gewachsen; **ad naturam accomodate vivere** entsprechend der Natur leben
accommodus ⟨a, um⟩ ADJ = **accomodatus**
ac-credere ⟨credō, credidī, creditum 3.⟩ glauben wollen
ac-crēscere ⟨crēscō, crēvī, crētum 3.⟩ 1 wachsen, zunehmen 2 hinzukommen, **negotiis** zu den Geschäften
ac-cubāre ⟨ō, -, - 1.⟩ 1 lagern, liegen, **umbrā** im Schatten 2 (bei Tisch) liegen 3 mit *j-m* schlafen, *alicui*
accubitiō ⟨ōnis⟩ F das Platznehmen bei Tisch
ac-cubitum PPP → accumbere
ac-cubuī → accumbere
accubuō ADV *scherz* beiliegend
ac-cūdere ⟨cūdō, cūdī, cūsum 3.⟩ dazuprägen
ac-cumbere ⟨cumbō, cubuī, cubitum 3.⟩ 1 sich hinlegen 2 zum Essen Platz nehmen 3 mit *j-m* schlafen, *alicui*
★**ac-cumulāre** ⟨ō, āvī, ātum 1.⟩ 1 aufhäufen 2 überhäufen 3 steigern
accumulātor ⟨ōris⟩ M der anhäuft; ~ **opum** der Schätze anhäuft
ac-cūrāre ⟨ō, āvī, ātum 1.⟩ 1 sorgfältig betreiben, pünktlich besorgen 2 gut bewirten
accūrātiō ⟨ōnis⟩ F Sorgfalt, Genauigkeit
accūrātus ⟨a, um, *adv* accūrātē⟩ ADJ sorgfältig; **aliquem accurate habere** j-n mit Aufmerksamkeit behandeln
ac-currere ⟨currō, (cu)currī, cursum 3.⟩ herbeieilen, herbeilaufen; **auxilio suis** ~ den Seinen zu Hilfe eilen
accursus ⟨ūs⟩ M das Herbeieilen
accūsābilis ⟨e⟩ ADJ strafbar
★**ac-cūsāre** ⟨ō, āvī, ātum 1.⟩ 1 anklagen, **proditionis** wegen Verrat; **de vi** wegen Gewalttätigkeit, **de veneficiis** wegen Giftmischerei, **inter sicarios** wegen Meuchelmordes, **capitis** auf Leben und Tod 2 tadeln, **de/in re/alicuius rei** wegen etw, **consulem segnitatis** den Konsul wegen seiner Trägheit
accūsātiō ⟨ōnis⟩ F Anschuldigung, (öffentliche) Anklage, Beschwerde
accūsātīvus ⟨a, um⟩ ADJ: **casus** ~ GRAM Akkusativ → *s. Info-Fenster, Seiten 23-24*
accūsātor ⟨ōris⟩ M Ankläger, Kläger
accūsātōrius ⟨a, um, *adv* accūsātōriē⟩ ADJ anklagend
accūsātrīx ⟨īcis⟩ F Anklägerin, Klägerin
ac-cūsitāre ⟨ō, āvī, ātum 1.⟩ anklagen
acer[1] ⟨aceris⟩ N 1 Ahorn 2 Ahornholz
★**ācer**[2] ⟨ācris, ācre, *adv* ācriter⟩ ADJ 1 scharf, spitz 2 *fig* scharfsinnig; **nares acres** empfindliche Nase 3 (*in der Wirkung auf die Sinne*) stechend, herb, ätzend, grell; **hiems acris** harter Winter 4 (*Charakter, Person*) lebhaft, mutig; hitzig, leidenschaftlich
acerbāre ⟨ō, āvī, ātum 1.⟩ 1 verbittern 2 *fig* verschlimmern
acerbitās ⟨ātis⟩ F *u.* **acerbitūdō** ⟨inis⟩ F 1 Herbheit, Bitterkeit 2 *fig* Bitterkeit 3 Härte, Strenge
★**acerbus** ⟨a, um, *adv* acerbē⟩ ADJ 1 herb, bitter, sauer 2 *fig* unreif, frühzeitig; **partus** ~ Frühgeburt 3 (*Gesicht*) finster 4 *fig* hart, streng, grausam; **dolor** ~ heftiger Schmerz; **acerbe ferre** widerwillig ertragen
acēre ⟨eō, uī, - 2.⟩ sauer sein
acernus ⟨a, um⟩ ADJ aus Ahornholz
acerra ⟨ae⟩ F Weihrauchkästchen
acervālis A ⟨e⟩ ADJ haufenartig B

Grammatik

▶ accusativus – Akkusativ

Der Akkusativ bezeichnet:

das direkte Ziel oder Objekt einer Handlung

Magister puellam laudat.	Der Lehrer lobt das Mädchen.

die Dauer

biduum	zwei Tage lang
tres annos natus	drei Jahre alt

die räumliche Ausdehnung

mille passus	eine Meile
procedere	vorrücken
quinque pedes longus	fünf Fuß lang

Verben, die mit einem direkten Akkusativobjekt verbunden werden können, nennt man transitiv, z. B.: **Agricola agrum arat** – Der Bauer pflügt den Acker.

Einige Verben werden im Lateinischen transitiv, im Deutschen aber intransitiv gebraucht:

fugere mortem – vor dem Tod fliehen, den Tod meiden
adiuvare amicum – einem Freund helfen
iubere servum abire – dem Sklaven befehlen wegzugehen

⟨is⟩ M Trugschluss

acervāre ⟨ō, āvī, ātum 1.⟩ aufhäufen

acervātim ADV **1** haufenweise **2** *fig* zusammengefasst

acervus ⟨ī⟩ M **1** Haufen **2** Menge **3** *fig* Trugschluss

acēscere ⟨acēscō, acuī, - 3⟩ sauer werden

acētābulum ⟨ī⟩ N Soßengefäß

acētum ⟨ī⟩ N **1** Essig **2** *fig* beißender Witz

Achaemenius ⟨a, um⟩ ADJ **1** persisch **2** parthisch

Achaeus **A** ⟨a, um⟩ ADJ **1** achäisch **2** griechisch **B** ⟨ī⟩ M **1** MYTH *Stammvater der Achäer* **2** Achäer **3** Grieche, *bes die Griechen vor Troja* **4** Bewohner der Provinz Achaia

Achāia ⟨ae⟩ F **1** Achaia, *an der Nordküste der Peloponnes* **2** Griechenland

Achāias ⟨adis⟩ F Achäerin

Achāicus ⟨a, um⟩ ADJ **1** achäisch **2** griechisch

Achais ⟨idis⟩ F **1** Achäerin **2** achäisches Land **3** Griechenland

Achāius ⟨a, um⟩ ADJ = **Achaicus**

Achelōias ⟨adis⟩ F *u.* **Achelōis** ⟨idis⟩ F **1** Tochter des Achelous **2** PL die Sirenen

Achelōius ⟨a, um⟩ ADJ **1** des Achelous **2** **pocula Acheloia** Becher voll Wasser

Achelōus ⟨ī⟩ M **1** *größter Fluss Griechenlands, heute Aspropotamos* **2** *Flussgott*

Acherōn ⟨ontis⟩ M = **Acheruns**

Acherūns ⟨untis⟩ *m* **1** *Fluss in der Unterwelt* **2** Unterwelt; **Acheruntícus** *u.* **Acherūsius** ⟨a, um⟩ ADJ Unterwelt…

Achillēs ⟨is⟩ M *Held der Ilias Homers; tötete Hektor; wurde durch einen Pfeil getötet, den Apollo auf seine Ferse, seinen einzigen verwundbaren Körperteil, lenkte;* **Achillēus** ⟨a, um⟩ ADJ des Achill; **Achillīdēs** ⟨ae⟩ M Nachkomme des Achill

Achīvus **A** ⟨a, um⟩ ADJ **1** achivisch **2** griechisch **B** ⟨ī⟩ M **1** Achiver **2** Grieche

acidum ⟨ī⟩ N Säure

acidus ⟨a, um, *adv* acidē⟩ ADJ **1** sauer **2** *fig* widerlich, lästig, unangenehm

★**aciēs** ⟨ēī⟩ F **1** Schärfe, Spitze **2** Sehkraft; scharfer Blick **3** Auge **4** MIL Schlachtreihe; **~ prima** vorderste Front; **~ dextra** rechter Flügel **5** MIL Heer **6** Schlacht **7** RHET Wortgefecht

Acīliānus ⟨a, um⟩ ADJ des Acilius

Acīlius ⟨a, um⟩ *Name einer pleb. gens* **1** **M. ~ Glabrio** *Volkstribun, Sieger über Antiochus* **2** **C. ~ Glabrio** *Verfasser einer röm. Geschichte*

acina ⟨ae⟩ F = **acinus**

acinum ⟨ī⟩ N *u.* **acinus** ⟨ī⟩ M Weinbeere

Ācis ⟨idis⟩ M *Fluss, am Ätna entsprin-*

Grammatik

▶ accusativus cum infinitivo

Nach einigen unpersönlichen Verben wie **oportet**, **necesse est** (es ist nötig), sowie nach Verben der Wahrnehmung (**verba sentiendi**), des Sagens und Meinens (**verba dicendi**), des Gefühls und der Gefühlsäußerung (**verba affectus**), folgt im Lateinischen meist eine besondere Infinitivkonstruktion, der **accusativus cum infinitivo** (abgekürzt **AcI**). Im Deutschen entspricht in aller Regel ein *dass*-Satz, der Akkusativ wird zum Subjekt des Nebensatzes.

Hos libros legi oportet. Diese Bücher müssen gelesen werden.

(*wörtlich*: Es ist notwendig, dass diese Bücher gelesen werden.)

Je nach Zeitstufe des Infinitivs wird ein anderes Zeitverhältnis ausgedrückt.

Infinitiv Präsens = Gleichzeitigkeit
Dixerunt Caesarem oppidum oppugnare.
Sie sagten, dass Caesar die Stadt angreife.

Infinitiv Perfekt = Vorzeitigkeit
Dixerunt Caesarem oppidum oppugnavisse.
Sie sagten, Caesar habe die Stadt angegriffen.

Infinitiv Futur = Nachzeitigkeit
Dixerunt Caesarem oppidum oppugnaturum esse.
Sie sagten, Caesar werde die Stadt (zu einem späteren Zeitpunkt) angreifen.

gend, heute Fiume di Jaci

aconītum ⟨ī⟩ N **1** BOT Eisenhut **2** Gift

acor ⟨ōris⟩ M Säure

ac-quiēscere ⟨quiēscō, quiēvī, quiētum 3.⟩ **1** zur Ruhe kommen, ruhen; **res familiares acquiescunt** das Vermögen wird nicht angegriffen **2** schlafen **3** sterben **4** *fig* sich beruhigen; **in litteris ~** in den Wissenschaften Befriedigung finden **5** beipflichten

★**ac-quīrere** ⟨quīrō, quīsīvī/quīsiī, quīsītum 3.⟩ hinzuerwerben; **ad fidem ~** seinen Kredit vermehren

acquīsītiō ⟨ōnis⟩ F Erwerbung

ac-quīsītus ⟨a, um⟩ PPP → acquirere

ac-quīsīvī → acquirere

Acragās ⟨antis⟩ M = **Agrigentum**

ācre ⟨is⟩ N Schärfe, beißender Witz

ācriculus **A** ⟨a, um⟩ ADJ hitzig, reizbar **B** ⟨ī⟩ M kleiner Hitzkopf

ācrimōnia ⟨ae⟩ F **1** scharfer Geschmack **2** *fig* Tatkraft, Energie

Acrisiōnēus ⟨a, um⟩ ADJ der Danae

Acrisiōniadēs ⟨ae⟩ M Perseus

Acrisius ⟨ī⟩ M *Vater der Danae*

ācriter ADV heftig

acroāma ⟨atis⟩ N Vortrag

acta[1] ⟨ae⟩ F Strand, Meeresufer; **in actis esse** sich in den Seebädern aufhalten

ācta[2] ⟨ōrum⟩ NPL **1** Handlungen, Taten **2** POL Verfügungen **3** JUR Gerichtsakten

Actaeī ⟨ōrum⟩ MPL die Attiker, die Athener

Actaeus ⟨a, um⟩ ADJ attisch, athenisch

Actiacus ⟨a, um⟩ ADJ von Actium

Actias ⟨adis⟩ F attisch, athenisch

★**āctiō** ⟨ōnis⟩ F **1** Ausführung; **gratiarum ~** Danksagung **2** Handlung, Tätigkeit **3** Vortrag **4** POL öffentliche Verhandlung **5** PL POL Amtsführung; *pej* Umtriebe **6** JUR Prozess **7** JUR Gerichtstermin **8** JUR Klage(recht)

āctitāre ⟨ō, āvī, ātum 1.⟩ gewöhnlich betreiben, häufig betreiben; **causas ~** Prozesse führen

Actium ⟨ī⟩ N *Vorgebirge u. Stadt in Akarnanien*

ăctiuncula ⟨ae⟩ F kleine Gerichtsrede
Actius ⟨a, um⟩ ADJ von Actium
ăctīvus ⟨a, um, *adv* ăctīvē⟩ ADJ tätig, aktiv
ăctor ⟨ōris⟩ M 1 Treiber, Hirt 2 Vermittler 3 Geschäftsführer, Vermögensverwalter 4 JUR Kläger 5 JUR Rechtsbeistand 6 Schauspieler
ăctuăria ⟨ae⟩ F Schnellsegler
ăctuăriola ⟨ae⟩ F kleines Boot
ăctuărius A ⟨a, um⟩ ADJ schnell B ⟨ī⟩ M 1 Schnellschreiber 2 Buchhalter
ăctum ⟨ī⟩ N = **acta**²
ăctuōsus ⟨a, um, *adv* ăctuōsē⟩ ADJ lebhaft, tätig, wirksam
ăctus¹ ⟨a, um⟩ PPP → agere
ăctus² ⟨ūs⟩ M 1 das Treiben (des Viehs) 2 JUR Weiderecht 3 (*Feldmaß*) halber Morgen = *1260 m²* 4 Bewegung, Schwung 5 (*im Theater*) Akt, Aufzug 6 Amt, Beruf 7 Tat
ăctūtum ADV sofort, augenblicklich
acuere ⟨uō, uī, ūtum 3.⟩ 1 schärfen, spitzen 2 *fig* betonen 3 (*Sprache usw.*) üben 4 *fig* anspornen, antreiben
acuī → acere, → acescere, → acuere
aculeātus ⟨a, um⟩ ADJ 1 stachelig 2 *fig* beißend, scharf 3 spitzfindig
aculeus ⟨ī⟩ M 1 Stachel, Spitze 2 *fig* Antrieb, Sporn 3 (*des Urteils usw.*) Schärfe 4 (*beim Zuhörer*) tiefer Eindruck 5 *fig* Spitzfindigkeit
acūmen ⟨inis⟩ N 1 Spitze, Stachel; **auspicium ex acuminibus** REL günstiges Vorzeichen aus den leuchtenden Speerspitzen 2 *fig* Scharfsinn, Witz 3 PL Kniffe
acus ⟨ūs⟩ F Nadel, Haarnadel; **acu pingere** sticken; **acu tangere** den Nagel auf den Kopf treffen
acūtulus ⟨a, um⟩ ADJ ziemlich spitzfindig, ziemlich scharfsinnig
acūtus ⟨a, um, *adv* acūtē⟩ ADJ 1 spitz, scharf 2 (*für die Sinne*) scharf, stechend, brennend 3 (*fürs Sehvermögen*) hell, grell 4 schrill 5 (*Person*) scharfsinnig, geistreich, witzig
ad A PRÄF 1 an-, heran-; **ad-venire** ankommen 2 zu-, dazu-, hinzu-; **ad-iungere** hinzu-fügen 3 an-, dabei-; **ad-iacēre** an-liegen 4 be-, er-, ver-; **ad-mirari** bewundern B PRÄP +*akk* 1 (*Richtung*) nach, nach … hin, zu, gegen 2 (*örtl., bei Städtenamen*) in der Nähe von, in die Umgebung von; ~ **Capuam proficisci** in die Umgebung von Capua marschieren 3 (*örtl., mit Endpunkt*) bis zu, bis nach 4 (*Lage*) an, nahe bei 5 (*Zeitgrenze*) bis zu, bis an, (bis) in; ~ **decem annos** (von jetzt) in zehn Jahren; ~ **multam noctem** bis tief in die Nacht 6 (*Termin*) an, zu, auf 7 (*Zeitdauer*) auf, für; ~ **paucos dies** für wenige Tage; ~ **tempus** für den Augenblick 8 (*Annäherung*) ungefähr, gegen, etwa, kurz vor, um; ~ **lucem** gegen Morgen 9 (*bei Zahlen u. Maßangaben*) an, gegen, ungefähr; bis zu; ~ **ducentos milites** ungefähr 200 Soldaten; ~ **unum omnes** alle bis zum Letzten; **obsides** ~ **numerum miserunt** sie schickten die Geiseln vollzählig 10 (*final*) zu, für; ~ **manus esse** zur Hand sein; **legati** ~ **id missi** zu diesem Zweck geschickte Gesandte 11 (*kausal*) auf, infolge 12 (*modal*) gemäß, nach; ~ **arbitrium** nach Belieben 13 (*proportional*) im Verhältnis zu 14 (*relativ*) in Bezug auf, hinsichtlich 15 (*hinzufügend*) dazu, zudem
ad-ăctus¹ ⟨a, um⟩ PPP → adigere
ad-ăctus² ⟨ūs⟩ M das Heranbringen; ~ **dentis** Biss
ad-aequāre ⟨ō, āvī, ātum 1.⟩ 1 gleichmachen, **solo** dem Erdboden 2 gleichsetzen 3 vergleichen, **cum re/alicui rei** mit etw 4 erreichen; **cursum equorum** ~ so schnell laufen wie die Pferde; **urna adaequat** es liegt Stimmengleichheit vor
adaequē ADV auf gleiche Weise, ebenso; ~ **atque/ut** ebenso wie
ad-aggerāre ⟨ō, āvī, ātum 1.⟩ aufhäufen
adamantēus *u.* **adamantinus** ⟨a, um⟩ ADJ aus Stahl, stählern, stahlhart
ad-amāre ⟨ō, āvī, ātum 1⟩ sich in *j-n* verlieben, *aliquem/aliquid*
adamās ⟨antis⟩ M 1 Stahl 2 *fig* hartes Herz
ad-ambulāre ⟨ō, āvī, ātum 1.⟩ auf und ab gehen, **alicui/alicui rei** neben j-m/etw
adapertilis ⟨e⟩ ADJ leicht zu öffnen
ad-aptāre ⟨ō, āvī, ātum 1.⟩ anpassen, passend machen
adauctus ⟨ūs⟩ M Wachstum, Zunahme

ad-augēre ⟨augeō, auxī, auctum 2.⟩ vergrößern, vermehren

ad-augēscere ⟨ēscō, -, - 3.⟩ zunehmen, wachsen

adaugmen ⟨inis⟩ N Zunahme, Wachstum

ad-axint = **adegerint**; → adigere

ad-bibere ⟨bibō, bibī, - 3.⟩ 1 sich betrinken, trinken 2 *fig* sich einprägen

ad-bītere ⟨ō, -, - 3.⟩ herangehen

adc... = **acc...**

ad-decēre ⟨et, uit, - 2.⟩ es ziemt sich, es schickt sich, **aliquem** für j-n

addenda ⟨orum⟩ NPL Zusätze

ad-dēnsēre ⟨eō, -, - 2.⟩ noch dichter machen

★**ad-dere** ⟨dō, didī, ditum 3.⟩ 1 dazugeben, hinzufügen; **gradum ~** den Schritt beschleunigen 2 addieren 3 (*Frist*) gewähren; **additā aetate** mit den Jahren 4 (*mündlich, schriftlich*) hinzufügen; **addito** mit dem Zusatz; **adde** nimm hinzu, dazu kommt noch 5 (*Sache*) beilegen 6 beigeben, **alicui comitem** j-m einen Begleiter 7 *fig* geben, einflößen, erweisen; **alicui animum ~** j-m Mut machen; **alicui honorem ~** j-m Ehre erweisen

★**ad-dīcere** ⟨dīcō, dīxī, dictum 3.⟩ 1 REL als günstig bezeichnen 2 JUR zusprechen, zuerkennen; verurteilen; **bona in publicum ~** Güter konfiszieren 3 (*bei Auktionen*) den Zuschlag geben; **opus ducentis talentis ~** ein Werk für zweihundert Talente zuschlagen 4 verkaufen, preisgeben 5 ganz widmen 6 (*Schrift*) *j-m* zuschreiben 7 **addictus alicui rei** zu etw verpflichtet

addictiō ⟨ōnis⟩ F Zuerkennung, amtliche Bestätigung eines Eigentums

ad-dictus ⟨a, um⟩ PPP → addicere

ad-didī → addere

ad-dīscere ⟨dīscō, didicī, - 3.⟩ 1 dazulernen 2 durch Lernen sich aneignen

additāmentum ⟨ī⟩ N 1 Zugabe 2 (*von Personen*) Anhang, Mitläufer

additiō ⟨ōnis⟩ F das Hinzufügen

ad-ditus ⟨a, um⟩ PPP → addere

ad-dīxī → addicere

ad-docēre ⟨eō, -, - 2.⟩ dazulehren

ad-dubitāre ⟨ō, āvī, ātum 1.⟩ **A** VI Zweifel hegen **B** VT anzweifeln

★**ad-dūcere** ⟨dūcō, dūxī, ductum 3.⟩ 1 heranführen, hinführen; **in ius/in iudicium ~** vor Gericht bringen 2 (*in einen Zustand*) versetzen; **in invidiam ~** ins Gerede bringen; **rem eo/in eum locum ~, ut** etw so weit kommen lassen, dass 3 veranlassen, **ad/in aliquid** zu etw; **misericordiā adductus** aus Mitleid 4 straff ziehen

adductus ⟨a, um⟩ ADJ 1 zusammengezogen 2 *fig* streng, ernst

ad-dūxī → adducere

ad-edere ⟨edō, ēdī, ēsum 3.⟩ 1 anfressen 2 (*Meer usw.*) auswaschen, abreiben 3 teilweise verbrauchen, **bona adesa** zerrüttete Vermögensverhältnisse

ad-ēgī → adigere

Adelphī *u.* **Adelphoe** ⟨ōrum⟩ MPL Die Brüder, *Komödie von Terenz*

ademptiō ⟨ōnis⟩ F Wegnahme; **~ bonorum** Enteignung

ad-emptus ⟨a, um⟩ PPP → adimere

ad-eō[1] → adire

★**ad-eō**[2] ADV 1 (*örtl.*) bis dahin, so weit 2 (*zeitl.*) so lange, bis 3 so sehr, in dem Maße 4 (*Steigerung*) ja sogar 5 (*nachgestellt*) eben, gerade; besonders; **haec ~** gerade dies; **nunc ~** gerade jetzt 6 (*nach Verneinung*) **~ non** umso weniger

adeptiō ⟨ōnis⟩ F das Erlangen

ad-eptus ⟨a, um⟩ PPERF → adipisci

★**ad-esse** ⟨assum, affuī *u.* adfuī, - 0.⟩ 1 anwesend sein; **tempus adest** der Zeitpunkt ist da 2 erscheinen, *auch* JUR 3 vorhanden sein 4 an *etw* teilnehmen, *alicui rei* 5 verteidigen, **alicui** j-n 6 **fortuna adest** das Schicksal ist gnädig 7 **animo ~** aufmerksam sein, ruhig sein

ad-ēs(s)urīre ⟨iō, -, - 4.⟩ hungrig werden, Appetit bekommen

adf... = **aff...**

adg... = **agg...**

adgn... = **agn...**

ad-haerēre ⟨haereō, haesī, haesum 2.⟩ 1 hängen, kleben, **alicui rei/in re** an etw 2 (*örtl., zeitl.*) sich anschließen, angrenzen, **continenti** an das Festland 3 *fig* sich festklammern; **lateri alicuius ~** j-m nicht von der Seite weichen

ad-haerēscere ⟨haerēscō, haesī, - 3.⟩ 1 sich anhängen, hängen bleiben, *absolut od.* **ad/in aliquid/in re/alicui rei** an etw; **ad aliquam disciplinam ~**

Anhänger einer Lehre sein **2** *fig* treu festhalten, **alicui** an j-m, **alicui rei/in re/ad/in aliquid** an etw **3** stecken bleiben, stocken

adhaesiō ⟨ōnis⟩ F das Festhalten

adhaesus ⟨ūs⟩ M das Anhaften

★**ad-hibēre** ⟨hibeō, hibuī, hibitum 2.⟩ **1** anlegen, darauflegen, **ad aliquid/alicui rei** an etw, auf etw **2** dazunehmen, **ad panem** zum Brot **3** *fig* anwenden, benutzen, **alicui/in aliquo** bei j-m, **alicui rei/ad/in aliquid** bei etw; **memoriam contumeliae ~** eine Beleidigung nicht vergessen **4** zuziehen, heranziehen, **ad/in aliquid/alicui rei** zu etw, *+dopp. akk*; **aliquem comitem ~** j-n als Gefährten mitnehmen; **~ lovem testem** Jupiter als Zeugen anrufen **5** behandeln, **liberaliter** großzügig **6** **se ~** sich benehmen

ad-hinnīre ⟨iō, īvī, ītum 4.⟩ **1** zuwiehern **2** *fig* begehren, **aliquem/ad aliquem/in aliquem/in aliquid** j-n/etw

ad-hōc ADV = **adhuc**

ad-hortārī ⟨or, ātus sum 1.⟩ ermuntern, ermahnen, antreiben, **ad defendendam rem publicam** zur Verteidigung des Staates

adhortātiō ⟨ōnis⟩ F Aufmunterung, Ermahnung, **alicuius rei** zu etw

adhortātor ⟨ōris⟩ M Ermahner, Antreiber, **alicuius rei** zu etw

ad-hūc ADV **1** (*zeitl.*) bisher, bis jetzt; **usque ~** noch bis heute; **~ non** noch nicht **2** insoweit, dass **3** (*eccl.*) noch mehr, noch weiter, immer noch

ad-iacēre ⟨eō, -, - 2.⟩ **1** angrenzen, **alicui rei/(ad) aliquid** an etw, **ad Aduatucos** an das Gebiet der Aduatuker **2** nahe sein, benachbart sein

ad-icere ⟨iciō, iēcī, iectum 3.⟩ **1** an/auf/zu *etw* (hin)werfen, stellen, setzen, legen, *ad aliquid/alicui rei* **2** *fig* auf *j-n/etw* richten, lenken, *ad aliquem/ alicui/ad aliquid/alicui rei* **3** hinzufügen **4** vergrößern, erhöhen; **latitudinem aggeri ~** den Damm verbreitern **5** (*bei Auktionen*) mehr bieten **6** beifügen, **alicui rei** einer Sache, **huc/ad haec adice** dazu nimm

adiectiō ⟨ōnis⟩ F **1** Hinzufügung **2** Aufnahme **3** höheres Gebot

adiectīvum ⟨ī⟩ N Adjektiv

adiectīvus ⟨a, um⟩ ADJ zum Beifügen

ad-iectus[1] ⟨a, um⟩ PPP → adicere

adiectus[2] ⟨ūs⟩ M das Nahebringen

★**ad-igere** ⟨igō, ēgī, āctum 3.⟩ **1** herantreiben, hineintreiben; **~ turrim** einen Belagerungsturm heranschieben **2** schleudern, stoßen **3** *fig* veranlassen, drängen; **ad mortem ~** in den Tod treiben; **in verba alicuius adigi** j-m den Treueeid leisten

ad-iī → adire

★**ad-imere** ⟨imō, ēmī, ēmptum 3.⟩ **1** an sich nehmen, wegnehmen; **alicui ordinem ~** j-m seinen Rang aberkennen; **ademptus** tot, dahingerafft **2** *j-n* von *etw* befreien, *alicui aliquid* **3** verbieten; **aditum ~** den Zutritt verwehren

ad-implēre ⟨eō, ēvī, ētum 2.⟩ **1** vollfüllen **2** *fig* ganz erfüllen, vollenden

adimplētiō ⟨ōnis⟩ F Vollendung

ad-īnspectāre ⟨ō, āvī, ātum 1.⟩ mit ansehen

adipātus ⟨a, um⟩ ADJ **1** fettig **2** (*Rede*) schwülstig, schmalzig

★**ad-ipīscī** ⟨ipīscor, eptus sum 3.⟩ **1** einholen, **fugientes** die Fliehenden **2** *fig* erreichen, erringen, *pperf nkl. auch passiv*; **~ alicuius rei** sich einer Sache bemächtigen; **adeptā victoriā** nach errungenem Sieg

★**ad-īre** ⟨eō, iī *u.* īvī, itum 0.⟩ **1** herangehen, sich nähern; *passiv* zugänglich sein **2** **ad/in ius ~** vor Gericht gehen **3** sich an *j-n* wenden; **aliquem de re ~** j-n um etw bitten, j-n nach etw fragen **4** besuchen **5** angreifen **6** übernehmen; **ad rem publicam ~** in den Staatsdienst treten **7** auf sich nehmen

aditiālis ⟨e⟩ ADJ Antritts…

aditiō ⟨ōnis⟩ F Zutritt, **aliquid/aliquem** zu etw/j-m

ad-itus[1] ⟨a, um⟩ PPP → adire

★**aditus**[2] ⟨ūs⟩ M **1** das Herangehen, **alicuius rei/ad aliquid** zu etw **2** **~ litoris** Landung an der Küste **3** (*als Ort*) Zugang, **alicuius rei/ad aliquid** zu etw, **in aliquid** in etw **4** Audienz **5** *fig* Zugang, Zutritt; **homo rari aditūs** schwer zugänglicher Mensch **6** *fig* Anfang, Beginn, **alicuius rei/ad aliquid** von etw **7** *fig* Gelegenheit

ad-iūdicāre ⟨ō, āvī, ātum 1.⟩ **1** zuerkennen, zusprechen **2** zuschreiben

adiūmentum ⟨ī⟩ N **1** Hilfsmittel **2** PL Hilfe, Unterstützung
adiūnctiō ⟨ōnis⟩ F **1** Anschluss, **ad aliquid** an etw; ~ **animi** Neigung **2** Hinzufügung, Anreihung, **verborum** von Wörtern **3** RHET Einschränkung
adiūnctum ⟨ī⟩ N **1** das Wesentliche **2** PL Nebenumstände
ad-iūnctus[1] ⟨a, um⟩ PPP → adiungere
adiūnctus[2] ⟨a, um⟩ ADJ **1** eng verbunden, angrenzend, **alicui rei** einer Sache, an etw **2** *fig* wesentlich, **alicuius rei/alicui rei** für etw
★**ad-iungere** ⟨iungō, iūnxī, iūnctum 3.⟩ **1** anbinden, anspannen; **vites ulmis** ~ Reben an Ulmen anbinden **2** *fig* hinzufügen, verbinden, **alicui rei/ad aliquid** zu etw; *passiv u.* **se** ~ sich anschließen; **adiunctum esse alicui rei** an etw angrenzen **3** *(Person)* beigeben; **sibi aliquem** ~ j-n für sich gewinnen **4** RHET beifügen **5** *fig* innerlich verbinden **6** *fig* verleihen; **fidem** ~ Glauben schenken; **honorem** ~ Ehre erweisen **7** **sibi aliquid** ~ sich etw verschaffen **8** richten, **animum ad studium** den Geist auf einen Wissenszweig
ad-iūrāre ⟨ō, āvī, ātum 1.⟩ **1** unter Schwur hinzufügen **2** schwören, **per deos** bei den Göttern **3** flehentlich bitten
adiūtābilis ⟨e⟩ ADJ förderlich
adiūtāre ⟨ō, āvī, ātum 1.⟩ *j-m* helfen, *j-n* unterstützen, *aliquem*
adiūtor ⟨ōris⟩ M **1** Helfer, Gehilfe, Förderer **2** Komplize **3** Unterbeamter **4** Hilfslehrer **5** Darsteller von Nebenrollen
adiūtōrium ⟨ī⟩ N Beistand, Hilfe
adiūtrīx ⟨īcis⟩ F **1** Helferin, Förderin **2** *pej* Helfershelferin, Komplizin
★**ad-iuvāre** ⟨iuvō, iūvī, iūtum 1.⟩ **1** *j-m* helfen, *j-n* unterstützen *aliquem* **2** ermutigen **3** *fig* fördern, steigern **4** *fig* hilfreich sein; **multum ad rem** ~ viel zur Sache beitragen
adl... = **all...**
Admagetobriga ⟨ae⟩ F *Stadt in Gallien*
ad-mātūrāre ⟨ō, āvī, ātum 1.⟩ noch mehr beschleunigen
ad-mētīrī ⟨mētior, mēnsus sum 4.⟩ zumessen
ad-migrāre ⟨ō, āvī, ātum 1.⟩ hinzukommen
ad-miniculāre ⟨ō, āvī, ātum 1.⟩ **1** stützen **2** *fig* unterstützen
adminiculum ⟨ī⟩ N **1** Stütze **2** *fig* Hilfsmittel, Werkzeug **3** Mitarbeiter
administer ⟨strī⟩ M **1** Mitarbeiter, Diener, Gehilfe **2** Komplize, Werkzeug
administra ⟨ae⟩ F Mitarbeiterin, Dienerin, Gehilfin, *auch fig*
★**ad-ministrāre** ⟨ō, āvī, ātum 1.⟩ **A** V/T **1** lenken, leiten; **summam rerum** ~ den Oberbefehl haben **2** *(Provinz usw.)* verwalten **3** ausführen, verrichten; **caedem** ~ ein Blutbad anrichten; **ita ~, ut** es so einrichten, dass **4** arbeiten **B** V/I behilflich sein
administrātiō ⟨ōnis⟩ F **1** Hilfe **2** Leitung, Verwaltung **3** Bedienung, **navis** des Schiffes
administrātor ⟨ōris⟩ M Leiter, Verwalter
admīrābilis ⟨e, *adv* admīrābiliter⟩ ADJ **1** bewundernswert, wunderbar, erstaunlich **2** seltsam
admīrābilitās ⟨ātis⟩ F Bewunderungswürdigkeit; **admirabilitatem facere** Bewunderung erregen
admīrandus ⟨a, um⟩ ADJ = **admirabilis**
★**ad-mīrārī** ⟨or, ātus sum 1.⟩ **1** bewundern **2** sich wundern, staunen, **monstrum** über das Ungeheuer
★**admīrātiō** ⟨ōnis⟩ F **1** Bewunderung, **hominum** der Menschen, **divitiarum** für den Reichtum **2** Verwunderung, Staunen **3** Merkwürdiges
admīrātor ⟨ōris⟩ M Bewunderer
ad-mīscēre ⟨mīsceō, mīscuī, mīxtum 2.⟩ **1** beimischen **2** *fig* beigeben, beifügen; **orationi versūs** ~ die Rede mit Versen schmücken **3** vermischen, **(cum) lacte** mit Milch **4** *fig* verwickeln, **ad id consilium** in diesen Plan; **ne te admisce** misch dich nicht ein
ad-mīsī → admittere
admissārius ⟨ī⟩ M Zuchthengst
admissiō ⟨ōnis⟩ F Zutritt, Audienz
★**ad-mittere** ⟨mittō, mīsī, missum 3.⟩ **1** loslassen, in (schnellen) Gang setzen; **equo admisso** im Galopp; **admisso passu** mit schnellem Schritt **2** einlassen, zulassen, **spectatum** als Zuschauer **3**

hinzuziehen, **ad colloquium** zum Gespräch **4** anhören, erhören; **condiciones** ~ Bedingungen annehmen; **aliquid ad animum** ~ etw beherzigen **5** REL zulassen, geschehen lassen **6** *(Verbrechen)* verüben, begehen

admīxtiō ⟨ōnis⟩ F Beimischung

admīxtus ⟨a, um⟩ PPP → admiscere

ad-moderārī ⟨or, ātus sum 1.⟩ sich mäßigen

admoderātē ADV entsprechend, **alicui rei** einer Sache

ad-modum ADV **1** *(bei Maß- u. Zeitangaben)* genau, gerade; **exacto ~ mense Februario** genau am Ende des Monats Februar **2** *(bei Zahlen)* mindestens, gut an; höchstens; **turres ~ ducentae** gut an die zweihundert Türme **3** *(bei Gradangaben)* völlig, äußerst, sehr; **~ parvus** sehr klein; **~ nihil** gar nichts **4** *(bei Antworten)* jawohl, allerdings, genau

admoenīre ⟨iō, īvī, - 4.⟩ einschließen, belagern

ad-mōlīrī ⟨ior, ītus sum 4.⟩ **A** V/T heranschaffen, heranbewegen **B** V/I sich in Bewegung setzen

ad-monēre ⟨moneō, monuī, monitum 2.⟩ **1** erinnern, mahnen, **alicuius rei/de re** an etw, in Bezug auf etw **2** zu bedenken geben **3** auffordern, *ut* dass **4** warnen, *ne* dass nicht **5** zurechtweisen

admonita ⟨ōrum⟩ NPL Warnungen

admonitiō ⟨ōnis⟩ F **1** Erinnerung, **alicuius rei** an etw **2** Mahnung **3** Warnung **4** Zurechtweisung

admonitor ⟨ōris⟩ M Mahner, **alicuius rei** zu etw

admonitrīx ⟨īcis⟩ F Mahnerin, **alicuius rei** zu etw

admonitus, *abl* SG ⟨ū⟩ M = **admonitio**

ad-mordēre ⟨mordeō, momordī, morsum 2.⟩ **1** annagen **2** „anpumpen"

admōrunt = **admoverunt**; → admovere

admōsse = **admovisse**; → admovere

ad-movēre ⟨moveō, mōvī, mōtum 2.⟩ **1** heranbewegen, -führen; *passiv u.* **se ~** sich nähern; **scalas ad moenia ~** Leitern an die Mauern anlegen; **manum ~ alicui rei** die Hand an etw legen **2** MIL heranrücken lassen **3** *(Gefühle)* einflößen; **alicui terrorem ~** j-m einen Schrecken einjagen **4** *(Mittel)* anwenden; **adulescenti stimulos ~** einen jungen Menschen anspornen **5** *(Person)* heranziehen **6** befördern

ad-mūgīre ⟨iō, īvī, - 4.⟩ zubrüllen; **tauro** dem Stier

ad-murmurāre ⟨ō, āvī, ātum 1.⟩ murmeln

admurmurātiō ⟨ōnis⟩ Gemurmel

ad-mutilāre ⟨ō, āvī, ātum 1.⟩ verstümmeln; *scherz* hereinlegen

ad-nāscī ⟨nāscor, nātus sum 3.⟩ = **agnascī**

ad-natāre ⟨ō, āvī, ātum 1.⟩ = **annatare**

ad-nātus ⟨a, um⟩ PPERF = **agnatus**; → agnasci

ad-nectere ⟨nectō, nexuī, nexum 3.⟩ = **annectere**

adni... = **anni...**

adno... = **anno...**

adnōscere ⟨nōscō, nōvī, nitum 3.⟩ = **agnoscere**

adnu... = **annu...**

ad-olēre[1] ⟨eō, uī, - 2.⟩ (als Opfer) verbrennen; **~ honores deo** zu Ehren des Gottes Brandopfer darbringen

ad-olēre[2] ⟨eō, uī, - 2.⟩ duften, riechen

adolēscēns ⟨entis⟩ **A** ADJ jung **B** M *u.* F = **adulescens**

adolēscentia ⟨ae⟩ F = **adulescentia**

★**ad-olēscere**[1] ⟨ēscō, -, - 3.⟩ aufflammen

ad-olēscere[2] ⟨ēscō, ēvī, (adultum) 3.⟩ **1** heranwachsen, aufwachsen **2** *fig* wachsen, stark werden; **aetas adolescit** die Zeit schreitet voran

Adōnis ⟨idis⟩ M *Geliebter der Aphrodite*

ad-operīre ⟨operiō, operuī, opertum 4.⟩ **1** bedecken; **adopertus vultum** mit verhülltem Gesicht **2** schließen

ad-opīnārī ⟨or, ātus sum 1.⟩ (dazu) vermuten

ad-optāre ⟨ō, āvī, ātum 1.⟩ **1** (an)nehmen **2** zu Hilfe holen, sich aneignen **3** adoptieren

adoptātīcius ⟨ī⟩ M Adoptivsohn

adoptātor ⟨ōris⟩ M Adoptivvater

adoptiō ⟨ōnis⟩ F Adoption

adoptīvus ⟨a, um⟩ ADJ **1** Adoptiv... **2** BOT aufgepfropft

ador ⟨ōris⟩ M Dinkel

ad-ōrāre ⟨ō, āvī, ātum 1.⟩ **1** anflehen, erflehen; **deum pacem ~** Gott um Frie-

den anflehen **2** verehren
adōrātiō ⟨ōnis⟩ F Anbetung
adōrea ⟨ae⟩ F Kriegsruhm
adōreus ⟨a, um⟩ ADJ aus Dinkel
adōria ⟨ae⟩ F = **adorea**
★**ad-orīrī** ⟨orior, ortus sum 4.⟩ **1** angreifen, *auch fig* **2** (be)treffen **3** *fig* bestürmen **4** beginnen, unternehmen
ad-ōrnāre ⟨ō, āvī, ātum 1.⟩ **1** ausrüsten, zurechtmachen **2** schmücken
ad-ortus ⟨a, um⟩ PPERF → adoriri
adp... = **app...**
adqu... = **acqu...**
adr... *auch* = **arr...**
ad-rādere ⟨rādō, rāsī, rāsum 3.⟩ **1** ankratzen **2** Bart und Haupthaar schneiden **3** *fig* stutzen
Adrana ⟨ae⟩ M *Nebenfluss der Fulda, heute Eder*
Adrāstus ⟨ī⟩ M *König von Argos, einer der Sieben gegen Theben*
adrēctus ⟨a, um⟩ ADJ = **arrectus**
adrēpere ⟨rēpō, rēpsī, rēptum 3.⟩ = **arrepere**
Adria ⟨ae⟩ F = **Hadria**
ads... = **ass...**
adsc... = **asc...**
adsp... = **asp...**
adst... = **ast...**
adt... = **att...**
Aduatucī ⟨ōrum⟩ MPL die Aduatuker, *germ. Stamm in Gallien*
★**ad-ūlāre** ⟨ō, āvī, - 1.⟩ *u.* **ad-ūlārī** ⟨or, ātus sum 1.⟩ **1** mit dem Schwanz wedeln, sich anschmiegen **2** *fig* sanft abwischen **3** kriechen, **plebem/plebi** vor dem Volk
adūlātiō ⟨ōnis⟩ F **1** das Schwanzwedeln **2** *fig* Schmeichelei **3** Kniefall **4** Höflinge
adūlātor ⟨ōris⟩ M Schmeichler
adūlātōrius ⟨a, um⟩ ADJ kriecherisch; **adulatorium dedecus** ehrlose Kriecherei
★**adulēscēns** ⟨entis⟩ **A** ADJ jung **B** **1** M junger Mann; **Brutus ~** der jüngere Brutus **2** F junges Mädchen
★**adulēscentia** ⟨ae⟩ F Jugend; die jungen Leute
adulēscentula ⟨ae⟩ F ganz junges Mädchen
adulēscentulus **A** ⟨a, um⟩ ADJ ganz jung **B** ⟨ī⟩ M junger Mensch

adulter **A** ⟨erī⟩ M Ehebrecher **B** ⟨era, erum⟩ ADJ **1** ehebrecherisch **2** gefälscht
adultera ⟨ae⟩ F Ehebrecherin
adulterāre ⟨ō, āvī, ātum 1.⟩ **A** V/I *fig* die Ehe brechen **B** V/T **1** *fig* zum Ehebruch verführen **2** verfälschen
adulterīnus ⟨a, um⟩ ADJ nachgemacht, falsch, unecht
★**adulterium** ⟨ī⟩ N **1** Ehebruch **2** Verfälschung
★**adultus** ⟨a, um⟩ ADJ **1** erwachsen **2** (*Zeit*) vorgerückt; **aestas adulta** Spätsommer **3** erstarkt
ad-umbrāre ⟨ō, āvī, ātum 1.⟩ **1** beschatten **2** skizzieren **3** *fig* schildern
adumbrātiō ⟨ōnis⟩ F **1** Umriss, Skizze **2** *fig* (bloße) Andeutung
adumbrātus ⟨a, um⟩ ADJ **1** skizziert **2** *fig* undeutlich **3** *fig* falsch, Schein...; **opinio adumbrata** vorgebliche Meinung
aduncitās ⟨ātis⟩ F Krümmung, Haken
ad-uncus ⟨a, um⟩ ADJ gekrümmt; mit krummem Schnabel
ad-ūrere ⟨ūrō, ussī, ustum 3.⟩ **1** verbrennen, *auch fig; passiv* sich brennen lassen **2** bräunen **3** erfrieren lassen
ad-urgēre ⟨urgeō, ursī, - 2.⟩ **1** andrücken **2** *fig* heftig bedrängen
ad-ūsque **A** = **usque ad** **B** ADV überall
adustus ⟨a, um⟩ ADJ sonnengebräunt
advectāre ⟨ō, āvī, ātum 1.⟩ zuführen
advectīcius ⟨a, um⟩ ADJ ausländisch
advectus ⟨ūs⟩ M Zufuhr, Einfuhr
ad-vehere ⟨vehō, vēxī, vectum 3.⟩ **1** herbeibringen **2** **(curru/equo/navi) advehi** heranfahren/-reiten/-segeln
ad-vēlāre ⟨ō, āvī, ātum 1.⟩ umhüllen, bekränzen
advena ⟨ae⟩ **A** M *u.* F **1** Ankömmling, Fremdling **2** *fig* Neuling, Laie **B** ADJ wandernd; ausländisch, fremd; **volucres advenae** Zugvögel
★**ad-venīre** ⟨veniō, vēnī, ventum 4.⟩ **1** ankommen **2** *fig* herankommen, erscheinen, ausbrechen; **advenit id, quod** dazu kommt noch, dass **3** zuteil werden, **ad amicum** dem Freund
adventāre ⟨ō, āvī, ātum 1.⟩ heranrücken
adventīcius ⟨a, um⟩ ADJ **1** von außen kommend, ausländisch, fremd **2** äußerlich; **externa atque adventicia visio** äu-

ßerer Sinneseindruck **3** zufällig **4** Ankunfts…
adventor ⟨ōris⟩ M Fremder; Gast
adventōria ⟨ae⟩ F Ankunftsessen
ad-ventum PPP → advenire
★**adventus** ⟨ūs⟩ M **1** Ankunft, Anmarsch; ~ **lucis** Tagesanbruch **2** Angriff **3** (*mlat.*) Adventszeit
adverbium ⟨ī⟩ N GRAM Umstandswort, Adverb
adversāre ⟨ō, āvī, ātum 1.⟩ ständig auf *etw* richten
adversārī ⟨or, ātus sum 1.⟩ sich widersetzen; **adversante fortunā** durch ein widriges Schicksal
adversāria[1] ⟨ae⟩ F Gegnerin, Feindin
adversāria[2] ⟨ōrum⟩ NPL **1** Behauptungen der Gegenpartei **2** Konzeptbuch
★**adversārius** **A** ⟨a, um⟩ ADJ gegnerisch, feindlich, widersprechend; **factio** ~ Gegenpartei **B** ⟨ī⟩ M **1** Gegner, Feind **2** JUR Kläger **3** (*eccl.*) Teufel
adversātrīx ⟨īcis⟩ F Gegnerin
adversitās ⟨ātis⟩ F Widrigkeit
adversitor ⟨ōris⟩ M *Sklave, der seinem Herrn entgegenkommt um ihn abzuholen*
adversum[1] ⟨ī⟩ N **1** entgegengesetzte Richtung, Gegenteil; **ex adverso** gegenüber, von vorn; **in adversum** entgegen **2** Unfall, Widrigkeit **3** PL Unglück **4** PL Gegensatz
adversum[2] = **adversus**[2]
★**adversus**[1] **A** ⟨a, um⟩ ADJ **1** zugekehrt; vorn stehend, von vorn; **adversa vulnera** Wunden auf der Brust **2** gegenüberstehend, gegenüberliegend; **ventus** ~ Gegenwind; **adverso flumine** flussaufwärts **3** *fig* feindlich; **adversā senatūs voluntate** gegen den Willen des Senats **4** *fig* gegensätzlich **5** (*Umstände*) ungünstig, *alicui* für j-n; **valetudo adversa** schlechte Gesundheit **6** *fig* verhasst **B** ⟨ī⟩ M Gegner
ad-versus[2] **A** ADV entgegen; ~ **arma ferre** auf der Gegenseite kämpfen **B** PRÄP +*akk* **1** in Richtung auf **2** gegenüber **3** (*freundlich u. feindlich*) gegen; **reverentia** ~ **homines** Ehrfurcht vor den Menschen **4** hinsichtlich **5** im Vergleich mit
ad-vertere ⟨vertō, vertī, versum 3.⟩ **1** hinwenden **alicui rei/in/ad aliquid** zu etw; **agmen urbi** ~ gegen die Stadt marschieren; *passiv* sich hinwenden **2** ansteuern, **aliquid** etw; *passiv* lossteuern, **alicui rei** auf etw; **omnium oculos in se** ~ aller Augen auf sich ziehen **3** **animum** ~ Aufmerksamkeit lenken, achtgeben, **(ad) periculum/periculo** auf die Gefahr, **ut/ne** dass/dass nicht **4** bemerken **5** (*Person*) bestrafen
ad-vesperāscere ⟨āscit, āvit, - 3.⟩ Abend werden
ad-vigilāre ⟨ō, āvī, ātum 1.⟩ auf der Hut sein
★**ad-vocāre** ⟨ō, āvī, ātum 1.⟩ **1** herbeirufen, einladen; **aegroto** ~ zu einem Kranken rufen; ~ **animum ad se ipsum** in sich gehen **2** (*Versammlung*) einberufen **3** *fig* zu Hilfe rufen **4** JUR einen Anwalt nehmen
advocātiō ⟨ōnis⟩ F **1** Berufung von Sachkundigen, **alicuius rei** über etw **2** JUR Beistand **3** JUR juristische Ratgeber **4** JUR Frist **5** JUR (*nachkl.*) Prozessführung
advocātus ⟨ī⟩ M **1** Rechtsbeistand; Rechtsanwalt **2** (*mlat.*) Vertreter, Vogt
ad-volāre ⟨ō, āvī, ātum 1.⟩ **1** heranfliegen **2** *fig* herbeieilen
advolātus, *abl* ⟨ū⟩ M Anflug; ~ **tristis** Anflug von Traurigkeit
ad-volvere ⟨volvō, volvī, volūtum 3.⟩ heranwälzen, **alicui/ad aliquid** an j-n/etw; *passiv u.* **se** ~ sich niederwerfen; **se pedibus/ad genua alicuius** ~ sich j-m zu Füßen werfen
advors… = **advers…**
advort… = **advert…**
adytum ⟨ī⟩ N **1** Allerheiligstes, Innerstes eines Tempels **2** Innenraum, Grabkammer **3** *fig* Innerstes
Aeacidēs ⟨ae⟩ M Nachkomme des Aeacus
Aeacus ⟨ī⟩ M MYTH *König von Aigina, nach seinem Tod Richter in der Unterwelt*
aed. cur. ABK = **aedilis curulis** kurulischer Ädil
★**aedēs** ⟨is⟩ F **1** Zimmer **2** Tempel **3** PL Haus **4** Familie **5** PL Bienenstock
aedicula ⟨ae⟩ F **1** kleines Zimmer **2** kleiner Tempel **3** PL kleine Wohnung
★**aedificāre** ⟨ō, āvī, ātum 1.⟩ **1** bauen, **domum** ein Haus; **rem publicam** ~ *fig* einen Staat gründen **2** bebauen **3** (*mlat.*) (geistlich) erbauen

aedificātiō ⟨ōnis⟩ F **1** das Bauen **2** Bauwerk **3** PL Komplex von Bauten **4** (*mlat.*) (geistliche) Erbauung

aedificātor ⟨ōris⟩ M **1** Erbauer; ~ **mundi** Schöpfer der Welt **2** Baulustiger

★**aedificium** ⟨ī⟩ N Gebäude, Bauwerk

aedīlicius **A** ⟨a, um⟩ ADJ des Ädils; **comitia aedilicia** Wahl zum Ädil **B** ⟨ī⟩ M ehemaliger Ädil

★**aedīlis** ⟨is⟩ M Ädil, *Beamter des röm. Staates; zwei aediles plebis od. plebei (Ädilen der Gemeinde) zur Veranstaltung der Spiele der Plebs, zwei aediles curules (kurulische Ädilen) zur Organisation der großen Spiele. Gemeinsame Aufsicht über die öffentliche u. soziale Sicherheit u. die öffentlichen Bauten*

aedīlitās ⟨ātis⟩ F Amt des Ädils, *zweite Stufe der röm. Ämterlaufbahn*

aedis ⟨is⟩ F = **aedes**

aedituēns ⟨entis⟩ M Tempelhüter

aeditumus *u.* **aedituus** ⟨ī⟩ M **1** Tempelhüter, Wächter **2** (*eccl.*) Küster

aēdōn ⟨ōnis⟩ F Nachtigall

aed. pl. ABK = **aedilis plebis** Ädil der Gemeinde

Aeduī ⟨ōrum⟩ MPL die Äduer, die Häduer, *kelt. Volksstamm in Gallien;* **Aeduus** ⟨a, um⟩ ADJ zu den Äduern gehörig

Aeētēs ⟨ae⟩ M *Vater der Medea, Hüter des Goldenen Vlieses;* **Aeētias** ⟨adis⟩ F *u.* **Aeētīnē** ⟨ēs⟩ F Medea

Aegaeus ⟨a, um⟩ ADJ ägäisch; **mare Aegaeum** Ägäisches Meer

Aegatae ⟨ārum⟩ FPL *u.* **Aegātēs** ⟨ium⟩ FPL Ägatische Inseln, *nordwestl. von Sizilien*

★**aeger** **A** ⟨aegra, aegrum⟩ ADJ, ADV → aegrē **1** krank; **valetudo aegra** Unpässlichkeit; **pedibus** ~ fußkrank; **manum** ~ an der Hand erkrankt **2** (*seelisch*) krank, bekümmert; ~ **amore** liebeskrank **3** (*Staatswesen usw.*) zerrüttet **4** schmerzlich, unglücklich **B** ⟨aegrī⟩ M Kranker

Aegeus ⟨eī⟩ M MYTH *König von Athen, Vater des Theseus;* **Aegīdēs** ⟨ae⟩ M Nachkomme des Aegeus, *auch* = Theseus

Aegīna ⟨ae⟩ F *Insel im Saronischen Meerbusen mit gleichnamiger Hauptstadt;* **Aegīnētae** ⟨ārum⟩ MPL die Aegineten; **Aegīnēticus** ⟨a, um⟩ ADJ aus Aegina

aegis ⟨idis⟩ F **1** *von Hephaistos angefertigter Schild des Zeus* **2** Schild

Aegisthus ⟨ī⟩ M *Mörder des Agamemnon, von Orest erschlagen*

★**aegrē** ADV **1** schmerzlich, unangenehm; ~ **facere alicui** j-m wehtun; ~ **ferre aliquid** gekränkt sein wegen etw **2** nur mit Mühe **3** ungern

aegrēscere ⟨ēscō, -, - 3.⟩ **1** krank werden **2** *fig* sich ärgern **3** *fig* schlimmer werden

aegrimōnia ⟨ae⟩ F Kummer

aegritūdō ⟨inis⟩ F **1** Unpässlichkeit **2** Kummer

aegror ⟨ōris⟩ M Krankheit

aegrōtāre ⟨ō, āvī, ātum 1.⟩ krank sein, leiden, **(ex) re** an etw

aegrōtātiō ⟨ōnis⟩ F Krankheit

aegrōtus **A** ⟨a, um⟩ ADJ **1** krank **2** zerrüttet **B** ⟨ī⟩ M Kranker

Aegyptīnus ⟨ī⟩ M Ägypter

Aegyptius **A** ⟨a, um⟩ ADJ ägyptisch **B** ⟨ī⟩ M Ägypter

Aegyptos *u.* **Aegyptus** ⟨ī⟩ F Ägypten

aelinos ⟨ī⟩ M Wehruf, Klagelied

Aelius ⟨a, um⟩ *Name einer pleb. gens*

Aemiliānus ⟨a, um⟩ ADJ *bes Beiname des jüngeren Scipio Africanus*

Aemilius ⟨a, um⟩ *Name einer patriz. gens* **1** **L.** ~ **Paulus**, *als Konsul bei Cannae 216 v. Chr. gefallen* **2** **Scipio** ~ **Africanus** *errang den endgültigen Sieg über Karthago 146 v. Chr.* **3** **via Aemilia** *von dem Konsul M. Aemilius Lepidus 187 v. Chr. begonnene Straße von Ariminum nach Placentia*

aemula ⟨ae⟩ F **1** Anhängerin **2** Rivalin

aemulārī ⟨or, ātus sum 1.⟩ **1** nacheifern, wetteifern, **fratrem** dem Bruder, mit dem Bruder **2** eifersüchtig sein, neidisch sein, **aemulo** (*dat*)/**cum aemulo** auf den Rivalen

aemulātiō ⟨ōnis⟩ F **1** Wetteifer, **laudis** um Ehre **2** Eifersucht, Rivalität, **alicuius rei** auf etw, in Bezug auf etw

aemulātor ⟨ōris⟩ M „Nacheiferer"

aemulātus ⟨ūs⟩ M = **aemulatio**

★**aemulus** **A** ⟨a, um⟩ ADJ **1** nacheifernd, wetteifernd, **alicui** j-m, mit j-m, **alicui rei** einer Sache, mit etw **2** eifersüchtig, neidisch, **alicuius/alicuius rei** auf j-n/etw **B** ⟨ī⟩ M **1** Anhänger **2** Rivale

Aenāria ⟨ae⟩ F *Insel bei Neapel, heute Ischia*
Aeneadēs ⟨ae⟩ F Sohn des Aeneas, Nachkomme des Aeneas
Aenēās ⟨ae⟩ M MYTH *Sohn des Anchises u. der Aphrodite/Venus, Held der Aeneis des Vergil, Stammvater Roms u. des julischen Hauses, der die Tradition Trojas nach Latium brachte*
aēneātōrēs ⟨um⟩ MPL die Tubabläser, die Hornbläser
Aenēis ⟨idis *u.* idos⟩ F *Epos des Vergil über Aeneas, röm. Nationalepos*
Aenēius ⟨a, um⟩ ADJ des Aeneas
aēneolus ⟨a, um⟩ ADJ aus Bronze, eisern
aēneus ⟨a, um⟩ ADJ 1 kupfern, eisern, aus Bronze; **aenea proles** das eherne Zeitalter 2 kupferfarben, bronzefarben 3 *fig* unbezwingbar
Aenīdēs ⟨ae⟩ M Sohn des Aeneas, Nachkomme des Aeneas
aenigma ⟨atis⟩ N Rätsel
aenigmaticē ADV in Rätseln
aēnus ⟨a, um⟩ ADJ = aeneus
Aenus ⟨ī⟩ 1 F *Ort in Thessalien, heute Enos* 2 M Inn
Aeolēs ⟨um⟩ MPL 1 die Äoler, *einer der Hauptstämme der Griechen* 2 die Einwohner von Aeolis
Aeolia ⟨ae⟩ F 1 = **Aeolis** 2 Aeolusinsel, *heute Stromboli*
Aeolicus ⟨a, um⟩ ADJ äolisch, *bes* von Lesbos
Aeolidēs ⟨ae⟩ M Sohn des Aeolus
Aeoliī ⟨ōrum⟩ MPL = **Aeoles**
Aeolis ⟨idis⟩ F 1 *Landschaft im NW Kleinasiens* 2 Tochter des Aeolus
Aeolius ⟨a, um⟩ ADJ 1 äolisch, *bes* von Lesbos 2 des Aeolus
Aeolos *u.* **Aeolus** ⟨ī⟩ M 1 *Herr der Äolischen Inseln, Herrscher über die Winde* 2 *König in Thessalien*
aequābilis ⟨e, *adv* aequābiliter⟩ ADJ 1 gleichmäßig, 2 unparteiisch 3 umgänglich
aequābilitās ⟨ātis⟩ F 1 Gleichmäßigkeit 2 Unparteilichkeit 3 Gelassenheit
aequ-aevus ⟨a, um⟩ ADJ gleichaltrig
aequālis A ⟨e, *adv* aequāliter⟩ ADJ 1 gleich hoch 2 gleich groß, von gleicher Form 3 gleichaltrig 4 gleichzeitig 5 gleichwertig B ⟨is⟩ M Altersgenosse, Zeitgenosse
aequālitās ⟨ātis⟩ F 1 Gleichheit 2 Gleichmäßigkeit 3 Altersgleichheit 4 Rechtsgleichheit
aequanimitās ⟨ātis⟩ F Gelassenheit, Geduld
★**aequāre** ⟨ō, āvī, ātum 1.⟩ 1 ebnen, gerade stellen 2 gleichmachen, **solo** dem Erdboden 3 ausgleichen, gleichmäßig verteilen 4 vergleichen, **Philippum Hannibali** Philipp mit Hannibal 5 erreichen, **turres** Turmhöhe
aequātiō ⟨ōnis⟩ F Gleichstellung; ~ **bonorum** gleiche Verteilung des Besitzes
★**aequē** ADV 1 gleich, gleichmäßig 2 in gleicher Weise, ~ **ac/atque/et/quam/ut** wie
Aequī *u.* **Aequīculī** ⟨ōrum⟩ MPL die Äquer, *ital. Stämme östl. von Rom;* **Aequīculus** *u.* **Aequicus** ⟨a, um⟩ ADJ äquisch
aequilībritās ⟨ātis⟩ F Gleichgewicht
aequinoctiālis ⟨e⟩ ADJ zur Tag- und Nachtgleiche gehörig
aequi-noctium ⟨ī⟩ N Tag- und Nachtgleiche
aequiperābilis ⟨e⟩ ADJ vergleichbar, *alicui* mit j-m
aequi-perāre ⟨ō, āvī, ātum 1.⟩ 1 gleichmachen 2 gleichstellen 3 erreichen
★**aequitās** ⟨ātis⟩ F 1 ebene Lage 2 Gleichheit, Gleichförmigkeit 3 (**animi**) ~ Geduld, Mäßigung 4 Gerechtigkeit
★**aequor** ⟨ōris⟩ N 1 Ebene 2 Meer, Meeresfläche 3 PL Fluten
aequoreus ⟨a, um⟩ ADJ Meeres…
aequum ⟨ī⟩ N 1 Fläche, Ebene 2 Gleichheit, gleiches Recht 3 Angemessenheit; **plus aequo** über Gebühr; **aequum bonumque** Recht und Billigkeit
★**aequus** ⟨a, um⟩ ADJ, ADV → ⟨aequē⟩ 1 flach, waagrecht 2 (*Ort, Zeitpunkt*) günstig 3 (*Gottheit*) gnädig gesinnt 4 (*Kraft*) gleich, gleichmäßig, gleich groß, gleich verteilt 5 *fig* gelassen; gleichgültig; ~ **re/alicuius rei** zufrieden mit etw 6 (*Urteil*) gerecht, unparteiisch
★**āēr** ⟨āeris⟩, *akk* ⟨āerem *u.* āera⟩ M 1 Luft, Atmosphäre 2 Nebel
aera ⟨ae⟩ F Ära, Epoche, Zeitabschnitt
aerāria ⟨ae⟩ F Erzgrube

aerārium ⟨ī⟩ N **1** Schatzkammer, Staatskasse **2** Staatsvermögen

aerārius **A** ⟨a, um⟩ ADJ **1** Erz..., Kupfer..., Bronze... **2** Geld...; **quaestor ~** Schatzmeister; **tribunus ~** Zahlmeister **B** ⟨ī⟩ M Aerarier, *Bürger der untersten sozialen u. Vermögensklasse*

aerātae ⟨ārum⟩ FPL Kriegsschiffe

aerātus ⟨a, um⟩ ADJ **1** erzbeschlagen; **navis aerata** Kriegsschiff **2** eisern

aereus ⟨a, um⟩ ADJ = **aeratus**

aeri-fer ⟨fera, ferum⟩ ADJ eisern

aeri-pēs ⟨pedis⟩ ADJ mit eisernen Füßen

★**āerius** ⟨a, um⟩ ADJ **1** in der Luft befindlich, luftig **2** *(Berg)* hochragend

aerūginōsus ⟨a, um⟩ ADJ **1** voll Grünspan **2** *fig* Bettler...

aerūgō ⟨inis⟩ F **1** Grünspan **2** *fig* Neid

aerumna ⟨ae⟩ F Mühe, Elend

aerumnābilis ⟨e⟩ ADJ trübselig

★**aes** ⟨aeris⟩ N **1** Kupfer, Erz, Bronze **2** Gegenstand aus Kupfer *od.* Erz, Gefäß **3** Geld, Münze **4** Vermögen; **~ alienum** Schulden; **~ conflare** Schulden machen; **~ solvere** Schulden bezahlen **5** PL Sold **6** PL Schulgeld

aesar ⟨aris⟩ M = **deus**

Aeschylēus ⟨a, um⟩ ADJ des Aeschylus

Aeschylus ⟨ī⟩ M *bedeutendster Vertreter der älteren attischen Tragödie*

Aesculāpium ⟨ī⟩ N Tempel des Äskulap

Aesculāpius ⟨ī⟩ M Äskulap, *griech. Gott der Heilkunst*

aesculētum ⟨ī⟩ N Eichenwald

aesculeus ⟨a, um⟩ ADJ Wintereichen...

aesculus ⟨ī⟩ F immergrüne Wintereiche

Aesōpēus *u.* **Aesōpīus** ⟨a, um⟩ ADJ des Äsop

Aesōpus ⟨ī⟩ M **1** Äsop, *griech. Fabeldichter* **2** **Clodius ~** *röm. Tragödiendichter*

★**aestās** ⟨ātis⟩ F **1** Sommer **2** Sommerwetter, Hitze

aesti-fer ⟨fera, ferum⟩ ADJ Hitze bringend; **canis ~** Hundsstern

Aestiī ⟨ōrum⟩ MPL *Volk an der Ostsee*

aestimābilis ⟨e⟩ ADJ schätzenswert

★**aestimāre** ⟨ō, āvī, ātum 1.⟩ **1** den Wert abschätzen; **permagno ~** sehr hoch einschätzen **2** glauben, meinen **3** den inneren Wert beurteilen **4** anerkennen **5** **litem ~** JUR die Strafsumme bestimmen

aestimātiō ⟨ōnis⟩ F **1** Schätzung des Wertes **2** Grundstück statt Barzahlung **3** PHILOS Wertschätzung, Achtung

aestimātor ⟨ōris⟩ M **1** amtlicher Schätzer **2** *fig* Beurteiler

aestīva ⟨ōrum⟩ NPL **1** *(erg.* **castra***)* Sommerlager **2** Sommerweide

aestīvus ⟨a, um, *adv* aestīvē⟩ ADJ sommerlich, Sommer...; **dies ~** Sommertag

★**aestuāre** ⟨ō, āvī, ātum 1.⟩ **1** *(Feuer)* auflodern **2** Hitze empfinden **3** *(Wasser usw.)* branden, schäumen; aufkochen **4** *(Wein)* gären **5** *fig* heftig erregt sein, brennen; **~ in aliquo** j-n leidenschaftlich lieben

aestuārium ⟨ī⟩ N **1** Lagune **2** Flussmündung; Strömung **3** ARCH Luftschacht

aestuōsus ⟨a, um, *adv* aestuōsē⟩ ADJ **1** glühend **2** brandend

★**aestus** ⟨ūs⟩ M **1** Hitze, Glut; **aestu** im Sommer **2** Brandung; **aestuum accessus et recessus** Ebbe und Flut **3** *fig* Leidenschaft **4** *fig* Unruhe

★**aetās** ⟨ātis⟩ F **1** Lebensalter, Altersstufe; **~ iniens/prima** Kindesalter; **~ florens** Jugend **2** Altersklasse; **~ puerilis** die Kinder **3** Leben(szeit); **aetatem agere** sein Leben verbringen **4** Zeit(alter) Menschen eines Zeitalters, Geschlecht, Generation

aetātula ⟨ae⟩ F **1** Kindesalter, Jugendalter **2** jugendliche Ausschweifung

aeternālis ⟨e⟩ ADJ ewig

aeternitās ⟨ātis⟩ F **1** Ewigkeit **2** Unsterblichkeit; **vestra ~** Eure Unsterblichkeit, *kaiserlicher Titel* **3** *(eccl.)* ewiges Leben

aeternum **A** ⟨ī⟩ N Ewigkeit; **in ~** auf ewig **B** ADV ewig

★**aeternus** ⟨a, um, *adv* aeternō⟩ ADJ **1** ewig **2** unsterblich **3** *fig* beständig

★**aethēr** ⟨eris⟩, *akk* ⟨aethera⟩ M **1** Äther, obere Luftschicht **2** Himmelsraum = Wohnsitz der Götter **3** Götter **4** Oberwelt **5** *(eccl.)* Himmel, Jenseits

aetherius ⟨a, um⟩ ADJ **1** des Äthers, ätherisch **2** himmlisch **3** zur Oberwelt gehörig **4** luftig

Aethiopia ⟨ae⟩ F Äthiopien; Afrika; **Aethiopicus** ⟨a, um⟩ ADJ äthiopisch; **Aethiops** ⟨opis⟩ M Äthiopier

Aetna ⟨ae⟩ F Ätna, *Vulkan auf Sizilien;* **Aetnaeī** ⟨ōrum⟩ MPL die Anwohner des Ätna; **Aetnaeus** ⟨a, um⟩ ADJ des Ätna; **Aetnē** ⟨ēs⟩ F **1** Ätna, *Vulkan* **2** Ätna, *Stadt am Fuß des Ätna;* **Aetnēnsis** ⟨e⟩ ADJ aus Ätna; **Aetnēnsis** ⟨is⟩ M Einwohner von Ätna

Aetōlia ⟨ae⟩ F *Landschaft in Mittelgriechenland;* **Aetōlicus** ⟨a, um⟩ ADJ ätolisch; **Aetōlis** ⟨idis⟩ F Ätolierin; **Aetōlus** ⟨a, um⟩ ADJ ätolisch; **Aetōlus** ⟨ī⟩ M Ätolier

★**aevum** ⟨ī⟩ N **1** lange Dauer, Ewigkeit **2** = **aetas; aevi maturus** in reifem Alter

aevus ⟨ī⟩ M = **aevum**

Āfer **A** ⟨Āfra, Āfrum⟩ ADJ afrikanisch, punisch **B** ⟨Āfrī⟩ M Afrikaner

affābilis ⟨e, *adv* affābiliter⟩ ADJ ansprechbar, freundlich

affābilitās ⟨ātis⟩ F Freundlichkeit

af-fabrē ADV kunstvoll

af-fārī ⟨for, fātus sum 1.⟩ **1** ansprechen **2** *(Götter)* anflehen; **affatum esse** vom Schicksal verhängt sein

af-fatim ADV reichlich, zu Genüge

affātus[1] ⟨a, um⟩ ADJ → affari

affātus[2] ⟨ūs⟩ M Anrede

af-fēcī → afficere

affectāre ⟨ō, āvī, ātum 1.⟩ **1** ergreifen wollen **2** heimsuchen **3** sexuell verkehren mit *j-m, aliquem* **4** eifrig streben, **aliquid** nach etw **5** vorgeben, **studium** Interesse

affectātiō ⟨ōnis⟩ F **1** Streben, **alicuius rei** nach etw **2** RHET das Gekünstelte

affectātor ⟨ōris⟩ M Strebender, **alicuius rei** nach etw

affectātus ⟨a, um⟩ ADJ affektiert

affectiō ⟨ōnis⟩ F **1** Eindruck, Einwirkung, **alicuius rei** von etw, **alicuius** auf j-n **2** Zustand, Beschaffenheit **3** **(animi)** ~ *fig* Gemütszustand **4** Neigung, Liebe **5** *(mlat.)* geistige Anlage

affectus[1] ⟨ūs⟩ M **1** Zustand, Verfassung **2** Leidenschaft **3** Zuneigung

affectus[2] ⟨a, um⟩ ADJ **1** ausgerüstet, versehen **2** beschaffen; **oculus probe** ~ funktionstüchtiges Auge **3** angegriffen, angeschlagen **4** dem Ende nahe

affectus[3] ⟨a, um⟩ PPP → afficere

★**af-ferre** ⟨afferō, attulī, allātum 0.⟩ **1** herbeitragen, -bringen, **alicui/ad aliquem** zu j-m **2** *(Brief usw.)* mitbringen, überbringen **3** melden, berichten **4** vorbringen, vorschützen; **consilium** ~ einen Rat erteilen **5** (Gewalt) antun **6** verursachen, zufügen, einflößen; **alicui spem** ~ j-m Hoffnung machen **7** beitragen **8** hinzufügen, **alicui rei/ad/in aliquid** zu etw

★**af-ficerē** ⟨ficiō, fēcī, fectum 3.⟩ **1** ausstatten, versehen, **re** mit etw; **poenā** ~ bestrafen **2** *(in einen Zustand)* versetzen **3** anregen **4** schwächen

★**af-fīgerē** ⟨fīgō, fīxī, fīxum 3.⟩ **1** anheften, annageln, anschmieden; **clavem parieti** ~ einen Nagel in die Wand schlagen **2** *fig* fesseln, anketten; *passiv* sich *j-m* anschließen **3** *fig* einprägen

af-fingerē ⟨fingō, finxī, fictum 3.⟩ **1** hinzubilden **2** *(Gerüchte)* andichten, hinzudichten, -lügen

af-fīnis **A** ⟨e⟩ ADJ **1** angrenzend, benachbart **2** beteiligt, **sceleri** an einem Verbrechen **3** verwandt, verschwägert, **alicui** mit j-m **B** ⟨is⟩ M *u.* F **1** Schwager, Schwägerin **2** Schwiegersohn **3** Schwiegervater **4** Verwandter

affīnitās ⟨ātis⟩ F **1** Verwandtschaft, **alicuius** mit j-m **2** enge Beziehung

★**af-firmāre** ⟨ō, āvī, ātum 1.⟩ **1** festigen, kräftigen **2** bestätigen, beweisen **3** behaupten; **rem pro certo** ~ etw als sicher hinstellen **4** *passiv* gelten als

affirmātē ADV unter Beteuerungen

affirmātiō ⟨ōnis⟩ F Versicherung

affirmātor ⟨ōris⟩ M Bürge

af-fīxī → affigere

af-fīxus ⟨a, um⟩ PPP → affigere

af-flāre ⟨ō, āvī, ātum 1.⟩ **A** V/T **1** anhauchen, anblasen **2** versengen **3** zuwehen, zutragen **4** *fig* begeistern **B** V/I **1** entgegenwehen **2** günstig sein

afflātus ⟨ūs⟩ M **1** das Anwehen, Luft, Luftzug **2** *fig* Inspiration

af-flēre ⟨eō, -, - 2.⟩ bei *etw/j-m* weinen, mit *j-m* weinen, *alicui rei/alicui*

afflīctāre ⟨ō, āvī, ātum 1.⟩ **1** heftig schlagen **2** beschädigen **3** schwer heimsuchen **4** *fig* beunruhigen

afflīctātiō ⟨ōnis⟩ F Pein, Qual

afflīctiō ⟨ōnis⟩ F Niedergeschlagenheit

afflīctor ⟨ōris⟩ M Zerstörer, Schänder
afflīctus ⟨a, um⟩ ADJ 1 zerschlagen 2 *fig* zerrüttet, elend 3 *fig* verzweifelt
★**af-flīgere** ⟨flīgō, flīxī, flīctum 3.⟩ 1 schlagen, **saxo** an einen Felsen 2 niederschlagen; *passiv* zu Boden stürzen 3 *fig* ins Verderben stürzen 4 *fig* entmutigen 5 beschädigen, zerschlagen; **causam susceptam** ~ ein Projekt fallen lassen 6 heimsuchen
affluēns ⟨entis, *adv* affluenter⟩ ADJ 1 reichlich zuströmend 2 *fig* im Überfluss vorhanden; **ex affluenti** im Überfluss 3 reich, **opibus** (*abl*) an Mitteln
affluentia ⟨ae⟩ F Überfluss, Fülle
af-fluere ⟨fluō, flūxī, - 3.⟩ 1 heranfließen 2 (*Menschenmenge*) herbeiströmen 3 *fig* auf *etw* einwirken 4 (*Reichtum usw.*) reichlich vorhanden sein 5 *fig* Überfluss haben
af-fore, af-forem → adesse
af-formīdāre ⟨ō, āvī, ātum 1.⟩ bange werden, *ne +konjkt*
af-fricāre ⟨ō, uī, ātum 1.⟩ 1 anreiben 2 *fig* übertragen
affrictus ⟨ūs⟩ M das Anreiben
af-fūdī → affundere
af-fuī → adesse
af-fulgēre ⟨fulgeō, fulsī, - 2.⟩ 1 entgegenleuchten 2 leuchtend erscheinen
af-fundere ⟨fundō, fūdī, fūsum 3.⟩ 1 hinzugießen, **alicui rei** zu etw; *passiv* sich ergießen 2 hinzufügen; **genibus eius affusus** zu dessen Knien liegend
af-futūrus ⟨a, um⟩ PART *fut* → adesse
a-fluere ⟨ō, -, - 3.⟩ wegfließen
ā-fore, ā-forem → abesse
Āfrī ⟨ōrum⟩ MPL → Afer
Āfrica ⟨ae⟩ F 1 Afrika 2 Provinz Afrika; **Āfricānus** ⟨a, um⟩ ADJ afrikanisch; **Āfricus** ⟨a, um⟩ ADJ afrikanisch, punisch; **(ventus)** ~ Westsüdwestwind
ā-fuī → abesse
agaga ⟨ae⟩ M Kuppler, Zuhälter
Agamemnō(n) ⟨onis⟩ M *König von Mykene, oberster Feldherr der Griechen vor Troja*; **Agamemnonius** ⟨a, um⟩ ADJ des Agamemnon
Aganippē ⟨ēs⟩ F *Nymphe u. Musenquelle am Helikon in Böotien*; **Aganippis** ⟨idos⟩ F von der Aganippe stammend
agapē ⟨ēs⟩ F (*eccl.*) 1 christliche Nächstenliebe 2 Gemeinschaftsmahl
agāsō ⟨ōnis⟩ M Stallknecht; Trottel
age → agere
agedum → agere
agellus ⟨ī⟩ M kleines Landgut
agenda ⟨orum⟩ NPL (*mlat.*) gottesdienstliche Handlung
Agēnōr ⟨oris⟩ M *Ahnherr der Dido*; **Agēnoreus** ⟨a, um⟩ ADJ des Agenor; **Agēnoridēs** ⟨ae⟩ M Sohn des Agenor, Nachkomme des Agenor = Kadmos
agēns[1] ⟨entis⟩ PPR → agere
agēns[2] A ⟨entis⟩ ADJ 1 lebhaft 2 GRAM aktivisch B ⟨entis⟩ M 1 Anwalt, Kläger 2 (*mlat.*) Beamter
★**ager** ⟨agrī⟩ M 1 Acker, Feld, Grundstück 2 **in agrum** feldeinwärts 3 Land (-schaft)
★**agere** ⟨agō, ēgī, āctum 3.⟩ A V/T 1 in Bewegung setzen, führen, lenken; **radices** ~ Wurzeln treiben; (*Fluss*) strömen, fließen 2 (*Person, Tier*) hetzen, jagen, treiben 3 vertreiben 4 ausführen, betreiben, tun; **pacem** ~ Frieden halten; **vigiliam/custodiam** ~ Wache halten; **honorem** ~ ein Ehrenamt bekleiden; **quid agitur?** wie geht es?; **res agitur** etw steht auf dem Spiel; **age(dum)/agite (-dum)** auf!, vorwärts! 5 (*im Theater*) aufführen, (*Rolle*) spielen 6 aussprechen; **gratias** ~ Dank sagen 7 (*Zeit*) verbringen, verleben 8 verhandeln, besprechen 9 JUR **causam** ~ einen Prozess führen; **causam alicuius** ~ j-n verteidigen B V/I 1 tätig sein, handeln; verhandeln; **pro victore** ~ sich als Sieger benehmen 2 verfahren; **familiariter ~ cum aliquo** mit j-m auf vertrautem Fuß stehen; **actum est de aliquo/de re** es ist geschehen um j-n/etw 3 JUR klagen, **cum aliquo** gegen j-n; **hospes in agendo** unerfahren in Rechtssachen 4 sich aufhalten
a-gerere ⟨ō, -, - 3.⟩ wegschaffen; **nunc agerite vos!** nun schert euch weg!
★**agger** ⟨eris⟩ M 1 Schanzmaterial 2 Erdwall, Damm 3 Bodenerhebung; ~ **tumuli** Grabhügel 4 Oberbau einer Straße
aggerāre ⟨ō, āvī, ātum 1.⟩ aufschütten, aufhäufen
aggerātiō ⟨ōnis⟩ F Damm
ag-gerere ⟨gerō, gessī, gestum, 3.⟩ 1

herbeitragen, -bringen ■2 *fig* vorbringen
ag-glomerāre ⟨ō, āvī, ātum 1.⟩ zusammendrängen
ag-glūtināre ⟨ō, āvī, ātum 1.⟩ ■1 anleimen, anheften, **alicui rei** an etw ■2 **se ~** *fig* sich anhängen
ag-gravāre ⟨ō, āvī, ātum 1.⟩ ■1 schwerer machen ■2 *fig* verschlimmern, steigern ■3 *fig* belästigen, zur Last fallen
ag-gravēscere ⟨ēscō, -, -, 3.⟩ sich verschlimmern
★**ag-gredī** ⟨gredior, gressus sum 3.⟩ ■1 sich nähern, sich begeben, **(ad) amicum** zum Freund ■2 sich wenden, **magistrum** an den Lehrer ■3 angreifen ■4 JUR gerichtlich verfolgen ■5 beginnen, versuchen ■6 **ad cetera ~** RHET fortfahren
ag-gregāre ⟨ō, āvī, ātum 1.⟩ ■1 beigeben, **alicui/in aliquid/ad aliquem** j-m; **in nostrum numerum ~** in unsere Reihen aufnehmen ■2 *passiv u.* **se ~** sich anschließen
aggressiō ⟨ōnis⟩ F ■1 Angriff ■2 RHET erster Anlauf ■3 PHILOS logischer Schluss
aggressor ⟨ōris⟩ M Angreifer, Räuber
ag-gressus ⟨a, um⟩ PPERF → aggredi
agilis ⟨e⟩ ADJ ■1 leicht beweglich ■2 schnell, geschäftig
agilitās ⟨ātis⟩ F Beweglichkeit, Schnelligkeit
agitābilis ⟨e⟩ ADJ leicht beweglich
agitāre ⟨ō, āvī, ātum 1.⟩ ■1 heftig bewegen, wiederholt bewegen, hin und her treiben ■2 (*Tier*) jagen, hetzen ■3 (*Wind*) aufwirbeln ■4 *fig* anspornen ■5 *fig* aufregen, plagen ■6 (*Frieden*) betreiben, ausführen; *passiv* betrieben werden, herrschen; **imperium ~** den Oberbefehl ausüben ■7 (*Feste*) feiern ■8 sich benehmen ■9 sich aufhalten ■10 (*Zeit*) verbringen ■11 (*Gesetz*) verhandeln, besprechen ■12 *fig* bedenken, überlegen, planen
agitātiō ⟨ōnis⟩ F ■1 Bewegung ■2 das Schwanken ■3 *fig* Beschäftigung, **alicuius rei** mit etw ■4 *fig* Regsamkeit
agitātor ⟨ōris⟩ M ■1 Treiber; Wagenlenker ■2 (*nlat.*) Aufwiegler
agitātus ⟨a, um⟩ ADJ lebhaft
agite(dum) → agere
agmen ⟨inis⟩ N ■1 Heereszug; **in agmine** auf dem Marsch; **~ primum** Vorhut; **~ novissimum** Nachhut ■2 Krieg, Schlacht ■3 (*von Menschen*) Schar, Trupp ■4 (*von Tieren*) Rudel, Meute

Wortschatz

▶ agmen – Heer auf dem Marsch

Die Römer hatten für das Heer drei Begriffe:

exercitus	geordnetes Heer
acies	Heer in Schlachtordnung
agmen	Heer in Marschordnung

Zusammen mit einem Attribut nimmt **agmen** verschiedene Spezialbedeutungen an:

agmen quadratum	Marsch in Gefechtsformation
agmen primum	Vorhut
agmen medium	Zentrum
agmen novissimum	Nachhut

agna ⟨ae⟩ F weibliches Lamm
a-gnāscī ⟨agnāscor, agnātus sum 3.⟩ nachgeboren werden, hinzu-, nachwachsen
agnātiō ⟨ōnis⟩ F Verwandtschaft väterlicherseits
agnātus[1] ⟨a, um⟩ PPERF → agnasci
agnātus[2] ⟨ī⟩ M ■1 nachgeborener Sohn ■2 Verwandter vonseiten des Vaters
agnellus ⟨ī⟩ M Lämmchen
agnīna ⟨ae⟩ F (*erg.* **caro**) Lammfleisch
agnīnus ⟨a, um⟩ ADJ Lamm...
agnitiō ⟨ōnis⟩ F Anerkennung
agnitus ⟨a, um⟩ PPP → agnoscere
agnōmen ⟨inis⟩ N Beiname
★**agnōscere** ⟨agnōscō, agnōvī, agnitum 3.⟩ ■1 erkennen; wahrnehmen, bemerken, **ex re** an etw ■2 sich besinnen, **aliquem** auf j-n ■3 anerkennen
★**agnus** ⟨ī⟩ M Lamm
agōn ⟨ōnis⟩, *akk* ⟨ōna⟩ M Wettkampf; **~ exitūs** (*mlat.*) Todeskampf
agōnia ⟨ōrum⟩ NPL Opfertiere

Agragantīnus ⟨a, um⟩ ADJ = **Agrigentinus**

Agragās ⟨antis⟩ M = **Agrigentum**

agrāriī ⟨ōrum⟩ MPL die Agrarier, *Partei für die Verteilung des Ackerlandes*

agrārius ⟨a, um⟩ ADJ Acker…, Feld…; **triumvir ~** für die Ackerverteilung zuständiger Triumvir

★**agrestis** ⟨e⟩ ADJ 1 auf dem Feld befindlich 2 wild wachsend 3 ländlich

★**agri-cola** ⟨ae⟩ M Bauer, Landwirt

Agricola ⟨ae⟩ M *röm. Beiname;* **Cn. Iulius ~** *Schwiegervater des Tacitus*

agri-cultiō ⟨ōnis⟩ F Ackerbau

agri-cultor ⟨ōris⟩ M Bauer, Landwirt

agri-cultūra ⟨ae⟩ F Ackerbau, Landwirtschaft

Agrigentīnus ⟨a, um⟩ ADJ aus Agrigent

Agrigentum ⟨ī⟩ N Agrigent, *Stadt auf Sizilien, heute Agrigento*

agri-peta ⟨ae⟩ M Siedler, Kolonist

Agrippa ⟨ae⟩ M *röm. Beiname* 1 **Menenius Lanatus ~** *vermittelte den Frieden mit der auf den Heiligen Berg ausgewanderten Plebs* 2 **M. Vipsanius ~**, *Freund des Augustus, Sieger von Actium 31 v. Chr.*

Agrippīna ⟨ae⟩ F 1 *Gattin von Kaiser Tiberius* 2 *Gattin des Germanicus* 3 *Gattin von Kaiser Claudius, Mutter des Nero;* **Agrippīnēnsēs** ⟨ium⟩ MPL die Einwohner von Colonia Agrippinensis; **Colonia Agrippinensis** *f Stadt am Rhein, heute Köln*

āh INT ach!, ha!, wehe!

aha INT oho!

ahēneus ⟨a, um⟩ ADJ = **aeneus**

Ahēno-barbus ⟨ī⟩ M → Domitius

ahēnus ⟨a, um⟩ ADJ = **aenus**

ai INT *der Klage* ach!, wehe!

Āiāx ⟨ācis⟩ M 1 *Sohn des Oileos, kämpfte vor Troja* 2 *Sohn des Telamon, kämpfte vor Troja*

āiēns ⟨entis⟩ ADJ bejahend

ain' → aio

★**aiō** ⟨3.⟩ *Defektivum, gebräuchlich nur ind präs aio, ais, ait, -, -, aiunt; ind imperf regelmäßig; ind perf ait;* sagen; **ut ait Homerus** wie Homer sagt; **ain'?** sagst du?

Āius Locūtius *od.* **Āius Loquēns** M *göttliche Stimme, die die Römer vor der Ankunft der Gallier warnte*

★**āla** ⟨ae⟩ F 1 Achsel 2 Flügel; Flügelschuh 3 MIL Flügel 4 Schildrand 5 PL ARCH Nebenräume

alabaster ⟨trī⟩ M *u.* **alabastrum** ⟨ī⟩ N Salbenfläschchen aus Alabaster

★**alacer** ⟨cris, cre, *adv* alacriter⟩ ADJ 1 erregt 2 lebhaft 3 freudig

alacritās ⟨ātis⟩ F 1 Erregung 2 Eifer, Lust 3 Fröhlichkeit, **operis** über das Werk

Alamannī ⟨ōrum⟩ MPL Alamannen, *germ. Stamm zwischen Donau u. Oberrhein*

alapa ⟨ae⟩ F Ohrfeige

ālārēs ⟨ium⟩ MPL *u.* **ālāriī** ⟨ōrum⟩ MPL Hilfstruppen

ālāris ⟨e⟩ ADJ *u.* **ālārius** ⟨a, um⟩ ADJ Flügel…

ālātus ⟨a, um⟩ ADJ geflügelt

alauda ⟨ae⟩ F 1 Haubenlerche 2 PL *Name einer gall. Legion mit Helmbüschen*

Alba Longa ⟨ae⟩ F *Mutterstadt Roms am Albanerberg;* **Albānī** ⟨ōrum⟩ MPL die Einwohner von Alba Longa; **Albānum** ⟨ī⟩ N Land am Albanerberg, *heute Albano;* **Albānus** ⟨a, um⟩ ADJ aus Alba Longa; **mons ~** Albanerberg

albātus A ⟨a, um⟩ ADJ weiß gekleidet, im Festkleid B ⟨ī⟩ M (*mlat.*) Engel

albēdō ⟨inis⟩ F weiße Farbe, das Weiß

albēre ⟨eō, -, - 2.⟩ weiß sein, blass sein; **caelo albente** im Morgengrauen

albēscere ⟨ēscō, -, - 3.⟩ weiß werden, grau werden

Albiānus ⟨a, um⟩ ADJ des Albius

albicapillus a, um ADJ grauhaarig

albicāre ⟨ō, āvī, - 1.⟩ weiß sein

albidus ⟨a, um⟩ ADJ weißlich

Albis ⟨is⟩, *akk* ⟨im⟩ M Elbe

albitūdō ⟨inis⟩ F das Weiß; **~ capitis** weißes Haar, graues Haar

Albius ⟨a, um⟩ *röm. Gentilname*

albulus ⟨a, um⟩ ADJ weißlich

album ⟨ī⟩ N 1 das Weiß, weiße Farbe 2 weiße Tafel 3 amtliches Verzeichnis

Albunea ⟨ae⟩ *f weissagende Nymphe*

★**albus** ⟨a, um⟩ ADJ 1 weiß, weißgrau 2 weiß gekleidet 3 blass 4 hell 5 *fig* heiter

alcēdō ⟨inis⟩ F Eisvogel; **alcēdōnia** ⟨ōrum⟩ NPL (*erg.* **tempora**) Brutzeit des Eisvogels, Winterzeit

alcēs ⟨is⟩ F Elch

Alcibiadēs ⟨is⟩ M *athenischer Politiker*

u. Staatsmann

Alcīdēs ⟨ae⟩ M der Alkide = Herkules

Alcinous ⟨ī⟩ M *König der Phäaken*; **Alcinoi silvae** fruchtbare Obstbäume

Alcmēna ⟨ae⟩ F *u.* **Alcmēnē** ⟨ēs⟩ F *Gattin des Amphytrion, von Zeus Mutter des Herkules*

Alcumēna ⟨ae⟩ F = **Alcmena**

alcyōn ⟨onis⟩ F Eisvogel

ālea ⟨ae⟩ F **1** Würfel **2** Würfelspiel **3** *fig* Wagnis; Zufall; **in aleam dare** aufs Spiel setzen

āleārius ⟨a, um⟩ ADJ Spiel…

āleātor ⟨ōris⟩ M Spieler

āleātōrius ⟨a, um⟩ ADJ Spiel…

ālēc ⟨ēcis⟩ N = **allec**

Alēctō, *akk* ⟨ō⟩ F *eine der drei Erinnyen*

āleō ⟨ōnis⟩ M Spieler

★**alere** ⟨alō, aluī, altum *u.* alitum 3.⟩ **1** ernähren **2** halten, pflegen **3** *fig* vergrößern; **morbum** ~ eine Krankheit verschlimmern **4** *fig* fördern

āles **A** ⟨itis⟩ ADJ **1** geflügelt **2** *fig* rasch, flüchtig **B** ⟨itis⟩ F (*u.* M) **1** Vogel **2** Wahrsagevogel **3** Vorbedeutung

alēscere ⟨ēscō, -, - 3.⟩ heranwachsen

Alesia ⟨ae⟩ F *Stadt in Gallien, von Caesar erobert*

Alēus ⟨a, um⟩ ADJ = **Eleus**; → Elis

Alexander ⟨drī⟩ M **1** = Paris **2** *Tyrann in Pherai* **3** *Alexander der Große*

Alexandrēa *u.* **Alexandrīa** ⟨ae⟩ F *Name von Städten, die Alexander der Große gründete, am bekanntesten in Ägypten*;

Alexandrīnus ⟨a, um⟩ ADJ aus Alexandria; **Alexandrīnus** ⟨ī⟩ M Einwohner von Alexandria

alga ⟨ae⟩ F Tang

algēre ⟨algeō, alsī, - 2.⟩ frieren

algēscere ⟨algēscō, alsī, - 3.⟩ sich erkälten

algidus ⟨a, um⟩ ADJ kalt, eisig

Algidus (mons) M *Gebirgszug in Latium*

algor ⟨ōris⟩ M *u.* **algus** ⟨ūs⟩ M Kälte

aliā ADV (*erg.* **viā**) auf einem anderen Weg; **alius** ~ der eine auf diesem, der andere auf jenem Weg

Ālia ⟨ae⟩ F = **Allia**

aliās ADV **1** zu anderer Zeit, sonst; ~ **aliud** bald dies, bald das; ~ **aliter** bald so, bald anders; ~ … ~ bald … bald **2** anderswo(hin)

āliātus ⟨ī⟩ M Knoblauchesser; armer Schlucker

★**alibī** ADV **1** anderswo; **alius** ~ der eine hier, der andere dort; ~ … ~ hier … dort; ~ **aliter** hier so, dort so **2** sonst **3** (*nlat.*) Beweis, dass jd. zur Tatzeit nicht am Tatort war

alica ⟨ae⟩ F Brei aus Dinkel

alicārius ⟨a, um⟩ ADJ Dinkel…

alicubī ADV irgendwo

alicunde ADV von irgendwoher

alid = **aliud**; → alius

aliēnāre ⟨ō, āvī, ātum 1.⟩ **1** weggeben, entfernen; verstoßen **2** **omnes bonos a se** ~ sich alle Guten zu Feinden machen **3** ~ **mentem alicuius** j-n um den Verstand bringen; *passiv* absterben, gefühllos werden

aliēnātiō ⟨ōnis⟩ F Entfremdung; ~ **mentis** Wahnsinn

aliēnātus ⟨a, um⟩ ADJ gefühllos, gleichgültig, **a sensu** gegen Schmerz

aliēni-gena ⟨ae⟩ **A** M *u.* F Ausländer, Fremder **B** ADJ anderswo geboren

aliēnigenus ⟨a, um⟩ ADJ ausländisch, fremd

Aliēnsis ⟨e⟩ ADJ = **Alliensis**

aliēnum ⟨ī⟩ N *auch* PL fremder Besitz

★**aliēnus** **A** ⟨a, um⟩ ADJ **1** fremd **2** ausländisch **3** nicht verwandt **4** abgeneigt, feindselig, **a me** mir gegenüber **5** ungünstig, **mihi** für mich **6** unpassend, **ab aliquo** für j-n, **a re/alicui rei/alicuius rei** für etw **B** ⟨ī⟩ M Ausländer

āli-ger ⟨gera, gerum⟩ ADJ geflügelt; **agmen aligerum** Vogelzug

alimentārius ⟨a, um⟩ ADJ Unterhalt…; **res alimentaria** Verpflegung, Proviant

alimentum ⟨ī⟩ N **1** Nahrungsmittel, Proviant **2** PL Verpflegungsgeld

★**aliō** ADV **1** anderswohin **2** zu jd. anderem, zu etw anderem

aliō-quī(n) ADV **1** in anderer Hinsicht, im Übrigen **2** überhaupt **3** andernfalls, sonst

aliōrsum *u.* **aliō-vorsum** ADV **1** anderswohin **2** *fig* in anderem Sinn

āli-pilus ⟨ī⟩ M „Haarentferner", *Sklave, der die Achselhaare entfernte*

aliquā ADV (*erg.* **viā**) **1** auf irgendeinem Weg **2** *fig* irgendwie

aliquam-diu ADV ziemlich lange

aliquam-multi ⟨ae, a⟩ ADJ ziemlich viele

★**ali-quandō** ADV 1 irgendwann einmal 2 einst 3 manchmal

aliquantillum ⟨ī⟩ N ein wenig

aliquantīs-per ADV eine Weile

aliquantō ADV bedeutend; ~ **amplius** bedeutend weiter

aliquantulum ⟨ī⟩ N ein wenig

aliquantulus ⟨a, um⟩ ADJ (ziemlich) klein, wenig

aliquantum A ⟨ī⟩ N ein ziemlich großer Teil B ADV ziemlich, erheblich

★**ali-quantus** ⟨a, um⟩ ADJ ziemlich viel, ziemlich groß; *pl* ziemlich viele

aliquā-tenus ADV ziemlich weit, einigermaßen

★**ali-quī**[2] ⟨quae, quod⟩ INDEF PR, *adj u.*

★ **ali-quis** ⟨qua, quid⟩ SUBST 1 irgendein(er), irgendjemand, irgendetwas 2 PL einige 3 bedeutend, nennenswert 4 mancher 5 (*bei Zahlen*) ungefähr, etwa

aliquō ADV irgendwohin

★**ali-quot** INDEF PR *indekl* einige

aliquotiē(n)s ADV mehrmals

aliquō-vorsum ADV irgendwohin

alis ⟨alid⟩ ADJ *meist* = **alius, aliud**

★**aliter** ADV 1 anders, auf andere Weise; ~ ... ~ bald so ... bald anders; **alius** ~ der eine so, der andere so 2 andernfalls, sonst

ali-ubī ADV = **alibi**

ālium ⟨ī⟩ N = **allium**

ali-unde ADV von anderswoher; **alius** ~ der eine von hier, der andere von dort

★**alius** ⟨a, ud⟩, ⟨alterīus⟩, *dat* ⟨aliī⟩ ADJ, *u.* SUBST 1 ein anderer *von mehreren*; ~ **ac/atque** ein anderer als; ~ ... ~ der eine ... der andere; ~ **atque** ~ bald dieser, bald jener; ~ **ex alio/post alium** einer nach dem anderen 2 anders, von anderer Art 3 sonstig 4 ein zweiter; ~ **Ariovistus** ein zweiter Ariovist

Ālīus ⟨ī⟩ M = **Elius**

al-lābī ⟨lābor, lāpsus sum 3.⟩ herankriechen, -fließen; **alicui rei/aliquid** an etw

al-labōrāre ⟨ō, āvī, ātum 1.⟩ erstreben

al-lacrimāre ⟨ō, āvī, ātum 1.⟩ dabei weinen

al-lātrāre ⟨ō, āvī, ātum 1.⟩ anbellen

al-lātus ⟨a, um⟩ PPP → afferre

al-laudābilis ⟨e⟩ ADJ sehr lobenswert

al-laudāre ⟨ō, āvī, ātum 1.⟩ loben

allēc ⟨ēcis⟩ N Fischsoße, Fischbrühe

allectāre ⟨ō, āvī, ātum, 1.⟩ anlocken

allectātiō ⟨ōnis⟩ F das Anlocken, Anreiz

allēctiō ⟨ōnis⟩ F Aufnahme

Allēctō, *akk* ⟨ō⟩ F = **Alecto**

allēctus[1] ⟨a, um⟩ PPP → allegere

al-lēctus[2] ⟨a, um⟩ PPP → allicere

al-lēgāre ⟨ō, āvī, ātum 1.⟩ 1 (*Boten*) absenden 2 anstiften 3 vorbringen

allēgātiō ⟨ōnis⟩ F Senden eines Unterhändlers

allēgātus ⟨ūs⟩ M Auftrag, Anstiftung

al-legere ⟨legō, lēgī, lēctum 3.⟩ 1 hinzuwählen 2 befördern

al-lēgī → allegere

allēgoria ⟨ae⟩ F Allegorie, Gleichnis

allevāmentum ⟨ī⟩ N Erleichterung

al-levāre ⟨ō, āvī, ātum 1.⟩ 1 aufheben 2 erleichtern; *passiv* sich erholen; **allevari animum** sich geistig erholen 3 unterstützen

allevātiō ⟨ōnis⟩ F 1 das Aufheben, das Aufrichten 2 *fig* Erleichterung

allex[1] ⟨icis⟩ N große Zehe

allēx[2] ⟨ēcis⟩ M *u.* F = **allec**

al-lexī → allicere

Āllia ⟨ae⟩ F *Nebenfluss des Tiber*

alliātus ⟨a, um⟩ ADJ = **aliatus**

allicefacere ⟨faciō, -, factum, 3.⟩ anlocken

al-licere ⟨liciō, lexī, lectum 3.⟩ anlocken, für sich gewinnen

al-līdere ⟨līdō, līsī, līsum 3.⟩ 1 an *etw* schlagen, schleudern 2 *passiv fig* eine Niederlage erleiden

Alliēnsis ⟨e⟩ ADJ zur Allia gehörig; **clades** ~ Niederlage an der Allia

Allīfae ⟨ārum⟩ FPL *Stadt in Samnium, heute Alife*; **Allīfāna** ⟨ōrum⟩ NPL Tonwaren aus Allifae; **Allīfānus** ⟨a, um⟩ ADJ aus Allifae; **Allīfānus** ⟨ī⟩ M Einwohner von Allifae

al-ligāre ⟨ō, āvī, ātum 1.⟩ 1 festbinden 2 fesseln, *auch fig* 3 (*Gesetz*) verpflichten, binden 4 **se scelere** ~ sich eines Verbrechens schuldig machen 5 verbinden, **vulnus** eine Wunde

al-linere ⟨linō, lēvī, litum 3.⟩ 1 beschmieren 2 *fig* beflecken

al-līsī → allidere

al-līsus ⟨a, um⟩ PPP → allidere
allium ⟨ī⟩ N Knoblauch
Allobrogēs ⟨um⟩ MPL, SG **Allobrox** ⟨ogis⟩ die Allobroger, *Stamm in Gallia Narbonensis*
allocūtiō ⟨ōnis⟩ F **1** Anrede **2** Trost
al-loquī ⟨loquor, locūtus sum 3.⟩ **1** ansprechen, begrüßen **2** trösten
alloquium ⟨ī⟩ N = **allocutio**
allubēscere ⟨ēscit, -, - 3.⟩ **allubescit** *unpersön.* ich bekomme Lust
al-lūcēre ⟨lūceō, lūxī, - 2.⟩ anleuchten, vergeblich leuchten
allūcinārī ⟨or, ātus sum 1.⟩ = **alucinari**
al-lūdere ⟨lūdō, lūsī, lūsum 3.⟩ spielen, scherzen, **alicui/ad aliquem** mit j-m
allūdiāre ⟨ō, āvī, ātum 1.⟩ streicheln, liebkosen
al-luere ⟨luō, luī, - 3.⟩ bespülen
alluviēs ⟨ēī⟩ F Überschwemmung
alluviō ⟨ōnis⟩ F Schwemmland
almus ⟨a, um⟩ ADJ **1** Nahrung spendend **2** *(Gottheit)* lieb, gütig, segnend
alnus ⟨ī⟩ F **1** Erle **2** Boot aus Erlenholz
Alōīdae ⟨ārum⟩ MPL die Aloiden, *die Giganten Otos und Ephialtes*
Alpēs ⟨ium⟩ FPL die Alpen
alpha **1** *Name des ersten Buchstabens des griech. Alphabets* **2** *fig* der Erste, Anfang
alphabētum ⟨ī⟩ N Alphabet
Alpicus ⟨ī⟩ M Alpenbewohner
Alpīnus **A** ⟨a, um⟩ ADJ Alpen... **B** ⟨ī⟩ M Alpenbewohner
alsī → algere *u.* → algescere
Alsiēnse ⟨is⟩ N *Landgut des Pompeius*
Alsiēnsis ⟨e⟩ ADJ aus Alsium
Alsium ⟨ī⟩ N *Stadt in Etrurien*
alsius ⟨a, um⟩ ADJ frostig
alsus ⟨a, um⟩ ADJ frisch, kühlend
altāre ⟨is⟩ N *(nachkl.)* Altar
altāria ⟨ium⟩ NPL Brandopferaltar
altārium ⟨ī⟩ N *(eccl.)* Altar
alter ⟨altera, alterum⟩ ADJ *u.* SUBST **1** der eine, der andere *von zweien;* **alteri ... alteri** die einen ... die anderen **2** der andere *als Gegensatz;* **altera factio** die Gegenpartei **3** der Nächste, der Mitmensch **4** *(als Zahlwort)* der zweite, der folgende; **~ ego** das andere Ich; **alterum tantum** doppelt so groß, doppelt so viel
altera ⟨īus⟩ F *(erg.* **febris**) Wechselfieber
alterās ADV ein andermal
altercāre ⟨ō, āvī, ātum 1.⟩ *u.* **altercārī** ⟨or, ātus sum 1.⟩ diskutieren, im Streit liegen
altercātiō ⟨ōnis⟩ F Wortwechsel, Debatte, Streitgespräch, Diskussion
altercātor ⟨ōris⟩ M Diskussionsredner
alternāre ⟨ō, āvī, ātum 1.⟩ **1** abwechseln, **aliquid** mit etw **2** schwanken
alternīs ADV abwechselnd
alternus ⟨a, um⟩ ADJ **1** abwechselnd, gegenseitig; **alternis diebus** alle zwei Tage **2** in Distichen, elegisch
alter-uter ⟨utra, utrum⟩ INDEF PR einer von beiden
alter-uterque ⟨utraque, utrumque⟩ INDEF PR jeder von beiden
alti-cinctus ⟨a, um⟩ ADJ hochgezogen
altilia ⟨ium⟩ NPL Mastgeflügel
altilis **A** ⟨e⟩ ADJ gemästet, Mast... **B** ⟨is⟩ F **1** Poularde **2** PL Mastgeflügel
alti-sonus ⟨a, um⟩ ADJ **1** (von der Höhe herab) tönend **2** *fig* erhaben
★**altitūdō** ⟨inis⟩ F **1** *(eines Berges)* Höhe **2** *fig* Erhabenheit, Größe **3** Tiefe, **maris** des Meeres
altivolāns ⟨antis⟩ ADJ hochfliegend; **altivolantēs** ⟨um⟩ FPL Vögel
altor ⟨ōris⟩ M Ernährer
altrīm secus *u.* **altrīn-secus** ADV auf der anderen Seite
altrīx ⟨īcis⟩ **A** F Ernährerin, Amme **B** ADJ ernährend; **~ terra** Mutter Erde
altrō-vorsum ADV nach der anderen Seite
altum ⟨ī⟩ N **1** Höhe **2** hohe See **3** Himmel **4** Tiefe, *auch fig* **5** Weite, Ferne; **ex alto petere** von weit her holen
altus[1] ⟨a, um⟩ PPP → alere
★**altus**[2] ⟨a, um⟩ ADJ **1** hoch, hochragend; **urbs alta** hoch gelegene Stadt; **Roma alta** das *mit hohen Mauern* befestigte Rom **2** *(Person, Gottheit usw.)* erhaben **3** tief, *auch fig* **4** geheim; tiefsinnig, gründlich; **studia alta** gründliche Studien **5** weit, breit **6** *(von der Zeit)* weit zurückliegend **7** alt, uralt **8** *(Stimme)* laut **9** *(mlat.)* hell
alūcinārī ⟨or, ātus sum 1.⟩ **1** gedankenlos daherreden, schwatzen **2** töricht handeln
alūcinatiō ⟨ōnis⟩ F gedankenloses Reden, Faselei

aluī → alere
alumna ⟨ae⟩ F **1** Pflegetochter **2** *fig* Tochter
alumnārī ⟨or, ātus sum 1.⟩ großziehen
alumnus **A** ⟨a, um⟩ ADJ großgezogen **B** ⟨ī⟩ M **1** Pflegesohn **2** Sohn **3** Schüler, Jünger
alūta ⟨ae⟩ F **1** in Alaun gegerbtes Leder **2** Schuhriemen **3** Schönheitspflästerchen
alveāre ⟨is⟩ N *u.* **alv(e)ārium** ⟨ī⟩ N Bienenstock, Bienenkorb
alveolus ⟨ī⟩ N **1** kleine Wanne, Trog **2** Korb **3** kleines Flussbett **4** Spielbrett **5** Würfelspiel
alveus ⟨ī⟩ M **1** Wanne, Trog, **2** Flussbett **3** Kahn **4** Bienenkorb **5** Spielbrett **6** Würfelspiel
alvus ⟨ī⟩ F **1** Bauch, Magen; Unterleib **2** *fig* Schiffsbauch **3** *fig* Bienenkorb
alx ⟨alcis⟩ F (*mlat.*) Elch
am- = **ambi-**
amābilis ⟨e, *adv* amābiliter⟩ ADJ **1** liebenswürdig, liebenswert **2** liebevoll
amābilitās ⟨ātis⟩ F Liebenswürdigkeit
ā-mandāre ⟨ō, āvī, ātum 1.⟩ **1** wegschicken, verbannen **2** *fig* entfernen
āmandātiō ⟨ōnis⟩ F Verbannung
amandus ⟨a, um⟩ ADJ liebenswürdig
amāns ⟨antis, *adv* amanter⟩ ADJ **1** liebend **2** liebevoll
amāracinum ⟨ī⟩ N Majoransalbe
amāracum ⟨ī⟩ N *u.* **amāracus** ⟨ī⟩ M Majoran
amarantus ⟨ī⟩ M Tausendschön
★**amāre** ⟨ō, āvī, ātum 1.⟩ **1** lieben **2** verliebt sein, **aliquem** in j-n **3** gerne tun, zu tun pflegen **4** verpflichtet sein, **amicum de/in beneficio** dem Freund für die Gefälligkeit **5** (*formelhaft*) **ita/sic me dii ament** so wahr mir die Götter helfen mögen; **amabo (te)** sei so gut
amāritiēs ⟨ēī⟩ F = **amaritudo**
amāritūdō ⟨inis⟩ F *u.* **amāror** ⟨ōris⟩ M Bitterkeit, *auch fig*
amārum ⟨ī⟩ N **1** Bitterkeit **2** (*nlat.*) Bitterstoff
★**amārus** ⟨a, um, *adv* amārē⟩ ADJ **1** bitter, *auch fig* **2** *fig* unangenehm
Amasēnus ⟨ī⟩ M *Fluss im SW Latiums*
amāsius ⟨ī⟩ **A** M Liebhaber **B** ADJ verliebt
Amathūs ⟨ūntis⟩ F *Stadt auf Zypern;* **Amathūsia** ⟨ae⟩ F Aphrodite/Venus; **Amathūsiacus** *u.* **Amathūsius** ⟨a, um⟩ ADJ aus Amathus
amātiō ⟨ōnis⟩ F Liebschaft, Liebelei
amātor ⟨ōris⟩ M **1** Freund **2** Liebhaber
amātorculus ⟨ī⟩ M kümmerlicher Verehrer
amātōrium ⟨ī⟩ N Liebestrank
amātōrius ⟨a, um, *adv* amātōriē⟩ ADJ Liebes..., verliebt
amātrīx ⟨īcis⟩ **A** F Geliebte **B** ADJ verliebt
Amāzōn ⟨onis⟩ F Amazone; **Amāzones** *u.* **Amāzonides** ⟨um⟩ FPL Amazonen; **Amāzoni(c)us** ⟨a, um⟩ ADJ amazonisch, amazonenhaft
amb- = **ambi-**
amb-āgēs ⟨um⟩ FPL **1** Umweg, Irrweg **2** *fig* Weitschweifigkeit **3** *fig* Ausflüchte **4** *fig* Zweideutigkeit
Ambarrī ⟨ōrum⟩ MPL *kelt. Volk in Gallien*
amb-edere ⟨edō, ēdī, ēsum, 3.⟩ **1** anfressen, aufessen **2** *fig* verzehren
amb-ēstrīx ⟨īcis⟩ F Fresserin
ambi- PRÄF zu beiden Seiten, ringsum
Ambiānī ⟨ōrum⟩ MPL *belg. Küstenvolk*
Ambibariī ⟨ōrum⟩ MPL *kelt. Volk in der Normandie*
amb-igere ⟨ō, -, - 3.⟩ **A** V/I **1** schwanken, unschlüssig sein, **de re** in Bezug auf etw **2** JUR streiten **B** V/T bezweifeln, bestreiten
ambiguitās ⟨ātis⟩ F Zweideutigkeit
ambiguum ⟨ī⟩ N Ungewissheit; **in ambiguo** im Zweifel
ambiguus ⟨a, um, *adv* ambiguē⟩ ADJ **1** nach beiden Seiten hinneigend, Zwitter... **2** *fig* schwankend, unentschieden, **alicuius rei** in einer Sache **3** *fig* unzuverlässig **4** (*Besitz*) strittig **5** (*Orakel usw.*) zweideutig
Ambiorīx ⟨īgis⟩ M *Fürst der Eburonen*
★**ambīre** ⟨iō, īvī *u.* iī, ītum 4.⟩ **1** umgehen, meiden **2** umgeben **3** (um Stimmen) werben **4** umschmeicheln
★**ambitiō** ⟨ōnis⟩ F **1** Bewerbung **2** *fig* Unterwürfigkeit **3** *fig* Prahlerei, Aufwand **4** *fig* eifriges Streben
ambitiōsus ⟨a, um, *adv* ambitiōsē⟩ ADJ **1** (*Efeu usw.*) umschlingend; üppig rankend **2** um Gunst werbend **3** (nach

Ämtern) trachtend, **in aliquid** nach etw **4** ehrgeizig; **amicitia ambitiosa** Freundschaft aus Berechnung

★**ambitus** ⟨ūs⟩ M **1** Gang, **alicuius rei** um etw; **~ fluminis** Windung des Flusses **2** Umlauf, Bahn **3** Umfang **4** RHET weitschweifige Darstellung **5** GRAM Satz **6** Amtserschleichung **7** Ehrgeiz; Eitelkeit

★**ambō**[1] ⟨ambae, ambō⟩ ADJ beide zusammen, beide zugleich

ambo[2] ⟨ōnis⟩ M Lesepult, Kanzel

ambrosia ⟨ae⟩ F **1** Götterspeise **2** Göttersalbe

ambrosius ⟨a, um⟩ ADJ göttlich, mit Ambrosia gesalbt, aus Ambrosia

ambūbāia ⟨ae⟩ F syrische Flötenspielerin, Tänzerin

ambulācrum ⟨ī⟩ N Allee

★**ambulāre** ⟨ō, āvī, ātum 1.⟩ **A** V/I **1** umhergehen **2** einherstolzieren **3** wandern; marschieren **4** spazieren gehen **B** V/T durchwandern

ambulātiō ⟨ōnis⟩ F **1** das Auf- und Abgehen **2** Spaziergang **3** Wandelhalle

ambulātiuncula ⟨ae⟩ F **1** kleiner Spaziergang **2** kleine Wandelhalle

ambulātor ⟨ōris⟩ M **1** Spaziergänger **2** Hausierer

ambulātōrius ⟨a, um⟩ ADJ hin und her gehend, beweglich

amb-ūrere ⟨ūrō, ussī, ustum 3.⟩ **1** ringsum anbrennen **2** *passiv fig* hart mitgenommen werden; **prope ambustum evadere** nur knapp davonkommen

ambustulātus ⟨a, um⟩ ADJ rundherum verbrannt, gebraten

amellus ⟨ī⟩ M purpurrote Sternblume

āmēn (*eccl.*) Amen, es geschehe!

āmendāre ⟨ō, āvī, ātum 1.⟩ = **amandare**

ā-mēns ⟨entis⟩ ADJ sinnlos, wahnsinnig; **animi ~** von Sinnen

āmentātus ⟨a, um⟩ ADJ mit einem Riemen versehen, wurfbereit

āmentia ⟨ae⟩ F Wahnsinn, Sinnlosigkeit

āmentum ⟨ī⟩ N **1** Schwungriemen, Wurfriemen *an der Lanze* **2** *fig* Geschoss

Ameria ⟨ae⟩ F *Stadt in Umbrien, heute Amelia*; **Amerīnus** ⟨a, um⟩ ADJ aus Ameria; **Amerīnus** ⟨ī⟩ M Einwohner von Ameria

amethystinātus ⟨a, um⟩ ADJ amethystfarben gekleidet

amethystinus ⟨a, um⟩ ADJ amethystfarben, mit Amethysten besetzt

amethystus ⟨ī⟩ F Amethyst, *violetter Halbedelstein*

amfrāctus ⟨ūs⟩ M = **anfractus**

amīca ⟨ae⟩ F Freundin, Geliebte

amicīre ⟨iō, icuī *u.* ixī, ictum 4.⟩ **1** (*Gewand*) umwerfen; **amictus togā** mit der Toga bekleidet **2** einwickeln

amīciter ADV freundschaftlich

★**amīcitia** ⟨ae⟩ F *u.* **amīcitiēs** ⟨ēī⟩ F **1** Freundschaft **2** Freundschaftsbündnis **3** Freunde

amictōrium ⟨ī⟩ N Büstenhalter

amictus[1] ⟨a, um⟩ PPP → amicire

amictus[2] ⟨ūs⟩ M **1** das Anlegen eines Gewandes **2** Faltenwurf **3** Oberkleid, Mantel **4** Schleier **5** *fig* Hülle

amiculum ⟨ī⟩ N Mantel

amīculus ⟨ī⟩ M vertrauter Freund

★**amīcus** **A** ⟨a, um, *adv* amīcē⟩ ADJ **1** befreundet, freundschaftlich **2** angenehm **B** ⟨ī⟩ M **1** Freund; Verbündeter, Anhänger **2** Gönner, Gefährte **3** PL Hofleute, Vertraute, Günstlinge **4** PL Leibwache

a-migrāre ⟨ō, āvī, ātum 1.⟩ wegziehen

a-mīsī → amittere

Amīsia ⟨ae⟩ M *Fluss in Germanien, heute Ems*

āmissiō ⟨ōnis⟩ F *u.* **āmissus**[1] ⟨ūs⟩ M Verlust, Tod

āmissus[2] ⟨a, um⟩ PPP → amittere

amita ⟨ae⟩ F Tante *väterlicherseits*; Großtante

★**ā-mittere** ⟨mittō, mīsī, missum 3.⟩ **1** wegschicken, weggehen lassen **2** aufgeben; **fidem ~** sein Wort brechen **3** entkommen lassen, sich entgehen lassen **4** verlieren

ammentum ⟨ī⟩ N = **amentum**

Ammōn ⟨ōnis⟩ M = **Hammon**

Ammōniī ⟨ōrum⟩ MPL = **Hammonii**; → Hammon

amnēstia ⟨ae⟩ F *gesetzlich verfügte* Vergebung von Straftaten; Amnestie

amni-cola ⟨ae⟩ F *u.* M am Fluss wohnend

★**amnis** ⟨is⟩ M **1** Strom **2** Wildbach, Strömung, Flut

amoena ⟨ōrum⟩ NPL reizende Gegenden

amoenitās ⟨ātis⟩ F **1** Schönheit, reizende Lage **2** Reiz, Annehmlichkeit

amoenus ⟨a, um, *adv* amoenē⟩ ADJ **1** (*Landschaft*) schön, reizend **2** (*Leben*) angenehm **3** (*Kleidung*) elegant, reizend

ā-mōlīrī ⟨ior, ītus sum 4.⟩ **1** wegschaffen **2** RHET weglassen **3** (*Person*) aus dem Weg räumen, beseitigen

★**amor** ⟨ōris⟩ M **1** Liebe; ~ **parentum** Liebe der Eltern, Liebe zu den Eltern; ~ **sui** Eigenliebe; **alicui in amore/in amoribus esse** von j-m geliebt werden **2** Liebelei **3** Liebeslied **4** Liebling, Geliebter **5** Geliebte **6** Neigung, Vorliebe, Begierde

Amor ⟨ōris⟩ M Liebesgott

āmōtiō ⟨ōnis⟩ F Entfernung

ā-movēre ⟨moveō, mōvī, mōtum 2.⟩ **1** (*Person*) entfernen; verbannen **2** wegnehmen **3** (*Krieg*) fernhalten, abwälzen **4** RHET nicht erwähnen

amphitheātrālis ⟨e⟩ ADJ des Amphitheaters

amphitheātrum ⟨ī⟩ N Amphitheater

Landeskunde

▶ **amphitheatrum – Amphitheater**

Das Amphitheater war ein Rundtheater ohne Dach und diente als Schauplatz von Gladiatoren- und Tierkämpfen. Die bis zur Zeit Caesars aus Holz gebaute Arena war von hohen Steinstufen umgeben, die Sitzplätze für Tausende von Zuschauern boten. Der größte, heute als Ruine in der Nähe des **Forum Romanum** in Rom erhaltene Bau dieser Art ist das **Amphitheatrum Flavium**, das 80 n. Chr. unter dem Flavischen Kaiser Titus fertig gestellt wurde und ca. 50.000 Zuschauer fasste. Den Namen *Colosseum* erhielt es erst im Mittelalter.

Amphitrītē ⟨ēs⟩ F **1** *Nereide, Gattin des Poseidon* **2** Meer, Ozean

Amphitryōn ⟨ōnis⟩ M *Gatte der Alkmene*; **Amphitryōniadēs** ⟨ae⟩ M Nachkomme des Amphitryon = Herkules

amphora ⟨ae⟩ F **1** Amphore, Tonkrug *mit zwei Henkeln* **2** *Hohlmaß von ca. 26 l* **3** *Gewicht zur Bestimmung der Tonnage eines Schiffes, ca. 26 kg*

ampla ⟨ae⟩ F **1** Handhabe **2** Henkel, Griff **3** *fig* Anlass

amplē ADV → amplus

★**am-plectī** ⟨plector, plexus sum 3.⟩ **1** umarmen **2** (*Feind*) umgeben, umringen **3** *fig* lieb gewinnen, lieben **4** großen Wert *auf etw* legen, *aliquid* **5** fassen, einschließen **6** *fig* durchdenken **7** (*Thema*) behandeln **8** zusammenfassen

amplexus[1] ⟨a, um⟩ PPERF → amplectari

amplexus[2] ⟨ūs⟩ M Umarmung, Umschlingung im Ringkampf; **amplexūs dare** umarmen

ampliāre ⟨ō, āvī, ātum 1.⟩ **1** erweitern, vermehren **2** verherrlichen **3** das Urteil aufschieben, vertagen

amplificāre ⟨ō, āvī, ātum 1.⟩ **1** vergrößern, vermehren **2** *fig* erhöhen; ~ **orationem** eine Rede ausschmücken

amplificātiō ⟨ōnis⟩ F **1** Vergrößerung, Steigerung **2** RHET Häufung eines Ausdrucks

amplificātor ⟨ōris⟩ M Förderer

amplificē ADV prächtig, herrlich

ampliter ADV **1** reichlich, stattlich **2** großartig, glänzend

★**amplitūdō** ⟨inis⟩ F **1** großer Umfang; Erweiterung **2** (*der Taten*) Erhabenheit **3** *fig* Ansehen, Würde

★**amplius**[1] ADV **1** weiter, länger, mehr **2** in höherem Grad, stärker **3** (*bei Zahlen*) mehr als, über

amplius[2] ⟨ōris⟩ N ein Mehr, Mehrleistung; ~ **pronuntiare** den Prozess vertagen

★**amplus** ⟨a, um, *adv* amplē⟩ ADJ *u.* ⟨ampliter⟩ **1** geräumig, umfangreich, weit **2** (*Zahl, Menge*) umfassend, reichlich; **amplissima dies** der längste Tag **3** *fig* bedeutend, wichtig **4** (*Triumph*) großartig, herrlich, *alicui* für j-n **5** (*Person*) angesehen

ampulla ⟨ae⟩ F Gefäß, Salbenfläschchen

ampullāre ⟨ō, ātus sum 1.⟩ schwülstig reden, schwülstig schreiben

ampullārius ⟨ī⟩ M Flaschenmacher

★**am-putāre** ⟨ō, āvī, ātum 1.⟩ **1** rings-um abschneiden **2** *(Baum)* beschneiden **3** *(Körperteil)* abtrennen, amputieren **4** *(Rede)* verkürzen

amputātiō ⟨ōnis⟩ F das Abschneiden, das Abtrennen

amussitātus ⟨a, um⟩ ADJ genau abgemessen

an-¹ = **ambi-**

an-² PRÄF auf-, hinan-

★**an**³ *Fragepartikel* **1** *(in dir. u. indir. Alternativfragen zur Anreihung des zweiten Gliedes)* oder, oder ob; **utrum mentitus es ~ verum dixisti?** hast du gelogen oder die Wahrheit gesagt? **2** *(in rhet. Fragen zur Bekräftigung)* oder, oder etwa; **~ quisquam dubitat?** oder zweifelt etwa jd? **3** *(nachkl.)* *(zur Einleitung indir. Fragen)* ob; **expectabat ~ Pompeius ibi esset** er war gespannt, ob Pompeius dort wäre **4** *(nach Ausdrücken des Zweifelns)* ob nicht; **haud scio ~** ich weiß nicht, ob nicht

ana ADV *(bei Zahlwörtern)* je

anabaptista ⟨ae⟩ M *(mlat.)* Wiedertäufer

Anaces ⟨um⟩ MPL die Schirmherren, Beiname der Dioskuren, Kastor und Pollux

anachōrēta ⟨ae⟩ M *(eccl.)* Einsiedler, Eremit

Anacreōn ⟨ontis⟩ M *griech. Lyriker*

Anactes ⟨um⟩ MPL = **Anaces**

anadēma ⟨atis⟩ N Kopfbinde *der Frauen*

Anagnia ⟨ae⟩ F *Stadt östl. von Rom, heute Anagni*; **Anagnīnum** ⟨ī⟩ N *Landgut Ciceros bei Anagnia*; **Anagnīnus** ⟨a, um⟩ ADJ aus Anagnia; **Anagnīnus** ⟨ī⟩ M Einwohner von Anagnia

anagnōstēs ⟨ae⟩ M Vorleser

analogia ⟨ae⟩ F **1** gleiches Verhältnis **2** GRAM Gleichmäßigkeit **3** RHET Gleichheit der Darstellung

anancaeum ⟨ī⟩ N großes Trinkgefäß

anapaestum ⟨ī⟩ N **1** anapästischer Vers **2** Gedicht in Anapästen

anapaestus **A** ⟨ī⟩ M METR Anapäst **B** ⟨a, um⟩ ADJ in Anapästen

anas ⟨atis *u.* itis⟩ F Ente

anaticula ⟨ae⟩ F kleine Ente

anatīna ⟨ae⟩ F Entenfleisch

anatīnus ⟨a, um⟩ ADJ Enten…

★**an-ceps** ⟨cipitis⟩ ADJ **1** doppelköpfig **2** *(Berg)* zweigipfelig **3** *fig* zweiseitig **4** zweischneidig; **securis ~** Doppelaxt **5** *(Gefahr)* von zwei Seiten **6** zweifach, doppelt; **bestiae ancipites** Amphibien **7** *fig* schwankend, ungewiss; **ancipiti Marte pugnare** unentschieden kämpfen **8** *fig* zweideutig **9** *(Lage)* misslich, gefährlich

Anchīsēs ⟨ae⟩ M *Vater des Aeneas*; **Anchīsēus** ⟨a, um⟩ ADJ des Anchises; **Anchīsiadēs** ⟨ae⟩ M Sohn des Anchises = Aeneas

an-cīle ⟨is⟩ N *heiliger Schild des Königs Numa Pompilius*

ancilla ⟨ae⟩ F Magd, Dienerin, Sklavin

ancillāris ⟨e⟩ ADJ den Mägden zukommend, den Mägden gemäß

ancillula ⟨ae⟩ F junge Magd

ancipes = **anceps**

ancīsus ⟨a, um⟩ ADJ rundum beschnitten

Ancōn ⟨ōnis⟩ F *u.* **Ancōna** ⟨ae⟩ F *Stadt in Picenum, heute Ancona*

★**ancora** ⟨ae⟩ F Anker; **ad ancoram/in ancoris** vor Anker

ancorāle ⟨is⟩ N Ankertau

ancorārius ⟨a, um⟩ ADJ Anker…

Ancȳra ⟨ae⟩ F *Stadt in Galatien, heute Ankara*

Andecāvī ⟨ōrum⟩ MPL *u.* **Andēs**¹ ⟨ium⟩ MPL *gall. Volk an der Loire*

Andēs² ⟨ium⟩ MPL *Dorf bei Mantua, Geburtsort Vergils, heute Pietole*

androgynus ⟨ī⟩ M Zwitter

Andromacha ⟨ae⟩ F *u.* **Andromachē** ⟨ēs⟩ F *Gattin Hektors*

Andromeda ⟨ae⟩ F *u.* **Andromedē** ⟨ēs⟩ F *äthiopische Königstochter, nach ihrem Tod unter die Sterne versetzt*

Andronīcus ⟨ī⟩ M *T. Livius Andronicus, aus Tarent, urspr. Sklave, dann freigelassen; ältester röm. Dramatiker u. Übersetzer griech. Stücke*

ānellus ⟨ī⟩ M kleiner Ring

anēre ⟨eō, -, - 2.⟩ wie eine alte Frau zittern, altersschwach sein

anetīnus ⟨a, um⟩ ADJ = **anatīnus**

ān-frāctus ⟨ūs⟩ M **1** Biegung, Krümmung, Umlauf **2** RHET Weitschweifigkeit **3** JUR Winkelzüge **angelicus** ⟨a, um⟩ *adj (eccl.)* Engels…

angellus ⟨ī⟩ M kleiner Winkel

angelus ⟨ī⟩ M (*eccl.*) Bote; **~ Domini** Bote des Herrn, Engel
angere ⟨angō, ānxī, - 3.⟩ 1 zusammendrücken, würgen 2 *fig* ängstigen, beunruhigen, quälen; *passiv* sich ängstigen
angina ⟨ae⟩ F Halsentzündung
angi-portum ⟨ī⟩ N *u.* **angi-portus** ⟨ūs⟩ M enge Seitengasse, Gässchen
Angliī ⟨ōrum⟩ MPL die Angeln *in Schleswig*
angor ⟨ōris⟩ M 1 Atemnot, Beklemmung 2 *fig* Angst, Unruhe
Angrivariī ⟨ōrum⟩ MPL *germ. Volk an der Weser*
angui-fer ⟨fera, ferum⟩ ADJ Schlangen tragend
angui-gena ⟨ae⟩ M *u.* F von Schlangen erzeugt
anguilla ⟨ae⟩ F Aal
angui-manus ⟨ūs⟩ M schlangenarmig; mit schlangenförmigem Rüssel
anguineus *u.* **anguīnus** ⟨a, um⟩ ADJ 1 Schlangen... 2 (*mlat.*) teuflisch
anguipedēs ⟨um⟩ MPL Giganten, *mit schlangenförmigen Füßen*
angui-pēs ⟨pedis⟩ ADJ schlangenfüßig
★**anguis** ⟨is⟩ M *u.* F 1 Schlange 2 ASTRON Schlange, Drache
angulāris ⟨e⟩ ADJ winklig, eckig
angulātus ⟨a, um⟩ ADJ eckig
★**angulus** ⟨ī⟩ M 1 Ecke, Winkel 2 Schlupfwinkel
angustāre ⟨ō, āvī, ātum 1.⟩ einengen, beschränken
★**angustiae** ⟨ārum⟩ FPL *selten* SG 1 Enge, enger Raum 2 Engpässe 3 (*zeitl.*) Kürze, kurze Zeit 4 *fig* Zwangslage, Mangel, Not 5 *fig* Engherzigkeit
angusticlāvius ⟨a, um⟩ ADJ mit schmalem Purpurstreifen auf der Tunika
angustum ⟨ī⟩ N 1 Enge, enger Raum 2 bedenkliche Lage; **in angusto esse** in Verlegenheit sein
★**angustus** ⟨a, um, *adv* angustē⟩ ADJ 1 (*örtl.*) eng, schmal; **spiritus ~** kurzer Atem 2 (*zeitl.*) kurz, gedrängt 3 *fig* eng, beschränkt; **anguste** in engerem Sinn 4 (*Person*) engherzig, kleinlich
an-hēlāre ⟨ō, āvī, ātum 1.⟩ A VI keuchen; **inopia anhelans** drückender Mangel B VT 1 ausstoßen 2 *fig* lechzen, **aliquid** nach etw
anhēlitus ⟨ūs⟩ M 1 das Keuchen, Kurzatmigkeit 2 Atem, Hauch 3 *fig* Ausdünstung, Dunst, Dampf
anhēlus ⟨a, um⟩ ADJ keuchend; den Atem raubend
anīlis ⟨e, *adv* anīliter⟩ ADJ altweiberhaft; **fabellae aniles** Ammenmärchen
anīlitās ⟨ātis⟩ F hohes Alter *einer Frau*
★**anima** ⟨ae⟩ F 1 (*Element*) Luft 2 Lufthauch, Wind 3 eingeatmete Luft, Atem 4 Lebenskraft, Seele; **animam efflare** das Leben aushauchen 5 PL Seelen der Toten, Manen 6 denkende Seele, Geist
animābilis ⟨e⟩ ADJ belebend
animadversiō ⟨ōnis⟩ F 1 Aufmerksamkeit 2 sinnliche Wahrnehmung 3 Tadel, Bestrafung
animadversor ⟨ōris⟩ M Beobachter
★**anim-advertere** ⟨vertō, vertī, versum 3.⟩ 1 aufpassen, achtgeben 2 beachten, bemerken, wahrnehmen 3 tadeln 4 bestrafen; strafend einschreiten
★**animal** ⟨ālis⟩ N Lebewesen; Tier
animālis ⟨e⟩ ADJ 1 aus Luft bestehend 2 belebt, beseelt 3 belebend
animāns A ⟨antis⟩ ADJ beseelt, lebendig B M *u.* F, PL *auch* N Lebewesen
animāre ⟨ō, āvī, ātum 1.⟩ 1 beleben 2 (*in etw Lebendes*) verwandeln, **guttas in angues** Tropfen in Schlangen 3 mit Temperament erfüllen, stimmen; *passiv* sich entschließen
animātiō ⟨ōnis⟩ F 1 Belebung, belebende Kraft 2 belebtes Geschöpf
animātus ⟨a, um⟩ ADJ 1 beseelt, belebt 2 gesinnt, gestimmt 3 mutig, beherzt
animōsus ⟨a, um, *adv* animōsē⟩ ADJ 1 beherzt, mutig 2 leidenschaftlich, heftig, keck 3 (*Wind*) stürmisch 4 (*Mutter*) stolz, **re** auf etw
animula ⟨ae⟩ F 1 ein wenig Leben 2 Seelchen
animulus ⟨ī⟩ M Herzchen, *Kosewort*
★**animus** ⟨ī⟩ M 1 (↔ *Körper*) Seele, Geist 2 (*Denkkraft*) Geist, Verstand, Gedächtnis, Bewusstsein; **animum advertere in aliquid** die Aufmerksamkeit auf etw richten; **habere animum in armis** an den Krieg denken; **animo fingere** sich in Gedanken vorstellen; **animo meo** nach meiner Meinung 3 Empfindung, Gefühl, Herz; **~ aequus** Gleichmut; **ani-**

mi metus Herzensangst; **aeger animi** seelisch krank; **animi dubius** unschlüssig; **animi/animo pendēre** innerlich schwanken; **animo tremere** innerlich zittern **4** *(zur Umschreibung der Person)* **animos militum perturbare** die Soldaten verwirren **5** Charakter, Wesensart; **~ magnus** edler Charakter **6** Mut, Selbstvertrauen; **bono animo esse** zuversichtlich sein **7** Wille, Absicht; **hoc animo, ut** in der Absicht, dass; **in animo habeo/mihi est** ich beabsichtige **8** Hochmut, Übermut **9** Leidenschaft, Lust; **animo obsequi** seiner Lust nachgehen; **animum suum explere** seine Lust befriedigen **10** Leben

Aniō ⟨ēnis⟩ M *Nebenfluss des Tiber*

aniticula ⟨ae⟩ F = **anaticula**

anitis → anas

Anna ⟨ae⟩ F **1** *Schwester Didos* **2** **~ Perenna** *röm. Göttin, der zu Ehren an den Iden des März ein Fest gefeiert wurde*

Annaeus ⟨a, um⟩ *röm. Gentilname;* → Seneca

annālēs ⟨ium⟩ MPL **1** Annalen, Jahrbücher **2** Geschichtswerk; **~ maximi/ Pontificum** *die vom jeweiligen Pontifex Maximus für sein Amtsjahr verfassten Jahrbücher*

★**annālis** ⟨e⟩ ADJ das Jahr betreffend, Jahres...; **lex ~** *Gesetz, das das Mindestalter röm. Beamter festlegte*

an-nāre ⟨ō, āvī, ātum 1.⟩ **1** heranschwimmen, **ad naves/navibus** an die Schiffe **2** danebenschwimmen

annata ⟨ae⟩ F *(mlat.)* Jahresertrag

an-nātāre ⟨ō, āvī, ātum 1.⟩ heranschwimmen

an-ne = **an**²

an-nectere ⟨nectō, nexuī, nexum 3.⟩ **1** anknüpfen, anbinden, **alicui rei/ad aliquid** an etw **2** *fig* verbinden, **alicui rei** mit etw; *passiv* zusammenhängen; **annexus alicui** mit j-m verwandt **3** hinzufügen

annexus, *abl* ⟨ū⟩ M Verwandtschaft

anniculus ⟨a, um⟩ ADJ einjährig

an-nītī ⟨nītor, nīsus sum 3.⟩ **1** sich anstemmen, sich anlehnen, **alicui rei/ad aliquid** an etw **2** *fig* sich anstrengen

anniversāria ⟨ōrum⟩ NPL jährliche Gedenktage, *bes* Totengedenken

anniversārius ⟨a, um⟩ ADJ jährlich wiederkehrend, alljährlich

annōn = **an non**

annōna ⟨ae⟩ F **1** *(von Feldfrüchten)* Jahresertrag **2** Getreide, Nahrungsmittel **3** Getreideversorgung **4** Getreidepreis; **annonae caritas** Teuerung **5** *fig* Wert, Preis

annōsus ⟨a, um⟩ ADJ sehr alt

annotāmentum ⟨ī⟩ N Anmerkung, Bemerkung

an-notāre ⟨ō, āvī, ātum 1.⟩ **1** vermerken **2** *(Buch)* mit Anmerkungen versehen **3** *fig* bemerken

annotātiō ⟨ōnis⟩ F schriftliche Anmerkung

annotātor ⟨ōris⟩ M Beobachter

annōtinus ⟨a, um⟩ ADJ vorjährig

annua ⟨ōrum⟩ NPL Jahresgehalt

★**an-nuere** ⟨nuō, nuī, - 3.⟩ **1** zunicken, einen Wink geben **2** beifällig zunicken, zustimmen; **id ~** dem zustimmen **3** zugestehen, versprechen **4** durch Nicken bezeichnen

an-nuī → annuere

an-numerāre ⟨ō, āvī, ātum 1.⟩ **1** auszahlen **2** hinzuzählen, dazurechnen, **his libris** zu diesen Büchern

an-nūntiāre ⟨ō, āvī, ātum 1.⟩ verkünden, ankündigen

annūntiātiō ⟨ōnis⟩ F *(eccl.)* Verkündigung

annūntiātor ⟨ōris⟩ M *(eccl.)* Verkündiger, Prediger

★**annus** ⟨ī⟩ M **1** Jahr, Kalenderjahr; **ineunte anno** zu Beginn des Jahres; **superiore anno** im vorausgehenden Jahr; **postero anno** im kommenden Jahr; **anno** vor einem Jahr; **annum** ein Jahr lang; **in annum** für ein Jahr; **ad annos** auf Jahre hinaus; **anni currentis** *(nlat.)* laufenden Jahres **2** Lebensjahr; **puer novem annorum** neunjähriger Junge **3** Amtsjahr; **prorogare annum** die Amtszeit verlängern **4** Jahreszeit; **~ pomifer** Herbst **5** Jahresertrag, Ernte

annūtāre ⟨ō, āvī, ātum 1.⟩ immer wieder zunicken

★**annuus** ⟨a, um⟩ ADJ **1** für ein Jahr **2** alljährlich

anōnymos *u.* **anōnymus** **A** ⟨on⟩ ADJ namenlos, unbekannt. **B** ⟨ī⟩ M *(nlat.)* ein Ungenannter

an-quīrere ⟨quīrō, quīsīvī, quīsītum

3.〉 **1** suchen **2** untersuchen, nachforschen **3** JUR eine Untersuchung anstellen; Strafantrag stellen; **de scelero ~ capite/capitis** für die Untat die Todesstrafe beantragen

ānsa 〈ae〉 F **1** Griff, Henkel **2** *fig* Anlass, Gelegenheit

ānsātus 〈a, um〉 ADJ mit Henkeln versehen

ānser 〈eris〉 M Gans, *der Juno heilig*

★**ante** **A** ADV **1** *(örtl.)* vorn, voran, vorwärts; **~ ingredi** vorwärtsgehen **2** *(zeitl.)* vor, vorher, früher; **paucis annis ~** wenige Jahre früher **B** PRÄF **1** *(örtl.)* vorn, voraus-; **ante-cedere** voraus-gehen **2** *(zeitl.)* vor-; **ant-ea** vorher, davor **3** *(Rang)* über-; **ante-cellens** hervor-ragend, über-ragend **C** PRÄP *+akk* **1** *(örtl.)* vor; **~ portas** vor den Toren **2** *(zeitl.)* vor; **~ lucem** vor Tagesanbruch **3** *(Rang)* vor, über; **~ aliquem esse** j-n übertreffen

★**ant-eā** ADV vorher, früher

ante-brachium 〈i〉 N *(mlat.)* Unterarm

ante-canis 〈is〉 M ASTRON Vorhund, Kleiner Hund

ante-capere 〈capiō, cēpī, ceptum *u.* captum 3.〉 **1** vorwegnehmen, im Voraus besetzen **2** im Voraus erledigen; ausnutzen **3** **antecepta animo rei quaedam informatio** PHILOS Begriff a priori

antecēdēns **A** 〈entis〉 ADJ vorausgehend **B** 〈entis〉 N PHILOS wirkende Ursache, *meist pl*

ante-cēdere 〈cēdō, cessī, cessum 3.〉 **1** *(zeitl. u. örtl.)* vorausgehen, **aliquem/alicui** j-m, **aliquid/alicui rei** einer Sache; **~ alicui aetate** älter sein als jd. **2** *(Boten)* überholen **3** *fig* Vorrang haben vor *j-m, j-n* übertreffen, *aliquem/alicui*; **in doctrinis ~** an Gelehrsamkeit übertreffen

ante-cellere 〈ō, -, - 3.〉 hervorragen; *(Freund)* übertreffen; **omnibus militari laude** alle an militärischem Ruhm

antecessiō 〈ōnis〉 F **1** Vorsprung **2** *fig* wirkende Ursache, Voraussetzung

antecessor 〈ōris〉 M Vorreiter

antecursor 〈ōris〉 M **1** MIL Späher **2** PL MIL Vorausabteilung

ante-ferre 〈ferō, tulī, lātum 0.〉 **1** vorantragen **2** vorziehen, über *j-n/etw* stellen **3** im Voraus bedenken

ante-fīxus 〈a, um〉 ADJ vorn befestigt, **alicui rei** an etw

ante-gredī 〈gredior, gressus sum 3.〉 vorausgehen, **aliquid** einer Sache

ante-habēre 〈eō, uī, - 2.〉 vorziehen, **aliquid alicui rei** etw einer Sache

ante-hāc ADV bisher, früher

ante-īrē 〈eō, iī *u.* īvī, - 0.〉 **1** *(örtl.)* vorausgehen, **praetoribus** den Prätoren, **currum regis** dem Wagen des Königs **2** *(zeitl.)* zuvor geschehen; vorausgehen, **fratrem/fratri aetati ~** älter sein als der Bruder **3** *fig* übertreffen, **ceteros virtutibus** die Übrigen an Tüchtigkeit **4** *etw* vereiteln; **damnationem ~** der Verurteilung zuvorkommen

ante-logium 〈ī〉 N Vorwort

ante-lūcānus 〈a, um〉 ADJ vor Tagesanbruch stattfindend; bis zum frühen Morgen dauernd; **coetus ~** *(mlat.)* Frühmesse

ante-merīdiānus 〈a, um〉 ADJ Vormittags…

ante-mittere 〈mittō, mīsī, missum 3.〉 vorausschicken

Antemnae 〈ārum〉 FPL *alte Sabinerstadt*

antenna 〈ae〉 F SCHIFF Segelstange, Rahe

Antēnor 〈oris〉 M *vornehmer Trojaner*;

Antēnoridēs 〈ae〉 M Sohn des Antenor

antepartum 〈ī〉 N das vorher Erworbene

ante-pendium 〈i〉 N *(mlat.)* Altarvorsatz

antepertum 〈ī〉 N = **antepartum**

ante-pēs 〈pedis〉 M Vorderfuß

ante-pīlānī 〈ōrum〉 MPL MIL *vor den mit dem pilum Bewaffneten stehende Soldaten*, → hastatus *u.* → princeps

★**ante-pōnere** 〈pōnō, posuī, positum 3.〉 **1** voranstellen **vigilias ~** Nachtwachen aufstellen **2** vorsetzen, servieren **3** *fig* vorziehen, **Platonem omnibus** Plato allen anderen

ante-potēns 〈entis〉 ADJ vor allen reich = glücklicher als alle

★**ante-quam** KONJ *+ind/+ konjkt* früher als, ehe, bevor

anterior 〈ius〉 ADJ vorderer, früherer,

vorn liegend

Ant-erōs ⟨ōtis⟩ M Gott der Gegenliebe, *Bruder des Eros/Amor*

antēs ⟨ium⟩ MPL Reihen *von Weinstöcken*

ante-sīgnānus ⟨ī⟩ M **1** MIL Vorkämpfer **2** PL MIL Soldaten der ersten Schlachtreihe → hastatus *u.* → princeps **3** PL MIL Elitekämpfer

ante-stāre ⟨stō, stitī, - 1.⟩ = **antistare**

an-testārī ⟨testor, testātus sum, 1.⟩ als Zeugen anrufen

ante-tulī → anteferre

ante-venīre ⟨veniō, vēnī, ventum 4.⟩ **1** *j-m/einer Sache* zuvorkommen, *aliquem/alicui/alicui rei* **2** übertreffen **3** vereiteln

ante-vertere ⟨vertō, vertī, versum 3.⟩ *u.* **ante-vertī** ⟨vertor, versus 3.⟩ **1** vorangehen **2** *fig* zuvorkommen, vereiteln **3** *fig* vorziehen

Antiās **A** ⟨ātis⟩ ADJ aus Antium **B** ⟨ātis⟩ M Einwohner von Antium

anti-cipāre ⟨cipō, āvī, ātum 1.⟩ **1** vorausnehmen **2** eine Vorstellung a priori haben **3** früher zurücklegen; **molestiam alicuius rei ~** sich im Voraus um etw Sorgen machen **4** zuvorkommen

anticipātiō ⟨ōnis⟩ F angeborene Vorstellung, angeborene Idee

antīcus ⟨a, um⟩ ADJ = **antiquus**

anti-dotum ⟨ī⟩ N Gegenmittel, Gegengift

Antigona ⟨ae⟩ F *u.* **Antigonē** ⟨ēs⟩ F **1** *Tochter des Oedipus u. der Iokaste* **2** *Tochter des trojanischen Königs Laomedon*

Antilochus ⟨ī⟩ M *Kämpfer vor Troja*

Antiochēa ⟨ae⟩ F = **Antiochia**; **Antiochēnsis** ⟨e⟩ ADJ aus Antiochia; **Antiochēnsis** ⟨is⟩ M Einwohner von Antiochia

Antiochīa ⟨ae⟩ F **1** *Hauptstadt Syriens, heute Antakia* **2** *Stadt in Karien*

Antiochīī ⟨ōrum⟩ MPL die Anhänger des Antiochus

Antiochīus ⟨a, um⟩ ADJ des Antiochus

Antiochus ⟨ī⟩ M **1** *Name von 13 syrischen Königen aus dem Haus der Seleukiden* **2** *mehrere Könige von Kommagene im Norden Syriens* **3** *~ aus Askalon in Palästina, Lehrer Ciceros*

Antipater ⟨trī⟩ M **1** *Feldherr u. Freund Philipps von Makedonien u. Alexanders des Großen* **2** *Name mehrerer griech. Philos.* **3** **L. Caelius ~** *Verfasser einer Geschichte des zweiten Punischen Krieges*

Antiphō(n) ⟨ōntis⟩ M **1** *attischer Redner* **2** *Sophist, Gegner des Sokrates*

antiphona ⟨ae⟩ F (*mlat.*) kirchlicher Wechselgesang

antipodes ⟨um⟩ MPL die „Gegenfüßler", *iron für Nachtschwärmer*

antīquāre ⟨ō, āvī, ātum 1.⟩ (*Gesetzesvorschlag*) verwerfen

antīquārius **A** ⟨a, um⟩ ADJ zum Altertum gehörend **B** ⟨ī⟩ Liebhaber der vorklassischen Literatur

antīquī ⟨ōrum⟩ MPL die Alten

antīquitās ⟨ātis⟩ F **1** Altertum, alte Zeit **2** PL Geschichte des Altertums; Sitten der alten Zeit **3** PL Menschen der Vorzeit **4** hohes Alter

antīquitus ADV **1** von alters her **2** in alter Zeit

★**antīquus** ⟨a, um⟩ ADJ **1** (*örtl.*) der vordere **2** *komp u. sup* wichtiger, wichtigster; **longe antiquissimum** das weitaus Wichtigste **3** (*zeitl.*) alt, ehemalig, einstig, früher **4** (*Tempel*) altertümlich; **mores antiqui** die guten alten Sitten

anti-stāre ⟨stō, stetī, - 1.⟩ *j-m* überlegen sein, *j-n* übertreffen, *alicui*

antistes ⟨itis⟩ M *u.* F Vorsteher(in) im Tempel, Oberpriester(in); Meister

Antisthenēs ⟨is⟩ M *Schüler des Sokrates, Gründer der Kynischen Schule*

antistita ⟨ae⟩ F Tempelvorsteherin, Oberpriesterin

Antium ⟨ī⟩ N *alte Stadt der Volsker in Latium, heute Porto d'Anzio*

Antōnia ⟨ae⟩ F **1** *Großmutter Neros* **2** *Mutter des Germanicus*

Antōniānus ⟨a, um⟩ ADJ des Antonius

Antōnīnus ⟨ī⟩ M *Name mehrerer aus der gens Antonia adoptierter röm. Kaiser*

Antōnius ⟨a, um⟩ *röm. Gentilname*; **Marcus ~** *Triumvir, Gegner Ciceros*

★**antrum** ⟨ī⟩ N Grotte, Höhle

Antunnācum ⟨ī⟩ N *Ort in der Provinz Belgica, heute Andernach*

Anūbis ⟨idis⟩ M *ägypt. Gott der Unterwelt, mit Hundekopf dargestellt*

ānulārius **A** ⟨a, um⟩ ADJ Siegelring… **B** ⟨ī⟩ M Ringmacher, Juwelier

ānulātus ⟨a, um⟩ ADJ mit Ringen ge-

schmückt
ānulus ⟨ī⟩ M 1 Fingerring, Siegelring 2 *allg.* Ring
★**anus**[1] ⟨ūs⟩ F alte Frau
ānus[2] ⟨ī⟩ M 1 Fußring 2 After
ānxī → angere
anxietās ⟨ātis⟩ F 1 Ängstlichkeit; Angst, Kummer 2 peinliche Sorgfalt
anxi-fer ⟨fera, ferum⟩ ADJ beängstigend, quälend
anxitūdō ⟨inis⟩ F Ängstlichkeit
★**anxius** ⟨a, um, *adv* anxiē⟩ ADJ 1 ängstlich, besorgt 2 *(Sorgen)* ängstigend
Anxur ⟨uris⟩ N *alte Stadt der Volsker, heute Terracina;* **Anxurnās** ⟨ātis⟩ ADJ aus Anxur; **Anxurus** ⟨ī⟩ M *Schutzgott der Stadt Anxur* = Jupiter
Āōn ⟨onis⟩ ADJ böotisch; **Āonēs** ⟨um⟩ MPL *die Ureinwohner Böotiens;* **Āonia** ⟨ae⟩ F Böotien; **Āonidēs** ⟨um⟩ FPL die Musen; **Āonius** ⟨a, um⟩ ADJ böotisch
Aornos ⟨ī⟩ M = **Avernus**
aorta ⟨ae⟩ F *(mlat.)* Hauptschlagader
Ap. ABK = **Appius**
ap-age INT hinweg; ~ **(te) a me** fort mit dir
apathīa ⟨ae⟩ F Leidenschaftslosigkeit
Apellēs ⟨is⟩ M *berühmtester griechischer Maler, z. Z. Alexanders des Großen*
Āpennīnus ⟨ī⟩ M = **Appenninus**
aper ⟨aprī⟩ M Eber, Keiler
★**aperīre** ⟨aperiō, aperuī, apertum 4.⟩ 1 (↔ *schließen*) öffnen, aufschließen, aufbrechen 2 zugänglich machen; **ludum** ~ eine Schule eröffnen 3 (↔ *verbergen*) enthüllen, aufdecken; ans Licht bringen, offenbaren; **caput** ~ das Haupt entblößen; **se** ~ sein wahres Gesicht zeigen, an den Tag kommen
apertāre ⟨ō, āvī, ātum 1.⟩ ganz enthüllen
apertum ⟨ī⟩ N freies Feld; **aperta Oceani** die Weiten des Ozeans
apertus[1] ⟨a, um⟩ PPP → aperire
★**apertus**[2] ⟨a, um, *adv* apertē⟩ ADJ 1 offen, entblößt; **caput apertum** unbedecktes Haupt; **caelum apertum** heiterer Himmel 2 (↔ *geschlossen*) offen; **aditus** ~ freier Zugang 3 (↔ *verborgen*) offenkundig, offenbar; **in aperto esse** in deutlichem Licht erscheinen 4 **in aperto esse** leicht möglich sein 5 *(Charakter)* offenherzig; rücksichtslos
aperuī → aperire
apex ⟨icis⟩ M 1 Spitze; ~ **montis** Berggipfel 2 Helmspitze 3 Priestermütze 4 *fig* Zierde; **virtutis** ~ Gipfel der Tugend
Aphrodīsia ⟨ōrum⟩ NPL Fest der Aphrodite
Aphrodīta ⟨ae⟩ F *u.* **Aphrodītē** ⟨ēs⟩ F *Göttin der Liebe u. Schönheit; röm.* = **Venus**
apicātus ⟨a, um⟩ ADJ mit der Priestermütze geschmückt
Apīcius ⟨ī⟩ M *röm. Beiname;* **M. Gavius** ~ *Feinschmecker in der augusteischen Zeit*
apicula ⟨ae⟩ F Bienchen
apinae ⟨ārum⟩ FPL Possen, Albernheiten
★**apis** ⟨is⟩ F Biene
Āpis ⟨is⟩ M *heiliger Stier der Ägypter*
apīscī ⟨apiscor, aptus sum 3.⟩ 1 erreichen 2 *fig* erlangen 3 *(geistig)* sich aneignen
apium ⟨ī⟩ N Sellerie
aplustra ⟨ōrum⟩ NPL SCHIFF Heckverzierung
apocalypsis ⟨is⟩ F *Geheime Offenbarung des Apostels Johannes*
Apocolocyntōsis ⟨is⟩ F „Verwandlung in einen Kürbis" *Satire des Philos. Seneca auf Kaiser Claudius*
apocopare ⟨o, avi, atum 1.⟩ beschneiden, verstümmeln
apoculāre ⟨ō, -, - 1.⟩ unsichtbar machen; **se** ~ weggehen
apodytērium ⟨i⟩ N Umkleideraum *in röm Thermen* → thermae
apolactizāre ⟨ō, āvī, ātum 1.⟩ fortstoßen, verschmähen
Apollināre ⟨is⟩ N Heiligtum des Apollo
Apollināris ⟨e⟩ ADJ dem Apollo geweiht
Apollineus ⟨a, um⟩ ADJ des Apollo
Apollō ⟨inis *u.* ōnis⟩ M *Sohn des Zeus/Iupiter u. der Leto/Latona, Gott des Bogenschießens, des Lichtes, der Weissagung, der Dichtung u. der Heilkunde*
Apollōnia ⟨ae⟩ F *häufiger griech. Städtename;* **Apollōniātēs** ⟨ae⟩ M Einwohner von Apollonia; **Apollōniēnsis** ⟨e⟩ ADJ aus Apollonia
Apollōnius ⟨ī⟩ M 1 ~ **Rhodius** *griech Epiker u. Grammatiker* 2 ~ **Molō** *griech*

Rhetor u. Lehrer Ciceros

apologāre ⟨ō, āvī, ātum 1.⟩ verwerfen, verschmähen

apophorētus ⟨a, um⟩ ADJ zum Mitnehmen bestimmt

aposphrāgisma ⟨atis⟩ N Bild im Siegelring, Siegel

apostata ⟨ae⟩ M (*eccl.*) (vom Glauben) Abgefallener

apostolicus A ⟨a, um⟩ ADJ (*eccl.*) Apostel… B ⟨ī⟩ M (*mlat.*) Papst

apostolus ⟨ī⟩ M (*eccl.*) Apostel

apothēca ⟨ae⟩ F 1 Vorratskammer, *bes* Weinkeller 2 (*mlat.*) Lagerraum für Heilkräuter

apothēcārius ⟨ī⟩ M 1 Lagerdiener 2 (*mlat.*) Lagerverwalter

ap-parāre ⟨ō, āvī, ātum 1.⟩ vorbereiten, zu *etw* rüsten, *aliquid*; **iter ~** einen Weg bahnen

apparātiō ⟨ōnis⟩ F 1 Bereitstellung 2 *fig* Vorbereitung des Redners

apparātus[1] ⟨ūs⟩ M 1 Beschaffung, Herstellung, Vorbereitung 2 Werkzeug, Gerät; **~ belli** Kriegsapparat; **~ auxiliorum** Aufgebot von Hilfstruppen 3 Pracht

apparātus[2] ⟨a, um⟩ ADJ 1 gut ausgerüstet 2 prächtig, glänzend

ap-pārēre[1] ⟨eō, uī, (itūrus) 2.⟩ 1 erscheinen, sich zeigen, sichtbar werden 2 dienen, zur Verfügung stehen 3 *fig* offenkundig sein, einleuchten; **ratio apparet** die Rechnung stimmt; **apparet** es ist klar, es zeigt sich

ap-parere[2] ⟨iō, -, - 3.⟩ erwerben, gewinnen

appāritiō ⟨ōnis⟩ F 1 Dienst eines Unterbeamten 2 PL Unterbeamte

appāritor ⟨ōris⟩ M Unterbeamter

ap-pellāre ⟨ō, āvī, ātum 1.⟩ 1 ansprechen, begrüßen 2 anfahren 3 aussprechen, **litteras** Buchstaben 4 nennen, bezeichnen 5 (*um Hilfe*) bitten 6 zu *etw* auffordern, *de re/in rem* 7 JUR appellieren, **aliquem** an j-n 8 mahnen; **in solidum ~** das ganze Kapital kündigen 9 zur Rede stellen

appellātiō ⟨ōnis⟩ F 1 Anrede 2 Name, Titel 3 JUR Berufung; **~ tribunorum** Anrufung der Tribunen 4 Aussprache

appellātor ⟨ōris⟩ M Berufungskläger

ap-pellere ⟨pellō, pulī, pulsum 3.⟩ 1 herantreiben, heranbewegen; **ad aliquid ~** *fig* den Sinn auf etw richten 2 ansteuern, anlegen; **navem ad ripam ~** am Ufer landen

ap-pendere ⟨pendō, pendī, pēnsum 3.⟩ zuwiegen, auszahlen

appendicitis ⟨idis⟩ F (*nlat.*) MED Blinddarmentzündung

appendicula ⟨ae⟩ F kleines Anhängsel

appendix ⟨icis⟩ F 1 Anhängsel, Zugabe 2 MIL kleineres Truppenkontingent 3 MED Wurmfortsatz *am Blinddarm* 4 Anhang *eines Buches*

Appennīni-cola ⟨ae⟩ M Bewohner der Apenninen

Appennīni-gena ⟨ae⟩ M in den Apenninen entsprungen

Appennīnus ⟨ī⟩ M die Apenninen

appetēns ⟨entis, *adv* appetenter⟩ ADJ strebend, gierig; habgierig; **~ gloriae** ruhmsüchtig

appetentia ⟨ae⟩ F = **appetitio**

★**ap-petere** ⟨petō, petīvī *u.* petiī, petītum 3.⟩ 1 greifen, **librum** nach dem Buch 2 erstreben, begehren 3 aufsuchen 4 anfallen, bedrohen 5 (*zeitl.*) beginnen, anbrechen; **dies appetit** der Tag bricht an

appetītiō ⟨ōnis⟩ F 1 das Greifen, **alicuius rei** nach etw 2 das Streben, das Verlangen, **laudis** nach Ansehen 3 Trieb

appetītus ⟨ūs⟩ M = **appetitio**

Appiānus ⟨a, um⟩ ADJ des Appius

Appius A ⟨ī⟩ M *röm. Vorname* B ⟨a, um⟩ ADJ von Appius; **via Appia** *älteste Heerstraße von Rom nach Capua, von Appius Claudius Caecus angelegt, von Trajan bis Brundisium (Brindisi) verlängert*; **aqua Appia** von Appius angelegte Wasserleitung

ap-plaudere ⟨plaudō, plausī, plausum 3.⟩ 1 Beifall klatschen 2 an *etw* schlagen, *alicui rei*

applausus ⟨ūs⟩ M Applaus, Beifall

ap-plicāre ⟨plicō, plicāvī *u.* plicuī, plicātum *u.* plicitum 1.⟩ 1 anfügen, anlehnen; **se ad arborem ~** sich an einen Baum lehnen; **castra flumini ~** das Lager dicht am Fluss aufschlagen 2 SCHIFF landen lassen; *absolut u. passiv* landen 3 *fig* hinzufügen, verbinden; **voluptatem ad honestatem ~** die Lust mit dem Anstand verbinden; **crimen alicui** ~ j-m ein Verbrechen anlasten 4 *fig* zuwenden 5 **se** ~ sich anschließen, **alicui/ad aliquem** j-m; sich verlegen, **ad aliquid** auf etw

applicātiō ⟨ōnis⟩ F 1 Anschluss, *bes an einen Patron* 2 *fig* Zuneigung

ap-plōdere ⟨plōdō, plōsī, plōsum 3.⟩ = **applaudere**

ap-plōrāre ⟨ō, āvī, ātum 1.⟩ dabei jammern, **alicui** vor j-m, bei j-m

★**ap-pōnere** ⟨pōnō, posuī, positum 3.⟩ 1 an/bei/zu *etw* hinsetzen, -stellen, -legen, *alicui rei/ad aliquid* 2 *(Speisen)* auftragen 3 mitgeben, **aliquem custodem** j-n als Wächter 4 anstiften; **civem Romanum accusatorem** ~ einen römischen Bürger als Ankläger aufstellen 5 hinzufügen; **vitiis modum** ~ den Lastern eine Grenze setzen

ap-porrēctus ⟨a, um⟩ ADJ daneben hingestreckt

ap-portāre ⟨ō, āvī, ātum 1.⟩ herbeitragen; verursachen

ap-poscere ⟨ō, -, - 3.⟩ dazufordern

ap-positiō ⟨ōnis⟩ F Zusatz

appositum ⟨ī⟩ N 1 GRAM Adjektiv 2 RHET Beifügung

appositus ⟨a, um, *adv* appositē⟩ ADJ 1 nahe liegend, benachbart 2 geeignet, brauchbar, geschickt

ap-pōtus ⟨a, um⟩ ADJ angetrunken

ap-precārī ⟨or, ātus sum 1.⟩ anflehen, anrufen

ap-prehendere ⟨prehendō, prehendī, prehēnsum 3.⟩ *auch* **ap-prēndere** ⟨prēndō, prēndī, prēnsum 3.⟩ 1 anfassen, ergreifen; festnehmen; besetzen 2 *(geistig)* erfassen 3 RHET vorbringen

ap-pressī → apprimere

ap-pressus ⟨a, um⟩ PPP → apprimere

ap-prīmē ADV vorzüglich, besonders

ap-primere ⟨primō, pressī, pressum 3.⟩ 1 andrücken, **alicui rei** an etw 2 fest drücken, **dextram** die rechte Hand

ap-prīmus ⟨a, um⟩ ADJ bei Weitem der erste

★**ap-probāre** ⟨ō, āvī, ātum 1.⟩ 1 billigen, anerkennen; *passiv* Beifall finden 2 segnen 3 zu *j-s* Zufriedenheit machen *alicui* 4 beweisen, **propositionem** einen Satz

approbātiō ⟨ōnis⟩ F 1 Billigung, Zustimmung 2 PHILOS Beweis

approbātor ⟨ōris⟩ M der *etw* billigt

ap-probē ADV ganz gut, recht gut

ap-prōmittere ⟨ō, -, - 3.⟩ noch dazu versprechen

ap-properāre ⟨ō, āvī, ātum 1.⟩ A V/T beschleunigen B V/I hineilen, sich beeilen

★**ap-propinquāre** ⟨ō, āvī, ātum 1.⟩ 1 sich nähern, **hosti** dem Feind, **ad insulam** einer Insel 2 *(zeitl.)* herannahen 3 *(Person)* nahe sein

appropinquātiō ⟨ōnis⟩ F Annäherung

ap-pūgnāre ⟨ō, āvī, ātum 1.⟩ angreifen, bestürmen

ap-pulī → appellere

Appūlia ⟨ae⟩ F = **Apulia**

ap-pulsus[1] ⟨a, um⟩ PPP → appellere

appulsus[2] ⟨ūs⟩ M 1 Annäherung 2 SCHIFF Landung; Landestelle; ~ **litoris** Landung an der Küste 3 *fig* Einwirkung

aprīcārī ⟨or, ātus sum 1.⟩ sich sonnen

aprīcum ⟨ī⟩ N sonniger Platz

aprīcus ⟨a, um⟩ ADJ 1 sonnig 2 den Sonnenschein liebend

Aprīlis A ⟨e⟩ ADJ April… B ⟨is⟩ M April

aprū(g)nus ⟨a, um⟩ ADJ Eber…, Wildschwein…; **callum aprugnum** Wildschweinschwarte

aps… = **abs…**

aptāre ⟨ō, āvī, ātum 1.⟩ 1 genau anpassen, anfügen, *alicui* an etw; **arma corpori** ~ Waffen anlegen 2 zurechtmachen, instand setzen; **animum armis** ~ *fig* den Sinn auf die Waffen richten 3 ausrüsten

aptus[1] ⟨a, um⟩ PPP → apisci

★**aptus**[2] ⟨a, um, *adv* aptē⟩ ADJ 1 angepasst, fest anschließend; *adv* genau 2 an *etw* hängend, *(ex) re* 3 *fig* abhängig, **ex re** von etw; **totus** ~ **ex sese** ganz unabhängig 4 *(Heer)* wohlgeordnet, in gutem Zustand 5 *fig* tauglich, geeignet; angemessen; **apte dicere** angemessen sprechen; **tempori** ~ der Zeit angemessen

★**apud** PRÄP +*akk* 1 bei, in der Nähe von; **pugna** ~ **Marathonem facta** die Schlacht bei Marathon 2 in, auf, zu; ~ **Germanias** in Germanien 3 bei, im Hause von; ~ **Germanos** bei den Germanen

4 vor, in Gegenwart von; ~ **iudices** vor den Richtern 5 bei = in *j-s* Augen; ~ **aliquem multum valere** bei j-m viel vermögen 6 bei = in *j-s* Schriften; ~ **Ciceronem** bei Cicero

Āpulēius ⟨a, um⟩ *röm. Gentilname;* ~ **Platonicus** *aus Afrika stammender Philos. u. Schriftsteller um 130 n. Chr.*

Apūlia ⟨ae⟩ F *Landschaft in Unteritalien;* **Āpulus** ⟨a, um⟩ ADJ apulisch; **Āpulus** ⟨ī⟩ M Apulier

★**aqua** ⟨ae⟩ F 1 Wasser; **aquā et igni interdicere alicui** j-n ächten; ~ **haeret** da hapert es 2 *(Gewässer)* Meer, See, Fluss, Bach 3 Regen 4 Hochwasser 5 Tränen 6 PL Quellen 7 Wasserleitung 8 Wasseruhr; **aquam dare** Redezeit gewähren

aquaeductus ⟨ūs⟩ M Wasserleitung

Landeskunde

▶ aquaeductus – Wasser nicht nur für Rom

In die schnell wachsenden Großstädte des römischen Reichs führten lange Wasserleitungen (**aquaeducti**) Wasser mit gleichmäßigem Gefälle aus den Bergen des Umlands heran. Der erste Aquädukt, die **aqua Appia**, entstand 312 v. Chr. In der Kaiserzeit führten 11 Aquädukte täglich ca. 700.000 m^3 Wasser allein nach Rom. Bis heute haben sich Reste römischer Aquädukte, die oft mehr als 100 m hoch sein konnten, erhalten. Weltbekannt ist der Pont du Gard in Südfrankreich, der Nîmes mit frischem Wasser versorgte.

Aquae Grānni ⟨Aquārum Grānni⟩ FPL *Ort in der Provinz Belgica, heute Aachen*

Aquae Mattiacae ⟨Aquārum Mattiacarum⟩ FPL *Ort in Obergermanien, heute Wiesbaden*

aquālis ⟨is⟩ M Wasserkrug

aquārī ⟨or, ātus sum 1.⟩ Wasser holen, bes MIL

aquārius A ⟨a, um⟩ ADJ Wasser...; **provincia aquaria** Quästur in Ostia, *zuständig für die Aufsicht über die Wasserleitungen* B ⟨ī⟩ M 1 Wasserträger 2 Aufseher *über Brunnen* 3 ASTROL Wassermann

aquāticus ⟨a, um⟩ ADJ *u.* **aquātilis** ⟨e⟩ ADJ 1 im Wasser befindlich, am Wasser lebend 2 *(Wind)* Regen bringend

aquātiō ⟨ōnis⟩ F das Wasserholen

aquātor ⟨ōris⟩ M Wasserholer

aquātus ⟨a, um⟩ ADJ wässerig, dünn

★**aquila** ⟨ae⟩ F 1 Adler 2 Legionsadler 3 ASTRON Adler 4 PL die Reliefadler *am Jupitertempel auf dem Kapitol*

Aquilēia ⟨ae⟩ F *röm. Kolonie in Oberitalien;* **Aquilēiēnsis** ⟨e⟩ ADJ aus Aquileia; **Aquilēiēnsis** ⟨is⟩ M Einwohner von Aquileia

Aquīliānus ⟨a, um⟩ ADJ des Aquilius

aquili-fer ⟨ferī⟩ M MIL Adlerträger

aquilīnus ⟨a, um⟩ *adj* Adler...

aquilō ⟨ōnis⟩ M 1 Nordostwind; Sturm 2 Norden

aquilōnālis ⟨e⟩ ADJ *u.* **aquilōnius** ⟨a, um⟩ ADJ nördlich

aquilus ⟨a, um⟩ ADJ schwärzlich, dunkelbraun

Aquisgranum ⟨ī⟩ N *Ort in der Provinz Belgica, heute Aachen*

Aquītānī ⟨ōrum⟩ MPL die Einwohner von Aquitania, die Aquitaner

Aquītānia ⟨ae⟩ F *Landschaft im SW Galliens;* **Aquītānus** ⟨a, um⟩ ADJ aquitanisch

aquōsus ⟨a, um⟩ ADJ wasserreich; regnerisch

★**āra** ⟨ae⟩ F 1 Altar, Opferherd 2 *fig* Zufluchtsstätte, Schutz 3 Denkmal; ~ **sepulcri** Scheiterhaufen 4 ASTRON Altar 5 **Ara Ubiorum** *früherer Name für Köln*

Arabia ⟨ae⟩ F Arabien; **Arabicus** *u.* **Arabius** ⟨a, um⟩ ADJ *u.* **Arabs** ⟨abis⟩ ADJ arabisch; **Arabs** ⟨abis⟩ M Araber; **Arabus** ⟨a, um⟩ ADJ arabisch; **Arabus** ⟨ī⟩ M Araber

arānea ⟨ae⟩ F Spinne; Spinnengewebe

arāneola ⟨ae⟩ F kleine Spinne

arāneōsus ⟨a, um⟩ ADJ voll Spinnengewebe

arāneum ⟨ī⟩ N Spinnengewebe

Arar ⟨aris⟩ M *Nebenfluss der Rhône, heute Saône*

★**arāre** ⟨ō, āvī, ātum 1.⟩ 1 pflügen 2 Ackerbau treiben 3 *fig* durchfahren; **frontem rugis** ~ die Stirn runzeln

arātiō ⟨ōnis⟩ F 1 das Pflügen, Ackerbau 2 Ackerland; *pl* Pachtgüter
arātor ⟨ōris⟩ A M 1 Pflüger 2 Bauer; Pächter B ADJ Pflug...; **bos ~** Pflugochse
★**arātrum** ⟨ī⟩ N Pflug
★**arbiter** ⟨trī⟩ M 1 Augenzeuge, Mitwisser 2 Schiedsrichter 3 *fig* Gebieter, Herr; **~ bibendi** Symposiarch, Trinkkönig
arbitra ⟨ae⟩ F Zeugin, Mitwisserin, Richterin
★**arbitrāre** ⟨ō, -, - 1.⟩ *u.* **arbitrārī** ⟨or, ātus sum 1.⟩ 1 beobachten, belauschen 2 *fig* meinen, glauben
arbitrāriō ADV vermutlich
arbitrārius ⟨a, um⟩ ADJ willkürlich
arbitrātus ⟨ūs⟩ M 1 Willkür, Belieben 2 Vollmacht 3 subjektive Meinung
★**arbitrium** ⟨ī⟩ N 1 Schiedsspruch 2 (willkürliche) Bestimmung, **salis vendendi** des Salzpreises; **arbitria funeris** Bestattungsgebühren 3 freies Ermessen 4 unbeschränkte Macht; **sui arbitrii esse** sein eigener Herr sein
★**arbor** ⟨oris⟩ F 1 Baum 2 **~ infelix** Galgen 3 Mast; Ruder; Schiff 4 *(eccl.)* Kreuz
arboreus ⟨a, um⟩ ADJ Baum...; baumlang, baumähnlich, verästelt
arbōs ⟨oris⟩ F = **arbor**
arbuscula ⟨ae⟩ F Bäumchen
arbustum ⟨ī⟩ N Baumpflanzung; Gebüsch
arbustus ⟨a, um⟩ ADJ mit Bäumen bepflanzt
arca ⟨ae⟩ F 1 Kasten, Kiste, Kasse 2 Sarg 3 Gefängniszelle 4 *(eccl.)* Arche
Arcades ⟨um⟩ MPL die Arkader
Arcadia ⟨ae⟩ F Arkadien, *Gebirgslandschaft auf der Peloponnes;* **Arcadicus** *u.* **Arcadius** ⟨a, um⟩ ADJ arkadisch
arcānō ADV → arcanus
arcānum ⟨ī⟩ N Geheimnis
arcānus ⟨a, um, *adv* arcānō⟩ ADJ geheim, heimlich; geheimnisvoll; verschwiegen; *adv* heimlich, insgeheim
Arcas A ⟨adis⟩ M *Sohn des Zeus u. der Kallisto* B ⟨adis⟩ ADJ arkadisch
★**arcēre** ⟨eō, uī, - 2.⟩ 1 abwehren, fernhalten; **hostes a reditu ~** die Feinde vom Rückzug abschneiden 2 in Schranken halten 3 bewahren
★**arcessere** ⟨ō, īvī, ītum 3.⟩ 1 herbeirufen, kommen lassen, vorladen 2 anklagen, **criminis** eines Verbrechens 3 herbeiführen, erwerben, gewinnen; **virginem/uxorem ~** eine Braut ins Haus holen 4 herholen
arcessītus[1], *nur abl* ⟨ū⟩ M Einladung, das Herbeirufen
arcessītus[2] ⟨a, um⟩ ADJ erzwungen, gesucht
archangelus ⟨ī⟩ M Erzengel
Archelaus ⟨ī⟩ M *griech. Philos.*
archetypum ⟨ī⟩ N Original, Urbild
archetypus ⟨a, um⟩ ADJ im Original
Archiacus ⟨a, um⟩ ADJ 1 des Archias 2 **Archiaci lecti** kleine Speisesofas
Archiās ⟨ae⟩ M 1 **A. Licinius ~** *griech. Dichter, von Cicero erfolgreich verteidigt* 2 *Tischler in Rom z. Zt. des Horaz*
archiclīnicus ⟨ī⟩ M Obertotengräber
archidux ⟨ducis⟩ M *(mlat.)* Erzherzog
archiepiscopus ⟨ī⟩ M *(eccl.)* Erzbischof
Archilochus ⟨ī⟩ M *griech. Dichter*
archimandrīta ⟨ae⟩ M *(eccl.)* Vorsteher *eines griech. Klosters*
Archimēdēs ⟨is⟩ M *Mathematiker u. Techniker aus Syrakus*
archipīrāta ⟨ae⟩ M Seeräuberhauptmann
architectārī ⟨or, ātus sum 1.⟩ 1 bauen 2 *fig* schaffen, herrichten
architecticus ⟨a, um⟩ ADJ des Baumeisters
architectōn ⟨onis⟩ M 1 Baumeister 2 *fig* Intrigant
architectūra ⟨ae⟩ F Baukunst
architectus ⟨ī⟩ M 1 Baumeister, Ingenieur 2 *fig* Urheber, Schöpfer
archōn ⟨ontis⟩ M Archont, *höchster Beamter in Athen*
arci-tenēns A ⟨entis⟩ ADJ bogenführend, *Beiname des Apollo* B ⟨entis⟩ M Schütze
Arctophylax ⟨acis⟩ M ASTRON Bärenhüter = **Bootes**
Arctos ⟨ī⟩ F 1 ASTRON Bärin; *meist pl* Großer und Kleiner Bär 2 Nordpol, Norden; Nacht; **Arctous** ⟨a, um⟩ ADJ nördlich
Arctūrus ⟨ī⟩ M 1 ASTRON Bärenhüter, Bootes 2 Herbstzeit
Arctus ⟨ī⟩ F = **Arctos**
arcuātus ⟨a, um⟩ ADJ bogenförmig, **currus ~** Planwagen; **arcuatum opus**

ARCH Schwibbögen

arcu-ballista ⟨ae⟩ F Armbrust, Bogenschleuder

arcula ⟨ae⟩ F Kästchen; Kassette, Schmuckkästchen; Farbkasten

arculārius ⟨ī⟩ M Hersteller von Schmuckkästchen

★**arcus** ⟨ūs⟩ M 1 (*Waffe*) Bogen; ~ **Haemonii** ASTROL Schütze 2 Regenbogen 3 Triumphbogen, Ehrenbogen 4 ARCH Schwibbogen 5 Krümmung, Wölbung

ardaliō ⟨ōnis⟩ M geschäftiger Nichtstuer, Schlemmer

Ardea ⟨ae⟩ F *Hauptstadt der Rutuler in Latium;* **Ardeās** ⟨ātis⟩ M Einwohner von Ardea; **Ardeās** ⟨ātis⟩ ADJ *u.* **Ardeātīnus** ⟨a, um⟩ ADJ aus Ardea

ārdēns ⟨entis, *adv* ardenter⟩ ADJ 1 brennend, glühend, heiß; **ardenter sitire** brennenden Durst leiden 2 funkelnd 3 *fig* leidenschaftlich; **oratio** ~ flammende Rede

★**ārdēre** ⟨ardeō, ārsī, ārsum 2.⟩ 1 brennen 2 (*Augen*) funkeln, blitzen 3 *fig* glühen, brennen; heiß verliebt sein 4 *fig* heiß verlangen, **in arma** nach Waffen, **ad ulciscendum** nach Rache 5 *fig* verzehrt werden 6 (*z. B. Gallia*) in hellem Aufruhr stehen

ārdēscere ⟨ārdēscō, ārsī, - 3.⟩ 1 in Brand geraten 2 *fig* glühen, leuchten 3 *fig* auflodern; **pugna ardescit** die Schlacht entbrennt

ārdor ⟨ōris⟩ M 1 Brand, Glut 2 *fig* das Glühen, **oculorum** der Augen 3 *fig* Begeisterung, Begierde 4 *fig* Liebesglut, **alicuius** für j-n 5 *fig* geliebte Person

Arduenna ⟨ae⟩ F Ardennen

arduum ⟨ī⟩ N 1 Anhöhe 2 *fig* Schwierigkeit

arduus ⟨a, um⟩ ADJ 1 steil, hochragend 2 *fig* schwierig, beschwerlich

ārea ⟨ae⟩ F 1 freier Platz, 2 Bauplatz 3 Tenne; Hofraum 4 (*im Zirkus*) Rennbahn 5 *fig* Kampfplatz 6 Vogelfangplatz 7 (*in der Geometrie*) Fläche, Flächeninhalt 8 Glatze

Arecomicī ⟨ōrum⟩ MPL → Volcae

āre-facere ⟨faciō, fēcī, factum 3.⟩ trocknen

Arelāte ⟨is⟩ N *Stadt an der Rhône, heute Arles;* **Arelatēnsis** ⟨e⟩ ADJ aus Arelate; **Arelatēnsis** ⟨is⟩ M Einwohner von Arelate

★**arēna** ⟨ae⟩ F 1 Sand; *pl* Sandkörner 2 Sandfläche; *pl* Sandwüste 3 Sandstrand, Küste 4 (*im Amphitheater*) Arena, Kampfplatz 5 Gladiatorenkampf

arēnāria ⟨ae⟩ F Sandgrube

arēnōsus ⟨a, um⟩ ADJ sandig

ārēns ⟨entis⟩ ADJ trocken, dürr

Arēopagītēs ⟨ae⟩ M Mitglied des Areopags

Arēopagus ⟨ī⟩ M 1 Areshügel *in Athen* 2 Areopag, *auf dem Areshügel tagender oberster Gerichtshof*

ārēre ⟨eō, uī, - 2.⟩ 1 trocken sein, dürr sein 2 *fig* lechzen

Arēs ⟨is⟩ M *griech. Kriegsgott, röm.* = **Mars**

ārēscere ⟨ārēscō, āruī, - 3.⟩ austrocknen, verdorren, versiegen

Arethūsa ⟨ae⟩ F *Quelle bei Syrakus;* **Arethūsis** ⟨idis⟩ ADJ zur Arethusa gehörig

argentāria ⟨ae⟩ F Wechselstube

argentārius A ⟨a, um⟩ ADJ Silber...; Geld...; **metalla argentaria** Silbergruben; **taberna argentaria** Wechselstube B ⟨ī⟩ M Wechsler, Bankier

argentātus ⟨a, um⟩ ADJ 1 mit Silber beschlagen 2 mit Geld versehen

argenteolus ⟨a, um⟩ ADJ fein in Silber gearbeitet

argenteus A ⟨a, um⟩ ADJ 1 silbern 2 mit Silber beschlagen 3 (*Soldaten*) mit silbernen Schilden B ⟨ī⟩ M Silberdenar

Argentoratum ⟨ī⟩ N *Ort in Obergermanien, heute Straßburg*

★**argentum** ⟨ī⟩ N 1 Silber; ~ **factum** Silbergeschirr; ~ **infectum** Silberbarren; ~ **signatum** Silbergeld 2 Silbergeräte 3 (Silber-)Geld 4 ~ **vivum** Quecksilber

Argentumexterebrōnidēs ⟨ae⟩ M *scherz* „Geldherausbohrer", Erpresser

Argēus ⟨a, um⟩ ADJ aus Argos, argivisch, griechisch

Argī ⟨ōrum⟩ MPL = **Argos**

Argīlētānus ⟨a, um⟩ ADJ auf dem Argiletum befindlich

Argīlētum ⟨ī⟩ N *Straße in Rom*

argilla ⟨ae⟩ F weißer Ton, Töpfererde

Argīus ⟨a, um⟩ ADJ aus Argos, argivisch, griechisch

Argīvī ⟨ōrum *u.* um⟩ MPL die Argiver, *oft* = die Griechen

Argīvus ⟨a, um⟩ ADJ aus Argos, argivisch, griechisch
Argō ⟨ūs⟩ F *Schiff Iasons u. seiner Gefährten, mit dem sie nach Kolchis segelten, um das Goldene Vlies zu holen*
Argolicus ⟨a, um⟩ ADJ argolisch, griechisch
Argolis[1] ⟨idis⟩ F *Landschaft auf der Peloponnes*
Argolis[2], ⟨idis⟩ ADJ aus Argos, argivisch, griechisch
Argonautae ⟨ārum⟩ MPL die Argonauten
Argos, *nur nom u. akk* N *Hauptstadt von Argolis*
★**arguere** ⟨uō, uī, ūtum *u.* uitūrus 3.⟩ **1** klar darstellen, erweisen **2** verraten, offenbaren; *passiv* sich verraten **3** als falsch erweisen, widerlegen **4** beschuldigen, anklagen, **facinoris/(de) crimine** eines Verbrechens **5** rügen
argūmentārī ⟨or, ātus sum 1.⟩ **A** V/I den Beweis führen, begründen **B** V/T als Beweis anführen
argūmentātiō ⟨ōnis⟩ F RHET Beweisführung
★**argūmentum** ⟨ī⟩ N **1** Beweis, Beweismittel; **argumento esse** zum Beweis dienen; **~ concludere** einen Schluss ziehen **2** Gegenstand, Stoff, Thema **3** Geschichte; **hoc ~ docet** diese Erzählung lehrt **4** Gehalt, Gewicht *des Inhaltes* **5** Kennzeichen
Argus[1] ⟨a, um⟩ ADJ aus Argos, argivisch, griechisch
Argus[2] ⟨ī⟩ M *hundertäugiger Wächter der Io*
argūtāre ⟨ō, āvī, ātum 1.⟩ *u.* **argūtārī** ⟨or, ātus sum 1.⟩ daherschwatzen
argūtātiō ⟨ōnis⟩ F das Knarren, **lecti** des Bettes
argūtiae ⟨ārum⟩ FPL **1** ausdrucksvolle Darstellung **2** Scharfsinn, Witz **3** Spitzfindigkeit
★**argūtus** ⟨a, um⟩ ADJ **1** scharf ausgeprägt, ausdrucksvoll, lebhaft **2** (*Tier*) klingend, zirpend, zwitschernd, gellend **3** beredt, geschwätzig **4** *fig* bedeutsam; **omen argutum** bedeutsames Vorzeichen **5** (*Worte*) geistreich, scharfsinnig, witzig **6** *fig* pfiffig, schlau
Argyripa ⟨ae⟩ F = **Arpi**
Ariadna ⟨ae⟩ F *Tochter des Minos u. der Pasiphae, gab Theseus einen Faden, der ihm die Rückkehr aus dem Labyrinth ermöglichte* **Ariadnaeus** ⟨a, um⟩ ADJ zu Ariadne gehörig
Ariadnē ⟨ēs⟩ F = **Ariadna**; **Ariadneus** ⟨a, um⟩ ADJ = **Ariadnaeus**; → Ariadna
Arīcia ⟨ae⟩ F *alte Stadt an der via Appia, heute Ariccia;* **Arīcīnus** ⟨a, um⟩ ADJ aus Aricia; **Arīcīnus** ⟨ī⟩ M Einwohner von Aricia
āridulus ⟨a, um⟩ ADJ etwas trocken
★**āridus** ⟨a, um⟩ ADJ **1** (*Erde*) trocken, dürr **2** (*Fieber usw.*) heiß **3** *fig* mager, dürftig; **victus ~** magerer Lebensunterhalt **4** *fig* trocken, langweilig
★**ariēs** ⟨etis⟩ M **1** Widder, Schafbock **2** ASTROL Widder **3** MIL Sturmbock, Mauerbrecher; Wellenbrecher
arietāre ⟨ō, āvī, ātum 1.⟩ **A** V/I **1** stoßen **2** anstürmen **B** V/T niederstoßen; **in terram ~** zu Boden stoßen
arietīllus ⟨a, um⟩ ADJ kleiner Widder
arietīnus ⟨a, um⟩ ADJ Widder...; **cornu arietinum** Widderhorn
Arīminēnsis **A** ⟨e⟩ ADJ aus Ariminum **B** ⟨is⟩ M Einwohner von Ariminum
Arīminum ⟨ī⟩ N *alte Hafenstadt, heute Rimini*
ariolārī ⟨or, ātus sum 1.⟩ = **hariolari**
ariolus ⟨ī⟩ M = **hariolus**
Arīopagus ⟨ī⟩ M = **Areopagus**
Ariovistus ⟨ī⟩ M *König der Sueben, von Caesar 58 v. Chr. besiegt*
arismetica ⟨ae⟩ F (*mlat.*) Arithmetik
arista ⟨ae⟩ F **1** Granne **2** Ähre
Aristius Fuscus ⟨ī⟩ M *Grammatiker, Dichter u. Rhetor, Freund des Horaz*
Aristophanēs ⟨is⟩ M *aus Athen, Vertreter der alten attischen Komödie;* **Aristophanēus** *u.* **Aristophanīus** ⟨a, um⟩ ADJ des Aristophanes
Aristotelēs ⟨is *u.* ī⟩ M *Schüler Platos, Lehrer u. Erzieher Alexanders des Großen, Begründer der Peripatetischen Schule in Athen;* **Aristotelēus** *u.* **Aristotelīus** ⟨a, um⟩ ADJ des Aristoteles
arithmētica ⟨ōrum⟩ NPL, *auch* **arithmētica** ⟨ae⟩ F *u.* **arithmēticē** ⟨ēs⟩ F Arithmetik
āritūdō ⟨inis⟩ F Trockenheit
Arīus pagus ⟨ī⟩ M = **Areopagus**
★**arma** ⟨ōrum⟩ NPL **1** Gerät(e), Werk-

zeug(e) 2 Waffen, Rüstung; **in armis esse** unter Waffen stehen 3 Krieg; **~ inferre** angreifen; **~ civilia** Bürgerkrieg 4 Waffenmacht; **vi et armis** mit Waffengewalt 5 Bewaffnete 6 *fig* (geistige) Waffen, Hilfsmittel

armāmenta ⟨ōrum⟩ NPL Segelwerk

armāmentārium ⟨ī⟩ N Arsenal

armāre ⟨ō, āvī, ātum 1.⟩ 1 ausrüsten 2 bewaffnen 3 *fig* ausstatten, tauglich machen

armāriolum ⟨ī⟩ N Schränkchen

armārium ⟨ī⟩ N 1 Schrank, Bücherregal 2 PL Archiv, Bibliothek

armarius ⟨i⟩ M *(mlat.)* Archivar, Bibliothekar

armātūra ⟨a, um⟩ ADJ 1 Bewaffnung 2 Waffengattung

armātus[1], *abl* ⟨ū⟩ M Bewaffnung

armātus[2] ⟨a, um⟩ ADJ bewaffnet; **~ togatusque** in Krieg und Frieden

Armenia ⟨ae⟩ F Armenien

Armenius A ⟨a, um⟩ ADJ armenisch B ⟨ī⟩ M Armenier

armentālis ⟨e⟩ ADJ in Herden weidend

armentārius ⟨ī⟩ M Rinderhirt

armentum ⟨ī⟩ N 1 PL Großvieh, *bes* Rinder 2 Rinderherde

armi-fer ⟨fera, ferum⟩ ADJ Waffen tragend, kriegerisch

armi-ger A ⟨gera, gerum⟩ ADJ bewaffnet B ⟨gerī⟩ M 1 Leibwächter 2 Waffenträger, Schildknappe

armigera ⟨ae⟩ F Waffenträgerin = Diana

armilla ⟨ae⟩ F Armband, Armspange

Arminius ⟨ī⟩ M *germ. Heerführer, schlug Varus 9 n. Chr. im Teutoburger Wald*

armi-potēns ⟨entis⟩ ADJ vor Waffen strotzend, kriegerisch

armi-sonus ⟨a, um⟩ ADJ waffenklirrend

armus ⟨ī⟩ M 1 Oberarm, Schulter, Schulterblatt 2 *(Tier)* Vorderbug

Arniēnsis ⟨e⟩ ADJ des Arno

Arnus ⟨ī⟩ M *Fluss in Etrurien, heute Arno*

Arpī ⟨ōrum⟩ MPL *Stadt in Apulien*

Arpīnās A ⟨ātis⟩ ADJ aus Arpinum B ⟨ātis⟩ 1 M Einwohner von Arpinum 2 N *Landgut Ciceros bei Arpinum*

Arpīnum ⟨ī⟩ N *Stadt in Latium, Geburtsort Ciceros, heute Arpino*

Arpīnus[1] A ⟨a, um⟩ ADJ aus Arpi B ⟨ī⟩ M Einwohner von Arpi

Arpīnus[2] A ⟨a, um⟩ ADJ aus Arpinum B ⟨ī⟩ M Einwohner von Arpinum

arquātus A ⟨a, um⟩ ADJ regenbogenfarbig B ⟨ī⟩ M an Gelbsucht Erkrankter

arqui-tenēns ⟨entis⟩ ADJ = **arcitenens**

ar-rēctus[1] ⟨a, um⟩ PPP → arrigere

arrēctus[2] ⟨a, um⟩ ADJ steil

ar-rēpere ⟨rēpō, rēpsī, rēptum 3.⟩ herankriechen, -schleichen; sich einschleichen

ar-reptus ⟨a, um⟩ PPP → arripere

Arrētīnus A ⟨a, um⟩ ADJ aus Arretium B ⟨ī⟩ M Einwohner von Arretium

Arrētium ⟨ī⟩ N *Stadt in Etrurien, Geburtsort des Maecenas, heute Arezzo*

ar-rēxī → arrigere

ar-rīdēre ⟨rīdeō, rīsī, rīsum 2.⟩ 1 zulächeln, **notis** den Bekannten 2 mitlachen, **ridentibus** mit den Lachenden 3 *fig* gefallen

ar-rigere ⟨rigō, rēxī, rēctum 3.⟩ 1 aufrichten; **comas ~** die Haare sträuben 2 *fig* in Spannung versetzen 3 *fig* anfeuern

★**ar-ripere** ⟨ripiō, ripuī, reptum 3.⟩ 1 an sich reißen 2 verhaften 3 überfallen 4 *fig* sich schnell aneignen; **tempus ~** die Gelegenheit ergreifen 5 *(Tätigkeit)* mit Eifer erfassen, sich auf *etw* werfen, *aliquid*

arrīsor ⟨ōris⟩ M Speichellecker

ar-rōdere ⟨rōdō, rōsī, rōsum 3.⟩ annagen

arrogāns ⟨antis, *adv* arroganter⟩ ADJ anmaßend, hochmütig, **alicui** gegen j-n

★**arrogantia** ⟨ae⟩ F Anmaßung, Hochmut

ar-rogāre ⟨ō, āvī, ātum 1.⟩ 1 verschaffen, in Anspruch nehmen 2 **sibi aliquid ~** sich etw anmaßen 3 noch einmal (förmlich) fragen, **aliquem aliquid** j-n nach etw 4 *einem Beamten* einen weiteren beigeben

arrōsor ⟨ōris⟩ M Schmarotzer

★**ars** ⟨artis⟩ F 1 Kunstfertigkeit, Können, Geschicklichkeit; **exercitatio artem parat** Übung macht den Meister 2 Handwerk 3 Kunst; **~ dicendi** Redekunst; **~ amatoria/amandi** Liebeskunst, *Ovids Lehrbuch der Liebe* 4 Kunstwerk 5 *(der Kunst)* Regeln, Theorie 6 Kunstgriff

ārsī → ardere *u.* → ardescere
ārsus ⟨a, um⟩ PPP → ardere
artāre ⟨ō, āvī, ātum 1.⟩ einengen, beschränken; **frenum ~** die Zügel straff anziehen
artēria ⟨ae⟩ F Schlagader, Arterie; **~ aspera** Luftröhre
arthrīticus ⟨a, um⟩ ADJ gichtkrank, rheumatisch
arthrītis ⟨idis⟩ F Gicht, Rheuma
articulāre ⟨ō, āvī, ātum 1.⟩ 1 gliedern 2 deutlich aussprechen
articulāris ⟨e⟩ ADJ Gelenk...
articulātim ADV 1 gliedweise, Stück für Stück 2 *fig* gegliedert, Punkt für Punkt
articulātus ⟨a, um, *adv* articulātē⟩ ADJ deutlich, verständlich
articulus ⟨ī⟩ M 1 Knöchel, Gelenk 2 Finger(glied) 3 BOT Knoten 4 *(der Rede)* Abschnitt 5 *fig* Zeitpunkt; **in ipso articulo temporis** im entscheidenden Augenblick 6 GRAM Artikel
★**arti-fex** A ⟨icis⟩ ADJ 1 kunstfertig, geschickt, **alicuius rei/in re** in etw 2 kunstvoll, kunstgerecht B ⟨icis⟩ M *u.* F 1 Künstler(in); Meister(in) 2 *fig* Schöpfer; *pej* Anstifter 3 Betrüger
artificiālis ⟨e, *adv* artificiāliter⟩ ADJ kunstgerecht, Kunst...
artificiōsus ⟨a, um, *adv* artificiōsē⟩ ADJ 1 kunstfertig, schlau 2 kunstvoll, künstlerisch, kunstgerecht
★**artificium** ⟨ī⟩ N 1 Kunstfertigkeit, Geschicklichkeit, Kunst 2 Kunstwerk 3 Kunstgriff; *pej* List, Schlauheit 4 Kunstlehre, Theorie 5 Handwerk, Gewerbe
artopta ⟨ae⟩ M Backform
artum ⟨ī⟩ N 1 Enge, Gedränge 2 *fig* missliche Lage, Klemme
★**artus**[1] ⟨ūs⟩ M Gelenk; *pl* Glieder, Gliedmaßen
artus[2] ⟨a, um, *adv* artē⟩ ADJ 1 eng, 2 zusammengedrängt, dicht 3 *fig* fest, innig 4 *fig* beschränkt, misslich; **petitio arta** Bewerbung mit geringer Aussicht
artūtus ⟨a, um⟩ ADJ mit starken Gliedern
aruī → arescere
ārula ⟨ae⟩ F kleiner Altar
arundifer ⟨ī⟩ M = **harundifer**
arundō ⟨inis⟩ F = **harundo**
Arūns ⟨untis⟩ M *etruskischer Vorname nachgeborener Söhne*
aruspex ⟨icis⟩ M = **haruspex**
arvālis ⟨e⟩ ADJ Feld...; **fratres arvales** Arvalbrüder, *Kollegium von 12 Priestern, die den Segen für die Felder erflehten*
Arvernī ⟨ōrum⟩ MPL *gall. Stamm in der heutigen Auvergne*; **Arvernus** ⟨a, um⟩ ADJ arvernisch
arvīna ⟨ae⟩ F Speck, Fett
★**arvum** ⟨ī⟩ N Ackerland, Feld, Gegend; Getreide
arvus ⟨a, um⟩ ADJ zum Pflügen bestimmt
★**arx** ⟨arcis⟩ F 1 Burg, befestigte Anlage 2 Berggipfel, Anhöhe; **septem/sacrae arces Romanae** die sieben Hügel Roms 3 *fig* Zufluchtsstätte 4 RHET Höhepunkt, Gipfel
★**as** ⟨assis⟩ M 1 das Ganze; **ex asse heres** Universalerbe 2 *(Münze)* As, *urspr. 1 röm. Pfund, im Lauf der Zeit 1/24 Pfund, z. Zt. Ciceros ein Pfennigbetrag*; **ad assem** bis auf den letzten Pfennig 3 *(Gewichtseinheit)* Pfund, *etwa 327 g* 4 *(Ackermaß)* Morgen 5 *(Längenmaß)* Fuß, *etwa 30 cm*
Ascanius ⟨ī⟩ M *Sohn des Aeneas*
ascaulēs ⟨ae⟩ M Dudelsackpfeifer
★**a-scendere** ⟨scendō, scendī, scēnsum 3.⟩ A V/I 1 hinaufsteigen; **in contionem ~** die Rednerbühne besteigen 2 *fig* sich aufschwingen B V/T 1 besteigen 2 *fig* erreichen, **altiorem gradum** eine höhere Stufe
ascēnsiō ⟨ōnis⟩ F 1 Aufstieg; **~ Christi** *(eccl.)* Christi Himmelfahrt 2 *fig* Aufschwung
as-cēnsus[1] ⟨a, um⟩ PPP → ascendere
as-cēnsus[2] ⟨ūs⟩ M 1 das Hinaufsteigen; **~ Capitolii** Aufstieg zum Kapitol 2 *fig* das Emporsteigen 3 Zugang, Aufgang; *fig* Stufe; **~ ad saxum** Aufstieg zum Felsen 4 Steigerung
ascia ⟨ae⟩ F 1 Axt 2 Maurerkelle
Asciburgium ⟨ī⟩ N *röm. Kastell am Niederrhein, heute wahrscheinlich Asberg*
ascīscere ⟨scīscō, scīvī, scītum 3.⟩ 1 heranziehen, aufnehmen, annehmen; **sibi socium** als seinen Verbündeten; **in civitatem ~** das Bürgerrecht verleihen 2 *fig* annehmen 3 **(sibi) ~** *fig* für sich in Anspruch nehmen 4 *fig* billigen, gutheißen
ascītus ⟨a, um⟩ PPP hergeholt, fremd

a-scrībere ⟨scrībō, scrīpsī, scrīptum 3.⟩ 1 dazuschreiben, schriftlich hinzufügen 2 (in eine Liste) eintragen, **in civitatem** in die Bürgerliste, **urbanae militiae** in die Stammrollen 3 schriftlich einsetzen 4 zu *etw* rechnen, **in suum numerum** zu seinen Freunden 5 zuschreiben, beimessen

ascrīptiō ⟨ōnis⟩ F schriftlicher Zusatz

ascrīptīvus ⟨a, um⟩ ADJ überzählig

ascrīptor ⟨ōris⟩ M 1 Mitunterzeichner 2 *fig* Förderer

asella ⟨ae⟩ F Eselin

asellus ⟨ī⟩ M 1 Esel 2 *Seefisch*

Asia ⟨ae⟩ F Asien, Kleinasien, *bes* die römische Provinz Asien; **Asiānus** ⟨a, um⟩ ADJ aus Asien stammend; **Asiānus** ⟨ī⟩ M Asiat; *pl* die Steuerpächter in der Provinz Asien; **Asiāticus** ⟨a, um⟩ ADJ asiatisch

asīlus ⟨ī⟩ M Bremse, Stechfliege

asina ⟨ae⟩ F Eselin

Asināria ⟨ae⟩ F Eselskomödie *von Plautus*

asinārius A ⟨a, um⟩ ADJ Esel…; **moles asinariae** von Eseln bewegte Mühlen B ⟨ī⟩ M Eseltreiber

Asinius ⟨a, um⟩ *röm. Gentilname*; **C. ~ Pollio** *Kritiker, Dichter, Begründer der ersten Bibliothek Roms*

asinus ⟨ī⟩ M 1 Esel 2 *fig* Dummkopf

Āsis ⟨idis⟩ F (*erg.* **terra**) = **Asia**

asparagus ⟨ī⟩ M Spargel

aspargere ⟨ō, -, - 3.⟩ = **aspergere**

aspargō ⟨inis⟩ F = **aspergo**

aspectābilis ⟨e⟩ ADJ sichtbar

aspectāre ⟨ō, āvī, ātum 1.⟩ 1 aufmerksam anschauen 2 (*örtl.*) liegen nach, **arces** nach den Anhöhen hin 3 achten

a-spectus[1] ⟨a, um⟩ PPP → aspicere

aspectus[2] ⟨ūs⟩ M 1 Blick, Anblick; **primo aspectu** auf den ersten Blick 2 Gesicht(skreis) 3 Sehkraft 4 das Sichtbarwerden 5 Aussehen

as-pellere ⟨pellō, pulī, pulsum 3.⟩ wegtreiben, vertreiben

asper ⟨era, erum, *adv* asperē⟩ ADJ 1 rau, uneben 2 *fig* rau, unwirtlich; **caelum asperum** raues Klima 3 (*Geschmack*) herb, scharf, beißend 4 (*Rede*) holprig; kränkend, bissig 5 (*Charakter*) roh, ungeschliffen, streng, trotzig; **iudicium asperum** hartes Urteil 6 (*Zustand*) misslich, hart 7 (*Urteil*) hart, streng

asperāre ⟨ō, āvī, ātum 1.⟩ 1 rau machen; **undas ~** Wellen aufwühlen 2 schärfen, spitzen 3 *fig* aufreizen

a-spergere ⟨spergō, spersī, spersum 3.⟩ 1 hinspritzen, hinstreuen 2 anspritzen, *alicui rei* an etw; **virus pecori ~** Vieh vergiften 3 beimischen, hinzufügen 4 bestreuen, beschmutzen

aspergō ⟨inis⟩ F das Bespritzen; Spritzer

asperitās ⟨ātis⟩ F 1 Rauheit, Unebenheit 2 (*Klima*) Unwirtlichkeit, Härte 3 (*Rede*) Bitterkeit, Bissigkeit 4 (*Person*) Rohheit, Schroffheit, Strenge 5 (*Zustand*) Schwierigkeit, Härte

aspernābilis ⟨e⟩ ADJ verachtenswert

★**aspernārī** ⟨or, ātus sum 1.⟩ zurückweisen, abwehren, verschmähen

aspernātiō ⟨ōnis⟩ F Verschmähung

a-spersī → aspergere

aspersiō ⟨ōnis⟩ F 1 das Verspritzen 2 das Auftragen von Farbe

a-spersus ⟨a, um⟩ PPP → aspergere

a-spexī → aspicere

★**a-spicere** ⟨spiciō, spexī, spectum 3.⟩ 1 erblicken, **hanc lucem** das Licht der Welt 2 genau ansehen 3 (*örtl.*) liegen nach, **meridiem** nach Süden 4 (*geistig*) betrachten; erwägen; untersuchen 5 beherzigen, berücksichtigen

a-spīrāre ⟨ō, āvī, ātum 1.⟩ A V/I 1 wehen 2 Luft aushauchen 3 *fig j-n* begünstigen, **consiliis** die Pläne 4 trachten, **ad/in laudem** nach Ruhm 5 GRAM aspirieren; **consonantis ~** den Konsonanten Hauchlaute anfügen B V/T 1 zuhauchen, zuwehen 2 *fig* einflößen

aspīrātiō ⟨ōnis⟩ F 1 das Anhauchen, das Einatmen 2 Ausdünstung, **terrae** der Erde 3 GRAM Aspiration; H-Laut

aspis ⟨idis⟩ F *u.* M Viper, Natter

as-portāre ⟨ō, āvī, ātum 1.⟩ wegführen, wegschaffen, wegbringen

asportātiō ⟨ōnis⟩ F Abtransport

asprētum ⟨ī⟩ N rauer Ort, steiniger Ort

as-pulī → aspellere

assecla ⟨ae⟩ M = **assectator**

assectārī ⟨or, ātus sum 1.⟩ ständig begleiten

assectātiō ⟨ōnis⟩ F ständige Begleitung

assectātor ⟨ōris⟩ M **1** ständiger Begleiter, Anhänger, Jünger **2** Freier; Schmarotzer

assecula ⟨ae⟩ M = **assecla**; → assectator

as-secūtus ⟨a, um⟩ PPERF → assequi

as-sēdī → assidēre[1] *u.* → assidere[2]

assēnsiō ⟨ōnis⟩ F **1** Zustimmung, Beifall **2** PHILOS das Fürwahrhalten eines Sinneseindrucks

assēnsor ⟨ōris⟩ M Lobredner, Verteidiger

as-sēnsus[1] ⟨a, um⟩ PPERF → assentiri

as-sēnsus[2] ⟨ūs⟩ M **1** Zustimmung, Beifall **2** PHILOS = **assensio** **3** Nachhall, Echo

as-sentārī ⟨or, ātus sum 1.⟩ **1** immer beipflichten; **nihil ~** in keiner Hinsicht schmeicheln **2** zustimmen

assentātiō ⟨ōnis⟩ F **1** Zustimmung **2** Schmeichelei

assentātor ⟨ōris⟩ M Schmeichler, Speichellecker

assentātrīx ⟨īcis⟩ F Schmeichlerin, Speichelleckerin

★**as-sentīre** ⟨sentiō, sēnsī, sēnsum 4.⟩ *u.* ★**as-sentīrī** ⟨sentior, sēnsus sum 4.⟩ zustimmen, beistimmen; **verbo ~** ohne Weiteres zustimmen

★**as-sequī** ⟨sequor, secūtus sum 3.⟩ **1** einholen **2** *fig* erreichen, **3** durch Anstrengung erlangen, *ut/ne* **4** begreifen, verstehen

asser ⟨eris⟩ M Stange, Latte

as-serere[1] ⟨serō, sēvī, situm 3.⟩ danebenpflanzen, danebensäen

as-serere[2] ⟨serō, seruī, sertum 3.⟩ **1** zusprechen, zuerkennen; **sibi nomen sapientis ~** für sich den Titel eines Weisen beanspruchen **2** **in libertatem ~** JUR (durch Auflegen der Hand) in Freiheit setzen; **in servitutem ~** JUR (durch Handauflegen) als seinen Sklaven beanspruchen **3** schützen

assertiō ⟨ōnis⟩ F **1** Freisprechung *eines Sklaven* **2** Beanspruchung; Behauptung

assertor ⟨ōris⟩ M **1** der Anspruch erhebt, **virginis** auf ein Mädchen **2** Befreier, Beschützer

as-servāre ⟨ō, āvī, ātum 1.⟩ aufbewahren, verwahren, in Haft halten

as-servīre ⟨iō, īvī, - 4.⟩ unterstützen, **imperatori** den Befehlshaber

assessiō ⟨ōnis⟩ F JUR Beistand

assessor ⟨ōris⟩ M Beisitzer, Amtsgehilfe

as-sessum → assidēre[1] *u.* → assidere[2]

assessus, *abl* ⟨ū⟩ M das Sitzen bei *j-m*; **assessū meo** durch das Sitzen bei mir

as-sevērāre ⟨ō, āvī, ātum 1.⟩ ernstlich behaupten; zeugen, **aliquid** von etw

assevērātiō ⟨ōnis⟩ F **1** Beteuerung **2** Ernst, Nachdruck

as-siccāre ⟨ō, āvī, ātum 1.⟩ trocknen, **lacrimas** Tränen

as-sidēre[1] ⟨sideō, sēdī, sessum 2.⟩ **1** bei *j-m* sitzen, *alicui* **2** *fig* nahe sein, ähnlich sein **3** (*Kranken*) pflegen **4** (*vor Gericht*) Beisitzer sein, assistieren **5** MIL vor einem Ort lagern, **muris** vor den Mauern

as-sīdere[2] ⟨sīdō, sēdī, sessum 3.⟩ sich hinsetzen, sich niederlassen, *aliquem* neben j-m

assiduitās ⟨ātis⟩ F **1** ständige Anwesenheit **2** Fortdauer; **epistularum ~** ununterbrochener Briefwechsel **3** Ausdauer, **alicuius rei** in etw

★**assiduus** **A** ⟨a, um, *adv* assiduē *u.* assiduō⟩ ADJ **1** ansässig **2** *fig* sich beständig *irgendwo* aufhaltend **3** (*Bauer usw.*) fleißig, unermüdlich tätig **4** unablässig, ununterbrochen; **imbres assidui** anhaltende Regenfälle **B** ⟨ī⟩ M JUR steuerpflichtiger Bürger

★**as-sīgnāre** ⟨ō, āvī, ātum 1.⟩ anweisen, zuweisen, zuteilen

assīgnātiō ⟨ōnis⟩ F **1** Anweisung **2** *fig meist pl* angewiesene Ländereien

as-silīre ⟨iō, uī, - 4.⟩ **1** hinzuspringen, herbeispringen **2** (*Krieger*) heranstürmen, *alicui rei* gegen etw **3** (*Rede*) überspringen

assimilāre *u.* **assimulāre** ⟨ō, āvī, ātum 1.⟩ **1** ähnlich machen, nachbilden **2** vergleichen, **aliquid alicui rei** etw mit etw **3** vorgeben; **se amicum ~** sich als Freund ausgeben

assimulātiō ⟨ōnis⟩ F Angleichung, Gleichstellung

assimulātus ⟨a, um⟩ PPP Schein…

assis ⟨is⟩ M Brett, Diele, Bohle

as-sistere ⟨sistō, stitī, - 3.⟩ **1** sich dazustellen, herantreten, **alicui rei/ad aliquid** zu/an etw **2** dabeistehen, **alicu**

rei/ad aliquid bei etw 3 *fig* beistehen

as-situs ⟨a, um⟩ PPP → asserere[1]

as-solēre ⟨eō, -, - 2.⟩ pflegen; **assolet** es ist üblich

as-sonāre ⟨ō, -, - 1.⟩ mit einstimmen, **plangentibus** in die Wehklage

assūdāscere ⟨ ō, -, - 3.⟩ ins Schwitzen geraten

as-suēfacere ⟨faciō, fēcī, factum, 3.⟩ gewöhnen, **re/alicui rei** an etw

as-suerē ⟨suō, suī, sūtum 3.⟩ 1 annähen 2 *(mlat.)* aufnähen

as-suēscerē ⟨suēscō, suēvī, (suētum) 3.⟩ A V/T = **assuefacere** B V/I sich gewöhnen, **re/alicui rei** an etw; **assuevisse** gewöhnt sein, pflegen

assuētūdō ⟨inis⟩ F 1 Gewöhnung, **alicuius rei** an etw 2 intimer Umgang, **alicuius** mit j-m

assuētus ⟨a, um⟩ ADJ 1 gewöhnt, **re/alicui rei/ad aliquid** an etw 2 bekannt, vertraut, **alicui rei** mit etw; **assueto longius** weiter als gewöhnlich

assūgere ⟨sūgō, -, sūctum 3.⟩ ansaugen

assula ⟨ae⟩ F Splitter, Span

assulātim ADV in kleinen Stücken

as-sultāre ⟨ō, āvī, ātum 1.⟩ heranstürmen, angreifen

assultus, *abl* ⟨ū⟩ M, *nur im abl* SG *u.* PL Ansturm, stürmischer Angriff

assum ⟨ī⟩ N Braten

as-sūmere ⟨sūmō, sūmpsī, sūmptum 3.⟩ 1 annehmen, an sich nehmen, aufnehmen; **coniugem ~** zur Frau nehmen; **cibum ~** Nahrung aufnehmen 2 bekommen, erhalten 3 hinzunehmen; **molestiam ad reliquos labores ~** zu den übrigen Lasten auch noch Ärger in Kauf nehmen 4 heranziehen, zu Hilfe nehmen 5 in Anspruch nehmen, sich aneignen; sich anmaßen, **nomen regis** den Königstitel

assūmptiō ⟨ōnis⟩ F 1 Annahme, Übernahme, Billigung 2 **~ Mariae** *(eccl.)* Mariä Himmelfahrt *(15. August)*

assūmptīvus ⟨a, um⟩ ADJ unvollständig

assūmptus ⟨a, um⟩ PPP → assumere

as-surgere ⟨surgō, surrēxī, surrēctum 3.⟩ 1 sich aufrichten, aufstehen 2 sich erheben, aufsteigen; **colles assurgunt** Hügel erheben sich 3 größeren Schwung nehmen 4 sich steigern

assus ⟨a, um⟩ ADJ 1 gebraten 2 trocken, warm; **sol ~** Sonnenbad; **sudatio assa/(balneatum) assum** Schwitzbad

Assyria ⟨ae⟩ F *Landschaft am Tigris;* **Assyrius** ⟨a, um⟩ ADJ 1 assyrisch 2 syrisch; **Assyrius** ⟨ī⟩ M Assyrier

ast KONJ 1 dann 2 aber; = **at**

a-stāre ⟨stō, stitī, - 1.⟩ 1 dabeistehen 2 beistehen 3 *fig* aufrecht stehen

a-sternere ⟨sternō, strāvī, strātum 3.⟩ hinstreuen; *passiv* sich hinlegen, **sepulcro** beim Grab

a-stipulārī ⟨or, ātus sum 1.⟩ 1 JUR Vertragszeuge sein 2 *fig* beipflichten

astipulātiō ⟨ōnis⟩ F völlige Übereinstimmung

a-stitī → astare

a-stituere ⟨uō, uī, ūtum 3.⟩ hinstellen

a-strepere ⟨strepō, strepuī, strepitum 3.⟩ A V/I dazu lärmen; lärmend beistimmen B V/T lärmend einstimmen, *aliquid* in etw

astrictus ⟨a, um, *adv* astrictē⟩ ADJ 1 straff angezogen, fest geschnürt 2 *(Lebensart)* sparsam, genau 3 RHET bündig, kurz

astri-fer ⟨fera, ferum⟩ ADJ Sterne tragend

a-stringere ⟨stringō, strīnxī, strictum 3.⟩ 1 straff anziehen, fest verschnüren 2 gefrieren lassen 3 *fig* zusammenfassen **argumenta** die Gründe 4 *fig* binden, verpflichten, **cives religione** die Bürger durch die Religion

astrologia ⟨ae⟩ F Sternkunde, Astronomie

astrologus ⟨ī⟩ M 1 Astronom, Sternkundiger 2 Sterndeuter, Astrologe

astronomia ⟨ae⟩ F Sternkunde, Astronomie

a-struere ⟨struō, strūxī, strūctum 3.⟩ 1 anbauen, *alicui rei* an etw; **~ re** mit etw bedecken 2 noch hinzufügen

★**astrum** ⟨ī⟩ N 1 Gestirn, Sternbild 2 PL *fig* Himmel, Unsterblichkeit, Ruhm; **per aspera ad astra** durch Schwieriges (gelangt man) zur Unsterblichkeit

astula ⟨ae⟩ F = **assula**

a-stupēre ⟨eō, -, - 2.⟩ anstaunen, *alicui* j-n

astus ⟨ūs⟩ M List

astūtia ⟨ae⟩ F Schlauheit, List; *pl* Kunstgriffe, Intrigen

astūtus ⟨a, um, *adv* astūtē⟩ ADJ schlau, listig

Astyanax ⟨actis⟩ M *Sohn Hektors*

asȳlum ⟨ī⟩ N Zufluchtsort, Asyl

★**at** KONJ **1** aber, dagegen; **~ vero** aber tatsächlich; **~ certe** aber sicherlich; **~ tamen** aber dennoch; **~ etiam** aber sogar **2** aber, so wird man einwenden; aber dagegen ist einzuwenden; **~ enim** aber freilich **3** (*einschränkend*) **si non/si minus … ~ (certe/tamen)** wenn nicht …, so doch wenigstens **4** (*bei Ausrufen*) aber, ach!, oh!

atābulus ⟨ī⟩ M Südostwind

Atalanta ⟨ae⟩ F *u.* **Atalantē** ⟨ēs⟩ F MYTH *Jägerin aus Arkadien*

atat = **attat**

at-avus ⟨ī⟩ M **1** Vorfahr **2** (*mlat.*) Onkel

Ātella ⟨ae⟩ F *Stadt in Kampanien*; **Ātellānus** ⟨a, um⟩ ADJ atellanisch; **fabula Atellana** Atellane, *von Atella nach Rom gebrachte Volksposse*

★**āter** ⟨ātra, ātrum⟩ ADJ **1** trüb, düster, dunkel **2** (*Liktoren*) schwarz gekleidet **3** *fig* finster, traurig, unheilvoll; **dies ~** Unglückstag **4** neidisch, boshaft

Athēna ⟨ae⟩ F Athene, *griech. Göttin, lat. Minerva, dem Kopf des Zeus entsprungen*

Athēnae ⟨ārum⟩ FPL Athen, *Hauptstadt Attikas*

Athēniēnsis **A** ⟨e⟩ ADJ athenisch **B** ⟨is⟩ M Athener

āthlēta ⟨ae⟩ M Athlet, Wettkämpfer

āthlēticus ⟨a, um⟩ ADJ athletisch, des Wettkämpfers

Athō(n) *u.* **Athōs** ⟨ōnis⟩ M *Berg auf Chalkidike, heute heiliger Berg der Ostkirche mit mehreren Klöstern*

Atīlius ⟨a, um⟩ *röm. Gentilname*; **M. ~ Regulus** → Regulus

Atlās ⟨antis⟩ M **1** *Titan, Träger des Himmels* **2** *Gebirgszug im NW Afrikas* **3** hoch gewachsener Mensch

atomus **A** ⟨a, um⟩ ADJ unteilbar **B** ⟨ī⟩ F Atom

★**atque** KONJ **1** und noch dazu, und sogar, und besonders **2** und; **orare ~ obsecrare** bitten und flehen **3** (*nach Wörtern der Gleichheit/Ungleichheit, Ähnlichkeit/Verschiedenheit*) als, wie; **eadem virtus in homine ~ deo inest** im Menschen wohnt die gleiche Tugend wie in Gott; **non aliter scribo ~ sentio** ich schreibe nicht anders, als ich denke **4** (*erklärend*) und zwar **5** (*nach verneinten Ausdrücken*) und vielmehr, sondern **6** (*folgernd*) und so, und daher **7** (*bestätigend*) und wirklich **8** (*kontrastierend*) und doch, und trotzdem; **~ adeo** oder vielmehr **9** (*in Aufzählungen*) ferner, weiter

★**atquī(n)** KONJ **1** aber, ja aber, aber doch; trotzdem **2** dagegen, im Gegenteil, vielmehr **3** allerdings **4** (*bei logischen Schlüssen*) nun aber; **omnes homines mortales sunt; ~ Gaius homo est, ergo …** alle Menschen sind sterblich; nun aber ist Gaius ein Mensch, also …

ātrāmentum ⟨ī⟩ N **1** Schwärze, schwarze Flüssigkeit, schwarze Farbe **2** Tinte **3** Kupfersulfat

ātrātus ⟨a, um⟩ ADJ **1** geschwärzt **2** in Trauerkleidung

Atreus ⟨eī⟩ M *König von Mykene*

Atrīdēs ⟨ae⟩ M Sohn des Atreus, Atride = Agamemnon od Menelaos

ātriolum ⟨ī⟩ N kleines Atrium

ātritās ⟨ātis⟩ F Schwärze

★**ātrium** ⟨ī⟩ N **1** Atrium, *Eingangshalle des röm. Hauses* **2** Halle, Saal **3** Vorhof **4** Palast

atrōcitās ⟨ātis⟩ F **1** das Schreckliche, das Entsetzliche **2** Härte, Strenge, Wildheit

★**atrōx** ⟨ōcis, *adv* atrōciter⟩ ADJ **1** abscheulich, grässlich **2** hart, streng, wild, grausam

at-tāctus[1] ⟨a, um⟩ PPP → attingere

attāctus[2] ⟨ūs⟩ M Berührung

Attalus ⟨ī⟩ M *Königsname in Pergamon*; **~ III.** *vermachte testamentarisch sein Reich den Römern*

at-tamen KONJ aber dennoch, aber doch

at-tāmināre ⟨ō, āvī, ātum 1.⟩ **1** antasten **2** *fig* entehren, verführen

attāt *u.* **attat** INT ach!; ja, ja!

attemperātē ADV zur rechten Zeit

at-temptāre ⟨ō, āvī, ātum 1.⟩ **1** versuchen, auf die Probe stellen **2** zur Untreue zu verleiten versuchen **3** angreifen, **fidem** die Glaubwürdigkeit

★**at-tendere** ⟨tendō, tendī, tentum 3.⟩ **1** spannen, auf *etw* richten **2** *fig* ani mum ~ die Aufmerksamkeit auf *etw* richten; auf *j-n* achten, an *j-n* denken, *ad aliquem/ad aliquid* 3 beachten, merken

at-tentāre ⟨ō, āvī, ātum 1.⟩ = **attemptare**

attentiō ⟨ōnis⟩ F Spannung, Aufmerksamkeit

at-tentus[1] ⟨a, um⟩ PPP → **attendere** *u.* → **attinere**

attentus[2] ⟨a, um, *adv* attentē⟩ ADJ 1 gespannt, aufmerksam 2 bedacht, *alicui rei/ad aliquid* auf etw 3 genau, sparsam

at-tenuāre ⟨ō, āvī, ātum 1.⟩ 1 dünn machen; *passiv* dünn werden, schrumpfen 2 *fig* schwächen, vermindern, mildern; *passiv* schwinden, schwach werden

at-terere ⟨terō, trīvī, trītum 3.⟩ 1 an *etw* reiben, *alicui rei* 2 wund reiben, abnutzen 3 zerreiben, **herbas** Kräuter 4 aufreiben, schwächen;

at-testārī ⟨or, ātus sum 1.⟩ bezeugen, beweisen

at-texere ⟨texō, texuī, textum 3.⟩ 1 anflechten, anweben 2 *fig* hinzufügen, *alicui rei/ad aliquid* an etw

Attica ⟨ae⟩ F *griech. Landschaft um Athen*

Atticus A ⟨a, um⟩ ADJ attisch, athenisch B ⟨ī⟩ M Attiker, Athener

at-tigere = **attingere**

at-tigī → **attingere**

attiguus ⟨a, um⟩ ADJ angrenzend

at-tinēre ⟨tineō, tinuī, tentum 2.⟩ A V/T 1 auf-, fest-, zurückhalten 2 als Besitz behaupten B V/I 1 sich erstrecken, reichen 2 *fig* betreffen; **quod ad me attinet** was mich betrifft; **non/nihil attinet** es kommt nicht darauf an, es ist gleichgültig

at-tingere ⟨tingō, tigī, tāctum 3.⟩ 1 berühren, **digito** mit dem Finger; **venam** ~ den Puls fühlen 2 **aliquam** ~ *fig* mit einer Frau intim sein 3 (*Nahrung*) genießen, essen, fressen 4 sich aneignen 5 (*Ort*) erreichen 6 an *etw* grenzen, **Rhenum** an den Rhein 7 angreifen, treffen, schlagen 8 betreffen, angehen 9 sich befassen, **rem militarem** mit dem Kriegswesen 10 erwähnen

at-tollere ⟨ō, -, - 3.⟩ 1 aufheben, hochheben; *passiv u.* **se** ~ sich aufrichten, sich heben; **manūs ad caelum** ~ die Hände zum Himmel heben 2 errichten, **turrim** einen Turm 3 *fig* erheben, aufrichten 4 auszeichnen, **praemiis** durch Belohnungen

at-tonāre ⟨ō, uī, itum 1.⟩ 1 andonnern 2 betäuben, verwirren 3 begeistern

at-tondēre ⟨tondeō, tondī, tōnsum 2.⟩ 1 scheren; beschneiden 2 schmälern

attonitus ⟨a, um⟩ ADJ 1 betäubt, erstarrt 2 bestürzt, verblüfft, erschüttert, besinnungslos 3 verzückt, begeistert

at-torquēre ⟨eō, -, - 2.⟩ schwingen

at-trahere ⟨trahō, trāxī, tractum 3.⟩ 1 herbei-, anziehen; **magnes (lapis) ferrum attrahit** der Magnet zieht Eisen an; ~ **spiritum** Atem holen 2 spannen, **arcum** den Bogen 3 herbeischleppen, kommen lassen, anlocken

at-trectāre ⟨ō, āvī, ātum 1.⟩ 1 betasten, berühren 2 unzüchtig berühren 3 sich *etw* aneignen

attrectātus, *nur abl* ⟨ū⟩ M das Betasten, Berührung

at-trepidāre ⟨ō, -, - 1.⟩ herbeitrippeln

★**at-tribuere** ⟨tribuō, tribuī, tribūtum 3.⟩ 1 zuteilen, anweisen; **militibus vicum ad hibernandum** ~ den Soldaten ein Dorf zum Überwintern zuweisen 2 (*als Begleiter*) beigeben 3 (*Geld*) anweisen, **pecuniam ex aerario** Geld aus der Staatskasse 4 (*Abgabe*) auferlegen 5 *fig* verleihen **auctoritatem** Ansehen 6 (*Eigenschaft usw.*) beilegen, zuschreiben

attribūtiō ⟨ōnis⟩ F 1 Geldanweisung 2 GRAM Attribut 3 RHET Nebenumstand

at-tribūtus ⟨a, um⟩ PPP → **attribuere**

attrītus[1] ⟨a, um⟩ ADJ abgenutzt; **oratio attrita** schwache Rede

attrītus[2] ⟨ūs⟩ M Reibung, das Reiben

at-tulī → **afferre**

Atuatucī ⟨ōrum⟩ MPL *Stamm in Germanien; von Caesar vernichtet*

au[1] INT ach was!

au-[2] PRÄF ab-, weg-, fort-; **au-ferre** wegtragen; **au-fugere** ent-fliehen

au-ceps ⟨cupis⟩ M 1 Vogelfänger; Geflügelhändler 2 ~ **syllabarum** *fig* spitzfindiger Anwalt

auctāre ⟨ō, āvī, ātum 1.⟩ ständig vermehren, ständig bereichern

auctārium ⟨ī⟩ N Zugabe, Zuschlag
auctiō ⟨ōnis⟩ *f* 1 Versteigerung 2 Versteigerungsgut
auctiōnārī ⟨or, ātus sum 1.⟩ eine Versteigerung abhalten
auctiōnārius ⟨a, um⟩ ADJ Auktions…, Versteigerungs…; **tabulae auctionariae** Versteigerungsliste
auctiōnātor ⟨ōris⟩ M Versteigerer, Auktionator
★**auctor** ⟨ōris⟩ M 1 Urheber, Schöpfer, Gründer, Erbauer; ~ **belli** Anstifter zum Krieg; ~ **salutis** Retter 2 Ahnherr, Stammvater 3 Erfinder, Entdecker, Erforscher; **Pythagora auctore** nach der Lehre des Pythagoras 4 POL Antragsteller, Wortführer, Veranstalter; Ratgeber; **aliquo auctore** auf j-s Rat, auf j-s Veranlassung; **patres auctores fiunt** der Senat genehmigt einen Volksbeschluss 5 Vorbild, Muster; Meister, Autorität, **alicuius rei** in etw, für etw; **aliquem auctorem habere** j-n zum Vorbild haben 6 Verfasser; Berichterstatter; Gewährsmann; ~ **esse** +*AcI* Quelle für *etw* sein 7 JUR Vertreter, Vormund
auctōrāmentum ⟨ī⟩ N 1 Handgeld, Sold 2 *fig* Preis 3 Vertrag
auctōrāre ⟨ō, āvī, ātum 1.⟩ verpflichten, *bes einen Gladiator*
★**auctōritās** ⟨ātis⟩ F 1 Gültigkeit, Gewähr, Bürgschaft, Beglaubigung; ~ **testis** Glaubwürdigkeit des Zeugen 2 Empfehlung, Rat; Beschluss; ~ **prudentium** Gutachten der Rechtsgelehrten; **in auctoritate alicuius esse** sich j-s Willen fügen 3 Vollmacht, Ermächtigung, Berechtigung, Recht, Auftrag 4 Beweismittel, Dokument, Urkunde 5 Beispiel, Muster, Vorbild 6 Ansehen, Gewicht, Einfluss; **auctoritate multum valere apud populum** durch sein Ansehen großen Einfluss beim Volk haben 7 einflussreiche Person 8 *fig* würdevolle Haltung, Ausstrahlung; **summā cum auctoritate loqui** mit höchster Würde sprechen 9 Eigentum, Eigentumsrecht
auctumnus ⟨ī⟩ M = **autumnus**
auctus[1] ⟨ūs⟩ M 1 Vergrößerung, Zunahme, Wachstum; ~ **aquarum** Anschwellen des Wassers 2 *fig* Entfaltung
auctus[2] ⟨a, um⟩ ADJ, *nur im komp* vergrößert, reichlich
auctus[3] ⟨a, um⟩ PPP → augere
aucupāre ⟨ō, āvī, ātum 1.⟩ *u.* **aucupārī** ⟨or, ātus sum 1.⟩ nach *etw* jagen, **gratiam** ~ nach Gunst
aucupātiō ⟨ōnis⟩ F Vogelfang
aucupium ⟨ī⟩ N 1 Vogelfang 2 *fig* das Greifen, **alicuius rei** nach etw
audācia ⟨ae⟩ F 1 Mut 2 Wagnis 3 Frechheit, Verwegenheit
audāciter *selten, meist* **audācter** ADV → audax
★**audāx** ⟨ācis, *adv* audāciter *u.* audācter⟩ ADJ 1 mutig, 2 frech, verwegen, tollkühn
audēns ⟨entis, *adv* audenter⟩ ADJ kühn, mutig
audentia ⟨ae⟩ F Kühnheit, Mut
★**audēre** ⟨audeō, ausus sum 2.⟩ 1 wagen, sich erdreisten 2 Lust haben, wollen; **si audes** gefälligst, bitte
audiēns ⟨entis⟩ M Zuhörer, Hörer
audientia ⟨ae⟩ F Aufmerksamkeit, Gehör; **audientiam facere alicui** j-m Gehör verschaffen
★**audīre** ⟨iō, īvī *u.* iī, ītum 4.⟩ 1 hören, Gehör haben; **sensus audiendi** Gehörsinn 2 zuhören 3 bei *j-m* studieren, **Cratippum** bei Cratippus 4 hören; erfahren; **ut audio** wie ich höre 5 anhören, erhören, **preces** Bitten 6 *(Richter)* verhören 7 beistimmen, **aliquem** j-m, **audio** das lässt sich hören 8 gehorchen **aliquem** j-m, **dicto** aufs Wort 9 einen Ruf haben, als *etw* gelten; **bene/male** ~ **ab aliquo** bei j-m in einem guten/schlechten Ruf stehen
audītāre ⟨ō, āvī, ātum 1.⟩ oft hören
audītiō ⟨ōnis⟩ F 1 das Hören, das Anhören, das Zuhören 2 Gerücht
audītor ⟨ōris⟩ M Zuhörer, Schüler
audītōrium ⟨ī⟩ N Zuhörerschaft; Hörsaal
audītum ⟨ī⟩ N Gerücht; **audito** auf das Gerücht hin
audītus ⟨ūs⟩ M Gehör(sinn); = **auditio**
audus ⟨a, um⟩ ADJ = **avidus**
★**au-ferre** ⟨auferō, abstulī, ablātum 0.⟩ 1 wegbringen, -tragen; **se** ~ sich entfernen 2 fortreißen; **unda aufert rates** die Welle reißt die Schiffe fort 3 vom Ziel abbringen, entfernen, verlocken 4 wegnehmen, rauben, **pecuniam** Geld 5 *(Information)* bekommen, erhalten; erre

chen 6 erkennen, verstehen
Aufidus ⟨ī⟩ M *Fluss in Apulien, heute Ofanto*
au-fugere ⟨fugiō, fūgī, - 3.⟩ A V/I fliehen B V/T meiden
augēre ⟨augeō, auxī, auctum 2.⟩ 1 wachsen lassen 2 vergrößern, vermehren; *passiv* wachsen, zunehmen 3 *fig* steigern, fördern 4 (*in der Rede*) übertreiben 5 überhäufen
augēscere ⟨augēscō, auxī, -3.⟩ wachsen, zunehmen
Augīās ⟨ae⟩ M *König in Elis; als eine Aufgabe musste Herkules dessen völlig verschmutzte Ställe in einem Tag ausmisten*
augmen ⟨minis⟩ N Vermehrung, Zuwachs
augur ⟨uris⟩ 1 M Augur, Vogelschauer 2 M *u.* F Seher(in)
augurāle ⟨is⟩ N MIL Feldherrnzelt **augurālis** ⟨e⟩ *adj* Augur…
augurāre ⟨ō, āvī, ātum 1.⟩ *u.* **augurārī** ⟨or, ātus sum 1.⟩ 1 Augurien vornehmen, Vorzeichen beobachten, **salutem populi** wegen des Wohles des Volkes; **augurato** nach Durchführung der Augurien 2 weissagen, prophezeien 3 ahnen, vermuten 4 (*Tempel*) einweihen
augurātiō ⟨ōnis⟩ F Weissagung
augurātō → augurare
augurātus ⟨ūs⟩ M Augurenamt
augurium ⟨ī⟩ N 1 Beobachtung und Deutung der Vorzeichen 2 Prophezeiung 3 Sehergabe; Ahnung 4 Vorzeichen
augurius ⟨a, um⟩ ADJ = **auguralis**
Augusta ⟨ae⟩ F 1 Kaiserliche Hoheit, *Titel weiblicher Mitglieder des Kaiserhauses* 2 *Städtename;* ~ **Raurica** Augst; ~ **Treverorum** Trier; ~ **Vindelicorum** Augsburg
Augustālia ⟨ium⟩ NPL die Augustalien, *Feier zur Rückkehr des Kaisers Augustus aus dem Orient im Jahre 19 v. Chr.*
Augustālis ⟨e⟩ ADJ des Kaisers Augustus
Augustiānī ⟨ōrum⟩ MPL kaiserliche Leibgarde
Augustiānus ⟨a, um⟩ ADJ kaiserlich
Augustīnus ⟨ī⟩ M *Aurelius Augustinus, 353–430 n. Chr., Bischof von Hippo in Nordafrika, lat. Kirchenlehrer; Hauptwerk: De civitate Dei (Vom Gottesstaat)*
Augustodūnum ⟨ī⟩ N *Hauptstadt der Äduer in Gallien, heute Autun*
augustus ⟨a, um, *adv* augustē⟩ ADJ hochheilig, ehrwürdig, majestätisch
★**Augustus** A ⟨ī⟩ M Majestät, Kaiserliche Hoheit B ⟨a, um⟩ ADJ augusteisch, kaiserlich; **mensis** ~ Monat August
★**aula**[1] ⟨ae⟩ F 1 Innenhof, Halle; = **atrium** 2 Königshof, Palast 3 fürstliche Macht 4 Hofstaat
aula[2] ⟨ae⟩ F Kochtopf, Topf
aula[3] ⟨ae⟩ F = **tibia**
aulaeum ⟨ī⟩ N 1 Teppich, Decke 2 Baldachin 3 Theatervorhang
Aulercī ⟨ōrum⟩ MPL *gall. Stamm*
aulicī ⟨ōrum⟩ MPL Höflinge, Hofstaat
aulicus ⟨a, um⟩ ADJ Hof…
Aulis ⟨idis⟩, *akk* ⟨idem *u.* iden *u.* ida⟩, *abl* ⟨ide⟩ F *Hafenstadt in Böotien*
aulla ⟨ae⟩ F = **aula**[2]
Aululāria (fābula) ⟨ae⟩ F Topfkomödie *des Plautus*
Aulus ⟨ī⟩ M *röm. Vorname*
★**aura** ⟨ae⟩ F 1 Luft, Luftzug, Wind; ~ **secunda** günstiger Wind 2 Atem 3 Höhe, Himmel 4 Oberwelt; Tageslicht; Öffentlichkeit; **ferre sub auras** ans Tageslicht bringen 5 Duft 6 Dunst 7 Hauch, Schein, Spur
aurāria ⟨ae⟩ F Goldgrube
aurārius ⟨a, um⟩ ADJ aus Gold, golden
aurātus ⟨a, um⟩ ADJ vergoldet, golden, goldgeschmückt, reich an Gold
Aurēlius ⟨a, um⟩ *Name einer pleb. gens;* **via Aurelia** *Straße von Rom bis Pisa, später bis Arelate (Arles)*
aureolus A ⟨a, um⟩ ADJ 1 schön aus Gold gemacht 2 *fig* herrlich B ⟨ī⟩ M Goldstück
★**aureus** A ⟨a, um⟩ ADJ 1 golden 2 vergoldet 3 goldfarben 4 *fig* herrlich, reizend; **aetas aurea** goldenes Zeitalter B ⟨ī⟩ M Golddenar, Aureus
aurichalcum ⟨ī⟩ N Messing
auricilla ⟨ae⟩ F Ohrläppchen
auri-comus ⟨a, um⟩ ADJ goldhaarig, goldbelaubt
auricula ⟨ae⟩ F Öhrchen, Ohr; ~ **infima** Ohrläppchen
auri-fer ⟨fera, ferum⟩ ADJ Gold tragend, goldhaltig
auri-fex ⟨ficis⟩ M Goldschmied
aurīga ⟨ae⟩ M 1 Wagenlenker; Steuer-

mann **2** ASTRON Fuhrmann

aurīgāre ⟨ō, āvī, ātum 1.⟩ den Wagen lenken, Rennfahrer sein

aurīgārius ⟨ī⟩ M Rennfahrer

aurīgātiō ⟨ōnis⟩ F Wagenrennen

auri-gena ⟨ae⟩ M goldgeboren, *Beiname des Perseus als Sohn der Danae*

auri-ger ⟨gera, gerum⟩ ADJ Gold tragend

★**auris** ⟨is⟩ F **1** Ohr; **ad aures alicuius venire** j-m zu Ohren kommen; **aures praebere** Gehör schenken; **servire auribus alicuius** j-m nach dem Mund reden **2** Gehör **3** Urteil **4** PL Zuhörer

aurītulus ⟨ī⟩ M Langohr, Esel

aurītus ⟨a, um⟩ ADJ langohrig; lauschend; **testis ~** Ohrenzeuge

★**aurōra** ⟨ae⟩ F **1** Morgenröte, Morgenlicht **2** Osten

Aurōra ⟨ae⟩ F Göttin der Morgenröte, *griech. Eos*

★**aurum** ⟨ī⟩ N **1** Gold **2** goldene Geräte, Goldschmuck **3** gemünztes Gold, Geld **4** Goldglanz **5** goldenes Zeitalter

auscularī ⟨or, ātus sum 1.⟩ = **osculari**

auscultāre ⟨ō, āvī, ātum 1.⟩ **1** zuhören, lauschen **2** glauben, gehorchen **3** aufpassen, wachen

auscultātiō ⟨ōnis⟩ F das Horchen; das Gehorchen

auscultātor ⟨ōris⟩ M Zuhörer

ausculum ⟨ī⟩ N = **osculum**

ausim ich möchte wagen; → audere

Ausones ⟨um⟩ MPL *Ureinwohner von Mittel- u. Unteritalien;* **Ausonia** ⟨ae⟩ F Unteritalien; **Ausonidae** ⟨ārum *u.* um⟩ MPL die Einwohner von Ausonien; **Ausoniī** ⟨ōrum⟩ MPL = **Ausones**; **Ausonis** ⟨idis⟩ ADJ F *u.* **Ausonius** ⟨a, um⟩ ADJ ausonisch; italisch

au-spex **A** ⟨icis⟩ M **1** Vogelschauer **2** Anführer, Beschützer; **~ nuptiarum** Zeuge des Ehevertrags **B** ⟨icis⟩ ADJ günstig

auspicāre ⟨ō, āvī, ātum 1.⟩ *u.* **auspicārī** ⟨or, ātus sum 1.⟩ **A** V/I Auspizien durchführen **B** V/T anfangen, beginnen; **auspicato** nach Durchführung der Auspizien, unter günstigen Vorzeichen

auspicātus ⟨a, um, *adv* auspicātō⟩ ADJ **1** nach Durchführung der Auspizien geweiht; feierlich eröffnet **2** günstig, Glück verheißend

★**auspicium** ⟨ī⟩ N **1** Vogelschau, Auspizien **2** das Recht, Auspizien durchzuführen **3** *fig* Oberbefehl, Leitung **4** *fig* Anfang, Beginn, **belli** des Krieges **5** Vorzeichen, Wahrzeichen

Landeskunde

▶ auspicium

Der Begriff setzt sich aus **avis** (Vogel) und **specere** (schauen) zusammen und bezeichnet die Weissagepraxis, mit der die Römer versuchten, vor wichtigen Entscheidungen den Willen der Götter zu erfahren. Beobachtet und interpretiert wurden der Vogelflug, das Verhalten anderer Tiere sowie außergewöhnliche Himmelserscheinungen.

auster ⟨strī⟩ M Südwind; Süden

austēritās ⟨ātis⟩ F **1** Herbheit **2** *fig* Strenge, Unfreundlichkeit **3** Düsterheit

austērus ⟨a, um, *adv* austērē⟩ ADJ **1** herb, sauer **2** (*Farbe*) dunkel **3** *fig* ernst, streng **4** *fig* finster, unfreundlich

austrālis ⟨e⟩ ADJ südlich

austrīnus ⟨a, um⟩ ADJ vom Südwind herrührend, des Südwindes

austrum ⟨ī⟩ N = **haustrum**

ausum ⟨ī⟩ N Wagnis

ausus ⟨a, um⟩ PPERF → audere

★**aut** KONJ **1** (*ausschließend*) oder; **verum ~ falsum** wahr oder falsch; **~ … ~** entweder … oder **2** oder aber, sonst **3** (*steigernd*) oder sogar **4** oder wenigstens, oder doch; **cuncti ~ magnā parte** alle oder doch zum großen Teil **5** (*in negativen Sätzen*) und; **neque ~ … ~** und weder … noch

★**autem** KONJ *nachgestellt* **1** aber, hingegen, andererseits **2** aber auch **3** (*bei logischen Schlüssen*) nun aber

authepsa ⟨ae⟩ F Kochtopf *mit zwei Böden, einem für Feuer u. einem für das Kochgut*

autographus ⟨a, um⟩ ADJ eigenhändig

automatum ⟨ī⟩ N **1** Automat **2** PL Kunststücke

automatus ⟨a, um⟩ ADJ aus eigenem Antrieb handelnd, freiwillig

Automedōn ⟨ontis⟩ M **1** *Wagenlenker*

des Achill **2** *fig* geschickter Wagenlenker
autumāre ⟨ō, āvī, ātum 1.⟩ **1** meinen **2** sagen, behaupten, nennen
autumnālis ⟨e⟩ ADJ herbstlich, Herbst…; **tempestas ~** Herbststurm
autumnus **A** ⟨a, um⟩ ADJ herbstlich **B** ⟨ī⟩ M Herbst; Jahr
auxī → augere *u.* → augescere
auxiliārēs ⟨ium⟩ MPL Hilfstruppen
auxiliārī ⟨or, ātus sum 1.⟩ Beistand leisten, helfen, **amicum** dem Freund
auxiliāris ⟨e⟩ ADJ *u.* **auxiliārius** ⟨a, um⟩ ADJ **1** hilfreich, helfend, **alicui** für j-n **2** MIL zu den Hilfstruppen gehörig
auxiliātor ⟨ōris⟩ M Helfer
auxiliātus ⟨ūs⟩ M Hilfeleistung
auxilium ⟨ī⟩ N **1** Hilfe, Unterstützung; **comiti auxilio/in ~ esse** dem Gefährten Hilfe leisten **2** PL ★ **auxilia** Hilfsmittel; MIL Hilfstruppen
Avaricēnsis **A** ⟨e⟩ ADJ aus Avaricum **B** ⟨is⟩ M Einwohner von Avaricum
Avaricum ⟨ī⟩ N *Stadt der Bituriger in Gallien, heute Bourges*
avāritia ⟨ae⟩ F *u.* **avāritiēs** ⟨ēī⟩ F **1** Habsucht, Geiz **2** ~ **gloriae** Ruhmsucht
avārus **A** ⟨a, um, *adv* avarē⟩ ADJ *u.* ⟨avāriter⟩ **1** habsüchtig, geizig **2** gierig **B** ⟨ī⟩ M Geizhals
avē → avere²
ā-vehere ⟨vehō, vēxī, vectum 3.⟩ **1** wegführen, -bringen **2** *passiv* sich entfernen, wegfahren, -reiten, -segeln
ā-vellere ⟨vellō, vellī *u.* vulsī, vulsum 3.⟩ **1** ab-, los-, herausreißen; **poma ex arbore ~** das Obst vom Baum reißen **2** gewaltsam trennen, wegreißen
avēna ⟨ae⟩ F **1** Hafer **2** Halm des Hafers, Rohr **3** MUS Hirtenpfeife, Hirtenflöte; *pl* Syrinx, Panflöte
Aventīnum ⟨ī⟩ N = **Aventinus**
Aventīnus **A** ⟨ī⟩ M Aventin, *einer der sieben Hügel Roms* **B** ⟨a, um⟩ ADJ aventinisch
avēre¹ ⟨eō, -, - 2.⟩ begierig sein
avēre² ⟨eō, -, - 2.⟩ sich wohl befinden, gesund sein; **ave!/avete!** sei/seid gegrüßt; **aveto!** sei gegrüßt
Avernus **A** ⟨ī⟩ M *Averner See, Kratersee bei Cumae* **B** ⟨a, um⟩ ADJ avernisch, unterweltlich
āversa ⟨ōrum⟩ NPL Rückseite
āversābilis ⟨e⟩ ADJ abscheulich
āversātiō ⟨ōnis⟩ F Abneigung, Abscheu
āversiō ⟨ōnis⟩ F **1** das Abwenden; **ex aversione** rücklings **2** Abscheu, Widerwille
āversor ⟨ōris⟩ M der *etw* unterschlägt; **~ pecuniae** der Geld unterschlägt
āversus ⟨a, um⟩ ADJ **1** abgewandt, im Rücken; **porta aversa** Hintertür **2** *fig* abgeneigt, feindlich
★**ā-vertere** ⟨vertō, vertī, versum 3.⟩ **1** *(Gefahr, Seuche)* abwenden, ablenken **2** *passiv* sich abwenden; *fig* verschmähen **3** *(Legionen, Feinde)* vertreiben **4** entwenden, unterschlagen, **pecuniam publicam** Steuergelder
avia¹ ⟨ae⟩ F Großmutter
āvia² ⟨ōrum⟩ NPL abgelegene Orte
aviārium ⟨ī⟩ N Nistplatz; Vogelhaus
aviditās ⟨ātis⟩ F Begierde, Gier; Habsucht; **~ gloriae** Ruhmsucht
★**avidus** **A** ⟨a, um, *adv* avidē⟩ ADJ **1** gierig, **gloriae** nach Ruhm **2** gefräßig, unersättlich **3** habsüchtig **B** ⟨ī⟩ M Geizhals
★**avis** ⟨is⟩ F **1** Vogel; *bes* Weissagevogel **2** REL Wahrzeichen, Vorzeichen; **secundis avibus** mit günstigen Vorzeichen
avītus ⟨a, um⟩ ADJ **1** großväterlich, großmütterlich; uralt **2** *fig* ererbt
ā-vius ⟨a, um⟩ ADJ abgelegen, einsam; **iter avium** Marsch durch abgelegene Orte
ā-vocāre ⟨ō, āvī, ātum 1.⟩ **1** ab(be)-rufen, **2** *fig* ablenken, entfremden, fernhalten **3** *fig* zerstreuen
āvocātiō ⟨ōnis⟩ F Ablenkung, Zerstreuung
a-volāre ⟨ō, āvī, ātum 1.⟩ **1** wegfliegen **2** *(Sterbende)* scheiden
★**avunculus** ⟨ī⟩ M Onkel *mütterlicherseits*; **magnus ~** Großonkel
★**avus** ⟨ī⟩ M **1** Großvater **2** Vorfahr, Ahne
★**axis** ⟨is⟩ M **1** Wagenachse **2** Wagen **3** Erdachse **4** Pol, Nordpol **5** Himmel; Himmelsgewölbe; **~ boreus** Norden
Axius ⟨ī⟩ M *Fluss in Makedonien, heute Vardar*
Axona ⟨ae⟩ M *Fluss in Gallien, heute Aisne*

B

B

babae INT Donnerwetter!, o je!
Babylō ⟨ōnis⟩ M „Babylonier", Nabob, *reicher Mann*
Babylōn ⟨ōnis⟩ F *Stadt am Euphrat;* **Babylōnicus** ⟨a, um⟩ ADJ *u.* **Babylōniēnsis** ⟨e⟩ ADJ *u.* **Babylōnius** ⟨a, um⟩ ADJ babylonisch; **Babylōnius** ⟨ī⟩ M Babylonier, Einwohner von Babylon
bāca ⟨ae⟩ F 1 *(des Lorbeerbaums)* Beere 2 *(des Olivenbaumes)* Olive 3 Perle
bacalūsiae ⟨ārum⟩ FPL Überlegungen
bācātus ⟨a, um⟩ ADJ Perlen…
Baccha ⟨ae⟩ F Bacchantin
Bacchānal ⟨ālis⟩ N dem Bacchus geweihter Ort; **Bacchānālia** ⟨ium *u.* ōrum⟩ NPL 1 Bacchusfest 2 Orgien
bacchārī ⟨or, ātus sum 1.⟩ 1 das Bacchusfest feiern 2 schwärmen, rasen 3 Orgien feiern
bacchātiō ⟨ōnis⟩ F Orgie
bacchātus ⟨a, um⟩ ADJ von den Bacchantinnen durchschwärmt
Bacchēius ⟨a, um⟩ ADJ *u.* **Bacchēus** ⟨a, um⟩ ADJ bacchisch
Bacchicus ⟨a, um⟩ ADJ = **Baccheius**
Bacchus ⟨ī⟩ M 1 *Gott des Weines, griech. Dionysos* 2 Bacchusruf 3 BOT Weinstock, Weinrebe 4 Wein
Bacēnis ⟨is⟩ F (westlicher) Thüringer Wald
bāci-fer ⟨fera, ferum⟩ ADJ Beeren tragend, Früchte tragend
bacillum ⟨ī⟩ N 1 Stöckchen, Stäbchen 2 Stab der Liktoren
★**baculum** ⟨ī⟩ N *u.* **baculus** ⟨ī⟩ M 1 Stock, Stab 2 Hirtenstab, Augurenstab
Bāiae ⟨ārum⟩ FPL 1 *Seebad zwischen Cumae u. Puteoli* 2 Badeort
bāiulāre ⟨ō, āvī, ātum 1.⟩ (eine Last) tragen
bāiulus ⟨ī⟩ M Lastträger
bālaena ⟨ae⟩ F Wal
bālantēs ⟨um *u.* ium⟩ FPL Schafe
balanus ⟨ī⟩ M 1 Eichel 2 eichelförmiger Gegenstand 3 (Öl der) Behennuss

bālāre ⟨ō, āvī, ātum 1.⟩ blöken
balatrō ⟨ōnis⟩ M Schreihals, Narr
bālātus ⟨ūs⟩ M *(Schafe, Ziegen)* das Meckern, das Blöken
balbus A ⟨a, um, *adv* balbē⟩ ADJ stammelnd B ⟨ī⟩ M Stammler
balbūtīre ⟨iō, -, - 4.⟩ stammeln
balin… = **baln…**
balista ⟨ae⟩ F = **ballista**
ballaena ⟨ae⟩ F = **balaena**
ballista *u.* **ballistra** ⟨ae⟩ F *u.* **ballistrārium** ⟨ī⟩ M 1 Schleudermaschine, Wurfmaschine 2 Wurfgeschoss
balnea ⟨ōrum⟩ NPL *u.* **balneae** ⟨ārum⟩ FPL Badeanstalt, öffentliches Bad
balneārius ⟨a, um⟩ ADJ Bade…
balneātor ⟨ōris⟩ M Bademeister
balneolum ⟨ī⟩ N kleines Bad
balneum ī N Badezimmer; Badewanne, Badewasser, Bad
balsamum ⟨ī⟩ N Balsamstaude; Balsam
balteum ⟨ī⟩ N *u.* **balteus** ⟨ī⟩ N 1 MIL Gürtel, Gurt 2 Wehrgehenk, Schwertkoppel
bambal(i)ō ⟨ōnis⟩ M Stammler
Bandusia ⟨ae⟩ F *Quelle auf dem sabinischen Landgut des Horaz*
bannus ⟨i⟩ M (mlat.) Bann; ~ **imperialis** Reichsacht
baptisma ⟨atis⟩ N (eccl.) Taufe
baptismus ⟨ī⟩ M Taufe
baptista ⟨ae⟩ M (eccl.) Täufer, *Beiname von Johannes (dem Täufer)*
baptistērium ⟨ī⟩ N 1 Badebecken 2 Taufkapelle *mit Wasserbecken*
baptizāre ⟨ō, āvī, ātum 1.⟩ (eccl.) taufen
barathrum ⟨ī⟩ N 1 Abgrund, Unterwelt; ~ **macelli** Fresssack 2 (mlat.) Hölle
★**barba** ⟨ae⟩ F Bart
barbara ⟨ae⟩ F Barbarin, Ausländerin
barbaria ⟨ae⟩ F 1 Ausland, Fremde 2 *fig* Barbarei, Rohheit, Wildheit 3 *fig* Mangel an Kultur
barbaricus ⟨a, um⟩ ADJ = **barbarus**
barbariēs ⟨ēī⟩ F = **barbaria**
barbarismus ⟨ī⟩ M fremdartige Ausdrucksweise, sprachlicher Fehler
★**barbarus** A ⟨a, um, *adv* barbarē⟩ AD[J] 1 ausländisch, fremd; **barbare loqu[i]** fehlerhaft sprechen 2 grausam, wil[d]

3 ungebildet B ⟨ī⟩ M Barbar, Ausländer
barbātus A ⟨a, um⟩ ADJ bärtig B ⟨ī⟩ M 1 Römer der alten Zeit 2 Ziegenbock
barbula ⟨ae⟩ F Bärtchen, Bartflaum
Barca ⟨ae⟩ M *Stammvater der Barkiden in Karthago; bes* → Hamilcar
barcala ⟨ae⟩ M Dummkopf
bardītus ⟨ūs⟩ M *germ.* Schlachtgesang
Bārium ⟨ī⟩ N *Hafenstadt in Apulien, heute Bari*
bārō[1] ⟨ōnis⟩ M Dummkopf
barō[2] ⟨ōnis⟩ M freier Mann, Baron
barrītus ⟨ūs⟩ M Schlachtgesang
barrus ⟨ī⟩ M Elefant
bascauda ⟨ae⟩ F Spültopf *aus Metall*
bāsiāre ⟨ō, āvī, ātum 1.⟩ küssen
bāsiātiō ⟨ōnis⟩ F das Küssen, Kuss
bāsiātor ⟨ōris⟩ M „Küsser"
Basilea ⟨ae⟩ F *Ort in Helvetien, heute Basel*
basileus ⟨ī⟩ M der oströmische Kaiser
basilica ⟨ae⟩ F 1 Gerichtshalle, Markthalle 2 *(eccl.)* Basilika, Kirche
basilicus A ⟨a, um⟩ ADJ königlich, fürstlich, prächtig B ⟨ī⟩ M *(erg.* **iactus**) *bester Wurf im Würfelspiel*
basis ⟨is *u.* eos⟩ F 1 ARCH Sockel 2 Grundmauer 3 MATH Grundlinie, Basis
bāsium ⟨ī⟩ N Kuss
Batāvī ⟨ōrum⟩ MPL *germ. Volk an der Mündung von Maas u. Rhein*
batillum ⟨ī⟩ N = **vatillum**
batlinea ⟨ae⟩ F *(mlat.)* Bettlaken
bat(t)uere ⟨uō, uī, - 3.⟩ schlagen, stoßen; sich schlagen
Baucis ⟨idis⟩ F *Ehefrau des Philemon*
beāre ⟨ō, āvī, ātum 1.⟩ beglücken, erfreuen, beschenken, bereichern
beātī ⟨ōrum⟩ MPL die Seligen
beātitūdō ⟨inis⟩ F Glückseligkeit
beātus ⟨a, um, *adv* beātē⟩ ADJ 1 glücklich, glückselig 2 *(Stadt, Landgut)* reich; fruchtbar; herrlich, prächtig
Belgae ⟨ārum⟩ MPL die Belgen, *germ.-kelt. Volk im NW Galliens;* **Belgica** ⟨ae⟩ F *röm. Provinz;* → Gallia Belgica; **Belgicus** ⟨a, um⟩ ADJ belgisch; **Belgium** ⟨ī⟩ N *die röm. Provinz Belgica*
bellāre ⟨ō, āvī, ātum 1.⟩ *u.* **bellārī** ⟨or, ātus sum 1.⟩ Krieg führen, kämpfen, **inter se** untereinander
bellātor ⟨ōris⟩ A M Krieger B ADJ kriegerisch, Kriegs...; **equus ~** Streitross
bellātōrius ⟨a, um⟩ ADJ 1 kriegerisch 2 *fig* polemisch
bellātrīx ⟨īcis⟩ ADJ F kriegerisch
bellē ADV → bellus
belliātu(lu)s ⟨a, um⟩ ADJ schön, hübsch
bellicōsus ⟨a, um⟩ ADJ kriegerisch
bellicum ⟨ī⟩ N Angriffssignal; **~ canere** zum Angriff blasen
bellicus ⟨a, um⟩ ADJ 1 Kriegs...; **res bellica** Kriegswesen 2 kriegerisch
belli-ger ⟨gera, gerum⟩ ADJ Krieg führend, kriegerisch
belligerāre ⟨ō, āvī, ātum 1.⟩ Krieg führen, kämpfen
Bellōna ⟨ae⟩ F *Kriegsgöttin, Schwester des Mars, mit Tempel auf dem Marsfeld*
Bellovacī ⟨ōrum⟩ MPL *gall. Stamm*
bellua ⟨ae⟩ F = **belua**
belluātus ⟨a, um⟩ ADJ = **beluatus**
bellulus ⟨a, um, *adv* bellulē⟩ ADJ niedlich
★**bellum** ⟨ī⟩ N 1 Krieg, **~ inferre alicui** mit j-m Krieg anfangen; **~ gerere** Krieg führen; **~ conficere** den Krieg beenden; **domi bellique/belloque** in Krieg und Frieden 2 Schlacht, Kampf 3 *fig* Streit
belluōsus ⟨a, um⟩ ADJ = **beluosus**
bellus ⟨a, um, *adv* bellē⟩ ADJ 1 hübsch, niedlich, anmutig; **locus ~** hübscher Ort 2 gesund 3 **belle!** bravo!
★**bēlua** ⟨ae⟩ F 1 großes Tier 2 wildes Tier 3 Rindvieh, *Schimpfwort*
bēluātus ⟨a, um⟩ ADJ mit eingestickten Tierfiguren
bēluōsus ⟨a, um⟩ ADJ reich an Ungeheuern
★**bene** ADV, *komp* ⟨melius⟩, *sup* ⟨optimē⟩ 1 *(beim Verb)* gut; **~ narrare** gute Nachricht bringen; **~ iudicare** richtig urteilen; **~ vivere** sittlich gut leben; **~ venire** zur rechten Zeit kommen 2 *(beim Verb)* richtig, gut, günstig; **~ agere cum aliquo** j-n freundlich behandeln; **~ audire** in gutem Ruf stehen; **~ dicere** gut reden, beredt sein; **~ emere** billig kaufen; **~ vendere** teuer verkaufen; **~ est alicui** j-m geht es gut; **~ te!** auf dein Wohl! 3 *(bei adj u. adv)* sehr, recht, überaus, völlig; **~ sanus** sehr gesund; **~ mane** sehr früh; **non ~** nicht ganz, kaum
benedicē ADV mit freundlichen Worten

B

bene-dīcere ⟨dīcō, dīxī, dictum 3.⟩ 1 → bene 2 *(eccl.)* segnen, weihen
benedictiō ⟨ōnis⟩ F *(eccl.)* Segen, Weihe
Benedictus ⟨ī⟩ M *von Nursia (480–547 n. Chr.), Gründer des Benediktinerordens*
bene-facere ⟨faciō, fēcī, factum, 3.⟩ 1 richtig tun, richtig machen; ~ **alicui** j-m Gutes tun 2 *(mlat.)* beglücken
beneficentia ⟨ae⟩ F Wohltätigkeit, Güte
beneficiārius A ⟨a, um⟩ ADJ eine Wohltat genießend B ⟨ī⟩ M von niedrigen Arbeiten befreiter Soldat
★**beneficium** ⟨ī⟩ N 1 Wohltat, Gefälligkeit, Freundschaftsdienst; ~ **dare** eine Gefälligkeit erweisen; **deorum benficio** mit Hilfe der Götter 2 Auszeichnung, Begünstigung, Beförderung 3 Vorrecht, Privileg 4 *(mlat.)* Lehen
bene-ficus ⟨a, um⟩ ADJ wohltätig, gefällig, **in aliquem** gegen j-n
Beneventānus A ⟨a, um⟩ ADJ aus Beneventum B ⟨ī⟩ M Einwohner von Beneventum
Beneventum ⟨ī⟩ N *Stadt in Samnium, heute Benevento*
bene-volēns A ⟨entis⟩ ADJ = **benevolus** B ⟨entis⟩ M Gönner
★**benevolentia** ⟨ae⟩ F 1 Wohlwollen, Zuneigung, **erga/in aliquem** zu j-m, gegen j-n 2 Beliebtheit
bene-volus ⟨a, um, *adv* benevolē⟩ ADJ wohlwollend, gewogen, gütig
benf... = **benef...**
benīgnitās ⟨ātis⟩ F 1 Freundlichkeit, Wohlwollen, Milde 2 Freigebigkeit, **in aliquem** gegen j-n
benīgniter ADV → benignus
benīgnus ⟨a, um, *adv* benīgnē⟩ ADJ 1 wohlwollend, gütig, liebevoll, **alicui** gegen j-n; **benigne** *als Höflichkeitsformel* ich danke, sehr gütig 2 wohltätig, freigebig; **benigne facere alicui/alicuius** j-m Gutes erweisen 3 reichlich, ergiebig
beniv... = **benev...**
Berenīcē ⟨ēs⟩ F 1 *Ehefrau des ägyptischen Königs Ptolemäus Euergetes; ihr Haar, das sie für die Heimkehr ihres Mannes opferte, wurde unter die Sterne versetzt* 2 *Tochter des jüdischen Königs Herodes Agrippa I., Geliebte des Titus*
Berenīcēus ⟨a, um⟩ ADJ zu Berenice gehörig
bēsālis ⟨e⟩ ADJ zwei Drittel *eines Ganzen* umfassend; acht Unzen wiegend
★**bēstia** ⟨ae⟩ F Tier, Raubtier; **ad bestias condemnare** zum Kampf mit den wilden Tieren im Zirkus verurteilen
bēstiārius A ⟨a, um⟩ ADJ Tier...; **ludus** ~ Kampf mit Tieren. B ⟨ī⟩ M *(im Zirkus)* Tierkämpfer
bēstiola ⟨ae⟩ F Tierchen
bēta[1] *indekl zweiter Buchstabe des griech. Alphabets*
bēta[2] ⟨ae⟩ F rote Rübe; Mangold
bi- PRÄF zwei-
Biās ⟨antis⟩ M *einer der Sieben Weisen*
★**bibere** ⟨bibō, bibī, - 3.⟩ 1 trinken; **flumen** ~ an einem Fluss wohnen 2 einsaugen, aufnehmen
bibī → bibere
biblia ⟨ae⟩ F *(mlat.)* Bibel; ~ **sacra** Heilige Schrift
bibliothēca ⟨ae⟩ F 1 Bücherschrank 2 Bibliothek, Büchersammlung, Bücherei
Bibracte ⟨is⟩ N *Hauptstadt der Äduer*
Bibrax ⟨actis⟩ F *Stadt in Gallien*
bibulus ⟨a, um⟩ ADJ 1 *(Person)* gern trinkend, durstig 2 *(Gegenstand)* Feuchtigkeit aufnehmend; **lapis** ~ Bimsstein 3 gut zu trinken
bi-ceps ⟨itis⟩ ADJ zweiköpfig, zweigipfelig
bi-clīnium ⟨ī⟩ N Speisesofa für zwei Personen
bi-color ⟨ōris⟩ ADJ zweifarbig
bicornis ⟨e⟩ ADJ 1 mit zwei Hörnern, mit zwei Spitzen; **luna** ~ Halbmond 2 *(Fluss)* mit zwei Mündungsarmen
bi-dēns A ⟨dentis⟩ ADJ mit zwei Zähnen, zweizackig B ⟨dentis⟩ 1 M Hacke mit zwei Zinken 2 F ausgewachsene Opfertier
bī-duum ⟨ī⟩ N Zeitraum von zwei Tagen; **biduo post** zwei Tage später; **eo biduo** in/nach diesen zwei Tagen
bi-ennium ⟨ī⟩ N Zeitraum von zwei Jahren
bi-fāriam ADV zweifach, doppelt; ~ **castra facere** nach zwei Seiten hin Lager errichten
bi-fidus ⟨a, um⟩ ADJ (in zwei Teile) gespalten; **pedes bifidi** gespaltene Hufe
bi-foris ⟨e⟩ ADJ 1 zweitürig, zweiflügelig

lig; mit zwei Öffnungen **2** zweifach, doppelt
bifōrmis ⟨e⟩ ADJ mit zwei Gestalten
bi-frōns ⟨ontis⟩ ADJ doppelstirnig
bi-furcus ⟨a, um⟩ ADJ zweizackig, gabelförmig
bīgae ⟨ārum⟩ FPL Zweigespann
bīgātus **A** ⟨a, um⟩ ADJ mit einem Zweigespann **B** ⟨ī⟩ M Silberdenar
biiugī ⟨ōrum⟩ MPL Zweigespann
bi-iugis ⟨e⟩ ADJ *u.* **bi-iugus** ⟨a, um⟩ ADJ zweispännig
Bilbilis ⟨is⟩ **1** M *Nebenfluss des Ebro* **2** F *Stadt am Bilbilis, Heimatstadt des Martial*
bi-lībra ⟨ae⟩ F zwei Pfund
bilībris ⟨e⟩ ADJ **1** zwei Pfund schwer **2** zwei Pfund fassend
bi-linguis ⟨e⟩ ADJ **1** doppelzüngig **2** zweisprachig, unverständlich redend **3** *fig* doppelzüngig, heuchlerisch, falsch
bīlis ⟨is⟩ F **1** Galle **2** *fig* Zorn, Verdruss **3** ~ **nigra/atra** Melancholie; Wahnsinn
bi-līx ⟨īcis⟩ ADJ doppelfädig, doppeldrähtig
bi-lūstris ⟨e⟩ ADJ zwei Lustren dauernd, zehn Jahre dauernd
bi-maris ⟨e⟩ ADJ an zwei Meeren gelegen
bi-membris **A** ⟨e⟩ ADJ zweigliedrig **B** ⟨is⟩ M Doppelgestalt = Kentaur
bi-mē(n)stris ⟨e⟩ ADJ zwei Monate alt, zwei Monate dauernd
bīmulus ⟨a, um⟩ ADJ erst zweijährig
bīmus ⟨a, um⟩ ADJ zweijährig
Bingium ⟨ī⟩ N *belg. Stadt, heute Bingerbrück*
bīnī ⟨ae, a⟩ NUM DISTR **1** je zwei **2** zwei, beide; **binae litterae** zwei Briefe; **bina castra** beide Lager **3** ein Paar; **bini boves** ein Paar Ochsen
bi-nōminis ⟨e⟩ ADJ mit zwei Namen
Biōn ⟨ōnis⟩ M *Kyniker, wegen seines beißenden Witzes bekannt;* **Biōnēus** ⟨a, um⟩ ADJ bissig, satirisch
bi-partītus ⟨a, um, *adv* bipartītō⟩ ADJ zweigeteilt, doppelt
bi-patēns ⟨entis⟩ ADJ doppelt geöffnet, mit geöffneten Doppeltüren
bi-pedālis ⟨e⟩ ADJ zwei Fuß lang/hoch/breit
bi-pennis **A** ⟨e⟩ ADJ **1** zweiflügelig **2** *fig* zweischneidig **B** ⟨is⟩ F zweischneidige Axt
bi-pertītus ⟨a, um⟩ ADJ = **bipartitus**
bi-pēs **A** ⟨pedis⟩ ADJ zweibeinig **B** ⟨pedis⟩ M Zweifüßler; Mensch
bi-rēmis **A** ⟨e⟩ ADJ **1** mit zwei Ruderern **2** mit zwei Reihen Ruderbänken **B** ⟨is⟩ F SCHIFF Zweidecker, *Schiff mit zwei übereinander angereihten Ruderbänken*
★**bis** ADV zweimal; ~ **terve** zwei- bis dreimal, selten; ~**(que) terque** zwei- bis dreimal, öfters
bisōn ⟨ontis⟩ M Auerochse
bi-sulcis ⟨e⟩ ADJ *u.* **bi-sulcus** ⟨a, um⟩ ADJ gespalten
bītere ⟨ō, -, - 3.⟩ gehen, schreiten
Bīthȳnī ⟨ōrum⟩ MPL die Einwohner von Bithynien
Bīthȳnia ⟨ae⟩ F Bithynien, *kleinasiatische Landschaft;* **Bīthȳnicus** ⟨a, um⟩ ADJ bithynisch; **Bīthȳnis** ⟨idis⟩ F Bithynierin; **Bīthȳnus** ⟨a, um⟩ ADJ bithynisch
bitūmen ⟨inis⟩ N Erdpech, Asphalt
bitūmineus ⟨a, um⟩ ADJ von Erdpech; **vires bitumineae** Massen von Erdpech
Bituriges ⟨um⟩ MPL *kelt. Volk in Aquitanien*
blaesus ⟨a, um⟩ ADJ lallend, stammelnd
blandidicus ⟨a, um⟩ ADJ schmeichlerisch
blandi-loquentulus *u.* **blandi-loquus** ⟨a, um⟩ ADJ schmeichlerisch redend
blandīmentum ⟨ī⟩ N = **blanditia**
blandīrī ⟨ior, ītus sum 4.⟩ **1** schmeicheln **2** *fig* begünstigen; anlocken
blanditer ADV → blandus
blanditia ⟨ae⟩ F **1** Schmeichelei; *pl* Komplimente **2** Reiz, Lockung
blandītus ⟨a, um⟩ ADJ angenehm, reizend
★**blandus** ⟨a, um, *adv* blandē *u.* blanditer⟩ ADJ **1** schmeichelnd, zärtlich **2** schmeichlerisch, gewinnend, höflich **3** lockend, reizend
blasphēmia ⟨ae⟩ F *(eccl.)* Gotteslästerung
blatīre ⟨iō, -, - 4.⟩ schwätzen
blatta ⟨ae⟩ F Motte, Schabe
blattārius ⟨a, um⟩ ADJ zur Schabe gehörig; **balnea blattaria** dunkle Bäder

blennus ⟨ī⟩ M Dummkopf

bliteus ⟨a, um⟩ ADJ albern, abgeschmackt

blitum ⟨ī⟩ N *(Küchenkraut)* Melde

boārius ⟨a, um⟩ ADJ Rinder…

bōcula ⟨ae⟩ F = **bucula**

Boeōtī ⟨ōrum *u.* um⟩ MPL die Böotier

Boeōtia ⟨ae⟩ F Böotien, *Landschaft in Mittelgriechenland;* **Boeōtius** *u.* **Boeōtus** ⟨a, um⟩ ADJ böotisch

Boēthius ⟨ī⟩ M *Severinus Boethius, chr. Philos.*

Bōī ⟨ōrum⟩ MPL = **Boii**

boia ⟨ae⟩ F Halseisen, Halsfessel

Bōihaemum ⟨ī⟩ N = **Boiohaemum**

Bōiī ⟨ōrum⟩ MPL die Bojer, *kelt. Stamm, in Oberitalien u. Böhmen*

Bōiohaemum ⟨ī⟩ N Bojerland

bōlētus ⟨ī⟩ M Pilz, Champignon

bolus ⟨ī⟩ M **1** *(beim Würfelspiel)* Wurf **2** *fig* guter Fang, Profit

bombax INT Donnerwetter!

Bona dea ⟨ae⟩ F die Gute Göttin, *Göttin der Fruchtbarkeit*

bonitās ⟨ātis⟩ F **1** gute Qualität **2** Rechtschaffenheit, edle Gesinnung.

Bonna ⟨ae⟩ F *Ort in Niedergermanien am linken Rheinufer, heute Bonn*

Bonōnia ⟨ae⟩ F *Ort in Italien, heute Bologna*

★**bonum** ⟨ī⟩ N **1** das Gute, gute Beschaffenheit **2** Gut, Gabe, Besitz; **summum ~** höchstes Gut **3** Tugend, Vorzug **4** Nutzen, Vorteil; **alicui bono esse** für j-n von Vorteil sein **5** Glück, Wohl

★**bonus** ⟨a, um, *komp* melior, ius, *sup* optimus, a, um⟩ ADJ **1** gut, tüchtig; **vinum bonum** guter Wein; **nummus ~** echte Münze; **aliquid melius facere** etw vervollkommnen **2** *(Beispiel usw.)* zweckmäßig, tauglich, geschickt **3** *(Person)* tapfer, kräftig; vornehm, edel; **bono genere natus** aus einem vornehmen Geschlecht **4** *(Gegenstand)* fein; ansehnlich; günstig; **bonae res** Delikatessen **5** charakterlich gut, zuverlässig, treu, tüchtig; **bonae artes** gute Eigenschaften; **bono consilio** in guter Absicht **6** gutmütig, wohlwollend, gnädig, gewogen, *auch* geistig beschränkt **7** POL patriotisch, loyal; **civis ~** loyaler Bürger

Boōtēs ⟨ae *u.* is⟩ M ASTRON Ochsentreiber

Borbetomagus ⟨ī⟩ F *Ort in Obergermanien, heute Worms*

boreās ⟨ae⟩ M **1** Nordwind **2** Norden

Boreās ⟨ae⟩ M = **Aquilo**

★**bōs** ⟨bovis⟩ M *u.* F Rind, Ochse

Bosp(h)orānus *u.* **Bosp(h)orius** **A** ⟨a, um⟩ ADJ des Bosporus **B** ⟨ī⟩ M Anwohner des Bosporus

Bosp(h)oros *u.* **Bosp(h)orus** ⟨ī⟩ M **1** *Meerenge zwischen Schwarzem Meer u. Marmara-Meer, Grenze zwischen Asien u. Europa* **2** ~ **Cimmerius** *Meerenge zwischen Schwarzen Meer und Asowschen Meer*

botulārius ⟨ī⟩ M Wursthändler

botulus ⟨ī⟩ M Würstchen

bovārius ⟨a, um⟩ ADJ = **boarius**

bovīle ⟨is⟩ N Rinderstall

bra(c)chiāle ⟨is⟩ N Armspange

bra(c)chiālis ⟨e⟩ ADJ Arm…

bra(c)chiolum ⟨ī⟩ N Ärmchen

★**bra(c)chium** ⟨ī⟩ N **1** *(einer Person)* Unterarm, Arm **2** *(eines Tieres)* Vorderbein **3** *(eines Krebses)* Schere **4** Meeresarm; Gebirgsausläufer **5** *(eines Baumes)* Ast **6** Segelstange **7** *(von Mauern usw.)* Seitenwerk **8** *(eines Hafens)* Seitendamm **9** *(des Zirkels)* Schenkel

bract… = **bratt…**

brattea ⟨ae⟩ F Metallblättchen, Goldblech

bratteātus ⟨a, um⟩ ADJ **1** mit Goldblech bezogen **2** *fig* nur äußerlich schimmernd

brattia ⟨ae⟩ F = **brattea**

breve ⟨is⟩ N **1** Untiefe **2** = **brevis B 2**

breviārium ⟨ī⟩ N **1** Auszug, Übersicht **2** *(mlat.)* Urkunde, Gebetbuch

breviculus ⟨a, um⟩ ADJ etwas klein

★**brevis** **A** ⟨e, *adv* breviter⟩ ADJ **1** kurz, klein; **spatium breve** geringe Ausdehnung **2** *(in die Tiefe)* niedrig, flach, seicht **3** *fig* gering, unbedeutend; knapp **4** *(Rede)* kurz, bündig; **in breve cogere** kürzen **5** *zeitl.* kurz; **ad breve** auf kurze Zeit; **brevi** in Kürze, bald; **brevi ante** kurz zuvor **B** ⟨is⟩ F **1** Kürze, kurze Silbe **2** *(mlat.)* Verzeichnis, Urkunde, Brief

brevitās ⟨ātis⟩ F Kürze, Knappheit

Brigantium ⟨ī⟩ N *Ort in Raetia, heute Bregenz*

Brīsēis ⟨idis⟩ F *Gefangene des Achill*

Britannia ⟨ae⟩ F Britannien = *England*

und Schottland; **Britannicus** *u.* **Britannus** ⟨a, um⟩ ADJ britannisch; **Britannus** ⟨ī⟩ M Britannier

Bructerī ⟨ōrum *u.* um⟩ MPL *germ. Volk zwischen Ems u. Lippe;* **Bructerus** ⟨a, um⟩ ADJ zu den Bructeri gehörig

brūma ⟨ae⟩ F kürzester Tag, Wintersonnenwende; Winterkälte, Winter

brūmālis ⟨e⟩ ADJ Winter…

Brundisīnus **A** ⟨a, um⟩ ADJ aus Brundisium **B** ⟨ī⟩ M Einwohner von Brundisium

Brundisium ⟨ī⟩ N *Hafenstadt im antiken Kalabrien, heute Brindisi*

Bruttiī ⟨ōrum⟩ MPL die Bruttier, die Bewohner des ager Bruttius, *der südlichsten Landschaft Italiens*

brūtus ⟨a, um⟩ ADJ **1** schwerfällig, unbeweglich **2** stumpfsinnig, dumm

Brūtus ⟨ī⟩ M *Beiname in der gens Iunia* **1** **L. Iunius ~** *erster röm. Konsul* **2** **M. Iunius ~** *(85–42 v. Chr.) Mörder Caesars*

būbīle ⟨is⟩ N Ochsenstall, Kuhstall

būbō ⟨ōnis⟩ M *u.* F Uhu

būbula ⟨ae⟩ F Rindfleisch

bubulcitārī ⟨or, ātus sum 1.⟩ Ochsentreiber sein

būbulus ⟨a, um⟩ ADJ Ochsen…, Rind…, Stier…

būcaeda ⟨ae⟩ M der mit einer Ochsenpeitsche Geprügelte

bucca ⟨ae⟩ F **1** Backe **2** Bissen

buccula ⟨ae⟩ F **1** Bäckchen **2** *(am Helm)* Backenstück

bucculentus ⟨a, um⟩ ADJ **1** pausbäckig **2** großmäulig

bucella ⟨ae⟩ F = **buccella**

būcer(i)us ⟨a, um⟩ ADJ gehörnt

būcina ⟨ae⟩ F **1** gewundenes Horn **2** Signalhorn; Trompetensignal; **tertia ~** dritte Nachtwache **3** Tritonsschnecke

būcolica ⟨ōrum⟩ NPL Hirtengedichte

būcolicus ⟨a, um⟩ ADJ ländlich, Hirten…

būcula ⟨ae⟩ F kleine Kuh, junge Kuh

buffo ⟨onis⟩ M *(mlat.)* Hanswurst

būlē ⟨ēs⟩ F Ratsversammlung

būleuta ⟨ae⟩ M Ratsherr

būleutērium ⟨ī⟩ N *griech.* Rathaus

bulla ⟨ae⟩ F **1** Wasserblase **2** *(Verzierung)* Buckel, Knopf **3** *(Amulett)* Goldkapsel **4** *(mlat.)* päpstliches/kaiserliches Siegel; Urkunde

Burdigala ⟨ae⟩ F *Ort in der Provinz Aquitania, heute Bordeaux*

burgensis ⟨is⟩ M *(mlat.)* Bürger

burg(g)ravius M *(mlat.)* Burggraf

burgus ⟨ī⟩ M Fluchtturm, Fluchtburg

bustum ⟨ī⟩ N **1** Scheiterhaufen **2** Grabhügel, Grabmal, Grab

būtȳrum ⟨ī⟩ N Butter

buxētum ⟨ī⟩ N Buchsbaumpflanzung

buxum ⟨ī⟩ N *u.* **buxus** ⟨ī⟩ F **1** Buchsbaum(holz) **2** *Gegenstände aus Buchsbaumholz:* Flöte, Kreisel, Kamm, Tafel

Byrsa ⟨ae⟩ F *Burg von Karthago*

Bȳzantium ⟨ī⟩ N Byzanz, *um 660 v. Chr. als Kolonie von Megara gegründet, ab 330 n. Chr. Konstantinopel, heute Istanbul;* **Bȳzantius** ⟨a, um⟩ ADJ byzantinisch; **Bȳzantius** ⟨ī⟩ M Byzantiner

C

c, C **1** = **Gaius** **2** = **condemno** ich halte für schuldig **3** = **centum** hundert *als Ziffer* **4** = **centuria** Hundertschaft **5** = **civitas** Stadt **6** = **cohors** Kohorte **7** = **comitialis (dies)** Wahltag

caballus ⟨ī⟩ M Pferd; Gaul, Klepper

Cabillōnum ⟨ī⟩ N *Stadt der Äduer, heute Chalon-sur-Saône*

cachinnātiō ⟨ōnis⟩ F = **cachinnus**

cachinnus ⟨ī⟩ M lautes Lachen

cacozēlus ⟨ī⟩ M Nachäffer

cacula ⟨ae⟩ M Offiziersdiener

cacūmen ⟨inis⟩ N Gipfel, Spitze; Wipfel

cacūmināre ⟨ō, āvī, ātum 1.⟩ (zu)spitzen, **aures** *fig* die Ohren

★**cadāver** ⟨eris⟩ N **1** Leiche **2** *(von Tieren)* Aas **3** *fig* Ruine, Trümmer

cadāverōsus ⟨a, um⟩ ADJ leichenhaft

★**cadere** ⟨cadō, cecidī, cāsūrus 3.⟩ **1** fallen, herabfallen, stürzen; **ex muro ~** von der Mauer fallen **2** *(Worte)* entfallen **3** *(Gestirn)* untergehen **4** *fig* sterben, untergehen, **in bello** im Krieg **5** *(Mut)* sinken, schwinden, abnehmen; **~ animo**

C

mutlos werden; **vota cadunt** Wünsche bleiben unerfüllt 6 hineingeraten; **~ in morbum** krank werden 7 zutreffen, passen, **in sapientem** zu einem Weisen 8 (*zeitl.*) fallen, treffen; fällig werden; **nummi in eam diem cadunt** zu diesem Termin wird der geschuldete Betrag fällig 9 (*beim Losen*) zufallen 10 zustoßen; (zufällig) eintreten; **insperanti mihi cecidit, ut** unverhofft traf es sich für mich, dass 11 ablaufen; **res frustra cadit** die Sache schlägt fehl 12 GRAM enden

Cadmēa ⟨ae⟩ F *Burg von Theben*

Cadmēis ⟨idis⟩ F ADJ *u.* **Cadmēus** ⟨a, um⟩ ADJ des Cadmus

Cadmus ⟨ī⟩ M *Gründer Thebens*

cādūceātor ⟨ōris⟩ M Unterhändler

cādūceum ⟨ī⟩ N *u.* **cādūceus** ⟨ī⟩ M Heroldsstab

cadūcus ⟨a, um⟩ ADJ 1 fallend; gefallen 2 *fig* hinfällig, vergänglich 3 JUR verfallen, herrenlos; **hereditas caduca** herrenloses Erbe

Cadurcī ⟨ōrum⟩ MPL die Cadurcer, *kelt. Volk in Aquitanien*

cadus ⟨ī⟩ M *größerer* Krug; Weinkrug, Ölkrug; Wein

caecāre ⟨ō, āvī, ātum 1.⟩ 1 blenden 2 verdunkeln, trüben

caeci-genus ⟨a, um⟩ ADJ blind geboren

caecitās ⟨ātis⟩ F 1 Blindheit 2 *fig* Verblendung

Caecubum ⟨ī⟩ N *Wein vom Caecubus ager in Latium*

★**caecus** A ⟨a, um⟩ ADJ 1 nicht sehend, blind 2 *fig* verblendet, **ad aliquid/alicui rei** für etw 3 (*Nacht*) dunkel, undurchsichtig 4 unsichtbar, verborgen; **corpus caecum** Rückseite des Körpers; **vulnus caecum** Wunde am Rücken 5 (*Schicksal*) unergründlich 6 (*Kampf*) unsicher, zwecklos B ⟨ī⟩ M Blinder

★**caedere** ⟨caedō, cecīdī, caesum 3.⟩ 1 hauen, schlagen, klopfen, stoßen; **lapidibus ~** steinigen 2 (*Bäume*) ab-, umhauen, fällen; **marmor ~** Marmor brechen 3 (*Person*) erschlagen, töten 4 (*Tier*) schlachten, opfern; **caesi acervi** Haufen von Erschlagenen 5 zerbrechen

★**caedēs** *u.* **caedis** ⟨is⟩ F 1 das Fällen, das Abhauen, **arborum** von Bäumen 2 das Töten, Mord, Blutbad, Gemetzel; **caedem facere** ein Blutbad anrichten 3 vergossenes Blut; **caede madere** von Blut triefen 4 Gefallene

caelāmen ⟨inis⟩ N Relief

caelāre ⟨ō, āvī, ātum 1.⟩ 1 im Relief darstellen; ziselieren; **auro caelatus** aus Gold getrieben 2 mit Reliefs versehen, (aus)schmücken

caelātor ⟨ōris⟩ M Reliefkünstler

caelātūra ⟨ae⟩ F Reliefkunst

caelebs A ⟨ibis⟩ ADJ allein lebend, ledig B ⟨ibis⟩ M Junggeselle, Witwer

caeles A ⟨itis⟩ ADJ himmlisch B ⟨itis⟩ M Gott

caeleste ⟨is⟩ N das Himmlische; *pl* Himmelskörper; Astronomie

★**caelestis** A ⟨e⟩ ADJ 1 himmlisch, am/vom Himmel 2 göttlich 3 *fig* unvergleichlich B ⟨is⟩ 1 F Göttin 2 MPL *u.* FPL Götter

Caeliānus ⟨a, um⟩ ADJ des Caelius

caelibātus ⟨ūs⟩ M Ehelosigkeit

caeli-cola ⟨ae⟩ M Himmelsbewohner, Gottheit

caeli-fer ⟨fera, ferum⟩ ADJ den Himmel tragend

caeli-potēns ⟨entis⟩ ADJ mächtig im Himmel

Caelius ⟨a, um⟩ 1 *Name einer pleb. gens* 2 **~ mons** *einer der sieben Hügel Roms*

caelum[1] ⟨ī⟩ N Grabstichel, Meißel des Ziseleurs

★**caelum**[2] ⟨ī⟩ N 1 Himmel; **de caelo tangi** vom Blitz getroffen werden 2 Wohnsitz der Götter, Oberwelt 3 Gegend 4 Luft, Witterung, Klima 5 *fig* höchste Ehre; **in ~ extollere** in den Himmel erheben, loben 6 Unsterblichkeit

Caelus ⟨ī⟩ M *Himmelsgott*

caenum ⟨ī⟩ N 1 Kot, Schlamm 2 Schmutzfink, *Schimpfwort*

caepa ⟨ae⟩ F = **cepa**

caepe *indekl* N = **cepe**

Caepiō ⟨ōnis⟩ M *röm. Beiname*

Caere *indekl* N *eine der zwölf alten etruskischen Bundesstädte, heute Cerveteri*

caeremōnia *u.* **caerimōnia** ⟨ae⟩ F 1 Heiligkeit, Unantastbarkeit, **legationis** der Gesandtschaft 2 Ehrfurcht, *alicuius* j-s *od.* vor j-m 3 Feierlichkeit

caerula ⟨ōrum⟩ NPL das Blau, Bläue

caeruleus *u.* **caerulus** ⟨a, um⟩ ADJ

C

1 blau, bläulich 2 dunkel, schwärzlich
Caesar ⟨aris⟩ M *Beiname in der gens Iulia* 1 **C. Iulius ~** *(100–44 v. Chr.) Diktator u. Feldherr* 2 **C. Iulius ~ Octavianus** *(63 v. Chr. – 14 n. Chr.) nach ihm führten alle Kaiser den Titel Caesar Augustus* 3 *(mlat.)* Kaiser des Heiligen Römischen Reiches
Caesarēa ⟨ae⟩ F 1 *Hauptstadt von Kappadokien* 2 *Hafenstadt an der Ostküste des Mittelmeeres*
caesareus ⟨a, um⟩ ADJ *(mlat.)* kaiserlich
Caesareus ⟨a, um⟩ ADJ des Caesar
Caesariānus A ⟨a, um⟩ ADJ des Caesar B ⟨ī⟩ M Anhänger des Caesar
caesariātus ⟨a, um⟩ ADJ mit buschigem Haar
caesariēs ⟨ēī⟩ F 1 (langes) Haar, Mähne 2 *fig* Laub, Nadeln der Bäume
Caesarīnus ⟨a, um⟩ ADJ des Caesar
caesīcius ⟨a, um⟩ ADJ dicht gewebt
caesim ADV mit einem Schlag
caesius ⟨a, um⟩ ADJ 1 blaugrau 2 grauäugig
caespes ⟨itis⟩ M 1 Rasen 2 Rasenplatz; Rasenhütte; Rasenaltar 3 Wurzelknäuel
caestus ⟨ūs⟩ M Schlagriemen
caesūra ⟨ae⟩ F 1 das Hauen, das Fällen 2 Verseinschnitt, Zäsur
caesus ⟨a, um⟩ PPP → caedere
caetra ⟨ae⟩ F leichter Lederschild
caetrātī ⟨ōrum⟩ MPL Leichtbewaffnete
caetrātus ⟨a, um⟩ ADJ mit leichtem Lederschild bewaffnet
caiāre ⟨ō, -, - 1.⟩ schlagen, hauen
Cāius ⟨ī⟩ M = **Gaius**
Cal. ABK = **Calendae**
Calaber A ⟨bra, brum⟩ ADJ kalabrisch, aus Kalabrien B ⟨brī⟩ M Kalabrer
Calabria ⟨ae⟩ F Kalabrien, *südliche Halbinsel Italiens, heute Apulien*
calamistrātus ⟨a, um⟩ ADJ gekräuselt
calamistrum ⟨ī⟩ N 1 Brenneisen *zum Kräuseln der Haare* 2 *fig* Künstelei
calamitās ⟨ātis⟩ F 1 Unheil, Schaden, Verlust, Unglück, Missgeschick; *pl* Unglücksfälle 2 MIL Niederlage
calamitōsus A ⟨a, um, *adv* calamitōsē⟩ ADJ 1 schädlich, unheilsvoll 2 elend B ⟨ī⟩ M Unglücklicher
calamus ⟨ī⟩ M 1 Rohr, Schilf 2 Halm, Stängel 3 *Gegenstände aus Rohr:* Schreibrohr; Rohrpfeil; Rohrflöte; *pl* Syrinx; Angelrute, Leimrute *zum Vogelfang*
calāre ⟨ō, āvī, ātum 1.⟩ ausrufen, zusammenrufen
calathiscus ⟨ī⟩ M Körbchen
calathus ⟨ī⟩ M 1 geflochtener Korb 2 Weinschale
calātor ⟨ōris⟩ M Ausrufer, Diener
calautica ⟨ae⟩ F Haube
calcar ⟨āris⟩ N 1 Sporn; **equo calcaria subdere** dem Pferd die Sporen geben 2 *fig* Ansporn, Reiz
calcāre ⟨ō, āvī, ātum 1.⟩ 1 treten, **viperam** auf eine Schlange; **vinum ~** Wein keltern 2 betreten 3 festtreten, **solum** den Boden 4 *fig* beschimpfen
calceāmentum ⟨ī⟩ N Schuhwerk
calceāre ⟨ō, āvī, ātum 1.⟩ mit Schuhen versehen
calceātus ⟨ūs⟩ M = **calceamentum**
calceolārius ⟨ī⟩ M Schuhmacher
calceolus ⟨ī⟩ M kleiner Schuh
calceus ⟨ī⟩ M Schuh, Halbstiefel
Calchās ⟨antis⟩ M *Seher der Griechen*
calciā... = **calcea...**
calcitrāre ⟨ō, āvī, ātum 1.⟩ ausschlagen; sich sträuben, sich widersetzen
calcitrō ⟨ōnis⟩ M Raufbold
calculātor ⟨ōris⟩ M Rechenmeister, -lehrer
calculus ⟨ī⟩ M 1 glattes Steinchen 2 *(im Brettspiel)* Stein 3 Rechenstein; *pl* Rechnung; **vocare aliquem ad calculos** mit j-m abrechnen 4 Stimmstein
calda ⟨ae⟩ F = **calida**
caldārium ⟨ī⟩ N Warmbad, Warmwasserbecken *in röm. Thermen*
caldārius ⟨a, um⟩ ADJ Wärme...
caldus ⟨a, um⟩ ADJ = **calidus**
cale-facere ⟨faciō, fēcī, factum 3.⟩ 1 erwärmen, erhitzen, **aquam** Wasser 2 *fig* erhitzen, erregen, reizen
calefactāre ⟨ō, āvī, ātum 1.⟩ erhitzen
cale-fierī *passiv* → calefacere
★**Calendae** ⟨ārum⟩ FPL 1 die Kalenden, *der erste Monatstag* 2 Monat; → Kalendae
calendārium ⟨ī⟩ N Schuldbuch
calēre ⟨eō, uī, itūrus 2.⟩ 1 warm/heiß sein, glühen 2 *(Person)* in Aufregung sein, Feuer und Flamme sein 3 *(Verbrechen usw.)* noch frisch sein

C

calēscere ⟨calēscō, caluī, - 3.⟩ **1** warm/heiß werden **2** erglühen
cal-facere ⟨faciō, fēcī, factum 3.⟩ = **calefacere**
cal-factāre ⟨ō, āvī, ātum 1.⟩ = **calefactare**
calida ⟨ae⟩ F warmes Bad
calidum ⟨ī⟩ N Wärme
★**calidus** **A** ⟨a, um⟩ ADJ **1** warm, heiß **2** *(Pferd usw.)* hitzig, leidenschaftlich, übereifrig **3** *(Lüge)* noch warm, frisch **B** ⟨ī⟩ M Hitzkopf
caliga ⟨ae⟩ F Halbstiefel, Soldatenstiefel
cālīgāre ⟨ō, āvī, ātum 1.⟩ **A** V/T **1** Finsternis verbreiten **2** Schwindel erregen **B** V/I **1** dunkel sein **2** *fig* im Dunkeln tappen, blind sein
cālīginōsus ⟨a, um⟩ ADJ **1** neblig, dunstig **2** *fig* ungewiss
cālīgō ⟨inis⟩ F **1** Nebel, Dunst, Rauch **2** Finsternis **3** *fig* geistige Umnachtung; Unwissenheit **4** *fig* Trübsal, Elend
caligula ⟨ae⟩ F **1** Soldatenstiefelchen **2** **Caligula** ⟨ae⟩ *m Beiname des röm. Kaisers Gaius (37–41 n. Chr.)*
calitūrus ⟨a, um⟩ PART *fut* → calere
calix ⟨icis⟩ M **1** Kelch, Becher **2** Topf
callēns ⟨entis, *adv* callenter⟩ ADJ erfahren, **alicuius rei** in etw
callēre ⟨eō, uī, - 2.⟩ **A** V/I **1** Schwielen haben **2** *fig* erfahren sein **B** V/T kennen, wissen, verstehen
calliditās ⟨ātis⟩ F **1** Lebensklugheit, Gewandtheit **2** Schlauheit, List
★**callidus** ⟨a, um, *adv* callidē⟩ ADJ **1** klug, gewandt **2** erfahren, **rei militaris** im Kriegswesen **3** *(Sache)* gut ausgedacht **4** listig
callīgō ⟨inis⟩ F = **caligo**
Calliopē ⟨ēs⟩ F *u.* **Calliopēa** ⟨ae⟩ F *Muse der epischen Dichtkunst*
callis ⟨is⟩ F Bergpfad
callōsus ⟨a, um⟩ ADJ dickhäutig, hartschalig
callum ⟨ī⟩ N *u.* **callus** ⟨ī⟩ M **1** Schwiele, Hornhaut **2** *fig* Gefühllosigkeit
cālō[1] ⟨ōnis⟩ M Reitknecht
cālō[2] ⟨ōnis⟩ M Holzschuh
★**calor** ⟨ōris⟩ M **1** Wärme, Hitze, Glut **2** Fieberhitze **3** *fig* Eifer, Leidenschaft
Calpurnius ⟨a, um⟩ *Name einer pleb. gens* **1** **C. ~ Frugi** *Schwiegersohn Ciceros* **2** **L. ~ Piso Caesonius** *Schwiegervater Caesars, Gegner Ciceros*
caluī → calere *u.* → calescere
calumnia ⟨ae⟩ F **1** Rechtsverdrehung **2** böswillige Anschuldigung, Intrige
calumniārī ⟨or, ātus sum 1.⟩ **A** V/I eine falsche Anklage vorbringen **B** V/T böswillig angreifen, verleumden
calumniātor ⟨ōris⟩ M Rechtsverdreher, falscher Ankläger, Verleumder
calva ⟨ae⟩ F Hirnschale, Schädel
calvī ⟨or, - 3.⟩ täuschen, hintergehen
calvitium ⟨ī⟩ N Glatze
calvus ⟨a, um⟩ ADJ kahl; glatzköpfig
calx[1] ⟨cis⟩ F **1** Stein im Brettspiel **2** Kalkstein, Kalk **3** Ziel der Rennbahn; Ende
calx[2] ⟨cis⟩ F **1** Ferse **2** *(eines Tieres)* Huf; **adversus stimulum calces iactare** Widerstand leisten
Calypsō ⟨ūs *u.* ōnis⟩, *akk* ⟨ō⟩ F *Nymphe auf der Insel Ogygia*
camara ⟨ae⟩ F = **camera**
Cambodūnum ⟨ī⟩ N *Ort der Vindelici, heute Kempten*
camella ⟨ae⟩ F Schale, Eimer
camēlus ⟨ī⟩ M *u.* F Kamel
Camēna ⟨ae⟩ F **1** *weissagende Quellnymphe, Muse* **2** Gedicht, Lied
camera ⟨ae⟩ F **1** Gewölbe **2** *(mlat.)* Vorratskammer; Schatzkammer; Staatskasse
Camillus ⟨ī⟩ M *Beiname in der gens Furia*
caminata ⟨ae⟩ F *(mlat.)* heizbares Gemach, Kemenate; Klause
camīnus ⟨ī⟩ M **1** Schmelzofen **2** Kamin, Ofen **3** Kaminfeuer
Campānia ⟨ae⟩ F Kampanien, *Landschaft in Mittelitalien;* **Campānus** ⟨a, um⟩ ADJ kampanisch, *bes* aus Capua
Campānus ⟨ī⟩ M Kampaner, Einwohner von Capua
campester ⟨tris, tre⟩ ADJ **1** in der Ebene **2** auf dem Marsfeld, Wahl…
campestre ⟨ī⟩ N Kampfgurt, Schurz
campestria ⟨ium⟩ NPL ebene Gegend
campestris ⟨e⟩ ADJ = **campester**
★**campus** ⟨ī⟩ M **1** Ebene, freies Feld, Ackerland **2** freie Fläche **3** Meeresfläche **4** Marsfeld **5** POL Platz für Komitien; Komitien **6** *fig* Spielplatz, Übungs

platz

canālis ⟨is⟩, *abl* ⟨ī⟩ M *u.* F Röhre; Rinne, Kanal

cancellī ⟨ōrum⟩ MPL Gitter, Schranken; *fig* Grenzen; ~ **altaris** (*mlat.*) Altarraum

cancer ⟨crī⟩ M 1 Krebs 2 MED Krebsgeschwür 3 ASTROL Krebs 4 Sommerhitze, Süden

candē-facere ⟨faciō, fēcī, factum 3.⟩ blank machen, weiß machen

candēla ⟨ae⟩ F 1 Wachskerze, Talgkerze 2 Wachsschnur

candēlābrum ⟨ī⟩ N Kerzenleuchter

candēre ⟨eō, uī, - 2.⟩ 1 weiß glänzen, schimmern 2 hell glühen

candēscere ⟨ēscō, uī, - 3.⟩ weiß erglänzen; erglühen, heiß werden

candidātōrius ⟨a, um⟩ ADJ des Amtsbewerbers

candidātus A ⟨a, um⟩ ADJ weiß gekleidet B ⟨ī⟩ M Amtsbewerber, Kandidat

candidulus ⟨a, um⟩ ADJ schön weiß

candidus ⟨a, um, *adv* candidē⟩ ADJ 1 glänzend weiß, schneeweiß, fleckenlos; weiß gekleidet 2 (*Stimme*) rein, klar 3 RHET einfach, ungekünstelt 4 (*Charakter*) redlich, aufrichtig 5 (*Tag, Zustand*) heiter, ungetrübt

andor ⟨ōris⟩ M 1 glänzend weiße Farbe, heller Glanz 2 (*vom Charakter*) Redlichkeit, Aufrichtigkeit 3 RHET Klarheit

anduī → candere *u.* → candescere

ānēns ⟨entis⟩ ADJ grau

anēphorus ⟨ī⟩ F 1 Korbträgerin 2 PL **Canephoroe** Kanephoren, *Gemälde od. Statuen athenischer Mädchen, die bei den Panathenäen Körbchen mit Früchten auf dem Kopf trugen*

ānēre[1] ⟨eō, uī, - 2.⟩ weißgrau sein

anere[2] ⟨canō, cecinī, cantum 3.⟩ A VI 1 singen, krähen, quaken 2 ertönen, erschallen 3 (*auf Instrumenten*) spielen, blasen; **tibiā** ~ Flöte spielen B VT 1 singen, dichten, **carmen** ein Lied; ~ **alicui** j-m vorsingen; **in aliquem** ~ zu j-s Ehren singen 2 (*Taten*) besingen, preisen 3 weissagen 4 vortragen, verkünden 5 (*Instrument*) blasen, spielen; **bellicum** ~ zum Angriff blasen

ānēscere ⟨cāneō, cānuī, - 3.⟩ 1 grau werden 2 *fig* altern

anīcula ⟨ae⟩ F 1 kleine Hündin 2 ASTRON Hundsstern = Sirius 3 Hundswurf, *schlechtester Wurf im Spiel*

canīnus ⟨a, um⟩ ADJ 1 Hunde… 2 *fig* gemein, schamlos, bissig

★**canis** ⟨is⟩ M *u.* F 1 Hund, Hündin 2 bissiger Mensch 3 ~ (**marinus**) Seehund 4 ASTRON ~ **maior** Großer Hund = Sirius; ~ **minor** Kleiner Hund 5 *fig* Hundswurf, *schlechtester Wurf im Spiel*

canistra ⟨ōrum⟩ NPL geflochtener Korb

cānitiēs ⟨ēī⟩ F graue Farbe; graues Haar, Alter

canna[1] ⟨ae⟩ F Rohr, Schilf; Rohrflöte

canna[2] ⟨ae⟩ F Kanne, Gefäß

Cannae ⟨ārum⟩ FPL *Ort in Apulien, Niederlage der Römer durch Hannibal 216 v. Chr.*; **Cannēnsis** ⟨e⟩ ADJ von Cannae

canor ⟨ōris⟩ M Klang, Gesang, Schall

canōrum ⟨ī⟩ N Wohlklang

canōrus ⟨a, um⟩ ADJ 1 singend, tönend 2 wohlklingend, melodisch

Cantabrī ⟨ōrum⟩ MPL *Volk im Quellgebiet des Ebro in Spanien*

★**cantāre** ⟨ō, āvī, ātum 1.⟩ A VI 1 singen, krähen 2 (*auf Instrumenten*) spielen 3 tönen, klingen 4 einen Zauberspruch hersagen B VT 1 (*Verse*) singen, dichten 2 (*Sieg*) besingen, verherrlichen 3 vortragen 4 verzaubern

cantātor ⟨ōris⟩ M Sänger

cantātus ⟨a, um⟩ PPP → cantare

cantērius ⟨ī⟩ M Wallach; Gaul

cantharus ⟨ī⟩ M Krug

canthērius ⟨ī⟩ M = **canterius**

canticum ⟨ī⟩ N 1 Monolog *in der röm. Komödie* 2 Gesang, Lied

cantilēna ⟨ae⟩ F 1 allgemein bekanntes Lied; alte Leier 2 (*eccl.*) Kirchengesang

cantiō ⟨ōnis⟩ F 1 Gesang, Lied 2 Zauberspruch

cantitāre ⟨ō, āvī, ātum 1.⟩ oft singen

cantor ⟨ōris⟩ M 1 Sänger 2 Schreier

cantrīx ⟨īcis⟩ F Sängerin

★**cantus** ⟨ūs⟩ M 1 Gesang, Lied, Melodie 2 Ton, Musik, Klang 3 Zauberspruch, Zauberformel

cānus ⟨a, um⟩ ADJ 1 grau, weißgrau 2 *fig* hochbetagt, altehrwürdig

capācitās ⟨ātis⟩ F 1 Raum 2 (*mlat.*) Umfang, Größe

capāx ⟨ācis⟩ ADJ 1 viel fassend, geräumig 2 geeignet, **alicui rei** für etw

capēdō ⟨inis⟩ F Gefäß, Opferschale
capella[1] ⟨ae⟩ F 1 kleine Ziege 2 *Stern im Sternbild des Fuhrmanns*
capella[2] ⟨ae⟩ F (*eccl.*) Kapelle
capellanus ⟨i⟩ M (*mlat.*) Hilfsgeistlicher
capellus ⟨i⟩ M (*mlat.*) Kapuze
caper ⟨prī⟩ M Ziegenbock; Bocksgeruch
★**capere** ⟨capiō, cēpī, captum 3.⟩ 1 anfassen, ergreifen, (auf)nehmen 2 (*Berg*) besetzen; (*Stadt usw.*) erreichen, **portum** den Hafen 3 (*mit Gewalt*) sich aneignen; **rem publicam** ~ die Staatsgewalt an sich reißen 4 gefangen nehmen 5 (*Ruhm*) erwerben, gewinnen; **formam** ~ Gestalt annehmen 6 (*von Zuständen*) befallen; **mente captus** geistig beschränkt 7 (*Ort*) wählen, aussuchen 8 (*Tätigkeit*) übernehmen 9 empfinden, **dolorem** Schmerz 10 geistig erfassen, begreifen 11 (*Menge*) fassen, aufnehmen können
caperrāre ⟨ō, āvī, ātum 1.⟩ sich runzeln
★**capessere** ⟨ō, īvī *u.* iī, ītum 3.⟩ 1 hastig ergreifen 2 *fig* ergreifen, sich an *etw* machen; **rem publicam** ~ die politische Laufbahn einschlagen 3 *fig* eilen, **Italiam** nach Italien; **superiora** ~ nach Höherem streben
capillāmentum ⟨ī⟩ N Perücke; Wurzelfasern
capillāre ⟨is⟩ N Haarcreme
capillāris ⟨e⟩ ADJ Haar…
capillātus ⟨a, um⟩ ADJ langhaarig
capillitium ⟨ī⟩ N Haar
★**capillus** ⟨ī⟩ M Haupthaar, Barthaar
capiō[1] → capere
capiō[2] ⟨ōnis⟩ F Erwerb von Eigentum *durch Verjährung*
capis ⟨idis⟩, *akk* PL ⟨idas⟩ F Henkelschale, Opferschale
capistrāre ⟨ō, āvī, ātum 1.⟩ anschirren
capistrum ⟨ī⟩ N 1 Halfter 2 PL Geschirr für Zugtiere
capital *u.* **capitāle** ⟨ālis⟩ N Kapitalverbrechen
★**capitālis** ⟨e, *adv* capitāliter⟩ ADJ 1 Kopf…, Lebens…, Todes…; **periculum capitale** Lebensgefahr; **poena** ~ Todesstrafe 2 tödlich; **inimicus/hostis** ~ Todfeind 3 vorzüglich; **ingenium capitale** außergewöhnliche Begabung
Capitōlīnī ⟨ōrum⟩ MPL *die Organisatoren der kapitolinischen Spiele*
Capitōlīnus ⟨a, um⟩ ADJ kapitolinisch
Capitōlium ⟨ī⟩ N 1 Kapitol, *Hügel w. des Forum Romanum, auf dem die röm. Burg u. der Jupitertempel standen* 2 Jupitertempel; Tempel
capitulātim ADV zusammengefasst
capitulum ⟨ī⟩ N 1 Köpfchen 2 ARCH Kapitell 3 (*eccl.*) Kapitel; Domkapitel
cāpō ⟨ōnis⟩ M Kapaun, Masthahn
capparis ⟨is⟩ F Kaper
cappō ⟨ōnis⟩ M = **capo**
cappūdō ⟨inis⟩ F = **capedo**
★**capra** ⟨ae⟩ F 1 Ziege, Geiß 2 Bocksgeruch
caprea ⟨ae⟩ F wilde Ziege, Reh
Capreae ⟨ārum⟩ FPL *kleine Felseninsel südlich von Neapel, heute Capri*
Capreēnsis ⟨e⟩ ADJ von Capreae
capreolus ⟨ī⟩ M 1 wilder Ziegenbock, Rehbock 2 PL ARCH Dachsparren, Streben, Stützen
capri-cornus ⟨ī⟩ M ASTROL Steinbock
capri-fīcus ⟨ī⟩ F wilder Feigenbaum
capri-genus ⟨a, um⟩ ADJ Ziegen…
capri-mulgus ⟨ī⟩ M Ziegenhirt
Caprineus ⟨ī⟩ M Bewohner von Capreae
caprīnus ⟨a, um⟩ ADJ Ziegen… Bocks…
capri-pēs ⟨pedis⟩ ADJ bocksfüßig
capsa ⟨ae⟩ F 1 Kapsel, Kästchen, Buchkapsel 2 (*mlat.*) Reliquienkästchen
capsella ⟨ae⟩ F kleine Kapsel, Kästchen
capsō *fut* → capere
capsula ⟨ae⟩ F = **capsella**
capsus ⟨ī⟩ M Kasten; Wagenkasten
★**captāre** ⟨ō, āvī, ātum 1.⟩ greifen trachten, streben, **gloriam** nach Ruhm **aure** ~ belauschen
captātiō ⟨ōnis⟩ F das Haschen, das Jagen; ~ **benevolentiae** (*nlat.*) das Werben um die Gunst *des Hörers od. Lesers*
captātor ⟨ōris⟩ M 1 der *einer Sach*e nachjagt, *alicuius rei* 2 *absolut* Erbschleicher
captiō ⟨ōnis⟩ F 1 Betrug, Täuschun 2 Trugschluss 3 Schaden, Nachteil
captiōsum ⟨ī⟩ N Trugschluss
captiōsus ⟨a, um, *adv* captiōsē⟩ AD betrügerisch, arglistig; **interrogati captiosa** Fangfrage

captiuncula ⟨ae⟩ F kleine Verfänglichkeit

captīvitās ⟨ātis⟩ F 1 Gefangenschaft 2 Eroberung, Besetzung

captīvus A ⟨a, um⟩ ADJ 1 (kriegs)gefangen 2 erbeutet 3 Gefangenen... B ⟨ī⟩ M Kriegsgefangener

captūra ⟨ae⟩ F 1 Fang 2 *fig* Gewinn

captus[1] ⟨a, um⟩ PPP → capere

captus[2] ⟨ūs⟩ M 1 das Fassen 2 *fig* Umfang 3 *fig* geistige Fassungskraft

Capua ⟨ae⟩ F *Hauptstadt von Kampanien*

Capuēnsis A ⟨e⟩ ADJ aus Capua B ⟨is⟩ M Einwohner von Capua

capulāris ⟨e⟩ ADJ dem Grab nahe

capulus ⟨ī⟩ M 1 Griff, Handgriff 2 Sarg

caput ⟨itis⟩ N 1 Kopf, Haupt 2 Person 3 (*von Tieren*) Stück 4 Spitze, Anfang, Ende; ~ **fluminis** Quelle *od.* Mündung eines Flusses 5 *fig* Ursache, **maleficii** der Untat 6 Leben; **capitis periculum** Lebensgefahr; **salvo capite** unversehrt, ungeschoren; **poena capitis** Todesstrafe; **causa capitis** Prozess über Leben oder Tod 7 bürgerliche Existenz 8 *fig* Hauptperson; ~ **coniurationis** Anführer der Verschwörung 9 Hauptsache; **quod est** ~ was die Hauptsache ist 10 Hauptstadt 11 *fig* Kapitel

Cār ⟨Cāris⟩ M Einwohner von Caria

carbasa ⟨ōrum⟩ NPL Batistkleider; Segel

carbaseus *u.* **carbasus**[1] ⟨a, um⟩ ADJ aus Leinen

carbasus[2] ⟨ī⟩ M 1 feines Leinen 2 Baumwollgewebe, Batist

carbatinus ⟨a, um⟩ ADJ = **carpatinus**

carbō ⟨ōnis⟩ M Kohle

carbōnārius A ⟨a, um⟩ ADJ Kohlen... B ⟨ī⟩ M Köhler, Kohlenhändler

carbunculus ⟨ī⟩ M kleine Kohle

carcer ⟨eris⟩ M 1 Schranke 2 Gefängnis, Kerker

carcerārius A ⟨a, um⟩ ADJ Kerker... B ⟨ī⟩ M Kerkermeister

carchēsium ⟨ī⟩ N Trinkgefäß, Becher

carcinōma ⟨atis⟩ N Krebsgeschwür

carda ⟨ae⟩ F *Göttin des Heimes*

cardiacus A ⟨a, um⟩ ADJ magenkrank B ⟨ī⟩ M Magenkranker

cardinālis A ⟨e⟩ ADJ *fig* Haupt... B ⟨is⟩ M (*mlat.*) Kardinal

cardō ⟨inis⟩ M 1 Türangel; **cardinem vertere** die Tür öffnen 2 *fig* Pol, Weltachse 3 Wendepunkt, Drehpunkt

carduus ⟨ī⟩ M Distel

★**carēre** ⟨eō, uī, itūrus 2.⟩ 1 frei sein von *etw*, *etw* nicht haben, *re*; **carens viribus** kraftlos 2 sich fernhalten, **malo** vom Schlechten; ~ **cibo** nichts essen 3 entbehren, **libertate** die Freiheit

Cāria ⟨ae⟩ F Karien, *Landschaft im SW von Kleinasien*

cārica ⟨ae⟩ F getrocknete Feige aus Karien

cariēs ⟨ēī⟩ F Morschheit, Fäulnis

carīna ⟨ae⟩ F 1 Schiffskiel 2 Schiff

carinum ⟨ī⟩ N nussbraunes Kleid

carinus ⟨a, um⟩ ADJ nussbraun

cariōsus ⟨a, um⟩ ADJ morsch, faul

★**cāritās** ⟨ātis⟩ F 1 hoher Preis, Teuerung 2 *fig* Liebe, **patris** des Vaters *od.* zum Vater 3 (*eccl.*) Nächstenliebe

★**carmen** ⟨inis⟩ N 1 (*Spruch*) Eides-, Gebets-, Gesetzes-, Zauberformel 2 Dichtung, Gedicht 3 Weissagung 4 Gesang, Lied

Carmenta ⟨ae⟩ F *altital. Weissagegöttin*

carnārium ⟨ī⟩ N Räucherkammer; Fleischhaken; Blutbad, Gemetzel

carnārius A ⟨a, um⟩ ADJ Fleisch... B ⟨ī⟩ M 1 Fleischliebhaber 2 Fleischhändler

carni-fex ⟨icis⟩ M Henker, Scharfrichter

carnificāre ⟨ō, āvī, ātum 1.⟩ in Stücke hauen, köpfen, hinrichten

carnificīna ⟨ae⟩ F Amt des Henkers; Folter; Marter

carnificius ⟨a, um⟩ ADJ Henkers...

carnis ⟨is⟩ F = **caro**

Carnūtēs ⟨um⟩ MPL *u.* **Carnūtī** ⟨ōrum⟩ MPL *gall. Volk*

★**carō** ⟨carnis⟩ F Fleisch(stück)

carpatinus ⟨a, um⟩ ADJ aus rohem Leder

carpentum ⟨ī⟩ N 1 *zweirädriger* Reisewagen 2 MIL Streitwagen

★**carpere** ⟨carpō, carpsī, carptum 3.⟩ 1 pflücken 2 (*Tiere*) weiden 3 zerpflücken; *fig* zersplittern, zerstückeln 4 (*Liebhaber*) betrügen 5 *fig* genießen, ausnützen; **carpe diem** genieße den Tag 6 (*mit Worten*) zerpflücken 7 (*Arbeit*

C

usw.) schwächen, entkräften **3** MIL reizen, stören
carptīm ADV stückweise
carptus ⟨a, um⟩ PPP → carpere
Carrhae ⟨ārum⟩ FPL *Stadt im Norden Mesopotamiens*
carrūca ⟨ae⟩ F vierrädriger Wagen
carrum ⟨ī⟩ N *u.* **carrus** ⟨ī⟩ M vierrädriger Lastwagen, Karren
Carthāginiēnsis **A** ⟨e⟩ ADJ karthagisch **B** ⟨is⟩ M Karthager
Carthāgō ⟨inis⟩ F *phönikische Stadt, 146 v. Chr. von den Römern zerstört*
caruncula ⟨ae⟩ F Fleischstückchen
★**cārus** ⟨a, um, *adv* **cārē**⟩ ADJ **1** teuer, wertvoll **2** *fig* lieb, teuer, wert
Caryātides ⟨um⟩ FPL **1** *Tempeldienerinnen der Artemis* **2** ARCH Karyatiden, *Frauenfiguren, die das Gebälk tragen*
★**casa** ⟨ae⟩ F Hütte, Häuschen
cascus ⟨a, um⟩ ADJ uralt
cāseolus ⟨ī⟩ M kleiner Käse
cāseus ⟨ī⟩ M Käse
casia ⟨ae⟩ F **1** wilder Zimt **2** Seidelbast
Caspius ⟨a, um⟩ ADJ kaspisch; **Caspium mare** Kaspisches Meer
Cassandra ⟨ae⟩ F *Tochter des Priamus, von Apollo mit der Sehergabe beschenkt*
cassāre ⟨ō, āvī, ātum 1.⟩ taumeln
cassida ⟨ae⟩ F Metallhelm
cassis[1] ⟨idis⟩ F **1** Metallhelm **2** *fig* Krieg
cassis[2] ⟨is⟩ M **1** Netz, **2** *fig* Falle
Cassius ⟨a, um⟩ *Name einer pleb. gens* **1** **L. ~ Longinus Ravilla** *Zensor 125 v. Chr., bekannt durch Gerechtigkeit u. Strenge* **2** **~ Parmensis** *u.* **3** **~ Longinus** *einer der Mörder Caesars*
cassus ⟨a, um, *adv* **cassē**⟩ ADJ **1** hohl, leer **2** *etw* entbehrend, *einer Sache* beraubt, *alicuius rei/re*
Castalia ⟨ae⟩ F *dem Apollo u. den Musen geweihte Quelle am Parnass bei Delphi;* Musenquelle
castanea ⟨ae⟩ F Kastanie; **castaneus** ⟨a, um⟩ ADJ Kastanien…
castellānus **A** ⟨a, um⟩ ADJ Kastell… **B** ⟨ī⟩ MPL Besatzung eines Kastells
★**castellum** ⟨ī⟩ N **1** befestigter Platz, Kastell; **~ pontis** Brückenkopf **2** Zufluchtsort **3** (*mlat.*) Burg, Dorf
castēria ⟨ae⟩ F Koje
castīgābilis ⟨e⟩ ADJ strafbar
castīgāre ⟨ō, āvī, ātum 1.⟩ **1** züchtigen **2** zurechtweisen, tadeln **3** (*Fehlerhaftes*) verbessern **4** einschränken
castīgātiō ⟨ōnis⟩ F Bestrafung, Tadel
castīgātor ⟨ōris⟩ M Tadler, Sittenrichter
castīgātōrius ⟨a, um⟩ ADJ zurechtweisend
castīgātus ⟨a, um⟩ ADJ straff
castimōnia ⟨ae⟩ F **1** Enthaltsamkeit **2** Sittenreinheit
castitās ⟨ātis⟩ F Sittenreinheit
castor ⟨oris⟩, *akk auch* ⟨ora⟩ M Biber
Castor ⟨oris⟩ M *Sohn des Tyndareus u.*

Landeskunde

▶ Carthago – die Perle Nordafrikas

Carthago (dt. Karthago) war eine florierende Großstadt in Nordafrika nahe dem heutigen Tunis, im 9. Jahrhundert v. Chr. von den Phöniziern (**Poeni**, aus dem heutigen Libanon) gegründet. Bis ins 3. Jahrhundert v. Chr. war Karthago die bedeutendste Seehandelsstadt des Mittelmeers, mit bis zu 400.000 Einwohnern. Sie besaß viele Handelsniederlassungen auf Inseln und an Küsten (besonders des heutigen Spaniens und Italiens) und ein weitläufiges Hinterland (im heutigen Tunesien). Stoffe, Purpurfarbe, Glas- und Metallerzeugnisse aus Kleinasien wurden im westlichen Mittelmeerraum mit großem Gewinn verkauft. Karthago konnte sich in drei Punischen Kriegen trotz der Erfolge von **Hamilkar** (→ Hamilcar) und **Hannibal** nicht gegen die strategische Überlegenheit der Römer und ihrer Flotte behaupten. Nach der Eroberung 146 v. Chr. wurde die Stadt komplett zerstört und die Stadtfläche lag ein Jahrhundert lang brach.

der Leda, mit seinem Bruder Polydeukes/ Pollux als Doppelgestirn unter die Sterne versetzt (Dioskuren)

castra ⟨ōrum⟩ NPL → castrum

Castra Batava ⟨Castrōrum Batavōrum⟩ NPL *Ort in der Provinz Raetia, heute Passau*

castrāre ⟨ō, āvī, ātum 1.⟩ **1** kastrieren, entmannen **2** *fig* entkräften

Castra Regina ⟨Castrōrum Reginōrum⟩ NPL *Ort an der Nordgrenze der Provinz Raetia, heute Regensburg*

castrātus ⟨ī⟩ M Eunuch

Castra Vetera ⟨Castrōrum Veterum⟩ NPL *Ort in Niedergermanien, heute Xanten*

castrēnsis ⟨e⟩ ADJ Lager…

castrum ⟨ī⟩ N, *meist* PL **1** befestigter Platz; = **castellum** **2** PL Lager; **castra ponere/movere** das Lager aufschlagen/abbrechen **3** PL Tagesmarsch **4** PL Krieg, Kriegsdienst **5** *(mlat.)* Burg, Stadt

Castrum ⟨ī⟩ N *häufiger Ortsname;* **~ Maiense** *heute Meran*

castus[1] ⟨a, um, *adv* castē⟩ ADJ **1** (sitten)rein; jungfräulich **2** gottesfürchtig, religiös **3** *(Sache)* heilig **4** gewissenhaft

castus[2] ⟨ūs⟩ M = **castimonia** *u.* **castitas**

cāsūrus ⟨a, um⟩ PART *fut* → cadere

cāsus ⟨ūs⟩ M **1** Fall, Sturz **2** *fig* Verfall, Untergang, Tod **3** *(zeitl.)* Ende, Ausgang **4** Zufall, Zwischenfall; **casū** *adv* zufällig **5** *pej* Unfall, Tod **6** GRAM Kasus, Fall des Nomens

C

Grammatik

▶ casus – Fall des Nomens

Der **casus** (Fall) kennzeichnet die syntaktische Funktion des Nomens im Satz. Das Lateinische kennt 6 Fälle.

Nominativ: wer? was?

dominus	der Herr

Genitiv: wessen?

domini	des Herrn

Dativ: wem?

domino	dem Herrn

Akkusativ: wen? was?

dominum	den Herrn

Ablativ: wann? wo? wie? womit? mit wem?

(cum) domino	mit dem Herrn

Vokativ: Anrede

domine	Herr!

Für den Ablativ gibt es keine deutsche Entsprechung, er wird oft mithilfe von Präpositionalausdrücken wiedergegeben.

Landeskunde

▶ castra – römische Feldlager

Es gab zwei Arten römischer Militärlager:

castra aestiva	provisorisches, auf die warme Jahreszeit begrenztes Lager aus einfachen Zelten, das während eines Feldzugs immer wieder neu aufgebaut wurde
castra hiberna / stativa	dauerhaftes Lager aus festen Unterkünften

Die Anlagen hatten einen rechteckigen oder quadratischen Grundriss und waren mit einer Einfriedung (**vallum**) oder einem befestigten Graben (**fossa**) mit vier Toren umgeben: **porta praetoria, porta decumana, porta dextera, porta sinistra.** Die beiden Hauptstraßen (**via praetoria** und **via principalis**) trafen sich in der Mitte im rechten Winkel. Dort stand der Sitz des Befehlshabers (**praetorium**). Neben dem Prätorium befanden sich die Wohnungen der Offiziere, dann die der Elitetruppen. Die Legionäre lagerten an den Straßen, die im rechten Winkel auf die Hauptstraßen trafen.

C

catacumbae ⟨ārum⟩ FPL Katakomben, *chr. unterirdische Begräbnisstätten in Rom*
catagelasimus ⟨a, um⟩ ADJ lächerlich
cataphagās ⟨ae⟩ M Vielfraß
cataphracta ⟨ae⟩ F Panzer
cataphractēs ⟨ae⟩ M Schuppenpanzer
cataphractus ⟨a, um⟩ ADJ gepanzert
cataplūs ⟨ī⟩ M Landung; Flotte
catapulta ⟨ae⟩ F 1 Wurfmaschine 2 Wurfgeschoss
catapultārius ⟨a, um⟩ ADJ vom Geschütz abgeschossen
cataracta ⟨ae⟩ F *u.* **cataractēs** ⟨ae⟩ M 1 Wasserfall, Schleuse 2 Fallgatter
catasta ⟨ae⟩ F Schaugerüst *zur Ausstellung verkäuflicher Sklaven*
catastropha ⟨ae⟩ F Umschwung des Schicksals, Katastrophe
catēia ⟨ae⟩ F Wurfkeule
catella[1] ⟨ae⟩ F kleine Kette
catella[2] ⟨ae⟩ F Hündchen
catellus ⟨ī⟩ M Hündchen, *Kosewort*
★**catēna** ⟨ae⟩ F 1 Kette, Fessel 2 *fig* Schranke, Zwang, **legum** der Gesetze
catēnārius ⟨a, um⟩ ADJ Ketten...
catēnātiō ⟨ōnis⟩ F Verbindung
catēnātus ⟨a, um⟩ ADJ 1 gebunden, gekettet 2 *fig* verbunden
caterva ⟨ae⟩ F 1 Schar, Haufen, Schwarm 2 Schauspielertruppe 3 (*im Drama*) Chor
catervārius ⟨a, um⟩ ADJ zu einem Trupp gehörig, truppweise fechtend
catervātim ADV truppweise
cathedra ⟨ae⟩ F Lehnstuhl, Armsessel; Katheder, Lehrstuhl
cathedrārius ⟨a, um⟩ ADJ Katheder...
catholicus ⟨a, um⟩ ADJ allgemein; (*eccl.*) katholisch
Catilīna ⟨ae⟩ M *Beiname in der gens Sergia;* **L. Sergius ~** *Anstifter einer Verschwörung, berühmt durch Ciceros Reden gegen ihn*
catīllāre ⟨ō, āvī, ātum 1.⟩ Teller ablecken
catīllum ⟨ī⟩ N *u.* **catīllus** ⟨ī⟩ M Schüsselchen, Tellerchen
catīnus ⟨ī⟩ M Napf, Schüssel
Catō ⟨ōnis⟩ M *Beiname in der gens Porcia* 1 **M. Porcius ~** der Ältere, *234–149 v. Chr., berühmter Staatsmann, strenger Sittenrichter* 2 **M. Porcius ~ minor** (**Uticensis**) der Jüngere, *95–46 v. Chr., Gegner Caesars*
catōnium ⟨ī⟩ N Unterwelt
catula ⟨ae⟩ F Hündchen
Catulliānus ⟨a, um⟩ ADJ des Catull
Catullus ⟨ī⟩ *röm. Beiname, berühmt* **C. Valerius ~** *84–54 v. Chr., lyrischer Dichter*
catulus ⟨ī⟩ M Tierjunges
catus ⟨a, um, *adv* catē⟩ ADJ gewandt, gescheit, schlau; verschmitzt, pfiffig
Caucasius A ⟨a, um⟩ ADJ kaukasisch B ⟨ī⟩ M Bewohner des Kaukasus
Caucasos *u.* **Caucasus** ⟨ī⟩ M 1 Kaukasus 2 Hindukusch
cauda ⟨ae⟩ F Schwanz
caudeus ⟨a, um⟩ ADJ Binsen...
caudex ⟨icis⟩ M 1 Baumstamm, Klotz, *auch als Schimpfwort* 2 Schreibtäfelchen 3 Heft, Notizbuch
caudicālis ⟨e⟩ ADJ Holz...
caulae ⟨ārum⟩ FPL Hecke, Schafpferch
caulātor ⟨ōris⟩ M → cavillator
cauliculus ⟨ī⟩ M zarter Stängel, Trieb
caulis ⟨is⟩ M 1 (Kohl-)Stängel, Strunk 2 männliches Glied
caupō[1] ⟨ōnis⟩ M Gastwirt, Krämer
caupo[2] ⟨onis⟩ M (*mlat.*) = **capo**
caupōna ⟨ae⟩ F Schenke, Kneipe
caupōnārī ⟨or, ātus sum 1.⟩ feilschen **aliquid** um den Krieg
caupōnula ⟨ae⟩ F Kneipe
★**causa** ⟨ae⟩ F 1 Grund, Ursache; Anlass **hanc ob causam** deshalb; **quā de causā** deswegen, daher, *relativ* weswegen, aus welchem Grund 2 **causā** *nachgestellt* wegen, um ... willen, *+gen;* **amicitiae causā** wegen der Freundschaft, um der Freundschaft willen; **rei publicae adiuvandae causā** um dem Staat zu helfen; **meā causā** meinetwegen; *reflexiv* **suā causā** seinetwegen; *nicht reflexiv* **eius causā** seinetwegen, um seinetwillen 3 Entschuldigung, Einwand 4 Vorwand **per causam** unter einem Vorwand 5 Sachverhalt, Gegenstand einer Verhandlung 6 JUR Streitsache; Prozess; **causam agere** einen Prozess führen; **causam perdere** einen Prozess verlieren 7 Interesse, Angelegenheit 8 Auftrag 9 Lage, Umstand 10 persönliches Verhältnis
causārius ⟨a, um⟩ ADJ wegen Kränklichkeit verabschiedet; invalide

causia ⟨ae⟩ F breitkrempiger Hut
causi-dicus ⟨ī⟩ M Rechtsanwalt
causificārī ⟨or, ātus sum 1.⟩ vorschützen, einwenden
causticum ⟨ī⟩ N ätzendes Heilmittel
causticus ⟨a, um, *adv* causticē⟩ ADJ beizend; **spuma caustica** Schaumseife *zum Blondieren*
causula ⟨ae⟩ F 1 unbedeutender Anlass 2 unbedeutender Prozess, Bagatellprozess
cautēla ⟨ae⟩ F Vorsicht, Schutzmittel
cautēs ⟨is⟩ F, *meist* PL **cautēs** ⟨ium⟩ Riff, Klippe
cautiō ⟨ōnis⟩ F 1 Vorsicht, Behutsamkeit; Vorsichtsmaßnahme 2 JUR Bürgschaft; Kaution 3 *fig* Versprechen
cautor ⟨ōris⟩ M der Gefahren abwehrt
cautus[1] ⟨a, um⟩ PPP → cavere
cautus[2] ⟨a, um, *adv* cautē⟩ ADJ 1 gesichert 2 vorsichtig, behutsam
cav-aedium ⟨ī⟩ N Hof, Hofraum innerhalb des *röm.* Hauses
cavāre ⟨ō, āvī, ātum 1.⟩ 1 aushöhlen, **lapidem** einen Stein 2 Hohles verfertigen 3 durchbohren
cavātus ⟨a, um⟩ ADJ ausgehöhlt, hohl
cavea ⟨ae⟩ F 1 Käfig 2 Zuschauerraum; **prima** ~ erster Rang 3 Theater 4 Publikum
cavēre ⟨caveō, cāvī, cautum 2.⟩ 1 sich hüten, sich in Acht nehmen, sich vorsehen, **aliquem/ ab aliquo** vor j-m; ~ **canem** sich vor dem Hund in Acht nehmen; **ab homine impuro** ~ sich vor einem lasterhaften Menschen hüten; ~, **ne** sich davor hüten, dass; ~, **ut** dafür sorgen, dass 2 Fürsorge tragen, **alicui/ alicui rei** für j-n/etw 3 JUR Rechtsbeistand leisten 4 JUR Kaution stellen 5 Garantien fordern 6 (*gesetzlich*) verordnen; (*testamentarisch*) verfügen
caverna ⟨ae⟩ F 1 Höhle, Hohlraum, Grotte 2 Schiffsbauch
cāvī → cavere
cavilla ⟨ae⟩ F Scherz, Neckerei, Stichelei
cavillārī ⟨or, ātus sum 1.⟩ 1 necken, verspotten 2 Ausflüchte machen
cavillātiō ⟨ōnis⟩ F Witz, Spott
cavillātor ⟨ōris⟩ M Spötter
cavum ⟨ī⟩ N Höhlung, Loch
cavus ⟨a, um⟩ ADJ 1 hohl, gewölbt; **via cava** Hohlweg 2 umhüllend 3 *fig* nichtig
-ce *vor Fragepartikel ne:* **-ci**, *an pron angehängt* hier, da; **istisce** diesen da; **eisdemce** denselben da
Cēa ⟨ae⟩ F *Kykladeninsel südöstl. von Attika, heute Kea*
Cebenna ⟨ae⟩ M (*erg.* **mons**) Cevennen
cecidī[1] → cadere
cecīdī[2] → caedere
cecinī → canere
Cecropia ⟨ae⟩ F 1 *Burg von Athen* 2 Athen
Cecropius ⟨a, um⟩ ADJ des Cecrops
Cecrops ⟨opis⟩ M MYTH *Gestalt, Gründer der Burg von Athen*
★**cēdere** ⟨cēdō, cessī, cessum 3.⟩ A V/I 1 gehen, schreiten 2 *fig* übergehen, sich verwandeln 3 *fig* vonstattengehen, ablaufen 4 *fig* gelten, **pro rē** als etw 5 *fig* zufallen, **in medium** dem Gemeinwohl 6 weggehen, weichen; **(e) loco** ~ seinen Posten verlassen; **e/de vitā** ~ sterben 7 verzichten, aufgeben; **possessione** ~ auf den Besitz verzichten 8 überlassen, **collegis honore** den Kollegen den Ruhm 9 *fig* vergehen, (ver)schwinden 10 *fig* aus dem Weg gehen; sich fügen; **hosti** ~ dem Feind weichen 11 *fig* nachstehen, **Graecis nihil** den Griechen in nichts B V/T 1 abtreten, überlassen 2 einräumen; zugeben
cedo, ⟨cette⟩ *imp* 1 gib her, her damit 2 lass hören, heraus mit der Sprache 3 sieh nur
cedrus ⟨ī⟩ F Zeder(nholz); Zedernöl
★**cēlāre** ⟨ō, āvī, ātum 1.⟩ 1 verhüllen, bedecken, verbergen 2 verheimlichen, **omnes iter** allen den Weg; **celor** mir wird *etw* verheimlicht
★**celeber** ⟨bris, bre⟩ ADJ 1 (*Ort*) viel besucht, bevölkert, belebt; **urbs celeberrima** dicht bevölkerte Stadt 2 (*Veranstaltung*) festlich, feierlich 3 (*Sache*) viel besprochen; allgemein verbreitet; **nomen celebre** bekannter Name 4 (*Person*) berühmt, gefeiert
★**celebrāre** ⟨ō, āvī, ātum 1.⟩ 1 (*Tempel*) zahlreich besuchen, häufig besuchen 2 (*Fest*) feiern 3 eifrig betreiben, allgemein anwenden; *passiv* allgemein ausgeübt werden; **artes** ~ die Künste betreiben 4 allgemein bekannt machen, ver-

breiten **5** rühmen, preisen; **alicuius facta carminibus** j-s Taten durch Lieder **6** (*mlat.*) abhalten, **comitia** einen Reichstag

celebrātiō ⟨ōnis⟩ F **1** zahlreicher Besuch **2** glänzendes Fest

celebrātor ⟨ōris⟩ M Lobredner

celebrātus ⟨a, um⟩ ADJ → celeber

celebris ⟨e⟩ ADJ = **celeber**

celebritās ⟨ātis⟩ F **1** (*Ort, Veranstaltung*) zahlreicher Besuch; Belebtheit **2** (*von Festen*) Feierlichkeit **3** Häufigkeit **4** Berühmtheit; **~ et nomen** gefeierter Name

★**celer** ⟨eris, ere, *adv* celeriter *u.* celere⟩ ADJ **1** schnell, rasch **2** *fig* schnell handelnd/eintretend/wirkend; **remedium celere** schnell wirkendes Heilmittel **3** übereilt

celerāre ⟨ō, āvī, ātum 1.⟩ **A** VT beschleunigen **B** VI eilen

Celerēs ⟨um⟩ MPL *älteste Bezeichnung der röm. Ritter*

celeri-pēs **A** ⟨pedis⟩ ADJ schnellfüßig **B** ⟨pedis⟩ M Eilbote

★**celeritās** ⟨ātis⟩ F **1** Schnelligkeit, Eile, Hast **2** *fig* geistige Regsamkeit; **~ consilii** Geistesgegenwart; **~ respondendi** Schlagfertigkeit

★**cella** ⟨ae⟩ F **1** Kammer, Zimmer **2** Vorratskammer **3** Tempelnische **4** Zelle

cellārius **A** ⟨a, um⟩ ADJ in der Vorratskammer befindlich **B** ⟨ī⟩ M Kellermeister

cellula ⟨ae⟩ F **1** Kämmerchen **2** Zelle

celōx ⟨ōcis⟩ F *u.* M Schnellsegler

★**celsus** ⟨a, um⟩ ADJ **1** aufragend, hoch **2** *fig* vornehm; edel; hochmütig

Celtae ⟨ārum⟩ FPL die Kelten

Celtibērī ⟨ōrum *u.* um⟩ MPL die Keltiberer, *Volk im mittleren u. nördl. Spanien;* **Celtibēria** ⟨ae⟩ F Keltiberien; **Celtibēricus** ⟨a, um⟩ ADJ keltiberisch

Celticum ⟨ī⟩ N Keltenreich

Celticus ⟨a, um⟩ ADJ keltisch

★**cēna** ⟨ae⟩ F **1** Essen, Hauptmahlzeit **2** Gastmahl; **super/inter cenam** bei Tisch

Cēnabēnsis **A** ⟨e⟩ ADJ aus Cenabum **B** ⟨is⟩ M Einwohner von Cenabum

Cēnabum ⟨ī⟩ N *Hauptstadt der Karnuten, heute Orléans*

cēnāculum ⟨ī⟩ N **1** Speisezimmer **2** oberes Stockwerk, Dachgeschoss

★**cēnāre** ⟨ō, āvī, ātum 1.⟩ **A** VI die Hauptmahlzeit einnehmen, essen; **cenatus** nach dem Essen **B** VT verspeisen; **cenatae noctes** Nachtgelage

cēnāticus ⟨a, um⟩ ADJ zur Mahlzeit gehörig, Speise...

cēnātiō ⟨ōnis⟩ F Speisezimmer

cēnātiuncula ⟨ae⟩ F kleines Speisezimmer

cēnātōrium ⟨ī⟩ N Tischkleid

cēnātōrius ⟨a, um⟩ ADJ zur Mahlzeit gehörig, Speise...

cēnāturīre ⟨iō, -, - 4.⟩ essen wollen

cēnātus ⟨a, um⟩ PPP → cenare

cēnitāre ⟨ō, āvī, ātum 1.⟩ zu speisen pflegen

Cenomanī ⟨ōrum⟩ MPL *Stamm der Aulerci*

★**cēnsēre** ⟨cēnseō, cēnsuī, cēnsum 2.⟩ **1** POL (*Vermögen, Steuerklasse*) amtlich schätzen; **censum ~** die offizielle Schätzung vornehmen; **censui censendo esse** zensusfähig sein = steuerpflichtig sein **2** (*Bürger, Sklaven*) zählen; *passiv* sich schätzen lassen; **magnum agri modum censeri** sich mit großem Landbesitz eintragen lassen **3** *fig* abschätzen, bewerten **4** *fig* meinen, der Ansicht sein; **aliquid aequum ~** etw für angemessen halten **5** für *etw* stimmen, **id** dafür **6** (*Senat*) beschließen

cēnsiō ⟨ōnis⟩ F **1** Schätzung **2** Bestrafung, **bubula** mit der Ochsenpeitsche

★**cēnsor** ⟨ōris⟩ M **1** Zensor, *röm. Staatsbeamter;* → **censura** **2** *fig* strenger Sittenrichter, scharfer Kritiker

cēnsōrius **A** ⟨a, um, *adv* cēnsōriē⟩ ADJ des Zensors **B** ⟨ī⟩ M ehemalige Zensor

cēnsūra ⟨ae⟩ F Amt des Zensors, *vornehmstes röm. Amt mit folgenden Funktionen: 1. Vermögenseinschätzung u. Klassifizierung der röm. Bürger; 2. Kontrolle der Sitten u. öffentliche Rüge; 3. Vergabe öffentlicher Bauaufträge*

cēnsus[1] ⟨a, um⟩ PPP → censere

cēnsus[2] ⟨ūs⟩ M **1** Zensus, Vermögenseinschätzung **2** Volkszählung **3** Bürger-, Steuerliste **4** Vermögen **5** (*mlat.*) Abgabe

Centaurus ⟨ī⟩ M MYTH Kentaur, *Zwittergestalt aus Mensch u. Pferd*

centēnī ⟨ae, a⟩ NUM DISTR je hundert

centēnus ⟨a, um⟩ ADJ hundertmalig, hundertmal vorhanden
centēsimus ⟨a, um⟩ NUM ORD hundertster
centi-ceps ⟨cipitis⟩ ADJ hundertköpfig
centiē(n)s ADV hundertmal
centi-manus ⟨a, um⟩ ADJ hundertarmig
centō ⟨ōnis⟩ F Flickwerk, Matratze, Kissen
centrum ⟨ī⟩ N **1** (*Zirkel*) der feste Schenkel **2** Mittelpunkt des Kreises, Zentrum
centum *indekl* NUM CARD hundert
centum-geminus ⟨a, um⟩ ADJ hundertarmig, hundertfältig
centum-plex ⟨plicis⟩ ADJ hundertfältig
centum-pondium ⟨ī⟩ N Zentnergewicht
centum-virī ⟨ōrum⟩ MPL die Hundertmänner, *zur Rechtsprechung in Privatprozessen*
centunculus ⟨ī⟩ M kleiner Lappen
centuria ⟨ae⟩ F **1** MIL Hundertschaft, Zenturie, *urspr. 100, später 60 Mann* **2** POL Stimmkreis, Stimmbezirk **3** Flurstück, *von 100, später 200 iugera*
enturiāre ⟨ō, āvī, ātum 1.⟩ MIL, POL in Zenturien einteilen; **comitia centuriata** Zenturiatkomitien, *Volksversammlung*; **lex centuriata** in den Zenturiatkomitien beschlossenes Gesetz
enturiātim ADV zenturienweise
enturiātus ⟨ūs⟩ M **1** Zenturionenstelle **2** Einteilung in Zenturien
enturiō ⟨ōnis⟩ M Zenturio, Hauptmann; ~ **classiarius** Schiffsoffizier
enturiōnatus ⟨ūs⟩ M **1** Wahl der Zenturionen **2** Rang eines Zenturio
ēnula ⟨ae⟩ F kleine Mahlzeit
ēpa ⟨ae⟩ F *u.* **cēpe** *indekl* N Zwiebel
ēphēius ⟨a, um⟩ ADJ des Cepheus
ēphēnes ⟨um⟩ MPL die Äthiopier;
Cēphēnus ⟨a, um⟩ *adj* äthiopisch
ēpheus **A** ⟨eī *u.* eos⟩ M *König von Äthiopien u. Vater der Andromeda* **B** ⟨a, um⟩ ADJ des Cepheus
ēphīsus ⟨ī⟩ M **1** *Fluss in Böotien* **2** *Fluss in Attika*
ēpī → capere
ēra ⟨ae⟩ F **1** Wachs **2** Schreibtafel *mit Wachsüberzug* **3** Wachssiegel; *pl* Ahnenbilder aus Wachs **4** Wachszelle *der Bienen*
cērāre ⟨ō, āvī, ātum 1.⟩ mit Wachs überziehen
cērārium ⟨ī⟩ N Siegelgebühr *für verbrauchtes Wachs*
cerastēs ⟨ae⟩ M Hornviper
cerasum ⟨ī⟩ N Kirsche
cerasus ⟨ī⟩ F **1** Kirschbaum **2** Kirsche
ceratinus ⟨a, um⟩ ADJ Horn…; **(ambiguitas) ceratina** PHILOS Hörnertrugschluss: *Was man nicht verloren hat, das hat man; Hörner hat man nicht verloren, also hat man Hörner*
Cerberus ⟨ī⟩ M MYTH *Höllenhund mit drei Köpfen am Eingang des Hades*
cercūrus ⟨ī⟩ M leichter Schnellsegler
cerdō ⟨ōnis⟩ M einfacher Handwerker; **sutor** ~ Flickschuster
Cereālia ⟨ium⟩ NPL Fest der Ceres, *am 12. April*
Cereālis ⟨e⟩ ADJ der Ceres (heilig); Getreide…, Brot…
cerebrōsus **A** ⟨a, um⟩ ADJ tollwütig **B** ⟨ī⟩ M Hitzkopf
cerebrum ⟨ī⟩ N **1** Gehirn **2** *fig* Verstand **3** Hitzköpfigkeit
Cerēs ⟨eris⟩ F **1** *griech. Demeter, Göttin des Ackerbaus, Mutter der Proserpina* **2** Feldfrüchte, Getreide **3** Brot
cēreus **A** ⟨a, um⟩ ADJ **1** aus Wachs, Wachs… **2** *fig* wachsgelb **3** geschmeidig wie Wachs **B** ⟨ī⟩ M Wachskerze, -fackel
cerevisia ⟨ae⟩ F Bier
Ceriālia ⟨ium⟩ NPL = **Cerealia**
Ceriālis ⟨e⟩ ADJ = **Cerealis**
ceriāria ⟨ae⟩ F Lebensmittellieferantin
cērintha ⟨ae⟩ F Wachsblume
cērinum ⟨ī⟩ N wachsgelbes Kleid
★**cernere** ⟨cernō, crēvī, crētum 3.⟩ **1** trennen, sondern, sichten; **per cribrum** ~ sieben **2** (*mit dem Augen*) deutlich sehen, wahrnehmen **3** (*geistig*) erkennen, einsehen; voraussehen, ahnen **4** Rücksicht nehmen, **aliquem** auf j-n **5** entscheiden **6** kämpfen **7** sich für *etw* entscheiden, *etw* beschließen, *aliquid*, **de re** über etw **8** **hereditatem** ~ JUR eine Erbschaft antreten
cernulāre ⟨ō, -, - 1.⟩ kopfüber zu Fall bringen
cernuus ⟨a, um⟩ ADJ kopfüber stür-

zend, sich überschlagend

cērōmaticus ⟨a, um⟩ ADJ mit Wachssalbe bestrichen

cerrītus ⟨a, um⟩ ADJ verrückt

★**certāmen** ⟨inis⟩ N **1** Kampf, Streit, Streitigkeit, **alicuius rei/de re** um etw **2** Schlacht **3** Wettkampf, -streit **4** *fig* Wetteifer **5** Kampfpreis

★**certāre** ⟨ō, āvī, ātum 1.⟩ **1** kämpfen, streiten, **acie** in der Schlacht **2** JUR vor Gericht verhandeln **3** wetteifern, **de virtute** in der Tugend

certātim ADV um die Wette

certātiō ⟨ōnis⟩ F **1** Wettkampf, -streit **2** gerichtliche Verhandlung, **multae** (*gen*) über eine Geldstrafe

certē ADV mit Sicherheit, sicher; *in Antworten* ja

certō ADV mit Gewissheit; **~ scio** ich weiß genau, ich weiß sicher

★**certus** ⟨a, um⟩ ADJ, ADV → certē *u.* → certō **1** (*Sache*) beschlossen; **consilium certum** fester Plan **2** (*Person*) entschlossen **3** festgesetzt, bestimmt; **dies ~** festgesetzter Tag, Termin **4** (*Hoffnung usw.*) gesichert, sicher, gewiss **5** zuverlässig **6** echt, wahr; **aliquem certiorem facere** j-n benachrichtigen, *+AcI*; **pro certo habere** für sicher halten

cērula ⟨ae⟩ F Stückchen Wachs(farbe); **~ miniata** Rotstift

cērussa ⟨ae⟩ F Bleiweiß; Schminke

cērussātus ⟨a, um⟩ ADJ mit Bleiweiß geschminkt

cerva ⟨ae⟩ F Hirschkuh

cervēs(i)a ⟨ae⟩ F = **cerevisia**

cervīcal ⟨ālis⟩ N Kopfkissen

cervīcula ⟨ae⟩ F (kleiner) Nacken

cervīnus ⟨a, um⟩ ADJ Hirsch…

cervīs(i)a ⟨ae⟩ F = **cerevisia**

★**cervīx** ⟨īcis⟩ F, *meist* PL Nacken, Genick, Hals; **esse in cervicibus alicuius** j-m im Nacken sitzen, j-m drohen

★**cervus** ⟨ī⟩ M **1** Hirsch **2** MIL Gabel, gabelförmiger Spitzpfahl

cēryx ⟨ycis⟩ M Herold

★**cessāre** ⟨ō, āvī, ātum 1.⟩ **A** V/I **1** zögern; JUR säumig sein **2** nachlassen, **in studio** im Eifer **3** untätig sein, rasten; **ager cessat** das Feld liegt brach **B** V/T versäumen; **tempus ~** Zeit untätig verbringen

cessātiō ⟨ōnis⟩ F **1** das Zögern **2** Muße, Untätigkeit

cessātor ⟨ōris⟩ M Zauderer, Müßiggänger

cessī → cedere

cessiō ⟨ōnis⟩ F Abtretung, Übergabe eines Besitzes

cessum PPP → cedere

cestus ⟨ī⟩ M Gürtel

cētārium ⟨ī⟩ N Thunfischbecken

cētārius ⟨ī⟩ M Seefischhändler

cētē *indekl* NPL → cetus

cētera ADV im Übrigen

★**cēterum** ADV **1** übrigens, außerdem **2** aber, doch

★**cēterus** ⟨a, um⟩ ADJ der übrige, der andere; **classis cetera** die übrige Flotte: **ad cetera** *adv* im Übrigen, sonst; **de cetero** *adv* übrigens; **in cēterum** *adv* für die Folgezeit

Cethēgus ⟨ī⟩ M *Beiname der gens Cornelia* **1** **M. Cornelius ~** *Konsul* **2** **C. Cornelius ~** *Anhänger Catilinas*

cētra ⟨ae⟩ F = **caetra**

cētrātus ⟨a, um⟩ ADJ = **caetratus**

cette → cedo

cētus ⟨ī⟩ M Thunfisch, Wal

ceu **A** *Vergleichspartikel* so wie, ganz wie **B** KONJ als ob, wie wenn

Cēus **A** ⟨a, um⟩ ADJ aus Cea **B** ⟨ī⟩ M Einwohner von Cea

Ceutrones ⟨um⟩ MPL *kelt. Stamm* **1** *in den Südwestalpen* **2** *im belg. Gallien*

Chalcēdōn ⟨ōnis⟩ F *Stadt in Bithynien gegenüber Konstantinopel*

Chalcidēnsis **A** ⟨e⟩ ADJ aus Chalcis **B** ⟨is⟩ M Einwohner von Chalcis

Chalcis ⟨idis⟩ F *Hauptstadt von Euböa, heute Chalkis*

Chaldaea ⟨ae⟩ F *südwestl. Teil von Babylonien*

Chaldaeī ⟨ōrum⟩ MPL die Chaldäer, *bekannt durch astronomische u. astrologische Kenntnisse*

Chaldaeus ⟨a, um⟩ ADJ chaldäisch

chalybēius ⟨a, um⟩ ADJ stählern, Stahl…

chalybs ⟨ybis⟩ M Stahl; Schwert

chaos, *nur akk* ⟨chaos⟩, *abl* ⟨chaō⟩ N **1** die gestaltlose Urmasse **2** der ungeordnete Raum; Unterwelt

charactēr ⟨ēris⟩ M **1** Eigenheit **2** (*mlat.*) Buchstabe, Zeichen

Charites ⟨um⟩ FPL die drei Grazien

C

Charōn ⟨ōntis⟩ M *Fährmann in der Unterwelt*
charta ⟨ae⟩ F **1** Papyrusstaude **2** Papyrusblatt; Schriftwerk, Buch **3** dünne Platte
Charybdis ⟨is⟩, *akk* ⟨im *u.* in⟩, *abl* ⟨i⟩ F *gefährlicher Strudel gegenüber der Skylla in der Straße von Messina*
chasma ⟨atis⟩ N Erdriss, Kluft
Chattī ⟨ōrum⟩ MPL die Chatten, *germ. Volk zwischen Fulda u. der Eder;* **Chattus** ⟨a, um⟩ ADJ chattisch
Chaucī ⟨ōrum⟩ MPL *germ. Stamm an der unteren Ems u. Elbe*
chēlae ⟨ārum⟩ FPL **1** ASTROL Scheren des Skorpions **2** ASTROL die Waage
chelydrus ⟨ī⟩ M Schildkrötenschlange
cheragra ⟨ae⟩ F Handgicht
Cherronēsus *u.* **Chersonēsus** ⟨ī⟩ F **1** ~ **Thracia** *Halbinsel von Gallipoli* **2** ~ **Taurica** *die heutige Halbinsel Krim*
Cheruscī ⟨ōrum⟩ MPL die Cherusker, *germ. Volk an der mittleren Weser*
cheuma ⟨atis⟩, *abl* PL ⟨atīs⟩ N Guss, Ausguss
Chimaera ⟨ae⟩ F MYTH *Wesen mit Körpern od. Köpfen von Löwe, Ziege u. Schlange*
Chimaeri-fer ⟨fera, ferum⟩ ADJ die Chimaera hervorbringend
Chios ⟨ī⟩ F *Insel vor der ionischen Küste, auf Höhe von Smyrna*
chīragra ⟨ae⟩ F = **cheragra**
Chīrō ⟨ōnis⟩ M = **Chiron**
chīrographum ⟨ī⟩ N **1** eigene Handschrift, Schriftstück **2** Schuldschein
Chīrōn ⟨ōnis⟩ M *Kentaur, Erzieher des Achill u. anderer Heroen*
chīronomōn ⟨ūntis⟩ M Pantomime
chīrūrgia ⟨ae⟩ F **1** Chirurgie **2** gewaltsames Verfahren
chīrūrgus ⟨ī⟩ M Chirurg
Chius **A** ⟨a, um⟩ ADJ aus Chios **B** ⟨ī⟩ **1** F = **Chios** **2** M Einwohner von Chios
chlamydātus ⟨a, um⟩ ADJ mit einer Chlamys bekleidet
chlamys ⟨ydis⟩ F **1** weiter Wollmantel **2** Kriegsmantel **3** Mantel der Schauspieler
cholera ⟨ae⟩ F **1** Galle **2** Gallenbrechruhr, Cholera **3** *(mlat.)* Zornesausbruch
chorāgium ⟨ī⟩ N Theaterausstattung
chorāgus ⟨ī⟩ M (Theater-) Ausstatter
choraula *u.* **choraulēs** ⟨ae⟩ M Flötenspieler
chorda ⟨ae⟩ F Darm, Darmsaite; Strick
chorēa ⟨ae⟩ F Chortanz, Reigen
chorēus ⟨ī⟩ M = METR Trochäus
choriambus ⟨ī⟩ M METR Choriambus
chorīus ⟨ī⟩ M = **choreus**
chōrs ⟨tis⟩ F = **cohors**
chorus[1] ⟨ī⟩ M **1** Chortanz, Reigen **2** Chor = tanzende und singende Schar **3** Sternenreigen **4** *(eccl.)* Chorraum
chōrus[2] ⟨ī⟩ M = **caurus**
Chremēs ⟨ētis⟩ M *alter Geizhals in der Komödie*
chrīa ⟨ae⟩ F RHET Gemeinplatz; Sentenz
Chrīstiānus **A** ⟨a, um⟩ ADJ christlich **B** ⟨ī⟩ M Christ
Chrīstus ⟨ī⟩ M Christus
chronica ⟨ōrum⟩ NPL Geschichtsbücher nach ihrer zeitlichen Reihenfolge, Chronik
chronicus ⟨a, um⟩ ADJ **1** zur Zeit gehörig **2** MED chronisch, bleibend
chronographia ⟨ae⟩ F Geschichtsschreibung nach der zeitlichen Abfolge
chrȳsanthes ⟨is⟩ N Chrysantheme
chrȳseus ⟨a, um⟩ ADJ golden
Chrȳsippus ⟨ī⟩ M *stoischer Philos.*
chrȳsos ⟨ī⟩ M Gold
cibāre ⟨ō, āvī, ātum 1.⟩ füttern
cibāria ⟨ōrum⟩ NPL **1** Nahrungsmittel, Proviant, Futter **2** *(der Soldaten)* Ration **3** *(der Provinzbehörden)* Unterhalt
cibārius ⟨a, um⟩ ADJ Speise…, Essen…; gewöhnlich, einfach; **panis** ~ Brot aus Gerstenmehl
cibātus ⟨ūs⟩ M Nahrung
cibōrium ⟨ī⟩ N **1** Trinkgefäß **2** *(eccl.)* Kelch für Hostien
★**cibus** ⟨ī⟩ M **1** Nahrung; **hospes non multi cibi** Gast mit schwachem Appetit **2** Köder **3** *fig* geistige Nahrung
cicāda ⟨ae⟩ F Grille, Baumgrille, Zikade
cicātrīcōsa ⟨ōrum⟩ NPL Flickwerk
cicātrīcōsus ⟨a, um⟩ ADJ narbig
cicātrīx ⟨īcis⟩ F **1** Narbe, Schramme **2** Kerbe **3** *fig* vernarbte Wunde; **cicatricem rumpere** eine Narbe wieder aufreißen
ciccum ⟨ī⟩ N Kerngehäuse; **non** ~ *fig* kein bisschen
cicendula ⟨ae⟩ F = **cicindela**
cicer ⟨eris⟩ N Kichererbse

Cicerō ⟨ōnis⟩ M *Beiname in der gens Tullia;* **M. Tullius ~** *106–43 v. Chr. berühmter Redner und Staatsmann, bedeutender Schriftsteller*

cichorēum *u.* **cichorium** ⟨ī⟩ N Endivie

cicindēla ⟨ae⟩ F Glühwürmchen

Cicirrus ⟨ī⟩ M *Spottname, etwa* Schreihals, Kampfhahn

Cicones ⟨um⟩ MPL *thrakisches Volk zwischen den Flüssen Nestos u. Hebros*

cicōnia ⟨ae⟩ F Storch

cicur ⟨uris⟩ ADJ zahm

cicūta ⟨ae⟩ F 1 BOT Schierling 2 Schierlingssaft, *als Gift* 3 Hirtenpfeife, *aus dem Stängel der Schierlingspflanze*

cidaris ⟨is⟩ F Tiara, *spitz zulaufender Turban der persischen Könige*

ciēre ⟨cieō, cīvī, citum 2.⟩ 1 in Bewegung setzen, erregen; **~ aequora** das Meer aufwühlen 2 herbeirufen, zu Hilfe rufen 3 *(Namen)* rufen, nennen 4 ertönen lassen 5 *(Zustand, Krieg)* hervorrufen, bewirken

Cierium ⟨ī⟩ N *Stadt in Thessalien*

Cilicia ⟨ae⟩ F Kilikien, *Landschaft südöstl. von Kleinasien;* **Ciliciēnsis** ⟨e⟩ ADJ kilikisch; **cilicium** ⟨ī⟩ N Haarteppich, Decke aus Ziegenhaaren; **Cilicius** ⟨a, um⟩ ADJ kilikisch; **Cilissa** ⟨ae⟩ F Einwohnerin von Kilikien; **Cilix** ⟨icis⟩ M Einwohner von Kilikien

Cimber A ⟨brī⟩ M, *meist* PL **Cimbrī** ⟨ōrum⟩ MPL Kimbern, *germ. Volk an der Unterelbe* B ⟨brī⟩ *u.* **Cimbricus** ⟨a, um⟩ ADJ kimbrisch

cīmex ⟨icis⟩ M Wanze

cīmītērium ⟨ī⟩ N = **coemeterium**

Cimmeriī ⟨ōrum *u.* um *u.* ōn⟩ MPL 1 MYTH *Volk am Eingang zur Unterwelt* 2 *thrakischer Stamm in Südrussland;* **Cimmerius** ⟨a, um⟩ ADJ kimmerisch

Cimō ⟨ōnis⟩ M = **Cimon**

Cimōn ⟨ōnis⟩ M *Sohn des Miltiades, athenischer Staatsmann*

cinaedicus ⟨a, um⟩ ADJ wollüstig, schamlos

cinaedus A ⟨ī⟩ M Wüstling, Tänzer anstößiger Tänze B ⟨a, um⟩ ADJ schamlos, verhurt

cincinnātus ⟨a, um⟩ ADJ gelockt

Cincinnātus ⟨ī⟩ M *Beiname des Diktators L. Quinctius, Repräsentant des sittenstrengen u. einfachen Römertums*

cincinnus ⟨ī⟩ M 1 (künstliche) Haarlocke, gekräuseltes Haar 2 *fig* Schnörkelei, Künstelei im Ausdruck

cincticulus ⟨ī⟩ M kleiner Gurt

cinctūra ⟨ae⟩ F Gürtung *der Toga*

cinctus[1] ⟨a, um⟩ PPP → cingere

cinctus[2] ⟨ūs⟩ M 1 Art des Gürtens der Toga 2 Gurt, Schurz

cinctūtus ⟨a, um⟩ ADJ nur mit einem Schurz bekleidet; altrömisch

cine-factus ⟨a, um⟩ ADJ zu Asche geworden

cinerārius ⟨ī⟩ M Sklave, der die Frisiereisen in glühender Asche erhitzt; Friseur

★**cingere** ⟨cingō, cinxī, cinctum 3.⟩ 1 (um)gürten 2 umwinden, umkränzen, **comas vittā** das Haar mit einer Binde 3 *fig* umgeben, umringen; **urbem moenibus ~** die Stadt mit Mauern umgeben 4 *fig* begleiten, **~ alicui latus** j-n 5 umzingeln

Cingetorīx ⟨īgis⟩ M 1 *Fürst der Treverer* 2 *Fürst in Britannien*

cingillum ⟨ī⟩ N Frauengürtel

cingula ⟨ae⟩ F *u.* **cingulum** ⟨ī⟩ N 1 Gürtel 2 *(für Tiere)* Bauchgurt

cingulus ⟨ī⟩ M Erdgürtel, Zone

★**cinis** ⟨eris⟩ M 1 Asche; **in cinerem dilabi** in Asche zerfallen 2 Brandstätte, Trümmer 3 *fig* Vernichtung, Zerstörung

Cinna ⟨ae⟩ M *röm. Beiname* 1 **L. Cornelius ~** *Parteigänger des Marius im Bürgerkrieg gegen Sulla* 2 **L. Cornelius ~** *Sohn von 1, einer der Mörder Caesars* 3 **C. Helvius ~** *Dichter, Freund Catulls*

cinnamum ⟨ī⟩ N Zimtrinde, Zimt

cinxī → cingere

cippus ⟨ī⟩ M Spitzsäule, Palisade Grenzstein, Grabstein

★**circā** A ADV ringsum, umher; **ii qui ~ sunt** j-s Umgebung B PRÄP *+akk* 1 *(örtl.)* um … her; bei, in der Nähe von; **~ ca[sam]** um das Haus herum 2 *(zeitl.)* um, gegen, ungefähr 3 *(bei Zahlen)* um, un[ge]gefähr; **~ ducentos** ungefähr zweihun[dert] 4 in Bezug auf, über; **~ aliquid dis[putare]** über etw diskutieren

Circa ⟨ae⟩ F = **Circe;** **Circaeus** ⟨a, um⟩ ADJ zur Circe gehörig, *auch* zau[bernd]

circā-moerium ⟨ī⟩ N Mauerange[r] *freier Raum vor u. hinter der Stadtmauer*

Circē ⟨ēs⟩ F *zauberkundige Nymphe, auf deren Insel Odysseus bei seinen Irrfahrten gelangte*
circēnsēs ⟨ium⟩ MPL Zirkusspiele
circēnsis ⟨e⟩ ADJ Zirkus…
circinus ⟨ī⟩ M Zirkel
circitāre ⟨ō, āvī, ātum 1.⟩ durchwandern
circiter A ADV 1 (*örtl.*) ringsumher 2 ungefähr B PRÄP +*akk* 1 (*örtl.*) nahe bei 2 (*zeitl.*) um, gegen, ungefähr
circlus ⟨ī⟩ M = **circulus**
circu-īre ⟨eō, iī, itum 0.⟩ = **circumire**
circuitiō ⟨ōnis⟩ F 1 MIL Kontrollgang, Runde 2 *fig* Umweg
circuitus ⟨ūs⟩ M 1 Umsegelung, **Hispaniae** Spaniens 2 Umlauf, **solis** der Sonne 3 Umweg 4 Umfang 5 RHET Umschreibung 6 (*mlat.*) Reigentanz
irculārī ⟨or, ātus sum 1.⟩ 1 Gruppen bilden 2 einen Kreis um sich bilden
irculātor ⟨ōris⟩ M Trödler, Marktschreier; Gaukler
irculus ⟨ī⟩ M 1 Kreis, Kreislinie 2 Ring; Reif 3 Gruppe, gesellschaftlicher Kreis 4 ~ **vitiosus** (*mlat.*) Zirkelschluss, *in dem die Vorgaben enthalten sind*; Teufelskreis
ircum ADV *u.* PRÄP = **circa**
ircum-āctus ⟨a, um⟩ PPP → circumagere
ircum-agere ⟨agō, ēgī, āctum 3.⟩ 1 herumführen, -treiben; *passiv u.* **se** ~ sich herumbewegen, umhergehen; verfließen 2 umdrehen; **signa** ~ kehrtmachen; *passiv u.* **se** ~ sich umdrehen 3 *fig* umstimmen; *passiv* sich verleiten lassen
rcum-arāre ⟨ō, āvī, ātum 1.⟩ umpflügen, **agrum** das Feld
rcum-caesūra ⟨ae⟩ F äußerer Umriss
rcum-cīdere ⟨cīdō, cīdī, cīsum 3.⟩ 1 ringsum abschneiden, *rituell* beschneiden 2 (*Kosten*) vermindern, einschränken 3 (*Rede*) abkürzen
rcum-circā ADV rings(her)um
rcum-cīsus[1] ⟨a, um⟩ PPP → circumcidere
rcumcīsus[2] ⟨a, um, *adv* circumcīsē⟩ ADJ 1 steil, abschüssig 2 *fig* beschränkt 3 RHET gedrängt, kurz, knapp
rcum-clūdere ⟨clūdō, clūsī, clūsum 3.⟩ 1 ringsum einschließen; einfassen; **cornua argento** ~ Hörner in Silber fassen 2 umzingeln
circum-colere ⟨ō, -, - 3.⟩ rings um *etw* wohnen, **sinum** um eine Bucht
circumcursāre ⟨ō, āvī, ātum 1.⟩ ringsherum laufen, herumlaufen, *aliquid* bei etw
★**circum-dare** ⟨dō, dedī, datum 1.⟩ 1 um *etw* legen, stellen, setzen; **armatos contioni** ~ Bewaffnete um die Volksversammlung aufstellen 2 umgeben, umschließen, umringen; **portum moenibus** ~ den Hafen mit Mauern umgeben
circum-dūcere ⟨dūcō, dūxī, ductum 3.⟩ 1 herumführen 2 *fig* betrügen, **re** um etw 3 lang aussprechen, **syllabam** eine Silbe 4 RHET umschreiben
circumductiō ⟨ōnis⟩ F 1 Betrug 2 RHET Umschreibung; Periode
★**circum-ferre** ⟨ferō, tulī, lātum 0.⟩ 1 herumtragen, -bewegen 2 herumreichen, **poculum** den Becher 3 ringsum verbreiten; **arma** ~ Waffen verteilen
circum-flāre ⟨flō, -, - 1.⟩ umwehen
circum-flectere ⟨flectō, flexī, flexum 3.⟩ 1 umbiegen, umlenken; **longum cursum** ~ in weitem Bogen umfahren 2 (*Silbe*) lang aussprechen
circum-fluere ⟨fluō, flūxī, - 3.⟩ A V/T rings umfließen; umgeben B V/I 1 überfließen 2 (*Rede*) überströmen 3 Überfluss haben, **gloriā** an Ruhm
circum-fodere ⟨fodiō, fōdī, fossum 3.⟩ rings umgraben
circum-forāneus ⟨a, um⟩ ADJ 1 auf dem Markt befindlich; **aes circumforaneum** Schulden 2 auf Märkten umherziehend
circum-fremere ⟨ō, uī, - 3.⟩ umlärmen
★**circum-fundere** ⟨fundō, fūdī, fūsum 3.⟩ 1 um *etw* herumgießen, *alicui rei*; *passiv u.* **se** ~ umfließen, **alicui rei** etw; **circumfusus** umgebend 2 übergießen 3 (*Soldaten usw.*) umgeben, umschließen
circum-gemere ⟨ō, -, - 3.⟩ umbrummen
circum-gestāre ⟨ō, āvī, ātum 1.⟩ überall herumtragen
circum-gredī ⟨gredior, gressus sum 3.⟩ umgeben, umrunden

circum-icere ⟨iciō, iēcī, iectum 3.⟩ **1** herumwerfen, -stellen, -legen, **alicui rei** um etw **2** umschließen, umgeben
circumiectus[1] ⟨a, um⟩ ADJ umliegend; **silvae itineri circumiectae** Wälder zu beiden Seiten des Weges
circumiectus[2] ⟨ūs⟩ M **1** das Umfassen, das Umschlingen **2** Umgebung
circum-īre ⟨eō, iī, itum 0.⟩ **1** herumgehen um, umgehen, umfahren **2** (*Begriff*) umschreiben **3** hintergehen **4** (*Feind*) umschließen, umzingeln **5** MIL die Runde machen
circum-itiō ⟨ōnis⟩ F = **circuitio**
circum-itus ⟨ūs⟩ M = **circuitus**
circum-ligāre ⟨ō, āvī, ātum 1.⟩ **1** binden, **alicui rei** um etw **2** umwickeln
circum-linere ⟨linō, -, litum 3.⟩ **1** herumschmieren, -kleben, **alicui rei** um etw **2** überziehen, **cerā** mit Wachs
circumlitiō ⟨ōnis⟩ F Bemalung
circum-lūstrāre ⟨ō, āvī, ātum 1.⟩ ringsum beleuchten
circum-mittere ⟨mittō, mīsī, missum 3.⟩ **1** auf einem Umweg schicken **2** überall umherschicken
circum-mūgīre ⟨iō, -, - 4.⟩ umbrüllen
circum-mūnīre ⟨iō, īvī, ītum 4.⟩ ringsum befestigen
circum-pendēre ⟨eō, -, - 2.⟩ rings herumhängen
circum-plaudere ⟨ō, -, - 3.⟩ ringsum beklatschen
circum-plectere ⟨plectō, -, plexum 3.⟩ *u.* **circum-plectī** ⟨plector, plexus sum 3.⟩ umfassen, umschlingen, zusammenhalten; ringsum einschließen
circum-plicāre ⟨ō, āvī, ātum 1.⟩ umwickeln, umschlingen
circum-pōnere ⟨pōnō, posuī, positum 3.⟩ herumsetzen, -legen, -stellen, **alicui rei** um etw
circum-rētīre ⟨iō, īvī, ītum 4.⟩ umgarnen, umstricken
circum-rōdere ⟨rōdō, rōsī, - 3.⟩ ringsum benagen
circum-saepīre ⟨saepio, saepsī, saeptum 4.⟩ umgeben, einzäunen; umringen
circum-scindere ⟨ō, -, - 3.⟩ die Kleider vom Leib reißen
circum-scrībere ⟨scrībō, scrīpsī, scrīptum 3.⟩ **1** mit einem Kreis umschreiben; beschreiben **2** (*Platz usw.*) abgrenzen, beschränken **3** (*Volkstribun usw.*) in seine Schranken weisen **4** umgarnen, täuschen **5** JUR aufheben, beseitigen
circumscrīptiō ⟨ōnis⟩ F **1** das Umschreiben eines Kreises **2** Begrenzung, Umfang **3** RHET Periode **4** Übervorteilung, Betrügerei, Täuschung
circumscrīptor ⟨ōris⟩ M Betrüger
circumscrīptus ⟨a, um, *adv* circumscrīptē⟩ ADJ **1** RHET bündig, präzise; periodisch abgerundet **2** beschränkt
circum-secāre ⟨secō, -, sectum 1.⟩ ringsum beschneiden
circum-sedēre ⟨sedeō, sēdī, - 2.⟩ **1** belagern **2** *fig* bestürmen
circumsessiō ⟨ōnis⟩ F Belagerung
circum-sīdere ⟨sīdō, sēdī, sessum 3.⟩ umlagern, umzingeln
circum-silīre ⟨siliō, siluī, - 4.⟩ herumhüpfen
circum-sistere ⟨sistō, stetī *u.* stitī, - 3.⟩ umringen, bedrängen, angreifen
circum-sonāre ⟨ō, uī, - 1.⟩ **A** V/I ringsum tönen **B** V/T umrauschen
circumsonus ⟨a, um⟩ ADJ rings umtönend
circumspectāre ⟨ō, āvī, ātum 1.⟩ **A** V/I umherschauen, sich umschauen **B** V/T sich umschauen, **fugam** nach eine Fluchtmöglichkeit
circumspectātrīx ⟨īcis⟩ F die überal herumspäht, Beobachterin
circumspectiō ⟨ōnis⟩ F Umsicht
circumspectus[1] ⟨ūs⟩ M **1** das Umherblicken **2** *fig* Erwägung, Betrachtun
circumspectus[2] ⟨a, um, *adv* circumspectē⟩ ADJ umsichtig, besonnen
circum-spicere ⟨spiciō, spexī, spectum 3.⟩ **A** V/I um sich schauen **B** V/T **1** (*Meer, Stadt*) ringsum betrachten mustern; **se ~** auf sich achten **2** sich umsehen, **aliquem/aliquid** nach j-m/etw **3** *fig* suchen, **aliquid** nach etw **4** *f* überlegen, bedenken **5** *fig* darauf achten, **ut/ne** dass/dass nicht
circumstantia ⟨ae⟩ F **1** Umgebur **2** *fig* Umstände
circum-stāre ⟨stō, stetī, - 1.⟩ **A** V/I herumstehen **B** V/T umstehen, umgeben umlagern, bedrängen
circum-stetī → circumsistere *u.*

circumstare

circum-strepere ⟨strepō, strepuī, strepitum 3.⟩ umrauschen, umlärmen; laut rufen

circum-struere ⟨struō, strūxī, strūctum 3.⟩ umbauen, ummauern

circum-tendere ⟨tendō, -, tentum 3.⟩ umspannen

circum-terere ⟨terō, -, - 3.⟩ dicht umstehen

circum-textus ⟨a, um⟩ ADJ rings umsäumt, verbrämt

circum-tonāre ⟨ō, uī, - 1.⟩ **1** umdonnern, umrauschen **2** *fig* betäuben

circum-tōnsus ⟨a, um⟩ ADJ **1** rund geschoren **2** *fig* gekünstelt

circum-tulī → circumferre

circum-vādere ⟨vādō, vāsi, - 3.⟩ von allen Seiten angreifen, umringen

circum-vagus ⟨a, um⟩ ADJ rings umströmend

circum-vallāre ⟨ō, āvī, ātum 1.⟩ rings mit einem Wall umschließen; **se ~** sich auftürmen

circum-vāsī → circumvadere

circumvectārī ⟨or, - 1.⟩ **1** herumfahren, -reiten, **oram** an der Küste **2** *fig* beschreiben, schildern

circumvectiō ⟨ōnis⟩ F **1** Handelsverkehr im Innern; **portorium circumvectionis** Durchgangszoll **2** ASTRON Umlauf, Kreisbahn, **solis** der Sonne

circum-vehī ⟨vehor, vectus sum 3.⟩ **A** V/I herumfahren, -reiten, - segeln **B** V/T **1** umfahren, umreiten, umsegeln **2** die Runde machen, **suos** bei den Seinen

circum-venīre ⟨veniō, vēnī, ventum 4.⟩ **1** umringen, umgeben, umfließen **2** umzingeln, einschließen, **hostes a tergo** die Feinde von hinten **3** *fig* umgarnen, bedrängen **4** täuschen

circum-vertere ⟨vertō, vertī, versum 3.⟩ **1** umdrehen, umwenden; *passiv u.* **se ~** sich umdrehen, **aliquid** um etw **2** *fig* betrügen, **argento** um Geld

circum-vestīre ⟨iō, -, - 4.⟩ ringsum bekleiden, bedecken; **se dictis ~** *fig* sich mit Gerede schützen

circum-vincīre ⟨vinciō, -, vinctum 4.⟩ umbinden, einbinden

circum-vīsere ⟨ō, -, - 3.⟩ ringsum ansehen

circum-volāre ⟨ō, āvī, ātum 1.⟩ umfliegen, umflattern

circumvolitāre ⟨ō, āvī, ātum 1.⟩ **A** V/I umherfliegen **B** V/T umfliegen, umflattern

circum-volvere ⟨volvō, volvī, volūtum 3.⟩ herumwälzen, -rollen; *passiv* sich drehen, **axem** um die Achse

★**circus** ⟨ī⟩ M **1** ASTRON Kreislinie; **~ candens** Milchstraße **2** Zirkus, Rennbahn **3** Zirkusspiele

cīre ⟨ciō, -, - 4.⟩ → ciere

cirrātus ⟨a, um⟩ ADJ gelockt, kraushaarig

cirrus ⟨ī⟩ M **1** Haarlocke; Lockenkopf, Krauskopf **2** *fig* Franse

cis PRÄP *+akk* **1** *(örtl.)* diesseits, **Taurum** des Taurus **2** *(zeitl.)* innerhalb, **paucos dies** weniger Tage

cis-alpīnus ⟨a, um⟩ ADJ diesseits der Alpen gelegen, *von Rom aus gesehen*

cisium ⟨ī⟩ N *leichter zweirädriger* Reisewagen *ohne Dach*

cis-rhēnānus ⟨a, um⟩ ADJ diesseits des Rheins wohnend, *vom röm. Gallien aus gesehen*

cista ⟨ae⟩ F Kiste, Kasten

cistella ⟨ae⟩ F Kästchen

Landeskunde

Circus Maximus

Name und Überreste des **Circus Maximus** lassen noch heute seine Größe erahnen. Der älteste und größte Circus im antiken Rom war nach einigen Erweiterungen 600 m lang und circa 200 m breit. Die Rennbahn bestand im Wesentlichen aus zwei parallel verlaufenden Geraden, was die Wenden besonders eng, gefährlich und somit spannend für die über 200.000 Besucher machte, die in der Arena das Rennen verfolgen konnten. Es gab aber auch Gladiatorenkämpfe und Tierhetzen; viele christliche Märtyrer kamen hier ums Leben.

C

Cistellāria ⟨ae⟩ F Kästchenkomödie, *Titel einer Komödie des Plautus*
cistellātrīx ⟨īcis⟩ F für die Verwahrung der Schmuckkästchen zuständige Sklavin
cistellula ⟨ae⟩ F kleines Kästchen
cisterna ⟨ae⟩ F Zisterne, unterirdischer Wasserbehälter
cisternīnus ⟨a, um⟩ ADJ aus der Zisterne kommend
cistophorus ⟨ī⟩ M Kistenträger, *Silbermünze der Provinz Asia*
cistula ⟨ae⟩ F Kistchen, Kästchen
citāre ⟨ō, āvī, ātum 1.⟩ 1 heftig in Bewegung versetzen, antreiben 2 herbeirufen, aufrufen 3 vorladen, **in curiam** in die Kurie 4 verkünden, nennen, **nomina** die Namen 5 ständig anstimmen, **paeanem** den Schlachtruf
citātim ADV → citatus
citātus ⟨a, um, *adv* citātim⟩ ADJ schnell; **citato equo** im Galopp
citerior ⟨ius⟩ ADJ *komp* 1 diesseitig, näher liegend; **Gallia ~** das diesseitige Gallien, *von Rom aus gesehen* 2 *fig* irdisch
cithara ⟨ae⟩ F *fig* Leier, Laute, Zither
citharista ⟨ae⟩ M Leier-, Zitherspieler
citharistria ⟨ae⟩ F Leier-, Zitherspielerin
citharizāre ⟨ō, -, - 1.⟩ Leier/Zitter spielen
citharoedicus ⟨a, um⟩ ADJ des Kitharoeden
citharoedus ⟨ī⟩ M Sänger mit Zitherbegleitung, Kitharoede
citimus ⟨a, um⟩ ADJ *sup* nächstliegend, der nächste
citō ADV schnell, rasch; **dicto citius** im Nu; **non ~** nicht leicht, **non tam ~ ... quam** nicht so sehr ... als; **citius** eher, lieber, leichter
citrā A ADV diesseits, auf dieser Seite; **~ quam** weniger als B PRÄP +*akk* 1 (*örtl. u. Richtung*) diesseits, über; **~ flumen** diesseits des Flusses; **~ Rubiconem educere** über den Rubicon führen 2 **~ aliquid esse** geringer sein als etw, hinter etw zurückstehen 3 (*zeitl.*) vor, innerhalb, binnen 4 ohne, außer; **~ damnum** ohne Schaden
citreus ⟨a, um⟩ ADJ aus Zitrusholz
citrō ADV hierher, herüber; **ultro citroque** hinüber und herüber
citrum ⟨ī⟩ N Zitrusholz
citrus ⟨ī⟩ F 1 Zitronenbaum 2 Zitrusbaum, Thuja
citus[1] ⟨a, um⟩ PPP → ciere
citus[2] ⟨a, um, *adv* citō⟩ ADJ schnell; **eques ~** Eilbote zu Pferd
cīvī → ciere
cīvicus ⟨a, um⟩ ADJ bürgerlich, Bürger...; **corona civica** Bürgerkranz *aus Eichenlaub als Auszeichnung für die Rettung eines röm. Bürgers im Kampf*
★**cīvīlis** ⟨e, *adv* cīvīliter⟩ ADJ 1 bürgerlich, Privat...; **ius civile** bürgerliches Recht; **bellum civile** Bürgerkrieg 2 patriotisch, loyal; **civile est** es zeugt von Patriotismus 3 jovial, herablassend, 4 staatlich, Staats..., öffentlich; **res civiles** Politik
cīvīlitās ⟨ātis⟩ F 1 Stand eines Bürgers 2 Leutseligkeit
★**cīvis** ⟨is⟩ M *u.* F 1 Bürger(in) 2 Mitbürger(in) 3 Untertan(in)
★**cīvitās** ⟨ātis⟩ F 1 Bürgerrecht 2 Staat 3 Stadt; Gemeinde
Civitas Aurelia Aquensis ⟨Civitatis Aureliae Aquensis⟩ F *Ort in Obergermanien, heute Baden-Baden*
cīvitātula ⟨ae⟩ F Bürgerrecht einer kleinen Stadt
★**clādēs** *u.* **clādis** ⟨is⟩ F 1 Schaden, Unglück, Unheil 2 MIL Niederlage; **cladem accipere/reportare ab aliquo** durch j-n eine Niederlage erleiden 3 Seuche 4 Urheber des Unglücks
★**clam** A ADV heimlich B PRÄP +*abl u. akk* heimlich vor *j-m*, hinter *j-s* Rücken; **~ vobis** hinter eurem Rücken; **~ patrem** ohne Wissen des Vaters
★**clāmāre** ⟨ō, āvī, ātum 1.⟩ A VI schreien, rufen B VT 1 laut ausrufen 2 (an)rufen, herbeirufen 3 laut nennen, **aliquem regem** j-n König 4 *fig* deutlich verraten, klar zeigen
clāmātor ⟨ōris⟩ M Schreier
clāmitāre ⟨ō, āvī, ātum 1.⟩ 1 laut schreien, rufen; **saeva alicui ~** laut Drohungen gegen j-n ausstoßen 2 laut nennen
clāmitātiō ⟨ōnis⟩ F lautes Schreien
★**clāmor** ⟨ōris⟩ M 1 Geschrei, lautes Rufen 2 Beifallsgeschrei; missfälliges Geschrei 3 Klagegeschrei, Angstgeschrei 4 Kriegsgeschrei 5 Getöse, Widerhall
clāmōsus ⟨a, um, *adv* clāmōsē⟩ ADJ

laut schreiend 2 von Geschrei erfüllt, mit Lärm verbunden

clanculārius ⟨a, um⟩ ADJ geheim

clanculum A ADV heimlich B PRÄP +*akk* heimlich vor

clandestīnus ⟨a, um, *adv* clandestīnō⟩ ADJ heimlich, geheim

clangor ⟨ōris⟩ M 1 Geschrei, Kreischen 2 MUS das Schmettern

clārāre ⟨ō, āvī, ātum 1.⟩ 1 erhellen 2 *fig* darlegen 3 *fig* verherrlichen

clārēre ⟨eō, -, - 2.⟩ 1 hell sein, glänzen, leuchten 2 *fig* glänzen, berühmt sein

clārēscere ⟨clārēscō, clāruī, - 3.⟩ 1 hell werden 2 ertönen 3 *fig* berühmt werden

clārigātiō ⟨ōnis⟩ F 1 laute Forderung nach Genugtuung 2 *fig* Ersatzanspruch

clāri-sonus ⟨a, um⟩ ADJ hell tönend

clāritās ⟨ātis⟩ F 1 Helligkeit, Klarheit, **solis** der Sonne 2 *fig* heller Klang, **vocis** der Stimme 3 *fig* Berühmtheit

clāritūdō ⟨inis⟩ F = **claritas**

clāruī → clarescere

clārus ⟨a, um, *adv* clārē⟩ ADJ 1 klar, hell leuchtend; **clarissimo die** am hellichten Tag 2 *fig* deutlich tönend; **clarā voce** mit lauter Stimme 3 (*geistig*) klar, einsichtig 4 (*Person*) berühmt

classiārius A ⟨a, um⟩ ADJ Flotten...; **centurio** ~ Seeoffizier B ⟨ī⟩ M Matrose

classicula ⟨ae⟩ F kleine Flotte

classicum ⟨ī⟩ N Kampfsignal; Kriegstrompete

classicus A ⟨a, um⟩ ADJ 1 Heer... 2 Flotten..., Marine...; **bellum classicum** Seekrieg B ⟨ī⟩ M Matrose

★**classis** ⟨is⟩ F 1 POL Bürger-, Vermögensklasse, *6 Klassen, davon 5 abgabepflichtig* 2 Klasse, Abteilung 3 MIL Heer 4 SCHIFF Flotte

clātra ⟨ōrum⟩ NPL = **clatri**

clātrātus ⟨a, um⟩ ADJ vergittert

clātrī ⟨ōrum⟩ MPL Gitter

claudēre[1] ⟨eō, -, - 2.⟩ *u.* **claudere**[2] ⟨claudō, -, clausūrus 3.⟩ = **claudicare**

★**claudere**[3] ⟨claudō, clausī, clausum 3.⟩ 1 (ver)schließen, **ianuam** die Tür 2 abschließen, vollenden, **opus** ein Werk; **agmen** ~ die Nachhut bilden 3 einschließen 4 (*Feinde, Stadt*) umzingeln 5 (*Weg, Hafen*) absperren, abschneiden

Claudiālis ⟨e⟩ ADJ *u.* **Claudiānus** ⟨a, um⟩ ADJ claudisch, des Claudius

claudicāre ⟨ō, āvī, ātum 1.⟩ 1 hinken, humpeln; wanken 2 *fig* auf schwachen Füßen stehen 3 *fig* mangelhaft sein

claudicātiō ⟨ōnis⟩ F das Hinken

Claudius ⟨a, um⟩ *Name einer patriz.*

Landeskunde

▶ classis – römische Flotte

Im Zuge der Auseinandersetzung mit der See- und Handelsmacht Karthago (im heutigen Tunesien) im 1. Punischen Krieg (264–241 v. Chr.) stellte Rom erstmals eine eigene Flotte auf und setzte sie im Kampf erfolgreich ein. Mit einem weiteren Sieg unter Pompeius (67 v. Chr.) über die Mittelmeerpiraten sowie über Mithridates (66 v. Chr.) war Rom unbestrittene Herrscherin über das Mittelmeer (**mare nostrum**). In der Kaiserzeit bestand die römische Flotte aus folgenden Schiffstypen:

navis longa triremis	Trireme	*mittelschweres Kriegsschiff mit drei Ruderreihen*
liburna	Liburne	*leichtes Kriegsschiff mit zwei Ruderreihen*
navis actuaria	Schnellsegler	*schnelles Segelschiff für den Transport*

Ein Kriegsschiff war mit einem Rammsporn, teils auch mit Wurfmaschinen und Holztürmen ausgestattet. Die Besatzung bestand aus ca. 300 Matrosen und Ruderern sowie 120 Soldaten mit 20 Offizieren. Die Taktik war, feindliche Schiffe zu rammen und mittels einer Enterbrücke (**corvus**) zwischen den Schiffen den Feind im Nahkampf zu besiegen.

C

gens 1 **Ap. ~** *Dezemvir um 450 v. Chr.* 2 **Ap. ~ Caecus** *Zensor um 312 v. Chr., Erbauer der via Appia* 3 **P. Clodius Pulcher** *Feind Ciceros, trat 59 v. Chr. zur plebs über u. änderte daher seinen Namen in Clodius, 52 v. Chr. von den Banden des Milo erschlagen* 4 **Tib. Claudius Drusus Nero Germanicus** *Kaiser Claudius (41–54 n. Chr.), von seiner Ehefrau Agrippina vergiftet*

claudus ⟨a, um⟩ ADJ 1 hinkend, lahm, **altero pede** an einem Fuß 2 *fig* unvollständig, mangelhaft 3 *(Glauben)* schwankend

clausa ⟨ae⟩ F *(mlat.)* Zelle, Klause

clausī → claudere³

claustra ⟨ōrum⟩ NPL *u.* **claustrum** ⟨ī⟩ N 1 Verschluss, Schloss, Riegel 2 Sperre 3 verschlossener Raum 4 *(für Tiere)* Käfig 5 enger Durchgang, Pass 6 MIL Zugang 7 Befestigung, Bollwerk 8 *(mlat.)* *sg* Kloster(hof)

clausula ⟨ae⟩ F 1 Schluss, Ende 2 Schlussvers, -satz

clausum ⟨ī⟩ N Verschluss, Schloss

clausūra ⟨ae⟩ F 1 *(mlat.)* Klausur, abgeschlossener Gebäudeteil *eines Klosters* 2 *(nlat.)* Prüfungsarbeit, Klausur

clausus ⟨a, um⟩ PPP → claudere³

clāva ⟨ae⟩ F 1 Stock, Knüppel, Keule 2 Briefstab

clāvātor ⟨ōris⟩ M Keulenträger

clāvīcula ⟨ae⟩ F 1 Zapfen 2 schwache Ranke 3 *(mlat.)* Schlüsselbein

clāvi-ger¹ ⟨gerī⟩ M Keulenträger

clāvi-ger² ⟨gerī⟩ M Schlüsselträger, *Beiname des Janus als Gottes der Türen*

clāvis ⟨is⟩ F 1 Schlüssel; **~ adulterina** Nachschlüssel 2 Schloss, Riegel

clāvus ⟨ī⟩ M 1 Nagel 2 *fig* Steuerruder; **clavum regere/tenere** das Steuerruder führen 3 *fig* Hühnerauge 4 *fig* Purpursaum *an der Tunika,* **latus** der Senatoren, **angustus** der Ritter

★**clēmēns** ⟨entis, *adv* clementer⟩ ADJ 1 sanft, mild, nachsichtig 2 *fig* ruhig, still

★**clēmentia** ⟨ae⟩ F Sanftmut, Milde, Nachsicht, Gnade

clenodium ⟨ī⟩ N *(mlat.)* Kleinod

Cleopatra ⟨ae⟩ F *letzte Königin von Ägypten, Geliebte Caesars u. des Antonius, tötete sich 30 v. Chr.*

clepere ⟨clepō, clepsī, cleptum 3.⟩ stehlen

clepsydra ⟨ae⟩ F 1 Wasseruhr, *Zeitmesser bei Reden* 2 Sprechzeit

clepta ⟨ae⟩ M Dieb

cleptus ⟨a, um⟩ PPP → clepere

★**cliēns** ⟨entis⟩ M 1 Höriger, Gefolgsmann, Klient 2 Angehöriger der ärmeren Bevölkerung 3 Vasall, Lehnsmann

clienta ⟨ae⟩ F Hörige, Klientin

clientēla ⟨ae⟩ F 1 Gesamtheit der Klienten 2 Gefolgschaft

clientulus ⟨ī⟩ M ärmlicher Klient

clīmactēr ⟨ēris⟩, *akk* ⟨ēra⟩, *akk* PL ⟨ēras⟩ M 1 Stufenleiter 2 *fig* kritische Zeit

clīmactēricus ⟨a, um⟩ ADJ zu einer gefahrvollen Lebenszeit gehörig; **(tempus) climactericum** Wechseljahre

clīmax ⟨acis⟩ F RHET Steigerung

clīnāmen ⟨inis⟩ N Neigung

clīnātus ⟨a, um⟩ ADJ geneigt, gesenkt

clīnicus A ⟨a, um⟩ ADJ *(mlat.)* bettlägerig, kränklich B ⟨ī⟩ M 1 Arzt *am Krankenbett* 2 Versorger von Leichen

Clīō ⟨ūs⟩ F 1 *Muse der Geschichte* 2 *Nymphe, Tochter des Okeanos (Oceanus)*

clipeātus A ⟨a, um⟩ ADJ schildtragend, mit einem Schild bewaffnet B ⟨ī⟩ M Schildträger

clipeum ⟨ī⟩ N *u.* **clipeus** ⟨ī⟩ M 1 Rundschild 2 Himmelsgewölbe 3 Sonnenscheibe 4 *fig* Rund-, Brustbild

clītellae ⟨ārum⟩ FPL Packsattel

clītellārius ⟨a, um⟩ ADJ Pack...; **mulus ~** Packesel

clitoris ⟨idis⟩ F *(mlat.)* Kitzler, Klitoris

clīvōsus ⟨a, um⟩ ADJ steil, abschüssig

★**clīvus** ⟨ī⟩ M 1 Abhang, Abdachung; **adversus clivum** bergan 2 Hügel, Anhöhe; Hügelstraße

cloāca ⟨ae⟩ F Abwasserkanal; **Cloaca maxima** Hauptabzugskanal *von Rom vom Forum in den Tiber führend*

Cloācīna ⟨ae⟩ F *Patronin der Cloaca maxima, Beiname der Venus*

clōdere ⟨clōdō, clōsī, clōsum 3.⟩ **claudere³**

Clōdia ⟨ae⟩ F = **Claudia**; → Claudius

Clōdiānus ⟨a, um⟩ ADJ = **Claudianus**

Clōdius ⟨ī⟩ M = **Claudius**

clōdus ⟨a, um⟩ ADJ = **claudus**

clōstrum ⟨ī⟩ N = **claustrum**

Clōthō ⟨ūs⟩ F *älteste der drei Parzen*

clūdere ⟨clūdō, clūsī, clūsum 3.⟩

claudere[3]
:luēre ⟨eō, -, - 2.⟩ *u.* **cluērī** ⟨eor, - 2.⟩ genannt werden, heißen; gerühmt werden
:lūnis ⟨is⟩ F Hinterbacke, Steiß
:lupeātus ⟨a, um⟩ ADJ = **clipeatus**
:lupeus ⟨ī⟩ M = **clipeus**
:lūrīnus ⟨a, um⟩ ADJ Affen…
:lusa ⟨ae⟩ F *(mlat.)* Engpass; = **clausa**
:lūsīnus **A** ⟨a, um⟩ ADJ aus Clusium **B** ⟨ī⟩ M Einwohner von Clusium
:lūsium ⟨ī⟩ N *Stadt in Etrurien, heute Chiusi*
lystēr ⟨ēris⟩ M Einlauf, Einlaufspritze
:lytaem(n)ēstra ⟨ae⟩ F **1** Klytämnestra, *Gattin des Agamemnon, Mutter von Iphigenie, Elektra u. Orest* **2** *fig* Gattenmörderin
.n. ABK = **Gnaeus**
'nidius **A** ⟨a, um⟩ ADJ aus Cnidus **B** ⟨ī⟩ M Einwohner von Cnidus
:nidus ⟨ī⟩ F *Seestadt in Karien, Hauptsitz des Kultes der Aphrodite*
nōsius ⟨a, um⟩ ADJ = **Gnosius**
nōsus ⟨ī⟩ F = **Gnos(s)os**
o- PRÄF → com
o-accēdere ⟨ō, -, - 3.⟩ noch hinzukommen
o-acervāre ⟨ō, āvī, ātum 1.⟩ an-, aufhäufen
oacervātiō ⟨ōnis⟩ F Aufhäufung
o-acēscere ⟨acēscō, acuī, - 3.⟩ sauer werden, verderben
oāctāre ⟨ō, āvī, ātum 1.⟩ mit aller Gewalt zwingen
oāctiō ⟨ōnis⟩ F Eintreibung von Geldern
oāctor ⟨ōris⟩ M **1** Eintreiber, Steuereinnehmer **2** Makler **3** Antreiber
oāctus[1] ⟨a, um⟩ PPP → cogere
oāctus[2], *nur abl* ⟨ū⟩ M Zwang
o-aedificāre ⟨ō, āvī, ātum 1.⟩ bebauen; erbauen
o-aequāre ⟨ō, āvī, ātum 1.⟩ **1** leichmachen; einebnen **2** gleichstellen
oāgmentāre ⟨ō, āvī, ātum 1.⟩ zusammenfügen, verbinden
oāgmentātiō ⟨ōnis⟩ F Zusammenigung, Verbindung
oāgmentum ⟨ī⟩ N Zusammenfüıng; Fuge
oalēscere ⟨alēscō, aluī, alitum 3.⟩ **1** usammenwachsen, verwachsen; **coalitus** zusammengewachsen **2** *fig* verschmelzen, **in aliquid** zu etw **3** sich erholen
co-angustāre ⟨ō, āvī, ātum 1.⟩ **1** einengen **2** *fig* einschränken
co-arguere ⟨arguō, arguī, argūtum/arguitūrus 3.⟩ **1** deutlich kundtun, aufdecken, beweisen **2** überführen **3** widerlegen
co-artāre ⟨ō, āvī, ātum 1.⟩ **1** zusammendrängen, verengen, einengen **2** abkürzen, **consulatum** das Konsulat
coaxāre ⟨ō, āvī, ātum 1.⟩ quaken
Coccēius ⟨a, um⟩ *röm. Gentilname* **1** **L. ~ Nerva** *Vermittler zwischen Octavian u. M. Antonius* **2** **M. ~ Nerva** *Freund des Kaisers Tiberius* **3** **M. ~ Nerva** *Enkel von 2, Kaiser Nerva (96–98 n. Chr.)*
coccin(e)us ⟨a, um⟩ ADJ scharlachfarben
coccum ⟨ī⟩ N Scharlachfarbe, -faden
coc(h)lea ⟨ae⟩ F Schnecke
coc(h)lear ⟨āris⟩ N Löffel
cocles ⟨itis⟩ ADJ einäugig
Cocles ⟨itis⟩ M *Beiname des P. Horatius*
coctilis ⟨e⟩ ADJ gebrannt; **later ~** Backstein; **murus ~** Backsteinmauer
coctūra ⟨ae⟩ F das Kochen
coctus ⟨a, um⟩ PPP → coquere
cōcus ⟨ī⟩ M = **coquus**
Cōcȳtius ⟨a, um⟩ ADJ des Cocytus
Cōcȳtus ⟨ī⟩ M MYTH „Tränenstrom", *Strom in der Unterwelt*
cōda ⟨ae⟩ F = **cauda**
cōdex ⟨icis⟩ M = **caudex**
cōdicillus ⟨ī⟩ M **1** kleiner Holzklotz **2** kleine Schreibtafel, Notizbuch **3** Brief, kaiserliches Schreiben **4** Zusatz zu einem Testament
coēgī → cogere
co-emere ⟨emō, ēmī, ēmptum 3.⟩ zusammenkaufen, aufkaufen
coemētērium ⟨ī⟩ N *(eccl.)* Friedhof
coēmptiō ⟨ōnis⟩ F **1** JUR Kaufehe **2** JUR Scheinehe **3** *(mlat.)* Kauf
coēmptiōnālis ⟨e⟩ ADJ **1** nur zur Scheinehe geeignet **2** *fig* in Bausch und Bogen gekauft, wertlos
coeō → coire
co-episcopus ⟨ī⟩ M *(eccl.)* Mitbischof
★**coepisse** ⟨coepī, coeptum 3.⟩ *nur als Perf.* angefangen haben → **incipere**
coeptāre ⟨ō, āvī, ātum 1.⟩ **A** V/T an-

fangen, beginnen, unternehmen **B** V/I anfangen, beginnen

coeptum ⟨ī⟩ N angefangenes Werk, Unternehmen

coeptus[1] ⟨a, um⟩ PPP → coepisse

coeptus[2] ⟨ūs⟩ M Anfang, Beginn, Unternehmen

co-epulōnus ⟨ī⟩ M Tischgenosse

★**co-ercēre** ⟨eō, uī, itum 2.⟩ **1** zusammenhalten, einschließen; **verba ~** *fig* Worte in Verse fassen **2** in Ordnung halten **3** (*Begierden usw.*) in Schranken halten, zügeln **4** bestrafen

coercitiō ⟨ōnis⟩ F **1** Einschränkung, Beschränkung **2** Bestrafung **3** Strafrecht

★**coetus** ⟨ūs⟩ M **1** das Zusammentreffen, Vereinigung **2** Geschlechtsverkehr **3** Verein, Versammlung

★**cōgere** ⟨cōgō, coēgī, coāctum 3.⟩ **1** zusammenführen, -bringen, -treiben, **oves** Schafe **2** einsammeln, **aurum** Gold **3** versammeln; *passiv* sich vereinigen **4** MIL zusammenhalten; **agmen ~** die Nachhut bilden **5** (*Geld*) eintreiben **6** verdichten, verdicken; **lac coactum** geronnene Milch **7** *fig* logisch folgern, schließen **8** hineintreiben, -zwängen; **hostem in angustum ~** den Feind in die Enge treiben **9** (*örtl., zeitl.*) einengen, beengen **10** zwingen, nötigen, **aliquid** zu etw

cōgitābilis ⟨e⟩ ADJ denkbar

★**cōgitāre** ⟨ō, āvī, ātum 1.⟩ **A** V/I **1** (nach)denken, **de rerum natura** über die Natur der Dinge, **bene de amico** gut über den Freund; **cogito, ergo sum** (*nlat.*) ich denke, also bin ich, *Grundsatz bei Descartes* **2** gesinnt sein **B** V/T **1** bedenken, überlegen, erwägen; **maiores ~** an die Vorfahren denken **2** ausdenken **3** beabsichtigen

★**cōgitātiō** ⟨ōnis⟩ F **1** das Denken, das Nachdenken, Überlegung, Erwägung; **cogitatione** theoretisch **2** das Überdenken **3** Denkvermögen, **4** Gedanke **5** Vorhaben, Plan, Absicht, Entschluss

cōgitātum ⟨ī⟩ N Gedanke, Einfall, Plan

cōgitātus ⟨a, um, *adv* cōgitātē⟩ ADJ durchdacht, überlegt

cognātiō ⟨ōnis⟩ F **1** Blutsverwandtschaft; **mihi propinqua ~ est cum Marco** ich bin eng mit Marcus verwandt **2** die Verwandten, Familie, Sippe **3** *fig* Übereinstimmung, Ähnlichkeit

★**co-gnātus** ⟨a, um⟩ ADJ **1** blutsverwandt, **alicui** mit j-m **2** *fig* ähnlich; übereinstimmend, **rebus** (*dat*) mit den Tatsachen

★**cognitiō** ⟨ōnis⟩ F **1** Bekanntschaft, **senatoris** mit dem Senator **2** Erkenntnis **3** Vorstellung, Begriff **4** richterliche Untersuchung

cognitor ⟨ōris⟩ M **1** JUR Identitätszeuge, *der den Namen u. die bürgerliche Stellung einer Person bezeugt* **2** JUR Rechtsanwalt **3** JUR Staatsanwalt **4** *fig* Vertreter, **huius sententiae** dieser Meinung

cognitus[1] ⟨a, um⟩ ADJ bekannt, erprobt

cognitus[2] ⟨a, um⟩ PPP → cognoscere

★**co-gnōmen** ⟨inis⟩ N **1** Familienname **2** Beiname **3** Schimpfname, Spitzname **4** Name, Bezeichnung

cognōmentum ⟨ī⟩ N = **cognomen**

cognōminis ⟨e⟩ ADJ gleichnamig, GRAM synonym

★**cō-gnōscere** ⟨gnōscō, gnōvī, gnitum 3.⟩ **1** erkennen, kennenlernen; **aliquem fortem ~** j-n als tapfer kennenlernen; **cognovisse** kennen **2** wieder erkennen, anerkennen, **signum** das Siegel **3** JUR *j-s* Identität bezeugen **4** mit *j-m* schlafen, **virum** mit einem Mann **5** wahrnehmen, bemerken, erfahren; **cognovisse** wissen, verstehen; **cognitum est** man weiß **6** Erkundigungen einziehen, zu erfahren suchen **7** MIL auskundschaften **8** untersuchen, prüfen

co-gnōvī → cognoscere

cohaerentia ⟨ae⟩ F Zusammenhang

co-haerēre ⟨haereō, haesī, haesūrus 2.⟩ **1** zusammenhängen, verbunden sein, **alicui rei/(cum) re** mit etw **2** Halt/Bestand haben **3** bestehen, **re** aus etw

co-haerēscere ⟨haerēscō, haesī, – 3.⟩ zusammenwachsen, sich verbinden

co-hērēs ⟨ēdis⟩ M *u.* F Miterbe, Miterbin

★**co-hibēre** ⟨eō, uī, itum 2.⟩ **1** zusammenhalten **2** fest umschließen; enthalten **3** zurück-, festhalten, **milites intra castra** die Soldaten in den Lagern **4** *fig* abhalten, fernhalten **5** *fig* zügeln, bändigen, **iracundiam** den Zorn

co-honestāre ⟨ō, āvī, ātum 1.⟩ **1** mit anderen ehren **2** sehr ehren; feiern
co-horrēscere ⟨horrēscō, horruī, - 3.⟩ erschrecken
co-hors ⟨tis⟩ F **1** Kohorte, MIL *Einheit von 600–1000 Mann, zehnter Teil einer Legion* **2** Gefolge **3** Schar, Mannschaft **4** umzäunter Ort, Hofraum, Viehhof

Wortschatz

▶ cohors – Kohorte

Nach der Heeresreform des **Marius** Ende des 2. Jahrhunderts v. Chr. war die Kohorte eine Truppe von Soldaten, die aus drei **manipuli** oder sechs **centuriae** bestand. Mit anfänglich 600 Soldaten bildete sie den 10. Teil einer Legion. Die Zahlen schwanken im Lauf der Geschichte.

:o-hortārī ⟨or, ātus sum 1.⟩ ermuntern, ermutigen, anfeuern
:ohortātiō ⟨ōnis⟩ F Aufmunterung, Zuspruch, **patris** des Vaters *od.* durch den Vater
:o-icere ⟨iciō, iēcī, iectum 3.⟩ = **conicere**
:o-iī → coire
:oincidentia ⟨ae⟩ F (*mlat.*) das Zusammenfallen
o-īre ⟨eō, iī, itum 0.⟩ **A** VI **1** zusammenkommen, sich versammeln **2** zusammenstoßen, -treffen **3** sich vereinigen **4** sich paaren; mit *j-m* schlafen **5** sich ehelich verbinden **6** sich schließen **7** gerinnen; **sanguis coit** das Blut gerinnt **B** VT **societatem ~** ein Bündnis eingehen
oitiō ⟨ōnis⟩ F **1** Zusammenstoß **2** POL Vereinigung *mehrerer Personen;* Komplott
o-itum PPP → coire
oitus ⟨ūs⟩ M **1** Vereinigung, Verbindung **2** Geschlechtsverkehr
ol- = **com-**
olaphus ⟨ī⟩ M Faustschlag, Ohrfeige
olchicus ⟨a, um⟩ ADJ kolchisch
olchis ⟨idis⟩ F **1** *Landschaft südlich des Kaukasus, bekannt durch das Goldene Vlies* **2** Kolchierin, *bes* Medea

Colchus **A** ⟨a, um⟩ ADJ kolchisch **B** ⟨ī⟩ M Kolchier
★**colere** ⟨colō, coluī, cultum 3.⟩ **A** VT **1** (*Land*) bebauen, bestellen; Ackerbau betreiben **2** (*Pflanze*) anbauen, ziehen **3** bewohnen, **urbem** eine Stadt **4** hegen, pflegen **5** (*Soldaten*) verpflegen **6** (*geistig*) pflegen, ausbilden **7** (ver)ehren anbeten **B** VI wohnen, ansässig sein
cōleus ⟨ī⟩ M Hoden(sack)
col-labāscere ⟨āscō, -, - 3.⟩ zu schwanken beginnen
col-labefactāre ⟨ō, āvī, ātum 1.⟩ zum Schwanken bringen
col-labefierī ⟨fiō, factus sum 0.⟩ **1** zusammensinken, -brechen, -stürzen **2** POL gestürzt werden
col-lābī ⟨lābor, lāpsus sum 3.⟩ **1** zusammensinken, -brechen, -stürzen **2** einstürzen, verfallen **3** ohnmächtig werden
col-lacerātus ⟨a, um⟩ ADJ ganz zerfleischt
collacrimātiō ⟨ōnis⟩ F Tränenerguss
col-lāpsus ⟨a, um⟩ PPERF → collabi
collāre ⟨is⟩ N Halseisen; Halsband
collātiō ⟨ōnis⟩ F **1** das Zusammentragen, Vereinigung; **~ signorum** Kampf **2** das Sammeln von Geld, Beitrag **3** *fig* Vergleich, **amici** des Freundes *od.* mit dem Freund **4** RHET Gleichnis
collātor ⟨ōris⟩ M Spender, Beitragszahler
col-lātrāre ⟨ō, āvī, ātum 1.⟩ anbellen
col-lātus[1] ⟨a, um⟩ PPP → conferre
collātus[2], *nur abl* ⟨ū⟩ M Kampf
col-laudāre ⟨ō, āvī, ātum 1.⟩ sehr loben, rühmen
collaudātiō ⟨ōnis⟩ F Belobigung
collēcta ⟨ae⟩ F (Geld-)Beitrag
collēctāneus ⟨a, um⟩ ADJ gesammelt
collēctīcius ⟨a, um⟩ ADJ zusammengelesen, zusammengerafft
collēctiō ⟨ōnis⟩ F **1** das Sammeln **2** RHET kurze Zusammenfassung **3** PHILOS Schluss, Syllogismus
collēctīvus ⟨a, um⟩ ADJ **1** angesammelt **2** kollektiv; **nomen collectivum** Sammelbegriff
collēctus[1] ⟨ūs⟩ M Ansammlung
collēctus[2] ⟨a, um, *adv* collēctē⟩ ADJ kurz gefasst, bündig, gedrängt
col-lēctus[3] ⟨a, um⟩ PPP → colligere

C

★**collēga** ⟨ae⟩ M **1** Kollege, Amtsgenosse **2** Kamerad, Standesgenosse
col-lēgī → colligere
collēgium ⟨ī⟩ N **1** Amtsgemeinschaft, Gremium **2** *(von Priestern)* Gemeinschaft, Gruppe **3** Genossenschaft, Bruderschaft, Zunft
col-lēvāre ⟨ō, āvī, ātum 1.⟩ glätten
col-libēre ⟨libet, libuit *u.* libitum est 2.⟩ **collibet** es beliebt, es gefällt
col-lībertus ⟨ī⟩ M Mitfreigelassener
col-līdere ⟨līdō, līsī, līsum 3.⟩ **1** zusammenschlagen; *passiv* zusammenstoßen, **hosti** mit dem Feind **2** zerdrücken
col-ligāre ⟨ō, āvī, ātum 1.⟩ **1** zusammenbinden; *fig* verbinden, vereinigen **2** verbinden, **vulnera** Wunden **3** fesseln **4** *fig* hemmen, **impetum** den Ansturm
colligātiō ⟨ōnis⟩ F Verbindung, Vereinigung, Bund
★**col-ligere** ⟨ligō, lēgī, lēctum 3.⟩ **1** zusammensammeln, **flores** Blumen **2** zusammenziehen, -bringen **3** *fig* zusammensuchen, sammeln, **facete dicta** Witze **4** **se/animum** ~ *fig* sich erholen **5** *fig* erwerben, sich zuziehen, ernten; **odium** ~ sich Hass zuziehen; **sitim** ~ Durst bekommen **6** *(schriftlich, mündlich)* aufzählen, zusammenfassen **7** *(geistig)* folgern
col-līneāre ⟨ō, āvī, ātum 1.⟩ **A** V/T geradeaus schleudern **B** V/I richtig zielen, treffen
col-linere ⟨linō, lēvī, litum 3.⟩ bestreichen, beschmieren, beschmutzen
col-līniāre ⟨ō, āvī, ātum 1.⟩ = **collineare**
Collīnus ⟨a, um⟩ ADJ am collis Quirinalis gelegen; **porta Collina** *Tor zwischen Quirinal u. porta Flaminia*
col-liquefactus ⟨a, um⟩ ADJ aufgelöst
★**collis** ⟨is⟩ M Hügel, Anhöhe
col-līsī → collidere
collīsiō ⟨ōnis⟩ F Zusammenstoß
collīsus ⟨a, um⟩ PPP → collidere
★**col-locāre** ⟨ō, āvī, ātum 1.⟩ **1** zusammen-, dazustellen **2** auf-, hinstellen, errichten, legen; **statuam** ~ eine Statue aufstellen **3** *(Gast)* unterbringen **4** ansiedeln; MIL einquartieren; **colonos in insula** ~ die Kolonisten auf einer Insel ansiedeln **5** *(Geld)* anlegen **6** *fig* richtig anordnen, **verba** die Worte **7** *(Mädchen)* verheiraten, **alicui** mit j-m **8** auf *etw* verwenden; **se** ~ sich mit *etw* befassen
collocātiō ⟨ōnis⟩ F **1** Stellung, Anordnung **2** Verheiratung, **filiae** der Tochter
col-locuplētāre ⟨ō, āvī, ātum 1.⟩ bereichern, **se** sich
collocūtiō ⟨ōnis⟩ F = **colloquium**
col-locūtus ⟨a, um⟩ PPERF → colloqui
★**col-loquī** ⟨loquor, locūtus sum 3.⟩ sich besprechen, sich unterreden, sich unterhalten; **secum** ~ mit sich zu Rate gehen
★**colloquium** ⟨ī⟩ N **1** Unterredung, Besprechung, Gespräch **2** PL Korrespondenz
col-lūcēre ⟨eō, -, - 2.⟩ **1** von allen Seiten leuchten, ganz hell sein **2** *fig* glänzen
col-luctārī ⟨or, ātus sum 1.⟩ ringen
col-lūdere ⟨lūdō, lūsī, lūsum 3.⟩ **1** spielen, **fratri** mit dem Bruder **2** unter einer Decke stecken, **tecum** mit dir
col-luere ⟨luō, luī, lūtum 3.⟩ bespülen, nass machen; **ora** ~ den Durst löschen
★**collum** ⟨ī⟩ N Hals
collūsiō ⟨ōnis⟩ F geheimes Einverständnis
collūsor ⟨ōris⟩ M Spielgefährte; Mitspieler
col-lūstrāre ⟨ō, āvī, ātum 1.⟩ **1** erleuchten, erhellen, hell einfärben **2** *fig* genau betrachten, mustern
col-lutulentāre ⟨ō, āvī, ātum 1.⟩ beschmutzen, entehren
colluviēs ⟨ēī⟩ F *u.* **colluviō** ⟨ōnis⟩ F Zusammenfluss von Unrat; Unrat; Mischmasch; Auswurf, Gesindel
collybus ⟨ī⟩ M **1** Aufgeld *bei Wechselgeschäften* **2** Geldwechsel
collȳra ⟨ae⟩ F grobes Brot; **collyricus** ⟨a, um⟩ ADJ aus Brot
collȳrium ⟨ī⟩ N Augensalbe
colocāsium ⟨ī⟩ N indische Seerose
cōlon ⟨ī⟩ N *(eines Verses)* Glied, Teil
colōna ⟨ae⟩ F Bäuerin
Colōnae ⟨ārum⟩ FPL *Stadt in der Troas südlich von Alexandria Troas*
Colōnēus ⟨a, um⟩ ADJ des Colonus; **Oedipus** ~ *Titel einer Tragödie Sophokles*
★**colōnia** ⟨ae⟩ F **1** Bauerngut, Pachtgu

2 Tochtergemeinde, Kolonie 3 die Kolonisten
Colōnia ⟨ae⟩ F *häufiger Städtename;* **~ Agrippina/Agrippinensis** *heute Köln;* **~ Allobrogum** *heute Genf;* **~ Felicitas Iulia** *heute Lissabon;* **~ (Ulpia) Traiana** *heute Xanten*
colōnicus ⟨a, um⟩ ADJ Kolonie…; **cohortes colonicae** in römischen Kolonien ausgehobene Truppen
colōnus ⟨ī⟩ M 1 Bauer, Landwirt, Pächter 2 Ansiedler, Kolonist 3 Einwohner
Colophōn ⟨ōnis⟩ F *Stadt in Ionien;* **Colophōnius** ⟨a, um⟩ ADJ aus Colophon; **Colophōnius** ⟨ī⟩ M Einwohner von Colophon
color ⟨ōris⟩ M 1 Farbe 2 Gesichtsfarbe 3 Schönheit, Glanz; **sine colore** blass 4 Färbung, Aussehen, Äußeres 5 *(von der Rede)* Färbung, Ton, Klangfarbe
colōrāre ⟨ō, āvī, ātum 1.⟩ färben, dunkel färben, bräunen
colōrātus ⟨a, um⟩ ADJ gefärbt, farbig, gebräunt; **non ~** ungeschminkt
coloss(i)aeus *u.* **coloss(i)eus** ⟨a, um⟩ ADJ riesengroß; **amphitheatrum Colosseum** Colosseum *in Rom*
colossus ⟨ī⟩ M Koloss, Riesenstandbild
colostra ⟨ae⟩ F = **colustra**
colostrum ⟨ī⟩ N = **colustrum**
coluber ⟨brī⟩ M kleine Schlange
colubra ⟨ae⟩ F Schlangenweibchen
colubri-fer ⟨fera, ferum⟩ ADJ Schlangen tragend, *Beiname der Medusa*
colubrīnus ⟨a, um⟩ ADJ schlangenartig; listig
coluī → colere
cōlum ⟨ī⟩ N Sieb, Filtriergefäß
columba ⟨ae⟩ F Taube, *der Venus heilig;* **mea columba** *Kosewort* mein Täubchen
columbar ⟨āris⟩ N Halseisen
columbārī ⟨or, ātus sum 1.⟩ sich nach Taubenart küssen, schnäbeln
columbīnus ⟨a, um⟩ ADJ Tauben…
columbula ⟨ae⟩ F Täubchen
columbulus ⟨ī⟩ M Täubchen
columbus ⟨ī⟩ M (männliche) Taube
columella ⟨ae⟩ F kleine Säule, Pfosten
Columella ⟨ae⟩ M *L. Iunius Moderatus Columella, 1. Jh. n. Chr., schrieb über die Landwirtschaft (De re rustica)*
columen ⟨inis⟩ N 1 Spitze, Gipfel, Giebel 2 *fig* Gipfel, Spitze; **~ audaciae** Gipfel an Frechheit 3 Säule, Balken 4 *(des Staates)* Stütze
columis ⟨e⟩ ADJ = **incolumis**
★**columna** ⟨ae⟩ F 1 Säule 2 *fig* Stütze
columnārium ⟨ī⟩ N Säulensteuer
columnātus ⟨a, um⟩ ADJ auf die Hand gestützt
colus ⟨ūs⟩ M 1 Spinnrocken 2 Wollfaden 3 *fig* Lebensfaden
colustra ⟨ae⟩ F *u.* **colustrum** ⟨ī⟩ N *auch* PL Biestmilch, *erste Milch der Kuh nach dem Kalben*
colūtea ⟨ōrum⟩ NPL Früchte des Blasenstrauches
cōlȳphia ⟨ōrum⟩ NPL Schweinefilet
com- PRÄF *meist assimiliert zu col- u. cor-, vor Vokalen u. h co-, vor s u.* F *con-* 1 zusammen 2 gemeinsam 3 zugleich 4 völlig
coma ⟨ae⟩ F 1 Kopfhaar, Haar; *pl* Locken 2 *(eines Tieres)* Mähne, Wolle 3 *(einer Pflanze)* Laub, Blätter, Krone, Ähren
comāns ⟨antis⟩ ADJ 1 behaart, langhaarig; **galea ~** Helm mit Helmbusch; **stella ~** Komet 2 belaubt
cōmarchus ⟨ī⟩ M Bürgermeister
comātus ⟨a, um⟩ ADJ 1 behaart, langhaarig; **Gallia comata** das Gallien jenseits der Alpen 2 belaubt
com-bibere ⟨bibō, bibī, - 3.⟩ A VI in Gesellschaft trinken B VT 1 in sich hineintrinken, verschlucken 2 in sich aufnehmen, gründlich erlernen
combibō ⟨ōnis⟩ F Zechgenosse
combūrere ⟨ūrō, ussī, ustum 3.⟩ 1 völlig verbrennen 2 *fig* vernichten; **diem ~** den Tag vergeuden
com-edere ⟨edō, ēdī, ēs(s)um 3.⟩ 1 aufessen, verzehren 2 *fig* vergeuden
cōmere ⟨cōmō, cōmpsī, cōmptum 3.⟩ 1 zusammenfügen 2 *(Haar)* ordnen, kämmen, flechten
★**comes** ⟨itis⟩ M *u.* F 1 Begleiter(in); Gefährte, Teilnehmer 2 Erzieher 3 Klient 4 Staatsdiener; *pl* Gefolge 5 *(mlat.)* Graf, Vasall
comētēs ⟨ae⟩ M Komet
cōmicus A ⟨a, um, *adv* comicē⟩ ADJ Komödien…, komisch; **poeta ~** Komödiendichter B ⟨ī⟩ M Komödiendichter; Schauspieler in der Komödie

★**cōmis** ⟨e, *adv* cōmiter⟩ ADJ **1** heiter, munter **2** leutselig, gefällig, zuvorkommend, freundlich, nett, höflich
cōmissārī ⟨or, ātus sum 1.⟩ umherschwärmen; **ad/in domum alicuius ~** bei j-m einkehren
cōmissātiō ⟨ōnis⟩ F **1** lustiges Umherschwärmen **2** Trinkgelage
cōmissātor ⟨ōris⟩ M **1** Zechgenosse **2** *fig* Kumpan
★**comitāre** ⟨ō, āvī, ātum 1.⟩ *u.* ★**comitārī** ⟨or, ātus sum 1.⟩ **1** begleiten; **comitatus** begleitet; **comitatus militibus** von Soldaten begleitet **2** sich *j-m* anschließen, mit *j-m* verbunden sein, *alicui*
cōmitās ⟨ātis⟩ F **1** Heiterkeit **2** Leutseligkeit, Freundlichkeit, Geselligkeit, Höflichkeit, Gefälligkeit,
cōmitātus ⟨ūs⟩ M **1** Geleit, Gesellschaft; **comitatu alicuius** in j-s Gesellschaft **2** Begleitung, Gefolge **3** Hofstaat **4** (*mlat.*) Grafschaft
comitessa ⟨ae⟩ F (*mlat.*) = **comitissa**
★**comitia** ⟨ōrum⟩ NPL → comitium
comitiālis ⟨e, *adv* comitiāliter⟩ ADJ **1** Wahl... **2** epileptisch; **morbus ~/vitium comitiale** Fallsucht, Epilepsie, *da ein an den Komitientagen auftretender Fall zum Abbruch der Komitien führte*
comitiātus ⟨ūs⟩ M Volksversammlung
comitissa ⟨ae⟩ F (*mlat.*) Gräfin
★**comitium** ⟨ī⟩ N **1** Volksversammlungsplatz **2** PL Komitien, Volksversammlung, *Versammlung des ganzen Volkes, das nach Kurien, Zenturien od. Tribus abstimmte;* **comitia habere/facere/gerere** Komitien abhalten
comma ⟨atis⟩ N kleiner Abschnitt
com-maculāre ⟨ō, āvī, ātum 1.⟩ beflecken, beschmutzen
com-manipulāris **A** ⟨e⟩ ADJ zum gleichen Manipel gehörend **B** ⟨is⟩ M Manipelkamerad
com-marītus ⟨ī⟩ M *scherz* Mitehemann
commater ⟨tris⟩ F (*mlat.*) Patin
com-meāre ⟨ō, āvī, ātum 1.⟩ zusammenkommen; aus und ein gehen, hin und her gehen; verkehren
★**commeātus** ⟨ūs⟩ M **1** das Gehen und Kommen, Verkehr **2** Urlaub **3** Ladung, Transport, Zufuhr, Proviant **4** Gepäck
com-meditārī ⟨or, ātus sum 1.⟩ **1** sich *etw* sorgfältig einprägen **2** *fig* treu wiedergeben
com-meminisse ⟨minī 0.⟩ sich genau erinnern, sich besinnen, **aliquem/alicuius** an j-n, j-s, auf j-n
commemorābilis ⟨e⟩ ADJ erwähnenswert, denkwürdig
★**com-memorāre** ⟨ō, āvī, ātum 1.⟩ **1** sich erinnern, **amicitiam** an die Freundschaft **2** erinnern **3** erwähnen, anführen, **aliquid** etw; **~ de re** von etw sprechen
commemorātiō ⟨ōnis⟩ F **1** Erinnerung, **alicuius/alicuius rei** an j-n/etw **2** Erwähnung, **patris** des Vaters *od.* durch den Vater
commendābilis ⟨e⟩ ADJ **1** empfehlenswert **2** empfehlend
★**com-mendāre** ⟨ō, āvī, ātum 1.⟩ **1** anvertrauen, übergeben, *auch fig* **2** empfehlen; *passiv u.* **se ~** sich beliebt machen
commendātīcius ⟨a, um⟩ ADJ empfehlend; **litterae commendaticiae** Empfehlungsschreiben
commendātiō ⟨ōnis⟩ F **1** Empfehlung **2** empfehlende Eigenschaft
commendātor ⟨ōris⟩ M Gönner, Fürsprecher
commendātrīx ⟨īcis⟩ F Gönnerin, Fürsprecherin
commentārī ⟨or, ātus sum 1.⟩ **1** genau überlegen **2** Studien machen **3** einstudieren **4** niederschreiben, entwerfen **5** erklären, kommentieren
commentāriolum ⟨ī⟩ N *u.* **commentāriolus** ⟨ī⟩ M flüchtiger Entwurf, Skizze
commentārium ⟨ī⟩ N *u.* **commentārius** ⟨ī⟩ M **1** Entwurf, Skizze **2** Chronik **3** JUR Protokoll, Aufzeichnung **4** GRAM Beispiele, Exzerpte **5** Kommentar, Erläuterung, Stellungnahme **6** Memoiren, Denkwürdigkeiten, **Caesaris de bello Gallico** Caesars über den Gallischen Krieg
commentātiō ⟨ōnis⟩ F **1** sorgfältiges Überdenken, Vorbereitung **2** wissenschaftliche Abhandlung
commentīcius ⟨a, um⟩ ADJ **1** erdacht, erfunden **2** ideal **3** *pej* erlogen
commentor ⟨ōris⟩ M Erfinder, Schöp-

fer; Urheber
commentum ⟨ī⟩ N **1** Erfindung, Einfall **2** Lüge
com-mentus[1] ⟨a, um⟩ PPERF → comminisci
commentus[2] ⟨a, um⟩ ADJ erlogen, erdichtet
com-mercārī ⟨or, ātus sum 1.⟩ zusammenkaufen, aufkaufen
commercium ⟨ī⟩ N **1** Handel, Geschäftsverkehr **2** Verkehr, Umgang, Austausch, Unterhandlung; ~ **habere cum aliquo** in Verbindung mit j-m stehen
com-merēre ⟨eō, uī, itum 2.⟩ u.
commerērī ⟨eor, itus sum 2.⟩ **1** verdienen, **poenam** Strafe **2** *fig* verschulden
commers ⟨mercis⟩ F = **commercium**
commētāre[1] ⟨ō, -, - 1.⟩ seinen Weg gehen, aus und ein gehen
com-mētāre[2] ⟨ō, āvī, ātum 1.⟩ durchmessen; **bene ora commetavi** *scherz* ich habe meine Fäuste auf ihren Gesichtern herumtanzen lassen
com-mētīrī ⟨mētior, mēnsus sum 4.⟩ **1** ausmessen **2** *fig* vergleichen
com-migrāre ⟨ō, āvī, ātum 1.⟩ (hin)wandern, *irgendwohin* ziehen
commigrātiō ⟨ōnis⟩ F das Wandern
com-mīlitō ⟨ōnis⟩ M Kriegskamerad, Waffenbruder; (*mlat.*) Glaubensbruder
com-minārī ⟨or, ātus sum 1.⟩ **A** V/I Drohungen ausstoßen; drohen, **alicui re** j-m mit etw **B** V/T androhen
comminātiō ⟨ōnis⟩ F Drohung
com-mingere ⟨mingō, mī(n)xī, mīnctum/mictum 3.⟩ beschmutzen, bepissen
com-minīscī ⟨minīscor, mentus sum 3.⟩ **1** sich auf *etw* besinnen, *aliquid* **2** sich ausdenken, erdichten, erfinden
com-minuere ⟨uō, uī, ūtum 3.⟩ **1** zerschlagen, zertrümmern, zermahlen **2** vermindern, schwächen
com-minus ADV **1** MIL Mann gegen Mann **2** in der Nähe, persönlich
com-miscēre ⟨misceō, miscuī, mixtum 2.⟩ **1** vermischen, vermengen **2** beimischen, beimengen
com-miserārī ⟨or, ātus sum 1.⟩ **1** beklagen, bedauern **2** jammern
commiserātiō ⟨ōnis⟩ F **1** RHET das Bejammern **2** rührseliger Ton
com-miserēscere ⟨ēscō, -, - 3.⟩ Mitleid haben, **alicuius** mit j-m; *meist unpersön.* **me commiserescit alicuius** ich habe Mitleid mit j-m
com-mīsī → committere
commissiō ⟨ōnis⟩ F **1** öffentlicher Wettkampf **2** RHET Prunkrede, Festrede
commissum ⟨ī⟩ N **1** Unternehmen **2** Vergehen, Frevel, Schuld **3** anvertrautes Geheimnis
commissūra ⟨ae⟩ F Verbindung (-sstelle), Band, Fuge
com-missus ⟨a, um⟩ PPP → committere
com-mītigāre ⟨ō, āvī, ātum 1.⟩ mürbe klopfen
★**com-mittere** ⟨mittō, mīsī, missum 3.⟩ **1** zusammenführen, -fügen, verbinden, vereinigen, **alicui rei** mit etw **2** (*Legionen, Tiere*) kämpfen lassen, aufeinanderhetzen **3** *fig* zustande bringen, beginnen, eröffnen; begehen; **spectaculum** ~ ein Schauspiel veranstalten; **proelium** ~ eine Schlacht liefern; **scelus** ~ ein Verbrechen begehen **4** (*Macht*) übergeben, anvertrauen **5** preisgeben, aussetzen; in einen Zustand bringen; **rem publicam in discrimen** ~ den Staat in Gefahr bringen **6** sich anvertrauen
commodāre ⟨ō, āvī, ātum 1.⟩ **A** V/I gefällig sein **B** V/T **1** anpassen **2** leihen, überlassen, gewähren, zukommen lassen, widmen; ~ **aurem alicui** j-m sein Ohr leihen; **testes** ~ Zeugen stellen
commoditās ⟨ātis⟩ F **1** passende Beschaffenheit, Zweckmäßigkeit; ~ **corporis** körperliche Verfassung **2** der rechte Zeitpunkt **3** Bequemlichkeit, Annehmlichkeit **4** Vorteil, Nutzen **5** Gefälligkeit, Entgegenkommen, Nachsicht
commodulē *u.* **commodulum** ADV **1** in aller Bequemlichkeit **2** (*zeitl.*) soeben
commodum[1] ADV (*zeitl.*) gerade, soeben
★**commodum**[2] ⟨ī⟩ N **1** Bequemlichkeit, gelegener Zeitpunkt; **per** ~ bei günstiger Gelegenheit **2** Vorteil, Nutzen; **contra** ~ **alicuius** zu j-s Nachteil **3** *meist pl* Glück, Wohl **4** *stets pl* Vergünstigungen, Vorrechte, Privilegien **5** PL Leihgaben

C

★**com-modus** ⟨a, um, *adv* commodē⟩ ADJ **1** vollständig, ganz, voll; **valetudo commoda** gute Gesundheit **2** (*Ausrüstung*) angemessen, zweckmäßig, geeignet **3** (*Marsch usw.*) bequem, leicht; **commode vivere** angenehm leben **4** (*zeitl.*) günstig **5** (*Person*) zuvorkommend, höflich, gefällig

Commodus ⟨ī⟩ M *L. Aurelius Commodus, despotischer Kaiser, 180–192 n. Chr*

com-mōlīrī ⟨ior, ītus sum 4.⟩ in Bewegung setzen, loslassen

commone-facere ⟨faciō, fēcī, factum 3.⟩, *passiv* ⟨commone-fierī, fīō, factus sum 0.⟩ = **commonēre**

com-monēre ⟨eō, uī, itum 2.⟩ erinnern, **alicuius rei/de re** an etw; auffordern

commonitiō ⟨ōnis⟩ F Erinnerung

com-mōnstrāre ⟨ō, āvī, ātum 1.⟩ deutlich zeigen, deutlich bezeichnen

com-morāre ⟨ō, āvī, - 1.⟩ *u.* **com-morārī** ⟨or, ātus sum1.⟩ **A** V/T aufhalten **B** V/I sich aufhalten, bleiben

commorātiō ⟨ōnis⟩ F **1** Verzögerung, Aufenthalt **2** RHET das Verweilen

com-mordēre ⟨eō, -, - 2.⟩ beißen, **aliquid** auf etw

com-morī ⟨morior, mortuus sum 3.⟩ zugleich sterben

commōtiō ⟨ōnis⟩ F Bewegung; Erregung, Aufregung

com-mōtus[1] ⟨a, um⟩ PPP → commovere

commōtus[2] ⟨a, um⟩ ADJ aufgeregt, gereizt

★**com-movēre** ⟨moveō, mōvī, mōtum 2.⟩ **1** in Bewegung setzen, bewegen **2** wegrücken, fortschaffen; **se ~** sich entfernen **3** *fig* anregen, erregen; aufregen, erschrecken **4** *fig* anregen, erregen, veranlassen; **iram ~** Zorn erregen; **tumultum ~** Aufruhr hervorrufen

commūne ⟨is⟩ N Gemeingut; Gemeinde, Kommune; **in commune** zum allgemeinen Nutzen,im Allgemeinen

★**commūnicāre** ⟨ō, āvī, ātum 1.⟩ *u.* **commūnicārī** ⟨or, ātus sum 1.⟩ **1** gemeinsam machen, vereinigen, zusammenlegen; **victum ~** den Lebensunterhalt zusammenlegen **2** teilen, gemeinsam haben **3** mitteilen; **consilia cum finitimis ~** Pläne mit den Nachbarn austauschen

commūnicātiō ⟨ōnis⟩ F Mitteilung

commūniō ⟨ōnis⟩ F **1** Gemeinschaft **2** (*eccl.*) Kommunion, Empfang des Abendmahls

com-mūnīre ⟨iō, īvī, ītum 4.⟩ befestigen, stärken, sicherstellen

★**com-mūnis** ⟨e, *adv* commūniter⟩ ADJ **1** gemeinsam, allgemein, öffentlich; überall üblich, gewöhnlich, alltäglich; **hoc mihi commune est cum aliis** das ist mir mit anderen gemeinsam; **loca communia** öffentliche Plätze; **loci communes** Gemeinplätze **2** demokratisch **3** umgänglich, leutselig

commūnitās ⟨ātis⟩ F **1** Gemeinschaft, Allgemeinheit **2** Gemeinsinn **3** Leutseligkeit **4** (*mlat.*) städtische Gemeinde

com-murmurārī ⟨or, ātus sum 1.⟩ dazu murmeln

commūtābilis ⟨e⟩ ADJ veränderlich, umkehrbar

★**com-mūtāre** ⟨ō, āvī, ātum 1.⟩ **1** verändern, umwandeln; *passiv* sich verändern **2** vertauschen, eintauschen

commūtātiō ⟨ōnis⟩ F **1** Veränderung, Wechsel **2** Austausch **3** (*mlat.*) Tauschmittel; Kaufpreis

commūtātus ⟨ūs⟩ M Umwandlung

cōmoedia ⟨ae⟩ F Lustspiel, Komödie

Landeskunde

▶ comoedia – die römische Komödie

Die **fabula palliata**, Theater nach griechischer Art, war seit 240 v. Chr. sehr beliebt, besonders die bis heute erhaltenen Werke von **Plautus** und **Terenz**. Der Name ist von **pallium**, dem Mantel der griechischen Schauspieler, abgeleitet. Die Handlung war in griechischem Milieu angesiedelt und es traten griechische Hauptfiguren auf. Komödien mit römischen Inhalten (**fabula togata**) wurden ebenfalls aufgeführt; von ihnen sind aber nur noch ein paar Bruchstücke erhalten.

cōmoedicē ADV wie im Lustspiel
cōmoedus **A** ⟨a, um⟩ ADJ Komödien…, komödiantisch **B** ⟨ī⟩ M Schauspieler in der Komödie, Komiker
comōsus ⟨a, um⟩ ADJ stark behaart
com-pacīscī ⟨pacīscor, pactus sum *u.* pectus sum 3.⟩ einen Vertrag schließen
compāctiō ⟨ōnis⟩ F Zusammenfügung
compactum ⟨ī⟩ N Vertrag; **(de/ex) compacto** gemäß Vereinbarung
compactus[1] ⟨a, um⟩ PPERF → compacisci
com-pāctus[2] ⟨a, um⟩ PPP → compingere[1]
compāctus[3] ⟨a, um⟩ ADJ fest, untersetzt, gedrungen
compāgēs ⟨is⟩ F **1** Zusammenfügung, Gefüge; Fuge **2** *fig* Umarmungen
compāgō ⟨inis⟩ F Bindemittel
compār **A** ⟨aris⟩ ADJ gleich; ebenbürtig **B** ⟨aris⟩ M *u.* F Gefährte, Gefährtin, Lebensgefährte, Lebensgefährtin
comparābilis ⟨e⟩ ADJ vergleichbar
com-parāre[1] ⟨ō, āvī, ātum 1.⟩ **1** zusammenbringen, -stellen, verbinden **2** gegenüberstellen **3** vergleichen **4** erwägen, ermessen **5** (*Kollegen*) gleichstellen, an die Seite stellen **6** sich einigen; **comparatum est, ut** man ist sich einig, dass
com-parāre[2] ⟨ō, āvī, ātum 1.⟩ **1** bereiten, beschaffen, anschaffen, zusammenbringen; **bellum ~** sich zum Krieg rüsten; **ita comparatus** so beschaffen **2** ausrüsten, instand setzen; *passiv u.* **se ~** sich anschicken, sich bereit machen **3** *fig* erwerben **4** veranstalten; **interitum ~** den Untergang herbeiführen **5** *fig* anordnen
comparātē ADV vergleichsweise
comparātiō[1] ⟨ōnis⟩ F **1** Vergleich **2** Verhältnis **3** Übereinkunft **4** GRAM Steigerung
comparātiō[2] ⟨ōnis⟩ F **1** Vorbereitung, Zurüstung, Herstellung **2** Erwerb
comparātīvus ⟨a, um, *adv* comparātīvē⟩ ADJ GRAM im Komparativ stehend
com-parcere ⟨parcō, parsī, parsum 3.⟩ = **compercere**
compārēre ⟨eō, uī, - 2.⟩ erscheinen
com-pāscere ⟨pāscō, (pāvī), pāstum 3.⟩ gemeinsam weiden
compāscuus ⟨a, um⟩ ADJ gemeinsam beweidet
compassiō ⟨ōnis⟩ F Mitleid; Sympathie
compectum ⟨ī⟩ N = **compactum**
com-pectus ⟨a, um⟩ PPP → compacisci
compedīre ⟨iō, īvī, ītum 4.⟩ mit Fußfesseln fesseln
com-pēgī → compingere[1]
com-pellāre ⟨ō, āvī, ātum 1.⟩ **1** anrufen, ansprechen **2** anfahren, tadeln, beschimpfen, **aliquem fratricidem ~** j-n als Brudermörder **3** anklagen
compellātiō ⟨ōnis⟩ F **1** Anrede **2** lauter Vorwurf
com-pellere ⟨pellō, pulī, pulsum 3.⟩ **1** zusammentreiben, -drängen **2** hintreiben, zutreiben, jagen **3** *fig* in die Enge treiben **4** antreiben, nötigen
compendiāria ⟨ae⟩ F **1** abgekürztes Verfahren **2** direkter Weg
compendiārium ⟨ī⟩ N Richtung
compendiārius *u.* **compendiōsus** ⟨a, um⟩ ADJ Ersparnis bringend, abgekürzt
compendium ⟨ī⟩ N **1** Abkürzung; *bes* direkter Weg **2** Vorteil, Gewinn
compēnsāre ⟨ō, āvī, ātum 1.⟩ **1** gegeneinander abwiegen **2** *fig* aufwiegen, ausgleichen
compēnsātiō ⟨ōnis⟩ F Ausgleich
com-percere ⟨percō, persī, - 3.⟩ **1** zusammensparen **2** ersparen; **comperce me attrectare** fass mich nicht an!
com-perendināre ⟨ō, āvī, ātum 1.⟩ **1** den Urteilsspruch auf den übernächsten Tag verschieben **2** Vertagung auf den übernächsten Tag beantragen **3** zum zweiten Termin vorladen
comperendinātiō ⟨ōnis⟩ F *u.* **comperendinātus** ⟨ūs⟩ M Vertagung des Urteils auf den übernächsten Tag
★**com-perīre** ⟨periō, perī, pertum 4.⟩ *u.* **com-perīrī** ⟨perior, pertus sum 4.⟩ sicher erfahren
com-persī → compercere
com-pertus[1] ⟨a, um⟩ PPP → comperire
compertus[2] ⟨a, um, *adv* comperte⟩ ADJ **1** erfahren, vernommen **2** genau, zuverlässig
com-pēs ⟨pedis⟩ F Fußfessel; Fessel

C

com-pescere ⟨pescō, pescuī, - 3.⟩ in Schranken halten, beschränken, bändigen, unterdrücken; **sitim** ~ Durst stillen; **ramos** ~ Zweige beschneiden

com-petere ⟨ō, īvī *u.* iī, ītum 3.⟩ A V/T gemeinsam erstreben, zugleich erstreben B V/I 1 (*zeitl. u. örtl.*) zusammenfallen, **re** mit etw 2 fähig sein, ausreichen 3 zustehen, zukommen

competītor ⟨ōris⟩ M Mitbewerber

competītrīx ⟨īcis⟩ F Mitbewerberin

compīlāre ⟨ō, āvī, ātum 1.⟩ 1 plündern, berauben 2 *fig* ausbeuten

compīlātiō ⟨ōnis⟩ F 1 Plünderung 2 Ausbeute

compīlātor ⟨ōris⟩ M 1 Plünderer 2 Ausbeuter 3 Plagiator

com-pingere[1] ⟨pingō, pēgī, pāctum 3.⟩ 1 zusammenfügen, **trabes** Balken 2 hineintreiben, -stoßen; verstecken; **se in Apuliam** ~ sich in Apulien verstecken

com-pingere[2] ⟨pingō, pīnxī, - 3.⟩ 1 bemalen 2 *fig* bemäkeln

Compitālia ⟨um *u.* ōrum⟩ NPL Kompitalienfest *zu Ehren der Lares compitales, der Schutzgottheiten der Wegkreuzungen*

compitālicius ⟨a, um⟩ ADJ des Kompitalienfestes

compitālis ⟨e⟩ ADJ des Scheidewegs

compitum ⟨ī⟩ N Kreuzung, Scheideweg

com-placēre ⟨placeō, placuī *u.* placitus sum 2.⟩ gefallen, angenehm sein

com-plānāre ⟨ō, āvī, ātum 1.⟩ einebnen, niederreißen

★**com-plectī** ⟨plector, plexus sum 3.⟩ 1 umarmen, umschlingen 2 (*Hügel usw.*) umgeben, einschließen 3 *fig* zusammenfassen; mit einschließen; RHET zusammenfassend darstellen; PHILOS den Schluss ziehen 4 *fig* begreifen, erfassen 5 *fig* lieben 6 *fig* sich aneignen

complēmentum ⟨ī⟩ N *fig* Ergänzung

★**com-plēre** ⟨eō, ēvī, ētum 2.⟩ 1 vollständig anfüllen, ausfüllen, erfüllen 2 vervollständigen; **legiones** ~ Legionen auffüllen 3 beenden, abschließen

com-plētus[1] ⟨a, um⟩ PPP → complere

complētus[2] ⟨a, um⟩ ADJ vollständig

complexiō ⟨ōnis⟩ F 1 Verknüpfung, Verbindung 2 RHET Zusammenfassung 3 Schlusssatz, 4 Periode 5 Dilemma

★**complexus**[1] ⟨ūs⟩ M 1 das Umschließen, Umarmung 2 Umfang; **universi caeli** ~ Weltall 3 Verknüpfung

com-plexus[2] ⟨a, um⟩ PPERF → complecti

complexus[3] ⟨a, um⟩ ADJ 1 umschlossen 2 (*mlat.*) geflochten

com-plicāre ⟨ō, āvī *u.* uī, ātum *u.* itum 1.⟩ zusammenfalten

complicātus ⟨a, um⟩ ADJ unklar, verworren

com-plōrāre ⟨ō, āvī, ātum 1.⟩ zusammen beklagen, laut beklagen

complōrātiō ⟨ōnis⟩ F *u.* **complōrātus** ⟨ūs⟩ M gemeinsames Wehklagen, lautes Wehklagen

★**complūrēs** ⟨a *u. selten* ia, *gen* ium⟩ INDEF PR PL mehrere = einige

complūriē(n)s ADV mehrmals

compluvium ⟨ī⟩ N 1 Kompluvium, *Dachöffnung des röm. Hauses* 2 Säulenhof

★**com-pōnere** ⟨pōnō, posuī, positum 3.⟩ 1 zusammenstellen, -setzen, -legen 2 versammeln, vereinigen, zusammenziehen, **opes** Kräfte 3 (*Gegner*) gegenüberstellen 4 vergleichen, **parva magnis** Kleines mit Großem 5 (*Tempel*) bilden, gestalten, formen 6 (*schriftlich*) verfassen 7 ersinnen, **dolum** eine List 8 zurechtlegen, zurechtrücken, ordnen, lagern; **se** ~ sich zurechtmachen 9 Truppen aufstellen 10 verabreden; **societatem** ~ ein Bündnis vereinbaren 11 (*Streit*) beilegen, schlichten 12 beschwichtigen, beruhigen, versöhnen

com-portāre ⟨ō, āvī, ātum 1.⟩ zusammentragen, zusammenbringen

com-pos ⟨potis⟩ ADJ 1 teilhaftig, mit beteiligt 2 *einer Sache* mächtig; ~ **mentis suae** bei Sinnen

compositiō ⟨ōnis⟩ F 1 Zusammenstellung, -setzung, -fügung 2 Gestaltung, Anlage; ~ **aedium** Anordnung der Gebäude 3 Abfassung 4 RHET Wortstellung, Satzstellung, Periodenbau 5 Einigung, Aussöhnung, Vergleich

compositor ⟨ōris⟩ M 1 Ordner 2 Verfasser

com-positus[1] ⟨a, um⟩ PPP → componere

compositus[2] ⟨a, um, *adv* compositē⟩ ADJ 1 zusammengesetzt 2 (*Stad

Schlacht) geordnet, geregelt 3 (*Rede*) sorgfältig ausgearbeitet 4 (*Redner*) gemessen, gelassen 5 erdichtet, erlogen 6 (*Person*) geeignet 7 verabredet; **ex composito** gemäß Vereinbarung

com-posivēre → componere

com-postus ⟨a, um⟩ PPP → componere

com-posuī → componere

com-pōtātiō ⟨ōnis⟩ F Trinkgelage, Symposion; *rein lat.* → convivium

compotīre ⟨iō, īvī, ītum 4.⟩ teilhaftig machen, **aliquem re** j-n einer Sache; *passiv* sich bemächtigen, **re** einer Sache

om-pōtor ⟨ōris⟩ M Zechgenosse

om-prānsor ⟨ōris⟩ M Tischgenosse, Kumpan

om-precārī ⟨or, ātus sum 1.⟩ 1 beten, **deum** zu Gott 2 (an)wünschen

omprecātiō ⟨ōnis⟩ F das Anflehen, **deorum** der Götter

om-prehendere ⟨prehendō, prehendī, prehēnsum 3.⟩ 1 zusammenfassen, verbinden 2 umfassen, umschließen 3 *fig* in Worte fassen, darstellen; **numero ~** mit einer Zahl ausdrücken = zählen 4 anfassen, erfassen, ergreifen; **flammam ~** Feuer fangen 5 festnehmen, verhaften 6 besetzen; **epistulas ~** Briefe abfangen 7 entdecken; **aliquem furto ~** j-n beim Diebstahl ertappen 8 erfassen, wahrnehmen, begreifen, verstehen

omprehēnsibilis ⟨e⟩ ADJ fasslich

omprehēnsiō ⟨ōnis⟩ F 1 Zusammenfassung 2 RHET Periode, Satz; Ausdruck 3 PHILOS das Begreifen, Begriff 4 das Ergreifen, das Anfassen 5 Festnahme, Verhaftung

om-prehēnsus ⟨a, um⟩ PPP → comprehendere

omprēndere ⟨prēndō, prēndī, prēnsum 3.⟩ = **comprehendere**

om-pressī → comprimere

ompressiō ⟨ōnis⟩ F 1 das Zusammendrücken; Umarmung 2 *fig* gedrängte Darstellung

ompressus[1], *nur abl* ⟨ū⟩ M 1 das Zusammendrücken 2 das Umschließen

ompressus[2] ⟨a, um⟩ ADJ gedrängt, kurz

om-pressus[3] ⟨a, um⟩ PPP → comprimere

★**com-primere** ⟨primō, pressī, pressum 3.⟩ 1 zusammendrücken, -pressen, **manūs** die Hände 2 zerdrücken, zerquetschen 3 zusammendrängen; **ordines ~** die Reihen schließen 4 vergewaltigen **aliquam vi** eine Frau 5 hemmen, unterdrücken, niederschlagen, **tumultum** einen Aufruhr 6 (*Getreide*) zurückhalten 7 (*Nachricht*) geheim halten

com-probāre ⟨ō, āvī, ātum 1.⟩ 1 billigen, gutheißen, anerkennen, genehmigen; *passiv* Beifall finden 2 bestätigen

comprobātiō ⟨ōnis⟩ F Anerkennung

comprōmissum ⟨ī⟩ N Übereinkunft

com-prōmittere ⟨mittō, mīsī, missum 3.⟩ übereinkommen

compsī → comere

compsissumē ADV höchst witzig

cōmptiōnālis ⟨e⟩ ADJ = **coemptionalis**

cōmptus[1] ⟨ūs⟩ M 1 Zusammenfügung 2 das Schmücken 3 PL Haar, Locken

cōmptus[2] ⟨a, um⟩ PPP → comere

com-pulī → compellere

com-pulsus ⟨a, um⟩ PPP → compellere

com-pungere ⟨pungō, pūnxī, pūnctum 3.⟩ 1 zerstechen; tätowieren 2 *passiv* Gewissensbisse empfinden

★**com-putāre** ⟨ō, āvī, ātum 1.⟩ zusammenrechnen, berechnen

computātiō ⟨ōnis⟩ F 1 Berechnung 2 PL das Rechnen 3 *fig* Knauserei

computātor ⟨ōris⟩ M Rechner

Cōmum ⟨ī⟩ N *Stadt in Oberitalien, am lacus Larius (Comersee), heute Como*

con- = **com-**, *nur in Zusammensetzungen*

cōnāmen ⟨inis⟩ N 1 Bemühung, Versuch 2 Stütze

★**cōnārī** ⟨or, ātus sum 1.⟩ versuchen, wagen, unternehmen

cōnātum ⟨ī⟩ N, *meist* PL, *u.* **cōnātus** ⟨ūs⟩ M 1 Versuch, Unternehmen, Wagnis 2 Bemühen, Anstrengung, Eifer 3 Trieb, Drang

con-b... = **com-b...**

con-cacāre ⟨ō, āvī, ātum 1.⟩ beschmutzen

con-caedēs ⟨is⟩ F *meist* PL Verhau

con-calefacere ⟨faciō, fēcī, - 3.⟩, *passiv* ⟨fierī, fīō, factus sum 0.⟩ erwärmen, zum Schwitzen bringen; **concalefactus** ⟨a, um⟩ ADJ wärmehaltig

C

con-calēre ⟨eō, -, - 2.⟩ ganz warm sein

con-calēscere ⟨calēscō, caluī, - 3.⟩ sich erwärmen, sich erhitzen

con-calfacere ⟨faciō, fēcī, - 3.⟩ = **concalefacere**

con-callēscere ⟨callēscō, calluī, - 3.⟩ 1 Schwielen bekommen 2 *fig* stumpf werden 3 *fig* gewandt werden

con-camerāre ⟨ō, āvī, ātum 1.⟩ überwölben

Concanī ⟨ōrum⟩ MPL *barbarischer Stamm in Spanien*

con-castīgāre ⟨ō, āvī, ātum 1.⟩ züchtigen, hart bestrafen

con-cavāre ⟨ō, āvī, ātum 1.⟩ aushöhlen, krümmen

con-cavus ⟨a, um⟩ ADJ hohl, gekrümmt; **speculum concavum** Hohlspiegel

★**con-cēdere** ⟨cēdō, cessī, cessum 3.⟩ A V/I 1 weggehen, sich entfernen, abziehen; **vitā ~** sterben 2 hingehen, sich begeben; **in hiberna ~** ins Winterlager ziehen 3 weichen; nachgeben B V/T 1 überlassen, abtreten 2 erlauben, gestatten 3 zugestehen, zugeben 4 opfern, aufgeben; **tertiam partem pretii ~** auf ein Drittel des Preises verzichten 5 verzeihen 6 *j-m* zuliebe begnadigen, *alicui*; **Marcellum senatui ~** den Marcellus dem Senat zuliebe begnadigen

con-celebrāre ⟨ō, āvī, ātum 1.⟩ 1 beleben 2 festlich begehen, feiern 3 lebhaft betreiben 4 überall bekannt machen, ausposaunen; preisen, verherrlichen, **victoriam** den Sieg

concēnātiō ⟨ōnis⟩ F Gastmahl

concentiō ⟨ōnis⟩ F Einklang, Harmonie

con-centuriāre ⟨ō, -, - 1.⟩ *scherz* aufhäufen; wecken

con-centus[1] ⟨a, um⟩ PPP → concinere

concentus[2] ⟨ūs⟩ M 1 das Zusammensingen, Chorgesang 2 Musik; Harmonie 3 *fig* Eintracht, Übereinstimmung

concēpī → concipere

conceptiō ⟨ōnis⟩ F 1 Empfängnis 2 (*von Texten*) Abfassung

conceptum ⟨ī⟩ N Embryo

con-ceptus[1] ⟨a, um⟩ PPP → concipere

conceptus[2] ⟨ūs⟩ M 1 das Fassen, das Ergreifen; **~ camini** Feuersbrunst 2 Empfängnis; Embryo

con-cerpere ⟨cerpō, cerpsī, cerptum 3.⟩ 1 zerpflücken, zerreißen 2 *fig* kritisieren

con-certāre ⟨ō, āvī, ātum 1.⟩ streiten, kämpfen

concertātiō ⟨ōnis⟩ F Streit, Disput

concertātor ⟨ōris⟩ M Nebenbuhler, Rivale

con-cessāre ⟨ō, āvī, ātum 1.⟩ aufhören, nachlassen

con-cessī → concedere

concessiō ⟨ōnis⟩ F 1 Zugeständnis, Bewilligung, Vergünstigung 2 Straferlass

con-cessus[1] ⟨a, um⟩ PPP → concedere

concessus[2], *abl* ⟨ū⟩ M Zugeständnis, Bewilligung; **concessu** mit Erlaubnis

concha ⟨ae⟩ F 1 Muschel, Schnecke *mit der Schale* 2 Muschelschale 3 Perle, Perlmutt 4 Purpurschnecke; Purpur 5 Büchse, Schale 6 Tritonshorn

concheus ⟨a, um⟩ ADJ Muschel…

conchis ⟨is⟩ F Bohnen mit Schale

conchīta ⟨ae⟩ M Muschelsammler

conchȳliātī ⟨ōrum⟩ MPL die in Purpur gekleideten Reichen

conchȳliātus ⟨a, um⟩ ADJ purpurfarben

conchȳlium ⟨ī⟩ N 1 Auster 2 Purpurschnecke; Purpur(farbe) 3 Purpurkleid

★**con-cidere**[1] ⟨cidō, cidī, - 3.⟩ 1 (*Turm usw.*) zusammenfallen, einstürzen; niederstürzen 2 (*Person*) fallen, gestürzt werden, unterliegen 3 *fig* sinken, schwinden, zugrunde gehen, an Geltung verlieren; **bellum concidit** der Krieg geht zu Ende; **ventus concidit** der Wind legt sich

con-cīdere[2] ⟨cīdō, cīdī, cīsum 3.⟩ 1 niederschlagen, zusammenhauen 2 in Stücke hauen, zerschneiden; **ligna** Holz hacken 3 durchprügeln, verhauen, **virgis** mit Ruten 4 *fig* zugrunde richten, vernichten, **auctoritatem alicuius** j-s Einfluss 5 RHET zergliedern, zerstücke[ln]

con-ciēre ⟨cieō, cīvī, citum 2.⟩ 1 herbeirufen, versammeln 2 MIL aufbieten 3 in (rasche) Bewegung setzen, antreiben 4 (*Bürger*) aufregen, aufreizen 5 (*Leidenschaft*) erregen, erzeugen, hervorrufen

conciliābulum ⟨ī⟩ N Versammlungsplatz, Marktplatz, Gerichtsstätte; **damni** ~ Lasterhöhle

conciliāre ⟨ō, āvī, ātum 1.⟩ 1 zusammenbringen, verbinden 2 geneigt machen, gewinnen; **sibi legiones pecuniā** ~ die Legionen mit Geld für sich gewinnen 3 empfehlen, schmackhaft machen 4, zustande bringen; **pacem** ~ Frieden stiften 5 verkuppeln

conciliātiō ⟨ōnis⟩ F 1 Verbindung, Vereinigung 2 Gewinnung der Herzen *der Zuhörer* 3 Geneigtheit 4 Erwerb

conciliātor ⟨ōris⟩ M Vermittler, Stifter, Urheber; *pej* Kuppler

conciliātrīcula ⟨ae⟩ F Vermittlerin

conciliātrīx ⟨īcis⟩ F Vermittlerin, Stifterin, Urheberin; *pej* Kupplerin

conciliātūra ⟨ae⟩ F Kuppelei

conciliātus ⟨a, um⟩ ADJ 1 beliebt, befreundet, **alicui** bei j-m, mit j-m 2 geneigt

oncilium ⟨ī⟩ N 1 Vereinigung, Verbindung 2 Zusammenkunft 3 Versammlung, Verein, Kreis 4 politische Versammlung 5 (*eccl.*) Versammlung der Bischöfe, Konzil

on-cinere ⟨cinō, cinuī, centum 3.⟩ A VI 1 zusammen singen, zugleich ertönen; mit der Flöte begleiten 2 *fig* übereinstimmen, harmonieren B VT 1 zugleich anstimmen 2 prophezeien 3 besingen, preisen

oncinnāre ⟨ō, āvī, ātum 1.⟩ 1 kunstgerecht zusammenfügen, zusammensetzen 2 anrichten, anstiften, erzeugen 3 zu *etw* machen; **hominem insanum verbis suis** ~ einen Menschen mit seinen Worten verrückt machen

oncinnitās ⟨ātis⟩ F 1 RHET kunstgerechte Verbindung *von Gedanken u. Worten* 2 Kunst der Darstellung

oncinnus ⟨a, um, *adv* concinnē⟩ ADJ u. ⟨concinniter⟩ 1 kunstgerecht zusammengefügt, zierlich, elegant 2 RHET harmonisch, abgerundet 3 (*Person*) gefällig

on-cipere ⟨cipiō, cēpī, ceptum 3.⟩ 1 zusammenfassen, **re** in etw 2 (*Eid, Bitte*) formulieren, feierlich vortragen 3 auffangen, in sich aufnehmen; **aquam** ~ Wasser aufsaugen 4 (*Samen*) empfangen, schwanger werden; trächtig werden; *passiv* gezeugt werden 5 erfassen, erkennen 6 (*Gefühle*) empfinden, fühlen 7 den Entschluss fassen; **mente** ~ geistig erfassen 8 auf sich laden, sich *etw* zuziehen, **dedecus** Schande; *passiv* entstehen 9 begehen, **scelus** ein Verbrechen

con-cipilāre ⟨ō, āvī, ātum 1.⟩ fassen

con-cīre ⟨ciō, cīvī *u.* ciī, cītum 4.⟩ = **conciere**

concīsiō ⟨ōnis⟩ F RHET Zerstückelung der Sätze

concīsūra ⟨ae⟩ F Zerteilung, Verteilung

concīsus[1] ⟨a, um⟩ PPP → concidere[2]

concīsus[2] ⟨a, um, *adv* concīsē⟩ ADJ 1 sich kurzfassend 2 kurz gefasst

concitāmentum ⟨ī⟩ N Reizmittel

★**concitāre** ⟨ō, āvī, ātum 1.⟩ 1 rasch bewegen, schwingen, schleudern, treiben, jagen; **se** ~ sich stürzen, **in hostem** auf den Feind; **spiritum** ~ keuchen 2 (*Person*) herbeirufen, aufbieten 3 antreiben, aufwiegeln, erbittern 4 (*Stimmung*) erregen, erzeugen, hervorrufen; *passiv* entstehen; **risum** ~ Gelächter auslösen; **odium** ~ Hass erregen; **discordiam** ~ Zwietracht säen

concitātiō ⟨ōnis⟩ F 1 rasche Bewegung 2 *fig* Auflauf, Aufruhr, Tumult 3 *fig* Aufregung, Leidenschaft

concitātor ⟨ōris⟩ M Aufwiegler; Anstifter

concitātus ⟨a, um⟩ ADJ 1 beschleunigt, hastig, rasch, eilend; **equo concitato** im Galopp 2 *fig* aufgeregt, erregt, heftig

concitor ⟨ōris⟩ M = **concitator**

con-clāmāre ⟨ō, āvī, ātum 1.⟩ 1 zusammenrufen 2 laut schreien; **gaudio** ~ Freudengeschrei erheben 3 **vasa** ~ MIL das Kommando „Packen" ausrufen = den Befehl zum Abmarsch geben 4 bejammern, beklagen; **conclamatum est** es ist vorbei

conclāmātiō ⟨ōnis⟩ F lautes Geschrei, lauter Zuruf

con-clāmitāre ⟨ō, āvī, ātum 1.⟩ laut rufen, schreien

★**conclāve** ⟨is⟩ N 1 Raum; Zimmer 2 (*eccl.*) Kardinalsversammlung zur Papstwahl

★**con-clūdere** ⟨clūdō, clūsī, clūsum 3.⟩

C

1 einschließen, einsperren 2 abschließen, absperren; **mare conclusum** Binnenmeer 3 *fig* einengen 4 *fig* (systematisch) zusammenfassen; *passiv* mit inbegriffen sein 5 abschließen, zum Abschluss bringen 6 RHET rhythmisch abrunden 7 PHILOS logisch folgern, beweisen

conclūsē ADV RHET (rhythmisch) abgerundet

con-clūsī → concludere

conclūsiō ⟨ōnis⟩ F 1 Einschluss, Blockade 2 *fig* Schluss, Abschluss, letzter Teil, **orationis** einer Rede 3 PHILOS Schlussfolgerung 4 RHET rhythmische Abrundung 5 Gefangenschaft

conclūsiuncula ⟨ae⟩ F schwacher Schluss, lächerlicher Trugschluss

conclūsum ⟨ī⟩ N Folgerung

con-clūsus ⟨a, um⟩ PPP → concludere

con-comitātus ⟨a, um⟩ ADJ begleitet

con-coquere ⟨coquō, coxī, coctum 3.⟩ 1 zusammenkochen 2 gar kochen 3 verdauen 4 (*Bemerkung*) dulden, ertragen 5 *fig* reiflich überlegen; **consilia** ~ Pläne schmieden

concordāre ⟨ō, āvī, ātum 1.⟩ einig sein, übereinstimmen, harmonieren

★**concordia** ⟨ae⟩ F 1 Eintracht, Einigkeit, Harmonie, **alicuius** j-s *od.* mit j-m; ~ **equestris** Eintracht unter den Rittern 2 Freund 3 **Concordia** ⟨ae⟩ *f Göttin der Eintracht*

con-cors ⟨cordis, *adv* concorditer⟩ ADJ einig, einträchtig, übereinstimmend

con-crēbrēscere ⟨crēbrēscō, crēbruī, - 3.⟩ mit *etw* zunehmen, *cum re*

con-crēdere ⟨crēdō, crēdidī, crēditum 3.⟩ anvertrauen, mitteilen

con-cremāre ⟨ō, āvī, ātum 1.⟩ völlig verbrennen, **naves** Schiffe

con-crepāre ⟨ō, uī, - 1.⟩ A V/I stark tönen, dröhnen, knarren; **digitis** ~ mit den Fingern schnalzen; **si digitis concrepuerit** auf den ersten Wink B V/T ertönen lassen

con-crēscere ⟨crēscō, crēvī, crētum 3.⟩ 1 in sich zusammenwachsen, sich verdichten, gerinnen, erstarren 2 sich verdunkeln 3 sich bilden, entstehen

concrētiō ⟨ōnis⟩ F Verdichtung; Körperlichkeit; ~ **mortalis** vergänglicher Stoff

concrētus ⟨a, um⟩ ADJ 1 verdichtet, geronnen, erstarrt; **lac concretum** geronnene Milch 2 zusammengesetzt, bestehend, **ex re** aus etw 3 *fig* tief wurzelnd, anhaftend

con-crīminārī ⟨or, ātus sum 1.⟩ heftige Klage führen, **aliquam** über eine Frau

concubīna ⟨ae⟩ F 1 Konkubine 2 Freundin 3 Freudenmädchen 4 Hetäre

concubīnātus ⟨ūs⟩ M 1 nichteheliche Lebensgemeinschaft 2 Konkubinat, Ehe minderen Rechts

concubīnus ⟨ī⟩ M im Konkubinat lebender Mann, Liebhaber

con-cubitus ⟨ūs⟩ M 1 das Platznehmen *bei Tisch* 2 Geschlechtsverkehr

concubium ⟨ī⟩ N 1 Zeit des tiefsten Schlafes 2 tiefe Nacht

concubius ⟨a, um⟩ ADJ zur Zeit des tiefsten Schlafes; **concubiā nocte** in tiefer Nacht

con-culcāre ⟨ō, āvī, ātum 1.⟩ 1 niedertreten 2 *fig* misshandeln 3 *fig* missachten, verachten

con-cumbere ⟨combō, cubuī, cubitum 3.⟩ 1 sich niederlegen 2 mit *j-m* schlafen

con-cupīscere ⟨cupīscō, cupīvī *u.* cupiī, cupītum 3.⟩ lebhaft begehren, verlangen

con-cūrāre ⟨ō, āvī, ātum 1.⟩ besorgen

★**con-currere** ⟨currō, currī *u.* cucurrī, cursum 3.⟩ 1 zusammenlaufen, zusammenströmen, **ad fanum** beim Tempel, **foro** auf dem Forum 2 (*im Kampf*) zusammenstoßen, -treffen; aneinandergeraten 3 **ōs concurrit** der Mund schließt sich 4 (*Person*) anstürmen, angreifen 5 (*Zustand*) hereinbrechen 6 (*zeitl.*) zusammentreffen, zugleich stattfinden

con-cursāre ⟨ō, āvī, ātum 1.⟩ A V/I 1 hin und her laufen, umherlaufen, hin und her wogen 2 MIL hier und dort angreifen B V/T bereisen, besuchen

con-cursātiō ⟨ōnis⟩ F 1 das Zusammenlaufen, das Umherlaufen, das Umherreisen 2 MIL Geplänkel 3 Verlauf

concursiō ⟨ōnis⟩ F 1 das Zusammentreffen, das Zusammenstoßen 2 RHET Verflechtung, *Wiederholung eines Wortes am Anfang u. am Schluss von Sätzen*

concursum PPP → concurrere

concursus ⟨ūs⟩ M 1 das Zusammenlaufen, das Zusammenströmen; ~ **hominum in forum** das Zusammenströmen von Menschen auf dem Forum; Auflauf 2 *fig* Zusammenwirken, **studiorum** von Bemühungen 3 Zusammenstoß, Angriff, **exercituum** der Heere

:on-cussī → concutere

:oncussiō ⟨ōnis⟩ F Erschütterung; Erdbeben

:on-cussus[1] ⟨a, um⟩ PPP → concutere

:oncussus[2] ⟨ūs⟩ M Erschütterung

on-custōdīre ⟨iō, īvī, ītum 4.⟩ bewachen

:on-cutere ⟨cutiō, cussī, cussum 3.⟩ 1 heftig schütteln, schleudern 2 (*Erde*) erschüttern 3 *fig* erschrecken; aufrütteln, anspornen 4 *fig* zerrütten, schwächen, **rem publicam** das Staatswesen 5 **se** ~ *fig* sich gewissenhaft prüfen

ondalium ⟨ī⟩ N kleiner *von Sklaven getragener* Ring

on-decēre ⟨decet, decuit, - 2.⟩ sich gehören, **aliquem** für j-n

on-decōrāre ⟨ō, āvī, ātum 1.⟩ sorgfältig schmücken

on-demnāre ⟨ō, āvī, ātum 1.⟩ 1 schuldig sprechen, verurteilen, **iniuriarum** wegen Freveltaten, **de vi** wegen Gewalttätigkeit, **capitis/capite** zum Tode 2 *fig* missbilligen, tadeln 3 *als Ankläger* die Verurteilung durchsetzen

ondemnātiō ⟨ōnis⟩ F Verurteilung; *eccl.*) Verdammnis

on-dēnsāre ⟨ō, āvī, ātum 1.⟩ *u.*

:ondēnsēre ⟨eō, -, - 2.⟩ dicht zusammendrängen

on-dēnsus ⟨a, um⟩ ADJ sehr dicht, 'icht gedrängt; ~ **arboribus** dicht bewaldet

on-dere ⟨dō, didī, ditum 3.⟩ 1 *Stadt*) erbauen, gründen 2 *fig* begrünlen, schaffen 3 (*Gesetz*) verfassen 4 *Taten*) besingen 5 (*Vorräte*) aufbewahen 6 einsperren 7 (*Tote*) beisetzen, betatten 8 verbringen, verleben 9 verenken, verstecken, verbergen; *passiv* . **se** ~ sich verstecken, verschwinden 0 (*Waffe*) tief hineinbohren

on-dīcere ⟨dīcō, dīxī, dictum 3.⟩ 1 erabreden, festsetzen, **alicui** mit j-m sich als Gast ansagen

★**condiciō** ⟨ōnis⟩ F 1 Aufgabe, Bestimmung, Beruf 2 Verhältnis, Lage, Zustand, Stellung, Stand, Beschaffenheit; **bonā condicione** unter günstigen Verhältnissen 3 Verabredung, Übereinkunft, Vertrag 4 Bedingung; Vorschlag, Antrag; **nullā condicione** unter keiner Bedingung; **condiciones ferre** Bedingungen stellen 5 Heiratsvertrag, „Partie"

con-dictiō ⟨ōnis⟩ F Verabredung

condīgnus ⟨a, um, *adv* condīgnē⟩ ADJ würdig; angemessen

condīmentum ⟨ī⟩ N 1 Gewürz 2 *fig* Würze

condīre ⟨iō, īvī, ītum 4.⟩ 1 würzen, lecker zubereiten 2 *fig* ansprechend machen, mildern 3 einlegen, **oleas** Oliven 4 einbalsamieren, **mortuos** Tote

con-discere ⟨discō, didicī, - 3.⟩ sorgfältig (er)lernen

condiscipula ⟨ae⟩ F Mitschülerin

condiscipulātus ⟨ūs⟩ M Schulfreundschaft

con-discipulus ⟨ī⟩ M Mitschüler

condītiō[1] ⟨ōnis⟩ F das Würzen, das Einlegen

conditiō[2] ⟨ōnis⟩ F = **condicio**

conditīvum ⟨ī⟩ N Grab

conditīvus ⟨a, um⟩ ADJ zum Einlegen bestimmt/geeignet

conditor ⟨ōris⟩ M 1 Gründer; Stifter, Urheber, Schöpfer 2 Verfasser

conditūra[1] ⟨ae⟩ F Fertigung, Anfertigung

condītūra[2] ⟨ae⟩ F das Einlegen *von Früchten*; (leckere) Zubereitung

con-ditus[1] ⟨a, um⟩ PPP → condere

con-dītus[2] ⟨a, um⟩ PPP → condire

condītus[3] ⟨a, um⟩ ADJ 1 gewürzt, schmackhaft 2 ansprechend

condoce-facere ⟨faciō, fēcī, factum 3.⟩ belehren, abrichten, anleiten

con-docēre ⟨doceō, docuī, doctum 2.⟩ einüben, abrichten

con-dolēre ⟨eō, uī, - 2.⟩ 1 Schmerz empfinden 2 Mitleid haben

con-dolēscere ⟨dolēscō, doluī, - 3.⟩ 1 schmerzen, wehtun 2 leiden

con-dōnāre ⟨ō, āvī, ātum 1.⟩ 1 *j-m etw* schenken, *j-n* mit *etw* beschenken, *alicui aliquid* 2 (*Schulden*) erlassen 3 überlassen, preisgeben, opfern 4 (*Ver-*

gehen) vergeben, verzeihen **5** *j-m* zuliebe ungestraft lassen, begnadigen; **praeterita fratri ~** das Vergangene dem Bruder zuliebe ungestraft lassen

condōnātiō ⟨ōnis⟩ F das Verschenken, Schenkung

con-dormīscere ⟨dormīscō, dormīvī, - 3.⟩ einschlafen

★**con-dūcere** ⟨dūcō, dūxī, ductum 3.⟩ **A** V/T **1** zusammenführen, versammeln; vereinigen, zusammenfassen, **in unum locum** an einem Ort **2** mieten, pachten **3** in Dienst nehmen, anwerben; **aliquem ~, ut** j-n dazu bringen, dass **4** gegen Entgelt übernehmen **B** V/I **condūcit** es nützt, es ist zuträglich, **saluti tuae** deinem Wohl

condūcibilis ⟨e⟩ ADJ zuträglich

conductī ⟨ōrum⟩ MPL die Söldner

conductīcius ⟨a, um⟩ ADJ gemietet, Miet..., Söldner...

conductiō ⟨ōnis⟩ F **1** RHET Zusammenfassung **2** das Mieten, das Pachten

conductor ⟨ōris⟩ M **1** Mieter, Pächter **2** Unternehmer

conductum ⟨ī⟩ N Mietwohnung

con-ductus ⟨a, um⟩ PPP → conducere

con-duplicāre ⟨ō, āvī, ātum 1.⟩ verdoppeln; **corpora ~** sich umarmen

conduplicātiō ⟨ōnis⟩ F **1** Verdoppelung **2** *scherz* Umarmung

con-dūrāre ⟨ō, āvī, ātum 1.⟩ härten

condus ⟨ī⟩ M Verwalter der Vorräte; Haushofmeister

con-dūxī → conducere

cō-nectere ⟨nectō, nex(u)ī, nexum 3.⟩ **1** zusammenfügen, zusammenknüpfen, verflechten, **crines** die Haare **2** *fig* verknüpfen, verbinden, verwickeln **3** RHET verknüpfen, **sententias** Sätze **4** PHILOS als Schlusssatz anfügen

cōnexiō ⟨ōnis⟩ F **1** Verbindung, Verknüpfung **2** logische Schlussreihe

cōnexum ⟨ī⟩ N logische Schlussfolge

cō-nexus[1] ⟨a, um⟩ PPP → conectere

cōnexus[2] ⟨a, um⟩ ADJ **1** nahe verwandt, verschwägert, **Caesari** mit Caesar **2** mit verwickelt

cōnexus[3] ⟨ūs⟩ M Verknüpfung, Verbindung

cōn-fābulārī ⟨or, ātus sum 1.⟩ **A** V/I plaudern **B** V/T besprechen

cōnfarreāre ⟨ō, āvī, ātum 1.⟩ eine feierliche Ehe eingehen; → confarreatio

cōnfarreātiō ⟨ōnis⟩ F Konfarreationsehe, *feierlichste Form der röm. Eheschließung unter Opferung eines Schafes u. Darbringung eines Dinkelkuchens (= farreum libum) als Opfergabe*

cōn-fātālis ⟨e⟩ ADJ an das gleiche Schicksal gebunden

cōn-fēcī → conficere

cōnfectiō ⟨ōnis⟩ F **1** Anfertigung, Herstellung; **~ libri** Abfassung eines Buches **2** Beendigung, **belli** des Krieges **3** Eintreibung, **tributi** des Tributs **4** Vernichtung, Zerstörung

cōnfector ⟨ōris⟩ M **1** Vollbringer, Vollender **2** *pej* Zerstörer

cōn-fectus ⟨a, um⟩ PPP → conficere

cōn-ferbuī → confervescere

cōn-fercīre ⟨ferciō, fersī, fertum 4.⟩ vollstopfen; dicht zusammendrängen

★**cōn-ferre** ⟨conferō, contulī, collātum 0.⟩ **1** zusammentragen, -bringen **2** zusammenfassen; *passiv* sich konzentrieren; **in pauca ~** sich kurzfassen **3** einander nahebringen; zum Kampf bringen **arma/manum/signa ~ cum aliquo** j-angreifen **4** *(Geld)* aufbringen, eintreiben **5** zu *etw* beitragen, *einer Sach*dienlich sein **6** vergleichen, **parva magnis ~** Kleines mit Großem vergleichen **confer** *Hinweis auf eine andere Seite* vergleiche, **7** *(zu einem Ort)* hinbringen, hinschaffen, versetzen, verlegen **8 se ~** sich begeben; **se ~ in fugam** sich flüchten **9 se ~** sich widmen, sich anschließen **10** verschieben, **in aliud tempus** auf einen anderen Zeitpunkt **11** übergehen lassen, verwandeln **12** zukommen lassen, zuschreiben, unterstellen, **13** *seine Gedanken* auf *etw* richten **ad philosophiam** auf die Philosophi**14** aufwenden, verwenden

cōn-fersī → confercire

cōnfertim ADV dicht gedrängt, geschlossen

cōn-fertus[1] ⟨a, um⟩ PPP → confercire

cōnfertus[2] ⟨a, um⟩ ADJ **1** (gestopft voll, angefüllt, **re** mit etw **2** zusammengedrängt, dicht

cōn-fervefacere ⟨iō, -, - 3.⟩ zum Schmelzen bringen

cōn-fervēscere ⟨fervēscō, ferbuī,

3.〉 1 heiß werden, sich erhitzen 2 *fig* erglühen, entbrennen

cōnfessiō 〈ōnis〉 F Geständnis, Bekenntnis

cōn-fessus 〈a, um〉 PPERF → confiteri

cōnfestim ADV eilig, sofort

cōn-ficere 〈ficiō, fēcī, fectum 3.〉 1 zustande bringen, herstellen, anfertigen 2 schaffen, erzeugen 3 aufbringen, verschaffen 4 schreiben, abfassen 5 (*Geschäft*) abschließen; **pretium ~** den Preis festsetzen; **rationem ~** eine Rechnung aufstellen 6 ausführen, vollenden; *passiv* zu Ende gehen; **bellum ~** den Krieg beenden 7 (*Zeit*) verbringen; *passiv* vergehen 8 PHILOS folgern, schließen; **ex quo conficitur, ut** daraus folgt, dass 9 zerkauen; verdauen, **cibum** Nahrung 10 *fig* aufreiben; erschöpfen; *passiv* vergehen, erschöpft werden 11 *fig* vergeuden; **patrimonium** das väterliche Erbe 12 *fig* töten 13 *fig* unterwerfen, besiegen

ōnficiēns 〈entis〉 ADJ zustande bringend, bewirkend, **alicuius rei** etw

ōnfictiō 〈ōnis〉 F Erdichtung

ōnfīdēns 〈entis, *adv* cōnfīdenter〉 ADJ 1 zuversichtlich, mutig 2 *pej* frech, dreist, unverschämt

ōnfīdentia 〈ae〉 F 1 Zuversicht; Selbstvertrauen 2 Dreistigkeit, Unverschämtheit

ōnfīdentiloquus 〈a, um〉 ADJ großsprecherisch, prahlerisch

ōn-fīdere 〈fīdō, fīsus sum 3.〉 1 vertrauen, sich verlassen, **alicui** auf j-n, **(de) re** auf etw; **confisus** im Vertrauen auf j-n/etw 2 zuversichtlich hoffen, sich seiner Sache sicher sein

ōn-fierī 〈fīō, - 0.〉 = **confici**; → conficere; ausgeführt werden, zustande kommen, geschehen

ōn-fīgere 〈fīgō, fīxī, fīxum 3.〉 1 zusammenheften, -fügen 2 durchbohren 3 *fig* lähmen

ōn-findere 〈ō, -, - 3.〉 zerspalten

ōn-fingere 〈fingō, fīnxī, fictum 3.〉 erdichten, ersinnen

ōn-fīnis 〈e〉 ADJ 1 angrenzend, benachbart 2 *fig* verwandt

ōnfīnium 〈ī〉 N 1 Grenzgebiet; Grenzlinie, Grenze 2 *fig*; Zwischenraum

ōn-firmāre 〈ō, āvī, ātum 1.〉 1 befestigen 2 stärken, kräftigen, sichern; *passiv* erstarken, sich erholen 3 *fig* festigen, **amicitiam** die Freundschaft 4 (*Beschluss*) bestätigen, für gültig erklären 5 *fig* ermutigen, trösten; **animos militum ~** den Soldaten Mut machen 6 *fig* behaupten

cōnfirmātiō 〈ōnis〉 F 1 *fig* Befestigung, **libertatis** der Freiheit 2 Beruhigung, Ermutigung; Trost 3 Bestätigung 4 RHET Begründung, Beweis

cōnfirmātor 〈ōris〉 M Bürge

cōnfirmātus 〈a, um, *adv* cōnfirmātē〉 ADJ 1 mutig 2 glaubwürdig, bestätigt

cōnfirmitās 〈ātis〉 F Halsstarrigkeit

cōn-fiscāre 〈ō, āvī, ātum 1.〉 1 in der Kasse aufheben 2 für die kaiserliche Kasse einziehen

cōnfīsiō 〈ōnis〉 F Vertrauen

cōn-fīsus 〈a, um〉 PPERF → confidere

★**cōn-fitērī** 〈fiteor, fessus sum 2.〉 1 bekennen, gestehen, **culpam** seine Schuld 2 anerkennen, **deum** als Gott 3 *fig* verraten, offenbaren

cōn-flagrāre 〈ō, āvī, ātum 1.〉 V/I verbrennen, in Flammen stehen

cōnflagrātiō 〈ōnis〉 F das Auflodern; Ausbruch, **Vesuvii montis** des Vesuv

★**cōn-flāre** 〈ō, āvī, ātum 1.〉 1 anfachen, **incendium** einen Brand 2 *fig* schüren, anstiften, **seditionem** einen Aufstand 3 einschmelzen; *fig* verschmelzen 4 (*Geld*) prägen 5 (*Heer*) zusammenbringen, vereinigen 6 *fig* schmieden, aushecken, **crimen** ein Verbrechen

cōn-flīctāre 〈ō, āvī, ātum 1.〉 A V/T heftig zusammenschlagen, zusammenstoßen; zerrütten; *passiv* hart bedrängt werden, zu kämpfen haben; **rem publicam ~** den Staat zerrütten B V/I sich herumschlagen

cōnflīctiō 〈ōnis〉 F 1 Zusammenstoß 2 *fig* Streit, Konflikt

cōn-flīctus[1] 〈a, um〉 PPP → confligere

cōnflīctus[2] 〈ūs〉 M Zusammenstoß, Kampf

★**cōn-flīgere** 〈flīgō, flīxī, flīctum 3.〉 A V/T zusammenbringen, vereinigen B V/I 1 zusammenstoßen; in Kampf geraten, kämpfen; **naves inter se confligunt** die Schiffe stoßen zusammen 2 *fig* streiten

cōnfluēns 〈entis〉 M *u.* **cōnfluen-**

tēs ⟨ium⟩ MPL Zusammenfluss

Cōnfluentēs ⟨ium⟩ MPL *Stadt an der Mündung der Mosel in den Rhein, heute Koblenz*

cōn-fluere ⟨fluō, flūxī, - 3.⟩ **1** zusammenfließen **2** *fig* zusammenströmen, -kommen, sich einfinden

cōn-fodere ⟨fodiō, fōdī, fossum 3.⟩ **1** umgraben, **hortum** den Garten **2** durchbohren **3** *fig* zu Boden schlagen, vernichten **4** streichen, tilgen

cōnfore → confuit

cōn-fōrmāre ⟨ō, āvī, ātum 1.⟩ **1** bilden, formen, gestalten **2** *fig* ausbilden

cōnfōrmātiō ⟨ōnis⟩ F **1** Gestaltung, Bildung; ~ **verborum** richtige Wortstellung **2** PHILOS Vorstellung, Begriff **3** ~ **sententiarum** RHET Redefigur

cōnfossior ⟨ius⟩ ADJ *komp* noch tiefer durchbohrt

cōn-frāctus ⟨a, um⟩ PPP → confringere

cōnfragōsa ⟨ōrum⟩ NPL holperige Stellen

cōn-fragōsus ⟨a, um⟩ ADJ uneben, holperig

confrater ⟨tris⟩ M Mitbruder

cōn-frēgī → confringere

cōn-fremere ⟨ō, uī, - 3.⟩ **1** gemeinsam murren **2** *fig* erbrausen

cōn-fricāre ⟨ō, uī, ātum 1.⟩ **1** einreiben **2** *fig* bittend umfassen, **genua** die Knie

cōn-fringere ⟨fringō, frēgī, frāctum 3.⟩ **1** zerbrechen; **fores caedendo** ~ die Tür einschlagen **2** *fig* zunichte machen **3** vergeuden

cōn-fūdī → confundere

★**cōn-fugere** ⟨fugiō, fūgī, - 3.⟩ (sich) flüchten, seine Zuflucht nehmen

cōnfugium ⟨ī⟩ N Zufluchtsort, Zuflucht

cōn-fuit, *inf fut* ⟨cōnfutūrum (esse) *u.* cōnfore⟩ es trat zugleich ein, es war zugleich; es gelang

cōn-fulcīre ⟨fulciō, -, fultum 4.⟩ fest stützen

cōn-fulgēre ⟨eō, -, - 2.⟩ erglänzen

★**cōn-fundere** ⟨fundō, fūdī, fūsum 3.⟩ **1** zusammengießen **2** *(Völker usw.)* vermischen, vereinigen, verschmelzen; *passiv* sich vermischen, sich vereinigen; **summa imis** ~ das Oberste zuunterst kehren **3** verwirren, stören; **foedus** ~ den Vertrag brechen **4** unkenntlich machen **5** aus der Fassung bringen, bestürzen **6** hineingießen, schütten; *passiv* sich ergießen, sich ausbreiten, sich verteilen; **aquam in fossam** ~ Wasser in den Graben gießen

cōnfūsīcius ⟨a, um⟩ ADJ zusammengegossen

cōnfūsiō ⟨ōnis⟩ F **1** Vermischung **2** *fig* Vereinigung, Verschmelzung **3** *fig* Verwirrung, Unordnung **4** Verstörung

cōn-fūsus[1] ⟨a, um⟩ PPP → confundere

cōnfūsus[2] ⟨a, um⟩ ADJ **1** verworren, ungeordnet; **confuse loqui** unzusammenhängend reden **2** verstört, bestürzt

cōn-fūtāre ⟨ō, āvī, ātum 1.⟩ **1** dämpfen **2** *fig* zum Schweigen bringen **3** niederhalten **4** widerlegen

cōn-futuere ⟨uō, -, - 3.⟩ überall herumhuren, *aliquem* mit j-m

con-gelāre ⟨ō, āvī, ātum 1.⟩ **A** V/T einfrieren; *fig* starr machen; *passiv* gefrieren **B** V/I zufrieren, sich verhärten

con-gemere ⟨ō, uī, - 3.⟩ **A** V/I laut aufseufzen, stöhnen **B** V/T beklagen

con-gemināre ⟨ō, āvī, ātum 1.⟩ **A** V/T verdoppeln **B** V/I sich verdoppeln

congeminātiō ⟨ōnis⟩ F **1** Verdoppelung **2** *scherz* Umarmung

conger ⟨grī⟩ M Meeraal

con-gerere ⟨gerō, gessī, gestum 3.⟩ **1** zusammentragen, -bringen, sammeln **2** *(Rede)* zusammenfassen **3** errichten, erbauen **4** *(Vögel)* nisten **5** *(Schätze)* aufhäufen **6** *fig* beimessen, häufen au[f] *j-n*

congeriēs ⟨ēī⟩ F Haufen, ungeordnete Masse, Holzstoß, Scheiterhaufen

con-gerrō ⟨ōnis⟩ M Zechkumpan

congestīcius ⟨a, um⟩ ADJ aufgeschüttet

congestus ⟨ūs⟩ M **1** Anhäufung **2** das Nisten, **avium** von Vögeln **3** das Zusammengetragene, Haufen, Masse

congiālis ⟨e⟩ ADJ einen congius fassend

congiārium ⟨ī⟩ N ein Maß Lebensmittel, *das vom Magistrat od. den Kaisern A[r]men, Soldaten u. Günstlingen als Gescher[k] gegeben wurde, später* Spende

congius ⟨ī⟩ M *röm. Hohlmaß, ca. 3 Lit[er]*

:on-glaciāre ⟨ō, āvī, ātum 1.⟩ zu Eis gefrieren
:on-glīscere ⟨īscō, -, - 3.⟩ 1 weiterglimmen 2 *fig* wieder erstehen
.on-globāre ⟨ō, āvī, ātum 1.⟩ 1 zusammenballen, abrunden 2 *fig* zusammendrängen, häufen; *passiv u.* **se ~** sich zusammenrotten
onglobātiō ⟨ōnis⟩ F Zusammenballung, -rottung
'on-glomerāre ⟨ō, āvī, ātum 1.⟩ zusammenrollen, -ballen
on-glūtināre ⟨ō, āvī, ātum 1.⟩ 1 zusammenleimen 2 *fig* eng verbinden, zusammenfügen
onglūtinātiō ⟨ōnis⟩ F 1 Zusammenleimung 2 *fig* enge Zusammenfügung
on-graecāre ⟨ō, āvī, ātum 1.⟩ *u.* **congraecārī** ⟨or, ātus sum 1.⟩ auf griechische Weise verwenden, verprassen
on-grātulārī ⟨or, ātus sum 1.⟩ beglückwünschen, **civitati concordiam restitutam** den Staat zur wiedergewonnen Einheit
on-gredī ⟨gredior, gressus sum 3.⟩ 1 zusammenkommen, -treffen, **ad colloquium** zum Gespräch 2 zusammenstoßen, kämpfen
ongregābilis ⟨e⟩ ADJ gesellig
on-gregāre ⟨ō, āvī, ātum 1.⟩ 1 zu einer Herde vereinigen 2 *fig* versammeln, vereinigen; *passiv u.* **se ~** sich vereinigen 3 sammeln
ongregātiō ⟨ōnis⟩ F 1 geselliges Zusammenleben, Geselligkeit 2 Zusammenstellung, **argumentorum** der Beweisgründe
on-gressus[1] ⟨a, um⟩ PPERF → congredi
ongressus[2] ⟨ūs⟩ M 1 Zusammenkunft, Begegnung 2 geselliger Umgang, Gesellschaft 3 Zusammenstoß, Angriff, Kampf
ongruēns ⟨entis, *adv* congruenter⟩ ADJ 1 übereinstimmend, passend; **naturae congruenter vivere** im Einklang mit der Natur leben 2 einstimmig
ongruentia ⟨ae⟩ F Übereinstimmung
on-gruere ⟨gruō, gruī, - 3.⟩ 1 zusammentreffen 2 (*zeitl.*) zusammenfallen; **congruit, ut** es trifft sich, dass 3 übereinstimmen, einander entsprechen
congruus ⟨a, um⟩ ADJ = **congruens**
★**con-icere** ⟨iciō, iēcī, iectum 3.⟩ 1 zusammenwerfen, **in acervum** auf einen Haufen 2 *fig* vermuten, schließen 3 auf *etw* werfen, richten; **oculos in aliquem ~** die Augen auf j-n richten 4 hinwerfen, schleudern, schießen; **se ~** sich stürzen 5 werfen, treiben, bringen; **in carcerem ~** ins Gefängnis stecken; **sortem ~** das Los werfen, losen; **se in fugam ~** flüchten 6 (*in einen Zustand*) versetzen, verwandeln
coniectāre ⟨ō, āvī, ātum 1.⟩ vermuten, schließen
coniectiō ⟨ōnis⟩ F 1 das Werfen, das Schleudern 2 Deutung, Vermutung
coniector ⟨ōris⟩ M Traumdeuter
coniectrīx ⟨īcis⟩ F Traumdeuterin
coniectūra ⟨ae⟩ F 1 Vermutung, Mutmaßung 2 Deutung, Auslegung
coniectūrālis ⟨e⟩ ADJ mutmaßlich
con-iectus[1] ⟨a, um⟩ PPP → conicere
coniectus[2] ⟨ūs⟩ M 1 das Zusammenwerfen, das Hineinwerfen 2 das Abschießen, Wurf 3 *fig* das Richten, *des Blickes od. der Aufmerksamkeit* 4 Kombination
cōni-fer ⟨fera, ferum⟩ ADJ *u.* **cōniger** ⟨gera, gerum⟩ ADJ Zapfen tragend
cō-nītī ⟨nītor, nīsus sum *u.* nīxus sum 3.⟩ 1 sich fest (auf)stützen, **re** auf etw 2 sich aufrichten, sich emporarbeiten 3 *fig* sich anstrengen, sich bemühen
coniugālis ⟨e⟩ ADJ = **coniugialis**
con-iugāre ⟨ō, āvī, ātum 1.⟩ zu einem Paar verbinden
coniugātiō ⟨ōnis⟩ F 1 Verbindung 2 RHET Stammverwandtschaft *der Wörter* 3 GRAM Konjugation
coniugātor ⟨ōris⟩ M Vereiniger; **~ amoris** Kuppler
coniugiālis ⟨e⟩ ADJ ehelich, Ehe…
★**coniugium** ⟨ī⟩ N 1 Verbindung 2 Ehe 3 Liebschaft 4 Ehemann, Ehefrau
coniūncta ⟨ōrum⟩ NPL verwandte Begriffe
coniūnctim ADV gemeinschaftlich
coniūnctiō ⟨ōnis⟩ F 1 Zusammenhang, Verbindung 2 gesellige Verbindung, Freundschaft, politische Verbindung 3 Verwandtschaft, Verschwägerung 4 RHET Verbindung der Rede 5

C

PHILOS Begriffs-, Ideenverbindung 6 GRAM Bindewort, Konjunktion

coniūnctīvus A ⟨a, um⟩ ADJ verbindend; **particula coniunctiva** GRAM Bindewörter; **modus ~** Konjunktiv B ⟨ī⟩ M Konjunktiv

con-iūnctus[1] ⟨a, um⟩ PPP → coniungere

coniūnctus[2] ⟨a, um, *adv* coniūnctē⟩ ADJ 1 verbunden, vereinigt 2 (*örtl.*) zusammenhängend; angrenzend, **alicui rei** an etw 3 (*zeitl.*) unmittelbar folgend; gleichzeitig 4 verbunden; verheiratet 5 zusammenhängend, übereinstimmend

★**con-iungere** ⟨iungō, iūnxī, iūnctum 3.⟩ 1 verbinden, vereinigen, verknüpfen; *passiv* sich verbinden, zusammenhängen, **alicui/cum aliquo** mit j-m, **re/alicui rei** mit etw; **mulierem secum ~** eine Frau heiraten; **aliquem sibi ~** j-n für sich gewinnen 2 ununterbrochen fortsetzen 3 (*Bund, Freundschaft*) schließen; **bellum ~** gemeinsam einen Krieg führen

coniūnx ⟨iugis⟩ (M *u.*) F = **coniux**

coniūnxī → coniungere

con-iūrāre ⟨ō, āvī, ātum 1.⟩ 1 *mit j-m* zusammen schwören, zugleich schwören 2 MIL gemeinsam den Fahneneid leisten 3 sich eidlich verbinden 4 sich verschwören

coniūrātī ⟨ōrum⟩ MPL die Verschwörer

★**coniūrātiō** ⟨ōnis⟩ F 1 gemeinsam geleisteter Eid 2 Eidgenossenschaft 3 Verschwörung, Komplott

coniūrātus ⟨a, um⟩ ADJ 1 vereidigt 2 eidlich verbunden 3 verschworen

★**coniux** ⟨iugis⟩ (M *u.*) F 1 Gattin, Ehefrau 2 Gatte, Ehemann; *pl* Ehepaar 3 Verlobte, Braut; Geliebte 4 (*eines Tieres*) Weibchen

cō-nīvēre ⟨nīveō, nīvī *u.* nīxī, - 2.⟩ 1 die Augen schließen 2 (*Augen*) geschlossen sein 3 *fig* ein Auge zudrücken, **in sceleribus** gegenüber den Verbrechen

conl... = **coll...**

conm... = **comm...**

con-n... = **co-n...**

cōnōpēum *u.* **cōnōpium** ⟨ī⟩ N 1 Mückennetz 2 Ruhebett *mit Mückennetz*

conp... = **comp...**

con-quassāre ⟨ō, āvī, ātum 1.⟩ 1 erschüttern 2 *fig* zerrütten

conquassātiō ⟨ōnis⟩ F Erschütterung, Zerrüttung

con-querī ⟨queror, questus sum 3.⟩ laut klagen; sich beklagen, sich beschweren, **de iniuria** über das Unrecht **contumelias** über die Beleidigungen

conquestiō ⟨ōnis⟩ F Klage; Wehklage

conquestus ⟨ūs⟩ M Wehklage

con-quēxī → conquiniscere

con-quiēscere ⟨quiēscō, quiēvī quiētum 3.⟩ 1 ruhen, ausruhen, rasten 2 einschlafen 3 *fig* Ruhe/Frieden halten; **non ~, donec** nicht ruhen, bis 4 Ruhe/Frieden finden 5 sich legen, aufhören; **febris conquiescit** das Fieber lässt nach

con-quinīscere ⟨quinīscō, quēxī, 3.⟩ niederkauern

★**con-quīrere** ⟨quīrō, quīsīvī *u.* quīsi[i], quīsītum 3.⟩ 1 zusammensuchen, -bringen; aufzutreiben versuchen 2 werben ausheben, **milites** Soldaten

con-quīsītiō ⟨ōnis⟩ F 1 das Zusammensuchen, das Sammeln 2 Aushebung, Werbung, **militum** von Soldaten

conquīsītor ⟨ōris⟩ M 1 geheimer Aufpasser 2 MIL Werber *von Soldaten*

con-quīsītus[1] ⟨a, um⟩ PPP → conquirere

conquīsītus[2] ⟨a, um, *adv* conquīsītē⟩ ADJ ausgesucht, erlesen; *adv* in strenger Auswahl

conquīsīvī → conquirere

conr... = **corr...**

cōn-sacrāre ⟨ō, āvī, ātum 1.⟩ = **consecrare**

cōn-saepīre ⟨saepiō, saepsī, saep-tum 4.⟩ umzäunen, einfrieden

cōn-saeptum ⟨ī⟩ N Umzäunung, Gehege

cōn-salūtāre ⟨ō, āvī, ātum 1.⟩ laut begrüßen, willkommen heißen

cōnsalūtātiō ⟨ōnis⟩ F Begrüßung

cōn-sānēscere ⟨sānēscō, sānuī, - 3.⟩ VI heilen

cōnsanguinea ⟨ae⟩ F Schwester

cōn-sanguineus A ⟨a, um⟩ ADJ blutsverwandt, geschwisterlich B ⟨ī⟩ M Blutsverwandter; Bruder

cōnsanguinitās ⟨ātis⟩ F Blutsverwandtschaft

cōn-sānuī → consanescere

cōnscelerātus **A** ⟨a, um⟩ ADJ frevelhaft, verrucht **B** ⟨ī⟩ M Verbrecher

cōn-scendere ⟨scendō, scendī, scēnsum 3.⟩ **1** besteigen, ersteigen; an Bord gehen; **equum ~** ein Pferd besteigen **2** *fig* sich aufschwingen, **laudis carmen** zum Loblied

:ōnscēnsiō ⟨ōnis⟩ F das Einsteigen

:ōnscēnsus ⟨a, um⟩ PPP → conscendere

:onscholaris ⟨is⟩ M Mitschüler

:ōnscia ⟨ae⟩ F Mitwisserin, Vertraute

:ōn-scientia ⟨ae⟩ F **1** das Mitwissen; Einverständnis, **amici** des Freundes *od.* mit dem Freund **2** Bewusstsein; Überzeugung **3** Gewissen; *pl* Gewissensbisse

:ōn-scindere ⟨scindō, scidī, scissum 3.⟩ **1** zerreißen **2** *fig* schmähen

:ōn-scīre ⟨sciō, -, - 4.⟩ sich bewusst sein; **nil sibi ~** sich keines Unrechts bewusst sein

.ōn-scīscere ⟨scīscō, scīvī *u.* sciī, scītum 3.⟩ **1** gemeinsam beschließen **2** **sibi ~** auf sich nehmen, freiwillig wählen; **necem/mortem sibi ipse ~** Selbstmord begehen

.ōnscius **A** ⟨a, um⟩ ADJ **1** mitwissend, eingeweiht, vertraut **2** **(sibi) ~** sich bewusst, selbstbewusst **3** schuldbewusst **B** ⟨ī⟩ M Mitwisser, Zeuge, Teilnehmer

ōn-screārī ⟨or, -, - 1.⟩ sich stark räuspern

ōn-scrībere ⟨scrībō, scrīpsī, scrīptum 3.⟩ **1** gemeinsam schreiben **2** in eine Liste eintragen, aufschreiben **3** als Kolonisten aufschreiben **4** *(Soldaten)* ausheben; **modo conscripti** Rekruten **5** in eine Bürgerklasse einreihen **6** in die Senatorenliste eintragen **7** schriftlich abfassen **8** *(Arzt)* verschreiben **9** vollschreiben

ōnscrībillāre ⟨ō, āvī, ātum 1.⟩ bekritzeln; blutig schlagen

ōnscrīptī ⟨ōrum⟩ MPL beigeordnete Senatoren; **patres conscripti** *Väter u. Beigeordnete* = Senatoren, Senat

ōnscrīptiō ⟨ōnis⟩ F Abfassung, Aufzeichnung

ōn-scrīptus ⟨a, um⟩ PPP → conscribere

ōn-secāre ⟨secō, secuī, sectum 1.⟩ zerschneiden, zerstückeln

★**cōn-secrāre** ⟨ō, āvī, ātum 1.⟩ **1** der Gottheit weihen, heiligen, **aram** einen Altar **2** verfluchen **3** *(Kaiser)* für göttlich erklären **4** unsterblich machen

cōnsecrātiō ⟨ōnis⟩ F **1** religiöse Weihe, Heiligung **2** *(der Kaiser)* Vergöttlichung **3** Verfluchung

cōnsecrātus ⟨a, um⟩ ADJ geweiht, heilig

cōnsectārī ⟨or, ātus sum 1.⟩ **1** begleiten **2** verfolgen **3** *fig* trachten, **gloriam ~** nach Ruhm

cōnsectāria ⟨ōrum⟩ NPL Schlussfolgerungen

cōnsectārius ⟨a, um⟩ ADJ folgerichtig

cōnsectātiō ⟨ōnis⟩ F das Streben, **pacis** nach Frieden

cōnsectātrīx ⟨īcis⟩ F eifrige Anhängerin, Freundin

cōnsectiō ⟨ōnis⟩ F das Zerschneiden

cōnsecūtiō ⟨ōnis⟩ F **1** Folge **2** RHET richtige Abfolge **3** PHILOS Schlussfolgerung

cōnsecūtus ⟨a, um⟩ PPERF → consequi

cōn-sēdī → considere

cōn-senēscere ⟨senēscō, senuī, - 3.⟩ **1** (gemeinsam) alt werden **2** *fig* schwach werden; an Einfluss verlieren

cōnsēnsī → consentire

★**cōnsēnsiō** ⟨ōnis⟩ F **1** Übereinstimmung, Einigkeit **2** einstimmiger Beschluss, Wunsch; **uno consensu** einstimmig **3** Verabredung, Verschwörung

cōnsēnsum PPP → consentire

cōnsēnsus ⟨ūs⟩ M = **consensio**

cōnsentāneus ⟨a, um⟩ ADJ übereinstimmend, vereinbar; **~ sibi** konsequent; **consentaneum est** es ist vernünftig/folgerichtig/natürlich

cōnsentiēns ⟨entis⟩ ADJ einstimmig

★**cōn-sentīre** ⟨sentiō, sēnsī, sēnsum 4.⟩ **1** übereinstimmen, einverstanden sein; **sibi ~** sich treu bleiben **2** einstimmig beschließen **3** sich verschwören **4** passen, harmonieren

cōnsequēns **A** ⟨entis, *adv* cōnsequenter⟩ ADJ **1** PHILOS vernunftgemäß, folgerichtig, konsequent; entsprechend **2** GRAM richtig konstruiert **B** ⟨entis⟩ N Folge(satz), Folgerung

cōnsequentia ⟨ae⟩ F Folge, Abfolge

C

★**cōn-sequī** ⟨sequor, secūtus sum 3.⟩ **1** unmittelbar nachfolgen, **aliquem** j-m; **aliquem vestigiis** ~ j-m auf dem Fuße nachfolgen **2** (*zeitl.*) unmittelbar nachfolgen, eintreten **3** verfolgen, **hostes** die Feinde **4** befolgen, **alicuius sententiam** j-s Meinung **5** sich ergeben, logisch folgen; **quod consequitur** was (daraus) folgt **6** einholen, treffen **7** (*Ruhm, Freiheit*) erlangen, erreichen, gewinnen **8** *j-n* erreichen, *j-m* gleichkommen, *aliquem* **9** begreifen; **aliquid coniecturā** ~ etw erraten

cōn-serere[1] ⟨serō, sēvī, situm 3.⟩ **1** bepflanzen, bestellen **2** (an)pflanzen

cōn-serere[2] ⟨serō, seruī, sertum 3.⟩ **1** aneinanderreihen, aneinanderheften, aneinanderfügen, verknüpfen; **vehicula vehiculis** ~ Fahrzeuge an Fahrzeuge reihen **2** anheften, befestigen, **alicui rei** an etw **3** zusammenfügen, -setzen **4** aneinandergeraten; **manum cum aliquo** ~ mit j-m zu kämpfen beginnen; **pugnam/proelium** ~ eine Schlacht beginnen **5** JUR **in/ex iure manum** ~ Hand an eine streitige Sache legen = einen Eigentumsprozess beginnen

cōnsertē ADV verknüpft, in engem Zusammenhang

cōn-sertus ⟨a, um⟩ PPP → conserere[2]

cōn-seruī → conserere[2]

cōnserva ⟨ae⟩ F Mitsklavin

★**cōn-servāre** ⟨ō, āvī, ātum 1.⟩ **1** aufbewahren, bewahren, erhalten **2** beibehalten, aufrechterhalten; **fidem** ~ treu bleiben **3** bewahren, retten

cōnservātiō ⟨ōnis⟩ F **1** Aufbewahrung, Erhaltung **2** Rettung, Erhaltung

cōnservātor ⟨ōris⟩ M Retter, Erhalter

con-servitium ⟨ī⟩ N gemeinsames Sklavenlos

cōn-servus ⟨ī⟩ M Mitsklave

cōnsessor ⟨ōris⟩ M Tischnachbar

cōn-sessum PPP → considere

cōnsessus ⟨ūs⟩ M **1** Versammlung, Sitzung **2** Publikum

cōn-sēvī → conserere[1]

★**cōn-sīderāre** ⟨ō, āvī, ātum 1.⟩ **1** prüfend betrachten, besichtigen **2** *fig* überlegen, bedenken; **aliquid secum** ~ etw bei sich überlegen; **~, ut/ne** darauf bedacht sein, dass/dass nicht

cōnsīderātiō ⟨ōnis⟩ F Betrachtung, Erwägung

cōnsīderātus ⟨a, um, *adv* cōnsīderātē⟩ ADJ **1** (*Sache*) reiflich überlegt, wohl erwogen **2** (*Person*) bedächtig, besonnen

★**cōn-sīdere** ⟨sīdō, sēdī *u.* sīdī, sessum 3.⟩ **1** sich zusammensetzen, sich gemeinsam hinsetzen **2** eine Sitzung abhalten **3** MIL sich lagern; sich aufstellen; **in insidiis** ~ sich in den Hinterhalt legen **4** sich ansiedeln **5** landen **6** sich senken, einsinken **7** *fig* sich festsetzen **8** *fig* sich legen, nachlassen, aufhören; **utrius nomen consedit** beider Namen gerieten in Vergessenheit **9** RHET zu Ende gehen

cōn-sīgnāre ⟨ō, āvī, ātum 1.⟩ **1** versiegeln **2** *fig* bestätigen, beglaubigen **3** aufzeichnen, festhalten

cōn-silēscere ⟨silēscō, siluī, - 3.⟩ völlig verstummen

cōnsiliārī ⟨or, ātus sum 1.⟩ sich beraten, Rat halten

cōnsiliārius **A** ⟨a, um⟩ ADJ beratend **B** ⟨ī⟩ M **1** Berater **2** JUR Beisitzer

cōnsiliātor ⟨ōris⟩ M Berater

★**cōnsilium** ⟨ī⟩ N **1** Beratung, gemeinsame Überlegung; **~ est de re** über etw wird beraten **2** JUR Beratung, Sitzung; **in ~ ire** zur Abstimmung schreiten **3** Ratsversammlung **4** Überlegung, Einsicht, Klugheit **5** Beschluss, Entschluss, Maßnahme, Plan; **~ capere** einen Entschluss fassen; **consilio publico** in öffentlichem Interesse; **consilio** absichtlich **6** Kriegsplan, -list **7** Vorschlag, Ratschlag; **quid tui consilii est?** was schlägst du vor?

cōn-similis ⟨e, *adv* cōnsimiliter⟩ ADJ ganz ähnlich, **alicuius/alicui** j-m

★**cōn-sistere** ⟨sistō, stitī, - 3.⟩ **1** sich aufstellen, sich hinstellen **2** auftreten **3** MIL antreten, Stellung beziehen **4** sich auf *j-s* Seite stellen, *cum aliquo* **5** (*Zustand*) eintreten **6** bestehen, existieren **7** auf *etw* beruhen, aus *etw* bestehen, *in/ex re*; **victus in lacte et caseo consistit** die Nahrung besteht aus Milch und Käse **8** stehen bleiben, stillstehen **9** MIL haltmachen **10** SCHIFF vor Anker gehen **11** (*Reisende usw.*) anhalten, sich aufhalten, verweilen **12** sich ansiedeln **13** Fuß fassen; *fig* sich behaupten; co silium consistit der Entschluss steht fest 14 zur Ruhe kommen 15 stecken bleiben, stocken 16 (*Krieg usw.*) zum Stillstand kommen, sich legen

:ōnsitiō ⟨ōnis⟩ F das Besäen, das Bepflanzen; ~ **agri** das Bestellen des Feldes

:ōnsitor ⟨ōris⟩ M Pflanzer

:ōnsitūra ⟨ae⟩ F = **consitio**

:ōn-situs ⟨a, um⟩ PPP → conserere[1]

:ōn-sobrīna ⟨ae⟩ F Kusine

:ōn-sobrīnus ⟨ī⟩ M Vetter, Cousin

'ōn-socer ⟨erī⟩ M Mitschwiegervater

ōn-sociāre ⟨ō, āvī, ātum 1.⟩ 1 eng verbinden, vereinigen 2 gemeinsam machen, teilen; **consilia cum amico ~** den Freund in seine Pläne hineinziehen

ōnsociātiō ⟨ōnis⟩ F Verbindung, Vereinigung

ōnsociātus ⟨a, um⟩ ADJ übereinstimmend, eng verbunden

ōnsōlābilis ⟨e⟩ ADJ tröstlich; Trost bringend; **vix ~** kaum zu trösten

ōn-sōlārī ⟨or, ātus sum 1.⟩ 1 trösten, ermutigen; **consolatus** getröstet 2 lindern, mildern, beschwichtigen

ōnsōlātiō ⟨ōnis⟩ F 1 Trost, Beruhigung, Ermutigung; *pl* Trostworte 2 Trostschrift 3 (*als Schriftgattung*) Trostrede

ōnsōlātor ⟨ōris⟩ M Tröster

ōnsōlātōrius ⟨a, um⟩ ADJ tröstend, Trost…

ōn-somniāre ⟨ō, āvī, ātum 1.⟩ zusammenträumen, träumend ersinnen

ōnsonāns ⟨antis⟩ F Mitlaut, Konsonant

ōn-sonāre ⟨ō, uī, - 1.⟩ 1 zusammentönen 2 widerhallen, erdröhnen 3 *fig* übereinstimmen

ōn-sonus ⟨a, um⟩ ADJ 1 zusammentönend, harmonisch 2 *fig* übereinstimmend, passend

ōn-sōpīre ⟨iō, īvī, ītum 4.⟩ betäuben; einschläfern

ōn-sors A ⟨sortis⟩ ADJ 1 gleich beteiligt, gleichen Anteil habend; **socius ~** gleichberechtigter Geschäftspartner 2 ein ungeteiltes Erbe gemeinsam besitzend, **alicuius** mit j-m; **fratres consortes** in Gütergemeinschaft lebende Brüder 3 geschwisterlich 4 gemeinsam B ⟨sortis⟩ 1 M Teilhaber 2 M Bruder 3 F Schwester

cōnsortiō ⟨ōnis⟩ F Teilhaberschaft, **regni** an der Herrschaft

cōnsortium ⟨ī⟩ N 1 = **consortio** 2 Erbengemeinschaft; Gütergemeinschaft

cōn-spectus[1] ⟨a, um⟩ PPP → conspicere

cōnspectus[2] ⟨a, um⟩ ADJ sichtbar, auffallend

★**cōnspectus**[3] ⟨ūs⟩ M 1 Anblick, Blick; Augen, Angesicht; **in conspectu esse** vor Augen stehen, sichtbar sein; **ponere in conspectu** in Aussicht stellen; **in conspectum venire** vor die Augen kommen, erscheinen, sich deutlich zeigen 2 Anschauung, Betrachtung; **ne in conspectu quidem relinqui** gar nicht in Betracht kommen 3 das Sichtbarwerden, Erscheinung 4 Anblick, Aussehen

cōn-spergere ⟨spergō, spersī, spersum 3.⟩ 1 bespritzen, bestreuen 2 *fig* überschütten, bedecken, verhüllen

cōnspexī → conspicere

cōn-spicārī ⟨or, ātus sum 1.⟩ erblicken; *passiv* sichtbar werden

★**cōn-spicere** ⟨spiciō, spexī, spectum 3.⟩ 1 anblicken, ansehen, hinsehen; *passiv* sich sehen lassen können, Aufsehen erregen 2 erblicken (können) 3 wahrnehmen, begreifen, einsehen

cōnspicillum ⟨ī⟩ N Warte, Aussichtsort

★**cōnspicuus** ⟨a, um⟩ ADJ 1 weithin sichtbar 2 *fig* auffallend, stattlich

cōn-spīrāre ⟨ō, āvī, ātum 1.⟩ 1 zusammen ertönen 2 *fig* einig sein; **conspirans/conspiratus** einig, übereinstimmend 3 sich verschwören

cōnspīrātī ⟨ōrum⟩ MPL die Verschwörer

cōnspīrātiō ⟨ōnis⟩ F 1 Einigkeit, Einverständnis 2 Verschwörung

cōn-spondēre ⟨spondeō, spondī, spōnsum 2.⟩ gemeinsam verpflichten

cōnspōnsor ⟨ōris⟩ M Mitbürge

cōn-spuere ⟨spuō, spuī, spūtum 3.⟩ 1 anspucken 2 *fig* bestreuen

cōn-spurcāre ⟨ō, āvī, ātum 1.⟩ beschmutzen

cōn-stabilīre ⟨iō, īvī, ītum 4.⟩ befestigen; sichern

★**cōnstāns** ⟨antis, *adv* cōnstanter⟩ ADJ 1 (*Sache*) fest stehend, fest, nicht wankend, ruhig 2 (*Bewegung*) stetig, unwandelbar, gleichförmig **3** gefestigt, gesetzt **4** *(Rede)* harmonisch, übereinstimmend, einstimmig **5** beständig, charakterfest; **amicus** ~ verlässlicher Freund; **inimicus** ~ hartnäckiger Gegner

cōnstantia ⟨ae⟩ F **1** Festigkeit, Ruhe; Ausgeglichenheit **2** Stetigkeit, Regelmäßigkeit **3** Beharrlichkeit, Zuverlässigkeit **4** Übereinstimmung, Folgerichtigkeit **5** *(des Charakters)* Beständigkeit, Charakterfestigkeit, Besonnenheit

Cōnstantīnopolis ⟨is⟩ F *die einstige griech. Kolonie Byzantium am Bosporus, seit 330 n. Chr. Hauptstadt des Röm. Reiches, später des Oström. Reiches u. zu Ehren des Kaisers Konstantin des Großen in Constantinopolis umbenannt, heute Istanbul*

★**cōn-stāre** ⟨stō, stitī, stātūrus 1.⟩ **1** stillstehen, fest stehen, nicht weichen **2** fortbestehen, unverändert bleiben; **mente** ~ gefasst bleiben; **aliquis oculis constat** jd. richtet die Augen unverwandt auf etw **3** übereinstimmen **4** stimmen, richtig sein; **ratio constat** die Rechnung stimmt **5** **sibi** ~ konsequent sein, *in re* in etw, bei etw **6** vorhanden sein, existieren **7** bekannt sein, gewiss sein; ★ **inter omnes constat** es ist allgemein bekannt **8** aus *etw* bestehen; **homo ex corpore et animo constat** der Mensch besteht aus Leib und Seele **9** *fig* auf *etw* beruhen **10** *(im Geschäft)* kosten; **magno pretio** ~ einen hohen Preis kosten; **minoris** ~ weniger kosten

cōn-stātūrus ⟨a, um⟩ PART *fut* → constare

cōn-sternāre ⟨ō, āvī, ātum 1.⟩ **1** scheu machen; *passiv* scheuen **2** aufscheuchen **3** *fig* erschrecken, ängstigen **4** aufregen, erbittern, empören

cōnsternātiō ⟨ōnis⟩ F **1** das Scheuwerden, das Scheuen, **equorum** der Pferde **2** *fig* Bestürzung, Angst, Entsetzen **3** *fig* Aufruhr, Tumult

cōn-sternere ⟨sternō, strāvī, strātum 3.⟩ **1** bestreuen, dicht bedecken **2** verdecken, überdecken; pflastern **3** niederwerfen, umwerfen

cōn-stīpāre ⟨ō, āvī, ātum 1.⟩ zusammendrängen

cōnstitī → consistere *u.* → constare

★**cōn-stituere** ⟨stituō, stituī, stitūtum 3.⟩ **1** hinstellen, hinsetzen, hinlegen, aufstellen **2** MIL haltmachen lassen **3** *(Bevölkerung)* ansässig machen **4** *(in ein Amt)* einsetzen, **aliquem regem** j-n als König **5** errichten, gründen, **oppidum** eine Stadt **6** einführen, einrichten **7** festsetzen, bestimmen, vereinbaren, **pretium frumento** den Getreidepreis **8** JUR beschließen

cōnstitūtiō ⟨ōnis⟩ F **1** Einrichtung POL Verfassung **2** Beschaffenheit, Zustand **3** Begriffsbestimmung **4** Feststellung **5** Verordnung, Anordnung

cōnstitūtum ⟨ī⟩ N **1** Verfügung, Bestimmung **2** Verabredung; verabredeter Ort, festgesetzte Zeit, Termin **3** Vorsatz

cōn-stitūtus[1] ⟨a, um⟩ PPP → constituere

cōnstitūtus[2] ⟨a, um⟩ ADJ **1** festgesetzt, bestimmt **2** beschaffen

cōnstrātum ⟨ī⟩ N Decke, Verdeck, Bretterbelag, Fahrbahn

cōn-stringere ⟨stringō, strīnxī, strictum 3.⟩ **1** zusammenschnüren, -binden **2** fesseln **3** festbinden **4** *fig* festigen, unauflöslich machen **5** *fig* einschränken **6** RHET kurz zusammenfassen

cōnstrūctiō ⟨ōnis⟩ F **1** Zusammenfügung, Bau **2** ~ **(verborum)** Periodenbau **3** GRAM Satzbau

★**cōn-struere** ⟨struō, strūxī, strūctum 3.⟩ **1** aufschichten **2** kunstvoll (er)bauen, errichten **3** GRAM konstruieren

cōn-stuprāre ⟨ō, āvī, ātum 1.⟩ vergewaltigen

cōnstuprātor ⟨ōris⟩ M Vergewaltiger

cōn-suādēre ⟨suadeō, suāsī, suāsum 2.⟩ dringend (an)raten

Cōnsuālia ⟨ium⟩ NPL Fest zu Ehren des Consus

cōnsuāsor ⟨ōris⟩ M Berater

cōnsūcidus ⟨a, um⟩ ADJ vollsaftig

cōn-sūdāre ⟨ō, āvī, ātum 1.⟩ stark schwitzen

cōn-suē-facere ⟨faciō, fēcī, factum 3.⟩ gewöhnen an *etw*

cōn-suere ⟨suō, suī, sūtum 3.⟩ **1** zusammennähen **2** *fig* anzetteln, einfädeln; **os alicuius** ~ j-m das Maul stopfen

★**cōn-suēscere** ⟨suēscō, suēvī, suētum 3.⟩ **A** V/I sich an *etw* gewöhnen ★ **consuevisse** gewohnt sein, pflegen; **consuevisse cum aliquo** mit j-m ve trauten Umgang pflegen **B** VI/T an *etw* gewöhnen, *alicui rei*; **consuetus** gewöhnt

cōnsuētiō ⟨ōnis⟩ F vertrauter Umgang

cōnsuētūdō ⟨inis⟩ F **1** Gewohnheit, Sitte, Brauch; **(pro/ex) consuetudine** aus Gewohnheit; **praeter/contra consuetudinem** gegen die Gewohnheit **2** Sprachgebrauch **3** Umgang **4** Liebesverhältnis

cōn-suētus[1] ⟨a, um⟩ PPP → consuescere

cōnsuētus[2] ⟨a, um, *adv* cōnsuētē⟩ ADJ gewohnt, gewöhnlich; **aliquid consuetum habere** sich an etw gewöhnt haben

cōn-suēvī → consuescere

cōnsul ⟨is⟩ M **1** Konsul; **Cn. Pompeio M. Crasso consulibus** unter dem Konsulat des Cn. Pompeius und des M. Crassus; **~ suffectus** der im Lauf des Jahres nachgewählte Konsul **2** **~ designatus** der für das nächste Jahr gewählte Konsul

cōnsulāris **A** **e** ADJ, ADV ⟨cōnsulāriter⟩ des Konsuls, Konsul...; **aetas ~** gesetzliches Alter für einen Konsul; *adv* eines Konsuls würdig **B** ⟨is⟩ M **1** gewesener Konsul **2** (*in der Kaiserzeit*) Legat mit konsularischem Rang

cōnsulātus ⟨ūs⟩ M Konsulat, Amt des Konsuls

cōnsulere ⟨sulō, suluī, sultum 3.⟩ **A** VI/I **1** sich beraten, Rat halten **2** sorgen, **alicui/alicui rei** für j-n/etw **3** beschließen **4** verfahren, vorgehen, **crudeliter in aliquem** grausam gegen j-n **B** VI/T **1** um Rat fragen, befragen **2** beraten, erwägen, überlegen **3** **boni ~** gutheißen

★**cōnsultāre** ⟨ō, āvī, ātum 1.⟩ **A** VI/I **1** reiflich überlegen, sich beraten **2** sorgen, **alicui rei** für etw **B** VI/T befragen, um Rat fragen

cōnsultātiō ⟨ōnis⟩ F **1** Befragung, Erwägung **2** Anfrage **3** These, Thema

cōnsultē ADV mit Bedacht

cōnsultō ADV absichtlich, überlegt

cōnsultor ⟨ōris⟩ M **1** Berater **2** Rat Suchender, Klient

★**cōnsultum** ⟨ī⟩ N **1** Beschluss, Plan; **senatūs ~** Senatsbeschluss **2** Orakelspruch

cōnsultus[1] ⟨a, um⟩ ADJ, ADV → cōnsultē *u.* → cōnsultō **1** reiflich überlegt, bedacht **2** kundig, erfahren; **iuris ~** rechtsgelehrt

cōnsultus[2] ⟨ūs⟩ M **1** Beschluss **2** Rat, Hilfe

cōn-sultus[3] ⟨a, um⟩ PPP → consulere

cōnsuluī → consulere

★**cōn-sūmere** ⟨sūmō, sūmpsī, sūmptum 3.⟩ **1** gebrauchen, verwenden, **in re** auf etw **2** (*Zeit*) verbringen; vergeuden **3** verbrauchen; **miseriam ~** Mitleid erschöpfen **4** (*Nahrung*) aufzehren **5** *fig* vergeuden, verprassen **6** (*Feuer usw.*) vernichten, zerstören, aufreiben, erschöpfen **7** (*Lebewesen*) umbringen

cōnsummābilis ⟨e⟩ ADJ zur Vollkommenheit fähig

cōn-summāre ⟨ō, āvī, ātum 1.⟩ **1** zu-

Landeskunde

▶ consules – die Konsuln

Das Konsulat, höchstes Amt der Republik, wurde immer von zwei Amtsträgern gleichzeitig ausgeübt, die von der Volksversammlung auf ein Jahr gewählt wurden. Sie leiteten die Militär- und Zivilverwaltung. Sie durften Versammlungen des Senats und des Volkes einberufen und leiten, Gesetzesanträge stellen und Wahlen abhalten. Als Jahresangaben dienten die Namen der amtierenden Konsuln:

Natus est Augustus M. Tullio Cicerone C. Antonio coss. (= consulibus).
Augustus wurde unter dem Konsulat Ciceros und Antonius' (= 63 v. Chr.) geboren.

In der Kaiserzeit wurde die Wahl oftmals durch die Nähe zum Kaiserhof beeinflusst. Das Amt verlor zwar seine politische Bedeutung, begehrt war es aber wegen des mit ihm verbundenen Ansehens weiterhin.

C

sammenrechnen; *passiv* sich als Summe ergeben **2** vollbringen **3** *absolut* seine Dienstzeit vollenden

cōnsummātiō ⟨ōnis⟩ F **1** Zusammenrechnung **2** Vollendung

cōnsummātus ⟨a, um⟩ ADJ **1** gesamt **2** vollendet, vollkommen

cōnsūmptiō ⟨ōnis⟩ F das Verzehren, Aufzehrung

cōnsūmptor ⟨ōris⟩ M Verzehrer, Verschwender

cōn-sūmptus ⟨a, um⟩ PPP → consumere

cōn-surgere ⟨surgō, surrēxī, surrēctum 3.⟩ **1** sich gemeinsam erheben; **consurgitur** man steht auf **2** *(Person)* aufstehen; auftreten **3** *(Wind, Baum usw.)* sich auftürmen, emporsteigen **4** *(Zustand)* ausbrechen **5** *(zu einer Tätigkeit)* sich aufraffen

cōnsurrēctiō ⟨ōnis⟩ F allgemeines Aufstehen

Cōnsus ⟨ī⟩ M *altröm. Gott der Ernte mit einem unterirdischen Altar; dieser wurde an den Consualia feierlich ausgegraben*

con-tābēfacere ⟨faciō, fēcī, factum 3.⟩ **1** nach und nach hinschwinden lassen **2** *fig* verzehren

con-tābēscere ⟨tābēscō, tābuī, - 3.⟩ hinschwinden, sich verzehren

con-tabulāre ⟨ō, āvī, ātum 1.⟩ **1** mit Brettern belegen **2** mit mehrstöckigen Türmen versehen **3** überbrücken

contabulātiō ⟨ōnis⟩ F Bretterdecke; Stockwerk

con-tāctus[1] ⟨a, um⟩ PPP → contingere

contāctus[2] ⟨a, um⟩ ADJ befleckt, beladen, verunreinigt; **religione ~** fluchbeladen

contāctus[3] ⟨ūs⟩ M = **contagio**

contāgēs ⟨is⟩ F Berührung

contāgiō ⟨ōnis⟩ F *u.* **contāgium** ⟨ī⟩ N **1** Berührung **2** *fig* Einwirkung, Einfluss **3** Ansteckung, Seuche

contāmināre ⟨ō, āvī, ātum 1.⟩ **1** verderben, entweihen, beflecken **2** verhunzen, **fabulas** Theaterstücke durch Verschmelzung *zweier od. mehrerer griech. Originale zu einem römischen*

contāminātī ⟨ōrum⟩ MPL Lustknaben

contāminātus ⟨a, um⟩ ADJ **1** befleckt, entweiht **2** unrein, schuldbefleckt

con-technārī ⟨or, ātus sum 1.⟩ Ränke schmieden, listig ersinnen

con-tegere ⟨tegō, tēxī, tēctum 3.⟩ **1** bedecken, schützen **2** verdecken, verhüllen, verbergen; begraben

con-temerāre ⟨ō, āvī, ātum 1.⟩ beflecken, entweihen

★**con-temnere** ⟨temnō, tempsī, temptum 3.⟩ **1** verachten, gering schätzen, nicht beachten, **Romam prae Capua** Rom im Vergleich mit Capua **2** herabsetzen **3** **se ~** bescheiden sein

★**con-templāre** ⟨ō, āvī, ātum 1.⟩ u ★ **con-templārī** ⟨or, ātus sum 1.⟩ beschauen, betrachten; erwägen

contemplātiō ⟨ōnis⟩ F **1** Betrachtung **2** Rücksicht, **alicuius/alicuius re**[i] auf j-n/auf etw

contemplātīvus ⟨a, um⟩ ADJ **1** beschaulich **2** PHILOS theoretisch

contemplātor ⟨ōris⟩ M Beschauer, Betrachter

contemplātus, *abl* ⟨ū⟩ M = **contemplatio**

contempsī → contemnere

contemptim ADV geringschätzig

contemptiō ⟨ōnis⟩ F Verachtung, Geringschätzung; Gleichgültigkeit, **alicuius/alicuius rei** gegenüber j-m/einer Sache

contemptor ⟨ōris⟩ **A** M Verächter **B** ADJ alles verachtend, hochfahrend

contemptrīx ⟨īcis⟩ F Verächterin

contemptus[1] ⟨a, um⟩ ADJ **1** verachtet **2** der Beachtung nicht wert, unbedeutend

contemptus[2] ⟨ūs⟩ M = **contemptio**

con-temptus[3] ⟨a, um⟩ PPP → contemnere

★**con-tendere** ⟨tendō, tendī, tentum 3.⟩ **A** V/T **1** zusammenstellen, vergleichen **2** anspannen, straffen, **nervo**[s] die Sehnen **3** *(Geschosse)* schleudern, abschießen **4** erstreben; verlangen **5** behaupten **B** V/I **1** wetteifern, streiten, kämpfen **2** sich anstrengen **3** eilen, sich beeilen

contentē[1] ADV angestrengt, eifrig

contentē[2] ADV knapp, kurz

★**contentiō** ⟨ōnis⟩ F **1** Vergleich **2** RHET Antithese **3** Wettstreit, Wettkampf, Streit **4** Wortstreit, Debatte *auch* Streitfrage 5 Streitsucht 6 Spannung, Anspannung 7 Anstrengung 8 eifriges Streben **honoris** nach Ehre 9 *pej* Leidenschaft, Heftigkeit

ontentiōsus ⟨a, um, *adv* contentiōsē⟩ ADJ streitsüchtig; hartnäckig

ontentus[1] ⟨a, um⟩ ADJ, ADV → contentē[1] gespannt, straff; angestrengt, eifrig

ontentus[2] ⟨a, um⟩ ADJ, ADV → contentē[2] sich begnügend, zufrieden

on-tentus[3] ⟨a, um⟩ PPP → contendere *u.* → continere

on-terere ⟨terō, trīvī, trītum 3.⟩ 1 zerreiben, zerbröckeln, zerdrücken 2 (Schwert usw.) abreiben, abnutzen; *passiv* u. **se ~** *fig* sich abplagen, sich aufreiben 3 (*Zeit*) verbringen, verwenden; vergeuden

on-terrēre ⟨eō, uī, itum 2.⟩ erschrecken, einschüchtern

on-testārī ⟨or, ātus sum1.⟩ 1 als Zeugen anrufen, beschwören 2 **litem** ~ JUR einen Prozess durch Aufruf von Zeugen in Gang bringen

ontestātiō ⟨ōnis⟩ F inständige Bitte, Beschwörung

ontestātus ⟨a, um⟩ ADJ allseitig bezeugt, beglaubigt, bewährt

on-texere ⟨texō, texuī, textum 3.⟩ 1 zusammenweben, -flechten 2 zusammenfügen, aneinanderreihen 3 verbinden 4 (*Verbrechen*) anstiften

ontextus[1] ⟨a, um, *adv* contextē⟩ ADJ 1 verflochten, verbunden 2 fortlaufend, ununterbrochen

ontextus[2] ⟨ūs⟩ M Zusammenhang, Verbindung

on-ticēscere ⟨ticēscō, ticuī, - 3.⟩ 1 verstummen 2 *fig* still werden, sich legen

onticinium ⟨ī⟩ N stille Zeit vor Mitternacht, Zeit des Tiefschlafs

on-ticīscere ⟨ticīscō, ticuī, - 3.⟩ = conticescere

nticuī → conticescere

ntigī → contingere

n-tīgnāre ⟨ō, āvī, ātum 1.⟩ mit Balken belegen, überdecken

ntīgnātiō ⟨ōnis⟩ F 1 Gebälk 2 Stockwerk

ntiguus ⟨a, um⟩ ADJ 1 angrenzend, benachbart 2 erreichbar

★**continēns** A ⟨entis, *adv* continenter⟩ ADJ 1 zusammenhaltend; *fig* beherrscht, enthaltsam, mäßig 2 (*örtl.*) angrenzend, benachbart 3 (*zeitl.*) unmittelbar folgend; ununterbrochen; **terra ~** Festland B ⟨entis⟩ F Festland, Kontinent

continentia[1] ⟨ium⟩ NPL RHET Hauptpunkt, Hauptsache

★**continentia**[2] ⟨ae⟩ F Zurückhaltung, Selbstbeherrschung, Enthaltsamkeit

★**con-tinēre** ⟨tineō, tinuī, tentum 2.⟩ 1 zusammen-, festhalten 2 verbinden; *passiv* zusammenhängen; **hospitio alicuius contineri** *fig* mit j-m freundschaftlich verbunden sein 3 *fig* erhalten, bewahren, **disciplinam** die Disziplin 4 einschließen, eingeschlossen halten; *passiv* eingeschlossen sein 5 umfassen, enthalten; *passiv* in *etw* enthalten sein, aus *etw* bestehen; **liber continet res gestas populi Romani** das Buch enthält die Geschichte des römischen Volkes 6 ausmachen; *passiv* auf *etw* beruhen, in *etw* bestehen; **quod rem continet** das Wesentliche 7 zurückhalten, anhalten, festhalten 8 in Schranken halten, beherrschen, zügeln, **audaciam** die Kühnheit; **se ~/contineri re** sich auf etw beschränken 9 (*Soldaten*) abhalten, zurückhalten 10 nicht herausgeben; verschweigen

★**con-tingere** ⟨tingō, tigī, tāctum 3.⟩ A V/T 1 berühren 2 bestreuen, befeuchten 3 ergreifen, erfassen, **alicuius dextram** j-s Rechte 4 kosten, essen, genießen 5 (*Ziel*) erreichen, treffen; gelangen; **Italiam ~** nach Italien gelangen 6 an *etw* grenzen, stoßen, **fines Volscorum** an das Gebiet der Volsker 7 *fig* freundschaftlich/verwandtschaftlich nahe stehen, **aliquem** j-m 8 betreffen, angehen 9 beflecken, anstecken B V/I 1 zuteilwerden, begegnen, widerfahren 2 **contingit** es wird zuteil, es gelingt, es ereignet sich

★**continuāre** ⟨ō, āvī, ātum 1.⟩ 1 aneinanderreihen, anschließen, **alicui rei** an etw; *passiv* sich unmittelbar anschließen 2 weiter ausdehnen, erweitern; **pontem ~** eine Brücke fertig bauen 3 aufeinanderfolgen ; *passiv* unmittelbar folgen 4 fortsetzen; **iter die et nocte ~** Tag und Nacht marschieren; *passiv* andauern;

C

C

continuatus ununterbrochen **5** (*Amt*) verlängern

continuātiō ⟨ōnis⟩ F **1** ununterbrochene Fortdauer **2** Zusammenhang **3** ~ **verborum** RHET Periode

continuō ADV **1** ununterbrochen, fortwährend **2** unmittelbar darauf, sofort

★**continuus** ⟨a, um, *adv* continuē *u.* → continuō⟩ ADJ **1** (*örtl.*) zusammenhängend, unmittelbar anstoßend **2** (*Küste, Rede usw.*) ununterbrochen, fortlaufend **3** (*zeitl.*) unmittelbar folgend, nacheinander **4** unaufhörlich, beständig

★**contiō** ⟨ōnis⟩ F **1** Versammlung; **contionem habere** eine Versammlung abhalten **2** Ansprache

contiōnābundus ⟨a, um⟩ ADJ in einer Versammlung redend

contiōnālis ⟨e⟩ ADJ = **contionarius**

contiōnārī ⟨or, ātus sum 1.⟩ **A** VI versammelt sein **B** VT öffentlich erklären

con-tonat ⟨1.⟩ *unpersön.* es donnert laut

con-torquēre ⟨torqueō, torsī, tortum 2.⟩ **1** herumdrehen, -wenden **2** drehen **verba** ~ *fig* schwungvoll reden **3** umstimmen **4** schleudern

contortiplicātus ⟨a, um⟩ ADJ verwickelt, verworren

contortor ⟨ōris⟩ M Verdreher

contortulus ⟨a, um⟩ ADJ etwas geschraubt

contortus ⟨a, um, *adv* contortē⟩ ADJ **1** verwickelt, geschraubt **2** schwungvoll

★**contrā** **A** ADV **1** (*örtl.*) gegenüber; ~ **esse** gegenüberstehen **2** im Gegensatz, dagegen, hingegen **B** PRÄP *+akk* **1** (*örtl.*) gegenüber, gegen ... hin **2** gegen, im Gegensatz, im Widerspruch; ~ **te** gegen dich **C** PRÄF entgegen-, wider-; **contra-dicere** wider-sprechen

contractiō ⟨ōnis⟩ F **1** das Zusammenziehen **2** *fig* Verkürzung; ~ **orationis** gedrängte Darstellung **3** *fig* Beklommenheit

contractus[1] ⟨a, um⟩ ADJ **1** steif, starr **2** eng, schmal, kurz **3** (*Stimme*) gepresst **4** drückend **5** (*Person*) zurückgezogen **6** (*Person*) geizig

contractus[2] ⟨ūs⟩ M Abschluss eines Geschäftes; Vertrag, Kontrakt

con-tractus[3] ⟨a, um⟩ PPP → contrahere

contrā-dīcere ⟨dīcō, dīxī, dictum 3.⟩ widersprechen

contrādictiō ⟨ōnis⟩ F Widerspruch

★**con-trahere** ⟨trahō, trāxī, tractum 3.⟩ **1** zusammenziehen, verengen, verkleinern; **frontem** ~ die Stirn runzeln; *passiv u.* **se** ~ sich zusammenziehen **2** *fig* verkürzen, beschränken, **tempus dicendi** die Redezeit **3** einengen **4** Menschen vereinigen, versammeln **5** in Liebe vereinigen **6** zustande bringen; sich zuziehen; **nefas** ~ eine Sünde begehen **7** (*Geschäft*) abschließen; **res contracta** Vertrag

contrā-pōnere ⟨pōnō, posuī, positum 3.⟩ entgegensetzen; **contrāpositum** ⟨ī⟩ N Gegensatz

contrāriē ADV entgegengesetzt

contrārium ⟨ī⟩ N Gegenrichtung; **in vertere** ins Gegenteil kehren

★**contrārius** **A** ⟨a, um⟩ ADJ, ADV → contrāriē **1** gegenüberliegend **2** entgegengesetzt **3** widersprechend, zuwiderlaufend **4** feindlich, widerstrebend **5** unpassend, ungünstig **6** nachteilig **B** ⟨ī⟩ M Gegner, Feind

con-trectāre ⟨ō, āvī, ātum 1.⟩ **1** betasten, anfassen **2** streicheln, sexuell berühren; vergewaltigen **3** (*geistig*) erfassen, erwägen

contrectātiō ⟨ōnis⟩ F Betastung, sexuelle Berührung

con-tremere ⟨ō, -, - 3.⟩ stark zittern, beben

con-tremēscere ⟨tremēscō, tremuī, - 3.⟩ *u.* **con-tremīscere** ⟨tremīscō, tremuī, - 3.⟩ **A** VI **1** (er)beben, (er)zittern **2** *fig* wanken **B** VT fürchten; zittern, **Hannibalem** ~ vor Hannibal

con-tremuī → contremescere *u.* contremiscere

con-tribuere ⟨tribuō, tribuī, tributum 3.⟩ **1** verbinden, vereinigen **2** zuteilen, einverleiben; **se alicui** ~ sich j-m anschließen **3** beisteuern

con-trīstāre ⟨ō, āvī, ātum 1.⟩ verdüstern, trüben; betrüben

contrītus[1] ⟨a, um⟩ ADJ **1** abgedroschen **2** zerknirscht, reuig

con-trītus[2] ⟨a, um⟩ PPP → conterere

★**contrōversia** ⟨ae⟩ F **1** Streit, Rechtsstreit **2** Streitfrage; Streitrede

Widerspruch

:ontrōversiōsus ⟨a, um⟩ ADJ strittig

:ontrō-versus ⟨a, um⟩ ADJ strittig

:on-trucīdāre ⟨ō, āvī, ātum 3.⟩ 1 zusammenhauen, niedermetzeln 2 opfern

:on-trūdere ⟨trūdō, trūsī, trūsum 3.⟩ 1 zusammenstoßen, -drängen 2 hineinstoßen, -stecken

:on-truncāre ⟨ō, āvī, ātum 1.⟩ zerhauen; verzehren

:ontubernālis ⟨is⟩ M (*u.* F) 1 Zeltgenosse; Kriegskamerad 2 ständiger Begleiter eines Prätors 3 Gefährte, Helfer 4 Hausgenosse 5 Lebensgefährte

:on-tubernium ⟨ī⟩ N 1 Zeltgenossenschaft, kameradschaftliches Zusammenleben 2 Ausbildungsverhältnis 3 Wohngemeinschaft; vertrauter Umgang 4 gemeinschaftliches Zelt 5 gemeinsame Wohnung 6 Sklavenehe 7 Konkubinat

on-tudī → contundere

on-tuērī ⟨tueor, tuitus sum 2.⟩ 1 betrachten 2 *fig* bemerken

on-tulī → conferre

ontumācia ⟨ae⟩ F 1 Trotz, Eigensinn 2 Widerspenstigkeit 3 Stolz

on-tumāx ⟨ācis, *adv* contumāciter⟩ ADJ 1 trotzig, halsstarrig, eigensinnig 2 *fig* spröde

on-tumēlia ⟨ae⟩ F 1 Misshandlung, ;toß 2 *fig* Kränkung, Beschimpfung, Beleidigung

ontumēliōsus ⟨a, um, *adv* contumēliōsē⟩ ADJ 1 beleidigend 2 schmählich

on-tumulāre ⟨ō, āvī, ātum 1.⟩ begraben, bestatten

on-tundere ⟨tundō, tudī, tū(n)sum .⟩ 1 zerschlagen, zerstoßen, zerchmettern 2 *fig* niederschlagen, verichten, brechen, beugen

on-turbāre ⟨ō, āvī, ātum 1.⟩ 1 verwirren, in Unordnung bringen 2 **(rationes)** ~ Bankrott machen 3 *fig* bestürzen, aus der Fassung bringen

onturbātiō ⟨ōnis⟩ F Verwirrung; Bestürzung

onturbātus ⟨a, um⟩ ADJ verwirrt, bestürzt, verlegen

ntus ⟨ī⟩ M 1 Stange, Ruderstange 2 Vurfspieß 3 *fig* männliches Glied

n-tūsus ⟨a, um⟩ PPP → contundere

cōnūbiālis ⟨e⟩ ADJ ehelich

★**cō-nūbium** ⟨ī⟩ N 1 JUR Heirat 2 Geschlechtsverkehr 3 Recht zur Ehe

cōnus ⟨ī⟩ M Kegel; Helmspitze

con-vadārī ⟨or, ātus sum 1.⟩ zu einem Termin laden

con-valēscere ⟨valēscō, valuī, -3.⟩ 1 stark werden 2 POL erstarken, an Geltung zunehmen 3 JUR in Kraft treten 4 *fig* sich erholen, **de/ex vulneribus** von Wunden 5 (*Preis*) steigen

con-vallis ⟨is⟩ F Talkessel

con-valuī → convalescere

con-vāsāre ⟨ō, āvī, ātum 1.⟩ einpacken, zusammenpacken

con-vectāre ⟨ō, āvī, ātum 1.⟩ zusammenbringen

convector ⟨ōris⟩ M Mitreisender, Reisegefährte

con-vehere ⟨vehō, vēxī, vectum 3.⟩ zusammenfahren, -bringen, -schleppen

con-vēlāre ⟨ō, āvī, ātum 1.⟩ ganz verhüllen

con-vellere ⟨vellō, vellī *u.* vulsī, vulsum 3.⟩ 1 weg-, aus-, ein-, niederreißen; **signa** ~ aufbrechen 2 *fig* erschüttern

convena ⟨ae⟩ ADJ M *u.* F zusammentreffend, -kommend

convenae ⟨ārum⟩ MPL zusammengelaufenes Volk

con-vēnī → convenire

conveniēns ⟨entis, *adv* convenienter⟩ ADJ 1 passend 2 *fig* übereinstimmend; angemessen 3 einig

convenientia ⟨ae⟩ F Übereinstimmung, Harmonie

★**con-venīre** ⟨veniō, vēnī, ventum 4.⟩ A VI 1 zusammenkommen, -treffen 2 sich verbinden; sich vereinigen 3 sich versammeln 4 POL zu einem Gerichtsbezirk gehören 5 JUR (*Frau*) (durch Heirat) in *j-s* Gewalt kommen 6 vereinbaren; **convenit** man einigt sich; **bene convenit alicui** es trifft sich gut für j-n 7 passen B VT treffen, besuchen; *passiv* Besuch empfangen

conventīcium ⟨ī⟩ N Tagegeld

conventīcius ⟨a, um⟩ ADJ zusammenkommend; **pater** ~ Gelegenheitsvater

conventiculum ⟨ī⟩ N 1 kleine Versammlung, unbedeutender Verein 2 Versammlungsort, -raum

conventiō ⟨ōnis⟩ F 1 Volksversammlung 2 = **conventum**
conventiōnālis ⟨e⟩ ADJ Vertrags…
conventum ⟨ī⟩ N Übereinkunft, Vertrag
conventus[1] ⟨a, um⟩ PPP → convenire
★**conventus**[2] ⟨ūs⟩ M 1 Zusammenkunft, Versammlung 2 POL Bundesversammlung 3 Gerichts-, Bezirks-, Landtag 4 Gerichts-, Verwaltungsbezirk 5 Verband der römischen Bürger 6 Übereinkunft, Vertrag
con-verberāre ⟨ō, āvī, ātum 1.⟩ schlagen, verhauen
con-verrere ⟨verrō, verrī, versum 3.⟩ 1 zusammenfegen, -scharren 2 auskehren
con-versāre ⟨ō, āvī, ātum 1.⟩ herumdrehen, bewegen
con-versārī ⟨or, ātus sum1.⟩ sich aufhalten; verkehren, Umgang haben
conversātiō ⟨ōnis⟩ F 1 Umgang, **alicuius** mit j-m 2 Sinnesänderung
conversiō ⟨ōnis⟩ F 1 Umkehr, Umdrehung, Umlauf 2 *fig* Umwälzung, Veränderung 3 POL Umbruch 4 RHET Periode; Wiederholung desselben Wortes am Satzende 5 *(eccl.)* Bekehrung
conversus ⟨a, um⟩ PPP → converrere *u.* → convertere
★**con-vertere** ⟨vertō, vertī, versum 3.⟩ A V/T 1 umwenden, umdrehen; **terga** ~ fliehen 2 **signa** ~ MIL kehrtmachen; *passiv u.* **se** ~ fliehen 3 um *etw* drehen, im Kreis drehen; *meist passiv u.* **se** ~ sich um *etw* drehen, sich im Kreis drehen 4 zum Wenden/Fliehen bringen 5 verändern, verwandeln; umstimmen; **rem publicam** ~ den Staat zum Umsturz bringen 6 übersetzen 7 *(Plan, Gelder usw.)* hinlenken, hinwenden 8 verwenden, **tempora ad laborem** Zeit auf die Arbeit B V/I, *passiv u.* **se** ~ 1 sich umwenden, umkehren 2 sich zuwenden, sich widmen 3 sich in *etw* verwandeln 4 *(eccl.)* sich bekehren
con-vestīre ⟨iō, īvī, ītum 4.⟩ 1 bekleiden 2 *fig* bedecken, umgeben
convexum ⟨ī⟩ N Wölbung; Überdachung
convexus ⟨a, um⟩ ADJ 1 nach oben gewölbt, gerundet 2 abschüssig, steil
con-vīcī → convincere

convīciārī ⟨or, ātus sum 1.⟩ schmähen, lästern
convīciātor ⟨ōris⟩ M Lästerer
★**con-vīcium** ⟨ī⟩ N 1 lautes Geschrei 2 Gezänk, Streit 3 Beschimpfung; ~ **dicere alicui** j-n beschimpfen 4 lauter Vorwurf, Tadel 5 Lästermaul
convīctiō ⟨ōnis⟩ F das Zusammenleben, geselliger Umgang; **convictiones domesticae** Hauspersonal
convīctor ⟨ōris⟩ M Gesellschafter, Tischgenosse, Hausfreund, Gast
con-victus[1] ⟨a, um⟩ PPP → convincere
con-vīctus[2] ⟨a, um⟩ PPP → convivere
convīctus[3] ⟨ūs⟩ M 1 geselliger Umgang 2 Tischgesellschaft, Bewirtung
★**con-vincere** ⟨vincō, vīcī, victum 3.⟩ 1 widerlegen 2 überführen, **alicuius rei/in re** einer Sache 3 als sicher beweisen
convinctiō ⟨ōnis⟩ F Bindewort, Konjunktion
con-vīsere ⟨ō, -, - 3.⟩ aufmerksam betrachten, durchforschen; bescheinen
★**convīva** ⟨ae⟩ M Gast, Tischgenosse
convīvālis ⟨e⟩ ADJ Tisch…
con-vīvārī ⟨or, ātus sum 1.⟩ gemeinsam speisen, ein Gelage abhalten
convīvātor ⟨ōris⟩ M Gastgeber, Wirt
con-vīvere ⟨vīvō, vīxī, vīctum 3.⟩ zusammenleben, zusammen speisen
★**convīvium** ⟨ī⟩ N Gastmahl, Gelage, Tischgesellschaft, die Gäste
convīxī → convivere
★**con-vocāre** ⟨ō, āvī, ātum 1.⟩ zusammenrufen, versammeln
convocātiō ⟨ōnis⟩ F Berufung
con-volāre ⟨ō, āvī, ātum 1.⟩ zusammenfliegen; herbeieilen
con-volūtārī ⟨or, ātus sum 1.⟩ sich herumtreiben
con-volvere ⟨volvō, volvī, volūtum 3.⟩ 1 zusammenrollen; *passiv u.* **se** kreisen 2 umwickeln, *aliquid re* etw mit etw
con-vomere ⟨ō, uī, itum 3.⟩ bespucken
convorrere ⟨vorrō, vorrī, vorsum 3.⟩ = **converrere**
convortere ⟨vortō, vorsī, vortum 3.⟩ = **convertere**
con-vulnerāre ⟨ō, āvī, ātum 1.⟩

schwer verwunden
o-operīre ⟨operiō, operuī, opertum 4.⟩ ganz bedecken; **coopertus** ⟨a, um⟩ PPP bedeckt; überhäuft; beladen
o-optāre ⟨ō, āvī, ātum 1.⟩ zur Ergänzung hinzuwählen
ooptātiō ⟨ōnis⟩ F Ergänzungswahl, Zuwahl
o-orīrī ⟨orior, ortus sum 4.⟩ 1 entstehen 2 sich gemeinsam erheben, sich plötzlich erheben, losbrechen
oortus ⟨ūs⟩ M Ausbruch, Entstehung
oōs ⟨Coī⟩ F = **Cos**
ōpa ⟨ae⟩ F Schenkwirtin, Schenkmädchen, Kellnerin
ōpia ⟨ae⟩ F 1 Vorrat, Fülle, Überfluss, Menge; ~ **pecuniae** eine Menge Geld 2 Mittel, Vorräte, Lebensmittel 3 MIL Proviant, Zufuhr 4 Vermögen 5 Menge 6 ★ **copiae** *pl* MIL Mannschaften, Truppen 7 Fähigkeit, Möglichkeit, Gelegenheit, *alicuius rei* zu etw
ōpia ⟨ae⟩ F Göttin des Überflusses
ōpiōsus ⟨a, um, *adv* cōpiōsē⟩ ADJ 1 *Person*) wohlhabend, reich 2 reichlich ausgestattet, reichlich vorhanden 3 *Redner*) wort-, gedankenreich
ōpis ⟨e⟩ ADJ reich, mächtig
ōpō ⟨ōnis⟩ M = **caupo**[1]
oprea ⟨ae⟩ M Possenreißer
ōpula ⟨ae⟩ F 1 Band, Strick, Leine, nterhaken 2 *fig* Verbindung 3 GRAM Vortverbindung
ōpulāre ⟨ō, āvī, ātum 1.⟩ *u.* **copulārī** ⟨or, ātus sum 1.⟩ zusammenkoppeln, erbinden
opulātiō ⟨ōnis⟩ F Verbindung
opulātus ⟨a, um⟩ ADJ, eng verbunden, vereint
oqua ⟨ae⟩ F Köchin
oquere ⟨coquō, coxī, coctum 3.⟩ 1 ochen, backen 2 reif machen 3 dörren, austrocknen 4 in Gärung bringen 5 *fig* sich ausdenken 6 beunruhigen, ngstigen, quälen
oquīna ⟨ae⟩ F Küche
oquināre ⟨ō, āvī, ātum 1.⟩ kochen
oquīnus ⟨a, um⟩ ADJ Koch...
oquus ⟨ī⟩ M Koch
or ⟨cordis⟩ N 1 Herz 2 *fig* Gefühl, Geüt, Gesinnung, Mut; **mihi cordi est** mir egt am Herzen 3 Verstand, Einsicht, eist 4 Seele = Person 5 Magen

corallium ⟨ī⟩ N rote Koralle
★**cōram** A ADV 1 angesichts, in Gegenwart 2 öffentlich, vor aller Augen 3 persönlich anwesend B PRÄP +*abl* in Anwesenheit/Gegenwart von, vor
corbis ⟨is⟩ F Korb
corbīta ⟨ae⟩ F Lastschiff, Frachter
corbula ⟨ae⟩ F Körbchen
corcodīlus ⟨ī⟩ M = **crocodilus**
corcōtārius ⟨a, um⟩ ADJ = **crocotarius**
corculum ⟨ī⟩ N Herzchen, *Kosewort*
Corcȳra ⟨ae⟩ F *Insel im Ionischen Meer, heute Korfu*; **Corcȳraeus** ⟨a, um⟩ ADJ von Corcyra; **Corcȳraeus** ⟨ī⟩ M Einwohner von Corcyra
corda ⟨ae⟩ F = **chorda**
cordātus ⟨a, um, *adv* cordātē⟩ ADJ verständig, gescheit
cordāx ⟨ācis⟩ M 1 *ausgelassener u. lasziver Tanz der alten attischen Komödie* 2 trochäischer Vers
cor-dolium ⟨ī⟩ N Herzeleid
Corduba ⟨ae⟩ F *Hauptstadt in Hispania Baetica, heute Córdoba*
coriandrum ⟨ī⟩ N Koriander
Corinthia ⟨ōrum⟩ NPL Kunstwerke aus korinthischer Bronze
Corinthiacus ⟨a, um⟩ ADJ korinthisch, aus Korinth
Corinthiēnsis ⟨e⟩ ADJ korinthisch, aus Korinth
Corinthius A ⟨a, um⟩ ADJ korinthisch, aus Korinth; **Corinthium aes** korinthisches Erz B ⟨ī⟩ M Korinther, Einwohner von Korinth
Corinthus ⟨ī⟩ F Korinth, *Handelsstadt am Isthmus, 146 v. Chr. von den Römern zerstört, von Caesar wieder aufgebaut*
Coriolānus A ⟨a, um⟩ ADJ aus Corioli B ⟨ī⟩ M 1 Einwohner von Corioli 2 *Beiname des Cn. Marcius*
Coriolī ⟨ōrum⟩ MPL *Stadt der Volsker in Latium*
corium ⟨ī⟩ N *u.* **corius** ⟨ī⟩ M 1 Fell, Haut 2 grobes Leder
Cornēliānus ⟨a, um⟩ ADJ des Cornelius
Cornēlius A ⟨a, um⟩ *Name einer angesehenen u. weit verzweigten röm. Familie;* **Cornelia** *jüngste Tochter des Africanus Maior, Mutter der Gracchen* B ⟨a, um⟩ ADJ des Cornelius, der Cornelier
corneus[1] ⟨a, um⟩ ADJ aus Kornelkirsch-

C

holz

corneus[2] ⟨a, um⟩ ADJ aus Horn

corni-cen ⟨inis⟩ M Hornist, Flötist

corniculārius ⟨ī⟩ M Gefreiter

corniculum ⟨ī⟩ N „Hörnchen", *Ehren- u. Rangabzeichen*

corni-ger ⟨gera, gerum⟩ ADJ gehörnt, Geweih tragend

corni-pēs ⟨pedis⟩ ADJ mit Hufen

cornīx ⟨īcis⟩ F Krähe

★**cornū** ⟨ūs⟩ N **1** Horn; *pl* Geweih **2** Auswuchs *an der Stirn* **3** *(der Mondsichel)* Spitze **4** Flussarm **5** äußerstes Ende; Vorgebirge, Landzunge **6** Helmkegel **7** *(des Stabes einer Buchrolle)* Knopf, Knauf **8** MIL Flügel **9** *(Material)* Horn **10** *Gegenstand aus Horn*: Trompete; Bogen; Trichter; Ölgefäß; Resonanzboden

cornum[1] ⟨ī⟩ N = **cornu**

cornum[2] ⟨ī⟩ N **1** Kornelkirsche **2** Lanze *aus Kornelkirschholz*

cornus[1] ⟨ī *u.* ūs⟩ F **1** Kornelkirschbaum **2** Lanze *aus Kornelkirschholz*

cornus[2] ⟨ūs⟩ M = **cornu**

cornūtus ⟨a, um⟩ ADJ gehörnt

corōlla ⟨ae⟩ F Kränzchen

corōllārium ⟨ī⟩ N Geschenk

★**corōna** ⟨ae⟩ F **1** Kranz; **sub coronā vendere** als Sklaven verkaufen **2** obere Begrenzung **3** Kreis von Zuhörern, Versammlung **4** MIL Belagerungslinie, Befestigungskette **5** Krone

corōnāre ⟨ō, āvī, ātum 1.⟩ **1** bekränzen, krönen **2** *fig* umschließen

corōnārius ⟨a, um⟩ ADJ Kranz...

Corōnēa ⟨ae⟩ F *einst wichtige Stadt in Böotien*

corōnis ⟨idis⟩ F Schlussschnörkel

Corōnis ⟨idis⟩, *akk* ⟨ida⟩ F *Nymphe, von Apollo Mutter des Äskulap*

corporālis ⟨e, *adv* corporāliter⟩ ADJ körperlich

corporātus ⟨a, um⟩ ADJ verkörpert

corporeus ⟨a, um⟩ ADJ **1** körperlich; fleischlich, leiblich **2** *(mlat.)* irdisch

corpulentus ⟨a, um⟩ ADJ beleibt

★**corpus** ⟨oris⟩ N **1** Körper, Leib **2** Substanz, Materie **3** Fleisch; **~ facere** dick werden **4** *fig* Prostituierte **5** Leiche **6** Rumpf **7** Person, Individuum **8** *fig* Ganzes; Gebäude; Körperschaft **9** *fig* Hauptsache, Kernstück **10** JUR Gesamtwerk, Sammelwerk

cor-rādere ⟨rādō, rāsī, rāsum 3.⟩ zusammenkratzen, -scharren

corrēctiō ⟨ōnis⟩ F **1** Verbesserung **2** Zurechtweisung

corrēctor ⟨ōris⟩ M **1** Verbesserer, Korrektor **2** Sittenrichter **3** *(nlat.)* Korrektor

cor-rēctus ⟨a, um⟩ PPP → corrigere

cor-rēpere ⟨rēpō, rēpsī, rēptum 3.⟩ zusammenschrecken; sich verkriechen

correptus[1] ⟨a, um⟩ ADJ GRAM ku (ausgesprochen)

cor-reptus[2] ⟨a, um⟩ PPP → corripere

cor-rēxī → corrigere

★**cor-rigere** ⟨rigō, rēxī, rēctum 3.⟩ gerade richten **2** *(Fehlerhaftes)* bericht gen, verbessern, korrigieren **3** zurech weisen

★**cor-ripere** ⟨ripiō, ripuī, reptum 3.⟩ zusammenraffen, hastig ergreifen **2** a sich reißen, rauben **3** aufgreifen, b schlagnahmen **4** *(Krankheit, Leidenscha usw.)* ergreifen, befallen, dahinraffen tadeln **6** JUR vor Gericht ziehen, ankl gen **7** abkürzen **8** **gradum ~** de Schritt beschleunigen

cor-rōborāre ⟨ō, āvī, ātum 1.⟩ stä ken, kräftigen; *passiv u.* **se ~** erstarken

cor-rōdere ⟨rōdō, rōsī, rōsum 3.⟩ b nagen, zernagen

cor-rogāre ⟨rogō, āvī, ātum 1.⟩ z sammenbitten, einladen

cor-rotundāre ⟨ō, āvī, ātum 1.⟩ a runden

cor-ruere ⟨ruō, ruī, ruitūrus 3.⟩ **A** **1** einstürzen; zu Boden stürzen **2** (G schäft) zugrunde gehen; Bankrott m chen **3** *(Schauspieler)* durchfallen **B** **1** ins Verderben stürzen **2** zusamme scharren

cor-rūgāre ⟨ō, āvī, ātum 1.⟩ runzel machen; **nares ~** die Nase rümpfen

★**cor-rumpere** ⟨rumpō, rūpī, ruptu 3.⟩ **1** vernichten, zugrunde richten, v wüsten; *passiv* zugrunde gehen, unt gehen **2** *fig* vereiteln, zunichtemache **occasionem ~** eine Gelegenheit ung nutzt lassen **3** verderben, verschle tern; verletzen, entkräften **4** verf schen, entstellen; **litteras/tabulas pub cas ~** staatliche Urkunden fälschen *(Volk)* sittlich verderben **6** *(Frau)* sch den **7** verführen **8** *(Richter)* besteche

:orrumptus ⟨a, um⟩ ADJ = **corruptus**
:or-rūpī → corrumpere
:orruptēla ⟨ae⟩ F **1** Verderben **2** Verführung **3** Bestechung
:orruptibilis ⟨e⟩ ADJ vergänglich
:orruptiō ⟨ōnis⟩ F **1** Verführung, Bestechung **2** Verderbtheit
:orruptor ⟨ōris⟩ M Verderber; Verführer; Bestecher
:orruptrīx ⟨īcis⟩ F Verführerin
:orruptus[1] ⟨a, um⟩ ADJ verdorben, verführt, bestochen, geschändet
.or-ruptus[2] ⟨a, um⟩ PPP → corrumpere
.ōrs ⟨cōrtis⟩ F = **cohors**
:orsica ⟨ae⟩ F *Insel im Mittelmeer*
ortex ⟨icis⟩ M, *oft* F Rinde, Kork
ortīna ⟨ae⟩ F **1** Kessel, Becken **2** Dreifuß **3** Orakel **4** *fig* Kreis der Zuhörer
ortis ⟨is⟩ F = **curtis**
oruscāre ⟨ō, -, - 1.⟩ **A** VI **1** sich zitternd bewegen, flattern **2** *fig* schillern, blinken **B** VT hin und her schwingen
oruscus ⟨a, um⟩ ADJ **1** schwankend, zitternd **2** *fig* schillernd, blinkend
orvīnus ⟨a, um⟩ ADJ Raben…
orvīnus ⟨a, um⟩ *Beiname der gens Valeria;* → Valerius
orvus ⟨ī⟩ M **1** Rabe **2** Brechstange, Mauerbrecher
orybantes ⟨um *u.* ium⟩ MPL die Korybanten, *Priester der Kybele/Rhea in Phrygien, deren Kult mit lärmender Musik u. Waffentänzen vollzogen wurde*
ōrȳtus ⟨ī⟩ M Köcher
ōs ⟨cōtis⟩ F Schleifstein, Wetzstein
ōs ⟨Coī⟩ F *Sporadeninsel vor der Südwestspitze Kleinasiens; heute Kos*
OS ABK = **consul** Konsul
osmicus ⟨ī⟩ M Weltbürger
osmos ⟨ī⟩ M (*eccl.*) die Welt
OSS ABK = **consules** die Konsuln
osta ⟨ae⟩ F Rippe
ostum ⟨ī⟩ N indischer Gewürzstrauch, ostwurz
ītēs ⟨ium⟩ FPL = **cautes**
othūrnātī ⟨ōrum⟩ MPL tragische chauspieler
othurnātus ⟨a, um⟩ ADJ **1** auf dem othurn einherschreitend **2** *fig* trasch, erhaben; hochtrabend
othurnus ⟨ī⟩ M **1** Kothurn, *Stiefel mit hohen Sohlen u. Absätzen, für Jäger u. Tragödienschauspieler* **2** Tragödie **3** erhabener Stil der Tragödie
★**cotīdiānus** ⟨a, um, *adv* cotīdiānō⟩ ADJ **1** täglich **2** *fig* alltäglich, gewöhnlich
★**cotīdiē** ADV täglich, Tag für Tag
Cotta ⟨ae⟩ M *Beiname der gens Aurelia;* → Aurelius
cottana ⟨ōrum⟩ NPL kleine trockene Feigen
cottīdiānus ⟨a, um⟩ ADJ = **cotidianus**
cottīdiē ADV = **cotidie**
cotula ⟨ae⟩ F **1** kleines Gefäß **2** Hohlmaß, *ein halber sextarius*
cōturnīx ⟨īcis⟩ F Wachtel, *Kosewort*
coturnus ⟨ī⟩ M = **cothurnus**
Cōum ⟨ī⟩ N koischer Wein
Cōus **A** ⟨a, um⟩ ADJ von Cos **B** ⟨ī⟩ M Einwohner von Cos
covinnārius ⟨ī⟩ M Sichelwagenkämpfer
covinnus ⟨ī⟩ M Sichelwagen
coxa ⟨ae⟩ F Hüfte; ~ **leporis** Hasenkeule
coxendīx ⟨īcis⟩ F Hüftbein, Hüfte
coxī → coquere
crāpula ⟨ae⟩ F Rausch; Katzenjammer
crāpulārius ⟨a, um⟩ ADJ Rausch…
★**crās** ADV **1** morgen **2** künftig
crassitūdō ⟨inis⟩ F Dicke; Dichte
★**crassus** ⟨a, um, *adv* crassē⟩ ADJ **1** dick, dicht **2** (*Person*) dick, beleibt **3** (*Toga*) grob, unfein **4** (*Erde usw.*) fett, schlammig **5** roh
Crassus ⟨ī⟩ M „der Dicke", *Beiname der gens Licinia;* → Licinius
crāstinum ⟨ī⟩ N der morgige Tag; **in ~** auf den morgigen Tag
crāstinus ⟨a, um, *adv* crāstinō⟩ ADJ morgig
crātēr ⟨ēris, *akk sg* ēra, *akk pl* ēras⟩ M **1** Mischgefäß, -kessel, -krug **2** Krug **3** Wasserbecken **4** Vulkankrater
crātēra ⟨ae⟩ F = **crater**
crātis ⟨is⟩ F, *meist* PL ⟨crātēs, ium⟩ **1** Flechtwerk, Hürde für das Vieh **2** MIL Faschinen
★**creāre** ⟨ō, āvī, ātum 1.⟩ **1** (er)schaffen, hervorbringen **2** zeugen, gebären **3** *fig* verursachen, bereiten; ~ **dolorem** Schmerz verursachen **4** *fig* wählen, ernennen, **consules** Konsuln

C

creātiō ⟨ōnis⟩ F 1 Wahl 2 *(eccl.)* Schöpfung
creātor ⟨ōris⟩ M Schöpfer, Erzeuger, Gründer, Urheber
creātrīx ⟨īcis⟩ F Mutter
★**crēber** ⟨bra, brum, *adv* crebrō *u.* crēbriter⟩ ADJ 1 dicht stehend, gedrängt, zahlreich 2 dicht besetzt, voll; reich 3 häufig 4 ADV häufig, oft
crēb(r)ēscere ⟨crēb(r)ēscō, crēb(r)uī, - 3.⟩ zunehmen, wachsen, sich vermehren, sich verbreiten
crēbritās ⟨ātis⟩ F Häufigkeit, Fülle
★**crēdere** ⟨dō, didī, ditum 3.⟩ 1 anvertrauen, übergeben, überlassen 2 *(Geld)* borgen, leihen 3 vertrauen 4 glauben; **sibi ~** bei sich überzeugt sein; **credor** man glaubt mir 5 halten für, **eum Iovis filium** ihn für den Sohn Jupiters, **falsum pro vero** das Falsche für wahr 6 glauben, meinen, der Ansicht sein; **crederes** man hätte glauben können
★**crēdibilis** ⟨e, *adv* crēdibiliter⟩ ADJ glaubhaft, glaubwürdig
crēdidī → credere
crēditor ⟨ōris⟩ M Gläubiger
crēditum ⟨ī⟩ N Darlehen, Schuld, Kredit
crēdulitās ⟨ātis⟩ F Leichtgläubigkeit
crēdulus ⟨a, um⟩ ADJ 1 leichtgläubig, vertrauensselig, arglos 2 leicht geglaubt
★**cremāre** ⟨ō, āvī, ātum 1.⟩ verbrennen, einäschern
Cremera ⟨ae⟩ M *kleiner Fluss in Etrurien; bekannt durch den Untergang der 306 Fabier im Kampf gegen die Veier 479 v. Chr.;* **Cremerēnsis** ⟨e⟩ ADJ am Cremera
Cremōna ⟨ae⟩ F *Stadt am Po;* **Cremōnēnsis** ⟨e⟩ ADJ aus Cremona; **Cremonēnsis** ⟨is⟩ M Einwohner von Cremona
cremor ⟨ōris⟩ M dicker Schleim
Creō(n) ⟨ōnis *u.* ontis⟩ M 1 *König von Korinth* 2 *König von Theben, Bruder der Iokaste*
★**crepāre** ⟨ō, uī, itum 1.⟩ A V/I ertönen; klappern, knarren, rasseln, rauschen, knistern, knirschen B V/T erschallen/ertönen/hören lassen
crepāx ⟨ācis⟩ ADJ knisternd
creper ⟨era, erum⟩ ADJ ungewiss, zweifelhaft; **creperum** ⟨ī⟩ N Zwielicht

crepida ⟨ae⟩ F Sandale, griech. Halbschuh
crepidātus ⟨ī⟩ M Sandalen tragend
crepīdō ⟨īnis⟩ F 1 Sockel 2 Rand Mauervorsprung 3 Uferdamm, Kai
crepidula ⟨ae⟩ F kleine Sandale
crepitāre ⟨ō, āvī, ātum 1.⟩ rasseln klappern, krachen, klirren, , rauschen
crepitus[1] ⟨a, um⟩ PPP → crepare
crepitus[2] ⟨ūs⟩ M lauter Schall, Getöse Krach(en); *pl* Donnerschläge
crepundia ⟨ōrum⟩ NPL Kinderklapper
crepusculum ⟨ī⟩ N Abenddämmerung, Zwielicht; Dunkel
Crēs ⟨Crētis⟩ M Kreter
★**crēscere** ⟨crēscō, crēvī, crētum 3.⟩ 1 wachsen, entstehen 2 aufwachsen, her anwachsen, groß werden 3 zunehmen größer werden; **luna crescit** der Mon nimmt zu
Crēssa ⟨ae⟩ F Kreterin
crēta ⟨ae⟩ F 1 Kreide 2 Schminke
Crēta ⟨ae⟩ F Kreta; **Crētaeus** ⟨a, um ADJ kretisch
crētātus ⟨a, um⟩ ADJ mit Kreide bestrichen
Crētē ⟨ēs⟩ F = **Creta**
Crētēnsis A ⟨e⟩ ADJ kretisch B ⟨is⟩ Kreter
crētēra *u.* **crēterra** ⟨ae⟩ F = **crater**
crēteus ⟨a, um⟩ ADJ tönern
Crēticus ⟨a, um⟩ ADJ kretisch
crētōsus ⟨a, um⟩ ADJ kreidereich
crētula ⟨ae⟩ F weiße Siegelerde; Sieg
crētus[1] ⟨a, um⟩ PPP → cernere *u.* crescere
crētus[2] ⟨a, um⟩ ADJ geboren, **Troiano sanguine** aus trojanischem Blut
Creūsa ⟨ae⟩ F *Gattin des Aeneas in Tro*
crēvī → cernere *u.* → crescere
crībrum ⟨ī⟩ N Sieb, Durchschlag
★**crīmen** ⟨inis⟩ N 1 Beschuldigung, A klage; **in ~ vocare** anschuldigen; **in c mine esse** für schuldig gelten 2 *fig* V wurf, Beschwerde; **alicui aliquid crim dare** j-m etw zum Vorwurf machen Gegenstand der Anklage 4 Schuld, V brechen; **sine crimine** unschuldig
crīmināre ⟨ō, āvī, ātum 1.⟩ *u.* **crīm nārī** ⟨or, ātus sum 1.⟩ 1 beschuldige verleumden 2 sich beschweren, **aliqu** über etw
crīminātiō ⟨ōnis⟩ F Beschuldigu

Verleumdung, Verdächtigung
rīminātor ⟨ōris⟩ M Verleumder, **in aliquem** j-s
rīminōsus ⟨a, um, *adv* crīminōsē⟩ ADJ vorwurfsvoll; verleumderisch, gehässig
rīnālis ⟨e⟩ ADJ Haar…, haarähnlich
rīnis ⟨is⟩ M **1** Haar **2** Kometenschweif
rīnītus ⟨a, um⟩ ADJ **1** behaart, langhaarig **2** **stella crinita** Komet
risis ⟨is⟩, *akk* ⟨im⟩ F entscheidende Wendung, Krisis
rispāre ⟨ō, āvī, ātum 1.⟩ **1** kräuseln, **capillum** das Haar **2** schwingen
rispi-sulcāns ⟨antis⟩ ADJ im Zickzack dahinfahrend
rispulus ⟨a, um⟩ ADJ kraushaarig
rispus **A** ⟨a, um⟩ ADJ kraus(köpfig) **B** ⟨ī⟩ M Krauskopf
rispus ⟨ī⟩ M *Beiname des Sallust*
rista ⟨ae⟩ F **1** Kamm **2** Helmbusch
ristātus ⟨a, um⟩ ADJ **1** kammtragend **2** mit einem Helmbusch geschmückt
ritiās ⟨ae⟩ M *athenischer Staatsmann u. Redner*
riticus ⟨ī⟩ M Kunstkritiker
ritō ⟨ōnis⟩ M *Schüler des Sokrates*
ritolāus ⟨ī⟩ M **1** *peripatetischer Philos., Mitglied der Philosophengesandtschaft in Rom 155 v. Chr.* **2** *Feldherr des Achäischen Bundes 147 v. Chr.*
rōccīre ⟨iō, -, - 4.⟩ = **crocire**
roceus ⟨a, um⟩ ADJ Safran…; safrangelb
rocinum ⟨ī⟩ N Safranöl
rocinus ⟨a, um⟩ ADJ = **croceus**
rōcīre ⟨iō, -, - 4.⟩ krächzen
rocodīlinus ⟨a, um⟩ ADJ Krokodil…
rocodīlus ⟨ī⟩ M Krokodil
rocōta ⟨ae⟩ F safranfarbenes Kleid
rocōtārius ⟨a, um⟩ ADJ zum Safrankleid gehörig
rocōtus ⟨a, um⟩ ADJ safrangelb
rocum ⟨ī⟩ N *u.* **crocus** ⟨ī⟩ M **1** Safran **2** Safranfarbe, -essenz
roesus ⟨ī⟩ M **1** *König von Lydien, sein Reichtum wurde sprichwörtlich* **2** reicher Mann
rotalistria ⟨ae⟩ F Kastagnettentänzerin
rotalum ⟨ī⟩ N Klapper, Kastagnette
ruciābilis ⟨e, *adv* cruciābiliter⟩ ADJ qualvoll
cruciābilitās ⟨ātis⟩ F Marter, Qual
cruciāmentum ⟨ī⟩ N Marter, Qual
★**cruciāre** ⟨ō, āvī, ātum 1.⟩ **1** quälen, foltern, martern **2** kreuzigen
cruciātus ⟨ūs⟩ M **1** Folter, Marter, Qual **2** qualvolle Hinrichtung
cruci-fīgere ⟨fīgō, fīxī, fīxum 3.⟩ (*eccl.*) kreuzigen
crucifīxus ⟨a, um⟩ ADJ gekreuzigt
cruci-salus ⟨ī⟩ M Kreuzträger
★**crūdēlis** ⟨e, *adv* crūdēliter⟩ ADJ **1** grausam, gefühllos, schonungslos, hart **2** *fig* entsetzlich, grausig
★**crūdēlitās** ⟨ātis⟩ F Grausamkeit, Gefühllosigkeit, Rohheit
crūdēscere ⟨ēscō, uī, - 3.⟩ heftiger werden, zunehmen
crūditās ⟨ātis⟩ F verdorbener Magen
crūduī → crudescere
crūdus ⟨a, um⟩ ADJ **1** blutig, blutend; **vulnus crudum** blutende Wunde **2** roh, ungekocht; **caro cruda** rohes Fleisch **3** (*Frucht, Mädchen*) unreif, zu jung **4** (*Liebe*) noch frisch, noch neu **5** (*Greisenalter*) noch rüstig **6** *fig* mit verdorbenem Magen **7** *fig* unbearbeitet **8** (*Sitten*) roh, gefühllos
cruentāre ⟨ō, āvī, ātum 1.⟩ **1** blutig machen, mit Blut bespritzen **2** *fig durch Mord* entweihen **3** *fig* bis aufs Blut kränken
★**cruentus** ⟨a, um, *adv* cruentē⟩ ADJ **1** blutig **2** blutig = Blutvergießen verursachend **3** blutrot **4** (*Krieg*) blutdürstig
crumēna ⟨ae⟩ F = **crumina**
crumīlla ⟨ae⟩ F Geldbeutelchen
crumīna ⟨ae⟩ F Geldbeutel; Geldmittel
★**cruor** ⟨ōris⟩ M **1** geronnenes Blut **2** Blutvergießen, Mord
crūri-crepida ⟨ae⟩ M nichtsnutziger Sklave, *dem Schläge auf die Beine prasseln*
crūri-fragius ⟨ī⟩ M nichtsnutziger Sklave, *dem die Schienbeine zerbrochen wurden*
crūs ⟨crūris⟩ N **1** Unterschenkel, Schienbein, Schenkel **2** *fig* Pfeiler
crusta ⟨ae⟩ F **1** Rinde, Schale, Kruste **2** Relief, Stuckarbeit
crustulārius ⟨ī⟩ M Zuckerbäcker, Honigbäcker, Konditor
crustulum ⟨ī⟩ N Zuckerplätzchen
crustum ⟨ī⟩ M Backwerk

C

★**crux** ⟨crucis⟩ F 1 Marterholz, Kreuz *in T- u. Kreuzform* 2 Kreuzigung 3 Qual; Unheil 4 Galgenvogel

crypto-porticus ⟨ūs⟩ F überdachte Halle

crystallinum ⟨ī⟩ N Kristallgefäß

crystallinus ⟨a, um⟩ ADJ aus Kristall

crystallum ⟨ī⟩ N *u.* **crystallus** ⟨ī⟩ F (*u.* M) 1 Eis 2 Bergkristall

★**cubāre** ⟨ō, uī, itum 1.⟩ 1 ruhen, im Bett liegen, schlafen; **cubitum** (*Supinum*) **discedere** schlafen gehen 2 bei Tisch liegen, speisen 3 sich sanft senken

cubiculāris ⟨e⟩ ADJ Schlafzimmer…

cubiculārius A ⟨a, um⟩ ADJ = **cubicularis** B ⟨ī⟩ M Kammerdiener

cubiculāta ⟨ae⟩ F Prunkschiff

cubiculātus ⟨a, um⟩ ADJ mit Zimmern ausgestattet

★**cubiculum** ⟨ī⟩ N 1 (*eines röm. Hauses*) Schlafzimmer 2 Wohnzimmer 3 (*im Zirkus*) Kaiserloge

cubīle ⟨is⟩ N 1 Lager; Bett, Ehebett 2 Nest 3 *fig* Sitz

cubital ⟨ālis⟩ N Armpolster

cubitālis ⟨e⟩ ADJ eine Elle lang

cubitāre ⟨ō, āvī, ātum 1.⟩ zu liegen/schlafen pflegen; liegen

cubitum[1] PPP → cubare

cubitum[2] ⟨ī⟩ N *u.* **cubitus**[1] ⟨ī⟩ M 1 Unterarm, Ellbogen 2 Elle = *44,4 cm*

cubitus[2] ⟨ūs⟩ M das Liegen, Beischlaf

cubus ⟨ī⟩ M Würfel

cucullātus ⟨a, um⟩ ADJ mit einer Kapuze

cucullus[1] ⟨ī⟩ M Kapuze; Tüte

cucullus[2] ⟨ī⟩ M *u.* **cucūlus** ⟨ī⟩ M 1 Kuckuck 2 *fig* Tölpel, Faulpelz

cucurbita ⟨ae⟩ F Kürbis

cucurrī → currere

cūdere ⟨cūdō, (cūdī, cūsum) 3.⟩ 1 schlagen, klopfen, stampfen 2 schmieden, prägen, **nummos** Münzen

cūiās ⟨ātis⟩ ADJ woher stammend?

cuicui-modī wie immer beschaffen

cūius ⟨a, um⟩ PRON 1 (*relativ*) dem angehörig, dessen; **is, cuia ea uxor fuerat** derjenige, dessen Gattin sie gewesen war 2 (*interrogativ*) wem gehörig?, wessen?

cūiusmodī *u.* **cūius modī** ADV von welcher Art?, wie beschaffen?

cūiusque-modī *u.* **cūiusque modī** ADV von jeder Art

culcita ⟨ae⟩ F Matratze, Kissen

culcitella ⟨ae⟩ F kleines Kissen

culex ⟨icis⟩ M Mücke, Schnake

culilla ⟨ae⟩ F *u.* **culillus** ⟨ī⟩ M Beche

culīna ⟨ae⟩ F 1 Küche 2 Essen, Kost

culleus ⟨ī⟩ M Ledersack, Schlauch

★**culmen** ⟨inis⟩ N 1 höchster Punkt; **caeli** Zenit 2 Gipfel, Spitze, **monti** des Berges 3 Scheitel 4 (*eines Gebäu des*) Giebel; Dach 5 Haus

culmus ⟨ī⟩ M 1 Strohhalm 2 Stro dach

★**culpa** ⟨ae⟩ F 1 Schuld, Vergehen, Feh tritt, Fehler; **in culpā esse** schuldig sei 2 Unzucht 3 Schuldiger

culpāre ⟨ō, āvī, ātum 1.⟩ 1 tadel missbilligen 2 beschuldigen

culpitāre ⟨ō, āvī, ātum 1.⟩ hart tade

cultellus ⟨ī⟩ M Messerchen

culter ⟨trī⟩ M Messer; Schlachtmesse Schermesser

cultiō ⟨ōnis⟩ F Bebauung, Anbau

cultor ⟨ōris⟩ M 1 Bebauer, Pfleger Bauer 3 Bewohner 4 *fig* Verehre Freund, Liebhaber 5 Anbeter, Prieste

cultrārius ⟨ī⟩ M Opferschlächter

cultrīx ⟨īcis⟩ F 1 Pflegerin, Beschütz rin 2 Bewohnerin 3 Verehrerin, Freu din

★**cultūra** ⟨ae⟩ F 1 Bearbeitung, Anba Pflege 2 *fig* Bildung 3 Verehrung

cultus[1] ⟨a, um⟩ PPP → colere

cultus[2] ⟨a, um⟩ ADJ bebaut; g schmückt; gewählt; gebildet

★**cultus**[3] ⟨ūs⟩ M 1 (*des Feldes*) Ackerba Anbau 2 (*von Menschen und Vieh*) Pfle 3 Lebensweise, Lebenshaltung 4 L xus, Üppigkeit 5 Kleidung, Schmuc Zierde 6 Bildung, Erziehung, Kultur (*der Götter*) Verehrung, Anbetung

cululla ⟨ae⟩ F *u.* **culullus** ⟨ī⟩ M = c lilla

cūlus ⟨ī⟩ M Hintern

★**cum**[1] PRÄP *+abl* 1 mit; ~ **amico** mit de Freund; ~ **lingua** mit der Zunge; **ni est mihi tecum** ich habe nichts mit zu tun; **pugnare ~ aliquo** mit j-m käm fen 2 unter Führung von; ~ **Caesare** u ter Caesars Führung 3 ausgestattet m versehen mit; ~ **tunica sedere** in der nika dasitzen 4 gleichzeitig mit, gleich mit = bei; ~ **prima luce** bei Tag

anbruch **5** mit, unter = mit *zur Angabe begleitender Nebenumstände;* **multis ~ lacrimis** mit/unter vielen Tränen **6** **~ eo, quod** nur unter der Bedingung, dass
cum[2] KONJ **A** *+ind* **1** *(cum temporale)* zu der Zeit, als; jetzt, da; dann wenn; **eo tempore ~** zu der Zeit als **2** *(cum iterativum)* sooft, jedes Mal wenn, (immer) wenn; *gelegentlich +konjkt;* **Verres, ~ ... videbat, tum ... arbitrabatur** immer wenn Verres ... sah, glaubte er ... **3** *(cum inversum)* als, da; **cenabam, ~ redditae sunt tuae litterae** ich saß gerade beim Abendessen, als dein Brief überbracht wurde **4** *(cum explicativum/coincidens)* indem, wenn, dadurch dass; **~ hoc confiteris, ... concedis** wenn du dies gestehst, gibst du zu ... **5** *(nach vorausgehender Zeitbestimmung)* seit, seitdem; **multi anni sunt, ~ ...** es sind schon viele Jahre, seit ... **B** *+konjkt* **1** *(cum historicum/narrativum)* als *+konjkt imperf;* als, nachdem *+konjkt Plusquamperfekt* **~ ... nuntiata essent, decemviri ... iussi sunt** nachdem ... gemeldet worden waren, wurden die Dezemvirn beauftragt ... **2** *(cum causale)* da, weil; *oft verstärkt* **quippe ~** zumal da; **praesertim ~** da ja, besonders da; **~ vita sine amicis tristis sit, ratio nos admonet ...** da das Leben ohne Freunde traurig ist, mahnt die Vernunft ... **3** *(cum concessivum)* obgleich, obwohl; **Socrates, ~ facile e custodia educi posset, noluit** obwohl Sokrates leicht aus dem Gefängnis befreit werden konnte, lehnte er dies ab **4** *(cum adversativum)* während, da doch; **solus homo particeps est rationis, ~ cetera omnia animalia expertia sint** der Mensch allein ist mit Vernunft begabt, während alle übrigen Lebewesen daran keinen Anteil haben **5** *(cum iterativum)* jedes Mal wenn, immer wenn **C** **1** **~ primum** sobald als, *+ind perf* **2** **~ ... tum** wenn schon ... dann besonders, sowohl ... als auch besonders, zwar ... besonders aber, *+ind, auch konjkt* **3** **~ maxime** *adv* ganz besonders
Cūmae ⟨ārum⟩ FPL *See- u. Hafenstadt in Kampanien, Sitz der Sibylle;* **Cūmaeus** ⟨a, um⟩ ADJ aus Cumae; **Cūmaeus** ⟨ī⟩ M Einwohner von Cumae; **Cūmānum** ⟨ī⟩ N *Ciceros Landgut bei Cumae;*
Cūmānus ⟨a, um⟩ ADJ aus Cumae
Cūmānus ⟨ī⟩ *m* Einwohner von Cumae
cūmatile ⟨is⟩ N meerblaues Kleid
cumba ⟨ae⟩ F Boot, Kahn
cumbula ⟨ae⟩ F kleiner Kahn
cumera ⟨ae⟩ F Korb aus Weidengeflecht
cumīnum ⟨ī⟩ N Kümmel
cummi *indekl* N *u.* **cummis** ⟨is⟩ F Gummi
cum-prīmīs *u.* **cum prīmīs** ADV besonders; = **imprimis**
cum-que[1] ADV wann auch immer
cum-que[2] = **et cum**
cumulāre ⟨ō, āvī, ātum 1.⟩ **1** anhäufen, aufhäufen, aufschichten **2** überhäufen, überschütten, **laudibus** mit Lobsprüchen **3** *(Ruhm, Neid usw.)* steigern, vergrößern, mehren **4** vollenden, krönen
cumulātus ⟨a, um, *adv* cumulātē⟩ ADJ **1** gehäuft **2** vermehrt, gesteigert, reichlich **3** vollkommen, vollständig
cumulus ⟨ī⟩ M **1** Haufen, Menge, aufgetürmte Masse **2** *fig* Gipfel, Krone
cūnābula ⟨ōrum⟩ NPL **1** Wiege **2** *fig* Heimat; Ursprung
cūnae ⟨ārum⟩ FPL Wiege; Nest
cūnctābundus ⟨a, um⟩ ADJ lange zögernd
cūnctāns ⟨antis, *adv* cūnctanter⟩ ADJ **1** zögernd, zaudernd **2** langsam, säumig; unentschlossen
★**cūnctārī** ⟨or, ātus sum 1.⟩ **1** zögern, zaudern **2** verweilen, zurückbleiben **3** unschlüssig sein, schwanken
cūnctātiō ⟨ōnis⟩ F das Zaudern, Unentschlossenheit, Zurückhaltung
cūnctātor ⟨ōris⟩ **A** M Zauderer **B** ADJ bedächtig
Cūnctātor ⟨ōris⟩ M *Beiname des Q. Fabius Maximus*
cūnctātus ⟨a, um⟩ ADJ vorsichtig
★**cūnctus** ⟨a, um⟩ ADJ sämtlich, gesamt, ganz; ★**cuncti** *pl* alle; **cunctae gentes** alle Stämme; **~ populus** das ganze Volk; **cuncta** alles
cuneāre ⟨ō, āvī, ātum 1.⟩ verkeilen
cuneātim ADV keilförmig
cuneātus ⟨a, um⟩ ADJ keilförmig
cuneolus ⟨ī⟩ M kleiner Keil, Zwickelchen, Stift

C

cuneus ⟨ī⟩ M 1 Keil 2 *fig* keilförmige Formation 3 keilförmiger Ausschnitt *aus den Sitzreihen des Theaters*

cunīculus ⟨ī⟩ M 1 Kaninchen 2 unterirdischer Gang 3 Mine, Stollen

cunni-līngus ⟨ī⟩ M = **cunnum lingens**; → cunnus *u.* → lingere

cunnus ⟨ī⟩ M 1 weibliche Scham 2 Dirne 3 (*Gebäck*) Schnecke

cunque = **cumque**

cūpa ⟨ae⟩ F Höhlung, Kufe, Tonne, Fass

cupēdia[1] ⟨ae⟩ F = **cuppedia**

cupēdia[2] ⟨ōrum⟩ NPL → cuppedium

cupēdinārius ⟨ī⟩ M = **cuppedinarius**

★**cupere** ⟨iō, īvī *u.* iī, ītum 3.⟩ A V/T 1 begehren, wünschen, verlangen, ersehnen 2 in Liebe begehren B zugetan sein

Cupīdineus ⟨a, um⟩ ADJ des Cupido; Liebes…

★**cupiditās** ⟨ātis⟩ F 1 Begierde, Gier, Leidenschaft 2 Habgier, Geldgier 3 Eigennutz 4 Liebesverlangen 5 Ehrgeiz 6 Begeisterung 7 Parteilichkeit

★**cupīdō** ⟨īnis⟩ F = **cupiditas**

Cupīdō ⟨īnis⟩ M Liebesgott = Amor, *Sohn der Venus*

★**cupidus** ⟨a, um, *adv* cupidē⟩ ADJ 1 begierig, leidenschaftlich; ~ **pecuniae** geldgierig 2 kauflustig 3 kampflustig 4 habsüchtig 5 selbstsüchtig 6 verliebt 7 genusssüchtig 8 parteiisch, missgünstig 9 ADV eifrig, willig, gern

cupiēns ⟨entis, *adv* cupienter⟩ ADJ begierig; ~ **liberorum** sich Kinder wünschend

cupītor ⟨ōris⟩ M der *etw* begehrt, *alicuius rei*

cupītus ⟨a, um⟩ PPP → cupere

cupīvī → cupere

cuppēdia ⟨ae⟩ F Naschhaftigkeit

cuppēdinārius ⟨ī⟩ M Hersteller von Naschwerk, Feinkostverkäufer

cuppēdium ⟨ī⟩ N, Leckerbissen, Naschwerk

cuppēdō ⟨ōnis⟩ F 1 = **cuppedium** 2 Begierde

cuppēs M *nur nom sg belegt* Feinschmecker

cupressētum ⟨ī⟩ N Zypressenholz

cupresseus ⟨a, um⟩ ADJ aus Zypressenholz

cupressi-fer ⟨fera, ferum⟩ ADJ Zypressen tragend

cupressus ⟨ī *u.* ūs⟩ F 1 Zypresse 2 Kästen aus Zypressenholz

★**cūr** ADV 1 (*relativ*) wozu, weshalb, warum 2 (*interrogativ*) warum?, weshalb? wozu?; **non est,** ~ es liegt kein Grun[d] vor, dass; **non habeo,** ~ *+konjkt* ich hab[e] keinen Grund, warum

★**cūra** ⟨ae⟩ F 1 Sorge, Sorgfalt, Aufmerksamkeit, Interesse; **aliquid curae habe[re]** Sorgfalt auf etw verwenden 2 Pflege Behandlung, Heilung, Kur 3 das Schmücken 4 Aufsicht, Verwaltung, Leitung [5] Amt 6 Studium, Forschung; Ausarbeitung 7 Aufseher, Wächter 8 Schützlin[g] 9 Liebling, Geliebte(r) 10 Liebeskummer; Sehnsucht 11 Besorgnis, Kumme[r] 12 Neugierde, **alicuius rei** auf etw

cūrābilis ⟨e⟩ ADJ Sorgen bereitend

cūralium ⟨ī⟩ N = **corallium**

★**cūrāre** ⟨ō, āvī, ātum 1.⟩ 1 sorgen, Sorge tragen, **aliquem/aliquid** für j-n/etw; *passiv* umsorgt werden 2 sich kümmer[n] **aliquem/de aliquo** um j-n 3 besorge[n], ausführen 4 verwalten; MIL kommandieren, befehligen; **munus** ~ ein Am[t] verwalten 5 pflegen, behandeln, a[e]gros Kranke 6 verschaffen 7 auszahle[n]

cūrātē ADV → curatus

cūrātiō ⟨ōnis⟩ F 1 Besorgung, Wa[r]tung, Pflege; **quid tibi hanc rem est?** was hast du dich hierum zu kümmern? 2 Heilung, Behandlung 3 B[e]schaffung, Besorgung 4 Leitung, Ve[r]waltung, Aufsicht

cūrātor ⟨ōris⟩ M 1 Wärter, Pfleger [2] Verwalter, Leiter 3 Vormund

cūrātūra ⟨ae⟩ F Wartung, Pflege

cūrātus ⟨a, um⟩ ADJ 1 gepflegt [2] sorgfältig, eifrig

curculiō ⟨ōnis⟩ F Kornwurm, *Raupe Käfer im Getreidekorn*

Curculiō ⟨ōnis⟩ M *Titel einer Komö[die] des Plautus*

curculiunculus ⟨ī⟩ M etw Nichtige[s]

Curēnsis A ⟨e⟩ ADJ aus Cures B ⟨i[s]⟩ M Einwohner von Cures

Curēs ⟨ium⟩ FPL *alte Hauptstadt der Sa[bi]ner, nordöstl. von Rom, heute Corese;* **C[u]rēs** ⟨ētis⟩ ADJ aus Cures; **Curēs** ⟨ēti[s]⟩ M Einwohner von Cures

Cūrētes ⟨ium⟩ MPL *jugendliche Jupit[er]priester auf Kreta*

ūria ⟨ae⟩ F ■ POL Kurie, *Unterabteilung der röm. tribus, insgesamt 30* ■ Versammlungsort einer Kurie, Kuriengebäude ■ *fig* Gebäude für Senatssitzungen Rathaus ■ *(in Rom)* Senatsversammlung, Senat
ūriālis ■ ⟨e⟩ ADJ zur gleichen Kurie gehörig ■ ⟨is⟩ M Kuriengenosse
ūriātim ADV kurienweise
ūriātus ⟨a, um⟩ ADJ zu den Kurien gehörig = patrizisch; **comitia curiata** Kurienversammlungen
ūriō[1] ⟨ōnis⟩ M ■ Kurienvorsteher, -priester ■ Ausrufer, Herold
ūriō[2] ⟨ōnis⟩ M von Sorgen geplagter Mensch
ūriōsitās ⟨ātis⟩ F Wissbegierde, Neugierde
ūriōsus ⟨a, um, *adv* cūriōsē⟩ ADJ ■ sorgfältig, eifrig ■ wissbegierig; neugierig, **in aliquid/ad aliquid/alicuius rei** auf etw ■ besorgt
uris ⟨is⟩ F Lanze, Wurfspieß
urius ⟨a, um⟩ *Name einer pleb. gens*
urrere ⟨currō, cucurrī, cursum 3.⟩ ■ laufen, rennen, eilen; fliegen; **eosdem cursūs** ~ denselben Weg einschlagen ■ um die Wette laufen ■ SCHIFF fahren, reisen ■ durchlaufen ■ umlaufen, kreisen ■ dahinströmen, rinnen ■ **oratio urrit** die Rede schreitet rasch fort
urriculum ⟨ī⟩ N ■ *(zu Fuß, zu Pferd)* Lauf, Wettlauf, Wettrennen ■ ASTRON Umlauf, Kreisbahn ■ Rennwagen, Streitwagen ■ Rennbahn ■ *fig* Laufbahn
urrus ⟨ūs⟩ M ■ Wagen, Gespann ■ MIL zweirädriger Streitwagen; ~ **falcatus** Sichelwagen ■ Rennwagen ■ Triumphwagen; Triumph
ursāre ⟨ō, āvī, ātum 1.⟩ hin und her laufen, umherziehen
ursim ADV im Lauf, im Flug, eilends
ursitāre ⟨ō, āvī, ātum 1.⟩ hin und her laufen
ursor ⟨ōris⟩ M ■ Läufer, Wettläufer; Wettfahrer ■ Vorläufer ■ Eilbote
ursum PPP → currere
rsūra ⟨ae⟩ F das Laufen
rsus ⟨ūs⟩ M ■ Lauf, Laufen, Rennen; **ursu fugere** eilends fliehen; **magno ursu** in vollem Lauf ■ MIL Eilmarsch ■ *fig* Schnelligkeit ■ Ritt, Flug, Fahrt, Reise ■ Bahn, **solis** der Sonne ■ Strömung, Lauf, **aquarum** der Wassermassen ■ Fluss, **verborum** der Worte ■ Richtung, Kurs; Verlauf, Fortgang; **cursu decedere** vom Kurs abkommen ■ Wettlauf, -rennen ■ *fig* das Streben ■ *fig* Laufbahn → *s. Info-Fenster nächste Seite*
curtāre ⟨ō, āvī, ātum 1.⟩ verkürzen, verstümmeln, kürzen, schmälern
Curtius ⟨a, um⟩ *röm. Gentilname* ■ **M.** ~ *stürzte sich nach der Sage mit Pferd u. in voller Rüstung in einen Krater, der sich auf dem Forum Romanum aufgetan hatte* ■ **Q.** ~ **Rufus** *röm. Geschichtsschreiber, Mitte des 1. Jh. n. Chr.*
curtus ⟨a, um⟩ ADJ ■ verkürzt, verstümmelt; beschnitten ■ *fig* unvollständig
curūlis ⟨e⟩ ADJ ■ Wagen..., Renn...; **triumphus** ~ Triumphzug mit Wagen ■ **sella** ~ Amtssessel der höheren Staatsbeamten *von Ädil bis Konsul* ■ kurulisch; **magistratūs curules** kurulische Beamte, Beamte der höchsten Ebene
curvāmen ⟨inis⟩ N *u.* **curvātūra** ⟨ae⟩ F Krümmung, Wölbung, Rundung
curvāre ⟨ō, āvī, ātum 1.⟩ krümmen, wölben, runden; **cornu** ~ den Bogen spannen
curvātus ⟨a, um⟩ ADJ = **curvus**
curvum ⟨ī⟩ N das Krumme, das Böse
curvus ⟨a, um⟩ ADJ ■ gekrümmt, krumm, gebogen, gebeugt, gewölbt ■ hohl, bauchig, vertieft ■ *fig* verwerflich, böse
cuspis ⟨idis⟩ F ■ Spitze, Stachel ■ Spieß, Lanze ■ Dreizack Neptuns
cūssinus ⟨i⟩ M *(mlat.)* Kissen
custōdēla ⟨ae⟩ F = **custodia**
★**custōdia** ⟨ae⟩ F ■ Bewachung, Verwahrung, Schutz ■ Wachposten ■ Gefängnis ■ die Gefangenen
★**custōdīre** ⟨iō, īvī *u.* iī, ītum 4.⟩ ■ bewachen, beschützen, ■ aufbewahren, verwahren, zurückbehalten ■ überwachen, beaufsichtigen ■ gefangen halten
custōdītus ⟨a, um, *adv* custōdītē⟩ ADJ vorsichtig, behutsam
★**custōs** ⟨ōdis⟩ M *u.* F ■ Wächter(in), Aufseher(in), Hüter(in), Wärter(in) ■ Bewahrer(in), Beschützer(in) ■ Gefängniswärter
cutīcula ⟨ae⟩ F Haut

C

Landeskund

▶ cursus honorum – die Ämterlaufbahn

Sehr früh bildete sich eine feste Reihenfolge heraus, in der ein römischer Bürger öffentliche Ämter zu bekleiden hatte. Die vier Ämter des **cursus honorum** waren in der Zeit der Republik:

quaestor	Quästor, *Finanzbeamter, Schatzmeister*
aedilis	Ädil, *verantwortlich für die öffentliche und soziale Sicherheit*
praetor	Prätor, *verantwortlich für die Rechtsprechung*
consul	Konsul, *höchster Beamter der Republik*

Ämterfolge, Mindestalter (beim Konsul 43 Jahre) und Zahl der Jahre ohne Ämter waren gesetzlich festgelegt. Für alle genannten Ämter galten die Prinzipien der Annuität (das jeweilige Amt durfte nur ein Jahr lang bekleidet werden) und der Kollegialität (jedes Amt musste von mindestens zwei Personen ausgeführt werden). Die Ämterlaufbahn in der Kaiserzeit unterschied sich in einigen wesentlichen Punkten von der in der Republik: Man unterschied zwei verschiedene Laufbahnen, die Senats- und die Ritterlaufbahn. Zudem wurden die Amtsinhaber zwar noch von den Volksversammlungen gewählt, aber vom Senat oder gar Kaiser selbst zur Wahl vorgeschlagen.

cutis ⟨is⟩ F 1 Haut 2 Leder 3 *fig* Oberfläche, Hülle

cyathissāre ⟨ō, āvī, ātum 1.⟩ einschenken

cyathus ⟨ī⟩ M 1 Schöpflöffel 2 Becher

cybaea ⟨ae⟩ F: **navis ~** Transportschiff

cybaeus ⟨a, um⟩ ADJ bauchig

Cybēbē *u.* **Cybelē** ⟨ēs *u.* ae⟩ F *phrygische Göttin, Magna Mater, Symbol der Fruchtbarkeit der Erde;* **Cybelēius** ⟨a, um⟩ ADJ der Cybele

cybium ⟨ī⟩ N 1 Thunfisch 2 Thunfischgericht

cycladātus ⟨a, um⟩ ADJ mit einer Cyclas bekleidet, im Frauenkleid

Cyclades ⟨um⟩ FPL Kykladen, *um Delos liegende Inseln im Ägäischen Meer*

cyclas ⟨adis⟩ F Rundkleid, *Staats- u. Prunkkleid der röm. Damen*

cyclicus ⟨a, um⟩ ADJ 1 kreisförmig 2 zum epischen Zyklus gehörig

Cyclōpius ⟨a, um⟩ ADJ Kyklopen…

Cyclōps ⟨ōpis⟩, PL ⟨Cyclōpes, um⟩ M MYTH Kyklop, *Riesen mit einem einzigen Auge auf der Stirn, Schmiedegesellen des Hephaistos/Vulcan*

cyclus ⟨ī⟩ M 1 Kreis 2 ASTRON Zyklus

cycnēus ⟨a, um⟩ ADJ Schwanen…; **vox cycnea** Schwanengesang

cycnus ⟨ī⟩ M 1 Schwan 2 Dichter

cygn… = **cycn…**

cylindrus ⟨ī⟩ M Walze, Zylinder

cymba ⟨ae⟩ F = **cumba**

cymbalum ⟨ī⟩ N Zimbel, Becken

cymbium ⟨ī⟩ N Trinkgefäß, Schale

Cȳmē ⟨ēs⟩ F 1 *Stadt im kleinasiatisch Äolis, Mutterstadt von Cumae* 2 = **Cum**

Cynicus A ⟨a, um, *adv* Cynicē⟩ ADJ zur kynischen Philosophie gehörig, nisch B ADV nach Art der Kyniker ⟨ī⟩ M Kyniker, *Vertreter einer Weltc schauung der Bedürfnislosigkeit*

Cynthius ⟨a, um⟩ ADJ des Cynthus

Cynthus ⟨ī⟩ M *Berg auf Delos, Gebur stätte des Apollo u. der Artemis/Diana*

cyparissus ⟨ī⟩ F = **cupressus**

cypressus ⟨ī⟩ F = **cupressus**

Cypria ⟨ae⟩ F = Aphrodite/Venus

Cyprius A ⟨a, um⟩ ADJ aus Zypern, prisch B ⟨ī⟩ M Einwohner von Zyper

Cyprius vīcus *Straße auf dem For Romanum*

Cyprus ⟨ī⟩ F Zypern, *Insel im östl. Mit meer, alter Kult der Aphrodite/Venus*

Cȳrēnae ⟨aē⟩ F *Hauptstadt der Kyrer ka in Nordafrika, griech. Kolonie;* **Cȳ**

naeus u. **Cȳrēnaicus** ⟨a, um⟩ ADJ aus Cyrene; **Cȳrēnē** ⟨ēs⟩ F = **Cyrenae**; **Cȳrēnēnsis** ⟨e⟩ ADJ aus Cyrene; **Cȳrēnēnsis** ⟨is⟩ M Einwohner von Cyrene

:yrtaeī u. **Cyrtiī** ⟨ōrum⟩ MPL *Nomaden- u. Räubervolk in Persien*

:ȳrus ⟨ī⟩ M **1** *Gründer des Perserreiches* **2** ~ **minor** *zweiter Sohn von Darius II. von Persien*

:ythēra ⟨ōrum⟩ NPL *Insel u. Stadt vor dem Lakonischen Meerbusen, wo der Sage nach Aphrodite aus dem Schaum des Meeres aufgestiegen ist;* **Cytherēius** u. **Cytherēus** u. **Cythēriacus** ⟨a, um⟩ ADJ zu Cythera gehörig, von Cythera

D

, D ABK **1** = **Decimus** *Vorname* **2** = **Divus** der Göttliche *als Beiname* **3** = **Deus** Gott **4** = **Dominus** Herr **5** *Zahlzeichen für 500*

ācia ⟨ae⟩ F Dakien, *von 106 bis 274 n. Chr. röm. Provinz auf dem Gebiet des heutigen Rumänien*

actylicus ⟨a, um⟩ ADJ daktylisch

actyliothēca ⟨ae⟩ F Ringkästchen

actylus ⟨ī⟩ M METR Daktylus

ācus **A** ⟨a, um⟩ ADJ dakisch, → Dacia **B** ⟨ī⟩ M Daker

aedalēus ⟨a, um⟩ ADJ des Daedalus

aedalus ⟨a, um⟩ ADJ **1** kunstfertig, stig **2** kunstvoll gearbeitet

aedalus ⟨ī⟩ M *griech. Künstler, Erbauer des Labyrinths auf Kreta*

aemōn ⟨onis⟩ M (*eccl.*) böser Geist, eufel

aemonicus ⟨a, um⟩ ADJ (*eccl.*) teufsch

almatae ⟨ārum⟩ MPL die Einwohner on Dalmatien, die Dalmatiner

almatia ⟨ae⟩ F Dalmatien, *Landschaft n der Adria, seit 10 n. Chr. röm. Provinz;* **Dalmaticus** ⟨a, um⟩ ADJ dalmatisch, almatinisch

ima[1] ⟨ae⟩ F Antilope, Gazelle, Gämse, Reh, Hirschkuh, Hirschkalb

dama[2] ⟨ae⟩ F (*mlat.*) Dame *im Schach*

Damascus ⟨ī⟩ F *Handelsstadt am Westrand der syrischen Wüste, heute Hauptstadt Syriens*

dāmiūrgus ⟨ae⟩ F = **demiurgus**

★**damnāre** ⟨ō, āvī, ātum 1.⟩ **1** JUR verurteilen, schuldig sprechen, **furti** wegen Diebstahls, **de vi** wegen Gewaltanwendung, **capite/capitis** zum Tod **2** bezichtigen **3** missbilligen, verdammen **4** (*dem Tod*) weihen **5** zu *etw* verpflichten

damnās *indekl* JUR zu einer Geldzahlung verurteilt

damnātiō ⟨ōnis⟩ F Verurteilung, **ambitūs** wegen Amtserschleichung, **pecuniae** zu einer Geldstrafe

damnātōrius ⟨a, um⟩ ADJ verurteilend

damnātus ⟨a, um⟩ ADJ verurteilt; verdammenswert

damni-ficus ⟨a, um⟩ ADJ schädlich

damni-gerulus ⟨a, um⟩ ADJ schädlich

damnōsus ⟨a, um, *adv* **damnōsē**⟩ ADJ **1** schädlich, verderblich **2** verschwenderisch **3** geschädigt, ruiniert

★**damnum** ⟨ī⟩ N **1** Einbuße, Verlust, Schaden, Nachteil **2** (*im Krieg*) Niederlage **3** JUR verhängte Strafe **4** Gebrechen

Danaē ⟨ēs⟩ F *Tochter des Akrisios (Acrisius), durch Zeus Mutter des Perseus;* **Danaēius** ⟨a, um⟩ ADJ der Danae

Danaī ⟨ōrum⟩ MPL die Danaer = die Griechen *vor Troja*

Danaides ⟨um⟩ FPL die Danaiden, *die 50 Töchter des Danaus*

Danaus **A** ⟨ī⟩ M MYTH *Gründer von Argos, Vater von 50 Töchtern* **B** ⟨a, um⟩ ADJ des Danaus

danīsta ⟨ae⟩ M Wucherer

danīsticus ⟨a, um⟩ ADJ Wucher…

dāns ⟨dantis⟩ M Geber

Dānuvius ⟨ī⟩ M Donau

Daphnē ⟨ēs⟩ F *Nymphe, Tochter des Flussgottes Peneus, von Apollo verfolgt, in einen Lorbeerbaum verwandelt*

dapināre ⟨ō, āvī, ātum 1.⟩ auftischen

daps ⟨dapis⟩ F **1** Opfermahl, Festmahl **2** Speise, Nahrung, Kost

dapsilis ⟨e, *adv* **dapsilē**⟩ ADJ u. ⟨**dapsiliter**⟩ mit allem reichlich versehen

Dardanī ⟨ōrum⟩ MPL die Einwohner von Dardania

Dardania ⟨ae⟩ F = Troja; **Dardanius** *u.* **Dardanus**[1] ⟨a, um⟩ ADJ dardanisch, trojanisch; **Dardanus**[2] ⟨ī⟩ M Dardaner, Trojaner, *bes* Aeneas

D

★**dare** ⟨dō, dedī, datum 1.⟩ **1** geben, reichen, spenden, übergeben, aushändigen, überlassen, preisgeben; **filiam in matrimonium ~** die Tochter verheiraten; **dono ~** zum Geschenk machen; **alicui epistulam ~** j-m einen Brief schreiben; **alicui cervices ~** sich j-m unterwerfen; **equo frena/habenas ~** das Pferd galoppieren lassen; **hostibus terga ~** vor den Feinden fliehen **2** weihen, opfern **3** (*Geld*) (be)zahlen, entrichten **4** (*Buße*) leisten; **poenas ~** bestraft werden **5** stellen, **obsides** Geiseln **6** anbieten **7** (*Auftrag usw.*) übertragen, anweisen, erteilen; **alicui provinciam ~** j-m die Verwaltung einer Provinz übertragen **8** (*Zeit*) widmen; **~ operam alicui rei** auf etw Mühe verwenden **9** gewähren, bewilligen, gestatten; **da nobis abire** gestatte uns wegzugehen **10** JUR zulassen, stattgeben; **iura ~** Recht sprechen; **litem secundum eam partem ~** den Prozess zugunsten dieser Partei entscheiden **11** zugestehen, einräumen **12** zu Gefallen/um *einer Sache* willen tun; **aliquid famae ~** etw für den guten Ruf tun; **aliquem alicui ~** j-n aus Rücksicht auf j-n begnadigen **13** bestimmen, nennen, **diem colloquio** einen Termin für ein Gespräch; **nomen ~** sich (freiwillig) melden **14** zuschreiben; auslegen; **laudi ~** als Vorzug auslegen; **crimini ~** zum Vorwurf machen **15** (*ein Zeichen geben*) sehen/hören lassen **16** hervorbringen; *fig* bewirken, machen; **cuneum ~** einen Keil bilden; **ruinam ~** einstürzen; **aliquem ferocem ~** j-n wild machen **17** (*Spiele*) veranstalten **18** bringen, richten, werfen; **aliquem ad terram ~** j-n zu Boden schleudern; **legiones in fugam ~** die Legionen in die Flucht schlagen; **calculum ~** *im Brettspiel* einen Stein ziehen **19** *passiv u.* **se ~** sich begeben, kommen; **in viam se ~** sich auf den Weg machen **20** sich fügen **21** sich hingeben; **se facilem ~** sich gefällig zeigen; **prout res se dat** wie es sich so gibt; **iudices se dant** die Richter zeigen sich willig

Dārēus ⟨ī⟩ M *u.* **Dārīus** ⟨ī⟩ M *persischer Königsname*

datāre ⟨ō, āvī, ātum 1.⟩ geben, abgeben

datārius ⟨a, um⟩ ADJ zu verschenken

datātim ADV sich wechselseitig gebend, sich gegenseitig zuwerfend

datiō ⟨ōnis⟩ F **1** das Geben **2** Schenkungsrecht

datīvus ⟨ī⟩ M GRAM Dativ

dator ⟨ōris⟩ M Geber, Spender

datum ⟨ī⟩ N Gabe, Geschenk, Spende

datus[1] ⟨a, um⟩ PPP → dare

datus[2], *nur abl* ⟨ū⟩ M das Geben

Daunia ⟨ae⟩ F *u.* **Daunias** ⟨adis⟩ Daunien, (Nord-)Apulien; **Dauniu**[s] ⟨a, um⟩ ADJ daunisch

Daunus ⟨ī⟩ M MYTH *König von Apulien, Vater od. Ahnherr des Turnus*

★**dē, dē-** **A** PRÄF **1** ab-, fort-, weg-; **dece**[dere] weg-gehen **2** herab-, nieder-; **de**[i]**cere** herab-werfen **3** un-, miss-; **de**[-] **mens** von Sinnen **4** völlig, ganz; **devi**[n]**cere** völlig besiegen **B** PRÄP *+abl* **1** (*ört*[l.]) von … weg/her/herab; **~ muro** von der Mauer herab **2** (*zeitl.*) noch/schon während; **~ nocte** noch in der Nacht **3** (*zeitl.*) unmittelbar nach; **somnus d**[e] **prandio** Schlaf unmittelbar nach der Mahlzeit; **diem ~ die exspectare** von Tag zu Tag warten **4** (*Abstammung o*[d.] *Herkunft, Stoff, Quelle, kausal*) aus, von; **homo ~ plebe** Mann aus dem Volk; **st**[a]**tua ~ marmore** Standbild aus Marmo[r]; **~ meo** aus meinen Mitteln; **multis causis** aus vielen Gründen **5** zufolg[e], gemäß, nach; **~ propinquorum consili**[o] nach dem Rat der Angehörigen **6** hinsichtlich, betreffend, bezüglich, über; **philosophia disserere** über die Philosophie sprechen **7** (*Wendungen*) **~ cete**[ro] übrigens; **~ improviso** plötzlich; **~ indu**[-] **stria** absichtlich; **~ integro** von neue[m]

★**dea** ⟨ae, *dat u. abl pl* deīs, dīs, deābu[s]⟩ F Göttin; **dis deabusque** *formelhaft* d[en] Göttern und Göttinnen

de-albāre ⟨ō, āvī, ātum 1.⟩ weißen

de-amāre ⟨ō, āvī, ātum 1.⟩ **1** völ[lig] verliebt sein, *aliquem* in j-n **2** danke[n]; **deamo te** vielen Dank

de-ambulāre ⟨ō, āvī, ātum 1.⟩ spazi[e]ren gehen

de-armāre ⟨ō, āvī, ātum 1.⟩ entwa[ffnen]

Grammatik

D

▶ dativus – Dativ

Der Dativ antwortet auf die Fragen:

wem? *indirektes Objekt einer Handlung*	**Do servo pecuniam.** Ich gebe dem Sklaven Geld.
für wen? / was? **dativus commodi** – Dativ des Vorteils *für eine Person oder auf eine Sache hin*	**Non scholae sed vitae discimus.** Nicht für die Schule, sondern für das Leben lernen wir.
wofür? / wozu? **dativus finalis** – Dativ des Zwecks	**usui esse** nützlich sein, von Nutzen sein

Nicht immer entspricht der lateinische Dativ einem Dativ im Deutschen, z. B.:
parcere adversario – den Gegner schonen
studere litteris – sich um die Wissenschaften bemühen

en
e-artuāre ⟨ō, āvī, ātum 1.⟩ 1 in Stücke reißen 2 *fig* ruinieren
e-asciāre ⟨ō, āvī, ātum 1.⟩ 1 mit der xt behauen, glätten 2 *fig* betrügen
e-bacchārī ⟨or, ātus sum 1.⟩ sich ustoben, wüten, rasen
e-battuere ⟨ō, -, - 3.⟩ tüchtig stoßen
e-bellāre ⟨ō, āvī, ātum 1.⟩ A VT be-egen B VI den Krieg beenden
ebellātor ⟨ōris⟩ M Besieger
ebēre ⟨eō, uī, itum 2.⟩ A VT 1 schul-en, **pecuniam** Geld 2 vorenthalten 3 erpflichtet sein, **gratias** zu Dank 4 sol-n, müssen; *in der Verneinung* dürfen; **eneficia oblivisci non debemus** Wohl-ten dürfen wir nicht vergessen 5 ver-anken 6 verpflichtet sein, bestimmt in, **aliquid** zu etw B VI Schulden ha-en; **ei, quibus debeo** meine Gläubiger; **ebentes** Schuldner
bilis ⟨e⟩ ADJ 1 entkräftet, gelähmt, brechlich 2 *fig* zerrüttet, schwach, altlos
bilitāre ⟨ō, āvī, ātum 1.⟩ 1 lähmen, schädigen, verletzen 2 *fig* entmuti-n, hemmen
bilitās ⟨ātis⟩ F 1 Gebrechlichkeit 2 Schwäche
bilitātiō ⟨ōnis⟩ F Lähmung
bitiō ⟨ōnis⟩ F das Schuldigsein, Schulden; ~ **pecuniae** Geldschulden
dēbitor ⟨ōris⟩ M 1 Schuldner 2 *fig* der zu Dank verpflichtet ist, **alicuius rei** für etw
dēbitum ⟨ī⟩ N Schuld; **alicui debitum solvere** j-m seine Schuld bezahlen
dēbitus ⟨a, um⟩ ADJ geschuldet, gebührend
dē-blaterāre ⟨ō, āvī, ātum 1.⟩ dumm daherschwatzen, ausplaudern
dē-cantāre ⟨ō, āvī, ātum 1.⟩ A VT 1 vorsingen 2 herunterleiern B VI mit dem Gesang aufhören
decānus ⟨ī⟩ M 1 Vorgesetzter von zehn Mann 2 MIL Vorgesetzter von zehn Soldaten 3 *(eccl.)* Dekan
★**dē-cēdere** ⟨cessō, cessī, cessum 3.⟩ 1 weggehen, sich entfernen 2 MIL abziehen; abtreten, abgehen 3 **de foro ~** sich vom öffentlichen Leben zurückziehen 4 **vitā/de vita ~** sterben 5 ausweichen, aus dem Weg gehen 6 *fig* abweichen, **de via** vom rechten Weg 7 *fig j-m* nachstehen 8 *fig* abtreten, verzichten; **de possessione ~** auf seinen Besitz verzichten 9 *(Wasser)* zurückgehen 10 *(Gestirn)* untergehen 11 *(Zeit, Gefühle usw.)* vergehen, aufhören **febris decedit** das Fieber lässt nach
Decelēa ⟨ae⟩ F *attische Stadt, heute Dekalia*

D

★**decem** *indekl* NUM CARD zehn

December ⟨bris, bre⟩ ADJ des Dezembers; **(mensis)** ~ Dezember, zehnter Monat, *da Jahresbeginn am 1. März*

decem-iugis A ⟨e⟩ ADJ zehnspännig B ⟨is⟩ M: **(currus)** ~ Zehnspänner

decem-peda ⟨ae⟩ F Messstange von zehn Fuß Länge

decempedātor ⟨ōris⟩ M Feldmesser

decem-plex ⟨plicis⟩ ADJ zehnfach

decem-prīmī ⟨ōrum⟩ MPL die ersten zehn Ratsherren *in Munizipien u. Kolonien*

decemvirālis ⟨e⟩ ADJ die Dezemvirn betreffend

decemvirātus ⟨ūs⟩ M Dezemvirat

decem-virī ⟨ōrum *u.* um⟩ MPL Dezemvirn, Zehnmännerkollegium; ~ **agris metiendis dividendisque** *Zehnmännerkollegium zur Aufteilung des ager publicus an die Kolonisten*; ~ **legibus scribundis** *Zehnmännerkollegium, das das Zwölftafelgesetz 451–449 v. Chr. verfasste*; ~ **stlitibus** (= *litibus*) **iudicandis** *Gerichtsbehörde zur Entscheidung über Freiheit und Bürgerrecht*; ~ **sacris faciundis/sacrorum** *Aufsichtsbehörde über die Sibyllinischen Bücher, deren Befragung und Deutung*

decennis ⟨e⟩ ADJ zehnjährig

decennium ⟨ī⟩ N Jahrzehnt

decēns ⟨entis, *adv* decenter⟩ ADJ anständig; reizend, anmutig

decentia ⟨ae⟩ F Anstand, Schicklichkeit

dē-cēpī → decipere

dēceptor ⟨ōris⟩ M Betrüger

dē-ceptus ⟨a, um⟩ PPP → decipere; *auch* → fallere

decēre ⟨eō, uī, - 2.⟩ zieren; sich schicken, sich gehören, **oratorem** für den Redner

decēris ⟨is⟩ F Schiff mit zehn Ruderbänken

★**dē-cernere** ⟨cernō, crēvī, crētum 3.⟩ 1 *(Person)* entscheiden, bestimmen, urteilen, **de hereditate** über die Erbschaft 2 *(Senat usw.)* verordnen, festsetzen, beschließen 3 bewilligen, genehmigen, **alicui praemium** j-m eine Belohnung 4 zu *etw* erklären, **aliquem hostem** j-n zum Feind 5 dafür stimmen 6 beschließen; **mihi decretum est** ich bin entschlossen 7 MIL entscheiden, die Entscheidung herbeiführen; **pugnam/proelium** ~ bis zur Entscheidung kämpfe 8 *(mit Worten)* streiten

dē-cerpere ⟨cerpō, cerpsī, cerptu 3.⟩ 1 abpflücken 2 *fig* entnehmer schöpfen 3 auswählen 4 genießen Abbruch tun, **(ex/de) re** einer Sache

★**dē-certāre** ⟨ō, āvī, ātum 1.⟩ um d Entscheidung kämpfen

dēcertātiō ⟨ōnis⟩ F Entscheidung kampf

dēcesse = **decessisse**; → decedere

dē-cessī → decedere

dēcessiō ⟨ōnis⟩ F 1 das Abtrete Weggang 2 *fig* Abnahme, Vermind rung

dēcessor ⟨ōris⟩ M Amtsvorgänger

dēcessum PPP → decedere

dēcessus ⟨ūs⟩ M 1 Abgang, Weggan Rücktritt 2 Rückfluss 3 *fig* Tod

dē-cidere[1] ⟨cidō, cidī, - 3.⟩ 1 hera fallen, niederstürzen, **ab/ex equo** vo Pferd 2 sterben, im Kampf fallen 3 hineingeraten, verleitet werden 4 von *etw* abkommen; **spe/a spe** ~ si in seiner Hoffnung getäuscht sehen *fig* tief fallen, sinken 6 *fig* scheitern

dē-cīdere[2] ⟨cīdō, cīdī, cīsum 3.⟩ A 1 abschneiden, abhauen 2 *fig* zum A schluss bringen B V/I ein Abkomm treffen

deciē(n)s ADV zehnmal; ~ **centena** lia zehnmal je hunderttausend = ei Million

decima ⟨ae⟩ F 1 der zehnte Teil, Zeh tel 2 der Zehnte, *als Abgabe*

Decima ⟨ae⟩ F *eine der drei Parzen*

decimāna ⟨ae⟩ F Frau des Zehntpä ters

decimānus A ⟨a, um⟩ ADJ 1 zu Zehnten gehörig; **ager** ~ zehntpflic ges Land 2 zur zehnten Kohorte ge rig; **porta decimana** Haupttor des gers, *weil dahinter jeweils die zehnte horte lag* B ⟨ī⟩ M 1 Zehntpächter Soldat der zehnten Legion

decimāre ⟨ō, āvī, ātum 1.⟩ den jew zehnten Mann zur Bestrafung auswäh

decimō ADV zehntens

decimum[1] ADV zum zehnten Mal

decimum[2] ⟨ī⟩ N das Zehnfache

★**decimus** ⟨a, um⟩ NUM ORD 1 der ze te 2 riesig

Decimus ⟨ī⟩ M *röm. Vorname*

lē-cipere ⟨cipiō, cēpī, ceptum 3.⟩ 1 täuschen, hintergehen, betrügen; **viā decipi** den Weg verfehlen 2 über *etw* hinwegtäuschen, *etw* unbemerkt verbringen, *aliquid*

lēcīsiō ⟨ōnis⟩ F 1 Abkommen 2 JUR Vergleich

lē-cīsus ⟨a, um⟩ PPP → decidere²

)ecius ⟨a, um⟩ *röm. Gentilname;* **P. ~ Mus** *Vater u. Sohn, weihten sich beide freiwillig im Krieg dem Tod*

ē-clāmāre ⟨ō, āvī, ātum 1.⟩ A V/I 1 Übungsreden halten 2 *fig* poltern, keifen B V/T laut vortragen

ēclāmātiō ⟨ōnis⟩ F 1 Redeübung, ;chulvortrag 2 hohles Geschwätz

ēclāmātor ⟨ōris⟩ M Redekünstler

ēclāmātōrius ⟨a, um⟩ ADJ deklamaorisch, des Redekünstlers

ēclāmitāre ⟨ō, āvī, ātum 1.⟩ laut ıufsagen, hersagen

ē-clārāre ⟨ō, āvī, ātum 1.⟩ 1 deutich bezeichnen, zeigen 2 *fig* erklären, :larmachen, definieren 3 öffentlich ıusrufen, bekannt machen; **Ciceronem :onsulem ~** Cicero als neu gewählten 'onsul ausrufen

ēclārātiō ⟨ōnis⟩ F Kundgabe

ē-clīnāre ⟨ō, āvī, ātum 1.⟩ A V/T 1 bwenden, ablenken 2 (*Stadt usw.*) ver)meiden 3 GRAM beugen, deklinieen B V/I 1 ausweichen, sich abwenden, ich fernhalten 2 *fig* abweichen, abchweifen, **a proposito** vom Thema 3 *g* sich hinneigen

ēclīnātiō ⟨ōnis⟩ F 1 ausweichende örperbewegung 2 Abweichung 3 Verıeidung, das Ausweichen, 4 RHET Ab:hweifung *vom Thema* 5 GRAM Beuıng, Deklination

ēclīve ⟨is⟩ N Abhang

ē-clīvis ⟨e⟩ ADJ sich neigend, abhüssig

clīvitās ⟨ātis⟩ F Abschüssigkeit, steil ›fallende Lage des Geländes

coctor ⟨ōris⟩ M Verschwender, Banotteur

coctus ⟨a, um⟩ ADJ fade, kraftlos

-cōlāre ⟨ō, āvī, ātum 1.⟩ 1 durchsi:ern 2 *fig* fehlschlagen

-collāre ⟨ō, āvī, ātum 1.⟩ enthaupn

-color ⟨ōris⟩ ADJ 1 entfärbt, verfärbt; gebräunt 2 *fig* entstellt

dēcolōrātiō ⟨ōnis⟩ F Entfärbung, Verfärbung

dē-condere ⟨ō, -, - 3.⟩ verbergen

dē-coquere ⟨coquō, coxī, coctum 3.⟩ 1 abkochen, gar kochen 2 einkochen; *passiv u.* **se ~** verdampfen 3 *fig* sein Vermögen durchbringen, Bankrott machen

decor¹ ⟨ōris⟩ M 1 Anstand 2 Schönheit, *bes* Anmut, Liebreiz; Schmuck, Zierde

decor² ⟨oris⟩ ADJ geschmückt

decorāre ⟨ō, āvī, ātum 1.⟩ 1 schmücken, zieren 2 *fig* ehren, verherrlichen

decōrum ⟨ī⟩ N = **decor**¹

★**decōrus** ⟨a, um, *adv* decōrē⟩ ADJ 1 anständig, passend, ehrenhaft 2 *fig* schön, edel 3 geziert, geschmückt

dē-crepitus ⟨a, um⟩ ADJ abgelebt, altersschwach

dē-crēscere ⟨crēscō, crēvī, - 3.⟩ 1 kleiner werden 2 *fig* abnehmen, allmählich verschwinden

dēcrētōrius ⟨a, um⟩ ADJ entscheidend

★**dēcrētum** ⟨ī⟩ N 1 Beschluss, Entscheidung, Verordnung 2 PHILOS Lehrsatz, Prinzip 3 JUR kaiserlicher Erlass mit Gesetzeskraft, Dekret

dē-crētus ⟨a, um⟩ PPP → decernere

dē-crēvī → decernere *u.* → decrescere

dē-cubuī → decumbere

decuma ⟨ae⟩ F = **decima**

decumānus ⟨a, um⟩ ADJ = **decimanus**

decumāre ⟨ō, āvī, ātum 1.⟩ = **decimare**

decumātēs agrī M Zehntland *im SW von Germanien*

dē-cumbere ⟨cumbō, cubuī, cubitum 3.⟩ sich niederlegen; niedersinken, unterliegen

decumus ⟨a, um⟩ ADJ = **decimus**

decuria ⟨ae⟩ F 1 Zehnergruppe, Dekurie; MIL Gruppe von zehn Mann 2 Senatsgruppe *von 10, später 30 Mitgliedern* 3 Abteilung, Gruppe

decuriāre ⟨ō, āvī. ātum 1.⟩ in Zehnergruppen einteilen

decuriātiō ⟨ōnis⟩ F *u.* **decuriātus** ⟨ūs⟩ M Einteilung in Zehnergruppen

decuriō ⟨ōnis⟩ M 1 Führer einer Zehnergruppe 2 MIL Unteroffizier 3 POL Ratsherr; *pl* Gemeinderat, Stadtrat

decuriōnātus ⟨ūs⟩ M Amt des Ratsherrn
★**dē-currere** ⟨currō, (cu)currī, cursum 3.⟩ A V/I 1 herablaufen 2 (*Fluss*) herabfließen 3 MIL herabmarschieren; (in Parade) vorbeimarschieren 4 SCHIFF herabsegeln, einlaufen 5 laufen, eilen, reisen 6 *fig* greifen, **ad aliquid** zu etw B V/T durchlaufen, zurücklegen, vollenden; **honores ~** Ämter bekleiden
dēcursiō ⟨ōnis⟩ F = **decursus**
dē-cursum PPP → decurrere
dēcursus ⟨ūs⟩ M 1 (*vom Wasser*) das Herablaufen, das Herabströmen 2 Überfall 3 das Laufen 4 MIL Vorbeimarsch, Parade 5 (*der Ämter*) das Durchlaufen 6 *fig* Verlauf, Vollendung
dē-curtāre ⟨ō, āvī, ātum 1.⟩ verkürzen, verstümmeln
★**decus** ⟨oris⟩ N 1 Zierde, Schmuck, Glanz; **~ formae** körperliche Schönheit 2 Verzierung, Schmuckgegenstand 3 Ehre, Ruhm, Auszeichnung; **alicui decori esse** j-m zur Ehre gereichen; **~ belli** Waffenruhm; **longa decora** lange Ahnenreihe 4 PHILOS das sittlich Gute
decussāre ⟨ō, āvī, ātum 1.⟩ in Form eines X anordnen
dē-cussī → decutere
dē-cutere ⟨cutiō, cussī, cussum 3.⟩ abschütteln, herabschütteln, -schleudern, -stoßen
dē-decēre ⟨eō, uī, - 2.⟩ 1 schlecht (an)stehen, verunzieren, schlecht kleiden 2 *fig* sich nicht schicken/gehören
dē-decor ⟨oris⟩ ADJ entehrend, **alicui** für j-n
dē-decorāre ⟨ō, āvī, ātum 1.⟩ entehren, schänden
dē-decōrus ⟨a, um⟩ ADJ entehrend, schändlich , **alicui** für j-n
★**dē-decus** ⟨oris⟩ N 1 Schande, Schmach; **dedecori esse/fieri alicui** j-m zur Schande gereichen 2 Schandtat 3 PHILOS das sittlich Schlechte
★**dē-dere** ⟨dō, didī, ditum 3.⟩ 1 ganz hingeben, übergeben, preisgeben, opfern; **deditā operā** absichtlich 2 ausliefern 3 *passiv u.* **se ~** sich ergeben 4 *passiv u.* **se ~** sich hingeben, sich weihen, sich widmen; frönen
dedī → dare
★**dē-dicāre** ⟨ō, āvī, ātum 1.⟩ 1 beweisen, erklären 2 weihen, einweihen; **templum Iovi ~** einen Tempel dem Jupiter weihen 3 (*für einen Zweck*) bestimmen, widmen
dēdicātiō ⟨ōnis⟩ F Weihe, Einweihung, Weihefest
dē-didī → dedere
dē-dīgnārī ⟨or, ātus sum 1.⟩ verschmähen, abweisen
dēdīgnātiō ⟨ōnis⟩ F Verschmähung, Verweigerung
dē-discere ⟨discō, didicī, - 3.⟩ verlernen, vergessen, sich abgewöhnen
dēditīcius ⟨a, um⟩ ADJ der sich bedingungslos ergeben hat, unterworfen
dēditiō ⟨ōnis⟩ F Übergabe, Unterwerfung, Kapitulation; **deditionem facer**… **hosti/ad hostem** sich dem Feind ergeben, kapitulieren
dē-ditus[1] ⟨a, um⟩ PPP → dedere
dēditus[2] A ⟨a, um⟩ ADJ 1 ergeben, zugetan, gewogen 2 auf *etw* bedacht; *e*… *ner Sache* frönend, verfallen, von *etw* a… hängig B ⟨ī⟩ M Unterworfener
dē-docēre ⟨eō, uī, - 2.⟩ vergessen la… sen; entwöhnen
dē-dolāre ⟨ō, āvī, ātum 1.⟩ herunte… hauen, behauen, zimmern
dē-dolēre ⟨eō, uī, - 2.⟩ seinen Schme… beenden
★**dē-dūcere** ⟨dūcō, dūxī, ductum 3.⟩ … hinabführen 2 (*Truppen*) herabma… schieren lassen 3 (*Schiffe*) auslaufen la… sen 4 vermindern, *fig* herabwürdigen … weg-, fort-, abführen, entfernen, **capt**… **vos** Gefangene 6 (*Truppen*) ausrück… lassen, verlegen; **praesidia ~** die W… chen abziehen 7 (*Kolonisten*) ansiede… (*Kolonie*) gründen 8 abbringen, **de pr**… **tino victu** von seiner früheren Leber… weise 9 ab-, herleiten, **genus ab Ach**… **le** seine Familie von Achill 10 MATH a… ziehen, subtrahieren; **de capite ~** vo… Kapital wegnehmen 11 *fig* ausarbeite… (*Fäden*) abspinnen; **carmina ~** Lied… dichten 12 begleiten, mit sich nehme… **captivos triumpho ~** Gefangene im T… umphzug mitführen 13 (*eine Braut*) … führen, heimführen 14 *fig* verführe… verleiten, **in eam sententiam** zu d… Auffassung verleiten, dass 15 *fig* in ei… Lage bringen, in einen Zustand vers… zen; **aliquem in periculum ~** j-n in …

fahr bringen
ēductiō ⟨ōnis⟩ F 1 das Ab-, Weg-, Hinführen 2 Ableitung des Wassers 3 JUR symbolische Vertreibung aus dem Besitz 4 Ansiedlung *von Kolonisten* 5 Abzug *einer Summe* 6 (*mlat.*) Ableitung des Besonderen vom Allgemeinen
ēductor ⟨ōris⟩ M Begleiter eines Amtsbewerbers
ē-ductus[1] ⟨a, um⟩ PPP → deducere
ēductus[2] ⟨a, um⟩ ADJ 1 einwärts gebogen, krumm 2 gedämpft, leise
ē-dūxī → deducere
e-errāre ⟨ō, āvī, ātum 1.⟩ sich verirren, abweichen
ē-esse ⟨sum, fuī, - 0.⟩ 1 nicht anwesend sein, fehlen; **omnia deerant** es fehlte an allem; **non desunt, qui** es fehlt nicht an Leuten, die 2 nicht helfen, im Stich lassen; **bello ~** dem Krieg fernbleiben; **tempori ~** den rechten Zeitpunkt versäumen
e facto (*nlat.*) → factum
ēfaecāre ⟨ō, āvī, ātum 1.⟩ 1 von der Hefe befreien 2 *fig* reinigen
ē-faenerāre ⟨ō, āvī, ātum 1.⟩ = **defenerare**
ē-fātīgāre ⟨ō, āvī, ātum 1.⟩ völlig ermüden, erschöpfen
ēfatīgātiō ⟨ōnis⟩ F Erschöpfung
-fēcī → deficere
ēfectiō ⟨ōnis⟩ F 1 das Abfallen, **a Romanis** von den Römern 2 das Abnehmen, das Schwinden 3 Erschöpfung 4 Verfinsterung; **~ solis** Sonnenfinsternis
fector ⟨ōris⟩ M Abtrünniger
fectus[1] ⟨ūs⟩ M = **defectio**
-fectus[2] ⟨a, um⟩ PPP → deficere
ēfectus[3] ⟨a, um⟩ ADJ 1 von *etw* verlassen, *einer Sache* beraubt, *re* 2 entkräftet, geschwächt, matt
-fendere ⟨fendō, fendī, fēnsum 3.⟩ abwehren, fernhalten, **hostes** die Feinde 2 sich wehren, Widerstand leisten 3 verteidigen, schützen 4 (*Aufgabe, Rolle usw.*) behaupten, durchführen 5 seiner Verteidigung anführen
-fēnerāre ⟨ō, āvī, ātum 1.⟩ durch Wucher aussaugen
fēnsāre ⟨ō, āvī, ātum 1.⟩ abwehren, verteidigen, schützen
fēnsiō ⟨ōnis⟩ F 1 Abwehr 2 MIL Verteidigung 3 JUR Rechtfertigung, Verteidigung 4 Verteidigungsrede
dēfēnsitāre ⟨ō, āvī, ātum 1.⟩ zu verteidigen pflegen; **causas ~** als Rechtsanwalt tätig sein
dēfēnsor ⟨ōris⟩ M 1 der abwehrt, **periculi** eine Gefahr 2 JUR Verteidiger 3 Beschützer
dē-fēnsus ⟨a, um⟩ PPP → defendere
dēferbuī → defervescere
★**dē-ferre** ⟨ferō, tulī, lātum 0.⟩ 1 herabtragen, -bringen, -holen; **sub aequora ~** im Meer versenken 2 (*Lager, Heer*) hinabverlegen, versetzen 3 hinabstürzen, -stoßen **ad extremam fortunam ~** ins tiefste Unglück; *passiv* abstürzen, (sich) stürzen 4 (*Brief, Geld usw.*) fort-, weg-, hinbringen 5 abbringen, ablenken; *passiv* abirren, geraten; **in discrimen ~** aufs Spiel setzen 6 (*Ware*) anbieten 7 übertragen, zuteilen, **consulatum** das Konsulat 8 zur Entscheidung übergeben; **rem senatui/ad senatum ~** die Angelegenheit dem Senat vorlegen 9 (*Nachricht*) überbringen, melden, mitteilen 10 JUR anzeigen, anklagen 11 (*beim Zensus*) anmelden, deklarieren
dē-fervēscere ⟨fervēscō; ferví *u.* ferbuī, - 3.⟩ sich austoben; sich klären
dēfessus ⟨a, um⟩ ADJ erschöpft
dē-fetīgāre ⟨ō, āvī, ātum 1.⟩ = **defatigare**
dēfetīgātiō ⟨ōnis⟩ F = **defatigatio**
★**dē-fetīscere** ⟨fetīscō, fessus sum 3.⟩ ermatten, ermüden
★**dē-ficere** ⟨ficiō, fēcī, fectum 3.⟩ A V/I 1 abfallen, **ab Romanis** von den Römern; **~ ad aliquem** zu j-m übergehen 2 zur Neige gehen, zu fehlen beginnen; **spes deficit** die Hoffnung schwindet 3 ermüden, ermatten; **animo ~** den Mut verlieren 4 sterben 5 (*Gestirn*) sich verfinstern, untergehen B V/T 1 verlassen; **deficior re/a re** es mangelt mir an etw 2 ausgehen, zu fehlen beginnen; **vires me deficiunt** die Kräfte beginnen mir zu schwinden
dē-fierī ⟨fīō, factus sum 0.⟩ *passiv von* deficere
dē-fīgere ⟨fīgō, fīxī, fīxum 3.⟩ 1 einschlagen, hineinschlagen 2 hineinstoßen 3 *fig* auf *etw* richten, **oculos** die Augen, **animum in cogitatione alicuius rei** seinen Verstand auf die Erfassung einer

D

Sache 4 (*Person*) erstarren lassen 5 (*geistig*) tief einprägen; **sententiam in mente ~** sich einen Ausspruch einprägen 6 für unabänderlich erklären

dē-fingere ⟨fingō, fīnxī, fictum 3.⟩ verformen, verunstalten

★**dē-fīnīre** ⟨iō, īvī *u.* iī, ītum 4.⟩ 1 abgrenzen, begrenzen 2 genau bestimmen, festlegen 3 einschränken, beschränken 4 definieren

dēfīnītiō ⟨ōnis⟩ F 1 Abgrenzung 2 genaue Angabe 3 Vorschrift 4 Begriffsbestimmung, Definition

dēfīnītīvus ⟨a, um, *adv* dēfīnītīvē⟩ ADJ bestimmend, erläuternd

dēfīnītus ⟨a, um, *adv* dēfīnītē⟩ ADJ 1 begrenzt 2 *fig* bestimmt, deutlich, ausdrücklich

dē-flagrāre ⟨ō, āvī, ātum 1.⟩ A V/I 1 völlig niederbrennen, in Flammen aufgehen 2 *fig* zugrunde gehen 3 *fig* verrauchen B V/T verbrennen; **deflagratus** verbrannt; untergegangen

dēflagrātiō ⟨ōnis⟩ F Vernichtung durch Feuer

dē-flectere ⟨flectō, flexī, flexum 3.⟩ A V/T 1 abbiegen, abwenden, ablenken 2 abspenstig machen 3 verändern, umwandeln B V/I abweichen, abschweifen, **a proposito** vom Thema

dē-flēre ⟨eō, ēvī, ētum 2.⟩ A V/T 1 beweinen 2 unter Tränen vortragen B V/I sich ausweinen

dē-floccāre ⟨ō, āvī, ātum 1.⟩ kahl/fadenscheinig machen

dēfloccātus ⟨a, um⟩ ADJ kahl

dē-flōrēscere ⟨flōrēscō, flōruī, - 3.⟩ verblühen, verwelken

dē-fluere ⟨fluō, flūxī, - 3.⟩ 1 herabströmen 2 *fig* herabsinken, -gleiten 3 (*Kleid*) herabhängen 4 *fig* unmerklich abkommen 5 *fig* zuströmen 6 *fig* abfließen, sich verlaufen 7 *fig* verschwinden, sich verlieren; **comae defluunt** die Haare fallen aus 8 POL abtrünnig werden, abfallen 9 *fig* aus dem Gedächtnis entschwinden

dē-fodere ⟨fodiō, fōdī, fossum 3.⟩ 1 ver-, eingraben 2 (*Erde*) aufwerfen

dē-fore → deesse

dē-fōrmāre ⟨ō, āvī, ātum 1.⟩ 1 gestalten, darstellen 2 verunstalten 3 entehren

dēfōrmātiō ⟨ōnis⟩ F 1 Verunstaltun 2 *fig* Beleidigung

dēfōrmis ⟨e, *adv* dēfōrmiter⟩ ADJ 1 gestaltlos 2 missgestaltet, unförmig 3 *fig* entehrt, 4 *fig* schmachvoll

dēfōrmitās ⟨ātis⟩ F 1 Verunstaltun 2 *fig* Schimpf, Schmach

dē-frāctus ⟨a, um⟩ PPP → defringer

dē-fraudāre ⟨ō, āvī, ātum 1.⟩ betrü gen, **victoriā** um den Sieg

dē-frēgī → defringere

dē-frēnātus ⟨a, um⟩ ADJ zügellos

dē-fricāre ⟨fricō, fricuī, frictum *u.* fr cātum 1.⟩ 1 abreiben, putzen 2 *f* durchhecheln

dē-fringere ⟨fringō, frēgī, frāctu 3.⟩ 1 abbrechen 2 zerbrechen

dē-frūstrārī ⟨or, ātus sum 1.⟩ betr gen

dēfrutum ⟨ī⟩ N eingekochter Most

dē-fugere ⟨fugiō, fūgī, - 3.⟩ A V/I er fliehen B V/T ausweichen, vermeide *aliquid*

dē-fuī → deesse

dē-fundere ⟨fundō, fūdī, fūsum 3 1 herabgießen; ausschütten 2 abfülle einschenken

dē-fungī ⟨fungor, fūnctus sum 3.⟩ beenden, erledigen; **vitā ~** sterben; c **functus honoribus** der alle Ämt durchlaufen hat 2 *perf* fertig sein

dē-futūtus ⟨a, um⟩ ADJ ausgemerge verlebt

dēgener ⟨eris⟩ ADJ 1 aus der Art g schlagen 2 *fig* verkommen, niedrig

dē-generāre ⟨ō, āvī, ātum 1.⟩ A 1 aus der Art schlagen; **patribus ~** si den Vorfahren entfremden 2 *fig* untr werden B V/T entehren

★**dēgere** ⟨ō, -, - 3.⟩ (*Zeit*) verbringen

dē-gerere ⟨gerō, gessī, gestum 3 wegführen, *irgendwohin* schaffen

dē-grandinat es hört auf zu hagel

dē-gravāre ⟨ō, āvī, ātum 1.⟩ 1 n derdrücken 2 *fig* belästigen

dē-gredī ⟨gredior, gressus sum 3.⟩ hinabsteigen, -marschieren; **ad pe ~** absitzen 2 weggehen, abziehen

dē-gustāre ⟨ō, āvī, ātum 1.⟩ 1 prob ren 2 (*Lanze*) leicht streifen

de-hibēre ⟨eō, uī, - 2.⟩ schulden

de-hinc ADV 1 von hier aus 2 von je an 3 hierauf

le-hīscere ⟨ō, -, - 3.⟩ bersten, sich spalten, sich öffnen, *auch* leck werden
lehonestāmentum ⟨ī⟩ N 1 Verunstaltung, Entstellung 2 *fig* Schande
le-hortārī ⟨or, ātus sum 1.⟩ abraten, **aliquem a re** j-m von etw
)ēianīra ⟨ae⟩ F *Gattin des Herkules*
lē-icere ⟨iciō, iēcī, iectum 3.⟩ 1 (herab)werfen 2 *passiv u.* **se ~** herunterspringen, sich hinabstürzen 3 (*Statue, Gebäude*) zu Boden werfen; einreißen; *passiv* einstürzen 4 (*Baum*) zu Boden strecken, fällen 5 (*Tier*) töten, erlegen 6 senken; **deiecto capite** mit gesenktem Haupt 7 *fig* abwenden 8 (*aus einem Amt*) vertreiben, verdrängen, stürzen 9 abbringen, **de sententia** von seiner Meinung 10 entfernen, beseitigen
ē-iēcī → deicere
ēiectus[1] ⟨a, um⟩ ADJ 1 tief liegend, gesenkt 2 *fig* mutlos, entmutigt
ēiectus[2] ⟨ūs⟩ M das Herabwerfen; Sturz; **~ aquae** Wasserfall
ē-iectus[3] ⟨a, um⟩ PPP → deicere
e-in ADV *Kurzform von* deinde
ein-ceps ADV nacheinander; **primum … ~** zuerst … dann
e-inde ADV 1 von dort an 2 hierauf, danach, nachher 3 (*in der Aufzählung*) hierauf, dann, sodann, weiter
ēiotarus ⟨ī⟩ M *Tetrarch von Galatien, des Mordversuchs an Caesar angeklagt u. von Cicero verteidigt*
ēiphobus ⟨ī⟩ M *Sohn des Priamus, nach dem Tod des Paris Gatte der Helena*
eitās ⟨ātis⟩ F Gottheit
ē-iungere ⟨iungō, iūnxī, iūnctum 3.⟩ abspannen; **se ~** sich losmachen
ē-iuvāre ⟨iuvō, -, - 1.⟩ nicht mehr unterstützen
-lābī ⟨lābor, lāpsus sum 3.⟩ 1 herabgleiten, -fallen, -sinken, -kommen 2 entgleiten, entfallen 3 hineingeraten; verfallen, **ad aliquid** auf etw
-lāmentārī ⟨or, - 1.⟩ beklagen
-lassāre ⟨ō, -, ātum 1.⟩ müde machen
lātiō ⟨ōnis⟩ F Meldung, Anzeige; **~ nominis** Angabe des Namens
lātor ⟨ōris⟩ M Ankläger, Denunziant
-lātus ⟨a, um⟩ PPP → deferre
lectābilis ⟨e, *adv* dēlectābiliter⟩ ADJ erfreulich; lecker; **cibus ~** Leibgericht
dēlectāmentum ⟨ī⟩ N angenehme Unterhaltung, Zeitvertreib
★**dēlectāre** ⟨ō, āvī, ātum 1.⟩ erfreuen, unterhalten; **delectat me** es macht mir Freude
dēlectātiō ⟨ōnis⟩ F Unterhaltung, Genuss, Lust, **alicuius rei** von/an etw
dēlectī ⟨ōrum⟩ MPL Elite
dē-lēctus[1] ⟨a, um⟩ PPP → deligere
dēlēctus[2] ⟨a, um⟩ ADJ auserlesen
dēlēctus[3] ⟨ūs⟩ M 1 Auswahl, Wahl; **delectum tenere/habere** eine Wahl treffen 2 MIL = **dilectus**
dē-lēgāre ⟨ō, āvī, ātum 1.⟩ 1 hinschicken 2 übertragen, anvertrauen; beauftragen 3 *fig* zuschreiben 4 verweisen, **discipulum ad illum librum** den Schüler auf jenes Buch 5 eine Zahlungsanweisung geben
dēlēgātiō ⟨ōnis⟩ F Geld-, Zahlungsanweisung
dē-lēgī → deligere
dēlēni-ficus ⟨a, um⟩ ADJ besänftigend, verführerisch, bezaubernd
dēlēnīmentum ⟨ī⟩ N 1 Linderungsmittel, Beschwichtigung 2 Lockmittel
dē-lēnīre ⟨iō, īvī, ītum 4.⟩ 1 besänftigen 2 gewinnen, bezaubern
★**dēlēre** ⟨eō, ēvī, ētum 2.⟩ 1 auslöschen, tilgen 2 *fig* vernichten, zerstören, **urbem** eine Stadt
dē-lētus ⟨a, um⟩ PPP → delere
dē-lēvī → delere
Dēlia ⟨ae⟩ F Einwohnerin von Delos, *bes* = Diana
dē-lībāre ⟨ō, āvī, ātum 1.⟩ 1 ein wenig wegnehmen, entnehmen 2 kosten, genießen 3 schmälern; **aliquid de honestate alicuius ~** j-s Ansehen schmälern
dēlīberābundus ⟨a, um⟩ ADJ in tiefes Nachdenken versunken
★**dē-līberāre** ⟨ō, āvī, ātum 1.⟩ 1 erwägen, überlegen, beraten 2 sich entscheiden, beschließen 3 befragen, **oraculum** das Orakel
dēlīberātiō ⟨ōnis⟩ F Erwägung, Überlegung, Beratung
dēlīberātīva ⟨ae⟩ F (*erg.* **oratio**) beratende Rede
dēlīberātīvus ⟨a, um⟩ ADJ überlegend, beratend
dēlīberātor ⟨ōris⟩ M der immer Be-

D

denkzeit braucht
dēlīberātus ⟨a, um⟩ ADJ bestimmt, entschieden
dē-librāre ⟨ō, āvī, ātum 1.⟩ entrinden, abschälen
dē-libūtus ⟨a, um⟩ ADJ bestrichen, gesalbt, benetzt; **gaudio ~** *fig* freudetrunken
dē-licāre ⟨ō, āvī, ātum 1.⟩ 1 = **deliquare** 2 *fig* klarmachen, erklären
★**dēlicātus** A ⟨a, um, *adv* dēlicātē⟩ ADJ 1 köstlich, reizend, angenehm, lecker 2 sinnlich; schlüpfrig 3 verwöhnt, verzogen, verweichlicht 4 zart, sanft B ⟨ī⟩ M Wüstling
★**dēliciae** ⟨ārum⟩ FPL 1 sinnliche Genüsse, Luxus, Prunk, Wollust, Vergnügen; **habere aliquem in deliciis** j-n gernhaben 2 Liebling 3 Zierde
dēliciolae ⟨ārum⟩ FPL *u.* **dēliciolum** ⟨ī⟩ N Liebling, Herzblatt
dēlicium ⟨ī⟩ N = **deliciae**
dē-lictum¹ PPP → delinquere
★**dēlictum**² ⟨ī⟩ N Vergehen, Fehler
dēlicuos *od.* **dēlicuus** ⟨a, um⟩ ADJ = **deliquus**
dē-ligāre ⟨ō, āvī 1.⟩ 1 anbinden, befestigen 2 MED verbinden
★**dē-ligere** ⟨ligō, lēgī, lēctum 3.⟩ 1 pflücken, **uvas** Trauben 2 *fig* auslesen, auswählen, (er)wählen 3 MIL ausheben, mustern; **delecti milites** Elitetruppen
dē-linere ⟨linō, lēvī, litum 3.⟩ 1 von oben bis unten bestreichen 2 abwischen
dē-lingere ⟨lingō, -, - 3.⟩ ablecken; **~ salem** schmale Kost haben
dē-līnīre ⟨iō, īvī, ītum 4.⟩ = **delenire**
dē-linquere ⟨linquō, līquī, lictum 3.⟩ 1 sich vergehen, **in aliquem** gegen j-n 2 verschulden
dē-liquāre ⟨ō, -, - 1.⟩ klarmachen, klären
dē-liquēscere ⟨liquēscō, licuī, - 3.⟩ 1 zerfließen 2 *fig* dahinschwinden
dē-līquī → delinquere
dēliquiō ⟨ōnis⟩ F Mangel
dēliquus ⟨a, um⟩ ADJ mangelnd, fehlend
dēlīrāmentum ⟨ī⟩ N albernes/wirres Zeug
dē-līrāre ⟨ō, āvī, ātum 1.⟩ wahnsinnig sein, irre reden

dēlīrātiō ⟨ōnis⟩ F Wahnsinn, Albernheit, Faselei
dēlīrium ⟨ī⟩ N das Irresein
dēlīrus ⟨a, um⟩ ADJ wahnsinnig, verrückt
dē-litēscere ⟨litēscō, lituī, - 3.⟩ sich verstecken, sich verbergen
dē-lītigāre ⟨ō, -, - 1.⟩ zanken
dē-litīscere ⟨litīscō, lituī, - 3.⟩ = **delitescere**
dē-lituī → delitescere
Dēlius A ⟨a, um⟩ ADJ von Delos B ⟨ī⟩ M Einwohner von Delos, *bes* = Apollo
Delmat... = **Dalmat...**
Dēlos *u.* **Dēlus** ⟨ī⟩ F *Insel, Geburtso[rt] des Apollo u. der Artemis/Diana*
Delphī ⟨ōrum⟩ MPL 1 *Stadt am Fuß de[s] Parnass, Sitz des Apollinischen Orakels* 2 die Einwohner von Delphi
Delphicus ⟨a, um⟩ ADJ delphisch, vo[n] Delphi; **mensa Delphica** dreifüßige[r] Prunktisch; **Delphicus** ⟨ī⟩ M Einwohner von Delphi = Apollo
delphīn ⟨īnis⟩ M *u.* **delphīnus** ⟨ī⟩ [M] Delphin
Delta *indekl* N 1 Nildelta 2 (*mlat.*) Delta, *Flussmündung mit mehreren Armen*
★**dēlūbrum** ⟨ī⟩ N Tempel, Heiligtum
dē-luctāre ⟨ō, āvī, ātum 1.⟩ *u.* **dē-luctārī** ⟨or, - 1.⟩ um die Entscheidun[g] ringen, sich abquälen
dē-lūdere ⟨lūdō, lūsī, lūsum 3.⟩ zu[m] Besten halten, täuschen
dē-lūdificāre ⟨ō, āvī, - 1⟩ zum Beste[n] halten
dē-lumbāre ⟨ō, āvī, ātum 1⟩ lähme[n], schwächen
dē-madēscere ⟨madēscō, maduī, - 3.⟩ ganz feucht werden
dē-mānāre ⟨ō, āvī, ātum 1.⟩ hera[b]fließen
dē-mandāre ⟨ō, āvī, ātum 1.⟩ anve[r]trauen, übertragen
dēmarchus ⟨ī⟩ M 1 *in Athen* Vorsteh[er] eines Demos 2 *in Rom* = **tribunus pleb[is]**
★**dē-mēns** ⟨mentis, *adv* dēmenter⟩ A[DJ] wahnsinnig, verrückt, töricht; unsinni[g]
dēmēnsus ⟨a, um⟩ ADJ zugemessen
dēmentia ⟨ae⟩ F Unsinn; Wahnsi[nn], Raserei
dēmentīre ⟨iō, -, - 4.⟩ verrückt sein
★**dēmere** ⟨dēmō, dēmpsī, dēmptu[m] 3.⟩ 1 weg-, abnehmen; **dempto fine** …

ne Ende 2 beseitigen, schmälern 3 abziehen, **de re** von etw

ē-merēre ⟨eō, uī, itum 2.⟩ 1 = **demererī** 2 sich *etw* verdienen

ē-merērī ⟨eor, itus sum 2.⟩ sich verdient machen, **civitatem** um das Gemeinwesen

ē-mergere ⟨mergō mersī, mersum 3.⟩ 1 untertauchen, versenken; *passiv* versinken, ertrinken 2 *fig* unterdrücken, ns Verderben stürzen

ē-messuī → demetere

ē-messus ⟨a, um⟩ PPP → demetere

ē-mētāre ⟨ō, āvī, ātum 1.⟩ = **dimetare**

ē-mētārī ⟨or, ātus sum 1.⟩ = **dimetari**

ē-metere ⟨metō, messuī, messum .⟩ abmähen, abschlagen, abhauen

ē-mētīrī ⟨mētior, mēnsus sum 4.⟩ b-, zumessen

ēmētrius ⟨ī⟩ M *griech. Männername, uch von Königen* 1 ~ **Poliorcetes** *König on Makedonien* 2 ~ **Phalerus** *Statthalter ı Athen*

ē-migrāre ⟨ō, āvī, ātum 1.⟩ 1 auswandern, wegziehen 2 *fig* seinen Posen verlassen; **ex vita/hinc** ~ sterben

ēmigrātiō ⟨ōnis⟩ F Auswanderung

-minuere ⟨uō, uī, ūtum 3.⟩ 1 verıindern, verkleinern, schmälern 2 *fig* chwächen; *passiv* abnehmen, schmelen; **capite deminui/se** ~ seine bürgerchen Rechte teilweise verlieren 3 wegehmen 4 teilweise verkaufen

minūtiō ⟨ōnis⟩ F 1 Verminderung, erringerung, Schwächung; ~ **lunae** Abahme des Mondes 2 ~ **capitis maxima** erlust des Bürgerrechts und der pernlichen Freiheit; ~ **media/minor** Verst des Bürgerrechts 3 Verkürzung er Amtszeit, **provinciae** in der Provinz

-mīrārī ⟨or, ātus sum 1.⟩ sich sehr undern, **aliquid** über etw

-mīsī → demittere

missīcius ⟨a, um⟩ ADJ herabhänend

missiō ⟨ōnis⟩ F das Herablassen; ~ **imi** *fig* Niedergeschlagenheit

-missus[1] ⟨a, um⟩ PPP → demittere

-missus[2] ⟨a, um⟩ ADJ 1 gesenkt, heəhängend; **demisso capite** mit genktem Kopf 2 (*Ortschaft*) niedrig (gejen) 3 (*Stimme*) gedämpft, leise 4 (*Rede*) bescheiden, schlicht 5 niedergeschlagen

dē-mītigāre ⟨ō, āvī, ātum 1.⟩ zur Milde stimmen

★**dē-mittere** ⟨mittō, mīsī, missum 3.⟩ 1 hinablassen, -schicken, fallen lassen 2 (*Heer, Pferd usw.*) hinabgehen/-ziehen lassen; *passiv* hinabgehen, -steigen 3 sinken lassen, senken; **oculos** ~ die Augen senken; **animum** ~ den Mut sinken lassen 4 (*Flüssigkeiten*) hinabfließen lassen 5 *passiv* herabhängen 6 *passiv u.* **se** ~ (*Gewässer*) herabfließen 7 **se** ~ sich hinabbegeben 8 *passiv* abstammen

dēmiūrgus ⟨ī⟩ M *höchster Beamter in griech. Stadtstaaten*

Dēmocritēus *u.* **Dēmocritīus** ⟨a, um⟩ ADJ des Demokrit

Dēmocritus ⟨ī⟩ M Demokrit, *Philos., Begründer der Atomlehre*

dē-mōlīre ⟨iō, īvī, ītum 4.⟩ *u.* **dē-mōlīrī** ⟨iō, ītus sum 4.⟩ 1 herabwälzen 2 *fig* abwälzen 3 abbrechen, niederreißen 4 *fig* zerstören

dēmōlītiō ⟨ōnis⟩ F das Niederreißen, das Schleifen

★**dē-mōnstrāre** ⟨ō, āvī, ātum 1.⟩ 1 (genau) zeigen, bezeichnen 2 bezeichnen, darlegen, erwähnen 3 beweisen 4 genau bestimmen 5 bedeuten

dēmōnstrātiō ⟨ōnis⟩ F 1 das Zeigen, das Hinweisen 2 Nachweis, Darlegung, Beweisführung 3 RHET Prunkrede

dēmōnstrātīva ⟨ae⟩ F Prunkrede

dēmōnstrātīvus ⟨a, um⟩ ADJ 1 hinzeigend, darlegend 2 RHET verherrlichen

dēmōnstrātor ⟨ōris⟩ M der *etw* zeigt

dē-morārī ⟨or, ātus sum 1.⟩ A V/I sich aufhalten, zögern B V/T aufhalten, verzögern, hindern; **annos** ~ das Leben noch fristen

dē-morī ⟨morior, mortuus sum 3.⟩ A V/I 1 wegsterben, versterben 2 *fig* schwinden B V/T zum Sterben verliebt sein, **aliquem** in j-n

Dēmosthenēs ⟨is *u.* ī⟩, *akk* ⟨em *u.* ēn⟩ M *athenischer Redner*

dē-movēre ⟨mōveō, mōvī, mōtum 2.⟩ 1 wegbewegen, fortschaffen, entfernen 2 vertreiben, 3 abwenden

dēmpsī → demere

dēmptus ⟨a, um⟩ PPP → demere

D

★**dēmum** ADV 1 erst, endlich, schließlich, zuletzt; **nunc ~** jetzt erst/endlich 2 erst recht 3 eben nur, wenigstens
dē-mūnerārī ⟨or, ātus sum 1.⟩ reichlich beschenken
dē-mūtāre ⟨ō, āvī, ātum 1.⟩ A V/T ab-, verändern, verschlechtern B V/I sich ändern, abweichen
dēmūtātiō ⟨ōnis⟩ F Veränderung, Entartung
★**dēnārius** A ⟨a, um⟩ ADJ je zehn enthaltend; **nummus ~** Münze von 10 As B ⟨ī⟩ M 1 Denar, *röm. Hauptsilbermünze, urspr. 10, seit 217 v. Chr. 16 asses = 4 Sesterze* 2 Denar, *als Gewicht = 3,5 g*
dē-narrāre ⟨ō, āvī, ātum 1.⟩ genau erzählen
dē-nāsāre ⟨ō, -, - 1.⟩ der Nase berauben
dē-natāre ⟨ō, -, - 1.⟩ hinabschwimmen
dē-negāre ⟨ō, āvī, ātum 1.⟩ 1 leugnen 2 verweigern
dēnī ⟨ae, a⟩ NUM DISTR je zehn
dē-nicālis ⟨e⟩ ADJ den Todesfall betreffend; **feriae denicales** Totenfest
★**dēnique** ADV 1 (*in Aufzählungen*) und außerdem, schließlich, endlich 2 (*abschließend*) kurz, mit einem Wort 3 (*verallgemeinernd*) überhaupt, ja 4 (*steigernd*) ja sogar 5 (*vermindernd*) auch nur, wenigstens; **aut ~** oder wenigstens 6 (*zeitl.*) erst, endlich, gerade, eben 7 *iron* am Ende gar
dē-nōmināre ⟨ō, āvī, ātum 1.⟩ benennen
dē-notāre ⟨ō, āvī, ātum 1.⟩ 1 deutlich bezeichnen 2 *fig* brandmarken
★**dēns** ⟨dentis⟩ M 1 Zahn; **~ eburneus/Indus** Elfenbein 2 Neid, Missgunst 3 Haken, Zinne, Schlüssel
dēnsāre ⟨ō, āvī, ātum 1.⟩ *u.* **dēnsēre** ⟨eō, -, ētum 2.⟩ 1 verdichten 2 dicht aufstellen; *passiv* sich bedecken 3 *fig* rasch aufeinanderfolgen (lassen)
dēnsitās ⟨ātis⟩ F 1 Dichte 2 *fig* Häufigkeit
★**dēnsus** ⟨a, um, *adv* dēnsē⟩ ADJ 1 dicht 2 dicht besetzt 3 *fig* dicht gedrängt 4 (*Sprache*) bündig 5 (*zeitl.*) wiederholt, zahlreich
dentātus ⟨a, um⟩ ADJ 1 mit Zähnen versehen 2 mit Elfenbein geglättet
denti-frangibulus A ⟨a, um⟩ ADJ zahnausbrechend B ⟨ī⟩ M der Zähn[e] ausbricht
denti-fricium ⟨ī⟩ N Zahnpulver
denti-legus ⟨a, um⟩ ADJ (ausgeschla[gene]) Zähne auflesend
dentīre ⟨iō, -, - 4.⟩ Zähne bekommen
dē-nūbere ⟨nūbō, nūpsī, nuptum 3.⟩ wegheiraten, sich verheiraten, **alicui** m[it] j-m
dē-nūdāre ⟨ō, āvī, ātum 1.⟩ 1 entblö[]ßen 2 *fig* offenbaren 3 ausplündern
dē-numerāre ⟨ō, āvī, ātum 1.⟩ = **d[e]numerare**
dē-nūntiāre ⟨ō, āvī, ātum 1.⟩ 1 in a[]ler Form ankündigen, verkünden, me[l]den 2 androhen 3 prophezeien 4 JU[R] die Erhebung der Klage ankündigen; **i[u]dici ~** dem Richter die Rücknahme d[er] Klage anzeigen; **alicui testimonium** j-n zur Zeugenaussage auffordern
dēnūntiātiō ⟨ōnis⟩ F 1 förmliche A[n]kündigung, 2 Androhung; **~ be[lli]** Kriegsdrohung 3 JUR Aussage vor G[e]richt; Aufforderung zur Zeugenaussa[ge] 4 Voraussage, Prophezeiung
dē-nuō ADV von Neuem, wieder
de-onerāre ⟨ō, āvī, ātum 1.⟩ 1 entla[s]ten, entladen 2 *fig* wegnehmen
de-orsum *u.* **de-orsus** ADV 1 a[b]wärts; **sursum ~** auf und nieder 2 unt[en]
de-ōsculārī ⟨or, ātus sum 1.⟩ abkü[s]sen
dē-pacīscī ⟨pacīscor, pactus sum 3.⟩ A V/I einen Vertrag schließen B V/T au[s]bedingen
dē-parcus ⟨a, um⟩ ADJ knauserig
dē-pāscere ⟨pāscō, pāvī, pāstum 3.⟩ abweiden
dē-pāscī ⟨pāscor, pāstus sum 3.⟩ a[b]weiden, abgrasen
dē-pecīscī ⟨pecīscor, pectus sum 3.⟩ = **depacisci**
dē-pectere ⟨ō, -, - 3.⟩ 1 herabkä[m]men 2 *scherz* durchprügeln
dē-pectus ⟨a, um⟩ PPERF → **depecis[ci]**
dē-pecūlārī ⟨or, ātus sum 1.⟩ a[us]plündern, bestehlen
dēpecūlātor ⟨ōris⟩ M Plünderer
dēpecūlātus ⟨ūs⟩ M das Ausplünde[rn]
★**dē-pellere** ⟨pellō, pulī, pulsum 3.⟩ 1 hinabtreiben; herabwerfen 2 vert[rei]ben, verjagen 3 entwöhnen 4 abw[eh]ren 5 abbringen

ē-pendēre[1] ⟨eō, -, - 2.⟩ von *etw* ab-
hängen; von *etw* abstammen, *re*
ē-pendere[2] ⟨pendō, pendī, pēnsum
3.⟩ *Geld* abwiegen = bezahlen
ē-perdere ⟨perdō, perdidī, perdi-
tum 3.⟩ 1 zugrunde richten, verderben
2 verlieren, einbüßen
ē-perīre ⟨pereō, periī, peritūrus 0.⟩
zugrunde gehen, umkommen
ē-pilāre ⟨ō, āvī, ātum 1.⟩ enthaaren,
upfen
ē-pingere ⟨pingō, pīnxī, pictum 3.⟩
1 abmalen, abbilden 2 (*mit Worten*)
childern, beschreiben; **aliquid cogita-**
ione ~ sich in Gedanken vorstellen 3
emalen, besticken
ē-plangere ⟨plangō, plānxī, plānc-
um 3.⟩ beklagen, bejammern
ē-plexus ⟨a, um⟩ ADJ umklammernd
ēplōrābundus ⟨a, um⟩ ADJ jam-
nernd
ē-plōrāre ⟨ō, āvī, ātum 1.⟩ A VI laut
einen, jammern, klagen B VT bewei-
en, beklagen
ēplōrātiō ⟨ōnis⟩ F das Jammern, das
eklagen
ē-pōnere ⟨pōnō, posuī, positum 3.⟩
1 ab-, niederlegen, herabstellen 2 (*Ge-*
enstand) abnehmen 3 (ein)pflanzen 4
ebären 5 ablegen, beiseitelegen; **arma**
die Waffen strecken 6 aufgeben, ab-
hnen; verzichten, **aliquid** auf etw 7
in Amt) niederlegen, abdanken 8
Krieg) beenden 9 (*Geld*) in Verwahrung
eben
-populārī ⟨or, ātus sum 1.⟩ verwüs-
n, verheeren, ausplündern
populātiō ⟨ōnis⟩ F Verwüstung,
ünderung
-portāre ⟨ō, āvī, ātum 1.⟩ 1 hinab-
agen, -ringen, -schaffen 2 mit sich
hren 3 fortbringen, (mit)bringen 4
rbannen
-poscere ⟨poscō, poposcī, - 3.⟩ 1
ingend fordern, verlangen 2 die Aus-
ferung fordern 3 zum Kampf heraus-
rdern
positiō ⟨ōnis⟩ F das Niederlegen,
s Ablegen
positum ⟨ī⟩ N anvertrautes Gut
-positus ⟨a, um⟩ PPP → deponere
-posuī → deponere
-praedārī ⟨or, ātus sum 1.⟩ aus-
plündern

dēpraesentiārum ADV sofort, gleich

dē-prāvāre ⟨ō, āvī, ātum 1.⟩ 1 verdrehen, entstellen 2 *fig* verderben

dēprāvātiō ⟨ōnis⟩ F 1 Verdrehung 2 *fig* Verschlechterung; Verkehrtheit

dēprāvātus ⟨a, um, *adv* dēprāvātē⟩ ADJ verkehrt, verzerrt

dē-precārī ⟨or, ātus sum 1.⟩ 1 durch Bitten abzuwenden versuchen 2 um Verzeihung bitten; **aliquo deprecante** auf j-s Fürbitte hin 3 erbitten, erflehen; **misericordiam ~** um Mitleid bitten 4 als Entschuldigung anführen

dēprecātiō ⟨ōnis⟩ F 1 Abbitte 2 Bitte um Abwendung; **periculi** einer Gefahr 3 Anrufung, **deorum** der Götter 4 Fürsprache

dēprecātor ⟨ōris⟩ M Fürsprecher

★**dē-prehendere** ⟨prehendō, prehendī, prehēnsum 3.⟩ 1 ergreifen, aufgreifen 2 antreffen; überraschen 3 in die Enge treiben, **testes** Zeugen 4 erkennen, begreifen; *passiv* sich zeigen

dēprehēnsiō ⟨ōnis⟩ F das Auffinden, das Entdecken

dē-prehēnsus ⟨a, um⟩ PPP → deprehendere

de-prēndere ⟨prēndō, prēndī, prēnsum 3.⟩ = **deprehendere**

dē-pressī → deprimere

dē-pressus[1] ⟨a, um⟩ PPP → deprimere

dēpressus[2] ⟨a, um⟩ ADJ 1 niedrig, niedrig gelegen 2 (*Stimme*) gedämpft

dē-primere ⟨primō, pressī, pressum 3.⟩ 1 herab-, niederdrücken 2 versenken, **naves** Schiffe 3 tief graben 4 (*Stimme*) senken 5 (*Feind, Wahrheit*) unterdrücken, niederhalten

dē-proeliārī ⟨or, - 1.⟩ wütend kämpfen

dē-prōmere ⟨prōmō, prōmpsī, prōmptum 3.⟩ 1 hervorholen, -schaffen 2 *fig* entnehmen, entlehnen

dē-properāre ⟨ō, -, - 1.⟩ A VI sich beeilen B VT eilig anfertigen

dē-pūgis ⟨e⟩ ADJ ohne Hinterbacken

dē-pūgnāre ⟨ō, āvī, ātum 1.⟩ A VI bis zur Entscheidung kämpfen B VT auskämpfen

dē-pulī → depellere

dē-pulsāre ⟨ō, -, - 1.⟩ fortstoßen

D

D

dē-pulsiō ⟨ōnis⟩ F 1 das Zurückstoßen 2 *fig* Abwehr, Abweisung
dēpulsor ⟨ōris⟩ M Zerstörer
dē-pulsus ⟨a, um⟩ PPP → depellere
dē-pūrgāre ⟨ō, āvī, ātum 1.⟩ 1 reinigen 2 MED abführen
dē-putāre ⟨ō, āvī, ātum 1.⟩ 1 ab-, beschneiden 2 für *etw* halten
dē-pȳgis ⟨e⟩ ADJ → depugis
dēque ADV → sus[2]
dē-rādere ⟨rādō, rāsī, rāsum 3.⟩ abschaben, -kratzen; **dērāsus** ⟨a, um⟩ ADJ kahl
dērēctus ⟨a, um⟩ ADJ = **directus**
dērelictiō ⟨ōnis⟩ F Vernachlässigung
dē-relictus ⟨a, um⟩ PPP → derelinquere
dē-relinquere ⟨linquō, līquī, lictum 3.⟩ 1 verlassen, aufgeben 2 zurücklassen 3 *fig* vernachlässigen
dē-repente ADV urplötzlich
dē-rēpere ⟨rēpō, rēpsī, - 3.⟩ herabkriechen, -schleichen
dē-reptus ⟨a, um⟩ PPP → deripere
dē-rīdēre ⟨rīdeō, rīsī, rīsum 2.⟩ 1 auslachen, verspotten 2 *absolut* spotten
dērīdiculum ⟨ī⟩ N Gespött, Lächerlichkeit
dērīdiculus ⟨a, um⟩ ADJ lächerlich
dē-rigere ⟨rigō, rēxī, rēctum 3.⟩ = **dirigere**
dē-rigēscere ⟨rigēscō, riguī, - 3.⟩ völlig erstarren
dē-ripere ⟨ripō, ripuī, reptum 3.⟩ 1 (her)ab-, wegreißen 2 entreißen, 3 *fig* schmälern
dērīsor ⟨ōris⟩ M Spötter, Witzbold
dērīsus ⟨ūs⟩ M Spott, Gespött
★**dē-rīvāre** ⟨ō, āvī, ātum 1.⟩ 1 (*Wasser*) ab-, umleiten; hinleiten 2 GRAM ableiten 3 *fig* abwälzen
dērīvātiō ⟨ōnis⟩ F 1 Ableitung, Umleitung 2 GRAM Ableitung
dē-rogāre ⟨ō, āvī, ātum 1.⟩ 1 wegnehmen, entziehen 2 teilweise aufheben
dērogātiō ⟨ōnis⟩ F teilweise Aufhebung, Beschränkung
dē-rōsus ⟨a, um⟩ ADJ abgenagt
dē-runcināre ⟨ō, āvī, ātum 1.⟩ 1 abhobeln 2 *fig* übers Ohr hauen
dērupta ⟨ōrum⟩ NPL abschüssige Stellen

dē-ruptus ⟨a, um⟩ ADJ steil, abschüssig
des. ABK = **designatus** vorgesehen
dē-saevīre ⟨iō, iī, ītum 4.⟩ 1 toben 2 sich austoben
dē-saltāre ⟨ō, āvī, ātum 1.⟩ pantomi[misch] vortragen
★**dē-scendere** ⟨scendō, scendī, scēn[sum] 3.⟩ 1 hinabsteigen, -gehen 2 MI[L] hinabmarschieren 3 (*Berg*) sich senke[n] 4 (*Fluss*) herabfließen 5 (*Geschosse*) ein[dringen] 6 (*Verhältnisse*) erfassen, sic[h] auf *etw* legen; **cura descendit in anim[os]** Sorge überkommt die Menschen 7 (*To[n]*) sinken 8 sich auf *etw* einlassen, sich z[u] *etw* erniedrigen
dēscēnsiō ⟨ōnis⟩ F 1 das Hinabste[i]gen, Abstieg 2 in den Boden eingela[s]sene Badewanne
dē-scēnsum PPP → descendere
dēscēnsus ⟨ūs⟩ M 1 das Hinabste[i]gen, Abstieg 2 bergab führender We[g]
dē-scīscere ⟨scīscō, scīvī u. sciī, sc[ītum] 3.⟩ abfallen, abtrünnig werde[n], sich lossagen; **a vita** ~ sich töten
★**dē-scrībere** ⟨scrībere, scrīpsī, scrī[p]tum 3.⟩ 1 (*Verse*) aufschreiben, au[f]zeichnen, entwerfen; einritzen 2 a[b]schreiben, kopieren 3 (*Taten*) genau b[e]schreiben, schildern, darstellen 4 *fig* e[r]klären 5 (*Kriegsplan usw.*) bestimme[n], festsetzen, anordnen 6 (*Lieferung*) au[f]erlegen 7 zuteilen, verteilen 8 (*Bevöl[ke]rung, Jahr usw.*) einteilen, ordnen, gl[ie]dern
dēscrīptiō ⟨ōnis⟩ F 1 Zeichnung, E[nt]wurf; ~ **aedificandi** Bauplan 2 A[b]schrift, Kopie 3 *fig* Schilderung, Darst[el]lung 4 *fig* Begriffsbestimmung, Defini[ti]on 5 Einteilung, Gliederung
dē-scrīptus[1] ⟨a, um⟩ PPP → describ[e]re
dēscrīptus[2] ⟨a, um⟩ ADJ eingeteilt, [ge]ordnet, harmonisch
dē-secare ⟨secō, secuī, sectum 1.⟩ a[b]schneiden, abhauen
dē-sēdī → desidere[1] u. → desidere
★**dē-serere** ⟨serō, seruī, sertum 3.⟩ verlassen, im Stich lassen 2 MIL des[er]tieren 3 vernachlässigen; **res me de[se]rit** *fig* der Stoff geht mir aus
dēserta ⟨ōrum⟩ NPL Einöde, Wüste[n]
dēsertor ⟨ōris⟩ M 1 MIL Fahnenflüc[htiger]

ger, Deserteur, Flüchtling 2 *fig* der ver-
nachlässigt; ~ **amicorum** der die Freun-
de vernachlässigt
ē-sertus[1] ⟨a, um⟩ PPP → deserere
ēsertus[2] ⟨a, um⟩ ADJ 1 verlassen,
eer 2 öde, unbewohnt, einsam
ē-seruī → deserere
ē-servīre ⟨serviō, serviī, - 4.⟩ dienen,
ich ganz widmen
ēses ⟨idis⟩ ADJ untätig, träge
ē-sessum PPP → desidere
ē-siccāre ⟨ō, āvī, ātum 1.⟩ aus-, ab-
rocknen
ēsīderābilis ⟨e, *adv* dēsīderābiliter⟩
DJ 1 wünschenswert 2 unvergesslich
ē-sīderāre ⟨ō, āvī, ātum 1.⟩ 1 sich
ach *j-m* sehnen, *etw* ersehnen, verlan-
en, begehren, *aliquem/aliquid* 2 ver-
nissen; *passiv* fehlen 3 MIL verlieren
ēsīderātiō ⟨ōnis⟩ F = **desiderium**
ē-sidēre[1] ⟨sideō, sēdī, sessum 2.⟩
asitzen
ē-sīdere[2] ⟨sīdō, sēdī *u.* sīdī, - 3.⟩ 1
insinken, sich senken 2 *fig* verfallen
ēsīderium ⟨ī⟩ N 1 Sehnsucht, Ver-
ngen, **amici** des Freundes *od.* nach
em Freund 2 Geliebter, Geliebte 3
g Wunsch, Bittgesuch
ēsidia ⟨ae⟩ F 1 langes Herumsitzen
Untätigkeit, das Faulenzen, Trägheit
ēsidiābulum ⟨ī⟩ N Faulenzerort, -le-
en
sidiōsus ⟨a, um⟩ ADJ träge, faul; er-
hlaffend
-sīgnāre ⟨ō, āvī, ātum 1.⟩ 1 be-
ichnen, angeben, bestimmen 2 POL
r ein Amt bestimmen; **consul designa-
s** designierter/künftiger Konsul 3
chbilden, darstellen 4 *fig* andeuten
bewirken; anrichten 6 anordnen, ein-
chten, entwerfen
sīgnātiō ⟨ōnis⟩ F 1 Bezeichnung,
gabe 2 Anordnung; Plan 3 Ernen-
ng, **consulatūs** zum Konsul
sīgnātor ⟨ōris⟩ M = **dissignator**
-siī → desinere
-silīre ⟨siliō, siluī *u.* suluī *u.* silīvī *u.*
ī, sultum 4.⟩ herabspringen, -stürzen
-sinere ⟨sinō, siī, situm 3.⟩ A V/I 1
hören, aufhören zu reden 2 enden,
ließen, auslauten B V/T aufgeben,
hören; ~ **aliquem** j-n zurücklassen
sipere ⟨sipiō, sipuī, - 3.⟩ unsinnig
sein, töricht handeln; schwärmen
dēsipientia ⟨ae⟩ F Wahnsinn
★**dē-sistere** ⟨sistō, stitī, stitum 3.⟩ auf-
hören, (a) **re** mit etw
dē-situs ⟨a, um⟩ PPP → desinere
dē-sōlāre ⟨ō, āvī, ātum 1.⟩ einsam ma-
chen, verlassen
dēsōlātus ⟨a, um⟩ ADJ verlassen
dē-spectāre ⟨ō, āvī, ātum 1.⟩ 1 = **de-
spicere** 2 *fig* überragen
dēspectus[1] ⟨a, um⟩ ADJ verachtet; ver-
ächtlich
dēspectus[2] ⟨ūs⟩ M 1 Aussicht 2 Ver-
achtung; **alicui despectui esse** von j-m
verachtet werden
dē-spectus[3] ⟨a, um⟩ PPP → despicere
★**dē-spērāre** ⟨ō, āvī, ātum 1.⟩ keine
Hoffnung mehr haben, verzweifeln, auf-
geben; ~ **de exercitu** am Heer verzwei-
feln; ~ **saluti suae** an seiner Rettung
verzweifeln
dēspērātiō ⟨ōnis⟩ F Verzweiflung,
Hoffnungslosigkeit
dēspērātus ⟨a, um⟩ ADJ verzweifelt,
hoffnungslos
dē-spexī → despicere
dē-spicārī ⟨or, ātus sum 1.⟩ verach-
ten, verschmähen
dēspicātiō ⟨ōnis⟩ F Verachtung
dēspicātus[1] ⟨ūs⟩ M = **despicatio**
dēspicātus[2] ⟨a, um⟩ ADJ verachtet;
verächtlich
★**dē-spicere** ⟨spiciō, spexī, spectum
3.⟩ A V/T 1 von oben herab sehen; he-
rabsehen, **aliquem/aliquid** auf j-n/etw
2 *fig* verachten, verschmähen B V/I 1
herabsehen 2 wegsehen
dēspicientia ⟨ae⟩ F Verachtung, Ge-
ringschätzung
dē-spoliāre ⟨ō, āvī, ātum 1.⟩ ausplün-
dern; berauben; **triumpho despoliari** *fig*
des Triumphes beraubt werden
dēspoliātor ⟨ōris⟩ M Plünderer, Räu-
ber
dē-spondēre ⟨spondeō, spondī,
spōnsum 2.⟩ 1 versprechen, zusagen,
verbürgen; **alicuius spem alicui rei** ~
j-n auf etw vertrösten 2 (*Mädchen*) ver-
loben; **filiam** ~ **alicui** die Tochter mit
j-m verloben 3 *fig* aufgeben; ~ **animum**
mutlos werden
dēspōnsāre ⟨ō, āvī, ātum 1.⟩ verlo-
ben; (*mlat.*) verheiraten

D

dē-spōnsus ⟨a, um⟩ PPP → despondere

dē-spuere ⟨spuō, spuī, spūtum 3.⟩ **A** V/I ausspucken **B** V/T verschmähen

dē-spūmāre ⟨ō, āvī, ātum 1.⟩ **A** V/T abschäumen **B** V/I aufhören zu schäumen

dē-squāmāre ⟨ō, āvī, ātum 1.⟩ abschuppen, abreiben

dē-stīllāre ⟨ō, āvī, ātum 1.⟩ **1** herabtropfen **2** *fig* triefen, **re** von etw

dēstīllātiō ⟨ōnis⟩ F Katarrh

dē-stimulāre ⟨ō, -, - 1.⟩ heftig anspornen

dēstināre ⟨ō, āvī, ātum 1.⟩ **1** befestigen, festbinden **2** *fig* festsetzen, bestimmen; **alicui filiam ~** j-m die Tochter zur Frau bestimmen; **aliquem ~ consulem** j-n zum Konsul bestimmen **3** *fig* fest beschließen

dēstinātiō ⟨ōnis⟩ F Bestimmung, Festsetzung; fester Entschluss

dēstinātum ⟨ī⟩ N **1** Ziel **2** Plan, Vorsatz; **(ex) destinato** vorsätzlich

dēstinātus ⟨a, um⟩ ADJ **1** bestimmt, fest **2** entschlossen, gefasst

dē-stitī → desistere

★**dē-stituere** ⟨stituō, stituī, stitūtum 3.⟩ **1** hin-, aufstellen; *in eine Lage* versetzen **2** zurück-, verlassen; im Stich lassen **3** hintergehen, täuschen; **mercede ~** um den Lohn betrügen; **(a) spe destitui** in seiner Hoffnung getäuscht werden

dēstitūtiō ⟨ōnis⟩ F **1** das Verlassen **2** Täuschung, Vereitelung einer Hoffnung

dē-stitūtus[1] ⟨a, um⟩ PPP → destituere

dēstitūtus[2] ⟨a, um⟩ ADJ **1** getäuscht **2** beraubt, ohne; **~ amicis** ohne Freunde; **~ parentum** verwaist

dēstrictus[1] ⟨a, um, *adv* dēstrictē⟩ ADJ entschieden, scharf, streng

dē-strictus[2] ⟨a, um⟩ PPP → destringere

dē-stringere ⟨stringō, strīnxī, strictum 3.⟩ **1** abstreifen **2** zücken, **gladium** das Schwert **3** streifen, ritzen **4** abreiben **5** *fig* durchhecheln

dēstrūctiō ⟨ōnis⟩ F **1** das Niederreißen **2** *fig* Widerlegung

dē-struere ⟨struō, strūxī, strūctum 3.⟩ **1** abreißen, niederreißen **2** *fig* zugrunde richten, vernichten

dē-sūdāre ⟨ō, āvī, ātum 1.⟩ **1** stark schwitzen **2** *fig* sich abmühen, *in re* i… etw

dē-suē-fierī ⟨fīō, factus sum 0.⟩ ent… wöhnt werden, *a re* von etw

dēsuētūdō ⟨inis⟩ F Entwöhnung

dēsuētus ⟨a, um⟩ ADJ **1** ungewohnt … entwöhnt

dēsultor ⟨ōris⟩ M **1** Kunstreiter **2** … **amoris** *fig* Frauenheld, Schürzenjäger

dēsultōrius ⟨a, um⟩ ADJ des Kunstre… ters

dēsultūra ⟨ae⟩ F das Abspringen vo… Pferd

dē-sum → deesse

dē-sūmere ⟨sūmō, sūmpsī, sūmptu… 3.⟩ auf sich nehmen

dē-super ADV von oben, oberhalb

dē-surgere ⟨surgō, surrēxī, surrē… tum 3.⟩ aufstehen, sich erheben, **cer…** vom Abendessen

★**dē-tegere** ⟨tegō, tēxī, tēctum 3.⟩ … abdecken **2** aufdecken, enthüllen … *fig* offenbaren, verraten

dē-tendere ⟨tendō, tendī, tēnsu… 3.⟩ abspannen; abbrechen

dē-tentus ⟨a, um⟩ PPP → detinere

dē-terere ⟨terō, trīvī, trītum 3.⟩ **1** a… reiben, abnutzen **2** *fig* verminder… schmälern; *passiv* schwinden, vergehe…

dē-tergēre ⟨tergeō, tersī, tersum 2… *u.* **dē-tergere** ⟨tergō, tersī, tersu… 3.⟩ **1** abwischen **2** *fig* vertreiben **3** … abbrechen **4** *(Geld)* herauspressen

dēterior ⟨ius, *adv* dēterius⟩ ADJ ger… ger, weniger gut, schlechter, schwäch… **deterrimus** *sup* der schlechteste, … unterste, der tiefste

dē-termināre ⟨ō, āvī, ātum 1.⟩ … grenzen, abgrenzen

dēterminātiō ⟨ōnis⟩ F **1** Abgre… zung, Grenze **2** *fig* Ende

dē-terrēre ⟨eō, uī, itum 2.⟩ **1** … schrecken, abhalten **2** abwehren, fe… halten

dēterrimus ⟨a, um⟩ ADJ *sup* → de… rior

dētestābilis ⟨e⟩ ADJ abscheulich

dē-testārī ⟨or, ātus sum 1.⟩ **1** her… wünschen **2** verwünschen, verfluch… **3** *fig etw* feierlich ablehnen, feierl… gegen *etw* protestieren, *aliquid*

dētestātiō ⟨ōnis⟩ F **1** Verwünschu… Fluch **2** Sühne, **scelerum** für die Verb…

chen
ē-texere ⟨texō, texuī, textum 3.⟩ 1 zu Ende weben, spinnen 2 *fig* vollenden
ē-tēxī → detegere
ē-tinēre ⟨tineō, tinuī, tentum 2.⟩ 1 abhalten, hindern 2 auf-, zurück-, festhalten; **victoriam** ~ den Sieg verzögern; **diem sermone** ~ den Tag mit Gesprächen ausfüllen 3 **se** ~ sich erhalten = sein Leben fristen 4 (*Reich, Geld*) vorenthalten 5 (*Truppen*) beibehalten
ē-tonāre ⟨ō, uī, - 1.⟩ 1 herab-, losdonnern 2 zu donnern aufhören 3 *fig* sich austoben
ē-tondēre ⟨tondeō, tondī, tōnsum .⟩ (ab)scheren, abschneiden; **frondes detonsae** entlaubte Bäume
ē-tōnsus ⟨a, um⟩ PPP → detondere
ē-torquēre ⟨torqueō, torsī, tortum .⟩ 1 wegdrehen, abwenden, ablenken 2 verrenken, verkrüppeln
ētractāre ⟨ō, āvī, ātum 1.⟩ = **detrectare**
ētractātiō ⟨ōnis⟩ F = **detrectatio**
ētractiō ⟨ōnis⟩ F 1 das Wegnehmen 2 MED ~ **sanguinis** Aderlass 3 *fig* Befreiung 4 GRAM das Weglassen eines Buchstabens/Wortes 5 Entziehung, **alieni** fremden Eigentums
ētractor ⟨ōris⟩ M Verkleinerer
ē-trahere ⟨trahō, trāxī, tractum 3.⟩ 1 herabziehen, niederreißen 2 *fig* erniedrigen 3 wegziehen, abnehmen 4 (*child, Pferd usw.*) entziehen, entreißen, wegnehmen 5 MIL abziehen; **duas cohortes** ~ zwei Kohorten abziehen 6 verhindern, schädigen, **de gloria** den Ruhm 7 wegschleppen 8 hinschleppen, **in iudicium** vor Gericht 9 *fig* zwingen, **ad accusationem** ~ zur Anklage
-trectāre ⟨ō, āvī, ātum 1.⟩ 1 verweigern, ablehnen; **alicuius iussa** ~ den Gehorsam verweigern 2 verkleinern, schmälern
trectātiō ⟨ōnis⟩ F Verweigerung, Ablehnung, **militiae** des Kriegsdienstes
trectātor ⟨ōris⟩ M Verweigerer, Verkleinerer, Kritiker
trīmentōsus ⟨a, um⟩ ADJ sehr nachteilig
trīmentum ⟨ī⟩ N 1 das Abreiben, *fig* Schaden, Nachteil, Verlust; ~ **accipere/capere/facere** Schaden erleiden; **alicui detrimento esse** j-m Schaden zufügen 2 MIL Niederlage 3 Krüppel
dē-trūdere ⟨trūdō, trūsī, trūsum 3.⟩ 1 herabstoßen, -drängen, -treiben 2 vertreiben, in die Flucht schlagen 3 *fig* abbringen, **de sententia** von seiner Meinung 4 drängen, nötigen 5 verschieben, **in mensem Martium** auf den Monat März
dē-truncāre ⟨ō, āvī, ātum 1.⟩ 1 vom Rumpf trennen, abhauen, **caput** den Kopf 2 stutzen, verstümmeln; **arborem** ~ einen Baum zuschneiden; **corpora** ~ Körper verstümmeln
dē-tulī → deferre
dē-turbāre ⟨ō, āvī, ātum 1.⟩ 1 herabwerfen; niederreißen 2 verjagen, vertreiben, **possessione** ~ aus dem Besitz 3 *fig* berauben, **(ex) spe** der Hoffnung
dē-turpāre ⟨ō, -, - 1.⟩ verunstalten
Deucaliōn ⟨ōnis⟩ M *Sohn des Prometheus, schuf mit seiner Frau Pyrrha ein neues Menschengeschlecht*; **Deucaliōnēus** ⟨a, um⟩ ADJ des Deucalion
de-ungere ⟨ungō, -, - 3.⟩ einölen
de-ūnx ⟨ūncis⟩ M elf Zwölftel
de-ūrere ⟨ūrō, ussī, ustum 3.⟩ 1 niederbrennen 2 *fig* erstarren lassen
★**deus** ⟨ī⟩ M 1 Gott, Gottheit 2 Schutzgott; **di bene vertant!** die Götter mögen es zum Guten wenden!; **ita me di ament!** so wahr mir die Götter helfen
de-ūtī ⟨ūtor, ūsus sum 3.⟩ misshandeln, **aliquo** j-n
dē-vāstāre ⟨ō, -, ātum 1.⟩ verwüsten, ausplündern
dē-vehere ⟨vehō, vēxī, vectum 3.⟩ hinabführen, -fahren, -bringen; *passiv* fahren
dē-vēlāre ⟨ō, -, - 1.⟩ enthüllen
dē-vellere ⟨vellō, vellī *u.* vulsī (volsī), vulsum (volsum) 3.⟩ 1 ab-, ausrupfen 2 enthaaren
dē-venerārī ⟨or, ātus sum 1.⟩ 1 tief verehren 2 durch Gebet abwenden
dē-venīre ⟨veniō, vēnī, ventum 4.⟩ 1 (herunter)kommen 2 geraten, sich wenden
dē-verberāre ⟨ō, āvī, ātum 1.⟩ durchprügeln
dēverbium ⟨ī⟩ N = **diverbium**
dēversārī ⟨or, ātus sum 1.⟩ (*als Gast*) eingekehrt sein, sich aufhalten

D

dēversor ⟨ōris⟩ M Gast im Gasthaus
dēversōrium ⟨ī⟩ N **1** Herberge **2** *fig* Schlupfwinkel
dēversōrius ⟨a, um⟩ ADJ zum Einkehren/für Gäste geeignet
dē-vertere ⟨vertor, vertī, versum 3.⟩ **A** V/T abwenden **B** V/I *u.* **dē-vertī** ⟨vertor, versus sum 3.⟩ **1** sich abwenden, vom Weg abbiegen, einen Abstecher machen **2** einkehren **3** RHET abschweifen **4** *fig* Zuflucht nehmen
dēverticulum ⟨ī⟩ N **1** Abweg, Seitenweg **2** Abweichung **3** = **deversorium**
dēvexitās ⟨ātis⟩ F abschüssiges Gelände
dēvexum ⟨ī⟩ N Abhang
dēvexus ⟨a, um⟩ ADJ abwärts sich neigend, abschüssig, schräg
dē-vincere ⟨vincō, vīcī, victum 3.⟩ **1** völlig besiegen; *passiv* unterliegen **2** beenden **3** sich durchsetzen
dē-vincīre ⟨vinciō, vinxī, vinctum 4.⟩ **1** umwinden, festbinden, fesseln **2** *fig* verbinden, verknüpfen **3** RHET kurz zusammenfassen **4** *fig* verpflichten, **iure iurando** durch Eid **5** **se** ~ *fig* sich verstricken, **scelere** in ein Verbrechen **6** für sich gewinnen
dē-vinctus[1] ⟨a, um⟩ PPP → devincere
dēvinctus[2] ⟨a, um⟩ ADJ ganz ergeben, **studiis** seinen Studien
dēvirginātiō ⟨ōnis⟩ F Entjungferung
dē-vītāre ⟨ō, āvī, ātum 1.⟩ vermeiden; aus dem Weg gehen, **procellam** dem Aufruhr
dēvītātiō ⟨ōnis⟩ F Vermeidung, das Ausweichen
dē-vius ⟨a, um⟩ ADJ **1** abseits, entlegen **2** einsam, unzugänglich **3** vom (rechten) Weg abirrend **4** RHET vom Thema abschweifend **5** *fig* unstet, schwankend; **vita devia** ausschweifendes Leben
dē-vocāre ⟨ō, āvī, ātum 1.⟩ **1** herabrufen, kommen lassen **2** wegrufen, abberufen **3** zu Tisch laden **4** *fig* weglocken; verleiten
dē-volāre ⟨ō, āvī, ātum 1.⟩ **1** herabfliegen **2** davonfliegen; wegeilen
dē-volvere ⟨volvō, volvī, volūtum 3.⟩ **1** herabwälzen, -rollen **2** *passiv* herabrollen, -stürzen, -sinken
dē-vorāre ⟨ō, āvī, ātum 1.⟩ **1** verschlingen **2** (*Vermögen*) verprassen, vergeuden **3** (*Tränen*) unterdrücken **4** *fi*[...] hinnehmen **5** *fig* unverstanden hinnehmen
dēvortium ⟨ī⟩ N das Abweichen
dē-vōtāre ⟨ō, āvī, ātum 1.⟩ **1** *eine Gottheit als Opfer* geloben **2** als Sühneopfer darbringen **3** verfluchen, verwünschen **4** verzaubern, verhexen
dēvōtiō ⟨ōnis⟩ F **1** Weihe, Aufopferung **2** Gelübde **3** Verwünschung, Fluch **4** Zauberformel **5** (*eccl.*) Frömmigkeit, Andacht
dē-vōtus[1] ⟨a, um⟩ PPP → devovere
dēvōtus[2] ⟨a, um⟩ ADJ **1** verflucht [...] treu ergeben, anhänglich
dē-vovēre ⟨voveo, vōvi, vōtum 2.⟩ [...] *als Opfer* geloben **2** verfluchen **3** prei[s]geben, aufopfern, **se Caesari** sich f[ür] Caesar
★**dexter** ⟨dext(e)ra, dext(e)rum, *ad*[...] dext(e)rē⟩ ADJ, *komp* ⟨dexterior, ius⟩ *sup* ⟨dextimus *u.* dextumus⟩ **1** rech[ts] (gelegen), rechts befindlich **2** Glück ve[r]heißend **3** günstig, passend **4** g[e]schickt, gewandt
dextera ⟨ae⟩ F (*erg.* **manus**) **1** d[ie] Rechte, rechte Hand; **dextram porrig[e]re** die Rechte reichen **2** *fig* Handschla[g], feierliche Versicherung **3** *fig* Ehrenwo[rt], Treue **4** *fig* Stärke, Mut
dexteritās ⟨ātis⟩ F Gewandtheit
dextra ⟨ae⟩ F = **dextera**
dextrōrsum *u.* **dextrōrsus** A[DV] nach rechts
dextumus ⟨a, um⟩ ADJ *sup* → dexte[r]
dī- *u.* **di-** → dis-[1]
diabathrārius ⟨ī⟩ M Hersteller v[on] leichten Frauenschuhen
diabolicus ⟨a, um⟩ ADJ (*eccl.*) teuflis[ch]
diabolus ⟨ī⟩ M Teufel
diadēma ⟨atis⟩ N Stirnbinde *orient.* [...] *nige*, Diadem, Königskrone
diadēmātus ⟨a, um⟩ ADJ mit ein[er] Kopfbinde geschmückt
diaeta ⟨ae⟩ F **1** geregelte Lebenswe[ise] **2** Zimmer **3** Salon
diagōnālis ⟨e⟩ ADJ *u.* **diagōni**[...] ⟨on⟩ ADJ diagonal
dialectica[1] ⟨ae⟩ F Dialektik
dialectica[2] ⟨ōrum⟩ NPL dialektis[che] Lehrsätze
dialecticē ⟨ēs⟩ F = **dialectica**[1]

ialecticus A ⟨a, um, *adv* dialecticē⟩ ADJ dialektisch B ⟨ī⟩ M Dialektiker
ialectos ⟨ī⟩ F Mundart, Dialekt
iālis ⟨e⟩ ADJ des Jupiter; **flamen ~** Ju-iterpriester
ialogus ⟨ī⟩ M Gespräch, Dialog
iāna ⟨ae⟩ F *urspr. Mond- u. Jagdgöttin, ntsprechend der griech. Artemis, Tochter upiters u. der Latona;* Mond; Jagd; **Diā-ium** ⟨ī⟩ N Tempel der Diana; **Diā-ius** ⟨a, um⟩ ADJ der Diana
anomē ⟨ēs⟩ F Verteilung, Spende
apasma ⟨atis⟩ N duftendes Streupul-er
ārium ⟨ī⟩ N 1 Tagesration 2 Tage-uch
atrēta ⟨ōrum⟩ NPL Prunkgläser
iatriba ⟨ae⟩ F gelehrte philosophi-che Untersuchung
baphus, ⟨ī⟩ F 1 purpurverbrämtes aatskleid *höherer Beamter* 2 höheres aatsamt
ca ⟨ae⟩ F 1 Prozess, Klage; **dicam ribere alicui** j-n förmlich verklagen Richter im Privatprozess
cācitās ⟨ātis⟩ F beißender Witz, Sti-elei
cāculus ⟨a, um, *adv* dicācūlē⟩ ADJ hnippisch
cāre ⟨ō, āvī, ātum 1.⟩ 1 (*einer Gott-it*) weihen, widmen 2 feierlich zur ottheit erheben 3 ganz hingeben, wei-n, widmen 4 **se ~** sich hingeben; **se civitatem ~** sich einbürgern lassen einweihen
cātiō ⟨ōnis⟩ F Einbürgerung
āx ⟨ācis⟩ ADJ beißend, witzig
cere ⟨dīcō, dīxī, dictum 3.⟩ 1 sagen, rechen, reden, vortragen, erklären; **cor** man sagt, dass ich; **dicitur** man gt, dass 2 zeigen, weisen; **ius ~** JUR cht sprechen 3 (*Termin, Strafe*) fest-zen, bestimmen 4 ernennen, **dicta-rem** zum Diktator 5 behaupten, beja-n aussprechen 6 reden, eine Rede 'ten; **ars dicendi** Redekunst 7 nen-n; *passiv* heißen 8 singen, dichten; singen, preisen 9 vorhersagen 10 hriftl). darstellen, schildern, erzählen
iō ⟨ōnis⟩ F Weisungsrecht, Macht, walt; **sub dicione alicuius** j-m unter-; **aliquem dicionis suae/sub dicio-m suam redigere** j-n unterwerfen, j-n in seine Gewalt bringen
dicis causā *u.* **dicis gratiā** zum Schein, der Form halber, sozusagen
Dicta ⟨ae⟩ F Dikte-Gebirge, *griech. Gebirge im Osten Kretas, Geburtsort des Zeus;* **Dictaeus** ⟨ae⟩ F zum Dikte-Gebirge gehörig, *auch* kretisch
dictāre ⟨ō, āvī, ātum 1.⟩ 1 oft sagen 2 vorsagen, diktieren 3 (diktierend) anfertigen, verfassen
dictāta ⟨ōrum⟩ NPL Lehrsätze, Regeln, Vorschriften, Lektionen; **~ reddere** Lektionen hersagen
★**dictātor** ⟨ōris⟩ M Diktator; → dictatura

Landeskunde

▶ dictator – höchster Beamter in Notzeiten

In Zeiten großer Gefahr für den Staat ernannte einer der Konsuln nach Absprache mit dem Senat einen **dictator**. Dieser hatte bis zum Ende der Gefahr, höchstens jedoch für ein halbes Jahr, absolute Befehlsgewalt. Sulla und kurz darauf Caesar wandelten die **dictatura** zusehends um in eine an Monarchie erinnernde Alleinherrschaft und ebneten somit den Weg zum Kaisertum. Unser Begriff „Diktatur" leitet sich von dieser veränderten Form der **dictatura** ab und bezeichnet eine auf Gewalt und Repression sich gründende Alleinherrschaft.

dictātōrius ⟨ī⟩ M diktatorisch, des Diktators
dictātūra ⟨ae⟩ F Diktatur
Dictē ⟨ēs⟩ F = **Dicta**
dictērium ⟨ī⟩ N beißender Ausspruch
dictiō ⟨ōnis⟩ F 1 das Sagen, das Aussprechen, das Vortragen 2 Festsetzung 3 Orakelspruch 4 Gespräch, Unterhaltung 5 RHET rhetorischer Vortrag 6 Redeweise, Diktion 7 Redewendung, Ausdruck
dictitāre ⟨ō, āvī, ātum 1.⟩ oft sagen, zu

sagen pflegen, nachdrücklich erklären; **causas ~** Prozesse führen

★**dictum** ⟨ī⟩ N 1 Aussage, Äußerung, Wort; **dicto citius** im Nu 2 Spruch, (witziger) Ausspruch, Sentenz 3 Orakelspruch, Weissagung 4 Befehl, Vorschrift; **dicto audiens alicui** j-m aufs Wort gehorchend 5 Versprechen, Zusage

dictus ⟨a, um⟩ PPP → dicere

dī-dere ⟨dīdō, dīdidī, dīditum 3.⟩ 1 verteilen 2 *fig* verbreiten; *passiv* sich verbreiten

didicī → discere

dī-didī → didere

dī-ditus ⟨a, um⟩ PPP → didere

Dīdō ⟨ūs *u.* ōnis⟩ F *Gründerin u. Königin von Karthago*

dī-dūcere ⟨dūcō, dūxī, ductum 3.⟩ 1 auseinanderziehen, dehnen; weit aufsperren 2 auseinanderreißen; **hostem ~** den Feind zerstreuen; **copias ~** die Truppen auseinanderziehen 3 *fig* in Parteien spalten

dīductiō ⟨ōnis⟩ F 1 Ausdehnung 2 *fig* Weiterführung *einer Folgerung* 3 Zerlegung, Trennung

diēcula ⟨ae⟩ F kurze Frist, Zahlungsfrist

dī-ērēctus ⟨a, um, *adv* diērēctē⟩ ADJ in die Höhe gerichtet; gekreuzigt; **abi ~!** geh zum Henker!

★**diēs** ⟨diēī⟩ A M 1 Tag; **multo (in) die** spät am Tag; **de die** am hellen Tag; **diem de/ex die** von einem Tag zum anderen; **in dies** von Tag zu Tag, täglich 2 Tageslicht 3 Tagesereignisse, Tagesgeschäft; Tagwerk 4 Schicksalstag, Todestag; **diem obire** sterben 5 Geburtstag B F 1 Termin; **diem dare/statuere** einen Termin festsetzen; **diem obire** einen Termin einhalten 2 Datum 3 Frist, Aufschub 4 Zeit, Zeitdauer

dieta ⟨ae⟩ F (*mlat.*) 1 = **diaeta** 2 Tagung, Tagesreise

dif-fāmāre ⟨ō, āvī, ātum 1.⟩ ins Gerede bringen; verunglimpfen

differēns A ⟨entis⟩ ADJ verschieden, unähnlich B ⟨entis⟩ N Verschiedenheit, Abweichung

differentia ⟨ae⟩ F Verschiedenheit, Unterschied

differitās ⟨ātis⟩ F = **differentia**

★**dif-ferre** ⟨differō, distulī, dīlātum 0.⟩ A V/T 1 auseinandertragen, verbreite[n] 2 *fig* überall bekannt machen 3 zer[-] streuen, zerreißen; *fig* verblüffen 4 au[f-] schieben, verschieben 5 hinhalten, ve[r-] trösten B V/I *nur im Präs.-Stamm* ve[r-] schieden sein, sich unterscheiden; **di[f-] fert** es ist ein Unterschied

dif-fertus ⟨a, um⟩ ADJ vollgestopf[t,] wimmelnd, voll, **re** von etw

★**dif-ficilis** ⟨e, *adv* difficulter⟩ ADJ, *selte[n]* ⟨difficiliter, difficilē⟩ 1 schwierig (z[u] tun), schwer, **alicui** für j-n; **difficile di[c-] tu** schwer zu sagen 2 (*Ort*) unzugän[g-] lich, gefährlich 3 (*Charakter, Perso[n]*) mürrisch, eigensinnig, spröde, empfin[d-] lich, launisch; **homo ~** schwierige[r] Mensch

★**difficultās** ⟨ātis⟩ F 1 Schwierigke[it,] Beschwerlichkeit, Hindernis 2 Mang[el,] Not, Verlegenheit 3 Eigensinn, mür[ri-] sches Wesen, Launenhaftigkeit

diffīdēns ⟨entis, *adv* diffīdenter⟩ A[DJ] misstrauisch, ängstlich

diffīdentia ⟨ae⟩ F Misstrauen

dif-fīdere ⟨fīdō, fīsus sum 3.⟩ mis[s-] trauen

dif-findere ⟨findō, fidī, fissum 3.⟩ ze[r-] spalten, zerschlagen; **diem ~** eine G[e-] richtsverhandlung verschieben; **ni[l] hinc ~ possum** ich muss deiner M[ei-] nung zustimmen

dif-fingere ⟨fingō, fīnxī, fictum 3.⟩ umbilden 2 *fig* umgestalten, abände[rn]

dif-fīsus ⟨a, um⟩ PPERF → diffidere

dif-fitērī ⟨eor, -, - 2.⟩ leugnen

dif-flāgitāre ⟨ō, -, - 1.⟩ heftig verla[n-] gen

dif-flāre ⟨ō, āvī, ātum 1.⟩ auseinand[er-] blasen

dif-fluere ⟨fluō, flūxī, flūxum 3.⟩ auseinanderfließen, *auch* überström[en] 2 *fig* sich auflösen, verschwinden

dif-fringere ⟨fringō, frēgī, fráct[um] 3.⟩ zerbrechen, zerschmettern

dif-fūdī → diffundere

dif-fugere ⟨fugiō, fūgī, fugitūrus⟩ sich zerstreuen, sich flüchten

diffugium ⟨ī⟩ N das Auseinanders[trei-] ben, das Entfliehen

dif-fundere ⟨fundō, fūdī, fūsum⟩ 1 ausgießen; *passiv u.* **se ~** sich er[gie-] ßen 2 *fig* aus-, verbreiten, zerstreu[en]

ıassiv sich ausbreiten 3 *fig* erheitern, ꞌerstreuen; erleichtern; *passiv* sich erꞌeichtert fühlen
if-funditāre ⟨ō, -, - 1.⟩ 1 überallhin ıusgießen 2 *fig* verschleudern
iffūsilis ⟨e⟩ ADJ sich leicht verbreiꞌend
iffūsiō ⟨ōnis⟩ F Heiterkeit
if-fūsus[1] ⟨a, um⟩ PPP → diffundere
iffūsus[2] ⟨a, um, *adv* diffusē⟩ ADJ 1 ıusgedehnt 2 *fig* weitschweifig, ausꞌührlich 3 *fig* zerstreut
if-futūtus ⟨a, um⟩ ADJ durch häufiꞌen Geschlechtsverkehr geschwächt
gamma *indekl* N *u.* ⟨ae⟩ F Digamma, *ꞌtgriech., früh verschwundener Buchstabe, ꞌr Form des F ähnlich; daher* Zinsbuch, *ꞌeil dieses mit F (= fenus) gekennzeichnet ꞌar*
gentia ⟨ae⟩ F *Bach beim Sabinergut ꞌs Horaz, heute Licenza*
-gerere ⟨gerō, gessī, gestum 3.⟩ 1 ꞌennen, teilen, (ab)teilen 2 verdauen ꞌ ein-, verteilen 4 *(Namen)* ordnungsꞌemäß eintragen, buchen 5 nach der ꞌitfolge erzählen
gestiō ⟨ōnis⟩ F 1 Einteilung, Aufzähꞌng 2 Verdauung
gitulus ⟨ī⟩ M kleiner Finger
gitus ⟨ī⟩ M 1 Finger; **~ pollex** Dauꞌen; **~ index** Zeigefinger; **~ medius** ꞌttelfinger; **~ anuli** Ringfinger; **~ miniꞌus** kleiner Finger; **~ extremus** Fingerꞌitze 2 Fingerbreite, Zoll = *1/10 pes*, *ꞌ 19 mm* 3 Zehe 4 **Digiti Idaei** die ꞌester der Kybele
gladiārī ⟨or, ātus sum 1.⟩ erbittert ꞌmpfen, sich herumschlagen
ꞌnāre ⟨ō, āvī, ātum 1.⟩ würdigen, ꞌıde des Lobes
ꞌnārī ⟨or, ātus sum 1.⟩ 1 würdigen, ꞌ**nore** der Ehre 2 sich entschließen, ꞌruhen, Lust haben
ꞌnātiō ⟨ōnis⟩ F 1 Würdigung 2 Anꞌennung, Ehre, Rang, Stellung
ꞌnitās ⟨ātis⟩ F 1 Würdigkeit; Tüchꞌkeit, Verdienst 2 Würde 3 Pracht, ꞌnz 4 Ehre, Ehrgefühl 5 Ehre, Anseꞌı, Autorität; **non est meae dignitatis** ꞌist unter meiner Würde, *+inf* 6 Stelꞌg, Rang, Amt; **cum dignitate esse** ꞌhohes Amt bekleiden 7 Würdenträ-

dī-gnōscere ⟨gnōscō, gnōvī, - 3.⟩ unterscheiden; erkennen, **re/per aliquid** an etw
★**dīgnus** ⟨a, um, *adv* dīgnē⟩ ADJ 1 würdig, wert, verdienend; **memoriā/memoriae/memoratu ~** erinnerungswürdig; **dignus, qui/ut laudetur** würdig gelobt zu werden 2 angemessen; **dignum est** es ziemt sich
★**dī-gredī** ⟨gredior, gressus sum 3.⟩ 1 auseinandergehen, sich trennen, weggehen 2 RHET abschweifen
dīgressiō ⟨ōnis⟩ F *u.* **dīgressus**[1] ⟨ūs⟩ M 1 das Weggehen, Trennung, Abschied 2 RHET Abschweifung
dī-gressus[2] ⟨a, um⟩ PPERF → digredi
dī-iūdicāre ⟨ō, āvī, ātum 1.⟩ A V/I urteilen B V/T 1 entscheiden 2 unterscheiden, **vera a falsis** Wahres von Falschem
dīiūdicātiō ⟨ōnis⟩ F Entscheidung
dīiūnctiō ⟨ōnis⟩ F → disiunctio
dī-iungere ⟨iungō, iūnxī, iūnctum 3.⟩ = **disiungere**
★**dī-lābi** ⟨lābor, lāpsus sum 3.⟩ 1 auseinanderfallen, zerfallen, sich auflösen; **nix dilabitur** der Schnee schmilzt 2 *(Fluss)* abfließen 3 *fig* sich zerstreuen, entweichen; **~ a signis** desertieren, Fahnenflucht begehen 4 *fig* entschwinden 5 *(Zeit)* verfließen
dī-lacerāre ⟨ō, āvī, ātum 1.⟩ 1 zerreißen, zerfleischen 2 *fig* zerrütten
dī-lāmināre ⟨ō, -, - 1.⟩ spalten
dī-laniāre ⟨ō, āvī, ātum 1.⟩ zerfleischen, zerreißen; **comas ~** die Haare raufen
dī-lapidāre ⟨ō, āvī, ātum 1.⟩ vergeuden, verschwenden, verschleudern
dī-largīrī ⟨ior, ītus sum 4.⟩ reichlich verschenken, großzügig ausgeben
dī-lātāre ⟨ō, āvī, ātum 1.⟩ 1 ausbreiten, ausdehnen 2 *(in der Rede)* ausführlich behandeln
dīlātiō ⟨ōnis⟩ F 1 Verzögerung, Aufschub 2 das Hinhalten *eines Bewerbers*
dī-lātus ⟨a, um⟩ PPP → differre
dī-laudāre ⟨ō, -, - 1.⟩ allseitig loben
dīlēctī ⟨ōrum⟩ MPL Elitetruppen
dī-lēctus[1] ⟨a, um⟩ PPP → diligere
dīlēctus[2] A ⟨a, um⟩ ADJ lieb, wert, teuer B ⟨ī⟩ M Liebling
★**dīlēctus**[3] ⟨ūs⟩ M 1 MIL Aushebung;

die Rekruten **2** = **delectus**
dī-lēxī → diligere
dī-līdere ⟨ō, -, - 3.⟩ zerschlagen
★**dīligēns** ⟨entis, *adv* dīligenter⟩ ADJ **1** aufmerksam, sorgfältig, pünktlich, gewissenhaft; ~ **veritatis** wahrheitsliebend **2** sparsam, wirtschaftlich
★**dīligentia** ⟨ae⟩ F **1** Aufmerksamkeit, Sorgfalt, Umsicht **2** Genauigkeit **3** Sparsamkeit
★**dī-ligere** ⟨ligō, lēxī, lēctum 3.⟩ **1** (*Soldaten*) ausheben **2** hoch schätzen, verehren, lieben
dī-lūcēre ⟨eō, -, - 2.⟩ klar sein
dīlūcēscere ⟨lūcēscō, lūxī, - 3.⟩ **1** hell werden **2** **dilucescit** es wird Tag
dīlūcidus ⟨a, um, *adv* dīlūcidē⟩ ADJ hell, klar, deutlich
dīlūculum ⟨ī⟩ N Morgendämmerung
dīlūdium ⟨ī⟩ N **1** Ruhetag **2** *fig* Aufschub
dī-luere ⟨luō, luī, lūtum 3.⟩ **1** auf-, erweichen **2** *fig* vermindern, verscheuchen **3** auflösen; verdünnen **4** bereiten, **venenum** Gift **5** *fig* auflösen, lockern; **crimen** ~ einen Vorwurf widerlegen
dīluviāre ⟨ō, -, - 1.⟩ überschwemmen
dīluviēs ⟨ēī⟩ F *u.* **dīluvium** ⟨ī⟩ N **1** Überschwemmung **2** *fig* Verderben
dī-mānāre ⟨ō, āvī, - 1.⟩ auseinanderfließen; sich ausbreiten
dīmēnsiō ⟨ōnis⟩ F Ausmaß, Ausmessung
dī-mētāre ⟨ō, āvī, ātum 1.⟩ *u.* **dī-mētārī** ⟨or, ātus sum 1.⟩ abgrenzen, abstecken
dī-mētīrī ⟨metior, mēnsus sum 4.⟩ aus-, ver-, abmessen; *pperf auch passiv* abgemessen, abgesteckt
★**dī-micāre** ⟨ō, āvī, *u.* uī, ātum 1.⟩ **1** kämpfen, fechten, **de re** um etw **2** *fig* kämpfen, ringen
dīmicātiō ⟨ōnis⟩ F **1** Kampf **2** *fig* das Ringen; ~ **capitis** Kampf um das Leben
dīmidia ⟨ae⟩ F = **dimidium**
dīmidiātus ⟨a, um⟩ ADJ halb
dīmidium ⟨ī⟩ N Hälfte; **dimidio** um die Hälfte; **dimidio minor** halb so groß; ~ **facti, qui bene coepit, habet** frisch gewagt ist halb gewonnen
★**dīmidius** ⟨a, um⟩ ADJ halb; **dimidia pars** Hälfte

dī-minuere ⟨minuō, minuī, minūtum 3.⟩ zerschlagen, zerschmettern
dīminūtiō ⟨ōnis⟩ F = **deminutio**
dī-mīsī → dimittere
dīmissiō ⟨ōnis⟩ F **1** Aussendung **2** Entlassung
dī-missus[1] ⟨a, um⟩ PPP → dimittere
dīmissus[2], *nur dat* ⟨uī⟩ M Entlassung
★**dī-mittere** ⟨mittō, mīsī, missum 3.⟩ **1** aus-, umherschicken **2** entlassen, auflösen, **senatum** ~ den Senat **3** wegschicken, weggehen lassen **4** (*Beamten*) entlassen **5** (*Gefangene*) freilassen **6** (*Waffen*) fallen lassen, wegwerfen **7** *fig* verlieren, aufgeben; **victoriam** ~ auf den Sieg verzichten; **occasionem** ~ eine Gelegenheit ungenutzt lassen
dī-movēre ⟨moveō, mōvī, mōtum 3⟩ **1** trennen, zerteilen; **ora** ~ den Mund öffnen **2** entfernen, vertreiben **3** *f*… abtrünnig machen
Dindyma ⟨ōrum⟩ NPL *Berg in Phrygien wo Kybele verehrt wurde*; **Dindymēnē** ⟨ēs⟩ F = Kybele
Dindymus ⟨ī⟩ M = **Dindyma**
dīnōscere ⟨nōscō, nōvī, - 3.⟩ = **dignoscere**
dī-nōtāre ⟨ō, āvī, ātum 1.⟩ unterscheiden
dī-numerāre ⟨ō, āvī, ātum 1.⟩ **1** aufzählen **2** (*Geld*) berechnen
dīnumerātiō ⟨ōnis⟩ F Aufzählung
diōbolāris ⟨e⟩ ADJ für zwei Obolen käuflich
Dioclētiānus ⟨ī⟩ M *C. Valerius Diocletianus, röm. Kaiser (284–305 n. Chr.), Neuordner des Reiches, letzte u. sehr blutige Christenverfolgung*
dioecēsis ⟨is⟩ F **1** Verwaltungsbezirk **2** (*eccl.*) Diözese, Bistum
dioecētēs ⟨ae⟩ M Verwalter der königlichen Einkünfte
Diogenēs ⟨is⟩ M *Kyniker aus Sinope*
Diomēdēs ⟨is⟩ M MYTH *Sohn des Tydeus, trojanischer Held, Gründer von A… in Apulien*
Diōna ⟨ae⟩ F **1** *bei den Römern als Mutter der Venus u. Stammmutter des …schen Geschlechts* **2** Venus
Diōnaeus ⟨a, um⟩ ADJ der Dione
Dionȳsia ⟨ōrum⟩ NPL Bacchusfest
Dionȳsius[1] ⟨ī⟩ M *griech. Vorname, … me mehrerer Herrscher von Syrakus*

ionȳsius² ⟨a, um⟩ ADJ des Dionysos
ionȳsos *u.* **Dionȳsus** ⟨ī⟩ M *Sohn 'es Zeus u. der Semele, griech. Gott des Veines, in Rom als Bacchus od. Liber über-'ommen*
iplōma ⟨atis⟩ N 1 Urkunde, Diplom 2 Geleitbrief, Pass
ptychum ⟨ī⟩ N 1 Schreibtafel 2 *nlat.)* zweiflügeliger Altar
ipylon ⟨ī⟩ N *Doppeltor im NW Athens*
pyros ⟨on⟩ ADJ zweimal gebrannt
ra ⟨ōrum⟩ NPL = **dirae 1**
rae ⟨ārum⟩ FPL 1 unheilvolle Vorzei-hen 2 Verwünschungen, Flüche, luchformeln
rae ⟨ārum⟩ FPL Erinnyen, Furien
rcaeus ⟨a, um⟩ ADJ 1 der Dirce 2 hebanisch
rcē ⟨ēs⟩ F *Quelle im Westen von The-en*
-rēctus¹ ⟨a, um⟩ PPP → dirigere
rēctus² ⟨a, um, *adv* dīrēctē⟩ ADJ *u.* dīrēctō⟩ 1 in gerader Richtung, gerade 2 waagrecht, horizontal 3 senkrecht, ufrecht 4 *fig* direkt = geradeaus, ohne mschweife
-ēmī → dirimere
-ēmptus¹ ⟨a, um⟩ PPP → dirimere
ēmptus² ⟨ūs⟩ M Trennung
eptiō ⟨ōnis⟩ F Plünderung, Raub
eptor ⟨ōris⟩ M Plünderer
reptus ⟨a, um⟩ PPP → diripere
rēxī → dirigere
-ibēre ⟨eō, uī, itum 2.⟩ sortieren, **bellas** die Stimmtäfelchen
ibitiō ⟨ōnis⟩ F Sortierung
ibitor ⟨ōris⟩ M Sortierer, Zähler der mmtäfelchen
ibitōrium ⟨ī⟩ N *Gebäude in Rom, spr. zur Sortierung u. Zählung der nmtäfelchen, später zur Ausgabe von schenken*
igere ⟨rigō, rēxī, rēctum 3.⟩ 1 ge-e richten, in gerader Linie aufstellen hinwenden, -lenken; **cogitationes ad quid** ~ *fig* die Gedanken auf etw rich-3 *(Geschosse)* abschießen, schleu-rn 4 *(Ebene)* sich erstrecken 5 *(Leben)* richten, bestimmen
igēscere ⟨rigēscō, riguī, - 3.⟩ = **rigescere**
imere ⟨imō, ēmī, ēmptum 3.⟩ 1 einandernehmen, trennen 2 *(Perso-nen)* verfeinden 3 *(Versammlung)* unterbrechen, stören 4 *fig* aufheben; **certamen/controversiam** ~ einen Streit beilegen
★**dī-ripere** ⟨ripiō, ripuī, reptum 3.⟩ 1 auseinanderreißen, zerreißen 2 plündern, berauben 3 wegschleppen, rauben 4 weg-, herab-, entreißen; **ferrum a latere** ~ das Schwert von der Seite reißen
dīritās ⟨ātis⟩ F 1 schreckliches Unglück 2 *fig* Grausamkeit
dī-ruere ⟨ruō, ruī, rutum 3.⟩ niederreißen, einreißen, zerstören; **urbem** ~ eine Stadt zerstören; **arbusta** ~ Baumpflanzungen entwurzeln; **agmina** ~ eine Marschkolonne zersprengen; **aere dirui** einen Abzug am Sold erleiden; **aere dirutus** bankrott
dī-rumpere ⟨rumpō, rūpī, ruptum 3.⟩ 1 zerreißen, zerbrechen, zerschlagen 2 *passiv u.* **se** ~ platzen, bersten 3 gewaltsam abbrechen, auflösen
diruptus¹ ⟨a, um⟩ PPP → dirumpere
diruptus¹ ⟨a, um⟩ ADJ gebrechlich
★**dīrus** ⟨a, um⟩ ADJ 1 Unglück verkündend, unheilvoll 2 *fig* grässlich, schrecklich
dis-¹ PRÄF, *dis- vor c, p, s, t; di- vor den übrigen Konsonanten und vor sc, sp, st; dir- vor r u. Vokalen* 1 *(Trennung od. Entfernung)* zer-, ver-, fort-, weg-, auseinander; **dis-currere** weglaufen 2 *(Verneinung)* un-; **dis-similis** un-ähnlich 3 *(Verstärkung)* ganz, völlig; **dis-taedet** ganz überdrüssig sein
dīs², ⟨dītis⟩ ADJ M *u.* F, *komp* ⟨dītior, ius⟩, *sup* ⟨dītissimus, a, um⟩ 1 reich 2 reichlich → dives
Dīs ⟨Dītis⟩ M Pluto, *Gott der Unterwelt*
dis-calceātus ⟨a, um⟩ ADJ ohne Schuhe, barfuß
★**dis-cēdere** ⟨cēdō, cessī, cessum 3.⟩ 1 auseinandergehen, sich trennen; **in duas partes** ~ sich in zwei Teile teilen; **terra discedit** die Erde öffnet sich; **hostes discedunt** die Feinde zerstreuen sich 2 zerfallen, **in tres partes** in drei Teile 3 **in sententiam alicuius** ~ sich j-s Meinung anschließen 4 weggehen, sich entfernen; **ab armis** ~ die Waffen niederlegen 5 MIL abmarschieren 6 abfallen, **a duce** vom Feldherrn 7 *(z. B. als*

Sieger*)* hervorgehen 8 *fig* abweichen; **a se ~** sich selbst aufgeben, außer sich geraten 9 (ver)schwinden

dis-ceptāre ⟨ō, āvī, ātum 1.⟩ 1 debattieren, verhandeln untersuchen, entscheiden 2 *(Streitigkeit)* schlichten, beilegen 3 auf *etw* beruhen, *(in) re*

disceptātiō ⟨ōnis⟩ F 1 Erörterung, Debatte, Verhandlung 2 richterliche Entscheidung, Urteil 3 Streitfrage

disceptātor ⟨ōris⟩ M Schiedsrichter

disceptātrīx ⟨īcis⟩ F Schiedsrichterin

★**discere** ⟨discō, didicī, - 3.⟩ 1 lernen, kennenlernen; *perf* verstehen, wissen, kennen; **ex testibus ~** von Zeugen erfahren 2 untersuchen, erforschen

★**dis-cernere** ⟨cernō, crēvī, crētum 3.⟩ 1 absondern, trennen, scheiden 2 *fig* unterscheiden 3 entscheiden; beurteilen

dis-cerpere ⟨cerpō, cerpsī, cerptum 3.⟩ 1 zerpflücken, zerstückeln 2 zerstreuen, vernichten 3 schmähen

dis-cessī → discedere

discessiō ⟨ōnis⟩ F 1 das Auseinandergehen, Trennung 2 MIL Abmarsch 3 POL Abstimmung

dis-cessum PPP → discedere

discessus ⟨ūs⟩ M 1 das Auseinandergehen, Trennung; **~ caeli** Wetterleuchten 2 das Weggehen, Trennung; **~ e vita** Tod 3 Verbannung

dis-cīdere ⟨cīdō, cīdī, cīsum 3.⟩ zerhauen

dis-cīdī[1] → discidere

di-scidī[2] → discindere

discidium ⟨ī⟩ N 1 Trennung, Auflösung; **~ tuum** Trennung von dir 2 Zerwürfnis; **~ belli** kriegerische Auseinandersetzung

discinctus ⟨a, um⟩ ADJ 1 ungegürtet; MIL entwaffnet 2 *fig* ungebunden, locker, leichtfertig

di-scindere ⟨scindō, scidī, scissum 3.⟩ 1 zerreißen 2 **amicitiam ~** die Freundschaft plötzlich abbrechen

dis-cingere ⟨cingō, cīnxī, cinctum 3.⟩ los-, aufgürten

★**disciplīna** ⟨ae⟩ F 1 Unterricht, Unterweisung, Lehre 2 Kenntnis, Wissen, Bildung, Kunst 3 Lehrmethode, System 4 Unterrichtsfach; *pl* Wissenschaften 5 Schule, *bes* Philosophenschule 6 Erziehung; Disziplin 7 Lebensweise, Grunc sätze 8 Ordnung, Einrichtung; **~ civita tis** Staatsverfassung

discipula ⟨ae⟩ F Schülerin

★**discipulus** ⟨ī⟩ M Schüler

di-scissus ⟨a, um⟩ PPP → discindere

dis-cīsus ⟨a, um⟩ PPP → discidere

dis-clūdere ⟨clūdō, clūsī, clūsum 3. auseinanderhalten, trennen

dis-color ⟨ōris⟩ ADJ 1 verschiedenfa big, bunt 2 *fig* verschieden, unähnlic

dis-condūcere ⟨ō, -, - 3.⟩ schaden

dis-convenīre ⟨iō, -, - 4.⟩ nicht übe einstimmen, schlecht passen; **disconv nit** es besteht keine Übereinstimmung

discordābilis ⟨e⟩ ADJ nicht überei stimmend

dis-cordāre ⟨ō, āvī, ātum 1.⟩ 1 u eins sein, in Streit leben 2 meutern *fig* nicht übereinstimmen, abweichen

★**discordia** ⟨ae⟩ F 1 Uneinigkeit, Zwi tracht, Streit 2 Meuterei 3 Gegenstar des Streits

Discordia ⟨ae⟩ F *Göttin des Streits*

discordiōsus ⟨a, um⟩ ADJ streitsüc tig

dis-cors ⟨cordis⟩ ADJ 1 uneinig 2 M meuternd 3 *fig* nicht übereinstimmer verschieden

discrepantia ⟨ae⟩ F Widerspruch, U einigkeit

★**dis-crepāre** ⟨ō, āvī, - 1.⟩ 1 MUS nic harmonieren 2 *fig* nicht übereinsti men, verschieden sein 3 **discrep** man streitet

discrepātiō ⟨ōnis⟩ F → discrepant

dis-crepitāre ⟨ō, -, - 1.⟩ völlig v schieden sein

discrētim ADV abgesondert, getrenr

★**di-scrībere** ⟨scrībō, scrīpsī, scrīptu 3.⟩ 1 ein-, abteilen, ordnen; **annum duodecim menses ~** das Jahr in zw Monate einteilen 2 zu-, verteilen **describere**

★**dis-crīmen** ⟨inis⟩ N 1 Scheidelir **compositum ~** Scheitel 2 Abstand, E fernung 3 Zwischenraum 4 *fig* Un schied; Unterscheidungsvermögen *fig* Entscheidung; **in ~ venire** zur E scheidung kommen 6 *fig* entscheid der Augenblick, Wendepunkt 7 höchste Gefahr, Not; **in ~ dare** riskie **in discrimine esse** auf dem Spiel ste

8 *fig* Spannung; **in summo discrimine**
esse aufs Äußerste gespannt sein, +*indir.*
Fragesatz 9 ~ **dare** den Ausschlag ge-
ben
iscrīmināre ⟨ō, āvī, ātum 1.⟩ 1 tren-
nen, scheiden 2 *fig* unterscheiden
i-scrīpsī → discribere
iscrīptiō ⟨ōnis⟩ F Einteilung, Vertei-
lung
i-scrīptus¹ ⟨a, um⟩ PPP → discribere
scrīptus² ⟨a, um⟩ ADJ = **descriptus**
is-cruciāre ⟨ō, āvī, ātum 1.⟩ mar-
ern, quälen
s-cumbere ⟨combō, cubuī, cubi-
um 3.⟩ 1 sich niederlegen 2 sich zu
isch legen
s-cupere ⟨cupiō, cupīvī, cupītum
.⟩ wünschen
s-currere ⟨currō, (cu)currī, cursum
.⟩ 1 auseinanderlaufen, sich zerstreu-
n 2 hin und her laufen
s-cursāre ⟨ō, -, - 1.⟩ hin und her lau-
n
scursātiō ⟨ōnis⟩ F das Hin- und Her-
ufen
s-cursum PPP → discurrere
scursus ⟨ūs⟩ M 1 das Auseinander-
ufen, das Hin- und Herlaufen 2 MIL
reifzug
scus ⟨ī⟩ M Diskus, Wurfscheibe
-cussī → discutere
scussiō ⟨ōnis⟩ F 1 Erschütterung 2
Untersuchung, Streit
-cutere ⟨cutiō, cussī, cussum 3.⟩ 1
rschlagen, zertrümmern 2 verjagen,
rscheuchen; **discussā nive** nachdem
r Schnee geschmolzen war 3 beseiti-
n, vereiteln 4 erörtern
ertus ⟨a, um, *adv* disertē *u.* diser-
n⟩ ADJ 1 (rede)gewandt, beredt 2
ohlgeordnet, klar, deutlich, bestimmt
-icere ⟨iciō, iēcī, iectum 3.⟩ 1 zer-
ren, zertrümmern, zerstückeln, zer-
ßen 2 (*Heer, Schiffe usw.*) auseinan-
rtreiben, zerstreuen, verscheuchen
fig zunichte machen, vereiteln, hin-
treiben
iectāre ⟨ō, -, - 1.⟩ zerstreuen
-iectus¹ ⟨a, um⟩ PPP → disicere
iectus² ⟨a, um⟩ ADJ zerstreut; aus-
dehnt; **harenae disiectae** Flugsand
iectus³ ⟨ūs⟩ M das Zerstreuen
ūnctiō ⟨ōnis⟩ F 1 Scheidung,
Trennung 2 *fig* Verschiedenheit, Abwei-
chung 3 PHILOS Gegensatz 4 RHET
Asyndeton, *Aneinanderreihung von Be-
griffen od. Sätzen ohne Verbindung*
dis-iūnctus¹ ⟨a, um⟩ PPP → disiunge-
re
disiūnctus² ⟨a, um, *adv* disiūnctē⟩
ADJ 1 getrennt, entlegen, fern 2 *fig* ab-
weichend, verschieden, entgegenge-
setzt 3 unzusammenhängend
dis-iungere ⟨iungō, iūnxī, iūnctum
3.⟩ 1 losbinden, abspannen 2 trennen,
entfernen, entfremden; **se a corpore ~**
Selbstmord begehen 3 unterscheiden
dis-marītus ⟨ī⟩ M Gatte zweier Frauen
dis-pālārī ⟨or, ātus sum 1.⟩ überall
umherschweifen
dis-pālēscere ⟨ēscō, -, - 3.⟩ weithin
bekannt werden
dis-pandere ⟨pandō, pandī, pānsum
3.⟩ ausspannen, ausbreiten
dis-pār ⟨paris⟩ ADJ ungleich, verschie-
den, unähnlich
dis-parāre ⟨ō, āvī, ātum 1.⟩ abson-
dern, trennen
disparātum ⟨ī⟩ N sich ausschließen-
der Gegensatz
dis-parilis ⟨e, *adv* dispariliter⟩ ADJ un-
gleich, verschieden
dis-partīre ⟨iō, iī *u.* īvī, ītum 4.⟩ *u.*
dis-partīrī ⟨ior, - 4.⟩ = **dispertire**
di-spectus¹ ⟨a, um⟩ PPP → dispicere
dispectus² ⟨ūs⟩ M allseitige Erwägung
dis-pellere ⟨pellō, pulī, pulsum 3.⟩
auseinandertreiben, zerstreuen
dis-pendere¹ ⟨pendō, -, pēnsum 3.⟩
1 abwiegen 2 *fig* austeilen
dis-pendere² ⟨pendō, -, pessum 3.⟩
u. **dispennere** ⟨ō, -, - 3.⟩ = **dispande-
re**
dispendium ⟨ī⟩ N 1 Einbuße, Auf-
wand 2 *fig* Verlust, Schaden
dispēnsāre ⟨ō, āvī, ātum 1.⟩ 1 ver-,
austeilen 2 einteilen, ordnen 3 (*mlat.*)
von einer Verpflichtung befreien
dispēnsātiō ⟨ōnis⟩ F 1 Verteilung 2
Verwaltung 3 Amt des Schatzmeisters
dispēnsātor ⟨ōris⟩ M 1 Verwalter, 2
Schatzmeister
dis-percutere ⟨iō, -, - 3.⟩ zerschmet-
tern
dis-perdere ⟨perdō, perdidī, perdi-
tum 3.⟩ zugrunde richten, verderben

★**di-spergere** ⟨spergō, spersī, spersum 3.⟩ 1 zer-, ausstreuen 2 verbreiten, **rumores** Gerüchte

dis-perīre ⟨pereō, periī, - 0.⟩ ganz zugrunde gehen, verloren gehen; **dispeream** ich will des Todes sein

dispersiō ⟨ōnis⟩ F Zerstörung

di-spersus[1] ⟨a, um⟩ PPP → dispergere

dispersus[2] ⟨a, um, *adv* dispersē⟩ ADJ u. ⟨dispersim⟩ zerstreut, vereinzelt, hier und da

dispersus[3], *nur abl* ⟨ū⟩ M Zerstreuung

dis-pertīre ⟨iō, īvī *u.* iī, ītum, īre 4.⟩ *u.* **dis-pertīrī** ⟨ior, - 4.⟩ 1 zer-, verteilen 2 zuteilen; **tempora voluptatis laborisque** ~ die Zeit in Erholung und Arbeit einteilen 3 *passiv* auseinandergehen

dispertītiō ⟨ōnis⟩ F Zerteilung

dis-pessus ⟨a, um⟩ PPP → dispendere[2]

dī-spicere ⟨spiciō, spexī, spectum 3.⟩ A V/I 1 die Augen öffnen, sehen (können) 2 sich umsehen B V/T 1 erblicken, wahrnehmen 2 erkennen, durchschauen

displicentia ⟨ae⟩ F Unzufriedenheit, **sui** mit sich selbst

dis-plicēre ⟨pliceō, plicuī, plicitum 2.⟩ missfallen; **sibi** ~ unpässlich sein

dis-plōdere ⟨plōdō, plōsī, plōsum 3.⟩ zersprengen; *passiv* platzen

dis-polīre ⟨iō, īvī, ītum 4.⟩ glätten

★**dis-pōnere** ⟨pōnō, posuī, positum 3.⟩ 1 aufstellen, verteilen 2 ordnen 3 geordnet darstellen

dispositiō ⟨ōnis⟩ F 1 Anordnung 2 RHET Gliederung des Stoffes

dispositūra ⟨ae⟩ F Stellung

dis-positus[1] ⟨a, um⟩ PPP → disponere

dispositus[2] ⟨a, um, *adv* dispositē⟩ ADJ wohlgeordnet

dispositus[3] ⟨ūs⟩ M richtige Anordnung

dis-posuī → disponere

dis-pudēre ⟨et, uit, - 2.⟩ beschämen; **dispudet me** es beschämt mich, ich schäme mich

dis-pulī → dispellere

dispulsus ⟨a, um⟩ PPP → dispellere

dis-pungere ⟨pungō, pūnxī, pūnctum 3.⟩ durchgehen, prüfen

disputābilis ⟨e⟩ ADJ worüber sich viel sagen lässt

★**dis-putāre** ⟨ō, āvī, ātum 1.⟩ 1 gena berechnen 2 erörtern, diskutieren, un tersuchen; **in nullam partem** ~ für kein Meinung sprechen

disputātiō ⟨ōnis⟩ F wissenschaftlich Untersuchung, Streitgespräch

disputātrīx A ⟨īcis⟩ ADJ F im Disputie ren bestehend B ⟨īcis⟩ F Dialektik

dis-quīrere ⟨ō, -, - 3.⟩ untersuchen

disquīsītiō ⟨ōnis⟩ F Untersuchung

dis-rumpere ⟨rumpō, rūpī, ruptur 3.⟩ = **dirumpere**

dis-saepīre ⟨saepiō, saepsī, saeptur 4.⟩ trennen, abschließen

dissaeptiō ⟨ōnis⟩ F Trennung, Abtre nung durch eine Zwischenwand

dissaeptum ⟨ī⟩ N Zwischenwand

dis-sāviāre ⟨ō, -, - 1.⟩ *u.* **dis-sāviā** ⟨or, - 1.⟩ abküssen

dis-secāre ⟨secō, secuī, sectum 1 zerschneiden; **serrā** ~ zersägen

dis-sēdī → dissidere[1] *u.* → dissidere

dis-sēmināre ⟨ō, āvī, ātum 1.⟩ 1 au säen 2 *fig* verbreiten, **famam** ein G rücht

dis-sēnsī → dissentire

dissēnsiō ⟨ōnis⟩ F 1 Meinungsve schiedenheit 2 Uneinigkeit, Zwietrac Spaltung; ~ **civilis** Bürgerkrieg 3 *fig* W derspruch, Unvereinbarkeit

dis-sēnsum PPP → dissentire

dissēnsus ⟨ūs⟩ M = **dissensio**

dissentāneus ⟨a, um⟩ ADJ nicht üb einstimmend, **alicui rei** mit etw

★**dis-sentīre** ⟨sentiō, sēnsī, sēnsum 4 1 verschiedener Meinung sein, nicht z stimmen; ~ **sibi** nicht konsequent se 2 streiten 3 *fig* abweichen, im Wid spruch stehen

dis-serēnāscere ⟨āscit, āvit, - 3.⟩ h ter werden; **disserenascit** es wird hei

dis-serere[1] ⟨serō, sēvī, situm 3.⟩ Abständen aussäen/einpflanzen

★**dis-serere**[2] ⟨serō, seruī, sertum erörtern, einen Vortrag halten

dis-serpere ⟨ō, -, - 3.⟩ unmerklich s ausbreiten

dis-sertāre ⟨ō, āvī, ātum 1.⟩ gründl erörtern

dissertātiō ⟨ōnis⟩ F 1 Erörterung (*nlat.*) Dissertation

dissertiō ⟨ōnis⟩ F allmähliche Au sung

is-sertus ⟨a, um⟩ PPP → disserere[2]
is-seruī → disserere[2]
is-sēvī → disserere[1]
issicere ⟨iciō, iēcī, iectum 3.⟩ = **disi-** :ere
issidēns ⟨entis⟩ ADJ widerspenstig, ıegnerisch
is-sidēre[1] ⟨sideō, sēdī, - 2.⟩ 1 schief itzen 2 entfernt sein, getrennt sitzen/ egen 3 *fig* uneinig sein, im Streit lie- ıen; **a se ipso ~** mit sich selbst uneins ein 4 widersprechen, widerstreben; **te- ıeritas dissidet a sapientia** Tollkühn- eit widerspricht der Weisheit
s-sīdere[2] ⟨sīdō, sēdī, - 3.⟩ 1 sich ge- ·ennt lagern 2 *fig* in Feindschaft gera- ən, **ab aliquo** mit j-m
s-sīgnāre ⟨ō, āvī, ātum 1.⟩ einrich- ən, anordnen; anstiften
ssīgnātiō ⟨ōnis⟩ F = **designatio**
ssīgnātor ⟨ōris⟩ M 1 Platzanweiser n Theater 2 Anführer des Leichenzu- es
s-silīre ⟨siliō, siluī, sultum 4.⟩ 1 aus- nanderspringen, bersten 2 *fig* sich uflösen, zerrinnen
s-similis ⟨e, *adv* dissimiliter⟩ ADJ un- ınlich, ungleichartig, verschieden
ssimilitūdō ⟨inis⟩ F Unähnlichkeit, ərschiedenheit
ssimulābiliter ADV unbemerkt
ssimulanter ADV insgeheim, unbe- ıerkt; **non ~** unverhohlen
ssimulantia ⟨ae⟩ F Verstellung
s-simulāre ⟨ō, āvī, ātum 1.⟩ A V/T unkenntlich machen, verstecken 2 ȷ verheimlichen, verleugnen; **se ~** eine ıdere Gestalt annehmen 3 absichtlich ›ersehen B V/I *fig* sich verstellen, sich ıwissend stellen
ssimulātiō ⟨ōnis⟩ F 1 Unkenntlich- achung, Maskierung 2 *fig* Verstellung absichtliches Übersehen
ssimulātor ⟨ōris⟩ M Verleugner
ssipābilis ⟨e⟩ ADJ zerteilbar
-sipāre ⟨ō, āvī, ātum 1.⟩ 1 zer- ·euen, auseinandertreiben, verteilen, sbreiten 2 zerstören 3 *(Gerüchte)* ver- eiten 4 *fig* verschleudern, vergeuden, **trimonium** das väterliche Erbe
sipātiō ⟨ōnis⟩ F 1 Zerstreuung, rsplitterung 2 RHET Zerlegung eines griffes

dissipātus ⟨a, um⟩ ADJ 1 MIL zerstreut 2 RHET zusammenhangslos
dis-situs ⟨a, um⟩ PPP → disserere[1]
dissociābilis ⟨e⟩ ADJ trennend
dis-sociāre ⟨ō, āvī, ātum 1.⟩ 1 trennen 2 *fig* entfremden, entzweien; **dissociatus** allein lebend
dissociātiō ⟨ōnis⟩ F Trennung
dissolūbilis ⟨e⟩ ADJ auflösbar, zerlegbar
dissolūtiō ⟨ōnis⟩ F 1 Auflösung, Zerfall 2 Aufhebung, Abschaffung, **legum** der Gesetze 3 Zerstreuung, Widerlegung, **criminum** der Vorwürfe 4 Schwäche 5 RHET Asyndeton, *Aneinanderreihung ohne Bindewörter*
dissolūtum ⟨ī⟩ N Asyndeton, *Aneinanderreihung ohne Bindewörter*
dissolūtus ⟨a, um⟩ ADJ 1 aufgelöst, locker 2 RHET ungebunden 3 energielos, nachlässig, gleichgültig 4 *(Sohn)* leichtsinnig, ausschweifend, liederlich
dis-solvere ⟨solvō, solvī, solūtum 3.⟩ 1 auflösen, zerlegen, lockern; **pontem ~** eine Brücke abbrechen; **membra ~** Gliedmaßen ausrenken; **aes ~** Erz schmelzen 2 *fig* aufheben, **leges** 3 *fig* widerlegen, entkräften, **crimina** Vorwürfe 4 loslösen, befreien; **dissolvi me** ich bin fertig 5 bezahlen
dis-sonus ⟨a, um⟩ ADJ 1 verschieden tönend, unharmonisch 2 *fig* nicht übereinstimmend, abweichend, verschieden
dis-sors ⟨sortis⟩ ADJ nicht gemeinsam, **ab aliquo** mit j-m
dis-stimulāre ⟨ō, -, - 1.⟩ zugrunde richten
dis-suādēre ⟨suadeō, suāsī, suāsum 2.⟩ abraten, **alicui aliquid** j-m von etw
dissuāsiō ⟨ōnis⟩ F das Abraten, Gegenrede; **~ rogationis** Rede gegen einen Antrag
dissuāsor ⟨ōris⟩ M der abrät; **~ legis** Redner gegen das Gesetz
dis-suāviāre ⟨ō, -, - 1.⟩ = **dissaviare**
dis-suāviārī ⟨or, - 1.⟩ = **dissaviari**
dis-suere ⟨suō, suī, sūtum 3.⟩ 1 weit öffnen 2 allmählich auflösen, **amicitiam** eine Freundschaft
dis-sultāre ⟨ō, -, - 1.⟩ 1 auseinanderspringen, bersten 2 *fig* sich überallhin verbreiten 3 abspringen, abprallen
dis-sultus ⟨a, um⟩ PPP → dissilire

D

dis-taedēre ⟨et, -, - 2.⟩ ganz überdrüssig sein; **me distaedet tui** ich bin deiner überdrüssig, ich habe dich satt

distantia ⟨ae⟩ F 1 Abstand, Entfernung 2 *fig* Verschiedenheit

D

★**di-stāre** ⟨stō, -, - 1.⟩ 1 getrennt sein; **longe a maris ~** weit vom Meer entfernt sein 2 *(zeitl.)* auseinanderliegen 3 *fig* sich unterscheiden 4 **distat** es ist ein Unterschied

dis-tendere ⟨tendō, tendī, tentum *u.* tēnsum 3.⟩ 1 *(Heer, Arme usw.)* auseinanderspannen, ausdehnen, ausstrecken 2 anfüllen, **cellas nectare** die Waben mit Nektar 3 MIL auseinanderhalten 4 *fig* zerteilen, zerstreuen

distentus[1] ⟨a, um⟩ ADJ ganz angefüllt, strotzend, **lacte** von Milch

distentus[2] ⟨a, um⟩ ADJ vielfach beschäftigt, in Atem gehalten

dis-tentus[3] ⟨a, um⟩ PPP → distendere *u.* → distinere

distichon *u.* **distichum** ⟨ī⟩ N METR Distichon

distīnctiō ⟨ōnis⟩ F 1 Absonderung, Unterscheidung 2 Unterschied, Verschiedenheit, **vocum** der Töne 3 RHET Einschnitt, Pause

distīnctus[1] ⟨ūs⟩ M Abwechslung in der Farbe, Zeichnung

distīnctus[2] ⟨a, um, *adv* distīnctē⟩ ADJ 1 gesondert, abgeteilt, unterschieden 2 bunt, vielfältig 3 RHET deutlich, bestimmt, klar; **distincte dicere** deutlich sprechen

di-stīnctus[3] ⟨a, um⟩ PPP → distinguere

dis-tinēre ⟨tineō, tinuī, tentum 2.⟩ 1 auseinanderhalten, trennen, spalten; **munitionibus distineri** auf den Schanzwerken verteilt sein 2 *fig* vielfältig beanspruchen 3 *(Sieg, Frieden)* verzögern, verhindern

★**di-stinguere** ⟨stinguō, stīnxī, stīnctum 3.⟩ 1 verschieden färben, bunt bemalen 2 *fig* verzieren, schmücken 3 *fig* absondern, unterscheiden 4 GRAM mit Satzzeichen versehen

dis-torquēre ⟨torqueō, torsī, tortum 2.⟩ 1 verdrehen 2 *fig* martern, quälen

distortiō ⟨ōnis⟩ F Verdrehung, Verzerrung, Verrenkung

distortus ⟨a, um⟩ ADJ 1 verdreht, verrenkt, verzerrt 2 *fig* verschroben

distractiō ⟨ōnis⟩ F Trennung, Zwiespalt, Zerwürfnis

dis-tractus[1] ⟨a, um⟩ PPP → distraher

distractus[2] ⟨a, um⟩ ADJ zerteilt, ze streut

dis-trahere ⟨trahō, trāxī, tractum 3. 1 auseinanderziehen, auseinanderreißen, zerreißen, zerstreuen, trennen **famā ~** in Verruf bringen 3 *(Güter)* (ei zeln) verkaufen 4 GRAM *(Wörter)* ung bunden aussprechen 5 *(Freundschaf* auflösen; **controversias ~** Streitigkeite schlichten 6 *(Freunde)* entzweien; *pass* sich entzweien 7 hintertreiben, vere teln 8 *fig* schwankend machen, veruns chern

★**dis-tribuere** ⟨uō, uī, ūtum 3.⟩ 1 ver aus-, zuteilen; **praedam militibus ~** d Beute unter den Soldaten verteilen einteilen; ordnen

distribūtiō ⟨ōnis⟩ F 1 Verteilung RHET Auflösung 3 logische Einteilung

dis-tribūtus[1] ⟨a, um⟩ PPP → distribu re

distribūtus[2] ⟨a, um, *adv* distribūt ADJ geordnet

districtus[1] ⟨a, um⟩ ADJ 1 vielseitig b schäftigt, gebunden; verhindert 2 = d strictus

di-strictus[2] ⟨a, um⟩ PPP → distringe

di-stringere ⟨stringō, strīnxī, stri tum 3.⟩ 1 auseinanderziehen 2 *(Verbi dungen)* zerreißen, auflösen 3 *fig* vere teln 4 *fig* schwankend machen 5 trennen

dis-truncāre ⟨ō, -, - 1.⟩ auseinand hauen

dis-tulī → differre

dis-turbāre ⟨ō, āvī, ātum 1.⟩ 1 au einandertreiben 2 *fig* zerstören, v nichten 3 *fig* hintertreiben

disturbātiō ⟨ōnis⟩ F Zerstörung

disyllabus ⟨a, um⟩ ADJ zweisilbig

dītāre ⟨ō, āvī, ātum 1.⟩ bereiche reich machen; *passiv* reich werden

dīte N *zu ditis* → dis[2]

dīthyrambicus ⟨a, um⟩ ADJ dit rambisch; → dithyrambus

dīthyrambus ⟨ī⟩ M METR Dithyra bus, lyrisches Preislied *urspr. zu Eh des Dionysos, später auch anderer Gött*

ditiō ⟨ōnis⟩ F = **dicio**

ītior ⟨ius⟩ ADJ *komp* → dis[2]
ītis ⟨e⟩ ADJ → dis[2]
ītissimus ⟨a, um⟩ ADJ *sup* → dis[2]
iū[1] ADV bei Tag; **noctu diuque** bei Tag und Nacht
iū[2] ADV 1 lange, lange Zeit, seit langer Zeit 2 *komp* ★ **diutius** länger, allzu lange 3 *sup* **diutissime** am längsten, sehr ange; **quam diutissime** möglichst lange
ium ⟨ī⟩ N Himmelsraum; **sub dio/diu** nter freiem Himmel
iurna ⟨ōrum⟩ NPL Tageschronik, mtsblatt, Zeitung
iurnum ⟨ī⟩ N 1 (*erg.* **frumentum**) Taesration 2 (*erg.* **commentariolum**) Taebuch
iurnus ⟨a, um⟩ ADJ 1 bei Tag, Tage…; urrus ~ Sonnenwagen 2 einen Tag auernd, täglich, Tages…; **cibus ~** Taesration
ius[1] ADV bei Tag
ius[2] ⟨a, um⟩ ADJ himmlisch, göttlich, errlich
ūtinus *u.* **diutinus** ⟨a, um, *adv* diūnē/diutinē *u.* diūtinō/diutinō⟩ ADJ ngwierig, lange dauernd
uturnitās ⟨ātis⟩ F lange Dauer, Läne, dauernder Besitz
uturnus ⟨a, um⟩ ADJ 1 lange (daurnd), anhaltend 2 langlebig
va ⟨ae⟩ F 1 Göttin 2 Geliebte 3 *lat.*) gefeierte Sängerin/Schauspielerin
-vāricāre ⟨ō, āvī, ātum 1.⟩ auseinanerspreizen
-vellere ⟨vellō, vellī *u.* vulsī/volsī, ılsum 3.⟩ 1 auseinanderreißen, zerißen 2 *fig* aufheben; **somnum ~** den hlaf stören 3 los-, wegreißen; *passiv* **se ~** sich losreißen
-vendere ⟨vendō, vendidī, vendim 3.⟩ einzeln verkaufen/versteigern
-verberāre ⟨ō, āvī, ātum 1.⟩ zerhau-, zerteilen
verbium ⟨ī⟩ N (*im Theater*) Dialog
versitās ⟨ātis⟩ F 1 Verschiedenheit, nterschied 2 Gegensatz, Widerspruch
versor ⟨ōris⟩ M = **deversor**
versōrium ⟨ī⟩ N = **deversorium**
versum ⟨ī⟩ N Gegenpartei; **e diverso** Gegenteil
versus ⟨a, um, *adv* dīversē⟩ ADJ 1 ch der entgegengesetzten Seite gert, gegenüberliegend; **diversa petere** die entgegengesetzte Richtung einschlagen 2 *fig* verschieden; **in diversa mutare** völlig umstimmen; **per diversa** aus ganz verschiedenen Gründen; **diverse dicere** bald so, bald anders sprechen 3 MIL, JUR feindlich, gegnerisch 4 nach verschiedenen Richtungen gewandt; **diversi abierunt** sie gingen in verschiedenen Richtungen auseinander; **in diversum** in verschiedene Richtungen 5 (*Stadt*) abgelegen, fern 6 verstreut, vereinzelt; **legati diversi bellum gerunt** die Gesandten führen jeder für sich Krieg 7 (*Person*) uneinig; unschlüssig
dī-vertere ⟨vertō, vertī, versum, 3.⟩ 1 auseinandergehen 2 *fig* verschieden sein
dīverticulum ⟨ī⟩ N = **deverticulum**
dīvertium ⟨ī⟩ N = **divortium**
★**dīves** ⟨itis⟩ ADJ 1 reich 2 reichlich; **terra ~** fruchtbares Land 3 *fig* kostbar, prächtig
dī-vexāre ⟨ō, āvī, ātum 1.⟩ 1 auseinanderzerren 2 *fig* misshandeln
Dīviciācus ⟨ī⟩ M *Fürst der Äduer, Caesarfreund*
★**dī-videre** ⟨vidō, vīsī, vīsum 3.⟩ 1 trennen, (ab)sondern; **urbis partes viis ~** die Stadtteile durch Straßen trennen 2 *fig* unterscheiden 3 (*ein Ganzes*) (zer)teilen, zerlegen; **muros ~** Mauern brechen; **gemma dividit aurum** der Edelstein ist in Gold gefasst 4 (*Heer*) planmäßig einteilen 5 ver-, auf-, aus-, zuteilen; **carmina citharā ~** Lieder auf der Leier vortragen
dīvidia ⟨ae⟩ F Zerwürfnis, Kummer
dīviduus ⟨a, um⟩ ADJ 1 teilbar 2 geteilt
dīvīna ⟨ae⟩ F Seherin
dīvīnāre ⟨ō, āvī, ātum 1.⟩ 1 weissagen, prophezeien 2 ahnen, erraten
dīvīnātiō ⟨ōnis⟩ F 1 Sehergabe, Vermutung 2 JUR Bestimmung des Anklägers
dīvīnitās ⟨ātis⟩ F 1 göttliche Natur, göttliches Wesen 2 göttliche Weisheit 3 *fig* übermenschliche Vollkommenheit, unübertreffliche Meisterschaft
dīvīnitus ADV 1 von Gott her, durch göttliche Fügung/Eingebung 2 *fig* vortrefflich, herrlich
dīvīnum ⟨ī⟩ N Gottesdienst, Opfer

★**dīvīnus** A ⟨a, um, *adv* dīvīnē⟩ ADJ 1 göttlich; **animi divini sunt** die Seelen sind göttlichen Ursprungs 2 von Gott erfüllt, inspiriert, prophetisch; **mens divina** von Gott erfüllter Geist 3 *fig* übernatürlich, übermenschlich, vortrefflich, erhaben, genial B ⟨ī⟩ M Seher, Prophet, Traumdeuter

dī-vīsī → dividere

dīvīsiō ⟨ōnis⟩ F 1 Teilung, **regni** des Reiches 2 MATH Teilung, Division 3 PHILOS Einteilung, Gliederung 4 (*des Ackerlandes*) Verteilung

dīvīsor ⟨ōris⟩ M 1 Verteiler 2 Verteiler des Ackerlandes 3 Geldverteiler 4 MATH Teiler, Divisor

dī-vīsus[1] ⟨a, um⟩ PPP → dividere

dīvīsus[2], *nur dat* ⟨uī⟩ M das Teilen; **facilis divisui** leicht teilbar; **divisui esse** verteilt werden

dīvīsus[3] ⟨a, um⟩ ADJ geteilt, getrennt

Dīvitiācus ⟨ī⟩ M = **Diviciacus**

★**dīvitiae** ⟨ārum⟩ FPL 1 Reichtum, Besitz 2 *fig* Fülle, Fruchtbarkeit

dīvorsus ⟨a, um⟩ ADJ = **diversus**

dī-vortere ⟨vortō, vortī, - 3.⟩ = **divertere**

dīvortium ⟨ī⟩ N 1 Scheidung, Trennung 2 Wasser-, Wegscheide 3 *fig* Ehescheidung; ~ **facere cum uxore** sich von seiner Frau scheiden lassen

dī-vulgāre ⟨ō, āvī, ātum 1.⟩ bekannt machen, veröffentlichen; preisgeben; **librum** ~ ein Buch veröffentlichen

dīvulgātus ⟨a, um⟩ ADJ gewöhnlich, weit verbreitet

dīvum ⟨ī⟩ N freier Himmel; **sub divo** unter freiem Himmel; **sub divum rapere** ans Licht ziehen

★**dīvus** A ⟨a, um⟩ ADJ göttlich, himmlisch; vergöttlicht B ⟨ī⟩ M Gott

dīxī → dicere

dō → dare

★**docēre** ⟨doceō, docuī, doctum 2.⟩ 1 lehren, unterrichten, unterweisen, **adulescentulos** die jungen Leute; ~ **aliquem aliquid** j-n etw lehren; ~ **aliquem re** j-n in etw unterrichten 2 benachrichtigen, in Kenntnis setzen, **de adventu suo** von seiner Ankunft; *passiv* Mitteilung erhalten 3 zeigen, darlegen, berichten 4 (*Theaterstück*) einüben (lassen) 5 Vorträge halten

docilis ⟨e⟩ ADJ 1 gelehrig, gewandt 2 leicht begreiflich

docilitās ⟨ātis⟩ F Gelehrigkeit

doctor ⟨ōris⟩ M 1 Lehrer, Lehrmeiste… 2 (*mlat., nlat.*) Universitätslehrer, Ge… lehrter 3 Doktor, *akademischer Grad*

★**doctrīna** ⟨ae⟩ F 1 Lehre, Unterricht… Unterweisung 2 Lehrfach, Wisse… schaft, Kunst 3 Gelehrsamkeit

doctus[1] ⟨a, um⟩ PPP → docere

★**doctus**[2] A ⟨a, um, *adv* doctē⟩ ADJ … gelehrt, gebildet, **litteris Graecis** in de… griechischen Sprache und Literatur … geübt, geschickt, klug B ⟨ī⟩ M Geleh… ter

★**documen** ⟨inis⟩ N *u.* **documentum** ⟨ī⟩ N 1 Lehre, Belehrung, *bes* Wa… nung; ~ **periculi** Warnung vor einer Ge… fahr 2 warnendes Beispiel, Beweis, Pr… be

dōdrāns ⟨antis⟩ M drei Viertel; **here… ex dodrante** Erbe von drei Vierteln *ein… Vermögens*

dōdrantārius ⟨a, um⟩ ADJ um dr… Viertel ermäßigt

dogma ⟨atis⟩ N Lehrsatz

Dolābella ⟨ae⟩ M *Beiname in der ge… Cornelia*, **P. Cornelius** ~ Schwiegerso… Ciceros

dolāre ⟨ō, āvī, ātum 1.⟩ 1 bearbeite… zimmern, behauen 2 *fig* roh herausa… beiten 3 durchprügeln

dolenter ADV schmerzlich

★**dolēre** ⟨eō, uī, itūrus 2.⟩ 1 schmerze… wehtun 2 betrüben; **dolet mihi, quo…** es tut mir Leid, dass 3 bedauern, ärge… lich sein

dōliāris ⟨e⟩ ADJ dick wie ein Fass

dōliolum ⟨ī⟩ N Fässchen

dolitūrus ⟨a, um⟩ PART *fut* → doler…

dōlium ⟨ī⟩ N Fass, Weinfass

dolō ⟨ōnis⟩ M 1 Dolch 2 (*bei der Flieg…*) Stachel 3 SCHIFF Vordersegel

★**dolor** ⟨ōris⟩ M 1 (*körperlich*) Schme… ~ **dentium** Zahnweh 2 (*seelis…*) Schmerz, Kummer; Ärger, Erbitteru… Unwille, **alicuius rei/ex re** über etw; … **cui dolori esse** j-m Kummer machen … Pein, Qual, Kränkung 4 RHET wehmü… ger Ton der Rede

dolōsus ⟨a, um, *adv* dolōsē⟩ ADJ trü… risch, (arg)listig, tückisch

★**dolus** ⟨ī⟩ M Trug, Betrug, Hinterli…

ṙäuschung
omābilis ⟨e⟩ ADJ bezwingbar
omāre ⟨ō, uī, itum 1.⟩ 1 zähmen, ɔändigen 2 (*Völker*) bezwingen 3 (*Leidenschaften*) überwinden
omestica ⟨ōrum⟩ NPL 1 einheimiche Erzeugnisse 2 einheimische Beipiele
omesticātim ADV in Privathäusern
omesticus A ⟨a, um⟩ ADJ 1 häusch, des Hauses, Haus..., Familien...; **ısus** ~ familiärer Umgang; **tempus donesticum** im Haus verbrachte Zeit 2 ɪrivat, persönlich, eigen, eigentümlich 3 einheimisch; **bellum domesticum** ürgerkrieg; **hostis** ~ Feind im eigenen ager B ⟨ī⟩ M Familienmitglied, Freund ler Familie; *pl* Familie, Dienstboten
ɔmicella ⟨ae⟩ F (*mlat.*) 1 junge Hern, junges Mädchen 2 Jungfrau Maria
ɔmicēnium ⟨ī⟩ N Mahlzeit zu Hause
ɔmicilium ⟨ī⟩ N Wohnung, Wohntz, Wohnort; Sitz
ɔmina ⟨ae⟩ F 1 Herrin im Haus; ausfrau 2 Herrin, Gebieterin 3 Dame es kaiserlichen Hauses 4 Geliebte
ɔmināns ⟨antis⟩ A ADJ herrschend 3 M Gebieter, Despot
ɔminārī ⟨or, ātus sum 1.⟩ herrschen; ie größte Geltung haben
ɔminātiō ⟨ōnis⟩ F 1 Herrschaft, **aliuius** j-s *od.* über j-n 2 Alleinherrschaft, ewaltherrschaft 3 PL die Herrscher
ɔminātor ⟨ōris⟩ M Beherrscher
ɔminātrīx ⟨īcis⟩ F Beherrscherin
ɔminātus ⟨ūs⟩ M 1 = **dominatio** 2 ɔminat, *absolutes röm. Kaisertum*
minica ⟨ae⟩ F (*eccl.*) Tag des Herrn, ɔnntag; ~ **in palmis** Palmsonntag
ɔminicus ⟨a, um⟩ ADJ 1 herrschaftːh, kaiserlich 2 (*eccl.*) des Herrn
minium ⟨ī⟩ N 1 Eigentum(srecht) Herrschaft, Gewalt 3 Herrscher 4 ıstmahl, Gelage
minus A ⟨a, um⟩ ADJ herrschafth, des Herrn B ⟨ī⟩ M 1 Hausherr, ːrr 2 Sohn des Hauses 3 Eigentümer, sitzer, Inhaber 4 (*eines Schauspiels*) ranstalter 5 Gastgeber 6 Gebieter (*als Kaisertitel*) Herr 8 *fig* Geliebter, ıtte
mīre ⟨iō, -, ītum 4.⟩ einheimsen
mitāre ⟨ō, -, - 1.⟩ zähmen, bändigen

Domitiānus[1] ⟨ī⟩ M *T. Flavius Domitianus, röm. Kaiser (81–96 n. Chr.)*
Domitiānus[2] A ⟨a, um⟩ ADJ des Domitius B ⟨ī⟩ M Soldat des Domitius
Domitius ⟨a, um⟩ A *Name einer urspr. pleb., seit Augustus patriz. gens* B ADJ 1 des Domitius 2 **via Domitia** *Straße entlang der Mittelmeerküste von Spanien bis zum heutigen Nizza, vom Konsul des Jahres 122 v. Chr., Cn. Domitius Ahenobarbus, erbaut*
domitor ⟨ōris⟩ M Bändiger, Bezwinger
domitrīx ⟨īcis⟩ F Bändigerin, Bezwingerin
domitus[1] ⟨a, um⟩ PPP → domare
domitus[2], *abl* ⟨ū⟩ M Zähmung, Bändigung
domna ⟨ae⟩ F = **domina**
domnus ⟨ī⟩ M = **dominus**
domu-itiō ⟨ōnis⟩ F Heimkehr
★**domus** ⟨ūs⟩ F 1 Haus, Wohnung, Wohnsitz, Behausung, Aufenthalt; ~ **regia** Königspalast 2 Behausung, Nest, Höhle 3 Hausgemeinschaft, Familie; *bes* Philosophenschule 4 Haushalt, Hauswesen 5 Heimat, Vaterland, -stadt 6 **domum/domos** nach Hause, in die Heimat; **domum abducere** auf seine Seite ziehen; **domo** von zu Hause; **domi/domui** zu Hause, daheim; **meae domi** bei mir zu Hause; **domi Caesaris** im Hause Caesars; **domi bellique/belloque** in Frieden und Krieg → *s. Info-Fenster nächste Seite*
★**dōnāre** ⟨ō, āvī, ātum 1.⟩ 1 schenken, verschenken; **deis** ~ den Göttern opfern 2 verleihen, überlassen 3 aufgeben, opfern; **inimicitias rei publicae** ~ dem Vaterland zuliebe die persönlichen Feindschaften aufgeben 4 erlassen, **aes alienum** ~ die Schulden 5 *j-m* zuliebe begnadigen; **patrem filio** ~ den Vater dem Sohn zuliebe begnadigen 6 beschenken, **aliquem re** j-n mit etw
dōnārium ⟨ī⟩ N 1 Weihegeschenk 2 Opferaltar, Tempel
dōnātiō ⟨ōnis⟩ F Schenkung, Gabe
dōnātīvum ⟨ī⟩ N Geldgeschenk
dōnātor ⟨ōris⟩ M Schenker, Stifter
Dōnātus ⟨ī⟩ M *Aelius Donatus, lat. Grammatiker um 350 n. Chr., Verfasser einer lat. Grammatik*
★**dōnec** *u.* **dōnicum** *u.* **dōnique**

D

Landeskund

▶ domus – Stadthaus der Römer

Das römische (Patrizier-)Haus war ursprünglich einstöckig und hatte einen Innenhof (**atrium**). Ein Becken in der Mitte (**impluvium**) fing das Regenwasser auf. Der Hauptraum (**tablinum**) lag gegenüber dem Eingang (**vestibulum**) und war ursprünglich dem Familienoberhaupt vorbehalten. Die Schlafzimmer (**cubicula**) befanden sich an den Seiten. In luxuriöseren Häusern gab es ein eigenes Speisezimmer (**triclinium**). Mit steigendem Lebensstandard kamen ein weiterer Hof (**peristylium**) und ein Obergeschoss hinzu.

atrium	Halle
impluvium	Auffangbecken für Regenwasser
tablinum	Durchgang zwischen **atrium** und **peristylium**
vestibulum	Vorplatz, Vorhof
cubiculum	Schlafzimmer
triclinium	Speisezimmer
latrina	Toilette
peristylium	Innenhof mit Säulenumgang
exedra	halbrunde Nische, Gesellschaftsraum
bibliotheca	Bibliothek
diaeta	Salon

KONJ **1** +*ind* so lange als; **donec eris felix, multos numerabis amicos** solange du erfolgreich bist, wirst du viele Freunde haben **2** +*ind*/ +*konjkt* so lange bis, bis dass, bis endlich

★**dōnum** ⟨ī⟩ N **1** Gabe, Geschenk; **dono dare** zum Geschenk machen **2** Weihegeschenk, Opfergabe

dorcas ⟨adis⟩ F **1** Reh, Gazelle **2** Rehlein, *Kosename für ein Mädchen*

Dōrēs ⟨um⟩ MPL die Dorer, *ein Hauptstamm der Griechen*; **Dōricus** ⟨a, um⟩ ADJ **1** dorisch **2** griechisch **3** ernst; **Dōriēnsēs** ⟨ium⟩ MPL die Dorer; **Dōris**[1] ⟨idis⟩ ADJ F **1** dorisch **2** griechisch **3** ernst

Dōris[2] ⟨idis *u.* idos⟩ F **1** *Gattin des Nereus, Mutter der 50 Nereiden* **2** Meer

Dōrius ⟨a, um⟩ ADJ **1** dorisch **2** griechisch **3** ernst

★**dormīre** ⟨iō, īvī, ītum 4.⟩ **1** schlafen; **dormitum (ab)ire** schlafen gehen **2** *fig* untätig/unbekümmert sein

dormītāre ⟨ō, āvī, - 1.⟩ **1** schläfrig sein **2** *fig* gedankenlos sein **3** *fig* dem Erlöschen nahe sein

dormītātor ⟨ōris⟩ M Träumer

dormītor ⟨ōris⟩ M Schläfer

dormītōrium ⟨ī⟩ N **1** Schlafzimm **2** (*mlat.*) Schlafraum der Mönche

dormītōrius ⟨a, um⟩ ADJ Schlaf…

dorsum ⟨ī⟩ N *u.* **dorsus** ⟨ī⟩ M **1** R cken **2** Bergrücken **3** Damm

dōs ⟨dōtis⟩ F **1** Mitgift, Aussteuer **2** Gabe; Begabung, Talent, **ingenii** d Geistes

dosis ⟨is⟩ F (*nlat.*) Menge der Arzneig be

dōtālis ⟨e⟩ ADJ als Mitgift

dōtāre ⟨ō, āvī, ātum 1.⟩ mit einer Au steuer ausstatten

dotātus ⟨a, um⟩ ADJ reichlich ausg stattet, reich

drachma ⟨ae⟩ F Drachme, *griech.* bermünze

drach(u)missāre ⟨ō, -, - 1.⟩ für ei Drachme arbeiten

dracō ⟨ōnis⟩ M Schlange, Drache

Dracō ⟨ōnis⟩ M *athenischer Aristokr der das Strafrecht verschärfte u. schriftl festlegte*

drāma ⟨atis⟩ N Schauspiel, Drama

rāpeta ⟨ae⟩ M entlaufener Sklave
raucus ⟨ī⟩ M Lustknabe
ravus ⟨ī⟩ M *Fluss in Pannonien*
repana ⟨ōrum⟩ NPL = **Drepanum**
repanitānus A ⟨a, um⟩ ADJ aus
repanum B ⟨ī⟩ M Einwohner von Dre-
anum
repanum ⟨ī⟩ N *Stadt an der Westküste
iziliens, heute Trapani*
romas ⟨adis⟩ M Dromedar
rōpax ⟨acis⟩ M Pechpflaster, Enthaa-
ungsmittel
ruentia ⟨ae⟩ M *Nebenfluss der Rhône,
eute Durance*
ruidae ⟨ārum⟩ MPL *u.* **Druidēs**
um⟩ MPL die Druiden, *kelt. Priester*
rūsiānus ⟨a, um⟩ ADJ des Drusus
rūsilla ⟨ae⟩ F *Frauenname in der Fami-
e der Drusi*
rūsus ⟨ī⟩ M *Beiname in der gens Livia
. gens Claudia;* → **Livius** *u.* → **Claudius**
1 **M. Livius** ~ *Gegner des C. Gracchus* 2
. Livius ~ *Sohn von 1, Volkstribun 91
Chr.* 3 **Claudius Nero** ~ *meist nur Dru-
us genannt, Stiefsohn des Augustus, Statt-
alter in Germanien, gestorben 9 v. Chr.*
yas ⟨adis⟩ F Baumnymphe
ālis ⟨e⟩ ADJ zwei enthaltend
bia ⟨ōrum⟩ NPL gefährliche/missli-
he Lage
bitābilis ⟨e⟩ ADJ zweifelhaft
bitāre ⟨ō, āvī, ātum 1.⟩ 1 (be)zwei-
ln; **de fide** ~ an der Treue zweifeln;
on ~, **quin** nicht daran zweifeln, dass
2 schwanken, zögern
bitātiō ⟨ōnis⟩ F 1 Zweifel, Unge-
ssheit; ~ **est** es besteht Zweifel; **dubi-
tionem habere** bezweifelt werden 2
nschlüssigkeit, Bedenken
bium ⟨ī⟩ N Zweifel, Gefahr, gefährli-
e Lage; **sine dubio** zweifellos; **in** ~ **vo-
re** bezweifeln, aufs Spiel setzen
bius ⟨a, um, *adv* dubiē⟩ ADJ 1 *(im
tschluss)* schwankend, unschlüssig 2
eg usw.) zweifelhaft, ungewiss, unsi-
er, strittig, zweideutig 3 *(Lage)* be-
nklich, misslich, gefährlich
cātus ⟨ūs⟩ M Feldherrnwürde, -amt,
mmando
cēnī ⟨ae, a⟩ NUM DISTR je zweihun-
rt
centēsimus ⟨a, um⟩ NUM ORD der
eihundertste

★**du-centī** ⟨ae, a⟩ NUM CARD zweihundert
ducentiē(n)s ADV zweihundertmal
★**dūcere** ⟨dūcō, dūxī, ductum 3.⟩ 1 führen, **puerum** einen Knaben 2 weg-, hinführen; **se** ~ sich fortschleichen 3 *(eine Frau)* heiraten; **virginem in matrimonium** ~ ein Mädchen heiraten 4 abführen, **in carcerem** ins Gefängnis 5 MIL anführen, kommandieren; **agmen** ~ die Vorhut bilden 6 mit sich führen, mitbringen 7 aufführen, **pompam** einen Festzug 8 herbeiführen 9 *fig* verursachen 10 *fig* ab-, herleiten, **genus a Venere** sein Geschlecht von Venus 11 *fig* verführen, verleiten; veranlassen 12 irreführen, betrügen 13 ziehen, hinter sich herziehen 14 herausziehen, **sortem** ein Los; **verba** ~ Worte herausstoßen 15 einziehen, einatmen 16 an sich ziehen, anziehen; *fig* an sich bringen, annehmen, bekommen; **arcum** ~ den Bogen spannen 17 verziehen, verzerren, **vultum** das Gesicht 18 bilden, gestalten; schaffen; **lineam** ~ eine Linie ziehen 19 *fig* in die Länge ziehen 20 berechnen, schätzen; **parvi** ~ gering schätzen 21 hinzurechnen; **in hostes** ~ zu seinen Feinden zählen 22 **rationem** ~ Rücksicht nehmen, ins Auge fassen; **suam rationem** ~ an den eigenen Vorteil denken 23 meinen, glauben; halten für *etw; passiv* gelten für *etw;* **aliquem victorem** ~ j-n für den Sieger halten; **aliquid pro nihilo** ~ etw für nichts achten
ductāre ⟨ō, āvī, ātum 1.⟩ 1 mit sich führen 2 heimführen 3 befehligen 4 *fig* irreführen
ductim ADV in vollen Zügen
ductitāre ⟨ō, āvī, ātum 1.⟩ 1 mit sich führen; heiraten 2 *fig* betrügen
ductor ⟨ōris⟩ M 1 Führer 2 MIL Anführer, Heerführer
ductus[1] ⟨a, um⟩ PPP → **ducere**
ductus[2] ⟨ūs⟩ M 1 das Ziehen, das Aufführen, **muri** einer Mauer 2 Richtung, Zug 3 MIL Führung, Kommando
★**dū-dum** ADV 1 seit längerer Zeit; **iam** ~ schon längst 2 neulich
duellum ⟨ī⟩ N *(mlat.)* Zweikampf, Duell
dulce ⟨is⟩ N Süßigkeit
dulcēdō ⟨inis⟩ F 1 Süße, Süßigkeit 2 *fig* Reiz, Zauber 3 Lust, Trieb, Verlangen

dulcēscere ⟨ēscō, -, - 3.⟩ süß werden
dulciārius ⟨a, um⟩ ADJ Kuchen..., Zucker...
dulciculus ⟨a, um⟩ ADJ süßlich, lieblich
dulci-fer ⟨fera, ferum⟩ ADJ süß
★**dulcis** ⟨e, *adv* dulce *u.* dulciter⟩ ADJ 1 süß; **aqua ~** Süßwasser 2 *fig* angenehm, **auditu** zu hören 3 *fig* lieb, geliebt, liebenswürdig
dulcitūdō ⟨inis⟩ F Süßigkeit
dūlicē ADV wie ein frecher Sklave
★**dum** A ADV *nachgestellt* 1 noch; **nondum** noch nicht; **vixdum** kaum noch 2 (*nach Imp.*) doch; **agedum** los doch 3 unterdessen B KONJ 1 (*zeitl.*) während, *+ind präs*; **~ haec geruntur** während dies geschieht 2 solange als, *+ind* **~ spiro, spero** solange ich atme, hoffe ich 3 (*zeitl.*) so lange bis, bis, *+ind/bei final Nebensinn +konjkt* 4 (*in Wunschsätzen*) wenn nur, wenn bloß, *+konjkt*; **oderint, ~ metuant** mögen sie (mich) hassen, wenn sie (mich) nur fürchten
dūmētum ⟨ī⟩ N wilde Hecke, Dickicht, Gestrüpp, *auch fig*
★**dum-modō** KONJ wenn nur, wenn bloß, sofern nur, *+konjkt*
Dumnorīx ⟨īgis⟩ M *Bruder u. Gegner des Diviciacus, Feind Caesars*
dūmōsus ⟨a, um⟩ ADJ mit Gestrüpp bewachsen
dum-taxat ADV 1 genau genommen, recht betrachtet 2 höchstens, lediglich; **non ~ ... sed etiam** nicht nur ... sondern auch 3 wenigstens 4 natürlich
dūmus ⟨ī⟩ M Gestrüpp, Gebüsch
★**duo** ⟨ae, o⟩ NUM CARD zwei
duo-deciē(n)s ADV zwölfmal
duo-decim *indekl* NUM CARD zwölf
duo-decimus ⟨a, um⟩ NUM ORD der zwölfte
duo-dēnī ⟨ae, a⟩ NUM DISTR je zwölf
duo-virī ⟨ōrum⟩ MPL = **duumviri**
dupla ⟨ae⟩ F doppelter Preis
★**du-plex** A ⟨icis, *adv* dupliciter⟩ ADJ 1 doppelt 2 beide; **duplices palmae** beide Hände 3 *fig* doppeldeutig B ⟨icis⟩ N das Doppelte
duplicāre ⟨ō, āvī, ātum 1.⟩ 1 verdoppeln 2 RHET (*ein Wort*) unmittelbar wiederholen 3 (*Reich, Ruhm*) vergrößern, vermehren, erhöhen

duplicārius A ⟨a, um⟩ ADJ doppelte Sold und doppelte Ration erhaltend B ⟨ī⟩ M Gefreiter
duplicātiō ⟨ōnis⟩ F Verdoppelung
dupliō ⟨ōnis⟩ F das Doppelte
duplum ⟨ī⟩ N das Doppelte; **poenae** doppelte Strafe
du-plus ⟨a, um⟩ ADJ doppelt (so groß
dupondiārius ⟨a, um⟩ ADJ zwei A wert
du-pondius ⟨ī⟩ M Zwei-As-Münze
dūra ⟨ōrum⟩ NPL Not, Elend
dūrābilis ⟨e⟩ ADJ dauerhaft
dūrāmentum ⟨ī⟩ N Dauerhaftigkeit
★**dūrāre** ⟨ō, āvī, ātum 1.⟩ A V/T 1 hä ten, hart machen; **lac ~** Milch zum Ge rinnen bringen; **pelle cortice ~** ein Fe gerben 2 (*Fisch, Weintrauben*) trockne dörren, rösten 3 (*Person*) abhärte kräftigen 4 aushalten, ertragen, **lab rem** harte Arbeit B V/I 1 hart werde sich verhärten 2 (*Boden*) austrockne 3 (aus)halten 4 (*Krieg*) fortdauern, b stehen, bleiben
dūrēscere ⟨dūrēscō, dūruī, - 3.⟩ ha steif werden
dūritās ⟨ātis⟩ F Härte, Unfreundlic keit
dūriter ADV → durus
dūritia ⟨ae⟩ F *u.* **dūritiēs** ⟨ēī⟩ F Härte 2 *fig* Abhärtung 3 Hartherzi keit, Strenge 4 Druck, drückende La Beschwerden
Durrachium ⟨ī⟩ N = **Dyrr(h)achium**
dūruī → durescere
★**dūrus** ⟨a, um, *adv* dūrē *u.* dūriter⟩ A 1 hart 2 hart, herb; hart klingend rau, schwerfällig 4 unschön, steif *fig* roh, ungebildet; **vultu duro** mit u verschämter Miene 6 (*Stamm*) abgeh tet, ausdauernd 7 (*Person, Charakt* unempfindlich, gefühllos, hartherzig (*Klima usw.*) rau, unfreundlich; **hie dura** strenger Winter 9 (*Zustand*) b schwerlich, mühsam 10 misslich, g fährlich, ungünstig, unglücklich
duumvirātus ⟨ūs⟩ M Duumvirat
duumvirī ⟨ōrum⟩ MPL 1 Duumvi Kommission von zwei Männern, *in Ro* **~ perduellionis** Untersuchungsrich bei Hochverrat; **~ navales** Behörde Überwachung der Flottenausrüstung **aedi faciendae** Behörde für den Te

›elbau; ~ **sacrorum** Behörde zur Auf-,icht über die Sibyllinischen Bücher; → **decemviri** *u.* **quindecimviri** 2 *außer-·alb Roms*: ~ **(iuri dicundo)** Bürgermeis-·er

ux ⟨ducis⟩ M *u.* F 1 Führer(in), Lei-·er(in) 2 *fig* Anführer; **naturā duce** un-·er Führung der Natur 3 MIL Befehlsha-·er 4 Vorstand 5 Herrscher, Fürst

ūxī → ducere

ymē ⟨ēs⟩ F *alte Stadt im NW Achaias, ·eim heutigen Kato-Achaia*

ynamis ⟨is⟩, *akk* ⟨in⟩ F Menge

yrr(h)achīnus A ⟨a, um⟩ ADJ aus ·yrrhachium B ī M Einwohner von Dyr-·achium

yrr(h)achium ⟨ī⟩ N *Küstenstadt in Il-·rien, früher Epidamnos, im Gebiet des ·eutigen Albanien, heute Durres*

E

E ABK 1 = **emeritus** ausgedient 2 = **vocatus** vorgeladen 3 **e. g.** = **exempli ·atiā** (*nlat.*) zum Beispiel 4 **e. o.** = **ex ·ficio** (*nlat.*) von Amts wegen 5 **E. Q.** = **eques Romanus** römischer Ritter

ex A PRÄF 1 aus-, heraus-; **ex-ire** he-·us-gehen 2 empor-, er-; **ex-struere** ·richten 3 völlig; **ef-ficere** vollenden ·sehr; **e-durus** sehr hart 5 ent-, ver-; **-armare** ent-waffnen 6 (*vor Titeln*) ·emalig, Ex-; **ex-consul** ehemaliger ·nsul B PRÄP *+abl, e vor Kons., ex vor Vo-·l u. h* 1 (*örtl.*) aus, aus ... heraus; von ·herab/hinab; von ... her; **venire ex ·be** aus der Stadt kommen; **malum ex ·bore pendet** der Apfel hängt am ·um 2 (*Verben des Wahrnehmens*) von, ·s; **accipere ex amicis** von den Freun-·n erfahren 3 (*zeitl.*) von ... an, seit; **ex ·die** von diesem Tag an 4 (*zeitl.*) (un-·ttelbar) nach, sogleich nach; **ex inter-·lo** nach einiger Zeit 5 (*Herkunft, Ab-·mmung*) aus, von, von ... aus; **esse ·Ithaca** aus Ithaka stammen; **amicus ·hoste factus est** aus dem Feind ist ein Freund geworden 6 (*partitiv*) von, unter; **unus ex multis** einer von vielen 7 (*Stoff*) aus, von; **statua ex marmore** Statue aus Marmor 8 (*Ursache*) aus, wegen, infolge von, durch, an; **laborare ex pedibus** an den Füßen leiden 9 (*Regel*) gemäß, zufolge, kraft, nach, in Hinsicht auf, mit Rücksicht auf; **e sententia** nach Wunsch; **ex libidine** nach Belieben; **ex ordine** der Reihe nach; **ex ratione alicuius rei** mit Rücksicht auf etw 10 (*Wendungen*) **e/ex contrario** im Gegenteil; **e vestigio** sogleich; **ex ea parte** auf dieser Seite; **ex eo quod** deshalb weil; **ex improviso/inopinato** plötzlich, unvermutet; **ex memoria** auswendig

eā ADV dort, da

eādem ADV 1 ebenda 2 ebenso 3 zugleich; ~ ... ~ bald ... bald

eampse = **eam ipsam**; → ipse

eā-propter = **propterea**

eāpse = **eā ipsā**; → ipse

eā-tenus ADV insoweit, insofern; ~ **quoad/qua** so weit als

ebenum ⟨ī⟩ N Ebenholz

ebenus ⟨ī⟩ F 1 Ebenholzbaum 2 Gestell aus Ebenholz

ē-bibere ⟨bibō, bibī, - 3.⟩ 1 austrinken 2 *fig* vertrinken, verprassen

ē-bītere ⟨ō, -, - 3.⟩ ausgehen

ē-blandīrī ⟨ior, ītus sum 4.⟩ durch Schmeicheln gewinnen; **eblanditus** durch Schmeichelei gewonnen

eboreus ⟨a, um⟩ ADJ aus Elfenbein

ēbrietās ⟨ātis⟩ F Trunkenheit, Rausch

ēbriolus ⟨a, um⟩ ADJ angetrunken

ēbriōsitās ⟨ātis⟩ F Trunksucht

ēbriōsus A ⟨a, um⟩ ADJ 1 betrunken 2 *fig* saftreich B ⟨ī⟩ M Trunkenbold

ēbrius ⟨a, um⟩ ADJ 1 betrunken 2 *fig* gesättigt 3 *fig* reichlich

ē-bullīre ⟨iō, īvī *u.* iī, - 4.⟩ A V/I heraussprudeln B V/T 1 heraussprudeln; **animam** ~ sterben 2 *fig* prahlen, **virtutes** mit seinen Tugenden

ebur ⟨oris⟩ N 1 Elefant 2 Elfenbein 3 *Gegenstand aus Elfenbein*: Elfenbeinbild, -flöte, -sessel

eburātus ⟨a, um⟩ ADJ mit Elfenbein ausgelegt

eburneolus ⟨a, um⟩ ADJ aus Elfenbein

eburneus *u.* **eburnus** ⟨a, um⟩ ADJ 1 elfenbeinern 2 weiß wie Elfenbein

Eburōnēs ⟨um⟩ MPL *germ. Stamm in Belgien, Hauptstadt Atuatuca*
ec- PRÄF = **e**², ex
ē-castor INT bei Kastor!
Ecbatana ⟨ōrum⟩ NPL *Hauptstadt von Medien, heute Hamadan*
eccam = **ecce eam**; → ecce
★**ec-ce** INT siehe!, sieh da!, *+nom/ +akk*; ~ me da bin ich; ~ **homo** (*nlat.*) seht, welch ein Mensch!
ecce-re ADV fürwahr!, da haben wir's!
eccillam = **ecce illam**; → ecce
ecclēsia ⟨ae⟩ F 1 griechische Volksversammlung 2 (*eccl.*) Kirche
ecclēsiasticus ⟨a, um⟩ ADJ (*eccl.*) kirchlich
eccōs = **ecce eos**; → ecce
eccum = **ecce eum**; → ecce
ecf... = **eff...**
echidna ⟨ae⟩ F Natter, Schlange
echīnus ⟨ī⟩ M 1 Seeigel 2 Spülnapf
ēchō ⟨ūs⟩ F Widerhall, Echo
Ēchō ⟨ūs⟩ F *eine Waldnymphe*
ecloga ⟨ae⟩ F auserlesenes Schriftstück, kleines Gedicht; Ekloge, Hirtengedicht
ec-quandō ADV 1 wann wohl jemals? 2 wohl jemals
ecquī ⟨ecqua *u.* ecquae, ecquod⟩ INT PR wohl irgendein?; *indir.* ob wohl einer; ~ **est iudex, qui ...?** gibt es wohl einen Richter, der ...?
ecquid ADV 1 (*im dir. Fragesatz*) denn etwa?, denn wohl? 2 (*indir.*) ob wohl, ob etwa
ecquis ⟨ecquid⟩ INT PR *dir.* wohl jemand?; *indir.* ob wohl jemand; **ecquid interest?** was ist denn der Unterschied?
ecquō ADV wohin wohl?
ectypus ⟨a, um⟩ ADJ herausgeschnitten, erhaben (gearbeitet)
eculeus ⟨ī⟩ M 1 Pferdchen, Fohlen 2 hölzernes Folterpferd
ecus ⟨ī⟩ M = **equus**
ed. ABK = **edidit** er hat herausgegeben; → edere²
edācitās ⟨ātis⟩ F Gefräßigkeit
edāx ⟨ācis⟩ ADJ 1 gefräßig 2 nagend
edd. ABK = **ediderunt** sie haben herausgegeben; → edere²
ē-dentāre ⟨ō, āvī, ātum 1.⟩ zahnlos machen
ēdentulus ⟨a, um⟩ ADJ zahnlos, alt

edepol INT bei Pollux!, bei Gott!
edera ⟨ae⟩ F = **hedera**
★**edere**¹ ⟨edō, ēdī, ēsum 3.⟩ 1 essen, verzehren 2 (*Feuer*) zernagen, zerstö[ren]; *Kurzformen*: **ēsse** essen; **ēst** er iss[t]; **ēssem** ich würde essen
★**ē-dere**² ⟨ēdō, ēdidī, ēditum 3.⟩ 1 h[e]rausgeben, von sich geben 2 aushau[chen]; **animam** ~ sterben 3 (*Töne*) au[s]stoßen 4 gebären; (*vom Mann*) zeuge[n] 5 (*Erde usw.*) hervorbringen 6 (*Schr[if]ten*) herausgeben, **librum** ein Buch 7 (*Gerüchte*) verbreiten 8 (*Befehle*) erla[s]sen 9 POL, JUR vorschlagen 10 nenne[n], verraten; verkünden; **consilia hostium** Pläne der Feinde verraten; **bella** ~ Kri[e]ge besingen; **oraculum** ~ ein Orakel ve[r]künden 11 *fig* verursachen, bewirke[n]; **proelium** ~ eine Schlacht liefern; **lud[os]** ~ Spiele veranstalten; **gladiatores** Gladiatoren auftreten lassen 12 in d[ie] Höhe heben
Edessa ⟨ae⟩ F 1 *alte Hauptstadt Ma[ke]doniens* 2 *Stadt in Mesopotamien*; **Ede[s]saeus** ⟨a, um⟩ ADJ aus Edessa
ēdī → edere¹
★**ē-dīcere** ⟨dīcō, dīxī, dictum 3.⟩ 1 au[s]sagen, verkünden, veröffentlichen amtlich ankündigen, festsetzen, vero[rd]nen, befehlen
ēdictāre ⟨ō, āvī, ātum 1.⟩ offen h[er]aussagen
ēdictiō ⟨ōnis⟩ F Bekanntmachung
★**ēdictum** ⟨ī⟩ N 1 Ausspruch, Satz 2 [öf]fentliche Bekanntmachung, Vero[rd]nung, Verfügung 3 prätorisches Edik[t]
ē-dictus ⟨a, um⟩ PPP → edicere
ē-didī → edere²
ē-discere ⟨discō, didicī, - 3.⟩ ausw[en]dig/genau lernen, kennenlernen; *p*[...] wissen, kennen
ē-disserere ⟨disserō, disseruī, diss[er]tum 3.⟩ *u.* **ēdissertāre** ⟨ō, āvī, ātu[m] 1.⟩ ausführlich besprechen, erörte[rn], vortragen
ēditīcius ⟨a, um⟩ ADJ vorgeschlage[n]
ēditiō ⟨ōnis⟩ F 1 (*einer Schrift*) Hera[us]gabe 2 Angabe 3 JUR Vorschlag
ēditum ⟨ī⟩ N Anhöhe
ē-ditus¹ ⟨a, um⟩ PPP → edere²
ēditus² ⟨a, um⟩ ADJ 1 emporrage[nd], hoch 2 **conclave editum** Zimmer Obergeschoss

-dīxī → edicere
-docēre ⟨doceō, docuī, doctum 2.⟩
1 gründlich lehren, genau berichten; ›ueros linguam Latinam ~ die Jungen ‹ie lateinische Sprache lehren 2 be-›achrichtigen, in Kenntnis setzen; edoc-us omnia per legatos durch Gesandte ›on allem gut unterrichtet
-dolāre ⟨ō, āvī, ātum 1.⟩ 1 zurecht-immern 2 vollenden
-domāre ⟨ō, uī, itum 1.⟩ völlig bezäh-›en, bezwingen
dōnī ⟨ōrum⟩ MPL *thrakischer Stamm*;
dōnis ⟨idis⟩ ADJ F *u.* Ēdōnus ⟨a, m⟩ ADJ edonisch, *auch* thrakisch
dormīre ⟨iō, īvī, ītum 4.⟩ *u.* ēdor-nīscere ⟨īscō, -, - 3.⟩ A V/I ausschla-en B V/T *etw* verschlafen
ducāre ⟨ō, āvī, ātum 1.⟩ 1 aufzie-en, ernähren; filium ~ den Sohn groß-iehen; *passiv* aufwachsen 2 erziehen
ducātiō ⟨ōnis⟩ F Erziehung
ducātor ⟨ōris⟩ M Erzieher
dūcere ⟨dūcō, dūxī, ductum 3.⟩ 1 erausziehen, sortem ein Los 2 her-us-, hinausführen; lacum ~ einen See ›leiten 3 vor Gericht holen 4 (*Trup-en*) ausrücken lassen 5 emporheben fig rühmen; aliquem in astra ~ j-n den Sternen erheben 7 (*Bauten*) er-chten 8 *fig* großziehen, filium den ›hn 9 (*Zeit*) verbringen; verleben
ūlis ⟨e⟩ ADJ essbar
ūrus ⟨a, um⟩ ADJ ganz hart
dūxī → educere
-farcīre ⟨farciō, -, fertum 4.⟩ voll-opfen, ausfüllen
fārī ⟨for, fātus sum 1.⟩ 1 ausspre-en, sagen 2 weihen *durch heilige For-eln*; effatus geweiht
ātum ⟨ī⟩ N 1 Ausspruch; Prophezei-g 2 PHILOS Satz, Behauptung
fēcī → efficere
ectiō ⟨ōnis⟩ F 1 Ausübung 2 wir-nde Kraft
ectīvus ⟨a, um⟩ ADJ bewirkend
ector ⟨ōris⟩ M Schöpfer, Urheber
ectus[1] ⟨a, um⟩ ADJ verarbeitet, ent-ckelt
ectus[2] ⟨ūs⟩ M 1 Ausführung, Voll-dung, operis eines Werkes; in effectu Bau 2 Ausführbarkeit 3 Wirksamkeit Wirkung, Erfolg

ef-fectus[3] ⟨a, um⟩ PPP → efficere
ef-fēmināre ⟨ō, āvī, ātum 1.⟩ 1 weibliches Geschlecht beilegen, *aliquid* einer Sache 2 verweichlichen
effēminātus ⟨a, um, *adv* effēminātē⟩ ADJ weichlich, weibisch
ef-ferāre ⟨ō, āvī, ātum 1.⟩ wild machen; mores ~ die Sitten verwildern lassen
efferbuī → effervescere
ef-fercīre ⟨ferciō, fersī, fertum 4.⟩ = effarcire
★ef-ferre ⟨efferō, extulī, ēlātum 0.⟩ 1 heraustragen, -bringen, wegtragen, -bringen, entfernen; pedem portā ~ vor die Tür treten; laborem ~ Mühe aufwenden 2 beerdigen 3 *fig* (Früchte) tragen 4 ausdrücken, aussprechen; clandestina ~ Geheimnisse ausplaudern; famam ~ ein Gerücht verbreiten 5 (*über das Ziel hinaus*) fortführen, -reißen 6 (*Schmerz usw.*) hinreißen; *passiv* sich hinreißen lassen, iracundiā vom Zorn 7 in die Höhe heben; *passiv u.* se ~ *fig* emporsteigen, zum Vorschein kommen; bracchia ~ die Arme heben; pulverem ~ Staub aufwirbeln 8 erheben, erhöhen 9 *fig* hochmütig machen; *passiv u.* se ~ hochmütig werden 10 (*mit Worten*) preisen
ef-fersī → effercire
effertus ⟨a, um⟩ ADJ vollgestopft
ef-ferus ⟨a, um⟩ ADJ wild, roh, verwildert
ef-fervere ⟨fervō, ferbuī *u.* fervī, - 3.⟩ 1 sieden 2 (*Sterne*) aufleuchten 3 *fig* aufbrausen
ef-fervēscere ⟨ō, -, - 3.⟩ 1 = effervere 2 *fig* herausbrausen; hervorströmen; Aetna effervescit der Ätna bricht aus
ef-fētus ⟨a, um⟩ ADJ erschöpft, geschwächt, kraftlos
efficācitās ⟨ātis⟩ F Wirksamkeit
efficāx ⟨ācis, *adv* efficāciter⟩ ADJ wirksam, erfolgreich
★ef-ficere ⟨ficiō, fēcī, fectum 3.⟩ 1 hervorbringen; ager plurimum efficit der Acker bringt sehr hohen Ertrag 2 (*Zahlen*) herauskommen 3 schaffen, bauen, herstellen; pontem ~ eine Brücke bauen 4 auf- zusammenbringen, pecuniam Geld 5 zu *etw* machen; servum meliorem ~ den Sklaven besser machen 6

(*Veränderungen*) zustande bringen, durchsetzen, vollenden, bewirken 7 PHILOS beweisen, schließen; **ex quo efficitur** daraus folgt

efficiēns ⟨entis, *adv* efficienter⟩ ADJ wirkend, wirksam; **causa ~** Entstehungsgrund

E

efficientia ⟨ae⟩ F Wirksamkeit

effigiēs ⟨ēī⟩ F 1 Nachbildung, Bild 2 Schatten-, Traumbild 3 Gestalt, Erscheinung 4 *fig* Abbild, Ebenbild 5 Ideal, **iusti imperii** einer gerechten Herrschaft

ef-fingere ⟨fingō, fīnxī, fictum 3.⟩ 1 streicheln 2 ab-, wegwischen; **sanguinem e foro** das Blut vom Forum 3 schaffen, nachbilden 4 *fig* nachahmen, ausdrücken, darstellen; schildern

ef-fīō → efficere

ef-flāgitāre ⟨ō, āvī, ātum 1.⟩ dringend verlangen, fordern

efflāgitātiō ⟨ōnis⟩ F dringendes Verlangen, Forderung

efflāgitātus, *nur abl* ⟨ū⟩ M = **efflagitatio**; **efflāgitātū** auf Verlangen

ef-flāre ⟨ō, āvī, ātum 1.⟩ ausblasen, -hauchen; **(animam) ~** sterben

ef-flēre ⟨eō, ēvī, ētum 2.⟩ ausweinen, **oculos** sich die Augen

ef-flīctāre ⟨ō, āvī, ātum 1.⟩ totschlagen

ef-flīgere ⟨flīgō, flīxī, flīctum 3.⟩ totschlagen, umbringen

ef-flōrēscere ⟨ēscō, uī, - 3.⟩ 1 erblühen 2 *fig* aufblühen

ef-fluere ⟨fluō, flūxī, - 3.⟩ 1 herausfließen 2 *fig* überfließen 3 (*Gegenstand*) entgleiten, entfallen 4 *fig* bekannt werden 5 (*Zeit*) verschwinden, vergehen

effluvium ⟨ī⟩ N Ausfluss

ef-fōcāre ⟨ō, -, - 1.⟩ = **offocare**

ef-fodere ⟨fodiō, fōdī, fossum 3.⟩ 1 aus-, aufgraben; **oculos alicui ~** j-m die Augen ausstechen 2 umgraben, umwühlen, durchwühlen

ef-for → effari

effrāctārius ⟨ī⟩ M Einbrecher

ef-frāctus ⟨a, um⟩ PPP → effringere

ef-frēgī → effringere

ef-frēnātiō ⟨ōnis⟩ F Zügellosigkeit

ef-frēnātus ⟨a, um⟩ ADJ 1 abgezäumt 2 *fig* zügellos, wild

ef-frēnus ⟨a, um⟩ ADJ = **effrenatus**

ef-fricāre ⟨fricō, -, - 1.⟩ abreiben

ef-fringere ⟨fringō, frēgī, frāctum 3. aufbrechen; zerschmettern

★**ef-fugere** ⟨fugiō, fūgī, fugitūrus 3. A V/I entfliehen, entkommen, **ex vincu lis** aus dem Gefängnis B V/T fliehen, ve meiden, entgehen; **insidias ~** Nachste lungen entgehen; **me effugit** es entgeh mir

effugium ⟨ī⟩ N 1 Flucht 2 Auswe Mittel/Gelegenheit zur Flucht

ef-fulgēre ⟨fulgeō, fulsī, - 2.⟩ hervo leuchten, -schimmern

ef-fultus ⟨a, um⟩ ADJ gestützt, liegen **foliis ~** auf Laub

★**ef-fundere** ⟨fundō, fūdī, fūsum 3.⟩ (*Flüssigkeit*) ausgießen, verschütten, **v num** Wein 2 ausschütten; **numm** Münzen 3 (*Reiter, Wagen usw.*) ausse den, forttreiben; *passiv u.* **se ~** hinau strömen, -eilen; **obviam se ~** entgege eilen 4 loslassen, freilassen; **se ~ in lib dine** seiner Leidenschaft freien Lauf la sen 5 aushauchen, **vitam** das Leben (*Geschosse*) werfen, schleudern; **tuba s num effundit** die Tuba schmette **questūs ~** Klagen ausstoßen 7 niede werfen; **currum ~** den Wagen umwerf 8 (*Besitz, Kräfte usw.*) verschleuder vergeuden

effūsiō ⟨ōnis⟩ F 1 das Ausgießen 2 das Herausströmen 3 *fig* Verschwe dung; Sucht 4 *fig* Ausgelassenheit

★**effūsus**[1] ⟨a, um, *adv* effūsē⟩ ADJ 1 (*F che*) ausgedehnt, weit; *adv* weit u breit 2 MIL zerstreut, ungeordnet 3 l gelassen, aufgelöst; **cursu effuso** in g strecktem Lauf 4 (*Ausdruck*) weitläu 5 (*Person*) verschwenderisch 6 (*Jub* übertrieben

ef-fūsus[2] ⟨a, um⟩ PPP → effundere

ef-fūtīre ⟨iō, īvī *u.* iī, ītum 4.⟩ hera schwatzen, ausplaudern

ef-futuere ⟨futuō, futuī, futūtum durch Unzucht erschöpfen, verschwe den

ē-gelidus ⟨a, um⟩ ADJ lau, kühl

egēns ⟨entis⟩ ADJ bedürftig, arm; **o nium rerum ~** arm an allen Dingen

egēnus ⟨a, um⟩ ADJ bedürftig, a **omnium ~** ohne jegliche Hilfe

★**egēre** ⟨eō, uī, - 2.⟩ 1 Not leiden 2 tig haben, brauchen, **consilii/cons** (*abl*) Rat 3 entbehren, vermissen,

:uius rei/re etw
-gerere ⟨gerō, gessī, gestum 3.⟩ 1
hinausbringen, fortschaffen 2 ausspei-
n; *passiv* sich ergießen 3 *fig* vertreiben;
noctem ~ die Nacht verbringen
geria ⟨ae⟩ F *Gattin Numas, nach dessen*
od in eine Quelle verwandelt
gerō ⟨ōnis⟩ M der *etw* wegschafft
gestās ⟨ātis⟩ F 1 bittere Armut, Not
2 Mangel, **animi** an Charakter
gestiō ⟨ōnis⟩ F 1 das Wegschaffen,
lünderung 2 MED Stuhlgang
gī → agere
-gignere ⟨ō, -, - 3.⟩ hervorbringen;
assiv hervorwachsen
gō *u.* **ego**, ⟨meī⟩, *dat* ⟨mihi *u.* mihī⟩,
kk ⟨mē⟩, *abl* ⟨mē⟩ PERS PR *1. Person sg*
:h
-gredī ⟨gredior, gressus sum 3.⟩ A
Ī 1 herausgehen, sich entfernen 2
IL ausrücken, abziehen, **(ex) castris**
us dem Lager 3 SCHIFF landen; abse-
eln 4 *fig* abschweifen, **a proposito**
om Thema 5 hinaufsteigen B V/T 1
erlassen, **urbem** die Stadt 2 über-
hreiten, *auch fig*
-regium ⟨ī⟩ N 1 rühmliche Tat,
uhm 2 PL Vorzüge, Tugenden
gregius ⟨a, um, *adv* ēgregiē⟩ ADJ 1
ervorragend, ausgezeichnet 2 ehren-
ll, rühmlich
ressiō ⟨ōnis⟩ F 1 das Herausgehen
fig Abschweifung vom Thema
gressus¹ ⟨a, um⟩ PPERF → egredi
ressus² ⟨ūs⟩ M 1 das Herausgehen,
s Erscheinen in der Öffentlichkeit 2
HIFF das Auslaufen; Landung 3 MIL
marsch 4 Ausgang *als Ort* 5 *(eines*
usses) Mündung
gurgitāre ⟨ō, -, - 1.⟩ herausschütten
em INT ha!, sieh da!
eu INT oh!, ach!, wehe!
o(dum) INT he!, heda!, hör mal!
NT wehe!; ~ **mihi** weh mir
INT 1 ei! 2 wohlan
aculārī ⟨or, ātus sum 1.⟩ heraus-
hleudern; **se** ~ emporschießen
cere ⟨iciō, iēcī, iectum 3.⟩ 1 her-
s-, hinauswerfen 2 ausstoßen, ver-
iben, verbannen; **uxorem** ~ die Ehe-
u verstoßen; **se** ~ hinauseilen 3
HIFF landen, anlegen; *passiv* stranden
(im Theater) auspfeifen; *passiv* durch-
fallen 5 verwerfen, abweisen
ē-iēcī → eicere
ēiectāre ⟨ō, -, - 3.⟩ auswerfen; ausspei-
en
ēiectiō ⟨ōnis⟩ F Verbannung
ēiectum ⟨ī⟩ N Vorsprung
ē-iectus¹ ⟨a, um⟩ PPP → eicere
ēiectus² ⟨a, um⟩ ADJ schiffbrüchig
ēiectus³ ⟨ūs⟩ M das Hervorstoßen
ēier... = **eiur...**
ēiulāre ⟨ō, āvī, ātum 1.⟩ aufheulen,
wehklagen
ēiulātiō ⟨ōnis⟩ F *u.* **ēiulātus** ⟨ūs⟩ M
lautes Geheul, Wehgeschrei
ē-iūrāre ⟨ō, āvī, ātum 1.⟩ 1 sich von
etw lossagen, *etw* förmlich ablehnen; **bo-**
nam copiam ~ sich für bankrott erklä-
ren 2 *(Amt)* feierlich niederlegen 3 *fig*
sich förmlich lossagen, **patriam** vom Va-
terland
ēiūrātiō ⟨ōnis⟩ F das feierliche Entsa-
gen, feierliche Amtsniederlegung
ēiusdem-modī von derselben Art
ēius-modī derart(ig), so beschaffen
ē-lābī ⟨lābor, lāpsus sum 3.⟩ 1 *(Lebe-*
wesen) herausgleiten, -schlüpfen; herab-
gleiten 2 *(Sache)* entgleiten 3 *(Person)*
entfliehen, entkommen 4 *(Hoffnung)*
vergehen 5 *(z. B. straflos)* davonkom-
men 6 *fig* geraten, **in servitutem** in
die Sklaverei
ē-labōrāre ⟨ō, āvī, ātum 1.⟩ A V/T
sorgfältig ausarbeiten, ausführen B V/I
sich bemühen, sich anstrengen
ē-languēscere ⟨languēscō, languī, -
3.⟩ erschlaffen, ermatten
ēlātiō ⟨ōnis⟩ F 1 Erhebung 2 *fig*
Schwung, **orationis** der Rede 3 *fig*
Überordnung
ē-lātus¹ ⟨a, um⟩ PPP → efferre
ēlātus² ⟨a, um, *adv* ēlātē⟩ ADJ 1 hoch
2 RHET erhaben 3 stolz, übermütig
ēlavāre ⟨ō, āvī, ātum 1.⟩ = **eluere**
Elea ⟨ae⟩ F *Stadt in Unteritalien;* **Eleā-**
tēs ⟨ae⟩ M Einwohner von Elea; **Eleā-**
ticus ⟨a, um⟩ ADJ aus Elea
ēlecebra ⟨ae⟩ F *von einer Prostituierten*
„Entlockerin" *des Geldes*
ēlectāre¹ ⟨ō, āvī, ātum 1.⟩ herauslo-
cken
ēlēctāre² ⟨ō, āvī, ātum 1.⟩ auswählen
ēlēctilis ⟨e⟩ ADJ auserlesen
ēlēctiō ⟨ōnis⟩ F 1 Auswahl 2 MIL Aus-

E

hebung

elector ⟨oris⟩ M (mlat.) Wähler, Kurfürst

Ēlectra ⟨ae⟩ F *Tochter des Agamemnon, Schwester des Orest u. der Iphigenie*

ēlectrum ⟨ī⟩ N **1** Bernstein **2** Elektron, *Legierung von drei Teilen Gold u. einem Teil Silber*

E

ēlēctus[1] ⟨a, um, *adv* ēlēctē⟩ ADJ auserlesen, ausgesucht

ēlēctus[2] ⟨ūs⟩ M Wahl

ē-lēctus[3] ⟨a, um⟩ PPP → eligere

★**ēlegāns** ⟨antis, *adv* ēleganter⟩ ADJ **1** geschmackvoll, fein **2** logisch, korrekt

ēlegantia ⟨ae⟩ F **1** feiner Geschmack **2** Gründlichkeit **3** RHET Korrektheit, logische Richtigkeit

ē-lēgāre ⟨ō, āvī, - 1.⟩ testamentarisch vermachen

elegē(i)a ⟨ae⟩ F *u.* **elegēum** ⟨ī⟩ N = **elegī**

elegī[1] ⟨ōrum⟩ MPL elegische Verse; Elegie

ē-lēgī[2] → eligere

elegīa ⟨ae⟩ F elegisches Gedicht

elementārius ⟨a, um⟩ ADJ zu den Anfangsgründen gehörig

★**elementum** ⟨ī⟩ N **1** PL Buchstaben, Alphabet **2** PHILOS Urstoff, Element **3** PL Anfänge, Anfangsgründe

elephantus ⟨ī⟩ M *u.* **elephās** ⟨antis⟩ M **1** Elefant **2** Elfenbein **3** MED Elephantiasis

Ēlēus **A** ⟨a, um⟩ ADJ aus Elis **B** ⟨ī⟩ M Einwohner von Elis

Eleusīn ⟨īnis⟩ F Eleusis, *Mittelpunkt des Demeterkultes, nordwestl. von Athen;* **Eleusīnius** ⟨a, um⟩ ADJ aus Eleusis

Eleutheria ⟨ōrum⟩ NPL die Eleutherien, *Fest zur Erinnerung an den Sieg der Griechen über die Perser bei Plataeae*

ē-levāre ⟨ō, āvī, ātum 1.⟩ **1** *(Augen)* auf-, hochheben **2** *(Kummer usw.)* mildern; schwächen **3** *fig* verkleinern, herabsetzen

ēlevātiō ⟨ōnis⟩ F **1** das Aufheben **2** *fig* ironisches Lobpreisen, Verhöhnung

Ēlias ⟨adis⟩ ADJ F aus Elis

ē-licere ⟨liciō, licuī, licitum 3.⟩ **1** *(Feind)* heraus-, herbeilocken **2** *(durch Zauberformeln)* herbeirufen **3** *fig* reizen **4** *(Antwort usw.)* entlocken **5** *fig* ermitteln

ē-līdere ⟨līdō, līsī, līsum 3.⟩ **1** heraus schlagen, -stoßen; **oculi elisi** hervortre tende Augen **2** *(Schiffe usw.)* zerschla gen **3** *fig* vernichten

★**ē-ligere** ⟨ligō, lēgī, lēctum 3.⟩ **1** ausjä ten, ausreißen **2** *fig* auswählen

ē-līmāre ⟨ō, āvī, ātum 1.⟩ **1** feilen, b arbeiten **2** *fig* ausarbeiten

ē-līmināre ⟨ō, āvī, ātum 1.⟩ **1** a dem Haus treiben **2** *fig* ausplaudern

ē-linguāre ⟨ō, āvī, - 1.⟩ die Zunge a schneiden, **aliquem** j-m

ē-linguis ⟨e⟩ ADJ **1** sprachlos, stum **2** *fig* nicht redegewandt

ē-liquāre ⟨ō, -, ātum 1.⟩ filtern, durc seihen

Ēlis ⟨idis⟩ F *westlichste Landschaft der P loponnes mit gleichnamiger Hauptstadt*

ē-līsī → elidere

ēlīsiō ⟨ōnis⟩ F **1** das Herausstoßen, d Herauspressen **2** GRAM Elision

Elissa ⟨ae⟩ F = **Dido**

ē-līsus ⟨a, um⟩ PPP → elidere

Ēlius ⟨a, um⟩ ADJ *u.* ⟨ī⟩ M = **Eleus**

ellebor... = **hellebor...**

ellīpsis ⟨is⟩, *akk* ⟨in⟩ F GRAM Ausla sung *eines Wortes,* Ellipse

elluārī ⟨or, ātus sum 1.⟩ = **helluari**

elluātiō ⟨ōnis⟩ F = **helluatio**

ellum = **em illum**; → em

elluō ⟨ōnis⟩ M = **helluo**

ē-locāre ⟨ō, āvī, ātum 1.⟩ verpachte ~ **gentem** ein Volk zinspflichtig mach

ēlocūtiō ⟨ōnis⟩ F **1** Ausdruck, Stil RHET Ausformulierung

ēlocūtōria ⟨ae⟩ F Redekunst

ēlocūtōrius ⟨a, um⟩ ADJ Stil...

ēlocūtrīx ⟨īcis⟩ F Redekunst

ēlogium ⟨ī⟩ N **1** Spruch, (rühmen Inschrift **2** JUR Zusatz *im Testame* Klausel **3** Schuldregister

★**ēloquēns** ⟨entis, *adv* ēloquenter⟩ beredt

ēloquentia ⟨ae⟩ F Beredsamkeit

ē-loquī ⟨loquor, locūtus sum 3.⟩ aussprechen, äußern **2** vortragen

ēloquium ⟨ī⟩ N **1** = **elocutio** **2** = **e quentia**

ēlōtum PPP = **elautum**; → eluere

ēlūcēns ⟨entis⟩ ADJ heraus-, herv leuchtend

ē-lūcēre ⟨lūceō, lūxī, - 2.⟩ **1** herv leuchten **2** *fig* sichtbar werden,

ɜuszeichnen
-luctārī ⟨or, ātus sum 1.⟩ A V/I sich ɪerauskämpfen B V/T überwinden
-lūcubrāre ⟨ō, āvī, ātum 1.⟩ u. ē-lū-cubrārī ⟨or, ātus sum 1.⟩ bei Licht ɜusarbeiten, bei Licht schreiben
-lūdere ⟨lūdō, lūsī, lūsum 3.⟩ A V/I 1 pielend heranplätschern 2 (einem ɪieb) ausweichen B V/T 1 gewinnen, ɪliquem anulum einen Ring von j-m 2 ɪ alea ~ im Würfelspiel besiegen 3 usweichen, entgehen, hastas den Lan-en 4 verspotten 5 vereiteln
lūdificārī ⟨or, ātus sum 1.⟩ zum Bes-en halten
luere A ⟨luō, luī, lūtum 3.⟩ V/T 1 us-, abwaschen, reinigen 2 fig entfer-en, maculas die Makel B ⟨luō, lāvī, ɪutum 3.⟩ V/I 1 (sich) baden 2 Schiff-ruch erleiden 3 sich ruinieren
lūgēre ⟨lūgeō, lūxī, - 2.⟩ A V/I die üb-che Zeit trauern B V/T betrauern
lūtus¹ ⟨a, um⟩ PPP → eluere
ūtus² ⟨a, um⟩ ADJ saft-, kraftlos
uviēs ⟨ēī⟩ F 1 Überschwemmung, ɪaris durch das Meer 2 Pfütze 3 aus-espülte Schlucht
uviō ⟨ōnis⟩ F Überschwemmung, ter-ɪrum der Landschaft
ysium ⟨ī⟩ N MYTH Wohnsitz der Seli-en; Ēlysius ⟨a, um⟩ ADJ elysisch
ɪ INT da!, sieh da!, da haben wir's!; ~ um da ist er!; ~ illam da ist sie!
ɪ. ABK (nlat.) = emeritus; → emereri
maceráre ⟨ō, -, ātum 1.⟩ ausmer-ɪln
mānāre ⟨ō, āvī, ātum 1.⟩ 1 heraus-eßen 2 fig entspringen, hervorgehen sich verbreiten, bekannt werden; ɪanat es wird bekannt
mancipāre ⟨ō, āvī, ātum 1.⟩ 1 ei-n Sohn für selbstständig erklären 2 ɪ Kind aus seiner Gewalt entlassen d einem anderen überlassen 3 fig erlassen, abtreten
ancipātiō ⟨ōnis⟩ F 1 (eines Sohnes) tlassung aus der väterlichen Gewalt 2 tretung von Grundstücken
manēre ⟨māneō, mānsī, mānsum ausbleiben
athia ⟨ae⟩ F Makedonien, Thessali- Ēmathides ⟨um⟩ FPL die Musen; ɪathis ⟨idis⟩ F u. Ēmathius ⟨a, um⟩ ADJ makedonisch, thessalisch
ē-mātūrēscere ⟨ēscō, uī, - 3.⟩ 1 völlig reif werden 2 fig nachlassen
emāx ⟨ācis⟩ ADJ kauflustig, -süchtig
emblēma ⟨atis⟩ N 1 Einlegearbeit, Mosaik 2 Relief
embolium ⟨ī⟩ N Streiterei unter Liebenden
★ē-mendāre ⟨ō, āvī, ātum 1.⟩ verbessern, vervollkommnen
ēmendātiō ⟨ōnis⟩ F Verbesserung
ēmendātor ⟨ōris⟩ M Verbesserer; Sittenrichter
ēmendātus ⟨a, um, adv ēmendātē⟩ ADJ fehlerfrei, korrekt
ē-mendīcāre ⟨ō, -, - 1.⟩ erbetteln
ē-mentīrī ⟨ior, ītus sum 4.⟩ erlügen, erdichten, vorgeben; ementitus auch passiv erlogen
ē-mentus ⟨a, um⟩ PPERF → eminisci
★emere ⟨emō, ēmī, ēmptum 3.⟩ 1 kaufen, domum de/a vicino ein Haus vom Nachbarn, magno teuer, parvo billig 2 pachten 3 fig bestechen 4 fig erkaufen
ē-merēre ⟨eō, uī, itum 2.⟩ u. ē-merērī ⟨eor, itus sum 2.⟩ 1 verdienen, sich Verdienste erwerben 2 MIL seinen Dienst ableisten
ē-mergere ⟨mergō, mersī, mersum 3.⟩ A V/T auftauchen lassen, emporheben; passiv u. se ~ auftauchen, emporkommen B V/I 1 auftauchen 2 sichtbar werden, sich zeigen 3 (Gestirn) aufgehen 4 sich herausarbeiten
ēmeritus ⟨a, um⟩ ADJ 1 ausgedient; alt; unbrauchbar 2 (nlat.) emeritiert, im Ruhestand
ē-metere ⟨metō, (messuī), messum 3.⟩ abmähen
ē-mētīrī ⟨mētior, mēnsus sum 4.⟩ 1 aus-, abmessen 2 fig durchwandern, tempus ~ eine Zeit durchleben; emensus auch passiv durchschritten 3 fig zumessen, zuteilen
ēmī → emere
ē-micāre ⟨ō, uī u. avī, ātum 1.⟩ 1 hervorzucken, -schießen, -springen 2 fig emporragen, hervorleuchten
ē-migrāre ⟨ō, āvī, ātum 1.⟩ auswandern, ausziehen; e vita ~ sterben
ēmīna ⟨ae⟩ F = hemina
ē-minārī ⟨or, ātus sum 1.⟩ drohend

E

aussprechen
ēminātiō ⟨ōnis⟩ F Androhung
ēminēns ⟨entis⟩ ADJ 1 hervorragend 2 *fig* ausgezeichnet
ēminentia[1] ⟨ium⟩ NPL RHET Glanzpartien
ēminentia[2] ⟨ae⟩ F 1 das Hervorragende, Erhöhung 2 (*mlat.*) Hoheit
★**ē-minēre** ⟨eō, uī, - 2.⟩ 1 heraus-, hervorragen 2 *fig* hervortreten, sichtbar werden 3 *fig* sich auszeichnen
ē-minīscī ⟨minīscor, mentus sum 3.⟩ ausdenken
ē-minus ADV von ferne, fern; ~ **pugnare** MIL in Schussweite kämpfen
ē-mīrārī ⟨or, ātus sum 1.⟩ anstaunen
ēmissārium ⟨ī⟩ N Abzugskanal
ēmissārius ⟨ī⟩ M Späher, Spion
ēmissīcius ⟨a, um⟩ ADJ spähend
ēmissiō ⟨ōnis⟩ F 1 das Schleudern, Wurf 2 das Loslassen
★**ē-mittere** ⟨mittō, mīsī, missum 3.⟩ 1 aussenden 2 MIL ausrücken lassen 3 abschießen, werfen, **hastam** eine Lanze 4 ablaufen lassen; **lacrimas** ~ Tränen vergießen 5 (*Schrift*) herausgeben 6 (*Töne*) ausstoßen; **vocem** ~ die Stimme hören lassen 7 **animam** ~ den Geist aufgeben 8 (*Person*) ausstoßen, verjagen 9 (*Sklaven usw.*) loslassen, freilassen; **debitorem librā et aere liberatum** ~ einen Schuldner förmlich freigeben
ē-modulārī ⟨or, - 1.⟩ besingen, feiern
ē-mōlīrī ⟨ior, ītus sum 4.⟩ 1 zustande bringen 2 aufwühlen, in Bewegung bringen
ē-mollīre ⟨io, īvī, ītum 4.⟩ 1 weich machen 2 schwächen, verweichlichen
ēmolumentum ⟨ī⟩ N Vorteil, Nutzen, Gewinn
ē-morī ⟨morior, mortuus sum 3.⟩ 1 absterben 2 *fig* vergehen, verlöschen
ēmortuālis ⟨ae⟩ F Sterbe...; **dies** ~ Sterbetag
ē-movēre ⟨moveō, mōvī, mōtum 2.⟩ wegschaffen, entfernen
Empedoclēs ⟨is⟩ M *griech. Philos.*
empīricī ⟨ōrum⟩ MPL die Empiriker, empirisch heilende Ärzte
empīricus ⟨a, um⟩ ADJ der Erfahrung folgend
emporus ⟨ī⟩ M Großkaufmann
ēmptiō ⟨ōnis⟩ F Kauf
ēmptitāre ⟨ō, āvī, ātum 1.⟩ (auf)kaufen
ēmptor ⟨ōris⟩ M Käufer
ēmptus ⟨a, um⟩ PPP → emere
ē-mulgēre ⟨mulgeō, -, mulsum 2.⟩ 1 ausmelken 2 *fig* ausschöpfen
ēmūnctiō ⟨ōnis⟩ F das Naseputzen
ēmūnctus ⟨a, um⟩ ADJ ausgeschnäuz[t,] scharf witternd; **homo emunctae nar[is]** gewitzter Kopf
ē-mundāre ⟨ō, āvī, ātum 1.⟩ grün[d]lich reinigen
ē-mungere ⟨mungō, mūnxī, mūn[c]tum 3.⟩ 1 *passiv u.* **se** ~ sich die Na[se] putzen 2 *fig* betrügen, **re** um etw
ē-mūnīre ⟨iō, īvī *u.* iī, ītum 4.⟩ 1 au[f]bauen 2 stark befestigen 3 gangb[ar] machen
ē-mūnxī → emungere
ēmussitātus ⟨a, um⟩ ADJ genau abg[e]messen, tadellos
ē-mūtāre ⟨ō, -, ātum 1.⟩ umändern
ēmūtātiō ⟨ōnis⟩ F Umänderung
ēn INT 1 siehe!, sieh da!, da ist!; ~ **ca[u]sa(m)** das ist der Grund 2 wohlan 3 wohl?, etwa?, denn?
ē-nāre ⟨ō, āvī, ātum 1.⟩ 1 herau[s]schwimmen 2 *fig* entfliegen
ēnarrābilis ⟨e⟩ ADJ erzählbar
ē-narrāre ⟨ō, āvī, ātum 1.⟩ erzähle[n,] beschreiben; interpretieren
ēnarrātiō ⟨ōnis⟩ F 1 **syllabarum** das Skandieren 2 Erklärung, Deutung
ē-nāscī ⟨nāscor, nātus sum 1.⟩ 1 h[er]vorwachsen 2 *fig* entstehen
ē-natāre ⟨ō, āvī, ātum 1.⟩ 1 hera[us]schwimmen, sich schwimmend ret[ten] 2 *fig* sich heraushelfen
ē-nāvigāre ⟨ō, āvī, ātum 1.⟩ A VI [a]segeln, hinausfahren B VT durchfahr[en;] **sinum** die Meerenge
endo PRÄP in
Endymiōn ⟨ōnis⟩ M *Geliebter der Se[le]ne/Luna, von ihr in ewigen Schlaf verse[nkt]*
ē-necāre ⟨necō, necuī (necāvī), ne[c]tum 1.⟩ töten; **ēnectus** ⟨a, um⟩ [ADJ] zu Tode erschöpft
ē-nervāre ⟨ō, āvī, ātum 1.⟩ entkräft[en,] lähmen
ēnervātus ⟨a, um⟩ ADJ kraftlos, ma[tt]
ēnervis ⟨e⟩ ADJ kraftlos, matt
★**e-nim** A ADV in der Tat, sicherlich, *a[uch] iron*; **at/sed** ~ aber freilich; **quia** ~ [...]

a B KONJ *immer nachgestellt* 1 nämlich 2 denn 3 zum Beispiel 4 ja 5 **quid** -? was denn?, wieso?

im-vērō ADV 1 (ja) wahrhaftig, in er Tat 2 *iron* (aber) freilich

nitēre ⟨eō, uī, - 2.⟩ *u,* **ēnitēscere** nitēscō, nituī, - 3.⟩ hervorleuchten, trahlen

nīti ⟨nitor, nīsus sum *u.* nīxus sum .⟩ A V/I 1 emporstreben, sich heraus-rbeiten 2 *fig* sich bemühen, streben; **nixum est** es wurde darauf hingearbei-et. B V/T 1 gebären; **enixus** *auch passiv* eboren 2 ersteigen 3 *fig* erstreben, rreichen

nituī → enitere *u.* → enitescere

nīxus ⟨a, um, *adv* ēnīxē⟩ ADJ ange-rengt, eifrig

na ⟨ae⟩ F = Henna

naeus ⟨a, um⟩ ADJ → Henna

nēnsis ⟨e⟩ ADJ → Henna

nius ⟨ī⟩ M *Quintus Ennius, 239–169 Chr., Schöpfer des röm. Epos, Verfasser ich von Komödien, Tragödien u. saturae*

ōdāre ⟨ō, āvī, ātum 1.⟩ 1 einen noten lösen 2 *fig* erklären

ōdātiō ⟨ōnis⟩ F „Auflösung eines notens", Entwicklung, Erklärung

ōdātus ⟨a, um, *adv* ēnōdātē⟩ ADJ utlich, ausführlich

ōdis ⟨e⟩ ADJ 1 glatt 2 *fig* geschliffen

ōrmis ⟨e, *adv* ēnōrmiter⟩ ADJ 1 un-gelmäßig 2 übermäßig, ungeheuer

ōrmitās ⟨ātis⟩ F 1 Unregelmäßig-it 2 ungeheure Größe

otāre ⟨ō, āvī, ātum 1.⟩ aufzeichnen

ōtēscere ⟨nōtēscō, nōtuī, - 3.⟩ all-mein bekannt werden

s A ⟨entis⟩ PPR seiend B ⟨entis⟩ N ILOS das Seiende

siculus ⟨ī⟩ M kleines Schwert

sis ⟨is⟩ M *zweischneidiges* Schwert

tia ⟨ium⟩ NPL → ens

ūbere ⟨nūbō, nūpsī, nuptum 3.⟩ raus-, wegheiraten, **e patribus** aus m Patrizierstand

ucleāre ⟨ō, āvī, ātum 1.⟩ 1 entker-n 2 *fig* genau erläutern 3 *fig* austüf-n, **argumenta** Beweise

ucleātus ⟨a, um, *adv* ēnucleātē⟩ bündig, klar

umerāre ⟨ō, āvī, ātum 1.⟩ 1 aus-hnen, berechnen 2 aufzählen

ēnumerātiō ⟨ōnis⟩ F 1 Aufzählung 2 zusammenfassende Wiederholung

★**ē-nūntiāre** ⟨ō, āvī, ātum 1.⟩ 1 aus-plaudern, verraten 2 aussagen, aus-sprechen

ēnūntiātiō ⟨ōnis⟩ F Aussage; Satz

ēnūntiātīvus ⟨a, um⟩ ADJ zur Aussage gehörig, ausgesagt

ēnūntiātum ⟨ī⟩ N Satz

ēnuptiō ⟨ōnis⟩ F das Wegheiraten

ē-nūtrīre ⟨iō, īvī, ītum 4.⟩ ernähren, großziehen

★**eō**[1] ADV 1 (*örtl.*) dort; bis zu dem Punkt 2 dahin, dorthin, so weit 3 (*zeitl.*) so lange; **~, dum/quoad/donec** so lange bis 4 dazu; **~ accedit, quod/ut** dazu kommt, dass 5 deshalb, darum 6 +*komp* desto, umso; **eo magis/minus** umso mehr/weniger; **quo … eo** je … desto

eō[2] → ire

★**eōdem** ADV 1 an dieselbe Stelle 2 an derselben Stelle

Ēōs *u.* **Eōs** *indekl* F Morgenröte, *lat. Aurora;* **Ēōus** *u.* **Eōus** ⟨a, um⟩ ADJ morgendlich; östlich, morgenländisch; **Ēōus** *u.* **Eōus** ⟨ī⟩ M Morgenstern; Orient, die Orientalen

Epamīnōndās ⟨ae⟩ M *Feldherr der Thebaner*

Epēus ⟨ī⟩ M *Erbauer des Trojanischen Pferdes*

ephēbus ⟨ī⟩ M Ephebe, junger Mann

ephēmeris ⟨idis *u.* idos⟩ F Tagebuch, Wirtschaftsbuch

Ephesius A ⟨a, um⟩ ADJ aus Ephesus, B ⟨ī⟩ M Einwohner von Ephesus

Ephesus ⟨ī⟩ F *Hafenstadt in Ionien mit Tempel der Artemis*

ephippiātus ⟨a, um⟩ ADJ auf einem gesattelten Pferd reitend

ephippium ⟨ī⟩ N Reitdecke, Sattel

ephorus ⟨ī⟩ M Ephor, *einer der fünf höchsten Beamten in Sparta*

epichysis ⟨is⟩ F Gefäß *zum Eingießen*

epicī ⟨ōrum⟩ MPL epische Dichter

epicōpus ⟨a, um⟩ ADJ mit Rudern versehen

epicrocus ⟨a, um⟩ ADJ 1 mit feinen Einschlagfäden 2 (*Suppe*) *scherz* dünn

Epicūrēus A ⟨a, um⟩ ADJ des Epikur B ⟨ī⟩ M Epikureer, Anhänger des Epikur

Epicūrus ⟨ī⟩ M Epikur, *Philos.*

E

epicus ⟨a, um⟩ ADJ episch
Epidaurius A ⟨a, um⟩ ADJ aus Epidaurus B ⟨ī⟩ M Einwohner von Epidaurus
Epidaurus ⟨ī⟩ F *berühmter Kurort an der Ostküste von Argolis, Kultstätte des Asklepios (Äskulap)*
epidīcticus ⟨a, um⟩ ADJ Prunk…; **epidictica oratio** Prunkrede
epidīpnis ⟨idis⟩ F Nachtisch, Dessert
Epigonī ⟨ōrum⟩ MPL die Nachgeborenen, die Epigonen, *Tragödie von Aischylos*
epigramma ⟨atis⟩ N 1 Inschrift, Aufschrift 2 Sinngedicht, Epigramm
epilogus ⟨ī⟩ M Schluss einer Rede, Nachwort, Epilog
epiphanīa ⟨ae⟩ F *u.* ⟨ōrum⟩ NPL *(eccl.)* (Fest der) Erscheinung (Christi)
Ēpīrēnsis ⟨e⟩ ADJ aus Epiros
Ēpīros ⟨ī⟩ F *Landschaft in Griechenland, am Ionischen Meer;* **Ēpīrōtēs** ⟨ae⟩ M Einwohner von Epiros; **Ēpīrōticus** ⟨a, um⟩ ADJ aus Epiros; **Ēpīrus** ⟨ī⟩ F = **Epiros**
episcopus ⟨ī⟩ M 1 Aufseher 2 *(eccl.)* Bischof
epistola ⟨ae⟩ F = **epistula**
epistolāris ⟨e⟩ ADJ Brief…; **charta epistolares** Briefpapier
epistolium ⟨ī⟩ N Briefchen
★**epistula** ⟨ae⟩ F 1 Sendung, Zusendung 2 *auch pl* Brief; **scriba ab epistu**… Geheimschreiber 3 kaiserlicher Erlass
epitaphius ⟨ī⟩ M Leichenrede
epithēca ⟨ae⟩ F Zusatz, Zugabe
epitheton ⟨ī⟩ N Beiwort, Attribut
epitoma ⟨ae⟩ F *u.* **epitomē** ⟨ēs⟩ Auszug aus einem Schriftstück, Abriss
epitonion ⟨ī⟩ N Hahn *an einer Röhre*
epitȳrum ⟨ī⟩ N Olivensalat
epōdos *u.* **epōdus** ⟨ī⟩ M 1 kürzer Vers, *der auf einen längeren folgt* 2 Ep…de, *Gedichtform mit abwechselnd länger u. kürzeren Versen*
epos *indekl* N Heldengedicht, Epos
ē-pōtāre ⟨pōtō, pōtāvī, pōtum 1.⟩ 1 austrinken 2 *(Lebloses)* einsaugen 3 vertrinken
ēpōtus ⟨a, um⟩ PPP ausgetrunken
★**epulae** ⟨ārum⟩ FPL 1 Gerichte, Speis… 2 Mahl, Mahlzeit 3 *fig* Genuss
epulārī ⟨or, ātus sum 1.⟩ A VI speis… B VT verspeisen, verzehren

Landeskun…

▶ epos – Heldengeschichte in Versen

Als Epos kann jede längere Versdichtung bezeichnet werden, die von Sagen un… heldenhaften Taten erzählt. Neben Umfang und Thematik ist die Gattung durch d… Versmaß des Hexameters, den erhabenen Stil und typische Szenen wie Reden un… Kampfbeschreibungen gekennzeichnet. Den Beginn des römischen Epos bildet d… **Odusia**, eine Übertragung der Odyssee in das alte römische Versmaß des Saturnie… durch **Livius Andronicus** (2. Hälfte 3. Jh. v. Chr.). Von den vielen römischen Ep… gelten die folgenden drei als die bedeutendsten:

Bellum Poenicum (Naevius)	2. Hälfte 3. Jh. v. Chr. – Erster Punischer Krieg, nur Fragmente erhalten
Annales (Ennius)	ca. 172 v. Chr. – Vorgeschichte Roms bis 184 v. Ch… nur Fragmente erhalten
Aeneis (Vergil)	ca. 30–19 v. Chr. – Vorgeschichte der Gründun… Roms, vom Dichter nicht vollendet, die nach de… Tod veröffentlichte Fassung aber vollständig erhalten

Aus neronischer Zeit ist das **Bellum Civile** von **Lucanus** zu nennen; in flavischer Z… kam es zu einer erneuten Blüte des Epos (**Valerius Flaccus' Argonautica**; **Siliu… Italicus' Punica**; **Statius' Thebais** und **Achilleis**).

pulāris ‹e› ADJ beim Essen, mit einem
Essen verbunden
pulātiō ‹ōnis› F Festessen
pulō ‹ōnis› F 1 Ordner des Festmahls,
resviri, später decemviri epulones, Priester-
kollegien zur Ausrichtung des Festmahls,
das mit öffentlichen Spielen verbunden war
2 Fresser
pulum ‹ī› N Festmahl
qua ‹ae› F Stute; **equae pullus** Fohlen
ques ‹itis› M 1 Reiter; *pl* Reiterei 2
OL Ritter 3 PL Ritterstand, *der zweite*
der drei Stände in Rom
quester A ‹tris, tre› ADJ 1 Reiter…
2 Ritter… B ‹tris› M Ritter
questris ‹e› ADJ = **equester**
quidem ADV in der Tat, freilich, ich
neinerseits
quīnus ‹a, um› ADJ Pferde…; **saeta**
quina Pferdehaar
quitābilis ‹e› ADJ für Reiterei geeig-
et
quitāre ‹ō, āvī, ātum 1.› 1 reiten; MIL
s Reiter dienen 2 (*Wind*) daherstür-
en 3 plänkeln
quitātus ‹ūs› M 1 das Reiten 2 MIL
eiterei 3 Ritterschaft, -stand
quola ‹ae› F kleine Stute
quuleus ‹ī› M = **eculeus**
quus ‹ī› M 1 Pferd; Hengst; **equo ve-**
i reiten; **ex equo pugnare** zu Pferd
ämpfen; **in equum rescribere** j-n zur
eiterei versetzen, j-n in den Ritterstand
heben 2 PL Gespann; Kampfwagen 3
Reiterei; **equi virique** Reiterei und
ßvolk; **equis viris** mit aller Macht 4
bipes Seepferd
‹ēris› M Igel
a ‹ae› F 1 Hausherrin, Herrin; ~
aior Frau des Hauses; ~ **minor** Tochter
s Hauses 2 Geliebte
ādere ‹rādō, rāsī, rāsum 3.› 1 aus-,
kratzen; **albo senatorio** ~ aus der Se-
torenliste streichen 2 *fig* aus der Erin-
rung streichen
ādīcāre ‹ō, āvī, ātum 1.› mit der
urzel ausreißen; ausrotten
nus ‹ī› M Armenkasse
tō ‹ūs› F 1 *Muse der lyrischen Dich-*
ng, bes des Liebesgedichtes 2 Muse
tosthenēs ‹is› M *griech. Gelehrter,*
ter der alexandrinischen Bibliothek
īscere ‹īscō, -, - 3.› = **herciscere**

erctum ‹ī› N = **herctum**
Erebus ‹ī› M 1 *Gott der unterirdischen Finsternis* 2 Unterwelt, Totenreich 3 (*mlat.*) Hölle
Erechtheus ‹eī› M MYTH *König von Athen, Erbauer der festen Burg Athens;* **Erechthēus** ‹a, um› ADJ des Erechtheus; **Erechthīdae** ‹ārum› *mpl* die Nachkommen des Erechtheus, die Athener; **Erechthis** ‹idis› F Tochter des Erechtheus
ē-rēctus[1] ‹a, um› PPP → erigere
ērēctus[2] ‹a, um, *adv* ērēctē› ADJ 1 emporstehend, aufrecht 2 *fig* erhaben 3 hochmütig 4 *fig* erwartungsvoll 5 *fig* mutig
erēmīta ‹ae› M Einsiedler, Eremit
ē-rēpere ‹rēpō, rēpsī, (rēptum) 3.› A V/I herauskriechen B V/T 1 durchkriechen 2 erklettern
ēreptiō ‹ōnis› F das Entreißen, Raub
ēreptor ‹ōris› M Räuber
ē-reptus ‹a, um› PPP → eripere
ērēs ‹ēdis› M *u.* F = **heres**
Eretria ‹ae› F *Stadt auf Euböa;* **Eretriacus** *u.* **Eretricus** ‹a, um› *u.* **Eretriēnsis** ‹e› ADJ aus Eretria; **Eretriēnsis** ‹is› M Einwohner von Eretria
ē-rēxī → erigere
★**ergā** PRÄP *+akk* 1 gegenüber 2 *fig* gegen = gegenüber, mit Rücksicht auf
ergastulum ‹ī› N Arbeitshaus, Zuchthaus *für Sklaven u. Schuldner*
★**ergō** A PRÄP *+gen, nachgestellt* wegen, um … willen; **honoris** ~ um der Ehre willen B ADV 1 folglich, also, daher, deshalb 2 (*in Fragen*) also, denn; **quid** ~? was also? 3 (*in Aufforderungen*) also, denn, nun 4 (*bei Wiederaufnahme eines Gedanken*) wie gesagt
ērīcius ‹ī› M 1 Igel 2 *fig* spanischer Reiter, *ein Foltergerät*
Eridanus ‹ī› M *Name des Po*
eri-fuga ‹ae› M seinem Herrn Entlaufener
★**ē-rigere** ‹rigō, rēxī, rēctum 3.› 1 aufrichten, emporheben; **aures** ~ die Ohren spitzen; *passiv u.* **se** ~ sich aufrichten, auf-, emporsteigen 2 (*Bauten*) errichten 3 MIL hinaufrücken lassen 4 *fig* erregen 5 *fig* aufmerksam machen, **auditorem** den Hörer 6 *fig* aufrichten, ermutigen; **animum** ~ die Stimmung heben; *passiv*

u. **se** ~ wieder Mut fassen
erīlis ⟨e⟩ ADJ des Hausherrn, der Hausherrin; **filia** ~ Tochter des Hauses
Erīnȳs ⟨yos⟩ F 1 Rachegöttin, Erinnye, Furie 2 *fig* Verderben, Fluch; Wut
★**ē-ripere** ⟨ripiō, ripuī, reptum 3.⟩ 1 herausreißen, -ziehen, wegreißen, **ensem vaginā** das Schwert aus der Scheide 2 entreißen, rauben, gewaltsam wegnehmen 3 (*Übles*) entfernen 4 dahinraffen 5 retten, befreien, **ex manibus hostium** aus den Händen der Feinde
ē-rōdere ⟨rōdō, rōsī, rōsum 3.⟩ 1 abnagen 2 *fig* zerfressen
ē-rogāre ⟨ō, āvī, ātum 1.⟩ 1 ausgeben, *in aliquid* für etw 2 eintreiben
ērogātiō ⟨ōnis⟩ F Ausgabe, Auszahlung
ē-rogitāre ⟨ō, -, - 1.⟩ ausfragen, **ex aliquo** j-n
errābundus ⟨a, um⟩ ADJ umherirrend
★**errare** ⟨ō, āvī, ātum 1.⟩ A VI 1 umherirren, -schweifen 2 (*Feuer*) sich verbreiten 3 *fig* schwanken, unstet sein 4 sich verirren; **viā** ~ vom Weg abkommen 5 *fig* (sich) irren; **hoc erras** darin irrst du B VT durchstreifen
errāticus ⟨a, um⟩ ADJ umherirrend; **stella erratica** Planet
errātiō ⟨ōnis⟩ F Verirrung
errātum ⟨ī⟩ N 1 Irrtum, Fehler 2 PL (*nlat.*) Druckfehlerverzeichnis
errātus ⟨ūs⟩ M Irrfahrt, *meist pl*
errō ⟨ōnis⟩ M Landstreicher
★**error** ⟨ōris⟩ M 1 das Umherirren, Irrfahrt, **pelagi** auf dem Meer 2 (*des Labyrinths*) Irrgang 3 (*eines Flusses*) Windung 4 (*der Atome*) unstete Bewegung 5 *fig* Ungewissheit, Zweifel 6 das Abweichen, **viae** (*dat*) vom Weg 7 Fehlwurf, Missgriff, Versehen 8 *fig* Irrtum, Missverständnis, Täuschung 9 Wahn 10 sittliches Vergehen
Error ⟨ōris⟩ M Dämon der Verblendung
ē-rubēscere ⟨rubēscō, rubuī, - 3.⟩ 1 erröten, rot werden 2 *fig* sich schämen, **(in) re** über etw
ē-rūctāre ⟨ō, āvī, ātum 1.⟩ 1 (aus)rülpsen, ausspeien 2 auswerfen
★**ē-rudīre** ⟨iō, īvī u. iī, ītum 4.⟩ unterrichten, erziehen, (aus)bilden
ērudītiō ⟨ōnis⟩ F Unterricht, Ausbildung; Bildung, Gelehrsamkeit
ērudītus ⟨a, um, *adv* ērudītē⟩ ADJ gebildet, gelehrt
ē-ruere ⟨ruō, ruī, rutum (ru(i)tūrus) 3.⟩ 1 ausgraben, herausscharren, **aurum terrā** Gold aus der Erde 2 aufgraben, -wühlen 3 (*Geheimnis, Verschwörung*) ans Tageslicht bringen 4 aus-, herausreißen, **re** aus etw 5 (*Stadt*) zerstören, beseitigen
ē-ruī → eruere
★**ē-rumpere** ⟨rumpō, rūpī, ruptum 3.⟩ A VT 1 hervor-, herausbrechen lassen 2 **se** ~ hervorbrechen 3 (*Gefühle*) ausschütten, auslassen; **iram** ~ **in aliquem** seinen Zorn auslassen an j-m B VI 1 MIL heraus-, hervorbrechen, hervorstürmen 2 (*Zustand*) plötzlich ausbrechen, losbrechen, offenbar werden 3 *fig* ausarten
ē-rūpī → erumpere
ēruptiō ⟨ōnis⟩ F 1 Ausbruch; ~ **Aetnae** Ausbruch des Ätna 2 MIL Ausfall
ē-ruptus ⟨a, um⟩ PPP → erumpere
erus ⟨ī⟩ M 1 Hausherr, Herr 2 *fig* Gebieter, Beherrscher, Eigentümer
ē-rutus ⟨a, um⟩ PPP → eruere
ervum ⟨ī⟩ N Erve, *Hülsenfrucht*; **tenui ervo** bei schmaler Kost
Erycīna ⟨ae⟩ F = Aphrodite/Venus
Erycīnus ⟨a, um⟩ ADJ vom Eryx
Erycus mōns → Eryx
Erymanthis ⟨idis⟩ ADJ F u. **Erymanthius** ⟨a, um⟩ ADJ erymanthisch; Erymanthus 1
Erymanthus ⟨ī⟩ M 1 *Gebirge in Arkadien, wo Herkules den Erymanthischen Eber tötete* 2 *Nebenfluss des Alpheios*
Erythrae ⟨ārum⟩ FPL *alte Stadt in Böotien*; **Erythraea** ⟨ae⟩ F (*erg.* **terra**) das Gebiet von Erythrae; **Erythraeus** ⟨a, um⟩ ADJ aus Erythrae; **Erythraei** ⟨ī⟩ M Einwohner von Erythrae
Eryx ⟨ycis⟩ M *Berg (auch Erycus mons) u. Stadt an der Nordwestküste von Sizilien mit altem Aphrodite-Kult*
ēsca ⟨ae⟩ F 1 Essen; Futter 2 Köder
ēscāria ⟨ōrum⟩ NPL Essgeschirr
ēscārius ⟨a, um⟩ ADJ Ess..., Köder...
ē-scendere ⟨scendō, scendī, scensum 3.⟩ A VI emporsteigen; **in currum** ~ in den Wagen steigen B VT besteigen, **equum** ein Pferd
ēscēnsiō ⟨ōnis⟩ F Landung

-scēnsus¹ ⟨a, um⟩ PPP → escendere
scēnsus², nur abl ⟨ū⟩ M das Ersteigen
scit = est; → esse
sculenta ⟨ōrum⟩ NPL Speisen
sculentus ⟨a, um⟩ ADJ essbar
sculētum ⟨ī⟩ N = aesculetum
sculeus ⟨a, um⟩ ADJ = aesculeus
sculus ⟨ī⟩ F = aesculus
scunt = sunt; → esse
ilīre ⟨siliō, siluī, sultum 4.⟩ = exsilire
itāre ⟨ō, āvī, - 1.⟩ essen
quiliae ⟨ārum⟩ FPL Esquilin, *größter* *ügel von Rom, Begräbnis- u. Richtplatz;*
squiliārius *u.* Esquilīnus *u.* Esuilius ⟨a, um⟩ ADJ des Esquilin
se ⟨sum, fuī, futūrus 0.⟩ **A** *selbststäniges Verb* **1** da sein, vorhanden sein; **unt qui** es gibt Leute, die; **est ubi** es ibt Fälle, da; **pro hoste ~** als Feind geln **2** stattfinden, sich ereignen **3** sich efinden, sich aufhalten, wohnen; **est pud Ciceronem** bei Cicero steht; **quanm est in me** soweit es an mir liegt; **~ b aliquo** von j-m abstammen **4** sich rhalten, stehen; **bene est** es steht ut; **aliter est** es verhält sich anders **5** irklich sein, wahr sein; **sic est** es ist irklich so **6** *+dat* gehören; **patri est omus** dem Vater gehört ein Haus **7** *lat* zu *etw* dienen/gereichen; **laudi ~ r** Ehre gereichen **8** *+dat Gerundium etw* passen/imstande sein; **censui nsendo ~** zensusfähig sein **9** **sit ita!** t!, meinetwegen!; **esto** es mag sein!; **c/id est** das heißt; **est** es ist möglich, an kann, man darf; **est videre** man nn sehen **B** *Kopula* **1** sein; **vita brevis t** das Leben ist kurz **2** *+poss prl +gen n/zu etw* gehören; **haec domus est pas** dieses Haus gehört dem Vater **3** *en j-s* Pflicht/Eigentümlichkeit sein, Zeichen von *etw* sein; **consulis est** ist die Pflicht des Konsuls **4** *+gen Gendiv* dazu dienen; **conservandae litatis ~** dazu dienen, die Freiheit zu wahren **5** *+gen/+abl* haben; **nullius omenti ~** keine Bedeutung haben **6** *en* (*mit Zahlen*) betragen, bestehen; **ssis est ducentarum navium** die tte besteht aus zweihundert Schiffen *+gen/+abl* kosten, wert sein; **magni ~ l** kosten **C** *Hilfsverb* **1** sein *in Verbinng mit dem ppp zur Bildung des perf passiv, Plusquamperfekt passiv u. fut ex. passiv;* **laudatus sum** ich bin gelobt worden **2** sein *zur Bildung umschreibender Formen;* **lecturus sum** ich bin im Begriff zu lesen, ich will lesen; **liber tibi legendus est** du musst das Buch lesen

esseda ⟨ae⟩ F *u.* PL = **essedum**
essedārius ⟨ī⟩ M Wagenkämpfer
essedum ⟨ī⟩ N Streitwagen; Reisewagen
essentia ⟨ae⟩ F Wesen einer Sache
essitāre ⟨ō, āvī, ātum 1.⟩ = **esitare**
essur... = **esur...**
ēstrīx ⟨īcis⟩ F = **ambestrix**
ēstur = **editur**; → edere¹
ēsūdāre ⟨ō, āvī, ātum 1.⟩ = **exsudare**
ēsuriālis ⟨e⟩ ADJ Hunger...
ēsuriō ⟨ōnis⟩ M Hungerleider
ēsurīre ⟨iō, īvī *u.* iī, itūrus 4.⟩ **1** hungrig sein; Hunger leiden **2** *fig* begierig sein, **aliquid** nach etw
ēsurītiō ⟨ōnis⟩ F das Hungern
ēsurītor ⟨ōris⟩ M Hungerleider
ēsus ⟨a, um⟩ PPP → edere¹
★et **A** ADV **1** auch **2** sogar, selbst; = **etiam; timeo Danaos, ~ dona ferentes** ich fürchte die Danaer, selbst wenn sie Geschenke bringen **B** KONJ **1** und, und auch, und ferner, und zugleich, und außerdem, *nicht übersetzt nach multus:* **multae ~ magnae difficultates** viele große Schwierigkeiten **2** und somit, und so (denn), und daher, und folglich, und nun **3** (*erklärend*) und zwar, nämlich, das heißt **4** (*bestätigend*) und wirklich, und in der Tat **5** (*kontrastierend*) und doch, und dabei, und trotzdem **6** (*nach Verneinungen*) sondern **7** (*im Syllogismus*) nun aber **8** wie, als *nach Ausdrücken der Gleichheit u. Ähnlichkeit* **9** **~ non** und nicht; ★ **~ ... ~** sowohl ... als auch, teils ... teils; **-que ... ~/~ ... -que** sowohl ... als auch; **~ ... neque** einerseits (wohl) ... anderseits nicht; **neque ... ~** einerseits nicht ... andererseits, nicht nur nicht ... sondern (auch)
et-enim KONJ **1** nämlich, denn **2** und allerdings
etēsiae ⟨ārum⟩ MPL Passatwinde
ēthica ⟨ae⟩ F *u.* ēthicē ⟨ēs⟩ F Ethik, Moralphilosophie
ēthicus ⟨a, um⟩ ADJ ethisch, sittlich
ēthologia ⟨ae⟩ F Charakterdarstellung

ēthologus ⟨ī⟩ M Charakterdarsteller; Possenreißer

★**etiam** A ADV 1 (*zeitl.*) noch (immer) 2 noch einmal, wieder; ~ **atque** ~ immer wieder 3 (*in Antworten*) ja, allerdings; **aut** ~ **aut non** entweder ja oder nein B KONJ 1 (*steigernd*) auch, sogar, selbst, auch noch; **quin** ~ ja sogar 2 (*beim Komp.*) noch; ~ **maior** noch größer 3 (*in Fragen*) gar, auch noch; ~ **rides?** lachst du auch noch? 4 ferner, außerdem, dazu; **accedit** ~ außerdem kommt noch dazu 5 **non solum/modo ... sed/vero** ~ nicht nur ... sondern auch

etiam-dum ADV auch jetzt noch

etiam-num *u.* **etiam-nunc** ADV 1 auch jetzt noch, noch immer 2 außerdem

★**etiam-sī** KONJ auch wenn, wenn auch, *+konjkt/+ind*; indessen, gleichwohl

etiam-tum *u.* **etiam-tunc** ADV damals noch, immer noch

Etrūria ⟨ae⟩ F Etrurien, *Landschaft nordwestl. von Rom, am Tyrrhenischen Meer*; **Etrūscus** ⟨a, um⟩ ADJ etruskisch; **Etrūscus** ⟨ī⟩ M Etrusker

★**et-sī** KONJ 1 wenn auch, wenn schon, obgleich 2 indessen, jedoch

etymologia ⟨ae⟩ F Ableitung eines Wortes, Etymologie

eu INT gut!, schön!, vortrefflich!

euān INT 1 *Jubelruf der Bacchantinnen* 2 = Bacchus

euāns ⟨antis⟩ ADJ Euan rufend; **orgia** ~ unter Jubelrufen Orgien feiernd

euax INT juchhe!

Euboea ⟨ae⟩ F *Insel an der Ostküste Mittelgriechenlands*; **Euboicus** ⟨a, um⟩ ADJ euböisch

eucharistia ⟨ae⟩ F 1 Danksagung 2 (*eccl.*) heiliges Abendmahl, Eucharistie

Euclīdēs ⟨is⟩ M *Mathematiker in Alexandria*

euge *u.* **eugē** *u.* **eugepae** INT = **eu**

euhān INT = **euan**

euhāns ⟨antis⟩ ADJ = **euans**

euhoe INT = **euoe**

Eumenides ⟨um⟩ FPL die gnädigen Göttinnen, *Bezeichnung der Erinnyen/Furien*

eunūchus ⟨ī⟩ M Kastrat, Eunuch

euoe INT juchhe!

Euphrātēs ⟨is *u.* ī⟩, *akk* ⟨em *u.* ēn⟩, *abl* ⟨e⟩ M Euphrat

Eurīpidēs ⟨is⟩ M *athenischer Tragike*

Eurīpidēus ⟨a, um⟩ ADJ des Euripid

eurīpus ⟨ī⟩ M 1 Meerenge 2 Wasse graben, Kanal 3 (*um den Zirkus*) Grabe

Eurōpa ⟨ae⟩ F *Tochter des phönikische Königs Agenor, von Zeus in Gestalt ein Stieres nach Kreta entführt; nach ihr wur der Erdteil Europa benannt*; **Eurōpaeu** ⟨a, um⟩ ADJ zu Europa gehörig, europ isch; **Eurōpē** ⟨ēs⟩ F = **Europa**

eurōus ⟨a, um⟩ ADJ südöstlich, östlic

eurus ⟨ī⟩ M Südostwind

Eurydicē ⟨ēs⟩ F *Gattin des Orpheus. sich Orpheus, der sie aus der Unterwelt z rückholen wollte, gegen das Verbot na ihr umsah, musste sie endgültig in der U terwelt bleiben*

euschēmē ADV mit allem Anstand

Euterpē ⟨ēs⟩ F *Muse der Tonkunst*

Eutrapelus ⟨ī⟩ M der Witzige, *Beina*

euxīnus ⟨a, um⟩ ADJ gastfreundlic **Pontus Euxinus** das Schwarze Meer

★**ē-vādere** ⟨vādō, vāsī, vāsum 3.⟩ A 1 herausgehen, -kommen; **in terram** landen; **in mare** ~ münden 2 hina steigen 3 entkommen, entgehen, **pe culo** (*dat*) einer Gefahr 4 (*Seuche, Tra usw.*) ausfallen, enden 5 sich ent ckeln; **aliquis orator evadit** jd. ent ckelt sich zum Redner B V/T 1 (*Weg*) rücklegen, passieren 2 ersteigen 3 e kommen, entgehen, **insidias** Nachs lungen

ē-vagārī ⟨or, ātus sum 1.⟩ A V/I 1 u herschweifen 2 MIL ausschwärmen (*Krankheit*) sich ausbreiten, um sich g fen 4 vom Thema abschweifen B überschreiten

ēvagātiō ⟨ōnis⟩ F Ausbreitung

ē-valēscere ⟨valēscō, valuī, - 3.⟩ 1 starken, wachsen 2 imstande sein

ē-validus ⟨a, um⟩ ADJ ganz stark

ē-vānēscere ⟨vānēscō, vānuī, - verschwinden, sich verlieren

ēvangelicus ⟨a, um⟩ ADJ (*eccl.*) z Evangelium gehörig

ēvangelista ⟨ae⟩ M (*eccl.*) Evange

ēvangelium ⟨ī⟩ N (*eccl.*) Evangeliu

ēvānidus ⟨a, um⟩ ADJ schwinde verlöschend, vergehend

ē-vānuī → evanescere

ēvapōrātiō ⟨ōnis⟩ F Ausdünstung

-vāsī → evadere
-vāstāre ⟨ō, āvī, ātum 1.⟩ völlig verwüsten
-vāsum PPP → evadere
-vehere ⟨vehō, vēxī, vectum 3.⟩ 1 hinausführen, -schaffen; **classem in altum** ~ die Flotte in See stechen lassen 2 (*Person, Reich*) hinaufführen, erheben, **ad deos** zu den Göttern; *passiv* hinauffahren, -reiten 3 *passiv* hinausfahren, -segeln, -reiten 4 *passiv* sich hinreißen lassen
-vellere ⟨vellō, vellī *u.* vulsī, vulsum 3.⟩ 1 (her)ausreißen; ab-, losreißen 2 *fig* vernichten, beseitigen
-venīre ⟨veniō, vēnī, ventum 4.⟩ 1 heraus-, hervorkommen 2 *fig* sich ereignen, eintreten; **evenit, ut** es geschieht, dass 3 *fig* eintreffen, in Erfüllung gehen 4 *fig* zufallen, zuteilwerden 5 *fig* ausgehen, enden, **bene** gut
-ventum ⟨ī⟩ 1 Ausgang, Erfolg, Ergebnis 2 Ereignis, Begebenheit
-ventus[1] ⟨a, um⟩ PPP → evenire
-ventus[2] ⟨ūs⟩ M 1 Ausgang, Entscheidung, Ergebnis 2 guter Ausgang, Erfolg 3 schlimmer Ausgang 4 Vorfall, Ereignis 5 Schicksal, Los
-verberāre ⟨ō, āvī, ātum 1.⟩ 1 aufpeitschen 2 zerschlagen 3 abschütteln
-verrere ⟨verrō, verrī, versum 3.⟩ 1 auskehren, ausfegen 2 *fig* ausplündern
-verriculum ⟨ī⟩ N Kehrbesen, *auch fig*
-versiō ⟨ōnis⟩ F 1 das Umwerfen, Zerstörung 2 *fig* Umsturz, Zerrüttung
-versor ⟨ōris⟩ M Zerstörer
-versus ⟨a, um⟩ PPP → evertere *u.* → everrere
-vertere ⟨vertō, vertī, versum 3.⟩ 1 (*Topf*) umkehren, umdrehen 2 **aequora** die Fluten aufwühlen 3 (*Baum, Statue*) umwerfen, umstürzen 4 (*Haus*) zerstören, niederreißen 5 (*Reich, Freundschaft*) zugrunde richten, zerrütten 6 vertreiben, **re** aus etw
-vestīgātus ⟨a, um⟩ ADJ aufgespürt, erforscht
-vidēns ⟨entis, *adv* ēvidenter⟩ ADJ 1 sichtbar 2 *fig* einleuchtend, offenbar 3 *fig* hervorragend, glänzend; auffallend
-videntia ⟨ae⟩ F 1 Ersichtlichkeit 2 Eindeutigkeit, Klarheit
ē-vigilāre ⟨ō, āvī, ātum 1.⟩ A V/I 1 auf-, erwachen 2 wach bleiben, tätig sein B V/T 1 durchwachen, **noctem** die Nacht 2 bei Nacht ausarbeiten
ē-vincere ⟨vincō, vīcī, victum 3.⟩ 1 völlig besiegen 2 *fig* überreden, bewegen 3 *fig* durchsetzen 4 *fig* beweisen
ē-vincīre ⟨vinciō, vinxī, vinctum 4.⟩ 1 fesseln 2 um-, umwinden, **re** mit etw
ē-virāre ⟨ō, āvī, ātum 1.⟩ entkräften
ē-vīscerāre ⟨ō, (āvī), ātum 1.⟩ 1 zerfleischen, zerreißen 2 *fig* auswaschen
ēvītābilis ⟨e⟩ ADJ vermeidbar
ē-vītāre[1] ⟨ō, āvī, ātum 1.⟩ vermeiden; ausweichen, entgehen, **suspicionem** dem Verdacht
ē-vītāre[2] ⟨ō, āvī, ātum 1.⟩ das Leben rauben, **aliquem** j-m
ēvītātiō ⟨ōnis⟩ F das Vermeiden
★**ē-vocāre** ⟨ō, āvī, ātum 1.⟩ 1 heraus-, herbeirufen 2 (*Tote*) aus der Unterwelt hervorrufen 3 MIL zum Kampf herausfordern 4 (*eine Gottheit aus einer belagerten Stadt*) herausrufen 5 (*Person*) vorladen 6 (*Truppe*) beordern 7 erheben, berufen; **ad honorem** in ein Ehrenamt 8 (*Mitleid usw.*) hervorrufen, erwecken 9 (ver)locken
ēvocātiō ⟨ōnis⟩ F Aufruf, Vorladung eines Schuldners
ēvocātor ⟨ōris⟩ M Aufwiegler
ēvoe INT = **euoe**
ē-volāre ⟨ō, āvī, ātum 1.⟩ 1 herausfliegen 2 entfliehen 3 hervorbrechen, -stürzen 4 sich emporschwingen
ēvolūtiō ⟨ōnis⟩ F das Aufschlagen *eines Buches* = das Lesen
★**ē-volvere** ⟨volvō, volvī, volūtum 3.⟩ 1 hinauswälzen 2 (*Gewässer*) entströmen lassen 3 *passiv u.* **se** ~ sich hinauswälzen; entströmen; sich herauswickeln 4 vertreiben, verdrängen, **sede patriā** vom väterlichen Sitz 5 (*Rauch*) aufwirbeln lassen; *passiv* aufsteigen 6 (*Spindeln*) abspinnen 7 auftreiben, **argentum** Geld 8 auseinanderrollen, aufrollen 9 (*Buch*) öffnen; *fig* lesen 10 *fig* deutlich machen, enthüllen, darstellen, schildern
ē-vomere ⟨vomō, vomuī, vomitum 3.⟩ 1 ausspeien, von sich geben 2 *fig* ausstoßen, -schütten

ē-vortere ⟨vortō, vortī, vorsum 3.⟩ = **evertere**

ēvulsiō ⟨ōnis⟩ F das Herausreißen

ex PRÄF *u.* PRÄP = **e**²

ex-acerbāre ⟨ō, āvī, ātum 1.⟩ erbittern, aufbringen, erzürnen

exāctiō ⟨ōnis⟩ F 1 Vertreibung 2 Eintreibung 3 Abgabe 4 Beaufsichtigung

exāctor ⟨ōris⟩ M 1 Vertreiber 2 Eintreiber 3 Aufseher

exāctus¹ ⟨a, um, *adv* exāctē⟩ ADJ genau, pünktlich, zuverlässig

exāctus² ⟨ūs⟩ M Vertrieb, Verkauf

ex-āctus³ ⟨a, um⟩ PPP → exigere

ex-acuere ⟨acuō, acuī, acūtum 3.⟩ 1 schärfen, zuspitzen 2 aufreizen, -stacheln

exadversum *u.* **exadversus** *u.* **exadvorsum** A ADV genau gegenüber B PRÄP +*akk* gegenüber

ex-aedificāre ⟨ō, āvī, ātum 1.⟩ 1 aus-, aufbauen 2 *fig* vollenden 3 hinausbefördern

exaedificātiō ⟨ōnis⟩ F 1 Erbauung 2 *fig* Aufbau, **historiae** der Geschichte

ex-aequāre ⟨ō, āvī, ātum 1.⟩ 1 gleichmachen 2 gleichstellen 3 gleichkommen, **Sabinas** den Sabinerinnen

exaequātiō ⟨ōnis⟩ F Gleichstellung

exaeresimus ⟨a, um⟩ ADJ = **exhaeresimus**

ex-aestuāre ⟨ō, āvī, ātum 1.⟩ A V/I 1 aufwallen 2 (*Meer*) wogen 3 (*Hitze*) erglühen 4 *fig* entbrennen, aufbrausen B V/T aufbrausend ausströmen lassen

ex-aggerāre ⟨ō, āvī, ātum 1.⟩ 1 mit Dammerde auffüllen 2 vermehren 3 steigern; übertreiben 4 *fig* erheben

exaggerātiō ⟨ōnis⟩ F 1 Aufhäufung, Häufung 2 *fig* Erhebung

★**ex-agitāre** ⟨ō, āvī, ātum 1.⟩ 1 (*Tier*) aufscheuchen 2 *fig* beunruhigen, quälen, verfolgen 3 (*mit Worten*) scharf angreifen, tadeln, verspotten 4 *fig* aufwiegeln, reizen 5 (*Leidenschaft*) erregen

exagitātor ⟨ōris⟩ M Tadler

exagōga ⟨ae⟩ F Ausfuhr, Transport

exālāre ⟨ō, āvī, ātum 1.⟩ = **exhalare**

ex-albēscere ⟨albēscō, albuī, - 3.⟩ 1 weiß werden 2 *fig* erblassen

ex-ambulāre ⟨ō, -, - 1.⟩ herausspazieren

★**exāmen** ⟨inis⟩ N 1 Schwarm; ~ **apium** Bienenschwarm 2 Menge 3 Zünglei an der Waage 4 Untersuchung, Prüfun

exāmināre ⟨ō, āvī, ātum 1.⟩ 1 abwi gen 2 *fig* abwägen, untersuchen

ex-amussim ADV genau, pünktlich

ex-anclāre ⟨ō, āvī, ātum 1.⟩ 1 au schöpfen, -trinken 2 *fig* aushalten, e tragen

exanguis ⟨e⟩ ADJ = **exsanguis**

exanimālis ⟨e⟩ ADJ 1 leblos 2 tödlic

ex-animāre ⟨ō, āvī, ātum 1.⟩ 1 de Atem nehmen; *passiv* außer Atem kor men 2 töten 3 *fig* aus der Fassung bri gen, erschrecken, entmutigen

exanimātiō ⟨ōnis⟩ F Besinnungslosi keit, Angst

ex-animis ⟨e⟩ ADJ 1 leblos, tot 2 entsetzt, betäubt

ex-animus ⟨a, um⟩ ADJ = **exanimis**

ex-ante PRÄP +*akk* von … an

exantlāre ⟨ō, āvī, ātum 1.⟩ = **exancl re**

ex-arāre ⟨ō, āvī, ātum 1.⟩ 1 umpf gen, ausgraben; *fig* durch Ackerbau g winnen 2 durchfurchen 3 *fig* schr ben, entwerfen

★**ex-ārdēscere** ⟨ārdēscō, ārsī, ārsu 3.⟩ 1 sich entzünden, sich erhitzen (*Person*) erglühen, ergriffen werden (*Krieg usw.*) entbrennen, ausbrechen (*Preise*) steigen

ex-ārēscere ⟨ārēscō, āruī, - 3.⟩ v trocknen, versiegen; verschwinden

ex-armāre ⟨ō, āvī, ātum 1.⟩ 1 e waffnen; **navem** ~ ein Schiff abtak 2 *fig* entkräften

ex-ārsī → exardescere

ex-asciāre ⟨ō, (āvī), ātum 1.⟩ 1 so fältig behauen 2 *fig* genau durchd ken

ex-asperāre ⟨ō, āvī, ātum 1.⟩ 1 machen, angreifen 2 (*Meer*) aufwüh 3 *fig* verwildern lassen; *passiv* ver dern 4 *fig* erbittern, aufreizen

ex-audīre ⟨iō, īvī, ītum 4.⟩ 1 deut hören 2 *j-n* erhören; hören, **amicum** den Freund

ex-augēre ⟨eō, -, - 2.⟩ stark vermeh

ex-auspicāre ⟨ō, āvī, ātum 1.⟩ glü lich herauskommen

ex-ballistāre ⟨ō, -, - 1.⟩ 1 über Haufen schießen 2 *fig* zum Besten ten

‹-bibere ⟨bibō, bibī, - 3.⟩ = **ebibere**
‹-caecāre ⟨ō, āvī, ātum 1.⟩ 1 blen-
len 2 *fig* verstopfen
‹calceātī ⟨ōrum⟩ MPL mimische
chauspieler *in Sandalen*
‹candēscentia ⟨ae⟩ F Jähzorn
‹-candēscere ⟨candēscō, canduī, -
.⟩ 1 erglühen 2 *fig* aufbrausen
‹-cantāre ⟨ō, āvī, ātum 1.⟩ heraus-,
ervor-, herabzaubern
-carnificāre ⟨ō, āvī, ātum 1.⟩ 1 zu
ode foltern 2 *fig* auf die Folter span-
en
-cavāre ⟨ō, āvī, ātum 1.⟩ aushöhlen
cavātiō ⟨ōnis⟩ F Aushöhlung
-cēdere ⟨cēdō, cessī, cessum 3.⟩ A
1 weggehen, sich entfernen, auswan-
ern 2 *fig* scheiden; **(e) vita** ~ sterben
(in eine Zeit) fallen 4 übergehen, **in**
tercationem in einen Wortwechsel 5
om Thema) abschweifen 6 hervortre-
n, -ragen B VT 1 räumen, verlassen,
bem die Stadt 2 überschreiten, **fines**
e Grenzen 3 *fig* überschreiten, **mo-**
m das Maß
cellēns ⟨entis, *adv* excellenter⟩ ADJ
empor-, herausragend 2 *fig* ausge-
ichnet, vorzüglich
cellentia ⟨ae⟩ F 1 herausragende
ellung; *pl* hervorragende Persönlich-
iten 2 *fig* Vorzüglichkeit, Vorzug 3
lat.) Exzellenz, *Titel für hoch gestellte*
sonen in Staat u. Kirche
-cellere ⟨ō, -, - 3.⟩ hervorragen, sich
szeichnen, **ceteris** ~ vor den Übrigen
‹elsitās ⟨ātis⟩ F Erhabenheit
‹elsum ⟨ī⟩ N 1 Höhe; hoch gelege-
Punkt 2 *fig* hoher Rang, Würde
‹elsus ⟨a, um, *adv* excelsē⟩ ADJ 1
porragend, 2 *fig* glänzend 3 erha-
n
cēpī → excipere
ceptāre ⟨ō, -, - 1.⟩ 1 herausneh-
n 2 auffangen 3 einatmen
eptiō ⟨ōnis⟩ F 1 Ausnahme, Ein-
ränkung 2 Einwand, Protest
ceptus ⟨a, um⟩ PPP → excipere
cernere ⟨cernō, crēvī, crētum 3.⟩
sondern
‹erpere ⟨cerpō, cerpsī, cerptum
1 herausnehmen 2 *fig* auswählen
fig einen schriftlichen Auszug ma-
n, exzerpieren 4 *fig* streichen, weg-
lassen

ex-cessī → excedere
ex-cessus[1] ⟨a, um⟩ PPP → excedere
excessus[2] ⟨ūs⟩ M 1 Weggang, Abzug; ~ **vitae/e vita** Tod 2 RHET Abschweifung
excetra ⟨ae⟩ F 1 Schlange 2 *fig* durchtriebenes Weib
ex-cidere[1] ⟨cidō, cidī, - 3.⟩ 1 heraus-, herabfallen 2 *(vom Los)* aus der Urne herauskommen 3 sterben 4 *fig* entschlüpfen, entwischen 5 *fig (dem Gedächtnis)* entfallen; **excidens** vergesslich 6 *(Hoffnung usw.)* verloren gehen 7 (her)absinken, ausarten 8 verlieren, einbüßen, **vitā** das Leben
ex-cīdere[2] ⟨cīdō, cīdī, cīsum 3.⟩ 1 heraushauen, -schneiden, -brechen; abschlagen, -schneiden 2 *(Felsen)* aushöhlen 3 *(Feind, Stadt)* vernichten, zerstören 4 *fig* entfernen, vertilgen
ex-cidī[1] → excidere[1]
ex-cīdī[2] → excidere[2]
excidiō ⟨ōnis⟩ F *u.* **excīdiō** ⟨ōnis⟩ F Zerstörung
excidium ⟨ī⟩ N 1 Zerstörung, Vernichtung, Fall 2 PL Trümmer, Ruinen
ex-ciēre ⟨cieō, -, citum 2.⟩ 1 aufscheuchen; herausrufen 2 kommen lassen, rufen 3 JUR vorladen 4 zu Hilfe rufen 5 *fig* hervorlocken, erregen, verursachen 6 *fig* aufschrecken, aufrütteln 7 aufwecken; *passiv* aufwachen
excindere ⟨cindō, cidī, cissum 3.⟩ = **exscindere**
★**ex-cipere** ⟨cipiō, cēpī, ceptum 3.⟩ 1 herausnehmen 2 *fig etw* ausnehmen; **excepto, quod** mit Ausnahme, dass 3 *fig etw* als Bedingung festsetzen 4 *fig* befreien, **servitute** von der Sklaverei 5 auf-, abfangen 6 *(Angriff)* abwehren 7 fangen 8 überfallen, angreifen 9 *(mit den Augen)* wahrnehmen 10 *(mit den Ohren)* vernehmen, hören 11 auf sich nehmen, übernehmen 12 *fig* aushalten, erdulden 13 empfangen, aufnehmen, **hospitio** ~ als Gast 14 fortsetzen, fortführen 15 sich anschließen, folgen, **hiemem** auf den Winter 16 ablösen
ex-cīre ⟨ciō, cīvī *u.* ciī, cītum 4.⟩ = **exciere**
excīsiō ⟨ōnis⟩ F Zerstörung
ex-cīsus ⟨a, um⟩ PPP → excidere[2]

★**ex-citāre** ⟨ō, āvī, ātum 1.⟩ 1 (*Tier*) aufscheuchen 2 (auf)wecken 3 heraus-, herbeirufen; **testem** ~ als Zeugen aufrufen 4 (*Gelächter*) hervorrufen, verursachen; *passiv* aufstehen 5 (*Gebäude*) errichten 6 (*Feuer*) entfachen 7 (*Leidenschaft*) erregen 8 aufrichten, trösten, **afflictos** die Bedrängten

excitātus ⟨a, um, *adv* excitātē⟩ ADJ heftig, stark, lebhaft

ex-clāmāre ⟨ō, āvī, ātum 1.⟩ A V/I laut (auf)schreien B V/T 1 laut rufen 2 laut vortragen, **cantica** Lieder

exclāmātiō ⟨ōnis⟩ F Ausruf

ex-clūdere ⟨clūdō, clūsī, clūsum 3.⟩ 1 ausschließen, -sperren, 2 (*Ort*) trennen 3 *fig* fernhalten, abhalten; **filium ab hereditate** ~ den Sohn enterben 4 *fig* verhindern 5 *fig* abschneiden, **reditu** j-n vom Rückzug 6 herausstrecken; **exclusis auribus** mit unbedeckten Ohren 7 ausbrüten, **pullos ex ovis** Junge aus Eiern; *passiv* ausschlüpfen

exclūsiō ⟨ōnis⟩ F Ausschluss

ex-clūsus ⟨a, um⟩ PPP → excludere

ex-cōgitāre ⟨ō, āvī, ātum 1.⟩ ausdenken, erfinden

excōgitātiō ⟨ōnis⟩ F das Ausdenken

excōgitātor ⟨ōris⟩ M der sich *etw* ausdenkt

excōgitātus ⟨a, um⟩ ADJ ausgesucht

ex-colere ⟨colō, coluī, cultum 3.⟩ 1 bebauen, bearbeiten 2 (*Wand, Rede*) (aus)schmücken, verfeinern 3 (*geistig*) bilden, veredeln, 4 (*Ruhm usw.*) erhöhen 5 *fig* verehren, anbeten

ex-commūnicāre ⟨ō, -, - 1.⟩ (*eccl.*) in Kirchenbann setzen, exkommunizieren

excommūnicātiō ⟨ōnis⟩ F (*eccl.*) Ausschluss aus der Kirche, Kirchenbann, Exkommunikation

ex-coquere ⟨coquō, coxī, coctum 3.⟩ 1 herauskochen, -schmelzen 2 austrocknen, **terram** das Erdreich 3 sich *etw* ausdenken 4 ängstigen

ex-cors ⟨cordis⟩ ADJ unverständig, einfältig, dumm

excreāre ⟨ō, āvī, ātum 1.⟩ = **exscreare**

excrēmentum ⟨ī⟩ N 1 Ausscheidung, Auswurf 2 Kot

ex-crēscere ⟨crēscō, crēvī, crētum 3.⟩ 1 herauswachsen, aufwachsen 2 *fig* überhand nehmen

excruciābilis ⟨e⟩ ADJ die Folter ve… dienend

ex-cruciāre ⟨ō, āvī, ātum 1.⟩ marte… foltern, quälen

ex-cubāre ⟨cubō, cubuī, cubitum … 1 im Freien liegen 2 MIL Wache halt… 3 *fig* wachsam sein

excubiae ⟨ārum⟩ FPL 1 außerehe… cher Geschlechtsverkehr 2 das Wach… 3 Wachposten, Wache

excubitor ⟨ōris⟩ M Wächter

excubitus ⟨ūs⟩ M Wache

ex-cūdere ⟨cūdō, cūdī, cūsum 3.⟩ … herausschlagen 2 ausbrüten 3 (*Eis*… schmieden; *fig* kunstvoll gestalten, (*schriftlich*) ausarbeiten

ex-culcāre ⟨ō, āvī, ātum 1.⟩ 1 aus… ten 2 festtreten, fest (ein)stampfen

ex-cūrātus ⟨a, um⟩ ADJ gut gepfle… gut zubereitet; **victus** ~ leckeres Esse…

ex-currere ⟨currō, (cu)currī, curs… 3.⟩ A V/I 1 hinaus-, herauslaufen 2 … ne Reise machen 3 (*Quelle*) entsprin… 4 RHET abschweifen 5 (*Vers*) ausge… 6 (*Ort*) vorspringen, sich erstrecken … V/T durchlaufen

excursiō ⟨ōnis⟩ F 1 Ausflug 2 Ausfall; Einfall, Angriff 3 RHET das … schweifen 4 Spielraum

excursor ⟨ōris⟩ M Kundschafter

ex-cursum PPP → excurrere

excursus ⟨ūs⟩ M 1 das Auslaufen, **vium** von Schiffen 2 das Ausschwär… 3 Ausfluss 4 MIL Ausfall, Über… Streifzug 5 RHET das Abschweifen

★**ex-cūsāre** ⟨ō, āvī, ātum 1.⟩ 1 … schuldigen, rechtfertigen; sich entsc… digen 2 als Entschuldigungsgrund führen 3 ablehnen, abschlagen; *p*… *u.* **se** ~ sich entziehen

excūsātiō ⟨ōnis⟩ F 1 Entschuldig… (-sgrund) 2 Ablehnung

excūsātus ⟨a, um, *adv* excūsātē⟩ entschuldigt

ex-cutere ⟨cutiō, cussī, cussum 3.… herab-, abschütteln 2 (*Augen, Zahn*… rausschlagen, -reißen 3 (*Reiter, A*… hinauswerfen, -stoßen, hinabwe… -stoßen, herunterschlagen; *passiv* … rausfallen, herabstürzen 4 (*Schweiß*… raustreiben 5 (*Lächeln*) entlocke… (*Schiff*) (be)rauben 7 MIL schleudern… schießen, **tela** Geschosse 8 (*Fe*…

Angst) vertreiben, verlassen 9 schütteln 10 (*Arme*) ausbreiten, ausstrecken 11 durchsuchen, prüfen

x-dorsuāre ⟨ō, -, - 1.⟩ entgräten

xe... *auch* = **exse...**

x-edere ⟨edō, edī, ēsum 3.⟩ 1 aufes- en, verzehren 2 (*z. B. hohes Alter*) zer- essen 3 (*Stadt*) zerstören 4 (*Geist*) uälen

xedra ⟨ae⟩ F (*eines röm. Hauses*) halb- unde Nische, Gesellschaftsraum

x-efficere ⟨ficio, fēcī, fectum 3.⟩ anz vollenden

x-ēgī → exigere

x-ēmī → eximere

xemplar *u.* **exemplāre** ⟨āris⟩ N 1 bschrift, Kopie 2 Abbild 3 Vorbild, Muster, Ideal

xemplārēs ⟨ium⟩ MPL Abschriften

xemplāris ⟨e⟩ ADJ als Abschrift die- end

xemplum ⟨ī⟩ N 1 Abbild, Muster, robe 2 Abschrift 3 (*in der Kunst*) Nach- ldung 4 (*einer Schrift*) Wortlaut, Inhalt Vorbild, Ideal 6 JUR Präzedenzfall 7 erfahren, Art und Weise 8 Beispiel; ~ **dere/statuere in aliquem** ein Beispiel atuieren an j-m, j-n exemplarisch be- rafen; **exempli causā/gratiā** beispiels- eise, zum Beispiel; ~ **edere** ein Beispiel eben

-ēmptus ⟨a, um⟩ PPP → eximere

enterāre ⟨ō, āvī, ātum 1.⟩ 1 (*Tier*) sweiden 2 *scherz* ausleeren 3 *fig* älen

-eō → exire

eq... = **exseq...**

-ercēre ⟨eō, uī, itum 2.⟩ 1 umher- iben 2 (*Land*) bearbeiten, pflügen intensiv beschäftigen, in Atem halten (*Soldaten usw.*) beunruhigen, quälen üben, ausbilden, **copias** Truppen 6 treiben, verrichten, ausüben; **iudi- m** ~ Gericht halten; **quaestionem** ~ e Untersuchung anstellen; **inimici- s** ~ verfeindet sein; **cauponam** ~ eine enke betreiben 7 auslassen, **odium aliquem** Hass an j-m 8 handhaben, wenden

rcitāre ⟨ō, āvī, ātum 1.⟩ 1 anhal- d üben 2 ausüben

rcitātiō ⟨ōnis⟩ F 1 Übung 2 Ge- theit, Gewandtheit 3 Ausübung

exercitātus ⟨a, um, *adv* exercitātē⟩ ADJ 1 geübt, erfahren 2 geprüft; **vir curis** ~ von Sorgen gequälter Mann

exercitium ⟨ī⟩ N Übung

exercitor ⟨ōris⟩ M Lehrmeister

exercitus[1] ⟨a, um⟩ ADJ 1 geübt, geschult 2 geplagt 3 (*Sache*) mühevoll, schwierig

★**exercitus**[2] ⟨ūs⟩ M 1 Übung 2 MIL geübte Mannschaft, Heer 3 MIL Fußvolk

→ s. Info-Fenster nächste Seite

exēsus ⟨a, um⟩ ADJ zernagt, verwittert

ex-fāfillāre ⟨ō, -, - 1.⟩ bis zur Brust entblößen; **exfafillato bracchio** mit bis zur Brust entblößtem Arm

exfr... = **effr...**

exhaerēd... = **exhered...**

exhaeresimus ⟨a, um⟩ ADJ ausschaltbar; **dies** ~ Schalttag

ex-hālāre ⟨ō, āvī, ātum 1.⟩ A V/T 1 ausdünsten, -hauchen 2 ausatmen; **animam/vitam** ~ sterben B V/I heraufwehen

exhālātiō ⟨ōnis⟩ F Ausdünstung

★**ex-haurīre** ⟨hauriō, hausī, haustum 4.⟩ 1 herausschöpfen 2 (*Erde, Geld*) heraus heben, -graben, fortschaffen 3 (*Schmerz*) nehmen, wegnehmen 4 ausschöpfen, austrinken; **poculum** ~ einen Becher leeren 5 (*Schatzkammer, Volk*) erschöpfen, ausbeuten 6 *fig* vollenden, durchführen, überstehen

exhedra ⟨ae⟩ F = **exedra**

ex-hērēdāre ⟨ō, āvī, ātum 1.⟩ enterben

exhērēdātiō ⟨ōnis⟩ F Enterbung

exhērēs ⟨ēdis⟩ ADJ enterbt, von der Erbschaft ausgeschlossen

ex-hibēre ⟨hibeō, hibuī, hibitum 2.⟩ 1 herausholen, herbeibringen 2 JUR vor Gericht bringen 3 (*Sklave, Ehefrau*) herausgeben, ausliefern 4 *fig* vorführen, sehen lassen, zeigen 5 ausüben, beweisen, erweisen 6 (*Unbehagen usw.*) verursachen, bereiten

ex-hilarāre ⟨ō, āvī, ātum 1.⟩ aufheitern

ex-horrēscere ⟨horrēscō, horruī, -3.⟩ erschauern, **in aliquo** vor j-m, **aliquid** vor etw

ex-hortārī ⟨or, ātus sum 1.⟩ 1 ermahnen, ermutigen 2 aufreizen

exhortātiō ⟨ōnis⟩ F Ermunterung, Er-

E

Landeskund

▶ exercitus – das römische Heer

Seit den Anfängen der Republik gab es die Wehrpflicht und ein Bürgerheer. Durch die Heeresreform des **Marius** (105 v. Chr.) wurde daraus ein Heer von Berufssoldaten die 16 bis 20 Jahre dienten und als Veteranen Versorgungsanspruch hatten. Zur Zei der Republik gab es zwei Legionen, die in Kohorten, Manipel und Zenturien eingeteilt waren (s. Info bei **legio**), daneben Reiterei sowie Einheiten für die Katapulte Zur Zeit des Augustus wuchs das Heer auf über 300.000, unter Diokletian (→ Diocletianus) auf ca. 500.000 Mann, die Zahl der Legionen stieg auf etwa 30. In de Kaiserzeit kamen noch die kaiserliche Leibgarde, Sicherheits- und Hilfstruppen sowi die Flotte hinzu.

Die Schlachtaufstellung bestand aus:

velites	Leichtbewaffnete, die als Erste, noch vor den **hastati** in die Schlach geschickt wurden
hastati	die jüngsten und unerfahrensten Soldaten, die in den ersten Gliedern der Schlachtaufstellung standen
principes	ältere und erfahrene Soldaten mit einer besseren Rüstung und Bewaffnung
triarii	erfahrene Veteranen, oft als letzte Reserve eingesetzt
auxilia	Hilfstruppen verbündeter Völker

mahnung

exi... = **exsi...**

★**ex-igere** ⟨igō, ēgī, āctum 3.⟩ **1** hinaustreiben, vertreiben; **otium ~** Ruhe stören **2** schwingen, **ensem** das Schwert **3** (*Waffe*) ganz hineinstoßen, durchstoßen **4** vertreiben, verkaufen, **fructūs agrorum** Feldfrüchte **5** eintreiben, einkassieren; **pecunias a civitatibus** Geld von den Städten; **pedites ~** Fußsoldaten gewaltsam anwerben **6** (*Wahrheit*) fordern, verlangen **7** wissen wollen; nach *etw* fragen; **causam ~** nach der Ursache **8** abmessen, genau abwiegen **9** *fig* untersuchen, prüfen, **ius ad veritatem** das Recht nach der Wahrheit **10** überlegen, erwägen **11** (*Denkmal*) zu Ende führen, zustande bringen **12** (*Zeit*) verleben, verbringen; *passiv* vergehen, ablaufen; **diem supremum ~** sterben; **temporibus exactis** nach Ablauf der Fristen **13** *fig* festsetzen, bestimmen

exiguitās ⟨ātis⟩ F **1** Kleinheit, Enge **2** *fig* Geringfügigkeit, geringe Zahl

exiguum ⟨ī⟩ N ein Geringes, ein Weniges

★**exiguus** ⟨a, um, *adv* exiguē⟩ ADJ **1** (*Größe, Länge, Umfang*) klein, gering knapp, eng, unbedeutend **3** (*Körp* mager, schmächtig **4** kurz; **dies exig** kurze Frist **5** (*Menge*) gering, spärli dürftig; **exigue dicere** mit wenigen W ten sagen

ex-iī → exire

exīlis ⟨e, *adv* exīliter⟩ ADJ **1** (*Glie* mager, dünn, dürr, schmächtig **2** *fig* haltlos, kümmerlich, armselig

exīlitās ⟨ātis⟩ F **1** Feinheit des Ton RHET Trockenheit

★**exilium** ⟨ī⟩ N **1** Verbannung **2** bannungsort, Zufluchtstätte

ex-imere ⟨imō, ēmī, ēmptum 3.⟩ heraus-, wegnehmen **2** (*aus einer L* ausstreichen **3** ausnehmen, **4** (*St Person*) befreien **5** (*Zeit*) verbrauch **6** entfernen, beseitigen; **famem ep ~** den Hunger mit Speisen stillen

★**eximius** ⟨a, um, *adv* eximiē⟩ AD ausgenommen **2** ausnehmend, bes ders, außerordentlich vortrefflich

ex-inānīre ⟨iō, īvī, ītum 4.⟩ auslee ausplündern; **navem ~** ein Schiff e

'en
x-inde ADV 1 (*örtl.*) daher, von da aus 2 (*zeitl.*) hierauf, nachher 3 (*zeitl.*) von a an, seither 4 (*folgernd*) infolgedessen, daher
xinterāre ⟨ō, āvī, ātum 1.⟩ = **exenterare**
x-īre ⟨eō, iī *u.* īvī, itum 0.⟩ A VI 1 heaus-, hinausgehen, weggehen, sich enternen 2 MIL abmarschieren 3 SCHIFF uslaufen 4 (*Flüssigkeit*) herausströmen, ließen 5 (*Gewächse*) hervorwachsen 6 os) (aus der Urne) herauskommen; urch das Los gewählt werden 7 *etw* erlassen, aufgeben; **memoriā ~** vergesen werden 8 (*Ergebnis*) zum Vorschein ommen 9 ablaufen, zu Ende gehen; ieme **exeunte** am Ende des Winters 0 (*Baum, Feuer*) emporsteigen, -ragen bekannt werden, sich verbreiten B T 1 überschreiten, **modum** das Maß ausweichen, entgehen, *aliquid* einer che
istentia ⟨ae⟩ F = **exsistentia**
istere ⟨existō, extitī, - 3⟩ = **exsistere**
-īstimāre ⟨ō, āvī, ātum 1.⟩ 1 schätn; **magni ~** hoch schätzen 2 beurtein, für *etw* halten; **aliquem hostem ~** für einen Feind halten 3 entscheien, urteilen 4 meinen, glauben
īstimātiō ⟨ōnis⟩ F 1 Beurteilung, teil, Meinung 2 (guter) Ruf, guter Na- e 3 Kredit
stimātor ⟨ōris⟩ M Beurteiler, Kriti-
tiābilis *u.* **exitiālis** ⟨e⟩ ADJ unheil- ll, verderblich, **alicui** für j-n
tiō ⟨ōnis⟩ F Ausgang
tiōsus ⟨a, um⟩ ADJ unheilvoll, verrblich
tium ⟨ī⟩ N 1 Ausgang 2 *fig* Unterng, Verderben; **~ tyranni** Sturz des Tynen
itum PPP → exire
tus ⟨ūs⟩ M 1 (*als Ort*) Ausgang 2 *fig* sgang, Ende 3 Tod, Untergang 4 Erg, Ergebnis
ecebra ⟨ae⟩ F = **elecebra**
'ēx ⟨lēgis⟩ ADJ an kein Gesetz gebun-
obsecrāre ⟨ō, -, - 1.⟩ anflehen
oculāre ⟨ō, āvī, ātum 1.⟩ des Aulichts berauben

exodium ⟨ī⟩ N scherzhaftes Nachspiel
ex-olēscere ⟨olēscō, olēvī, (olētum) 3.⟩ 1 heranwachsen 2 verschwinden, außer Gebrauch kommen
exolētus A ⟨a, um⟩ ADJ 1 erwachsen 2 veraltet B ⟨ī⟩ M Lustknabe
ex-onerāre ⟨ō, āvī, ātum 1.⟩ 1 entlasten 2 entladen, **navem** ein Schiff 3 fortschaffen 4 *fig* erleichtern
exoptābilis ⟨e⟩ ADJ wünschenswert
ex-optāre ⟨ō, āvī, ātum 1.⟩ 1 auswählen 2 herbeiwünschen, ersehnen
exoptātus ⟨a, um⟩ ADJ erwünscht, willkommen
exōrābilis ⟨e⟩ ADJ nachgiebig
exōrābulum ⟨ī⟩ N Bitte
ex-ōrāre ⟨ō, āvī, ātum 1.⟩ 1 anflehen, durch Bitten bewegen 2 erbitten, erflehen, **pacem** Frieden
exōrātor ⟨ōris⟩ M 1 Bittsteller 2 (*mlat.*) Fürsprecher
exorcismus ⟨ī⟩ M 1 Beschwörung böser Geister 2 (*eccl.*) Teufelsaustreibung
exorcizāre ⟨ō, āvī, ātum 1.⟩ (*eccl.*) den Teufel austreiben
ex-ōrdīrī ⟨ordior, ōrsus sum 4.⟩ 1 (*Gewebe*) anfangen 2 *fig* beginnen
exōrdium ⟨ī⟩ N 1 Anfang, Beginn 2 RHET Einleitung
ex-orīrī ⟨orior, ortus sum 4.⟩ 1 aufstehen 2 (*Gestirn*) aufgehen 3 (*unerwartet*) hervorbrechen 4 (*Person*) auftreten, erscheinen 5 (*Gerücht usw.*) entstehen, herrühren
ex-ōrnāre ⟨ō, āvī, ātum 1.⟩ 1 ausrüsten, ausstatten, **re** mit *etw* 2 ordnen, anordnen 3 (*Stadt, Sklavin*) ausschmücken 4 verherrlichen
exōrnātiō ⟨ōnis⟩ F 1 Ausschmückung, 2 Redeschmuck 3 Prunkrede
exors ⟨ortis⟩ ADJ = **exsors**
exōrsa ⟨ōrum⟩ NPL Einleitungen
exōrsus ⟨ūs⟩ M Beginn, Anfang
exortus ⟨ī⟩ M 1 Aufgang, **solis** der Sonne 2 *fig* Ursprung
ex-ōsculārī ⟨or, ātus sum 1.⟩ 1 innig küssen 2 *fig* mit Lob überhäufen
ex-ossāre ⟨ō, āvī, ātum 1.⟩ entgräten, die Knochen herausnehmen
exōstra ⟨ae⟩ F Rollmaschine *im Theater, durch die das Innere des Hauses sichtbar gemacht wurde*
ex-ōsus ⟨a, um⟩ ADJ grimmig hassend

E

exōticum ⟨ī⟩ N ausländisches Gewand
exōticus ⟨a, um⟩ ADJ ausländisch; **Graecia exotica** Großgriechenland
ex-pallēscere ⟨pallēscō, palluī,- 3.⟩ erblassen, zurückschrecken, **aliquid** vor etw
ex-palliātus ⟨a, um⟩ ADJ des Mantels beraubt
ex-pallidus ⟨a, um⟩ ADJ sehr bleich
ex-palpāre ⟨ō, -, - 1.⟩ *u.* **ex-palpārī** ⟨or, - 1.⟩ schmeicheln
ex-pandere ⟨pandō, pandī, passum *u.* pānsum 3.⟩ 1 ausspannen, -breiten; **fores** ~ die Türen weit öffnen; *passiv u.* **se** ~ sich ausbreiten 2 ausführlich darlegen
ex-papillātus ⟨a, um⟩ ADJ bis an die Brust entblößt
ex-patrāre ⟨ō, āvī, ātum 1.⟩ verhuren, vergeuden
ex-pavēre ⟨eō, -, - 2.⟩ entsetzt sein
ex-pavēscere ⟨pavēscō, pāvī, - 3.⟩ sich entsetzen, **(ad) aliquid** vor etw
expectāre ⟨ō, āvī, ātum 1.⟩ = **exspectare**
expectātiō ⟨ōnis⟩ F = **exspectatio**
ex-pecūliātus ⟨a, um⟩ ADJ des Vermögens beraubt
★**ex-pedīre** ⟨iō, īvī *u.* iī, ītum 4.⟩ A V/T 1 losbinden, losmachen, lösen 2 *fig* befreien, retten; **aere alieno** ~ von Schulden befreien; *passiv u.* **se** ~ entkommen 3 schleudern 4 *(Schwierigkeit)* überwinden 5 erledigen, besorgen, **negotia** Geschäfte 6 *(Flucht)* ermöglichen 7 darlegen, berichten 8 *(Brot)* herbeischaffen 9 MIL zum Kampf bereit machen B V/I 1 sich bereit machen 2 sich entwickeln, ablaufen 3 nützen; **expedit** es nützt; **hoc expedit** dies ist förderlich
expedītiō ⟨ōnis⟩ F Feldzug
★**expedītus** A ⟨a, um, *adv* expedītē⟩ ADJ 1 *(Person)* leicht bekleidet, frei, ungehindert 2 MIL leicht bewaffnet; einsatzbereit 3 *(Fußgänger)* rüstig, geschwind 4 bereit, fertig 5 *(Sache)* unbehindert, bequem, leicht; **expeditum est** es ist leicht B ⟨ī⟩ M 1 leicht bewaffneter Soldat 2 rüstiger Fußgänger
★**ex-pellere** ⟨pellō, pulī, pulsum 3.⟩ 1 hinauswerfen, weg-, hinausstoßen 2 *(Zustand, Stimmung)* vertreiben, beseitigen; **vitā** ~ das Leben nehmen 3 *(Meer)* ans Land werfen 4 *fig* verbannen 5 ve[rstoßen], **uxorem** die Ehefrau
ex-pendere ⟨pendō, pendī, pēnsu[m] 3.⟩ 1 *(Geld, Edelmetall)* abwiegen 2 abwägen, prüfen, beurteilen 3 ausza[h]len, bezahlen, **stipendia** Löhne 4 au[s]leihen; **pecunias sine fenore expens[as] ferre** Geld ohne Zinsen ausleihen 5 büßen, **alicuius rei** für etw; **scelus** für den Frevel büßen
expēnsum ⟨ī⟩ N Ausgabe
expēnsus ⟨a, um⟩ ADJ ausgezahlt; e[x]**pensum ferre** als ausbezahlt eintrag[en] = für j-n verbuchen
expergē-facere ⟨faciō, fēcī, factu[m] 3.⟩, *passiv* ⟨expergē-fierī, fīō, fact[um] sum ø.⟩ auf-, erwecken
ex-pergere ⟨pergō, persī, persum [3.⟩] = **expergere**
ex-pergīscī ⟨pergīscor, perrēc[tus] sum, *pperf auch* pergītus 3.⟩ aufwach[en], erwachen
experiēns ⟨entis⟩ ADJ 1 tätig, gesch[äf]tig 2 ausdauernd 3 gewöhnt, **labor[um]** an Arbeiten
experientia ⟨ae⟩ F 1 Versuch, Pr[o]be] 2 Erfahrung
experīmentum ⟨ī⟩ N 1 Versuch, P[ro]be; Versuchsobjekt 2 Beweis; Erfahru[ng]
★**ex-perīrī** ⟨perior, pertus sum 4.⟩ 1 [ei]nen Versuch machen 2 versuchen, [er]proben, prüfen 3 *(im Kampf)* sich m[es]sen 4 JUR streiten 5 *fig* riskieren; **im[pe]rium** ~ die Herrschaft aufs Spiel set[zen] 6 kennenlernen, erleben; **expertus s[um]** ich weiß aus eigener Erfahrung; **de [me] experior** ich sehe es an mir 7 erleid[en], bestehen
ex-perrēctus ⟨a, um⟩ PPERF → exp[er]gisci
★**ex-pers** ⟨pertis⟩ ADJ 1 unbeteiligt, **cuius rei/re** an etw 2 *fig* frei von ohne *etw, alicuius rei*
ex-pertus[1] ⟨a, um⟩ PPERF → exper[iri]
expertus[2] ⟨a, um⟩ ADJ 1 erfahren, **cuius rei/re** in etw 2 erprobt, bewä[hrt]
expetendus ⟨a, um⟩ ADJ erstreb[ens]wert
expetēns ⟨entis⟩ ADJ begehrlich
★**ex-petere** ⟨petō, petīvī, petītum [3.⟩] A V/T 1 erstreben 2 *fig* verlangen, [be]gehren; **poenas alicuius rei ab al[iquo]** ~ j-n für etw bestrafen 3 dauern;

'eichen **B** VI widerfahren, treffen

xpetessere ⟨ō, -, - 3.⟩ begehren

xpetibilis ⟨e⟩ ADJ wünschbar, er-
trebbar

x-piāre ⟨ō, āvī, ātum 1.⟩ **1** reinigen,
orum a sceleris vestigiis das Forum
on den Spuren des Verbrechens **2** (*Un-
echt*) wiedergutmachen, sühnen, büßen
3 (*böses Vorzeichen*) (durch Opfer) un-
chädlich machen **4** (*Götter*) versöhnen

xpiātiō ⟨ōnis⟩ F Sühne, Sühnung

x-pīlāre ⟨ō, āvī, ātum 1.⟩ ausplün-
ern, berauben

xpīlātiō ⟨ōnis⟩ F Ausplünderung

xpīlātor ⟨ōris⟩ M Plünderer

-pingere ⟨pingō, pīnxī, pictum 3.⟩
1 ausmalen **2** *fig* anschaulich schildern

pīr… = **exspir…**

-plānāre ⟨ō, āvī, ātum 1.⟩ **1** ebnen
2 *fig* verdeutlichen, erläutern, darlegen
3 deutlich aussprechen

plānātiō ⟨ōnis⟩ F **1** Verdeutlichung
2 Auslegung, Erklärung **3** deutliche
ussprache

plānātor ⟨ōris⟩ M Ausleger, Erklä-
r

plānātus ⟨a, um⟩ ADJ *fig* deutlich

plēmentum ⟨ī⟩ N **1** Ausfüll-, Auf-
llmittel **2** Sättigungsmittel, Futter

-plēre ⟨pleō, plēvī, plētum 2.⟩ **1**
sfüllen, vollfüllen; **bovem** ~ ein Rind
ttigen **2** (*Maße, Zahlen*) voll erreichen;
adraginta annos ~ volle vierzig Jahre
reichen **3** (*Unvollständiges*) vervoll-
ändigen, ergänzen **4** (*Leidenschaft,
unsch*) erfüllen, befriedigen; **sitim** ~
urst stillen **5** zustande bringen, aus-
hren **6** (*Aufgabe*) erfüllen **7** (*Zeit*)
erstehen

plētus[1] ⟨a, um⟩ PPP → explere

plētus[2] ⟨a, um⟩ ADJ vollständig, voll-
mmen

plēvī → explere

plicāre ⟨ō, āvī *u.* uī, ātum *u.* itum
1 (*Kleid, Schleier*) entfalten, aufrollen,
sbreiten; **librum** ~ ein Buch aufschla-
n; **frontem** ~ die Stirn glätten **2** he-
swickeln **3** (*örtl.*) ausdehnen, aus-
iten **4** MIL ausschwärmen lassen **5**
rworrenes) entwirren, in Ordnung
ngen **6** (*Schwieriges*) glücklich durch-
ren **7** (*Staat usw.*) befreien, retten **8**
erklären, darlegen

explicātiō ⟨ōnis⟩ F **1** das Ausrollen,
rudentis eines Seils **2** Erklärung, Ausle-
gung, Deutung

explicātor ⟨ōris⟩ M Erklärer

explicātus[1] ⟨ūs⟩ M Erörterung, Lö-
sung

explicātus[2] ⟨a, um, *adv* explicātē⟩ ADJ
1 geordnet, geregelt **2** deutlich, klar

explicitus ⟨a, um, *adv* explicitē⟩ ADJ
leicht auszuführen, deutlich

ex-plōdere ⟨plōdō, plōsī, plōsum 3.⟩
auspfeifen, missbilligen

★**ex-plōrāre** ⟨ō, āvī, ātum 1.⟩ **1** ausspä-
hen **2** MIL auskundschaften **3** *fig* erfor-
schen, ermitteln; **alicuius consilia** ~ j-s
Pläne ausforschen **4** untersuchen, prü-
fen, erproben

explōrātiō ⟨ōnis⟩ F Erkundigung, Er-
forschung

explōrātor ⟨ōris⟩ M **1** Kundschafter,
Späher **2** MIL *meist pl* Spähtrupp

explōrātōrius ⟨a, um⟩ ADJ Kund-
schafter…

explōrātus ⟨a, um, *adv* explōrātē⟩ ADJ
gewiss, sicher, zuverlässig; **mihi explo-
ratum est** für mich steht fest; **aliquid
pro explorato habere** etw für sicher
halten

explōsī → explodere

explōsiō ⟨ōnis⟩ F das Auspfeifen

explōsus ⟨a, um⟩ PPP → explodere

ex-poliāre ⟨ō, āvī, ātum 1.⟩ = **expo-
liare**

ex-polīre ⟨iō, īvī, ītum 4.⟩ **1** glätten,
polieren **2** *fig* ausbilden, verfeinern **3**
RHET ausschmücken

expolītiō ⟨ōnis⟩ F **1** das Glätten, das
Anstreichen **2** RHET Ausschmückung

★**ex-pōnere** ⟨pōnō, posuī, positum 3.⟩
1 hinausstellen, -setzen, -legen; **herbam
in sole** ~ Gras in der Sonne auslegen **2**
öffentlich ausstellen, **venditioni** zum
Verkauf **3** vor Augen stellen **4** (*Kinder*)
aussetzen **5** SCHIFF an Land setzen; *pas-
siv* landen **6** zur Verfügung stellen;
praemium ~ eine Belohnung aussetzen
7 preisgeben; **expositum esse** ausgelie-
fert sein; **ad praedandum** ~ zur Plünde-
rung überlassen **8** darlegen, darstellen,
erörtern

ex-porgerē *u.* **ex-porrigerē** ⟨por-
(ri)gō, porrēxī, porrēctum 3.⟩ **1** hervor-
strecken **2** ausdehnen, ausbreiten **3**

E

glätten; **frontem ~** freundlich sein

ex-portāre ⟨ō, āvī, ātum 1.⟩ **1** hinaustragen, fortschaffen **2** (*Waren*) ausführen **3** verbannen

exportātiō ⟨ōnis⟩ F **1** Ausfuhr, Export **2** Verbannung

ex-poscere ⟨poscō, poposcī, - 3.⟩ **1** fordern, verlangen, **aliquid aliquem** etw von j-m **2** erfordern **3** *j-s* Auslieferung verlangen, **Hannibalem** die Auslieferung Hannibals **4** erflehen

expositīcius ⟨a, um⟩ ADJ ausgesetzt

expositiō ⟨ōnis⟩ F Darlegung, Schilderung

ex-positus[1] ⟨a, um⟩ PPP → exponere

expositus[2] ⟨a, um, *adv* expositē⟩ ADJ **1** (*Stadt*) offen, frei daliegend **2** preisgegeben **3** öffentlich zugänglich **4** (*Person*) leutselig

ex-postulāre ⟨ō, āvī, ātum 1.⟩ **1** verlangen, fordern **2** *j-s* Auslieferung verlangen, *aliquem* **3** sich beschweren, **cum aliquo** bei j-m

expostulātiō ⟨ōnis⟩ F **1** Verlangen, Forderung **2** Beschwerde, Vorwurf, **cum Pompeio** gegen Pompeius

ex-posuī → exponere

expressī → exprimere

ex-pressus[1] ⟨a, um⟩ PPP → exprimere

expressus[2] ⟨a, um, *adv* expressē⟩ ADJ **1** deutlich ausgesprochen; **expressis verbis** (*mlat.*) ausdrücklich **2** deutlich, anschaulich

exprētus ⟨a, um⟩ ADJ = **expressus**[2]

★**ex-primere** ⟨primō, pressī, pressum 3.⟩ **1** ausdrücken, -pressen; **nasum ~** sich die Nase putzen **2** herausdrücken, -pressen; **spiritum ~** sich erhängen **3** (*Turm*) emportreiben **4** deutlich aussprechen **5** (*Wahrheit*) erpressen, erzwingen **6** abbilden, darstellen; **~ imaginem in cera** ein Bild aus Wachs formen **7** *fig* nachahmen **8** (*mit Worten*) wiedergeben, schildern **9** übersetzen

ex-probrāre ⟨ō, āvī, ātum 1.⟩ Vorwürfe machen, vorwerfen

exprobrātiō ⟨ōnis⟩ F Vorwurf

ex-prōmere ⟨prōmō, prōmpsī, prōmptum 3.⟩ **1** hervorholen, -nehmen **2** (*Ton*) ausstoßen **3** (*Grausamkeit, Hass*) an den Tag legen, deutlich zeigen **4** darlegen, vortragen

exprōmptus ⟨a, um⟩ ADJ bereit, bei der Hand

expuere ⟨puō, puī, pūtum 3.⟩ = **espuere**

★**ex-pūgnāre** ⟨ō, āvī, ātum 1.⟩ **1** (*Fetung*) erstürmen, erobern, einnehm **2** (*Belagerte*) besiegen, unterwerfe vergewaltigen **3** *fig* überwinden, venichten **4** erzwingen

expūgnātiō ⟨ōnis⟩ F Eroberung, Einahme

expūgnātor ⟨ōris⟩ M Eroberer; **~ pdicitiae** *fig* Verführer

ex-pulī → expellere

expulsiō ⟨ōnis⟩ F Vertreibung

expulsor ⟨ōris⟩ M Vertreiber

ex-pulsus ⟨a, um⟩ PPP → expellere

ex-pungere ⟨pungō, pūnxī, pūnctu 3.⟩ **1** ausstreichen, **nomen** den Nam **2** aus dem Dienst entlassen **3** (*Verzeinis*) durchgehen

ex-pūrgāre ⟨ō, āvī, ātum 1.⟩ **1** reigen **2** rechtfertigen, entschuldigen

expūrgātiō ⟨ōnis⟩ F Rechtfertigu Entschuldigung

expūrigāre ⟨ō, āvī, ātum 1.⟩ = **expgare**

expūrigātiō ⟨ōnis⟩ F = **expurgatio**

ex-putāre ⟨ō, āvī, ātum 1.⟩ erwäg ergründen

ex-pūtēscere ⟨ēscō, -, - 3.⟩ verfau

★**ex-quīrere** ⟨quīrō, quīsīvī, quīsītu 3.⟩ **1** auswählen, aussuchen **2** (durchsuchen **3** *fig* untersuchen, prü **4** *fig* erforschen, ergründen **5** (*Flec* verlangen

exquīsītus ⟨a, um, *adv* exquīsītē⟩ **1** auserlesen, ausgezeichnet **2** sorgtig, durchdacht

ex-sacrificāre ⟨ō, -, - 1.⟩ ein O darbringen

ex-saevīre ⟨iō, -, - 4.⟩ austoben

exsanguis ⟨e⟩ ADJ **1** blutlos **2** *fig* los, ohnmächtig **3** kraftlos, erschöpf blass

ex-sarcīre ⟨sarciō, -, sartūrus 4.⟩ ausflicken **2** *fig* ersetzen, erstatten

ex-satiāre ⟨ō, āvī, ātum 1.⟩ *u.* **ex-turāre** ⟨ō, āvī, ātum 1.⟩ **1** sättige *fig* völlig befriedigen, stillen

ex-scendere ⟨scendō, scendī, sc sum 3.⟩ = **escendere**

exscēnsiō ⟨ōnis⟩ F = **escensio**

exscēnsus ⟨a, um⟩ PPP → escend

x-scindere ⟨scindō, scidī, scissum 3.⟩ 1 ausreißen 2 *fig* ausrotten, zerstö-ren

x-scrībere ⟨scrībō, scrīpsī, scrīptum 3.⟩ 1 abzeichnen 2 aufschreiben, auf-zeichnen

x-sculpere ⟨sculpō, sculpsī, sculp-um 3.⟩ 1 ausmeißeln; **simulacrum ~** ein Bild schnitzen 2 auskratzen, beseiti-en 3 *fig* herauspressen, **verum** die Wahrheit

x-secāre ⟨secō, secuī, sectum 1.⟩ 1 eraus-, wegschneiden 2 kastrieren 3 erausschinden, -schlagen

x-secrārī ⟨or, ātus sum 1.⟩ A V/T ver-uchen, verwünschen B V/I fluchen

secrātiō ⟨ōnis⟩ F Verfluchung, Ver-ünschung

-secrātus ⟨a, um⟩ ADJ verflucht, erwünscht, **alicui** von j-m

sectiō ⟨ōnis⟩ F das Ausschneiden, as Abschneiden

secūtiō ⟨ōnis⟩ F 1 Ausführung, ollzug 2 Gerichtsbarkeit 3 Verwaltung

-secūtus ⟨a, um⟩ PPERF → exsequi

-sequī ⟨sequor, secūtus sum 3.⟩ 1 Grabe geleiten 2 verfolgen 3 JUR ge-chtlich verfolgen, rächen, strafen 4 *nsterblichkeit usw.*) erstreben 5 *fig* gel-nd machen, **ius suum** sein Recht 6 *fig* mitteln, erforschen 7 (*einer Partei*) an-ehören 8 ausführen, vollziehen; **pom-as ~** Leichenfeiern begehen; **mortem** sich selbst töten 9 *fig* berichten, be-hreiben 10 (*Schicksal*) ertragen

sequiae ⟨ārum⟩ FPL Leichenfeier, stattung; **exsequias alicuius prose-ui/alicui ire** j-n zu Grabe geleiten

sequiālis ⟨e⟩ ADJ Leichen…, To-n…

-sercīre ⟨serciō, -, sertūrus 4.⟩ = **ex-rcire**

-serere ⟨serō, seruī, sertum 3.⟩ 1 *unge, Schwer*) herausstrecken, empor-ben 2 entblößen, **umeros** die Schul-rn 3 *fig* erlösen, befreien, **aliquem re alieno** j-n von der Schuldenlast 4 enbaren, zeigen

sertāre ⟨ō, -, - 1.⟩ hervorstrecken

sībilāre ⟨ō, āvī, ātum 1.⟩ 1 auszi-hen, auspfeifen 2 hervorzischen

sicāre ⟨sicō, sicuī, sictum 1.⟩ = **ex-care**

ex-siccāre ⟨ō, āvī, ātum 1.⟩ 1 aus-trocknen, ausdörren 2 ausleeren

exsiccātus ⟨a, um⟩ ADJ vertrocknet

ex-sīgnāre ⟨ō, āvī, ātum 1.⟩ aufzeich-nen, aufschreiben

ex-silīre ⟨siliō, siluī *u.* silīvī *u.* siliī, sul-tum 4.⟩ 1 hinausspringen 2 nach vorn springen 3 aufspringen

exsilium ⟨ī⟩ N = **exilium**

ex-siluī → exsilire

exsistentia ⟨ae⟩ F (*eccl.*) 1 das Dasein, Existenz 2 PHILOS das bloße Dasein

★**ex-sistere** ⟨sistō, stitī, - 3.⟩ 1 heraus-gehen, hervortreten 2 auftauchen 3 MIL hervorbrechen 4 entstehen 5 (*Person*) auftreten, erscheinen, werden 6 (*Zustand*) eintreten 7 sich ergeben

exsolāre ⟨ō, āvī, ātum 1.⟩ = **exulare**

exsolētus ⟨a, um⟩ ADJ = **exoletus**

ex-solvere ⟨solvō, solvī, solūtum 3.⟩ 1 auflösen; **obsidium ~** die Belagerung aufheben 2 öffnen 3 *fig* befreien, **aere alieno** von den Schulden 4 (*Schulden*) bezahlen 5 aufheben, **certamen** Streit 6 erfüllen; **poenas ~** büßen

ex-somnis ⟨e⟩ ADJ schlaflos, wach

ex-sorbēre ⟨sorbeō, sorbuī (sorpsī), - 2.⟩ 1 einsaugen 2 *fig* verschlingen; aus-kosten 3 entkräften

ex-sors ⟨sortis⟩ ADJ 1 ohne Anteil an *etw*, *alicuius rei* 2 außergewöhnlich

ex-spargere ⟨spargō, sparsī, sparsum 3.⟩ = **exspergere**

ex-spatiārī ⟨or, ātus sum 1.⟩ von der Bahn abkommen; sich ausbreiten

★**ex-spectāre** ⟨ō, āvī, ātum 1.⟩ A V/T 1 *j-n/etw* erwarten, auf *j-n/etw* warten, *aliquem/aliquid*; **ventum secundum ~** auf günstigen Wind warten 2 erhoffen, er-sehnen, wünschen B V/I (ab)warten

exspectātiō ⟨ōnis⟩ F Erwartung; **in exspectationem esse** erwartet werden

ex-spergere ⟨spergō, spersī, sper-sum 3.⟩ über und über bespritzen

ex-spīrāre ⟨ō, āvī, ātum 1.⟩ A V/T aus-hauchen; **~ animam** sterben B V/I 1 sterben 2 vergehen 3 herausfahren; **vis ventorum exspirat** die Wucht der Winde bricht los

ex-splendēscere ⟨splendēscō, splenduī, - 3.⟩ 1 hervorleuchten 2 *fig* sich hervortun

ex-spoliāre ⟨ō, āvī, ātum 1.⟩ ausplün-

E

dern, berauben, **re** einer Sache
ex-sprētus ⟨a, um⟩ ADJ = **expretus**
ex-spuere ⟨spuō, spuī, spūtum 3.⟩ **1** ausspeien **2** *fig* loslassen
ex-stāre ⟨stō, -, - 1.⟩ **1** hervorstehen, -ragen **2** *fig* sich zeigen, auffallen; **exstat** es stellt sich klar heraus **3** *fig* noch vorhanden sein, noch existieren; **domina exstat** die Herrin lebt noch **4** (*mlat.*) = esse
ex-sternāre ⟨ō, āvī, ātum 1.⟩ aus der Fassung bringen, heftig erschrecken, scheu machen
ex-stīllāre ⟨ō, āvī, ātum 1.⟩ stark triefen; **~ lacrimis** in Tränen zerfließen
ex-stīllēscere ⟨ēscō, -, - 3.⟩ zu triefen beginnen, ausfließen
ex-stimulāre ⟨ō, āvī, ātum 1.⟩ aufstacheln, aufhetzen, aufwiegeln
exstīnctiō ⟨ōnis⟩ F Vernichtung
exstīnctor ⟨ōris⟩ M Zerstörer
★**ex-stinguere** ⟨stinguō, stīnxī, stīnctum 3.⟩ **1** (*Brand*) (aus)löschen; *passiv* erlöschen **2** austrocknen **3** töten; *passiv* umkommen; **exstinctus** tot **4** (*Missgunst*) vernichten; *passiv* untergehen **5** (*Verbrechen*) in Vergessenheit bringen; *passiv* in Vergessenheit geraten
ex-stirpāre ⟨ō, āvī, ātum 1.⟩ ausrotten
ex-stitī → exsistere
exstrūctiō ⟨ōnis⟩ F Errichtung; Bau
★**ex-struere** ⟨struō, strūxī, strūctum 3.⟩ **1** aufhäufen, auftürmen **2** beladen, **mensam epulis** den Tisch mit Essen **3** aufbauen, errichten
ex-sūdāre ⟨ō, āvī, ātum 1.⟩ **A** V/I abfließen **B** V/T ausschwitzen
ex-sūgere ⟨sūgō, sūxī, sūctum 3.⟩ aussaugen
exsul ⟨ulis⟩ = **exul**
exsulāre ⟨ō, āvī, ātum 1.⟩ = **exulare**
exsultāns ⟨antis, *adv* exsultanter⟩ ADJ ausgelassen, maßlos
★**ex-sultāre** ⟨ō, āvī, ātum 1.⟩ **1** hoch aufspringen **2** (*Gewässer*) aufbrausen **3** ausgelassen sein **4** jubeln, **victoriā** über den Sieg, **gaudio** vor Freude **5** übermütig sein, prahlen
exsultātiō ⟨ōnis⟩ F Fröhlichkeit, Jubel; Ausgelassenheit
exsultim ADV in ausgelassenen Sprüngen
ex-sultus ⟨a, um⟩ PPP → exsilire

ex-superāre ⟨ō, āvī, ātum 1.⟩ **A** V/I sich hoch erheben **2** *fig* hervorragen die Oberhand behalten **B** V/T **1** übergen **2** überschreiten, -steigen; übertrefen **3** *fig* überwinden, bewältigen (*zeitl.*) überleben, überdauern
ex-surdāre ⟨ō, -, ātum 1.⟩ **1** taub machen **2** *fig* betäuben, abstumpfen
ex-surgere ⟨surgō, surrēxī, surrētum 3.⟩ **1** sich erheben, aufstehen aufsteigen **3** *fig* rebellieren **4** *fig* sich erholen
ex-suscitāre ⟨ō, āvī, ātum 1.⟩ **1** wecken **2** anfachen, **flammas** Flamm **3** erregen; **se ~** sich aufraffen
exta ⟨ōrum⟩ NPL **1** die (edleren) Eingeweide *der Opfertiere: Herz, Lunge, Leb* **2** Opfermahl
ex-tābēscere ⟨tābēscō, tābuī, - 3.⟩ völlig abmagern **2** *fig* nach und na verschwinden
extāre ⟨ō, -, - 1.⟩ = **exstare**
extāris ⟨e⟩ ADJ zum Kochen der Eingeweide dienlich
ex-templō ADV sofort, augenblicklic
extemporālis ⟨e⟩ ADJ aus dem Ste reif, unvorbereitet
extempulō ADV = **extemplo**
ex-tendere ⟨tendō, tendī, tentum tēnsum 3.⟩ **1** (*Flügel usw.*) ausdehn ausspannen, ausstrecken; *passiv* s ausstrecken **2** (*Namen, Feuer*) aus-, v breiten; *passiv* sich ausbreiten **3** (*ze* hinziehen, verlängern **4** (*Feld*) erw tern, vergrößern **5** anspannen, anstr gen; **se magnis itineribus ~** in Gew märschen vorrücken
extentāre ⟨ō, āvī, ātum 1.⟩ versuch erproben
extenterāre ⟨ō, āvī, ātum 1.⟩ = **exterare**
ex-tentus¹ ⟨a, um⟩ PPP → extende
extentus² ⟨a, um, *adv* extentē⟩ ausgedehnt, weitläufig; fern
ex-tenuāre ⟨ō, āvī, ātum 1.⟩ **1** dü kleiner machen; *passiv* dünn werc zerfließen **2** MIL auseinanderziehen (*Aufwendungen*) verkleinern, einsch ken **4** (*mit Worten*) herabsetzen
extenuātiō ⟨ōnis⟩ F **1** Verdünnu **aeris** der Luft **2** RHET Verkleinerung
extenuātus ⟨a, um⟩ ADJ ger schwach

xter ⟨era, erum⟩ ADJ = **exterus**
x-terebrāre ⟨ō, (āvī), ātum 1.⟩ **1** he-
ausbohren **2** erzwingen
x-terere ⟨terō, trīvī, trītum 3.⟩ **1** he-
ausreiben **2** zerreiben **3** *fig* zertreten
x-tergēre ⟨tergeō, tersī, tersum 2.⟩
1 abwischen **2** *fig* ausplündern
xterī ⟨ōrum⟩ MPL Fremde, Ausländer
xterior ⟨ius⟩ ADJ *komp* → exterus
x-termināre ⟨ō, āvī, ātum 1.⟩ **1** ver-
eiben, verjagen **2** verbannen **3** *fig*
ntfernen, abweisen
xterna ⟨ōrum⟩ NPL Ausland, Fremdes,
remdartiges
xternus **A** ⟨a, um⟩ ADJ **1** der äußere,
ußerlich **2** ausländisch, auswärtig,
emd; **bellum externum** Krieg im Aus-
nd **B** ⟨ī⟩ M Fremder, Ausländer
-terrēre ⟨eō, uī, itum 2.⟩ **1** auf-
hrecken **2** einschüchtern
xterus ⟨a, um *adj*, *komp* exterior, ius,
p extrēmus *u.* extimus, a, um⟩ **1** aus-
ndisch, auswärtig; **nationes/gentes**
xterae ausländische Völker **2** *komp*
rtl.) der äußere, weiter draußen lie-
end, auf der Außenseite (befindlich)
sup (*örtl.*) der äußerste, der entfern-
ste **4** *sup* (*zeitl.*) der letzte **5** *sup* (*gra-*
ell) der äußerste, der größte, der ge-
ngste; **extremum periculum** höchste
efahr; **perventum est ad extrema** es
m zum Äußersten; **ad extremum** für
n äußersten Fall
-texere ⟨texō, -, - 3.⟩ **1** (*Gewebe*)
ftrennen **2** *j-m* Geld abnehmen, *ali-*
em
ti... *auch* = **exsti...**
-timēscere ⟨timēscō, timuī, - 3.⟩
gst bekommen, besorgt sein; **tyran-**
m ~ sich vor dem Tyrannen fürchten
imus ⟨a, um⟩ ADJ *sup* → exterus
-tollere ⟨extollō, extulī (exsustulī), -
1 herausnehmen, -setzen **2** (*Kopf,*
lch) aufheben, erheben **3** *fig* rühmen
(*Person*) aufrichten, ermutigen **5** ver-
önern **6** verschieben, **in alium diem**
einen anderen Tag
torquēre ⟨torqueō, torsī, tortum
1 herausdrehen, entwinden **2**
ed) ausrenken **3** foltern **4** *fig* entrei-
, **extorris** ⟨e⟩ *adj* außer Landes le-
d, verbannt; **patriā** ~ aus der Heimat
bannt

★**extrā** **A** ADV **1** außen, außerhalb **2** ~
quam außer **B** PRÄP +*akk* **1** außerhalb,
vor **2** aus ... hinaus, über ... (hinaus);
~ **modum** über die Maßen **3** mit Aus-
nahme von **4** ohne, frei von *etw*
ex-trahere ⟨trahō, trāxī, tractum 3.⟩
1 herausziehen, -reißen **2** herausfüh-
ren **3** (*Stadt*) befreien, retten **4** (*Krieg*
usw.) in die Länge ziehen, hinziehen **5**
(*Zeit*) nutzlos verbringen **6** hinhalten
extrāneus **A** ⟨a, um⟩ ADJ **1** der äuße-
re, äußerlich **2** ausländisch, fremd **B**
⟨ī⟩ M Ausländer, Fremder
extrā-ōrdinārius ⟨a, um⟩ ADJ **1** au-
ßerordentlich, außergewöhnlich **2** MIL
auserlesen
extrēmī ⟨ōrum⟩ MPL Nachhut
extrēmitās ⟨ātis⟩ F **1** Umkreis, Rand
2 Grenze **3** (*in der Geometrie*) Fläche
4 RHET Extreme, äußerste Gegensätze
extrēmum[1] ADV endlich; **ad** ~ bis zu-
letzt, schließlich
extrēmum[2] ⟨ī⟩ N Ende, äußerster
Punkt; ~ **habere** ein Ende haben
★**extrēmus** ⟨a, um⟩ ADJ *sup* → exterus
ex-trīcāre ⟨ō, āvī, ātum 1.⟩ **1** heraus-
wickeln; *passiv* sich herauswickeln **2** *fig*
auftreiben, beschaffen
extrīn-secus ADV **1** von außen **2** an
der Außenseite **3** außerdem
ex-trūdere ⟨trūdō, trūsī, trūsum 3.⟩
1 hinausstoßen, -reiben, zurückdrängen
2 sich vom Hals schaffen
ex-truere ⟨truō, trūxī, trūctum 3.⟩ =
exstruere
ex-tūberāre ⟨ō, āvī, ātum 1.⟩ empor-
wölben
extudī → extundere
extulī → efferre *u.* → extollere
ex-tumēre ⟨eō, -, - 2.⟩ aufschwellen
extumus ⟨a, um⟩ ADJ *sup* = **extimus**; →
exterus
ex-tundere ⟨tundō, tudī, (tūsum) 3.⟩
1 herausschlagen **2** (*in Metall*) treiben,
in Relief bilden **3** mühsam zustande
bringen, erringen **4** vertreiben **5** (*Stirn*)
zerschlagen
ex-turbāre ⟨ō, āvī, ātum 1.⟩ hinausja-
gen, vertreiben, verstoßen
ex-ūberāre ⟨ō, āvī, ātum 1.⟩ **1** reich-
lich hervorströmen **2** Überfluss haben,
re an etw
ex-uere ⟨uō, uī, ūtum 3.⟩ **1** ausziehen,

ablegen, **vestem** ein Kleid **2** (*Freundschaft usw.*) aufgeben, ablegen, beseitigen **3** (*Arme*) entkleiden, entblößen; **se monstris ~** die unnatürliche Gestalt ablegen; *passiv* sich entkleiden **4** *fig* berauben

exuī → exuere

★**exul** **A** ⟨exulis⟩ ADJ **1** verbannt **2** *fig* von *etw* ausgeschlossen, ohne *etw*, *alicuius rei* **B** ⟨exulis⟩ M Verbannter

exulāre ⟨ō, āvī, ātum 1.⟩ **1** verbannt sein **2** *fig* ausgeschlossen sein

ex-ulcerāre ⟨ō, āvī, ātum 1.⟩ **1** zum Eitern bringen **2** *fig* verschlimmern **3** *fig* erbittern, aufbringen

exultāre ⟨ō, āvī, ātum 1.⟩ = **exsultare**

exultātiō ⟨ōnis⟩ F = **exsultatio**

exultim ADV = **exsultim**

ex-ululāre ⟨ō, āvī, ātum 1.⟩ aufheulen

exululātus ⟨a, um⟩ ADJ **1** durch Heulen gefeiert **2** aufheulend

ex-ūnctus ⟨a, um⟩ PPP → exunguere

ex-undāre ⟨ō, āvī, ātum 1.⟩ **1** überströmen **2** *fig* reichlich vorhanden sein

exundātiō ⟨ōnis⟩ F Überschwemmung

ex-ung(u)ere ⟨unguō, -, ūnctum 3.⟩ *u.* **ex-ung(u)ī** ⟨unguor, - 3.⟩ durch Salben verschmieren

ex-ūrere ⟨ūrō, ussī, ustum 3.⟩ **1** herausbrennen **2** verbrennen, **oppida** Städte **3** (*See, Sumpf*) austrocknen, ausdörren **4** erhitzen **5** zerfressen

ex-urgēre ⟨eō, -, - 2.⟩ auspressen

exustiō ⟨ōnis⟩ F Verbrennung, Brand

ex-ūtus ⟨a, um⟩ PPP → exuere

exuviae ⟨ārum⟩ FPL *u.* **exuvium** ⟨ī⟩ N **1** abgezogene Haut **2** Kleidung **3** *dem Feind ausgezogene* Rüstung **4** Beute

F

F ABK **1** = **filius** Sohn **2** = **fecit** gemac[ht] hat es + *Name*

Fab. ABK = **Fabiā (tribu)** aus der fab[i]schen Tribus

faba ⟨ae⟩ F **1** Bohne **2** Bohnenbrei

fabālis ⟨e⟩ ADJ Bohnen…

fābella ⟨ae⟩ F **1** kleine Erzählung, M[är]chen **2** kleines Schauspiel

★**faber** **A** ⟨brī⟩ M **1** Handwerker; **~ tignarius** Zimmermann; **~ ferrar[ius]** Schmied; **suae quisque fortunae ~** [est] jeder ist seines Glückes Schmied **2** die Bauhandwerker; MIL Pioniere [**B**] ⟨bra, brum, *adv* fabrē⟩ ADJ kunstfert[ig], meisterhaft, geschickt

Fabiānus ⟨a, um⟩ ADJ des Fabius

Fabius ⟨a, um⟩ *Name einer patriz. g[ens]* **1** **Q. ~ Maximus Cunctator** *Gegner H[an]nibals* **2** **Q. ~ Maximus Pictor** *um* … *v. Chr., Verfasser des ersten röm.* … *schichtswerkes in griech. Sprache*

fabrē ADV → faber

fabrē-facere ⟨faciō, fēcī, factum 3⟩ *passiv* ⟨fabrē-fierī, fīō, factus sum⟩ geschickt anfertigen/bearbeiten

fabrica ⟨ae⟩ F **1** Werkstätte, Schmiede **2** (*Kunst*) Handwerk, D… kunst **3** Kunstfertigkeit **4** kunstv[olle] Verarbeitung **5** *fig* Kunstgriff, List

fabricātiō ⟨ōnis⟩ F kunstvoller Bau

fabricātor ⟨ōris⟩ M **1** Werkmeister **2** *fig* Urheber

Fabriciānus ⟨a, um⟩ ADJ des Fabri[cius]

Fabricius ⟨a, um⟩ *Name einer r[öm.] gens;* **Q. ~ Luscīnus** *Sieger über Pyrrh[us]*

fabrīlia ⟨ium⟩ NPL Schmiedearbeite[n]

fabrīlis ⟨e⟩ ADJ Künstler…, Schm[ie]de…, Handwerks…; **follis ~** Blaseba[lg]

fabula[1] ⟨ae⟩ F kleine Bohne

★**fābula**[2] ⟨ae⟩ F **1** Gerede, Stad[tge]spräch; **fabulam esse** Tagesgespr[äch] sein **2** Unterhaltung **3** Erzählung, [Ge]schichte **4** äsopische Fabel **5** Märch[en], Sage **6** Gegenstand der Dichtung **7** (*Theater*) Schauspiel, Theaterstück **8** [Hel]dengedicht, Epos **9** dummes

ɔchwätz; **fabulae!** dummes Zeug!
ābulāre ⟨ō, -, - 1.⟩ *u.* **fābulārī** ⟨or, ātus sum 1.⟩ 1 plaudern, sich unterhal-ten 2 *pej* schwätzen
ābulāris ⟨e⟩ ADJ sagenhaft, Sagen…
ibulātor ⟨ōris⟩ M Erzähler
ibulōsus ⟨a, um, *adv* fābulōsē⟩ ADJ 1 sagenreich 2 wunderbar
ıcere ⟨faciō, fēcī, factum 3.⟩ A V/T 1 un, machen; **deditionem ~** sich erge-en; **imperata ~** Befehle ausführen; ıromissa ~ Versprechen erfüllen; **vim · alicui** j-m Gewalt antun; **iacturam ~** ıber Bord werfen, aufopfern 2 machen, rzeugen, anfertigen, bauen; **castra ~** in Lager aufschlagen; **olivetum ~** ei-en Olivenhain anlegen 3 verfassen, chreiben 4 (*Geld*) prägen 5 bearbei-ɜn, verarbeiten, **ebur** Elfenbein 6 auf-'eiben; erwerben, verdienen, gewinnen **tipendium ~** Kriegsdienst tun 7 (*Stre-ke*) zurücklegen 8 (*Zeit*) zubringen 9 *Vorte*) sagen, reden 10 (*Schlacht*) lie-ɜrn 11 (*Geschäft*) betreiben, ausüben 2 (*Schaden*) (er)leiden, **naufragium** :hiffbruch 13 (*Zustand*) verursachen, ewirken 14 (*Bündnisse*) schließen; **ad-iirationem ~** Bewunderung erregen 5 verschaffen, gewähren, verleihen; **ılicti gratiam ~** Verzeihung für ein ɜrgehen gewähren; **copiam alicuius i ~** Gelegenheit zu etw geben B *Wen-ıngen*: 1 zu *etw* machen, ernennen, ählen; **amicum testem ~** den Freund ım Zeugen nehmen; **aliquem certio-m ~** j-n benachrichtigen 2 (*in einer hrift*) tun lassen, sagen lassen 3 *+gen j-s* Eigentum machen; **suae dicionis** in seine Gewalt bringen; **aliquem sui ris ~** j-n sich untertan machen; **terram am ~** das Land zu seinem Eigentum ıchen 4 schätzen, achten; **magni/ o nihilo ~** sehr/nicht schätzen 5 **fac** t) mach, dass; **fac (ut) venias** komm **~ non possum, ut** es ist mir unmög-h, *etw zu tun*; **~ non possum, quin** ich ıss unbedingt 7 *+AcI* annehmen, vor-ssetzen; **fac ita esse** gesetzt den Fall, sei so 8 **(se) ~ aliquo** sich irgendwo-ı auf den Weg machen C V/I 1 han-'n, tätig sein 2 Feldarbeit verrichten = **cacare** 4 = **futuere** 5 verfahren, h benehmen, **benigne** wohlwollend 6 auf *j-s* Seite stehen, *cum/ab aliquo*; **hoc facit a me** dies spricht für mich 7 opfern, **Iunoni** der Iuno 8 dienen, nützen, guttun
facessere ⟨facessō, facessīvī *u.* facessī, facessītum 3.⟩ A V/T ausführen; verursachen B V/I sich entfernen
facētia ⟨ae⟩ F 1 Scherz, Witz 2 PL witzige Bemerkungen, beißender Witz
facētus ⟨a, um, *adv* facētē⟩ ADJ 1 fein, zierlich, elegant 2 freundlich 3 witzig, launig, geistreich
★**faciēs** ⟨ēī⟩ F 1 äußere Erscheinung, Figur, Form 2 Art, Beschaffenheit; **in hederae faciem** nach Art des Efeus 3 äußerer Schein 4 Gesicht 5 Schönheit
facile ADV 1 leicht, mühelos 2 sicher; **~ notus** wohlbekannt; **~ mille homines** gut und gern tausend Menschen; **non/ haud ~** schwerlich, kaum 3 bereitwillig, gern 4 angenehm
★**facilis** ⟨e⟩ ADJ, ADV → ⟨facile *u.* faciliter⟩ 1 leicht *zu tun*, mühelos; **facile dictu** leicht zu sagen; **in facili esse** leicht sein; **e facili** mit Leichtigkeit 2 gewandt, geschickt 3 willig, umgänglich, freundlich, nachgiebig, gütig; **~ ad/in aliquid** zu etw bereit 4 **facile ut** (*mlat.*) vielleicht, dass
facilitās ⟨ātis⟩ F 1 Leichtigkeit; Zugänglichkeit 2 Gewandtheit 3 Trieb, Neigung, Anlage, **alicuius rei** zu etw 4 Zugänglichkeit, Freundlichkeit, Gutmütigkeit
faciliter ADV = **facile**
facinerōsus *u.* **facinorōsus** ⟨a, um⟩ ADJ verbrecherisch, ruchlos, lasterhaft
★**facinus** ⟨oris⟩ N 1 Tat, Handlung 2 Untat, Verbrechen; **~ committere** ein Verbrechen begehen 3 verbrecherische Absicht 4 Werkzeug des Verbrechens 5 Verbrecher 6 Ding, Sache
factāre ⟨ō, -, - 1.⟩ machen, verrichten
facteon *indekl* = **faciendum**; → facere
★**factiō** ⟨ōnis⟩ F 1 das Tun, das Handeln 2 Recht *etw zu tun*; **~ testamenti** Recht ein Testament zu machen 3 POL Parteiwesen 4 Partei; Clique
factiōsus A ⟨a, um⟩ ADJ 1 zum Handeln aufgelegt; **linguā ~** schlagfertig 2 parteiisch 3 einflussreich B ⟨ī⟩ M Parteiführer; Parteigänger

F

factitāre ⟨ō, āvī, ātum 1.⟩ gewöhnlich machen, gewerbsmäßig betreiben

factor ⟨ōris⟩ M 1 Verfertiger; ~ **pilae** der den Ball schlägt 2 *(mlat.)* Schöpfer

★**factum** ⟨ī⟩ N 1 Tat, Handlung, Werk, Verfahren; ~ **meum** meine Tat; **bene** ~ gute Tat 2 Vorfall, Ereignis 3 Tatsache 4 **de facto** *(mlat.)* tatsächlich

factus[1] ⟨a, um⟩ PPP → facere; PPERF → fieri

factus[2] ⟨a, um⟩ ADJ 1 geschehen; **factius nihilo facit** es nützt ihm nichts 2 geschaffen, **ad aliquid/alicui rei** zu etw, für etw 3 gebildet 4 kunstvoll

facula ⟨ae⟩ F Kienspan, kleine Fackel

★**facultās** ⟨ātis⟩ F 1 Möglichkeit, Gelegenheit 2 Erlaubnis 3 Fähigkeit, Geschicklichkeit, Talent 4 Aufgabe; Verwendbarkeit 5 Vorrat, Fülle 6 PL die Hilfsmittel, Vermögen 7 *(mlat.)* Fakultät

fācundia ⟨ae⟩ F 1 Beredsamkeit 2 Redner

fācunditās ⟨ātis⟩ F Zungenfertigkeit

fācundus ⟨a, um, *adv* fācunde⟩ ADJ redegewandt, beredt; geläufig

faeceus ⟨a, um⟩ ADJ *fig* unflätig

faelēs *u.* **faelis** ⟨is⟩ F = **feles**

faen... = **fen...**

Faesulae ⟨arum⟩ FPL *Stadt in Etrurien, heute Fiesole*; **Faesulānus** ⟨a, um⟩ ADJ aus Faesulae; **Faesulānus** ⟨ī⟩ M Einwohner von Faesulae

faex ⟨faecis⟩ F 1 Bodensatz 2 Hefe 3 *fig* Abschaum 4 Weinsteinsalz

fāgineus *u.* **fāginus** ⟨a, um⟩ ADJ buchen, aus Buchenholz

fāgus ⟨ī⟩ F Buche; Buchenholz

faida ⟨ae⟩ F *(mlat.)* Fehde

fala ⟨ae⟩ F 1 Belagerungsturm 2 Säule *aus Holz im Circus*

falārica ⟨ae⟩ F 1 Wurfspeer 2 Brandpfeil

falcārius ⟨ī⟩ M Sichelmacher; **inter falcarios** in der Sichelmacherstraße

falcātus ⟨a, um⟩ ADJ 1 mit Sicheln versehen 2 sichelförmig, gekrümmt

falci-fer ⟨fera, ferum⟩ ADJ sicheltragend; **deus** ~ sicheltragender Gott = Saturn

falerae ⟨ārum⟩ FPL = **phalerae**

Faleriī ⟨ōrum⟩ MPL *Stadt der Falisker, im Süden Etruriens, heute Civita Castellana*

Falernum ⟨ī⟩ N Falernerwein

Falernus ⟨a, um⟩ ADJ falernisch; **ager** *Gebiet im NW Kampaniens*

Faliscum ⟨ī⟩ N Gebiet von Falerii

Faliscus A ⟨a, um⟩ ADJ aus Falerii B ⟨ī⟩ M Einwohner von Falerii

fallācia ⟨ae⟩ F Täuschung, Betrug, In rige; *pl* Verstellungskünste

fallāci-loquus ⟨a, um⟩ ADJ betrüg risch redend

fallāx ⟨ācis, *adv* fallāciter⟩ ADJ betrüg risch, täuschend

★**fallere** ⟨fallō, fefellī, - 3.⟩ 1 zu F bringen 2 *fig* täuschen, betrügen, hi tergehen; **spem alicuius** ~ j-n in sein Hoffnung täuschen; **me fallit** ich tä sche mich; *passiv* sich täuschen, sich ren 3 nicht erfüllen; **fidem** ~ die Tre brechen 4 nachahmen 5 unwirksa unkenntlich machen; **horas sermonib** ~ die Stunden durch Gespräche verk zen 6 verborgen, unbemerkt bleibe **aetas fallit** die Zeit vergeht unbemer **hostis fallit incedens** der Feind kom unbemerkt heran; **fallit me** es entge mir

falsārius ⟨ī⟩ M Fälscher

falsi-dicus ⟨a, um⟩ ADJ verlogen

falsi-ficus ⟨a, um⟩ ADJ falsch hande

falsi-locus *u.* **falsi-loquus** ⟨a, u ADJ verlogen, **alicuius rei** in Bezug etw

falsimōnia ⟨ae⟩ F Betrügerei

falsi-parēns ⟨entis⟩ ADJ einen erdi teten Vater habend

falsō ADV → falsus

falsum ⟨ī⟩ N 1 Unwahrheit, Lüge, tum 2 Fälschung, Betrug, Heuchelei

★**falsus** ⟨a, um, *adv* falsō *u.* falsē⟩ AD falsch, gefälscht 2 nichtig, unbegr det 3 *(Sache)* unecht, nachgemacht *(Person)* untergeschoben 5 *(Zeuge u* betrügerisch, verlogen, heuchlerisch ADV fälschlich, irrtümlich

falx ⟨falcis⟩ F 1 Sichel, Sense 2 V zer-, Gartenmesser 3 MIL Mauerhak

★**fāma** ⟨ae⟩ F 1 Gerede, Gerücht; ~ es geht das Gerücht, *+AcI* 2 Sage; schichtliche Überlieferung 3 öffentli Meinung 4 guter Ruf 5 Ruhm, rühmtheit 6 schlechter Ruf

Fāma ⟨ae⟩ F *Göttin des Gerüchts*

famēlicus A ⟨a, um⟩ ADJ hungrig, hungert B ⟨ī⟩ M Hungerleider

amēs ⟨is⟩ F 1 Hunger, Hungersnot; **fa-me interire** verhungern 2 *fig* Armut 3 Verlangen, Gier, **auri** nach Gold
amigerātiō ⟨ōnis⟩ F Geschwätz der Leute
amigerātor ⟨ōris⟩ M Schwätzer
amilia ⟨ae⟩ F 1 Hausgemeinschaft 2 Sklaven, Dienerschaft 3 Leibeigene, Hö-ige 4 Zweig, Linie *eines Stammes* 5 Stamm, Geschlecht 6 Vermögen, Besitz; **amiliam herciscere** das Familienerbe eilen
amiliāris A ⟨e, *adv* familiāriter⟩ ADJ 1 Sklaven... 2 häuslich, Haus...; **copiae amiliares** Vermögen 3 Familien...; **res amiliares** Familienangelegenheiten, rivatvermögen 4 *fig* vertraut, vertrau-ch, freundlich; **familiariter uti aliquo** nit j-m freundschaftlichen Umgang ha-en 5 REL (*in der Eingeweideschau*) ein-eimisch; **pars ~** der für den eigenen taat geltende Teil der Leber B ⟨is⟩ M 1 Sklave, Diener 2 Vertrauter, Freund
miliāritās ⟨ātis⟩ F 1 vertrauter Um-ang, Freundschaft 2 Hausfreunde
mōsus ⟨a, um, *adv* fāmōsē⟩ ADJ 1 erühmt, ruhmvoll 2 berüchtigt, verru-en 3 verleumderisch; **libellus ~** chmähschrift
mula ⟨ae⟩ F Dienerin, Sklavin, *auch* empeldienerin
mulārī ⟨or, ātus sum 1.⟩ dienen
mulāris ⟨e⟩ ADJ Sklaven...; **iura fa-ularia dare** zu Sklaven machen
mulātus ⟨ūs⟩ M Knechtschaft
mulus ⟨ī⟩ M 1 Diener, Sklave 2 Ge-lfe
nārī ⟨or, ātus sum 1.⟩ umherrasen
nāticus ⟨a, um⟩ ADJ begeistert, ra-nd; **error ~** Wahnsinn
ndum ⟨ī⟩ N Recht
ndus ⟨a, um⟩ *Gerundiv* → fari
ntas... = **phantas...**
num ⟨ī⟩ N Heiligtum, Tempel
⟨farris⟩ N 1 (*Weizenart*) Dinkel, Spelt Schrot, Mehl, *bes* Opfermehl 3 Brot
cīmen ⟨inis⟩ N Wurst
cīre ⟨farciō, farsī, fartum 4.⟩ voll-pfen, füllen
ferus ⟨ī⟩ M Huflattich
ī ⟨for, fātus sum 1.⟩ 1 sprechen, sa-n 2 verkünden, erzählen 3 besingen weissagen; **fando audire** vom Hören-sagen wissen; **fandus** erlaubt
farīna ⟨ae⟩ F Mehl
farmac... = **pharmac...**
farrāgō ⟨inis⟩ F Mischfutter
farrāta ⟨ōrum⟩ NPL Mehlspeise
farrātus ⟨a, um⟩ ADJ aus Getreide
farsī → farcire
fartor ⟨ōris⟩ M Geflügelmäster
fartus ⟨a, um⟩ PPP → farcire
★**fās** *indekl* N 1 göttliches Recht/Gebot; **contra ius ~que** gegen menschliches und göttliches Recht 2 das sittlich Gute; **ultra ~** mehr als billig 3 Schicksal
fasceola ⟨ae⟩ F = **fasciola**
fascia ⟨ae⟩ F 1 Binde, Band 2 Schen-kelbinde 3 PL Leibgurt 4 Büstenhalter 5 Kopfbinde, Diadem 6 Gurt 7 (*bei Säuglingen*) Wickelbinde
fasciāre ⟨ō, āvī, ātum 1.⟩ umwinden
fasciātim ADV bündelweise
fasciculus ⟨ī⟩ M Bündelchen; Strauß
fascināre ⟨ō, āvī, ātum 1.⟩ 1 verzau-bern, verhexen 2 (*mlat.*) verführen
fascinātiō ⟨ōnis⟩ F Verzauberung
fascinum ⟨ī⟩ N *u.* **fascinus** ⟨ī⟩ M 1 Verzauberung, Verhexung 2 das männ-liche Glied
fasciola ⟨ae⟩ F kleine Binde, Schenkel-binde
★**fascis** ⟨is⟩ M 1 Bündel, Paket 2 Last 3 PL die Rutenbündel *mit eingestecktem Beil, Symbol der staatlichen, von Liktoren den Konsuln vorangetragen* 4 Konsulat

Landeskunde

▶ fasces – das Rutenbündel mit Beil

Die **fasces** waren ein Symbol zunächst für die Macht des Königs, später der höchsten römischen Beamten. Sie bestanden aus einem Rutenbündel, das mit einem Lederstreifen zusammengehalten wurde. In der Mitte steckte ein Beil, dessen Klinge hervorstand. Die Ruten und das Beil symbolisierten die Todesstrafe und die körperlichen Strafen. Die **fasces** wurden von den Liktoren (**lictores**), den höchsten Beamten, vorangetragen (vgl. Info bei **lictor**).

fasēlus ⟨ī⟩ M u. F = **phaselus**

fasma ⟨atis⟩ N = **phasma**

fassus ⟨a, um⟩ PPERF → fateri

fāstī ⟨ōrum⟩ MPL 1 Gerichtstage 2 Verzeichnis der Gerichtstage 3 Kalender, *Verzeichnis der dies fasti u. dies nefasti* 4 Jahrbücher 5 Konsularfasten, *Verzeichnis der höchsten Behörden jedes Jahres, von 508 bis 354 v. Chr.*

Fāstī ⟨ōrum⟩ MPL die Fasten, *Werk Ovids*

fastīdiōsus ⟨a, um, *adv* fastīdiōsē⟩ ADJ 1 voll Ekel/Widerwillen 2 wählerisch, heikel, verwöhnt 3 ekelerregend

fastīdīre ⟨iō, īvī, ītum 4.⟩ 1 Widerwillen/Ekel empfinden, **vinum** vor Wein 2 *fig* verschmähen

★**fastīdium** ⟨ī⟩ N 1 Ekel, Widerwille; **~ cibi** Appetitlosigkeit; **fastidio esse alicui** j-m zuwider sein 2 *fig* Geringschätzung 3 verwöhnter Geschmack 4 Dünkel 5 Nörgelei, Pedanterie

fastīgātus ⟨a, um, *adv* fastīgātē⟩ ADJ 1 ansteigend 2 in eine Spitze auslaufend 3 schräg abfallend

fastīgium ⟨ī⟩ N 1 (*nach unten*) Abdachung, Senkung, Neigung 2 Tiefe, Grund 3 (*nach oben*) Steigung, Erhebung, Höhe 4 Giebel(feld) 5 Tempel 6 Gipfel, Höhepunkt 7 *fig* hohe Stellung, Würde 8 Hauptpunkt

fastōsus ⟨a, um⟩ ADJ 1 kalt, spröde 2 *fig* prächtig

fāstus[1] ⟨ūs⟩ M Stolz, Hochmut

fāstus[2] ⟨a, um⟩ ADJ: **dies fasti** Gerichtstage, *an denen der Prätor Gericht halten durfte;* → fasti

Fāta ⟨ōrum⟩ NPL die Parzen

★**fātālis** ⟨e, *adv* fātāliter⟩ ADJ 1 vom Schicksal bestimmt, Schicksals… 2 verhängnisvoll, verderblich

★**fatērī** ⟨fateor, fassus sum 2.⟩ 1 eingestehen, bekennen 2 *fig* zeigen, verraten, zu erkennen geben

fāti-canus u. **fāti-cinus** ⟨a, um⟩ ADJ schicksalskündend, weissagend

fāti-dicus A ⟨a, um⟩ ADJ weissagend B ⟨ī⟩ M Wahrsager

fāti-fer ⟨fera, ferum⟩ ADJ tödlich

★**fatīgāre** ⟨ō, āvī, ātum 1.⟩ 1 müde machen 2 quälen 3 ständig antreiben 4 bestürmen, mürbe machen

fatīgātiō ⟨ōnis⟩ F Ermüdung

fāti-loqua ⟨ae⟩ F Wahrsagerin

fatīscere ⟨īscō, -, - 3.⟩ u. **fatīscī** ⟨ī… cor, - 3.⟩ 1 Risse bekommen, berste… **ianua fatiscit** die Tür öffnet sich 2 f… erschlaffen, ermüden

fatua ⟨ae⟩ F Närrin

fatuārī[1] ⟨or, - 1.⟩ albern schwätzen

fātuārī[2] ⟨or, - 1.⟩ begeistert sein

fatuitās ⟨ātis⟩ F Albernheit, Einfalt

★**fātum** ⟨ī⟩ N 1 Göttерspruch, Weiss…gung 2 Götterwille 3 *fig* Weltordnur… 4 Schicksal; **fato cedere** sterben 5 U…heil, Verderben, Untergang

fātus ⟨a, um⟩ PPERF → fari

fatuus A ⟨a, um⟩ ADJ 1 albern, einf…tig 2 fade B ⟨ī⟩ M Narr

★**faucēs** ⟨ium⟩ FPL, *nur abl* SG ⟨fauce⟩ Rachen, Schlund, Kehle, Hals 2 … Heißhunger 3 enger Zugang 4 Er…pass, Schlucht 5 Land-, Meerenge … Höhle

Faunus ⟨ī⟩ M MYTH *König von Latiu… nach seinem Tod als weissagender G… des Feldes u. des Waldes verehrt, spä… mit Pan gleichgesetzt*

Faustitās ⟨ātis⟩ F *Göttin der Fruchtb…keit*

★**faustus** ⟨a, um, *adv* faustē⟩ ADJ beg…ckend, günstig, gesegnet

fautor ⟨ōris⟩ M 1 Gönner, Beschüt… 2 bezahlter Beifallklatscher

fautrīx ⟨īcis⟩ F Gönnerin, Beschütze…

fautum PPP → favere

faux ⟨cis⟩ F SG → fauces

favea ⟨ae⟩ F Lieblingssklavin

★**favēre** ⟨faveō, fāvī, fautum 2.⟩ 1 j-n günstig sein, j-m gewogen sein, begünstigen, *alicui;* **di faveant** die G…ter mögen gnädig sein 2 andäch… schweigen 3 Beifall klatschen

favilla ⟨ae⟩ F 1 (glimmende) Asche … *fig* Funke, Ursprung

favōnius ⟨ī⟩ M Westwind, Zephir

★**favor** ⟨ōris⟩ M 1 Gunst, Begünstigu… 2 Beifall 3 andächtige Stille, Anda…

favōrābilis ⟨e, *adv* favōrābiliter⟩ 1 begünstigt, beliebt 2 einnehme… gewinnend; *adv* mit Beifall

favus ⟨ī⟩ M Honig(wabe), Honigkuc…

★**fax** ⟨facis⟩ F 1 Fackel 2 Hoch…(-sfackel) 3 Leichenfackel; **utraque** … Hochzeits- und Leichenfackel 4 *fig* … heber 5 Sternschnuppe, Meteor 6 … *Gestirne)* Licht 7 *fig* Flamme, Glut, Fe…

ıxim = **fecerim**; → facere
ıxō = **fecero**; → facere
ːbrārius ⟨a, um⟩ ADJ = **februarius**
ːbricitāre ⟨ō, āvī, ātum 1.⟩ fiebern
ːbricula ⟨ae⟩ F leichtes Fieber
ıbrīculōsus ⟨a, um⟩ ADJ fiebrig
ːbris ⟨is⟩, *akk* ⟨im *u.* em⟩, *abl* ⟨ī *u.* e⟩ F
ieber, Fieberanfall
ıbruārius ⟨a, um⟩ ADJ 1 Reini-
ıungs…, Februar…
ːbruārius ⟨ī⟩ M Reinigungsmonat,
ebruar, *bis 450 v. Chr. letzter, später zwei-*
ɛr Monat des Jahres, in dem die Sühneri-
ɛn vollzogen wurden
bruum ⟨ī⟩ N 1 Reinigungs-, Sühne-
ıittel 2 Reinigungs-, Sühnefest
cī → facere
cundāre ⟨ō, āvī, ātum 1.⟩ befruch-
ɛn
cunditās ⟨ātis⟩ F Fruchtbarkeit
cunditās ⟨ātis⟩ F Göttin der Frucht-
ırkeit
cundus ⟨a, um, *adv* fēcundē⟩ ADJ 1
uchtbar, **alicuius rei/re** an etw 2 *fig*
ich 3 *fig* reichlich, üppig, voll 4 be-
uchtend, fruchtbar machend
fellī → fallere
l ⟨fellis⟩ N 1 Galle 2 Gift 3 *fig* Bitter-
.it, Gehässigkeit; Zorn
lāre ⟨ō, āvī, ātum 1.⟩ = **fellare**
ēs ⟨is⟩ F 1 Katze, Marder, Iltis 2 *fig*
ıuber; ~ **virginalis** Mädchenräuber
icātus ⟨a, um⟩ ADJ = **filicatus**
īcitās ⟨ātis⟩ F 1 Fruchtbarkeit 2 *fig*
ück 3 Erfolg, Segen
is ⟨is⟩ F = **feles**
īx[1], ⟨īcis, *adv* fēlīciter⟩ ADJ 1 frucht-
r, ergiebig 2 *fig* glücklich; **feliciter**
Zuruf Glück auf! 3 Glück bringend,
ınstig
ix[2] ⟨icis⟩ F = **filix**
lāre ⟨ō, āvī, ātum 1.⟩ saugen
nella ⟨ae⟩ F Dämchen
nina ⟨ae⟩ F 1 Frau 2 *(eines Tieres)*
ːibchen; **canis** ~ Hündin
ninālia ⟨ium⟩ NPL Schutzbinden um
Oberschenkel, Unterhosen
nineus ⟨a, um⟩ ADJ weiblich, Frau-
…
ninīnus ⟨a, um⟩ ADJ GRAM weib-
ı; **genus femininum** weibliches Ge-
lecht
nur ⟨minis *u.* moris⟩ N Oberschen-
kel
fēnebris ⟨e⟩ ADJ Zinsen…, Schulden…
fēnerāre ⟨ō, āvī, ātum 1.⟩ *u.* **fēnerā-
rī** ⟨or, ātus sum 1.⟩ 1 gegen Zinsen
ausleihen, **pecuniam binis centesimis**
Geld zu 2% monatlich = zu 24% jährlich
2 Wucher treiben 3 Gewinn bringen
fēnerātiō ⟨ōnis⟩ F Wucher
fēnerātō ADV mit Wucherzinsen
fēnerātor ⟨ōris⟩ M Geldverleiher; Wu-
cherer
fenestella ⟨ae⟩ F Fensterchen
★**fenestra** ⟨ae⟩ F 1 Luke, Maueröff-
nung, Fenster 2 Schießscharte
fēneus ⟨a, um⟩ ADJ aus Heu; **homines
fenei** *fig* Strohmänner
fēnum ⟨ī⟩ N Heu
fēnus ⟨oris⟩ N 1 Zinsen; **pecuniam fe-
nori/fenore dare** Geld gegen Zinsen
verleihen 2 Schulden 3 zinstragendes
Kapital 4 Wucher(geschäft)
fēnusculum ⟨ī⟩ N *iron* hübsche Zin-
sen
★**fera** ⟨ae⟩ F wildes Tier, Wild
Fērālia ⟨ium⟩ NPL Totenfest, *in Rom am
21. Februar gefeiert*
fērālis ⟨e⟩ ADJ 1 Toten…, Leichen… 2
todbringend, verderblich, schrecklich
ferāx ⟨ācis, *adv* ferāciter⟩ ADJ fruchtbar,
ergiebig
ferbuī → fervere
ferctum ⟨ī⟩ N = **fertum**
ferculum ⟨ī⟩ N 1 Traggestell, Trag-
bahre 2 Tablett; Gang *einer Mahlzeit*
★**ferē** ADV *nachgestellt* 1 etwa, fast, beina-
he; **centum** ~ fast hundert 2 in der Re-
gel, meistens, **non** ~ nur ausnahmswei-
se
ferentārius ⟨ī⟩ M 1 leicht bewaffne-
ter Wurfschütze 2 *scherz* Helfer in der
Not
Ferentīnās A ⟨ātis⟩ ADJ aus Ferentini-
num, aus Ferentinum B ⟨ātis⟩ M Ein-
wohner von Ferentinium, Einwohner
von Ferentium
Ferentīnum ⟨ī⟩ N 1 *Stadt in Latium,
heute Ferentino* 2 = **Ferentium**
Ferentium ⟨ī⟩ N *Stadt in Etrurien, Ge-
burtsort des Kaisers Otho, heute Ferento*
Feretrius ⟨ī⟩ M *Beiname des Jupiter,
wohl „der Schleuderer" des Blitzes*
feretrum ⟨ī⟩ N Trage, Bahre, Toten-
bahre

★**fēriae** ⟨ārum⟩ FPL geschäftsfreie Tage, Feiertage; ~ **forenses** Gerichtsferien
fēriārī ⟨or, ātus sum 1.⟩ feiern
fēriātus ⟨a, um⟩ ADJ feiernd, festlich
fericulum ⟨ī⟩ N = **ferculum**
ferīnus ⟨a, um⟩ ADJ von wilden Tieren, Wild...; (**caro**) **ferina** Wildbret
★**ferīre** ⟨iō, -, - 4.⟩ 1 schlagen, stoßen, stechen, treffen 2 schlachten; **foedus** ~ ein Bündnis schließen *unter Schlachtung eines Opfertiers* 3 töten 4 betrügen, **re** um etw
feritās ⟨ātis⟩ F Wildheit, Rohheit, Grausamkeit
fermē ADV = **fere**
fermentum ⟨ī⟩ N 1 Gärung 2 *fig* Erbitterung, Zorn 3 Gärungsmittel, Sauerteig 4 gegorenes Getränk, Bier
ferō → ferre
ferōcia ⟨ae⟩ F *u.* **ferōcitās** ⟨ātis⟩ F Wildheit, Unerschrockenheit, Trotz
ferōculus ⟨a, um⟩ ADJ wild, unbändig
Fērōnia ⟨ae⟩ F *altital. Erd- u. Totengottheit*
★**ferōx** ⟨ōcis, *adv* ferōciter⟩ ADJ 1 mutig, unerschrocken 2 wild, trotzig, zügellos; **aetas** ~ **currit** die Zeit enteilt unaufhaltsam
ferrāmentum ⟨ī⟩ N eisernes Werkzeug
ferrāria ⟨ae⟩ F Eisenbergwerk
ferrārius A ⟨a, um⟩ ADJ Eisen... B ⟨ī⟩ M Schmied
ferrātilis ⟨e⟩ ADJ mit Eisen versehen; **genus feratile** gefesselte Sklaven
ferrātus ⟨a, um⟩ ADJ 1 mit Eisen beschlagen 2 eisenhaltig 3 eisern, aus Eisen
★**ferre** ⟨ferō, tulī, lātum 0.⟩ 1 tragen; **arma/signa** ~ **in hostem** den Feind angreifen; (**in**) **oculis** ~ *fig* wie seinen Augapfel lieben; **prae se** ~ zur Schau tragen, offen zeigen 2 (*Sieg, Lob, Preis*) davontragen, gewinnen, erhalten; **gaudia** ~ Genuss empfinden; **damna** ~ Schaden erleiden; **repulsam** ~ bei der Bewerbung durchfallen 3 ertragen, erdulden, aushalten, **frigus** Kälte; **loco ignominiae** ~ als Schande aufnehmen 4 herumtragen; *passiv* herumgehen 5 (*schriftlich, mündlich*) verbreiten, erzählen; melden; **famā fertur** es geht das Gerücht; **ferunt/fertur** man berichtet 6 *fig* rühmen 7 *fig* allgemein bezeichnen 8 (*als Beut*... wegtragen, mitnehmen, rauben 9 bri... gen, **auxilium** Hilfe; **alicui fidem** ~ j-... Glauben schenken; **matri complexu**... ~ die Mutter umarmen; **vim alicui** ... j-m Gewalt antun 10 darbringen 11 a... bieten, **condicionem** eine Bedingur... 12 JUR, POL einbringen, **legem** eine... Gesetzesantrag, **rogationem** einen A... trag; **suffragium** ~ seine Stimme abg... ben; ~ **ad populum de re** etw beim Vc... beantragen; **iudicem** ~ einen Richt... vorschlagen 13 (*Früchte usw.*) hervc... bringen, erzeugen 14 mit sich bringe... erfordern; **natura fert, ut** die Natur ve... langt, dass 15 (*im Rechnungsbuch*) ei... tragen, verbuchen, **acceptum et expe**... **sum** Einnahmen und Ausgaben 16 ... Bewegung setzen, hintragen, hinführe... **pedem retro** ~ zurückgehen; **gradūs** ... **gentes** ~ große Schritte machen; **eq**... **ferentes** durchgehende Pferde 17 *pas*... *u.* **se** ~ eilen, stürzen, fortstürmen ... fahren, sich schwingen, sich senken; ~ **obviam alicui** j-m entgegeneile... **equo ferri** reiten; **pennā ferri** fliege... **Rhenus citatus fertur** der Rhein flie... schnell
ferreus ⟨a, um⟩ ADJ 1 eisern, aus Ei... 2 *fig* unerschütterlich, fest, stark 3 hart, gefühllos, grausam; **proles fer**... eisernes Zeitalter
ferri-crepīnus ⟨a, um⟩ ADJ eisenk... rend; **insulae ferricrepinae** *scherz* ... fängnis
ferri-terium ⟨ī⟩ N „Eisenreibwe... *scherz für* Arbeitslager
ferri-terus ⟨a, um⟩ ADJ *u.* **ferri-t**... **bāx**, ⟨ācis⟩ ADJ „Eisen reibend" = ge... selt, *vom Sklaven*
ferrūgineus *u.* **ferrūginus** ⟨a, u... ADJ rostfarbig, dunkel, schwärzlich
ferrūgō ⟨inis⟩ F 1 Rost 2 dunkle ... be, Purpurfarbe
★**ferrum** ⟨ī⟩ N 1 Eisen 2 eisernes Ge... Beil, Messer, Pflug 3 eiserne Wa... Schwert, Spieß, Speer, Dolch, Pfeils... ze, Lanzenspitze; **ferro ignique** ... Schwert und Feuer 4 *fig* Gefühllosig... 5 eisernes Zeitalter
ferrūmināre ⟨ō, āvī, ātum 1.⟩ zus... menkitten, -leimen, -löten; **labra in**... **bris** ~ *fig* = küssen

ːrtilis ⟨e, *adv* fertiliter⟩ ADJ 1 frucht-
ˑar, ergiebig, **re/alicuius rei** an etw 2
ˑefruchtend, Segen spendend
ːrtilitās ⟨ātis⟩ F Fruchtbarkeit, Ergie-
igkeit, **frugum** an Feldfrüchten
ˑrula ⟨ae⟩ F 1 BOT Pfriemenkraut 2
tab, Stock
rūmināre ⟨ō, āvī, ātum 1.⟩ = **ferru-**
ıinare
rus A ⟨a, um⟩ ADJ 1 (*Tier*) wild, unge-
ähmt 2 (*Pflanze*) wild wachsend 3 *fig*
oh, hart, grausam B ⟨ī⟩ M wildes Tier,
Vild
ˑrvē-facere ⟨faciō, fēcī, factum 3.⟩
eiß/glühend machen
ˑrvēns ⟨entis, *adv* ferventer⟩ ADJ =
rvidus
ˑrvēre ⟨ferveō, ferbuī, - 2.⟩ *u.* **ferve-**
ɜ ⟨fervō, fervī, - 3.⟩ 1 kochen 2 (*Meer*)
ufwallen, brausen, branden 3 glühen,
ˑennen 4 schwärmen 5 (*Leidenschaft*)
ühen, brennen, **(ab) irā** vor Zorn 6
ı eifrig betrieben werden
ˑrvēscere ⟨ēscō, -, - 3.⟩ sich erhitzen,
ühend werden
ˑvidus ⟨a, um⟩ ADJ 1 kochend 2
Meer) brausend, brandend, wogend 3
ühend, brennend 4 (*Person*) hitzig
ˑvor ⟨ōris⟩ M 1 das Kochen 2 das
ogen, das Brausen 3 Hitze, Glut, *bes*
nnenglut 4 *fig* Leidenschaft
ssus ⟨a, um⟩ ADJ müde, erschöpft
tīnanter ADV eilends, hastig
tīnāre ⟨ō, āvī, ātum 1.⟩ A V/I eilen,
h beeilen; **festina lente** *Sprichwort* ei-
mit Weile B V/T beschleunigen, eilig
ı
tīnātiō ⟨ōnis⟩ F Eile, Hast, Unge-
ld; *pl* eilige Fälle
tīnātō ADV = **festinanter**
tīnus ⟨a, um⟩ ADJ eilig, hastig
tīvitās ⟨ātis⟩ F 1 Heiterkeit, Fröh-
ıkeit, Vergnügen; **mea** ~ *Kosewort*
ine Liebe 2 Witz, Humor 3 Rede-
muck
tīvus ⟨a, um, *adv* fēstīvē⟩ ADJ 1
lich 2 heiter, fröhlich, lustig 3
erzhaft, witzig 4 gemütlich 5 nett
tra ⟨ae⟩ F = **fenestra**
ūca ⟨ae⟩ F 1 Halm 2 Stäbchen,
dem der Prätors einen Sklaven zum Zei-
n der Freilassung schlug 3 Ramme
ˑum ⟨ī⟩ N Festtag, Fest, Feiertag

★**fēstus** ⟨a, um⟩ ADJ festlich, feierlich, Fest…, Feier…; **dies** ~ Feiertag
fēta ⟨ae⟩ F Muttertier
fētēre ⟨eō, -, - 2.⟩ = **foetere**
Fētiālēs ⟨ium⟩ MPL die Fetialen, *Kollegium von 20 Priestern, die für die Sicherung der völkerrechtlichen Beziehungen zuständig waren*
fētiālis A ⟨e⟩ ADJ Fetialen… B ⟨is⟩ M Kriegsherold
fētūra ⟨ae⟩ F 1 Fortpflanzung, Zucht 2 Nachwuchs
fētus[1] ⟨a, um⟩ ADJ 1 befruchtet, schwanger, trächtig 2 *fig* bestellt; **ager** ~ bestellter Acker 3 (*Gegend*) fruchtbar, ergiebig 4 **feta** die geboren hat
fētus[2] ⟨ūs⟩ M 1 das Gebären; Zeugung 2 (*der Erde*) Fruchtbarkeit 3 Wachstum 4 Kind, Junges 5 (*einer Pflanze*) Trieb, Spross 6 *fig* Zuwachs
feudalis ⟨e⟩ ADJ (*mlat.*) Lehns…
feudum ⟨ī⟩ N (*mlat.*) Lehen; Dienst
fiber ⟨fibrī⟩ M Biber
fibra ⟨ae⟩ F 1 Faser 2 Lappen *an den Eingeweiden*; *pl* Eingeweide
fībula ⟨ae⟩ F Fibel, Spange
fictile ⟨is⟩ N Geschirr aus Ton, Tongefäß
fictilis ⟨e⟩ ADJ aus Ton
fictiō ⟨ōnis⟩ F 1 Bildung, Gestaltung 2 Personifikation 3 Dichtung, Fiktion
fictor ⟨ōris⟩ M 1 Bildhauer 2 Opferkuchenbäcker 3 Schöpfer, Urheber
fictum ⟨ī⟩ N Dichtung, Lüge, Märchen
fictūra ⟨ae⟩ F Bildung, Erdichtung
fictus[1] ⟨a, um⟩ PPP → **fingere**
fictus[2] ⟨a, um, *adv* fictē⟩ ADJ 1 gebildet, geformt 2 erdichtet, erlogen; *adv* zum Schein 3 lügnerisch, falsch
fīcula ⟨ae⟩ F kleine Feige
Fīculea ⟨ae⟩ F *Stadt nordöstl. von Rom*
fīculnus ⟨a, um⟩ ADJ Feigen…
fīcus ⟨ī *u.* ūs⟩ F 1 Feigenbaum 2 Feige 3 *scherz* Gesäß
fidēlia ⟨ae⟩ F Tongefäß, Topf
fidēlis ⟨e, *adv* fidēliter⟩ ADJ *u.* ⟨fidēle⟩ 1 treu, zuverlässig, aufrichtig, 2 sicher, fest, dauerhaft
fidēlitās ⟨ātis⟩ F 1 Treue, Zuverlässigkeit 2 (*mlat.*) Lehnstreue, Treueeid
Fīdēna ⟨ae⟩ F *u.* **Fīdēnae** ⟨ārum⟩ FPL *Stadt nördl. von Rom*; **Fīdēnās** ⟨ātis⟩ ADJ aus Fidenae; **Fīdēnātēs** ⟨ium⟩

F

MPL die Einwohner von Fidenae

fīdēns ⟨entis, *adv* fīdenter⟩ ADJ zuversichtlich, entschlossen

fīdentia ⟨ae⟩ F Selbstvertrauen

fīdere ⟨fīdō, fīsus sum 3.⟩ *j-m* (ver)trauen, *alicui*; zuverlässig glauben; sich trauen

★**fidēs**[1] ⟨eī⟩ F 1 Glaube, Vertrauen; **alicui fidem dare** j-m Glauben schenken; **fidem facere alicui** Vertrauen erwecken bei j-m, j-n überzeugen 2 Treue, Ehrlichkeit, Gewissenhaftigkeit, Zuverlässigkeit; **cum (bona) fide** gewissenhaft; **(ex) bona fide** auf Treu und Glauben; **de mala fide** wegen Veruntreuung; **fidem reportare** zuverlässige Nachricht bringen 3 Schutz, Beistand; **in alicuius fide esse** unter j-s Schutz stehen 4 Ehrenwort, Eid, Schwur, Versprechen; **alicui fidem dare** j-m sein Wort geben; **fidem conservare/exsolvere** sein Wort halten/einlösen; **fidem mutare/violare** sein Wort brechen; **fide meā** auf mein Wort; **per fidem** auf treulose Weise 5 Bestätigung, Beweis; **fidem alicuius rei addere** etw bestätigen, 6 Sicherheit, freies Geleit

fidēs[2] ⟨is⟩ F 1 MUS Saite 2 PL Saiteninstrument, Lyra

Fides ⟨eī⟩ F Göttin der Treue

fidī → findere

fidi-cen ⟨inis⟩ M Lautenspieler; lyrischer Dichter

fidicina ⟨ae⟩ F Lautenspielerin

fidicinius ⟨a, um⟩ ADJ des Lautenspielers; **ludus ~** Musikschule

fidis ⟨is⟩ F = **fides**[2]

Fidis ⟨is⟩ F = **Fides**

Fidius ⟨ī⟩ M Gott der Treue; **me Dius ~ (iuvet)** so wahr mir Gott helfe

★**fīdūcia** ⟨ae⟩ F 1 Vertrauen; **~ sui/rerum suarum** Selbstvertrauen 2 Mut 3 Zuverlässigkeit 4 JUR Überlassung *eines Eigentums* auf Treu und Glauben 5 Hypothek 6 *fig* Sicherheit

fīdūciārius ⟨a, um⟩ ADJ anvertraut; **opera fiduciaria** kommissarisches Amt

★**fīdus** ⟨a, um, *adv* fīdē⟩ ADJ 1 treu, zuverlässig, aufrichtig 2 *(Sache)* sicher, dauerhaft, **alicuius rei** für etw, gegen etw

★**fierī** ⟨fīō, factus sum 0.⟩ 1 werden, entstehen, geboren werden 2 geschehen, sich ereignen, stattfinden, zustoße **clamor fit** es entsteht ein Geschrei; **qu fiet mihi/de me?** was soll aus mir we den?; **quo facto** nachdem dies gesch hen war; **fit, ut** es ereign sich, dass; **bene fit, ut** es trifft si gut, dass 3 *als passiv von facere* gemac werden; **pons fit** eine Brücke wird g baut 4 *j-s* Eigentum werden; **haec d mus patris fit** dieses Haus wird Eige tum des Vaters 5 ernannt werden, **co sul** zum Konsul 6 geschätzt werde **magni ~** hoch geschätzt werden 7 g opfert werden

★**fīgere** ⟨fīgō, fīxī, fīxum 3.⟩ 1 (an)h ten, befestigen; *passiv* fest haften (bl ben); **in cruce/in crucem/cruci ~** a Kreuz schlagen 2 öffentlich anschlage **leges** Gesetze 3 *(als Weihegeschenk)* a hängen, **arma postibus/in postib** Waffen an den Pfosten 4 *(Bauwerk)* richten 5 *fig* fest einprägen, **in ani im Geist** 6 *(Spitzes)* hineinschlag -bohren, **(in) re** in etw 7 fest auf richten, heften, **oculos in terram** Augen auf den Boden 8 *(Person, T* durchbohren, erlegen, treffen

figulāris ⟨e⟩ ADJ Töpfer…

figulus ⟨ī⟩ M Töpfer

★**figūra** ⟨ae⟩ F 1 äußere Gestalt, Fo Figur 2 schöne Gestalt, Schönheit Gebilde, bildliche Darstellung; **~ fic** Tonfigur 4 Schatten *eines Verstorbe* 5 PHILOS Urbild, Idee; **figurae Epic** = Atome 6 RHET Redefigur

figūrāre ⟨ō, āvī, ātum 1.⟩ 1 gestal formen, bilden 2 *fig* sich vorstellen mit Redefiguren ausschmücken

★**fīlia** ⟨ae⟩ F Tochter; Spross; **filiis et f bus** Söhnen und Töchtern

fīliola ⟨ae⟩ F Töchterchen

fīliolus ⟨ī⟩ M Söhnchen

★**fīlius** ⟨ī⟩ M Sohn; Spross, Sprössling **fili** *vok* mein Sohn!

filix ⟨icis⟩ F Farnkraut, Unkraut

filtrum ⟨i⟩ N *(mlat.)* Filter

fīlum ⟨ī⟩ N 1 Faden, Garn 2 Stau den 3 Faser 4 Gewebe 5 MUS S 6 RHET Form

fimum ⟨ī⟩ N *u.* **fimus** ⟨ī⟩ M 1 Dün Mist 2 Kot

findere ⟨findō, fidī, fissum 3.⟩ 1 ten, zerteilen 2 durchfurchen, -flie segeln, -fliegen

ngere ⟨fingō, fīnxī, fictum 3.⟩ 1 bilden, formen, gestalten, (**ex**) **cerā** aus Vachs, **in artūs** zu Gliedern 2 bauen, larstellen; künstlerisch gestalten; **se ~ d aliquid** sich nach etw richten; **carmina ~** Lieder dichten 3 streicheln 4 *Haar*) frisieren 5 zurechtmachen, chmücken; **vultum ~** sein Gesicht verellen 6 (*durch Unterricht*) (aus)bilden (*Tier*) dressieren, zähmen 8 sich vorellen; **finge** stell dir vor 9 ersinnen, rdichten

īre ⟨iō, īvī, ītum 4.⟩ A VT 1 begren-en 2 *fig* einschränken 3 festsetzen, estimmen, **diem** einen Termin 4 beenen, **vitam** das Leben; *passiv* aufhören RHET periodisch abschließen B VI 1 reden aufhören, schließen 2 sterben

is ⟨is⟩, *abl* ⟨e *u.* ī⟩ M *u.* F 1 Grenze, renzlinie 2 PL ★ **fines** Gebiet, Land; rundbesitz 3 *fig* Einschränkung, Maß Ziel; *fig* Zweck; Absicht; **ad eum fiem** zu diesem Zweck 5 das Höchste, pfel; **~ bonorum** höchstes Gut 6 Ene, Ausgang, Schluss; **finem facere oraonis/orationi** die Rede beenden 7 Leensende, Tod

ītē ADV mäßig

itimī ⟨ōrum⟩ MPL Grenznachbarn

itimus ⟨a, um⟩ ADJ 1 angrenzend, nachbart 2 nahestehend, verwandt

ītiō ⟨ōnis⟩ F Erklärung, Definition

ītor ⟨ōris⟩ M 1 Feldmesser 2 Horint

xī → fingere

→ fieri

nāmentum ⟨ī⟩ N 1 Befestigung, ütze 2 *fig* Stärke 3 Hauptpunkt 4 nmelsgewölbe, Firmament

nāre ⟨ō, āvī, ātum 1.⟩ 1 befestigen, t machen 2 (*Turm*) sichern 3 (*körper-, geistig*) stärken, kräftigen; *passiv* rk werden; **aetas firmata** Mannesalter *fig* ermutigen, ermuntern; *passiv* sich sen, sich aufraffen; **firmatus animo/ mi** fest entschlossen 5 bekräftigen, tätigen 6 beweisen

nātor ⟨ōris⟩ M Befestiger

nitās ⟨ātis⟩ F Festigkeit, Stärke, ndhaftigkeit, Ausdauer

niter ADV → firmus

nitūdō ⟨inis⟩ F = **firmitas**

★**firmus** ⟨a, um, *adv* firmē *u.* firmiter⟩ ADJ 1 fest, stark 2 (*körperlich*) kräftig, gesund 3 *fig* beharrlich, konsequent 4 zuverlässig, sicher, treu

fiscus ⟨ī⟩ M 1 geflochtener Korb 2 Geldkorb, Kasse 3 (*z. Zt. der Republik*) Staatskasse 4 (*in der Kaiserzeit*) kaiserliche Privatkasse

fissilis ⟨e⟩ ADJ spaltbar; gespalten

fissiō ⟨ōnis⟩ F das Spalten

fissum ⟨ī⟩ N Spalt, Einschnitt

fissus ⟨a, um⟩ PPP → findere

fistūca ⟨ae⟩ F = **festuca**

fistula ⟨ae⟩ F 1 Rohr, Röhre 2 Hirtenpfeife; Schreibfeder, Griffel 3 MED Fistel

fistulātor ⟨ōris⟩ M Pfeifer

fīsus ⟨a, um⟩ PPERF → fidere

fītilla ⟨ae⟩ F Opferbrei

fīxī → figere

fīxus[1] ⟨a, um, *adv* fīxē⟩ ADJ fest, bleibend, unabänderlich, bestimmt

fīxus[2] ⟨a, um⟩ PPP → figere

flābelli-fera ⟨ae⟩ F Fächerträgerin

flābellulum ⟨ī⟩ N kleiner Fächer

flābellum ⟨ī⟩ N Fächer, Wedel; **~ caudae pavonis** Rad des Pfaues; **~ seditionis** Anheizer des Aufruhrs

flaccus ⟨a, um⟩ ADJ schlaff, matt; schlappohrig

Flaccus ⟨a, um⟩ *röm. Beiname*; → Horatius

flagellāre ⟨ō, āvī, ātum 1.⟩ peitschen, schlagen, geißeln

flagellum ⟨ī⟩ N 1 Peitsche, Knute 2 Wurfriemen 3 (*des Polypen*) Fangarm

flāgitāre ⟨ō, āvī, ātum 1.⟩ 1 fordern, verlangen, **Aeduos frumentum** von den Äduern die Lieferung von Getreide 2 dringend erfordern 3 wissen wollen 4 *j-s* Auslieferung verlangen, *aliquem* 5 vor Gericht fordern

flāgitātiō ⟨ōnis⟩ F Forderung, dringende Mahnung

flāgitātor ⟨ōris⟩ M Forderer, Mahner

flāgitiōsus ⟨a, um, *adv* flāgitiōsē⟩ ADJ schändlich, schmählich, schimpflich; ausschweifend

★**flāgitium** ⟨ī⟩ N 1 Schandtat 2 PL schändliche Äußerungen 3 Schande 4 Schandkerl

flagrāns ⟨antis, *adv* flagranter⟩ ADJ 1 brennend, flammend 2 (*Augen, Gesicht*) leuchtend, strahlend 3 (*Leidenschaft*)

F

F

heftig, glühend
flagrantia ⟨ae⟩ F 1 Glut, **oculorum** der Augen 2 **flagitii** ~ Schandkerl
★**flagrāre** ⟨ō, āvī, ātum 1.⟩ 1 brennen 2 *fig* glühen, **amore** vor Liebe
flagri-triba ⟨ae⟩ F „Peitschenabnutzer", häufig geprügelter Sklave
flagrum ⟨ī⟩ N Peitsche, Knute, Geißel
flāmen¹ ⟨inis⟩ M Flamen, Priester *einer bestimmten Gottheit*
flāmen² ⟨inis⟩ N 1 das Wehen 2 Wind, Luftzug 3 PL Flötentöne
Flāminīnus ⟨ī⟩ M → Quinctius
flāminium ⟨ī⟩ N Amt eines Flamen
Flāminius ⟨a, um⟩ *Name einer pleb. gens;* **C.** ~ *legte als Zensor 220 v. Chr. die via Flaminia von Rom nach Ariminum an, fiel 217 v. Chr. als Konsul am Trasumenersee*
★**flamma** ⟨ae⟩ F 1 Flamme, Feuer; **flammam concipere** Feuer fangen 2 Fackel 3 Blitz 4 Stern 5 Hitze, Glut 6 *fig* Liebesglut; Geliebte 7 *fig* Verderben
flammāre ⟨ō, āvī, ātum 1.⟩ A VI *nur* **flammans** brennend B VT 1 anzünden, verbrennen 2 *fig* entflammen
flamm(e)ārius ⟨ī⟩ M Weber von Brautschleiern
flammeum ⟨ī⟩ N 1 roter Brautschleier 2 rote Farbe
flammeus ⟨a, um⟩ ADJ flammend, feurig; feuerrot glänzend
flammi-fer ⟨fera, ferum⟩ ADJ flammend, brennend, feurig, heiß
flammula ⟨ae⟩ F Flämmchen
flāre ⟨ō, āvī, ātum 1.⟩ A VI 1 *(Wind)* blasen, wehen 2 *(Musik)* ertönen B VT 1 (hervor)blasen 2 herwehen; **pulverem** ~ Staub aufwirbeln 3 *(Flöte)* blasen 4 *(Metalle)* schmelzen 5 *(Geld)* gießen
flātus ⟨ūs⟩ M 1 das Blasen, das Wehen; Wind, Sturm; ~ **fortunae** *fig* Hauch des Glücks 2 das Schnauben; Atem 3 Flötenspiel 4 Hochmut
flāvēns ⟨entis⟩ ADJ = **flavus**
flavēre ⟨eō, -, - 2.⟩ goldgelb sein
flāvēscere ⟨ēscō, -, - 3.⟩ gelb werden, sich gelb/blond färben
Flāviānus ⟨a, um⟩ ADJ des Flavius
Flāvius ⟨a, um⟩ *Name einer röm., urspr. sabinischen gens* 1 **Cn.** ~ *304 v. Chr. kurulischer Ädil, gab den ersten röm. Kalender heraus* 2 **T.** ~ **Vespasianus** *Kaiser 69–79 n. Chr.* 3 *gleichnamiger Sohn von 2, Kais[er] Titus, 79–81 n. Chr.* 4 **T.** ~ **Domitian[us]** *Bruder von 3, Kaiser 81–96 n. Chr*
★**flāvus** ⟨a, um⟩ ADJ gelb
flēbilis ⟨e, *adv* flēbiliter⟩ ADJ 1 bewe[i]nenswert 2 weinend, klagend
★**flectere** ⟨flectō, flexī, flexum 3.⟩ A V[T] 1 biegen, beugen, krümmen 2 *fig* ä[n]dern, **iter/viam** die Richtung; ~ **a** ... von etw abbringen 3 GRAM beugen ... umstimmen, geneigt machen 5 SCHI[FF] umsegeln 6 drehen, wenden; **curru[m] in Capitolium** ~ den Wagen zum Kapit[ol] lenken 7 *fig* auf *etw* beziehen, deute[n]; **versūs in Tiberium** ~ Verse auf Tiberi[us] beziehen B VI 1 sich wenden, ma[r]schieren, ziehen 2 umkehren
flēmina ⟨um⟩ NPL Krampfadern
★**flēre** ⟨fleō, flēvī, flētum 2.⟩ A VI w[ei]nen, klagen B VT beweinen, beklage[n]
★**flētus** ⟨ūs⟩ M 1 das Weinen, Wehk[la]gen 2 Rührung 3 Tränen
flēvī → flere
flex-animus ⟨a, um⟩ ADJ 1 herzerw[ei]chend 2 gerührt
flexī → flectere
flexibilis ⟨a, um⟩ ADJ *u.* **flexilis** ⟨... ADJ 1 biegsam, elastisch, geschmei[dig] 2 *fig* lenksam, gefügig 3 *pej* unbest[än]dig
flexiō ⟨ōnis⟩ F 1 Biegung 2 PL *fig* A[us]flüchte 3 *(der Stimme)* Modulation
flexuōsus ⟨a, um, *adv* flexuōsē⟩ ... gewunden
flexūra ⟨ae⟩ F Krümmung, Biegung
flexus¹ ⟨a, um⟩ PPP → flectere
flexus² ⟨a, um⟩ ADJ 1 gebogen, [ge]krümmt; geflochten 2 *(Ton)* weich
flexus³ ⟨ūs⟩ M 1 Biegung, Krümmu[ng], Windung 2 Seiten-, Umweg 3 Biegu[ng], Kurve 4 Wendung 5 Wendepunkt
flīctus ⟨ūs⟩ M das Anschlagen, Anp[rall]
flīgere ⟨ō, -, - 3.⟩ (zu Boden) schlag[en]
floccus ⟨ī⟩ M 1 Flocke, Faser 2 *fig* K[lei]nigkeit; **non flocci facio/pendo ali[quid]** etw ist mir gleichgültig
Flōra ⟨ae⟩ F *Göttin der Blumen u. Frühlings*
Flōrālia ⟨ium *u.* iōrum⟩ NPL Fest [der] Flora, *28. April bis 3. Mai*
flōrēns ⟨entis, *adv* flōrenter⟩ AD[J] [1] blühend 2 glänzend ausgestattet; **a[eta]te** ~ in blühendem Alter; **opibus** ~ ...

zend ausgestattet mit Mitteln 3 *(Stadt)* mächtig, angesehen, einflussreich 4 …RHET blumenreich

…ōrēre ⟨eō, uī, - 2.⟩ 1 blühen; **floret** …annus es ist Blütezeit 2 *fig* glänzen 3 *…ig* angesehen/mächtig sein 4 *fig* sich …ervortun, sich auszeichnen

…ōrēscere ⟨ēscō, -, - 3.⟩ aufblühen

…ōreus ⟨a, um⟩ ADJ 1 Blumen… 2 blu…mig, blumenreich

…ōridulus ⟨a, um⟩ ADJ schön blühend

…ōridus ⟨a, um, *adv* flōridē⟩ ADJ 1 blü…end 2 aus Blumen, blumenreich

…ōri-legus ⟨a, um⟩ ADJ Blütenstaub …ammelnd

…ōrus ⟨a, um⟩ ADJ rotgelb, goldgelb; …lond

…ōrus ⟨ī⟩ M *vollständig Publius Annius …lorus, Verfasser eines Auszugs aus der …öm. Geschichte von Livius*

…ōs ⟨flōris⟩ M 1 Blüte, Blume 2 Blüten…taub, Honig 3 *fig* Blütezeit, Glanzzeit …*fig* Jugendfrische 5 junge Mann…chaft 6 bester Teil, Schmuck, Zierde …*fig* Bartflaum

…ōsculus ⟨ī⟩ M 1 Blümchen 2 *fig* Zier…e, Schmuck 3 Sentenz

…ictuāre ⟨ō, āvī, ātum 1.⟩ *u.* **flūc…uārī** ⟨or, ātus sum 1.⟩ 1 wogen, flu…n 2 *fig* unruhig sein 3 in der See trei…en 4 *fig* schwanken, unschlüssig sein

…ictuātiō ⟨ōnis⟩ F 1 unruhige Bewe…ung 2 *fig* schwankende Stimmung

…ictuōsus ⟨a, um⟩ ADJ wogend

…ictus ⟨ūs⟩ M 1 das Wogen, Strö…ung 2 Flut 3 *fig meist pl* Unruhen

…ēns ⟨entis, *adv* fluenter⟩ ADJ 1 flie…nd 2 schlaff (herabhängend) 3 *fig* …eichförmig

…entum ⟨ī⟩ N Strömung, Flut

…ere ⟨fluō, flūxī, (flūxum) 3.⟩ 1 flie…n, strömen 2 *(Körper)* triefen 3 *(Haa… Äpfel usw.)* herabwallen, -fallen 4 *…hre)* sich ausbreiten 5 *fig* vonstatten …hen 6 *fig* hinauslaufen, **ad interre…um** auf eine Zwischenregierung 7 *…it)* vergehen 8 *fig* ermüden, erschlaf… 9 *fig* niedersinken

…idus ⟨a, um⟩ ADJ 1 fließend, flüssig …herabwallend 3 schlaff

…tāre ⟨ō, āvī, ātum 1.⟩ 1 wogen; …llen 2 schlaff herabhängen 3 wan…

★**flūmen** ⟨inis⟩ N 1 Strömung 2 Fluss; **secundo flumine** flussabwärts; **adverso flumine** flussaufwärts 3 *fig* Strom, Fluss 4 *(vom Geist)* Fülle

flūmineus ⟨a, um⟩ ADJ Fluss…

fluviālis ⟨e⟩ ADJ *u.* **fluviatilis** ⟨e⟩ ADJ Fluss…; **piscis ~** Flussfisch

fluvidus ⟨a, um⟩ ADJ = **fluidus**

fluvius ⟨ī⟩ M Fluss, Strom

flūxī → fluere

flūxus ⟨a, um, *adv* flūxē⟩ ADJ 1 fließend, flüssig 2 *(Haar)* herabwallend, flatternd 3 *(Körper)* schlaff 4 *fig* schwankend, unsicher 5 *fig* zerrüttet

fōcāle ⟨is⟩ N Halstuch, Halsbinde

foculum ⟨ī⟩ N 1 hitzefestes Geschirr 2 Mittel zum Aufwärmen

★**focus** ⟨ī⟩ M 1 (Opfer-)Pfanne; Brandaltar 2 Feuerstelle, Herd 3 Feuer, Glut 4 Brandstätte des Scheiterhaufens 5 *fig* Haus und Hof, Heim, Familie

★**fodere** ⟨fodiō, fōdī, fossum 3.⟩ 1 graben 2 *(Erde)* auf-, umgraben 3 *(Silber)* ausgraben 4 durchbohren 5 (aus)stechen

fōdī → fodere

fodicāre ⟨ō, -, - 1.⟩ 1 stechen 2 *fig* beunruhigen

foedāre ⟨ō, āvī, ātum 1.⟩ 1 verunstalten, entstellen; verwüsten 2 besudeln 3 *fig* schänden, beflecken

foederātus ⟨a, um⟩ ADJ verbündet

foeditās ⟨ātis⟩ F 1 Hässlichkeit 2 Schändlichkeit; **~ animi** Niedertracht

★**foedus**[1] ⟨a, um, *adv* foedē⟩ ADJ 1 hässlich 2 *fig* scheußlich, schändlich

★**foedus**[2] ⟨eris⟩ N 1 Vertrag, Bündnis; Verbindung; **~ facere/icere** einen Vertrag schließen 2 Bestimmung, Gesetz

foetēre ⟨eō, -, - 2.⟩ 1 stinken 2 *fig* anekeln

foetidus ⟨a, um⟩ ADJ stinkend

foetor ⟨ōris⟩ M Gestank

foetus[1] ⟨a, um⟩ ADJ = **fetus**[1]

foetus[2] ⟨ūs⟩ M = **fetus**[2]

★**folium** ⟨ī⟩ N BOT Blatt; *pl* Laub, Kranz

folliculus ⟨ī⟩ M 1 kleiner Ledersack, Schlauch 2 Luftball 3 Hülle, Hülse

follis ⟨is⟩ M 1 Ledersack 2 Ballon 3 Blasebalg 4 *fig* Lunge 5 Geldbeutel

follītim ADV mit einem Geldsack

fōmentum ⟨ī⟩ N 1 Wundverband, Umschlag 2 Linderungsmittel

fōmes ⟨itis⟩ M Zündstoff, Zunder

★**fōns** ⟨fontis⟩ M **1** Quelle; Quellwasser **2** *fig* Ursprung, Ursache, Anfang

fontānus ⟨a, um⟩ ADJ Quell…

fonticulus ⟨ī⟩ M kleine Quelle

for → fari

forāmen ⟨inis⟩ N Loch, Öffnung, Gang

forāre ⟨ō, āvī, ātum 1.⟩ (durch)bohren

★**forās** ADV **1** vor die Tür, heraus, hinaus; **aliquem ~ mittere** j-n hinausschicken **2** in die Öffentlichkeit; **~ efferre** bekannt machen

for-ceps ⟨cipis⟩ M *u.* F Zange

★**fore** ⟨fuō, fuī, futūrus 0.⟩ **1** werden **2** sein *als Ergänzung zu esse* **3** *konjkt imperf* **forem, fores … = essem, esses …**; *auch* **= fuissem, fuisses …** **4** *konjkt präs* **fuam, fuas … = sim, sis …** **5** *inf fut* **fore = futurum esse** **6** **futurus** zukünftig

forēnsis ⟨e⟩ ADJ **1** Markt… **2** öffentlich; **vestitus ~** Staatskleid **3** Gerichts…

forfex ⟨icis⟩ M *u.* F Zange, Friseurschere

★**foris**[1] ⟨is⟩ F **1** Türflügel, einflügelige Tür; *pl* Tür, die Türflügel **2** *fig* Zugang

★**forīs**[2] ADV **1** von draußen her **2** draußen **3** im Ausland **4** im Krieg

★**fōrma** ⟨ae⟩ F **1** Form, Gestalt, Figur **2** Gesicht **3** Schönheit **4** Abbild **5** *(in der Geometrie)* Figur **6** *(einer Schrift)* Entwurf **7** Modell, Leisten **8** RHET Redefigur **9** Art, Charakter **10** Ideal **11** Erscheinung

★**fōrmāre** ⟨ō, āvī, ātum 1.⟩ **1** formen, gestalten **2** *(durch Unterricht)* bilden, unterweisen, abrichten **3** schaffen, bauen, herstellen

fōrmātiō ⟨ōnis⟩ F Gestaltung, Bildung

Formiae ⟨ārum⟩ FPL *Stadt in Latium, bekannt als Weinort*

Formiānum ⟨ī⟩ N *Ciceros Landgut bei Formiae*

formīca ⟨ae⟩ F Ameise

formīcīnus ⟨a, um⟩ ADJ Ameisen…

formīdāre ⟨ō, āvī, ātum 1.⟩ Grausen empfinden, sich fürchten, **aliquem/aliquid** vor j-m/etw

★**formīdō** ⟨inis⟩ F **1** Grausen, Entsetzen **2** religiöse Ehrfurcht **3** Schreckbild

★**formīdolōsus** *u.* **formīdulōsus** ⟨a, um, *adv* **formīdolōsē** *u.* **formīdulōsē**⟩ ADJ **1** furchtbar, grausam **2** ängstlich, scheu, furchtsam

fōrmō(n)sitās ⟨ātis⟩ F Schönheit

★**fōrmō(n)sus** ⟨a, um, *adv* **fōrmō(n)sē**⟩ ADJ schön, gut geformt

fōrmula ⟨ae⟩ F **1** Form, Gestalt **2** Schönheit **3** Regel, Vorschrift, Nor… **4** Vertrag(sbestimmung); **ex formu…** vertragsgemäß **5** Steuerformular, Ta… **6** JUR Rechtsformel; **formulā cader… excidere** den Prozess verlieren **7** *(mla…* Glaubensformel

fornācula ⟨ae⟩ F kleiner Ofen

fornāx ⟨ācis⟩ F Ofen, Backofen

Fornāx ⟨ācis⟩ F Ofengöttin

fornicātus ⟨a, um⟩ ADJ gewölbt

fornix ⟨icis⟩ M **1** Wölbung, Gewölbe **2** ARCH Schwibbogen **3** Ehrenbogen **4** MIL Ausfallspforte **5** Kellergewölb… Bordell

★**fors** **A** *nur nom u. abl* SG ⟨forte⟩ F bl… der Zufall; ★**forte** zufällig, *nach si, s… nisi, ne* vielleicht, etwa; **forte teme…** auf gut Glück **B** ADV vielleicht **~ et vi…**leicht auch

Fors ⟨Fortis⟩ F Schicksalsgöttin

fors-an ADV = **forsitan**

forsit ADV = **forsitan**

★**forsitan** ADV vielleicht

★**fortasse** *u.* *(selten)* **fortassis** ADV vielleicht **2** ungefähr, etwa

forte ADV → fors *u.* → fortis

forticulus ⟨a, um⟩ ADJ ziemlich mu…

★**fortis** ⟨e, *adv* **fortiter** *u.* *(mlat.)* **fort…** ADJ **1** stark, kräftig, tüchtig **2** tapf… **fortes fortuna adiuvat** *Sprichwort* d… Tapferen hilft das Glück **3** *(Brücke)* d… erhaft, fest **4** *(Stadt)* mächtig **5** gew… sam

★**fortitūdō** ⟨inis⟩ F **1** Stärke, Körp… kraft **2** Mut, Tapferkeit

★**fortuītus** ⟨a, um, *adv* **fortuītō**⟩ ADJ … fällig, planlos

★**fortūna** ⟨ae⟩ F **1** Schicksal, Zufall… Glück, Unglück **3** Erfolg **4** Stand, H… kunft **5** PL Vermögen

Fortūna ⟨ae⟩ F Schicksals-, Glücksg… tin

fortūnāre ⟨ō, āvī, ātum 1.⟩ beglück… segnen

fortūnātus ⟨a, um, *adv* **fortūnā…** ADJ **1** glücklich **2** wohlhabend

foruli ⟨ōrum⟩ MPL Bücherges… -schrank

★**forum** ⟨ī⟩ N **1** *(einer Stadt)* öffentlic… Platz, Markt(platz); **~ bo(v)arium** Rin…

narkt; ~ **(h)olitorium** Gemüsemarkt [2] einer Provinz) Kreisstadt [3] Geschäftsleben; Geldgeschäfte; **in foro versari** Geldgeschäfte betreiben [4] öffentliches Leben, Staatsgeschäfte; **in foro esse** m öffentlichen Leben teilnehmen [5] JR Gerichtsverhandlungen; Gerichtstag; ~ **agere** Gerichtstag halten

rus ⟨ī⟩ M [1] Schiffsgang [2] PL (*im Theater, Zirkus*) Sitzreihen [3] PL Gänge

sī ⟨ōrum⟩ MPL *germ. Stamm beim heugen Hildesheim*

ssa ⟨ae⟩ F [1] Graben, Kanal [2] Grube, Furche [4] Flussbett

ssiō ⟨ōnis⟩ F das Umgraben

ssor ⟨ōris⟩ M [1] Landmann [2] *fig* grober, ungebildeter Mensch

ssūra ⟨ae⟩ F das Graben; der Graben

ssus ⟨a, um⟩ PPP → fodere

tus ⟨a, um⟩ PPP → fovere

vea ⟨ae⟩ F (Fall-)Grube

vēre ⟨foveō, fōvī, fōtum 2.⟩ [1] warm alten, erwärmen [2] (*zur Heilung*) warm aden [3] pflegen [4] (*Ort*) nicht verlassen begünstigen, unterstützen

ctiō ⟨ōnis⟩ F (*eccl.*) das Brechen, **pa-s** des Brotes

ctūra ⟨ae⟩ F [1] das Zerbrechen [2] ED Knochenbruch, Fraktur

ctus[1] ⟨a, um⟩ PPP → frangere

ctus[2] ⟨a, um⟩ ADJ [1] schwach, matt, aftlos [2] weichlich

gilis ⟨e, *adv* fragiliter⟩ ADJ [1] zerechlich [2] *fig* gebrechlich; schwach knatternd, prasselnd

gilitās ⟨ātis⟩ F [1] Zerbrechlichkeit *fig* Gebrechlichkeit, Schwäche

gmen ⟨inis⟩ N = **fragmentum**

gmentum ⟨ī⟩ N Bruchstück, Split-, Brocken; *pl* Trümmer

gor ⟨ōris⟩ M [1] das Zerbrechen [2] Krachen, Getöse, Lärm [3] *fig* Beifall

gōsa ⟨ōrum⟩ NPL Unebenheiten

gōsus ⟨a, um, *adv* fragōsē⟩ ADJ [1] ichig [2] *fig* uneben, rau [3] (*Wildbach*) end

grāre ⟨ō, -, - 1.⟩ duften, stark rien

gum ⟨ī⟩ N Erdbeere

nea ⟨ae⟩ F Wurfspieß der Germa-

ngere ⟨frangō, frēgī, frāctum 3.⟩ zer)brechen; *passiv* (zer)brechen; **navem** ~ Schiffbruch erleiden [2] (*Getreide, Früchte*) zerquetschen, mahlen [3] *fig* brechen, verletzen, **foedus** den Vertrag [4] *fig* entmutigen, demütigen [5] (*Kräfte*) schwächen [6] *fig* überwinden [7] (*Person*) *fig* rühren, erschüttern

★**frāter** ⟨tris⟩ M [1] Bruder; ~ **geminus/gemellus** Zwillingsbruder; *pl* Geschwister [2] Cousin [3] Neffe [4] Schwager [5] Blutsverwandter [6] (*als Kosewort*) Freund [7] (*als Ehrentitel*) Bundesgenosse

frāterculus ⟨ī⟩ M Brüderchen

frāternitās ⟨ātis⟩ F Brüderlichkeit, Bruderschaft

frāternus ⟨a, um, *adv* frāternē⟩ ADJ [1] brüderlich, Bruder… [2] verwandtschaftlich [3] *fig* freundschaftlich

frātri-cīda ⟨ae⟩ M Brudermörder

fraudāre ⟨ō, āvī, ātum 1.⟩ [1] betrügen, **milites praedā** die Soldaten um die Beute [2] unterschlagen

fraudātiō ⟨ōnis⟩ F Betrügerei

fraudātor ⟨ōris⟩ M Betrüger

fraudulenter ADV → fraudulentus

fraudulentia ⟨ae⟩ F Neigung zum Betrügen

fraudulentus ⟨a, um, *adv* fraudulenter⟩ ADJ betrügerisch, arglistig

★**fraus** ⟨fraudis⟩ F [1] Betrug, Täuschung [2] Irrtum [3] Schaden, Nachteil [4] Verbrechen, Frevel

frausus ⟨a, um⟩ ADJ der betrogen hat

fraxineus ⟨a, um⟩ ADJ aus Eschenholz

fraxinus ⟨ī⟩ F [1] Esche [2] Speer aus Eschenholz

frēgī → frangere

fremebundus ⟨a, um⟩ ADJ rauschend

★**fremere** ⟨ō, uī, itum 3.⟩ [A] V/I dumpf tosen, dröhnen, rauschen, brummen, murren [B] V/T [1] ertönen lassen, äußern [2] murmelnd erklären

fremidus ⟨a, um⟩ ADJ tobend

★**fremitus** ⟨ūs⟩ M Getöse, Lärm, Toben, Rauschen, Brummen, Murren

fremor ⟨ōris⟩ M das Murmeln

fremuī → fremere

frēnāre ⟨ō, āvī, ātum 1⟩ [1] (*Pferde*) aufzäumen [2] *fig* lenken, regieren [3] (*Lüste usw.*) zügeln, bändigen

frendere ⟨frendō, -, frē(n)sum 3.⟩ mit den Zähnen knirschen, klagen

frenēticus ⟨a, um⟩ ADJ = **phreneticus**

frēnī ⟨ōrum⟩ MPL → frenum

F

Frentānī ‹ōrum› MPL *samnitisches Volk an der südöstl. Adria, am Frento*

★**frēnum** ‹ī› N, PL *auch* **frēnī** ‹ōrum› (MPL) Zaum, Zügel, Gebiss; **frena mittere** die Zügel loslassen

★**frequēns** ‹entis, *adv* frequenter› ADJ **1** häufig, zahlreich; **senatus ~** beschlussfähiger Senat **2** (*Theater usw.*) dicht bevölkert, viel besucht, belebt **3** ausgefüllt, reich versehen **4** häufig anwesend **5** (*Sache*) häufig, wiederholt **6** ADV oft, häufig

frequentāre ‹ō, āvī, ātum 1.› **1** zahlreich besuchen, oft/regelmäßig besuchen **2** (*Feste*) in Scharen feiern **3** zahlreich versammeln **4** (*Örtlichkeit*) bevölkern, beleben **5** oft tun

frequentātiō ‹ōnis› F **1** Häufung, **2** RHET Zusammenfassung

★**frequentia** ‹ae› F **1** zahlreiche Versammlung, großer Andrang **2** Häufigkeit; Menge, Masse

frēsus ‹a, um› PPP → frendere

fretēnsis ‹e› ADJ zur Meerenge gehörig; **mare fretense** Meerenge *von Sizilien*

★**fretum** ‹ī› N **1** Meerenge, Kanal; **nostri maris et Oceani ~** Straße von Gibraltar **2** Meer **3** PL *fig* Strömung *als Übergangszeit von der Kälte zur Wärme* **4** *fig* das Überschäumen

fretus[1] ‹ūs› M = **fretum**

frētus[2] ‹a, um› ADJ **1** vertrauend, im Vertrauen, **multitudine militum** auf die Zahl der Soldaten **2** pochend

friāre ‹ō, (āvī), ātum 1.› zerreiben, zerbröckeln

fricāre ‹fricō, fricuī, frictum *u.* fricātum 1.› reiben, kratzen

frīctus ‹a, um› PPP → frigere

frīgēfactre ‹ō, -, - 1.› kühlen

frīgerāre ‹ō, -, - 1.› kühlen, erfrischen

frīgere[1] ‹frīgō, frīxī, frīctum *u.* frīxum 3.› backen, rösten

frīgēre[2] ‹frīgeō, (frīxī), - 2.› **1** kalt sein, frieren **2** schlaff sein, stocken, machtlos sein **3** unbeachtet bleiben

frīgēscere ‹ēscō, -, - 3.› erkalten

frīgidārium ‹ī› N Kaltwasserbecken *in röm. Thermen;* → thermae

frīgidārius ‹a, um› ADJ abkühlend, zum Kaltbaden bestimmt

frīgide-factāre ‹ō, -, - 1.› (ab)kühlen

frīgidulus ‹a, um› ADJ **1** ein bisschen kalt **2** *fig* etwas matt

★**frīgidus** ‹a, um, *adv* frīgidē› ADJ **1** kalt, kühl **2** Kälte bringend **3** *fig* schla[ff] lässig, lau, fade

★**frīgus** ‹oris› N **1** Kälte, Frost **2** Wint[er] **3** *fig* Schauer, Entsetzen **4** *fig* Lauhe[it,] Fadheit, Kraftlosigkeit; Ungnade

friguttīre ‹iō, -, - 4.› zwitschern, st[ot]tern

fringillus ‹ī› M Fink, Spatz

Frīsiī ‹ōrum› MPL die Friesen

frit *indekl* N kleines Korn, Körnchen

frītilla ‹ae› F = **fitilla**

fritillus ‹ī› M Würfelbecher

fritinnīre ‹iō, -, - 4.› **1** zwitschern *fig* quietschen

frīvola ‹ōrum› NPL nichtssagende W[or]te; Kleinigkeiten

frīvolus ‹a, um› ADJ armselig; alber[n]

frīxī → frigere[1] *u.* → frigēre[2]

frondātor ‹ōris› M Baumscherer

frondēre ‹eō, -, - 2.› belaubt sein

frondēscere ‹ēscō, -, - 3.› Laub b[e]kommen, austreiben

frondeus ‹a, um› ADJ belaubt, Laub

frondi-fer ‹fera, ferum› ADJ belaub[t]

frondōsus ‹a, um› ADJ reich belau[bt]

★**frōns**[1] ‹frondis› F Laub, Laubkranz

frōns[2] ‹frontis› F **1** Stirn, Gesicht; **fr[on]tem contrahere** die Stirn runzeln **2** Vorderseite, Front; **a/in fronte** von vo[rn]; **dextrā fronte** auf dem rechten Flügel (*einer Buchrolle*) Außenrand **4** das Äu[ße]re, der erste Anblick, Schein

Frontō ‹ōnis› M *Beiname des M. Cor[ne]lius Fronto, Redner, Konsul 143 n. Chr., [Er]zieher Marc Aurels*

frūctuārius ‹a, um› ADJ Frucht b[rin]gend

frūctuōsus ‹a, um, *adv* frūctuōsē› **1** fruchtbar, ertragreich **2** *fig* eint[räg]lich, nützlich, ergiebig

★**frūctus** ‹ūs› M **1** Nutzung **2** Ertrag, Erzeugnisse **3** Zinsen **4** *fig* Gewinn, [Er]folg, Nutzen, Vorteil

frūgālis ‹e› ADJ ordnungsliebend, s[par]sam, besonnen

frūgālitās ‹ātis› F **1** Wirtschaftl[ich]keit, Ordnungsliebe, Sparsamkeit, [Be]sonnenheit, solides Leben **2** RHET st[ren]ges Maßhalten

★**frūgēs** ‹um› FPL → frux

frūgī *indekl, adj gebraucht* wirtschaft[lich]

rdnungsliebend, sparsam, besonnen, olide; **atrium ~** einfaches Atrium
ūgi-fer ⟨fera, ferum⟩ ADJ *u.* **frūgi-erēns** ⟨entis⟩ ADJ **1** Frucht tragend, uchtbar, ergiebig **2** *fig* nutzbringend
ūgi-legus ⟨a, um⟩ ADJ Früchte sam-elnd
ūgi-parus ⟨a, um⟩ ADJ Frucht brin-end
uī ⟨fruor, frūctus sum *u.* fruitus sum .⟩ **1** genießen, **victoriā** den Sieg **2** R die Nutznießung haben
ūmentārī ⟨or, ātus sum 1.⟩ Getrei-e/Proviant holen; **milites frumentatum ittere** Soldaten zum Getreideholen hicken
imentārius A ⟨a, um⟩ ADJ Provi-t..., Getreide...; **res frumentaria** Ver-legung **B** ⟨ī⟩ M **1** Getreidehändler PL MIL Proviantkolonne
imentātiō ⟨ōnis⟩ F **1** das Getreide-len, Versorgung **2** Getreideausgabe
imentātor ⟨ōris⟩ M Getreidehänd-, Getreideholer
imentum ⟨ī⟩ N **1** Getreide **2** PL Ge-idearten **3** Getreideversorgung
nīscī ⟨frūnīscor, frūnītus sum 3.⟩ nießen, **aliquid/re** etw
stil(l)ātim ADV stückweise
strā ADV **1** vergeblich, umsonst; **~ e** misslingen **2** zwecklos, grundlos irrtümlich; **~ esse** sich getäuscht se-n
strāmen ⟨inis⟩ F Täuschung
strāre ⟨ō, āvī, ātum 1.⟩ **1** täuschen, eführen **2** hinhalten
strārī ⟨or, ātus sum 1.⟩ **1** = **frustra-** **2** vereiteln
strātiō ⟨ōnis⟩ F **1** Täuschung, Irre-rung **2** das Hinhalten
strātus ⟨ūs⟩ M Täuschung; **frustra habere aliquem** j-n zum Besten hal-
stulentus ⟨a, um⟩ ADJ voller Stück-n Fleisch
stum ⟨ī⟩ N Brocken, Stückchen; **~ ri** du halbe Portion!
ex ⟨icis⟩ M **1** Strauch, Busch; *meist* trauchwerk, Gebüsch **2** Dummkopf
icāre ⟨ō, āvī, ātum 1.⟩ *u.* **fruticā-or**, - 1.⟩ (Zweige) austreiben
icētum ⟨ī⟩ N Gesträuch, Gebüsch
icōsus ⟨a, um⟩ ADJ **1** voll Gebüsch **2** buschig

★**frūx** ⟨frūgis⟩ F **1** Frucht; *pl* Feldfrüchte, Getreide **2** Mehl, Opferschrot **3** *fig* Ertrag, Nutzen **4** *fig* Tüchtigkeit **5** *dat als adj gebraucht* = **frugi**
fū INT pfui!
fuam, fuās, fuat ... → esse *u.* → fore
fūcāre ⟨ō, āvī, ātum 1.⟩ **1** färben **2** schminken **3** *fig* verfälschen
fūcōsus ⟨a, um⟩ ADJ **1** geschminkt **2** *fig* verfälscht, unecht, Schein...
fūcus[1] ⟨ī⟩ M **1** pflanzlicher Farbstoff **2** Purpur **3** Bienenwachs **4** rote Schminke **5** *fig* Verstellung, Schein
fūcus[2] ⟨ī⟩ M Drohne
fūdī → fundere
fūfae INT pfui!
★**fuga** ⟨ae⟩ F **1** Flucht; **fugae se dare/se mandare** die Flucht ergreifen **2** Gelegenheit zur Flucht **3** Verbannung(sort) **4** *fig* Scheu, **doloris** vor Schmerz **5** Schnelligkeit, Eile; **fugā** in Eile
★**fugāre** ⟨ō, āvī, ātum 1.⟩ **1** in die Flucht schlagen **2** vertreiben, verjagen **3** verbannen
fugāx ⟨ācis⟩ ADJ **1** flüchtig, schnell fliehend, scheu **2** *fig* vergänglich
★**fugere** ⟨fugiō, fūgī, fugitum 3.⟩ **A** V/I **1** fliehen, entkommen **2** forteilen **3** in die Verbannung gehen **4** *fig* (ent)schwinden, vergehen; **tempus fugit** die Zeit vergeht **B** V/T **1** fliehen, **lupum** vor dem Wolf **2** entkommen, **enses** den Schwertern **3** *fig* (ver)meiden, **4** (*Richter usw.*) ablehnen **5** unbemerkt bleiben; **fugit me** es entgeht mir
fūgī → fugere
fugiēns ⟨entis⟩ ADJ fliehend; **~ laboris** arbeitsscheu
fugitāre ⟨ō, āvī, ātum 1.⟩ **A** V/I eilig fliehen **B** V/T meiden, scheuen
★**fugitīvus A** ⟨a, um⟩ ADJ flüchtig, entflohen **B** ⟨ī⟩ M Ausreißer
fugitor ⟨ōris⟩ M Ausreißer, Flüchtling
fugitum PPP → fugere
fuī → esse *u.* → fore
fulci-pedia ⟨ae⟩ F Trampel
fulcīre ⟨fulciō, fulsī, fultum 4.⟩ **1** stützen, hochhalten **2** befestigen, versperren **3** *fig* unterstützen, bestärken
fulgēns ⟨entis, *adv* fulgenter⟩ ADJ glänzend, strahlend, *auch fig*
★**fulgēre** ⟨fulgeō, fulsī, - 2.⟩ *u.* **fulgere**

F

⟨fulgō, -, - 3.⟩ 1 blitzen 2 *fig* glänzen, strahlen 3 *fig* sich hervortun

fulgidus ⟨a, um⟩ ADJ blitzend, glänzend

fulgor ⟨ōris⟩ M 1 Blitz 2 Glanz, Schimmer 3 *fig* Ruhm, Auszeichnung

fulgur ⟨uris⟩, *abl auch* ⟨ere⟩ N 1 Blitz 2 *fig* Glanz, Schimmer, das Funkeln

fulgurāre ⟨ō, āvī, ātum 1.⟩ blitzen

fulgurātor ⟨ōris⟩ M der Blitzeschleuderer

fulgurātus *u.* **fulgurītus** ⟨a, um⟩ ADJ vom Blitz getroffen

fulica ⟨ae⟩ F Wasserhuhn, Blässhuhn

fūlīgō ⟨inis⟩ F 1 Ruß 2 schwarze Schminke

fullō ⟨ōnis⟩ F Tuchwalker

fullōnius ⟨a, um⟩ ADJ Tuchwalker…

★**fulmen** ⟨inis⟩ N 1 Blitz, Blitzschlag 2 *fig* feuriger Hauch 3 *fig* zerschmetternder Schlag 4 Kriegsheld

fulmenta ⟨ae⟩ F 1 Stütze 2 Schuhabsatz

fulmināre ⟨ō, āvī, ātum 1.⟩ A V/I blitzen B V/T mit dem Blitz treffen

fulmineus ⟨a, um⟩ ADJ 1 Blitz…; **ictus** ~ Blitzschlag 2 *fig* vernichtend

fulsī → fulcire *u.* → fulgere

fultūra ⟨ae⟩ F 1 Stütze 2 *fig* Stärkung

fultus ⟨a, um⟩ PPP → fulcire

Fulvius ⟨a, um⟩ *Name einer pleb. gens aus Tusculum;* **M. ~ Bombalio** *Vater der Fulvia, der Todfeindin Ciceros*

fulvor ⟨ōris⟩ M das Rotgelb

fulvus ⟨a, um⟩ ADJ rotgelb, bräunlich, blond

fūmāre ⟨ō, āvī, ātum 1.⟩ rauchen, dampfen, **sacrificiis** von den Opfern

fūmārium ⟨ī⟩ N Rauchkammer

fūmeus ⟨a, um⟩ ADJ rauchig

fūmidus ⟨a, um⟩ ADJ *u.* **fūmi-fer** ⟨fera, ferum⟩ ADJ rauchend, rauchig

fūmificāre ⟨ō, -, - 1.⟩ räuchern

fūmi-ficus ⟨a, um⟩ ADJ rauchend

fūmōsus ⟨a, um⟩ ADJ 1 voll Rauch, dampfend 2 verräuchert, rauchgeschwärzt

★**fūmus** ⟨ī⟩ M 1 Rauch, Dampf; *pl* Rauchwolken 2 *fig* Unsinn

fūnāle ⟨is⟩ N 1 Strick, Schnur 2 Wachsfackel 3 Kerzenleuchter

fūnālis ⟨e⟩ ADJ 1 Seil…; aus einem Seil gemacht 2 **cereus** ~ Wachsfackel

fūnctiō ⟨ōnis⟩ F Besorgung

fūnctus ⟨a, um⟩ PPERF → fungi

funda ⟨ae⟩ F 1 Schleuder 2 Schleude stein 3 *fig* Wurfnetz 4 Geldbeutel

fundāmen ⟨inis⟩ N Grundlage

★**fundāmentum** ⟨ī⟩ N 1 ARCH Unte bau, Grund, Fundament 2 *fig* Grundla

fundāre ⟨ō, āvī, ātum 1.⟩ 1 mit eine Boden versehen 2 *fig* gründen, **urbe** eine Stadt 3 (*Macht usw.*) (be)festige sichern

fundātor ⟨ōris⟩ M Gründer

★**fundere** ⟨fundō, fūdī, fūsum 3.⟩ (*Flüssiges*) (aus)gießen, vergießen; *pas* sich ergießen, fließen 2 (*Saat, Nüs* ausschütten, ausstreuen 3 (*Erz us* flüssig machen, schmelzen 4 ((*schosse*) schleudern 5 (*Geld*) verschwe den 6 hervorbringen, gebären 7 (*Lic Brand*) ausbreiten, verbreiten; *fig* a führlich darstellen; *passiv* sich ausbr ten 8 vertreiben, **hostes** die Feinde niederwerfen; *passiv* sich hinlegen

funditāre ⟨ō, -, - 1.⟩ 1 hinschleude niederstrecken 2 *fig* über die Lipp kommen lassen

funditor ⟨ōris⟩ M Schleuderer

funditus ADV 1 von Grund auf 2 völlig 3 im Innersten

★**fundus** ⟨ī⟩ M 1 Grund, Boden; **fur** von Grund auf 2 *fig* Maß und Ziel, Gr ze 3 JUR Autorität 4 Grundstück, La gut 5 Trinkgefäß

fūnebria ⟨ium⟩ NPL Leichenbegäng

fūnebris ⟨e⟩ ADJ 1 zum Leicher gängnis gehörig, Leichen…, Toten… *fig* unheilvoll

fūnerāre ⟨ō, āvī, ātum 1.⟩ bestatte

fūnereus ⟨a, um⟩ ADJ = **funebris**

fūnēstāre ⟨ō, āvī, ātum 1.⟩ (*du Mord*) beflecken, entweihen

fūnestus ⟨a, um⟩ ADJ 1 (*durch M* befleckt 2 in Trauer versetzt 3 tödl mörderisch 4 unheilvoll

★**fungi** ⟨fungor, fūnctus sum 3.⟩ 1 walten, verrichten, besorgen, aus ren; **munere** ~ ein Amt bekleider überstehen, **laboribus** Strapazen 3 enden; **fato** ~ sterben

fungīnus ⟨a, um⟩ ADJ von Pil Pilz…

fungus ⟨ī⟩ M 1 Pilz 2 Dummkopf

fūniculus ⟨ī⟩ M dünnes Seil, Schn

ınis ⟨is⟩ M Seil, Tau, Strick, Leine, *auch* CHIFF
ınus ⟨eris⟩ N 1 Leichenbegängnis, ›estattung, Leichenzug 2 Leiche 3 (*ei-* ›*es Tieres*) Kadaver 4 Tod 5 Mord 6 ›*on Sachen*) Untergang, Verderben
r ⟨fūris⟩ M *u.* F Dieb(in); Schurke
rārī ⟨or, ātus sum 1.⟩ 1 stehlen 2 *fig* ›schleichen; **alicuius speciem** ~ j-s Ge-›alt annehmen 3 entziehen
rātim ADV auf diebische Weise
rāx ⟨ācis, *adv* fūrāciter⟩ ADJ diebisch
rca ⟨ae⟩ F 1 zweizackige Gabel 2 ›ützgabel 3 Gabelholz, *bei der Auspeit-hung* 4 Tragegerät *für Lasten*
rci-fer ⟨ferī⟩ M „Galgenstrick", ›*himpfwort*
rcilla ⟨ae⟩ F kleine Gabel
rcillāre ⟨ō, -, - 1.⟩ stützen
rcula ⟨ae⟩ F 1 Stützgabel 2 PL Eng-›ss
enter ADV rasend, wütend
ere ⟨ō, -, - 3.⟩ 1 dahinstürmen 2 *fig* ›ıten, rasen, toben 3 *fig* begeistert ›in
fur ⟨furis⟩ M Kleie
ia ⟨ae⟩ F 1 Wut, Raserei, Wahnsinn Verzückung, Begeisterung 3 böser ›mon
ria ⟨ae⟩ F Furie, Rachegöttin
iālis ⟨e, *adv* furiāliter⟩ ADJ 1 wü-›ıd, wahnsinnig, (bacchantisch) be-›istert 2 rasend machend 3 Furien…
iāre ⟨ō, āvī, ātum 1.⟩ wütend/rasend ›chen
ibundus ⟨a, um⟩ ADJ 1 wütend, ra-›ıd 2 begeistert
ınus ⟨a, um⟩ ADJ Diebes…
iōsus ⟨a, um, *adv* furiōsē⟩ ADJ wü-›d, rasend, leidenschaftlich
nāria ⟨ae⟩ F Bäckerei
ıus ⟨ī⟩ M (Back-)Ofen, Backhaus
or ⟨ōris⟩ M 1 Wut, Raserei, Wahn-›ı 2 Kampfwut 3 Zorn 4 Leiden-›aft; Geliebte 5 Gier 6 Begeisterung
i-ficus ⟨a, um⟩ ADJ diebisch
im ADV verstohlen, heimlich
īvus ⟨a, um, *adv* fūrtīvē⟩ ADJ 1 ge-›ılen 2 *fig* verstohlen, heimlich
um ⟨ī⟩ N 1 Diebstahl 2 gestohle- Gut 3 Heimlichkeit; **furto** heimlich ›Hinterlist 5 MIL Handstreich, Kriegs- 6 geheimer Vorwand

fūrtus ⟨ūs⟩ M Diebstahl
fūrunculus[1] ⟨ī⟩ M elender Dieb
fūrunculus[2] ⟨ī⟩ M MED Geschwür
furvus ⟨a, um⟩ ADJ dunkel, schwarz
fuscāre ⟨ō, āvī, ātum 1.⟩ 1 schwärzen 2 verdunkeln
fuscina ⟨ae⟩ F Dreizack
fuscus ⟨a, um⟩ ADJ 1 dunkel, schwärzlich 2 dumpf, heiser
fūsilis ⟨e⟩ ADJ geschmolzen, flüssig
fūstis ⟨is⟩, *abl* ⟨e *u.* ī⟩ F Stock, Knüppel
fūsti-tudīnus ⟨a, um⟩ ADJ mit dem Stock schlagend; **insula fustitudina** *scherz* Arbeitshaus
fūsus[1] ⟨ī⟩ M Spindel *bes der Parzen*
fūsus[2] ⟨a, um, *adv* fūsē⟩ ADJ 1 lang hingestreckt 2 (*Feld usw.*) ausgedehnt 3 (*Haar, Kleid*) wallend 4 RHET ruhig, gleichmäßig; ausführlich, weitläufig
fūsus[3] ⟨a, um⟩ PPP → fundere
fūtātim ADV reichlich, häufig
fūt(t)ilis ⟨e, *adv* fūtile⟩ ADJ 1 durchlässig 2 *fig* unzuverlässig, unnütz
fūt(t)ilitās ⟨ātis⟩ F leeres Geschwätz
futuere ⟨uō, uī, ūtum 3.⟩ beschlafen
futūrus ⟨a, um⟩ PART *fut* → fore
futūtiō ⟨ōnis⟩ F Geschlechtsverkehr
futūtor ⟨ōris⟩ M Beischläfer
futūtrīx ⟨trīcis⟩ F Beischläferin

G

Gabalī ⟨ōrum⟩ MPL *kelt. Stamm in den Cevennen*
gabata ⟨ae⟩ F Schale, Schüssel
Gabīnius ⟨a, um⟩ *Name einer pleb. gens*; **lex Gabinia** *Antrag den Oberbefehl gegen die Seeräuber an Pompeius zu vergeben*
Gādēs ⟨ium⟩ FPL *alte phönikische Stadt im SW von Spanien, heute Cádiz*
gaesum ⟨ī⟩ N Wurfspieß *der Gallier*
Gaetūlī ⟨ōrum⟩ MPL *Nomadenvolk in Nordafrika*; **Gaetūlus** ⟨a, um⟩ ADJ afrikanisch
Gaiānus ⟨a, um⟩ ADJ des Gaius
Gāius ⟨ī⟩, *vok* ⟨Gāī⟩ M *röm. Vorname,*

abgek. C., *auch* G.

Galatae ⟨ārum⟩ MPL die Galater *kelt. Volk in Kleinasien*

Galatia ⟨ae⟩ F Galatien, *Landschaft in Kleinasien, seit 25 v. Chr. röm. Provinz*

Galba ⟨ae⟩ M *Beiname der gens Sulpicia;* **Sergius Sulpicius ~** *röm. Kaiser 68–69 n. Chr.*

galbanum ⟨ī⟩ N grüngelbes Modegewand

Galbiānī ⟨ōrum⟩ MPL die Anhänger des Galba

galbinātus ⟨a, um⟩ ADJ modisch gekleidet

galbinus ⟨a, um⟩ ADJ **1** grüngelb **2** *fig* modisch, weichlich

galbulus ⟨ī⟩ M Goldammer, *Vogel*

galea ⟨ae⟩ F Lederhelm

galeāre ⟨ō, āvī, ātum 1.⟩ den Helm aufsetzen, mit dem Helm bedecken

galeātus ⟨a, um⟩ ADJ mit Helm

galeōtae ⟨ārum⟩ MPL Wahrsager

galēriculum ⟨ī⟩ N kleine Fellkappe

galērītus ⟨a, um⟩ ADJ mit einer Fellkappe bedeckt

galērum ⟨ī⟩ N *u.* **galērus** ⟨ī⟩ M **1** Pelzkappe **2** *fig* Perücke

Galilaea ⟨ae⟩ F *Landschaft im Norden von Palästina;* **Galilaeī** ⟨ōrum⟩ MPL die Galiläer

galla ⟨ae⟩ F Gallapfel

Galla[1] ⟨ae⟩ F Gallierin

Galla[2] ⟨ae⟩ F *scherz* Priester der Kybele

Gallī[1] ⟨ōrum⟩ MPL die Gallier, *lat. Name für alle kelt. Stämme, bes im heutigen Frankreich, Belgien u. Oberitalien*

Gallī[2] ⟨ōrum⟩ MPL die Priester der Kybele

Gallia ⟨ae⟩ F **1** Gallien **2 ~ cisalpina/citerior** das diesseitige Gallien, *von Rom aus gesehen diesseits der Alpen =* Oberitalien, *zerfiel in zwei Teile:* **~ cispadana** das Gallien diesseits des Po; **~ transpadana** das Gallien jenseits des Po **3 ~ transalpina/ulterior** das jenseitige Gallien, *von Rom aus gesehen jenseits der Alpen* **4 ~ Belgica** *NO Galliens* **5 ~ Celtica/Lugdunensis** *Landschaft zwischen Loire, Seine u. Marne* **6 ~ Narbonensis/Provincia** *Landschaft an der unteren Rhône, heute Provence*

galliambos *u.* **galliambus** ⟨ī⟩ M Galliambus, *von den Kybelepriestern gesungenes Lied*

Gallicus[1] ⟨a, um⟩ ADJ gallisch; **ager** gallisches Gebiet

Gallicus[2] ⟨a, um⟩ ADJ zu den Galli g hörig; → Galli[2]

gallīna ⟨ae⟩ F **1** Henne, Huhn, *auch c Kosewort* **2 ad gallinas** Hühnerh *Landgut bei Rom*

gallīnāceus ⟨a, um⟩ ADJ Hühner. **gallus ~** Haushahn

gallīnārius ⟨a, um⟩ ADJ Hühner…

Gallo-graecī ⟨ōrum⟩ MPL = **Galatae**

Gallo-graecia ⟨ae⟩ F = **Galatia**

gallus ⟨ī⟩ M Hahn; **~ in suo sterquili plurimum potest** *Sprichwort* auf seine Misthaufen ist jeder Hahn am stärkst

Gallus[1] **A** ⟨a, um⟩ ADJ gallisch; → G **B** ⟨ī⟩ M Gallier; → Galli[1]

Gallus[2] ⟨ī⟩ M Kybelepriester; → Gall

Gallus[3] ⟨ī⟩ M *röm. Beiname;* **C.** *od.* **C Cornelius ~** *angeblich aus Forum I oder Forum Livii, 69–26 v. Chr., galt Schöpfer der röm. Elegie*

Ganda ⟨ae⟩ F *Ort in Gallia Belgica, he Gent*

gānea ⟨ae⟩ F **1** Kneipe **2** Bordell Schlemmerei

gāneō ⟨ōnis⟩ F Schlemmer, Prasser

gāneum ⟨ī⟩ N = **ganea**

Gangēs ⟨is⟩ M *Hauptfluss Indiens;* **Ga gēticus** ⟨a, um⟩ ADJ *u.* **Gangē** ⟨idis⟩ ADJ F vom Ganges

gannīre ⟨iō, -, - 4.⟩ **1** kläffen **2** kei

gannītus ⟨ūs⟩ M Gekläff; Gekeife

Ganymēdēs ⟨is *u.* ī⟩, *akk auch* ⟨ēn⟩ *Sohn des Tros, von Zeus zu seinem Mu schenk gemacht*

Garamantes ⟨um⟩ MPL die Garam ten, *Volk im Innern Afrikas*

garrīre ⟨iō, īvī *u.* iī, ītum 4.⟩ **A** V **1** schwatzen, plaudern **2** quaken, z schern **B** V/T (her)plappern

garrulitās ⟨ātis⟩ F Geschwätzigkei

garrulus **A** ⟨a, um⟩ ADJ geschwä **B** ⟨ī⟩ M Schwätzer

garum ⟨ī⟩ N pikante Fischsoße

Garumna ⟨ae⟩ M *Hauptstrom Aq niens, heute Garonne*

★**gaudēre** ⟨gaudeō, gāvīsus sum 2. sich freuen, **imperio** über den Obe fehl, **id** darüber **2** lieben, gernha re etw

★**gaudium** ⟨ī⟩ N **1** (innere) Freud

Grammatik

▶ gaudere – Semideponentien

Semideponentien wie **gaudere** weisen nur in einem Stamm (Präsens- oder Perfektstamm) die Eigenschaft von Deponentien auf, nämlich eine passive Form, aber aktive Bedeutung (vgl. Info bei **hortari**).

gaudet	sie freut
(Präsens – aktive Form)	sich
gavisa est	sie hat sich
(Perfekt – passive Form)	gefreut

ergnügen, Genuss **3** *fig* Liebling
ulus ⟨ī⟩ M ovales Trinkgefäß
urus ⟨ī⟩ M *Gebirgszug östl. von Cumae*
usapa ⟨ae⟩ F **1** Fries, *flauschiges ollgewebe* **2** Wischtuch **3** Gewand
usapātus ⟨a, um⟩ ADJ **1** mit Fries ekleidet **2** zottig
usape ⟨is⟩ N *u.* **gausapēs** ⟨is⟩ M **gausapa**
usapina ⟨ae⟩ F Gewand aus Fries
usapinus ⟨a, um⟩ ADJ aus Fries
usapum ⟨ī⟩ N = **gausapa**
vīsus ⟨a, um⟩ PPERF → gaudere
za ⟨ae⟩ F **1** Schatz, Schatzkammer *ent. Fürsten* **2** Reichtum, Vermögen ländlicher Besitz, Vorrat
za ⟨ae⟩ F *Hafenstadt in Palästina, südstl. von Jerusalem*
henna ⟨ae⟩ F *(eccl.)* Hölle
a ⟨ae⟩ F *dorische Stadt an der SW-Küs- Siziliens*
āre ⟨ō, āvī, ātum 1.⟩ zum Gefrieren ngen; **gelatus** gefroren, eiskalt
asīnus ⟨ī⟩ M Wangengrübchen
ēnsēs ⟨ium⟩ MPL die Einwohner von a
ida ⟨ae⟩ F kaltes Wasser
idus ⟨a, um, *adv* gelidē⟩ ADJ **1** (eis)- : **2** kalt machend, starr; **terror** ~ rer Schrecken
lius ⟨a, um⟩ *Name einer röm. gens;* ~ *röm. Schriftsteller des 2. Jh. n. Chr., fasser der „Noctes Atticae"*
ōus ⟨a, um⟩ ADJ aus Gela
ū ⟨ūs⟩ N *u.* **gelum** ⟨ī⟩ N **1** Frost, Kälte **2** Eis **3** *fig* Erstarrung

gemebundus ⟨a, um⟩ ADJ seufzend
gemelli-para ⟨ae⟩ F Zwillingsmutter
gemellus ⟨a, um⟩ ADJ = **geminus**
★**gemere** ⟨ō, uī, itum 3.⟩ **A** V/I **1** stöhnen, seufzen **2** krächzen, brüllen **3** tosen, dröhnen **B** V/T beklagen
gemināre ⟨ō, āvī, ātum 1.⟩ **A** V/T **1** verdoppeln; **geminatus** doppelt **2** wiederholen **3** paaren; *passiv* sich paaren, **alicui** mit j-m **B** V/I doppelt vorhanden sein
geminātiō ⟨ōnis⟩ F Verdoppelung
★**geminus A** ⟨a, um, *adv* geminē⟩ ADJ **1** Zwillings…; **frater** ~ Zwillingsbruder **2** *fig* doppelt **3** mit doppelter Gestalt **4** gleich **B** ⟨ī⟩ M Zwilling
★**gemitus** ⟨ūs⟩ M **1** das Seufzen, das Stöhnen **2** Getöse, Gebrüll **3** Trauer, **alicuius rei** über etw
★**gemma** ⟨ae⟩ F **1** BOT Knospe **2** Edelstein **3** Perle **4** mit Edelsteinen besetzter Becher **5** Siegel(ring)
gemmāre ⟨ō, āvī, ātum 1.⟩ **1** Knospen treiben **2** mit Edelsteinen besetzt sein, wie Edelsteine funkeln
gemmātus ⟨a, um⟩ ADJ mit Edelsteinen/Perlen besetzt
gemmeus ⟨a, um⟩ ADJ **1** aus Edelsteinen **2** mit Edelsteinen geschmückt
gemmi-fer ⟨fera, ferum⟩ ADJ **1** Perlen mit sich führend **2** mit Edelsteinen geschmückt, mit Perlen geschmückt
gemuī → gemere
★**gena** ⟨ae⟩ F **1** Wange, Backe **2** Augenhöhle, Auge
Genaunī ⟨ōrum⟩ MPL *Stamm in Raetien*
Genava ⟨ae⟩ F *Grenzstadt der Allobroger zu den Helvetiern, heute Genf*
geneālogus ⟨ī⟩ M Verfasser von Stammbäumen, Genealoge
★**gener** ⟨erī⟩ M **1** Schwiegersohn; Verlobter/Liebhaber der Tochter **2** Schwager **3** Mann der Enkelin/Urenkelin
generālis ⟨e, *adv* generāliter⟩ ADJ **1** Geschlechts…, Gattungs… **2** allgemein; *adv* im Allgemeinen
★**generāre** ⟨ō, āvī, ātum 1.⟩ erzeugen, erschaffen, hervorbringen
generāscere ⟨āscō, -, - 3.⟩ erzeugt werden, entstehen
generātim ADV **1** klassenweise, nach Gattungen **2** im Allgemeinen, über-

haupt
generātor ⟨ōris⟩ M Erzeuger, Schöpfer; Stammvater, Ahnherr
★**generōsus** ⟨a, um, *adv* generōsē⟩ ADJ **1** edel **2** *fig* edelmütig, hochherzig
genesis ⟨is⟩, *akk* ⟨im *u.* in⟩, *abl* ⟨ī⟩ F **1** Schöpfung **2** Konstellation, Horoskop
genetīvus ⟨a, um⟩ ADJ **1** angeboren **2** **casus ~** GRAM Genitiv
genetrīx ⟨īcis⟩ F Erzeugerin, Mutter
geniālis ⟨e, *adv* geniāliter⟩ ADJ **1** dem Genius heilig **2** hochzeitlich, ehelich; **lectus ~** Ehebett **3** festlich, heiter
geniculātus ⟨a, um⟩ ADJ knotig
genista ⟨ae⟩ F BOT Ginster
genitābilis ⟨a, um⟩ ADJ befruchtend
genitāle ⟨is⟩ N männliches Glied; *pl* Geschlechtsteile
genitālis ⟨e, *adv* genitāliter⟩ ADJ Zeugungs…, erzeugend; Geburts…; **vis ~** Zeugungskraft; **dies ~** Geburtstag
genitīvus ⟨a, um⟩ = **genetīvus**
★**genitor** ⟨ōris⟩ M **1** Erzeuger, Vater **2** Schöpfer, Urheber
genitūra ⟨ae⟩ F **1** Zeugung **2** Geburtsstunde
genitus ⟨a, um⟩ PPP → gignere
genius ⟨ī⟩ M **1** Genius, *Verkörperun der männlichen Kraft*; Schutzgeist de Mannes; **~ vino curare** Wein genieße **belligerare cum genio** sich das Bes versagen **2** *(von Orten)* Schutzgeist *fig* Gönner
★**gēns** ⟨gentis⟩ F **1** Stamm, Geschlech Sippe; **sine gente** von niedrigem Stan ohne Ahnen; **patres maiorum/minoru gentium** Senatoren aus patrizische plebejischen Familien; **di maiorum/m norum gentium** höhere/niedere Gött **2** Abkömmling, Spross **3** = **genus** Gattung, Art **5** *fig* Volksstamm **6** G meinde **7** Landschaft, Gegend
genticus ⟨a, um⟩ ADJ einem Volk eig
gentīlicius ⟨a, um⟩ ADJ zu einer ge gehörig; Volks…
gentīlis **A** ⟨e⟩ ADJ zur gleichen Sip gehörig, aus demselben Stamm/Volk ⟨is⟩ M Angehöriger der gleichen Sipp
gentīlitās ⟨ātis⟩ F **1** Sippenverwan schaft; *pl* Gentilverbände **2** Zugehör keit zu einem Volk
genū ⟨ūs⟩ N Knie

Gramma

▶ genetivus – Genitiv

Der Genitiv bezeichnet die Zugehörigkeit oder den Bereich, in dem etwas geschieh

genetivus possessivus	**hortus patris**
wessen?	der Garten des Vaters
genetivus qualitatis	**discipulus magnae industriae**
wie beschaffen?	ein sehr fleißiger Schüler
genetivus partitivus	**multi incolarum**
wovon?	viele von den Einwohnern
genetivus pretii	**plurimi est fides**
wie viel wert?	am meisten wert ist die Treue

Es wird oft nur aus dem Zusammenhang klar, ob der Genitiv Subjekt (**genetivu subiectivus**) oder Objekt (**genetivus obiectivus**) einer Handlung darstellt:

amor patris	die Liebe des Vaters (**genetivus subiectivus**)
	die Liebe zum Vater (**genetivus obiectivus**)

Der Genitiv als Objekt kann zudem stehen bei unpersönlichen Verben wie **pud piget, paenitet, miseret**:

pudet me tui	ich schäme mich deinetwegen

Wortschatz

gens – die römische Sippe

gens bezeichnete die Gesamtheit der Nachkommen eines männlichen Vorfahren. Auf diesen ging auch der Geschlechtername (**nomen gentile**) zurück. Später veränderte sich die Bedeutung in Richtung „Gattung" oder „Volk". Auch ausländische Völker wurden als **gentes** bezeichnet. Im Christentum erhielt das zugehörige Adjektiv **gentilis** die Bedeutung „heidnisch".

opulus	Volk
atio	Volksstamm (*gemeinsame Abstammung und Sprache*)
ens	Volksstamm (*kann mehrere* **nationes** *umfassen*)
lebs	das Volk (*im Gegensatz zu den Adeligen*)
ulgus	Pöbel (*verächtlicher Begriff für die breite Unterschicht*)
milia	Hausgemeinschaft (*schließt auch Sklaven mit ein, entspricht daher nicht unserer „Familie"*)

ıua ⟨ae⟩ F *Hafenstadt in Ligurien*
ıuāle ⟨is⟩ N Kniebinde
ıuī → gignere
ıuīnus[1] ⟨a, um, *adv* genuīnē⟩ ADJ ˌeboren, natürlich
ıuīnus[2] **A** ⟨a, um⟩ ADJ Wangen...; ıs ~ Backenzahn **B** ⟨ī⟩ M Backen-n
ıus[1] ⟨eris⟩ N **1** Geburt, Abstamıg, Herkunft; ~ **trahere/ducere a** von einem Gott abstammen **2** hohe ˌurt, Adel **3** Stamm, Volk **4** Familie, ıs **5** Nachkommenschaft **6** (natürliıs) Geschlecht **7** grammatisches Geecht **8** (*kollektiv*) Art **9** (*von Men-n*) Gattung, Klasse **10** (*von Tieren*) ˌe **11** *fig* Art und Weise, Beschaffen- ~ **dicendi** Ausdrucksweise, Stil **12** Hinsicht, Beziehung

genus[2] ⟨ūs⟩ M *u.* N = **genu**
geōgraphia ⟨ae⟩ F Beschreibung der Erde
geōmetrēs ⟨ae⟩ M **1** Feldmesser **2** Mathematiker
geōmetria ⟨ae⟩ F **1** Feldmesskunst **2** Geometrie, Mathematik
geōmetrica ⟨ōrum⟩ NPL Geometrie
geōmetricus ⟨a, um, *adv* geōmetricē⟩ ADJ geometrisch
Geōrgica ⟨ōrum⟩ NPL *Lehrgedicht Vergils über den Landbau*
geōrgicus ⟨a, um⟩ ADJ den Landbau betreffend, landwirtschaftlich
★**gerere** ⟨gerō, gessī, gestum 3.⟩ **1** (hin)tragen **2** an sich tragen, **vestem** ein Kleid **3** zeigen, an den Tag legen; **personam** ~ eine Rolle spielen **4** *fig* in sich tragen, empfinden; **curam** ~ besorgt sein **5** hervorbringen, **frondes** Laub **6** **se** ~ *fig* sich betragen, sich benehmen, sich zeigen; **se fortiter** ~ sich tapfer zeigen **7** ausführen, vollziehen, ausüben, verrichten; **res gestae Romanorum** Taten der Römer; **his rebus gestis** nach diesen Ereignissen **8** führen, **bellum** Krieg **9** bekleiden **magistratūs** Ämter **10** leiten, verwalten, **rem publicam** den Staat **11** betreiben, **negotium** ein Geschäft **12** verbringen, **tempus** Zeit
Gergovia ⟨ae⟩ F *Stadt der Arverner, von Caesar 52 v. Chr. erfolglos belagert, heute Gergovie, südlich von Clermont-Ferrand*
germāna ⟨ae⟩ F leibliche Schwester
Germānī ⟨ōrum⟩ MPL Germanen; **Germānia** ⟨ae⟩ F Germanien → *s. Info-Fenster nächste Seite*; **Germānicus** ⟨a, um⟩ ADJ germanisch; **Germānicus** ⟨ī⟩ M *Ehrenname für siegreiche Krieg- führung in Germanien, bes des Drusus Claudius Nero*
germānitās ⟨ātis⟩ F **1** Bruder-, Schwestern-, Geschwisterschaft **2** *fig* nahe Verwandtschaft
germānus **A** ⟨a, um, *adv* germānē⟩ ADJ **1** (*von Geschwistern*) leiblich **2** *fig* brüderlich, schwesterlich, geschwisterlich **3** *fig* echt, wahr, wirklich **B** ⟨ī⟩ M leiblicher Bruder
Germānus ⟨ī⟩ M Germane, → Germani
germen ⟨inis⟩ N Keim, Spross, Abkömmling

Landeskunde

▶ Germania

Germania steht für das gesamte von germanischen Stämmen bewohnte Gebiet zwischen Rhein, Donau und Weichsel bis nach Skandinavien. Links des Rheins (**Rhenus**) lagen die römischen Provinzen **Germania inferior** und **Germania superior**. Feldzüge jenseits des Rheins wurden nach der Niederlage des Feldherrn Varus (9 n. Chr. im Teutoburger Wald, bei Osnabrück) aufgegeben. Germanien wird aus römischer Sicht bei Caesar (**De bello Gallico**) und Tacitus (**Germania**) beschrieben.

G

germināre ⟨ō, āvī, ātum 1.⟩ keimen, hervorsprossen, austreiben
gerrēs ⟨is⟩ M *minderwertiger Seefisch*
gerrīnum ⟨ī⟩ N Narrenkleid
gerrō ⟨ōnis⟩ M Possenreißer
geruli-figulus ⟨ī⟩ M Helfershelfer
gerulus ⟨ī⟩ M Träger, Bote
Gēryōn ⟨ōnis⟩ M *u.* **Gēryonēs** ⟨ae⟩ M *dreileibiger Riese auf Erythea, Besitzer großer Rinderherden, die Herkules raubte*
gessī → gerere
gestāmen ⟨inis⟩ N **1** Last, Bürde, Kleidung **2** Trage, Bahre; Sänfte
gestāre ⟨ō, āvī, ātum 1.⟩ **A** V/T tragen; *passiv* sich tragen lassen; **gestari equo** reiten **B** V/I sich tragen lassen
gestātiō ⟨ōnis⟩ F **1** Ausfahrt **2** Promenade, Allee, Reitbahn
gestātor ⟨ōris⟩ M **1** Träger **2** der Ausgetragene, der Ausgefahrene
gestātōrius ⟨a, um⟩ ADJ zum Tragen dienend; **sella gestatoria** Sänfte
gesticulārī ⟨or, ātus sum 1.⟩ **A** V/I gestikulieren **B** V/T durch Gesten ausdrücken
gesticulātiō ⟨ōnis⟩ F Geste
gestiō ⟨ōnis⟩ F Ausführung
gestīre ⟨iō, īvī *u.* iī, ītum 4.⟩ **A** V/I **1** gestikulieren **2** übermütig sein **B** V/T heftig verlangen
gestitāre ⟨ō, -, - 1.⟩ zu tragen pflegen
gestor ⟨ōris⟩ M Zuträger
gestus[1] ⟨a, um⟩ PPP → gerere
gestus[2] ⟨ūs⟩ M **1** Bewegung **2** Gebärdenspiel; **gestum agere** gestikulieren
Geta ⟨ae⟩ M Gete; **Getae** ⟨ārum⟩ M die Geten, *thrakisches Reitervolk an d… unteren Donau;* **Getēs** ⟨ae⟩ M = **Get…**
Geticus ⟨a, um⟩ ADJ getisch
gibba ⟨ae⟩ F Buckel, Höcker
gibber[1] ⟨era, erum⟩ ADJ buckelig
gibber[2] ⟨eris⟩ M *u.* N Buckel, Höcke…
gibbus ⟨ī⟩ M Buckel; Geschwulst
Gigantēus ⟨a, um⟩ ADJ zu den Giga… ten gehörig, gigantisch, riesig
Gigās ⟨antis⟩, PL ⟨Gigantes, um⟩ M … gant, *schlangenfüßiger Riese*
gignentia ⟨ium⟩ NPL Gewächse, … schöpfe
★**gignere** ⟨gignō, genuī, genitum 3.⟩ (er)zeugen, gebären **2** hervorbringen bewirken, verursachen; *passiv* entsteh…
gilvus ⟨a, um⟩ ADJ (honig)gelb
gingīva ⟨ae⟩ F Zahnfleisch
glaber ⟨bra, brum⟩ ADJ glatt, kahl
glabrāria ⟨ae⟩ F *doppeldeutig von ei… Frau* **1** glatt geschorene Sklaven liebe… **2** des Vermögens beraubt
glabrī ⟨ōrum⟩ MPL enthaarte Sklav… Lustknaben
glaciālis ⟨e⟩ ADJ eisig, eiskalt
glaciāre ⟨ō, āvī, ātum 1.⟩ in Eis v… wandeln
★**glaciēs** ⟨ēī⟩ F **1** Eis; Kälte; ~ **lubr…** Glatteis **2** *fig* Sprödigkeit, Härte
gladiātor ⟨ōris⟩ M **1** Gladia… Schwertkämpfer, Fechter, *meist Skla… Kriegsgefangene u. Verbrecher, in Gladi… renschulen ausgebildet* **2** Bandit **3** Gladiatorenkämpfe, -spiele
gladiātōrium ⟨ī⟩ N Handgeld *Freie, die sich als Gladiatoren anwerben… ßen*
gladiātōrius ⟨a, um⟩ ADJ Gladi… ren…; bei Gladiatorenspielen
gladiātūra ⟨ae⟩ F Gladiatorenkam…
gladiolus ⟨ī⟩ M kleines Schwert
★**gladium** ⟨ī⟩ N *u.* ★ **gladius** ⟨ī⟩ … *kurzes zweischneidiges* Schwert; **glad… (de)stringere** das Schwert ziehen; **… dium condere** das Schwert einste… **2** Waffe
glaeba ⟨ae⟩ F **1** Erdscholle **2** Ac… Feld, Boden **3** Klumpen, Stück

Landeskunde

gladiator – Kämpfer auf Leben und Tod

Zunächst kämpften in den Arenen Kriegsgefangene oder zum Tode Verurteilte, ;päter auch Sklaven, gewöhnliche Verbrecher und Freie. Die Kämpfer wurden in ;peziellen Gladiatorenschulen ausgebildet und je nach Bewaffnung und Kampfart in verschiedene Kategorien eingeteilt. Der **retiarius** z. B. kämpfte mit Netz und)reizack, der **laquearius** mit Stock und Lasso.

Wurde ein Kämpfer besiegt, bat er um Gnade, indem er einen Finger hob. Der nperator zeigte mit dem Daumen nach oben, um ihn zu begnadigen, oder nach nten (**pollice verso**), um ihn töten zu lassen. Die Sieger erhielten Geld und Lorbeerkränze, besonders erfolgreiche Gladiatoren wurden regelrecht als „Stars" verhrt. Wer nach hundert Kämpfen noch am Leben war, erhielt einen Degen (**rudis**).)ieser bedeutete das Ende der Karriere und gleichzeitig die Freiheit.

G

esum ⟨ī⟩ N Bernstein
ndi-fer ⟨fera, ferum⟩ ADJ Eicheln gend
ndiōnida ⟨ae⟩ M = **glandium**
ndium ⟨ī⟩ N Drüsenstück *vom weinehals, als Leckerbissen geschätzt*
ndulae ⟨ārum⟩ FPL = **glandium**
ns ⟨glandis⟩ F **1** Kernfrucht, Eichel *fig* Schleuderkugel
rea ⟨ae⟩ F Kies, Schotter
reōsus ⟨a, um⟩ ADJ voller Kies
ucina ⟨ōrum⟩ NPL Salbe aus Schöllut
ucōma ⟨atis⟩ N *u.* **glaucūma** ⟩ F **1** MED grüner Star **2** *fig* blauer ıst
ucus ⟨a, um⟩ ADJ blaugrau, graun
ba ⟨ae⟩ F = **glaeba**
sum ⟨ī⟩ N = **glaesum**
⟨glīris⟩ M Haselmaus
cere ⟨īscō, -, - 3.⟩ **1** aufflammen, orennen **2** *fig* allmählich zunehmen
bōsus ⟨a, um⟩ ADJ kugelförmig
bus ⟨ī⟩ M **1** Kugel **2** Feuerkugel **3** npen **4** Haufe, Verein, Klub, Clique
nerāmen ⟨inis⟩ N zusammengetes Kügelchen; Atom
nerāre ⟨ō, āvī, ātum 1.⟩ **1** zusamballen **2** *fig* zusammendrängen, lichten
nus ⟨eris⟩ N Knäuel
ia ⟨ae⟩ F **1** Ruhm, Ehre, **posteritaei** der Nachwelt **2** PL Ruhmestaten ıhmsucht, Ehrgeiz **4** Prahlerei

★**glōriārī** ⟨or, ātus sum 1.⟩ sich rühmen, prahlen, **victoriā** mit dem Sieg
glōriātiō ⟨ōnis⟩ F Prahlerei
glōriōla ⟨ae⟩ F ein bisschen Ruhm
glōriōsus ⟨a, um, *adv* glōriōsē⟩ ADJ **1** ruhmvoll, rühmlich **2** ruhmsüchtig, ehrgeizig **3** prahlerisch; **Miles Gloriosus** Der prahlerische Soldat, *Titel einer Komödie des Plautus*
glōssārium ⟨ī⟩ N Wörterbuch *mit Erklärung fremder u. veralteter Wörter*
glōssēma ⟨atis⟩ N, *gen* PL ⟨atum *u.* atōrum⟩ erklärungsbedürftiges Wort
glūbere ⟨glūbō, glūpsī, glūptum 3.⟩ **1** abschälen **2** *fig* berauben
glūten ⟨inis⟩ N Leim
glūtināre ⟨ō, āvī, ātum 1.⟩ **1** leimen **2** MED fest verheilen lassen
glūtinum ⟨ī⟩ N = **gluten**
glūt(t)īre ⟨iō, īvī *u.* iī, ītum 4.⟩ hinunterschlürfen
Gnaeus ⟨ī⟩ M *röm. Vorname,* abgek. *Cn.*
gnāritās ⟨ātis⟩ F Kenntnis
gnārus ⟨a, um⟩ ADJ **1** kundig, erfahren, **rei publicae** in der Politik **2** bekannt
gnātus ⟨a, um⟩ ADJ = **natus**
gnāvus ⟨a, um⟩ ADJ = **navus**
Gnidius ⟨ī⟩ M = **Cnidius**
Gnidus ⟨ī⟩ F = **Cnidus**
Gnōsiacus ⟨a, um⟩ ADJ aus Gnosos, kretisch
Gnōsias ⟨adis⟩ F *u.* **Gnōsis** ⟨idis⟩ F Kreterin
Gnōsius **A** ⟨a, um⟩ ADJ aus Gnosos, kretisch **B** ⟨ī⟩ M Einwohner von Gnosos

Gnōs(s)os *u.* **Gnōs(s)us** ⟨ī⟩ F *Stadt auf Kreta, Residenz des Minos*

gōbiō ⟨ōnis⟩ M *u.* **gōbius** ⟨ī⟩ M (*Fisch*) Gründling

gonger ⟨grī⟩ M = **conger**

Gordium ⟨ī⟩ N *Hauptstadt des Königs Gordius von Phrygien, bekannt durch den sogenannten Gordischen Knoten, den Alexander der Große löste, indem er ihn mit dem Schwert durchtrennte*

Gorgiās ⟨ae⟩ M *Sophist u. Rhetoriklehrer in Athen*

Gorgō ⟨onis *u.* ūs⟩ F, *meist* PL ⟨Gorgones, um⟩ F *die drei schlangenhaarigen Töchter des Phorkys; der Anblick der schrecklichsten, Medusa, verwandelte in Stein; Perseus schlug ihr den Kopf ab, aus dem Blut entstand das geflügelte Pferd Pegasus*

Gorgoneus ⟨a, um⟩ ADJ Gorgonen…; **equus ~** Pegasus

Gortӯn ⟨ӯnos⟩ F *u.* **Gortӯna** ⟨ae⟩ F *Stadt im Süden Kretas;* **Gortӯniacus** *u.* **Gortӯnius** ⟨a, um⟩ ADJ aus Gortyna; **Gortӯnius** ⟨ī⟩ M Einwohner von Gortyna

gōrӯtus ⟨ī⟩ M = **corytus**

Gotōnēs ⟨um⟩ MPL *germ. Volk an der unteren Weichsel*

grabātus ⟨ī⟩ M niedriges Ruhebett

Gracchānus ⟨a, um⟩ ADJ gracchisch

Gracchus ⟨ī⟩ M *Beiname der gens Sempronia* 1 **Ti. Sempronius ~** *Agrarreformer, 133 v. Chr. erschlagen* 2 **C. Sempronius ~** *Agrarreformer, 121 v. Chr. getötet*

gracilis ⟨e, *adv* graciliter⟩ ADJ 1 schlank, dünn 2 *fig* knapp, dürftig 3 RHET einfach, schlicht

gracilitās ⟨ātis⟩ F 1 Schlankheit; Magerkeit 2 RHET Schlichtheit, Einfachheit

grāculus ⟨ī⟩ M Dohle

gradārius ⟨a, um⟩ ADJ Schritt für Schritt gehend, im Schritt

gradātim ADV 1 schrittweise 2 *fig* stufenweise, nach und nach

gradātiō ⟨ōnis⟩ F RHET Steigerung

gradātus ⟨a, um⟩ ADJ abgestuft

gradī ⟨gradior, gressus sum 3.⟩ schreiten, einhergehen

Grādīvus ⟨ī⟩ M *Beiname des Mars*

★**gradus** ⟨ūs⟩ M 1 Schritt, Tritt; **gradum ferre** den Schritt lenken; **gradum proferre** vorwärtsgehen; **gradum referre** zurückgehen 2 das Nahen 3 M… Kampfstellung; Standpunkt; **de grad… deicere** aus der Stellung verdrängen … Stufe, Sprosse; *pl* Treppe, Leiter 5 … Grad 6 *fig* Rang, Würde

Graeca ⟨ae⟩ F Griechin

Graecānicus ⟨a, um⟩ ADJ nach Art d… Griechen

graecārī ⟨or, ātus sum 1.⟩ nach gri… chischer Art leben

Graecē ADV → **Graecus**

Graecī ⟨ōrum⟩ MPL die Griechen

Graecia ⟨ae⟩ F Griechenland

graecissāre ⟨ō, -, - 1.⟩ griechische … nachahmen

Graeculus A ⟨a, um⟩ ADJ griechis… *meist pej od. iron* B ⟨ī⟩ M „Griechlein…

★**Graecus** A ⟨a, um, *adv* Graecē⟩ … griechisch B ⟨ī⟩ M Grieche

Grā(i)ī ⟨ōrum *u.* um⟩ MPL = **Graeci**

Grāiocelī ⟨ōrum⟩ MPL *Bergvolk in … Gegend des Mont-Cenis*

Grāiu-gena ⟨ae⟩ M Grieche von … burt

Grāius[1] ⟨a, um⟩ ADJ = **Graecus**

Grāius[2] ⟨a, um⟩ ADJ grajisch; → Gra… celi

grallātor ⟨ōris⟩ M Stelzenläufer

grāmen ⟨inis⟩ N 1 Gras; Rasen … Pflanze, Kraut

grāmineus ⟨a, um⟩ ADJ 1 mit Gras … wachsen; aus Gras 2 aus Rohr

grammatica ⟨ae⟩ F *u.* ⟨ōrum⟩ NP…

grammaticē ⟨ēs⟩ F Grammatik, … lologie

grammaticus A ⟨a, um, *adv* gra… maticē⟩ ADJ sprachwissenschaftl… grammatisch; **grammatice scrib…** nach den Regeln der Grammatik sch… ben B ⟨ī⟩ M Sprachkundiger, Sprach… lehrter, Philologe

grammatista ⟨ae⟩ M Elementarle…

grānārium ⟨ī⟩ N Kornboden, Speic…

grand-aevus ⟨a, um⟩ ADJ sehr alt

grandēscere ⟨ēscō, -, - 3.⟩ groß w… den, wachsen

grandiculus ⟨a, um⟩ ADJ ziem… groß, ziemlich erwachsen

grandi-fer ⟨fera, ferum⟩ ADJ sehr … träglich

grandi-loquus ⟨a, um⟩ ADJ 1 g… sprecherisch 2 erhaben, feierlich

grandināre ⟨at, āvit, - 1.⟩ hageln

andīre ⟨iō, -, - 4.⟩ vergrößern
andis ⟨e, *adv* granditer⟩ ADJ 1 groß
2 erwachsen 3 bejahrt, betagt 4 *fig* edeutend, wichtig 5 RHET feierlich
andi-scāpius ⟨a, um⟩ ADJ großämmig
anditās ⟨ātis⟩ F 1 Größe 2 *fig* Erhaenheit
andō ⟨inis⟩ F Hagel; *pl* Hagelwetter
ānīcus ⟨ī⟩ M *Fluss in Kleinasien*
āni-fer ⟨fera, ferum⟩ ADJ Körner tra-end
ānum ⟨ī⟩ N 1 Korn, Kern; **cum gra- salis** (*nlat.*) mit einem Körnchen Salz, it etwas Witz 2 *fig* Beere
aphiārium ⟨ī⟩ N Griffelbüchse
aphicus ⟨a, um, *adv* graphicē⟩ ADJ malerisch 2 leibhaftig
aphium ⟨ī⟩ N Schreibstift, Griffel
assārī ⟨or, ātus sum 1.⟩ 1 dahin-hreiten 2 sich herumtreiben 3 stren, **in possessionem** nach dem Besitz verfahren 5 wüten
assātor ⟨ōris⟩ M Wegelagerer
assātūra ⟨ae⟩ F Banditentum
tārī ⟨or, ātus sum 1.⟩ = **gratulari**
tēs FPL *nur nom u. akk* Dank
tia ⟨ae⟩ F 1 Anmut, Liebreiz, Lienswürdigkeit, Charme 2 Beliebtheit, fluss, Ansehen; **in gratia ponere** bet machen 3 Freundschaft, Liebe; **es- in gratia cum aliquo** mit j-m in gu- Einvernehmen sein 4 Gefälligkeit, nst, Gnade; **gratiam exercere/facere** nst erweisen 5 Freude, Lust; **cum tia consulis** zur Freude des Konsuls **gratiā** zuliebe, um ... willen; **amici- gratiā** um der Freundschaft willen; **ā gratiā** mir zuliebe 7 Dank; **gratiam ere** dankbar sein; **gratias agere** dan-

tia ⟨ae⟩ F Göttin der Anmut; *pl* die zien, *Töchter des Zeus: Aglaia, Euphro-, Thalia*
ti-ficārī ⟨or, ātus sum 1.⟩ A V/I gefällig erweisen; **de re** ~ von etw e geben B V/T darbringen, (auf)op-

ificātiō ⟨ōnis⟩ F 1 Gefälligkeit 2 nkung, Landanweisung
iīs ADV = **gratis**
iōsus A ⟨a, um⟩ ADJ 1 gefällig, ndlich 2 aus Gnade gegeben 3 Gunst genießend, beliebt B ⟨ī⟩ M Günstling
grātīs ADV unentgeltlich, umsonst
grātuītus ⟨a, um, *adv* grātuītō⟩ ADJ umsonst, uneigennützig
★**grātulārī** ⟨or, ātus sum 1.⟩ 1 beglückwünschen, **Ciceroni recuperatam libertatem** dem Cicero zur wiedererlangten Freiheit 2 freudig danken
grātulātiō ⟨ōnis⟩ F 1 Glückwunsch 2 Freude 3 Danksagung, -fest
grātulātor ⟨ōris⟩ M Gratulant
★**grātus** ⟨a, um, *adv* grātē⟩ ADJ 1 anmutig, hübsch 2 erwünscht, willkommen, lieb, teuer 3 dankbar
gravanter ADV = **gravate**
gravāre ⟨ō, āvī, ātum 1.⟩ 1 beschweren, beladen, belasten 2 erschweren, verschlimmern 3 belästigen, bedrücken
gravārī ⟨or, ātus sum1.⟩ A V/I 1 sich beschwert fühlen, verdrießlich sein 2 sich weigern, Schwierigkeiten machen B V/T verweigern, ungern übernehmen
grāvāstellus ⟨ī⟩ M = **ravistellus**
gravātē *u.* **gravātim** ADV ungern
gravēdinōsus ⟨a, um⟩ ADJ verschnupft
gravēdō ⟨inis⟩ F Schnupfen
gravēscere ⟨ēscō, -, - 3.⟩ 1 schwer werden 2 *fig* sich verschlimmern
gravida ⟨ae⟩ F schwangere Frau
gravidāre ⟨ō, āvī, ātum 1.⟩ 1 schwängern 2 *fig* befruchten
graviditās ⟨ātis⟩ F Schwangerschaft
gravīdō ⟨ōnis⟩ F = **gravedo**
gravidus ⟨a, um⟩ ADJ 1 schwanger; trächtig 2 *fig* voll beladen, reich
★**gravis** ⟨e, *adv* graviter⟩ ADJ 1 (*vom Gewicht*) schwer 2 (*vom Körperbau*) groß, stark 3 (*Arbeit, Alter usw.*) lästig, beschwerlich 4 *fig* schlimm, schmerzlich, 5 *fig* heftig, hart, streng; **vulnus grave** schwere Wunde 6 *fig* widerlich, ekelhaft 7 *fig* tief, dumpf; **vox** ~ tiefe Stimme 8 *fig* ungesund, gefährlich; **caelum grave** ungesundes Klima 9 *fig* gewichtig, bedeutsam, gewaltig; **testis** ~ wichtiger Zeuge 10 (*Person*) angesehen, einflussreich, erhaben 11 (*Soldat*) schwer beladen, beschwert, bedrückt 12 schwanger 13 verdrießlich, mürrisch; *adv* ungern
Graviscae ⟨ārum⟩ FPL *sumpfiger Ort*

südlich von Tarquinii, bekannt durch guten Wein

★**gravitās** ⟨ātis⟩ F 1 Schwere, Gewicht, Last 2 Druck, Belastung, Beschwerlichkeit 3 Härte, Strenge, **legum** der Gesetze 4 Schwangerschaft 5 *(gesundheitlich)* schädlicher Einfluss 6 Mattigkeit 7 *(einer Stadt)* Bedeutung, Größe, Einfluss 8 *(des Charakters)* Ernst, Würde, Erhabenheit

gregālēs ⟨ium⟩ MPL Kameraden

gregālis ⟨e⟩ ADJ 1 zur Herde gehörig 2 gewöhnlich, einfach

gregārius ⟨a, um⟩ ADJ 1 zur Herde gehörig 2 **miles ~** einfacher Soldat

gregātim ADV herden-, scharenweise

★**gremium** ⟨ī⟩ N 1 Schoß 2 *fig* Innerstes

gressus[1] ⟨a, um⟩ PPERF → **gradi**

gressus[2] ⟨ūs⟩ M Schritt, Gang; **gressum anteferre** vorausgehen; **gressum comprimere** stehen

★**grex** ⟨gregis⟩ M u. F 1 Herde, Schar 2 *fig* Haufe 3 *fig* Gesellschaft, Klub

gruis ⟨is⟩ F = **grus**

grummus u. **grūmus** ⟨ī⟩ M Erdhaufen

grundīre ⟨iō, iī, ītum 4.⟩ grunzen

grundītus ⟨ūs⟩ M das Grunzen

grunnīre ⟨iō, iī, ītum 4.⟩ = **grundire**

grunnītus ⟨ūs⟩ M = **grunditus**

grūs ⟨gruis⟩ F u. M Kranich

Grȳnīa ⟨ae⟩ F *äolische Hafenstadt*

gubernābilis ⟨e⟩ ADJ lenkbar, leitbar

gubernāc(u)lum ⟨ī⟩ N 1 SCHIFF Steuerruder 2 *fig* Lenkung, Regierung

★**gubernāre** ⟨ō, āvī, ātum 1.⟩ 1 steuern 2 *fig* leiten, regieren

gubernātiō ⟨ōnis⟩ F 1 Steuerung 2 *fig* Leitung, Regierung

gubernātor ⟨ōris⟩ M 1 Steuermann 2 *fig* Leiter

gubernātrīx ⟨īcis⟩ F Lenkerin

gubernum ⟨ī⟩ N = **gubernaculum**

guerra ⟨ae⟩ F *(mlat.)* Streit, Krieg

★**gula** ⟨ae⟩ F 1 Speiseröhre, Schlund, Kehle 2 Schlemmerei

gulōsus ⟨a, um⟩ ADJ 1 genusssüchtig 2 *fig* wählerisch

gum… = **gym…**

gumia ⟨ae⟩ F Schlemmer, Leckermaul

gun… = **gyn…**

gurdus ⟨a, um⟩ ADJ dumm, tölpelhaft

gurges ⟨itis⟩ M 1 Strudel, Wirbel, 2 Flut, tiefes Wasser 3 Abgrund, Schlur 4 Schlemmer, Prasser

gurguliō ⟨ōnis⟩ F 1 Schlund, Kehle *fig* Rausch 3 = **curculio**

gurguliōnius ⟨a, um⟩ ADJ Schlund… 2 Rausch…; **campi gurg lionii** Trinkgelage

gurgustium ⟨ī⟩ N ärmliche Wohnun dunkle Kneipe

gūrus ⟨ī⟩ M = **gyrus**

gustāre ⟨ō, āvī, ātum 1.⟩ koste schmecken, genießen

gustātōrium ⟨ī⟩ N Essgeschirr

gustātus ⟨ūs⟩ M 1 Geschmackssinn Geschmack

gustus ⟨ūs⟩ M 1 das Kosten, das Pr bieren, das Abschmecken 2 *fig* Kostpr be, 3 Vorspeise

gutta ⟨ae⟩ F 1 Tropfen; **~ cavat la dem** *Sprichwort* steter Tropfen hö den Stein 2 Fleck 3 ein bisschen

guttātim ADV tropfenweise

guttātus ⟨a, um⟩ ADJ gesprenkelt

guttula ⟨ae⟩ F Tröpfchen

guttur ⟨uris⟩ N 1 Gurgel, Kehle 2 Schlemmerei

gūtus ⟨ī⟩ Krug *mit engem Hals*

Gyaros u. **Gyarus** ⟨ī⟩ F *kleine Ky deninsel in der Ägäis*

Gyās u. **Gyēs** ⟨ae⟩ M *hundertarmi Riese*

gymnasiarchus ⟨ī⟩ M Vorsteher ner Sportschule

gymnasium ⟨ī⟩ N Sport-, Ringsch *Versammlungsort der Philos.*

gymnasticus ⟨a, um⟩ ADJ turneris

gymnicus ⟨a, um⟩ ADJ = **gymnasti**

gynaecēum u. **gynaecīum** ⟨ī⟩ N

gynaecōnītis ⟨idis⟩ F Frauenw nung, *der innere Teil des griech. Haus*

gypsāre ⟨ō, āvī, ātum 1.⟩ mit überziehen

gypsum ⟨ī⟩ N Gips; Gipsbild

gȳrāre ⟨ō, āvī, ātum 1.⟩ A VT um ben B VI sich (im Kreis) drehen

gȳrus ⟨ī⟩ M 1 Kreis(linie), Ring, dung; **gyros trahere** sich winden; **g ducere** kreisen; **in gyros ire/gyrum pere** im Kreis laufen 2 Reitbahn Kreislauf

Gythēum u. **Gythium** u. **Gythī** ⟨ī⟩ N *Stadt u. Hafen in Lakonien, H von Sparta, heute Marathonisi*

H

H 1 = **hora** Stunde 2 **HS** = **sestertius**
esterz
bēna ⟨ae⟩ F 1 Riemen 2 Peitsche
Zügel 4 *fig* Lenkung, Leitung
bēre ⟨eō, uī, itum 2.⟩ 1 haben, hal-
n, tragen, festhalten 2 behalten, **sibi**
r sich 3 beinhalten 4 (*Rede*) halten,
rtragen 5 abhalten, veranstalten,
ntionem. eine Versammlung 6 ver-
ingen, **adulescentiam** die Jugend 7
einem Zustand) halten, **portas clausas**
e Türen geschlossen 8 behandeln, **be-**
gut 9 für *etw* halten, **deos aeternos**
e Götter für ewig, **magni** für teuer; **in**
mmis ducibus ~ zu den obersten An-
hrern zählen; **aliquem pro amico ~**
für einen Freund halten 10 **se ~** sich
rhalten, sich befinden; **se graviter ~**
hwer krank sein 11 Vermögen haben
haben, besitzen 13 bewohnen; *abso-*
wohnen 14 wissen, kennen; **consilia**
stra habet er kennt unsere Pläne; **sic**
überzeugt sein 15 als *etw* haben, **hunc**
legam ihn als Amtsgenossen 16 (*Zu-*
nd) ergriffen haben, beherrschen 17
tlichkeit) umfassen 18 **in animo ~**
Sinn haben, beabsichtigen; **amicum**
animo ~ an den Freund denken 19
ben *als nachdrückliche Umschreibung*
es Verbs; **odium in aliquem ~** gegen
Hass empfinden 20 können; **haec**
beo dicere das kann ich sagen 21
dauerhaften Zustand) haben; **explo-**
um ~ erforscht haben 22 *fig* verursa-
n, **admirationem** Bewunderung 23
ssen +*Gerundivum*; **habeo respon-**
dum ich muss antworten 24 (*mlat.*)
Umschreibung des Futurs; **dicere ha-**
mus wir werden sagen
ilis ⟨e, *adv* habiliter⟩ ADJ 1 hand-
, leicht zu handhaben, bequem 2
passend, geeignet, geschickt
ilitās ⟨ātis⟩ F Geschicklichkeit
itābilis ⟨e⟩ ADJ bewohnbar
itāre ⟨ō, āvī, ātum 1.⟩ A VT be-
nen B VI 1 wohnen 2 *fig* heimisch
sein, stets sein, sich eifrig *mit etw* beschäftigen

habitātiō ⟨ōnis⟩ F 1 Wohnung 2 Miete

habitātor ⟨ōris⟩ M 1 Bewohner, Mieter 2 (*eines Landes*) Einwohner

habitūdō ⟨inis⟩ F Äußeres, Gestalt

habiturīre ⟨iō, -, - 4.⟩ begehren

★**habitus**[1] ⟨ūs⟩ M 1 Haltung 2 Aussehen, Gestalt 3 Kleidung 4 Stimmung, Zustand 5 Eigenschaft

habitus[2] ⟨a, um⟩ ADJ beleibt

hāc ADV (*erg.* **parte**) auf dieser Seite, hier; **~ … ~/illac** hier … dort

hāc-tenus ADV 1 bis hierher, bis dahin, so weit 2 bis jetzt 3 *fig* insoweit

Hadria ⟨ae⟩ M Adriatisches Meer

Hadriānus ⟨ī⟩ M **Publius Aelius ~**, *Kaiser 117–138 n. Chr.*

haedilia ⟨ae⟩ F Geißlein

haedillus ⟨ī⟩ M Böcklein, *Kosewort*

haedīnus ⟨a, um⟩ ADJ von jungen Ziegenböcken

Haeduī ⟨ōrum⟩ MPL = **Aedui**

haedus ⟨ī⟩ M junger Ziegenbock

Haemonia ⟨ae⟩ F *alter Name für Thessalien*; **Haemonis** ⟨idis⟩ F Thessalierin; **Haemonius** ⟨a, um⟩ ADJ thessalisch; **iuvenis ~** Iason; **puppis Haemonia** Argo

Haemos *u.* **Haemus** ⟨ī⟩ M Balkan *im Norden Thrakiens*

★**haerēre** ⟨haereō, haesī, haesum 2.⟩ 1 hängen bleiben, haften; **in equo ~** fest im Sattel sitzen; **osculo alicuius ~** an j-s Mund mit Küssen hängen 2 *fig* festhängen, -halten 3 *fig* stocken, stecken bleiben; **hic aqua haeret** *Sprichwort* hier hapert es 4 ratlos sein

haerēscere ⟨ēscō, -, - 3.⟩ hängen/stecken bleiben

haeresis ⟨is *u.* eos⟩ F 1 Lehre, Dogma 2 Philosophenschule, Sekte

haesī → haerere

haesitābundus ⟨a, um⟩ ADJ verlegen stotternd

haesitantia ⟨ae⟩ F das Stocken; **~ linguae** das Stottern

haesitāre ⟨ō, āvī, ātum 1.⟩ 1 festhängen 2 *fig* stottern 3 *fig* unschlüssig sein, schwanken

haesitātiō ⟨ōnis⟩ F 1 das Stocken, das Stottern 2 *fig* Unentschlossenheit

H

haesitātor ⟨ōris⟩ M Unentschlossener
haesus ⟨a, um⟩ PPP → haerere
hahae *u.* **hahahae** INT haha!
halagora ⟨ās⟩ F Salzmarkt
hālāre ⟨ō, āvī, ātum 1.⟩ A V/I hauchen, duften B V/T anhauchen
halcēdō ⟨inis⟩ F = **alcedo**
halcyōn ⟨onis⟩ F = **alcyon**
hālēc ⟨ēcis⟩ N = **allec**
haliaeetos ⟨ī⟩ M Seeadler, Fischadler
Halicarnassēnsis ⟨e⟩ ADJ aus Halicarnassos
Halicarnasseus ⟨eī⟩ M Einwohner von Halicarnassos
Halicarnassius ⟨a, um⟩ ADJ aus Halicarnassos
Halicarnassos *u.* **Halicarnas(s)us** ⟨ī⟩ F *Hafenstadt an der SW-Spitze Kleinasiens*
halieutica ⟨ōn⟩ N *Lehrgedicht Ovids über den Fischfang (unvollständig; Autorschaft umstritten)*
halieuticus ⟨a, um⟩ ADJ zum Fischen gehörig
hālitus ⟨ūs⟩ M Hauch, Atem; Dampf
hallēc *u.* **hallēx**[1] ⟨ēcis⟩ N → allec
hallūc... = **aluc...**
halōs ⟨ō⟩, *akk* ⟨ō⟩ M ASTRON Hof *um Sonne u. Mond*
haltēres ⟨um⟩, *akk* ⟨ēras⟩ MPL Hanteln
hamadryas ⟨adis⟩, *dat* PL ⟨asin⟩, *akk* PL ⟨adas⟩ F Baumnymphe
hāmātilis ⟨e⟩ ADJ mit Angeln
hāmātus ⟨a, um⟩ ADJ 1 mit Haken 2 hakenförmig 3 *fig* eigennützig
Hamilcar ⟨aris⟩ M ~ **Barca(s)** *Vater des Hannibal, gestorben 228 v. Chr.*
hāmiōta ⟨ae⟩ M Angler
Hammōn ⟨ōnis⟩ M *ägyptisch Amun, Gott von Theben in Oberägypten, von den Römern als Jupiter Hammon verehrt*
hāmulus ⟨ī⟩ M kleiner Haken
hāmus ⟨ī⟩ M 1 Haken 2 Widerhaken, Angelhaken 3 Bügel des Schwertgriffs 4 Kralle 5 BOT Dorn, Stachel
Hannibal ⟨alis⟩ M *karthagischer Feldherr, 247–183 v. Chr.;* ~ **ad portas** Hannibal vor den Toren, *Schreckensruf im 2. Punischen Krieg, zitiert in größter Not*
haphē ⟨ēs⟩ F feiner Sand
hara ⟨ae⟩ F (Schweine-)Stall
harēn... = **aren...**
hariola ⟨ae⟩ F Wahrsagerin
hariolārī ⟨or, ātus sum 1.⟩ 1 wahrs… gen 2 faseln
hariolātiō ⟨ōnis⟩ F Wahrsagung
hariolus ⟨ī⟩ M Wahrsager
harispex ⟨spicis⟩ M = **haruspex**
harmonia ⟨ae⟩ F Einklang, Harmoni…
harpa ⟨ae⟩ F MUS Harfe
harpagāre ⟨ō, āvī, ātum 1.⟩ rauben
harpagō ⟨ōnis⟩ M 1 Hakenstange *zu Einreißen von Mauern* 2 Enterhaken
harpastum ⟨ī⟩ N kleiner fester Fan… ball
harpax ⟨agis⟩, *akk* ⟨aga⟩ ADJ räub… risch
harpē ⟨ēs⟩ F Sichelschwert
Harpyia ⟨ae⟩ F Harpyie, *Fabelwes… halb Frau u. halb Vogel*
Harūdēs ⟨um⟩ MPL *germ. Volk zwisch… Neckar u. Bodensee*
hārunc = **harum**; → hic[1]
harundi-fer ⟨fera, ferum⟩ ADJ Sch… tragend
harundinētum ⟨ī⟩ N Röhricht
harundineus ⟨a, um⟩ ADJ mit Sch… **carmen harundineum** Hirtenlied
harundinōsus ⟨a, um⟩ ADJ schilfre…
harundō ⟨inis⟩ F 1 Schilfrohr, Bamb… 2 Rohrpfeife, Hirtenflöte 3 Pfeilsch… 4 Leimrute 5 Angelrute 6 Rohrbün… 7 Steckenpferd 8 Kamm *des Webstu…*
haru-spex ⟨spicis⟩ M Opferschau… Eingeweideschauer, Wahrsager, Sehe…
haruspica ⟨ae⟩ F Wahrsagerin
haruspicīna ⟨ae⟩ F Opferschau
haruspicīnus ⟨a, um⟩ ADJ die Op… schau betreffend
haruspicium ⟨ī⟩ N Opferschau
Hasdrubal ⟨is⟩ M 1 *karthagisc… Heerführer, Schwiegersohn des Hami… Barcas* 2 *karthagischer Heerführer, Bru… Hannibals*
hasta ⟨ae⟩ F 1 Stange, Pfahl, Schaf… MIL Spieß, Speer, Lanze 3 Haarpfeil *… Ordnen des Haares* 4 Versteigerung; **hasta vendere** versteigern
hastātus A ⟨a, um⟩ ADJ mit ei… Speer bewaffnet B ⟨ī⟩ M Speerträ… Lanzenreiter; *pl* Soldaten des ersten … des
hastīle ⟨is⟩ N 1 Stange 2 Speersc…
hastiludium ⟨ī⟩ N *(mlat.)* Turnier
hastula ⟨ae⟩ F Splitter, Span
Hatria ⟨ae⟩ F *u.* M = **Hadria**

H

au[1] INT au
au[2] *(vor Kons.)*, ★ **haud** ADV nicht,
·icht gerade; ~ **facile** schwierig
aud-dum ADV noch nicht
aud-quāquam ADV keineswegs
aurīre ⟨hauriō, hausī, haustum 4.⟩
1 schöpfen, **aquam** Wasser **2** *fig* (ent)-
ehmen, entlehnen **3** heraufholen,
auf)sammeln; **suspiratūs** ~ tief aufseuf-
en **4** einsaugen, trinken, **vinum** Wein
5 *(Gefäß)* leeren **6** verschlingen, ver-
ehren, entkräften; **provincias** ~ Provin-
en aussaugen **7** *(Besitz)* durchbringen;
assiv versinken **8** *(Schmerz)* empfinden,
·dulden **9** *(Körperteile)* durchbohren
10 in sich aufnehmen, erfassen
usī → haurire
ustrum ⟨ī⟩ N Schöpfrad
ustus[1] ⟨a, um⟩ PPP → haurire
ustus[2] ⟨ūs⟩ M **1** das Schöpfen **2**
JR Schöpfrecht **3** Geschöpftes **4** das
tmen **5** Schluck
ut ADV = **haud**
ut... = **haud...**
vē INT = **ave**
vēre[1] ⟨eō, -, - 2.⟩ = **avere**[1]
vēre[2] ⟨eō, -, - 2.⟩ = **avere**[2]
autontīmōrūmenos ⟨ī⟩ M Der
·lbstpeiniger, *Titel einer Komödie des Te-*
nz
bdomada ⟨ae⟩ F *(mlat.)* Woche
bdomas ⟨adis⟩, *akk* ⟨ada⟩ F der
·bte Tag
bē ⟨ēs⟩ F *griech. Göttin der Jugend,*
chter der Hera
ben... = **eben...**
bēre ⟨eō, -, - 2.⟩ **1** stumpf sein **2** *fig*
att sein, träge sein,
bes ⟨etis⟩ ADJ **1** stumpf **2** *fig* matt,
ige **3** *fig* stumpfsinnig, dumm
bēscere ⟨ēscō, -, - 3.⟩ **1** stumpf
·rden **2** *fig* ermatten, verblassen
betāre ⟨ō, āvī, ātum 1.⟩ **1** stumpf
ıchen **2** *fig* schwächen
betātiō ⟨ōnis⟩ F Abstumpfung
braeus ⟨a, um⟩ ADJ hebräisch, jü-
ch
brus ⟨ī⟩ M *Hauptfluss Thrakiens*
cabē ⟨ēs⟩ F = **Hecuba**
cata ⟨ae⟩ F u. **Hecatē** ⟨ēs⟩ F *drei-*
taltige Göttin der Jagd, der Wege u. der
ıberei, teils mit Artemis/Diana, teils mit
sephone/Proserpina gleichgesetzt; **He-**
catēis ⟨idis *u.* idos⟩ ADJ F *u.* **Heca-**
tēius ⟨a, um⟩ ADJ zur Hekate gehörig
hecatombē ⟨ēs⟩, *akk* ⟨ēn⟩ F Opfer von 100 Rindern; großes öffentliches Opfer
Hector ⟨oris⟩ M *Sohn des Priamus, Held von Troja, von Achill im Zweikampf getötet;* **Hectoreus** ⟨a, um⟩ ADJ des Hektor; troisch
Hecuba ⟨ae⟩ F *Gattin des Priamus, Mutter von Hektor u. Paris*
Hecyra ⟨ae⟩ F Die Schwiegermutter, *Titel einer Komödie des Terenz*
hedera ⟨ae⟩ F BOT Efeu
hederi-ger ⟨gera, gerum⟩ ADJ Efeu tragend
hederōsus ⟨a, um⟩ ADJ reich an Efeu
hēdychrum ⟨ī⟩ N Balsam, Parfum
hei INT = **ei**
heia INT = **eia**
hēiul... = **eiul...**
helciārius ⟨ī⟩ M Treidler
Helena ⟨ae⟩ F *u.* **Helenē** ⟨ēs⟩ F *Tochter des Zeus u. der Leda, Gattin des Menelaos, von Paris nach Troja entführt, was zum Trojanischen Krieg führte*
Hēliades ⟨um⟩ FPL *die drei Töchter des Helios/Sol, ihre Tränen wurden in Bernstein verwandelt, sie selbst in Pappeln*
helica ⟨ae⟩ F Gewinde des Schneckenhauses
Helicē ⟨ēs⟩ F **1** der Große Bär **2** Norden
Helicōn ⟨ōnis⟩ M *Gebirgszug in Böotien, den Musen heilig;* **Helicōniades** ⟨um⟩ FPL die Musen; **Helicōnius** ⟨a, um⟩ ADJ des Helikon
hēliocamīnus ⟨ī⟩ M Zimmer zur Sonnenseite
Hellas ⟨ados *u.* adis⟩ F Griechenland
Hellē ⟨ēs⟩ F *Königstochter, floh mit ihrem Bruder Phrixos auf einem Widder mit goldenem Fell vor ihrer Stiefmutter Ino u. ertrank in einer Meerenge, die nach ihr „Hellespont" genannt wurde*
helleborōsus ⟨a, um⟩ ADJ der viel Nieswurz braucht, nicht ganz bei Verstand
helleborum ⟨ī⟩ N *u.* **helleborus** ⟨ī⟩ M Nieswurz, *Heilmittel u. Brechmittel*
Hellēspontiacus ⟨a, um⟩ ADJ des Hellespont
Hellēspontius **A** ⟨a, um⟩ ADJ des

Hellespont **B** ⟨ī⟩ M Anwohner des Hellespont
Hellēspontus ⟨ī⟩ M Hellespont, *heute Dardanellen*; → Helle
helluārī ⟨or, ātus sum 1.⟩ schlemmen, schwelgen
helluātiō ⟨ōnis⟩ F Schlemmerei
helluō ⟨ōnis⟩ M Schlemmer
helops ⟨opis⟩ M *eine Art* Stör
Hēlōtae ⟨ārum⟩ MPL = **Hilotae**
hēlu... = **hellu...**
Helvēticus ⟨a, um⟩ ADJ helvetisch
Helvētiī ⟨ōrum⟩ MPL die Helvetier, *kelt. Volk in der heutigen Schweiz*; **Helvētius** ⟨a, um⟩ ADJ helvetisch

hem INT hm!, ei!, o!
hēmerodromus ⟨ī⟩ M Eilbote, Kurier
hēmicyclium ⟨ī⟩ N **1** Halbkreis **2** (halbrunder) Lehnsessel
hēmīna ⟨ae⟩ F Becher, halber Sextarius, Viertel, *Hohlmaß von ca. 0,25 l*
hēmistichium ⟨ī⟩ N Halbvers
hēmitritaeos *u.* **hēmitritaeus** **A** ⟨ī⟩ M (2 1/2 Tage dauerndes) Wechselfieber **B** ⟨a, um⟩ ADJ am Wechselfieber leidend
hendecasyllabus ⟨ī⟩ M elfsilbiger Vers
Henetī ⟨ōrum⟩ MPL = **Veneti**
Henna ⟨ae⟩ F *alte Stadt in Sizilien*; **Hennaeus** ⟨a, um⟩ ADJ aus Henna; **Hennēnsēs** ⟨ium⟩ MPL die Einwohner von Henna; **Hennēnsis** ⟨e⟩ ADJ zu Henna gehörig
hēpatiārius ⟨a, um⟩ ADJ Leber...
hera ⟨ae⟩ F = **era**
Hēraclēa *u.* **Hēraclīa** ⟨ae⟩ F *Name von ca. zehn antiken Städten* **1** *Hafenstadt in Unteritalien* **2** ~ **Minoa** *auf Sizilien bei Agrigent* **3** ~ **Pontica** *am Schwarzen Meer*
Hēraclītus ⟨ī⟩ M *Philos. der Ionischen Schule*
Hēraea ⟨ōrum⟩ NPL Fest der Hera
★**herba** ⟨ae⟩ F **1** Halm, Saat **2** Gras; *pl* Rasen **3** Kraut, Pflanze **4** Küchenkraut **5** Heilkraut **6** Unkraut **7** Zauberkraut
herbēscere ⟨ēscō, -, - 3.⟩ Halme treiben, hervorsprießen
herbeus ⟨a, um⟩ ADJ grasgrün; grün unterlaufen
herbidus ⟨a, um⟩ ADJ grasreich, Gras...
herbi-fer ⟨fera, ferum⟩ ADJ gras-, kräuterreich
herbōsus ⟨a, um⟩ ADJ gras-, kräute reich
herbula ⟨ae⟩ F Kräutlein, Pflänzchen
hercīscere ⟨īscō, -, - 3.⟩ das Erbe ve teilen
hercle → Hercules
herctum ⟨ī⟩ N Teilung des Erbes; **ciere** das Erbe teilen
Herculānēnsis ⟨e⟩ ADJ aus Hercul neum, zu Herculaneum gehörig
Herculāneum ⟨ī⟩ N *Stadt in Kampan en, 79 n. Chr. durch den Ausbruch des V suv von Schlamm begraben*; **Herculā neus** ⟨a, um⟩ ADJ aus Herculaneum
Herculēs ⟨is *u.* ī⟩ M Herkules, Herakle *Sohn des Zeus u. der Alkmene/Alcmen berühmtester Held der griech. Mytholog* **hercle** *u.* **mehercle!** beim Herkules wahrhaftig!; **Herculeus** ⟨a, um⟩ A des Herkules
Hercȳnia silva F *Gesamtheit der Mitt gebirge vom Rhein bis zu den Karpaten*
here ADV = **heri**
hērēditārius ⟨a, um⟩ ADJ **1** Erbschafts... **2** erblich, geerbt
hērēditās ⟨ātis⟩ F Erbschaft
hērēdium ⟨ī⟩ N das Erbe
★**hērēs** ⟨ēdis⟩ M *u.* F **1** Erbe, Erbin; ~ **asse** Universalerbe; ~ **ex dimidia pa** Erbe der Hälfte; ~ **ex dodrante** Er von drei Vierteln **2** *fig* Nachfolger **3** B sitzer
★**herī** ADV gestern; neulich
heri-fuga ⟨ae⟩ M = **erifuga**
herīlis ⟨e⟩ ADJ = **erilis**
Hermae ⟨ārum⟩ FPL die Hermen, *d Hermes geweihte Pfeiler auf Straßen Plätzen griech. Städte*
Hermaphrodītus ⟨ī⟩ M **1** *Sohn Hermes u. der Aphrodite, verwuchs zu nem einzigen Körper (Mannfrau)* **2** Zw ter
Herminonēs ⟨um⟩ MPL *einer der ge Hauptstämme, an der mittleren Elbe*
Hermionē ⟨ēs⟩ F **1** *Tochter des Mene os u. der Helena* **2** *Küstenstadt im Sü von Argolis, heute Kastri*; **Hermionic** ⟨a, um⟩ ADJ aus Hermione
Hermundūrī ⟨ōrum⟩ MPL *germ. V im Gebiet von Franken u. Thüringen*
hernia ⟨ae⟩ F MED Nabelbruch, L tenbruch

ernicī ⟨ōrum⟩ MPL *Stamm in Latium;*
Hernicus ⟨a, um⟩ ADJ hernicisch
erniōsus ⟨a, um⟩ ADJ an einem Bruch
eidend
ērō ⟨ūs⟩ F *Geliebte des Leander*
ērōdēs ⟨is⟩ M *König von Judäa 37–4*
. Chr.
ērodotus ⟨ī⟩ M *„Vater" der griech. Ge-*
chichtsschreibung
ērōicus ⟨a, um⟩ ADJ 1 heroisch, my-
hisch 2 episch
eroides ⟨idum⟩ PL Heroinenbriefe
vids
ērōīnē ⟨ēs⟩, *nom* PL ⟨ae⟩ F *u.* **hērōis**
idis⟩ F Halbgöttin, Heroine
ērōs ⟨ōis⟩ M 1 Heros, Halbgott 2 *fig*
eld, Ehrenmann
ērōus A ⟨a, um⟩ ADJ = **heroicus**;
ETR **versus ~** daktylischer Hexameter.
ı ⟨ī⟩ M epischer Vers, Hexameter
rus ⟨ī⟩ M = **erus**
ēsiodēus *u.* **Hēsiodīus** ⟨a, um⟩
DJ des Hesiod
ēsiodus ⟨ī⟩ M *epischer Dichter*
esperia ⟨ae⟩ F Abendland; **Hespe-**
des ⟨um⟩ FPL die Hesperiden, *Töchter*
er Nacht, die den Baum mit den goldenen
pfeln bewachen; **Hesperis** ⟨idis⟩ ADJ F
Hesperius ⟨a, um⟩ ADJ abendlich,
endländisch, westlich
esperos *u.* **Hesperus** ⟨ī⟩ M Abend-
ern
sternus ⟨a, um⟩ ADJ gestrig
taeria ⟨ae⟩ F Geheimbund, Verein
u INT = **eheu**
ureta *u.* **heuretēs** ⟨ae⟩ M Erfinder
ūs INT he!, heda!, *Zuruf*
xaclīnon ⟨ī⟩ N sechssitziges Sofa
xameter A ⟨tra, trum⟩ ADJ METR
chsfüßig B ⟨trī⟩ M METR Hexameter
xaphoron ⟨ī⟩ N von sechs Mann
tragene Sänfte
re ⟨ō, āvī, ātum 1.⟩ A VI 1 offen
hen, klaffen, gähnen 2 gaffen, stau-
n 3 schnappen, lechzen, **aliquid** nach
w 4 lückenhaft sein B VT ertönen las-
ı
tus ⟨ūs⟩ M 1 Öffnung, Kluft 2 Ra-
en 3 Zusammentreffen zweier Vokale
pompöse Ankündigung 5 Gier
ēr ⟨ēris⟩ M Iberer
ēria ⟨ae⟩ F Land der Iberer, Spani-
Hibēricus ⟨a, um⟩ ADJ iberisch,
spanisch
hīberna ⟨ōrum⟩ NPL 1 MIL Winterlager
2 Winter; **terna ~** drei Winter
hībernāculum ⟨ī⟩ N 1 Winterzelt 2
PL MIL Winterlager
hībernāre ⟨ō, āvī, ātum 1.⟩ 1 über-
wintern 2 in Winterquartieren liegen
Hibernia ⟨ae⟩ F Irland
hībernum ⟨ī⟩ N Sturm
★**hībernus** ⟨a, um⟩ ADJ 1 winterlich,
Winter...; **annus ~** Winterzeit 2 stür-
misch
Hibērus[1] A ⟨a, um⟩ ADJ iberisch; spa-
nisch B ⟨ī⟩ M Iberer
Hibērus[2] ⟨ī⟩ M *Fluss auf der Iberischen*
Halbinsel, heute Ebro
hibiscum ⟨ī⟩ N BOT Hibiscus
hic[1], **haec, hoc** *gen* ⟨huius⟩, *dat*
⟨huic⟩ DEM PR 1 diese(r, s); hier anwe-
send, mein, unser, *dem Sprechenden am*
nächsten; **~ locus** diese Stelle, *wo ich bin*
2 *(zeitl.)* jetzig 3 der in der Rede ste-
hende 4 **~ ... ille** der eine ... der ande-
re, dieser ... jener 5 der eben genannte
6 folgender; 7 **hōc** *n abl* desto, umso;
hoc maior umso größer; **quo ... hoc** je
... desto
★**hīc**[2] ADV 1 hier, an dieser Stelle; **~ ...**
illic/~ ... ~ hier ... dort, an einem Ort
... an einem anderen Ort 2 *(zeitl.)* jetzt,
hierauf 3 *fig* unter solchen Umständen
hīce ⟨haece, hōce⟩ DEM PR, *verstärktes*
→ hic[1]
hīcine ⟨haecine, hōcine⟩ INT PR = **hic**[1] +
-ne
hiemālis ⟨e⟩ ADJ 1 winterlich 2 stür-
misch
hiemāre ⟨ō, āvī, ātum 1.⟩ 1 überwin-
tern 2 stürmen
★**hiems** ⟨hiemis⟩ F 1 Winter 2 Kälte,
Frost 3 Jahr 4 Unwetter, Sturm
Hierō(n) ⟨ōnis⟩ M *Name syrakusani-*
scher Könige; **Hierōnicus** ⟨a, um⟩
ADJ des Hieron
Hierosolyma ⟨ōrum⟩ NPL *u.* ⟨ae⟩ F
Jerusalem, *Hauptstadt Judäas, 70 n. Chr.*
von Kaiser Titus erobert u. zerstört; **Hie-**
rosolymārius ⟨a, um⟩ ADJ 1 aus Je-
rusalem 2 *Spottname für Pompeius:* Held
von Jerusalem
hietāre ⟨ō, -, - 1.⟩ gähnen, gaffen
hilarāre ⟨ō, āvī, ātum 1.⟩ erheitern,
aufheitern, **convivas** die Gäste

H

★**hilaris** ⟨e, *adv* hilariter⟩ ADJ = **hilarus**
hilaritās ⟨ātis⟩ F u. **hilaritūdō** ⟨inis⟩ F Heiterkeit, Fröhlichkeit, Frohsinn
★**hilarus** ⟨a, um, *adv* hilarē⟩ ADJ heiter, fröhlich
hīlla ⟨ae⟩ F *meist* PL 1 die kleineren Därme, Eingeweide 2 Würstchen
Hīlōtae ⟨ārum⟩ MPL Heloten, Leibeigene, spartanische Staatssklaven
Hilur... = **Illyr...**
Hīmera ⟨ae⟩ A M *Name zweier Flüsse auf Sizilien* B F, *auch* **Hīmera** ⟨ōrum⟩ NPL *Stadt an der Nordküste Siziliens*
★**hinc** ADV 1 (*örtl.*) von hier (aus) 2 (*zeitl.*) von jetzt an, hierauf, dann 3 *fig* daher, aus diesem Grund
hinnīre ⟨iō, īvī u. iī, - 4.⟩ wiehern
hinnītus ⟨ūs⟩ M das Wiehern
hinnuleus ⟨ī⟩ M Hirschkalb
hinnulus ⟨ī⟩ M junger Maulesel
hinnus ⟨ī⟩ M Maulesel
hīnuleus ⟨ī⟩ M = **hinnuleus**
Hippō ⟨ōnis⟩ M *Name mehrerer Städte;* ~ **Regius** *Stadt an der Küste Numidiens*
hippocentaurus ⟨ī⟩ M Kentaur, *Fabelwesen mit dem Oberkörper eines Menschen und dem Unterkörper eines Pferdes*
Hippocratēs ⟨is⟩ M *von Kos, berühmtester Arzt des Altertums*
Hippodamē ⟨ēs⟩ F u. **Hippodamēa** u. **Hippodamīa** ⟨ae⟩ F *Gattin des Pelops, Mutter des Atreus u. des Thyestes*
hippodamus ⟨ī⟩ M Reiter
hippodromos u. **hippodromus** ⟨ī⟩ M Pferderennbahn, Zirkus
Hippolytē ⟨ēs⟩ F *Königin der Amazonen*
Hippolytus ⟨ī⟩ M *Sohn des Theseus, wies die Liebe seiner Stiefmutter Phaedra zurück*
Hippōnactēī ⟨ōrum⟩ MPL Hinkiamben
hippoperae ⟨ārum⟩ FPL Packsattel
hippopotamus ⟨ī⟩ M Flusspferd
hippotoxota ⟨ae⟩ M berittener Bogenschütze
hippūros u. **hippūrus** ⟨ī⟩ M *Fisch, vielleicht* Goldkarpfen
hīra ⟨ae⟩ F 1 leerer Darm 2 PL Eingeweide
hircīnus ⟨a, um⟩ ADJ 1 vom Bock, Bocks... 2 wie ein Bock stinkend
hircōsī ⟨ōrum⟩ MPL Stinkböcke
hircōsus ⟨a, um⟩ ADJ stinkend wie ei[n] Bock
hircus ⟨ī⟩ M 1 Ziegenbock 2 Bocksge[-] stank 3 *fig* geiler Bock
hirnea ⟨ae⟩ F Kanne, Krug
hirniōsus ⟨a, um⟩ ADJ = **herniosus**
hirsūtus ⟨a, um⟩ ADJ 1 stachelig, bors[-] tig, struppig, rau 2 *fig* roh, ungebilde[t]
Hirtiānus u. **Hirtīnus** ⟨a, um⟩ A[DJ] des Hirtius
Hirtius ⟨ī⟩ M *röm. Gentilname;* **A.** ~ *L[e-] gat Caesars u. Freund Ciceros; Verfass[er] des 8. Buches von Caesars De bello Galli[co]*
hirtus ⟨a, um⟩ ADJ = **hirsutus**
hirūdō ⟨inis⟩ F 1 Blutegel 2 *fig* Blu[t-] sauger
hirundinīnus ⟨a, um⟩ ADJ Schwa[l-] ben...
hirundō ⟨inis⟩ F Schwalbe
hīscere ⟨ō, -, - 3.⟩ A VI 1 sich öffne[n,] klaffen 2 den Mund auftun B VT ~ r[e-] **ges** versuchen Könige zu besingen
Hispānia ⟨ae⟩ F Spanien; **(duae) H[is-] spaniae** die zwei spanischen Provinze[n] *Hispania citerior (Tarraconensis) u. Hisp[a-] nia ulterior (Lusitania et Baetica);* **Hisp[ā-] nicus** ⟨a, um⟩ ADJ spanisch; **Hisp[ā-] niēnsis** ⟨e⟩ ADJ spanisch, in Spani[en] stationiert; **Hispānus** ⟨a, um⟩ A[DJ] spanisch; **Hispānus** ⟨ī⟩ M Spanier
hispidus ⟨a, um⟩ ADJ rau, struppig
Hister ⟨trī⟩ M die untere Donau
★**historia** ⟨ae⟩ F 1 Geschichte, G[e-] schichtsforschung, -schreibung 2 G[e-] schichtswerk 3 Erzählung 4 Sage
historiālis ⟨e⟩ ADJ geschichtlich
historicus A ⟨a, um, *adv* historic[ē]⟩ ADJ geschichtlich B ⟨ī⟩ M Geschichtsf[or-] scher, -schreiber
Histria ⟨ae⟩ F Istrien
histricus ⟨a, um⟩ ADJ zu den Scha[u-] spielern gehörig, Theater...; **imperi[um] histricum** Schauspieldirektion
histriō ⟨ōnis⟩ M Schauspieler
histriōnālis ⟨e⟩ ADJ Schauspieler...
histriōnia ⟨ae⟩ F Schauspielkunst
hiulcāre ⟨ō, -, ātum 1.⟩ spalten
hiulcus ⟨a, um, *adv* hiulcē⟩ ADJ 1 k[laf-] fend, rissig 2 *fig* gierig 3 RHET du[rch] häufigen Hiat gestört
hōc A ADV = **huc** B → hic[1]
★**ho-diē** ADV 1 heute; ~ **mane** he[ute] Morgen 2 *fig* heutzutage; **~que** a[...]

heute noch **3** sogleich
odiernus ⟨a, um⟩ ADJ **1** heutig **2** jetzig
ol… = ol…
omēri(a)cus ⟨a, um⟩ ADJ homerisch, des Homer; → Homerus
omērida ⟨ae⟩ M = **Homeronida**
omērius ⟨a, um⟩ ADJ = **Homericus**
omērōnida ⟨ae⟩ M Nachahmer Homers; → Homerus
omērus ⟨ī⟩ M Homer, *griech. Dichter,* . *Jh. v. Chr.; Werke: Ilias u. Odyssee*
omi-cīda ⟨ae⟩ **A** M *u.* F Mörder(in) **B** ADJ männermordend
omicīdium ⟨ī⟩ N Mord
omō ⟨inis⟩ M **1** Mensch **2** Mann; ~ **e plebe** Mann aus dem Volk **3** Sklave **4** PL Leute, Angehörige **5** Soldaten, ußvolk; **mille homines** tausend Mann
omoeoteleuton ⟨ī⟩ N ähnlich klingender Ausgang, Reim
omōnyma ⟨ōrum⟩ NPL gleichlautende Wörter *mit verschiedener Bedeutung*
omullus ⟨ī⟩ M *u.* **homunciō** ⟨ōnis⟩ M *u.* **homunculus** ⟨ī⟩ M Menschlein, chwächling
onestāmentum ⟨ī⟩ N Schmuck, erde
onestāre ⟨ō, āvī, ātum 1.⟩ ehren, uszeichnen, zieren, schmücken, adeln
onestās ⟨ātis⟩ F **1** Ehre, Ansehen **2** Auszeichnungen **3** *(des Charakters)* rbarkeit, Anständigkeit, Tugend **4** hönheit
onestus ⟨a, um, *adv* honestē⟩ ADJ **1** Ehren stehend, angesehen **2** ehrenll, ehrenhaft **3** schön, edel
nor ⟨ōris⟩ M **1** Ehre, Auszeichnung, nerkennung; **alicui honorem afferre** n Ehre erweisen **2** Hochachtung, Verrung, Scheu **3** Ehrenamt **4** Ehrentitel Ehrengeschenk, Honorar **6** REL Opfer abe), Ehrenfest **7** Ansehen, Ruhm **8** erde, Schmuck, Schönheit
nōrābilis ⟨e⟩ ADJ ehrenvoll
nōrāre ⟨ō, āvī, ātum 1.⟩ ehren
nōrārius ⟨a, um⟩ ADJ Ehren…
nōrātus **A** ⟨a, um, *adv* honōrātē⟩ **1** geehrt, geachtet, angesehen **2** renvoll **B** ⟨ī⟩ M Würdenträger
nōri-ficus ⟨a, um, *adv* honōrificē⟩ ehrenvoll
nōrius ⟨ī⟩ M *weström. Kaiser 395–423 n. Chr.*
honōrus ⟨a, um⟩ ADJ ehrenvoll
★**honōs** ⟨ōris⟩ M = **honor**
hoplomachus ⟨ī⟩ M schwer bewaffneter Gladiator
★**hōra** ⟨ae⟩ F **1** Stunde; ~ **quarta** etwa 10 Uhr; **quota ~ est?** wie viel Uhr ist es?; **in horas/in horam** von Stunde zu Stunde; *pl* Uhr **2** Zeit, Jahreszeit
Hōrae ⟨ārum⟩ FPL die Horen, *die drei Töchter des Zeus u. der Themis, Göttinnen der Jahreszeiten*
hōraeos *u.* **hōraeus** ⟨a, um⟩ ADJ rechtzeitig eingesalzen, mariniert
Horātius ⟨a, um⟩ *röm. Gentilname;* **Q. ~ Flaccus** *65–8 v. Chr., größter Lyriker Roms, Verfasser von Oden, Epoden, Satiren und Briefen*
hordeāceus *u.* **hordeācius** ⟨a, um⟩ ADJ aus Gerste, Gersten…
hordeārius ⟨a, um⟩ ADJ Gersten…
hordēius ⟨a, um⟩ ADJ = **hordeaceus**
hordeum ⟨ī⟩ N Gerste
hōria *u.* **hōriola** ⟨ae⟩ F Fischerkahn
horizōn ⟨ontis⟩, *akk* ⟨ontem *u.* onta⟩ M Gesichtskreis, Horizont
hōrnōtinus ⟨a, um⟩ ADJ diesjährig
hōrnus ⟨a, um, *adv* hornō⟩ ADJ diesjährig, heurig; *adv* heuer
hōrologium ⟨ī⟩ N Uhr, Sonnen-, Wasseruhr
horrendus ⟨a, um⟩ ADJ **1** schrecklich **2** erstaunlich, bewundernswert
★**horrēre** ⟨eō, uī, - 2.⟩ **A** V/I **1** starren, sich sträuben; **horrens** starrend, struppig **2** *(vor Kälte)* schaudern **3** *fig* entsetzt sein **B** V/T zurückschaudern, **crudelitatem** vor der Grausamkeit
horrēscere ⟨horrēscō, horruī, - 3.⟩ **A** V/I **1** erstarren, sich sträuben **2** *fig* schaudern **B** V/T schaudern, **procellas** vor dem Sturm
horreum ⟨ī⟩ N **1** Vorratskammmer **2** Scheune **3** Speicher, Lager
horribilis ⟨e, *adv* horribiliter⟩ ADJ **1** schrecklich; **horribile dictu** schrecklich zu sagen **2** erstaunlich
horridulus ⟨a, um⟩ ADJ **1** starrend, straff **2** struppig **3** *fig* ungehobelt
★**horridus** ⟨a, um, *adv* horridē⟩ ADJ **1** starrend, struppig, rau **2** *(Person)* wild, roh, ungebildet **3** *(Leben, Rede)* einfach, schlicht **4** *(vor Kälte)* schaudernd **5**

H

(*Sturm, Krieg usw.*) schrecklich, entsetzlich, grausig
horri-fer ⟨fera, ferum⟩ ADJ **1** schaurig **2** *fig* schrecklich
horrificāre ⟨ō, āvī, ātum 1.⟩ **1** rau machen **2** *j-n* erschrecken
horri-ficus ⟨a, um⟩ ADJ = **horribilis**
horri-sonus ⟨a, um⟩ ADJ schrecklich tönend
★**horror** ⟨ōris⟩ M **1** Schauer **2** *fig* Entsetzen **3** Ehrfurcht **4** ~ **vacui** (*nlat.*) Abscheu vor dem leeren Raum
horruī → horrere *u.* → horrescere
hōrsum ADV hierher
hortāmen ⟨inis⟩ N *u.* **hortāmentum** ⟨ī⟩ N Ermunterung(smittel)
hortāre ⟨ō, āvī, ātum 1.⟩ *u.* ★ **hortārī** ⟨or, ātus sum 1.⟩ **1** ermuntern, ermahnen, **pacem** zum Frieden **2** anfeuern **3** auffordern
hortātiō ⟨ōnis⟩ F Ermunterung, Ermahnung, **alicuius rei** zu etw
hortātīvus ⟨a, um⟩ ADJ der Ermunterung dienend
hortātor ⟨ōris⟩ M Mahner, Anreger
hortātrīx ⟨īcis⟩ F Mahnerin
hortēnsia ⟨ōrum⟩ NPL Gartenge wächse
Hortēnsiāna ⟨ōrum⟩ NPL *Ciceros philo sophische Schrift „Hortensius"*
Hortēnsiānus ⟨a, um⟩ ADJ des Hor tensius
hortēnsius ⟨a, um⟩ ADJ Garten…
Hortēnsius ⟨a, um⟩ *röm. Gentilname berühmtester Vertreter* **Q.** ~ **Hortalus** *114–50 v. Chr., neben Cicero berühmteste Redner der Zeit*
hortulus ⟨ī⟩ M **1** Gärtchen **2** PL Park
★**hortus** ⟨ī⟩ M **1** Garten, Park **2** Gemüs
★**hospes** ⟨itis⟩ **A** M (*selten* F) **1** Gast **2** Gastgeber, Wirt **3** Fremder **B** AD fremd, unerfahren
hospita ⟨ae⟩ F **1** weiblicher Gast **2** Wirtin
hospitāle ⟨is⟩ N **1** Gästezimmer **2** (*mlat.*) Krankenhaus, Herberge
hospitālis ⟨e, *adv* hospitāliter⟩ ADJ **1** Gast…, **2** gastfreundlich
hospitālitās ⟨ātis⟩ F Gastlichkeit
hospitārī ⟨or, , - 1.⟩ als Gast einkehre
hospitium ⟨ī⟩ N **1** Gastfreundscha **2** Bewirtung **3** gastliches Haus, Qua

Grammat

▶ hortari – Deponentien

Es gibt im Lateinischen viele der Form nach passive Verben, die jedoch aktive Bedeutung haben. Man spricht in diesen Fällen von Deponentien (von **deponere** „ablegen", weil diese Wörter ihre passive Bedeutung gleichsam abgelegt haben). Beispiel:

amplecti (*passive Form*)	umarmen (*aktive Bedeutung*)

Eine Passivform kann von einem Deponens nicht gebildet werden. Das Passiv muss in solchen Fällen umschrieben werden oder das Deponens muss durch ein anderes Verb ähnlicher Bedeutung ersetzt werden.

Agricola aratro utitur.	Der Bauer benutzt einen Pflug.
Aratrum ab agricola adhibetur.	Der Pflug wird vom Bauern benutzt.

Zu beachten ist außerdem, dass das Partizip Perfekt eines Deponens ebenfalls aktiv Bedeutung hat.

Caesar milites hortatus profectus est.	Nachdem Caesar die Soldaten ermahnt hatte, ist er aufgebrochen. (*wörtlich*: Der die Soldaten ermahnt habende Caesar ist aufgebrochen.)

ier, Herberge
ospitus ⟨a, um⟩ ADJ, *nur sg f u. pl n* **1** remd **2** gastfreundlich
ostia ⟨ae⟩ F Opfer(tier), Schlachtopfer
ostiātus ⟨a, um⟩ ADJ mit Opfertieren ersehen
osticum ⟨ī⟩ N Feindesland
osticus ⟨a, um⟩ ADJ **1** fremd, ausländisch **2** feindlich
osti-ficus ⟨a, um, *adv* hostificē⟩ ADJ **1** feindselig **2** feindlich
ostīlia ⟨ōrum⟩ NPL Feindseligkeiten
ostīlis ⟨e, *adv* hostīliter⟩ ADJ **1** feind-ch; **metus ~** Furcht vor dem Feind; **bel- hostilia** Kriege mit auswärtigen Feinen **2** feindselig
ostīmentum ⟨ī⟩ N Vergeltung
ostīre ⟨iō, -, - 4.⟩ vergelten; **~ contra** rückschlagen
ostis ⟨is⟩ M u. F **1** Fremde(r) **2** Feind, aatsfeind **3** *fig* Gegner
ic ADV **1** (*örtl.*) hierher; dorthin; **~ et ~** erhin und dorthin **2** *fig* hierzu, dazu, weit; **hucine?** bis hierher?, so weit?; **ucusque** bis hierher, so weit
i INT hui!, ei!, ach was!
iusce-modī u. **hūius-modī** der-tig
imānitās ⟨ātis⟩ F **1** Menschlichkeit Milde, Humanität, Freundlichkeit **3** dung, Anstand, Geschmack
mānus **A** ⟨a, um, *adv* hūmānē u. imāniter⟩ ADJ **1** menschlich, Menhen...; **genus humanum** Menschenschlecht; **res humanae** Menschliches (*Person, Sache*) menschenwürdig, gedet, edel, kultiviert **3** mild, freundh **4** gelassen **B** ⟨ī⟩ M Mensch
māre ⟨ō, āvī, ātum 1.⟩ bestatten
mātiō ⟨ōnis⟩ F Beerdigung
mectāre ⟨ō, āvī, ātum 1.⟩ = **umec-** e
mēre ⟨eō, -, - 2.⟩ = **umere**
merus ⟨ī⟩ M = **umerus**
mēscere ⟨ēscō, -, - 3.⟩ = **umescere**
midus ⟨a, um⟩ ADJ = **umidus**
mi-fer ⟨fera, ferum⟩ ADV = **umifer**
milis ⟨e, *adv* humiliter⟩ ADJ **1** (*von* tur) niedrig, klein **2** (*Ort*) tief gele-n; flach, seicht **3** (*von Ansehen*) geg, unbedeutend **4** (*Sache*) alltäglich, ftig **5** RHET schmucklos, schwunglos (*von der Gesinnung*) kleinlich, gemein **7** feig, verzagt
humilitās ⟨ātis⟩ F **1** Niedrigkeit, kleiner Wuchs; **~ siderum** niedriger Stand der Gestirne **2** *fig* niedriger Stand, niedere Herkunft **3** geringe Bedeutung, Schwäche, Ohnmacht **4** Niedergeschlagenheit, Unterwürfigkeit **5** Demut
★**hūmor** ⟨ōris⟩ M → umor
★**humus** ⟨ī⟩ F **1** Erdboden, Erde **2** Ackerland, Grund und Boden **3** Fußboden **4** Land **5** *fig* das Niedrige, das Gemeine **6** **humi** auf dem/den Boden, auf der Erde, zu Boden **7** **humo** vom Boden, aus der Erde; auf dem Boden, auf der Erde; in der Erde
Hyacinthia ⟨ōrum⟩ NPL die Hyazinthien, *dreitägiges Fest in Sparta*; → Hyacinthus
hyacinthinus ⟨a, um⟩ ADJ Hyazinthen...; → hyacinthus
Hyacinthos u. **Hyacinthus** ⟨ī⟩ M *junger Mann aus Sparta, von Apollo geliebt u. von diesem durch einen unglücklichen Diskuswurf getötet*; → hyacinthus
hyacinthus ⟨ī⟩ M BOT Hyazinthe, *violettblaue Iris bzw. Gartenrittersporn*
Hyades ⟨um⟩ FPL ASTRON die Hyaden
hyaena ⟨ae⟩ F Hyäne
Hybla ⟨ae⟩ F *Name dreier Städte auf Sizilien*
hybrida ⟨ae⟩ M u. F Mischling; Bastard
hydra ⟨ae⟩ F **1** Wasserschlange; Schlange **2** **Hydra Lernea** Hydra vom See Lerna
hydraulēs ⟨ae⟩ M Wasserorgelspieler
hydraulicus ⟨a, um⟩ ADJ durch Wasser getrieben, hydraulisch
hydraulus ⟨ī⟩ M Wasserorgel
hydria ⟨ae⟩ F Wasserkrug
hydrochoos u. **hydrochous** ⟨ī⟩ N ASTROL Wassermann
hydrōps ⟨ōpis⟩ M Wassersucht
hydrus ⟨ī⟩ M Wasserschlange; Schlange
Hygīa ⟨ae⟩ F *Göttin der Gesundheit*
Hymēn ⟨enis⟩ M **1** Gott der Ehe, Hochzeitsgott **2** Hochzeitslied
hȳmenaeos u. **hȳmenaeus** ⟨ī⟩ M **1** Braut-, Hochzeitslied **2** Hochzeit
Hymēttius ⟨a, um⟩ ADJ des Hymettus
Hymēttos u. **Hymēttus** ⟨ī⟩ M *Berg südöstl. von Athen, berühmt durch Marmor, Honig u. Thymian, heute Immitos*
hyperbaton ⟨ī⟩ N RHET Änderung der

H

normalen Wortfolge, Hyperbaton

hyperbolē ⟨ēs⟩ F RHET Übertreibung

Hyperboreī ⟨ōrum⟩ MPL MYTH die Hyperboreer, *im hohen Norden lebendes Volk*; **Hyperboreūs** ⟨a, um⟩ ADJ 1 von den Hyperboreern 2 nördlich

Hyperīōn ⟨onis⟩ M 1 *Titan, Vater des Helios/Sol, der Selene/Luna u. der Eos/Aurora* 2 Sonnengott

hypocauston *u.* **hypocaustum** ⟨ī⟩ N Heizgewölbe unter dem Fußboden

hypodidascalus ⟨ī⟩ M Unterlehrer

hypothēca ⟨ae⟩ F (Unter-)Pfand, Hypothek

Hyrcānī ⟨ōrum⟩ MPL die Einwohner von Hyrcania

Hyrcānia ⟨ae⟩ F *Landschaft des Perserreiches, südöstl. des Kaspischen Meeres*; **Hyrcānius** *u.* **Hyrcānus** ⟨a, um⟩ ADJ von Hyrcania; **mare Hyrcanum** Kaspisches Meer

hystericus ⟨a, um⟩ ADJ hysterisch

I

★**iacēre**[1] ⟨eō, uī, itūrus 2.⟩ 1 (da)liegen 2 ruhen 3 krank daliegen 4 zu Tisch liegen, **in conviviis** bei Gelagen 5 tot daliegen; **iacentes** Gefallene 6 sich aufhalten, **Brundisii** in Brundisium 7 *(Ortschaft)* gelegen sein, sich erstrecken; tief liegen, unten liegen 8 *(Bauten usw.)* in Trümmern liegen 9 *(von Gewändern)* nachschleppen 10 *fig* versunken sein, **in amore** in Liebe 11 *fig* niedergeschlagen sein 12 *fig* machtlos sein 13 *fig* brach liegen 14 *(dem Wert nach)* niedrig stehen; **pretia iacent** die Preise sind niedrig

★**iacere**[2] ⟨iaciō, iēcī, iactum 3.⟩ 1 werfen, schleudern 2 hinabwerfen, -stürzen 3 auswerfen, **ancoram** den Anker 4 wegwerfen, ausstreuen; **semina ~** säen 5 *fig* ausstoßen, vorbringen, **minas** Drohungen 6 errichten, bauen, **aggeres** Dämme

iactāns ⟨antis, *adv* iactanter⟩ ADJ prahlerisch, überheblich

iactantia ⟨ae⟩ F Prahlerei

★**iactāre** ⟨ō, āvī, ātum 1.⟩ 1 wiederho werfen, mit Kraft werfen 2 aus-, weg zuwerfen; verbreiten; **semina ~** säen ausstoßen, vorbringen, **minas** Drohu gen 4 wiederholt zur Sprache bringe 5 prahlen, **gratiam** mit seiner Belieb heit 6 **se ~** sich rühmen 7 hin un her treiben, schütteln 8 *fig* quälen, b unruhigen 9 *(Hände, Arme)* rhythmisc bewegen 10 *passiv u.* **se ~** *fig* sich vi beschäftigen, **causis** *(abl)* mit Prozesse

iactātiō ⟨ōnis⟩ F 1 das Hin- und He werfen, das Schütteln, Erschütterung Prahlerei, **virtutis** mit der Tüchtigke 3 Erschütterung, das Schwanken, **nav** des Schiffes 4 *fig* (seelische) Erregun Unbeständigkeit 5 *fig* Beifall

iactātus ⟨ūs⟩ M das Hin- und Herwe fen, das Schütteln, Erschütterung

iactitāre ⟨ō, āvī, ātum 1.⟩ öffentli vortragen

★**iactūra** ⟨ae⟩ F 1 *(der Ladung)* das A werfen 2 *fig* Einbuße, Verlust; **alicui rei iacturam facere** etw verlieren Aufwand, (Geld-)Opfer, Kosten

iactus[1] ⟨a, um⟩ PPP → iacere[2]

iactus[2] ⟨ūs⟩ M 1 das Werfen, d Schleudern 2 *(im Würfelspiel)* Wurf MIL Schussweite; **intra teli iactum** nerhalb der Schussweite

iaculābilis ⟨e⟩ ADJ zum Werfen gee net

★**iaculārī** ⟨or, ātus sum 1.⟩ A V/I d Speer werfen B V/T 1 werfen, schle dern 2 **se ~** sich stürzen 3 schieß erlegen, treffen 4 *fig* jagen, **multa** na vielem

iaculātiō ⟨ōnis⟩ F das Werfen, Wur

iaculātor ⟨ōris⟩ M 1 Schleuderer, von etw 2 MIL Speerschütze

iaculātrīx ⟨īcis⟩ F Jägerin

iaculum ⟨ī⟩ N Wurfspieß, -netz, Spe

iaculus ⟨a, um⟩ ADJ zum Werfen gee net, Wurf...; **rete iaculum** Wurfnetz

iāientāculum ⟨ī⟩ N = **ientaculum**

iāiūnus ⟨a, um⟩ ADJ = **ieiunus**

★**iam** ADV 1 schon, bereits; schon je soeben; **~ tum** schon damals; **cum** als gerade 2 nun, von nun an 3 gleich, augenblicklich; **iamiam** im nä sten Moment 4 **~ ... ~** bald ... bald

on ~ nicht mehr, noch nicht; ~ ne-
ueo ich kann nicht mehr; **vix** ~ kaum
ıehr, kaum noch 6 (*weiterführend*) fer-
er, weiter; nun gar, sogar, wirklich; ~
rimum zuerst, erstens; ~ **vero** sogar,
virklich; ~ **ut** gesetzt, dass nun
mbēus *u.* **iambicus** ⟨a, um⟩ ADJ
ETR jambisch
mbus ⟨ī⟩ M 1 METR Jambus 2 jambi-
ches Gedicht, Spottgedicht
nālis ⟨e⟩ ADJ des Ianus
niculum ⟨ī⟩ N *u.* **mōns lāniculus**
ügel Roms am rechten Ufer des Tiber
ni-gena ⟨ae⟩ M *u.* F Kind des Ianus
nitor ⟨ōris⟩ M Türhüter, Pförtner
nitrīx ⟨īcis⟩ F Pförtnerin
ntāre ⟨ō, āvī, ātum 1.⟩ = **ientare**
nthina ⟨ōrum⟩ NPL violette Kleider
nthinus ⟨a, um⟩ ADJ violett
nua ⟨ae⟩ F 1 Tür, Haustür 2 *fig* Ein-
ang, Zugang, **Asiae** (*gen*) zu Asien
nuālis ⟨e⟩ ADJ des Ianus
nuārius A ⟨a, um⟩ ADJ 1 des Ianus;
em Ianus geweiht 2 zum Januar gehö-
g B ⟨ī⟩ M Januar
nus ⟨ī⟩ M 1 bedeckter Durchgang,
rbogen, -halle 2 Ianusbogen
us ⟨ī⟩ M *altital. Gott des Ein- u. Aus-*
ngs, dargestellt mit einem nach vorn u.
ıem nach hinten gerichteten Gesicht
ō(n) ⟨onis⟩ M *Anführer der Argonau-*
ı; **Iāsonius** ⟨a, um⟩ ADJ des Iason
pis ⟨idis⟩ F Jaspis, *Halbedelstein*
ralīptēs ⟨ae⟩ M Badearzt
ēr ⟨ēris⟩ M = **Hiber**
ēricus ⟨a, um⟩ ADJ = **Hibericus**
ērus ⟨ī⟩ M = **Hiberus**
ADV 1 (*örtl.*) da, dort; **ubi** … ~ wo …
2 (*zeitl.*) da, damals, dann; ~ **demum**
ınn erst 3 *fig* dabei, darin, in diesem
nkt; **illi ~ sunt** jene sind dabei
-dem ADV 1 ebenda, an derselben
lle 2 *fig* ebendarin, bei derselben Ge-
enheit
s ⟨is *u.* idis⟩ F Ibis, *Wasservogel*
scum ⟨ī⟩ N = **hibiscum**
ida ⟨ae⟩ F = **hybrida**
s → is
cus ⟨ī⟩ M *griech. Lyriker*
rius ⟨a, um⟩ ADJ des Icarus
rus ⟨ī⟩ M *Sohn des Daedalus, versuch-*
mit seinem Vater mithilfe von Flügeln
Kreta zu fliehen, stürzte dabei ins Meer
und ertrank
īcas ⟨adis⟩ F der 20. Tag *jeden Monats*
★**īcere** ⟨īcō, īcī, ictum 3.⟩ 1 schlagen, stoßen, treffen 2 **foedus** ~ ein Bündnis schließen
īcī → icere
īconismus ⟨ī⟩ M getreue Abbildung
ictis ⟨idis⟩, *akk* ⟨ictim⟩, *akk* PL ⟨ictidas⟩ F Frettchen
ictus[1] ⟨a, um⟩ ADJ schwer getroffen, beunruhigt
★**ictus**[2] ⟨ūs⟩ M 1 Stoß, Hieb, Schlag, Stich, Wurf 2 *fig* Schicksalsschlag 3 Taktschlag 4 MIL Angriff
Īda ⟨ae⟩ F 1 *Waldgebirge südöstl. der Troas* 2 *Gebirgszug auf Kreta*
Īdaeus ⟨a, um⟩ ADJ 1 des Ida 2 phrygisch, troisch
id-circō ADV darum, deshalb
Īdē ⟨ēs⟩ F = **Ida**
★**īdem, eadem, idem** *gen* ⟨eiusdem⟩, *dat* ⟨eīdem⟩ DEM PR 1 derselbe, der gleiche; ~ **ac/atque/et/qui** derselbe wie 2 *bei gleichem Subjekt u. neuem Prädikat* zugleich, auch; **stulti iidem miseri sunt** die Dummen sind auch armselig 3 dennoch, gleichwohl
identidem ADV immer wieder
★**id-eō** ADV deswegen, darum, daher
idiōta *u.* **idiōtēs** ⟨ae⟩ M unwissender Mensch, ungebildeter Mensch, Stümper
īdōlum ⟨ī⟩ N 1 Gespenst 2 Vorstellung
★**idōneus** ⟨a, um, *adv* idōneē⟩ ADJ 1 passend, geeignet, geschickt, tauglich, fähig; **locus castris** ~ für das Lager geeigneter Platz 2 empfänglich, würdig, **re** für etw 3 straffällig
īdos *indekl* N Aussehen, Gestalt; Bild
★**Īdūs** ⟨uum⟩ F die Iden, *Datum der Monatsmitte; im März, Mai, Juli u. Oktober am 15., sonst am 13. Tag*
īdyllium ⟨ī⟩ N kleines Gedicht
iēcī → iacere[2]
iecur ⟨iecoris⟩ N Leber
iēientāculum ⟨ī⟩ N = **ientaculum**
iēiūnicōsus ⟨a, um⟩ ADJ ganz nüchtern, hungrig
iēiūnitās ⟨ātis⟩ F 1 Nüchternheit 2 RHET Trockenheit 3 Mangel an Kenntnissen
iēiūnium ⟨ī⟩ N 1 das Fasten 2 Hunger 3 Magerkeit, Unterernährung

iēiūnus ⟨a, um, *adv* iēiūnē⟩ ADJ **1** nüchtern, hungrig, durstig **2** (*Feld usw.*) dürr, trocken **3** (*geistig*) armselig

ientāculum ⟨ī⟩ N Frühstück

ientāre ⟨ō, āvī, ātum 1.⟩ frühstücken

★**igitur** KONJ, *meist nachgestellt* **1** (*schlussfolgernd*) also, daher, demnach **2** also, wie gesagt

★**ī-gnārus** ⟨a, um⟩ ADJ **1** unkundig, unwissend, unerfahren; **legum ~** ohne Kenntnis der Gesetze; **me ignaro** ohne mein Wissen **2** unbekannt, fremd

★**īgnāvia** ⟨ae⟩ F **1** Trägheit **2** Feigheit

★**ī-gnāvus** ⟨a, um, *adv* īgnāvē *u.* īgnāviter⟩ ADJ **1** träge, untätig, schlaff, matt **2** feige

ignēscere ⟨ēscō, -, - 3.⟩ **1** sich entzünden, in Brand geraten **2** *fig* entbrennen

igneus ⟨a, um⟩ ADJ **1** feurig, brennend, flammend **2** *fig* hitzig, glühend

igniculus ⟨ī⟩ M **1** Funke **2** PL *fig* erste Anfänge, Keime **3** *fig* Heftigkeit

igni-fer ⟨fera, ferum⟩ ADJ Feuer tragend

igni-gena ⟨ae⟩ M der Feuergeborene

igni-pēs ⟨pedis⟩ ADJ feuerfüßig

igni-potēns ⟨entis⟩ ADJ das Feuer beherrschend

★**ignis** ⟨is⟩, *abl* ⟨igne *u.* ignī⟩ M **1** Feuer; **aliquem aquā et igni interdicere** j-n ächten **2** Fackel **3** Blitz **4** Stern **5** Röte **6** Glut, Hitze **7** *fig* Leidenschaft, Zorn **8** Geliebte(r)

ignītus ⟨a, um⟩ ADJ feurig, glühend

★**ī-gnōbilis** ⟨e, *adv* īgnōbiliter⟩ ADJ unbekannt, unbedeutend, von niederer Herkunft

īgnōbilitās ⟨ātis⟩ F Ruhmlosigkeit, niedere Herkunft

★**īgnōminia** ⟨ae⟩ F Beschimpfung, Schande, Kränkung

īgnōminiōsus ⟨a, um, *adv* īgnōminiōsē⟩ ADJ **1** schimpflich **2** entehrt

īgnōrābilis ⟨e, *adv* īgnōrābiliter⟩ ADJ unbekannt

īgnōrantia ⟨ae⟩ F Unkenntnis, Unwissenheit

★**īgnōrāre** ⟨ō, āvī, ātum 1.⟩ **1** nicht kennen, nicht wissen; *passiv* unbekannt bleiben, unbemerkt bleiben **2** **non ~** sehr wohl wissen

īgnōrātiō ⟨ōnis⟩ F = **ignorantia**

īgnōrātus ⟨a, um⟩ ADJ **1** unbekannt, unerkannt **2** unbemerkt **3** unbewus[…] unfreiwillig

īgnōscēns ⟨entis⟩ ADJ versöhnlich

★**ī-gnōscere** ⟨gnōscō, gnōvī, gnōtu[…] 3.⟩ **1** verzeihen; **ignoscendus** verzei[…]lich **2** begnadigen, **alicui** j-n

ī-gnōtus[1] ⟨a, um⟩ PPP → ignoscere

★**ī-gnōtus**[2] ⟨a, um⟩ ADJ **1** unbekan[…] fremd **2** unbemerkt **3** von nieder[…] Herkunft **4** unkundig

ī-gnōvī → ignoscere

Iguvīnātes ⟨ium⟩ MPL *u.* **Iguvī[…]** ⟨ōrum⟩ MPL die Einwohner von Iguviu[…]

Iguvium ⟨ī⟩ N *Stadt in Umbrien, heu[…] Gubbio*

iī → ire

īle ⟨is⟩ N Schambereich, Genitalberei[…]

Ilerda ⟨ae⟩ F *Stadt in Hispania Tarra[…]nensis, heute Lerida*

īleum ⟨ī⟩ N = **ile**

īlex ⟨icis⟩ F **1** Steineiche **2** Eichel

īlia ⟨ium⟩ NPL Unterleib, Gedärme

Īlia ⟨ae⟩ F Troerin, Trojanerin

Īliacus ⟨a, um⟩ ADJ troisch, trojanisc[…]

Īliadēs[1] ⟨ae⟩ M Troer = Ganymed

Īliadēs[2] ⟨ae⟩ M Sohn der Ilia = Rom[…]lus, Remus

Īlias **A** ⟨adis⟩ ADJ F troisch, trojanis[…] **B** ⟨adis⟩ F **1** Troerin, Trojanerin die Ilias *des Homer, das Epos vom Troja[…]schen Krieg*

īlicet ADV **1** lasst uns gehen!, es ist v[…]bei, es ist aus **2** sogleich, sofort

īlicētum ⟨ī⟩ N Eichenwald

★**īlicō** ADV **1** an dem Ort, dort **2** auf […] Stelle, sofort, sogleich

īlignus ⟨a, um⟩ ADJ Eichen…

Īliī ⟨ōrum⟩ MPL die Troer, die Trojane[…]

Īlion ⟨ī⟩ N u. **Īlios** ⟨ī⟩ *f* = **Ilium**

Īlīthyia ⟨ae⟩ F *griech. Göttin der Gebu[…]hilfe, Tochter des Zeus u. der Hera*

Īlium ⟨ī⟩ N *das homerische Troja*; **Īli[…]** ⟨a, um⟩ ADJ troisch, trojanisch

illā ADV → ille

il-labefactus ⟨a, um⟩ ADJ unersch[…]tert

il-lābī ⟨lābor, lāpsus sum 3.⟩ **1** hin[…]gleiten, sich einschleichen; **~ urbi** […] in die Stadt schleichen **2** einstürzen

il-labōrāre ⟨ō, -, - 1.⟩ sich abmühe[…]

il-labōrātus ⟨a, um⟩ ADJ **1** unbear[…]tet **2** ungezwungen, mühelos

illāc ADV auf jener Seite, dort; **~ fac[…]**

zu jener Partei gehören
-lacessītus ⟨a, um⟩ ADJ ungereizt
-lacrimābilis ⟨e⟩ ADJ 1 unbeweint
2 unerbittlich, ungerührt
-lacrimāre ⟨ō, āvī, ātum 1.⟩ u. il-la-
crimārī ⟨or, ātus sum 1.⟩ 1 beweinen
2 dazu weinen
-laesus ⟨a, um⟩ ADJ unverletzt
-laetābilis ⟨e⟩ ADJ unerfreulich, trau-
ig
laqueāre ⟨ō, āvī, ātum 1.⟩ umgar-
en, verführen
lātus ⟨a, um⟩ PPP → inferre
laudātus ⟨a, um⟩ ADJ ruhmlos
lautus ⟨a, um⟩ ADJ = **illutus**
e, illa, illud *gen* ⟨illīus⟩, *dat* ⟨illī⟩
DEM PR 1 jener 2 (*örtl.*) dort gelegen,
ntlegen, abwesend 3 (*zeitl.*) damalig,
ergangen, früher; **ex illo** seitdem 4
rüher erwähnt 5 jener bekannte, jener
erühmte; jener berüchtigte; **illud So-
cratis** jener berühmte Ausspruch des
okrates 6 **hic … ~** dieser … jener,
er eine … der andere; **~ et ~** der und
er 7 folgender 8 **~ quidem** der frei-
ch, der allerdings 9 **illā viā/parte** *adv*
ort, auf jener Seite 10 **illō** *adv* dorthin;
zu jener Sache
ecebra ⟨ae⟩ F 1 Verlockung, Reiz 2
ockvogel
ecebrōsus ⟨a, um, *adv* illecebrōsē⟩
ADJ verführerisch
ectus¹ ⟨ūs⟩ M Lockung
ectus² ⟨a, um⟩ PPP → illicere
ēctus³ ⟨a, um⟩ ADJ ungelesen
epidus ⟨a, um, *adv* illepidē⟩ ADJ un-
n, abgeschmackt, witzlos
ēvī → illinere
ex ⟨icis⟩ M u. F Verführer(in), Lockvo-
l
ēxī → illicere
ADV 1 dort 2 *fig* dabei, in jener Sa-
e
ībātus ⟨a, um⟩ ADJ unvermindert
īberālis ⟨e, *adv* illīberāliter⟩ ADJ 1
es freien Mannes unwürdig, unan-
ndig 2 unhöflich 3 knauserig
berālitās ⟨ātis⟩ F 1 unwürdiges Be-
hmen, 2 Ungezogenheit 3 Knauserei
c¹ ⟨illaec, illūc⟩ DEM PR jener da
c² ADV 1 an jenem Ort, dort, da 2 *fig*
jener Welt, im Jenseits
cere ⟨liciō, lēxī, lectum 3.⟩ 1 anlo-
cken 2 verlocken, verführen
il-licitātor ⟨ōris⟩ M Scheinkäufer
il-licitus ⟨a, um, *adv* illicitē⟩ ADJ uner-
laubt, unzulässig
il-līdere ⟨līdō, līsī, līsum 3.⟩ 1 hinein-
schlagen, -stoßen 2 anschlagen, ansto-
ßen 3 zerschlagen, zerschmettern
il-ligāre ⟨ō, āvī, ātum 1.⟩ 1 an-, fest-
binden, befestigen 2 *fig* verpflichten
3 *fig* umgarnen 4 *fig* hemmen
illim ADV 1 von da, von dort 2 von da
an
il-līmis ⟨e⟩ ADJ schlammfrei
illinc ADV von dort; dort
il-linere ⟨linō, lēvī, litum 3.⟩ 1 auf-
streichen 2 bestreichen, überziehen
il-liquēfactus ⟨a, um⟩ ADJ flüssig ge-
macht, geschmolzen
il-līsī → illidere
il-līsus ⟨a, um⟩ PPP → illidere
il-litterātus A ⟨a, um⟩ ADJ ungelehrt,
unwissenschaftlich B ⟨i⟩ M (*mlat.*) Laie
illō → ille
illōc ADV = **illuc²**
il-locābilis ⟨e⟩ ADJ nicht an den Mann
zu bringen, nicht zu verheiraten
il-lōtus ⟨a, um⟩ ADJ = **illutus**
illūc¹ → illic¹
illūc² ADV 1 dorthin, dahin; **~/huc (et)
~** hierhin und dorthin, nach allen Seiten
2 ins Jenseits
il-lūcēre ⟨eō, -, - 2.⟩ leuchten, **alicui
rei** auf etw
il-lūcēscere ⟨lūcēscō, lūxī, - 3.⟩ zu
leuchten beginnen; **illucescit** es wird
Tag
★il-lūdere ⟨lūdō, lūsī, lūsum 3.⟩ 1 spie-
lend hinschreiben; **chartis** (*dat*) **~** spie-
lend zu Papier bringen 2 *fig* verspotten,
dignitati die Würde 3 *fig* täuschen, be-
trügen 4 vergewaltigen
il-lūmināre ⟨ō, āvī, ātum 1.⟩ 1 er-
leuchten 2 *fig* schmücken, verherrli-
chen
illūminātē ADV klar, erleuchtet
il-lūnis ⟨e⟩ ADJ mondlos
il-lūsī → illudere
illūsiō ⟨ōnis⟩ F Spott, Ironie
★il-lūstrāre ⟨ō, āvī, ātum 1.⟩ 1 erleuch-
ten, erhellen 2 *fig* ans Licht bringen,
aufdecken, offenbaren 3 *fig* erklären
4 *fig* verherrlichen
★illūstris ⟨e⟩ ADJ 1 hell, strahlend 2

(*Beispiel, Rede*) einleuchtend, deutlich, klar **3** (*Verstand*) glänzend, auffallend **4** (*Person*) berühmt, hervorragend; berüchtigt; **De viris illustribus** Über berühmte Männer, *Titel eines Werkes von Nepos* **5** *fig* vornehm

il-lūsus ⟨a, um⟩ PPP → illudere

illūtilis ⟨e⟩ ADJ nicht auswaschbar

il-lūtus ⟨a, um⟩ ADJ **1** ungewaschen, schmutzig **2** nicht abgewaschen

il-luviēs ⟨ēī⟩ F **1** Schmutz **2** Überschwemmung **3** Morast

Illyria ⟨ae⟩ F *u.* **Illyricum** ⟨ī⟩ N Illyrien, *9 n. Chr. von den Römern unterworfen u. in die Provinzen Dalmatia u. Pannonia aufgeteilt;* **Illyricus** ⟨a, um⟩ ADJ illyrisch; **Illyriī** ⟨ōrum⟩ MPL die Illyrer; **Illyris** ⟨idis⟩ ADJ F illyrisch

Īlōtae ⟨ārum⟩ MPL = **Hilotae**

Ilva ⟨ae⟩ F Elba

imāginārī ⟨or, ātus sum 1.⟩ sich einbilden, sich vorstellen, träumen

imāginārius ⟨a, um⟩ ADJ Schein…

imāginātiō ⟨ōnis⟩ F Einbildung

imāginōsus ⟨a, um⟩ ADJ voller Einbildung

★**imāgō** ⟨inis⟩ F **1** (*als Werk*) Bild, Abbildung, Statue **2** Ahnenbild, Wachsmaske **3** Ebenbild, Abbild **4** Schatten(bild) **5** Traumbild; Trugbild **6** Echo **7** Vorspiegelung **8** Erscheinung, Anblick **9** RHET Gleichnis, Vergleich

imbēcillis ⟨e⟩ ADJ = **imbecillus**

imbēcillitās ⟨ātis⟩ F **1** Schwäche **2** Kränklichkeit, Krankheit **3** *fig* Haltlosigkeit, Mangel an Energie

★**im-bēcillus** ⟨a, um⟩ ADJ **1** schwach, schwächlich, kraftlos **2** kränklich **3** *fig* haltlos, ohnmächtig, schwankend

★**im-bellis** ⟨e⟩ ADJ **1** unkriegerisch **2** feige **3** friedlich

★**imber** ⟨imbris⟩ M **1** Regen, Regenwasser **2** Unwetter **3** Feuchtigkeit

im-berbis ⟨e⟩ ADJ *u.* **imberbus** ⟨a, um⟩ ADJ bartlos

im-bibere ⟨bibō, bibī, - 3.⟩ *fig* sich aneignen

im-bītere ⟨bītō, -, - 3.⟩ hineingehen

imbrex ⟨icis⟩ F *u.* M **1** Hohlziegel **2** ~ **porci** Schweinerippchen

imbricus ⟨a, um⟩ ADJ *u.* **imbri-fer** ⟨fera, ferum⟩ ADJ Regen bringend, regnerisch

im-buere ⟨uō, uī, ūtum 3.⟩ **1** befeuchten **2** erfüllen **3** beflecken, vergiten **4** gewöhnen, **re** an etw **5** einwehen

imitābilis ⟨e⟩ ADJ leicht nachzuahme

imitāmen ⟨inis⟩ N = **imitatio**

★**imitārī** ⟨or, ātus sum 1.⟩ **1** nachahme **2** nachbilden **3** ähnlich sein; **imitar lunam** mondförmig **4** ersetzen **5** übesetzen **6** darstellen

imitātiō ⟨ōnis⟩ F Nachahmung

imitātor ⟨ōris⟩ M Nachahmer

imitātrīx ⟨īcis⟩ F Nachahmerin

im-maculātus ⟨a, um⟩ ADJ unbeflec

im-madēscere ⟨madēscō, maduī, 3.⟩ nass werden, feucht werden

★**im-mānis** ⟨e, *adv* immāne⟩ ADJ **1** u geheuer, riesig **2** (*Person*) grausam (*Tier*) wild **4** (*Sache*) entsetzlich, furc bar

immānitās ⟨ātis⟩ F **1** ungeheure Gr ße **2** Grausamkeit **3** Scheusal

im-mānsuētus ⟨a, um⟩ ADJ ung zähmt, unbändig, roh, wild

immātūritās ⟨ātis⟩ F **1** Unreife **2** Voreiligkeit

im-mātūrus ⟨a, um⟩ ADJ **1** unreif *fig* zu früh (erfolgt)

im-medicābilis ⟨e⟩ ADJ unheilbar

★**im-memor** ⟨oris⟩ ADJ **1** nicht bede kend, vergessend, **dignitatis** seine W de **2** undankbar

im-memorābilis ⟨e⟩ ADJ **1** nicht wähnenswert **2** schweigsam

im-memorātus ⟨a, um⟩ ADJ un wähnt

★**im-mēnsus** ⟨a, um⟩ ADJ unermessli ungeheuer, unendlich

im-merēns ⟨entis⟩ ADJ nicht verc nend, unschuldig

im-mergere ⟨mergō, mersī, mers 3.⟩ eintauchen, versenken; *passiv u.* s eindringen

im-meritus ⟨a, um, *adv* immeri ADJ **1** unschuldig **2** unverdient, unv schuldet

im-mersābilis ⟨e⟩ ADJ unversenkb

immētātus ⟨a, um⟩ ADJ unvermess

im-migrāre ⟨ō, āvī, ātum 1.⟩ einw dern, einziehen

★**im-minēre** ⟨eō, -, - 2.⟩ **1** herein-, überragen, sich hinneigen **2** überrag beherrschen, **itineri** den Weg **3** *glück)* hart bedrängen, bedrohen, **portis** *dat)* die Tore **4** trachten, streben, **alicui** **ei** nach etw **5** drohen, bevorstehen

n-minuere ⟨uō, uī, ūtum 3.⟩ **1** *(Preis usw.)* vermindern, verringern **2** *(Kräfte)* chwächen, entkräften **3** geringschät- ig behandeln

nminūtiō ⟨ōnis⟩ F **1** Verminderung, erkleinerung; ~ **corporis** Verkrüppe- ung **2** *fig* Schmälerung, Beeinträchti- ung **3** RHET scheinbar verkleinernder usdruck, Litotes

n-miscēre ⟨misceō, miscuī, mixtum .⟩ **1** hineinmischen; einreihen, ein- echten, verbinden; **pedites equitibus** die Fußsoldaten unter die Reiterei mi- chen **2** *passiv u.* **se** ~ teilnehmen, **bello** m Krieg

-miserābilis ⟨e⟩ ADJ erbarmungs- s

-mītis ⟨e⟩ ADJ **1** herb, unreif **2** *fig* nsanft, streng, hart

-mittere ⟨mittō, mīsī, missum 3.⟩ hineinschicken, -lassen **2** MIL vorrü- ken lassen; *passiv u.* **se** ~ sich hinein- ürzen **3** hineinleiten **4** loslassen; **ha- enas** ~ die Zügel schießen lassen **5** *Geschosse)* hineinschleudern, abschie- en **6** JUR einsetzen, **in bona** in den Be- tz der Güter **7** hineintreiben, einset- n; **tigna in flumen** ~ Pfähle in den uss rammen **8** zufügen **9** wachsen ssen, **vitem** den Weinstock

mō ADV **1** *(bestätigend)* aber ja, ge- iss doch, allerdings **2** *(ablehnend)* ein, im Gegenteil, keineswegs; ~ **vero** ineswegs **3** *(steigernd)* ja sogar

-mōbilis ⟨a, um⟩ ADJ **1** unbeweg- h **2** *fig* unerschütterlich **3** *fig* untätig

mōbilitās ⟨ātis⟩ F Unbeweglichkeit

moderātiō ⟨ōnis⟩ F Maßlosigkeit

-moderātus ⟨a, um, *adv* immode- ē⟩ ADJ **1** unermesslich, unendlich **2** maßlos, übertrieben

modestia ⟨ae⟩ F **1** Maßlosigkeit, bescheidenheit **2** MIL Disziplinlosig- t

-modestus ⟨a, um, *adv* immodes- ADJ **1** unmäßig, maßlos **2** *fig* unbe- eiden

-modicus ⟨a, um, *adv* immodicē⟩ **1** übermäßig groß **2** *fig* maßlos, zü- los, übertrieben

im-moenis ⟨e⟩ ADJ = **immunis**

★**im-molāre** ⟨ō, āvī, ātum 1.⟩ **1** opfern, **lovi** ~ dem Jupiter **2** töten

immolātiō ⟨ōnis⟩ F Opfer, Opferung

im-morārī ⟨or, ātus sum 1.⟩ sich auf- halten, **alicui rei/in re** bei etw

im-morī ⟨morior, mortuus sum 3.⟩ sterben, **sorori** ~ auf der Leiche der Schwester; **studiis** *(dat)* ~ sich totarbei- ten

★**im-mortālis** **A** ⟨e, *adv* immortāliter⟩ ADJ **1** unsterblich **2** *fig* unvergänglich **3** selig **B** ⟨is⟩ M Gott

immortālitās ⟨ātis⟩ F **1** Unsterblich- keit **2** *fig* ewiger Ruhm **3** Seligkeit

im-mōtus ⟨a, um⟩ ADJ **1** unbewegt; unbeweglich, ruhig **2** *fig* ungestört **3** unerschütterlich **4** ungerührt

im-mūgīre ⟨iō, iī, - 4.⟩ dazu brüllen

im-mulgeō ⟨-, -, ēre 2.⟩ hineinmelken

immunditia ⟨ae⟩ F Unsauberkeit

im-mundus ⟨a, um, *adv* immundē⟩ ADJ unsauber, schmutzig, ekelhaft

★**im-mūnis** ⟨e⟩ ADJ **1** steuerfrei, nicht tributpflichtig **2** *fig* schmarotzend **3** pflichtvergessen **4** frei, befreit, rein, **omnium rerum** von allem

immūnitās ⟨ātis⟩ F **1** das Freisein von Leistungen *od.* Steuern **2** *fig* Vergünsti- gung, Privileg **3** *fig* das Befreitsein

im-mūnītus ⟨a, um⟩ ADJ **1** unbefes- tigt, ohne Mauern **2** ungepflastert

im-murmurāre ⟨ō, -, - 1.⟩ bei/gegen *etw* murmeln, *alicui rei*

immūtābilis[1] ⟨e⟩ ADJ verändert

im-mūtābilis[2] ⟨e⟩ ADJ unveränderlich

immūtābilitās ⟨ātis⟩ F Unveränder- lichkeit

im-mūtāre ⟨ō, āvī, ātum 1.⟩ **1** verän- dern **2** RHET metonymisch gebrauchen; **Africam pro Afris** ~ Afrika für Afrikaner sagen

immūtātiō ⟨ōnis⟩ F Veränderung, Vertauschung; RHET Metonymie

immūtātus[1] ⟨a, um⟩ PPP → **immutare**

im-mūtātus[2] ⟨a, um⟩ ADJ unverändert

im-mūtēscere ⟨mūtēscō, mūtuī, - 3.⟩ verstummen

IMP. ABK = **imperator** **1** Feldherr **2** Kai- ser

im-pācātus ⟨a, um⟩ ADJ unfriedlich

im-pāctus ⟨a, um⟩ PPP → **impingere**

im-pār ⟨paris, *adv* impariter⟩ ADJ **1** ungleich, verschieden **2** (*Zahlen*) ungerade **3** (*Toga*) schief sitzend **4** nicht gewachsen **5** *fig* nicht ebenbürtig

im-parātus ⟨a, um⟩ ADJ unvorbereitet; ~ **re** mit etw nicht versehen

impartīre ⟨iō, īvī *u.* iī, ītum 4.⟩ *u.* **im-partīrī** ⟨ior, - 4.⟩ = **impertire**

im-pāstus ⟨a, um⟩ ADJ hungrig

im-patibilis ⟨e⟩ ADJ = **impetibilis**

im-patiēns ⟨entis, *adv* impatienter⟩ ADJ **1** unfähig *etw* zu ertragen, *einer Sache* nicht mächtig, *alicuius rei*; ~ **viri** männerfeindlich **2** ungeduldig **3** leidenschaftslos

impatientia ⟨ae⟩ F **1** Unfähigkeit *etw* zu ertragen, *alicuius rei* **2** Ungeduld **3** das Freisein von Leidenschaft

im-pavidus ⟨a, um, *adv* impavidē⟩ ADJ unerschrocken, furchtlos

★**impedīmentum** ⟨ī⟩ N **1** Hindernis **2** PL ★**impedimenta** Reisegepäck **3** MIL Tross, Packpferde

★**im-pedīre** ⟨iō, īvī *u.* iī, ītum 4.⟩ **1** umwickeln, festhalten; ~ **aliquem complexu** j-n umarmen **2** (*Örtlichkeit*) (ver)sperren **3** verwickeln, verwirren **4** *fig* aufhalten, verhindern, hemmen

impedītiō ⟨ōnis⟩ F Verhinderung, Hemmung

impedītus ⟨a, um⟩ ADJ **1** gehindert, gehemmt, aufgehalten **2** (*Örtlichkeit*) versperrt, unzugänglich **3** *fig* schwer bepackt; MIL nicht kampfbereit **4** (*Zeit, Krieg*) schwierig, beschwerlich

im-pēgī → impingere

★**im-pellere** ⟨pellō, pulī, pulsum 3.⟩ **1** (an)stoßen, schlagen, treffen **2** forttreiben, schütteln, schwingen **3** (*Feind*) zum Weichen bringen **4** (*Person*) niederwerfen **5** *fig* antreiben, bewegen, verleiten; **irā impulsus** aus Zorn

★**im-pendēre**[1] ⟨eō, -, - 2.⟩ **1** herüberhängen, über *etw* hängen; **saxum Tantalo** (*dat*) **impendet** ein Felsen hängt drohend über Tantalus **2** *fig* drohend bevorstehen, drohen

★**im-pendere**[2] ⟨pendō, pendī, pēnsum 3.⟩ aufwenden; ausgeben, **pecuniam in res vanas** Geld für wertlose Dinge

im-pendī → impendere[2]

impendiō ADV *beim komp* bedeutend, sehr viel; ~ **magis** weit mehr

impendiōsus ⟨a, um⟩ ADJ aufwendig

impendium ⟨ī⟩ N **1** Aufwand, Koste **2** Verlust, Schaden, Einbuße **3** Zinsen

im-penetrābilis ⟨e⟩ ADJ **1** undurch dringlich **2** *fig* unüberwindlich

impēnsa ⟨ae⟩ F **1** Aufwand, Kosten *fig* Aufopferung, Verwendung

im-pēnsus[1] ⟨a, um⟩ PPP → impende re[2]

impēnsus[2] ⟨a, um, *adv* impēnsē⟩ A **1** teuer, kostspielig **2** *fig* reichlich, b deutend **3** heftig, stark

★**im-perāre** ⟨ō, āvī, ātum 1.⟩ **1** befe len; **aliquo imperante** auf j-s Befehl; **o sides** ~ die Stellung von Geiseln befe len **2** herrschen, den Oberbefehl habe **classi** über die Flotte **3** Kaiser sein

★**imperātor** ⟨ōris⟩ M **1** Gebieter, Her Herrscher **2** Oberfeldherr **3** Kaiser

imperātōrius ⟨a, um⟩ ADJ **1** Fel herrn… **2** kaiserlich

imperātrīx ⟨īcis⟩ F Befehlshaberin

imperātum ⟨ī⟩ N Befehl, Auftrag

im-perceptus ⟨a, um⟩ ADJ uner deckt

im-percere ⟨ō, -, - 3.⟩ **1** schonen, a **cui** j-n **2** *absolut* sich schonen

im-percussus ⟨a, um⟩ ADJ geräusc los

im-perditus ⟨a, um⟩ ADJ noch v schont

im-perfectus ⟨a, um, *adv* imperfe tē⟩ ADJ **1** unvollendet, unvollkomm **2** unverdaut

imperiōsus ⟨a, um, *adv* imperiōs ADJ **1** gebietend, herrschend **2** h risch, tyrannisch, hart

imperitāre ⟨ō, āvī, ātum 1.⟩ **A** V/I fehligen, beherrschen, **ceteris** (*dat*) Übrigen **B** V/T befehlen, verlangen

imperītia ⟨ae⟩ F Unerfahrenheit

★**im-perītus** ⟨a, um, *adv* imperītē⟩ unerfahren, unkundig, **iuris civilis** bürgerlichen Recht

★**imperium** ⟨ī⟩ N **1** Befehl; **ad** ~ auf fehl **2** Macht, Gewalt; **summum/sum imperii** höchste Gewalt **3** Herrsch Regierung; **imperio potiri** sich der H schaft bemächtigen; **imperio alicu** unter j-s Herrschaft **4** Amtsgewalt MIL Oberbefehl, Kommando **6** Befe haber **7** Beamter **8** Amtsführung, - **9** Reich, Staat

Landeskunde

▶ imperium

Unter **imperium** verstand man in der Republik die Kompetenzen der höchsten römischen Volksvertreter, die sich vor allem auf die Befehlsgewalt über das Heer und die Rechtssprechung bezogen. Das Imperium war stets auf die Dauer des jeweiligen Amtes (meist ein Jahr) beschränkt. In der Kaiserzeit war der Kaiser alleiniger **imperator** auf Lebenszeit. Als **imperium Romanum** wurde das gesamte römische Herrschaftsgebiet bezeichnet. In Anlehnung daran nannte man später das riesige britische Kolonialreich *British Empire* (entlehnt aus dem franz. *empire*).

-permissus ⟨a, um⟩ ADJ unerlaubt

-perspicuus ⟨a, um⟩ ADJ undurchhaubar

-perterritus ⟨a, um⟩ ADJ unerhrocken

-pertīre ⟨iō, īvī *u.* iī, ītum 4.⟩ *u.* **im-ertīrī** ⟨ior, - 4.⟩ 1 zuteilen, schenken, dmen; ~ **alicui salutem** j-n grüßen ssen; ~ **se talem alicui** sich j-m so zein 2 ausrüsten

-perturbātus ⟨a, um⟩ ADJ ungeört, ruhig

-pervius ⟨a, um⟩ ADJ unpassierbar

pete → impetus

-petere ⟨ō, -, - 3.⟩ anfallen, angrei-ı

petibilis ⟨e⟩ ADJ unerträglich

petrābilis ⟨e⟩ ADJ 1 leicht erreich-, 2 leicht erreichend 3 überzeugend

-petrāre ⟨ō, āvī, ātum 1.⟩ 1 ausren, zustande bringen 2 (*durch Bit-*) erreichen, erlangen, durchsetzen

petrīre ⟨iō, īvī, ītum 4.⟩ zu erlangen hen

petus ⟨ūs *u.* is⟩, *abl auch* ⟨e⟩ M 1 'auf, Ansturm, schneller Lauf; **impen capere** einen Anlauf nehmen 2 Angriff, Überfall; **dare impetum in quem** j-n angreifen 3 *fig* Begeisterung, 4 Drang, Eifer; ~ **mihi est** es drängt mich 5 *fig* Leidenschaft 6 rascher Entschluss, Laune 7 Schwung, **orationis** der Rede

im-pexus ⟨a, um⟩ ADJ 1 ungekämmt, struppig, wirr 2 *fig* schmucklos, rau

im-piāre ⟨ō, āvī, ātum 1.⟩ mit Schuld beflecken; **se** ~ sündigen

impietās ⟨ātis⟩ F Pflichtvergessenheit, Gottlosigkeit, Mangel an Ehrfurcht

im-piger ⟨gra, grum, *adv* impigrē⟩ ADJ rastlos, unermüdlich

im-pingere ⟨pingō, pēgī, pāctum 3.⟩ 1 (hin)einschlagen, (an *etw/j-n*) schlagen, *alicui/alicui rei*; **alicui fustem** ~ j-n mit dem Stock schlagen 2 treiben, jagen 3 *fig* aufdrängen

★**im-pius** ⟨a, um, *adv* impiē⟩ ADJ pflichtvergessen, gewissenlos, gottlos

im-plācābilis ⟨e⟩ ADJ unversöhnlich

im-plācātus ⟨a, um⟩ ADJ unbesänftigt

im-placidus ⟨a, um⟩ ADJ unsanft, wild

im-plectere ⟨plectō, -, plexum 3.⟩ einflechten

★**im-plēre** ⟨eō, ēvī, ētum 2.⟩ 1 (an)füllen, 2 erfüllen 3 sättigen, stillen, *bes* befriedigen; *passiv* sich sättigen 4 befruchten, schwängern 5 vollständig machen, ergänzen; **luna impletur** es wird Vollmond 6 (*Maß, Zeit*) ganz anfüllen, vollenden 7 (*Amt*) ausfüllen 8 (*Versprechen*) erfüllen

★**im-plicāre** ⟨ō, āvī *u.* uī, ātum *u.* itum 1.⟩ 1 ein-, verwickeln, verflechten 2 *fig* eng verbinden 3 (*in einen Zustand*) verwickeln, verstricken; *passiv* in *etw* verwickelt werden, verstrickt werden, geraten; **morbo/in morbum implicitus** krank 4 verwirren 5 um *etw* wickeln; **bracchia collo alicuius** ~ die Arme um j-s Hals schlingen 6 umschlingen

implicātiō ⟨ōnis⟩ F Verflechtung

implicātus ⟨a, um⟩ ADJ 1 verwickelt, verworren 2 *fig* verschlossen

implicīscī ⟨īscor, - 3.⟩ in Verwirrung geraten

implicitē ADV verwickelt

★**im-plōrāre** ⟨ō, āvī, ātum 1.⟩ 1 anflehen, anrufen 2 erflehen, erbitten, **auxilium urbi** Hilfe für die Stadt

implōrātiō ⟨ōnis⟩ F Hilferuf

im-pluere ⟨uō, uī, - 3.⟩ hinein-, herabregnen; **silvis** ~ auf die Wälder herab-

I

regnen; **impluit malum** es regnet Hiebe

im-plūmis ⟨e⟩ ADJ ungefiedert, kahl

impluviātus ⟨a, um⟩ ADJ viereckig

impluvium ⟨ī⟩ *n* Impluvium, *Auffangbecken für Regenwasser im röm. Haus*

im-polītus ⟨a, um, *adv* impolītē⟩ ADJ 1 RHET ungefeilt, ungeschliffen, schmucklos 2 unvollendet

★**im-pōnere** ⟨pōnō, posuī, positum 3.⟩ 1 setzen, stellen, legen, **in caput** auf den Kopf, **in agro** in ein Gebiet, **dona aris** Gaben auf die Altäre 2 hineinsetzen, -stellen, -legen 3 SCHIFF verladen, einschiffen 4 aufsetzen, **victori coronam** dem Sieger den Kranz 5 (*Last usw.*) aufbürden 6 *fig* täuschen 7 ansetzen; **supremam manum alicui rei ~** an etw letzte Hand legen 8 (*Zügel*) anlegen; **frenos ~ alicui** j-m Zügel anlegen 9 *fig* beilegen, **labori nomen inertiae** der Arbeit den Namen Trägheit 10 (*Schlimmes*) antun, zufügen; **alicui vulnus ~** j-m eine Wunde zufügen 11 **finem ~** *fig* ein Ende setzen

im-portāre ⟨ō, āvī, ātum 1.⟩ 1 einführen 2 *fig* zufügen, verursachen

importūnitās ⟨ātis⟩ F Schroffheit, Rücksichtslosigkeit

im-portūnus ⟨a, um, *adv* importūnē⟩ ADJ 1 ungünstig 2 *fig* ungelegen, lästig 3 rücksichtslos

im-portuōsus ⟨a, um⟩ ADJ ohne Hafen

im-pos ⟨potis⟩ ADJ nicht mächtig, **animi** des Verstandes

im-positus ⟨a, um⟩ PPP → imponere

im-possibilis ⟨e⟩ ADJ unmöglich

im-posuī → imponere

★**im-potēns** ⟨entis, *adv* impotenter⟩ ADJ 1 ohnmächtig, schwach 2 nicht mächtig, nicht Herr 3 maßlos, leidenschaftlich, **alicui** gegen j-n

impotentia ⟨ae⟩ F 1 Ohnmacht 2 Zügellosigkeit

im-prānsus ⟨a, um⟩ ADJ ohne Frühstück, nüchtern

im-precārī ⟨or, ātus sum 1.⟩ (an)wünschen

imprecātiō ⟨ōnis⟩ F Verfluchung

im-pressī → imprimere

impressiō ⟨ōnis⟩ F 1 das Eindrücken, Abdruck 2 RHET Artikulation; *pl* Hebungen und Senkungen 3 MIL Überfall

im-pressus ⟨a, um⟩ PPP → imprimer

im-primere ⟨primō, pressī, pressur 3.⟩ 1 (hinein)drücken; **memoriae ~** *f* dem Gedächtnis einprägen 2 mit eine eingedrückten Zeichen versehen

★**imprīmīs** ADV besonders

im-probābilis ⟨e, *adv* improbābilite ADJ verwerflich

im-probāre ⟨ō, āvī, ātum 1.⟩ missbil gen, verwerfen, tadeln

improbātiō ⟨ōnis⟩ F Missbilligung

improbitās ⟨ātis⟩ F Schlechtigke Unredlichkeit, Frechheit

improbulus ⟨a, um⟩ ADJ etwas drei

★**im-probus** ⟨a, um, *adv* improbē⟩ A 1 (*Ware*) schlecht, unbrauchbar 2 (*Pe son*) böse, unredlich, boshaft 3 (*Müh* maßlos, übertrieben 4 (*Verse*) unanstä dig, schamlos

im-prōcērus ⟨a, um⟩ ADJ von nied gem Wuchs, unansehnlich

im-properātus ⟨a, um⟩ ADJ unb schleunigt, langsam

im-proprius ⟨a, um, *adv* impropri ADJ unpassend

im-prōvidus ⟨a, um⟩ ADJ 1 ahnun los 2 ADV **imprōvidē** unvorsichtig

★**im-prōvīsus** ⟨a, um⟩ ADJ unvorherg sehen, plötzlich; **(de/ex) improviso** c unversehens, unerwartet

im-prūdēns ⟨entis, *adv* imprūdente ADJ 1 ahnungslos 2 unabsichtlich unkundig, unerfahren, **maris** in der S fahrt 4 unklug, unverständig

imprūdentia ⟨ae⟩ F 1 Ahnungslos keit 2 Unabsichtlichkeit 3 Unkennt 4 Unklugheit

impūberēs ⟨um⟩ MPL *u.* **impūbe** ⟨ium⟩ MPL Kinder, Jungen

im-pūbēs[2] ⟨eris⟩ ADJ *u.* **im-pūb** ⟨e⟩ ADJ noch nicht erwachsen, un jugendlich

★**im-pudēns** ⟨entis, *adv* impudent ADJ schamlos, unverschämt

impudentia ⟨ae⟩ F Schamlosigk Unverschämtheit, Frechheit

impudīcitia ⟨ae⟩ F Unkeuschheit, zucht

im-pudīcus ⟨a, um, *adv* impudī ADJ unzüchtig

im-pūgnāre ⟨ō, āvī, ātum 1.⟩ 1 greifen 2 *fig* bekämpfen, anfeinden

im-pulī → impellere

npulsiō ⟨ōnis⟩ F Anregung
npulsor ⟨ōris⟩ M Antreiber, Anreger;
ne impulsore auf meine Anregung
n-pulsus¹ ⟨a, um⟩ PPP → impellere
npulsus² ⟨ūs⟩ M 1 Anstoß 2 *fig* An-
rieb, Anregung
n-pūne ADV 1 ungestraft, straflos 2
hne Schaden, ohne Gefahr
npūnitās ⟨ātis⟩ F 1 Straflosigkeit 2
g Zügellosigkeit
npūnītus ⟨a, um, *adv* impūnītē⟩ ADJ
1 straflos 2 *fig* zügellos
npūrātus ⟨a, um⟩ ADJ schmutzig,
chuftig
npūritās ⟨ātis⟩ F *u.* **impūritia** ⟨ae⟩
Unanständigkeit
-pūrus ⟨a, um, *adv* impūrē⟩ ADJ 1
nrein, schmutzig 2 *fig* lasterhaft, ge-
ein, abscheulich
-putāre ⟨ō, āvī, ātum 1.⟩ anrechnen
putātor ⟨ōris⟩ M der mit seinen gu-
n Taten prahlt
-putātus ⟨a, um⟩ ADJ unbeschnit-
n
ulus ⟨a, um⟩ ADJ ganz unten, zuun-
rst
um ⟨ī⟩ N das Unterste, Boden; **ab/ex**
o von unten an, zuunterst
us ⟨a, um⟩ ADJ 1 (*örtl.*) unterster,
fster, *meist partitiv* = der unterste Teil,
und, Boden, Tiefe; **in imo mari** in der
efe des Meeres; **cauda ima** Schwanz-
de 2 (*zeitl.*) letzter 3 (*dem Rang nach*)
edrigster
A PRÄP 1 (*örtl.*) in, an, auf, bei; **in-si-**
re in/auf *etw* sitzen 2 (*Richtung*) ein-,
ein-; **in-ire** hinein-gehen B PRÄP *+akk*
(*Richtung, Ausdehnung, Einteilung,*
ndel) in, nach, zu; **~ urbem redire**
die Stadt zurückkehren; **Gallia est di-**
a ~ partes tres Gallien ist in drei Teile
geteilt; **redigere aliquem ~ avem** j-n
einen Vogel verwandeln; **~ Asiam**
ficisci nach Asien aufbrechen; **~ om-**
s partes nach allen Richtungen; **sex**
des ~ longitudinem sechs Fuß lang;
us vocare *fig* vor Gericht zitieren 2
tl.) in … hinein, bis in … hinein; **bel-**
n ~ hiemem ducere den Krieg in den
ter hineinziehen 3 (*zeitl.*) auf, für; **~**
m für einen Tag 4 (*Zweck, Absicht*)
für, wegen; **~ auxilium vocare** zu
e rufen; **~ hoc/haec/id** dafür, dazu,
deswegen 5 gegen, mit Rücksicht auf; **saevire ~ aliquem** gegen j-n wüten 6 (*Art, Weise*) in, nach, gemäß, auf, wie; **~ barbarum** nach Art eines Barbaren; **~ numerum ludere** nach dem Takt spielen; **~ patrum morem** nach Sitte der Väter 7 (*Wendungen*) **~ rem esse** förderlich sein; **~ quantum** inwieweit; **~ vicem** wechselweise C PRÄP *+abl* 1 (*örtl., Ruhelage, auch bei Verben, nach denen im Deutschen mit „wohin?" gefragt wird*) in, an, auf, bei; **~ urbe vivere** in der Stadt leben; **~ mensa ponere** auf den Tisch stellen; **~ barbaris** bei den Barbaren 2 (*örtl.*) innerhalb; **~ tribus milibus** innerhalb von drei Meilen 3 (*zeitl.*) in, innerhalb, im Verlauf von, während, zu; **~ sex mensibus** innerhalb von sechs Monaten; **~ multis annis** im Verlauf vieler Jahre; **~ die** während des Tages; **~ tempore venire** zur rechten Zeit kommen 4 (*Umstände*) in, an, bei, bei Gelegenheit von; **~ rebus adversis** im Unglück 5 (*Beziehung*) bezüglich, hinsichtlich, an, bei, gegen; **laudare aliquem ~ re** j-n bezüglich einer Sache loben 6 (*Zugehörigkeit*) unter, zu; **~ amicis numerare** zu seinen Freunden zählen

in-² PRÄF, *il- vor l; im- vor b, p,* M; *ir- vor r; i- vor gn; sonst in-*, nicht, ohne, un- *zur Verneinung;* **il-licitus** un-erlaubt; **in-nocens** un-schuldig

in-accessus ⟨a, um⟩ ADJ unzugänglich

Īnachus ⟨ī⟩ M *Hauptfluss von Argos, heute Panitsa*

in-ads… = **in-ass…**

in-adt… = **in-att…**

in-aedificāre ⟨ō, āvī, ātum 1.⟩ 1 anbauen 2 zubauen, verbauen

in-aequābilis ⟨e, *adv* inaequābiliter⟩ ADJ uneben, ungleichmäßig

in-aequālis ⟨e, *adv* inaequāliter⟩ ADJ 1 uneben, schief 2 *fig* ungleich 3 *fig* unbeständig

inaequālitās ⟨ātis⟩ F Ungleichheit

in-aequāre ⟨ō, -, - 1.⟩ gleichmachen

in-aequus ⟨a, um⟩ ADJ = **iniquus**

in-aestimābilis ⟨e, *adv* inaestimābiliter⟩ ADJ 1 nicht schätzbar 2 *fig* unschätzbar, außerordentlich

in-aestuāre ⟨ō, -, - 1.⟩ aufbrausen

in-agitātus ⟨a, um⟩ ADJ 1 unbewegt 2 *fig* nicht beunruhigt

I

in-alpīnus ⟨a, um⟩ ADJ in den Alpen wohnend

in-amābilis ⟨e⟩ ADJ unfreundlich, unangenehm

in-amārēscere ⟨ēscō, -, - 3.⟩ bitter werden

in-ambitiōsus ⟨a, um⟩ ADJ nicht ehrgeizig, anspruchslos

in-ambulāre ⟨ō, āvī, ātum 1.⟩ auf und ab gehen, spazieren gehen

inambulātiō ⟨ōnis⟩ F das Auf-und--ab-gehen, Spaziergang

in-amoenus ⟨a, um⟩ ADJ unerfreulich

ināne ⟨is⟩ N 1 Leere 2 Unwesentliches

inānia ⟨ium⟩ MPL Nichtigkeiten

ināniae ⟨ārum⟩ FPL Leere

ināni-logista ⟨ae⟩ M Phrasendrescher

ināni-loquus ⟨a, um⟩ ADJ vergeblich redend

inānimentum ⟨ī⟩ N Leere

inānīre ⟨iō, īvī, ītum 4.⟩ leeren

★**in-ānis** ⟨e, *adv* ināniter⟩ ADJ 1 leer 2 mit leeren Händen 3 (*Provinz usw.*) arm 4 *fig* gehaltlos, wertlos 5 (*Träne usw.*) unnütz, vergeblich 6 *fig* prahlerisch

inānitās ⟨ātis⟩ F 1 Leere 2 *fig* Wertlosigkeit

in-arātus ⟨a, um⟩ ADJ ungepflügt

in-ārdēscere ⟨ārdēscō, ārsī, - 3.⟩ 1 sich einbrennen, **alicui rei** in etw 2 sich entzünden 3 *fig* entbrennen

Īnarimē ⟨ēs⟩ F = **Aenaria**

in-assuētus ⟨a, um⟩ ADJ ungewohnt

in-attenuātus ⟨a, um⟩ ADJ ungeschwächt

in-audāx ⟨ācis⟩ ADJ zaghaft

in-audīre ⟨iō, īvī *u.* iī, ītum 4.⟩ hören, gelegentlich erfahren

in-audītus ⟨a, um⟩ ADJ 1 ungehört, 2 *fig* unerhört, beispiellos

in-augurāre ⟨ō, āvī, ātum 1.⟩ A V/I Augurien anstellen; **inaugurato** nach Anstellen der Augurien B V/T feierlich (ein)weihen

in-aurāre ⟨ō, āvī, ātum 1.⟩ 1 vergolden 2 *fig* reich machen

in-aurēs ⟨ium⟩ FPL Ohrgehänge

in-auspicātus ⟨a, um, *adv* inauspicātō⟩ ADJ ohne Auspizien

in-ausus ⟨a, um⟩ ADJ ungewagt

inb... = **imb...**

in-caeduus ⟨a, um⟩ ADJ nicht abgeholzt

in-calēscere ⟨calēscō, caluī, - 3.⟩ warm werden 2 *fig* erglühen, entbre nen

in-calfacere ⟨iō, -, - 3.⟩ erwärmen

in-callidus ⟨a, um, *adv* incallidē⟩ A unklug

in-candēscere ⟨candēscō, canduī, 3.⟩ 1 weiß werden 2 erglühen

in-cantāre ⟨ō, āvī, ātum 1.⟩ dur Zaubersprüche weihen

incantatrix ⟨icis⟩ F (*mlat.*) Zauberir

incānus ⟨a, um⟩ ADJ ganz grau

incassum ADV vergeblich

in-castīgātus ⟨a, um⟩ ADJ ungetad

in-cautus ⟨a, um, *adv* incautē⟩ ADJ unvorsichtig, sorglos, **futuri** für die Z kunft 2 ungesichert

★**in-cēdere** ⟨cēdō, cessī, cessum 3.⟩ V/I 1 einhergehen 2 MIL heranrück -marschieren 3 (*Zustand usw.*) auft ten, sich verbreiten 4 befallen, **ali** j-n B V/T 1 betreten 2 befallen, **leg nes** die Legionen

in-celebrātus ⟨a, um⟩ ADJ unve fentlicht

in-cēnātus ⟨a, um⟩ ADJ hungrig

★**in-cendere** ⟨cendō, cendī, cēns 3.⟩ 1 anzünden, in Brand stecken; *pa* in Brand geraten 2 erleuchten 3 (*denschaft*) entflammen; *passiv* entbr nen 4 *fig* aufhetzen 5 (*Kräfte*) steig 6 *fig* verderben

in-cendī → incendere

★**incendium** ⟨ī⟩ N 1 Brand(stiftung *fig* Feuer, Leidenschaft 3 (*z. B.* e *Stadt*) Untergang, Verderben

incēnsiō ⟨ōnis⟩ F Brand(stiftung)

incēnsus[1] ⟨a, um⟩ ADJ 1 entbra heiß 2 *fig* feurig, begeistert

in-cēnsus[2] ⟨a, um⟩ ADJ vom Zer nicht geschätzt

in-cēnsus[3] ⟨a, um⟩ PPP → incend

in-cēpī → incipere

in-ceptāre ⟨ō, āvī, - 1.⟩ anfangen, **quid** etw

inceptiō ⟨ōnis⟩ F das Anfangen

★**inceptum** ⟨ī⟩ N *u.* **inceptus**[1] ⟨ūs 1 Anfang, Beginn 2 Vorhaben

in-ceptus[2] ⟨a, um⟩ PPP → inciper

in-cernere ⟨cernō, crēvī, crētum darüber streuen

in-certāre ⟨ō, -, - 1.⟩ unsicher mac

certō ADV → incertus
certum ⟨ī⟩ N 1 Ungewissheit, Unsi-
herheit; **in incerto habere** unent-
chlossen sein 2 PL Wechselfälle
certus ⟨a, um, *adv* incertē *u.* incer-
ō⟩ ADJ 1 ungewiss, unbestimmt 2 un-
'ar 3 unschlüssig, unsicher, **sententiae**
gen) in der Meinung
-cessere ⟨cessō, cessī, - 3.⟩ 1 an-
reifen, anfallen 2 *fig* bedrohen
-cessī → incedere *u.* → incessere
-cessum PPP → incedere
cessus ⟨ūs⟩ M 1 das Einherschrei-
en, Gangart, Gang 2 feindlicher Einfall
Marschroute 4 Zugang
cestāre ⟨ō, āvī, ātum 1.⟩ beflecken,
erunreinigen, *bes sexuell*
cestum ⟨ī⟩ N Unzucht, Blutschande;
facere/committere alicuius Unzucht
egehen mit j-m
-cestus[1] ⟨a, um, *adv* incestē⟩ ADJ 1
efleckt 2 unzüchtig, blutschänderisch
cestus[2] ⟨ūs⟩ M = **incestum**
choāre ⟨ō, āvī, ātum 1.⟩ = **incohare**
-cidere[1] ⟨cidō, cidī, - 3.⟩ 1 hineinfal-
n 2 (*in eine Zeit*) fallen, **in hunc diem**
f diesen Tag 3 sich hineinstürzen 4
ch ergießen, **flumini** in einen Fluss 5
berfallen, angreifen, **in hostem ~** den
ind 6 begegnen, zustoßen 7 *fig* gera-
n *in*, stoßen *auf*; **in manūs latronum ~**
ubern in die Hände fallen 8 vorfallen,
ch ereignen
cīdere[2] ⟨cīdō, cīdī, cīsum 3.⟩ 1 ein-
neiden 2 einhauen, -graben, -mei-
ln, **in aes** in Bronze 3 (*Weinstöcke*) be-
neiden 4 zer-, durchschneiden 5
ter-, abbrechen 6 (*Hoffnung*) rauben
cingere ⟨cingō, cinxī, cinctum 3.⟩
umgürten 2 *fig* umgeben, umschlie-
n
cipere ⟨incipiō, incēpī *u.* coepī, in-
ptum *u.* coeptum 3.⟩ A V/I beginnen
V/T anfangen, beginnen
ipissere ⟨ō, -, - 3.⟩ eifrig beginnen
cīsus ⟨a, um⟩ PPP → incidere[2]
itāmentum ⟨ī⟩ N 1 Anreiz 2 *fig*
trieb, Ansporn 3 Anstifter(in)
citāre ⟨ō, āvī, ātum 1.⟩ 1 antreiben;
siv u. **se ~** eilen, stürzen 2 *fig* an-
rnen, anfeuern 3 aufwiegeln, reizen
vergrößern, steigern
tātiō ⟨ōnis⟩ F 1 Anregung 2
Schwung 3 Antrieb, Drang
incitātus ⟨a, um, *adv* incitātē⟩ ADJ 1
schnell, rasch, lebhaft 2 MIL im Sturm-
schritt 3 *fig* erregt, aufgebracht
in-citus[1] ⟨a, um⟩ ADJ schnell
in-citus[2] ⟨a, um⟩ ADJ unbewegt; **ad in-
citas (calces) redigere** schachmatt set-
zen
in-clāmāre ⟨ō, āvī, ātum 1.⟩ A V/I ru-
fen, schreien B anschreien, um Hilfe
anrufen
in-clāmitāre ⟨ō, -, - 1.⟩ anschreien
in-clēmēns ⟨entis, *adv* inclēmenter⟩
ADJ hart, schonungslos
inclēmentia ⟨ae⟩ F Härte, Scho-
nungslosigkeit; **~ caeli** raues Klima
inclīnābilis ⟨e⟩ ADJ sich leicht neigend
★**in-clīnāre** ⟨ō, āvī, ātum 1.⟩ A V/T 1
neigen, beugen, biegen 2 zum Ge-
schlechtsverkehr hinlegen 3 *fig* hin-
wenden, -lenken 4 *fig* zum Sinken brin-
gen, zu Fall bringen 5 *fig* den Ausschlag
geben, **aliquid** einer Sache B V/I, *passiv*
u. **se ~** 1 sich neigen 2 MIL ins Wanken
kommen, weichen 3 *fig* sich hinneigen,
geneigt sein; **in hanc sententiam incli-
nari** zu der Meinung neigen 4 *fig* sich
zum Schlechten wenden; **fortuna incli-
nata est** das Glück hat sich gewendet
inclīnātiō ⟨ōnis⟩ F 1 Neigung, Bie-
gung 2 *fig* Zuneigung 3 Veränderung,
Wechsel, Wendung
inclīnātus ⟨a, um⟩ ADJ 1 geneigt, sich
neigend 2 sinkend, gesunken 3 ge-
neigt, günstig gestimmt
inclitus ⟨a, um⟩ ADJ = **inclutus**
★**in-clūdere** ⟨clūdō, clūsī, clūsum 3.⟩
1 einschließen, -sperren, **in carcerem/
in carcere** ins Gefängnis 2 umschlie-
ßen, umgeben 3 einfügen, hineinbrin-
gen 4 (*Weg*) verschließen, versperren
5 *fig* beenden
inclusive ADV (*mlat.*) einschließlich
in-clūsus ⟨a, um⟩ PPP → includere
in-clutus ⟨a, um⟩ ADJ berühmt
in-coāctus ⟨a, um⟩ ADJ ungezwungen
incoctus[1] ⟨a, um⟩ ADJ eingekocht, ge-
färbt
in-coctus[2] ⟨a, um⟩ ADJ ungekocht
in-cōgitābilis ⟨e⟩ ADJ *u.* **incōgitāns**
⟨antis⟩ ADJ unbedacht, unbesonnen
incōgitantia ⟨ae⟩ F Unbedachtheit
in-cōgitāre ⟨ō, -, - 1.⟩ sich *etw* ausden-

ken, **socio** *(dat)* gegen den Gefährten

in-cōgitātus ⟨a, um⟩ ADJ 1 unbedacht 2 unüberlegt 3 undenkbar

in-cognitus ⟨a, um⟩ ADJ 1 unbekannt 2 nicht erkennbar 3 JUR nicht untersucht 4 nicht (als Eigentum) anerkannt

★**in-cohāre** ⟨ō, āvī, ātum 1.⟩ 1 anfangen, beginnen 2 *fig* zu beschreiben beginnen 3 *fig* zur Sprache bringen

incohātus ⟨a, um⟩ ADJ unvollendet; **quaestio incohata** offene Frage

★**incola** ⟨ae⟩ A M *u.* F 1 Einwohner, Bewohner 2 POL nicht eingebürgerter Bewohner B ADJ einheimisch

incolentēs ⟨ium⟩ MPL die Einwohner

★**in-colere** ⟨colō, coluī, cultum 3.⟩ A V/T bewohnen B V/I wohnen

★**in-columis** ⟨e⟩ ADJ unversehrt, unverletzt, wohlbehalten

incolumitās ⟨ātis⟩ F Unversehrtheit, Wohlbefinden, Sicherheit

in-comitātus ⟨a, um⟩ ADJ ohne Geleit, unbegleitet

in-comitiāre ⟨ō, -, - 1.⟩ öffentlich beschimpfen

in-commendātus ⟨a, um⟩ ADJ nicht zur Schonung empfohlen

incommodāre ⟨ō, āvī, ātum 1.⟩ beschwerlich fallen

incommodesticus ⟨a, um⟩ ADJ lästig

incommoditās ⟨ātis⟩ F = **incommodum**

★**incommodum** ⟨ī⟩ N 1 Unbequemlichkeit 2 Schaden, Nachteil, Unglück

in-commodus ⟨a, um, *adv* incommodē⟩ ADJ 1 unbequem, unangenehm, lästig, beschwerlich 2 unfreundlich

in-commūtābilis ⟨e, *adv* incommūtābiliter⟩ ADJ unveränderlich

in-comparābilis ⟨e⟩ ADJ unvergleichlich

in-compertus ⟨a, um⟩ ADJ unerforscht, unsicher

in-compositus ⟨a, um, *adv* incompositē⟩ ADJ 1 ungeordnet 2 kunstlos, plump

in-comprehēnsibilis ⟨e⟩ ADJ 1 unfassbar 2 unendlich

in-cōmptus ⟨a, um⟩ ADJ 1 ungepflegt 2 ungekämmt 3 *fig* kunstlos, schlicht

in-concessus ⟨a, um⟩ ADJ 1 unerlaubt, verboten 2 unmöglich

in-conciliāre ⟨ō, āvī, - 1.⟩ 1 verfüren 2 betrügerisch an sich bringen

in-concinnus ⟨a, um, *adv* inconcinn *u.* inconcinniter⟩ ADJ unharmonisc plump, ungereimt

in-concussus ⟨a, um⟩ ADJ 1 une schüttert 2 unerschütterlich

in-conditus ⟨a, um, *adv* incondit ADJ 1 ungeordnet 2 einfach, schlic 3 kunstlos, plump

in-congruēns ⟨entis⟩ ADJ ungerein inkonsequent

in-cōnsīderātus ⟨a, um, *adv* incōn derātē⟩ ADJ unüberlegt, übereilt

in-cōnsōlābilis ⟨e⟩ ADJ untröstlich

in-cōnstāns ⟨antis, *adv* incōnstante ADJ unbeständig

incōnstantia ⟨ae⟩ F Unbeständigke

in-cōnsultus[1] ⟨a, um⟩ ADJ 1 unb fragt 2 ratlos 3 unüberlegt, unbesc nen

in-cōnsultus[2], *abl* ⟨ū⟩ M das Nicht fragen; **meo inconsulto** ohne mich b fragt zu haben

in-cōnsūmptus ⟨a, um⟩ ADJ unv braucht

in-continēns ⟨entis, *adv* incontine ter⟩ ADJ unmäßig; frech

incontinentia ⟨ae⟩ F Begierde

in-conveniēns ⟨entis⟩ ADJ nicht üb einstimmend, unähnlich

in-coquere ⟨coquō, coxī, coctum 1 in *etw* hineinkochen 2 färben 3 chen, braten

in-corruptus ⟨a, um, *adv* incorrup ADJ 1 unverdorben, unversehrt 2 e 3 aufrichtig 4 unbestechlich, unbe chen

in-crēbrāre ⟨ō, āvī, ātum 1.⟩ hä tun

in-crēb(r)ēscere ⟨crēb(r)ēs crēb(r)uī, - 3.⟩ häufig werden, zun men, sich verbreiten

★**in-crēdibilis** ⟨e, *adv* incrēdibili ADJ 1 unglaublich 2 *fig* erstaunlich unzuverlässig

in-crēdulus ⟨a, um⟩ ADJ ungläubi

incrēmentum ⟨ī⟩ N 1 Wachstum Zuwachs, Vermehrung 3 *fig* Stamm Nachwuchs, Same, Saat

in-crepāre ⟨ō, uī *u.* āvī, itum *u.* ā 1.⟩ A V/I 1 rauschen, lärmen, krac 2 laut zurufen, zuschreien 3 *fig* werden **3** VT **1** ertönen lassen **2** anfahren, schelten **3** vorwerfen **4** bejammern **5** antreiben

ıcrepitāre ⟨ō, āvī, ātum 1.⟩ schelten, aut tadeln, anfahren

ı-crēscere ⟨crēscō, crēvī, - 3.⟩ **1** ›in-, anwachsen **2** *fig* zunehmen, wachen

ı-crētus ⟨a, um⟩ PPP → incernere

ı-cruentātus ⟨a, um⟩ ADJ unblutig

-cruentus ⟨a, um⟩ ADJ **1** unblutig, ›hne Blutvergießen **2** unverwundet

-cubāre ⟨ō, uī u. āvī, itum u. ātum ⟩ **1** in/auf *etw* liegen, **cortici** auf Rinde **1** sich aufhalten **3** (*zum wahrsagenden* *chlaf*) liegen **4** aufmerksam bewachen, **uro** Gold **5** *fig* über *etw* brüten, *alicui* *ei*

-cubitus ⟨a, um⟩ PPP → incubare *u.* → incumbere

cubuī → incubare *u.* → incumbere

-cūdere ⟨cūdō, cūdī, cūsum 3.⟩ :hmieden, bearbeiten

-culcāre ⟨ō, āvī, ātum 1.⟩ **1** einfüen **2** *fig* einprägen **3** *fig* aufdrängen

-cultus¹ ⟨a, um, *adv* incultē⟩ ADJ **1** nbebaut **2** (*z. B. Verse*) schmucklos, nfach **3** (*äußerlich*) ungepflegt **4** (*Sitn, Volk*) ungebildet, roh

cultus² ⟨ūs⟩ M **1** Vernachlässigung Mangel an Bildung

cultus³ ⟨a, um⟩ PPP → incolere

cumbere ⟨cumbō, cubuī, cubitum ⟩ **1** sich an/auf *etw* legen, lehnen, ıtzen, *alicui rei* **2** sich stürzen, **ferro** ; Schwert **3** stürzen, **in hostes** auf e Feinde **4** sich über *etw* beugen **5** sich widmen, **ad/in bellum** dem Krieg

ūnābula ⟨ōrum⟩ NPL **1** Windeln, ckelbänder **2** *fig* Wiege **3** erste Kindit **4** Geburtsort **5** Ursprung

cūrātus ⟨a, um⟩ ADJ ungeheilt

cūria ⟨ae⟩ F **1** Mangel an Sorgfalt Vernachlässigung

ūriōsus ⟨a, um, *adv* incūriōsē⟩ ADJ sorglos, nachlässig, gleichgültig **2** ›nachlässigt

currere ⟨currō, currī u. cucurrī, ›sum 3.⟩ **1** laufen, rennen, **in colum-** ; *Sprichwort* mit dem Kopf gegen die nd **2** MIL angreifen, **(in) aliquem/ali-** j-n **3** einfallen **4** *j-m* begegnen, auf stoßen, *alicui* **5** (*örtl.*) an *etw* stoßen, **in publicum Cumanum** an das Land von Cumae **6** (*in einen Zustand*) geraten, verfallen **7** (*Ereignis*) eintreffen, vorfallen

incursāre ⟨ō, āvī, ātum 1.⟩ **1** stoßen, **rupibus** (*dat*) auf Felsen **2** einfallen, anstürmen **3** *fig* sich aufdrängen

incursiō ⟨ōnis⟩ F **1** Anlauf, Andrang, Anprall **2** Angriff, Einfall, Streifzug

incursitāre ⟨ō, -, - 1.⟩ **1** losgehen, **in aliquem** auf j-n **2** gegen *j-n* anrennen

in-cursum PPP → incurrere

incursus ⟨ūs⟩ M = **incursio**

in-curvāre ⟨ō, āvī, ātum 1.⟩ **1** krümmen, biegen **2** *fig* beugen

incurvus ⟨a, um⟩ ADJ gekrümmt

incūs ⟨ūdis⟩ F Amboss; **eandem incudem tundere** immer dasselbe tun

incūsāre ⟨ō, āvī, ātum 1.⟩ beschuldigen, anklagen

incūsātiō ⟨ōnis⟩ F Beschuldigung

in-cussī → incutere

in-cussus¹ ⟨a, um⟩ PPP → incutere

incussus², *abl* ⟨ū⟩ M das Anschlagen

in-custōdītus ⟨a, um⟩ ADJ **1** unbewacht **2** unvorsichtig

incūsus ⟨a, um⟩ PPP → incudere

in-cutere ⟨cutiō, cussī, cussum 3.⟩ **1** anschlagen, (an)stoßen, **in caput** an den Kopf **2** (hin)werfen **3** *fig* einjagen, einflößen; **alicui timorem** j-m Furcht

indāgāre ⟨ō, āvī, ātum 1.⟩ **1** aufspüren **2** *fig* erforschen, entdecken

indāgātiō ⟨ōnis⟩ F Erforschung

indāgātor ⟨ōris⟩ M Erforscher

indāgō ⟨inis⟩ F **1** Umzingelung **2** Erforschung

★**in-de** ADV **1** (*örtl.*) von da, von dort **2** (*örtl.*) von dieser Seite **3** (*zeitl.*) von da an, seitdem, dann; ~ **a teneris** von zarter Jugend an **4** (*kausal*) daher, deshalb

in-dēbitus ⟨a, um⟩ ADJ nicht gebührend, unverdient

indecēns ⟨entis, *adv* indecenter⟩ ADJ unschicklich, unanständig

in-decēre ⟨eō, -, - 2.⟩ sich nicht gehören, **aliquem** für j-n

in-dēclīnābilis ⟨a, um⟩ ADJ **1** unbeugsam, fest **2** GRAM undeklinierbar

in-dēclīnātus ⟨a, um⟩ ADJ unverändert, treu

in-decoris ⟨e⟩ ADJ unrühmlich

in-decōrus ⟨a, um, *adv* indecōrē⟩ ADJ

1 unschön, hässlich **2** *fig* unanständig, unrühmlich

in-dēfessus ⟨a, um⟩ ADJ nicht ermüdet

in-dēflētus ⟨a, um⟩ ADJ unbeweint

in-demnātus ⟨a, um⟩ ADJ unverurteilt

in-demnis ⟨e⟩ ADJ ohne Schaden

in-dēprāvātus ⟨a, um⟩ ADJ unverdorben

in-dēprēnsus ⟨a, um⟩ ADJ unbemerkt

ind-eptus ⟨a, um⟩ PPERF → indipisci

in-dere ⟨dō, didī, ditum 3.⟩ **1** hineintun, -setzen, -stellen, -legen, **potioni venenum** Gift in das Getränk **2** verursachen, einflößen, **hostibus pavorem** den Feinden Furcht **3** beigeben **4** beilegen, **cognomen** einen Beinamen

in-dēsertus ⟨a, um⟩ ADJ unvergänglich

in-dēstrictus ⟨a, um⟩ ADJ unverletzt

in-dētōnsus ⟨a, um⟩ ADJ mit langem Haar

in-dēvītātus ⟨a, um⟩ ADJ unvermeidlich

index ⟨icis⟩ M *u.* F **1** Entdecker(in) **2** Anzeiger(in); Verräter(in) **3** Anzeichen, Kennzeichen **4** Zeigefinger **5** (*eines Buches*) Titel **6** (*einer Statue*) Aufschrift **7** Zusammenfassung **8** (*z. B. der Dichter*) Verzeichnis, Katalog **9** Prüfstein

India ⟨ae⟩ F Indien, *bes* Vorderindien

★**indicāre** ⟨ō, āvī, ātum 1.⟩ **1** anzeigen, aussagen; **se** ~ sich verraten **2** den Preis angeben

indicātiō ⟨ōnis⟩ F Preis-, Wertangabe

★**in-dīcere** ⟨dīcō, dīxī, dictum 3.⟩ **1** ankündigen, öffentlich bekannt geben, erklären; **bellum** ~ den Krieg erklären **2** (*Leistung*) auferlegen

★**indicium** ⟨ī⟩ N **1** Anzeige, Aussage **2** Erlaubnis zur Aussage **3** Prämie für eine Aussage **4** *fig* Kennzeichen, Merkmal, ~ **sceleris** Beweis für ein Verbrechen

indictus[1] ⟨a, um⟩ PPP → indicere

in-dictus[2] ⟨a, um⟩ ADJ **1** ungesagt, ungenannt **2** JUR ohne Verhör

indi-dem ADV ebendaher

in-didī → indere

indi-gena **A** ⟨ae⟩ ADJ eingeboren, einheimisch **B** ⟨ae⟩ M Eingeborener

indigēns ⟨entis⟩ ADJ bedürftig

indigentia ⟨ae⟩ F **1** Bedürfnis, Not **2** unersättliches Verlangen

ind-igēre ⟨eō, uī, - 2.⟩ **1** Mangel ha[ben], **re** an etw **2** nötig haben, brau[chen], **alicuius rei/re** etw **3** *absolut* be[dürftig sein] **4** vermissen, **alicuius r[ei]** etw

indiges[1] **A** ⟨etis⟩ ADJ einheimisch **B** ⟨etis⟩ M einheimische Gottheit

indiges[2] ⟨is⟩ ADJ bedürftig

in-dīgestus ⟨a, um, *adv* indīgest[ē]⟩ ADJ ungeordnet

indīgnāns ⟨antis, *adv* indīgnante[r]⟩ ADJ unwillig, ungeduldig

★**in-dīgnārī** ⟨or, ātus sum 1⟩ für unwü[r]dig halten, sich entrüsten, **aliquid** üb[er] etw

indīgnātiō ⟨ōnis⟩ F **1** Unwille **2** Ä[u]ßerung des Unwillens

indīgnitās ⟨ātis⟩ F **1** Unwürdigke[it], Niederträchtigkeit **2** Schande **3** Unw[il]le, Entrüstung

★**in-dīgnus** ⟨a, um, *adv* indīgnē⟩ ADJ [**1**] unwürdig **2** unschuldig **3** empören[d], schändlich **4** **indigne ferre** entrüs[tet] sein, *aliquid* über etw

indigus ⟨a, um⟩ ADJ bedürftig, *abso[lut]* *od.* *alicuius rei* einer Sache

in-dīligēns ⟨entis, *adv* indīligente[r]⟩ ADJ **1** nachlässig, unpünktlich, mit w[e]nig Sorgfalt **2** leichtsinnig

indīligentia ⟨ae⟩ F Nachlässigke[it], Sorglosigkeit

ind-ipīscī ⟨ipīscor, eptus sum 3.⟩ reichen, erlangen, einholen

in-discrētus ⟨a, um⟩ ADJ **1** un[ge]trennt **2** ununterscheidbar **3** ohne [Un]terschied

in-disertus ⟨a, um, *adv* indisertē⟩ [ADJ] unberedt, wortarm

in-dissolūbilis ⟨e⟩ ADJ unauflöslic[h]

in-dissolūtus ⟨a, um⟩ ADJ unauf[ge]löst

in-distīnctus ⟨a, um, *adv* indistīnc[tē]⟩ ADJ nicht unterschieden, ungeordnet

in-ditus ⟨a, um⟩ PPP → indere

indīviduum ⟨ī⟩ N **1** Atom **2** (*m*[…]) Einzelding, Einzelwesen

in-dīviduus ⟨a, um⟩ ADJ **1** untei[lbar] **2** unzertrennlich

in-dīvīsus ⟨a, um⟩ ADJ ungeteilt; **indiviso** zu gleichen Teilen

in-dīxī → indicere

in-docilis ⟨e⟩ ADJ **1** ungelehrig **2** [un]gebildet, unerfahren **3** (*Kenntnis*)

ehrbar **4** kunstlos, einfach
-doctus ⟨a, um, *adv* indoctē⟩ ADJ ungelehrt, ungebildet
dolentia ⟨ae⟩ F Unempfindlichkeit egen Schmerz
dolēs ⟨is⟩ F **1** natürliche Beschaffeneit **2** Anlage, Begabung, Talent
-dolēscere ⟨ēscō, uī, - 3.⟩ **A** V/I chmerz empfinden **B** V/T schmerzlich mpfinden
dolōria ⟨ae⟩ F = **indolentia**
-doluī → indolescere
-domābilis ⟨e⟩ ADJ unbezähmbar
-domitus ⟨a, um⟩ ADJ **1** ungezähmt, ild **2** *fig* unbezwinglich, zügellos
-dormīre ⟨iō, īvī, ītum 4.⟩ **1** auf *etw* hlafen, *alicui rei* **2** *fig* verschlafen, **mpori** den rechten Zeitpunkt
-dōtātus ⟨a, um⟩ ADJ **1** (*Schwester*) nne Aussteuer **2** (*Redekunst*) arm **3** nne Totengaben
-dubitāre ⟨ō, -, - 1.⟩ zweifeln, **viris** (*dat*) an den Kräften
-dubitātus ⟨a, um, *adv* indubitātē⟩ DJ unzweifelhaft, außer Zweifel
-dūcere ⟨dūcō, dūxī, ductum 3.⟩ **1** *eider, Waffen*) anziehen **2** überziehen, **uta pellibus** die Schilde mit Fellen **3** *B. Namen*) durchstreichen **4** (*Entheidung*) aufheben, rückgängig maen **5** (*Gesandte*) hinein-, einführen MIL anführen **7** (*als Ehefrau*) heimführ **8** öffentlich auftreten lassen, aufhren; **comoediam ~** ein Lustspiel aufhren **9** (*Neues*) einführen, aufbringen (*in einem Theaterstück*) redend/hannd einführen **11** veranlassen; verlei, verführen; **cupiditate inductus** s Gier **12** (**in**) **animum ~** sich entließen
luctiō ⟨ōnis⟩ F **1** Einführung, Zuleig; **~ aquarum** Wasserversorgung **2** Auftreten(lassen) im Zirkus **3** Verleig; **~ erroris** Irreführung **4** Neigung PHILOS Induktion(sbeweis)
uctus[1], *abl* ⟨ū⟩ M Antrieb
uctus[2] ⟨a, um⟩ ADJ eingeführt, md
ductus[3] ⟨a, um⟩ PPP → inducere
ūcula ⟨ae⟩ F Unterkleid der Frau
uere ⟨uō, uī, ūtum 3.⟩ **1** anziehen, egen, **vestem** ein Kleid **2** *passiv* sich iehen; **indutus** bekleidet, **tunicā** mit einer Tunika **3** **se ~** sich hüllen **4** **se ~** sich verwickeln, **in laqueos** in Schlingen **5** **se ~** sich stürzen, **mucrone** ins Schwert **6** **sibi ~** annehmen, **cognomen** einen Beinamen
induī → induere
indulgēns ⟨entis, *adv* indulgenter⟩ ADJ nachsichtig, gütig, gnädig
indulgentia ⟨ae⟩ F Nachsicht, Güte
★**indulgēre** ⟨dulgeō, dulsī, dultum 2.⟩ **A** V/I **1** nachsichtig sein, nachgeben; **Aeduorum civitati ~** den Stamm der Äduer begünstigen **2** sorgen, **valetudini** für die Gesundheit **B** V/T gewähren, bewilligen
in-dūrāre ⟨ō, āvī, ātum 1.⟩ **1** hart machen **2** *fig* härten, stählen
in-dūrēscere ⟨dūrēscō, dūruī, - 3.⟩ **1** hart werden **2** *fig* sich abhärten
Indus[1] ⟨a, um⟩ ADJ indisch; → India
Indus[2] ⟨ī⟩ M **1** Inder, Äthiopier, Araber; → India **2** *Hauptfluss Indiens*
indusiārius ⟨ī⟩ M Hersteller von Übertuniken
indusiātus ⟨a, um⟩ ADJ mit einer Übertunika bekleidet
★**industria** ⟨ae⟩ F Fleiß, eifrige Tätigkeit, Beharrlichkeit; (**de/ex**) **industriā** absichtlich; **sine industria** unabsichtlich
industrius ⟨a, um, *adv* industriē⟩ ADJ fleißig, tätig, beharrlich
★**indūtiae** ⟨ārum⟩ FPL **1** Waffenstillstand **2** *fig* Stillstand, Ruhe
indūtus[1] ⟨a, um⟩ PPP → induere
induviae ⟨ārum⟩ FPL Kleidung
in-dūxī → inducere
in-ēbriāre ⟨ō, āvī, ātum 1.⟩ betrunken machen, berauschen; **aurem ~** *fig* die Ohren vollschwatzen
in-edia ⟨ae⟩ F das Nichtessen, das Hungern, das Fasten
in-efficāx ⟨ācis⟩ ADJ unwirksam, schwach
in-ēlegāns ⟨antis, *adv* inēleganter⟩ ADJ unfein, geschmacklos; **ineleganter dividere** unlogisch teilen
in-ēluctābilis ⟨e⟩ ADJ unvermeidlich
in-ēmendābilis ⟨e⟩ ADJ unverbesserlich, unheilbar
in-ēmptus ⟨a, um⟩ ADJ ungekauft
in-ēnarrābilis ⟨e⟩ ADJ unbeschreiblich
in-ēnōdābilis ⟨e⟩ ADJ **1** unlösbar **2**

fig unerklärlich

in-eō → inire

ineptia ⟨ae⟩ F *selten u.* **ineptiae** ⟨ārum⟩ FPL Albernheit, Geschwätz, Unsinn

ineptīre ⟨iō, -, - 4.⟩ albern reden/handeln

★**in-eptus** ⟨a, um, *adv* ineptē⟩ ADJ **1** unbrauchbar, untauglich **2** *fig* unpassend, ungereimt **3** *fig* albern, töricht

in-ermis ⟨e⟩ ADJ *u.* **in-ermus** ⟨a, um⟩ ADJ **1** (*Soldat*) unbewaffnet, wehrlos **2** (*Gedicht*) niemanden verletzend **3** nicht sehr bewandert

in-errāns ⟨antis⟩ ADJ nicht (umher)irrend; **stella ~** Fixstern

in-errāre ⟨ō, -, - 1.⟩ umherirren, **montibus** (*dat*) auf den Bergen; **oculis ~** *fig* vor Augen schweben

★**in-ers** ⟨ertis⟩ ADJ **1** ungeschickt, unfähig **2** (*Person, Sache*) untätig, träge, schlaff, kraftlos **3** (*Streiterei*) unnütz, bedeutungslos **4** feige

inertia ⟨ae⟩ F **1** Ungeschicklichkeit **2** Untätigkeit, Trägheit **3** Feigheit

in-ērudītus ⟨a, um, *adv* inērudītē⟩ ADJ ungebildet, roh

in-ēscāre ⟨ō, āvī, ātum 1.⟩ **1** ködern **2** *fig* anlocken

in-esse ⟨īnsum, īnfuī, - 0.⟩ **1** in/auf/bei/an *etw* sein, *alicui rei* **2** *fig* innewohnen

in-ēvītābilis ⟨e⟩ ADJ unvermeidlich

in-ēvolūtus ⟨a, um⟩ ADJ unaufgerollt; **liber ~** ungeöffnetes Buch

in-excitābilis ⟨e⟩ ADJ unerweckbar; **somnus ~** tiefer Schlaf

in-excītus ⟨a, um⟩ ADJ nicht aufgeregt

in-excūsābilis ⟨e⟩ ADJ unentschuldbar

in-excussus ⟨a, um⟩ ADJ unerschüttert

in-exercitātus ⟨a, um⟩ ADJ **1** unbeschäftigt **2** ungeübt, *ad aliquid* bei etw

in-exhaustus ⟨a, um⟩ ADJ **1** unerschöpft, ungeschwächt **2** unerschöpflich

in-exōrābilis ⟨e⟩ ADJ unerbittlich

in-experrēctus ⟨a, um⟩ ADJ unerweckbar

in-expertus ⟨a, um⟩ ADJ **1** unerfahren **2** unversucht, unerprobt

in-expiābilis ⟨e⟩ ADJ **1** unsühnbar **2** unversöhnlich

in-explēbilis ⟨e⟩ ADJ *u.* **in-explētu** ⟨a, um⟩ ADJ unersättlich

in-explicābilis ⟨e, *adv* inexplicābi ter⟩ ADJ **1** unentwirrbar, unauflösli **2** *fig* unausführbar; **via ~** ungangbar Weg **3** unerklärbar

in-explōrātus ⟨a, um⟩ ADJ unerku det, nicht untersucht, unbekannt

in-expūgnābilis ⟨e⟩ ADJ uneinneh bar, unüberwindlich

in-exspectātus ⟨a, um⟩ ADJ unerw tet

in-exstīnctus ⟨a, um⟩ ADJ **1** unausg löscht **2** *fig* unauslöschlich, unstillb unersättlich

in-exsuperābilis ⟨e⟩ ADJ **1** unüb steigbar **2** *fig* unüberwindlich

in-extrīcābilis ⟨e, *adv* inextrīcab ter⟩ ADJ unentwirrbar

īn-fabrē ADV kunstlos

īn-fabricātus ⟨a, um⟩ ADJ unbearb tet, roh

īnfacētiae ⟨ārum⟩ FPL Geschmack sigkeiten

īn-facētus ⟨a, um, *adv* infacētē⟩ geschmacklos, witzlos, plump

īn-fācundus ⟨a, um⟩ ADJ sprachl nicht gewandt

īn-fāmāre ⟨ō, āvī, ātum 1.⟩ **1** in üb Ruf bringen **2** verdächtigen

★**īnfāmia** ⟨ae⟩ F **1** übler Ruf, Schim Schande **2** Schandfleck

★**īn-fāmis** ⟨e⟩ ADJ **1** verrufen, berü tigt, übel **2** entehrend

īn-fandus ⟨a, um⟩ ADJ **1** unsägl unerhört **2** abscheulich, entsetzlich

★**īn-fāns** ⟨antis⟩ **A** ADJ **1** stumm **2** n nicht sprechend, lallend **3** ohne Re gabe **4** sehr jung **5** kindlich **6** *fig* disch **B** M *u.* F kleines Kind

īnfantia ⟨ae⟩ F **1** Unfähigkeit zu s chen **2** Mangel an Redegabe **3** K heit **4** kindisches Wesen

īn-fatīgābilis ⟨e⟩ ADJ unermüdlich

īn-fatuāre ⟨ō, āvī, ātum 1.⟩ betör

īn-faustus ⟨a, um⟩ ADJ **1** unheilvo unglücklich

īnfēcī → inficere

īnfector ⟨ōris⟩ M Färber

īnfectus[1] ⟨a, um⟩ ADJ gefärbt

īn-fectus[2] ⟨a, um⟩ ADJ **1** ungetan **fectā re** unverrichteter Dinge **2** un

ndet **3** unausführbar **4** (*Gold usw.*) unearbeitet, ungeprägt, roh
.fēcunditās ⟨ātis⟩ F Unfruchtbarkeit
-fēcundus ⟨a, um, *adv* īnfēcundē⟩ DJ unfruchtbar
fēlīc(it)āre ⟨ō, -, - 1.⟩ unglücklich achen, strafen
fēlīcitās ⟨ātis⟩ F **1** Unfruchtbarkeit *fig* Unglück, Elend
-fēlīx ⟨īcis, *adv* īnfēlīciter⟩ ADJ **1** unuchtbar; **arbor** ~ Galgen **2** unglück:h, elend
fēnsāre ⟨ō, -, - 1.⟩ feindselig behaneln, beunruhigen
fēnsus ⟨a, um, *adv* īnfēnsē⟩ ADJ indlich, feindselig
-fercīre ⟨fercio, fersī, fersum 4.⟩ hieinstopfen
ferī ⟨ōrum *u.* um⟩ MPL die Unterirdihen, die Verstorbenen, Unterwelt
'eriae ⟨ārum⟩ FPL Totenopfer
ferior ⟨īnferius⟩ ADJ *komp* → inferus
'erius ADV *komp* → infra
'erna ⟨ōrum⟩ NPL Unterwelt
'ernālis ⟨e⟩ ADJ unterirdisch
ernus **A** ⟨a, um, *adv* īnfernē⟩ ADJ unten befindlich, der untere **2** unterlisch **3** zur Unterwelt gehörig **B** ⟨ī⟩ **1** Hölle **2** (*mlat.*) Teufel
ferre ⟨inferō, intulī, illātum 0.⟩ **1** neintragen, -setzen, -werfen; **manūs alicui/in aliquem** Hand an j-n legen; **essum** ~ **alicui** auf j-n losgehen **2** 'auf *etw* legen, setzen, stellen, **scalas moenia** Leitern an die Mauern **3** (*To*bestatten **4** (*Opfer*) darbringen **5** 'stellen, **rationibus/in rationes** Rechngen **6** (*in der Rede*) vorbringen, äu:n, anführen **7** zufügen, verursachen, **cui dolorem** j-m Schmerz **8** MIL **beln/arma** ~ Krieg beginnen, *alicui* mit ; **signa** ~ **urbi/in urbem** eine Stadt greifen **9** *passiv u.* **se** ~ sich begeben, ı stürzen, eindringen; **se** ~ **alicui** sich nähern **10** (*Gefühle*) einjagen, einflö-
ersī → infercire
ersum PPP → infercire
:rus ⟨a, um⟩, *komp* ⟨īnferior, ius⟩, ⟨īnfimus, a, um⟩ ADJ **A** *Positiv* **1** *l.*) unten befindlich, der untere **2** un'disch **B** *komp* **1** (*örtl.*) tiefer, niedri**labrum inferius** Unterlippe **2** (*zeitl.*) später, jünger **3** (*an Zahl, Kraft usw.*) geringer, schwächer, nachgeordnet; **acie/proelio inferiorem discedere** eine Schlacht verlieren **C** *sup* **1** (*örtl.*) unterster, tiefster, der untere Teil; **infimus mons** Fuß des Berges; **ab infimo** von ganz unten **2** (*dem Rang, Wert usw.*) unterster, geringster, schlechtester; **homo infimo loco natus** Mann einfachster Herkunft
īnfesta ⟨ōrum⟩ NPL Gefahren, Unglück
īnfestāre ⟨ō, āvī, ātum 1.⟩ beunruhigen, gefährden, angreifen
★**īn-festus** ⟨a, um, *adv* īnfestē⟩ ADJ **1** beunruhigend, bedrohlich, feindselig, feindlich; **vulnus infestum** tödliche Wunde **2** MIL kampfbereit **3** beunruhigt, bedroht, unsicher
īn-ficere ⟨ficiō, fēcī, fectum 3.⟩ **1** vermischen **2** tränken **3** färben, bemalen **4** vergiften **5** verpesten, beflecken
īn-fidēlis ⟨e, *adv* īnfidēliter⟩ ADJ **1** treulos, unehrlich, *alicui* j-m, gegen j-n **2** (*eccl.*) ungläubig
īnfidēlitās ⟨ātis⟩ F **1** Treulosigkeit, Unzuverlässigkeit **2** (*eccl.*) Unglaube
īn-fīdus ⟨a, um⟩ ADJ treulos, unzuverlässig, unsicher, *alicui* gegen j-n
īn-fīgere ⟨fīgō, fīxī, fīxum 3.⟩ **1** hineinstecken, -bohren, -stoßen, -schlagen **2** *fig* einprägen; **animum in patriae salute** ~ seine Aufmerksamkeit auf das Wohl der Heimat richten
īnfimās *u.* **īnfimātis** ⟨ātis⟩ M Angehöriger der untersten Schicht
★**īnfimus** ⟨a, um⟩ ADJ *sup* → inferus
īn-findere ⟨findō, fidī, fissum 3.⟩ einschneiden
īnfīnitās ⟨ātis⟩ F *u.* **īn-fīnītiō** ⟨ōnis⟩ F Unendlichkeit
īn-fīnītum ⟨ī⟩ N das Unendliche
★**īn-fīnītus** ⟨a, um, *adv* īnfīnītē⟩ ADJ **1** grenzenlos, unendlich **2** allgemein, abstrakt **3** **verbum infinitum/modus** ~ GRAM Infinitiv
īnfirmāre ⟨ō, āvī, ātum 1.⟩ **1** schwächen, entkräften **2** *fig* erschüttern **3** *fig* widerlegen **4** für ungültig erklären
īnfirmātiō ⟨ōnis⟩ F **1** Widerlegung **2** Ungültigmachung
īnfirmitās ⟨ātis⟩ F **1** Schwäche, Ohnmacht **2** Krankheit **3** das schwache Geschlecht **4** *fig* Charakterschwäche

I

★**īn-firmus** ⟨a, um, *adv* īnfirmē⟩ ADJ **1** schwach, ohnmächtig **2** unpässlich, krank **3** *fig* mutlos **4** *fig* unzuverlässig **5** unbedeutend, ungültig

īn-fit *od.* **īn-fīt** er fängt an, *re* mit etw, +*inf*

īnfitiae, *akk* ⟨ās⟩: *nur in Verbindung* **infitias ire** ableugnen; **non infitias ire** zugestehen, anerkennen

īnfitiārī ⟨or, ātus sum 1.⟩ leugnen

īnfitiātiō ⟨ōnis⟩ F das Leugnen

īnfitiātor ⟨ōris⟩ M „Leugner"

★**īn-flammāre** ⟨ō, āvī, ātum 1.⟩ **1** in Brand setzen, anzünden **2** *fig* entflammen, erregen, reizen

īnflammātiō ⟨ōnis⟩ F **1** Brandstiftung, Brand **2** *fig* Erregung

īn-flāre ⟨ō, āvī, ātum 1.⟩ **1** (hinein)blasen **2** aufblasen, -blähen, anschwellen lassen **3** blasen, **tibicen** Flöte **4** *fig* überheblich machen **5** *fig* ermutigen, anfeuern

īnflātiō ⟨ōnis⟩ F das Aufblähen, Blähung

īnflātus[1] ⟨a, um, *adv* īnflātē⟩ ADJ **1** aufgeblasen, angeschwollen **2** *fig* stolz **3** *fig* zornig **4** RHET schwülstig

īnflātus[2] ⟨ūs⟩ M **1** das Blasen **2** *fig* Anhauch, Eingebung

īn-flectere ⟨flectō, flexī, flexum 3.⟩ **1** beugen, biegen **2** (*Stimme*) modulieren **3** (*Recht*) verdrehen **4** (*Namen usw.*) (ver)ändern **5** *fig* rühren, bewegen

īn-flexibilis ⟨e⟩ ADJ unbeugsam

īnflexiō ⟨ōnis⟩ F **1** das Biegen, das Beugen **2** Ranke

īnflexus ⟨ūs⟩ M **1** Biegung, Krümmung **2** *fig* Veränderung

īn-flīgere ⟨flīgō, flīxī, flīctum 3.⟩ **1** (hinein)schlagen, stoßen, **navem vadis** das Schiff auf den Grund **2** zufügen

īn-fluere ⟨fluō, flūxī, flūxum 3.⟩ **1** hineinfließen, -strömen, sich ergießen, **in Oceanum** in den Ozean **2** *fig* unbemerkt eindringen, sich einschleichen

īn-fodere ⟨fodiō, fōdī, fossum 3.⟩ eingraben, vergraben

īn-forāre ⟨ō, -, - 1.⟩ verklagen

īn-fōrmāre ⟨ō, āvī, ātum 1.⟩ **1** formen, bilden, gestalten **2** darstellen **3** *fig* sich vorstellen **4** unterrichten

īnfōrmātiō ⟨ōnis⟩ F **1** PHILOS Vorstellung, Begriff **2** Erläuterung, Deutung **3** (*eccl.*) Belehrung

īn-fōrmis ⟨e⟩ ADJ **1** formlos **2** u… schön, hässlich

īn-fortūnātus ⟨a, um⟩ ADJ unglü… lich

īn-fortūnium ⟨ī⟩ N Unglück; Prüge…

★**īnfrā** **A** ADV, *komp* ⟨inferius⟩ **1** (ör… unten, unterhalb, darunter **2** in der U… terwelt **3** (*zeitl.*) später **4** *komp* … Schriften usw.) weiter unten, niedri… **B** PRÄP +*akk* **1** unter, unterhalb; ~ e… **locum** unter diesem Ort **2** (*zeitl.*) na… später als **3** *fig* geringer als

īnfrāctus ⟨a, um⟩ ADJ **1** gebrochen (*Kräfte*) geschwächt **3** niedergeschlag… **4** RHET abgehackt, abgerissen

īn-frēgī → infringere

īn-fremere ⟨ō, uī, - 3.⟩ brummen; kr… schen; grunzen; schnauben

īn-frēnāre ⟨ō, āvī, ātum 1.⟩ **1** aufz… men **2** *fig* in Zaum halten

īn-frēnātus[1] ⟨a, um⟩ PPP → infren…

īn-frēnātus[2] ⟨a, um⟩ ADJ ungezäu…

īn-frendēre[1] ⟨eō, -, - 2.⟩ *u.* **īnfre… dere**[2] ⟨ō, -, - 3.⟩ knirschen

īn-frēnis ⟨e⟩ ADJ = **infrenatus**[2]

īn-frēnus ⟨a, um⟩ ADJ = **infrenatus**

īn-frequēns ⟨entis⟩ ADJ **1** nicht z… reich, in geringer Zahl versammelt (*Ort*) dünn bevölkert, wenig besucht (*zeitl.*) selten erscheinend, lässig

īnfrequentia ⟨ae⟩ F **1** geringe… zahl, geringe Besucherzahl **2** Eins… keit

īn-frīgidāre ⟨ō, āvī, ātum 1.⟩ **A** abkühlen **B** VI kalt werden

īn-fringere ⟨fringō, frēgī, frāctum… **1** abbrechen, zerknicken **2** *fig* sch… chen; **tributa** ~ die Steuern senke… vereiteln **4** an *etw* zerschlagen, *alic*…

īn-frūctuōsus ⟨a, um⟩ ADJ **1** … fruchtbar **2** *fig* erfolglos, unnütz

īn-frūnītus ⟨a, um⟩ ADJ ungenieß… albern

īn-fūcātus ⟨a, um⟩ ADJ geschmin…

īnfula ⟨ae⟩ F Inful, *Kopfbinde*

īn-fulcīre ⟨fulciō, fulsī, fultum 4.… hineinstopfen **2** *fig* einfügen

īn-fundere ⟨fundō, fūdī, fūsum 3… (hin)eingießen, -schütten **2** *fig* ein… gen lassen, Eingang verschaffen **3** … gießen, überschütten; **collo mariti** … **sa** den Gatten umarmend

-fuscāre ⟨ō, āvī, ātum 1.⟩ 1 schwär-en, dunkel färben 2 (*Ruhm*) trüben 3 anglich dämpfen
-gemere ⟨ō, -, - 3.⟩ = **ingemiscere**
-gemēscere ⟨gemēscō, gemuī, - .⟩ = **ingemiscere**
-gemināre ⟨ō, āvī, ātum 1.⟩ A VT erdoppeln, wiederholen B VI sich ver-oppeln, sich vermehren
-gemīscere ⟨gemīscō, gemuī, - 3.⟩ VI aufseufzen, über *etw* seufzen, stöh-en; ~ **morte/morti alicuius** über j-s od jammern. B VT laut bedauern, be-mmern
gemuī → ingemiscere
-generāre ⟨ō, āvī, ātum 1.⟩ ein-lanzen, schaffen
geniātus ⟨a, um⟩ ADJ von Natur be-haffen
geniōsus ⟨a, um, *adv* ingeniōsē⟩ DJ 1 geeignet 2 geistreich, erfinde-sch, talentiert, scharfsinnig
genita ⟨ōrum⟩ NPL angeborene Vor-ge
genitus ⟨a, um⟩ PPP → ingignere
genium ⟨ī⟩ N 1 natürliche Bega-ng, geistige Anlagen 2 Charakter, mperament 3 Mut, Entschlossenheit Verstand, Intelligenz 5 geistige Be-eglichkeit, Fantasie 6 schöpferischer ist, Talent 7 Genie, geistreicher ensch 8 kluger Einfall; *pej* Intrige 9 ner Sache) natürliche Beschaffenheit (*mlat.*) Technik
gēns ⟨entis⟩ ADJ ungeheuer groß, sig, außerordentlich
enuitās ⟨ātis⟩ F 1 Stand eines Frei-borenen, edle Geburt 2 Freimut, Of-heit
enuus ⟨a, um, *adv* ingenuē⟩ ADJ 1 heimisch 2 angeboren 3 frei gebo-4 aufrichtig, offen(her)zig 5 (*Kräfte*) zärtelt
gerere ⟨gerō, gessī, gestum 3.⟩ 1 einbringen, -tragen, -werfen, -gießen (*Worte*) ausstoßen 3 vorbringen, an-ren 4 zufügen; **osculum alicui** ~ einen Kuss geben 5 aufdrängen
ignere ⟨gignō, genuī, genitum einpflanzen; **ingenitus** angeboren
lōrius ⟨a, um⟩ ADJ ruhmlos
rātiīs *u.* **in-grātīs** ADV wider Wil-ungern

in-grātus ⟨a, um, *adv* ingrātē⟩ ADJ 1 unangenehm; **ingrate** ungern 2 undankbar 3 nicht anerkannt, nutzlos
in-gravāre ⟨ō, āvī, ātum 1.⟩ 1 beschweren, belasten 2 *fig* verschlimmern
in-gravēscere ⟨ēscō, -, - 3.⟩ 1 schwerer werden 2 *fig* schwerfälliger werden 3 (*Krankheit usw.*) schlimmer werden
★**in-gredī** ⟨gredior, gressus sum 3.⟩ A VI 1 gehen, marschieren 2 hineingehen, eintreten, einziehen; ~ **ad aliquid** zu etw entschlossen sein 3 zu reden beginnen B VT 1 betreten 2 angreifen 3 *fig* anfangen, beginnen; **periculum** ~ eine Gefahr auf sich nehmen
in-gressus[1] ⟨ūs⟩ M 1 das Schreiten, Gang 2 Eintritt, Einzug; ~ **fori** Zugang zum Markt 3 Einfall 4 Anfang
ingressus[2] ⟨a, um⟩ PPERF → ingredi
in-gruere ⟨gruō, gruī, - 3.⟩ 1 hereinstürzen, losbrechen 2 *fig* befallen
inguen ⟨inguinis⟩ N 1 *meist pl* die Weichen 2 Unterleib; *pl* Geschlechtsteile
in-gurgitāre ⟨ō, āvī, ātum 1.⟩ 1 hineinstürzen 2 *passiv u.* **se** ~ sich stürzen 3 sich vollessen und trinken
in-gustātus ⟨a, um⟩ ADJ noch nie gekostet
in-habilis ⟨e⟩ ADJ 1 unhandlich, plump 2 *fig* untauglich, ungeschickt
in-habitābilis ⟨e⟩ ADJ unbewohnbar
in-habitāre ⟨ō, āvī, ātum 1.⟩ A VT bewohnen B VI wohnen
in-haerēre ⟨haereō, haesī, - 2.⟩ 1 festhängen, haften, stecken bleiben, angewachsen sein 2 *fig* festsitzen; **alicui** ~ j-m treu ergeben sein
inhaerēscere ⟨haerēscō, haesī, haesūrus 3.⟩ = **inhaerere**
in-haesī → inhaerere *u.* → inhaerescere
in-hālāre ⟨ō, āvī, ātum 1.⟩ 1 zuhauchen 2 (*nlat.*) einatmen, inhalieren
in-hiāre ⟨ō, āvī, ātum 1.⟩ 1 den Mund aufsperren, gaffen 2 schnappen, **uberibus** (*dat*) **lupinis** nach den Zitzen der Wölfin 3 *fig* gierig trachten, **opibus** (*dat*) nach Schätzen
in-hibēre ⟨eō, uī, itum 2.⟩ 1 zurück-, anhalten 2 SCHIFF rückwärtsrudern; zu rudern aufhören 3 *fig* aufhalten, hemmen, hindern 4 anwenden, gebrauchen
inhibitiō ⟨ōnis⟩ F das Hemmen; ~ **re-**

migum das Rückwärtsrudern
inhonestāre ⟨ō, -, - 1.⟩ entehren
in-honestus ⟨a, um, *adv* inhonestē⟩ ADJ 1 unanständig, schändlich, 2 ehrlos 3 niedrig, gering 4 hässlich
in-honōrātus ⟨a, um⟩ ADJ 1 ohne Ehrenamt, nicht angesehen 2 unbeschenkt
inhorrēscere ⟨horrēscō, horruī, - 3.⟩ 1 erstarren, sich sträuben 2 *(Meer)* aufwogen, sich kräuseln 3 *(vor Furcht)* erschauern, erstarren
in-hospitālis ⟨e⟩ ADJ ungastlich
inhospitālitās ⟨ātis⟩ F Ungastlichkeit
in-hospitus ⟨a, um⟩ ADJ = **inhospitalis**
inhūmānitās ⟨ātis⟩ F 1 Unmenschlichkeit, Grausamkeit 2 Mangel an Bildung 3 Unhöflichkeit, Unfreundlichkeit
in-hūmānus ⟨a, um, *adv* inhūmānē *u.* inhūmāniter⟩ ADJ 1 unmenschlich, grausam, gefühllos 2 ungebildet 3 unhöflich, unfreundlich
in-humātus ⟨a, um⟩ ADJ unbestattet
in-ibī ADV 1 *(örtl.)* dort, gerade da 2 *(zeitl.)* nahe daran 3 darin, darunter
★**in-icere** ⟨iciō, iēcī, iectum 3.⟩ 1 hineinwerfen, -stürzen, -legen, -bringen; **se** ~ sich stürzen 2 *(Gefühle)* einflößen, einjagen, **alicui terrorem** j-m Schrecken 3 *(Aufruhr usw.)* verursachen 4 *(im Gespräch)* erwähnen 5 auf/über *etw* werfen, *alicui rei*; **flumini pontem** ~ eine Brücke über den Fluss schlagen; **alicui terram** ~ j-n beerdigen 6 überwerfen, anziehen, **sibi vestem** ~ sich ein Kleid 7 *(Fesseln)* anlegen 8 **manum ~ alicui** (gewaltsam) Hand an j-n legen; j-n vor Gericht laden
in-iectus ⟨a, um⟩ PPP → inicere
in-iī → inire
inimīca ⟨ae⟩ F Feindin
inimīcāre ⟨ō, āvī, ātum 1.⟩ zu Feinden machen, entzweien, **urbes** Städte
inimīcitia ⟨ae⟩ F *u.* PL **inimīcitiae** ⟨ārum⟩ FPL Feindschaft, feindliches Verhalten
★**in-imīcus** A ⟨a, um, *adv* inimīcē⟩ ADJ 1 *(im Privatbereich)* feindlich, abgeneigt 2 ungünstig, nachteilig, **tibi** für dich 3 verhasst B ⟨ī⟩ M (persönlicher) Feind
in-intellegēns ⟨entis⟩ ADJ unverständig, ohne Vernunft
inīqua ⟨ae⟩ F Feindin

inīquitās ⟨ātis⟩ F 1 Unebenheit, U… gleichheit 2 *fig* Schwierigkeit, Ungun… 3 *fig* Ungerechtigkeit, Härte
★**in-īquus** A ⟨a, um, *adv* inīquē⟩ ADJ … uneben, ungleich 2 *(Ort)* ungünst… nachteilig, schwierig, **nostris** *(dat)* f… die Unseren 3 *fig* übermäßig 4 *(Rich… usw.)* ungerecht 5 *(Götter usw.)* abg… neigt, feindlich 6 *fig* unwillig B ⟨ī⟩ … Feind, Gegner
★**in-īre** ⟨eō, iī/ *selten* īvī, itum 0.⟩ A VI… hineingehen 2 anfangen, beginn… **iniens aetas** Jugend B VT 1 betret… **somnum** ~ *fig* einschlafen 2 *(von Tier…* bespringen 3 *(Zeit)* beginnen 4 ant… ten, übernehmen, **magistratum** ein A… 5 *(Geschäfte, Verträge)* abschließen, e… gehen 6 fassen, **consilium** einen P… 7 **gratiam** ~ Gnade finden
initiāmenta ⟨ōrum⟩ NPL *u.* **initiā…** ⟨ōnis⟩ F REL Einweihung
initiāre ⟨ō, āvī, ātum 1.⟩ 1 REL einw… hen, **re** in etw 2 *fig* einführen
★**initium** ⟨ī⟩ N 1 Eingang, Anfang, … ginn; **initio** am Anfang; **ab initio** … Anfang an 2 PL Grundstoffe, Eleme… 3 PL *(einer Wissenschaft)* Anfangsgrü… 4 PL REL (Einführung in einen) Gehe… kult, Mysterien
in-itus[1] ⟨a, um⟩ PPP → inire
initus[2] ⟨ūs⟩ M 1 Ankunft 2 *fig* Anfa… Beginn 3 Begattung 4 *fig* Liebe
iniūcunditās ⟨ātis⟩ F Unangenehr…
in-iūcundus ⟨a, um, *adv* iniūcun…⟩ ADJ unangenehm
in-iungere ⟨iungō, iūnxī, iūnctum … 1 einfügen 2 anschließen, anfüger… zufügen 4 auferlegen
in-iūrātus ⟨a, um⟩ ADJ unvereidigt
★**iniūria** ⟨ae⟩ F 1 Unrecht, Ungerech… keit; **per iniuriam** widerrechtlich 2 … walttat, **sociorum** gegen die Bunde… nossen 3 Vergewaltigung 4 *(einer … che)* Schaden 5 Beleidigung 6 wi… rechtlicher Besitz 7 Strafe
iniūriōsus ⟨a, um, *adv* iniūriōsē⟩ ungerecht; **venti iniuriosi** mutwi… Winde
in-iūr(i)us ⟨a, um⟩ ADJ ungerecht
in-iussū *abl* SG ohne Befehl
in-iussus ⟨a, um⟩ ADJ aus freien … cken
iniūstitia ⟨ae⟩ F Ungerechtigkeit

-iūstus ⟨a, um, *adv* iniūstē⟩ ADJ 1 widerrechtlich, ungerecht 2 *fig* hart

l... = **ill...**

m... = **imm...**

-nāre ⟨ō, āvī, ātum 1.⟩ 1 hineinschwimmen, **mare** ins Meer 2 befahren 3 auf *etw* schwimmen, fahren, *alicui rei*

-nāscī ⟨nāscor, nātus sum 3.⟩ in/auf *etw* wachsen, *alicui rei/in re*

-natāre ⟨ō, āvī, ātum 1.⟩ 1 hineinschwimmen 2 in/auf *etw* schwimmen, *alicui rei/aliquid* 3 *fig* hineinströmen

nātus ⟨a, um⟩ ADJ angeboren

-nectere ⟨nectō, nexuī, nexum 3.⟩ 1 umschlingen 2 verbinden 3 verwickeln

-nītī ⟨nītor, nīxus sum *u.* nīsus sum ⟩ 1 sich stützen/lehnen, **hastā** auf die Lanze 2 *fig* auf *etw* beruhen

-nocēns ⟨entis, *adv* innocenter⟩ ADJ 1 unschädlich 2 unschuldig, 3 rechtschaffen

nocentia ⟨ae⟩ F 1 Unschädlichkeit 2 Schuldlosigkeit 3 Rechtschaffenheit

-nocuus ⟨a, um, *adv* innocuē⟩ ADJ 1 unschädlich 2 unschuldig 3 rechtschaffen 4 unbeschädigt

-novāre ⟨ō, āvī, ātum 1.⟩ erneuern; ~ *fig* sich von neuem hingeben

noxius ⟨a, um, *adv* innoxiē⟩ ADJ 1 schädlich 2 unschuldig 3 rechtschaffen 4 unbeschädigt 5 unverschult

nūbere ⟨nūbō, nūpsī, nuptum 3.⟩ eine Familie) einheiraten

nubus ⟨a, um⟩ ADJ unverheiratet

numerābilis ⟨e, *adv* innumerābili-⟩ ADJ unzählig; *adv* unzählige Male

umerābilitās ⟨ātis⟩ F Unzählbarkeit, unzählige Menge

numerus ⟨a, um⟩ ADJ unzählig

upta ⟨ae⟩ F Jungfrau

nuptus ⟨a, um⟩ ADJ 1 unverheiratet 2 *fig* unglücklich

⟨ūs *u.* ōnis⟩ F *Tochter des Kadmos, rzte sich ins Meer u. wurde zur Meergöttin Leukothea*

observābilis ⟨e⟩ ADJ unmerklich

observātus ⟨a, um⟩ ADJ unbeobachtet

offēnsus ⟨a, um, *adv* inoffēnsē⟩ 1 unberührt 2 *fig* ungehindert

officiōsus ⟨a, um⟩ ADJ pflichtwidrig; lieblos

★**inopia** ⟨ae⟩ F Mangel, Armut, Not, **cibi** an Nahrung; ~ (**consilii**) Ratlosigkeit, Hilflosigkeit

★**in-opīnāns** ⟨antis, *adv* inopīnanter⟩ ADJ ahnungslos; **aliquo inopinante** wider j-s Vermuten

in-opīnātus ⟨a, um, *adv* inopīnātō⟩ ADJ 1 ahnungslos 2 unvermutet, unverhofft, unerwartet

in-opīnus ⟨a, um⟩ ADJ unvermutet

inopiōsus ⟨a, um⟩ ADJ bedürftig

in-ops ⟨opis⟩ ADJ 1 machtlos, nicht in der Lage 2 hilflos, ratlos 3 mittellos, arm, bedürftig 4 dürftig, armselig

in-optātus ⟨a, um⟩ ADJ unerwünscht

in-ōrātus ⟨a, um⟩ ADJ nicht vorgetragen

inōrdinātum ⟨ī⟩ N Unordnung

in-ōrdinātus ⟨a, um, *adv* inōrdinātē⟩ ADJ ungeordnet

in-ōrnātus ⟨a, um, *adv* inōrnātē⟩ ADJ schmucklos, schlicht

inp... = **imp...**

inquam ⟨inquis, inquit, inquiunt⟩; *fut* ⟨inquiēs, inquiet⟩; *perf* ⟨inquiī⟩ *Defektivum* 1 sage ich, sagte ich, *in die wörtliche Rede eingeschoben* 2 ich betone 3 ★ **inquit** sagt man/er/sie, sagte er/sie

in-quiēs ⟨ētis⟩ ADJ unruhig

inquiētāre ⟨ō, āvī, ātum 1.⟩ beunruhigen, behelligen

in-quiētus ⟨a, um⟩ ADJ unruhig

inquilīnus ⟨ī⟩ M 1 Bewohner, Mieter 2 eingewanderter Bürger 3 Mitbewohner

in-quināre ⟨ō, āvī, ātum 1.⟩ 1 überstreichen 2 beschmutzen 3 *fig* beflecken, beschimpfen, verunglimpfen

inquinātus ⟨a, um, *adv* inquinātē⟩ ADJ schmutzig, unrein

★**in-quīrere** ⟨quīrō, quīsīvī, quīsītum 3.⟩ 1 aufsuchen, nach *etw* suchen, *aliquid* 2 untersuchen, erforschen

inquīsītiō ⟨ōnis⟩ F 1 das Aufsuchen 2 Untersuchung, Erforschung

inquīsītor ⟨ōris⟩ M 1 Spitzel, Spion 2 Erforscher 3 JUR Untersuchungsrichter

in-quīsītus[1] ⟨a, um⟩ PPP → inquirere

in-quīsītus[2] ⟨a, um⟩ ADJ nicht untersucht

in-quīsīvī → inquirere

inquit → inquam

inr… = irr…

īn-saepīre ⟨saepiō, -, saeptum 4.⟩ einzäunen

īn-salūber ⟨bris, bre⟩ ADJ *u.* **īnsalūbris** ⟨e, *adv* īnsalūbriter⟩ ADJ ungesund

īn-sānābilis ⟨e⟩ ADJ 1 unheilbar 2 *fig* unverbesserlich

īnsānia ⟨ae⟩ F 1 Wahnsinn, Raserei 2 PL tolle Streiche 3 dichterische Begeisterung 4 unsinnige Verschwendung

īnsānīre ⟨iō, īvī *u.* iī, ītum 4.⟩ 1 wahnsinnig sein, rasen, außer sich sein 2 begeistert sein, schwärmen

★**īn-sānus** ⟨a, um, *adv* īnsānē⟩ ADJ 1 wahnsinnig 2 rasend, tobend 3 begeistert 4 übertrieben

īn-satiābilis ⟨e, *adv* īnsatiābiliter⟩ ADJ 1 unersättlich 2 nicht sättigend

īn-satietās ⟨ātis⟩ F Unersättlichkeit

īn-saturābilis ⟨e, *adv* īnsaturābiliter⟩ ADJ unersättlich

īn-scendere ⟨scendō, scendī, scēnsum 3.⟩ A VI hinein-, hinaufsteigen B VT besteigen

īnscēnsiō ⟨ōnis⟩ F das Besteigen, das Einsteigen

īn-sciēns ⟨entis, *adv* īnscienter⟩ ADJ 1 nicht wissend 2 einfältig 3 ungeschickt 4 unabsichtlich

īnscientia ⟨ae⟩ F 1 Unkenntnis 2 Unverstand 3 PHILOS das Nichtwissen

īnscītia ⟨ae⟩ F 1 Ungeschicklichkeit, Unfähigkeit, Unverstand 2 Unkenntnis

īn-scītus ⟨a, um, *adv* īnscītē⟩ ADJ 1 ungeschickt 2 unwissend

★**īn-scius** ⟨a, um, *adv* īnsciē⟩ ADJ 1 unwissend, ohne Kenntnis 2 unbewusst; **haud** ~ wohl wissend

īn-scrībere ⟨scrībō, scrīpsī, scrīptum 3.⟩ 1 in/auf *etw* schreiben; **nomen statuae/in statua** ~ den Namen auf eine Statue schreiben 2 zuschreiben 3 mit einer Aufschrift versehen 4 adressieren 5 (*Buch*) betiteln

īnscrīptiō ⟨ōnis⟩ F 1 das Aufschreiben 2 Aufschrift, Titel

īn-sculpere ⟨sculpō, sculpsī, sculptum 3.⟩ 1 eingraben, -schnitzen, -meißeln 2 *fig* einprägen

īn-secābilis ⟨e⟩ ADJ unzerschneidbar, unteilbar; **corpora insecabilia** Atome

īn-secāre ⟨secō, secuī, sectum 1.⟩ ein-, zer-, durchschneiden

īnsecta ⟨ōrum⟩ NPL Insekten

īn-sectārī ⟨or, ātus sum 1.⟩ 1 verf[…]gen 2 *fig* bedrängen, verhöhnen

īnsectātiō ⟨ōnis⟩ F 1 Verfolgung […] *fig* Verhöhnung

īnsectātor ⟨ōris⟩ M 1 Verfolger, Ge[…]ner 2 *fig* Kritiker

īn-secūtus ⟨a, um⟩ PPERF → insequ[…]

īn-sēdī → insidere[1] *u.* → insidēre[2]

īn-segestus ⟨a, um⟩ ADJ ungesät

īn-senēscere ⟨senēscō, senuī, -[…] in/bei *etw* alt werden, **libris** (*dat*) bei s[…]nen Büchern

īn-sēparābilis ⟨e⟩ ADJ unzertrennli[…]

īn-sepultus ⟨a, um⟩ ADJ unbestatt[…] **sepultura insepulta** Begräbnis, das […]gentlich keines ist

★**īn-sequī** ⟨sequor, secūtus sum 3.⟩ […] unmittelbar folgen, **aliquem/aliqu[…]** j-m/einer Sache 2 verfolgen 3 *fig* […]greifen, verhöhnen 4 fortsetzen 5 er[…]len, erreichen

★**īn-serere**[1] ⟨serō, sēvī, situm 3.⟩ 1 e[…]säen, -pflanzen 2 (*Weinrebe*) aufprop[…] 3 *fig* einverleiben, vereinigen 4 *fig* e[…]prägen

īn-serere[2] ⟨serō, seruī, sertum 3.⟩ einfügen, hineinstecken; **pellem a[…]** ~ den Schild mit Gold belegen 2 *fig* e[…]flechten 3 **se** ~ sich einmischen

īnsertāre ⟨ō, āvī, ātum 1.⟩ hineins[…]cken, **sinistram clipeo** die Linke in […] Schild

īnsertus ⟨a, um⟩ PPP → inserere[2]

īnseruī → inserere[2]

īn-servīre ⟨iō, īvī, ītum 4.⟩ 1 dien[…] sich fügen, nachgeben 2 eifrig bet[…]ben, **artibus** (*dat*) die Künste

īn-sessum ⟨a, um⟩ PPP → insidere[…] → insidēre[2]

īn-sēvī → inserere[1]

★**īn-sīdere**[1] ⟨sidō, sēdī, sessum 3.⟩ VI 1 sich setzen 2 in Stellung ge[…] 3 sich als Siedler niederlassen 4 *fig* einprägen B VT besetzen

īn-sidēre[2] ⟨sideō, sēdī, sessum 2.⟩ VI 1 in/auf *etw* sitzen, **equo** (*dat*) dem Pferd 2 seinen Wohnsitz ha[…] sesshaft sein B VT 1 besetzt halten […] **cum** einen Ort 2 bewohnen

★**īnsidiae** ⟨ārum⟩ FPL 1 Hinterhalt; […] **dias ponere** einen Hinterhalt stelle[…] *fig* Hinterlist, Anschlag, Falle; **in insi[…]**

ıcidere in eine Falle geraten
-sidiārī ⟨or, ātus sum 1.⟩ im Hinter-
alt liegen, auflauern
sidiātor ⟨ōris⟩ M Soldat im Hinter-
alt; Wegelagerer, Bandit
sidiōsus ⟨a, um, *adv* īnsidiōsē⟩ ADJ
ıckisch, gefährlich
sīgne ⟨is⟩ N 1 Kenn-, Wahrzeichen
Ehrenzeichen 3 SCHIFF Flagge 4
ierde; *pl* Prachtstücke 5 Signal
-sīgnīre ⟨iō, īvī, ītum 4.⟩ 1 einprä-
en 2 kenntlich machen, bezeichnen
auszeichnen 4 zieren
sīgnis ⟨e, *adv* īnsīgniter⟩ ADJ 1
ınntlich, geschmückt 2 *fig* auffallend,
ısgezeichnet
sīgnītus ⟨a, um, *adv* īnsīgnītē⟩ ADJ
kenntlich, deutlich 2 *fig* auffallend,
ısgezeichnet
-silīre ⟨siliō, siluī *u.* silīvī, - 4.⟩ 1 hi-
ːinspringen 2 bespringen
-simulāre ⟨ō, āvī, ātum 1.⟩ beschul-
gen, verdächtigen, **aliquem proditio-**
s j-n des Verrats
simulātiō ⟨ōnis⟩ F Beschuldigung,
ıklage, **alicuius rei** wegen etw
sinuāre ⟨ō, āvī, ātum 1.⟩ A V/T ein-
ingen lassen B V/I, *passiv u.* **se ~** 1
h hineindrängen, eindringen 2 *fig*
h einschmeicheln, sich einschleichen
inuātiō ⟨ōnis⟩ F Eindringlichkeit
sipiēns ⟨entis, *adv* īnsipienter⟩ ADJ
mm, albern
ipientia ⟨ae⟩ F Dummheit
sistere ⟨sistō, stitī, - 3.⟩ 1 sich stel-
, treten; **alicuius vestigiis ~** in j-s
ßstapfen treten 2 auftreten 3 betre-
; **~ viam** einen Weg einschlagen 4
h *einer Sache* zuwenden 5 verfolgen,
cui j-n 6 stehen bleiben, haltmachen
(Redner) eine Pause machen 8 behar-

itiō ⟨ōnis⟩ F das Pfropfen
itīvus ⟨a, um⟩ ADJ 1 gepfropft 2
fremd 3 *fig* unecht, untergeschoben
itus[1] ⟨a, um⟩ PPP → inserere[1]
itus[2] ⟨a, um⟩ ADJ angeboren, eigen
olēns ⟨entis, *adv* īnsolenter⟩ ADJ
nicht gewöhnt, **infamiae** *(gen)* an
ande 2 ungewöhnlich, auffallend
bertrieben, unmäßig 4 *(Sieg, Person)*
k, frech, dreist, unverschämt
olentia ⟨ae⟩ F 1 Ungewohntheit

2 Ungewöhnlichkeit, Neuheit 3 Übertreibung 4 Unverschämtheit
īn-solēscere ⟨solēscō, -, - 3.⟩ übermütig werden, überheblich werden
īn-solitus ⟨a, um⟩ ADJ 1 an *etw* nicht gewöhnt, *alicuius rei/ad aliquid* 2 ungewohnt, unbekannt 3 *(Sache)* ungewöhnlich, selten
īnsomnia ⟨ae⟩ F Schlaflosigkeit
īn-somnis ⟨e⟩ ADJ schlaflos
īn-somnium[1] ⟨ī⟩ N Traum
īnsomnium[2] ⟨ī⟩ N = **insomnia**
īn-sonāre ⟨ō, uī, itum 1.⟩ A V/I ertönen, rauschen, brausen; **flagello ~** mit der Peitsche knallen B V/T ertönen lassen
īn-sōns ⟨ontis⟩ ADJ 1 unschuldig 2 *fig* unschädlich
īn-spectāre ⟨ō, āvī, ātum 1.⟩ A V/I zusehen B V/T erblicken
īnspectiō ⟨ōnis⟩ F 1 Durchsicht, Prüfung 2 Überlegung
īnspector ⟨ōris⟩ M Betrachter
īnspectus[1] ⟨a, um⟩ PPP → inspicere
īnspectus[2] ⟨ūs⟩ M Betrachtung
īn-spērāns ⟨antis⟩ ADJ nicht hoffend, wider Erwarten
īn-spērātus ⟨a, um, *adv* īnspērātō⟩ ADJ unerwartet, unvermutet
īn-spergere ⟨spergō, spersī, spersum 3.⟩ daraufstreuen, -spritzen
īn-spicere ⟨spicere, spexī, spectum 3.⟩ 1 hineinsehen 2 *(Geschriebenes)* nachlesen 3 besichtigen, sehen 4 MIL mustern 5 *fig* prüfen, erwägen
īn-spīrāre ⟨ō, āvī, ātum 1.⟩ A V/I hineinblasen, **alicui rei** in etw B V/T 1 einhauchen 2 *fig* einflößen, eingeben 3 begeistern
īnspīrātiō ⟨ōnis⟩ F das Einhauchen; Eingebung
īn-spuere ⟨uō, uī, ūtum 3.⟩ hineinspucken
īn-spurcāre ⟨ō, āvī, ātum 1.⟩ besudeln
īn-spūtare ⟨ō, -, - 1.⟩ anspucken
īn-stabilis ⟨e⟩ ADJ 1 *(Ort)* nicht betretbar 2 *(Schiffe)* nicht fest stehend, schwankend 3 *fig* unbeständig,
īnstāns ⟨antis, *adv* īnstanter⟩ ADJ 1 unmittelbar bevorstehend, drohend 2 gegenwärtig 3 dringend
īnstantia ⟨ae⟩ F 1 unmittelbare Nähe

I

2 Gegenwart 3 das Drängen 4 (*der Rede*) Heftigkeit

īnstar *indekl* N 1 Gestalt, Aussehen 2 *+gen* gerade wie, gleich wie, so viel wie; **equus montis** ~ ein Pferd wie ein Berg 3 ungefähr

★**īn-stāre** ⟨stō, stitī, stātūrus 1.⟩ 1 stehen, stehen bleiben, sich festsetzen, **iugis** (*abl*) auf den Höhen; **rectam viam** ~ auf dem rechten Weg sein 2 nachsetzen 3 *j-m* zusetzen, *j-n* bestürmen, *alicui* 4 (*Gefahr, Krieg*) drohen, bevorstehen 5 *etw* eifrig betreiben, *alicui rei*

īn-stātūrus ⟨a, um⟩ PART *fut* → instare

īn-staurāre ⟨ō, āvī, ātum 1.⟩ 1 (erneut) veranstalten 2 wiederholen 3 erneuern, wiederherstellen

īnstaurātiō ⟨ōnis⟩ F Erneuerung, Wiederholung

īn-sternere ⟨sternō, strāvī, strātum 3.⟩ 1 darüber ausbreiten 2 be-, überdecken; *passiv* sich bedecken

īn-stīgāre ⟨ō, āvī, ātum 1.⟩ 1 antreiben 2 aufreizen, aufhetzen

īn-stīllāre ⟨ō, āvī, ātum 1.⟩ 1 hineinträufeln 2 benetzen

īn-stimulāre ⟨ō, -, - 1.⟩ *fig* anreizen, anspornen

īnstimulātor ⟨ōris⟩ M Anstifter

īn-stīnctus[1] ⟨a, um⟩ PPP → instinguere

īnstīnctus[2] ⟨ūs⟩ M Anreiz, Antrieb

īn-stinguere ⟨stinguō, stīnxī, stīnctum 3.⟩ anreizen, antreiben

īn-stipulārī ⟨or, ātus sum 1.⟩ festsetzen, sich ausbedingen

īnstita ⟨ae⟩ F 1 Besatz, *an der Tunika* 2 vornehme Dame

īn-stitī → insistere *u.* → instare

īnstitor ⟨ōris⟩ M Krämer, Trödler

★**īn-stituere** ⟨uō, uī, ūtum 3.⟩ 1 hin-, hineinstellen 2 (*Türme, Brücke*) erbauen, anlegen 3 einsetzen; **aliquem testem** ~ j-n als Zeugen bestellen 4 *fig* veranstalten 5 *+inf* beginnen, beabsichtigen 6 (*Neues*) einführen, bestimmen 7 (*Vorhandenes*) ordnen 8 ausbilden, unterrichten, **pueros litteris Graecis** (*abl*) die Jugend in der griechischen Sprache

īnstitūtiō ⟨ōnis⟩ F 1 Einrichtung 2 Unterweisung, Unterricht(smethode)

īnstitūtor ⟨ōris⟩ M Betreiber

★**īnstitūtum** ⟨ī⟩ N 1 Einrichtung, Brauch, Gewohnheit 2 Unternehme Vorhaben, Plan 3 Unterweisur Unterricht(smethode) 4 Anordnung

īn-stitūtus ⟨a, um⟩ PPP → instituer

īn-strātus ⟨a, um⟩ PPP → insterner

īn-strēnuus ⟨a, um, *adv* īnstrēnu ADJ 1 untätig 2 feig

īn-strepere ⟨ō, uī, itum 3.⟩ knarrer

īn-stringere ⟨stringō, strīnxī, str tum 3.⟩ umbinden, einfassen

īnstrūctiō ⟨ōnis⟩ F 1 das Ordnen, A stellung 2 Errichtung, Bau

īnstrūctus[1] ⟨ūs⟩ M Ausstattung

īnstrūctus[2] ⟨a, um, *adv komp* īnstri tius⟩ ADJ 1 aufgestellt, geordnet 2 a gerüstet 3 *fig* versehen, *re* mit etw 4 unterrichtet

īn-strūctus[3] ⟨a, um⟩ PPP → instrue

★**īn-struere** ⟨struō, strūxī, strūctum 1 hineinbauen, einfügen, darauflec 2 (*Bauwerk*) erbauen, errichten, anlec 3 MIL geordnet aufstellen, ordnen 4 anstellen, **ad caedem** zum Mord 5 h stellen, einrichten, veranstalten, **cor vium** ein Gastmahl 6 ausrüsten, ve hen, ausstatten, **re** mit etw 7 unterri ten

★**īnstrūmentum** ⟨ī⟩ N 1 Gerät Werkzeug(e) 2 Hausgerät 3 Kleidu Schmuck 4 *fig* Urkunde, Zeugnis 5 Hilfsmittel 6 Vorrat

īnsuāsum ⟨ī⟩ N → suasum

īn-suāvis ⟨e⟩ ADJ unangenehm, rei

īn-sūdāre ⟨ō, -, - 1.⟩ bei *etw* schwit *alicui rei*

īnsuē-factus ⟨a, um⟩ ADJ daran wöhnt, dazu abgerichtet

īn-suere ⟨suō, suī, sūtum 3.⟩ ei hen, -sticken

īn-suēscere ⟨suēscō, suēvī, suēt 3.⟩ A VI sich gewöhnen B VT gev nen

īn-suētus[1] ⟨a, um⟩ ADJ 1 nicht wöhnt, **laboris** an Strapazen 2 u wöhnlich, fremd

īn-suētus[2] ⟨a, um⟩ PPP → insuesc

★**īnsula** ⟨ae⟩ F 1 Insel 2 *Stadtteil vo rakus* 3 *fig* Mietshaus

īnsulānus ⟨ī⟩ M Inselbewohner

īnsulārēs ⟨ium⟩ MPL die Bewohne nes Mietshauses

īnsulāris ⟨e⟩ ADJ Insel...

īnsulsitās ⟨ātis⟩ F Geschmacklosi

Landeskunde

insula – mehrstöckiges Mietshaus

Jrsprünglich waren die mehrstöckigen Mietshäuser (**insulae**) von einer Frei-läche umgeben (daher der Name). Sie vurden vor allem in der Kaiserzeit jebaut, als billiger Wohnraum benö-igt wurde. In der Regel handelte es ich um ein gemauertes Gebäude mit is zu fünf Stockwerken, unterteilt in)rei- bis Fünfzimmerwohnungen, die iber Treppen und Korridore zugäng-ch waren und an finanzschwache amilien vermietet wurden. Im Erd-eschoss befanden sich meist eschäfte (**tabernae**) oder Wohnun-en für wohlhabendere Bürgerinnen nd Bürger. Während das Erdgeschoss urchaus über einen Wasseranschluss erfügen konnte, boten die billigeren Vohnungen in den oberen Stock-erken weniger Komfort und hlechtere Fluchtmöglichkeiten bei en häufigen) Bränden.

ulsus ⟨a, um, *adv* īnsulsē⟩ ADJ **1** jesalzen, ohne Geschmack **2** *fig* ge-macklos, albern

ultāre ⟨ō, āvī, ātum 1.⟩ **1** hinein-ngen, **aquis** (*dat*) ins Wasser **2** he-ıspringen **3** *fig* verspotten

ıltūra ⟨ae⟩ F das Aufspringen auf Pferd

um → inesse

ūmere ⟨sūmō, sūmpsī, sūmptum auf-, ver-, anwenden

uper ADV **1** oben darauf **2** von n her **3** *fig* noch obendrein

uperābilis ⟨e⟩ ADJ **1** unübersteig- **2** *fig* unüberwindlich

urgere ⟨surgō, surrēxī, surrēctum sich erheben, aufstehen

ısurrāre ⟨ō, āvī, ātum 1.⟩ einflüs-

ıbēscere ⟨tābēscō, tābuī, - 3.⟩ **1** nelzen **2** *fig* vergehen

in-tāctus ⟨a, um⟩ ADJ **1** unberührt **2** unversehrt **3** unversucht

in-tāminātus ⟨a, um⟩ ADJ unbefleckt

in-tēctus[1] ⟨a, um⟩ PPP → integere

in-tēctus[2] ⟨a, um⟩ ADJ **1** ungedeckt, unbedeckt **2** *fig* offenherzig

★**in-teger** ⟨gra, grum, *adv* integrē⟩ ADJ **1** unversehrt, unverletzt, unbeschädigt **2** (*Wein*) unvermischt, rein **3** (*Körper*) ungeschwächt, frisch, gesund **4** (*Mädchen*) unberührt, keusch **5** unvermindert, vollständig; **annus ~** volles Jahr **6** (*Sache*) noch unerledigt, unentschieden **7** (*Urteil*) vernünftig, unparteiisch **8** (*moralisch*) unverdorben, unschuldig; *bes* unbestechlich, uneigennützig; **~ a coniuratione** unschuldig an der Verschwörung

in-tegere ⟨tegō, tēxī, tēctum 3.⟩ **1** bedecken, überdecken **2** *fig* schützen

integimentum ⟨ī⟩ N = **integumentum**

integrāre ⟨ō, āvī, ātum 1.⟩ **1** wiederherstellen **2** erneuern, wieder aufnehmen

integritās ⟨ātis⟩ F **1** Unversehrtheit **2** Gesundheit **3** Unbescholtenheit, Uneigennützigkeit **4** Keuschheit

integrum ⟨ī⟩ N **1** unverletzter Rechtszustand, früherer Zustand **2** volle Handlungsfreiheit **3** **de integro** von Neuem

integumentum ⟨ī⟩ N Decke, Hülle

intel-lēctus[1] ⟨a, um⟩ PPP → intellegere

intellēctus[2] ⟨ūs⟩ M **1** Erkenntnis, Verständnis **2** Sinn, Bedeutung, Begriff

intellegēns ⟨entis, *adv* intellegenter⟩ ADJ **1** einsichtig, verständig **2** sachverständig

intellegentia ⟨ae⟩ F **1** Verstand, Einsicht, Erkenntnisvermögen **2** Kenntnis, Verständnis **3** Kunstverstand, Geschmack **4** Begriff, Idee

★**intel-legere** ⟨legō, lēxī *u.* lēgī, lēctum 3.⟩ **1** wahrnehmen, erkennen **2** einsehen, verstehen, begreifen **3** Kenner sein, Sachverständiger sein **4** sich denken, sich vorstellen; **quem intellegimus sapientem?** wen stellen wir uns unter einem Weisen vor?

intellegibilis ⟨e⟩ ADJ verständlich, begreiflich, denkbar

intellig... = **intelleg...**

I

in-temerātus ⟨a, um⟩ ADJ unverletzt, rein

in-temperāns ⟨antis, *adv* intemperanter⟩ ADJ maßlos, zügellos

intemperantia ⟨ae⟩ F Maßlosigkeit, Zügellosigkeit

in-temperātus ⟨a, um, *adv* intemperātē⟩ ADJ unmäßig, übertrieben; **intemperatā nocte** mitten in der Nacht

intemperiae ⟨ārum⟩ FPL Unwetter

in-temperiēs ⟨ēī⟩ F 1 Übermaß 2 schlechtes Wetter; ~ **caeli** ungesundes Klima 3 *fig* Zügellosigkeit

in-tempestīvus ⟨a, um, *adv* intempestīvē⟩ ADJ ungelegen, unpassend

in-tempestus ⟨a, um⟩ ADJ 1 **intempesta nox** dunkle Nacht, Mitternacht 2 ungesund

in-temptātus ⟨a, um⟩ ADJ 1 unangetastet 2 *fig* unversucht

***in-tendere** ⟨tendō, tendī, tentum 3.⟩ 1 (an)spannen, straffen 2 überspannen, überziehen 3 (*Geist*) anstrengen 4 vermehren, steigern 5 ausstrecken, **dextram** die Rechte 6 richten, lenken 7 (*Geschosse*) abschießen 8 (*Waffe*) ziehen 9 legen, fügen; **telum nervo** (*dat*) ~ den Pfeil an die Sehne legen 10 sich wenden, gehen, ziehen, **eo** dorthin 11 anstreben, beabsichtigen 12 behaupten, versichern

intēnsiō ⟨ōnis⟩ F Spannung

intentāre ⟨ō, āvī, ātum 1.⟩ 1 ziehen, **gladium** das Schwert 2 *fig* an-, bedrohen

intentātiō ⟨ōnis⟩ F das Ausstrecken

in-tentātus[1] ⟨a, um⟩ ADJ = **intemptatus**

intentātus[2] ⟨a, um⟩ PPP → intentare

intentiō ⟨ōnis⟩ F 1 Spannung 2 Anstrengung 3 Vorhaben 4 Steigerung 5 Aufmerksamkeit, Sorgfalt 6 Anklage

intentus[1] ⟨ūs⟩ M das Ausstrecken

***intentus**[2] ⟨a, um, *adv* intentē⟩ ADJ 1 (an)gespannt 2 *fig* aufmerksam 3 *fig* mit *etw* beschäftigt, **muniendis castris** mit der Befestigung des Lagers 4 kampfbereit 5 angestrengt

in-tentus[3] ⟨a, um⟩ PPP → intendere

***inter** A PRÄF 1 zwischen (hinein); **~-mittere** dazwischen-schicken 2 mitten; **~-ea** unter-dessen 3 unter-, zugrunde, nieder-; **~-ire** unter-gehen B PRÄP +*akk* 1 (*örtl.*) zwischen; mitten in, mitten h ein; ~ **urbem et Tiberim** zwischen Stadt und dem Tiber; ~ **planitiem** m ten in der Ebene 2 (*zeitl.*) zwischen (*zeitl.*) während 4 *fig* unter; ~ **se** (unt einander, gegenseitig

Inter-amna ⟨ae⟩ F 1 *Stadt in Umbr heute Terni* 2 *Stadt im Latium, heute I nataro*; **Interamnās** ⟨ātis⟩ ADJ aus teramna; **Interamnās** ⟨ātis⟩ M wohner von Interamna

inter-bibere ⟨ō, -, - 3.⟩ austrinken

inter-bītere ⟨ō, -, - 3.⟩ untergeher

***inter-calāre** ⟨ō, āvī, ātum 1.⟩ 1 ei Schalttag einschieben, einschalten 2 aufschieben, **poenam** eine Strafe

intercalāris ⟨e⟩ ADJ *u.* **interca rius** ⟨a, um⟩ ADJ eingeschaltet; **me** ~ Schaltmonat

***inter-cēdere** ⟨cēdō, cessī, cess 3.⟩ 1 dazwischenkommen, -gehen, zwischen einhergehen 2 dazwisc liegen 3 (*zeitl.*) dazwischen verge *perf* dazwischen liegen 4 (*Ereignis*) zwischenkommen 5 (*Person*) sich wi setzen, Einspruch erheben 6 (*als mittler*) eintreten 7 sich verbürger (*Sache*) mit im Spiel sein 9 (*Verhä* bestehen

inter-cēpī → intercipere

interceptiō ⟨ōnis⟩ F Wegnahme

inter-ceptus ⟨a, um⟩ PPP → interc re

inter-cessī → intercedere

intercessiō ⟨ōnis⟩ F 1 das Da schentreten 2 Einspruch 3 Vermitt

intercessor ⟨ōris⟩ M 1 der Einsp erhebt 2 Vermittler

inter-cessum PPP → intercedere

inter-cīdere[1] ⟨cīdō, cīdī, cīsum durchschneiden, -stechen; **pontem** ne Brücke abbrechen

inter-cidere[2] ⟨cidō, cidī, - 3.⟩ 1 zwischenfallen 2 *fig* dazwischen v len 3 verloren gehen, zugrunde ge umkommen 4 (dem Gedächtnis) e len

inter-cipere ⟨cipiō, cēpī, ceptur 1 (*auf dem Weg*) auf-, abfangen, g gen nehmen 2 unterbrechen, absc den; **viam** den Weg 3 entreißen, wenden 4 vor der Zeit/unverhofft raffen, töten

ıtercīsē ADV unzusammenhängend
ıter-cīsus ⟨a, um⟩ PPP → intercide-
re[1]
ıter-clūdere ⟨clūdō, clūsī, clūsum
3.⟩ 1 versperren, abschneiden, **hosti**
viam dem Feind den Weg 2 einschlie-
ßen 3 abschneiden, trennen, **hostem**
commeatū den Feind vom Nachschub
4 *fig* hindern
ıter-clūsus ⟨a, um⟩ PPP → interclu-
dere
ter-currere ⟨currō, (cu)currī, cur-
sum 3.⟩ *u.* **intercursāre** ⟨ō, -, - 1.⟩
1 dazwischenlaufen, sich dazwischen-
werfen 2 *fig* sich einmischen, 3 *fig* in
der Zwischenzeit *wohin* eilen
ter-cus ⟨cutis⟩ ADJ unter der Haut
befindlich; **aqua ~** Wassersucht
ter-dīcere ⟨dīcō, dīxī, dictum 3.⟩ 1
verbieten; **alicui aquā et igni ~** j-n äch-
ten 2 verordnen, befehlen
terdictiō ⟨ōnis⟩ F Verbot; **~ aquae**
et ignis verschärfte Form der Verban-
nung
terdictum ⟨ī⟩ N 1 Verbot, Ein-
spruch 2 einstweilige Verfügung des
Prätors
ter-dictus ⟨a, um⟩ PPP → interdice-
re
ter-diū *u.* **interdius** ADV bei Tag
ter-dīxī → interdicere
ter-dum ADV manchmal; **~ ... ~/sae-**
pe/modo bald ... bald
ter-eā ADV 1 (*zeitl.*) inzwischen 2 je-
doch
er-emere ⟨emō, ēmī, ēmptum 3.⟩
interimere
er-ēmī → interimere
erēmptor ⟨ōris⟩ M Mörder
er-ēmptus ⟨a, um⟩ PPP → interi-
mere
ereō → interire
terere ⟨terō, trīvī, trītum 3.⟩ hinein-
reiben, einbrocken
er-esse ⟨sum, fuī, - 0.⟩ 1 dazwi-
schen sein/liegen 2 sich unterscheiden;
interest es ist ein Unterschied 3 da-
bei sein; teilnehmen **alicui rei/in re** an
... 4 ★ **interest** es ist von Interesse,
es ist wichtig; **meā interest** mir liegt da-
...
er-est → interesse
er-fārī ⟨for, fātus sum 1.⟩ dazwi-
schenreden, ins Wort fallen
interfātiō ⟨ōnis⟩ F RHET das Dazwi-
schenreden, Unterbrechung
inter-fēcī → interficere
interfector ⟨ōris⟩ M Mörder
interfectrīx ⟨īcis⟩ F Mörderin
★**inter-ficere** ⟨ficiō, fēcī, fectum 3.⟩ 1
töten, ermorden 2 vernichten
inter-fierī ⟨fīō, - 0.⟩ umkommen, zu-
grunde gehen
inter-fluere ⟨fluō, flūxī, - 3.⟩ dazwi-
schen fließen; **~ Naupactum et Patras**
zwischen Naupactos und Patrae fließen
inter-fodere ⟨fodiō, -, fossum 3.⟩ un-
tergraben, durchbohren
inter-fuī → interesse
inter-iacēre ⟨iaceō, -, - 2.⟩ dazwi-
schen liegen
inter-iacere ⟨iaciō, iēcī, iectum 3.⟩ =
intericere
inter-ibī ADV währenddessen
inter-icere ⟨iciō, iēcī, iectum 3.⟩ da-
zwischenwerfen, -legen, -stellen, einfü-
gen; **interiectus** dazwischen liegend
interiectiō ⟨ōnis⟩ F 1 RHET Einschal-
tung 2 RHET Einschub, Parenthese 3
GRAM Interjektion
inter-iectus[1] ⟨a, um⟩ ADJ 1 (*örtl.*) da-
zwischen liegend 2 (*zeitl.*) nach Verlauf;
interiecto anno nach einem Jahr
interiectus[2] ⟨ūs⟩ M 1 (*örtl.*) das Da-
zwischentreten 2 (*zeitl.*) Frist
inter-iectus[3] ⟨a, um⟩ PPP → interice-
re
inter-iī → interire
★**inter-im** ADV 1 inzwischen 2 vorläufig
3 manchmal; **~ ... ~** bald ... bald 4 je-
doch, doch
inter-imere ⟨imō, ēmī, ēmptum 3.⟩
töten, beseitigen
★**interior** ⟨ius, *adv* interius⟩ ADJ *komp* 1
der innere; **vestis ~** Unterkleid 2 *fig* en-
ger, vertrauter, inniger; **consilia interio-**
ra geheime Pläne 3 (*Sinn*) tiefer gehend
interiōra ⟨um⟩ NPL das Innere, die in-
neren Teile
interiōrēs ⟨um⟩ MPL 1 die Feinde in
der Stadt 2 die Bewohner des Binnen-
landes
★**inter-īre** ⟨eō, iī, itūrus 0.⟩ zugrunde
gehen, umkommen, sterben; **~ ab ali-**
quo von j-m getötet werden
interitiō ⟨ōnis⟩ F Untergang, Tod

I

interitūrus ⟨a, um⟩ PART *fut* → interire

★**interitus** ⟨ūs⟩ M Untergang, Vernichtung

inter-iungere ⟨iungō, iūnxī, iūnctum 3.⟩ 1 miteinander verbinden 2 (*Zugtiere*) ausspannen, rasten lassen

interius[1] → interior

interius[2] ADV *komp* weiter drinnen

inter-linere ⟨linō, lēvī, litum 3.⟩ 1 bestreichen 2 (*Urkunden*) fälschen

interlocūtiō ⟨ōnis⟩ F Einspruch

inter-loquī ⟨loquor, locūtus sum 3.⟩ dazwischenreden, ins Wort fallen

inter-lūcēre ⟨lūceō, lūxī, - 2.⟩ 1 dazwischen hervorschimmern 2 durchsichtig sein 3 sich deutlich zeigen; **interlucet** ein Unterschied zeigt sich

inter-luere ⟨luō, -, - 3.⟩ dazwischen fließen

inter-lūnium ⟨ī⟩ N Neumond

intermēnstruum ⟨ī⟩ N Neumond

inter-mēnstruus ⟨a, um⟩ ADJ zwischen zwei Monaten

inter-minārī ⟨or, ātus sum 1.⟩ 1 androhen 2 unter Drohungen verbieten

in-terminātus ⟨a, um⟩ ADJ unbegrenzt

inter-miscēre ⟨misceō, miscuī, mixtum 2.⟩ bei-, daruntermischen

inter-mīsī → intermittere

intermissiō ⟨ōnis⟩ F das Nachlassen, Unterbrechung; Verfall; ~ **officii** Unterlassung einer Pflicht; ~ **epistularum** Unterbrechung des Briefwechsels

★**inter-mittere** ⟨mittō, mīsī, missum 3.⟩ A VT 1 dazwischentreten lassen; *passiv* dazwischen liegen 2 (*Raum*) dazwischen offen lassen, leer lassen 3 *fig* unterbrechen; *passiv* zeitweilig nachlassen, ruhen 4 verstreichen lassen, **tempus** Zeit 5 (*Amt*) zeitweilig unbesetzt lassen B VI zeitweilig nachlassen, aussetzen

inter-morī ⟨morior, mortuus sum 3.⟩ 1 unbemerkt sterben 2 *fig* verschwinden, zugrunde gehen 3 ohnmächtig werden

inter-nātus ⟨a, um⟩ ADJ dazwischen gewachsen

inter-necāre ⟨ō, (āvī), ātum 1.⟩ ermorden, vernichten

interneciō ⟨ōnis⟩ F Vernichtung; Untergang

internecīvus ⟨a, um⟩ ADJ mörderisc vernichtend

inter-nectere ⟨ō, -, - 3.⟩ verknüpfe

interniciō ⟨ōnis⟩ F = **internecio**

inter-nōscere ⟨nōscō, nōvī, - 3 voneinander unterscheiden

internūntia ⟨ae⟩ F Vermittlerin, Bot

internūntius ⟨ī⟩ M Vermittler, Bote

internus ⟨a, um, *adv* internē⟩ ADJ d innere, im Innern befindlich, einh misch, inländisch

inter-pellāre ⟨ō, āvī, ātum 1.⟩ 1 (*Re ner*) unterbrechen 2 einwenden 3 (*r Fragen*) bestürmen 4 stören

interpellātiō ⟨ōnis⟩ F 1 (*in der Re* Unterbrechung 2 Störung

interpellātor ⟨ōris⟩ M der *eine Re* stört, Zwischenrufer

inter-polāre ⟨ō, āvī, ātum 1.⟩ 1 n herrichten, auffrischen 2 *fig* betrü risch ausstaffieren, verfälschen

interpolis ⟨e⟩ ADJ neu hergerich aufpoliert

★**inter-pōnere** ⟨pōnō, posuī, posit 3.⟩ 1 dazwischenstellen, -legen, -s zen; **auxilia equitatui** ~ Hilfstrupper die Reiterei einsetzen 2 einschieb -schalten 3 unterschieben 4 (*Zeit*) zwischen eintreten lassen; *passiv* daz schen liegen; **paucis diebus interpos** nach Verlauf weniger Tage 5 (*He usw.*) hinzuziehen, einschalten; **se ~** einmischen 6 *fig* geltend machen, setzen; **moram** ~ eine Verzögerung ursachen 7 vorschützen, anführen; **c sā interpositā** unter dem Vorwand

interpositiō ⟨ōnis⟩ F 1 das Da schensetzen 2 das Einschieben, das schalten 3 Einschub

★**interpres** ⟨pretis⟩ M *u.* F 1 Verm ler(in); **linguā interprete** mittels Sprache 2 Deuter(in) 3 Übersetzer(

inter-pressī → interprimere

inter-pressus ⟨a, um⟩ PPP → inte mere

★**inter-pretārī** ⟨or, ātus sum 1.⟩ vermitteln, zu Hilfe kommen B VT klären, deuten 2 übersetzen 3 ve hen, begreifen 4 beurteilen

interpretātiō ⟨ōnis⟩ F 1 Erklär Deutung 2 Übersetzung

inter-primere ⟨primō, pressī, p

-m⟩ eindrücken, zerdrücken
:erpūnctiō ⟨ōnis⟩ F Trennung *der*
örter durch Punkte
:er-pūnctus ⟨a, um⟩ ADJ abgeteilt
er-pungere ⟨pungō, pūnxī, pūnc-
m 3.⟩ *(Wörter)* durch Punkte trennen
er-quiēscere ⟨quiēscō, quiēvī, -
⟩ eine Pause machen
er-rēgnum ⟨ī⟩ N Zwischenregie-
ng, Interregnum
er-rēx ⟨rēgis⟩ M Zwischenkönig
territus ⟨a, um⟩ ADJ unerschrocken;
leti ohne Furcht vor dem Tod
er-rogāre ⟨ō, āvī, ātum 1.⟩ 1 (be)-
gen, **senatorem sententiam** einen
nator nach seiner Meinung 2 JUR ver-
ren 3 JUR anklagen 4 PHILOS eine
hlussfolgerung ziehen
errogātiō ⟨ōnis⟩ F 1 Frage, Befra-
ng 2 JUR Verhör 3 Kontrakt 4
ILOS Schlussfolgerung, Syllogismus
errogātiuncula ⟨ae⟩ F 1 kurze
ge, unbedeutende Frage 2 Schluss-
gerung
er-rogātum ⟨ī⟩ N Frage; **ad inter-
ata respondere** auf Fragen antwor-

er-rumpere ⟨rumpō, rūpī, rup-
n 3.⟩ 1 auseinanderreißen, zerrei-
n, abbrechen; **venas** ~ Adern öffnen
(Rede, Handlung) abbrechen, unter-
chen; stören 3 *fig* trennen
rruptē ADV mit Unterbrechungen
r-saepīre ⟨saepiō, saepsī, saep-
n 4.⟩ 1 verwahren; einzäunen 2 ab-
rren, abschneiden
r-scindere ⟨scindō, scidī, scis-
n 3.⟩ 1 auseinanderreißen, einrei-
2 *fig* trennen; **venas** ~ Adern öff-

r-scrībere ⟨scrībō, scrīpsī, scrīp-
3.⟩ dazwischenschreiben; durch
ätze verbessern
r-serere[1] ⟨serō, sēvī, situm 3.⟩
wischensäen, -pflanzen, **alicui rei**
chen etw
r-serere[2] ⟨serō, -, - 3.⟩ einfügen,
ieben; **causam** ~ als Grund anführen
r-situs ⟨a, um⟩ ADJ dazwischen lie-
d
spīrātiō ⟨ōnis⟩ F Atempause
-stinguere ⟨stinguō, -, stīnc-
3.⟩ auslöschen; *passiv* erlöschen

inter-stringere ⟨ō, -, - 3.⟩ zuschnüren
intersum → interesse
inter-texere ⟨texō, texuī, textum 3.⟩ 1 dazwischen einweben, einflechten, **alicui rei** in etw 2 durchweben
inter-trahere ⟨trahō, trāxī, tractum 3.⟩ entziehen
inter-trīmentum ⟨ī⟩ N 1 Abrieb, Abnutzung 2 *fig* Verlust, Schaden
inter-turbāre ⟨ō, -, - 1.⟩ Verwirrung stiften, stören
★**inter-vallum** ⟨ī⟩ N 1 Zwischenraum, Entfernung; **ex intervallo** von fern 2 Zwischenzeit, Pause, Frist; **ex intervallo** nach geraumer Zeit 3 Unterschied
inter-vellere ⟨vellō, vellī *u.* vulsī, vulsum 3.⟩ 1 herausreißen 2 hier und da ausrupfen
★**inter-venīre** ⟨veniō, vēnī, ventum 4.⟩ 1 dazwischenkommen, eintreten 2 *(Winter, Nacht)* unterbrechen, stören, hindern 3 einschreiten
interventor ⟨ōris⟩ M störender Besucher
inter-ventum PPP → intervenire
interventus ⟨ūs⟩ M 1 das Dazwischenkommen 2 Vermittlung, Beistand
inter-vertere ⟨vertō, vertī, versum 3.⟩ 1 unterschlagen, entziehen 2 *(Geld)* verschwenden 3 übergehen 4 um *etw* bringen, *re*
inter-vīsere ⟨vīsō, vīsī, vīsum 3.⟩ von Zeit zu Zeit besuchen
in-testābilis[1] ⟨e⟩ ADJ 1 unfähig Zeuge zu sein, unfähig zu einem Testament 2 *fig* ehrlos, verabscheuungswürdig
in-testābilis[2] ⟨e⟩ ADJ zeugungsunfähig
in-testātus ⟨a, um⟩ ADJ 1 ohne Testament 2 nicht durch Zeugen überführt
intestīnum ⟨ī⟩ N 1 Innereien, Darm; *pl* Eingeweide 2 PL Einlegearbeit
★**intestīnus** ⟨a, um⟩ ADJ innerlich, im Innern; **bellum** ~ Bürgerkrieg
in-texere ⟨texō, texuī, textum 3.⟩ 1 (hin)einweben, **vestibus** *(dat)* in die Kleider 2 *fig* einfügen 3 umwinden, umgeben
★**intimus** ⟨a, um, *adv* intimē⟩ ADJ *sup* 1 der innerste 2 *fig* am tiefsten eindringend 3 der geheimste 4 der wirksamste 5 der vertrauteste
in-tingere ⟨tingō, tīnxī, tīnctum 3.⟩

eintauchen, **calamum** die Schreibfeder

in-tolerābilis ⟨e, *adv* intolerābiliter⟩ ADJ unerträglich

in-tolerandus ⟨a, um⟩ ADJ unerträglich

in-tolerāns ⟨antis, *adv* intoleranter⟩ ADJ 1 unfähig *etw* zu ertragen, **laboris** die Mühe 2 unerträglich 3 ADV maßlos

intolerantia ⟨ae⟩ F 1 Unerträglichkeit 2 Maßlosigkeit

in-tonāre ⟨ō, uī, ātum 1.⟩ A V/I 1 losdonnern, laut donnern; **intonat** es donnert 2 *fig* laut ertönen, krachen, rauschen, tosen B V/T laut ertönen lassen; auf der Laute besingen

in-tōnsus ⟨a, um⟩ ADJ 1 ungeschoren, mit langem Haar 2 *(Baum)* dicht belaubt 3 *(Berg)* dicht bewaldet

in-torquēre ⟨torqueō, torsī, tortum 2.⟩ 1 hineindrehen, **capillis** *(dat)* ins Haar 2 flechten, winden 3 *(Geschosse)* schwingen, schleudern 4 verdrehen

★**intrā** A ADV innerhalb, inwendig B PRÄP *+akk* 1 innerhalb, *bes* diesseits; ~ **parietes** innerhalb der Mauern 2 *(Richtung)* in ... (hinein); ~ **munitiones** in die Festung 3 *(zeitl.)* innerhalb, während, vor Ablauf; ~ **decem annos** innerhalb von zehn Jahren 4 unter, weniger als; ~ **centum** weniger als hundert

in-tractābilis ⟨e⟩ ADJ 1 schwer zu behandeln 2 wild, rau

in-tractātus ⟨a, um⟩ ADJ 1 nicht behandelt 2 unversucht

★**in-trāre**[2] ⟨ō, āvī, ātum 1.⟩ A V/I 1 eintreten, *auch fig* 2 *(geistig)* eindringen B V/T 1 betreten 2 *(Gefühle)* ergreifen, befallen

in-tremere ⟨tremō, -, - 3.⟩ *u.* **in-tremīscere** ⟨tremīscō, tremuī, - 3.⟩ erzittern, erbeben

in-trepidus ⟨a, um, *adv* intrepidē⟩ ADJ unerschrocken, ruhig

in-tribuere ⟨uō, -, - 3.⟩ besteuern

in-trīcāre ⟨ō, āvī, ātum 1.⟩ in Verlegenheit bringen

intrīn-secus ADV im Inneren

in-trītus ⟨a, um⟩ ADJ ungeschwächt

intrō ADV hinein, herein

intrō-dūcere ⟨dūcō, dūxī, ductum 3.⟩ 1 (hin)einführen, *auch fig* einführen, **philosophiam Graecam in Italiam** die griechische Philosophie in Italien 2 *(Beispiel)* anführen 3 *fig* behaupten

intrōductiō ⟨ōnis⟩ F Einführung

intro-eō → introire

intro-ferre ⟨ferō, tulī, - 0.⟩ hineinbringen, -tragen

intrō-gredī ⟨gredior, gressus sum ...⟩ hineingehen, eintreten

intro-iī → introire

★**intro-īrē** ⟨eō, iī, itum 0.⟩ A V/I hineingehen, eintreten B V/T betreten

intro-itum PPP → introire

introitus ⟨ūs⟩ M 1 Eintritt, Einzug ... *fig* Anfang, Einleitung 3 Amtsantritt ... Zugang

intrō-mittere ⟨mittō, mīsī, miss... 3.⟩ hineinschicken, einlassen

intrōrsum *u.* **intrōrsus** ADV 1 n... innen, hinein 2 innerlich, inwendig

intrō-rumpere ⟨rumpō, rūpī, ... tum 3.⟩ einbrechen

intrōspectāre ⟨ō, -, - 1.⟩ hineinsch... en

intrō-spicere ⟨spiciō, spexī, spect... 3.⟩ 1 hineinschauen, besichtigen, ... *quid* 2 *fig* prüfend betrachten

intrōsum ADV = **introrsum**

intrō-tulī → introferre

★**in-tuērī** ⟨tueor, tuitus sum 2.⟩ *u.* **-tuī** ⟨tuor, tuitus sum 3.⟩ 1 anse... betrachten 2 liegen, **montes** zum ... birge hin 3 anstaunen 4 erwäge... berücksichtigen

in-tulī → inferre

in-tumēscere ⟨tumēscō, tumuī, ...⟩ 1 anschwellen 2 *fig* sich aufblase... *fig* zornig werden

★**intus** ADV 1 von innen 2 innen, in... dig 3 daheim, zu Hause; *auch* in... Stadt, im Lager 4 *fig* im Innern 5 ... innen, hinein

in-tūtus ⟨a, um⟩ ADJ 1 ungeschüt... unzuverlässig, unsicher

inula ⟨ae⟩ F BOT Alant

īnuleus ⟨ī⟩ M = hinnuleus

in-ultus ⟨a, um⟩ ADJ 1 ungeräc... ungestraft

in-umbrāre ⟨ō, āvī, ātum 1.⟩ ... beschatten, verdunkeln B V/I d... werden

in-undāre ⟨ō, āvī, ātum 1.⟩ ... überschwemmen B V/I überfließen ... **guine** von Blut

inundātiō ⟨ōnis⟩ F Überschwem...

-ung(u)ere ⟨ung(u)o, ūnxī, ūnctum .⟩ salben, einreiben, bestreichen; *passiv* ch einreiben
-urbānus ⟨a, um, *adv* inurbānē⟩ DJ 1 unstädtisch; unfein, ungebildet ungefällig 3 geschmacklos
-ūrere ⟨ūrō, ussī, ustum 3.⟩ 1 ein-rennen, **alicui rei** in etw 2 *fig* kenn-ichnen; brandmarken 3 *fig* einprägen (*Schmerz usw.*) verursachen, zufügen (*Ort*) anbrennen, erhitzen 6 frisieren (*Rede*) aufputzen
-urg(u)ēre ⟨urg(u)eō, ursī, - 2.⟩ ein-ingen
-ūsitātus ⟨a, um, *adv* inūsitātē⟩ ADJ ıgewöhnlich
ūtilis ⟨e, *adv* inūtiliter⟩ ADJ 1 un-tz, unbrauchbar 2 schädlich
ūtilitās ⟨ātis⟩ F Unbrauchbarkeit
uus ⟨ī⟩ M *Beiname des Pan*
vādere ⟨vādō, vāsī, vāsum 3.⟩ 1 neingehen, eindringen 2 betreten 3 ternehmen, beginnen 4 angreifen,) **hostes ~** die Feinde 5 (*mit Worten*) fahren, zur Rede stellen 6 überkom-en, befallen; **morbus in corpus inva-** : eine Krankheit befällt den Körper hereinbrechen, sich verbreiten 8 an h reißen, **consulatum** das Konsulat
valēscere ⟨valēscō, valuī, - 3.⟩ er-rken
validus ⟨a, um⟩ ADJ kraftlos, wach, kränklich
vāsī → invadere
āsiō ⟨ōnis⟩ F Angriff, Einfall
vāsus ⟨a, um⟩ PPP → invadere
ectīcius ⟨a, um⟩ ADJ 1 eingeführt, ht heimisch 2 *fig* seicht
ectiō ⟨ōnis⟩ F 1 Einfuhr 2 Einfahrt
vehere ⟨vehō, vēxī, vectum 3.⟩ 1 einfahren, -bringen; **frumenta ~** Ge-de einfahren 2 (*Waren*) einführen *Übel*) bringen, verursachen, zufügen; *siv* hereinbrechen 4 *passiv u.* **se ~** hi-nfahren, -reiten, -fließen, -segeln 5 reifen, **(in) hostes** die Feinde 6 *Worten*) angreifen
endibilis ⟨e⟩ ADJ unverkäuflich
enīre ⟨veniō, vēnī, ventum 4.⟩ 1 en; *passiv* sich zeigen 2 (*zufällig, ge-ntlich*) bekommen, erwerben, erlan- 3 ausfindig machen, erfahren, ent-ken; **inventum est**, man fand heraus 4 ermöglichen, schaffen
inventiō ⟨ōnis⟩ F 1 das Finden 2 Er-findungsgabe 3 Erfindung 4 RHET Auf-finden der Gesichtspunkte
inventor ⟨ōris⟩ M Erfinder, Urheber
inventrīx ⟨īcis⟩ F Schöpferin
inventum ⟨ī⟩ N 1 Erfindung, Entde-ckung 2 PL Lehren, Ansichten
in-ventus ⟨a, um⟩ PPP → invenire
in-venustus ⟨a, um, *adv* invenustē⟩ ADJ 1 ohne Anmut 2 unglücklich in der Liebe
in-verēcundus ⟨a, um, *adv* inverē-cundē⟩ ADJ unverschämt, schamlos
in-vergere ⟨ō, -, - 3.⟩ daraufgießen
inversiō ⟨ōnis⟩ F 1 Umstellung, **ver-borum** von Wörtern 2 *fig* Ironie 3 *fig* Allegorie
in-vertere ⟨vertō, vertī, versum 3.⟩ 1 umkehren, umdrehen; **annus inversus** Jahr, das sich dem Ende nähert 2 (*Bo-den*) pflügen 3 ausleeren 4 (*Sitten*) ver-schlechtern, verderben 5 (*Worte*) iro-nisch gebrauchen 6 *fig* verändern
in-vesperāscere ⟨āscit, -, -, 3.⟩ es wird Abend
★**in-vestīgāre** ⟨ō, āvī, ātum 1.⟩ 1 auf-spüren 2 *fig* erforschen
investīgātiō ⟨ōnis⟩ F Erforschung
investīgātor ⟨ōris⟩ M Erforscher
in-vestīre ⟨iō, (ivī), ītum 4.⟩ bekleiden
in-veterāre ⟨ō, āvī, ātum 1.⟩ alt ma-chen; *passiv* alt werden, sich festsetzen
inveterāscere ⟨veterāscō, veterāvī, - 3.⟩ 1 alt werden 2 *fig* sich einnisten
inveterātiō ⟨ōnis⟩ F Einwurzelung; eingewurzelter Fehler
inveterātus ⟨a, um⟩ ADJ alt, einge-wurzelt, altgewohnt
in-veterāvī → inveterascere *u.* → in-veterare
invia ⟨ōrum⟩ NPL unwegsames Gelände
★**in-vicem** ADV 1 abwechselnd 2 einan-der, gegenseitig 3 umgekehrt, anderer-seits, dagegen
in-victus ⟨a, um⟩ ADJ 1 unbesiegt 2 unbesiegbar
invidentia ⟨ae⟩ F PHILOS Neid
★**in-vidēre** ⟨videō, vīdī, vīsum 2.⟩ 1 be-neiden, **divitiis** (*dat*) **alicuius** j-n um sei-nen Reichtum 2 böse ansehen
★**invidia** ⟨ae⟩ F 1 Neid, Missgunst, Eifer-sucht 2 Neider 3 Gegenstand des Nei-

des 4 Neid, *der gegen j-n gehegt wird,* Hass 5 üble Nachrede, Vorwurf

invidiōsus ⟨a, um, *adv* invidiōsē⟩ ADJ 1 neidisch, missgünstig; gehässig 2 beneidet, beneidenswert, *alicui* für j-n 3 neiderregend 4 verhasst

invidus A ⟨a, um⟩ ADJ 1 neidisch, missgünstig; eifersüchtig, **alicui** auf j-n 2 ungünstig B ⟨ī⟩ M Neider

in-vigilāre ⟨ō, āvī, ātum 1.⟩ 1 wachen, **alicui rei** bei etw 2 *fig* bedacht sein, **alicui rei** auf etw

in-violābilis ⟨e⟩ ADJ unverletzlich

in-violātus ⟨a, um, *adv* inviolātē⟩ ADJ 1 unverletzt, unversehrt 2 unverletzlich

in-vīsere ⟨vīsō, vīsī, (vīsum) 3.⟩ 1 besichtigen 2 besuchen 3 erblicken

in-vīsitātus ⟨a, um⟩ ADJ noch nie gesehen, unbekannt, ganz neu, selten

in-vīsus[1] ⟨a, um⟩ ADJ noch nie gesehen

★**invīsus**[2] ⟨a, um⟩ ADJ 1 verhasst; hassenswert 2 *j-n* hassend, *j-m* feindlich gesinnt, *alicui*

in-vīsus[3] ⟨a, um⟩ PPP → invidere

invītāmentum ⟨ī⟩ N Lockmittel, Reiz

★**in-vītāre** ⟨ō, āvī, ātum 1.⟩ 1 einladen 2 *fig* auffordern 3 *fig* reizen, verlocken, verleiten

invītātiō ⟨ōnis⟩ F 1 Einladung 2 *fig* Aufforderung

invītātor ⟨ōris⟩ M Einlader

★**in-vītus** ⟨a, um, *adv* invītē⟩ ADJ unfreiwillig, ungern; **aliquo invito** gegen j-s Willen

in-vius ⟨a, um⟩ ADJ unwegsam, unzugänglich

in-vocāre ⟨ō, āvī, ātum 1.⟩ 1 anrufen, zu Hilfe rufen, **deos testes** die Götter als Zeugen 2 (be)nennen

invocātiō ⟨ōnis⟩ F Anrufung

in-vocātus ⟨a, um⟩ PPP → invocare

in-volāre ⟨ō, āvī, ātum 1.⟩ 1 hineinfliegen 2 sich stürzen, **aliquid** auf etw

involitāre ⟨ō, -, - 1.⟩ auf *etw* flattern

involūcre ⟨is⟩ N Frisiermantel

involūcrum ⟨ī⟩ N Hülle, Decke

involūtus ⟨a, um⟩ ADJ schwer verständlich

in-volvere ⟨volvō, volvī, volūtum 3.⟩ 1 hinein-, hinaufwälzen, hinaufrollen 2 einwickeln, verhüllen

involvulus ⟨ī⟩ M Wickelraupe

in-vulnerābilis ⟨e⟩ ADJ unverwur bar

in-vulnerātus ⟨a, um⟩ ADJ unverwu det

iō INT o!, ach!; juchhe!

Īō ⟨ūs *u.* ōnis⟩ F *Geliebte des Zeus, von* ra in eine Kuh verwandelt

Iōannēs ⟨is⟩ M = **Iohannes**

iocārī ⟨or, ātus sum 1.⟩ A VI scherz spaßen B VT scherzend sagen

iocātiō ⟨ōnis⟩ F Scherz

iocineris → iocur = **iecur**

iocōsus ⟨a, um, *adv* iocōsē⟩ scherzhaft, neckisch

ioculārī ⟨or, - 1.⟩ = **iocari**

ioculāris ⟨e, *adv* ioculāriter⟩ scherzhaft

iocur ⟨iocineris⟩ N = **iecur**

★**iocus** ⟨ī⟩ M, PL ⟨iocī, ōrum⟩ M *u.* ⟨io ōrum⟩ N 1 Scherz, Spaß 2 *fig* Sp Zeitvertreib 3 scherzhaftes Gedic Scherzlied 4 *fig* Liebesspiel

Iōhannēs ⟨is⟩ M: ~ **Baptista** Johan der Täufer; ~ **Evangelista** der Evange Johannes

Iōlciacus ⟨a, um⟩ ADJ aus Iolcos

Iōlcos *u.* **Iōlcus** ⟨ī⟩ F *Stadt in Thes* en

Iōnes ⟨um⟩ MPL die Ionier, *einer der* *Hauptstämme der Griechen;* **Iōnia** ⟨ F Ionien, *Landschaft an der Westk* *Kleinasiens;* **Iōniacus** *u.* **Iōnicus**

Iōnius[1] *u.* **Īonius**[1] ⟨a, um⟩ ADJ nisch

Īōnius[2] *u.* **Īonius**[2] ⟨a, um⟩ ADJ z gehörig

Iordānēs ⟨is⟩ M Jordan

iōta *indekl* N Jota, *griech. Buchstabe*

Iovis → Iuppiter; *(mlat.) auch no* **Iuppiter**

Īphigenīa ⟨ae⟩ F *Tochter des Agam non*

★**ipse, ipsa, ipsum** *gen* ⟨ipsīus⟩, ⟨ipsī⟩ DEM PR 1 selbst, persönlich; ~ der König persönlich 2 Herr, Mei Hauptperson; **ipse dixit** der Meiste es gesagt 3 eigen; **mea ipsius do** mein eigenes Haus 4 von selbst, fre lig; ~ **per se** ganz aus eigenem An 5 schon, gerade; **metus** ~ allein s die Furcht 6 *(steigernd)* selbst, soga **sa virtus** selbst die Tugend 7 ge genau; **triginta dies ipsos Atheni**

enau 30 Tage war ich in Athen; **post ipsum proelium** unmittelbar nach der :hlacht **3** ~ **quoque /et** ~ gleichfalls, ebenfalls
· ⟨ae⟩ F **1** Zorn, Wut **2** Heftigkeit
cundia ⟨ae⟩ F Jähzorn, hitziges mperament
cundus ⟨a, um, *adv* īrācundē⟩ ADJ hzornig, hitzig
scī ⟨īrāscor, - 3.⟩ zornig werden
tus ⟨a, um, *adv* īrātē⟩ ADJ erzürnt, rnig
⟨eō, iī/ *selten* īvī, itum 0.⟩ **1** gehen, mmen; **pedibus** ~ zu Fuß gehen; **uo** ~ reiten; **curru** ~ im Wagen fahren; **iter** ~ einen Weg gehen; **itur** man ht; **ad arma** ~ zu den Waffen greifen; osidio ~ zu Hilfe kommen **pedibus in cuius sententiam** ~ *fig* j-s Meinung treten *im Senat*; **in scelus** ~ ein Verechen begehen; **pugna ad pedes it** n beginnt zu Fuß zu kämpfen **2** MIL rschieren, **3** in *etw* übergehen, zu werden, *in aliquid*; **in perniciem** ~ Vernichtung übergehen **4** vonstatgehen, verlaufen **5** vergehen; **it dies** Tag vergeht **6** dauern **7** **iri** +*Supin* werden = *inf fut passiv*; **vos laudan iri spero** ich hoffe, dass man euch en wird
a *akk* SG von er
⟨idis⟩ F *Göttin des Regenbogens*
īa ⟨ae⟩ F feiner Spott, Ironie
icus ⟨a, um⟩ ADJ spöttisch, iro-:h
⟨ī⟩ M = **Irus**
us ⟨ī⟩ M = **hircus**
isus ⟨a, um⟩ ADJ ungeschoren
tiōnālis ⟨e⟩ ADJ unvernünftig
ucēscere ⟨raucēscō, rausī, - 3.⟩ er werden
ligātus ⟨a, um⟩ ADJ nicht zurückunden
ligiōsus ⟨a, um, *adv* irreligiōsē⟩ gottlos
meābilis ⟨e⟩ ADJ keine Rückkehr ährend
mediābilis ⟨e⟩ ADJ unheilbar
parābilis ⟨e⟩ ADJ unwiederbringunersetzlich
pere ⟨rēpō, rēpsī, rēptum 3.⟩ **1** :hen, **(in) aliquid/alicui rei** in etw g sich einschleichen **3** *fig* sich beliebt machen

ir-repertus ⟨a, um⟩ ADJ nicht (auf)gefunden, nicht entdeckt
ir-reprehēnsus ⟨a, um⟩ ADJ untadelig
ir-requiētus ⟨a, um⟩ ADJ rastlos
ir-rētīre ⟨iō, īvī, ītum 4.⟩ **1** (im Netz) fangen **2** *fig* verwickeln
ir-retortus ⟨a, um⟩ ADJ nicht zurückgewandt
ir-reverēns ⟨entis, *adv* irreverenter⟩ ADJ unehrerbietig
irreverentia ⟨ae⟩ F Mangel an Ehrfurcht, ⟨alicui rei⟩ gegen etw
ir-revocābilis ⟨e, *adv* irrevocābiliter⟩ ADJ **1** unwiderruflich **2** unveränderlich **3** unversöhnlich
ir-rīdēre ⟨rīdeō, rīsī, rīsum 2.⟩ **A** V/I bei *etw* lachen, spotten **B** V/T verlachen, verspotten
ir-rīdiculē ADV ohne Witz
irrīdiculum ⟨ī⟩ N Spott, Gespött
ir-rigāre ⟨ō, āvī, ātum 1.⟩ **1** bewässern, überschwemmen **2** *fig* erfrischen **3** ~ **plagis aliquem** j-n verprügeln
irrigātiō ⟨ōnis⟩ F Bewässerung
irriguus ⟨a, um⟩ ADJ **1** bewässernd **2** bewässert, feucht
irrīsiō ⟨ōnis⟩ F = **irrisus**
irrīsor ⟨ōris⟩ M Spötter, Lästermaul
irrīsus ⟨ūs⟩ M Spott, Hohn
irrītābilis ⟨e⟩ ADJ reizbar
irrītāmen ⟨inis⟩ N *u.* **irrītāmentum** ⟨ī⟩ N **1** Reizmittel **2** *fig* Verlockung
★**ir-rītāre**[1] ⟨ō, āvī, ātum 1.⟩ **1** *(Husten)* reizen **2** *(Hass usw.)* erregen **3** zum Zorn reizen, aufbringen
irritāre[2] ⟨ō, -, - 1.⟩ ungültig machen, brechen, **pactum** einen Vertrag
irrītātiō ⟨ōnis⟩ F Reizung, Anreiz
irrītātor ⟨ōris⟩ M der reizt
irritum ⟨ī⟩ N das Misslingen; **ad/in** ~ **cadere** fehlschlagen
★**ir-ritus** ⟨a, um⟩ ADJ **1** ungültig **2** *(Sache)* vergeblich, unwirksam **3** *(Person)* nichts ausrichtend, ohne Erfolg
ir-rogāre ⟨ō, āvī, ātum 1.⟩ **1** beim Volk beantragen **2** (mit Genehmigung des Volkes) auferlegen
irrogātiō ⟨ōnis⟩ F Auferlegung
ir-rōrāre ⟨ō, āvī, ātum 1.⟩ **A** V/T **1** betauen, benetzen, besprengen **2** *fig* träufeln, **alicui rei** auf etw **B** V/I tropfen

ir-rūctāre ⟨ō, -, -⟩ hineinrülpsen

ir-ruere ⟨ruō, ruī, - 3.⟩ hineinstürzen, eindringen, losstürzen

ir-rumāre ⟨ō, -, ātum 1.⟩ Oralverkehr betreiben

irrumātiō ⟨ōnis⟩ F Oralverkehr

★**ir-rumpere** ⟨rumpō, rūpī, ruptum 3.⟩ **1** hineinbrechen, -stürmen einbrechen, eindringen **2** *fig* eindringen

ir-rūpī → irrumpere

irruptiō ⟨ōnis⟩ F Einfall, Einbruch

ir-ruptum PPP → irrumpere

irruptus ⟨a, um⟩ ADJ **1** nicht zerrissen **2** unzerreißbar

★**is, ea, id** *gen* ⟨eius⟩, *dat* ⟨eī⟩ DEM PR **1** diese(r, s); der, die, das; er, sie, es, *auf Genanntes od. Angedeutetes zurückweisend* **2** ein solcher, ein derartiger **3** **~, qui** derjenige, welcher; **eo ... quo** je ... desto **4** (*als Ersatz eines gen*) **~ numerus** deren Zahl; **is metus** die Furcht davor **5** **~que/et ~/atque ~** und zwar, und noch dazu **6** (*in erklärenden Zusätzen*) **id, quod** was **7** **id est** das heißt **8** *+gen* **id hostium** eine solche Zahl von Feinden; **ad id loci** bis dahin **9** **ad id** bis jetzt; **in id** dazu, deswegen; **ex eo** darauf; **eo** dadurch; **in eo est, ut** die Sache steht auf dem Punkt, dass **10** **eius** sein, ihr; **Caesar eiusque amicus** Caesar und sein Freund

īselasticum ⟨ī⟩ N (kaiserliches) Geschenk für den einziehenden Sieger

īselasticus ⟨a, um⟩ ADJ zum Einzug gehörig

Īseon *u.* **Īsēum** ⟨ī⟩ N Tempel der Isis

Īsis ⟨idis *u.* is⟩ F *altägypt. Göttin, Schwester u. Gattin von Osiris*

Ismēnis ⟨idis⟩ F Thebanerin

Ismēnius ⟨a, um⟩ ADJ **1** des Ismenos **2** thebanisch

Ismēnos *u.* **Ismēnus** ⟨ī⟩ M *Fluss, der durch Theben fließt*

issa = **ipsa**; → ipse

Issa ⟨ae⟩ F *Insel vor der dalmatinischen Küste, heute Lissa;* **Issaeī** ⟨ōrum⟩ MPL die Einwohner von Issa; **Issaeus** *u.* **Issaicus** ⟨a, um⟩ ADJ aus Issa

isse = **ipse**

Issēnsēs ⟨ium⟩ MPL die Einwohner von Issa

Issēnsis ⟨e⟩ ADJ aus Issa

istāc(tenus) ADV bis dorthin

★**iste** ⟨ista, istud⟩ DEM PR **1** diese(r, s) jene(r, s) dort; dein; euer **2** (*in Brief* dortig; **iste locus** der Ort, wo du b **3** (*verächtlich*) der da

Ister ⟨trī⟩ M = **Hister**

Isthmius ⟨a, um⟩ ADJ zur Landenge hörig

Isthmos *u.* **Isthmus** ⟨ī⟩ M Landen *bes* Landenge von Korinth

istī ADV dort

istic[1] ⟨istaec, istoc *u.* istuc⟩ DEM P iste

istīc[2] ADV **1** dort, da, an jener Stelle, dir, bei euch **2** *fig* hierbei

istim ADV = **istinc**

istinc ADV **1** von dort, von deiner/eu Seite **2** *fig* davon weg **3** fort

istīus-modī von solcher Art

istō(c) ADV **1** dorthin, dahin **2** da nein

istōrsum ADV dorthin gewandt

Istrī ⟨ōrum⟩ MPL = **Histri**

Istria ⟨ae⟩ F = **Histria**

istuc[1] → istic[1]

istūc[2] ADV **1** dahin, dorthin, auf de eure Seite **2** *fig* dazu

★**ita** ADV **1** so, auf diese Weise; **res ~** **nit, ut dixi** die Sache hat sich so z tragen, wie ich gesagt habe **2** (*ver chend*)★ **~ ... ut** so ... wie; **ut ... ~** ... so, zwar ... aber; **ut quisque** ... **~** *+sup* je *+komp* ... desto *+kom* **quisque amplissimus est ~ pluri amicos habet** je angesehener eine desto mehr Freunde hat er **3** (*besc rend*) **~ vivam** so wahr ich lebe **4** (*i rogativ*) **~ne est** also wirklich? **qui** wieso?, inwiefern? **5** also, folgende ßen **6** (*antwortend*) **~ (est)** so ist e allerdings; **~ non (est)** nein

Italia ⟨ae⟩ F Italien

Italicus ⟨a, um⟩ ADJ italisch, zu It gehörig; **bellum Italicum** Bundesge senkrieg

Italis ⟨idis⟩ F Italerin, Italikerin

Italus **A** ⟨a, um⟩ ADJ italisch, zu It gehörig **B** ⟨ī⟩ M Italer, Italiker; *p* eingeborenen Bewohner von Italie

★**ita-que** **A** ADV = **et ita**; und so **B** daher, deshalb, also

itāre ⟨ō, -, - 1.⟩ gehen

★**item** ADV **1** ebenso, auf gleiche W **2** gleichfalls, ebenfalls

er ⟨itineris⟩ N 1 (*abstrakt*) das Gehen,
iang 2 Reise, Marsch, Fahrt, Lauf; **ex**
tinere unterwegs 3 Tagesmarsch; **~**
nagnum Eilmarsch 4 Durchgang 5
konkret) Weg, Straße, Bahn 6 *fig* Weg,
d civitatem zum Bürgerrecht 7 *fig*
ortgang 8 *fig* Verfahren, Mittel
erāre ⟨ō, āvī, ātum 1.⟩ 1 wiederholen
nochmals pflügen
erātiō ⟨ōnis⟩ F Wiederholung
erātō ADV = **iterum**
erum ADV 1 zum zweiten Mal, wiede-
um; **semel atque ~** zu wiederholten
Malen; **~ atque ~** immer wieder 2 an-
ererseits, dagegen
naca ⟨ae⟩ F *u.* **Ithacē** ⟨ēs⟩ F Ithaka,
sel im Ionischen Meer, Heimat des Odys-
us (*Ulixes*), *heute Ithaki;* **Ithacus** ⟨a,
m⟩ ADJ aus Ithaka; **Ithacus** ⟨ī⟩ M Ein-
ohner von Ithaka
dem ADV ebenso, gleichfalls
ō ⟨ōnis⟩ F das Gehen, Gang, Reise
m PPP → ire
s ⟨ūs⟩ M das Gehen, Gang; **~ et redi-**
s Hin- und Rückreise
ba ⟨ae⟩ F 1 Mähne 2 Kamm 3 Helm-
sch
ba ⟨ae⟩ M *numidischer Königsname;* **~**
Anhänger des Pompeius, von Caesar 46
Chr. geschlagen
bar ⟨aris⟩ N 1 helles Licht 2 Stern,
s Morgenstern, Sonne
bātus ⟨a, um⟩ ADJ mit einem Kamm
bēre ⟨iubeō, iussī, iussum 2.⟩ 1 be-
hlen, verordnen; **iubeor** mir wird be-
hlen, ich soll 2 **amicumsalvere/sal-**
m esse ~ den Freund grüßen lassen,
schied vom Freund nehmen 3 POL
schließen, genehmigen, anordnen 4
etw wählen, erklären, **aliquem impe-**
orem j-n zum Befehlshaber
unditās ⟨ātis⟩ F 1 Annehmlichkeit
Liebenswürdigkeit 3 Beliebtheit
undus ⟨a, um⟩ ADJ ⟨iūcundē⟩ ADV
erfreulich, angenehm 2 liebenswür-
3 beliebt, **populo** beim Volk
aea ⟨ae⟩ F Judäa, Palästina; **Iū-**
eus ⟨ī⟩ M Jude; **Iūdaicus** ⟨a,
⟩ ADJ jüdisch
ex ⟨icis⟩ M 1 Richter 2 *fig* Beurtei-

icāre ⟨ō, āvī, ātum 1.⟩ A V/T 1 JUR
chtlich untersuchen, Richter sein 2
JUR Recht sprechen, entscheiden 3 ver-
urteilen 4 glauben, meinen 5 beurtei-
len, schätzen 6 für *etw* halten, **aliquem**
idoneum j-n für geeignet 7 erklären,
aliquem hostem j-n zu einem Feind
des Vaterlandes B V/I urteilen, entschei-
den, **de re** über etw
iūdicātiō ⟨ōnis⟩ F 1 richterliche Un-
tersuchung 2 Urteil, Spruch
iūdicātum ⟨ī⟩ N Urteilsspruch
iūdicātus ⟨ūs⟩ M Richteramt
iūdiciālis ⟨e⟩ ADJ *u.* **iūdiciārius** ⟨a,
um⟩ ADJ gerichtlich, Gerichts…
★**iūdicium** ⟨ī⟩ N 1 JUR gerichtliche Un-
tersuchung 2 JUR Gericht(sort); **in iudi-**
cio vor Gericht 3 JUR Richterkollegium
4 JUR Prozess, **capitis** über Leben und
Tod 5 JUR Urteil, Richterspruch, Ent-
scheidung 6 *fig* Meinung; Überlegung;
iudicio absichtlich 7 *fig* Urteilskraft 8
fig Einsicht, Geschmack
iugālēs ⟨ium⟩ NPL Gespann
iugālis ⟨e⟩ ADJ 1 Joch…, Zug…; **equus**
~ Zugpferd 2 *fig* Ehe…, Hochzeits…
iugāre ⟨ō, āvī, ātum 1.⟩ verbinden
iugārius ⟨a, um⟩ ADJ = **iugalis**
iūgerum ⟨ī⟩ N ein Morgen Land = *1/4*
Hektar = 2500 Quadratmeter
iūgis ⟨e⟩ ADJ 1 beständig, fortdauernd
2 (*Quellwasser*) immer sprudelnd
iūglāns ⟨andis⟩ F Walnuss(baum)
iugōsus ⟨a, um⟩ ADJ gebirgig
iugulae ⟨ārum⟩ FPL ASTRON Sterngür-
tel
iugulāre ⟨ō, āvī, ātum 1.⟩ 1 die Kehle
durchschneiden, schlachten 2 ermor-
den 3 *fig* vernichten, verderben
iugulātiō ⟨ōnis⟩ F das Erdolchen
iugulum ⟨ī⟩ N *u.* **iugulus** ⟨ī⟩ M 1
Schlüsselbein 2 Kehle 3 *fig* Hauptsache
★**iugum** ⟨ī⟩ N 1 (*der Zugtiere*) Joch 2 Ge-
spann 3 *fig* Joch 4 MIL Querbalken, *aus*
drei Lanzen unter dem der besiegte Feind
hindurchkriechen musste 5 (*an der Waa-*
ge) Querholz, *allg.* Waage 6 (*am Web-*
stuhl) Webebaum 7 Ruderbank 8 *fig*
Bergjoch, Bergkamm 9 Berg, Anhöhe
Iugurtha ⟨ae⟩ M *Alleinherrscher Numi-*
diens, im Krieg mit Rom (112–106 v. Chr.)
zunächst siegreich, von Marius besiegt u.
104 v. Chr. hingerichtet; **Iugurthīnus**
⟨a, um⟩ ADJ des Iugurtha
Iūlēus ⟨a, um⟩ ADJ 1 des Iulus 2 des

I

Iulius Caesar **3** des Augustus **4** kaiserlich

Iūliānus[1] ⟨ī⟩ M *röm. Vorname, auch Name einiger Kaiser;* **Flavius Claudius ~**, *genannt* **Apostata** *röm. Kaiser 361–363 n. Chr*

Iūliānus[2] ⟨a, um⟩ ADJ des Iulius

Iūlius ⟨a, um⟩ *Name einer patriz. gens* **1** *berühmtester Vertreter Iulius Caesar;* → Caesar **2** **Iulia** *Tochter Caesars, Ehefrau des Pompeius* **3** **Iulia** *Tochter des Augustus, 39 v. Chr.–4 n. Chr.* **4** **mensis ~** der Monat Juli

★**iūmentum** ⟨ī⟩ N Zugtier, Lasttier

iunceus ⟨a, um⟩ ADJ aus Binsen

iuncōsus ⟨a, um⟩ ADJ voller Binsen

iūnctim ADV vereint, beisammen

iūnctiō ⟨ōnis⟩ F Verbindung

iūnctūra ⟨ae⟩ F **1** Verbindung, Band **2** Verwandtschaft **3** (*eines Wortes*) Zusammensetzung

iūnctus[1] ⟨a, um⟩ PPP → iungere

iūnctus[2] ⟨a, um⟩ ADJ, ADV → iunctim **1** zusammengefügt, vereint **2** benachbart **3** verwandt, befreundet

iuncus ⟨ī⟩ M Binse

★**iungere** ⟨iungō, iūnxī, iūnctum 3.⟩ **1** ins Joch spannen; **~ tauros ad currum/curru** (*dat*) Stiere vor den Wagen spannen **2** (*Wagen*) bespannen **3** *fig* anschließen, anfügen **4** (*Person, Sache*) verbinden, vereinigen **5** verheiraten **6** (*Wörter*) zusammensetzen

Iūniānus ⟨a, um⟩ ADJ des Iunius

★**iūnior** ⟨ius⟩ ADJ *komp* → iuvenis

iūniperus ⟨ī⟩ F Wacholder(strauch)

Iūnius ⟨a, um⟩ **1** *Name einer patriz. gens;* → Brutus; → Iuvenalis **2** **mensis ~** der Monat Juni

Iūnō ⟨ōnis⟩ F *Schwester u. Gattin Jupiters;* **Iūnōnālis** ⟨e⟩ ADJ zu Juno gehörig, der Juno geweiht; **mensis ~** der Monat Juni; **Iūnōnicola** ⟨ae⟩ M *u.* F Verehrer(in) der Juno; **Iūnōnigena** ⟨ae⟩ M Sohn der Juno = Vulcan; **Iūnōnius** ⟨a, um⟩ ADJ zu Juno gehörig, der Juno geweiht; **menis ~** der Monat Juni

iūnxī → iungere

Iūpiter *u.* **Iuppiter** ⟨Iovis⟩ M **1** *älteste u. höchste Gottheit der Römer, Gott des himmlischen Lichtes, Sohn des Saturn u. der Rhea, Bruder von Neptun u. Pluto, Bruder u. Gatte der Juno, später mit dem griech. Gott Zeus gleichgesetzt* **2** Himme Luft, Klima; **sub Iove** unter freiem Hir mel; **sub Iove frigido** in kaltem Klin **3** ASTRON Jupiter

Iūra ⟨ae⟩ M *auch* **Iūra mōns** M Jur gebirge, *heute Schweizer Jura*

★**iūrāre** ⟨ō, āvī, ātum 1.⟩ **A** VI **1** schw ren, einen Eid ablegen **2** sich verschw ren, **in aliquid** zu etw **B** VT **1** gelobe versprechen **2** schwören, **Iovem la dem** beim Jupiterstein

iūrārī ⟨or, ātus sum 1.⟩ schwören

iūrātor ⟨ōris⟩ M vereidigter Begutac ter

iūrātus **A** ⟨a, um⟩ ADJ vereidigt **B** M Geschworener

iūrgāre ⟨ō, āvī, ātum 1.⟩ **1** ein Rechtsstreit führen **2** *fig* zanken, str ten

iūrgium ⟨ī⟩ N **1** Wortwechsel, Str Zank **2** Prozess

iūridiciālis ⟨e⟩ ADJ gerichtlich

iūri-dicus **A** ⟨a, um⟩ ADJ Recht sp chend **B** ⟨ī⟩ M Richter

iūris-dictiō ⟨ōnis⟩ F **1** Zivilgerich barkeit **2** Gerichtsbezirk

iūs[1] ⟨iūris⟩ N Brühe, Tunke, Suppe

★**iūs**[2] ⟨iūris⟩ N **1** Recht; **~ et fas** mens liches und göttliches Recht; **~ genti** Völkerrecht; **~ civile** bürgerliches Re **~ publicum** Staatsrecht, Strafrecht Recht *als Gegenstand richterlicher scheidung;* **~ dicere** Recht sprecher Gericht **4** Recht, Berechtigung; **i** mit Recht; **~ civium** Bürgerrecht; **~ cendi** das Recht zu sprechen; **~ es** ist rechtens **5** Gewalt, Macht; **sui i esse** sein eigener Herr sein

★**iūs iūrandum** ⟨iūris iūrandī⟩ N Schwur

iussī → iubere

★**iussum** ⟨ī⟩ N **1** Befehl **2** ärztliche ordnung **3** Volksbeschluss, Verordn

iussus[1] ⟨a, um⟩ PPP → iubere

iussus[2], *nur abl* SG ⟨ū⟩ M **iussū Cae** auf Caesars Befehl

iūsta ⟨ōrum⟩ NPL herkömmliche bräuche, Förmlichkeiten; die letzten ren

iūstificāre ⟨ō, āvī, ātum 1.⟩ (*ecc* recht handeln **2** rechtfertigen

iūsti-ficus ⟨a, um⟩ ADJ recht hand

Iūstīniānus ⟨ī⟩ M *oström. Kaiser 5*

'5 *n. Chr.; kodifizierte das röm. Recht im* ›dex Iustiniani
›tīnus ⟨ī⟩ M *röm. Kaiser:* ~ **I.** *518 bis* '7 *n. Chr.;* ~ **II.** *565–578 n. Chr.*
›titia ⟨ae⟩ F Gerechtigkeit
titia ⟨ae⟩ F Göttin der Gerechtigkeit
titium ⟨ī⟩ N **1** Stillstand der Gehte **2** *fig* Stillstand **3** Landestrauer
tum ⟨ī⟩ N Gerechtigkeit
tus ⟨a, um, *adv* iūstē⟩ ADJ **1** gerecht rechtmäßig, gesetzmäßig **3** *(Triumph,* ›*afe)* gebührend, wohl begründet **4** ›mlich, ordentlich, vollständig
us ⟨a, um⟩ PPP → iuvare
āre ⟨iuvō, iūvī, iūtum/iuvātūrus 1.⟩ *j-n* unterstützen, *j-m* helfen, **amicum** dem Freund helfen; **iuvor** mir wird ge›fen; ~ **ad aliquid** zu etw beitragen **2** ›euen; **iuvat aliquem** es freut j-n, es ›cht j-m Spaß
ātūrus ⟨a, um⟩ PART *fut* → iuvare
āvum ⟨ī⟩ N *Ort im Noricum, heute* ›zburg
enālis ⟨is⟩ M *röm. Beiname;* **D. Iu›s** ~ *röm. Satiriker, ca. 60–140 n. Chr.*
enca ⟨ae⟩ F **1** junge Kuh **2** *fig* jun- Mädchen
encus **A** ⟨a, um⟩ ADJ jung. **B** ⟨ī⟩ **1** junger Stier **2** *fig* junger Mann
enēscere ⟨ēscō, -, - 3.⟩ **1** heran›chsen **2** wieder jung werden
enīlis ⟨e⟩ ADJ jugendlich, rüstig
enis **A** ⟨is, *komp* iūnior, ius *u.* iuve›, ius⟩ ADJ jung, jugendlich **B** ⟨is⟩ **1** ›unger Mann *von ca. 20 bis 45 Jahren* › junges Mädchen
enīx ⟨īcis⟩ F junge Kuh
enta ⟨ae⟩ F **1** Jugend(zeit); **a iuven**›on Jugend auf **2** Jugendkraft, -fri› **3** junge Leute **4** erstes Barthaar, ›m **5** **Iuventa** ⟨ae⟩ *f* Göttin der Ju›d
ntās ⟨ātis⟩ F = **iuventa**
ntūs ⟨ūtis⟩ F **1** Jugend(zeit), *ca.* *5 Jahre* **2** junge Leute; junge Mann›ft
ā **A** ADV **1** dicht daneben, nahe da- **2** *fig* auf gleiche Art, ebenso; **plebi** ›**ibusque ~ carus** bei Volk und Senat ›hermaßen beliebt **B** PRÄP *+akk* **1** ›) dicht neben, dicht bei; bis dicht ›e Nähe; ~ **viam** dicht neben dem **2** *(zeitl., in der Reihenfolge usw.)* unmittelbar nach; unmittelbar vor **3** beinahe
iuxtim ADV in der Nähe, daneben
Ixīōn ⟨onis⟩ M *König der Lapithen, wurde in der Unterwelt auf ein sich ständig drehendes feuriges Rad geschmiedet;* **Ixīonidēs** ⟨ae⟩ M Nachkomme des Ixion; **Ixīonius** ⟨a, um⟩ ADJ des Ixion
Siehe unter **i**. *Bis zur frühen Neuzeit wurde der Laut j im Lateinischen durch den Buchstaben I (I, i) wiedergegeben.*

K

K ABK = **Kaesō** *röm. Vorname*
Kalendae ⟨ārum⟩ FPL **1** die Kalenden, *der erste Monatstag* **2** Monat; → Calendae
Karthāg... = **Carthag...**

L

l, L ABK **1** = **Lucius** **2** *Zahlzeichen* = 50
labāre ⟨ō, āvī, atum 1.⟩ **1** wanken, schwanken **2** *fig* dem Untergang nahe sein **3** *fig* schwanken, unzuverlässig sein
labāscere ⟨āscō, -, - 3.⟩ **1** ins Wanken kommen **2** *fig* nachgeben
lābēcula ⟨ae⟩ F Fleckchen
labe-facerē ⟨faciō, fēcī, factum 3.⟩, *passiv* ⟨labe-fierī, fīō, factus sum ø.⟩ **1** erschüttern, wankend machen **2** *fig* zugrunde richten, stürzen
labefactāre ⟨ō, āvī, atum 1.⟩ = **labefacere**
labellum[1] ⟨ī⟩ N kleine Lippe
lābellum[2] ⟨ī⟩ N kleines Opferbecken
labeōsus ⟨a, um⟩ ADJ mit dicken Lippen
lābēs ⟨is⟩ F **1** Fall, Sturz; ~ **terrae** Erd-

rutsch; **labem facere** fallen, stürzen 2 *fig* Untergang 3 *fig* Schandfleck

★**lābī** ⟨lābor, lāpsus sum 3.⟩ 1 sich senken, sinken 2 (*Sitten, Volk*) verfallen 3 *fig* hinabgleiten, -schweben, -fallen 4 (*Schlange, Strom*) dahingleiten, -fließen; **orator longius labitur** *fig* der Redner schweift ab 5 entgleiten, entschwinden; *fig* in Vergessenheit geraten 6 *fig* sterben 7 (*Zeit*) vergehen 8 fallen 9 *fig* sich irren 10 (*in einen Zustand*) allmählich geraten

Labiēnus ⟨ī⟩ M *T. Attius Labienus, Legat Caesars in Gallien*

labium ⟨ī⟩ N = **labrum**[1]

★**labor** ⟨ōris⟩ M 1 Arbeit, Anstrengung, Mühe; **cum labore** mit Mühe 2 Beschwerlichkeit, Strapaze 3 Ausdauer 4 Not, Unglück; ~ **solis** Sonnenfinsternis 5 Schmerz, Kummer, Krankheit

★**labōrāre** ⟨ō, āvī, atum 1.⟩ A VI 1 arbeiten, sich anstrengen 2 leiden, sich in Not sein; **fame** ~ Hunger leiden; **ex capite** ~ Kopfschmerzen haben B VT bearbeiten, anfertigen

laboratorium ⟨i⟩ N (*mlat.*) Arbeitsstätte

labōri-fer ⟨fera, ferum⟩ ADJ Anstrengungen *od.* Mühen ertragend

labōriōsus ⟨a, um, *adv* labōriōsē⟩ ADJ 1 mühsam, beschwerlich 2 geplagt, sich abmühend 3 fleißig

labōs ⟨ōris⟩ M = **labor**

labrum[1] ⟨ī⟩ N 1 Lippe 2 *fig* Rand

lābrum[2] ⟨ī⟩ N 1 Becken, Badewanne 2 Bottich

labyrinthēus ⟨a, um⟩ ADJ des Labyrinths

labyrinthos *u.* **labyrinthus** ⟨ī⟩ M Labyrinth

★**lac** ⟨lactis⟩ N 1 Milch 2 (*einer Pflanze*) Milchsaft 3 Milchfarbe

Lacaena ⟨ae⟩ A F Spartanerin, *bes Helena* B ADJ spartanisch

Lacedaemōn ⟨onis⟩ F Sparta; **Lacedaemonius** ⟨a, um⟩ ADJ spartanisch; **Lacedaemonius** ⟨ī⟩ M Spartaner

lacer ⟨era, erum⟩ ADJ 1 zerfetzt, zerrissen, zerfleischt 2 zerfleischend

★**lacerāre** ⟨ō, āvī, atum 1.⟩ 1 zerfleischen, zerfetzen, zerstören; **capillos** ~ die Haare raufen 2 *fig* verhunzen 3 (*mit Worten*) beleidigen, schelten 4 (*Vermögen*) verschleudern

lacerātiō ⟨ōnis⟩ F das Zerfleisch… das Zerfetzen

lacerna ⟨ae⟩ F mantelartiger Überw…

lacernātus ⟨a, um⟩ ADJ mit ein… Überwurf bekleidet

lacerta ⟨ae⟩ F 1 Eidechse 2 Stöcke…

lacertōsus ⟨a, um⟩ ADJ muskulös

lacertus ⟨ī⟩ M 1 Muskel, Obera… Arm 2 *fig* Kraft, Stärke

★**lacessere** ⟨ō, īvī *u.* iī, ītum 3.⟩ 1 … zen, herausfordern 2 erregen, beg… nen; **arma** ~ die Waffen ergreifen

Lachesis ⟨is⟩ F *eine der drei Moiren/P… zen*

lacinia ⟨ae⟩ F Zipfel

Lacō *u.* **Lacōn** ⟨ōnis⟩ M Lakonier, …kedämonier, Spartaner; **Lacōn…** ⟨ae⟩ F *u.* **Lacōnicē** ⟨ēs⟩ F Lakon… *Landschaft auf der Peloponnes*; **Lacō…cum** ⟨ī⟩ N 1 Schwitzbad 2 lakonisc… Gewand; **Lacōnicus** ⟨a, um⟩ AD… **Lacōnis** ⟨idis⟩ ADJ F lakonisch, spa…nisch

★**lacrima** ⟨ae⟩ F 1 Träne, **alicuius** … j-n 2 *fig* Tropfen 3 Harz

lacrimābilis ⟨e⟩ ADJ 1 beweinens… 2 kläglich

lacrimāre ⟨ō, āvī, atum 1.⟩ 1 we… 2 *fig* Tropfen absondern, träufeln

lacrimōsus ⟨a, um⟩ ADJ tränenr… *auch* viel beweint, jammervoll, kläg…

Lactantius ⟨ī⟩ M **L. Cae(ci)lius Fir…nus** ~ *Kirchenschriftsteller*

★**lactāre**[1] ⟨ō, āvī, ātum 1.⟩ 1 Milch… ben 2 Milch saugen 3 aus Milch b…hen; **metae lactantes** Käse

lactāre[2] ⟨ō, āvī, ātum 1.⟩ locken… trügen

lactēns ⟨entis⟩ ADJ 1 saugend 2… chig, saftig

lactentēs ⟨ium⟩ MPL Säuglinge

lacteolus ⟨a, um⟩ ADJ milchweiß

lactēs ⟨ium⟩ FPL 1 „Milch", Samen… sigkeit der Fische 2 Eingeweide

lactēscere ⟨ēscō, -, - 3.⟩ zu Milch… den

lacteus ⟨a, um⟩ ADJ 1 milchig 2 … von Milch 3 saugend 4 milch… ganz rein

lactitāre ⟨ō, -, - 1.⟩ säugen

lactūca ⟨ae⟩ F Kopfsalat, Lattich

lacūna ⟨ae⟩ F 1 Loch 2 Tiefe

-rund 3 Lache, Tümpel; Teich, See 4
g Lücke
cūnar ⟨āris⟩ N getäfelte Zimmerde-
ke, Kassettendecke
cūnāre ⟨ō, āvī, atum 1.⟩ mit einer
assettendecke schmücken
cūnōsus ⟨a, um⟩ ADJ lückenhaft
cus ⟨ūs⟩ M 1 See, Teich 2 Gewässer
Wasserbecken 4 Bottich, Wanne
ecasīn *indekl* lecken; **laecasin dico**
gori ich pfeife auf die Kälte
edere ⟨laedō, laesī, laesum 3.⟩ 1
rletzen, beschädigen 2 *fig* kränken,
leidigen 3 lästig fallen, betrüben
elius ⟨ī⟩ M *Name einer pleb. gens;* **C.**
Sapiens *Freund des jüngeren Scipio*
na ⟨ae⟩ F langer Wollmantel
ertēs ⟨ae *u.* is⟩ M *Vater des Odysseus;*
ertiadēs ⟨ae⟩ M Nachkomme des
ertes = Odysseus; **Lāertius** ⟨a, um⟩
J des Laertes
sī → laedere
siō ⟨ōnis⟩ F Verletzung
estrȳgones ⟨um⟩ MPL *Menschen*
ssendes Riesenvolk; **Laestrȳgonius**
um⟩ ADJ zu den Laestrygonen gehö-
amphora Laestrygonia Krug mit
mianischem Wein
sus ⟨a, um⟩ PPP → laedere
tābilis ⟨e⟩ ADJ erfreulich
tārī ⟨or, ātus sum 1.⟩ sich freuen,
hlich sein
tātiō ⟨ōnis⟩ F Jubel
tificāre ⟨ō, āvī, atum 1.⟩ 1 erfreu-
2 befruchten, fruchtbar machen
i-ficus ⟨a, um⟩ ADJ erfreulich
titia ⟨ae⟩ F 1 *laute, lebhafte* Freude,
el, Fröhlichkeit, **victoriae** über den
2 Anmut, Schönheit
tus ⟨a, um, *adv* laetē⟩ ADJ 1 froh,
lich 2 erfreulich, beglückend 3
m, Feld) fruchtbar, üppig, blühend
Tier) wohlgenährt
a ⟨ae⟩ F linke Hand *od.* Seite; **dex-**
laevāque rechts und links
um ⟨ī⟩ N linke Seite, linker Flügel;
a tenere sich links halten
us ⟨a, um, *adv* laevē⟩ ADJ 1 links
ndlich, links, links liegend 2 *fig* lin-
, ungeschickt 3 *(in der Auguralspra-*
war links die Glück bringende Ostseite)
stig 4 *(nach griech. Vorbild war links*
Unheil bringende Ostseite) ungünstig

laganum ⟨ī⟩ N fladenartiger Kuchen
lagēna ⟨ae⟩ F = **lagona**
lagēos ⟨ī⟩ F Hasenwein
lagoena ⟨ae⟩ F = **lagona**
lagōis ⟨idis⟩ F Schneehuhn
lagōna *u.* **lagūna** ⟨ae⟩ F Weinflasche, -krug
Lāiadēs ⟨ae⟩ M Nachkomme des Laius = Oedipus
Lāius ⟨ī⟩ M, *König von Theben, Vater des Oedipus*
lalīsiō ⟨ōnis⟩ F Fohlen des Waldesels
lamberāre ⟨ō, -, - 1.⟩ (be)lecken
lambere ⟨lambō, lambī, lambitum 3.⟩ A V/I lecken B V/T 1 (be)lecken 2 *(Sache)* umzüngeln 3 *(Fluss)* bespülen
lāmella ⟨ae⟩ F Metallblättchen
lāmenta ⟨ōrum⟩ NPL das Wehklagen
lāmentābilis ⟨e⟩ ADJ 1 beklagenswert 2 jammernd, kläglich
lāmentārī ⟨or, ātus sum 1.⟩ A V/I laut klagen B V/T laut beklagen
lāmentārius ⟨a, um⟩ ADJ Klagen erregend
lāmentātiō ⟨ōnis⟩ F das Wehklagen
lāmentum ⟨ī⟩ N = **lamenta**
lāmina ⟨ae⟩ F 1 *(aus Metall, Holz)* dünne Platte 2 Blatt, Blech, Brett 3 Eisenklammer 4 Schwertklinge 5 Geld
lammina *u.* **lamna** ⟨ae⟩ F = **lamina**
lampada ⟨ae⟩ F *u.* **lampas** ⟨adis⟩ F 1 Fackel, Leuchte 2 Glanz, Licht 3 Meteor
Lampsacēnus A ⟨a, um⟩ ADJ aus Lampsacum B ⟨ī⟩ M Einwohner von Lampsacum
Lampsacum ⟨ī⟩ N *u.* **Lampsacus** ⟨ī⟩ F *Stadt am Hellespont, heute Lapseki*
Lamus ⟨ī⟩ M MYTH *König der Laestrygonen, Gründer der Stadt Formiae*
★**lāna** ⟨ae⟩ F 1 Wolle 2 *aus Wolle Gefertigtes:* Wollkleid, -stoff, -faden 3 das Wollspinnen 4 *(an Früchten, Pflanzen)* Wollähnliches; Baumwolle
lānārius ⟨ī⟩ M Wollarbeiter
lānātus ⟨a, um⟩ ADJ Wolle tragend
lancea ⟨ae⟩ F Lanze, Speer
lancināre ⟨ō, āvī, atum 1.⟩ 1 zerfleischen 2 *fig* verspeisen, verprassen
lāneus ⟨a, um⟩ ADJ *fig* weich wie Wolle
Langobardī ⟨ōrum⟩ MPL *germ. Volk an der Unterelbe, wanderten später über Ungarn nach Norditalien*

L

langue-facere ⟨faciō, -, - 3.⟩ einschläfern, beruhigen
languēns ⟨entis⟩ ADJ matt, schlaff
languēre ⟨gueō, guī, - 2.⟩ 1 matt sein, schlaff sein 2 *fig* untätig sein
languēscere ⟨guēscō, guī, - 3.⟩ matt werden, erschlaffen, träge werden
languī → languere *u.* → languescere
languidulus ⟨a, um⟩ ADJ 1 schon welk 2 *fig* wohlig matt
★**languidus** ⟨a, um, *adv* languidē⟩ ADJ 1 matt, schlaff, träge 2 *fig* untätig, gleichgültig
languor ⟨ōris⟩ M 1 Mattigkeit; Erschlaffung, Entkräftung 2 *fig* Trägheit, Untätigkeit 3 Schwermut
laniāre ⟨ō, āvī, ātum 1.⟩ zerfleischen, zerfetzen, in Stücke reißen; **genas** ~ die Wangen zerkratzen
laniātiō ⟨ōnis⟩ F *u.* **laniātus** ⟨ūs⟩ M Zerfleischung
laniēna ⟨ae⟩ F Fleischerladen
lānificium ⟨ī⟩ N Wollarbeit
lāni-ficus ⟨a, um⟩ ADJ Wolle verarbeitend
lāni-ger A ⟨gera, gerum⟩ ADJ Wolle tragend, wollig B ⟨gerī⟩ M Widder, Lamm
laniō ⟨ōnis⟩ F Fleischer, Schlachter **lanista** ⟨ae⟩ *m* 1 Gladiatorenmeister 2 *pej* Aufwiegler
lanius ⟨ī⟩ M 1 Fleischer, Metzger 2 *fig* Opferschlächter 3 Henker
lanterna ⟨ae⟩ F Laterne, Lampe
lanternārius ⟨ī⟩ M 1 Laternenträger 2 *fig* Spießgeselle
lānūgō ⟨inis⟩ F 1 Wolliges, Wolle 2 erster Bartflaum
lanx ⟨lancis⟩ F Schüssel, Schale
Lāocoōn ⟨ontis⟩ M *Priester des Apollo in Troja, der die Trojaner vor dem hölzernen Pferd warnte*
Lāomedōn ⟨ontis⟩ M *Vater des Priamos;* **Lāomedontēus** ⟨a, um⟩ ADJ des Laomedon; **Lāomedontiadēs** ⟨ae⟩ M Nachkomme des Laomedon = Priamos; **Lāomedontius** ⟨a, um⟩ ADJ des Laomedon
lapathum ⟨ī⟩ N *u.* **lapathus** ⟨ī⟩ M *u.* F Sauerampfer
lapi-cīda ⟨ae⟩ M Steinmetz
lapicīdīnae ⟨ārum⟩ FPL Steinbrüche
lapidāre ⟨ō, āvī, atum 1.⟩ A VT steinigen, mit Steinen bewerfen B *unpers.* **lapidat** es regnet Steine
lapidārius ⟨a, um⟩ ADJ Stein...
lapidātiō ⟨ōnis⟩ F Steinwürfe; Steigung; **magna** ~ Hagel von Steinen
lapidātor ⟨ōris⟩ M Steinschleuderer
lapideus ⟨a, um⟩ ADJ steinern, Stein
lapidōsus ⟨a, um⟩ ADJ 1 steinig, vol Steine 2 hart wie Stein
lapillus ⟨ī⟩ M 1 Steinchen, Kiesel Mosaiksteinchen 3 Edelstein, *auch* Pe
★**lapis** ⟨idis⟩ M *u. auch* F 1 Stein; ~ **bib lus** Bimsstein 2 Marmor; **lapides va** bunte Mosaiksteinchen 3 (*aus Stein fertigtes*) Meilenstein; Grenzstein; Gr stein 4 Steintritt 5 Edelstein, *auch* Pe 6 *fig* gefühlloser Mensch 7 **Iuppiter pis** Donnerkeil, *den man beim Schwur Symbol in der Hand hielt*
Lapithae ⟨ārum⟩ MPL die Lapithen
lāpsiō ⟨ōnis⟩ F das Abgleiten
lāpsus[1] ⟨a, um⟩ PPERF → labi
★**lāpsus**[2] ⟨ūs⟩ M 1 das Gleiten, glei mäßige Bewegung 2 Sturz 3 *fig* Feh Verstoß 4 ~ **linguae** (*mlat.*) Versprec
laquear ⟨āris⟩ N = **lacunar**; *meist p*
laqueātus ⟨a, um⟩ ADJ getäfelt, mi ner Kassettendecke versehen
laqueus ⟨ī⟩ M 1 Strick, Schlinge, Fe 2 *fig* Fallstrick, Falle
Lār ⟨Laris⟩ M 1 *meist pl* die Laren, H götter, *Schutzgötter des Hauses, in Kreis der Götter aufgenommene Versto ne* 2 Haus(halt), Wohnung, Herd, Wo sitz 3 Nest, Bienenstock
lārdum ⟨ī⟩ N = **laridum**
largi-loquus ⟨a, um⟩ ADJ geschwä
★**largīrī** ⟨ior, ītus sum 4.⟩ 1 reichlich ben, schenken, spenden 2 besteche *fig* gewähren, gestatten, zugesteher
largitās ⟨ātis⟩ F Freigebigkeit
largiter ADV → largus
★**largītiō** ⟨ōnis⟩ F 1 reichliches Ge Schenken, Spende 2 Freigebigkei Bestechung 4 Verleihung, **civitatis** Bürgerrechts
largītor ⟨ōris⟩ M 1 Spender 2 B cher
★**largus** ⟨a, um, *adv* largē *u.* larg ADJ 1 freigebig 2 reichlich, viel; **procedere** weit vorrücken 3 reich
lāridum ⟨ī⟩ N Speck
larifuga ⟨ae⟩ M Herumtreiber

rīnās **A** ⟨ātis⟩ aus Larinum **B** ⟨ātis⟩ Einwohner von Larinum

rīnum ⟨ī⟩ N *Stadt in Samnium*

rīs(s)a ⟨ae⟩ F **1** *Stadt in Thessalien* **2** *adt im NO Griechenlands* **3** *Burg von Ar-s*

rīs(s)aeī ⟨ōrum⟩ MPL die Einwohner n Larisa; **Lārīs(s)aeus** ⟨a, um⟩ ADJ s Larisa; **Lārīs(s)ēnsēs** ⟨ium⟩ MPL e Einwohner von Larisa

ius (lacus) M *See in Oberitalien, heu-Comer See*

s ⟨lartis⟩ M Herr, Fürst, *etruskischer Ti-*

va ⟨ae⟩ F **1** Gespenst, böser Geist; tzengesicht **2** Maske

vālis ⟨e⟩ ADJ gespenstisch

vātus ⟨a, um⟩ ADJ behext

anum ⟨ī⟩ N Nachtgeschirr

cīvia ⟨ae⟩ F **1** Lustigkeit, Fröhlich-t, Ausgelassenheit **2** Zügellosigkeit, sschweifung **3** RHET Geziertheit

cīvībundus ⟨a, um⟩ ADJ voller twillen

īvīre ⟨iō, iī, ītum 4.⟩ **1** ausgelassen n **2** zügellos sein

cīvus ⟨a, um, *adv* lascīvē⟩ ADJ **1** lus-fröhlich, ausgelassen **2** zügellos, schweifend, wollüstig, geil **3** RHET iert

ēs ⟨um⟩ MPL = **Lares**; → Lar

āre ⟨ō, āvī, atum 1.⟩ müde ma-n, ermüden; *passiv* müde werden

itūdō ⟨inis⟩ F Ermattung, Müdig-

us ⟨a, um⟩ ADJ müde, matt, er-öpft

bra ⟨ae⟩ F **1** Verborgenheit **2** upfwinkel, Versteck, **3** *fig* Zuflucht *g* Ausflucht, Entschuldigung

bricola ⟨ae⟩ F Besucher dunkler pen

brōsus ⟨a, um, *adv* latebrōsē⟩ ADJ er Schlupfwinkel; versteckt

ns ⟨entis, *adv* latenter⟩ ADJ verbor-unsichtbar, heimlich

⟨eris⟩ M Ziegel(stein)

culus ⟨ī⟩ M **1** Ziegel(stein) **2** Ei-chen

e ⟨eō, uī, - 2.⟩ **1** verborgen, sein urückgezogen leben **3** *fig* sicher geborgen sein **4** *fig* unbekannt en; **latet** es ist unbekannt

latericium ⟨ī⟩ N Ziegelbau

laterīcius ⟨a, um⟩ ADJ Ziegel…

latericulus ⟨ī⟩ M = **laterculus**

latēscere ⟨ēscō, -, - 3.⟩ sich verbergen

latex ⟨icis⟩ M Flüssigkeit, Saft; Wasser

Latiālis ⟨e⟩ ADJ aus Latium

latibulum ⟨ī⟩ N Schlupfwinkel, Versteck

lāti-clāvius **A** ⟨a, um⟩ ADJ mit einem breiten Purpurstreifen versehen, *an der Tunika zum Zeichen der Senatorenwürde* **B** ⟨ī⟩ M Senator, Patrizier

lātifundium ⟨ī⟩ N großer Landbesitz

Latīna ⟨ae⟩ F Latinerin, latinische Frau

Latīniēnsis **A** ⟨e⟩ ADJ latinisch, aus Latium **B** ⟨is⟩ M Latiner

Latīnitās ⟨ātis⟩ F **1** reiner lateinischer Ausdruck, lateinische Sprache **2** das latinische Recht *der latinischen Gemeinden, Zwischenstufe zwischen dem Recht des röm. Bürgers u. dem des Nichtbürgers*

Latīnus **A** ⟨a, um⟩ ADJ **1** aus Latium **2** lateinisch, römisch; **convertere in Latinum** ins Lateinische übersetzen **B** ⟨ī⟩ M **1** Latiner **2** MYTH *König von Laurentum* **3** ~ **Silvius** MYTH *König von Alba Longa*

lātiō ⟨ōnis⟩ F das Bringen

lātitūdō ⟨inis⟩ F **1** Breite **2** *fig* breite Aussprache **3** Fülle des Ausdrucks

Latium ⟨ī⟩ N *Landschaft um Rom;* **Latius** ⟨a, um⟩ ADJ latinisch

Lātō ⟨ūs⟩ F = **Latona**; **Lātōia** ⟨ae⟩ F Tochter der Lato = Diana; **Lātōis** ⟨idis⟩ ADJ F zu Lato gehörig; **Lātōis** ⟨idis *u.* idos⟩ F Tochter der Lato = Diana; **Lātōius** ⟨a, um⟩ ADJ zu Lato gehörig; **Lātōius** ⟨ī⟩ M Sohn der Lato = Apollo

Lātōna ⟨ae⟩ F *Mutter des Apollo u. der Artemis/Diana;* **Lātōnius** ⟨a, um⟩ ADJ zu Latona gehörig

lātor ⟨ōris⟩ M Antragsteller

Lātōus **A** ⟨a, um⟩ ADJ zu Lato gehörig **B** ⟨ī⟩ M = Apollo

lātrāre ⟨ō, āvī, ātum 1.⟩ **A** V/I **1** bellen **2** *fig* schimpfen, keifen **3** lärmen **B** V/T **1** anbellen **2** beschimpfen

lātrātor ⟨ōris⟩ M **1** Beller = Hund **2** *fig* Maulheld

lātrātus ⟨ūs⟩ M **1** das Bellen **2** *fig* Gekläff, Gezänk

lātrīna ⟨ae⟩ F Toilette

★**latrō** ⟨ōnis⟩ M **1** Diener, Söldner **2** Sol-

L

dat, Bauer 3 Wegelagerer, Bandit 4 Freibeuter 5 Jäger

latrōcinārī ⟨or, ātus sum 1.⟩ 1 Kriegsdienste leisten 2 Straßenraub treiben 3 Seeräuberei treiben

★**latrōcinium** ⟨ī⟩ N 1 (Straßen-)Räuberei, Piraterie 2 Raubzug 3 Räuberbande 4 Brettspiel

latrunculārius ⟨a, um⟩ ADJ zum Brettspiel gehörig

lātus¹ ⟨a, um⟩ PPP → ferre

★**lātus**² ⟨a, um, *adv* lātē⟩ ADJ 1 weit, breit 2 (*Aussprache*) breit 3 (*Rede*) 4 ADV *fig* reichlich

latus³ ⟨eris⟩ N 1 (*des Körpers, einer Sache*) Seite; **a latere/in ~** seitwärts 2 Nähe, Umgebung = die Vertrauten 3 Verwandtschaft 4 Nachbarschaft, Nähe 5 Brust, Lunge 6 MATH Seite

laudābilis ⟨e, *adv* laudābiliter⟩ ADJ lobenswert, rühmenswert

★**laudāre** ⟨ō, āvī, atum 1.⟩ 1 loben, rühmen, preisen 2 billigen 3 verherrlichen 4 eine Leichenrede halten, *aliquem* j-m 5 JUR entlasten 6 lobend nennen

laudātiō ⟨ōnis⟩ F 1 Lob(rede) 2 **~ funebris** Leichenrede 3 Dankadresse

laudātīvus ⟨a, um⟩ ADJ lobend

laudātor ⟨ōris⟩ M 1 Lobredner, Leichenredner 2 JUR Entlastungszeuge

laudātus ⟨a, um⟩ ADJ gepriesen, gerühmt, ausgezeichnet

laudicēnus ⟨ī⟩ M Schmarotzer

★**laurea** ⟨ae⟩ F 1 Lorbeer(baum) 2 Lorbeerkranz 3 Triumph, Sieg, Ruhm

laureātus ⟨a, um⟩ ADJ mit Lorbeer bekränzt; **(litterae) laureatae** Siegesbericht

laureus ⟨a, um⟩ ADJ Lorbeer…

★**laurus** ⟨ī *u.* ūs⟩ F = **laurea**

★**laus** ⟨laudis⟩ F 1 Lob, Ruhm, Anerkennung; **laudem ferre** Lob ernten 2 Lobrede 3 rühmliche Tat

lautitia ⟨ae⟩ F Pracht, Eleganz

lautumiae ⟨ārum⟩ FPL 1 Steinbrüche 2 Gefängnis *am Forum*

lautus¹ ⟨a, um⟩ PPP → lavare

lautus² ⟨a, um, *adv* lautē⟩ ADJ 1 sauber, adrett 2 (*Sache*) ansehnlich 3 (*Person*) vornehm, fein

lavābrum ⟨ī⟩ N Badewanne

lavācrum ⟨ī⟩ N Badezimmer, Bad

★**lavāre** ⟨lavō, lāvī, lautum *u.* lōtum *u.* lavātum 1.⟩ A V/T 1 waschen, bad 2 *fig* befeuchten 3 *fig* wegspülen V/I *u. passiv* sich waschen, baden; **la tum ire** baden gehen

lavātiō ⟨ōnis⟩ F 1 das Waschen, 2 Badewasser 3 Badegeschirr

Lāvīnia ⟨ae⟩ F *zweite Gattin des Aene*

Lāvīnium ⟨ī⟩ N *von Aeneas zu Eh von Lavinia erbaute Stadt in Latium*; **L vīnus** ⟨a, um⟩ ADJ aus Lavinium

laxāmentum ⟨ī⟩ N Erleichterung, derung, Erholung, Rücksicht

laxāre ⟨ō, āvī, atum 1.⟩ 1 schlaff chen, lockern, lösen; **viam ~** ei Weg öffnen 2 erweitern, ausdehnen *fig* mildern, erleichtern 4 *fig* sich er len lassen

laxitās ⟨ātis⟩ F 1 Geräumigkeit, W 2 *fig* Gelassenheit, Ruhe

laxus ⟨a, um, *adv* laxē⟩ ADJ 1 sch locker, lose; **ianua laxa** offene Tü *fig* zwanglos 3 weit 4 (*zeitl.*) lang

lea *u.* **leaena** ⟨ae⟩ F 1 Löwin 2 L

Lēander ⟨drī⟩ M *Geliebter der Hero*

lebēs ⟨ētis⟩, *akk* PL *auch* ⟨lebētas⟩ Metallbecken, Kessel

lectīca ⟨ae⟩ F 1 Sänfte 2 Totenba

lectīcārius ⟨ī⟩ M Sänftenträger

lectīcula ⟨ae⟩ F 1 kleine Sänfte 2 hebett 3 Totenbahre

lecticulus ⟨ī⟩ M Bett

lēctiō ⟨ōnis⟩ F 1 Auswahl 2 das L 3 Lektüre 4 das Vorlesen 5 das V sen der Senatorenliste *durch den Ze*

lectisterniātor ⟨ōris⟩ M Saaldien

lecti-sternium ⟨ī⟩ N Göttermahl

lēctitāre ⟨ō, āvī, atum 1.⟩ 1 aufm sam lesen, oft lesen 2 vorlesen

lēctor ⟨ōris⟩ M 1 Leser 2 Vorlese

lectulus ⟨ī⟩ M 1 Bett 2 Ehebe Speisesofa 4 Totenbahre

★**lectus**¹ ⟨ī⟩ M 1 Bett 2 Ehebett 3 ge, Speisesofa 4 Totenbett

lēctus² ⟨a, um, *adv* lēctē⟩ ADJ 1 au wählt, ausgesucht 2 *fig* erlesen

lēctus³ ⟨a, um⟩ PPP → legere

Lēda ⟨ae⟩ F *von Zeus Mutter der He Klytämnestra/Clytaemestra u. der Di ren*; **Lēdaeus** ⟨a, um⟩ ADJ 1 von stammend 2 spartanisch

lēgāre ⟨ō, āvī, ātum 1.⟩ 1 als Ge ten schicken, abordnen 2 zum Le ernennen 3 durch ein Testament v

en, vermachen
gātiō ⟨ōnis⟩ F 1 Gesandtschaft; Amt ines Gesandten 2 Auftrag für einen esandten; Gesandtschaftsbericht 3 Geandte 4 Stelle eines Gesandten
gātum ⟨ī⟩ N Vermächtnis
gātus ⟨ī⟩ M 1 Gesandter 2 MIL Unrfeldherr; Unterstatthalter, *senatorihen Ranges* 3 *(in der Kaiserzeit)* Stattalter
gere ⟨legō, lēgī, lēctum 3.⟩ 1 auflen, sammeln 2 *(Richter, Ort, Zeit usw.)* uslesen, auswählen 3 stehlen 4 lesen, **brum** ein Buch 5 vor-, verlesen, **senam** die Senatorenliste 6 *(Fäden)* aufwieln 7 auffangen 8 *(Gespräche)* belauhen 9 mustern 10 *(Spuren)* (ver)foln 11 durchfahren, -wandern
ge-rupa ⟨ae⟩ M = **legirupa**
ge-rupiō ⟨ōnis⟩ F = **legirupio**
gī → legere
gi-fer ⟨fera, ferum⟩ ADJ Gesetze gend
giō ⟨ōnis⟩ F 1 Legion, *Heereseinheit 4200–6000 Mann; seit Marius 10 Kohor= 30 Manipel = 60 Zenturien, dazu 300 ter* 2 Heer, Heerhaufen
giōnāriī ⟨ōrum⟩ MPL Legionstruppen
giōnārius ⟨a, um⟩ ADJ Legions…
gi-rupa ⟨ae⟩ M Gesetzesbrecher
gi-rupiō ⟨ōnis⟩ F Gesetzesübertreg
gitimus ⟨a, um, *adv* lēgitimē⟩ ADJ 1 setzmäßig, gesetzlich, rechtmäßig 2 bührend, recht, echt; **sonus** ~ richti Ton
gūmen ⟨inis⟩ N Hülsenfrucht, Bohne
mannus lacus M Genfer See
nbunculus ⟨ī⟩ M = **lenunculus**
mbus ⟨ī⟩ Kahn; Kutter, Jacht
mma ⟨atis⟩ N 1 *(einer Schrift)* Stoff 2 erschrift 3 Gedicht
mnias ⟨adis⟩ F Einwohnerin von mnos
mni-cola ⟨ae⟩ M Bewohner von mnos = Hephaistos/Vulcan
mniēnsis ⟨e⟩ ADJ von Lemnos
mniscātus ⟨a, um⟩ ADJ mit Bändern chmückt
mniscus ⟨ī⟩ M Kranzbinde, Schleife
mnius A ⟨a, um⟩ ADJ von Lemnos ī⟩ M Einwohner von Lemnos
mnos *u.* **Lēmnus** ⟨ī⟩ F *Insel im Norden der Ägäis, dem Hephaistos/Vulcan heilig*

Landeskunde

▶ legio – Legion

Die Legion war die Grundeinheit des römischen Heeres. Sie bestand ursprünglich aus 3.000 Fußsoldaten und 300 Reitern. Die zwei ursprünglichen Legionen der Republik wurden von je einem Konsul befehligt. Um die Flexibilität zu erhöhen, wurden sie in Manipeln, **manipuli** (ca. 300 Mann), unterteilt. Gegen Ende des 2. Jahrhunderts v. Chr. stieg die Stärke der Legionen auf je 6.000 Mann plus Reiterei.
Zur Zeit des Augustus gab es 25 Legionen, die über das ganze Römische Reich verteilt waren. Später stieg die Zahl auf etwa 30. Als Untergliederungen kamen die Kohorten, **cohortes** (600–1.000 Mann) und Zenturien, **centuriae** (ca. 100 Mann), hinzu. Jede Legion wurde nun von einem Legaten, **legatus**, befehligt und hatte als Standarte einen individuell gestalteten Adler, **aquila**. Untergruppierungen besaßen eigene Feldzeichen, wie z. B. das **signum** (mit der Form einer hölzernen Hand) oder das **vexillum** (aus Stoff).

lemurēs ⟨um⟩ MPL Gespenster der Seelen der Toten, Nachtgeister, Spukgeister
lēna ⟨ae⟩ A F Kupplerin B ADJ lockend
Lēnaeus ⟨a, um⟩ ADJ bacchisch; **pater** ~ = Bacchus; **Lenaei latices** Wein
lēnīmen ⟨inis⟩ N *u.* **lēnīmentum** ⟨ī⟩ N Linderungsmittel, Beruhigungsmittel
★**lēnīre** ⟨iō, īvī *u.* iī, ītum 4.⟩ A V/T 1 lindern, mildern 2 *fig* besänftigen, beschwichtigen B V/I milder werden
★**lēnis** ⟨e, *adv* lēniter⟩ ADJ 1 sanft, mild 2 langsam (wirkend) 3 *fig* ruhig, gelassen, gemäßigt

L

lēnitās ⟨ātis⟩ F **1** Sanftheit, Milde **2** Gelassenheit, Ruhe, Güte **3** *(eines Flusses)* Langsamkeit
lēnitūdō ⟨inis⟩ F = **lenitas**
lēnō ⟨ōnis⟩ M Kuppler, Zuhälter
lēnōcinārī ⟨or, ātus sum 1.⟩ **1** *fig* schmeicheln **2** verschönern, fördern
lēnōcinium ⟨ī⟩ N **1** Kuppelei, Zuhälterei **2** *fig* Lockmittel, Schmeichelei
lēnōnius ⟨a, um⟩ ADJ zur Kuppelei gehörig; **aedes lenoniae** Bordell
lēns ⟨lentis⟩ F Linse
lentāre ⟨ō, āvī, atum 1.⟩ biegsam machen, biegen, krümmen
lentēscere ⟨ēscō, -, - 3.⟩ **1** zäh werden, klebrig werden **2** *fig* nachlassen
Lentia ⟨ae⟩ F *Ort in der Provinz Noricum, an der Donau, heute Linz*
lentīscum ⟨ī⟩ N *u.* **lentīscus** ⟨ī⟩ F **1** BOT Mastixbaum **2** Zahnstocher aus Mastixholz
lentitūdō ⟨inis⟩ F **1** Zähigkeit, Biegsamkeit **2** Langsamkeit
Lentulus ⟨ī⟩ M *Beiname in der gens Cornelia;* → Cornelius
★**lentus** ⟨a, um, *adv* lentē⟩ ADJ **1** zäh, klebrig **2** geschmeidig **3** *fig* langsam (wirkend) **4** *(zeitl.)* anhaltend **5** RHET schleppend **6** *fig* ruhig **7** *fig* gleichgültig
lēnullus *u.* **lēnunculus** ⟨ī⟩ M Kuppler
★**leō** ⟨ōnis⟩ M Löwe
Leōnida *u.* **Leōnidās** ⟨ae⟩ M *König von Sparta, fiel als Verteidiger der Thermopylen gegen Xerxes 480 v. Chr*
leōnīnus ⟨a, um⟩ ADJ Löwen…
Leontīnī ⟨ōrum⟩ MPL *Stadt auf Sizilien;* **Leontīnus** ⟨a, um⟩ ADJ aus Leontini, **Leontīnus** ⟨ī⟩ *m* Einwohner von Leontini
lepas ⟨adis⟩ F = **lopas**
★**lepidus** ⟨a, um, *adv* lepidē⟩ ADJ **1** niedlich, nett, anmutig **2** weichlich **3** witzig, geistreich
Lepidus ⟨ī⟩ M *Beiname in der gens Aemilia;* **M. Aemilius ~** *schloss mit Antonius u. Octavian das zweite Triumvirat (43 v. Chr.), starb 13 v. Chr.*
lepōs ⟨ōris⟩ M **1** Feinheit, Anmut, Charme **2** geistreicher Witz, Humor
lepra ⟨ae⟩ F Aussatz
Leptīnus ⟨a, um⟩ ADJ aus Leptis Magna
Leptis Magna F *alte phönikische Ko[…] nie in Nordafrika, röm. Kolonie*
Leptis Minor F *Stadt in Nordafrika*
Leptitānī ⟨ōrum⟩ MPL die Einwohn[…] von Leptis Magna
lepus ⟨oris⟩ M Hase, *auch als Kosewo[…]*
lepusculus ⟨ī⟩ M Häschen
Lerna ⟨ae⟩ F *See, Fluss u. Ort südlich v[…] Argos, dort tötete Herkules die Hyd[…]*
Lernaeus ⟨a, um⟩ ADJ aus Lerna
Lernēs ⟨ēs⟩ F = **Lerna**
Lesbiacus ⟨a, um⟩ ADJ aus Lesbos
Lesbias ⟨adis⟩ *u.* **Lesbis** ⟨idis⟩ **A** […] F aus Lesbos **B** F Einwohnerin von L[…]bos
Lesbius ⟨a, um⟩ ADJ aus Lesbos
Lesbos ⟨ī⟩ F *äolische Insel vor der i[…]schen Küste, südlich von Troas, Geburts[…] des Alkaios u. der Sappho;* **Lesbō[…]** ⟨a, um⟩ ADJ aus Lesbos; **Lesbus** ⟨ī⟩ = **Lesbos**
lētālis ⟨e⟩ ADJ tödlich, todverkünde[…]
lētāre ⟨ō, āvī, atum 1.⟩ töten
Lēthaeus ⟨a, um⟩ ADJ **1** zur Lethe […]hörig, zur Unterwelt gehörig **2** Verg[…]sen bringend
lēthargicus ⟨a, um⟩ ADJ schlafsüc[…]
Lēthē ⟨ēs⟩ F *Strom in der Unterwelt, dem die Toten Vergessen alles Vergange[…] tranken*
lēti-fer ⟨fera, ferum⟩ ADJ = **letalis**
Lētō ⟨ūs⟩ F = **Lato**
Lētōis ⟨idis⟩ F = **Latois**; → Lato
Lētōius ⟨a, um⟩ ADJ = **Latoius**; → L[…]
★**lētum** ⟨ī⟩ N **1** Tod **2** *fig* Unterga[…] Vernichtung
leucaspis ⟨idis⟩ ADJ mit weißen S[…]den
leucophaeātus ⟨a, um⟩ ADJ asch[…] gekleidet
Leuctra ⟨ōrum⟩ NPL *Ort in Böo[…]*
Leuctricus ⟨a, um⟩ ADJ aus Leuc[…]
levāmen ⟨inis⟩ N *u.* **levāment[…]** ⟨ī⟩ N **1** Linderungsmittel **2** *fig* Trö[…]
lēvāre[1] ⟨ō, āvī, ātum 1.⟩ **1** glätten, […]lieren **2** *fig* feilen
★**levāre**[2] ⟨ō, āvī, ātum 1.⟩ **1** erleich[…] **aliquam ~** eine Frau entbinde[…] *(Schmerz usw.)* mildern, lindern **3** […]freien **4** *(Gutes)* verringern, minde[…] weg-, abnehmen **6** hochheben, […]ben; *passiv u.* **se ~** sich erheben […] aufrichten, stärken, ermutigen

ātiō ⟨ōnis⟩ F 1 Erleichterung, Linrung 2 Verringerung
ī → linere
iculus ⟨a, um⟩ ADJ 1 ziemlich leicht *fig* ziemlich unbedeutend
i-fidus ⟨a, um⟩ ADJ nicht ganz ubwürdig
i-pēs ⟨pedis⟩ ADJ leichtfüßig
is¹ ⟨e⟩ ADJ 1 glatt 2 unbehaart 3 jundlich, zart 4 RHET fließend
is² ⟨e, *adv* leviter⟩ ADJ 1 (*vom Geht*) leicht 2 MIL leicht bewaffnet 3 nell, flüchtig 4 (*Herrschaft, Worte v.*) mild, sanft, schwach 5 (*Gefahr v.*) unbedeutend, unerheblich 6 (*Per-*) leichtsinnig, unzuverlässig
itās¹ ⟨ātis⟩ F 1 Glätte 2 RHET fließder Ausdruck
itās² ⟨ātis⟩ F 1 Leichtigkeit 2 Beglichkeit, Geschwindigkeit 3 *fig* chtfertigkeit, Oberflächlichkeit 4 *fig* chtsinn, Charakterlosigkeit 5 *fig* htigkeit, Unhaltbarkeit
⟨lēgis⟩ F 1 juristische Formel *für ein chäft* 2 Vertrag 3 Bedingung, Benmung, Vertragspunkt 4 Gesetzesrag; **legem ferre/rogare** einen Gesetvorschlag einbringen 5 Gesetz; ksbeschluss; **poena legis** gesetzlich geschriebene Strafe 6 PL Verfassung egel, Vorschrift, Bestimmung
men ⟨inis⟩ N Opfer(gabe)
mentum ⟨ī⟩ N 1 Spende, Opfer- e 2 *fig* Kostprobe
nus ⟨ī⟩ M Libanon
re ⟨ō, āvī, atum 1.⟩ 1 ein Trankopdarbringen 2 (*unblutige Gaben*) op- 3 ein wenig entnehmen 4 leicht ihren 5 kosten, nippen 6 mindern, wächen
ius ⟨ī⟩ M Kuchenbäcker, -verkäu-
iō ⟨ōnis⟩ F Trankopfer
la ⟨ae⟩ F 1 *röm. Silbermünze im von 1/10 Denar* 2 kleine Münze; **ad lam** auf Heller und Pfennig
lus ⟨ī⟩ M 1 kleine Schrift 2 PL laden 3 Verzeichnis 4 Notizbuch ief 5 (*fürs Theater*) Programm 7 öficher Aushang
s ⟨entis, *adv* libenter⟩ ADJ gern, ig; **libenter esse** guter Laune sein
tia ⟨ae⟩ F Fröhlichkeit, Vergnügen, sinnliche Lust

Libentīna ⟨ae⟩ F = **Venus**
★**liber**¹ ⟨brī⟩ M 1 Bast 2 Buch, Schrift; **Platonis libri** Platons Schriften 3 Brief, Bericht 4 Verzeichnis
★**līber**² A ⟨era, erum, *adv* līberē⟩ ADJ 1 (*Person, Sache*) frei; *adv auch* freiwillig; ~ **fati** an keinen Schicksalsspruch gebunden 2 unbefangen 3 sorgenfrei, steuer-, dienstfrei 4 (*Stadt*) unabhängig, selbstständig 5 *fig* zügellos B ⟨erī⟩ M 1 der Freie, Freigeborener 2 PL ⟨līberī, ōrum *u.* um⟩ (frei geborene) Kinder
Līber ⟨erī⟩ M 1 *altital. Gott später mit Bacchus/Dionysos gleichgesetzt* 2 Wein
Lībera ⟨ae⟩ F 1 = Proserpina 2 = Ariadne
★**līberālis** ⟨e, *adv* līberāliter⟩ ADJ 1 Freiheits… 2 eines freien Mannes würdig, edel; vornehm, standesgemäß; **artes liberales** Künste, die einem Freien zukommen 3 freundlich, höflich 4 freigebig, großzügig 5 reichlich
★**līberālitās** ⟨ātis⟩ F 1 edle Gesinnung 2 Höflichkeit 3 Freigebigkeit
★**līberāre** ⟨ō, āvī, atum 1.⟩ 1 (*Sklave*) befreien, freilassen 2 (*Feld usw.*) abgabenfrei machen 3 aufheben, **obsidionem** die Belagerung 4 ~ **fidem** *fig* sein Wort einlösen 5 **nomina** ~ *fig* Schulden tilgen 6 JUR freisprechen
līberātiō ⟨ōnis⟩ F Befreiung, Freispruch
līberātor ⟨ōris⟩ M Befreier
★**libēre** ⟨libet, libuit *u.* libitum est 2.⟩ *unpers.* es beliebt, es gefällt; ★ **mihi libet** ich will, ich mag
★**līberī** ⟨ōrum *u.* um⟩ MPL → liber²
liberta ⟨ae⟩ F Freigelassene
★**lībertās** ⟨ātis⟩ F 1 Freiheit, Selbstständigkeit 2 Unabhängigkeit 3 Freiheitssinn 4 Freimütigkeit
lībertīna ⟨ae⟩ F Freigelassene
lībertīnus A ⟨a, um⟩ ADJ freigelassen B ⟨ī⟩ M Freigelassener
★**lībertus** ⟨ī⟩ M Freigelassener
libīdinōsus ⟨a, um, *adv* libīdinōsē⟩ ADJ 1 genusssüchtig, ausschweifend, geil 2 launenhaft, zügellos
★**libīdō** ⟨inis⟩ F 1 Begierde, Lust, Verlangen; ~ **sanguinis** Blutdurst 2 sinnliche Lust, Genusssucht 3 Willkür, Laune; **ad libidinem/ex libidine** nach

L

Libitīna ⟨ae⟩ F 1 *röm. Totengöttin* 2 Ausstattung für das Begräbnis 3 Tod

libitīnārius ⟨ī⟩ M Begräbnisunternehmer

libitus ⟨ūs⟩ M: **ad libitum** nach Belieben

lībra ⟨ae⟩ F 1 Waage; **per aes et libram** rechtsgültiger Kauf 2 Wasserwaage; **ad libram** in gleicher Höhe 3 *(als Gewichtseinheit)* Pfund = *327,45 g* 4 Gleichgewicht

lībrālis ⟨e⟩ ADJ ein Pfund schwer

lībrāmentum ⟨ī⟩ N 1 Gewicht, Gewichtsstück 2 Gefälle 3 Schwungriemen 4 MATH waagrechte Fläche

lībrāre ⟨ō, āvī, atum 1.⟩ 1 im Gleichgewicht halten 2 schwingen, schleudern

librārium ⟨ī⟩ N Bücherkasten, -schrank

librārius A ⟨a, um⟩ ADJ Buch..., Bücher... B ⟨ī⟩ M Schreiber, Sekretär

lībrātor ⟨ōris⟩ M 1 Fachmann für die Wasserwaage 2 MIL Steinschleuderer

lībrātus ⟨a, um⟩ ADJ kräftig geschwungen, wuchtig

lībrīlis ⟨e⟩ ADJ ein Pfund schwer; **funda ~** Schleuder für schwere Steine

lībum ⟨ī⟩ N Opferkuchen, -fladen

Liburnī ⟨ōrum⟩ MPL die Liburner; **Liburnia** ⟨ae⟩ F *Landschaft im Norden Dalmatiens;* **Liburnicus** *u.* **Liburnus** ⟨a, um⟩ ADJ Liburner...; **(navis) Liburna** Liburnerschiff

Libya ⟨ae⟩ F 1 Libyen 2 Afrika 3 Nordküste Afrikas; **Libycus** ⟨a, um⟩ *u.* ADJ **Libys** ⟨yos⟩ ADJ *u.* **Libyus** ⟨a, um⟩ ADJ libysch, afrikanisch

licēns ⟨entis, *adv* licenter⟩ ADJ 1 frei, ungebunden; *adv* nach Belieben 2 willkürlich, zügellos, frech

★**licentia** ⟨ae⟩ F 1 Freiheit; Ungebundenheit 2 Macht 3 Erlaubnis 4 Willkür 5 Übermut, Frechheit

licēre¹ ⟨eō, uī, - 2.⟩ 1 zum Verkauf stehen 2 wert sein 3 *(Ware)* anbieten

★**licēre**² ⟨licet, licuit *u.* licitum est 2.⟩ A es ist erlaubt, man darf, man kann; **per me licet** meinetwegen B KONJ *+konjkt* wenn auch; **fremant omnes licet** mögen alle murren

licērī ⟨liceor, licitus sum 2.⟩ bieten; einen Preis aussetzen; **contra ~** überbieten

Licinius ⟨a, um⟩ *Name einer pleb. ge*[...] 1 **~ Crassus** *140–91 v. Chr., Staatsma*[...] *u. Redner* 2 **M. ~ Crassus Dives** *115-*[...] *v. Chr., mit Pompeius u. Caesar erstes* [...]*umvirat 60 v. Chr., von den Parthern* [...] *schlagen u. ermordet* 3 **L. ~ Lucul**[...] **Ponticus** *106–56 v. Chr., bekannt du*[...] *seinen sprichwörtlichen Reichtum* 4 **L.** [...] **Murena** *Feldherr, von Cicero mit Erf*[...] *verteidigt*

licitārī ⟨or, ātus sum 1.⟩ = **liceri**

licitātiō ⟨ōnis⟩ F Gebot *bei Auktione*[...]

licitātor ⟨ōris⟩ M Bieter *bei Auktion*[...]

līcium ⟨ī⟩ N 1 Ende des alten Gewe[...] 2 Faden, Band

★**līctor** ⟨ōris⟩ M Liktor, öffentlicher [...]ner *der höheren Magistrate*

Landeskun[...]

▶ lictores – römische Leibwächter

Die **lictores** waren Amtsdiener, die mit den **fasces** (Rutenbündel mit Be[...] vor den höchsten römischen Beamt[...] hergingen und dafür sorgten, dass alle Personen die Straße vor den Würdenträgern freimachten. Ausge[...]nommen waren nur die **matronae** und die Vestalinnen. Ihre Anzahl richtete sich nach dem Rang des Beamten: Konsuln hatten zwölf, Diktatoren vierundzwanzig, der Re[...]teroberst, **magister equitum**, sech[...] Außerdem nahmen sie Verhaftung[...] vor, führten Bestrafungen und Gei[...]ßelungen durch und vollstreckten Todesurteile. Die Liktoren waren m[...] Freigelassene; sie wurden für ihre Tätigkeit bezahlt und waren vom Kriegsdienst befreit. Bekleidet war[...] sie mit der Toga, im Krieg mit ein[...] Soldatenmantel (**sagum**).

licuī → licere¹ *u.* → liquere *u.* → li[...]cere

līdere ⟨ō, -, - 3.⟩ → laedere

liēn ⟨ēnis⟩ M Milz

liēnōsus ⟨a, um⟩ ADJ milzkrank

āmen ⟨inis⟩ N u. **ligāmentum** ⟩ N Band, Binde, Verband
āre ⟨ō, āvī, ātum 1.⟩ 1 binden 2 -, festbinden 3 umschlingen 4 *fig* rbinden 5 schließen, **pacta** Verträge
ǥāriānus ⟨a, um⟩ ADJ des Ligarius
ǥārius ⟨a, um⟩ *röm. Gentilname;* **Q. ~** *rteigänger des Pompeius, von Cicero er-'greich verteidigt*
er ⟨eris⟩, *akk* ⟨im *u.* em⟩ M die Loire
nārī ⟨or, ātus sum 1.⟩ Holz holen
nārius A ⟨a, um⟩ ADJ Holz… B ⟨ī⟩ Holzhändler, -arbeiter
nātiō ⟨ōnis⟩ F das Holzfällen, -holen
ıātor ⟨ōris⟩ M Holzfäller
ıeus ⟨a, um⟩ ADJ 1 aus Holz, höl-'n 2 *(Person)* dürr
num ⟨ī⟩ N 1 Holz 2 Scheit 3 aus lz Gefertigtes: Speerschaft, Schreibta- Holzpuppe 4 Trojanisches Pferd
ō ⟨ōnis⟩ M Hacke
ıla[1] ⟨ae⟩ F Löffel
ıla[2] ⟨ae⟩ F 1 = **lingula**[1] 2 *(mlat.)* ıglein, Zipfel
ur ⟨uris⟩ M *u.* F, PL **Ligures** ⟨um⟩ Ligurer; **Liguria** ⟨ae⟩ F Land der ırer
ır(r)īre ⟨iō, īvī *u.* iī, ītum 4.⟩ 1 bele-n; **furta ~** heimlich naschen 2 nach gierig sein, *aliquid*
ırrītiō ⟨ōnis⟩ F Naschhaftigkeit
ıs ⟨uris⟩ ADJ ligurisch
ısticus *u.* **Ligustīnus** ⟨a, um⟩ ligurisch
strum ⟨ī⟩ N Liguster, Rainweide
m ⟨ī⟩ N 1 BOT Lilie; **~ album** weiße 2 MIL *Fallgrube mit spitzen Pfählen er Mitte als Verschanzung*
ɔaeon *u.* **Lilybaeum** ⟨ī⟩ N *West-e Siziliens u. Stadt auf Sizilien;* **Lily-us** *u.* **Lilybītānus** ⟨a, um⟩ ADJ Lilybaeum
⟨ae⟩ F 1 Feile 2 Ausarbeitung
re[1] ⟨ō, āvī, atum 1.⟩ 1 feilen, glät- 2 *(Wahrheit)* genau erforschen 3 *fig* ıindern, schmälern
re[2] ⟨ō, -, - 1.⟩ mit Kot bespritzen
tus ⟨a, um⟩ ADJ 1 gefeilt 2 *fig* ausgefeilt, ausgearbeitet
ulārius ⟨ī⟩ M Bordürenmacher
us ⟨ī⟩ M Bordüre, Saum
n ⟨inis⟩ N 1 Schwelle; Eingang; **ɔs ad limina** Türhüter 2 Haus, Wohnung; Raum 3 *fig* Grenze

★**līmes** ⟨itis⟩ M 1 *(eines Ackers)* Rain, Grenze, Furche 2 *(zwischen Ländern)* Grenzwall, Limes, Reichsgrenze 3 *fig* Unterschied

Landeskunde

▶ limes

Als **limes** wurde die befestigte Außengrenze des Römischen Reiches bezeichnet, z. B. der Hadrianswall zwischen der römischen Provinz Britannien und dem feindlichen Schottland. In Deutschland gab es seit dem 1. Jahrhundert n. Chr. den obergermanisch-rätischen Limes mit Graben, Erdwall und Palisadenzaun. Er reichte in seiner größten Ausdehnung ca. 380 km weit von Andernach am Rhein bis nach Lorch am Main. Dort schloss sich der rätische Limes an, der bis Kelheim führte (ca. 165 km) und teilweise aus Steinmauern bestand. Kastelle und Wachtürme waren Beobachtungs- und Signalstationen. Um 260 n. Chr. wurde der Limes von den Alemannen durchbrochen. Die Römer gaben ihn auf und verschoben ihre Grenze.

līmōsus ⟨a, um⟩ ADJ schlammig
limpidus ⟨a, um⟩ ADJ klar, hell
līmulus ⟨a, um⟩ ADJ schielend
līmus[1] ⟨ī⟩ M Schlamm; Schmutz
līmus[2] ⟨a, um⟩ ADJ schielend
līmus[3] ⟨ī⟩ M Schurz *der Opferdiener*
līnārius ⟨ī⟩ M Leinenweber
līnctus ⟨a, um⟩ PPP → lingere
līnea ⟨ae⟩ F 1 Richtschnur; **ad lineam/rectis lineis** senkrecht 2 Linie, Strich 3 Skizze, Entwurf 4 *fig* Grenzlinie, Ziel 5 Angelschnur
līneāmentum ⟨ī⟩ N 1 Linie, Strich 2 Skizze 3 PL Umrisse
līneāre ⟨ō, āvī, atum 1.⟩ nach dem Lot ausrichten
līneāris ⟨e⟩ ADJ Linien…

linere ⟨linō, lēvī *u.* līvī, litum 3.⟩ 1 bestreichen, beschmieren, **cerā** mit Wachs 2 überziehen, bedecken 3 beschmutzen 4 ausstreichen

līneus ⟨a, um⟩ ADJ leinen, aus Leinen

lingere ⟨lingō, līnxī, līnctum 3.⟩ lecken

★**lingua** ⟨ae⟩ F 1 Zunge 2 Rede(gabe); Worte 3 Laut 4 Sprache 5 Dialekt 6 *(geografisch)* Landzunge, Vorgebirge

linguāx ⟨ācis⟩ ADJ geschwätzig

lingula ⟨ae⟩ F 1 Landzunge 2 Schuhriemen 3 Schlappschwanz

linguläca ⟨ae⟩ A M *u.* F Plappermaul B ADJ geschwätzig

līnia ⟨ae⟩ F = **linea**

līnia... = **linea...**

līni-ger ⟨gera, gerum⟩ ADJ Leinen tragend

★**linquere** ⟨linquō, līquī, - 3.⟩ A V/T 1 zurücklassen, lassen; **intactum ~** unberührt lassen 2 verlassen 3 loslassen 4 überlassen 5 unterlassen 6 **linquitur** es bleibt übrig B V/I *u. passiv* vergehen, schwinden

linteō ⟨ōnis⟩ M Leinenweber

linteolum ⟨ī⟩ N leinenes Tuch

linter ⟨tris⟩ F *u.* M 1 Kahn 2 Trog, Mulde

linteum ⟨ī⟩ N 1 Leinwand, Leintuch 2 Segel; **lintea ventis dare** Segel setzen

linteus ⟨a, um⟩ ADJ aus Leinen

līnum ⟨ī⟩ N 1 Lein, Flachs 2 *aus Flachs Gefertigtes*: Garn, Faden, Schnur; Seil, Tau 3 Leintuch 4 Netz

līnxī → lingere

lippīre ⟨iō, īvī, ītum 4.⟩ triefäugig sein

lippitūdō ⟨inis⟩ F Augenentzündung

lippus ⟨a, um⟩ ADJ 1 triefäugig, augenkrank 2 *fig* blödsinnig 3 saftig

liquāre ⟨ō, āvī, atum 1.⟩ 1 schmelzen 2 durchseihen 3 *fig* reinigen

liquē-facere ⟨faciō, fēcī, factum 3.⟩ 1 flüssig machen, schmelzen, auflösen 2 *fig* schwächen

liquēfactus ⟨a, um⟩ ADJ 1 geschmolzen, flüssig 2 in Fäulnis

liquēre ⟨liquō, liquī *u.* licuī, - 2.⟩ 1 flüssig sein, klar sein 2 *fig* deutlich sein; **liquet** es ist klar, es ist spruchreif

liquēscere ⟨liquēscō, licuī, - 3.⟩ 1 flüssig werden, schmelzen; klar werden 2 verwesen 3 *fig* entkräftet werden

līquī¹ → linquere

liquī² → liquere

līquī³ ⟨or, -3.⟩ 1 flüssig sein, fließe… rinnen 2 *fig* vergehen

liquidum ⟨ī⟩ N 1 Flüssigkeit 2 Gewi… heit

★**liquidus** ⟨a, um, *adv* liquidē *u.* liq… dō⟩ ADJ 1 flüssig, dünn 2 *(Luft us…* klar, hell 3 *fig* ungetrübt; **mens liqui…** heitere Stimmung 4 *(Wein)* rein, unv… mischt 5 *(Rede)* klar, deutlich 6 ADV… **quido** mit Gewissheit, ohne Bedenke…

liquor ⟨ōris⟩ M 1 flüssiger Zusta… Klarheit 2 Flüssigkeit 3 Wein 4 PL … wässer

Līris ⟨is⟩ M *Fluss im Latium*

★**līs** ⟨lītis⟩ F 1 Streit, Zank 2 Rechtsstr… Prozess 3 Streitsache

litāre ⟨ō, āvī, atum 1.⟩ A V/I 1 opf… und dabei ein günstiges Vorzeichen … halten 2 einen guten Ausgang versp… chen B V/T 1 opfern, weihen 2 du… Opfer besänftigen 3 sühnen

litātiō ⟨ōnis⟩ F das Opfern mit gün… gen Vorzeichen

lītera ⟨ae⟩ F = **littera**

liti-cen ⟨inis⟩ M Bläser des Signalh…

lītigāre ⟨ō, āvī, ātum 1.⟩ streiten, … ken, prozessieren

lītigātor ⟨ōris⟩ M Prozessführende…

lītigātus, *abl* ⟨ū⟩ M Streit, Prozess

lītigiōsus ⟨a, um⟩ ADJ 1 zänkisch; … **rum litigiosum** Forum voller Proz… 2 strittig 3 prozesssüchtig

lītorālis ⟨e⟩ ADJ = **litoreus**

lītoreus ⟨a, um⟩ ADJ Ufer…, Stran…

★**littera** ⟨ae⟩ F 1 Buchstabe; **ad litte…** buchstäblich 2 PL Alphabet, *auch* Sc… 3 PL Handschrift 4 PL schriftliche … zeichnungen; **litteris/per litt…** schriftlich 5 PL Brief, Schreiben, … Briefe; **litteras dare ad aliquem** e… Brief/Briefe an j-n schreiben; **binae …** **rae** zwei Briefe 6 PL Vertrag, Listen … ten 7 PL Grabinschrift 8 PL amtli… Schreiben 9 PL Schriften, Literatu… PL Wissenschaft(en) 11 PL Bildung … Schriftstellerei

litterārius ⟨a, um⟩ ADJ Le… Schreib…, Elementar…

litterātōria ⟨ae⟩ F Grammatik

litterātōrius ⟨a, um⟩ ADJ gram… tisch

litterātūra ⟨ae⟩ F 1 das Geschrie…

Alphabet 3 Grammatik
erātus ⟨a, um, *adv* litterātē⟩ ADJ 1
t Buchstaben bezeichnet, gebrand-
arkt 2 gelehrt, gebildet 3 ADV deut-
h 4 ADV buchstäblich
erula ⟨ae⟩ F 1 (kleiner) Buchstabe
PL Briefchen 3 PL ein wenig Gelehr-
nkeit
us ⟨oris⟩ N = **litus**
um PPP → linere
ra ⟨ae⟩ F 1 (*auf der Wachstafel*) das
sstreichen 2 Korrektur, Verbesserung
Tränenfleck 4 Makel
s ⟨oris⟩ N 1 Meeresufer, Küste,
and 2 Ufer 3 Küstengegend
us ⟨ī⟩ M 1 REL Krummstab 2 MIL Si-
alhorn 3 Signal 4 Signalgeber
re ⟨eō, -, - 2.⟩ 1 bläulich sein, dun-
sein 2 *fig* neidisch sein
scere ⟨ēscō, -, - 3.⟩ 1 bläulich wer-
2 *fig* neidisch werden
→ linere
ānus ⟨a, um⟩ ADJ des Livius
dus ⟨a, um⟩ ADJ 1 bleifarben, bläu-
2 *fig* neidisch
us ⟨a, um⟩ *röm. Gentilname* 1 ~ **An-
nicus** *ältester röm. Dichter, Übersetzer
Odyssee Homers („Odusia")* 2 **T. ~ Pa-
nus** *59 v. Chr. – 17 n. Chr., größter
. Historiker, röm. Geschichte „Ab urbe
dita"* **Līvius** ⟨a, um⟩ ADJ des Livius
r ⟨ōris⟩ M 1 bläuliche Farbe, blauer
k am Körper 2 *fig* blasser Neid
re ⟨ō, āvī, ātum 1.⟩ 1 stellen, le-
setzen, aufstellen, **(in) re** in etw
ünden, erbauen, errichten 3 (*Mäd-
) verheiraten 4 MIL einquartieren
Geld) auf Zins anlegen 6 vermieten
rius ⟨ī⟩ M (*im Theater*) Vermieter
tiō ⟨ōnis⟩ F 1 Stellung 2 Vermie-
, Verpachtung 3 Pachtvertrag
tor ⟨ōris⟩ M Vermieter, Verpächter
tum ⟨ī⟩ N Vermietung, Verpach-

lus ⟨ī⟩ M 1 Plätzchen, kleines Zim-
2 Kästchen, Büchse; Schatulle; **lo-
peculiares** Privatkasse 3 Sarg
-plēs ⟨ētis⟩ M 1 wohlhabend,
2 *fig* reich ausgestattet, ergiebig
aubwürdig, zuverlässig
olētāre ⟨ō, āvī, ātum 1.⟩ 1 berei-
n 2 *fig* reichlich ausstatten
s ⟨ī⟩ M 1 (*örtl.*) Ort, Platz, Stelle 2
rechter Ort 3 Posten, Stellung; **locum capere** Stellung nehmen 4 Wohnsitz 5 Ortschaft 6 Gelände 7 PL ⟨★ loca, ōrum⟩ N Orte, Gegend 8 PL Hauptlehren, Sätze; **loci communes** rednerische Gemeinplätze 9 PL ⟨locī, ōrum⟩ M (*eines Buches*) Stelle 10 (*in der Reihenfolge*) Stelle; **primo loco** an erster Stelle 11 (*in der Aufzählung*) Punkt 12 Rang; Herkunft 13 (*zeitl.*) Zeit(raum); **interea loci** inzwischen; **ad locum** sogleich 14 günstiger Zeitpunkt; **(in) loco** zur rechten Zeit 15 Gelegenheit, Möglichkeit 16 Lage, Umstände 17 Hinsicht; **hoc loco** in dieser Beziehung 18 **(in) loco** wie, ganz wie, als, anstatt *+gen/+pron*; **parentis loco colere** wie einen Vater lieben

lōcusta ⟨ae⟩ F Heuschrecke

locūtiō ⟨ōnis⟩ F 1 das Sprechen 2 Sprache, Aussprache 3 PL Redensarten

locūtus ⟨a, um⟩ PPERF → loqui

lōdīcula ⟨ae⟩ F kleine gewebte Decke

lōdīx ⟨īcis⟩ F gewebte Decke

logica ⟨ae⟩ F Logik

logicus ⟨a, um⟩ ADJ das Wort betreffend, logisch, vernünftig

logos *u.* **logus** ⟨ī⟩ M 1 Wort 2 Wortspiel

lōlīgō ⟨inis⟩ F = **lolligo**

lolium ⟨ī⟩ N BOT Schwindelhafer

lollīgō ⟨inis⟩ F Tintenfisch

lollīguncula ⟨ae⟩ F kleiner Tintenfisch

lōmentum ⟨ī⟩ N Waschmittel, Paste

Londinium ⟨iī⟩ N *Ort in Britannia, heute London*

longa ⟨ae⟩ F Länge = lange Silbe

long-aevus ⟨a, um⟩ ADJ betagt, bejahrt

★**longē** ADV 1 (*örtl.*) weit, fern, weithin; **~ abesse** weit entfernt sein 2 von weitem, von weit her 3 weitaus, bei weitem, 4 *fig* ausführlich 5 (*zeitl.*) lange

longinquitās ⟨ātis⟩ F 1 Länge, Weite 2 Entfernung, 3 lange Dauer

★**longinquus** ⟨a, um, *adv* longinquē⟩ ADJ 1 lang, weit 2 fern, (weit) entfernt, entlegen 3 auswärtig, fremd; **ex longinquo** aus der Ferne 4 lang dauernd

Longīnus ⟨ī⟩ M *Beiname in der gens Cassia;* → Cassius

longiter ADV = **longe**

longitūdō ⟨inis⟩ F 1 Länge 2 lange

L

Dauer

longum ⟨ī⟩ N lange Zeit; **ex longo** seit langer Zeit; **in ~ sufficere** für lange Zeit ausreichen

longurius ⟨ī⟩ M lange Stange, Latte

★**longus** ⟨a, um⟩ ADJ, ADV → ⟨longē⟩ *u.* → ⟨longiter⟩ 1 (*örtl.*) lang, groß; **navis longa** Kriegsschiff 2 geräumig, ausgedehnt, weit 3 (*Rede*) weitläufig 4 **longum est** *+inf* es würde zu weit führen 5 (*zeitl.*) lang dauernd; langwierig

lopas ⟨adis⟩, *akk* PL ⟨adas⟩ F Napfschnecke

loquācitās ⟨ātis⟩ F Geschwätzigkeit

loquāx ⟨ācis, *adv* loquāciter⟩ ADJ geschwätzig, redselig

loquēla *u.* **loquella** ⟨ae⟩ F Rede, *gesprochenes* Wort; Art zu reden, Sprache

loquentia ⟨ae⟩ F Zungenfertigkeit

★**loquī** ⟨loquor, locūtus sum 3.⟩ A VI sprechen, reden B VT 1 sagen, sprechen; **quid loquar** was soll ich sagen 2 besprechen 3 melden 4 besingen

loquitārī ⟨or, ātus sum 1.⟩ sprechen

lōreus ⟨a, um⟩ ADJ aus Riemen

lōrīca ⟨ae⟩ F 1 lederner Brustpanzer 2 *fig* Brustwehr

lōrīcātus ⟨a, um⟩ ADJ gepanzert, Panzer…

lōri-pēs ⟨pedis⟩ ADJ humpelnd

lōrum ⟨ī⟩ N 1 Lederriemen 2 Zügel; **lora dare** die Zügel schießen lassen 3 Peitsche 4 Gürtel der Venus 5 Kapsel mit Amulett

lōtium ⟨ī⟩ N Urin

lōtos ⟨ī⟩ A F 1 Lotos(frucht) 2 Flöte *aus dem Holz des Lotosbaumes* 3 Steinklee B M Dattelpflaume

lōtum PPP = **lautum**; → lavare

lōtus ⟨ī⟩ F *u.* M = **lotos**

lubēns ⟨enter⟩ ADJ = **libens**

lubet → **libere**

lubīdō ⟨inis⟩ F = **libido**

lūbricāre ⟨ō, āvī, atum 1.⟩ schlüpfrig machen, glatt machen

lūbricum ⟨ī⟩ N 1 Schlüpfrigkeit 2 Unsicherheit

lūbricus ⟨a, um⟩ ADJ 1 schlüpfrig, glatt 2 *fig* leicht beweglich, flüchtig 3 unsicher, gefährlich 4 betrügerisch

★**lūcēre** ⟨luceō, lūxī, - 2.⟩ A VI 1 leuchten, hell sein 2 *fig* klar sein, deutlich sein; **lucet** es ist Tag B VT leuchten lassen

lucerna ⟨ae⟩ F Öllampe, Leuchte, K… ze

lūcēscere ⟨lūcēscō, lūxī, - 3.⟩ leuchten anfangen; **lucescit** es wird T…

lūcī → lux

lūcidus ⟨a, um, *adv* lūcidē⟩ ADJ 1 h… strahlend 2 deutlich, klar

lūci-fer ⟨fera, ferum⟩ ADJ 1 Licht b… gend/tragend 2 ans Licht bringend

Lūcifer ⟨ferī⟩ M 1 Morgenstern, Pla… Venus 2 Tag

Lūcīliānus ⟨a, um⟩ ADJ des Luciliu…

Lūcīlius ⟨a, um⟩ *röm. Gentilname;* **C…** *Begründer der röm. Satire*

Lūcīna ⟨ae⟩ F 1 *Geburtsgöttin* 2 Gebären, Geburt

lūcīscere ⟨lūcīscō, lūxī, - 3.⟩ = **luces…re**

Lūcius ⟨ī⟩ M *röm. Vorname*

lucrāre ⟨ō, āvī, atum 1.⟩ *u.* **lucr…** ⟨or, ātus sum 1.⟩ gewinnen

lucrātīvus ⟨a, um⟩ ADJ gewinnb… gend; gewonnen

Lucrētius ⟨a, um⟩ *röm. Gentilnam…* **Lucretia** *wurde von Sextus Tarquir… dem Sohn des letzten röm. Königs Tarq… us Superbus, vergewaltigt u. tötete selbst* 2 **Titus ~ Carus** *ca. 98–55 v.… röm. Dichter, Verfasser des Gedichtes … rerum natura"*

lucri-fer ⟨fera, ferum⟩ ADJ *u.* **luc… cābilis** ⟨e⟩ ADJ gewinnbringend

lucri peta ⟨ae⟩ M Gewinnsüchtige…

lucrōsus ⟨a, um⟩ ADJ gewinnbring…

★**lucrum** ⟨ī⟩ N 1 Gewinn, Vorteil, P… **in lucro esse** von Vorteil sein 2 Gew… sucht 3 Reichtum

luctāmen ⟨inis⟩ N 1 Ringkampf … Anstrengung, Bemühung

luctārī ⟨or, ātus sum 1.⟩ 1 ringen … kämpfen, sich anstrengen, **fluc…** (*dat*) gegen die Fluten 3 sich wide… zen

luctātiō ⟨ōnis⟩ F 1 das Ringen, … kampf 2 *fig* Kampf 3 *fig* Wortstre…

luctātor ⟨ōris⟩ M Ringer

lūcti-ficus ⟨a, um⟩ ADJ Unglück… gend, verderblich

lūcti-sonus ⟨a, um⟩ ADJ traurig… gend

lūctuōsus ⟨a, um, *adv* lūctuōsē … 1 unheilvoll, traurig 2 voll Trauer…

ctus¹ ⟨a, um⟩ PPP → lugere
ctus² ⟨ūs⟩ M 1 Trauer 2 Trauerfall
Totenklage 4 Trauerkleidung
cubrāre ⟨ō, āvī, atum 1.⟩ bei Nacht
beiten
cubrātiō ⟨ōnis⟩ F Nachtarbeit
culentus ⟨a, um, *adv* lūculentē u.
culenter⟩ ADJ 1 hell, hübsch hell 2
stattlich, ansehnlich, tüchtig 3 RHET
ɛffend
cullēus u. Lūculliānus ⟨a, um⟩
J des Lucullus
cullus ⟨ī⟩ M *Beiname in der gens Lici-*
ɪ; → Licinius
ūna ⟨ae⟩ F = **lacuna**
us¹ ⟨ī⟩ M 1 einer Gottheit geweihter
in 2 Wald, Gebüsch
us², *nur abl* ⟨ū⟩ M Licht
usta ⟨ae⟩ F = **locusta**
ere ⟨lūdō, lūsī, lūsum 3.⟩ A V/I 1
elen, **re** mit/um etw 2 tanzen 3 in
em Schauspiel auftreten 4 scherzen
V/T 1 spielen 2 necken, zum Besten
ten 3 täuschen
ia ⟨ae⟩ F 1 Tänzerin *auf der Bühne*
Frau eines Fechters
ibrium ⟨ī⟩ N 1 Spielerei, Spielzeug
Täuschung 3 Spott, Hohn; **per ~**
ttisch 4 Entehrung
icer ⟨cra, crum⟩ ADJ = **ludicrus**
icrum ⟨ī⟩ N 1 Scherz, Kinderei,
h Spielzeug 2 Schauspiel, Festspiel
icrus ⟨cra, crum⟩ ADJ 1 kurzweilig
schauspielerisch
ificābilis ⟨e⟩ ADJ voll Übermut
ificāre ⟨ō, āvī, atum 1.⟩ u. **lūdifi-**
ī ⟨or, ātus sum 1.⟩ 1 verspotten,
Besten halten; *absolut* Scherze trei-
2 *nur* **ludificari** vereiteln
ficātiō ⟨ōnis⟩ F das Necken
ficātor ⟨ōris⟩ M Spötter
ficātus ⟨ūs⟩ M Fopperei, Gespött
ō ⟨ōnis⟩ M u. **lūdius** ⟨ī⟩ M panto-
ischer Tänzer
s ⟨ī⟩ M 1 Spiel; **per ludum** spie-
, mühelos 2 Schauspiel 3 Spaß 4
nentar-)Schule 5 Gladiatorenschule
re¹ ⟨-luō, -luī, -lūtum 3.⟩ *nur in den*
mmensetzungen, z. B. ab-luere → la-

e² ⟨luō, luī, luitūrus 3.⟩ 1 büßen,
en 2 durch Buße abwenden 3 be-
en, **aes alienum** Schulden 4 **~ poe-**
nam Strafe erleiden
luēs ⟨is⟩ F 1 ansteckende Krankheit, Seuche, Pest 2 *fig* Unheil, Verderben
Lugdūnēnsis A ⟨e⟩ ADJ aus Lugdunum B ⟨is⟩ M Einwohner von Lugdunum
Lugdūnum ⟨ī⟩ N *Name mehrerer Städte in Gallien, bes das heutige Lyon*
★**lūgēre** ⟨lūgeō, lūxī, lūctum 2.⟩ A V/I trauern B V/T betrauern
lūgubria ⟨ōrum⟩ NPL Trauerkleider
lūgubris ⟨e, *adv* lūgubriter⟩ ADJ 1 Trauer… 2 trauernd 3 *fig* traurig, unheilvoll
luī → luere²
luitūrus ⟨a, um⟩ PART *fut* → luere²
lumbi-fragium ⟨ī⟩ N zerschlagene Lenden
lumbrīcus ⟨ī⟩ Regenwurm
lumbus ⟨ī⟩ M Lende, *auch* Schamteile
★**lūmen** ⟨inis⟩ N 1 Licht 2 Leuchte, Lampe, Kerze, Fackel 3 Tageslicht; Tag 4 Leben(slicht) 5 Augenlicht, Sehkraft; Auge 6 Fenster 7 *fig* Glanz, Helligkeit 8 *fig* Schmuck, Zierde 9 *fig* geistige Klarheit 10 Rettung, Heil
lūminōsus ⟨a, um⟩ ADJ hell
★**lūna** ⟨ae⟩ F 1 Mond; **~ crescit/decrescit** der Mond nimmt zu/ab 2 Monat
Lūna ⟨ae⟩ F Mondgöttin
lūnāre ⟨ō, āvī, atum 1.⟩ halbmondförmig krümmen
lūnāris ⟨e⟩ ADJ Mond…, *bes* mondförmig; **cursus ~** Mondbahn
lunter ⟨tris⟩ M u. F = **linter**
lupa ⟨ae⟩ F 1 Wölfin 2 *fig* Prostituierte
lupānar ⟨āris⟩ N Bordell
lupātus ⟨a, um⟩ ADJ mit Wolfszähnen
Lupercal ⟨ālis⟩ N *Grotte am Palatin*
Lupercālia ⟨ium⟩ NPL Fest des Lupercus *am 15. Februar*
Lupercālis ⟨e⟩ ADJ des Lupercus
Lupercī ⟨ōrum⟩ MPL die Priester des Lupercus
Lupercus ⟨ī⟩ M *altröm. Hirten- u. Fruchtbarkeitsgott, dem Faunus gleichgesetzt*
lupīnus A ⟨a, um⟩ ADJ des Wolfs, Wolfs… B ⟨ī⟩ M Lupine
★**lupus** ⟨ī⟩ M 1 Wolf 2 Seebarsch 3 Feuerhaken 4 Wolfsgebiss eines Pferdezaums
lūridus ⟨a, um⟩ ADJ 1 blassgelb, lei-

L

chenblass, fahl **2** blass machend

lus-cinia ⟨ae⟩ F *u.* **lusciniola** ⟨ae⟩ F *u.* **lus-cinius** ⟨ī⟩ M Nachtigall

luscītiōsus ⟨a, um⟩ ADJ nachtblind

luscus ⟨a, um⟩ ADJ **1** *(beim Zielen)* ein Auge zudrückend blinzelnd **2** einäugig **3** halb blind

lūsī → ludere

lūsiō ⟨ōnis⟩ F das Spielen, Spiel

Lūsitānia ⟨ae⟩ F *südwestl. Teil der Iberischen Halbinsel; ungefähr dem heutigen Portugal entsprechend;* **Lūsitānus** ⟨a, um⟩ ADJ lusitanisch; **Lūsitānus** ⟨ī⟩ M Einwohner von Lusitania

lūsitāre ⟨ō, āvī, atum 1.⟩ **1** spielen **2** scherzen

lūsor ⟨ōris⟩ M **1** Spieler **2** Spötter

lūsōrius ⟨a, um⟩ ADJ **1** zum Spiel gehörig **2** kurzweilig **3** ungültig

lustra ⟨ae⟩ F = **lustrum**[1]

lūstrālis ⟨e⟩ ADJ **1** zum Sühnopfer gehörig **2** alle fünf Jahre geschehend

★**lūstrāre** ⟨ō, āvī, atum 1.⟩ **1** beleuchten **2** reinigen, durch Reinigungsopfer sühnen **3** mustern, **exercitum** das Heer **4** umgeben **5** genau betrachten **6** erwägen, prüfen **7** durchwandern, bereisen **8** *fig* durchmachen

lustrarī ⟨or, ātus sum 1.⟩ sich in Bordellen herumtreiben

lūstrātiō ⟨ōnis⟩ F **1** Sühneopfer, Sühnung **2** Musterung **3** das Durchwandern; Reise, **municipiorum** durch die Landstädte

lustrum[1] ⟨ī⟩ N **1** Morast **2** Wildlager **3** *fig* Bordell

★**lūstrum**[2] ⟨ī⟩ N **1** Sühneopfer *der Zensoren alle fünf Jahre zum Abschluss ihrer Amtszeit* **2** Zeitraum von fünf Jahren, *bes* Steuerperiode

lūsus[1] ⟨a, um⟩ PPP → ludere

lūsus[2] ⟨ūs⟩ M **1** das Spielen, Spiel **2** Spielerei **3** Liebesspiel

lūteolus ⟨a, um⟩ ADJ gelblich, gelb

lūtēr ⟨ēris⟩ M *(eccl.)* Gefäß, Becken

Lūtētia ⟨ae⟩ F *Hauptstadt des gall. Stammes der Parisii, heute Paris*

luteus[1] ⟨a, um⟩ ADJ **1** schlammig **2** aus Ton **3** schmutzig **4** *fig* wertlos, geringfügig

lūteus[2] ⟨a, um⟩ ADJ (gold)gelb, rosarot

lutitāre ⟨ō, -, - 1.⟩ besudeln

lutulentus ⟨a, um⟩ ADJ **1** schlammig, schmierig **2** *(Person)* unrein, hässlich

lutum[1] ⟨ī⟩ N **1** Kot, Schlamm **2** Leh

lūtum[2] ⟨ī⟩ N **1** Gelbkraut **2** gelbe Fa be

★**lūx** ⟨lūcis⟩ F **1** Licht, Helligkeit **2** Gla **3** Tageslicht, Tag; **primā luce** bei Tage anbruch; **luce/luci** am hellen Tag **4** L ben, *auch als Kosewort* **5** Auge(nlicht) *fig* Klarheit, Deutlichkeit **7** *fig* Ruhm Rettung

luxāre ⟨ō, āvī, atum 1.⟩ verrenken

luxārī ⟨or, -, - 1.⟩ schwelgen

lūxī → lucere *u.* → lucescere *u.* → luc re

★**luxuria** ⟨ae⟩ F *u.* **luxuriēs** ⟨ēī⟩ F *(einer Pflanze)* üppiges Wachstum **2** Genusssucht **3** Zügellosigkeit **4** Begi de

luxuriāre ⟨ō, āvī, ātum 1.⟩ *u.* **lux riārī** ⟨or, ātus sum 1.⟩ **1** üppig se wachsen **2** *(Person)* ausgelassen sein *(Tier)* lustig umherspringen

luxuriōsus ⟨a, um *adj adv* luxuriō **1** *(Pflanze)* üppig (wachsend) **2** *fig* a schweifend **3** übermütig

★**luxus**[1] ⟨ūs⟩ M **1** Fruchtbarkeit **2** Pru Pracht **3** *fig* Ausschweifung, Geilhei

luxus[2] ⟨a, um⟩ ADJ verrenkt

Lyaeus ⟨ī⟩ M **1** *Beiname des Bacchu* Wein

Lycēum ⟨ī⟩ N **1** *Gymnasion in Ath Lehrstätte des Aristoteles* **2** *Gymnas im Tusculanum Ciceros*

lychnobius ⟨ī⟩ M Nachtschwärme

Lycia ⟨ae⟩ F *Landschaft im SW K asiens*

Lycīum ⟨ī⟩ N = **Lyceum**

Lycius ⟨a, um⟩ ADJ aus Lycia

Lycūrgus ⟨ī⟩ M *berühmter Gesetzg der Spartaner*

Lȳdia ⟨ae⟩ F Lydien, *Landschaft an Westküste Kleinasiens;* **Lȳdius** *u.* **Lȳ** ⟨a, um⟩ ADJ **1** lydisch **2** etruskisch; **dus** ⟨ī⟩ M **1** Lyder **2** Etrusker

lympha ⟨ae⟩ F klares Wasser, Q wasser

lymphāticus ⟨a, um⟩ ADJ *u.* **l phātus** ⟨a, um⟩ ADJ wahnsinnig

Lynceus ⟨eī⟩ M *Argonaut, bek durch sein scharfes Auge;* **Lyncēu** um⟩ ADJ scharfsichtig; **Lyncīdēs** M Nachkomme des Lynceus = Pers

lynx ⟨lyncis⟩ M *u.* F Luchs

'a ⟨ae⟩ F 1 Leier, Laute 2 lyrische
chtung; Gesang
'ica ⟨ōrum⟩ NPL Oden
'icus A ⟨a, um⟩ ADJ lyrisch B ⟨ī⟩ M
'ischer Dichter
istēs ⟨ae⟩ M Lautenspieler
sander ⟨drī⟩ M *spartanischer Feldherr*
sippus ⟨ī⟩ M *Bildhauer u. Erzgießer*

M

M ABK 1 = **Marcus** 2 = **mille**, *Zahlzei-*
en für 1000 3 **M'.** = **Manius**
cedones ⟨um⟩ MPL die Makedoni-
Macedonia ⟨ae⟩ F Makedonien;
acedoni(c)us ⟨a, um⟩ ADJ makedo-
ch
cellum ⟨ī⟩ N Fleischmarkt, Markt-
tz
cer ⟨cra, crum⟩ ADJ 1 mager, dünn
unergiebig
cēra ⟨ae⟩ F = **machaera**
cerāre ⟨ō, āvī, ātum 1.⟩ 1 mürbe
chen, einweichen 2 *fig* schwächen
quälen
cēre ⟨eō, -, - 2.⟩ mager sein
ceria ⟨ae⟩ F Mauer, Zaun
cēscere ⟨ēscō, -, - 3.⟩ abmagern
chaera ⟨ae⟩ F 1 Schwert 2 *scherz*
nnliches Glied
china ⟨ae⟩ F 1 Maschine, Werk-
g 2 Winde, Hebel 3 Belagerungs-
schine 4 Gerüst *zum Ausstellen der*
käuflichen Sklaven 5 *fig* Kunstgriff,
deus ex machina der Gott aus der
atermaschine, unerwarteter Helfer
chinämentum ⟨ī⟩ N 1 Maschine
Marterwerkzeug
chinārī ⟨or, ātus sum 1.⟩ 1 be-
kstelligen 2 ersinnen, anfertigen 3
nlich (Böses) ersinnen
hinātiō ⟨ōnis⟩ F 1 Mechanismus
Maschine 3 Kunstgriff, List
'hinātor ⟨ōris⟩ M 1 Maschinen-
er, Baumeister 2 *fig* Anstifter, **scele-**
zu bösen Taten
hinōsus ⟨a, um⟩ ADJ kunstvoll zu-
sammengefügt

maciēs ⟨ēī⟩ F Magerkeit, Dürre
macilentus ⟨a, um⟩ ADJ abgemagert
macrēscere ⟨macrēscō, macruī, - 3.⟩ mager werden, abmagern
Macrobius ⟨ī⟩ M *lat. Schriftsteller um 400 n. Chr.*
macruī → macrescere
★**mactāre** ⟨ō, āvī, ātum 1.⟩ 1 (be)ehren, beschenken 2 REL versöhnen 3 opfern 4 *fig* zugrunde richten, vernichten
macte → mactus
mactus ⟨a, um⟩ ADJ 1 verherrlicht, *fast nur vok*: **macte virtute (esto)** Heil deinem Heldenmut! 2 getroffen wie ein Opfertier
macula ⟨ae⟩ F 1 Fleck, Punkt 2 *fig* Schandfleck 3 Masche
maculāre ⟨ō, āvī, ātum 1.⟩ 1 beflecken, beschmutzen 2 *fig* entehren
maculōsus ⟨a, um⟩ ADJ 1 gefleckt; bunt 2 befleckt 3 *fig* entehrt
made-facere ⟨faciō, fēcī, factum 3.⟩, *passiv* ⟨madefierī, fīō, factus sum 0.⟩ 1 befeuchten 2 *fig* betrunken machen
madefactāre ⟨ō, -, - 1.⟩ befeuchten
madēre ⟨eō, uī, - 2.⟩ 1 nass sein, triefen, **re** von etw; **madens** *auch* betrunken 2 überströmen
madēscere ⟨madēscō, maduī, - 3.⟩ nass werden, triefen, **re** von etw
madidus ⟨a, um, *adv* madidē⟩ ADJ 1 nass 2 gar 3 betrunken 4 *fig* voll
mador ⟨ōris⟩ M Nässe
maduī → madere *u.* → madescere
madulsa ⟨ae⟩ F Rausch
Maeander ⟨drī⟩ M *Fluss in Kleinasien;* **Maeandrius** ⟨a, um⟩ ADJ 1 des Maeander 2 Windung, Umweg
Maecēnās ⟨ātis⟩ M, *gen* PL ⟨um⟩ **C. Cilnius** ~ *Vertrauter des Augustus, Gönner der Dichter, bes des Horaz u. Vergil, gestorben 8 v. Chr.; als Gattungsname Gönner der Kunst u. Wissenschaften*
maena ⟨ae⟩ F Sardelle
Maenala ⟨ōrum⟩ NPL *Gebirgszug in Arkadien*
maenas ⟨adis⟩ F Bacchantin, Seherin, Priesterin *der Kybele od. des Priapos*
Maeonia ⟨ae⟩ F 1 Lydien 2 Etrurien; **Maeonidēs** ⟨ae⟩ M 1 Lyder, *bes* Homer 2 Etrusker; **Maeonius** ⟨a, um⟩ ADJ 1 lydisch, homerisch 2 etruskisch

★**maerēre** ⟨eō, uī, - 2.⟩ **A** VI trauern, **sibi** bei sich **B** VT betrauern

★**maeror** ⟨ōris⟩ M Trauer

maestitia ⟨ae⟩ F Traurigkeit, Schwermut

maestitūdō ⟨inis⟩ F = **maestitia**

★**maestus** ⟨a, um, *adv* maestē *u.* maestiter⟩ ADJ **1** traurig, schwermütig **2** klagend, jammernd **3** Unheil bringend

māgālia ⟨ium⟩ NPL = **mapalia**

mage ADV = **magis**

Magetobriga ⟨ae⟩ F = **Admagetobriga**

magicus ⟨a, um⟩ ADJ Zauber…, magisch

★**magis** ADV **1** mehr, in höherem Grad; ~ **necessarius** nötiger **2** stärker, besser, leichter; ~ **intellegere** besser verstehen **3** **non ~ … quam** ebenso sehr … wie; ebenso wenig … wie; nicht sowohl … als vielmehr, **4** **eo/hoc/tanto ~** umso mehr; **~ et ~** immer mehr **5** eher, lieber

★**magister** ⟨trī⟩ M **1** Aufseher, Meister, Vorsteher; ~ **equitum** Reiteroberst; ~ **navis** Kapitän; ~ **sacrorum** Oberpriester **2** Lehrer **3** *fig* Anführer, Berater

★**magisterium** ⟨ī⟩ N **1** Aufsicht, Leitung, Vorsitz **2** Lehramt **3** Unterricht, Lehre

magistra ⟨ae⟩ F **1** Leiterin, Vorsteherin **2** *fig* Lehrerin

★**magistrātus** ⟨ūs⟩ M **1** öffentliches Amt **2** (Staats-)Beamter, Magistrat **3** PL Behörde, Obrigkeit

magnanimitās ⟨ātis⟩ F edle Gesinnung

magn-animus ⟨a, um⟩ ADJ edel

Magnēs **A** ⟨ētis⟩ ADJ von Magnesia; **(lapis) ~** Magnet(stein) **B** ⟨ētis⟩ M Einwohner von Magnesia

Magnēsia ⟨ae⟩ F *thessalische Halbinsel*

magni-dicus ⟨a, um⟩ ADJ prahlend

magnificāre ⟨ō, āvī, ātum 1.⟩ **1** hoch schätzen **2** *fig* rühmen

magnificentia ⟨ae⟩ F **1** Großartigkeit, Pracht **2** Prunkliebe **3** Erhabenheit **4** edle Gesinnung **5** Prahlerei

★**magni-ficus** ⟨a, um, *adv* magnificē *u.* magnificenter⟩ ADJ **1** großartig, prachtvoll, prächtig **2** prachtliebend **3** edel **4** prahlerisch

★**magnitūdō** ⟨inis⟩ F **1** (*örtl., numerisch*) Größe **2** Stärke, Kraft, Gewalt **3** *fig* Bedeutung, Wichtigkeit **4** *fig* ho… Stellung, Ansehen, Macht

★**magnō opere** *od.* **māgnopere**, s… ⟨maximopere *u.* maximō opere⟩ A… **1** in hohem Grad, sehr **2** **non ~** nic… sonderlich

★**magnus** ⟨a, um⟩, *komp* ⟨māi… māius⟩, *sup* ⟨maximus, a, um⟩ ADJ (*örtl.*) groß; umfangreich, weit, ho… lang, breit **2** (*an Zahl, Gewicht*) beträc… lich, viel; **populus ~** zahlreich versa… meltes Volk; **magnā parte/magn… partem** großenteils; **magni aestim…** hoch schätzen; **magni esse** viel gel… **3** (*zeitl.*) lang **4** (*vom Alter*) alt; **maior… lius** älterer Sohn; **magno natu** betagt *fig* stark, kräftig; **casus ~** reiner Zufal… *fig* bedeutend, wichtig **7** (*vom Ra…* hoch stehend, mächtig, erhaben **8** edel **9** stolz, hochmütig **10** **maior… mus** (*mlat.*) Hausmeier, -verwalter

Māgō ⟨ōnis⟩ M *Bruder Hannibals*

Magontiācum ⟨ī⟩ N = **Mogontiac…**

magus ⟨ī⟩ M **1** Magier **2** (persisc… Weiser, Wahrsager **3** Zauberer

Māia ⟨ae⟩ F *von Zeus Mutter des Herm… Merkur*

★**māiestās** ⟨ātis⟩ F **1** Würde, Größe, …heit, Ansehen **2** Vorherrschaft **3** Ma…tätsbeleidigung

★**māior** ⟨māius⟩ ADJ *komp* → **magnu…**

★**māiōrēs** ⟨um⟩ MPL **1** die Alten; = Senat **2** Vorfahren, Ahnen

Māius ⟨a, um⟩ ADJ des Mai; **(mensi…** (Monat) Mai

māiusculus ⟨a, um⟩ ADJ **1** etwas … ßer **2** etwas älter

māla ⟨ae⟩ F **1** Kinnlade **2** *fig* Wan…

malacia ⟨ae⟩ F Windstille auf … Meer

malacissāre ⟨ō, -, - 1.⟩ geschme… machen

malacus ⟨a, um⟩ ADJ **1** geschme… **2** *fig* üppig

malaxāre ⟨ō, āvī, ātum 1.⟩ gesch… dig machen

★**male**, *komp* ⟨pēius⟩, *sup* ⟨pessimē⟩ **1** schlecht, schlimm, übel; **~ dicere** … leumden; **~ accipere aliquem** j-m … mitspielen; **~ audire ab aliquo** … schlechtem Ruf bei j-m stehen **2** (… *Erfolg*) unglücklich, ungünstig **3** zu… schen Zeit, am falschen Ort **4** zu vie…

ehr; ~ **emere** zu teuer kaufen **5** zu we-
ig; ~ **vendere** zu billig verkaufen
alea *u.* **Malēa** ⟨ae⟩ F *u.* **Maleae**
ārum⟩ FPL *äußerste Südostspitze der Pe-*
ponnes
ale-dicāx ⟨ācis⟩ ADJ beleidigend
aledīcēns ⟨entis⟩ ADJ beleidigend
ale-dīcere ⟨dīcō, dīxī, dictum 3.⟩
eleidigen, lästern
aledictiō ⟨ōnis⟩ F Beleidigung
aledictum ⟨ī⟩ N Beleidigung, üble
achrede
aledicus ⟨a, um, *adv* maledicē⟩ ADJ
eleidigend, verleumderisch
ale-facere ⟨faciō, fēcī, factum 3.⟩
öses zufügen
alefactor ⟨ōris⟩ M Übeltäter
alefactum ⟨ī⟩ N Übeltat
alefica ⟨ōrum⟩ NPL Zaubermittel
aleficium ⟨ī⟩ N **1** Übeltat, Frevel,
rbrechen **2** Feindseligkeit, Schaden,
trug **3** PL Zaubermittel
le-ficus ⟨a, um, *adv* maleficē⟩,
mp ⟨maleficentior, ius⟩, *sup* ⟨malefi-
ntissimus, a, um⟩ ADJ **1** übel, boshaft
missgünstig, feindselig **3** schädlich
Zauber...
le-suādus ⟨a, um⟩ ADJ übel ratend
le-volēns ⟨entis⟩ ADJ neidisch,
ssgünstig
levolentia ⟨ae⟩ F Missgunst, Neid,
ss
le-volus ⟨a, um⟩, *sup* ⟨malevolen-
simus, a, um⟩ ADJ missgünstig, nei-
ch
li-fer ⟨fera, ferum⟩ ADJ Äpfel tra-
nd
lific... = **malefic...**
lignitās ⟨ātis⟩ F **1** Bosheit **2** Knau-
ei
lignus ⟨a, um, *adv* malīgnē⟩ ADJ **1**
willig, missgünstig **2** *(Gesetz)* schäd-
3 *(Erde)* unfruchtbar **4** *(Person)*
userig **5** kalt **6** wenig
itia ⟨ae⟩ F **1** Schlechtigkeit, Bos-
2 Hinterlist, Schikane
itiōsus ⟨a, um, *adv* malitiōsē⟩ ADJ
oshaft **2** hinterlistig
ivolentia ⟨ae⟩ F = **malevolentia**
ivolus ⟨a, um⟩ ADJ = **malevolus**
le ⟨mālō, māluī, - 0.⟩ **1** lieber wol-
vorziehen **2** **alicui** ~ j-m gewoge-
sein; **alicui aliquid** ~ j-m etw lieber
gönnen
malleātor ⟨ōris⟩ M der schlägt
malleolus ⟨ī⟩ M **1** Setzling **2** Brand-
pfeil
malleus ⟨ī⟩ M Hammer
mālo → malle
māluī → malle
mālum[1] ⟨ī⟩ N **1** Apfel; **ab ovo usque ad mala** *Sprichwort* von der Vorspeise bis zur Nachspeise **2** Quitte **3** Zitrone
★**malum**[2] ⟨ī⟩ N **1** Übel **2** Fehler, Krankheit **3** Unglück **4** Schaden **5** Strafe **6** Beleidigung **7** Schlechtigkeit, Laster **8** ~! zum Teufel!
★**malus**[1] ⟨a, um⟩, *komp* ⟨pēior, pēius⟩, *sup* ⟨pessimus, a, um⟩ ADJ, ADV → male **1** schlecht, böse **2** unehrlich, unzuverlässig **3** POL zur Gegenpartei gehörig **4** unbrauchbar; **pudor** ~ falsche Scham **5** *(körperlich)* hässlich **6** mutlos **7** gering, wertlos **8** *(Wirkung, Zustand usw.)* schlimm, ungünstig, schädlich, gefährlich; **in peius ruere** sich verschlimmern; **avis/ales mala** unheilvoller Vogel **9** unglücklich
mālus[2] ⟨ī⟩ F BOT Apfel-, Obstbaum
mālus[3] ⟨ī⟩ M **1** SCHIFF Mast **2** Eckbalken
malva ⟨ae⟩ F BOT Malve
Māmers ⟨ertis⟩ M = **Mars**
Māmertīnī ⟨ōrum⟩ MPL *kampanische Söldner, die sich der Stadt Messana bemächtigten;* **Māmertīnus** ⟨a, um⟩ ADJ des Mars
mamilla ⟨ae⟩ F **1** Brustwarze, Brust **2** Zitze
mamillāre ⟨is⟩ N Büstenhalter
mamma ⟨ae⟩ F **1** Busen **2** Euter, Zitze **3** *fig* Mama, Mutter
mammeātus ⟨a, um⟩ ADJ vollbusig
mammicula ⟨ae⟩ F niedliches Brüstchen
Māmurra ⟨ae⟩ M *röm. Ritter*
★**mānāre** ⟨ō, āvī, ātum 1.⟩ **A** VI **1** fließen **2** triefen, **re** von etw **3** *fig* entspringen, herrühren **4** *fig* sich verbreiten **B** VT ausströmen lassen, vergießen, **lacrimas** Tränen
manceps ⟨ipis⟩ M **1** Aufkäufer von Staatsgütern **2** Steuerpächter **3** Unternehmer **4** Bürge
mancipāre ⟨ō, āvī, ātum 1.⟩ **1** verkaufen **2** *fig* hingeben

M

★**mancipium** ⟨ī⟩ N 1 JUR Eigentumserwerb *durch Handauflegen in Gegenwart von fünf Zeugen;* **mancipio dare/accipere** verkaufen/kaufen 2 Besitz; Eigentumsrecht; **sui mancipii esse** sein eigener Herr sein 3 Sklave

mancupāre ⟨ō, āvī, ātum 1.⟩ = **mancipare**

mancupium ⟨ī⟩ N = **mancipium**

mancus ⟨a, um⟩ ADJ 1 verstümmelt 2 *fig* schwach, ohnmächtig; ~ **alicui rei** für etw ungeeignet 3 mangelhaft

★**mandāre** ⟨ō, āvī, ātum 1.⟩ 1 anvertrauen, überliefern, überlassen; **memoriae** ~ auswendig lernen 2 *fig* auftragen, verordnen, befehlen

mandātor ⟨ōris⟩ M 1 Auftraggeber 2 Anstifter

★**mandātum** ⟨ī⟩ N 1 Auftrag, Weisung, Befehl 2 Befehl des Kaisers 3 anvertrauter Gegenstand

mandātus ⟨ūs⟩ M = **mandatum**; *nur abl sg* **mandātū** im Auftrag

mandere ⟨mandō, mandī, mānsum 3.⟩ 1 kauen; **humum** ~ ins Gras beißen 2 essen, verzehren, zerfleischen

mandra ⟨ae⟩ F Lasttierzug

mandūcāre ⟨ō, āvī, ātum 1.⟩ *u.* **mandūcārī** ⟨or, ātus sum 1.⟩ kauen, essen

mandūcus ⟨ī⟩ M Vielfraß

★**māne** A N *indekl* Morgen B ADV am Morgen; **hodie** ~ heute früh; **bene** ~ sehr früh

★**manēre** ⟨maneō, mānsī, mānsum 2.⟩ A V/I 1 bleiben; **manetur** man bleibt 2 *(Zustand)* fortbestehen; **manens** dauernd 3 *(Person)* fest bleiben; **promissis** ~ zu seinen Versprechen stehen B V/T 1 er-, abwarten 2 bevorstehen, **aliquem** j-m

★**mānēs** ⟨ium⟩ MPL 1 die Manen, die Seelen der Toten 2 die unterirdischen Götter, Unterwelt 3 Leiche

mānī *Lokativ* = **mane**

manibiae ⟨ārum⟩ FPL = **manubiae**

manica ⟨ae⟩ F 1 langer Ärmel 2 Handfessel 3 *(mlat.)* Handschuh

manicātus ⟨a, um⟩ ADJ mit langen Ärmeln

manicula ⟨ae⟩ F Händchen

manifestāre ⟨ō, āvī, ātum 1.⟩ offenbaren; *passiv* sichtbar sein

manifestārius ⟨a, um⟩ ADJ 1 han… greiflich 2 auf frischer Tat ertappt

manifestō ADV → manifestus

★**manifestus** ⟨a, um, *adv* manifestē … manifestō⟩ ADJ 1 ertappt, erwisch… überführt 2 sichtbar verratend; ~ **vit…** sichtbar noch lebend 3 augenschei… lich, offenbar

Mānīlius ⟨a, um⟩ *röm. Gentilname;* **C.** … *Volkstribun 66 v. Chr., Urheber der lex M… nilia*

manipretium ⟨ī⟩ N = **manupretiu…**

manipulāris A ⟨e⟩ ADJ Manipel… … ⟨is⟩ M einfacher Soldat

manipulātim ADV manipelweise, … kleineren Haufen

mani-pulus ⟨ī⟩ M 1 Handvoll, Bün… 2 MIL Manipel, *Drittel einer Kohorte*

Mānius ⟨ī⟩ M *röm Vorname, abgek.* …

Manliānum ⟨ī⟩ N *ein Landgut Ciceros*

Manliānus ⟨a, um⟩ ADJ des Manlius

Manlius ⟨a, um⟩ *röm. Gentilname* 1 ~ **Capitolinus** *Konsul 392 v. Chr., Ret… des Kapitols beim Gallierüberfall.* 2 **T.** … **Capitolinus** *Diktator*

mannulus ⟨ī⟩ M kleines Pony

mannus ⟨ī⟩ M gallisches Pony

mānsī → manere

mānsiō ⟨ōnis⟩ F 1 Aufenthalt … Nachtquartier 3 Tagesreise

mānsitāre ⟨ō, āvī, ātum 1.⟩ sich a… halten, wohnen

mānstrūga ⟨ae⟩ F = **mastruca**

mānsuē-facere ⟨faciō, fēcī, fact… 3.⟩, *passiv* ⟨mānsuefierī fiō, fac… sum ø⟩ 1 zähmen; *passiv* zahm wer… 2 *fig* besänftigen 3 *fig* bilden

mānsuēs ⟨is *u.* ētis⟩ ADJ zahm

mānsuēscere ⟨suēscō, suēvī, s… tum 3.⟩ A V/I 1 zahm werden 2 sanft werden B V/T zähmen

★**mānsuētūdō** ⟨inis⟩ F 1 Zahmhei… *fig* Sanftheit, Milde 3 Zivilisation

mānsuētus ⟨a, um, *adv* mānsuē… ADJ 1 zahm; **sus** ~ Hausschwein 2 sa… mild, gelassen

mānsūrus ⟨a, um⟩ PART *fut* → man…

mānsus[1] ⟨a, um⟩ PPP → mandere

mānsus[2] ⟨a, um⟩ PPP → manere

mantāre ⟨ō, -, -⟩ A V/I warten B V/… warten

mantēle ⟨is⟩ N Handtuch, Servie… Tischtuch

antellum u. **mantēlum** ⟨ī⟩ N De-
ke
antīle ⟨is⟩ N = **mantele**
antinēa ⟨ae⟩ F *Stadt im östl. Arkadien*
antīsa ⟨ae⟩ F 1 Zugabe 2 Profit
antiscinārī ⟨or, ātus sum 1.⟩ weis-
gen
antissa ⟨ae⟩ F = **mantisa**
ntua ⟨ae⟩ F *Stadt am Mincius, Hei-
at des Vergil*
nuāle ⟨is⟩ N Buchfutteral
nuālis ⟨e⟩ ADJ Hand...
nubiae ⟨ārum⟩ FPL 1 Kriegsbeute
Beute, unrechtmäßiger Erwerb 3 SG
tzschlag, Donnerschlag
nubiārius ⟨a, um⟩ ADJ Beute brin-
nd
nubrium ⟨ī⟩ N Griff, Stiel
nufest... = **manifest...**
nuleārius ⟨ī⟩ M Manschettenma-
er
nuleātus ⟨a, um⟩ ADJ mit langen
meln
nuleus ⟨ī⟩ M Tunikaärmel
nūmissiō ⟨ōnis⟩ F 1 Freilassung
fig Erlass der Strafe, Verzeihung
nū-mittere ⟨mittō, mīsī, missum
freilassen
nu-pretium ⟨ī⟩ N 1 Arbeitslohn
fig Lohn, Entgelt
nus ⟨ūs⟩ F 1 Hand; **meā manu** ei-
nhändig; **inter manus esse** auf der
nd liegen 2 bewaffnete Hand; **ma-
m/manūs conferre/conserere** hand-
iflich werden 3 Tapferkeit, Stärke
Kampf, *sg u. pl*; **ad manum/in manus
nire/accedere** handgreiflich werden;
ad manus venit es kommt zum
mpf 5 Gewalttätigkeit, Gewalttat;
manus mit Gewalt 6 Gewalt, Macht;
alicuius manu esse in j-s Gewalt sein
Arbeit, Tätigkeit 8 Werk, Kunstwerk
Handschrift; Stil 10 (*im Würfelspiel*)
f 11 (*beim Fechten*) Hieb, Stich 12
ndvoll, Schar 13 Dienerschaft 14 *fig*
erhaken 15 (*beim Elefanten*) Rüssel
ālia ⟨ium⟩ NPL 1 Hütten 2 *fig* un-
ze Dinge, dummes Zeug
pa ⟨ae⟩ F Serviette, Wischtuch,
altuch; **~ mundi** (*mlat.*) Landkarte
athōn ⟨ōnis⟩ M u. F *Ort an der Ost-
e Attikas, Sieg der Griechen über die
er 490 v. Chr.*; **Marathōnius** ⟨a,
um⟩ ADJ aus Marathon
marca ⟨ae⟩ F (*mlat.*) Mark; Pfund
Mārcelliānus ⟨a, um⟩ ADJ des Marcel-
lus
Mārcellus ⟨ī⟩ M *röm Beiname* 1 **M. Claudius ~** *Eroberer von Syrakus 212 v. Chr., Patron von Sizilien* 2 **M. Claudius ~** *Gegner Caesars, von Caesar begnadigt, 45 v. Chr. ermordet* 3 **M. Claudius ~** *Neffe u. Adoptivsohn des Augustus,*
marcēre ⟨eō, -, - 2.⟩ welk sein, schlaff sein; **pavore ~** vor Furcht gelähmt sein
marcēscere ⟨marcēscō, marcuī, - 3.⟩ welk werden, erschlaffen
marcidus ⟨a, um⟩ ADJ schlaff, matt
Mārcius ⟨a, um⟩ *röm. Gentilname* 1 **Ancus ~** *nach der Sage der 4. König Roms* 2 **Cn. ~ Coriolanus** *Eroberer von Corioli 493 v. Chr.*
Marcomanī u. **Marcomannī** ⟨ōrum⟩ MPL die Markomannen, *suebisches Volk*; **Marcomannicus** ⟨a, um⟩ ADJ markomannisch
marcor ⟨ōris⟩ M 1 Welkheit 2 *fig* Schlaffheit, Untätigkeit
Mārcus ⟨ī⟩ M *röm. Vorname*, ABGEK. *M.*
Mardonius ⟨ī⟩ M *Führer des ersten Zuges der Perser gegen Griechenland 492 v. Chr., fiel bei Plataeae*
★**mare** ⟨is⟩ N 1 Meer; **~ nostrum** Mittelmeer; **~ superum** Adria; **~ inferum** Tyrrhenisches Meer; **~ externum** Atlantischer Ozean; **~ angustum** Meerenge; **terrā marique** zu Wasser und zu Lande 2 Meerwasser
margarīta ⟨ae⟩ F u. **margarītum** ⟨ī⟩ N Perle
margināre ⟨ō, āvī, ātum 1.⟩ einrahmen, einfassen
margō ⟨inis⟩ F 1 Rand 2 *fig* Grenze
Mariānus ⟨a, um⟩ ADJ des Marius
marīnus ⟨a, um⟩ ADJ = **maritimus**
marisca ⟨ae⟩ F Feige minderer Qualität
mariscus ⟨a, um⟩ ADJ von der größeren, schlechteren Art
marīta ⟨ae⟩ F Ehefrau, Gattin
marītālis ⟨e⟩ ADJ ehelich, Ehe...
marītāre ⟨ō, āvī, ātum 1.⟩ 1 verheiraten, **filiam** die Tochter 2 (*einen Baum mit einer Rebe*) verbinden
maritima ⟨ōrum⟩ NPL Küstenlandschaften

★**maritimus** ⟨a, um⟩ ADJ im/am Meer, Meer…, See…, Küsten…; **res maritima** Seewesen; **bellum maritimum** Seekrieg, *bes* Krieg gegen Seeräuber

★**marītus** **A** ⟨a, um⟩ ADJ **1** ehelich, verheiratet **2** *(von Bäumen)* angebunden **B** ⟨ī⟩ M Ehemann, Gatte; *pl* Eheleute

Marius ⟨a, um⟩ **A** *Name einer pleb. gens;* **C. ~** *156–86 v. Chr., Sieger über Jugurtha, über die Teutonen und die Kimbern, Gegner Sullas* **B** ADJ des Marius

★**marmor** ⟨oris⟩ N **1** Marmor **2** Marmordenkmal **3** Kunstwerk aus Marmor **4** glänzende Meeresfläche

marmorārius ⟨ī⟩ M Marmorarbeiter

marmoreus ⟨a, um⟩ ADJ **1** aus Marmor, Marmor… **2** *fig,* marmorweiß

Marō ⟨ōnis⟩ M *röm. Beiname;* → Vergilius

marra ⟨ae⟩ F Hacke *zum Jäten*

Mārs ⟨Mārtis⟩ M **1** *röm. Gott des Krieges, mit Ares gleichgesetzt; als Vater des Romulus Stammvater des röm. Volkes* **2** Krieg, Kampf **3** Kampfart; **aequo Marte** unentschieden **4** Tapferkeit

Mārsī ⟨ōrum⟩ MPL *sabellisches Volk;* **Mārsicus** ⟨a, um⟩ ADJ zu den Marsern gehörig

marsūpium *u.* **marsuppium** ⟨ī⟩ N Geldbeutel

Mārsus **A** ⟨a, um⟩ ADJ zu den Marsern gehörig **B** ⟨ī⟩ M *röm. Beiname*

Marsya *u.* **Marsyās** ⟨ae⟩ M *Satyr, von Apollo in einem musikalischen Wettkampf besiegt und lebendig gehäutet*

Mārtiālis ⟨e⟩ ADJ **1** des Mars, zur Martischen Legion gehörig **2** *röm. Beiname;* **M. Valerius ~** *bedeutender röm. Epigrammdichter, 40-100 n. Chr.*

Mārti-gena ⟨ae⟩ M Nachkomme des Mars

Mārtius ⟨a, um⟩ ADJ **1** dem Mars geweiht, des Mars; des März; **mensis ~** März **2** kriegerisch

martyr ⟨yris⟩ M *u.* F *(eccl.)* Zeuge, *bes* Märtyrer, Märtyrerin

martyrium ⟨ī⟩ N *(eccl.)* Zeugnis, *bes* Martertod, Martyrium

mās **A** ⟨maris⟩ ADJ männlich **B** ⟨maris⟩ M Mann; Männchen

masculīnus ⟨a, um⟩ ADJ männlich

masculus **A** ⟨a, um⟩ ADJ **1** männlich **2** *fig* mutig **B** ⟨ī⟩ M Mann; Männchen

Masinissa ⟨ae⟩ M *König in Numidie… Großvater des Jugurtha*

massa ⟨ae⟩ F Teig; Klumpen; **~ lac… alligati** Käse

Massica ⟨ōrum⟩ NPL Gegend um d… Massicus

Massicum ⟨ī⟩ N Massikerwein

Massicus (mons) M *Berg zwischen L… tium u. Kampanien*

Massilia ⟨ae⟩ F *Stadt an der Südostkü… Galliens, heute Marseille;* **Massiliēns…** ⟨e⟩ ADJ aus Massilia; **Massiliēns…** ⟨is⟩ M Einwohner von Massilia

Massinissa ⟨ae⟩ M = **Masinissa**

mastīgia ⟨ae⟩ M Taugenichts

mastrūca ⟨ae⟩ F Schafspelz, Pelz

mastrūcātus ⟨a, um⟩ ADJ einen P… tragend

māsturbārī ⟨or, -, - 1.⟩ masturbiere…

māsturbātor ⟨ōris⟩ M Masturbator

matara ⟨ae⟩ F *u.* **mataris** ⟨is⟩ F g… lischer Wurfspieß

matella ⟨ae⟩ F *u.* **matelliō** ⟨ōnis… **1** Topf, Nachtgeschirr **2** Allerweltsh…

★**māter** ⟨tris⟩ F **1** Mutter; **~ familiae/… milias** Hausfrau; **soror ex ma…** Schwester mütterlicherseits **2** Mut… tier **3** Mutterstadt **4** *fig* Schöpferin, … heberin **5** **Magna Mater** = Kybele

★**māteria** ⟨ae⟩ F **1** Stoff, Grundst… Material **2** Brennstoff **3** Baumate… -holz **4** Balken **5** Vorräte, Lebensmi… **6** *fig* Nahrung **7** *(geistig)* Stoff, The… **8** Quelle, Ursache **9** Anlage, Talent

māteriārī ⟨or, -1.⟩ Holz fällen/hole…

māteriārius ⟨ī⟩ M Bauholzhändler

māteriēs ⟨ēī⟩ F = **materia**

materis ⟨is⟩ F = **mataris**; → matar…

māternus ⟨a, um⟩ ADJ mütterlich, … mütterlicher Seite, Mutter…

mātertera ⟨ae⟩ F Schwester der M… ter, Tante

mathēmatica ⟨ae⟩ F *u.* **mathēm… ticē** ⟨ēs⟩ F **1** Mathematik **2** Astrol…

mathēmaticus **A** ⟨a, um⟩ ADJ … thematisch **B** ⟨ī⟩ M **1** Mathema… **2** Sterndeuter

mātri-cīda ⟨ae⟩ M Muttermörder

mātricīdium ⟨ī⟩ N Muttermord

mātrimōniālis ⟨e⟩ ADJ ehelich, E…

★**mātrimōnium** ⟨ī⟩ N **1** Ehe; **in ~ … cere** *(eine Frau)* heiraten **2** PL Ehefra…

mātrīmus ⟨a, um⟩ ADJ dessen M…

Landeskunde

matrimonium – Ehe und Eheformen

Das Mindestalter für die Ehe war bei Jungen 14, bei Mädchen 12 Jahre. Drei Formen der Eheschließung waren üblich:

usus (convivendi)	gemeinsames Zusammenleben
Mann und Frau lebten ein Jahr zusammen und galten dann als verheiratet	
coemptio	Kaufehe
Die Frau wurde symbolisch an ihren zukünftigen Mann „verkauft"	
confarreatio	feierliche Eheschließung, Konfarreationsehe
Feierlich opferten die Eheleute eine Art Brot (**panis farreus**) *in Anwesenheit des Oberpriesters* (**pontifex maximus**) *und des Priesters des Jupiter* (**flamen Dialis**)	

Mit jeder Heiratsform wurde die Frau dem Mann unterstellt. Scheidung war bei allen Eheformen möglich. Einer Scheidung (**divortium**) bei den genannten drei Formen der Ehe musste der **pater familias** jedoch zustimmen.

ch lebt

ītrīx ⟨īcis⟩ F 1 *fig* Stamm, aus dem Zweige kommen 2 *fig* Gebärmutter

ātrōna ⟨ae⟩ F 1 vornehme Dame 2 ttin, Ehefrau

trona ⟨ae⟩ M *Nebenfluss der Seine,* *ute Marne*

trōnālis ⟨e⟩ ADJ einer Ehefrau zumend, Frauen…

ttea ⟨ae⟩ F Leckerbissen

ttiacī ⟨ōrum⟩ MPL *germ. Volk am* *ein;* **Mattiacus** ⟨a, um⟩ ADJ zu den ttiaci gehörig

ttium ⟨ī⟩ N *Hauptstadt der Mattiaci*

tula ⟨ae⟩ F Topf, *bes* Nachtgeschirr

tūrāre ⟨ō, āvī, ātum 1.⟩ A V/T 1 machen; *passiv* reif werden 2 *fig* rechten Zeit tun 3 beschleunigen V/I sich beeilen; **maturato opus est** Eist nötig

tūrātē ADV schleunig

tūrēscere ⟨mātūrēscō, mātūruī, -⟩ 1 reif werden 2 *fig* heranwachsen, entwickeln

tūritās ⟨ātis⟩ F 1 Reife 2 *fig* Vollung; ~ **temporum** Höhepunkt der 3 richtiger Zeitpunkt

tūruī → maturescere

tūrus ⟨a, um, *adv* mātūrē⟩ ADJ 1 **missio matura** bevorstehende Entung 2 erwachsen; alt 3 geeignet 4 rechtzeitig 5 frühzeitig, schnell, bald; **biduo maturius** zwei Tage zu früh

Mātūta ⟨ae⟩ F *Göttin des frühen Morgens*

mātūtīnus ⟨a, um, *adv* mātūtīnē⟩ ADJ morgendlich, Morgen…

Mauretānia ⟨ae⟩ F *westliche Landschaft im Nordwesten Afrikas;* **Maurī** ⟨ōrum⟩ MPL die Mauren; **Maurus** ⟨a, um⟩ ADJ maurisch, *allg.* afrikanisch, punisch

Mausōlēum ⟨ī⟩ N *Grabmal, eines der 7 Weltwunder*

māvolō, *konjkt* **māvelim** → **malle**

Māvors ⟨ortis⟩ M = **Mars**; **Māvortius** ⟨a, um⟩ ADJ = **Martius**

maxilla ⟨ae⟩ F Kinn

★**maximē** ADV 1 am meisten, im höchsten Grad; ~ **ideoneus** am geeignetsten; **quam** ~ möglichst 2 sehr 3 besonders; **cum … tum** ~ sowohl … als besonders 4 am liebsten 5 gerade, eben 6 ungefähr 7 (*in Antworten*) ja, sehr gern

maximopere ADV → magnopere

maximus ⟨a, um⟩ ADJ *sup* → magnus

maxumē ADV = **maxime**

maxumus ⟨a, um⟩ ADJ = **maximus**

māzonomus ⟨ī⟩ M Schüssel für Speisen

mē PERS PR *akk, abl* → ego

meāre ⟨ō, āvī, ātum 1.⟩ gehen, wan-

M

dern, ziehen, strömen, sich bewegen

meātus ⟨ūs⟩ M 1 Gang, Lauf, Flug, Strömung 2 Weg, Bahn 3 *(eines Flusses)* Mündung, Arm

mē-castor beim Kastor!

mēchanicus A ⟨a, um⟩ ADJ mechanisch B ⟨ī⟩ M Mechaniker

mēd = me; → ego

Mēdēa ⟨ae⟩ F *zauberkundige Tochter des Königs Aietes von Kolchis, Gemahlin des Iason*

mederī ⟨eor, - 2.⟩ 1 heilen 2 *fig* helfen, abhelfen, vorbeugen

Mēdī ⟨ōrum⟩ MPL 1 die Meder 2 die Perser, die Parther, die Assyrer

Mēdia ⟨ae⟩ F Medien, *asiatische Landschaft südwestl. des Kaspischen Meeres*

medicābilis ⟨e⟩ ADJ heilbar

medicāmen ⟨inis⟩ N *u.* **medicāmentum** ⟨ī⟩ N 1 Heilmittel, Medikament 2 Gift, Abtreibungsmittel 3 Zaubermittel; ~ **amatorium** Liebestrank 4 Schönheitsmittel

medicāre ⟨ō, āvī, ātum 1.⟩ 1 heilen 2 zubereiten 3 färben 4 mit Heilkräften versehen

medicārī ⟨or, ātus sum 1.⟩ heilen

medicātus[1] ⟨a, um⟩ ADJ heilkräftig

medicātus[2] ⟨ūs⟩ M Zaubermittel

★**medicīna** ⟨ae⟩ F 1 Heilkunst 2 Heilmittel, Arznei, Medizin

medicīnus ⟨a, um⟩ ADJ Heil…, Arzt…

★**medicus** A ⟨a, um⟩ ADJ heilsam, Heil… B ⟨ī⟩ M Arzt

Mēdicus ⟨a, um⟩ ADJ 1 medisch 2 persisch, assyrisch

medietās ⟨ātis⟩ F 1 Mitte 2 Hälfte; **ex medietate** zur Hälfte

medimnum ⟨ī⟩ N *u.* **medimnus** ⟨ī⟩ M attischer Scheffel, *52 l = 6 röm. Scheffel*

★**mediocris** ⟨e, *adv* mediocriter⟩ ADJ 1 mittelmäßig, die Mitte haltend 2 nur mäßig 3 *(vom Stand)* niedrig, gewöhnlich; *adv* nur wenig 4 gemäßigt, genügsam, gelassen

mediocritās ⟨ātis⟩ F 1 Mittelmäßigkeit, Unbedeutendheit 2 Mittelweg, Mäßigung, **alicuius rei/in re** in etw; **mediocritatem tenere** einen mittleren Weg halten; **aurea** ~ goldener Mittelweg 3 PL gemäßigte Leidenschaften

Mediōlānēnsis ⟨e⟩ ADJ aus Mediolanum

Mediōlānum ⟨ī⟩ N *Stadt in Gal… transpadana, heute Mailand*

medioximus *u.* **medioxumus** ⟨… um⟩ ADJ der mittlere

★**meditārī** ⟨or, ātus sum 1.⟩ 1 über e… nachdenken, auf *etw* bedacht sein, (… *aliquid/de re* 2 sich vorbereiten

meditātiō ⟨ōnis⟩ F 1 das Nachde… ken, ⟨mali⟩ über ein Übel 2 Vorber… tung

meditātus ⟨a, um, *adv* meditātē⟩ A… überlegt, bedacht

mediterrānea ⟨ōrum⟩ NPL Binne… land, Landesinneres

medi-terrāneus ⟨a, um⟩ ADJ binne… ländisch, fern vom Meer

medium ⟨ī⟩ N 1 Mitte 2 Öffentlic… keit, *fig* tägliches Leben; **in ~ venire** s… öffentlich zeigen; **aliquid in medio/in relinquere** etw unentschieden lass…; **de medio recedere** aus dem Weg rä… men 3 Gemeinwohl; **res cedit in** … etw verfällt dem öffentlichen Besitz … Hälfte

★**medius** ⟨a, um⟩ ADJ 1 *(örtl.)* der mit… re, dazwischen liegend; **insula med…** **media insula** mittlere Insel, der mittl… Teil der Insel; **per mediam insulam** m… ten durch die Insel; **in medio foro** m… ten auf dem Markt 2 *(zeitl.)* der mittle… dazwischen liegend; **quinque horis m… diis** fünf Stunden später; **mediā aest…** mitten im Sommer; **media nox** Mit… nacht 3 *fig* in der Mitte stehend, 4 … *de, Volk usw.)* mittelmäßig, gewöhn… 5 POL neutral, unparteiisch; **medi… se gerere** neutral bleiben 6 *(Or… usw.)*. zweideutig 7 *fig* vermittelnd *fig* störend 8 *fig* halb, zur Hälfte; **me… pars** Hälfte

mēdius Fidius → Fidius

medulla ⟨ae⟩ F 1 *(der Pflanze, der K… chen)* Mark 2 *fig* Herz 3 *fig* das Bes…

medullitus ADV bis ins Mark, herzl…

medullula ⟨ae⟩ F zartes Mark

Mēdus ⟨a, um⟩ ADJ 1 medisch 2 … sisch, assyrisch

Medūsa ⟨ae⟩ F → Gorgo; **Me… saeus** ⟨a, um⟩ ADJ zur Medusa geh…

mefītis ⟨is⟩ F = **mephitis**

Megaera ⟨ae⟩ F 1 *eine der Erinnyen… rien* 2 böse Frau

Megalē ⟨ēs⟩ F die Große Götterm…

ʼbele
ɜgara ⟨ōrum⟩ NPL u. **Megara** ⟨ae⟩
Stadt w. von Athen; **Megarēnsis**
:⟩ M u. **Megareus** ⟨eī u. eos⟩ M Ein-
ohner von Megara; **Megaricus** ⟨a,
n⟩ ADJ aus Megara
ɜgistānes ⟨um⟩, *akk* ⟨as⟩ MPL die
ürdenträger
ɜherc(u)le u. **mehercules** INT
im Herkules!; → Hercules
ɜiere ⟨iō, -, -3.⟩ urinieren
ɜl ⟨mellis⟩ N 1 Honig 2 *fig* Süßigkeit
ɜlancholicus ⟨a, um⟩ ADJ schwer-
ıtig, melancholisch
landryum ⟨ī⟩ N Stück eingesalze-
r Thunfisch
lculum ⟨ī⟩ N Honigpüppchen, *Kose-*
rt
ldī ⟨ōrum⟩ MPL *Volk in Gallien*
lēs u. **mēlis** ⟨is⟩ F Marder, Dachs
licus ⟨a, um⟩ ADJ 1 musikalisch 2
isch
limēlum ⟨ī⟩ N in Honig eingeleg-
Obst, *bes* Quitten
līna ⟨ae⟩ F = **mellina**
līnum ⟨ī⟩ N 1 Farbstoff 2 Schmin-

lior ⟨melius⟩ ADJ *komp* → bonus
lita ⟨ae⟩ F u. **Melitē** ⟨ēs⟩ F Malta;
ɜlitēnsia ⟨ōrum⟩ NPL maltesische
:ken *od.* Teppiche; **Melitēnsis** ⟨e⟩
maltesisch, von Malta
lius A ADJ *komp* N → bonus B ADV
ıp → bene
ius ⟨a, um⟩ ADJ aus Melos
iusculus ⟨a, um, *adv* **meliusculē**⟩
ein wenig besser
la ⟨ae⟩ F Honiggetränk
liculus ⟨a, um⟩ ADJ honigsüß
li-fer ⟨fera, ferum⟩ ADJ Honig (ein)-
end
līla ⟨ae⟩ F Honigpüppchen, *Kose-*
:
līna ⟨ae⟩ F Honigwein
līnia ⟨ae⟩ F Süßigkeit
lītus ⟨a, um⟩ ADJ 1 mit Honig ge-
:, Honig... 2 *fig* süß, allerliebst
ō ⟨ōnis⟩ F *eine Art* Melone
ōdia ⟨ae⟩ F Melodie, Lied
os, *dat u. abl* SG ⟨ō⟩ N Gesang, Lied
os ⟨ī⟩ F *Kykladeninsel*
oomenē ⟨ēs⟩ F *Muse der Tragödie*
nbrāna ⟨ae⟩ F 1 Häutchen, zarte
Haut 2 Schlangenhaut 3 Pergament

membrātim ADV 1 gliedweise 2 stückweise, einzeln

★**membrum** ⟨ī⟩ N 1 Glied 2 PL Geschlechtsteile 3 Abschnitt

mē-met → ego u. → -met

★**meminisse** *inf perf* ⟨ī 0.⟩ *Defektivum* 1 sich erinnern, **alicuius** an j-n; **ut memini** soweit ich mich erinnere; ~ **sui** an sich denken 2 daran denken; **memento** denk daran, gedenke 3 erwähnen

Grammatik

▶ meminisse – verba defectiva

Als **verbum defectivum** bezeichnet man ein Verb, von dem einige Formen nicht gebräuchlich sind.

Von folgenden Verben werden nur die Formen des Perfektstamms gebildet:

odisse	hassen
meminisse	sich erinnern
coepisse	angefangen haben

Von diesen Verben wurden nur wenige Formen gebraucht:

inquam	sage / sagte ich
inquit	sagt man/er/sie, sagte er/sie
aio	ich sage
ais	du sagst
ait	er/sie sagt
aiunt	sie sagen

Memnōn ⟨onis⟩ M MYTH *König der Äthiopier, von Achill getötet;* **Memnonides** ⟨um⟩ MPL die Vögel des Memnon; **Memnonius** ⟨a, um⟩ ADJ des Memnon, morgenländisch

★**memor** ⟨oris, *adv* **memoriter**⟩ ADJ 1 sich an *etw* erinnernd, *einer Sache* eingedenk, *alicuius rei* 2 dankbar, erkenntlich 3 unversöhnlich 4 vorsorgend 5 mit gutem Gedächtnis 6 erinnernd, mahnend, **alicuius rei** an etw

memorābilis ⟨e⟩ ADJ u. **memorandus** ⟨a, um⟩ ADJ 1 denk-, merkwürdig

M

2 berühmt

★**memorāre** ⟨ō, āvī, ātum 1.⟩ 1 erinnern, mahnen, **aliquid** an etw 2 erwähnen, berichten, erzählen

memorātus[1] ⟨a, um⟩ ADJ berühmt, merkwürdig

memorātus[2] ⟨ūs⟩ M Erwähnung, Erzählung

★**memoria** ⟨ae⟩ F 1 Gedächtnis, Erinnerungsvermögen; **memoriā tenere** im Gedächtnis behalten; **aliquid memoriae mandare** sich etw merken 2 Erinnerung, Andenken, **alicuius** j-s *od.* an j-n 3 Bewusstsein; **post humanum memoriam** seit Menschengedenken 4 Zeit; **meā memoriā** zu meiner Zeit 5 Überlieferung, Nachricht; **memoriā ac litteris** mündlich und schriftlich; **~ rerum gestarum** Geschichtsschreibung; **memoriae prodere/tradere** der Nachwelt überliefern; **omnis rerum ~** Weltgeschichte 6 RHET Einprägen der Rede

memoriter ADV → memor

Memphis ⟨idis⟩ F *Stadt südlich des Nildeltas*

Menander ⟨drī⟩ M *Hauptvertreter der neueren attischen Komödie, Vorbild von Plautus u. Terenz*

Menapiī ⟨ōrum⟩ MPL *Volk in Gallia Belgica*

menda ⟨ae⟩ F = **mendum**

mendāci-locus *u.* **mendāci-loquus** ⟨a, um⟩ ADJ lügnerisch

mendācium ⟨ī⟩ N 1 Lüge 2 *fig* Sinnestäuschung 3 Dichtung

mendāx A ⟨ācis⟩ ADJ 1 lügnerisch 2 *fig* täuschend, (be)trügerisch 3 *fig* erlogen 4 *fig* unverdient 5 *fig* nachgemacht B ⟨ācis⟩ M Lügner

mendīcābulum ⟨ī⟩ N Bettler

mendīcāre ⟨ō, āvī, ātum 1.⟩ *u.* **mendīcārī** ⟨or, ātus sum 1.⟩ A V/I betteln B V/T erbetteln

mendīcātiō ⟨ōnis⟩ F das Betteln, **vitae** um das Leben

mendīcitās ⟨ātis⟩ F Bettelarmut

mendīculus ⟨a, um⟩ ADJ bettlerisch, Bettler…

mendīcus A ⟨a, um, *adv* mendīcē⟩ ADJ 1 bettelarm 2 *(Sache)* armselig, ärmlich B ⟨ī⟩ M Bettler

mendōsus ⟨a, um, *adv* mendōsē⟩ ADJ 1 fehlerhaft 2 oft Fehler machend

mendum ⟨ī⟩ N 1 Sprach-, Reche[…] Schreibfehler 2 Gebrechen

Menelāus ⟨ī⟩ M *König von Sparta, Ga[…] der Helena*

★**mēns** ⟨mentis⟩ F 1 das Denken, De[…] vermögen, Verstand; **sanae mentis e[…]** bei gesundem Verstand sein; **men[…] inops/mente captus** verrückt 2 E[…]sicht, Überlegung 3 Denkweise, Char[…]ter, Herz 4 Gewissen 5 *fig* Mut, Zo[…] Leidenschaft 6 *fig* Seele 7 Gedan[…] Vorstellung; **in mentem mihi venit** […] fällt ein 8 Meinung, Ansicht 9 Absic[…] Plan, Entschluss; **hac/eā mente** in die[…] Absicht

★**mēnsa** ⟨ae⟩ F 1 Tisch 2 Essen, Ma[…]zeit; **apud/super mensam** bei Tisch[…] Altar 4 Verkaufstisch 5 Wechslertis[…] **~ publica** öffentliche Bank

mēnsārius ⟨ī⟩ M Geldwechsler

mēnsiō ⟨ōnis⟩ F Messung

★**mēnsis** ⟨is⟩ M Monat

mēnsor ⟨ōris⟩ M Vermesser

mēnstruālis ⟨e⟩ ADJ monatlich, für[…]nen Monat

mēnstruum ⟨ī⟩ N 1 monatliche Ar[…]handlung 2 *(erg.* **frumentum**) Leb[…]mittel für einen Monat

mēnstruus ⟨a, um⟩ ADJ 1 monat[…] 2 einen Monat dauernd

mēnsūra ⟨ae⟩ F 1 Messung 2 […] *mit dem man misst* 3 *(als Ergeb[…]* Maß; Größe, Umfang, Länge, Dicke

mēnsus ⟨a, um⟩ PPERF → metiri

menta *u.* **mentha** ⟨ae⟩ F Minze

mentiō ⟨ōnis⟩ F 1 Erwähnung, Eri[…]rung; **mentionem alicuius rei fa[…]** etw erwähnen 2 Anregung, Vorsch[…]

★**mentīrī** ⟨mentior, mentītus sum[…]⟩ A V/I 1 lügen 2 sein Wort breche[…] erfinden, dichten 4 sich irren B V[…] erlügen, erdichten; **mentitus** erlo[…] erdichtet, falsch 2 vorgeben 3 […]schen, **spem** die Hoffnung

mentula ⟨ae⟩ F männliches Glied

mentum ⟨ī⟩ N 1 Kinn 2 Kinnbart, […]

merāc(u)lus *u.* **merācus** ⟨a, […]⟩ ADJ ziemlich unvermischt, rein, *auc[…]*

mercābilis ⟨e⟩ ADJ käuflich

mercārī ⟨or, ātus sum 1.⟩ A V/I Ha[…]treiben B V/T erhandeln, (er)kaufer[…]

★**mercātor** ⟨ōris⟩ M 1 Kaufman[…] Aufkäufer

ercātōrius ⟨a, um⟩ ADJ des Kauf-
ıanns, Handels…
ercātūra ⟨ae⟩ F Handel
ercātus ⟨ūs⟩ M 1 Handel 2 Markt
ercēdārius ⟨ī⟩ M Arbeitgeber
ercēn(n)ārius A ⟨a, um⟩ ADJ um
ohn angestellt, gemietet, bezahlt, be-
ochen; **miles** ~ Söldner B ⟨ī⟩ M Lohn-
beiter, Tagelöhner; Söldner
ercēs ⟨ēdis⟩ F 1 Lohn, Preis, Sold;
ilites mercede conducere Söldner an-
erben 2 Bestechungsgeld 3 Verdienst
Lehrgeld, Honorar, Gehalt 5 Strafe,
haden 6 Miete, Pacht, Zins
ercimōnium ⟨ī⟩ N Ware
ercurius ⟨ī⟩ M *Gott des Handels, spä-*
Götterbote, dem griech. Hermes gleich-
setzt
erda ⟨ae⟩ F Kot, Exkremente
erenda ⟨ae⟩ F Vesperbrot
erēns ⟨entis⟩ ADJ 1 verdienend, wür-
g 2 *pej* schuldig
erēre ⟨eo, uī, itum 2.⟩ *u.* **merērī**
or, itus sum 2.⟩ 1 verdienen, erwer-
n, gewinnen 2 **(stipendia)** ~ MIL
iegsdienst leisten, Soldat sein 3 *einer*
che würdig sein, *aliquid* 4 verschul-
n 5 sich verdient machen
eretrīcius ⟨a, um⟩ ADJ Dirnen…
retrīcula ⟨ae⟩ F kleine Dirne
retrīx ⟨īcis⟩ F Prostituierte, Dirne
rgae ⟨ārum⟩ FPL Gabel
rgere ⟨mergō, mersī, mersum 3.⟩
VT 1 ein-, untertauchen, versenken
(Lebewesen) ertränken; *passiv* (ver)sin-
n 3 hineinstecken 4 verstecken 5
stürzen, **malis** ins Unglück B VI ver-
ken, untertauchen
rges ⟨itis⟩ F Getreidebündel
rgus ⟨ī⟩ M Taucher, *Wasservogel*
rīdiānus ⟨a, um⟩ ADJ 1 Mittags…;
culus ~ Äquator 2 südlich
rīdiēs ⟨ēī⟩ M 1 Mittag 2 Süden; **a**
ridie auf der Südseite
ritāre ⟨ō, āvī, ātum 1.⟩ verdienen,
bringen, **sestertios** Sesterzen
ritō ADV verdientermaßen, mit
ht
itōrium ⟨ī⟩ N Bordell
itōrius ⟨a, um⟩ ADJ gemietet, be-
t, Miet…, Lohn…; **pueri meritorii**
knaben
itum ⟨ī⟩ N 1 Verdienst, Lohn; ver-
diente Strafe 2 Würdigkeit 3 *(einer Sache)* Bedeutung, Wert 4 Wohltat, Gefälligkeit 5 Schuld; **nullo meo merito** ohne mein Verschulden

meritus ⟨a, um⟩ ADJ 1 würdig 2 schuldig 3 verdient, gebührend

mero-bibus ⟨a, um⟩ ADJ unvermischten Wein trinkend

mersāre ⟨ō, āvī, ātum 1.⟩ = **mergere**

mersī → mergere

mersus ⟨a, um⟩ PPP → mergere

merula ⟨ae⟩ F Amsel

meruleus ⟨a, um⟩ ADJ schwarz wie eine Amsel

merum ⟨ī⟩ N unvermischter Wein

merus ⟨a, um⟩ ADJ 1 *(Wein)* unvermischt, rein 2 echt, wahr 3 weiter nichts als 4 *(Fuß)* unbedeckt

★**merx** ⟨mercis⟩ F Ware, Sache, Ding

mesochorus ⟨ī⟩ M Chorführer; Führer der bezahlten Beifallklatscher

Mesopotamia ⟨ae⟩ F Mesopotamien

mēsor ⟨ōris⟩ M = **mensor**

Messāl(l)a ⟨ae⟩ M *röm. Beiname;* → Valerius; **Messāl(l)īna** ⟨ae⟩ F *dritte Ehefrau des Kaisers Claudius*

Messāna ⟨ae⟩ F *Stadt auf Sizilien, heute Messina;* **Messānius** ⟨a, um⟩ ADJ aus Messana

Messēna ⟨ae⟩ F *u.* **Messēnē** ⟨ēs⟩ F *Hauptstadt im SW der Peloponnes;* **Messēnius**[1] ⟨a, um⟩ ADJ aus Messena; **Messēnius**[2] ⟨ī⟩ M Einwohner von Messena

Messēnius[3] ⟨a, um⟩ ADJ = **Messanius**; → Messana

messis ⟨is⟩ F 1 Ernte 2 Erntezeit; Jahr 3 Ernteertrag, *auch fig*

messor ⟨ōris⟩ M Schnitter, *auch fig*

messōrius ⟨a, um⟩ ADJ Schnitter…

messus ⟨a, um⟩ PPP → metere

-met *Suffix zur Hervorhebung;* **egomet** ich selbst

★**mēta** ⟨ae⟩ F 1 Kegel, Pyramide 2 *(im Zirkus)* 3 Rennbahn 4 *fig* Wendepunkt 5 Ziel, Grenze, Ende; **utraque** ~ Ausgangs- und Endpunkt

★**metallum** ⟨ī⟩ N 1 Metall 2 Bergwerk

metamorphōsis ⟨is⟩ F Verwandlung

metaphora ⟨ae⟩ F Bedeutungsübertragung, Metapher

mētāre ⟨ō, -, - 1.⟩ *u.* **mētārī** ⟨or, ātus sum 1.⟩ 1 abstecken, abgrenzen, (aus)-

messen 2 *fig* durchwandern

mētātor ⟨ōris⟩ M Vermesser

Metaurus ⟨ī⟩ M *Fluss in Umbrien*

metere ⟨metō, (messem fēcī), messum 3.⟩ 1 (ab)mähen, abschneiden 2 (ab)ernten 3 *fig* abhauen, abpflücken 4 *fig* niedermachen

methodicē ⟨ēs⟩ F GRAM der methodische Teil, Methodik

metīculōsus ⟨a, um⟩ ADJ 1 ängstlich 2 fürchterlich

★**mētīrī** ⟨mētior, mēnsus sum 4.⟩ 1 messen, aus-, vermessen, **agrum** ein Feld 2 (*Getreide*) zuteilen 3 durchwandern, -fahren 4 beurteilen, **omnia voluptate** alles nach dem Vergnügen

metrēta ⟨ae⟩ F 1 Tonne 2 Öl-, Weingefäß

metricus ⟨a, um⟩ ADJ metrisch

★**metrum** ⟨ī⟩ N Versmaß, Silbenmaß

metūculōsus ⟨a, um⟩ ADJ = **meticulosus**

★**metuere** ⟨uō, uī, - 3.⟩ A V/I (sich) fürchten, **de vita** um sein Leben B V/T 1 (be)fürchten, **insidias** einen Hinterhalt; **metuendus belli** furchterregend im Kampf 2 Ehrfurcht haben, **patrem** vor dem Vater 3 sich hüten, **aliquid** vor etw

metuī → metuere

mētula ⟨ae⟩ F kleine Pyramide

★**metus** ⟨ūs⟩ M 1 Furcht, Besorgnis 2 Befürchtung 3 Ehrfurcht 4 Gegenstand der Furcht 5 kritische Lage

★**meus** ⟨a, um⟩ POSS PR *der 1. Person* SG 1 mein 2 mein lieber 3 **mei** meine Angehörigen/Freunde 4 **mea** mein Eigentum 5 **meum** meine Angelegenheit

mī 1 → meus 2 = **mihi**

mīca ⟨ae⟩ F 1 Körnchen, Krümel, ein bisschen 2 kleines Speisezimmer

micāre ⟨ō, uī, - 1.⟩ 1 zucken, zittern, züngeln 2 flimmern, blitzen, funkeln

mīcārius ⟨a, um⟩ ADJ Krümel sammelnd

mictum PPP → mingere

Mida *u.* **Midās** ⟨ae⟩ M *König von Phrygien*

★**migrāre** ⟨ō, āvī, ātum 1.⟩ A V/I 1 wandern, auswandern; **ex/de vita** ~ *fig* sterben 2 übergehen B V/T 1 wegbringen 2 *fig* übertreten, **ius** das Recht

migrātiō ⟨ōnis⟩ F 1 Wanderung, Auswanderung 2 RHET übertragene Bedeutung

mihi PERS PR *dat* → ego

mīle NUM CARD = **mille**

★**mīles** ⟨itis⟩ A M 1 Soldat 2 Fußsold… 3 *fig* Stein auf dem Spielbrett B F … Begleiterin

Mīlēsius A ⟨a, um⟩ ADJ aus Milet … ⟨ī⟩ M Einwohner von Milet

Mīlētis ⟨idis⟩ ADJ F 1 aus Milet … schlüpfrig

Mīlētus ⟨ī⟩ F *Handelsstadt an der We… küste Kleinasiens*

mīlia → mille

mīliārium[1] ⟨ī⟩ N = **milliarium**

mīliārium[2] ⟨ī⟩ N Badekanne

mīliārius[1] ⟨a, um⟩ ADJ = **milliarius**

mīliārius[2] ⟨a, um⟩ ADJ Hirse…

mīliē(n)s ADV = **milliens**

mīlitāre ⟨ō, āvī, ātum 1.⟩ 1 Krie… dienst leisten, Soldat sein; **bellum** … den Krieg mitmachen 2 dienen

mīlitāria ⟨ium⟩ NPL militärische Üb… gen

★**mīlitāris** A ⟨e, *adv* mīlitāriter⟩ ADJ … Soldaten…, Kriegs…; **signa milita…** Feldzeichen; **aetas** ~ wehrfähiges A… 2 kriegserfahren B ⟨is⟩ M = **miles**

mīlitārius ⟨a, um⟩ ADJ Soldaten…

★**mīlitia** ⟨ae⟩ F 1 Kriegsdienst; **mili…** im Krieg 2 die Soldaten 3 Feldzug

milium ⟨ī⟩ N Hirse

★**mīlle** NUM CARD *indekl* A ADJ 1 taus… 2 unzählige B SUBST ein Tausend; ★ **mīlia** Tausende; **duo milia mili…** zweitausend Soldaten

mīllē(n)simum ADV zum tausends… Mal

mīllē(n)simus ⟨a, um⟩ NUM ORD … sendster

mīlliārium ⟨ī⟩ N Meilenstein

mīlliārius ⟨a, um⟩ ADJ tausend S… enthaltend

mīlliē(n)s ADV 1 tausendmal 2 *fig* … zählige Male 3 (*erg.* **sestertium**) … dert Millionen Sesterzen

Milō ⟨ōnis⟩ M *röm. Beiname;* **T. An…** ~ *Mörder von P. Clodius, von Cicero ve… digt, nach Massilia verbannt;* **Milōn…na** ⟨ae⟩ F (*erg.* **oratio**) *Ciceros* Rede … Milo; **Milōniānus** ⟨a, um⟩ ADJ de… lo

Miltiadēs ⟨is *u.* ī⟩ M *athenischer* …

M

err, Sieger von Marathon 490 v. Chr.
luīna ⟨ae⟩ F (erg. **fames**) Heißhunger
luīnus ⟨a, um⟩ ADJ **1** Falken..., falknartig **2** fig räuberisch, diebisch
luus ⟨ī⟩ M **1** Gabelweihe, Falke **2** eerweihe
lvīna ⟨ae⟩ F = **miluina**
lvīnus ⟨a, um⟩ ADJ = **miluinus**
lvius pōns M *Tiberbrücke in Rom*
lvus ⟨ī⟩ M = **miluus**
ma ⟨ae⟩ F Schauspielerin
miambī ⟨ōrum⟩ MPL METR Mimiamn
micus ⟨a, um, *adv* **mīmicē**⟩ ADJ **1** hauspielerisch **2** fig Schein...
mus ⟨ī⟩ M **1** Possenreißer **2** Mimus, sse **3** fig Farce
na ⟨ae⟩ F Mine, *griech. Münze = 100 achmen*
nāciae ⟨ārum⟩ FPL Drohungen
nae ⟨ārum⟩ FPL **1** Zinnen **2** fig Drongen **3** fig Gewissensbisse
nanter ADV drohend
nārī ⟨or, ātus sum 1.⟩ **1** hochragen drohen, androhen **3** prahlend verßen, erwarten lassen **4** bedrohen
nātiō ⟨ōnis⟩ F Drohung
nāx ⟨ācis, *adv* **mināciter**⟩ ADJ **1** chragend **2** fig drohend
nctum PPP → mingere
nēre ⟨eō, -, - 2.⟩ ragen
nerva ⟨ae⟩ F **1** *Göttin der Weisheit, senschaft u. Künste, Beschützerin der dte im Frieden, der Gewerbe u. der weiben Handarbeiten, aber auch des Krie-* **invitā Minervā** ohne Talent; **crassā nervā** ohne feinere Bildung **2** Wollar- **3** Ölbaum, Olive
gere ⟨mingō, mīnxī, mīnctum *u.* tum, mingere 3.⟩ urinieren
iāt(ul)us ⟨a, um⟩ ADJ zinnoberrot; **ula miniatula** Rotstift
imē ADV *sup* → parum
imum **A** ⟨ī⟩ N sehr Weniges **B** **1** am wenigsten, sehr wenig **2** *l.*) sehr kurze Zeit, sehr selten
imus ⟨a, um⟩ ADJ *sup* → parvus
inus ⟨a, um⟩ ADJ eine Mine kosd
ister ⟨trī⟩ M Diener, Gehilfe; **minis- aliquo** mit j-s Hilfe
isterium ⟨ī⟩ N **1** Dienst(lei)stung, Amt, Geschäft; ~ **sceleris** Beihilfe zu einem Verbrechen **2** Dienerschaft
ministra ⟨ae⟩ F Dienerin, Gehilfin
ministrāre ⟨ō, āvī, ātum 1.⟩ **1** bedienen, **velis** (*dat*) das Segelwerk **2** (*Speise*) auftragen **3** verschaffen **4** ausführen
ministrātor ⟨ōris⟩ M **1** Diener *bei Tisch* **2** Beistand, Ratgeber
ministrātrīx ⟨īcis⟩ F Gehilfin
minitāre ⟨ō, -, - 1.⟩ *u.* **minitārī** ⟨or, ātus sum 1.⟩ (an)drohen
minium ⟨ī⟩ N (*rote Farbe*) Zinnober
Mīnōis ⟨idis⟩ F Tochter des Minos = Ariadne
Mīnōius ⟨a, um⟩ ADJ des Minos
★**minor** ⟨minus⟩ ADJ *komp* → parvus *u.* → parum
minōrēs ⟨um⟩ MPL **1** die Jüngeren, junge Leute, *auch* Nachwelt **2** untere Stände
Mīnōs ⟨ōis⟩ M MYTH *König von Kreta*
Mīnōtaurus ⟨ī⟩ M MYTH *Wesen, halb Mensch, halb Stier, von Theseus getötet*
Mīnōus ⟨a, um⟩ ADJ des Minos
Minucius ⟨a, um⟩ *Name einer röm. gens*; **M. ~ Felix** *chr. Schriftsteller im 3. Jh.*
★**minuere** ⟨ō, uī, ūtum 3.⟩ **1** zerkleinern, spalten **2** verkleinern, vermindern; *passiv u.* **se** ~ abnehmen, nachlassen **3** fig schwächen, verringern
minus[1] ADJ *komp* N → parvus
minus[2] *komp* → parum
minus[3] ⟨a, um⟩ ADJ am Bauch kahl
minusculus ⟨a, um⟩ ADJ ziemlich klein
minūtal ⟨ālis⟩ N Ragout
minūtātim ADV stückweise, nach und nach
minūtia ⟨ae⟩ F geringe Größe
minūtulus ⟨a, um⟩ ADJ ganz klein
minūtus[1] ⟨a, um⟩ PPP → minuere
minūtus[2] ⟨a, um, *adv* **minūtē**⟩ ADJ **1** zerstückelt; *adv* detailliert **2** klein, winzig **3** fig geringfügig **4** kleinlich
mīnxī → mingere
mīrābilis ⟨e, *adv* **mīrābiliter**⟩ ADJ **1** sonderbar; **mirabile est** es ist merkwürdig **2** bewundernswert, erstaunlich
mīrābundus ⟨a, um⟩ ADJ voll Verwunderung
★**mīrāculum** ⟨ī⟩ N Wunder
mīrandus ⟨a, um⟩ ADJ wunderbar
★**mīrārī** ⟨or, ātus sum 1.⟩ **1** sich wun-

M

dern, staunen, ⟨aliquem⟩ über j-n 2 bewundern, anstaunen, verehren

mīrātiō ⟨ōnis⟩ F Verwunderung

mīrātor ⟨ōris⟩ M Bewunderer

mīrātrīx ⟨īcis⟩ F Bewunderin

mīri-ficus ⟨a, um, *adv* mīrificē⟩ ADJ = **mirabilis**

mīrimodīs ADV auf erstaunliche Art

★**mīrus** ⟨a, um, *adv* mīre⟩ ADJ 1 wunderbar, erstaunlich 2 sonderbar 3 **mirum quantum/quam** *adv* außerordentlich; **quid mirum** natürlich

miscellānea ⟨ōrum⟩ NPL 1 Speisengemenge 2 vermischte Schriften

miscellus ⟨a, um⟩ ADJ gemischt

★**miscēre** ⟨misceō, miscuī, mixtum *u.* mistum 2.⟩ 1 (ver)mischen, **falsa veris** Falsches mit Wahrem 2 vereinigen, verbinden; **dextras ~** einander die Rechte geben; **corpus cum aliqua ~** mit einer Frau schlafen 3 **misceri aliquo** die Gestalt von j-m annehmen 4 erzeugen 5 *fig* verwirren 6 *fig* erfüllen

misellus ⟨a, um⟩ ADJ recht unglücklich

Mīsēna ⟨ōrum⟩ NPL *Vorgebirge u. Stadt in Kampanien;* **Mīsēnsis** ⟨e⟩ ADJ aus Misena; **Mīsēnum** ⟨ī⟩ N *u.* **Mīsēnus**[1] ⟨ī⟩ M = **Misena**

Mīsēnus[2] A ⟨ī⟩ M *Begleiter des Aeneas* B ⟨a, um⟩ ADJ des Misenus

★**miser** ⟨era, erum, *adv* miserē⟩ ADJ *u.* ⟨miseriter⟩ 1 elend, unglücklich 2 (*Lage, Beute usw.*) jämmerlich, erbärmlich; **miserum!** entsetzlich! 3 krank

★**miserābilis** ⟨e, *adv* miserābiliter⟩ ADJ 1 beklagenswert, elend 2 jammernd, klagend

miserandus ⟨a, um⟩ ADJ beklagenswert

★**miserārī** ⟨or, ātus sum 1.⟩ 1 beklagen, bejammern 2 bemitleiden

miserātiō ⟨ōnis⟩ F 1 Mitgefühl, Bedauern 2 RHET rührender Vortrag

★**miserēre** ⟨eō, uī, itum 2.⟩ *u.* ★**miserērī** ⟨eor, itus sum 2.⟩ sich *j-s* erbarmen, *j-n* bemitleiden, *alicuius;* **miserēre!** erbarme dich!; **miseret/miseretur me tui** ich bedauere dich

miserēscere ⟨ēscō, -, - 3⟩ Mitleid haben, **alicuius** mit j-m; **miserescit me** ich bedauere

★**miseria** ⟨ae⟩ F Elend, Unglück, Not

★**misericordia** ⟨ae⟩ F Mitleid, Mitgefühl, **populi** mit dem Volk

miseri-cors ⟨cordis⟩ ADJ mitleidig

miseriter ADV → miser

miseritus ⟨a, um⟩ PPERF → misereri

mīsī → mittere

missa ⟨ae⟩ F Entlassung

missīcius ⟨a, um⟩ ADJ entlassen

missiculāre ⟨ō, -, - 1.⟩ oft schicken

missile ⟨is⟩ N Geschoss

missilis ⟨e⟩ ADJ werfbar, Wurf...

missiō ⟨ōnis⟩ F 1 das Abschicken, Sendung 2 (*eines Gefangenen*) Freilassu 3 Dienstabschied 4 (*für einen Gladia* Gnade; **sine missione** auf Leben und T 5 Schluss

missitāre ⟨ō, āvī, ātum 1.⟩ wiederh schicken

missor ⟨ōris⟩ M Schütze

missus[1] ⟨a, um⟩ PPP → mittere

missus[2] ⟨ūs⟩ M 1 das Schicken, S dung, Auftrag; **missu alicuius** in j-s A trag 2 Wurf, Schuss 3 (*der Gladiato* Gang 4 (*der Rennwagen*) Rennen

mistum ⟨a, um⟩ PPP → miscere

mītēscere ⟨ēscō, -, - 3.⟩ 1 (*Fru* mild/reif werden 2 *fig* nachlassen (*Tier*) zahm/friedlich werden

Mithrās *u.* **Mithrēs** ⟨ae⟩ M *altp scher Licht- u. Sonnengott*

Mithridātēs ⟨is⟩ M *Name der Kö von Pontos;* **~ VI. Eupator** *Feind der mer, von Pompeius besiegt;* **Mithri tēus** *u.* **Mithridāticus** ⟨a, um⟩ des Mithridates

mīti-ficāre ⟨ō, āvī, ātum 1.⟩ 1 w machen 2 verdauen

mītigāre ⟨ō, āvī, ātum 1.⟩ 1 (*Fru* reif/weich machen 2 (*Boden*) aufloc 3 (*Zustand usw.*) mildern, mäßigen; *siv* milder werden 4 (*Tier*) zähmen besänftigen

mītigātiō ⟨ōnis⟩ F Besänftigung

★**mītis** ⟨e, *adv* mīte⟩ ADJ 1 mild, w 2 (*Boden*) locker 3 sanft, zärtlich (*Tier*) friedlich, zahm

mītīscere ⟨īscō, -, - 3.⟩ = **mitesce**

mitra ⟨ae⟩ F Kopfbinde, Turban

mitrātus ⟨a, um⟩ ADJ mit einem ban

★**mittere** ⟨mittō, mīsī, missum 3 werfen, schleudern, schießen, sto **lapides** Steine *passiv u.* **se ~** sich we sich stürzen 2 schicken, senden; **ex**

um **sub iugum** ~ das Heer unter das
och schicken 3 geleiten 4 (*Buch*) wid-
nen 5 sagen lassen, melden 6 *fig* ent-
enden, ausgehen lassen 7 (*z. B. Vierge-*
panne) fort-, loslassen 8 (*aus dem*
ienst) entlassen 9 (*Sklave usw.*) freilas-
en 10 aufgeben; **misso officio** ohne
ücksicht auf die Pflicht, *+inf* 11 RHET
it Stillschweigen übergehen 12 **san-**
uinem ~ MED Blut abzapfen
ītulus ⟨ī⟩ M essbare Miesmuschel
ixtim ADV vermischt
ixtūra ⟨ae⟩ F Vermischung
ixtus ⟨a, um⟩ PPP → miscere
nēmosynē ⟨ēs⟩ F *Göttin des Ge-*
ichtnisses
nēmosynum ⟨ī⟩ N Andenken
ōbilis ⟨e, *adv* mōbiliter⟩ ADJ 1 be-
eglich, schnell 2 *fig* leicht erregbar
fig veränderlich, schwankend
ōbilitās ⟨ātis⟩ F 1 Beweglichkeit,
hnelligkeit 2 *fig* Unbeständigkeit
oderābilis ⟨e⟩ ADJ gemäßigt
oderāmen ⟨inis⟩ N 1 Lenkvorrich-
ng, *bes* Steuerruder 2 *fig* Lenkung
oderanter ADV gemäßigt, allmäh-
h
oderārī ⟨or, ātus sum 1.⟩ 1 mäßi-
n; ~ **linguae** (*dat*) die Zunge im Zaum
lten 2 lenken, leiten 3 bestimmen,
luptate nach dem Vergnügen
oderātim ADV gemäßigt, allmählich
oderātiō ⟨ōnis⟩ F 1 das Zügeln 2
tung 3 Milde, Schonung 4 Selbstbe-
rschung 5 Mäßigung, rechtes Maß
oderātor ⟨ōris⟩ M 1 Leiter, Lenker,
führer 2 der Mäßigende
derātrīx ⟨īcis⟩ F 1 Lenkerin, Be-
rscherin 2 die Mäßigende
oderātus ⟨a, um, *adv* moderātē⟩
1 maßvoll 2 besonnen, ruhig
dernus ⟨a, um⟩ ADJ neu, jetzig
destia ⟨ae⟩ F 1 Mäßigung, Beson-
heit 2 Bescheidenheit 3 Gehorsam
Anstand 5 (*des Klimas*) Milde
destus ⟨a, um, *adv* modestē⟩ ADJ
naßvoll, besonnen 2 bescheiden 3
orsam 4 anständig
diālis ⟨e⟩ ADJ einen Scheffel fas-
d
dicus ⟨a, um, *adv* modicē⟩ ADJ 1
ßig 2 mittelmäßig 3 angemessen
unbedeutend 5 besonnen, ruhig 6

bescheiden
modi-ficāre ⟨ō, āvī, ātum 1.⟩ 1 ab-
messen 2 umformen
modificātiō ⟨ōnis⟩ F Abmessung
modius ⟨ī⟩ M Scheffel, *röm. Getreide-*
maß von ca. 8 l; **pleno modio** reichlich
★**modo** A ADV 1 (*zeitl.*) eben (noch/erst)
2 (*zeitl.*) sogleich; ★ ~ … ~ bald … bald;
~ … **tum** erst … dann 3 (*modal*) nur,
bloß 4 **non** ~ … **sed etiam** nicht nur
… sondern auch; **non** ~ … **sed** nicht
nur … nein sogar B KONJ *+konjkt* wenn
nur; ~ **Iuppiter adsit** wenn nur Jupiter
beisteht
modulārī ⟨or, ātus sum 1.⟩ 1 nach
dem Takt abmessen 2 melodisch singen
3 taktmäßig spielen
modulātiō ⟨ōnis⟩ F Takt, Rhythmus
modulātor ⟨ōris⟩ M Musiker
modulātus ⟨a, um, *adv* modulātē⟩
ADJ im Takt, rhythmisch
modulus ⟨ī⟩ M Maß, Maßstab
★**modus** ⟨ī⟩ M 1 (rechtes) Maß; Größe,
Menge 2 Maßstab 3 *fig* Rang 4 Takt,
Rhythmus, Melodie 5 *fig* Ziel, Grenze
6 Mäßigung 7 Vorschrift, Regel 8
Art, Weise; ~ **vitae** Lebensweise; **mo-**
do/in modum nach der Art; **maiorem**
in modum in höherem Grad; **nullo mo-**
do keineswegs 9 GRAM Form des Ver-
bums, Modus
moecha ⟨ae⟩ F Ehebrecherin
moechārī ⟨or, ātus sum 1.⟩ die Ehe
brechen
moechissāre ⟨ō, -, - 1.⟩ Ehebruch trei-
ben
moechus ⟨ī⟩ M Ehebrecher
★**moenia** ⟨ium⟩ NPL 1 Stadtmauer; Be-
festigung 2 Stadt, Stadtteile 3 Gebäu-
de, Haus 4 Mauern, Wände
moenīre ⟨iō, īvī, ītum 4.⟩ = **munire**
Moenus ⟨ī⟩ M Main
Moesī ⟨ōrum⟩ MPL die Einwohner der
Provinz Moesia
Moesia ⟨ae⟩ F *röm. Provinz an der unte-*
ren Donau; **Moesiacus** ⟨a, um⟩ ADJ
aus der Provinz Moesia
Mogontiăcum ⟨ī⟩ N *Ort in Oberger-*
manien am linken Rheinufer, heute Mainz
mola ⟨ae⟩ F 1 Mühlstein; *pl* Mühle 2
REL Opferschrot
molāris A ⟨e⟩ ADJ Mühlstein…, so
groß wie ein Mühlstein, zum Mahlen ge-

eignet **B** ⟨is⟩ M **1** (*erg.* **lapis**) Mühlstein; *fig* großer Stein **2** *fig* Backenzahn

molere ⟨ō, uī, itum 3.⟩ **1** mahlen **2** = **futuere**

★**mōlēs** ⟨is⟩ F **1** Masse, Last, Schwere, Wucht **2** Kriegsmaschine **3** Steindamm **4** Riesenbau **5** große Woge **6** Heeresmasse **7** *fig* Anstrengung, Mühe

molestia ⟨ae⟩ F **1** Beschwerlichkeit, Belästigung; **sine ~ tua** ohne dich zu belästigen **2** Unlust, Ärger **3** Affektiertheit

★**molestus** ⟨a, um, *adv* molestē⟩ ADJ **1** beschwerlich, lästig **2** ärgerlich; *adv* ungern; **moleste ferre aliquid** über etw unwillig sein **3** affektiert

mōlīmen ⟨inis⟩ N *u.* **mōlīmentum** ⟨ī⟩ N **1** Bemühung, Anstrengung; Umständlichkeit **2** gewaltiger Bau

★**mōlīrī** ⟨ior, ītus sum 4.⟩ **A** VT **1** (*Last*) in Bewegung setzen **2** (*Stadttor*) sprengen **3** *fig* untergraben **4** (*Anker*) lichten **5** (*Großes*) bauen, unternehmen, ausführen; **iter ~** den Weg fortsetzen; **viam ~** den Weg bahnen **6** (*Zustand*) verursachen, erzeugen **7** (*Krieg usw.*) planen **B** VI sich in Bewegung setzen, sich abmühen

mōlītiō ⟨ōnis⟩ F **1** das Niederreißen, Verschiebung **2** Zurüstung

mōlītor ⟨ōris⟩ M Unternehmer, Erbauer, Schöpfer; Rädelsführer

mollēscere ⟨ēscō, -, - 3.⟩ **1** weich werden **2** *fig* erschlaffen

mollicellus *u.* **molliculus** ⟨a, um⟩ ADJ recht zart, zärtlich

mollīmentum ⟨ī⟩ N Linderungsmittel

★**mollīre** ⟨iō, īvī *u.* iī, ītum 4.⟩ **1** weich/geschmeidig machen **2** *fig* mildern **3** (*Frucht*) veredeln **4** *fig* verweichlichen **5** *fig* besänftigen

★**mollis** ⟨e⟩ ADJ **1** (*Boden usw.*) weich, locker, zart **2** *fig* biegsam, geschmeidig **3** (*Wind, Wein usw.*) sanft, mild; angenehm **4** (*innerlich*) freundlich, gelassen, ruhig **5** (*Person*) nachgiebig; leicht empfänglich **6** schwach, schlaff, feige

mollitia ⟨ae⟩ F *u.* **mollitiēs** ⟨ēī⟩ F **1** Geschmeidigkeit, Beweglichkeit **2** *fig* Zärtlichkeit, Sanftmut **3** Weichlichkeit, Schwäche

mollitūdō ⟨inis⟩ F **1** Weichheit **2** Zartheit

moloc(h)inārius ⟨ī⟩ M Schneider vo Malvenkleidern

Molossī ⟨ōrum⟩ MPL die Einwohn von Molossis

Molossis ⟨idis⟩ F *Landschaft Epir*

Molossus ⟨a, um⟩ ADJ aus Molossis

mōly ⟨yos⟩ N Moly, *ein Wunderkraut*

mōmen ⟨inis⟩ N **1** Bewegung **2** A stoß

mōmentōsus ⟨a, um⟩ ADJ nur auge blicklich

★**mōmentum** ⟨ī⟩ N **1** (*bei der Waa* Gewicht **2** Druck, Stoß **3** *fig* Grund, sache **4** *fig* Bedeutung, Wert, Wirku **momenti esse** Bedeutung haben; ~ **cere** Einfluss ausüben **5** Bewegung Ausschlag **7** *fig* Entscheidung **8** *fig* V änderung, Wechsel **9** (*zeitl.*) Verla Umlauf **10** (*zeitl.*) Zeitraum **11** (*zeitl.*) genblick, Moment; **momento (tempo** im Nu

momordī → mordere

monacha ⟨ae⟩ F (*eccl.*) Nonne

monachus ⟨ī⟩ M (*eccl.*) Mönch

monastērium ⟨ī⟩ N (*eccl.*) Kloster

monaulos *u.* **monaulus** ⟨ī⟩ M ein che Flöte

monēdula ⟨ae⟩ F Dohle

★**monēre** ⟨eō, uī, itum 2.⟩ **1** erinne **de re/alicuius rei** an etw; **id te mo** daran erinnere ich dich **2** ermahr auffordern **3** vorhersagen, prophez **4** zurechtweisen, bestrafen

monēris ⟨is⟩ F Einruderer, Eindeck

monērula ⟨ae⟩ F = **monedula**

monēta ⟨ae⟩ F **1** Münzprägestätte geprägtes Geld **3** Stempel

Monēta ⟨ae⟩ F **1** = **Mnemosyne** **2** *name der auf dem Kapitol verehrten J*

monētālis **A** ⟨e⟩ ADJ Münz... **B** M **1** Münzmeister **2** *fig* Geldmann

monīle ⟨is⟩ N Halsband

monimentum ⟨ī⟩ N = **monument**

monita ⟨ōrum⟩ NPL **1** Erinnerunge Ermahnungen **3** Prophezeiungen

monitiō ⟨ōnis⟩ F = **monitus**

monitor ⟨ōris⟩ M **1** der erinnert, **cuius rei** an etw **2** Mahner, Warne Rechtsberater **4** = **nomenclator**

monitōrius ⟨a, um⟩ ADJ mahn warnend

monitus ⟨ūs⟩ M **1** Erinnerung **2** M nung, Warnung **3** Weissagung

ɔnoecus ⟨ī⟩ M *Beiname des Herkules*
ɔnogrammos ⟨on⟩ ADJ nur skiz-
ert
ɔnosyllabum ⟨ī⟩ N einsilbiges
ort
ɔnotropus ⟨ī⟩ M Einsiedler
ɔns ⟨montis⟩ M **1** Berg, Gebirge; ~
ra Jura **2** Fels, Gestein
ɔnstrābilis ⟨e⟩ ADJ bemerkenswert
ɔnstrāre ⟨ō, āvī, ātum 1.⟩ **1** zeigen,
am **erranti** dem Irrenden den Weg **2**
rordnen **3** angeben, bezeichnen **4**
terweisen **5** JUR anzeigen
ɔnstrātor ⟨ōris⟩ M **1** Wegweiser,
hrer **2** *fig* Lehrer **3** Erfinder
nstrātus ⟨a, um⟩ ADJ **1** hoch ange-
hen, **alicui** bei j-m **2** auffallend
nstrum ⟨ī⟩ N **1** Wunderzeichen **2**
Ungeheuer **3** unerhörte Tat
nstruōsus ⟨a, um, *adv* mōnstruō-
ADJ **1** ungeheuerlich, unnatürlich **2**
enteuerlich, seltsam
ntāna ⟨ōrum⟩ NPL Gebirgsgegend
ntānus **A** ⟨a, um⟩ ADJ **1** Gebirgs...
gebirgig **B** ⟨ī⟩ M Bergbewohner
nti-cola ⟨ae⟩ M Bergbewohner
nt(u)ōsus ⟨a, um⟩ ADJ gebirgig
numentum ⟨ī⟩ N **1** Denkmal, An-
ken **2** Weihegeschenk **3** Grabmal
PL *fig* Urkunden, Akten
ra[1] ⟨ae⟩ F More, *Abteilung des sparta-*
hen Heeres von 400 bis 900 Mann
ra[2] ⟨ae⟩ F **1** Aufenthalt, Verzöge-
g; **inter moras** mittlerweile **2** Rast,
se **3** Zeitraum, Dauer; **morā** mit
Zeit, allmählich **4** Hindernis
ālis ⟨e⟩ ADJ moralisch, ethisch
ārī[1] ⟨or, ātus sum 1.⟩ **A** V/I **1** sich
halten **2** zögern; **morando** allmäh-
B V/T **1** (*Sieg, Person*) aufhalten, ver-
ern; **Orcum ~** weiterleben **2** **nihil**
or (*im Senat*) ich habe nichts dage-
, meinetwegen; ich kümmere mich
t, **dona** um Geschenke **3** unterhal-

ārī[2] ⟨or, - 1.⟩ ein Narr sein
ātor ⟨ōris⟩ M **1** Verzögerer **2** MIL
nzügler **3** JUR Winkeladvokat
ātus[1] ⟨a, um⟩ PPERF → morari
ātus[2] ⟨a, um⟩ ADJ **1** geartet **2** **fa-**
recte morata Theaterstück mit
ig gezeichneten Charakteren **3**
akteristisch; angemessen

morbidus ⟨a, um⟩ ADJ **1** krank **2** krank machend, ungesund
morbōsus ⟨a, um⟩ ADJ krank
★**morbus** ⟨ī⟩ M **1** Krankheit; ~ **caeli** ungesundes Klima **2** Kummer **3** Sucht
mordāx ⟨ācis, *adv* mordāciter⟩ ADJ **1** beißend, bissig **2** *fig* bitter, scharf
★**mordēre** ⟨mordeō, momordī, morsum 2.⟩ **1** beißen, stechen; kauen, benagen **2** *fig* fassen; **fibula mordet vestem** die Schnalle schließt das Kleid **3** (*Hitze*) brennen **4** *fig* kränken, verletzen
mordicus ADV **1** beißend, mit den Zähnen **2** *fig* verbissen, hartnäckig
morētum ⟨ī⟩ N Kräuterkloß
★**morī** ⟨morior, mortuus sum/moritūrus 3.⟩ **1** sterben, (**ex**) **morbo** an einer Krankheit **2** *fig* absterben, entschwinden, erlöschen **3** **moriens** sterbend; **moritūrus** dem Tod geweiht
★**moribundus** ⟨a, um⟩ ADJ **1** im Sterben liegend **2** sterblich **3** tödlich
mōri-gerāre ⟨ō, -, - 1.⟩ *u.* **mōri-gerārī** ⟨or, ātus sum 1.⟩ gefügig sein
mōri-gerus ⟨a, um⟩ ADJ gefügig
Morinī ⟨ōrum⟩ MPL *belg. Volk*
mōriō ⟨ōnis⟩ M Narr
mōrologus ⟨a, um⟩ ADJ dumm redend
mōrōsitās ⟨ātis⟩ F mürrisches Wesen, Eigensinn, Pedanterie
mōrōsus ⟨a, um, *adv* mōrōsē⟩ ADJ **1** mürrisch, eigensinnig, pedantisch **2** *fig* hartnäckig
Morpheus ⟨eī *u.* eos⟩ M *Traumgott*
★**mors** ⟨mortis⟩ F **1** Tod; ★ **mortem obire** sterben; ~ **extrema** die letzten Augenblicke **2** Leiche **3** Mord, Blut
morsiuncula ⟨ae⟩ F Biss
morsus[1] ⟨a, um⟩ PPP → mordere
morsus[2] ⟨ūs⟩ M **1** Biss; das Essen **2** (*einer Schnalle*) das Festhalten **3** *fig* das Beißen, Schärfe **4** *fig* Kränkung **5** Ärger
★**mortālis** **A** ⟨e⟩ ADJ **1** sterblich **2** vergänglich **3** irdisch, menschlich **B** ⟨is⟩ M Sterblicher, Mensch
mortālitās ⟨ātis⟩ F **1** Sterblichkeit; Vergänglichkeit **2** die Menschen
mortārium ⟨ī⟩ N Mörser
morticīnus ⟨a, um⟩ ADJ abgestorben
morti-fer ⟨fera, ferum, *adv* mortiferē⟩ ADJ tödlich
morti-ferus ⟨a, um⟩ ADJ = **mortifer**
mortuālia ⟨ium⟩ NPL Totenlieder

M

★**mortuus** A ⟨a, um⟩ ADJ tot B ⟨ī⟩ M Toter, Leiche; **de mortuis nil nisi bene** *Sprichwort* über Tote nur Gutes

mōrulus ⟨a, um⟩ ADJ tiefschwarz

mōrum ⟨ī⟩ N 1 Maulbeere 2 Brombeere

mōrus[1] ⟨ī⟩ F Maulbeerbaum

mōrus[2] A ⟨a, um, *adv* mōrē⟩ ADJ albern, närrisch B ⟨ī⟩ M Narr

★**mōs** ⟨mōris⟩ M 1 Gewohnheit, Brauch; ~ **maiorum** Brauch der Väter 2 Vorschrift, Regel; **in morem** regelmäßig 3 Wille; **morem gerere alicui** sich j-m fügen 4 Art und Weise 5 PL ★ **mores** Sitten, Lebensart 6 PL **mores** Gesinnung, Charakter

Mosa ⟨ae⟩ M Maas

Mosella ⟨ae⟩ M Mosel

Mōstellāria ⟨ae⟩ F „Gespensterkomödie" *von Plautus*

mōtiō ⟨ōnis⟩ F 1 Bewegung 2 *fig* Gemütsbewegung, Erregung

mōtiuncula ⟨ae⟩ F leichter Fieberanfall

mōtor ⟨ōris⟩ M Beweger

mōtus[1] ⟨a, um⟩ PPP → movere

★**mōtus**[2] ⟨ūs⟩ M 1 Bewegung 2 Lauf, Gang, Wendung 3 heftige Bewegung, Erschütterung; ~ **terrae** Erdbeben 4 Aufbruch, Abreise 5 Körperbewegung, Geste; Tanz 6 *fig* Erregung, Leidenschaft 7 *fig* geistige Tätigkeit 8 *fig* Antrieb, Begeisterung 9 POL Aufruhr, Aufstand; politische Umwälzung

★**movēre** ⟨moveō, mōvī, mōtum 3.⟩ A V/T 1 (*vom Ort*) fortbewegen 2 (*an derselben Stelle*) bewegen, schwingen, erschüttern; **caput** ~ den Kopf schütteln; **citharam** ~ die Laute schlagen; **arma** ~ zu den Waffen greifen; **fidem** ~ das Vertrauen erschüttern 3 entfernen; **mensam** ~ die Tafel aufheben 4 (*Feinde usw.*) vertreiben, verstoßen 5 abbringen, **de sententia** von seiner Meinung 6 herbeischaffen, holen 7 überlegen 8 (*Gesicht usw.*) verändern, verwandeln 9 beeindrucken, beeinflussen 10 erschrecken, ängstigen 11 begeistern 12 reizen, erbittern 13 POL in Aufruhr versetzen, beunruhigen 14 anregen, drängen 15 (*Zustand*) hervorrufen, verursachen 16 (*Krieg usw.*) beginnen B V/I, *passiv u.* **se** ~ 1 sich entfernen 2 sich bewegen, tanzen, hüpfen, wogen; **movetur/movet** die Erde bebt

Landeskun

▶ mos maiorum – die Sitte der Väter

Der **mos maiorum**, die Sitte der Vorväter, bezeichnete die Gesamth der Werte, die seit Beginn der Stadt a typisch für die römische Kultur und a Vorbild für die Nachfahren angeseh wurden. Sie galten als Maßstab für privates und staatliches Handeln. D **mores maiorum** umfassten u. a. fo gende Begriffe:

abstinentia	Enthaltsamkeit
constantia	Beständigkeit
decus	Ehre
fides	Treue
gravitas	Ernst
honestas	Ehrbarkeit
humanitas	Menschlichkeit
industria	Fleiß
magnitudo animi	Großherzigkeit
pietas	Frömmigkeit
probitas	Rechtschaffenh
severitas	Strenge
virtus	Tüchtigkeit

Der **mos maiorum** entstand in ei landwirtschaftlich und patriarchali geprägten Gesellschaft. Mit der ku turellen Entwicklung, dem Kontakt der griechischen Kultur und den neuen wirtschaftlichen und gesellschaftlichen Anforderungen wurd seine Bedeutung beschnitten.

★**mox** ADV 1 bald 2 bald darauf; p … ~ zuerst … dann

mucc… = **muc…**

mūcidus ⟨a, um⟩ ADJ 1 schimme schleimig

mucrō ⟨ōnis⟩ F 1 scharfe Spit Dolch, Schwert, Messer 3 *fig* Sc 4 Grenze, Ende

ūcus ⟨ī⟩ M Nasenschleim, Rotz
ūgil *u.* **mūgilis** ⟨is⟩ M Meeräsche
ūgīnārī ⟨or, - 1.⟩ 1 laut murmeln 2 *g* nachdenken, über *etw* brüten
ūgīre ⟨iō, īvī *u.* iī, ītum 4.⟩ 1 brüllen *fig* dröhnen, krachen
ūgītus ⟨ūs⟩ M 1 Gebrüll *der Rinder* das Dröhnen
ūla ⟨ae⟩ F Mauleselin
ulcāre ⟨ō, āvī, ātum 1.⟩ 1 (durch)-rügeln, misshandeln 2 (*ein Übel*) ırchmachen
ulcēre ⟨mulceō, mulsī, mulsum 2.⟩ streicheln; belecken 2 *fig* sanft be-hren 3 *fig* besänftigen, mildern
ılciber ⟨beris *u.* berī⟩ M „Schmel-r", *Beiname des Vulcan/Hephaistos;* Feu-
ılctra ⟨ae⟩ F *u.* **mulctrārium** *u.* **ulctrum** ⟨ī⟩ N 1 Melkkübel 2 *fig* 'lch
ılgēre ⟨mulgeō, mulsī, mulctum › melken
ıliebria ⟨ium⟩ NPL weibliche Ge-ılechtsteile
ıliebris ⟨e, *adv* muliebriter⟩ ADJ 1 ꞏiblich, Frauen… 2 *fig* unmännlich
ıliebrōsus ⟨a, um⟩ ADJ = **muliero-s**
ılier ⟨eris⟩ F 1 Frau 2 Ehefrau 3 *fig* ꞏmme
ılierārius A ⟨a, um⟩ ADJ von einer ıu in Dienst genommen B ⟨ī⟩ M ıürzenjäger
ıliercula ⟨ae⟩ F 1 schwache Frau ausschweifende Frau
lierōsitās ⟨ātis⟩ F zu große Liebe Frauen
lierōsus ⟨a, um⟩ ADJ verrückt nach uen
liō ⟨ōnis⟩ M Maultiertreiber
liōnius ⟨a, um⟩ ADJ Maultiertrei-…
llus ⟨ī⟩ M Meerbarbe
lsa ⟨ae⟩ F Liebling
lsī → mulcere *u.* → mulgere
lsum[1] PPP → mulcere
lsum[2] ⟨ī⟩ N (erg. **vinum**) Honigwein
lsus ⟨a, um⟩ ADJ mit Honig gesüßt, ıigsüß; lieblich
lta ⟨ae⟩ F Strafe, Buße; Geldstrafe
ltāre ⟨ō, āvī, ātum 1.⟩ (be)strafen, **uniā** mit einer Geldbuße

multātiō ⟨ōnis⟩ F Bestrafung
multēsimus ⟨a, um⟩ ADJ nur einer von vielen
multi-bibus ⟨a, um⟩ ADJ viel trinkend
multi-cavus ⟨a, um⟩ ADJ mit vielen Löchern; **pumex** ~ poröser Bimsstein
multīcius ⟨a, um⟩ ADJ fein gewebt
multifāriam ADV an vielen Stellen
multi-fidus ⟨a, um⟩ ADJ vielgespalten
multi-fōrmis ⟨e⟩ ADJ vielgestaltig
multi-forus ⟨a, um⟩ ADJ mit vielen Löchern
multi-generis ⟨e⟩ ADJ *u.* **multi-genus** ⟨a, um⟩ ADJ vielfältig
multi-iugis ⟨e⟩ ADJ *u.* **multi-iugus** ⟨a, um⟩ ADJ 1 vielspännig 2 *fig* vielfältig
multi-loquium ⟨ī⟩ N Geschwätzigkeit
multi-loquus ⟨a, um⟩ ADJ geschwätzig
multi-modīs ADV auf vielerlei Art
multi-modus ⟨a, um⟩ ADJ vielfältig
multi-plex ⟨plicis, *adv* multipliciter⟩ ADJ 1 vielfach, vielfältig, 2 vielmal so groß 3 zahlreich 4 *fig* vielseitig 5 *fig* vieldeutig 6 *fig* unbeständig
multiplicāre ⟨ō, āvī, ātum 1.⟩ vervielfältigen, vergrößern, vermehren
multiplicātiō ⟨ōnis⟩ F Vervielfältigung, Vermehrung
multi-potēns ⟨entis⟩ ADJ sehr mächtig
multi-sonus ⟨a, um⟩ ADJ vieltönig
★**multitūdō** ⟨inis⟩ F 1 Menge, große Zahl 2 Menschenmenge, Pöbel
multi-vagus ⟨a, um⟩ ADJ viel umherschweifend
multi-volus ⟨a, um⟩ ADJ viel wollend
★**multum** A ⟨ī⟩ N; *komp* ⟨plūs, plūris⟩ N; *sup* ⟨plūrimum, ī⟩ N 1 viel, großes Stück, große Menge; **multo** um vieles, viel, bei weitem; **multo maior** viel größer; **multo aliter/secus** ganz anders; **multo ante** viel früher 2 *komp* mehr, größerer Teil, größere Menge; **plus valere** mehr vermögen; **pluris** höher, teurer; **pluris aestimare** höher einschätzen 3 *sup* sehr viel, das meiste, der größte Teil; **quam plurimum** möglichst viel B ADV; *komp* ⟨plūs⟩; *sup* ⟨plūrimum⟩ 1 sehr; *auch akk pl* **multa** sehr; ~ **adiuvare aliquem** j-n sehr unterstützen; ~ **abesse** viel abwesend sein 2 *komp* mehr, **plus**

M

quam triduo mehr als drei Tage **3** *sup* sehr viel, am meisten, größtenteils

★**multus** ⟨a, um⟩, *komp* ⟨plūrēs, plūra⟩; *sup* ⟨plūrimus, a, um⟩ ADJ **1** (*nach Menge, Zahl*) viel, zahlreich, reichlich **2** groß, stark, bedeutend; **multa pax** tiefer Frieden **3** (*örtl.*) groß, weit **4** (*zeitl.*) **multa nox** tiefe Nacht; **multo die** spät am Tag; **multo mane** am frühen Morgen **5** RHET ausführlich **6** eifrig, fleißig **7** aufdringlich **8** *komp* mehr, die Mehrzahl **9** *sup* **plurimi** die meisten, sehr viele **10** ★**multa** vieles, vielerlei; **quid multis?** wozu viele Worte?; ★**multi** die Menge

mūlus ⟨ī⟩ M **1** Maultier **2** *fig* Packesel **3** Dummkopf

Mulvius pōns M *Tiberbrücke in Rom*

Mūnātius ⟨a, um⟩ *Name einer röm. gens;* **L. ~ Plancus** *Legat Caesars, Anhänger des Octavian, für den er 27 v. Chr. den Titel Augustus vorschlug*

Munda ⟨ae⟩ F *Stadt in Hispania Baetica*

mundāre ⟨ō, āvī, ātum 1.⟩ reinigen, säubern

munditia ⟨ae⟩ F *u.* **munditiēs** ⟨ēī⟩ F **1** Sauberkeit **2** Feinheit, Eleganz **3** Eitelkeit **4** feine Lebensart

mundulus ⟨a, um, *adv* mundulē⟩ ADJ geputzt

mundus[1] ⟨a, um, *adv* mundē⟩ ADJ *u.* ⟨munditer⟩ **1** sauber **2** *fig* fein, elegant

★**mundus**[2] ⟨ī⟩ M **1** Toilettengeräte **2** Weltall **3** Himmel **4** Welt, Erde **5** Menschheit

mūnerāre ⟨ō, āvī, ātum 1.⟩ *u.* **mūnerārī** ⟨or, ātus sum 1.⟩ **1** schenken **2** beschenken

mūneri-gerulus ⟨ī⟩ M Überbringer von Geschenken

mūnia ⟨ium⟩ NPL Leistungen, Pflichten

mūni-ceps ⟨cipis⟩ M *u.* F Bürger(in) eines Municipiums, Mitbürger(in)

mūnicipālis **A** e ADJ **1** Munizipal…; **dolor ~** Schmerz der Bürger eines Municipiums **2** spießbürgerlich **B** ⟨is⟩ M Kleinstädter

mūnicipātim Av. munizipienweise

★**mūnicipium** ⟨ī⟩ N Landstadt, *bes ital.* Kleinstadt

mūnificāre ⟨ō, āvī, ātum 1.⟩ beschenken

mūnificentia ⟨ae⟩ F Freigebigkeit

mūni-ficus ⟨a, um, *adv* mūnificē⟩ A… freigebig, mildtätig

mūnimen ⟨inis⟩ N *u.* **mūnīme…tum** ⟨ī⟩ N Verschanzung; Stütze

★**mūnīre** ⟨iō, īvī *u.* iī, ītum 4.⟩ **A** … schanzen, mauern **B** V/T **1** (*Stadt, Ma…er*) bauen **2** (*Wege*) anlegen **3** (*La… usw.*) befestigen **4** *fig* schützen, siche…

mūnis ⟨e⟩ ADJ gefällig, verbunden

mūnītāre ⟨ō, -, - 1.⟩ bahnen

★**mūnītiō** ⟨ōnis⟩ F **1** Befestigung, Ma…erbau **2** Schanze, Festungswerk

mūnītor ⟨ōris⟩ M **1** Erbauer **2** Scha…arbeiter **3** MIL Pionier

mūnītus ⟨a, um, *adv* mūnītē⟩ ADJ … fest, befestigt **2** *fig* geschützt, sicher

★**mūnus** ⟨eris⟩ N **1** Aufgabe, Pflic… Amt, Dienst **2** Abgabe **3** Gefälligk… Gnade; **munere alicuius rei** mittels … ner Sache **4** Bestattung **5** Gesche… **6** Opfer **7** Festspiel **8** Theater **9** Prachtbau *des Weltalls*

mūnusculum ⟨ī⟩ N kleines Gesche…

mūraena ⟨ae⟩ F = **murena**

mūrālis ⟨e⟩ ADJ Mauer…

mūrēna ⟨ae⟩ F Muräne

Mūrēna ⟨ae⟩ M *röm. Beiname;* → L…nius

mūrex ⟨icis⟩ M **1** Purpurschnecke … Purpur **3** Stachelschnecke **4** *fig* Fels…riff

muria ⟨ae⟩ F Salzlake

muriāticus ⟨a, um⟩ ADJ eingepöke…

mūri-cīdus ⟨a, um⟩ ADJ schlapp

mūrīnus ⟨a, um⟩ ADJ Mäuse…

murmillō ⟨ōnis⟩ M Gladiator, *auf…sen Helmspitze sich ein Fisch befand*

★**murmur** ⟨uris⟩ N **1** Gemurmel **2** das Rauschen, das Brausen, das Tos…

murmurāre ⟨ō, āvī, ātum 1.⟩ **1** m…meln, murren, knurren **2** rauschen

murmurātiō ⟨ōnis⟩ F das Murren

murmurillum ⟨ī⟩ N Gemurmel

muro… = **myro…**

murra[1] ⟨ae⟩ F **1** Flusspat **2** Murr…fäß

murra[2] ⟨ae⟩ F **1** Myrrhenbaum **2** …rhe

murreus[1] ⟨a, um⟩ ADJ aus Flusssp…

murreus[2] ⟨a, um⟩ ADJ mit My… myrrhefarben, dunkelgelb

murrh… = **murr…**

murrina ⟨ōrum⟩ NPL Gefäße aus F…

…at
…urrinum ⟨ī⟩ N (erg. **vinum**) mit Myr-
…e versetzter Wein
…urrinus[1] ⟨a, um⟩ ADJ aus Flussspat
…urrinus[2] ⟨a, um⟩ ADJ mit Myrrhe be-
…itet, mit Myrrhe parfümiert
…urtētum ⟨ī⟩ N Myrtengebüsch,
…äldchen
…urteus ⟨a, um⟩ ADJ Myrten…; myr-
…nfarben
…rtus ⟨ī u. ūs⟩ F 1 Myrte 2 Myrten-
…in 3 Speer aus Myrtenholz
…irus ⟨ī⟩ M 1 Mauer, Stadtmauer,
…all, Damm 2 *fig* Schutz
…is ⟨mūris⟩ M Maus
…isa ⟨ae⟩ F 1 Muse, *meist pl*, *Schutz-*
…*ttinnen der Künste* 2 Kunst 3 Dich-
…ng, Musik, Gesang, Wissenschaft
…saeus ⟨a, um⟩ ADJ dichterisch, mu-
…alisch
…sca ⟨ae⟩ F 1 Fliege 2 ungebetener
…st 3 aufdringlicher Mensch
…scārium ⟨ī⟩ N Fliegenwedel
…s-cipula ⟨ae⟩ F *u.* **mūs-cipu-**
…**m** ⟨ī⟩ N 1 Mausefalle 2 *fig* Fallstrick
…scōsus ⟨a, um⟩ ADJ moosig
…sculus ⟨ī⟩ M 1 Mäuschen 2 *fig*
…skel 3 MIL Schutzdach 4 Miesmu-
…el
…scus ⟨ī⟩ M Moos
…sēum ⟨ī⟩ N Akademie, Bibliothek,
…seum
…sica ⟨ae⟩ F *u.* **mūsica** ⟨ōrum⟩ NPL
…**mūsicē** ⟨ēs⟩ F 1 Musik 2 Dicht-
…st, Kunst
…sicus A ⟨a, um, *adv* mūsicē⟩ ADJ 1
…sikalisch 2 dichterisch B ⟨ī⟩ M Mu-
…r
…sīum ⟨ī⟩ N = **museum**
…ss(it)āre ⟨ō, āvī, ātum 1.⟩ 1 mur-
…n 2 nicht merken lassen
…stēla ⟨ae⟩ F Wiesel
…stēlīnus ⟨a, um⟩ ADJ Wiesel…
…stella ⟨ae⟩ F = **mustela**
…stellīnus ⟨a, um⟩ ADJ = **mustelinus**
…steus ⟨a, um⟩ ADJ 1 mostähnlich
…g neu, frisch
…tulentus ⟨a, um⟩ ADJ mostreich
…tum ⟨ī⟩ N Most; Weinlese
…tus ⟨a, um⟩ ADJ jung, frisch, neu
…ābilis ⟨e, *adv* mūtābiliter⟩ ADJ ver-
…erlich, launisch, unbeständig
…ābilitās ⟨ātis⟩ F Veränderlichkeit

★**mūtāre** ⟨ō, āvī, ātum 1.⟩ A VT 1 wegbewegen, entfernen, vertreiben; *passiv u.* **se ~** sich entfernen 2 wechseln, tauschen, ver-, umtauschen, **certa pro incertis ~** Sicheres für Unsicheres eintauschen 3 ändern, verwandeln; **fidem ~** sein Wort brechen 4 umstimmen 5 verbessern; verschlechtern B VI sich ändern; **~ in aliquid** in etw übergehen

mūtātiō ⟨ōnis⟩ F 1 Veränderung, Wechsel; **~ castrorum** Verlegung des Lagers 2 Umwälzung 3 Tausch

mutilāre ⟨ō, āvī, ātum 1.⟩ 1 verstümmeln 2 *fig* vermindern

mutilus ⟨a, um⟩ ADJ 1 verstümmelt, gestutzt 2 RHET abgehackt

Mutina ⟨ae⟩ F *Stadt in der Poebene, heute Modena*; **Mutinēnsis** ⟨e⟩ ADJ aus Mutina

mūtīre ⟨iō, īvī, ītum 4.⟩ = **muttire**

mūtō ⟨ōnis⟩ M männliches Glied

mūtōnium ⟨ī⟩ N = **muto**

muttire ⟨iō, īvī, ītum 4.⟩ mucksen, leise sprechen

muttītiō ⟨ōnis⟩ F das Mucksen

muttō ⟨ōnis⟩ M = **muto**

mūtuārī ⟨or, ātus sum 1.⟩ 1 borgen, leihen; mieten 2 *fig* entlehnen

mūtuātiō ⟨ōnis⟩ F Anleihe, das Borgen

mūtuitāns ⟨antis⟩ ADJ der borgen will

mūtulus ⟨ī⟩ M = **mitulus**

mūtūnicum ⟨ī⟩ N = **mutonium**

mūtuō ADV → mutuus

★**mūtus** ⟨a, um⟩ ADJ 1 (*Lebewesen*) sprachlos, schweigend, stumm 2 (*Sache*) still, lautlos 3 **consonantes mutae** GRAM Verschlusslaute, *b/p, d/t, g/c/k*

mūtuum ⟨ī⟩ N 1 Darlehen 2 Gegenseitigkeit; **per mutua** untereinander

★**mūtuus** ⟨a, um, *adv* mūtuō⟩ ADJ *u.* ⟨mūtuē⟩ 1 geborgt, geliehen; **mutuo** leihweise **pecuniam mutuam dare alicui** j-m Geld leihen 2 gegenseitig

Mycalē ⟨ēs⟩ F *Vorgebirge in Kleinasien*

Mycēna ⟨ae⟩ F *u.* **Mycēnae** ⟨ārum⟩ FPL Mykene, *sehr alte Stadt in der Argolis*;

Mycēnaeus ⟨a, um⟩ ADJ mykenisch

Mȳlae ⟨ārum⟩ FPL *Halbinsel u. Stadt an der Nordküste Siziliens, heute Milazzo*

myoparō ⟨ōnis⟩, *akk* PL ⟨ōnas⟩ M leichtes Kaperschiff

myrīca ⟨ae⟩ F *u.* **myrīcē** ⟨ēs⟩ F BOT

M

Tamariske
Myrmidones ⟨um⟩ MPL *Volk in Thessalien*
myrmillō ⟨ōnis⟩ M = **murmillo**
myrobrechārius ⟨ī⟩ M Parfümhändler
myrobrechīs ADJ *nur akk* PL salbentriefend, parfümiert
myropōla ⟨ae⟩ M Parfümhändler
myropōlium ⟨ī⟩ N Parfümerie
myrrh... = **murr...**
myrt... = **murt...**
Mȳsia ⟨ae⟩ F *Landschaft in NO von Kleinasien;* **Mȳsius** ⟨a, um⟩ ADJ aus Mysia
mystagōgus ⟨ī⟩ M REL Fremdenführer
mystērium ⟨ī⟩ N **1** Geheimlehre **2** PL Geheimkult, Mysterien, Geheimnisse
mystēs ⟨ae⟩ M Mysterienpriester
mysticus ⟨a, um⟩ ADJ mystisch, geheimnisvoll
Mȳsus **A** ⟨a, um⟩ ADJ aus Mysia **B** ⟨ī⟩ M Einwohner von Mysia
Mytilēnae ⟨ārum⟩ FPL *Hauptstadt der Insel Lesbos, heute Mytilini;* **Mytilēnaeus** ⟨a, um⟩ ADJ aus Mytilenae; **Mytilēnē** ⟨ēs⟩ F = **Mytilenae**; **Mytilēnēnsis** ⟨e⟩ ADJ = **Mytilenaeus**
myxa ⟨ae⟩ F *u.* **myxus** ⟨ī⟩ M Lampendocht

N

N

n, N ABK **1** = **Numerius** **2** = **nepos** Enkel, Neffe **3** = **Nonae** die Nonen
nactus ⟨a, um⟩ PPERF → **nancisci**
nae *Partikel* = **ne**[1]
naenia ⟨ae⟩ F = **nenia**
Naeviānus ⟨a, um⟩ ADJ des Naevius
Naevius ⟨a, um⟩ **A** *Name einer röm. gens;* **Cn. ~** *röm. Dramatiker u. Epiker, Verfasser des ersten nationalröm. Epos* **B** ADJ des Naevius
naevus ⟨ī⟩ M Muttermal
Nāias ⟨adis⟩ F Wassernymphe, Najade; **Nāicus** ⟨a, um⟩ ADJ der Najaden; **Nāis** ⟨idis⟩ F = **Naias**
★**nam** **A** *Partikel (als Versicherung)* ja, allerdings **B** KONJ **1** denn; nämlich zum Beispiel **2** *(an ein Wort angehän...* denn, doch; **quisnam?** wer denn?
Namnetēs ⟨um⟩ MPL *kelt. Volk*
nam-que **A** ADV freilich **B** KONJ de... nämlich
★**nancīscī** ⟨nancīscor, nactus sum nānctus sum 3.⟩ **1** (zufällig) erreich... bekommen, gewinnen **2** finden
nānus ⟨ī⟩ M Zwerg
Napaeae ⟨ārum⟩ FPL Nymphen ... Waldtäler
napaeus ⟨a, um⟩ ADJ Waldtal...
Nār ⟨Nāris⟩ M *Nebenfluss des Tiber... Umbrien, heute Nera*
Nārbō ⟨ōnis⟩ M *u.* F *u.* **Nārbō...** ⟨ae⟩ F *Stadt in Gallia Narbonensis, he... Narbonne;* **Nārbōnēnsis** ⟨e⟩ ADJ ... Narbo
narcissus ⟨ī⟩ M Narzisse
Narcissus ⟨ī⟩ M *schöner junger M... verliebte sich in sein Spiegelbild im Wa... wurde in eine Narzisse verwandelt*
nardinum ⟨ī⟩ N Nardenwein
nardinus ⟨a, um⟩ ADJ Narden...
nardum ⟨ī⟩ N *u.* **nardus** ⟨ī⟩ F ... denöl
nāre ⟨nō, nāvī, - 1.⟩ **1** schwimme... *fig* segeln; fließen
nāris ⟨is⟩ F **1** Nasenloch, Nase; *pl* ... **2** *fig* feine Nase, Scharfsinn
narrābilis ⟨e⟩ ADJ erzählbar
★**narrāre** ⟨ō, āvī, ātum 1.⟩ **1** erzä... berichten, mitteilen **2** Nachric... bringen; **bene ~** gute Nachricht brin... **3** erwähnen, nennen, sagen
narrātiō ⟨ōnis⟩ F **1** Erzählung **2** ... Darstellung des Sachverhalts
narrātiuncula ⟨ae⟩ F kleine Er...lung
narrātor ⟨ōris⟩ M Erzähler
narrātus ⟨ūs⟩ M = **narratio**
narthēcium ⟨ī⟩ N Creme-, Schm... dose
nārus ⟨a, um⟩ ADJ = **gnarus**
★**nāscī** ⟨nāscor, nātus sum 3.⟩ **1** g... ren werden, erzeugt werden **2** *fig* ... stehen, entspringen; **ex hoc nasc... ut** daraus folgt, dass **3** vorkomme... PPERF geboren, entstanden; besti... alt; **post hominum genus natum** ... Menschengedenken; **imperio/ad i... randum natus** zum Herrschen geb...

riginta annos natus dreißig Jahre alt
āsō ⟨ōnis⟩ M röm. Beiname; → Ovi-
ius
assa ⟨ae⟩ F Netz, Schlinge
assiterna ⟨ae⟩ F Gießkanne
āsturcium ⟨ī⟩ N Kresse
āsum ⟨ī⟩ N u. nāsus ⟨ī⟩ M 1 Nase;
eruchssinn 2 fig feine Nase, scharfes
rteil 3 fig naso suspendere aliquem
ber j-n die Nase rümpfen 4 fig Schna-
el eines Bechers
āsūtus ⟨a, um, adv nasūtē⟩ ADJ 1 mit
roßer Nase 2 fig spöttisch
ata ⟨ae⟩ F Tochter
ātālicia ⟨ae⟩ F Geburtstagsessen
ātālicius ⟨a, um⟩ ADJ Geburtstags…,
eburts…
ātālis A ⟨e⟩ ADJ Geburts…; humus ~
eimat B ⟨is⟩ M 1 Geburtstag 2 Ge-
urtsort 3 Geburtsgott, Geburtsgenius
PL Herkunft, Familie
ātāre ⟨ō, āvī, ātum 1.⟩ A V/I 1
hwimmen 2 fig überströmen, -flie-
n, voll sein 3 (Gewässer, Laub usw.)
gen, wallen 4 (Person) schwanken
V/T durchschwimmen
ātātiō ⟨ōnis⟩ F 1 das Schwimmen 2
hwimmbecken in röm. Thermen; →
ermae
ātātor ⟨ōris⟩ M Schwimmer
ātiō ⟨ōnis⟩ F 1 Geburt, Abstammung;
tione Medus medischer Abstammung
Volksstamm 3 fig Gattung, Klasse,
, Sippschaft
tis ⟨is⟩ F Hinterbacke; pl Gesäß
tīvus ⟨a, um⟩ ADJ 1 geboren 2 an-
boren, natürlich, ursprünglich; verba
tiva Stammwörter
trix ⟨icis⟩ F 1 Wasserschlange 2 fig
lange 3 männliches Glied
tūra ⟨ae⟩ F 1 Geburt 2 Geschlechts-
3 Natur, Beschaffenheit 4 Gestalt,
ßeres 5 Charakter; naturā von Natur
6 Naturgesetz; in rerum naturā est
ist möglich 7 Naturkraft 8 Welt(all)
Grundstoff, Element 10 Wesen, Ding
Geschlecht, Gattung
ūrālis ⟨e, adv nātūrāliter⟩ ADJ 1
ürlich 2 leiblich 3 angeboren 4 Na-
..
us¹ ⟨a, um⟩ PPERF → nasci
us² ⟨ī⟩ M Sohn; pl Kinder
us³, abl ⟨ū⟩ M Geburt; Alter; grandis
natū sehr alt; maior natū älter; maiores
natū ältere Leute

nauarchus ⟨ī⟩ M Kapitän

nauclēricus ⟨a, um⟩ ADJ des Schiffsherrn

nauclērus ⟨ī⟩ M Herr eines Schiffes

naucularī ⟨or, - 1.⟩ auf einem kleinen Schiff fahren

naucum ⟨ī⟩ N Nussschale; **non nauci esse** keinen Pfifferling wert sein

nau-fragium ⟨ī⟩ N 1 Schiffbruch; ~ **facere** Schiffbruch erleiden 2 *fig* Niederlage 3 *fig* Zusammenbruch, Ruin, Elend 4 PL Trümmer, Überreste

naufragus A ⟨a, um⟩ ADJ 1 schiffbrüchig 2 *fig* ruiniert 3 Schiffe zerstörend B ⟨ī⟩ M Schiffbrüchiger

naumachia ⟨ae⟩ F 1 Seeschlacht *als Schauspiel* 2 Ort einer Seeschlacht

nausea ⟨ae⟩ F 1 Seekrankheit 2 Übelkeit 3 *fig* Ekel, ekelerregende Langeweile

nauseābundus ⟨a, um⟩ ADJ 1 seekrank 2 an verdorbenem Magen leidend

nauseāre ⟨ō, āvī, ātum 1.⟩ 1 seekrank sein; sich erbrechen 2 *fig* sich ekeln 3 *fig* sich schlecht benehmen

nauseātor ⟨ōris⟩ M Seekranker

nauseola ⟨ae⟩ F kleine Übelkeit

nausi… = **nause…**

★**nauta** ⟨ae⟩ M 1 Seemann, Matrose 2 Schiffsherr, Reeder, Kaufmann

nautea ⟨ae⟩ F Abwasser eines Schiffes

nauticus A ⟨a, um⟩ ADJ seemännisch, See…; Schiffs… B ⟨ī⟩ M = **nauta**

nāvāle ⟨is⟩ N Hafen; *pl* Werft; Takelwerk

nāvālis ⟨e⟩ ADJ See…, Schiffs…

nāvāre ⟨ō, āvī, ātum 1.⟩ eifrig betreiben; **rem publicam** ~ dem Staat eifrig dienen; **operam** ~ Dienste leisten

nāvē ADV → navus

nāvicula ⟨ae⟩ F kleines Schiff, Kahn

nāviculāria ⟨ae⟩ F Handelsschifffahrt, Reederei

nāviculārius A ⟨a, um⟩ ADJ zum Schiffswesen gehörig B ⟨ī⟩ M Reeder

nāvi-fragus ⟨a, um⟩ ADJ Schiffe zerstörend

nāvigābilis ⟨e⟩ ADJ schiffbar

★**nāvigāre** ⟨ō, āvī, ātum 1.⟩ A V/I 1 zur See fahren, segeln, schwimmen 2 in See stechen B V/T 1 durchsegeln 2

N

durch Seefahrt erwerben
nāvigātiō ⟨ōnis⟩ F Schifffahrt, Seereise; Fahrgelegenheit
nāvigātor ⟨ōris⟩ M Seefahrer
nāvi-ger ⟨gera, gerum⟩ ADJ Schiffe tragend, schiffbar
nāvigium ⟨ī⟩ N Schiff, Kahn, Floß
★**nāvis** ⟨is⟩ F Schiff; ~ **longa** Kriegsschiff; ~ **rei publicae** *fig* Staatsschiff
nāvita ⟨ae⟩ M = **nauta**
nāvitās ⟨ātis⟩ F Eifer
nāviter ADV → navus
nāvus ⟨a, um, *adv* nāviter *u.* nāvē⟩ ADJ eifrig; *adv* tüchtig, völlig
Naxius ⟨a, um⟩ ADJ von Naxos
Naxos *u.* **Naxus** ⟨ī⟩ F *Kykladeninsel*
nē[1] *Partikel der Beteuerung, nur vor* PERS PR *u.* DEM PR wahrhaftig, ja
★**nē**[2] A ADV 1 nicht; ~ ... **quidem** nicht einmal 2 (*in Befehlssätzen*) nicht; ~ **laudaveris** lobe nicht 3 (*in Wunsch- u. Beteuerungssätzen*) nicht; ~ **venias** komme (ja) nicht 4 (*in Konzessivsätzen*). zugegeben, dass nicht; dass nicht B KONJ +*konjkt* 1 (*in abhängigen Wunschsätzen*) dass nicht; **oro te,** ~ **venias** ich bitte dich, nicht zu kommen 2 (*nach Ausdrücken der Furcht*) dass; **timeo,** ~ **(non)** ich fürchte, dass (nicht) 3 (*nach den Verben hindern, untersagen, sich hüten, sich weigern*) dass *od.* *übersetzt als inf mit* zu, +*konjkt*; **plura** ~ **scribam, dolore impedior** ich werde durch den Schmerz gehindert mehr zu schreiben 4 (*in Finalsätzen*) dass nicht, damit nicht, um nicht
ne-[3] *unbetonte Wortverneinung*: **nego** ich verneine; **ne-fas** Unrecht
★**-ne**[4] *Fragepartikel, oft nicht übersetzt* 1 (*in dir. Fragen, wenn die Antwort unbestimmt ist*) **totane urbs arsit?** brannte die ganze Stadt? 2 (*bejahende Antwort erwartend* = **nonne**) etwa nicht; **vidisne?** siehst du etwa nicht? 3 (*verneindende Antwort erwartend* = **num**) doch nicht 4 (*indir. Satzfragen*) ob 5 (*in Alternativfragen*) **-~ ... an/-~ = utrum ... an** 6 (*in dir. Alternativfragen*) **-~ ...an/-~** *1. Glied unübersetzt, 2. u. evtl. folgende Glieder* oder 7 (*in indir. Alternativfragen*) **-~ ... an/-~** ob ... oder 8 (*in indir. Alternativfragen*) **(-~) ... necne** ob ... oder nicht
Neāpolis ⟨is⟩ F *Hafenstadt in Kampanien, heute Neapel*; **Neāpolitānus** ⟨a, um⟩ ADJ aus Neapolis; **Neāpolitānu**
⟨ī⟩ M Einwohner von Neapolis
★**nebula** ⟨ae⟩ F 1 Dunst, Nebel 2 Rau
3 Wolke 4 dünne Kleider; Blech
nebulō ⟨ōnis⟩ M Taugenichts; Schuf
nebulōsus ⟨a, um⟩ ADJ nebelig, du
kel
★**nec** KONJ = **neque**
★**necāre** ⟨ō, āvī, ātum 1.⟩ 1 töten,
morden 2 *fig* vernichten
nec-dum KONJ und nicht, aber nic
auch noch nicht
★**necessārius** A ⟨a, um, *adv* necess
riō *u.* necessāriē⟩ ADJ 1 notwendig; u
umgänglich; **necessarium est** es ist n
wendig, man muss 2 dringend, zw
gend; ~ **alicui** j-m am Herzen liege
3 nahestehend, verwandt B ⟨ī⟩ M V
wandter, Freund
★**necesse** ADJ N notwendig; ~ **esse** nö
sein; ~ **habere** für notwendig halt
nötig haben, müssen
★**necessitās** ⟨ātis⟩ F 1 Notwendigk
necessitate coactus notgedrungen
Verhängnis, Schicksal 3 Not, Bedrä
nis 4 Mangel 5 PL notwendige Bed
nisse 6 verbindende Kraft 7 *fig* e
Verbindung
★**necessitūdō** ⟨inis⟩ F 1 Notwen
keit 2 Notlage 3 enge Verbindung, V
wandtschaft, Freundschaft 4 PL V
wandte, Freunde
necessum, necessus esse = **ne**
se esse; → necesse
nec-legere ⟨legō, lēxī, lēctum 3.
neglegere
nec-ne KONJ *bei Fragen* oder nicht?
nec-nōn = **nec ... non**; → neque
nec-opīnāns ⟨antis⟩ ADJ ahnungs
nec-opīnātus ⟨a, um, *adv* necop
tō⟩ ADJ unvermutet, unerwartet
nec-opīnus ⟨a, um⟩ ADJ 1 = **nec**
nans 2 = **necopinatus**
nectar ⟨aris⟩ N 1 Göttertrank, Ne
Götterbalsam 2 *fig* Süße, Wein
nectareus ⟨a, um⟩ ADJ aus Nektar,
wie Nektar
★**nectere** ⟨nectō, nexuī *u.* nexī, ne
3.⟩ 1 (ver)knüpfen, flechten 2 um
den, umschlingen 3 (*von der Schuld*
fesseln, verhaften 4 *fig* anknüpfen
fügen 5 *fig* verbinden 6 *fig* ersinn
nē-cubī KONJ +*konjkt* damit nich

ndwo
-cunde KONJ *+konjkt* damit nicht ir-
ndwoher
-dum **A** KONJ *+konjkt/+ind* geschwei-
denn, dass **B** ADV **1** *(in verkürzten Sät-*
n) geschweige (denn) **2** *(nach vernein-*
n Satz) noch viel weniger **3** *(nach be-*
tem Satz) noch viel mehr
facere ⟨faciō, -, - 3.⟩ anders han-
ln
andum ⟨ī⟩ N Frevel
fandus ⟨a, um⟩ ADJ unsäglich, ab-
eulich
ārium ⟨ī⟩ N = **nefas**
ārius **A** ⟨a, um, *adv* nefāriē⟩ ADJ
velhaft **B** ⟨ī⟩ M Frevler
fās N *indekl, nur nom u. akk* SG **1** Fre-
, Unrecht **2** Scheusal **3** ~ **est** es ist
ht erlaubt
fāstus ⟨a, um⟩ ADJ **1** verboten **2**
unheilvoll, Unglücks... **3** *fig* sündhaft
antia ⟨ae⟩ F Verneinung
āre ⟨ō, āvī, ātum 1.⟩ **A** V/I nein sa-
B V/T **1** verneinen, leugnen, be-
iten **2** abschlagen, verweigern; **vela**
entis die Segel einziehen
ātiō ⟨ōnis⟩ F Verneinung, das
gnen
itāre ⟨ō, āvī, ātum 1.⟩ beharrlich
gnen
lēctiō ⟨ōnis⟩ F Vernachlässigung,
chgültigkeit
lēctus¹ ⟨a, um⟩ ADJ vernachlässigt
lēctus² ⟨a, um⟩ PPP → neglegere
egēns ⟨entis, *adv* neglegenter⟩
1 nachlässig; ~ **officii** pflichtverges-
2 verschwenderisch
egentia ⟨ae⟩ F **1** Nachlässigkeit
ernachlässigung
-legere ⟨legō, lēxī, lēctum 3.⟩ **1**
achlässigen, sich nicht kümmern,
uem um j-n **2** gering schätzen **3**
sehen, ungestraft lassen
ōtiālis ⟨e⟩ ADJ geschäftlich
ōtiārī ⟨or, ātus sum 1.⟩ Handels-
häfte/Geldgeschäfte betreiben
ōtiātiō ⟨ōnis⟩ F Großhandel,
geschäft; Handel
ōtiātor ⟨ōris⟩ M **1** Großhändler,
ier **2** Kaufmann
ōtiolum ⟨ī⟩ N kleines Geschäft
ōtiōsus ⟨a, um⟩ ADJ tätig, ge-
ftig; mühevoll; **dies** ~ Alltag, Werk-
tag

★**neg-ōtium** ⟨ī⟩ N **1** Tätigkeit, Beschäftigung; **in negotio esse** beschäftigt sein; **alicui ~ est cum aliquo** jd. hat mit j-m zu tun **2** Auftrag, Aufgabe; **infecto negotio** unverrichteter Dinge **3** Mühe; **sine/nullo negotio** ohne Umstände **4** Staatsdienst; **in negotio** im Staatsdienst **5** Kampf **6** Handels-, Geldgeschäft **7** häusliche Angelegenheit; *pl* Hauswesen **8** Angelegenheit; Umstände; **quid negotii?** was gibt's? **9** *(von Personen)* Stück, Wesen

Nemausus ⟨ī⟩ F *Ort in Gallia Narbonensis, heute Nîmes*

Nemea ⟨ae⟩ F *Tal im Norden der Peloponnes, wo alle zwei Jahre die Nemeischen Spiele gefeiert wurden;* **Nemea** ⟨ōrum⟩ NPL Nemeische Spiele; **Nemeaeus** ⟨a, um⟩ ADJ nemeisch

Nemesis ⟨is *u.* eos⟩ F Rachegöttin

★**nēmō** ⟨nullius⟩ INDEF PR **A** SUBST niemand, keiner; ~ **nostrum** niemand von uns; **non** ~ mancher; ~ **non** jeder **B** ADJ kein; ~ **hostis** kein Feind

nemorālis ⟨e⟩ ADJ Hain-, waldig

nemorēnsis ⟨e⟩ ADJ Hain-, waldig

nemori-cultrīx ⟨īcis⟩ F Waldbewohnerin; **sus** ~ Wildschwein

nemori-vagus ⟨a, um⟩ ADJ im Wald umherschweifend

nemorōsus ⟨a, um⟩ ADJ waldreich; baumreich, schattig

nempe ADV denn doch, doch wohl, offenbar, allerdings, freilich, natürlich

★**nemus** ⟨oris⟩ N **1** Wald **2** Hain (einer Gottheit) **3** Park **4** Baumpflanzung

nēnia ⟨ae⟩ F **1** Totenlied; Klagegesang **2** Zauberlied **3** Lied

Neoptolemus ⟨ī⟩ M *Sohn des Achill*

neōtericī ⟨ōrum⟩ MPL die Neoteriker, *röm. Dichterkreis, Hauptvertreter war Catull*

nepa ⟨ae⟩ F **1** *(Tier, Gestirn)* Skorpion **2** *(Tier, Gestirn)* Krebs

★**nepōs** ⟨ōtis⟩ M **1** Enkel **2** Nachkomme **3** Neffe **4** Verschwender

Nepōs ⟨ōtis⟩ M *röm. Beiname;* **Cornelius** ~ *Freund von Cicero, Verfasser von Geschichtswerken*

nepōtārī ⟨or, - 1.⟩ verschwenden

nepōtātus ⟨ūs⟩ M Schwelgerei

nepōtulus ⟨ī⟩ M Enkelchen

N

neptis ⟨is⟩ F 1 Enkelin 2 Nichte
Neptūnius ⟨a, um⟩ ADJ des Neptun
Neptūnus ⟨ī⟩ M 1 Neptun, *Gott der Meere* 2 Meer
nē-quam ADJ *indekl, adv* ⟨nēquiter⟩ *komp* ⟨nēquior, ius⟩, *sup* ⟨nēquissimus, a, um⟩ 1 wertlos 2 erbärmlich 3 leichtsinnig
★**nē-quāquam** ADV keineswegs
★**ne-que** KONJ 1 und nicht, auch nicht, aber nicht, jedoch nicht 2 (*nach vorhergehender Verneinung*) und, oder 3 ~ **quisquam/ullus** und niemand; ~ **vero** aber nicht; ~ **enim** denn nicht; ~ **enim quisquam** denn niemand; ~ **tamen** und dennoch nicht; ~ **etiam** und sogar nicht 4 ~ ... **non** und gewiss auch 5 ~ **aut** ... **aut** und weder ... noch 6 ★ ~ ... ~ weder ... noch 7 ~ ... **et** einerseits nicht ... andererseits (aber), zwar nicht ... aber; **et** ... ~ einerseits ... andererseits nicht, zwar ... aber nicht
neque-dum KONJ = **necdum**
★**nē-quīquam** ADV vergeblich, erfolglos, umsonst
★**nequīre** ⟨eō, īvī *u.* iī, itum 0.⟩ nicht können
nēquiter ADV → nequam
nēquitia ⟨ae⟩ F *u.* **nēquitiēs** ⟨ēī⟩ F 1 Schlechtigkeit 2 Leichtsinn
nēre ⟨neō, nēvī, nētum 2.⟩ spinnen, weben
Nērēis ⟨idis⟩ F Nereide, Tochter des Nereus
Nērēius ⟨a, um⟩ ADJ des Nereus
Nēreus ⟨eī *u.* eos⟩ M *Meeresgott, Vater der Nereiden*
Nerō ⟨ōnis⟩ M *Beiname in der gens Claudia* 1 **C. Claudius** ~ *Sieger über Hasdrubal am Metaurus 207 v. Chr.* 2 **Tib. Claudius** ~ *erster Ehemann der Livia Drusilla; aus der Ehe stammen der Kaiser Tiberius u. Drusus, der Vater des Kaisers Claudius* 3 **Tib. Claudius** ~ *Kaiser 54–68 n. Chr.*;
Nerōnēus ⟨a, um⟩ ADJ des Nero
Nerthus ⟨ī⟩ F *germ. Fruchtbarkeitsgöttin*
Nerva ⟨ae⟩ M *röm. Beiname;* → Cocceius
Nerviī ⟨ōrum⟩ MPL die Nervier, *belg. Stamm zwischen Schelde u. Sambre*
nervōsus ⟨a, um, *adv* nervōsē⟩ ADJ 1 sehnig, muskulös 2 *fig* kraftvoll
★**nervus** ⟨ī⟩ M 1 Sehne, Muskel 2 männliches Glied 3 MUS Saite; *pl* Sai instrument 4 Bogensehne 5 Fessel, fängnis 6 PL *fig* Stärke, Kraft 7 PL Spannkraft
nesapius ⟨a, um⟩ ADJ unwissend
★**ne-scīre** ⟨iō, īvī *u.* iī, ītum 4.⟩ 1 n wissen, nicht kennen; **nescio, quid cam** ich weiß nicht, was ich sagen **non** ~ sehr wohl wissen 2 nicht ver hen, nicht können 3 **nescio an** *+k* vielleicht; **nescio an non** schwerlic **nescio quis** irgendwer; **nescio qu** gendein; **nescio quid** irgendwas; **ne quando** irgendwann; **nescio quom quo pacto** irgendwie, leider
★**ne-scius** ⟨a, um⟩ ADJ 1 unwissend, kundig; **non nescium esse** sehr wissen 2 unfähig 3 unempfindlic unbekannt, unbewusst
Nessēus ⟨a, um⟩ ADJ des Nessus
Nessus ⟨ī⟩ M *Kentaur, von Herkules tet*
Nestor ⟨ōris⟩ M *König von Pylos, alt weiser Berater der Griechen vor Troja*
nētus ⟨a, um⟩ PPP → nere
neu KONJ → neve
ne-uter ⟨utra, utrum⟩ INDEF PR, *dreisilbig gesprochen* A SUBST k (von beiden) B ADJ 1 kein (von bei **in neutram partem** weder zum Sch noch zum Nutzen 2 GRAM sächli PHILOS weder gut noch böse
ne-utiquam ADV keineswegs
neutrō ADV nach keiner der beide ten
neutr-ubī ADV an keiner der b Stellen
★**nē-ve** KONJ 1 (*zur Einleitung des 2. des eines Aufforderungs- od. Finals* und nicht, oder nicht 2 ~ ... ~ weder ... noch
nēvī → nere
ne-vīs, ne-vult → nolle
★**nex** ⟨necis⟩ F 1 Tod, Mord, Hinric 2 Blut des Ermordeten
nexī → nectere
nexilis ⟨e⟩ ADJ zusammengeknüp
nexuī → nectere
nexum ⟨ī⟩ N JUR feierlicher Darle vertrag
nexus[1] ⟨ī⟩ M Schuldknecht
nexus[2] ⟨ūs⟩ M 1 Verknüpfung schlingung 2 *fig* Verbindung, Ve

ıng 3 JUR Schuldknechtschaft
əxus[3] ⟨a, um⟩ PPP → nectere
A ADV nicht; **quidni?** warum nicht?
KONJ 1 (*final*) dass nicht, damit nicht
(*konditional*) wenn nicht
īcaea ⟨ae⟩ F 1 *Stadt in Bithynien* 2
adt in Lokris 3 *Stadt in Ligurien, heute*
izza; **Nīcaeēnsis** ⟨e⟩ ADJ aus Nicaea;
īcaeēnsis ⟨is⟩ M Einwohner von Ni-
ıea
ctāre ⟨ō, -, - 1.⟩ *u.* **nictārī** ⟨or, -1.⟩
mit den Augen zwinkern 2 *fig* zucken
dāmentum ⟨ī⟩ N Baustoff für das
əst
dor ⟨ōris⟩ M Bratenduft; Gestank
dulus ⟨ī⟩ M kleines Nest
dus ⟨ī⟩ M 1 Nest, Horst 2 Brut 3 *fig*
ız 4 Bücherschrank
ger ⟨gra, grum⟩ ADJ 1 schwarz, dun-
l 2 gebräunt 3 verdunkelnd 4 *fig*
ıheilvoll 5 *fig* böse
rāns ⟨antis⟩ ADJ schwarz, dunkel
rāre ⟨ō, āvī, ātum 1.⟩ schwarz sein
rēscere ⟨nigrēscō, nigruī, - 3.⟩
ıwarz werden
ror ⟨ōris⟩ M Schwärze, Dunkelheit
ruī → nigrescere
il *u. im Vers auch* **nihīl** A *indekl* N,
nom u. akk 1 nichts; etwas Bedeu-
ıgsloses; ~ **quidquam** gar nichts; ~
cuniae kein Geld 2 **non** ~ manches,
iges; ~ **non** alles 3 ~ **(aliud) nisi** nur
~ **est, quod** es besteht kein Grund,
ıs B ADV 1 in keiner Weise 2 aus kei-
n Grund
il-dum ADV noch nichts
ilō-minus ADV → nihilum
ilum A ⟨ī⟩ N 1 nichts, das Nichts;
~ **venire/redigere** zunichtewerden/
ichtemachen 2 **nihili** für nichts; **ni-**
esse nichts wert sein 3 **nihilō** um
ıts; **pro nihilo** für nichts; **de nihilo**
ıe Grund 4 **nihilo minus** *adv* nichts-
toweniger, trotzdem B ADV keines-
gs
= **nihil**
acus ⟨a, um⟩ ADJ des Nil, ägyptisch
us ⟨ī⟩ M Nil
bātus ⟨a, um⟩ ADJ in Nebel gehüllt
bōsus ⟨a, um⟩ ADJ wolkig, stür-
ch
bus ⟨ī⟩ M 1 Wolke, Nebel(hülle) 2
m(wolke) 3 Unwetter 4 *fig* plötzli-
ches Unglück 5 Menge, Schar

nimietās ⟨ātis⟩ F Übermaß
nimiopere ADV zu sehr, überaus
nī-mīrum ADV allerdings, freilich
★**nimis** ADV 1 zu sehr, allzu; ~ **saepe** zu oft; ~ **gaudere** sich allzu sehr freuen 2 überaus; **non** ~ nicht sonderlich
nimium ⟨ī⟩ N 1 Übermaß 2 **nimio** +*komp* bei Weitem, sehr; **nimio plus** allzu sehr
★**nimius** ⟨a, um⟩ ADJ 1 zu groß, zu viel, übermäßig 2 maßlos, übermütig, *auch* zu mächtig 3 sehr groß, sehr viel 4 **nimium quantum** *adv* außerordentlich
ningere *u.* **ninguere** ⟨ningit *u.* ninguit, nīnxit, - 3.⟩ *unpersön.* es schneit
ninguis ⟨is⟩ F = **nix**
Ninos *u.* **Ninus** ⟨ī⟩ A M MYTH *Gründer des assyrischen Reiches* B F Ninive *am Tigris, alte Hauptstadt von Assyrien*
nīnxit → ningere
Nioba ⟨ae⟩ F *u.* **Niobē** ⟨ēs⟩ F *Tochter des Tantalus, wegen ihrer Überheblichkeit mit dem Tod ihrer Kinder bestraft und in Stein verwandelt;* **Niobēus** ⟨a, um⟩ ADJ zu Niobe gehörig
★**ni-sī** KONJ 1 wenn nicht 2 (*nach Verneinungen*) außer, als; **nihil (aliud)** ~ nur; **non … ~/~ … non** nichts als, nur; ~ **si** außer wenn; ~ **quod** außer dass 3 ~ **forte** es müsste denn sein, dass; ~ **(vero)** es müsste denn gar
nīsus[1] ⟨a, um⟩ PPERF → niti
nīsus[2] ⟨ūs⟩ M 1 das Anstemmen, Anstrengung 2 das Hinaufsteigen 3 Schwung 4 Flug 5 ASTRON Umschwung 6 das Gebären 7 *fig* Anlauf; **suo nisu** aus eigenem Antrieb
nitēns ⟨entis⟩ ADJ 1 glänzend 2 *fig* prächtig
★**nitēre** ⟨eō, uī, - 2.⟩ 1 fett sein 2 glänzen, strahlen, auffallen 3 *fig* reichlich vorhanden sein, reichlichen Ertrag bringen
nitēscere ⟨ēscō, -, - 3.⟩ 1 fett werden, gedeihen 2 *fig* erglänzen
★**nītī** ⟨nītor, nīxus sum *u.* nīsus sum 3.⟩ 1 sich stützen, sich stemmen; **genibus** (*abl*) ~ knien 2 sich aufrichten; **serpentes nituntur** die Schlangen fangen an zu kriechen 3 hochklettern, -steigen; **gradibus** ~ die Stufen hinaufsteigen 4 seine Notdurft verrichten 5 in Wehen lie-

N

gen 6 *fig* nach *etw* trachten, *in/ad aliquid* 7 *fig* beruhen, **(in) re** auf etw 8 *fig* sich verlassen, **in aliquo** auf j-n 9 *fig* sich anstrengen

nitidiusculus ⟨a, um⟩ ADJ schön glänzend

★**nitidus** ⟨a, um, *adv* nitidē⟩ ADJ 1 fett, wohlgenährt 2 glänzend; prächtig, schön; strotzend

Nitiobrogēs ⟨um⟩ MPL *Volk in Gallien*

nitor ⟨ōris⟩ M 1 Beleibtheit 2 Glätte, Glanz 3 *fig* Schönheit, Eleganz 4 *fig* Ansehen

nitrātus ⟨a, um⟩ ADJ mit Natron vermischt

nitrum ⟨ī⟩ N Laugensalz, Natron, Soda

nivālis ⟨e⟩ ADJ 1 Schnee… 2 beschneit 3 *fig* schneeweiß 4 eiskalt

nivārius ⟨a, um⟩ ADJ mit Schnee gefüllt

nivātus ⟨a, um⟩ ADJ mit Schnee gekühlt

nī-ve¹ KONJ oder wenn nicht

nīve² KONJ = **neve**

★**niveus** ⟨a, um⟩ ADJ Schnee…

nivōsus ⟨a, um⟩ ADJ schneereich

★**nix** ⟨nivis⟩ F 1 Schnee; *pl* Schneemassen; **nix capitis** schneeweißes Haar 2 Schneewasser 3 Schneekälte

nīxārī ⟨or, - 1.⟩ = **niti**

nīxus¹ ⟨a, um⟩ PPERF → niti

nīxus² ⟨ūs⟩ M = **nisus**²

★**nōbilis** A ⟨e, *adv* nōbiliter⟩ ADJ 1 erkennbar 2 bekannt 3 berühmt 4 berüchtigt 5 adelig, edel, vornehm 6 ausgezeichnet B ⟨is⟩ M Adeliger, Aristokrat

nōbilitāre ⟨ō, āvī, ātum 1.⟩ 1 bekannt machen 2 berühmt machen; *passiv* berühmt werden 3 berüchtigt machen

★**nōbilitās** ⟨ātis⟩ F 1 Berühmtheit 2 Adel; die Adeligen, die Aristokraten 3 Vorzüglichkeit 4 edle Art

nocēns A ⟨entis, *adv* nocenter⟩ ADJ 1 schädlich, verderblich 2 schuldig, verbrecherisch B ⟨entis⟩ M Übeltäter

★**nocēre** ⟨eō, uī, itum 2.⟩ 1 schaden; **noxam ~** eine böse Tat begehen 2 schädlich sein

nocīvus ⟨a, um⟩ ADJ schädlich

noctilūca ⟨ae⟩ F Mond

nocti-vagus ⟨a, um⟩ ADJ nachts umherschweifend

★**noctū** A *abl* → nox B ADV nachts

noctua ⟨ae⟩ F Nachteule, Käuzchen

noctuābundus ⟨a, um⟩ ADJ z Nachtzeit (reisend)

noctuīnus ⟨a, um⟩ ADJ des Käuzche

nocturnus ⟨a, um⟩ ADJ nächtli Nacht…

Nocturnus ⟨ī⟩ M Gott der Nacht

noctu-vigilus ⟨a, um⟩ ADJ bei Na wachend

nocuus ⟨a, um⟩ ADJ schädlich

nōdāre ⟨ō, āvī, ātum 1.⟩ verknoten

nōdōsus ⟨a, um⟩ ADJ 1 knotig, kno 2 *fig* verschmitzt

nōdus ⟨ī⟩ M 1 Knoten; **nodum conn tere** einen Knoten machen 2 Gürtel Haarknoten 4 Knöchel, Gelenk 5 Ba Verbindung; Fessel 6 BOT Knospe 7 Verpflichtung 8 *fig* Schwierigkeit

noenu' = **non**

nōla ⟨ae⟩ F die Spröde

Nōla ⟨ae⟩ F *Stadt in Kampanien*; **Nō nus** ⟨a, um⟩ ADJ aus Nola; **Nōlān** ⟨ī⟩ M Einwohner von Nola

★**nōlle** ⟨nōlō, nōluī, - 0.⟩ 1 nicht wol **noli/nolito/nolite** +*inf* = *Umschreib des verneinten Imp.*; **noli putare** gla nicht; **nollem dixissem** hätte ich d nicht gesagt 2 **alicui ~** eine Abneig gegen j-n haben

nōlō → nolle

Nomas ⟨adis⟩ M Nomade; *bes* Num er

★**nōmen** ⟨inis⟩ N 1 Name; **~ dare** freiwillig melden; **~ accipere** in Wahlliste aufnehmen; **~ alicuius de re** j-n anklagen 2 Wort, Ausdruc GRAM Nomen, Substantiv 4 Genti me; Vorname; Beiname 5 Titel 6 **~ Romanum** Römertum 7 Held 8 rühmter Name, guter Ruf, Ruhm 9 ßer Name, Schein 10 (*im Schuldb* Name eines Schuldners 11 Schuld schreibung, Schulden 12 Schuldne **facere in tabulas** einen Schuldpo in das Schuldbuch eintragen; **~ (ex vere/ dissolvere /expedire** seine Sc den bezahlen; **nomina exigere** Ge eintreiben; **uno nomine** *fig* auf ei 13 **nomine** namens; dem Namen n in *j-s* Namen/Auftrag; unter dem men, als; aufgrund; **obsidum no** als Geiseln; **rei publicae nomine**

ücksicht auf den Staat; **eo nomine** des-
egen; **meo nomine** meinerseits, per-
önlich
ōmen-clātor ⟨ōris⟩ M „Namensnen-
er", *Sklave, der seinem Herrn die Namen*
er ihm Begegnenden nannte
ōmentānum ⟨ī⟩ N Landgut bei No-
entum
ōmentānus **A** ⟨a, um⟩ ADJ aus No-
entum **B** ⟨ī⟩ M Einwohner von No-
entum
ōmentum ⟨ī⟩ N *Stadt nördl. von*
m, heute Mentana
ōmināre ⟨ō, āvī, ātum 1.⟩ **1** benen-
en; *passiv* heißen **2** namentlich anfüh-
n **3** rühmen **4** (*für ein Amt*) vorschla-
n, ernennen **5** anklagen, **inter coniu-**
tores als Verschwörer
minātim ADV namentlich
minātiō ⟨ōnis⟩ F **1** Nennung **2**
rschlag *eines Kandidaten* für ein Amt
minātīvus ⟨ī⟩ M GRAM Nominativ
misma ⟨atis⟩ N **1** Münze **2** Marke,
die im Theater Wein ausgegeben wurde
n ADV **1** nicht **2** ~ **nemo** mancher;
mo ... ~ jeder; ~ **nullus** mancher;
llus ... ~ jeder; ~ **nihil** etwas; **nihil**
~ alles; ★~ **numquam** manchmal;
mquam ... ~ immer; ~ **nusquam** an
nchen Orten; ~ **possum** ~ ich muss
= **nonne** **4** (*in Antworten*) nein
n. ABK = **Nonae** die Nonen
na ⟨ae⟩ F die neunte Stunde
nae ⟨ārum⟩ FPL die Nonen, *im März,*
i, Juli, Oktober der 7. Tag, in den übri-
gen Monaten der 5. Tag
nōnāgēnī ⟨ae, a⟩ NUM DISTR je neunzig
nōnāgēsimus ⟨a, um⟩ NUM ORD neun-
zigster
nōnāgiē(n)s ADV neunzigmal
nōnāgintā *indekl* NUM CARD neunzig
nōnānus ⟨a, um⟩ ADJ zur neunten Le-
gion gehörig
★**nōn-dum** ADV noch nicht; ~ **etiam**
noch immer nicht
nōngentī ⟨ae, a⟩ NUM CARD neunhun-
dert
★**nōn-ne** *Fragepartikel* **1** (*in dir. Fragen,*
bejahende Antwort erwartend) nicht?, et-
wa nicht? **2** (*in indir. Fragen*) ob nicht
nōn-nēmō → nemo
nōn-nihil **A** → nihil **B** ADV einigerma-
ßen
★**nōn-nūllus** ⟨a, um⟩ INDEF PR **A** ADJ be-
trächtlich, ziemlich viel **B** SUBST man-

Grammatik

▶ nominativus – Nominativ

Der Nominativ antwortet auf die Frage *wer?* oder *was?* und bezeichnet in der Regel das Subjekt des Satzes oder ein Prädikatsnomen.

Marcus gaudet.	Marcus freut sich.
Gallia est omnis divisa in partes tres ...	Ganz Gallien ist in drei Teile aufgeteilt ...

Grammatik

nominativus cum infinitivo

er **NcI** (**nominativus cum infinitivo**) ist ein ins Passiv gesetzter **AcI** (**accusativus** **m infinitivo**).

ater aegrota esse dicitur. (NcI)	Sie sagen, die Mutter sei krank.
atrem aegrotam esse dicunt. (AcI)	

ne wörtliche Übersetzung (*Die Mutter wird gesagt, krank zu sein*) ist im Deutschen r in den seltensten Fällen möglich. Es bieten sich sonst folgende Möglichkeiten an:

n der Mutter wird gesagt, sie sei krank.
e Mutter ist angeblich krank.
e Mutter ist – wie sie sagen – krank.

r das Zeitverhältnis im NcI gelten dieselben Regeln wie im AcI.

N

cher; ★ **nonnulli** einige, manche

nōn-numquam ADV manchmal

nōnus ⟨a, um⟩ NUM ORD der neunte

Nōrēia ⟨ae⟩ F *Stadt in den Ostalpen*

Nōrica ⟨ae⟩ F Frau aus Noricum

Nōricum ⟨ī⟩ N *röm. Provinz in den Ostalpen*; **Nōricus** ⟨a, um⟩ ADJ aus Noricum

nōrma ⟨ae⟩ F 1 Winkelmaß 2 *fig* Richtschnur, Maßstab, Regel, Vorschrift

nōrmālis ⟨e⟩ ADJ nach dem Winkelmaß; **angulus ~** rechter Winkel

★**nōs** *gen* ⟨nostrī *u.* nostrum *u.* nostrōrum⟩, *dat u. abl* ⟨nōbīs⟩, *akk* ⟨nōs⟩ PERS PR wir

★**nōscere** ⟨nōscō, nōvī, nōtum 3.⟩ 1 kennenlernen, erkennen, erfahren; *perf* kennen, wissen 2 wiedererkennen 3 anerkennen 4 untersuchen

nōscitāre ⟨ō, āvī, ātum 1.⟩ 1 bemerken, wahrnehmen 2 (wieder) erkennen 3 betrachten, untersuchen

nōs-met PERS PR *verstärktes nos* → -met

★**noster** ⟨nostra, nostrum⟩ POSS PR A ADJ 1 unser; **pater ~** unser Vater 2 *(zeitl.)* gegenwärtig; **memoria nostra** die gegenwärtige Zeit 3 *(Ort, Krieg)* für uns günstig B SUBST 1 **noster** ⟨strī⟩ *m* unser Angehöriger/Vertrauter; *pl* unsere Leute 2 **nostra** ⟨ōrum⟩ *npl* das Unsrige, unser Eigentum

nostrās ⟨ātis⟩ ADJ einheimisch

★**nota**[1] ⟨ae⟩ F 1 Zeichen, Kennzeichen, Merkmal; **~ genitiva** Muttermal 2 Schriftzeichen, Buchstabe 3 Interpunktionszeichen 4 PL Schrift, Brief; Geheimschrift 5 *(an Weingefäßen)* Etikett; Weinsorte 6 Brandmal 7 *fig* Schandfleck 8 zensorische Rüge 9 Wink; **notas reddere** zuwinken

nōta[2] ⟨ae⟩ F Bekannte

nōta[3] ⟨ōrum⟩ NPL Bekanntes

notābilis ⟨e, *adv* notābiliter⟩ ADJ 1 bemerkenswert, auffallend 2 berüchtigt 3 *fig* bemerkbar

★**notāre** ⟨ō, āvī, ātum 1.⟩ 1 kennzeichnen; auszeichnen; **~ chartam** ein Blatt beschreiben 2 aufschreiben 3 bezeichnen, erwähnen 4 *(Wort)* etymologisch erklären 5 *(mit den Sinnen)* wahrnehmen 6 *(geistig)* sich merken 7 *(vom Zensor)* offiziell rügen, bestrafen

notārius ⟨ī⟩ M Stenograf

notātiō ⟨ōnis⟩ F 1 Kennzeichnung 2 Etymologie 3 zensorische Rüge 4 Beobachtung 5 Untersuchung bei d… Wahl

notātus ⟨a, um⟩ ADJ 1 gekennzeichn… 2 bemerkbar

nōtēscere ⟨nōtēscō, nōtuī, - 3.⟩ b… kannt werden

nothus ⟨a, um⟩ ADJ 1 unehelich 2 unecht, fremd, falsch

nōti-ficāre ⟨ō, -, - 1.⟩ bekannt mach…

nōtiō ⟨ōnis⟩ F 1 das Kennenlern… **quid tibi hanc ~ est?** was hast du d… mit ihr bekannt zu machen? 2 offizie… Untersuchung 3 (zensorische) Rüge… Kenntnis, Begriff, Vorstellung

nōtitia ⟨ae⟩ F *u.* **nōtitiēs** ⟨ēī⟩ F 1 … kanntheit 2 Ruf, Ruhm 3 Bekan… schaft, Kenntnis, Wissen; **~ locor…** Ortskenntnis 4 Begriff, Vorstellung

nōtor ⟨ōris⟩ M Kenner; Identitätszeu…

nōtuī → notescere

notus[1] ⟨ī⟩ M 1 Südwind 2 Wind, Stu…

★**nōtus**[2] ⟨a, um⟩ ADJ 1 bekannt; **not… habere** kennen, wissen 2 vertraut… gewohnt 4 berühmt 5 berüchtigt… bekannt, **alicuius rei** mit etw; **~ prov… ciae** die Provinz kennend

nōtus[3] ⟨a, um⟩ PPP → noscere

novācula ⟨ae⟩ F scharfes Messer, … siermesser

novāle ⟨is⟩ N *u.* **novālis** ⟨is⟩ F … Brachfeld 2 Acker

novāre ⟨ō, āvī, ātum 1.⟩ 1 erneuer… erfrischen 3 neu schaffen, erfinde… eine neue Gestalt geben; **fidem ~** … Treue brechen 5 **~ (res)** die Verfass… stürzen

novātrīx ⟨īcis⟩ F Erneuerin

novellae ⟨ārum⟩ FPL junge Bäu… Weinstöcke

novellāre ⟨ō, -, - 1.⟩ neue Weinst… setzen

novellus ⟨a, um⟩ ADJ neu, jung

novem *indekl* NUM CARD neun; **de… (et) ~** neunzehn

November A ⟨bris, bre⟩ ADJ des … vember; **mensis ~** November B ⟨… M November

novem-diālis *u.* **noven-diālis** ADJ 1 neuntägig 2 *(Tag der Beisetz…* am neunten Tag (stattfindend); **~ …** Leichenmahl

vēnī ⟨ae, a⟩ NUM DISTR je neun
verca ⟨ae⟩ F Stiefmutter
vercālis ⟨e⟩ ADJ 1 stiefmütterlich
fig lieblos, feindselig
vī → noscere
vīcius A ⟨a, um⟩ ADJ noch neu im
us B ⟨ī⟩ M Neuling
viē(n)s ADV neunmal
viodūnum ⟨ī⟩ N Name kelt. Orte 1
dt im Gebiet der Suessionen, heute Sois-
ns 2 Stadt der Bituriger, heute Neuvy-
r-Barangeon 3 Stadt der Äduer, heute
vers
viomagus ⟨ī⟩ F Name kelt. Orte 1
dt der Bavater, heute Nijmegen 2 Stadt
Nemeter, heute Speyer
vitās ⟨ātis⟩ F 1 Neuheit; ~ anni Jah-
anfang 2 das Ungewöhnliche 3
ue Bekanntschaft 4 junger Adel
vus ⟨a, um, adv novē⟩ ADJ 1 neu;
ritus ~ Bräutigam; res novae Neue-
gen, Revolutionen; homo ~ Empor-
mmling 2 (Verbrechen usw.) unge-
nnlich, sonderbar, beispiellos 3 (Per-
) unerfahren, re in etw; equus ~
ht zugerittenes Pferd 4 sup (örtl.)
äußerste, der letzte, der hinterste;
nen novissimum Nachhut; cauda
issima Spitze des Schwanzes 5 sup
l.) der jüngste 6 sup fig der äußers-
der höchste 7 novissime adv neuer-
gs, vor kurzem; primum … deinde …
issime zuerst … dann … schließlich
⟨noctis⟩ F 1 Nacht; (de) nocte
hts; diem noctemque Tag und
ht; primā nocte bei Einbruch der
ht; mediā nocte um Mitternacht;
noctem spätabends; de multa noc-
n tiefer Nacht; ad multam noctem
tief in die Nacht 2 fig Dunkelheit
g Tod 4 fig Schlaf 5 fig Unterwelt
g Verblendung, 7 fig unglückliche
a ⟨ae⟩ F 1 Schaden 2 Schuld, Ver-
en, Verbrechen 3 Strafe
a ⟨ae⟩ F Schuld, Vergehen
ōsus ⟨a, um⟩ ADJ 1 schädlich 2
ldig
us A ⟨a, um⟩ ADJ 1 schädlich, ver-
lich 2 schuldig B ⟨ī⟩ M Übeltäter
ēcula ⟨ae⟩ F Wölkchen
ere ⟨nūbō, nūpsī, nuptum 3.⟩ (von
Frau) heiraten, alicui j-n; aliquam
nuptum dare alicui eine Frau mit j-m verheiraten

★**nūbēs** ⟨is⟩ F 1 Wolke 2 *fig* Menge, Schwarm 3 *fig* Dunkel, Dunst, Nebel 4 *fig* Schleier, Hülle 5 *fig* Unglück

nūbi-fer ⟨fera, ferum⟩ ADJ 1 Wolken tragend 2 Wolken bringend

nūbi-gena ⟨ae⟩ M *u.* F Wolkenkind, *Beiname der Kentauren*

nūbilis ⟨e⟩ ADJ heiratsfähig, geschlechtsreif

nūbilōsus ⟨a, um⟩ ADJ bewölkt, düster

nūbilum ⟨ī⟩ N Gewölk, trübes Wetter

nūbilus ⟨a, um⟩ ADJ 1 wolkig, bewölkt 2 dunkel, trübe 3 (*Miene*) finster 4 (*Zeit*) ungünstig, unglücklich

nuci-frangibulum ⟨ī⟩ N Nussknacker

nuc(u)leus ⟨ī⟩ M Kern, *bes* Nusskern

★**nūdāre** ⟨ō, āvī, ātum 1.⟩ 1 entblößen, entkleiden 2 bloß legen, enthüllen 3 (*Getreide*) ausdreschen 4 MIL unverteidigt lassen 5 (*Provinz usw.*) berauben, **re** einer Sache 6 *fig* verraten

nu-dius ADV es ist jetzt der … Tag; ~ **tertius** vorgestern

★**nūdus** ⟨a, um⟩ ADJ 1 (*Körperteil*) nackt, bloß, entkleidet 2 unbedeckt, kahl 3 unbeerdigt 4 leicht bekleidet 5 MIL unbewaffnet, ungedeckt 6 *fig* ohne; **navis remigio** (*abl*) **nuda** Schiff ohne Ruder 7 *fig* mittellos, arm 8 *fig* allein, nur, lediglich 9 (*Wahrheit*) einfach

nūgae ⟨ārum⟩ FPL 1 Possen, dummes Zeug, Lappalien 2 poetische Kleinigkeiten 3 Schwindler, Possenreißer

nūgāmenta ⟨ōrum⟩ NPL = **nugae**

nūgārī ⟨or, ātus sum 1.⟩ 1 scherzen 2 aufschneiden

nūgātor ⟨ōris⟩ M Schwätzer, Aufschneider

nūgātōrius ⟨a, um⟩ ADJ wertlos, unnütz

nūgāx ⟨ācis⟩ ADJ unterhaltsam

nūgi-gerulus ⟨ī⟩ M Schnickschnackkrämer

nūllum ⟨ius⟩ N = **nihil**

★**nūllus** A ⟨a, um⟩ ADJ 1 kein 2 ohne; **nullo ordine** ohne Ordnung 3 keineswegs, gar nicht 4 *fig* unbedeutend, gering, nichtssagend, wertlos B ⟨īus⟩ M 1 keiner, niemand 2 ~ **non** jeder; **non** ~ mancher

nūllus-dum ⟨a, um⟩ ADJ (bis jetzt) noch keiner

★**num** *Fragepartikel* 1 (*in dir. Fragen, verneinende Antwort erwartend, verstärkt numquid u. numque*) denn, wohl, etwa, doch wohl nicht; ~ **me reprehendere audes?** wagst du etwa mich zu tadeln? 2 (*in indir. Fragen*) ob, ob etwa

Num. ABK = **Numerius**

Numantia ⟨ae⟩ F *Stadt der Keltiberer in Hispania Tarraconensis;* **Numantīnus** ⟨a, um⟩ ADJ aus Numantia; **Numantīnus** ⟨ī⟩ M Einwohner von Numantia

Numa Pompilius M *der Sage nach zweiter König von Rom*

numella ⟨ae⟩ F Halseisen *für Sklaven*

★**nūmen** ⟨inis⟩ N 1 Wink, Wille 2 göttlicher Wille 3 Gott(heit), göttliches Wesen 4 Hoheit, Majestät, Schutzgeist

numerābilis ⟨e⟩ ADJ (leicht) zählbar

numerāre[1] ⟨ō, āvī, ātum 1.⟩ 1 zählen; **senatum** ~ den Senat abzählen 2 auszahlen, **stipendium** den Sold 3 aufzählen 4 zu *etw.* zählen, rechnen, **aliquem inter amicos** j-n zu seinen Freunden 5 für *etw.* halten, **stellas deos** die Sterne für Götter

numerātiō ⟨ōnis⟩ F Auszahlung

numerātum ⟨ī⟩ N bares Geld

numerātus ⟨a, um⟩ ADJ bar

numerō ADV 1 rechtzeitig 2 zu früh

numerōsus ⟨a, um, *adv* numerōsē⟩ ADJ 1 zahlreich, volkreich 2 (*Rede usw.*) rhythmisch, im Takt

★**numerus** ⟨ī⟩ M 1 Zahl, Anzahl; **numero** der Zahl nach; **ad numerum** vollzählig; **ad numerum** +*gen* ungefähr 2 Klasse, Kategorie; **(in) hostium numero ducere** zu den Feinden rechnen 3 *fig* Ordnung 4 MIL Truppenabteilung 5 Rang, Platz 6 **(in) numero** +*gen* in der Eigenschaft, anstatt, für, als; **(in) numero militis** als Soldat 7 Menge, Masse, Vorrat 8 bloße Zahl, Null 9 GRAM Numerus 10 Teil *eines Ganzen* 11 MUS Takt, Rhythmus; Wohlklang 12 METR Vers(fuß)

Numida ⟨ae⟩ M Numidier, *bes* Jugurtha

Numidia ⟨ae⟩ F Numidien, *heute Ostalgerien;* **Numidicus** ⟨a, um⟩ ADJ numidisch

numisma ⟨atis⟩ N = **nomisma**

Numitor ⟨ōris⟩ M *Vater der Rea Silvia, Großvater von Romulus u. Remus*

Sprachgebrau

▶ numerus – Buchstaben statt Ziffern

Die römischen Zahlen werden mit Buchstaben dargestellt. Die Grundzahlen sind:

I	1
V	5
X	10
L	50
C	100
D	500
M	1.000

Alle übrigen Zahlen werden durch Addition dieser Zeichen dargestellt wobei die Zahlenwerte von links na rechts immer kleiner werden: III = 3; VII = 7; XV = 15; CLXXVI = 1

Steht eine kleinere Zahl vor einer größeren, wird sie von ihr abgezog IV = 4 (5–1).

Maximal drei gleiche Zahlzeichen dürfen nebeneinander stehen: CCC = 300; aber CD = 400 (500–10(

nummārius ⟨a, um⟩ ADJ 1 Ge Münz... 2 *fig* bestechlich

nummulāriolus *u.* **nummulā** ⟨ī⟩ M Geldmakler; Münzprüfer

nummulus ⟨ī⟩ M 1 Geldstückche *pej* elendes Geld, schnödes Geld

★**nummus** ⟨ī⟩ M 1 Geldstück, Mün Geld 2 Didrachme; Drachme 3 Se 4 *fig* Groschen, Heller

num-ne *Fragepartikel* → num

★**numquam** ADV niemals, nie

Numquam-ēripidēs ⟨ae⟩ M *s* Niemalsloslasser

num-quī ADV wohl auf irgendeine se

num-quid *Fragepartikel* → num

★**nunc** ADV 1 (*zeitl.*) jetzt, nun; ~ i eben jetzt; ~ … ~ bald … bald 2 zutage 3 (*als Aufforderung, bes*

mp) nun also, daher.; **comparate ~** ver-
leicht also 4 ~ **(autem/vero)** nun aber,
o aber
unc-iam ADV jetzt gleich
unci-ne *u.* **nunc-ne** jetzt?
un-cubī ADV 1 (*dir. Frage*) irgendwo?
2 (*indir. Frage*) ob irgendwo
uncupāre ⟨ō, āvī, ātum 1.⟩ 1 feier-
ch aussprechen, erklären 2 (be)nen-
en; ernennen; **aliquem heredem ~** j-n
s Erben einsetzen
ūndinae ⟨ārum⟩ FPL 1 der an jedem
eunten Tag abgehaltene Markt 2
Markt 3 *fig* Handel, Verkauf
ūndinālis ⟨e⟩ ADJ nur alle neun Tage
emietet
ūndināri ⟨or, ātus sum 1.⟩ A V/I 1
andeln, feilschen 2 *scherz* verkehren
B V/T erschachern, erhandeln
indinātiō ⟨ōnis⟩ F das Handeln,
ilschen, **alicuius rei** mit/um etw
indinum ⟨ī⟩ N (*erg.* **tempus**) achttä-
ge Woche; **trīnum ~** Zeitraum von drei
arkttagen
in-dinus ⟨a, um⟩ ADJ neuntägig
intia ⟨ae⟩ F Botin, Verkünderin
intiāre ⟨ō, āvī, ātum 1.⟩ verkünden,
elden; **nuntiato** auf diese Nachricht
intiātiō ⟨ōnis⟩ F REL Ankündigung
nes Zeichens *durch den Augur*
ntium ⟨ī⟩ N Nachricht, Anzeige
ntius A ⟨a, um⟩ ADJ verkündend,
eldend, anzeigend, **alicuius rei** etw
⟨ī⟩ M 1 Bote, Kurier 2 Botschaft,
chricht 3 JUR Scheidungsvertrag
-per ADV 1 neulich 2 ehemals
perus ⟨a, um⟩ ADJ neu (gekauft)
psī → nubere
pta ⟨ae⟩ F Ehefrau, Braut
ptiae ⟨ārum⟩ FPL 1 Hochzeit 2
hteehelicher Geschlechtsverkehr
ptiālis ⟨e⟩ ADJ Hochzeits…, Ehe…
ptuīre ⟨nuptu(e)ō, -, - 4.⟩ heiratslus-
sein
ptus ⟨a, um⟩ PPP → nubere
rus ⟨ūs⟩ F 1 Schwiegertochter 2
ge Frau
squam ADV 1 nirgends, an keinem
2 von nirgendwoher 3 *fig* bei kei-
Gelegenheit 4 zu nichts
āre ⟨ō, āvī, ātum 1.⟩ 1 nicken 2
wanken, wanken
ātiō ⟨ōnis⟩ F das Schwanken

nūtrīcāre ⟨ō, āvī, ātum 1.⟩ *u.* **nūtrīcārī** ⟨or, ātus sum 1.⟩ säugen, ernähren, pflegen
nūtrīcātus ⟨ūs⟩ M das Säugen
nūtrīcius ⟨ī⟩ M Erzieher, Hofmeister
nūtrīcula ⟨ae⟩ F Amme
nūtrīmen ⟨inis⟩ N *u.* **nūtrīmentum** ⟨ī⟩ N 1 Nahrung(smittel) 2 Pflege
nūtrīre ⟨iō, īvī *u.* iī, ītum 4.⟩ *u.* **nūtrīrī** ⟨iō, ītus sum 4.⟩ 1 (er)nähren, füttern 2 säugen 3 aufziehen 4 *fig* hegen, gedeihen lassen
nūtrīx ⟨īcis⟩ F 1 Ernährerin, Amme 2 *fig* Nährerin, Förderin
★**nūtus** ⟨ūs⟩ M 1 das Nicken, das Winken 2 *fig* Wink, Wille, Befehl 3 *fig* Zustimmung 4 Schwerkraft
nux ⟨nucis⟩ F 1 Nuss 2 BOT Nuss-, Mandelbaum
nympha ⟨ae⟩ F *u.* **nymphē** ⟨ēs⟩ F 1 Nymphe 2 Seewasser 3 junge Frau

O

ō INT oh, ach
★**ob** A PRÄF, *oc- vor c, of- vor f, verkürzt zu o-:* entgegen; **ob-ire** entgegen-gehen B PRÄP *+akk* 1 (*bei Verben der Bewegung*) entgegen, gegen 2 (*örtl.*) gegenüber, vor 3 *fig* (als Entgelt) für; **~ stultitiam** für die Dummheit 4 (*kausal*) wegen, um … willen, im Interesse von; **~ eam rem** daher, deshalb; **~ rem** im Interesse einer Sache
obaerātī ⟨ōrum⟩ MPL die Schuldner
ob-aerātus ⟨a, um⟩ ADJ verschuldet
ob-ambulāre ⟨ō, āvī, ātum 1.⟩ 1 entgegengehen 2 umhergehen
ob-brūtēscere ⟨brūtēscō, brūtuī, - 3.⟩ den Verstand verlieren
ob-dere ⟨dō, didī, ditum 3.⟩ 1 entgegenstellen 2 vor *etw* legen; **pessulum foribus ~** die Tür verriegeln
ob-dormīscere ⟨dormīscō, dormīvī, - 3.⟩ einschlafen
ob-dūcere ⟨dūcō, dūxī, ductum 3.⟩ 1 gegen *etw/j-n* führen 2 (*z. B. Graben*) da-

O

vorziehen, -legen, **alicui rei** vor etw 3 bedecken, überziehen, **vestem corpori** ein Kleid über den Körper

ob-ductāre ⟨ō, -, - 1.⟩ herführen

obductiō ⟨ōnis⟩ F das Bedecken

obductus ⟨a, um⟩ ADJ 1 umwölkt 2 vernarbt

ob-dūrāre ⟨ō, āvī, ātum 1.⟩ hart sein

ob-dūrēscere ⟨dūrēscō, dūruī, - 3.⟩ 1 hart werden 2 *fig* unempfindlich werden

obeliscus ⟨ī⟩ M spitze Säule, Obelisk

★**ob-eō** → obire

ob-equitāre ⟨ō, āvī, ātum 1.⟩ heranreiten, **castris** (*dat*) ans Lager

ob-errāre ⟨ō, āvī, ātum 1.⟩ 1 umherirren 2 *fig* fehlgreifen

★**ob-esse** ⟨sum, fuī, - 0.⟩ entgegen sein, hinderlich sein, schaden

ob-ēsus ⟨a, um⟩ ADJ 1 fett 2 geschwollen 3 *fig* unfein, dumm

obex ⟨icis⟩ M *u.* F 1 Querbalken, Riegel 2 Damm, Wall 3 Barrikade 4 *fig* Hindernis

obf... = **off...**

ob-fuī → obesse

ob-gannīre ⟨iō, iī *u.* īvī, ītum 4.⟩ vorschwatzen

ob-gerere ⟨gerō, gessī, gestum 3.⟩ darbringen, -bieten

ob-haerēscere ⟨haerēscō, haesī, haesum 3.⟩ stecken bleiben

★**ob-icere** ⟨iciō, iēcī, iectum 3.⟩ 1 entgegenstellen, -werfen; *passiv* entgegentreten, sich zeigen 2 (*Gesandten usw.*) preisgeben, aussetzen 3 (*Angst usw.*) einflößen 4 (*Beute, Körper*) vorwerfen, ausliefern 5 *fig* entgegnen 6 (*zum Schutz*) vorhalten, davorlegen, -ziehen; **portam** die Tür

obiectāre ⟨ō, āvī, ātum 1.⟩ 1 entgegenwerfen, -halten 2 *fig* preisgeben, aussetzen 3 *fig* vorwerfen, vorhalten

obiectum ⟨ī⟩ N Vorwurf

obiectus[1] ⟨a, um⟩ PPP → obicere

obiectus[2] ⟨ūs⟩ M 1 das Entgegenstellen, das Vorschieben 2 das Davorliegen

obiex ⟨icis⟩ M *u.* F = **obex**

ob-iī → obire

ob-īrāscī ⟨īrāscor, īrātus sum 3.⟩ zornig werden, **alicui rei** über etw

obīrātus ⟨a, um⟩ ADJ zornig, **alicui** auf j-n

★**ob-īre** ⟨eō, iī *u.* īvī, itum 0.⟩ A V/I 1 hingehen 2 entgegengehen, begegn[en] 3 (*Gestirn*) untergehen 4 (*Person*) ste[r]ben B V/T 1 besuchen 2 RHET durchg[e]hen 3 (*Meer*) umgeben 4 *fig* antrete[n], übernehmen; **diem** ~ einen Termin ei[n]halten; **mortem** ~ sterben

obiter ADV 1 obenhin 2 zufällig 3 n[e]benbei, gelegentlich 4 zugleich

ob-itus[1] ⟨a, um⟩ PPP → obire

obitus[2] ⟨ūs⟩ M 1 Untergang 2 *fig* V[er]nichtung 3 *fig* Tod 4 Besuch

ob-iūrgāre ⟨ō, āvī, ātum⟩ 1 schelt[en] 2 durch Mahnen abhalten wollen [...] schlagen

obiūrgātiō ⟨ōnis⟩ F Tadel, Verweis

obiūrgātor ⟨ōris⟩ M Tadler

obiūrgātōrius ⟨a, um⟩ ADJ Schelt.[..]

obiūrgitāre ⟨ō, āvī, ātum 1.⟩ schelt[en]

ob-iūrigāre ⟨ō, āvī, ātum 1.⟩ obiurgare

ob-languēscere ⟨languēscō, lang[uī], - 3.⟩ matt werden

ob-lātrāre ⟨ō, -, - 1.⟩ anbellen; anf[ah]ren, schelten

ob-lātus ⟨a, um⟩ PPP → offerre

oblectāmen ⟨inis⟩ N 1 = **oblec[ta]mentum** 2 Trost

oblectāmentum ⟨ī⟩ N *u.* **oblec[ta]tiō** ⟨ōnis⟩ F Vergnügen, Genuss, Lu[st]

★**oblectāre** ⟨ō, āvī, ātum 1.⟩ 1 erfre[uen] 2 (*Zeit*) angenehm verbringen

ob-lēnīre ⟨iō, -, - 4.⟩ besänftigen

ob-lēvī → oblinere

oblīcus ⟨a, um⟩ ADJ = **obliquus**

ob-līdere ⟨līdō, līsī, līsum 3.⟩ 1 [zu]sammendrücken 2 zerquetschen, würgen

★**ob-ligāre** ⟨ō, āvī, ātum 1.⟩ 1 (an)[bin]den, verbinden 2 *passiv u.* **se** ~ *fig* schuldig machen, **scelere** eines Ver[bre]chens 3 *fig* verpflichten 4 (*Soldat*) [ver]eidigen 5 *fig* verpfänden 6 feie[rlich] versprechen

obligātiō ⟨ōnis⟩ F 1 das Gebun[den]sein 2 JUR Verpflichtung

obligātus ⟨a, um⟩ ADJ 1 verbunde[n] 2 verpflichtet 3 verschuldet 4 gewei[ht]

ob-līmāre ⟨ō, āvī, ātum 1.⟩ 1 [mit] Schlamm überziehen 2 *fig* verprass[en]

ob-linere ⟨linō, lēvī, litum 3.⟩ 1 [be]streichen, beschmieren 2 *fig* überla[den], bedecken 3 beschmutzen

·līquāre ⟨ō, āvī, ātum 1.⟩ 1 schräg, hief 2 *fig* gemildert aussprechen
·līquitās ⟨ātis⟩ F schiefe Richtung, inkel, Ecke
·-līquus ⟨a, um⟩ ADJ 1 seitlich, hräg, schief, Seiten..., Quer...; **ex/ab** **bliquo** von der Seite 2 *fig* neidisch versteckt 4 GRAM abhängig, indirekt; **atio obliqua** indirekte Rede
-līsī → oblidere
-līsus ⟨a, um⟩ PPP → oblidere
-litēscere ⟨litēscō, lituī, - 3.⟩ sich ·stecken, **a re** vor etw
-litterāre ⟨ō, āvī, ātum 1.⟩ in Verssenheit bringen, auslöschen
-lituī → oblitescere
litus¹ ⟨a, um⟩ PPP → oblinere
ītus² ⟨a, um⟩ PPERF → oblivisci
īviō ⟨ōnis⟩ F 1 Vergessen(heit), nnestie; **in oblivionem alicuius rei** nire etw vergessen 2 Vergesslichkeit
īviōsus ⟨a, um⟩ ADJ 1 vergesslich vergessen lassen
·līvīscī ⟨līvīscor, lītus sum 3.⟩ 1 ·gessen, **iniuriarum/iniurias** Unrecht *fig* nicht beachten
īvium ⟨ī⟩ N *meist* PL = **oblivio**
ocūtor ⟨ōris⟩ M der Widersprecher
longus ⟨a, um⟩ ADJ länglich
loquī ⟨loquor, locūtus sum 3.⟩ 1 ·ersprechen 2 schimpfen; tadeln 3 :u singen/spielen
luctārī ⟨or, ātus sum 1.⟩ ankämp- **flumini** gegen den Fluss
lūdere ⟨iō, -, - 3.⟩ scherzen
mōlīrī ⟨ior, ītus sum 4.⟩ 1 vor- ·eben 2 verbarrikadieren
mūtēscere ⟨mūtēscō, mūtuī, - 1 verstummen 2 *fig* aufhören
nītī ⟨nītor, nīxus sum 3.⟩ 1 sich nmen, **alicui rei** gegen etw 2 *fig* Wi- stand leisten
īxus ⟨a, um, *adv* obnīxē⟩ ADJ ıdhaft, beharrlich
oxiōsus ⟨a, um⟩ ADJ gehorsam
ıoxius ⟨a, um, *adv* obnoxiē⟩ ADJ traffällig, schuldig, **pecuniae debi-** (*gen*) wegen Schulden 2 unterwor- untertan 3 (*einem Übel*) ausgesetzt, sgegeben; **obnoxium est** es ist ge- ich 4 unterwürfig 5 *fig* verpflich-
ūbere ⟨nūbō, nūpsī, nuptum 3.⟩ um-, verhüllen, verschleiern

ob-nūntiāre ⟨ō, āvī, ātum 1.⟩ 1 melden 2 böse Vorzeichen melden
oboediēns ⟨entis, *adv* oboedienter⟩ ADJ gehorsam
oboedientia ⟨ae⟩ F Gehorsam
★**ob-oedīre** ⟨iō, īvī, ītum 4.⟩ 1 Gehör schenken 2 gehorchen
ob-olēre ⟨eō, uī, - 2.⟩ riechen, **alium** nach Knoblauch
obolus ⟨ī⟩ M Obolus, *kleine griech. Münze = 1/6 einer Drachme*
ob-orīrī ⟨orior, ortus sum 4.⟩ sich erheben, aufstehen, sich zeigen, entstehen
ob-rēpere ⟨rēpō, rēpsī, rēptum 3.⟩ 1 herankriechen, -schleichen 2 überraschen, **alicui** j-n
ob-rēptāre ⟨ō, āvī, ātum 1.⟩ beschleichen
ob-rigēscere ⟨rigēscō, riguī, - 3.⟩ erstarren
ob-rōdere ⟨rōdō, rōsī, rōsum 3.⟩ benagen
ob-rogāre ⟨ō, āvī, ātum 1.⟩ aufheben, **legi** ein Gesetz
★**ob-ruere** ⟨ruō, ruī, rutum 3.⟩ 1 (*mit einer Masse, mit Wasser*) überschütten; überdecken; vergraben, versenken 2 *fig* verhüllen, verdunkeln; **oblivione obrui** vergessen werden 3 (*mit Wein, Essen*) überladen 4 *fig* unterdrücken, überwältigen; vernichten 5 übertreffen
obrussa ⟨ae⟩ F 1 Feuerprobe des Goldes 2 *fig* Prüfstein, Probe
ob-rutus ⟨a, um⟩ PPP → obruere
ob-saepīre ⟨saepiō, saepsī, saeptum 4.⟩ versperren, verschließen
ob-saturāre ⟨ō, -, - 1.⟩ sättigen
obscaen... = **obscen...**
ob-scaevāre ⟨ō, āvī, - 1.⟩ ein böses Vorzeichen melden
obscēna ⟨ōrum⟩ NPL anstößige Handlungen/Worte
obscēnitās ⟨ātis⟩ F Unanständigkeit, Anstößigkeit
obs-cēnus ⟨a, um, *adv* obscēnē⟩ ADJ 1 unheilvoll 2 schmutzig 3 *fig* unanständig, anstößig, schamlos, zotig
obscoen... = **obscen...**
obscūrāre ⟨ō, āvī, ātum 1.⟩ 1 verdunkeln 2 verhüllen, verbergen 3 *fig* undeutlich machen 4 *fig* in den Schatten

O

stellen, in Vergessenheit bringen
obscurātiō ⟨ōnis⟩ F **1** Verdunkelung, **2** Dunkelheit
obscūritās ⟨ātis⟩ F **1** Dunkelheit **2** *fig* Unverständlichkeit **3** Unbekanntheit
obscūrum ⟨ī⟩ N Dunkelheit, Finsternis
★**obscūrus** ⟨a, um, *adv* obscūrē⟩ ADJ **1** dunkel; **lux obscura** Dämmerung **2** versteckt, unbemerkt, unkenntlich **3** (*Rede*) unverständlich **4** *fig* unbekannt **5** (*Hoffnung*) unsicher
★**ob-secrāre** ⟨ō, āvī, ātum 1.⟩ beschwören, inständig bitten; anflehen; **obsecro** *als Einschub* ich bitte dich
obsecrātiō ⟨ōnis⟩ F **1** inständiges Bitten, Beschwörung **2** Bettag, Bußtag
ob-secundāre ⟨ō, āvī, ātum 1.⟩ = obsequi
ob-secūtus ⟨a, um⟩ PPERF → obsequi
ob-sēdī → obsidēre¹ *u.* → obsidere²
ob-sēpīre ⟨sēpiō, sēpsī, sēptum 4.⟩ = **obsaepire**
obsequēla ⟨ae⟩ F = **obsequium**
obsequēns ⟨entis, *adv* obsequenter⟩ ADJ **1** nachgiebig **2** gnädig
obsequentia ⟨ae⟩ F = **obsequium**
★**ob-sequī** ⟨sequor, secūtus sum 3.⟩ **1** nachgeben, gehorchen **2** sich hingeben
obsequium ⟨ī⟩ N **1** Nachgiebigkeit, Gehorsam **2** Hingabe **3** Gunsterweis
ob-serāre ⟨ō, āvī, ātum 1.⟩ verriegeln, verschließen
ob-serere ⟨serō, sēvī, situm 3.⟩ **1** (aus)säen; ~ **pugnos** durchprügeln **2** besäen, bepflanzen
observābilis ⟨e⟩ ADJ bemerkbar
observāns ⟨antis, *adv* observanter⟩ ADJ hoch achtend
observantia ⟨ae⟩ F Hochachtung
★**observāre** ⟨o, āvī, ātum 1.⟩ **1** beobachten **2** hüten, bewachen **3** *fig* beachten, befolgen; **diem** ~ den Termin einhalten **4** *fig* hoch achten, verehren
observātiō ⟨ōnis⟩ F **1** Beobachtung, **2** Gewissenhaftigkeit **3** Einhaltung
observātor ⟨ōris⟩ M Beobachter
observitāre ⟨o, āvī, - 1.⟩ eifrig beobachten
★**ob-ses** ⟨sidis⟩ M *u.* F **1** Geisel; **obsides imperare** die Stellung von Geiseln befehlen **2** *fig* Bürge, Unterpfand
obsessiō ⟨ōnis⟩ F = **obsidio**
obsessor ⟨ōris⟩ M **1** Bewohner **2** Belagerer
ob-sessus ⟨a, um⟩ PPP → obsidēre → obsidere²
ob-sēvī → obserere
★**ob-sidēre**¹ ⟨sideō, sēdī, sessum 2.⟩ VI sitzen, warten **B** VT **1** (*Ort*) bese… halten **2** *fig* beherrschen **3** (*Stadt*) b… gern **4** *fig* auf *etw* lauern, *aliquid*
ob-sīdere² ⟨sīdō, sēdī, sessum 3.⟩ besetzen **2** belagern, einschließen in seinen Besitz bringen
obsidiō ⟨ōnis⟩ F **1** Belagerung, Bloc… de **2** Gefangenschaft **3** *fig* Bedräng…
obsidium¹ ⟨ī⟩ N Geiselhaft
obsidium² ⟨ī⟩ N **1** Einschließung, … ckade, Umzingelung **2** Gefahr
ob-sīgnāre ⟨ō, āvī, ātum 1.⟩ **1** ver… geln **2** untersiegeln **3** einprägen
obsīgnātor ⟨ōris⟩ M **1** Siegler… Testamentszeuge
ob-sipāre ⟨ō, -, - 1.⟩ ins Gesicht s… zen; **aquolam** ~ Mut machen
ob-sistere ⟨sistō, stitī, - 3.⟩ **1** sich gegenstellen **2** sich widersetzen
obsitus ⟨a, um⟩ ADJ ganz bedeckt,
obsolē-fierī ⟨fīō, factus sum 0.⟩ = **solescere**
ob-solēscere ⟨solēscō, solēvī, - 3… sich abnutzen **2** *fig* veralten, an Gel… verlieren
obsolētus ⟨a, um, *adv* obsolētē⟩ **1** abgenutzt **2** (*Dach*) baufällig **3** täglich **4** veraltet
ob-sonāre¹ ⟨ō, -, - 1.⟩ dreinreden
ob-sōnāre² ⟨ō, āvī, ātum 1.…
ob-sōnārī ⟨or, ātus sum 1.⟩ **1** Essen einkaufen **2** ein Gastmal geb…
obsōnium ⟨ī⟩ N **1** Zukost, *bes* Ge… se, Obst, Fisch **2** PL Fischspeisen
ob-sorbēre ⟨eō, uī, - 2.⟩ einschlü…
obstāculum ⟨ī⟩ N Hindernis
obstantia ⟨ium⟩ NPL Hindernisse
★**ob-stāre** ⟨stō, stitī, stātūrus 1.⟩ **1** gegenstehen **2** *fig* hinderlich sein
obstātūrus ⟨a, um⟩ PART *fut* → o… re
obstetrīx ⟨īcis⟩ F Hebamme
ob-stināre ⟨ō, āvī, ātum 1.⟩ au… bestehen, *etw* beschließen, *aliquid*
obstinātiō ⟨ōnis⟩ F **1** Festigkei… harrlichkeit **2** Starrsinn
obstinātus ⟨a, um, *adv* obstināt… **1** entschlossen, beharrlich **2** ha…

kig

b-stipēscere ⟨stipēscō, stipuī, - 3.⟩ = **bstupescere**

ɔstīpus ⟨a, um⟩ ADJ seitwärts geneigt

ɔstita ⟨ōrum⟩ NPL vom Blitz getroffe- e Dinge

ɔ-stitī → obsistere *u.* → obstare

ɔ-strepere ⟨strepō, strepuī, strepi- ım 3.⟩ 1 entgegentönen, -rauschen, ärmen 2 *(durch Geschrei, Lärm)* übertö- en, unterbrechen 3 *fig j-n* stören, *j-m* nderlich sein, *alicui*

-strictus ⟨a, um⟩ PPP → obstringe-

-strigillāre ⟨ō, āvī, ātum 1.⟩ hin- erlich sein, im Weg stehen

-stringere ⟨stringō, strīnxī, stric- ım 3.⟩ 1 vor *etw* binden 2 zu-, festbin- en 3 *fig* binden, verpflichten 4 ver- icken, verwickeln

strūctiō ⟨ōnis⟩ F Einschließung

s-trūdere ⟨trūdō, trūsī, trūsum 3.⟩ **obtrudere**

-struere ⟨struō, strūxī, strūctum ⟩ 1 davor bauen 2 versperren, ver- hließen, unzugänglich machen

-stupefacere ⟨faciō, fēcī, factum ⟩ in Erstaunen versetzen, betäuben, fühllos machen

-stupēscere ⟨stupēscō, stupuī, - ⟩ erstarren, erstaunen, sich entsetzen

-stupidus ⟨a, um⟩ ADJ starr, be- ıbt

-sum → obesse

-taedēscere ⟨ēscit, -, - 3.⟩ *unper-).* es ekelt an

-tegere ⟨tegō, tēxī, tēctum 3.⟩ 1 decken, verbergen 2 (be)schützen

-temperāre ⟨ō, āvī, ātum 1.⟩ ge- chen

temperātiō ⟨ōnis⟩ F Gehorsam, **le- us** gegenüber den Gesetzen

-tendere ⟨tendō, tendī, tentum 1 davorziehen, davorhalten 2 *passiv* jenüberliegen 3 *fig* vorschützen 4 ver-, einhüllen

tentus[1] ⟨a, um⟩ PPP → obtendere → obtinere

entus[2] ⟨ūs⟩ M 1 Vordach 2 *fig* le 3 *fig* Vorwand, Deckmantel

terere ⟨terō, trīvī, trītum 3.⟩ 1 zer- en, zerquetschen 2 *(Feind)* aufrei- , vernichten 3 *fig* herabsetzen, schmälern

★**ob-testārī** ⟨or, ātus sum 1.⟩ 1 zum Zeugen anrufen 2 feierlich beteuern 3 beschwören, inständig bitten

obtestātiō ⟨ōnis⟩ F 1 Beschwörung 2 inständiges Bitten

ob-texere ⟨texō, texuī, textum 3.⟩ 1 darüberweben 2 *fig* bedecken

ob-ticēre ⟨eō, -, - 2.⟩ schweigen

ob-ticēscere ⟨ticēscō, ticuī, - 3.⟩ verstummen

ob-tigī → obtingere

★**ob-tinēre** ⟨tineō, tinuī, tentum 2.⟩ A V/T 1 festhalten 2 besitzen; bewohnen 3 MIL besetzt halten 4 *(Amt)* innehaben 5 **exercitum** ~ ein Heer kommandieren 6 *(Erstrebtes)* bekommen 7 beibehalten, bewahren 8 JUR behaupten, durchsetzen B V/I sich behaupten

ob-tingere ⟨tingō, tigī, - 3.⟩ 1 zuteilwerden, zufallen 2 zustoßen

ob-torpēscere ⟨torpēscō, torpuī, - 3.⟩ erstarren, gefühllos werden

ob-torquēre ⟨torqueō, torsī, tortum 2.⟩ herum-, zusammendrehen

ob-trectāre ⟨ō, āvī, ātum 1.⟩ 1 entgegenarbeiten 2 verkleinern, herabsetzen, **laudibus** *(dat)* die Verdienste

obtrectātiō ⟨ōnis⟩ F Eifersucht, Anfeindung

obtrectātor ⟨ōris⟩ M Widersacher

ob-trūdere ⟨trūdō, trūsī, trūsum 3.⟩ 1 verschlingen 2 aufdrängen

ob-truncāre ⟨ō, āvī, ātum 1.⟩ in Stücke hauen, niederhauen

ob-tudī → obtundere

ob-tuērī ⟨tueor, - 2.⟩ *u.* **ob-tuī** ⟨tuor, - 3.⟩ hinsehen, ansehen; erblicken

ob-tulī → offerre

ob-tundere ⟨tundō, tudī, tū(n)sum 3.⟩ 1 *(durch Schläge)* stumpf machen 2 *(geistig)* betäuben 3 *(Kummer)* mildern, schwächen 4 *fig* belästigen

obtūnsus ⟨a, um⟩ ADJ = **obtusus**

ob-tūrāre ⟨ō, āvī, ātum 1.⟩ verstopfen; **aures alicui** ~ j-n nicht hören wollen

ob-turbāre ⟨ō, āvī, ātum 1.⟩ 1 verwirren, in Unordnung bringen 2 *fig* betäuben 3 *fig* unterbrechen, stören

ob-turgēscere ⟨turgēscō, tursī, - 3.⟩ anschwellen

ob-tursī → obturgescere

obtūsus ⟨a, um⟩ ADJ 1 stumpf 2 *(geis-*

O

tig) betäubt **3** schwach **4** *fig* oberflächlich **5** gefühllos **6** dumm

obtūtus ⟨ūs⟩ M das Anschauen, das Hinsehen, Blick

ob-umbrāre ⟨ō, āvī, ātum 1.⟩ **1** beschatten, verdunkeln **2** (*Fehler*) verhüllen, verdecken **3** *fig* schützen

ob-uncus ⟨a, um⟩ ADJ einwärts gebogen

ob-ustus ⟨a, um⟩ ADJ angebrannt

ob-vāgīre ⟨iō, -, - 4.⟩ vorwimmern

ob-venīre ⟨veniō, vēnī, ventum 4.⟩ **1** eintreffen, **pugnae** (*dat*) bei der Schlacht **2** begegnen, eintreten **3** *fig* zuteilwerden

ob-versārī ⟨or, ātus sum 1.⟩ **1** sich herumtreiben, sich zeigen **2** *fig* vorschweben

ob-vertere ⟨vertō, vertī, versum 3.⟩ **1** zuwenden **2** *passiv* sich hinwenden **3** *passiv* sich hingeben

ob-viam ADV **1** entgegen; **~ se dare** begegnen **2** ★**~ ire** entgegentreten, sich widersetzen, abhelfen

ob-vigilāre ⟨ō, āvī, ātum 1.⟩ wachsam sein

★**ob-vius** ⟨a, um⟩ ADJ **1** begegnend, entgegenkommend **2** (*Berg, Baum*) im Weg liegend **3** *fig* ausgesetzt, preisgegeben **4** *fig* in der Nähe **5** freundlich

ob-volvere ⟨volvō, volvī, volūtum 3.⟩ **1** einwickeln, verhüllen **2** *fig* verschleiern

ob-vortere ⟨vortō, vortī, vorsum 3.⟩ = **obvertere**

oc-caecāre ⟨ō, āvī, ātum 1.⟩ **1** blenden **2** verdunkeln **3** *fig* verblenden **4** *fig* unsichtbar machen, verdecken

oc-callēscere ⟨callēscō, calluī, - 3.⟩ **1** sich verhärten **2** *fig* gefühllos werden

occāre ⟨ō, āvī, ātum 1.⟩ eggen

★**occāsiō** ⟨ōnis⟩ F **1** (günstige) Gelegenheit; **per occasionem** bei Gelegenheit **2** MIL Handstreich

occāsus[1] ⟨a, um⟩ PPP → occidere[1]

★**occāsus**[2] ⟨ūs⟩ M **1** Untergang **2** Abend, Westen; **solis occasu** bei Sonnenuntergang **3** *fig* Verderben

occātor ⟨ōris⟩ M der eggt

oc-cēdere ⟨cēdō, cessī, cessum 3.⟩ entgegentreten

oc-centāre ⟨ō, āvī, - 1.⟩ ein Ständchen bringen, ein Spottlied singen

oc-cēpī → occipere

oc-ceptāre ⟨ō, āvī, - 1.⟩ anfangen

oc-ceptus ⟨a, um⟩ PPP → occipere

★**occidēns** ⟨entis⟩ M (*erg.* **sol**) **1** West **2** Abendland

★**oc-cidere**[1] ⟨cidō, cidī, cāsum 3.⟩ niederfallen **2** (*Gestirn*) untergehen in Kampf fallen **4** *fig* zugrunde gehe

★**oc-cīdere**[2] ⟨cīdō, cīdī, cīsum 3.⟩ **1** Boden schlagen **2** totschlagen, töten *fig* (zu Tode) quälen **4** *fig* zugrunde ri ten

oc-cidī[1] → occidere[1]

oc-cīdī[2] → occidere[2]

occīdiō ⟨ōnis⟩ F das Niedermetze Vernichtung

occiduus ⟨a, um⟩ ADJ **1** untergehe **2** westlich **3** dem Tod nahe

occillāre ⟨ō, -, - 1.⟩ zerschlagen

oc-cipere ⟨cipiō, cēpī, ceptum 3.⟩ VT anfangen; **magistratum ~** ein A antreten **B** VI beginnen

occipitium ⟨ī⟩ N Hinterkopf

occīsiō ⟨ōnis⟩ F Totschlag, Mord

occīsor ⟨ōris⟩ M Mörder

oc-cīsus ⟨a, um⟩ PPP → occidere[2]

occlāmitāre ⟨ō, -, - 1.⟩ laut schrei

oc-clūdere ⟨clūdō, clūsī, clūsum **1** (ver)schließen, **2** einschließen **3** hemmen, zurückhalten

oc-cubāre ⟨cubō, cubuī, cubitum **1** davor Wache stehen **2** tot dalieg

oc-cubuī → occubare *u.* → occum re

oc-culere ⟨culō, culuī, cultum 3. verdecken **2** *fig* verheimlichen

★**oc-cultāre** ⟨ō, āvī, ātum 1.⟩ **1** ver gen **2** *fig* verheimlichen

occultātiō ⟨ōnis⟩ F **1** das Verber **2** *fig* das Verheimlichen

occultātor ⟨ōris⟩ M der verbirgt

occultum ⟨ī⟩ N **1** Versteck; **in/ex culto** insgeheim **2** Geheimnis

oc-cultus[1] ⟨a, um⟩ PPP → occuler

★**occultus**[2] ⟨a, um, *adv* occultē⟩ A versteckt, unbemerkt; **occulte di** sich dunkel ausdrücken **2** verschlos

oc-culuī → occulere

oc-cumbere ⟨cumbō, cubuī, c tum 3.⟩ **1** sterben **2** unterliegen **3** tergehen

★**oc-cupāre** ⟨ō, āvī, ātum 1.⟩ **1** ein men, besetzen; **currum ~** einen W

steigen 2 an sich reißen, sich aneig-
n 3 (*Gefühl*) ergreifen 4 überfallen,
greifen 5 erlangen, gewinnen 6 be-
häftigen 7 (*Geld*) anlegen, ausleihen
zuvorkommen, **aliquem** j-m 9 (*Auf-
be*) zuerst tun
cupātiō ⟨ōnis⟩ F 1 Besetzung, Ein-
hme 2 *fig* Beschäftigung; ~ **rei publi-
e** (*gen*) Staatsgeschäfte
cupātus ⟨a, um⟩ ADJ beschäftigt
-currere ⟨currō, currī *u.* cucurrī,
rsum 3.⟩ 1 entgegenlaufen, begeg-
n 2 angreifen, *alicui* j-n 3 eintreffen,
nehmen, **concilio** (*dat*) an der Ver-
mlung 4 *fig* sich zeigen, einfallen
fig vorbeugen 6 *fig* entgegenarbeiten
(*mit Worten*) einwenden
cursāre ⟨ō, āvī, ātum 1.⟩ A V/I 1
gegnen 2 sich entgegenwerfen 3
ankommen, sich nähern 4 *fig* entge-
wirken 5 (**animo**) ~ einfallen B V/T
rrennen
ursiō ⟨ōnis⟩ F Anfechtung
ursum PPP → occurrere
ursus ⟨ūs⟩ M 1 Begegnung, das
stoßen 2 das Herbeieilen
anus ⟨ī⟩ M 1 *Gott des Weltmeeres*
Weltmeer, Ozean; **ostium Oceani**
ße von Gibraltar
llus ⟨ī⟩ M 1 Äuglein 2 *fig* Augapfel
lum ⟨ī⟩ N *Stadt in Gallia citerior*
or ⟨ius⟩ ADJ *komp* schneller
-ferius ⟨a, um⟩ ADJ sichtbar
us ⟨ī⟩ M MYTH *Gründer von Mantua*
eātus ⟨a, um⟩ ADJ mit Beinschienen
ehen
aphoros ⟨on⟩ ADJ von acht Mann
agen
āva ⟨ae⟩ F 1 (*erg.* **pars**) der achte
2 (*erg.* **hora**) die achte Stunde
āviānus A ⟨a, um⟩ ADJ des Octavi-
B ⟨ī⟩ M = **Octavius**
āvius ⟨a, um⟩ A *Name einer röm.*
1 **C. ~** = *C. Iulius Caesar Octavianus
Augustus* 2 **Octavia** *Schwester des
vianus* B ADJ des Octavius
āvum A ADV zum achten Mal B ⟨ī⟩
rg. **granum**) das Achtfache
āvus A ⟨a, um⟩ NUM ORD der achte
ī⟩ M (*erg.* **lapis**) der achte Meilen-
ē(n)s ADV achtmal
ingentēsimus ⟨a, um⟩ NUM ORD
der achthundertste
octingentī ⟨ae, a⟩ NUM CARD achthun-
dert
octi-pēs ⟨pedis⟩ ADJ achtfüßig
octō *indekl* NUM CARD acht
Octōber ⟨bris, bre⟩ ADJ des Oktobers;
mensis ~ Monat Oktober
octō-decim *indekl* NUM CARD achtzehn
octōgēnārius ⟨a, um⟩ ADJ achtzigjäh-
rig
octōgēnī ⟨ae, a⟩ NUM DISTR je achtzig
octōgē(n)simus ⟨a, um⟩ NUM ORD der
achtzigste
octōgiē(n)s ADV achtzigmal
octōginta *indekl* NUM CARD achtzig
octō-iugis ⟨e⟩ ADJ achtspännig
octōnārius ⟨a, um⟩ ADJ aus acht be-
stehend; **versus ~** achtgliedriger Vers
octōnī ⟨ae, a⟩ NUM DISTR je acht
octōphoros ⟨on⟩ ADJ = **octaphoros**
octuplum ⟨ī⟩ N das Achtfache
octuplus ⟨a, um⟩ ADJ achtfach
octussis ⟨is⟩ M acht Asse
oculāris ⟨e⟩ ADJ *u.* **oculārius** ⟨a,
um⟩ ADJ Augen…
oculātus ⟨a, um⟩ ADJ 1 sehend; **testis
~** Augenzeuge 2 sichtbar
oculeus ⟨a, um⟩ ADJ vieläugig
oculissimus ⟨a, um⟩ ADJ lieb
★**oculus** ⟨ī⟩ M 1 Auge; **ante/sub oculos
alicuius** vor j-s Augen; **in oculis esse** für
alle sichtbar sein 2 Sehkraft 3 BOT
Knospe 4 *fig* Perle 5 *fig* Leuchte
ōdēum ⟨ī⟩ N *Gebäude für musische
Wettkämpfe od. Aufführungen*
odiōsicus ⟨a, um⟩ ADJ = **odiosus**
★**odiōsus** ⟨a, um, *adv* odiōsē⟩ ADJ ver-
hasst, widerwärtig, lästig, langweilig
odīre ⟨iō, -, - 4.⟩ = **odisse**
★**ōdisse** *perf inf* ⟨ōdī, ōsūrus⟩ *Defektivum*
hassen; nicht mögen
★**odium**[1] ⟨ī⟩ N 1 Hass, Feindschaft; **odio
esse alicui** j-m verhasst sein 2 Abnei-
gung, Widerwille 3 widerwärtiges Be-
nehmen 4 Gegenstand des Hasses
ōdīum[2] ⟨ī⟩ N = **odeum**
★**odor** ⟨ōris⟩ M 1 Geruch 2 Geruchssinn
3 duftende Stoffe 4 Gestank 5 *fig* Ah-
nung, Vermutung
odōrāre ⟨ō, āvī, ātum 1.⟩ mit Duft er-
füllen
odōrārī ⟨or, ātus sum 1.⟩ 1 riechen,
aliquid an etw 2 wittern 3 *fig* erfor-

O

schen 4 *fig* trachten, **aliquid** nach etw 5 *fig* oberflächlich betrachten

odōrātiō ⟨ōnis⟩ F = **odoratus**[1]

odōrātus[1] ⟨ūs⟩ M 1 Geruch 2 Geruchssinn

odōrātus[2] ⟨a, um⟩ ADJ duftend

odōri-fer ⟨fera, ferum⟩ ADJ 1 duftend 2 duftende Stoffe erzeugend

odōrus ⟨a, um⟩ ADJ 1 wohlriechend 2 witternd

Odyssēa *u.* **Odyssīa** ⟨ae⟩ F die Odyssee, *das Epos Homers u. die lat. Bearbeitung durch Livius Andronicus*

oeconomia ⟨ae⟩ F RHET harmonische Gliederung

oeconomicus ⟨a, um⟩ ADJ 1 Wirtschaft…, Haushalts… 2 RHET richtig

Oedipūs ⟨odis *u.* ī⟩ M *König von Theben, tötete unwissentlich seinen Vater u. heiratete seine Mutter*

oenophorum ⟨ī⟩ N Weinkrug

oenopōlium ⟨ī⟩ N Weinschenke

oestrus ⟨ī⟩ M 1 Pferdebremse 2 *fig* Raserei, Begeisterung

oesypum ⟨ī⟩ N Heil-, Schönheitsmittel

Oeta ⟨ae⟩ F *Gebirge in Südthessalien;* **Oetaeus** ⟨a, um⟩ ADJ des Oeta; **Oetaeus** ⟨ī⟩ M = Herkules

ofella ⟨ae⟩ F Bissen, Stückchen

offa ⟨ae⟩ F 1 Bissen; Mehlkloß 2 Geschwulst 3 Klumpen

offātim ADV stück-, bissenweise

of-fēcī → officere

of-fectus ⟨a, um⟩ PPP → officere

★**of-fendere** ⟨fendō, fendī, fēnsum 3.⟩ A V/I 1 (an)stoßen 2 verunglücken, eine Niederlage erleiden; **offenditur** man kommt zu Schaden 3 (*Sache*) Anstoß erregen 4 *fig* unzufrieden sein B V/T 1 anstoßen 2 *fig* (an)treffen 3 *fig* verletzen, beleidigen

of-fendī → offendere

offēnsa ⟨ae⟩ F 1 Unbequemlichkeit 2 *fig* Unpässlichkeit 3 *fig* Beleidigung

offēnsātiō ⟨ōnis⟩ F Verstoß

offēnsiō ⟨ōnis⟩ F 1 das Anstoßen, **alicuius rei** an etw 2 Erkrankung 3 Anstoß, Ärgernis 4 Unglück, Niederlage

offēnsum ⟨ī⟩ N Verstoß

offēnsus[1] ⟨a, um⟩ PPP → offendere

offēnsus[2] ⟨a, um⟩ ADJ 1 gekränkt, erzürnt 2 verhasst, anstößig, zuwider

offēnsus[3] ⟨ūs⟩ M Anstoß

★**of-ferre** ⟨offerō, obtulī, oblātum 0.… entgegenbringen, zeigen; **res oblata** … scheinung 2 *passiv u.* **se ~** sich zei… 3 *passiv u.* **se ~** entgegengehen, beg…nen 4 *fig* anbieten 5 *fig* aussetz… preisgeben 6 *fig* vorbringen 7 (*Die… Hilfe usw.*) erweisen, gewähren, veru…chen

offer(r)ūmentae ⟨ārum⟩ FPL 1 … schenke 2 Schläge

★**of-ficere** ⟨ficiō, fēcī, fectum 3.⟩ 1 … Weg versperren, hinderlich sein 2 … beeinträchtigen, **alicui rei** etw

officīna ⟨ae⟩ F 1 Werkstätte, Fabri… *fig* Schule; **~ dicendi** Rednerschule

officiōsus ⟨a, um, *adv* officiōsē⟩ … diensteifrig, gefällig, willig

★**officium** ⟨ī⟩ N 1 Dienstleist… Dienst 2 Gefälligkeit, Höflichkeit 3 … besdienst, Geschlechtsverkehr 4 Eh… bezeigung; **officii causā** ehrenhalbe… Feier 6 Amt, Geschäft; **in officio** … seinen Dienst tun 7 MIL Kommand… Pflicht, Verpflichtung; **~ servare** s… Pflicht erfüllen 9 Pflichterfüllung; … horsam 10 Pflichtgefühl

of-fīgere ⟨fīgō, fīgī, fīxum 3.⟩ … schlagen, befestigen

of-firmāre ⟨ō, āvī, ātum 1.⟩ fest… chen; **animum ~** sich ein Herz fass…

of-firmātus ⟨a, um, *adv* offirm…⟩ ADJ 1 standhaft 2 störrisch, stur

of-flectere ⟨ō, -, - 3.⟩ umlenken

of-frēnātus ⟨a, um⟩ ADJ am Zaum… führt; **offrenatum ductare** an der… herumführen

offūcia ⟨ae⟩ F 1 Schminke 2 … schung

offula ⟨ae⟩ F Stückchen, Bissen

of-fulgēre ⟨fulgeō, fulsī, - 2.⟩ e… genleuchten

of-fundere ⟨fundō, fūdī, fūsum … ausgießen, ausschütten 2 *fig* aus-, … breiten; *passiv* sich ausbreiten 3 … cken, erfüllen 4 überstrahlen

og-gannīre ⟨iō, īvī *u.* iī, ītum 4.⟩ … **gannire**

og-gerere ⟨gerō, gessī, gestum … **obgerere**

ōh INT = **o**

ōhē *u.* **ohe** INT halt!

oho INT oho!

olea ⟨ae⟩ F = **oliva**

O

leārius A ⟨a, um⟩ ADJ Öl…; **vasa**
learia Ölgefäße B ⟨ī⟩ M Ölhändler
leaster ⟨strī⟩ M wilder Olivenbaum
ēns ⟨entis⟩ ADJ 1 duftend 2 stinkend
ēre ⟨eō, uī, - 2.⟩ 1 riechen, duften,
eram nach Wachs 2 *fig* erkennen las-
en 3 sich bemerkbar machen
leum ⟨ī⟩ N 1 Öl, Olivenöl 2 **~ et ope-**
am perdere *Sprichwort* sich vergeblich
bmühen
-facere ⟨faciō, fēcī, factum 3.⟩ 1
echen 2 *fig* wittern, wahrnehmen
-factāre ⟨ō, āvī, ātum 1.⟩ an *etw* rie-
hen, *aliquid*
idus ⟨a, um⟩ ADJ riechend, stinkend
im ADV 1 einst 2 längst, seit jeher 3
ferner Zukunft 4 manchmal 5 jemals
itor ⟨ōris⟩ M Gemüsegärtner, -händ-
r
itōrius ⟨a, um⟩ ADJ Gemüse…
iva ⟨ae⟩ F 1 Olive 2 Olivenbaum 3
ivenzweig
ivētum ⟨ī⟩ N Olivenpflanzung, -gar-
n
ivi-fer ⟨fera, ferum⟩ ADJ Oliven tra-
nd
vum ⟨ī⟩ N Olivenöl
a ⟨ae⟩ F Topf, Kochtopf
āris ⟨e⟩ ADJ Topf…
or ⟨ōris⟩ M Schwan
ōrīnus ⟨a, um⟩ ADJ Schwanen…
us ⟨eris⟩ N Gemüse, *bes* Kohl
usculum ⟨ī⟩ N Gemüse, Kohl
ympia ⟨ae⟩ F *dem Zeus heiliger Bezirk*
Elis; **Olympia** ⟨ōrum⟩ NPL die Olym-
chen Spiele; **Olympiacus** ⟨a, um⟩
olympisch; **Olympias** ⟨adis⟩ F
mpiade, *Zeitraum von 4 Jahren zwi-*
en 2 Olympischen Spielen; **Olympi-**
us ⟨a, um⟩ ADJ olympisch; **Olym-**
onīcēs ⟨ae⟩ M Olympiasieger;
ympius ⟨a, um⟩ ADJ olympisch
mpus ⟨ī⟩ M 1 *Gebirgszug im Norden*
echenlands, Sitz der Götter 2 Himmel
en ⟨inis⟩ N 1 Vorzeichen 2 Glück-
nsch 3 Bedingung 4 feierlicher
uch, *bes* Hochzeit, Ehe
ināri ⟨or, ātus sum 1.⟩ 1 weissa-
, prophezeien 2 ahnen 3 androhen
inātor ⟨ōris⟩ M Wahrsager
inōsus ⟨a, um, *adv* ōminōsē⟩ ADJ
eilvoll
isī → omittere

omissus ⟨a, um⟩ ADJ nachlässig
★**o-mittere** ⟨mittō, mīsī, missum 3.⟩ 1 fallen lassen, loslassen, wegwerfen, **arma** die Waffen 2 *fig* aufgeben, aufhören 3 übergehen, nicht erwähnen
omni-gena ⟨ae⟩ M *u.* F von allerlei Art
omni-modīs ADV auf jede Weise
★**omnīnō** ADV 1 völlig; **non ~** nicht ganz 2 allerdings, zwar 3 im Ganzen 4 überhaupt; **~ non** überhaupt nicht
omni-potēns ⟨entis⟩ ADJ allmächtig
★**omnis** ⟨e⟩ INDEF PR A ADJ 1 all, jeder; *pl* ★ **omnes** alle; ★ **omnia** alles 2 allerlei 3 lauter, nichts als; **omnes lecti** lauter ausgewählte Leute 4 ganz, gesamt; **~ Gallia** ganz Gallien B SUBST jeder; *pl* alle, die Gesamtheit; **omnium opinio** allgemeine Meinung; **ad/per omnia** in jeder Hinsicht
omni-volus ⟨a, um⟩ ADJ alles begehrend
onager ⟨grī⟩ M Wildesel
onāgos ⟨ī⟩ M Eseltreiber
onagrus ⟨grī⟩ M = **onager**
★**onerāre** ⟨ō, āvī, ātum 1.⟩ 1 *(Sklave, Schiff)* beladen, bepacken 2 *fig* überhäufen, -schütten 3 *(Richter usw.)* belästigen 4 *fig* erschweren, vergrößern, **inopiam** die Not 5 füllen
onerāria ⟨ae⟩ F Frachtschiff
onerārius ⟨a, um⟩ ADJ Last…, Fracht…
onerōsus ⟨a, um⟩ ADJ drückend, beschwerlich, lästig, *auch fig*
★**onus** ⟨eris⟩ N 1 Last, Ladung, Fracht; **~ ventris** Fetus 2 Gewicht 3 *fig* Mühe, schwierige Aufgabe; **oneri esse alicui** j-m beschwerlich fallen 4 PL Abgaben; Schulden
onustus ⟨a, um⟩ ADJ 1 belastet, beladen, bepackt 2 *fig* voll 3 *fig* bedrückt
onyx ⟨ychis⟩ 1 F Onyx, *Halbedelstein* 2 M Onyx, *Marmor* 3 M *u.* F Onyxgefäß
opācāre ⟨ō, āvī, ātum 1.⟩ beschatten, **locum** einen Platz
opācitās ⟨ātis⟩ F Schatten
★**opācus** ⟨a, um⟩ ADJ 1 schattig 2 Schatten spendend 3 *fig* dunkel, finster
★**opera** ⟨ae⟩ F 1 Arbeit, Mühe, Tätigkeit; **operam dare alicui rei** sich mit etw beschäftigen; **operae pretium est** es ist der Mühe wert 2 Dienst(leistung), Hilfe,

O

Unterstützung; **operā meā** durch meine Hilfe **3** Zeit, *die man aufwendet*, Muße, Gelegenheit **4** Arbeiter, Tagelöhner **5** Helfershelfer

operārī ⟨or, ātus sum 1.⟩ **1** beschäftigt sein, **alicui rei** mit etw **2** opfern

operāria ⟨ae⟩ F Arbeiterin

operārius **A** ⟨a, um⟩ ADJ Arbeits… **B** ⟨ī⟩ M Arbeiter, Tagelöhner

operculum ⟨ī⟩ N Deckel

★**operīre** ⟨operiō, operuī, opertum 4.⟩ **1** bedecken, zudecken, verhüllen **2** begraben **3** *fig* überhäufen, beladen **4** *fig* verbergen

operōsus ⟨a, um, *adv* operōsē⟩ ADJ **1** geschäftig, tätig **2** mühsam, beschwerlich **3** kunstvoll

opertōrium ⟨ī⟩ N Decke

opertum ⟨ī⟩ N geheimer Ort, Heiligtum

opertus ⟨a, um⟩ ADJ verborgen, geheim

operuī → operire

★**opēs** ⟨um⟩ FPL → ops

opi-fer ⟨fera, ferum⟩ Hilfe leistend, hilfreich

opi-fex ⟨icis⟩ M **1** Werkmeister, Urheber **2** Handwerker, Künstler

opificīna ⟨ae⟩ F = **officina**

ōpiliō ⟨ōnis⟩ M Schafhirt, Ziegenhirt

opīmitās ⟨ātis⟩ F Herrlichkeit

opīmus ⟨a, um, *adv* opīmē⟩ ADJ **1** fett **2** fruchtbar **3** *fig* überladen **4** *fig* reich

opīnābilis ⟨e⟩ ADJ vermutlich

★**opīnāre** ⟨ō, -, - 1.⟩ *u.* **opīnārī** ⟨or, ātus sum 1.⟩ meinen, vermuten, glauben

opīnātiō ⟨ōnis⟩ F Vermutung

opīnātus[1] ⟨a, um⟩ ADJ scheinbar

opīnātus[2] ⟨ūs⟩ M Vermutung

★**opīniō** ⟨ōnis⟩ F **1** Meinung, Vermutung, Ahnung; **contra/praeter opinionem** wider Erwarten; **opinione celerius** schneller als erwartet **2** Einbildung, Wahn **3** hohe Meinung **4** guter Ruf **5** Gerücht

opi-parus ⟨a, um, *adv* opiparē⟩ ADJ prächtig, herrlich, reichlich

opitulārī ⟨or, ātus sum 1.⟩ **1** helfen **2** abhelfen, **inopiae** *Dat.* der Not

★**oportēre** ⟨et, uit, - 2.⟩ *unpersön.* es gehört sich, es ist nötig, man muss

oportūn… = **opportun…**

op-pectere ⟨ō, -, - 3.⟩ abnagen

op-pēdere ⟨ō-, - 3.⟩ anfurzen; verhöhnen, beschimpfen, *alicui* j-n

op-pēgī → oppingere

op-perīrī ⟨perior, pertus sum 4.⟩ V/I warten, haltmachen **B** V/T erwarten, abwarten

op-pessulātus ⟨a, um⟩ ADJ verriegelt

op-petere ⟨ō, īvī *u.* iī, ītum 3⟩ *einer Sache* entgegengehen, *etw* erleiden, *aliquid*; **mortem ~** sterben

oppidānus **A** ⟨a, um⟩ ADJ (klein)städtisch **B** ⟨ī⟩ M Städter

oppidō ADV sehr, äußerst, überaus

oppidulum ⟨ī⟩ N Städtchen

★**op-pidum** ⟨ī⟩ N **1** fester Platz, Festung, Befestigung **2** Stadt, kleine Landstadt

op-pignerāre ⟨ō, āvī, ātum 1.⟩ verpfänden

op-pīlāre ⟨ō, āvī, ātum 1.⟩ verschließen

op-pingere ⟨pingō, pēgī, - 3.⟩ aufdrücken

op-plēre ⟨pleō, plēvī, plētum 2.⟩ (an)füllen

★**op-pōnere** ⟨pōnō, posuī, positum 3.⟩ **1** entgegensetzen, -stellen, -halten; *passiv* entgegen-, gegenüberstehen, -liegen **2** aussetzen, preisgeben **3** (*mit Worten*) entgegnen **4** (*vergleichend*) gegenüberstellen **5** JUR verpfänden

opportūnitās ⟨ātis⟩ F **1** günstige Lage **2** *fig* günstige Gelegenheit; **~ temporis** günstiger Augenblick **3** Vorteil **4** günstige Anlage, **corporis** des Körpers

★**opportūnus** ⟨a, um, *adv* opportūnē⟩ ADJ **1** (*örtl.*) günstig gelegen, bequem, geeignet, **alicui rei/ad aliquid** für etw **2** (*zeitl.*) rechtzeitig **3** passend, brauchbar **4** (*Person*) geschickt **5** ausgesetzt, leicht anzugreifen

oppositus[1] ⟨a, um⟩ PPP → opponere

oppositus[2] ⟨a, um⟩ ADJ gegenüberliegend

oppositus[3] ⟨ūs⟩ M **1** Entgegenstellung **2** das Entgegenstehen, das Vorhalten

op-posuī → opponere

op-pressī → opprimere

oppressiō ⟨ōnis⟩ F **1** Unterdrückung **2** Überfall

pressiuncula ⟨ae⟩ F das zärtliche
rücken, **papillarum** der Brüste
-primere ⟨primō, pressī, pressum
⟩ 1 niederdrücken, versenken 2 er-
ücken, zerdrücken, verschütten 3
bel) unterdrücken 4 verbergen, ge-
eim halten 5 (*Feinde*) überwältigen,
rnichten, aufreiben; *passiv* unterliegen
überfallen 7 *fig* überraschen 8 aus
r Fassung bringen
probrāmentum ⟨ī⟩ N Vorwurf
-probrāre ⟨ō, -, - 1.⟩ vorwerfen
-probrium ⟨ī⟩ N 1 Beschimpfung,
rwurf 2 Schande
-pūgnāre ⟨ō, āvī, ātum 1.⟩ angrei-
n, bekämpfen, *auch fig*
pūgnātiō ⟨ōnis⟩ F 1 MIL Bestür-
ung 2 Belagerungsmethode 3 JUR
klage; Widerspruch
pūgnātor ⟨ōris⟩ M Belagerer, An-
eifer
s ⟨opis, *pl* opēs, um⟩ F 1 Bemühung,
enst 2 körperliche Anstrengung,
aft, Stärke; **non est opis meae** es steht
ht in meiner Macht 3 Hilfe, Beistand,
hutz 4 PL Mittel; Vermögen, Besitz,
chtum 5 PL Streitkräfte 6 PL politi-
e Macht
s ⟨Opis⟩ F *Göttin der Fruchtbarkeit*
c... = **obsc...**
ōn... = **obson...**
t... = **obst...**
ābilis ⟨e, *adv* optābiliter⟩ ADJ wün-
enswert, willkommen
andus ⟨a, um⟩ ADJ wünschenswert
āre ⟨ō, āvī, ātum 1.⟩ 1 wählen 2
nschen
ātiō ⟨ōnis⟩ F Wunsch
ātum ⟨ī⟩ N Wunsch; **optato** nach
nsch
ātus ⟨a, um, *adv* optātē⟩ ADJ er-
scht, willkommen
imātēs ⟨(i)um⟩ M die Aristokraten,
lspartei
mus ⟨a, um, *adv* optimē⟩ ADJ *sup*
onus *u.* → bene
ō ⟨ōnis⟩ A F freie Wahl, freier Wil-
Wunsch B M Gehilfe, Vertreter *des*
urio, Adjutant
u... = **obtu...**
umus ⟨a, um⟩ ADJ = **optimus**
lēns ⟨entis⟩ ADJ = **opulentus**
lentāre ⟨ō, -, - 1.⟩ reich machen

opulenter ADV = **opulente**; → opulentus
opulentia ⟨ae⟩ F *u.* **opulentitās** ⟨ātis⟩ F 1 Reichtum, Pracht 2 Macht, Einfluss
★**opulentus** ⟨a, um, *adv* opulentē⟩ ADJ 1 reich, **praedā** an Beute 2 reichlich, glänzend 3 mächtig, einflussreich
★**opus** ⟨eris⟩ N 1 Arbeit, Beschäftigung, Tätigkeit; **in opere esse/versari** tätig sein 2 Landarbeit 3 Bau; Schanzarbeit; **~ facere** bauen 4 Bergbau 5 Weidwerk 6 Wirkung 7 Tat, Unternehmung 8 Aufgabe, Leistung 9 Mühe, Anstrengung; **magno/maximo opere** sehr; **tanto opere** so sehr 10 Ausführung, Stil, Kunst 11 vollendetes Werk, fertige Arbeit 12 Bauwerk 13 Damm 14 Kunstwerk; literarisches Werk 15 ★ **~ est** es ist notwendig, man braucht; es ist vorteilhaft; **nobis ~ est libris** (*abl*) wir brauchen Bücher
opusculum ⟨ī⟩ N kleines Werk
ōra[1] ⟨ae⟩ F SCHIFF Tau, Schiffsseil
★**ōra**[2] ⟨ae⟩ F 1 Rand, Grenze 2 Küste, Küstenlandschaft 3 Landstrich
★**ōrāculum** ⟨ī⟩ N 1 Orakel(stätte) 2 Orakelspruch, Götterspruch 3 *fig* Weissagung 4 Spruch, Satz
★**ōrāre** ⟨ō, āvī, ātum 1.⟩ 1 reden, sprechen 2 verhandeln, vortragen 3 bitten, ersuchen 4 beten
ōrārius ⟨a, um⟩ ADJ Küsten…
★**ōrātiō** ⟨ōnis⟩ F 1 das Reden, das Sprechen 2 Rede, Vortrag; **orationem habere/dicere** eine Rede halten 3 Redeweise, Stil 4 Prosa 5 Äußerung, Behauptung, Worte; **oratione** dem Namen nach 6 Gegenstand der Rede, Thema 7 Redegabe, Beredsamkeit 8 kaiserlicher Erlass
★**ōrātor** ⟨ōris⟩ M 1 Sprecher, Unterhändler 2 Redner 3 Bittsteller → *s. Info-Fenster nächste Seite*
ōrātōrius ⟨a, um, *adv* ōrātōriē⟩ ADJ rednerisch, Redner…
ōrātum ⟨ī⟩ N Bitte
ōrātus ⟨ūs⟩ M das Bitten; **oratu** auf Bitten
orba ⟨ae⟩ F Waise, Witwe
orbāre ⟨ō, āvī, ātum 1.⟩ 1 zur Waise machen; *j-m* die Kinder rauben; **matrem filio ~** der Mutter den Sohn rauben 2

O

Wortschatz

▶ orator – die Aufgaben eines Redners

Um eine gute und wirkungsvolle Rede zu halten, musste der Redner gemäß den Lehren der antiken Rhetorik folgende fünf Aufgaben (**officia oratoris**) bewältigen:

inventio	Auffinden der Gesichtspunkte
dispositio	Gliederung des Stoffes
elocutio	Ausformulierung in einem geeigneten Stil
memoria	Einprägen der Rede
pronuntiatio	öffentlicher Vortrag

fig berauben

orbātiō ⟨ōnis⟩ F Beraubung

orbātor ⟨ōris⟩ M der *j-m* die Kinder raubt, der *j-m* die Eltern raubt

★**orbis** ⟨is⟩ M 1 Kreis; ~ **lacteus** Milchstraße 2 kreisförmige Bewegung, Windung 3 (*der Ereignisse*) Kreislauf; Umschwung 4 RHET Periode 5 Scheibe, Schild, Rad 6 (*Scheibenförmiges*) Diskus, Waagschale, Spiegel, runder Tisch, Handpauke 7 Rad, Glücksrad; **circumagitur** ~ *fig* das Blatt wendet sich 8 ASTRON Himmel(sgewölbe), Sonne, Mond 9 Erdscheibe; ~ **terrarum** Erdkreis 10 Gebiet, Land, Gegend

orbita ⟨ae⟩ F 1 Wagengleis, Bahn, Fahrbahn 2 *fig* Vorbild

orbitās ⟨ātis⟩ F 1 Elternlosigkeit, Kinderlosigkeit 2 *fig* Mangel 3 Witwentum

orbus A ⟨a, um⟩ ADJ 1 verwaist 2 kinderlos 3 verwitwet 4 *fig einer Sache* beraubt, ohne *etw*, (a) *re/alicuius rei* B ⟨ī⟩ M Waise

orca ⟨ae⟩ F Tonne *zur Konservierung*

Orcīniānus ⟨a, um⟩ ADJ Toten…

Orcīnus *u.* **Orcīvus** ⟨a, um⟩ ADJ Toten…

Orcus ⟨ī⟩ M 1 Unterwelt, Reich der Toten 2 Gott der Unterwelt = Pluto 3 Tod

ōrdināre ⟨ō, āvī, ātum 1.⟩ 1 in Reihen (auf)stellen, ordnen; **arbustum sulcis** ~ eine Baumpflanzung in Reihen anlegen 2 einrichten, regeln 3 (*Amt*) vergeb… 4 in ein Amt einsetzen 5 JUR abfass…

ōrdinārius ⟨a, um⟩ ADJ 1 ordentl… regelmäßig 2 vorzüglich

ōrdinātim ADV 1 der Reihe nach … MIL nach Gliedern, gliedweise

ōrdinātiō ⟨ōnis⟩ F 1 Ordnung, Re…lung 2 Einsetzung in ein Amt

ōrdinātor ⟨ōris⟩ M 1 Ordner 2 der einen Prozess einleitet

ōrdinātus ⟨a, um, *adv* ōrdinātē⟩ geordnet, regelmäßig

★**ōrdīrī** ⟨ōrdior, ōrsus sum 4.⟩ A V/T …fangen, beginnen B V/I zu reden be…nen; ~ **a re** von etw ausgehen

★**ōrdō** ⟨inis⟩ M 1 Reihe, Schicht 2 … *Theater*) Sitz-, Bankreihe 3 MIL Lini… (*von Soldaten*) Abteilung, Schar; Ze…rie; **aliquem in ordinem cogere** j-n …gradieren 5 Zenturionenstelle; Zent… 6 POL Stand, Rang 7 Anordnung, …henfolge; ~ **fatorum** Gang des Sch…sals; **(in) ordine/in ordinem** der R…nach, ordnungsgemäß; **extra ordi…** außer der Reihe, über das gewöhnl… Maß 8 Verfassung, Zustand 9 (*m…* Mönchsorden

orēas ⟨adis⟩ F Bergnymphe

Orestēs ⟨ae *u.* is⟩ M *Sohn des Agam…non u. der Klytaemnestra; tötete seine …ter u. ihren Liebhaber;* **Orestēus** … um⟩ ADJ des Orest

Orgetorīx ⟨īgis⟩ M *helvetischer Ar…rer*

orgia ⟨ōrum⟩ NPL 1 die Orgien, *nä…che Bacchusfeier* 2 Geheimnisse

★**oriēns** ⟨entis⟩ M (*erg.* **sol**) 1 O… Morgen 2 Orient

Oriēns ⟨entis⟩ M Sonnengott

orientālēs ⟨ium⟩ MPL Orientalen

★**orīgō** ⟨inis⟩ F 1 Ursprung, Abs…mung, Herkunft; **originem a Cae… trahere/ducere** seine Abstammung … Caesar herleiten 2 Stamm, Famil… Stammvater 4 Mutterstadt, -land

Ōrīōn ⟨ōnis⟩ M MYTH *Jäger aus Bö… von Artemis/Diana getötet, als Sternb… den Himmel versetzt*

★**orīrī** ⟨orior, ortus sum 4.⟩ 1 sich … ben 2 ASTRON aufgehen 3 entst… entspringen, ausbrechen 4 geb… werden, abstammen 5 (*Baum* … wachsen 6 (*örtl.*) anfangen, begin…

O

riundus ⟨a, um⟩ ADJ abstammend
rnāmentum ⟨ī⟩ N 1 Ausrüstung 2 chmuck(stück), Zierde 3 Ehrenzeichen 4 Ehre, Auszeichnung, Glanz
rnāre ⟨ō, āvī, ātum 1.⟩ 1 ausrüsten, usstatten 2 ausschmücken, zieren 3 *g* fördern 4 ehren, auszeichnen
nātrīx ⟨īcis⟩ F Friseurin
nātus[1] ⟨a, um, *adv* ōrnātē⟩ ADJ 1 usgerüstet, versehen, **re** mit etw 2 *fig* eschmackvoll 3 *fig* rühmlich, ehren- oll 4 (*Bürger*) geehrt, geachtet
nātus[2] ⟨ūs⟩ M 1 Ausrüstung, Aus- attung 2 Schmuck 3 Kleidung
nus ⟨ī⟩ *f* wilde Bergesche
pheus ⟨eī *u.* eos⟩ M MYTH *Sänger, atte der Eurydike;* **Orphēus** *u.* **Or- hicus** ⟨a, um⟩ ADJ des Orpheus
sa ⟨ōrum⟩ NPL 1 Anfang, Unterneh- en 2 begonnene Rede, Worte
sus[1] ⟨a, um⟩ PPERF → ordiri
sus[2] ⟨ūs⟩ M 1 Zettel, *Anfang eines Ge- ebes* 2 Anfang, Beginn
thodoxus ⟨a, um⟩ ADJ rechtgläubig
thographia ⟨ae⟩ F Rechtschrei- ng
tus[1] ⟨ūs⟩ M 1 ASTRON (Sonnen)auf- ng 2 Osten 3 *fig* Entstehung, Ur- rung 4 *fig* Geburt, Herkunft
tus[2] ⟨ī⟩ *m* = **hortus**
tus[3] ⟨a, um⟩ PPERF → oriri
yza ⟨ae⟩ F Reis
' ⟨ōris⟩ N 1 Mund; Maul, Rachen; nabel 2 Sprache, Rede, Gerede; **o ore** einstimmig 3 Gesicht, Miene Augen, Gegenwart 5 *fig* Maske 6 Rachen, Schlund 7 *fig* Öffnung, Ein- ng 8 (*eines Flusses*) Mündung, Quelle *fig* Frechheit, Unverschämtheit
⟨ossis⟩ N 1 Knochen, Bein 2 PL Ge- ne 3 PL *fig* das Innerste, Mark
cen ⟨cinis⟩ M Weissagevogel
cī ⟨ōrum⟩ MPL *Volk in Kampanien*
illātiō ⟨ōnis⟩ F das Schaukeln
itanter ADV schläfrig; teilnahmslos
itāre ⟨ō, -, - 1.⟩ *u.* **ōscitārī** ⟨or, - 1 den Mund aufsperren 2 gähnen *ig* teilnahmslos sein
itātiō ⟨ōnis⟩ F das Gähnen
ulārī ⟨or, ātus sum 1.⟩ küssen
ulātiō ⟨ōnis⟩ F das Küssen
ulum ⟨ī⟩ N 1 Mündchen 2 Kuss
us ⟨a, um⟩ ADJ oskisch; **ludi Osci** die Atellanen, *Volkspossen*
Osīris ⟨idis *u.* is⟩ M *Hauptgott der Ägypter, Richter über die Seelen*
ōsor ⟨ōris⟩ M Hasser
osseus ⟨a, um⟩ ADJ knöchern
★**os-tendere** ⟨tendō, tendī, tentum 3.⟩ 1 entgegenstrecken 2 zeigen, sehen lassen; *passiv u.* **se** ~ erscheinen 3 *fig* in Aussicht stellen, versprechen 4 *fig* einwenden 5 *fig* offenbaren, verraten 6 *fig* erklären
★**ostentāre** ⟨ō, āvī, ātum 1.⟩ 1 (wiederholt) hinhalten, zeigen, sehen lassen 2 *fig* prahlen, **arma** mit den Waffen 3 *fig* in Aussicht stellen, versprechen; androhen 4 erklären
ostentātiō ⟨ōnis⟩ F 1 das Zeigen 2 *fig* Prahlerei, **ingenii** mit der Begabung 3 *fig* Schein, Täuschung
ostentuī M 1 zur Schau 2 zum Schein
ostentum ⟨ī⟩ N 1 Anzeichen, Wunderzeichen 2 Scheusal
ostentus ⟨a, um⟩ PPP → ostendere
Ōstia ⟨ae⟩ F *u.* ⟨ōrum⟩ NPL *Hafenstadt Roms an der Tibermündung*
ōstiārium ⟨ī⟩ N Türsteuer
ōstiārius A ⟨a, um⟩ ADJ Tür... B ⟨ī⟩ M Pförtner
ōstiātim ADV von Tür zu Tür
Ōstiēnsis ⟨e⟩ ADJ aus Ostia
★**ōstium** ⟨ī⟩ N 1 Tür, Pforte, Haustür 2 *fig* Eingang, Zugang 3 Mündung
ostrea ⟨ae⟩ F *u.* **ostreum** ⟨ī⟩ N Auster, Muschel
ostreātus ⟨a, um⟩ ADJ gleichsam mit Austernschalen besetzt, schorfig
ostri-fer ⟨fera, ferum⟩ ADJ austernreich
ostrum ⟨ī⟩ N 1 Purpur 2 Purpurgewand
ōsūrus ⟨a, um⟩ *part fut* → odisse
ōsus ⟨a, um⟩ ADJ 1 hassend 2 verhasst
Othō ⟨ōnis⟩ M *röm. Beiname;* **M. Salvius** ~, *69 n. Chr. röm. Kaiser;* **Othōniānus** ⟨a, um⟩ ADJ des Otho
ōtiārī ⟨or, ātus sum 1.⟩ Muße haben
★**ōtiōsus** ⟨a, um, *adv* ōtiōsē⟩ ADJ 1 müßig, untätig, nicht beschäftigt; *adv* ohne Eile 2 frei von einem Amt 3 literarisch tätig 4 (*Person, Sache*) ruhig, friedlich 5 sorglos, gleichgültig 6 überflüssig, nutzlos
★**ōtium** ⟨ī⟩ N 1 Muße, Ruhe, Freizeit,

O

Freiheit von Berufsgeschäften, Privatleben 2 literarische Beschäftigung 3 Müßiggang 4 POL Ruhe und Frieden; **per ~** während der Friedenszeit

ovāre ⟨ō, -, - 1.⟩ 1 jubeln, **victoriā** über den Sieg 2 feierlich einziehen

Ovidius ⟨a, um⟩ *Name einer röm. gens;* **Publius ~ Naso** *43 v. Chr. – 17 n. Chr., neben Horaz u. Vergil größter Dichter der augusteischen Zeit*

ovīle ⟨is⟩ N Schaf-, Ziegenstall

ovīlis ⟨e⟩ ADJ Schaf…

ovillus ⟨a, um⟩ ADJ Schaf…

★**ovis** ⟨is⟩ F 1 Schaf 2 (Schaf-)Wolle

★**ōvum** ⟨ī⟩ N Ei; **~ parere** ein Ei legen

P

p, P ABK 1 = **Publius** 2 **P. C. = patres conscripti** Senatoren 3 **P. M. = pontifex maximus** 4 **P. R. = populus Romanus** das römische Volk

pābulārī ⟨or, ātus sum 1.⟩ Futter holen

pābulātiō ⟨ōnis⟩ F das Futterholen

pābulātor ⟨ōris⟩ M Futterholer

★**pābulum** ⟨ī⟩ N Futter, Nahrung

pācālis ⟨e⟩ ADJ friedlich

★**pācāre** ⟨ō, āvī, ātum 1.⟩ 1 beruhigen 2 unterwerfen 3 *fig* urbar machen

pācātor ⟨ōris⟩ M Friedensstifter

pācātum ⟨ī⟩ N Freundesland

pācātus ⟨a, um, *adv* pācātē⟩ ADJ friedlich

pāci-fer ⟨fera, ferum⟩ ADJ Frieden bringend

pācificāre ⟨ō, āvī, ātum 1.⟩ *u.* **pācificārī** ⟨or, ātus sum 1.⟩ A V/I Frieden schließen B V/T versöhnen

pācificātiō ⟨ōnis⟩ F Befriedung

pācificātor ⟨ōris⟩ M Friedensstifter

pācificātōrius ⟨a, um⟩ ADJ Friedens…

pāci-ficus ⟨a, um⟩ ADJ friedenstiftend, friedlich

pacīscī ⟨pacīscor, pactus sum 3.⟩ A V/I einen Vertrag schließen, sich einigen, sich verabreden B V/T 1 verabreden, festsetzen 2 sich ausbedingen 3 (vo Mann) sich verloben, *aliquam* mit j- **alicui pacta** mit j-m verlobt 4 ver-, e tauschen 5 sich verpflichten

pacta ⟨ae⟩ F Verlobte, Braut

pactiō[1] ⟨ōnis⟩ F 1 Vertrag, Vergle 2 MIL Kapitulation; **sine pactione** oh Bedingung 3 Komplott 4 Versprech

pāctiō[2] ⟨ōnis⟩ F Formel

Pactōlos *u.* **Pactōlus** ⟨ī⟩ M *Gold f render Fluss in Lydien*

pactor ⟨ōris⟩ M Vermittler, Stifter

★**pactum** ⟨ī⟩ N 1 = **pactio; pacta s servanda** (*mlat.*) Verträge müssen ein halten werden 2 Weise, Art; **nullo p to** ganz und gar nicht

pactus[1] ⟨a, um⟩ PPERF → pacisci

pactus[2] ⟨a, um⟩ ADJ verabredet, sprochen

pāctus[3] ⟨a, um⟩ PPP → pangere

Pācuviānus ⟨a, um⟩ ADJ des Pacu

Pācuvius ⟨ī⟩ M *röm. Tragödiendicht*

Padus ⟨ī⟩ M *Fluss in Oberitalien, heut*

paeān ⟨ānis⟩ M 1 Päan, Hymnus *Apollo* 2 METR Versfuß des Päan

Paeān ⟨ānis⟩ M *griech. Heilgott*

paedagōgus ⟨ī⟩ M Erzieher

paedīcāre ⟨ō, āvī, ātum 1.⟩ Unzu mit Knaben treiben

paedīcō ⟨ōnis⟩ M Knabenschänder

paedor ⟨ōris⟩ M Schmutz

paelex ⟨icis⟩ F 1 Nebenfrau, Geli 2 Lustknabe

paelicātus ⟨ūs⟩ M wilde Ehe

Paelīgnī ⟨ōrum⟩ MPL *Stamm in M italien;* **Paelīgnus** ⟨ī⟩ M 1 zu den ligni gehörig 2 zauberkundig

★**paene** ADV 1 beinahe, fast; **~ di** fast möchte ich sagen 2 völlig

paen-īnsula ⟨ae⟩ F Halbinsel

paenitentia ⟨ae⟩ F Reue, Schar fühl, **alicuius rei** wegen etw

★**paenitēre** ⟨eō, uī, - 2.⟩ 1 bereuen **cuius rei** etw; **paenitendo** durch Be en 2 **aliquem paenitet** *unpersör* reut j-n, jd. bereut *etw, alicuius rei,* **quem paenitet sui** jd. ärgert sich sich; **me non paenitet** ich bin nich geneigt, ich bin zufrieden

paenula ⟨ae⟩ F Kapuzen-, Reisem

paenulātus ⟨a, um⟩ ADJ mit ei Reisemantel bekleidet

paeōn ⟨ōnis⟩ M = **paean**

eōn ⟨ōnis⟩ M = **Paean**
eōnius ⟨a, um⟩ ADJ 1 des Apollo 2
ztlich
estānus A ⟨a, um⟩ ADJ aus Paestum
⟨ī⟩ M Einwohner von Paestum
estum ⟨ī⟩ N *griech. Kolonie am Golf*
n Salerno
etulus ⟨a, um⟩ ADJ *u.* **paetus** ⟨a,
n⟩ ADJ blinzelnd, verliebt blickend
gānica ⟨ae⟩ F mit Federn ausge-
ɔpfter Ball
gānicus ⟨a, um⟩ ADJ 1 ländlich,
rflich 2 *(eccl.)* heidnisch
gānus A ⟨a, um⟩ ADJ 1 ländlich,
rflich 2 *(eccl.)* heidnisch B ⟨ī⟩ M 1
ndbewohner 2 *(eccl.)* Heide
gare ⟨ō, āvī, ātum 1.⟩ *(mlat.)* bezah-
gātim ADV dorfweise
gella ⟨ae⟩ F = **pagina**
gina ⟨ae⟩ F 1 Blatt(papier), Seite 2
schriebenes
gus ⟨ī⟩ M 1 Bezirk 2 Einwohner ei-
Bezirks 3 Dorf 4 Landvolk
aestīna ⟨ae⟩ F *urspr. Küstenstreifen*
Mittelmeer, dann röm. Provinz; **Pa-**
estīnus ⟨a, um⟩ ADJ aus Palaestina;
laestīnus ⟨ī⟩ M Einwohner von Pa-
stina
aestra ⟨ae⟩ F 1 Ringplatz, -schule;
rtplatz; → thermae 2 Ringkampf 3
Redner) Schule 4 *fig* Übung, Bildung
Bordell
aestricus A ⟨a, um, *adv* palaestri-
ADJ zur Ringschule gehörig, Schul...
⟨ī⟩ M Lehrer in der Ringschule
aestrīta ⟨ae⟩ M Ringer
am A ADV 1 öffentlich 2 offen 3
offenkundig, bekannt B PRÄP *+abl*
in Gegenwart von; ~ **populo** vor
Volk
ārī ⟨or, ātus sum 1.⟩ 1 sich zerstreu-
umherirren 2 *fig* irren
tīnus ⟨a, um⟩ ADJ 1 palatinisch 2
erlich
tium *u.* **Pālātium** ⟨ī⟩ N 1 der
tinische Hügel *in Rom* 2 Palast
tum ⟨ī⟩ N *u.* **palātus** ⟨ī⟩ M 1
men 2 *fig* Wölbung
a ⟨ae⟩ F Spreu
mpsēstus ⟨ī⟩ M Palimpsest, *abge-*
btes u. wieder benutztes Pergament
nūrus ⟨ī⟩ M *Steuermann des Aeneas,*
ertrank im Meer
pālitārī ⟨or, - 1.⟩ umherschweifen
palla ⟨ae⟩ F 1 Mantel *der Frauen u. Schauspieler* 2 *fig* Vorhang
Palladium ⟨ī⟩ N *Bild der Pallas Athene in Troja, galt als Unterpfand der Sicherheit; später im Vestatempel aufbewahrt u. dort verehrt*
Palladius ⟨a, um⟩ ADJ der Pallas geweiht
Pallas[1] ⟨adis *u.* ados⟩ F 1 *Beiname der Athene/Minerva* 2 Olivenbaum, -öl 3 Kunstfertigkeit
Pallās[2] ⟨antis⟩ M 1 *Vater der Athene/Minerva* 2 *einer der Giganten* 3 *Ahnherr des Euander* 4 *Sohn des Euander*
pallēns ⟨entis⟩ ADJ 1 blass 2 hellgrün, gelblich 3 blass machend
pallēre ⟨eō, uī, - 2.⟩ 1 blass sein 2 sich entfärben 3 *fig* sich fürchten, **aliquid** vor etw
pallēscere ⟨pallēscō, palluī, - 3.⟩ 1 erblassen, gelblich werden 2 *fig* in Furcht geraten, **aliquid** vor etw
palliātus ⟨a, um⟩ ADJ 1 mit einem griechischen Mantel bekleidet 2 **fabula palliata** Theater nach griechischer Art
pallidulus ⟨a, um⟩ ADJ ziemlich blass
pallidus ⟨a, um⟩ ADJ 1 blass 2 unscheinbar, hässlich 3 verliebt 4 blass machend
palliolātim ADV mit einem Mäntelchen
palliolātus ⟨a, um⟩ ADJ mit einer Kapuze
palliolum ⟨ī⟩ N 1 Mantel 2 Kapuze
pallium ⟨ī⟩ N 1 Mantel, Überwurf; **tunica proprior pallio** *Sprichwort* das Hemd ist näher als der Rock 2 Bettdecke
pallor ⟨ōris⟩ M 1 Blässe 2 Furcht
palluī → pallere *u.* → pallescere
pallula ⟨ae⟩ F Mäntelchen
★**palma**[1] ⟨ae⟩ F 1 flache Hand, Handfläche 2 Ruder 3 BOT Palme, Palmenzweig 4 Dattel 5 Siegespreis 6 Sieg 7 Sieger
palma[2] ⟨ae⟩ F = **parma**
palmāris ⟨e⟩ ADJ der Siegespalme würdig
palmātus ⟨a, um⟩ ADJ mit gestickten Palmzweigen verziert
palmes ⟨itis⟩ F 1 Zweig 2 Weinrebe, -stock

P

palmētum ⟨ī⟩ N Palmenhain
palmi-fer ⟨fera, ferum⟩ ADJ Palmen tragend, reich an Palmen
palmōsus ⟨a, um⟩ ADJ reich an Palmen
palmula ⟨ae⟩ F 1 Ruder(blatt) 2 Palme, Palmenzweig 3 Dattel
Palmȳra ⟨ae⟩ F *alte Handelsstadt nordwestl. von Damaskus*
palpāre ⟨ō, āvī, ātum 1.⟩ *u.* **palpārī** ⟨or, ātus sum 1.⟩ 1 streicheln 2 *fig j-m* schmeicheln, *alicui*
palpātiō ⟨ōnis⟩ F Zärtlichkeit
palpātor ⟨ōris⟩ M Schmeichler
palpebra ⟨ae⟩ F Augenlid
palpitāre ⟨ō, āvī, ātum 1.⟩ zucken, klopfen; **cor palpitat** das Herz klopft
palpitātiō ⟨ōnis⟩ F das Zucken, Blinzeln
palpō ⟨ōnis⟩ M Schmeichler
palpus ⟨ī⟩ M das Streicheln
palūdāmentum ⟨ī⟩ N Feldherrnmantel
palūdātus ⟨a, um⟩ ADJ im Feldherrnmantel
palūdōsus ⟨a, um⟩ ADJ sumpfig
palumbēs *u.* **palumbis** ⟨is⟩ M *u.* F *u.* **palumbus** ⟨ī⟩ M Ringeltaube
pālus[1] ⟨ī⟩ M Pfahl
★**palūs**[2] ⟨ūdis⟩ F 1 Sumpf, Morast 2 See, Fluss 3 Sumpfrohr
palūster ⟨stris, stre⟩ ADJ sumpfig, Sumpf…
pampineus ⟨a, um⟩ ADJ Weinlaub…
pampinus ⟨ī⟩ M Weinranke, laub
Pān ⟨Pānos *u.* Pānis⟩, *akk* ⟨Pāna⟩ M *Wald- u. Hirtengott*
panaca ⟨ae⟩ F Trinkgeschirr
panacēa ⟨ae⟩ F Allheilkraut
pānāriolum ⟨ī⟩ N Brotkörbchen
panchrēstus ⟨a, um⟩ ADJ zu allem nützlich
pancraticē ADV nach Art der Allkämpfer; ~ **valere** kerngesund sein
pancration *u.* **pancratium** ⟨ī⟩ N Allkampf, Faust- und Ringkampf
★**pandere** ⟨pandō, pandī, passum *u.* pānsum 3.⟩ 1 ausbreiten, ausstrecken 2 *passiv u.* **se** ~ sich ausbreiten, sich ausdehnen 3 (*Tor usw.*) öffnen; *passiv* sich öffnen 4 (*Geheimnis*) offenbaren
pandiculārī ⟨or, ātus sum 1.⟩ sich gähnend recken und strecken
pandus ⟨a, um⟩ ADJ gekrümmt, gebogen
pane ⟨is⟩ N = **panis**
panēgyricus ⟨ī⟩ M Lobrede
pangere ⟨pangō, pepigī *u.* pēgī pānxī, pāctum 3.⟩ 1 einschlagen, festigen 2 (*Verse*) verfassen, dichter *fig* besingen 4 *nur in den Perf.-For* festsetzen, bestimmen 5 verabrede
Panhormus ⟨ī⟩ M = **Panormus**
pāniceus ⟨a, um⟩ ADJ aus Brot macht
pāniculus ⟨ī⟩ M Schilf, Rohrbüsch
pānicum ⟨ī⟩ N Hirse
pānicus ⟨a, um⟩ ADJ = **paniceus**
pāni-ficium ⟨ī⟩ N Gebäck, Opfe chen
★**pānis** ⟨is⟩ M Brot
Pannonia ⟨ae⟩ F Pannonien, *röm. vinz zwischen Ostalpen, Donau u. S*
Pannonicus ⟨a, um⟩ ADJ pannon
Pannoniī ⟨ōrum⟩ MPL Pannonier
pannōsus *u.* **pannūceus** *u.* **p nūcius** ⟨a, um⟩ ADJ 1 zerlumpt welk
pannus ⟨ī⟩ M 1 Stück Tuch, Lumpe ärmliches Kleidungsstück, Gewand
Panormitānus ⟨a, um⟩ ADJ aus ormus
Panormus ⟨ī⟩ F *Stadt auf Sizilien, Palermo*
pānsa ⟨ae⟩ F Plattfuß
pānsum PPP → pandere
pantex ⟨icis⟩ M 1 Wanst 2 PL därme
panthēra ⟨ae⟩ F Panther
panthēreus ⟨a, um⟩ ADJ Panther
panthērīnus ⟨a, um⟩ ADJ gefleck
pantomīmicus ⟨a, um⟩ ADJ pan misch
pantomīmus ⟨ī⟩ M 1 der Panto Balletttänzer 2 die Pantomime
papae INT = **babae**
pāpās ⟨ātis⟩ M Erzieher
papāver ⟨eris⟩ N Mohn
papāvereus ⟨a, um⟩ ADJ Mohn..
Paphius ⟨a, um⟩ ADJ aus Paphus
Paphus ⟨ī⟩ F *Seestadt auf Zypern*
pāpiliō ⟨ōnis⟩ F Schmetterling, F
papilla ⟨ae⟩ F 1 Brustwarze 2 B
pappāre ⟨ō, -, - 1.⟩ essen, „futte
pappās ⟨ātis⟩ M = **papas**
papula ⟨ae⟩ F Bläschen, Hitzeblä
papȳri-fer ⟨fera, ferum⟩ ADJ Pa

P

tauden tragend
apȳrus ⟨ī⟩ M u. F 1 BOT Papyrusstau-
e 2 Papier 3 Kleid aus Papyrusbast
ār A ⟨paris⟩ ADJ, ADV → pariter 1
hnlich 2 gleich (groß) 3 *(von Zahlen)*
erade 4 unentschieden; **pari proelio**
iscedere im Kampf unentschieden aus-
inandergehen 5 *j-m* gewachsen 6 ent-
prechend, angemessen, *alicui*; **~ est** es
emt sich 7 gleichmäßig B ⟨paris⟩ M
F Gefährte, Gefährtin C ⟨paris⟩ N
das Gleiche; **~ pari/pro pari referre**
leiches mit Gleichem vergelten 2 Paar
rābilis ⟨e⟩ ADJ leicht zu beschaffen
rabola ⟨ae⟩ F u. **parabolē** ⟨ēs⟩ F
leichnis
radoxa ⟨ōrum⟩ NPL widersprüchli-
e Sätze; **~ Stoicorum** *Schrift Ciceros*
raphrasis ⟨is⟩ F RHET Umschrei-
ung
rāre[1] ⟨ō, āvī, ātum 1.⟩ 1 gleich
hätzen 2 **se ~** sich verständigen
rāre[2] ⟨ō, āvī, ātum 1.⟩ 1 vorberei-
n, besorgen, (aus)rüsten, **aliquid** etw
. sich zu etw; **alicui insidias ~** einen
nterhalt gegen j-n vorbereiten 2 be-
sichtigen, **proficisci** *(inf)* aufzubre-
en 3 (sich) verschaffen, erwerben 4
ufen
rārius ⟨ī⟩ M Unterhändler, Makler
rasīta ⟨ae⟩ F Schmarotzerin
rasītārī ⟨or, -1.⟩ schmarotzen
rasītaster ⟨trī⟩ M elender Schma-
zer
rasītātiō ⟨ōnis⟩ F das Schmarotzen
rasīticus ⟨a, um⟩ ADJ Schmarot-
...
rasītus ⟨ī⟩ M 1 Tischgast 2 Schma-
zer, Parasit
rātiō ⟨ōnis⟩ F 1 Vorbereitung 2 *fig*
Streben, **regni** nach der Herrschaft
rātus[1] ⟨ūs⟩ M 1 Einrichtung, Veran-
tung 2 Kleidung
rātus[2] ⟨a, um, *adv* parātē⟩ ADJ 1
eit, fertig 2 zu *etw* entschlossen,
etw gefasst, *ad/in aliquid* 3 ausgerüs-
4 *(Heer)* schlagfertig 5 geübt 6
g) leicht, bequem
azōnium ⟨ī⟩ N kurzes Schwert,
ch
ca ⟨ae⟩ F Schicksalsgöttin, Parze
ce-prōmus ⟨a, um⟩ ADJ knickerig
cere ⟨parcō, pepercī *u.* parsī, par-
sūrus 3.⟩ 1 sparen; **~ viribus** *(dat)*
Kräfte sparen 2 unterlassen, **alicui rei**
etw 3 (ver)schonen, **vitae alicuius ~**
j-s Leben 4 sich mäßigen, nicht benut-
zen
parcitās ⟨ātis⟩ F Sparsamkeit
★**parcus** ⟨a, um, *adv* parcē⟩ ADJ 1 spar-
sam; **~ donandi** sparsam mit Geben 2
genügsam, sich zurückhaltend, **alicuius**
rei/in re in etw 3 *(im Ausdruck)* schlicht,
knapp 4 *(Lebensunterhalt)* spärlich,
knapp, wenig
pārēns[1], ⟨entis⟩ ADJ gehorsam
★**parēns**[2] ⟨entis⟩ M u. F 1 Vater, Mutter
2 PL ★**parentes** Eltern 3 PL Vorfahren
4 PL Verwandte 5 *fig* Schöpfer, Urhe-
ber, Erfinder 6 *(von Abstrakten)* Quelle,
Grund
parentālia ⟨ium⟩ NPL Totenfeier für El-
tern oder Verwandte *am 21. Februar*
parentālis ⟨e⟩ ADJ 1 elterlich, Eltern...
2 zur jährlichen Totenfeier *für Eltern*
oder Verwandte gehörig
parentāre ⟨ō, āvī, ātum 1.⟩ 1 das To-
tenopfer darbringen 2 *fig* rächen, **fratri**
den Bruder
★**pārēre**[1] ⟨eō, uī, itūrus 2.⟩ 1 erschei-
nen, sich zeigen 2 **paret** es zeigt sich,
es steht fest 3 gehorchen 4 untertan
sein, dienen 5 nachgeben, Folge leisten
★**parere**[2] ⟨pariō, peperī, partum (pari-
tūrus) 3.⟩ 1 erzeugen, gebären 2 *(Erde)*
hervorbringen 3 *(geistig)* erfinden, er-
schaffen 4 *fig* erwerben, gewinnen,
amicos Freunde; **salutem ~** Rettung fin-
den 5 *fig* verursachen, erregen
pāri-cīd... = **parricid...**
★**paries** ⟨etis⟩ M 1 Wand 2 *fig* Trenn-
wand
parietinae ⟨ārum⟩ FPL altes Gemäuer,
Ruinen
parilis ⟨e⟩ ADJ gleich, gleichförmig
Paris ⟨idis⟩ M *Sohn des Priamus, Entfüh-*
rer der Helena
Parīsii ⟨ōrum⟩ MPL *gall. Stamm*
paritāre ⟨ō, -, - 1.⟩ 1 vorbereiten 2
sich anschicken, beabsichtigen
pariter ADV 1 ebenso; **~ ac/et/atque**
ebenso wie; **~ ac si/ut si** gleich als ob
2 gleichzeitig, zugleich, zusammen
Parius A ⟨a, um⟩ ADJ aus Paros B ⟨ī⟩
M Einwohner von Paros
parma ⟨ae⟩ F 1 kleiner Rundschild 2

P

Gladiator
Parma ⟨ae⟩ F *Stadt in Oberitalien*
parmātus ⟨a, um⟩ ADJ mit dem Rundschild bewaffnet
Parmenidēs ⟨is⟩ M *Philos. aus Elea*
Parmēnsis A ⟨e⟩ ADJ aus Parma B ⟨is⟩ M Einwohner von Parma
parmula ⟨ae⟩ F kleiner Schild
Parnāsis ⟨idis⟩ ADJ F *u.* **Parnās(s)ius** ⟨a, um⟩ ADJ aus dem Parnassus
Parnās(s)us ⟨ī⟩ M *Gebirge bei Delphi*
parochus ⟨ī⟩ M Gastwirt; Gastgeber
Paros ⟨ī⟩ F *Kykladeninsel*
parra ⟨ae⟩ F Schleiereule
★**parri-cīda** ⟨ae⟩ M 1 Mörder eines Verwandten, Vatermörder 2 *fig* Mörder, Hochverräter
parricīdālis ⟨e⟩ ADJ mörderisch, verrucht
parricīdium ⟨ī⟩ N 1 Mord an einem Verwandten, Vatermord; Mord 2 *fig* Hochverrat
★**pars** ⟨partis⟩ F 1 Teil, Abteilung, Stück; **duae partes** zwei Drittel; **tres partes** drei Viertel; **omnibus partibus** in jeder Hinsicht; **magnam partem/magnā (ex) parte** großenteils; **(ex) parte** zum Teil; **ex aliqua parte** einigermaßen; **nonnullā parte** teilweise; **omni ex parte** völlig 2 PL **partes** Geschlechtsteile 3 Anteil; **in parte alicuius rei esse** an etw teilnehmen; **pro virili parte** nach Kräften 4 (*örtl.*) Gebiet; Richtung; **omnibus (in) partibus** überall; **eā parte** dort 5 *fig* Beziehung, Hinsicht; **nullam in partem** keinesfalls; **in eam partem** in der Beziehung, in der Absicht; **in utramque partem disputare** für und wider erörtern 6 Art 7 POL Partei, *meist pl*; **nullius/neutrius partis esse** neutral bleiben 8 Amt, Pflicht, Aufgabe; **partes implere** seine Pflicht erfüllen 9 PL (*im Theater*) Rolle; **partes primae** Hauptrolle
parsī → parcere
parsimōnia ⟨ae⟩ F Sparsamkeit, Einfachheit
parsūrus ⟨a, um⟩ PART *fut* → parcere
parthenicē ⟨ēs⟩ F Jungfernkraut
Parthī ⟨ōrum⟩ MPL die Parther, *Steppenvolk südöstl. des Kaspischen Meeres;*
Parth(ic)us ⟨a, um⟩ ADJ parthisch
★**parti-ceps** A ⟨cipis⟩ ADJ an *etw* teilnehmend, teilhabend, *alicuius rei* B ⟨cipis⟩ M Teilnehmer, Gefährte
participāre ⟨ō, āvī, ātum 1.⟩ 1 te… nehmen lassen, **alicuius rei** an etw… teilen 2 teilhaben, **aliquid** an etw
particula ⟨ae⟩ F 1 Teilchen, Stü… chen, ein bisschen 2 GRAM Partikel
particulātim ADV stückweise
★**partim** ADV zum Teil, teils
partiō ⟨ōnis⟩ F das Gebären
partīre ⟨iō, īvī *u.* iī, ītum 4.⟩ *u.* **part…** ⟨ior, ītus sum 4.⟩ 1 teilen, zerlegen… ein-, abteilen 2 (*Beute usw.*) ver-, zu… len 3 seinen Teil bekommen, **merc…** ~ vom Lohn
partītiō ⟨ōnis⟩ F 1 Teilung 2 Ein… lung, Gliederung 3 Verteilung
partitūdō ⟨inis⟩ F das Gebären
parturīre ⟨iō, īvī, - 4.⟩ A VI 1 gebä… wollen 2 *fig* sich ängstigen. B VT 1 … bären, *auch fig* 2 *fig* vorhaben
partus[1] ⟨a, um⟩ PPP → parere[2]
partus[2] ⟨ūs⟩ M 1 Geburt 2 Geburts… 3 *fig* Ursprung 4 Kind, Kinder
★**parum** A SUBST, *nur im nom u. akk* … wenig, nicht genug; **~ sapientiae** zu … nig Weisheit; **~ est** es genügt nich… *komp* ⟨minus⟩, *sup* ⟨minimē⟩ ADV … wenig; **~ institutus** zu wenig ausg… det; **~ firmus** zu schwach; **non/hau…** genug, ziemlich 2 nicht sehr 3 *k…* weniger; **minus clarus** weniger … rühmt; **nihilo minus** nichtsdestow… ger; **non/haud minus** ebenso (seh… *komp* nicht sehr, nicht recht, nicht … nug 5 *sup* am wenigsten 6 *sup* ke… wegs
parum-per ADV auf kurze Zeit
Parus ⟨ī⟩ F = **Paros**
parvitās ⟨ātis⟩ F Kleinheit
parvulum ADV nur ein wenig
parvulus ⟨a, um⟩ ADJ 1 sehr kle… **parvulo** von klein auf 2 sehr jun… zu klein, **alicui rei** für etw
parvum ⟨ī⟩ N ein Weniges, Kleinig… geringes Vermögen; **parvo emere** … kaufen
★**parvus** A ⟨a, um⟩ *komp* ⟨minor, … *sup* ⟨minimus, a, um⟩ ADJ 1 (*örtl.*) … gering 2 (*zeitl.*) kurz 3 (*vom Alter*) … jung; **~ aetate/natu** jung; **minor** … jünger; **minor triginta annis** jüng… dreißig Jahre 4 (*vom Wert*) unbe… tend 5 leise; **voce parvā** mit leiser

ıe 6 (*Worte*) bescheiden, demütig 7
〉 M kleiner Junge; a **parvo/parvis**
on klein auf
ısceolus 〈ī〉 M Geldsäckchen
ıscere 〈pāscō, pāvī, pāstum 3.〉 1
'ieh) weiden, hüten 2 Viehzucht trei-
ɜn 3 (*Tier*) füttern, halten, aufziehen
fig nähren, wachsen lassen 5 *fig* er-
euen
scī 〈pāscor, pāstus sum 3.〉 A VI 1
'ieh) weiden, grasen, fressen 2 sich er-
ıhren, **re** von etw 3 *fig* seine Freude
ıben, **discordiā** an der Uneinigkeit B
F abweiden
scua 〈ōrum〉 NPL Weide
scuus 〈a, um〉 ADJ Weide…
siphaa 〈ae〉 F *u.* **Pāsiphaē** 〈ēs〉 F
ıttin des Minos, Mutter des Minotaurus
sser 〈eris〉 M 1 Sperling, Spatz; ~
ɑrinus Strauß 2 Flunder
sserculus 〈ī〉 M Spätzchen
ssim ADV 1 weit und breit, ringsum-
r 2 ohne Unterschied
ssum 〈ī〉 N Wein aus getrockneten
ıuben
ssus[1] 〈a, um〉 PPP → pandere
ssus[2] 〈a, um〉 ADJ getrocknet; **race-
passi** Rosinen; **lac passum** Käse
ssus[3] 〈a, um〉 PPERF → pati
ssus[4] 〈ūs〉 M 1 (*röm. Längenmaß, ca.
Meter*) Doppelschritt; **mille passūs** ei-
Meile, *ca. 1,5 km*; **duo milia passuum**
ei Meilen 2 Schritt, Tritt 3 Fußstapfe
tillus 〈ī〉 M aromatische Kaupastille
tiō 〈ōnis〉 F Weide, Weideplatz
tor 〈ōris〉 M Hirt
tōrālis 〈e〉 ADJ *u.* **pāstōricius** *u.*
stōrius 〈a, um〉 ADJ Hirten…

pāstus[1] 〈a, um〉 PPP → pascere
pāstus[2] 〈a, um〉 PPERF → pasci
pāstus[3] 〈ūs〉 M 1 Fütterung 2 Futter 3 Nahrung 4 Weide
patagiārius 〈ī〉 M Bortenmacher
patagiātus 〈a, um〉 ADJ mit einer Borte
Patavīnus A 〈a, um〉 ADJ aus Patavium B 〈ī〉 M Einwohner von Patavium
Patavium 〈ī〉 N *Stadt in Venetien, heute Padua*
★**pate-facere** 〈faciō, fēcī, factum 3.〉, *passiv* 〈pate-fierī, fīō, factus sum 0.〉 1 öffnen 2 zugänglich machen 3 sichtbar machen 4 *fig* verraten
patefactiō 〈ōnis〉 F Eröffnung, Enthüllung
pate-factus 〈a, um〉 PPP → patefacere
pate-fēcī → patefacere
patella 〈ae〉 F flache Schale, Opferschale
patellārius 〈a, um〉 ADJ zur Opferschale gehörig; **dii patellarii** Laren und Penaten
patena 〈ae〉 F Krippe
patēns 〈entis, *adv* patenter〉 ADJ 1 offen, frei 2 *fig* offenkundig
★**pater** 〈tris〉 M 1 Vater; ~ **familiae/familias** Familienvater 2 Schwiegervater 3 PL ★**patres** Ahnen 4 PL Senatoren; Patrizier; **patres conscripti** Senatoren 5 PL Eltern 6 *fig* Schöpfer, Urheber, Gründer, Haupt *einer Schule* 7 ~ **patriae** Vater des Vaterlandes, *Ehrentitel*
patera 〈ae〉 F REL flache Schale, Opferschale
★**patēre** 〈eō, uī, - 2.〉 1 offen stehen 2

Landeskunde

pater familias – das Familienoberhaupt

ıter familias war jede Person männlichen Geschlechts ohne männlichen Verındten in aufsteigender Linie. Die absolute Gewalt, die er innerhalb der Familie saß, war die **patria potestas**, die in erster Zeit sogar die Macht über Leben und d der Familienmitglieder vorsah. Die Söhne unterstanden der väterlichen Gewalt ch im Erwachsenenalter, konnten, selbst wenn sie hohe zivile und militärische nter ausübten, keinen eigenen Besitz haben (außer dem **peculium**, einem ndervermögen) und mussten jede Strafe hinnehmen, die ihnen auferlegt wurde – bst den Verkauf als Sklave oder die Todesstrafe. Im Lauf der Jahrhunderte wurde se Form der unbeschränkten Macht jedoch abgeschwächt.

P

zugänglich/gangbar sein **3** *fig* ausgesetzt sein, **morbis** Krankheiten **4** sichtbar/offenbar sein; **patet** es ist deutlich **5** sich erstrecken, sich ausdehnen; **tria milia passuum** ~ sich drei Meilen weit ausdehnen

★**paternus** ⟨a, um⟩ ADJ **1** väterlich, des Vaters; **avus** ~ Großvater väterlicherseits **2** heimatlich

patēscere ⟨patēscō, patuī, - 3.⟩ **1** sich öffnen **2** *fig* sichtbar werden **3** sich erstrecken, sich ausdehnen

pathicus ⟨a, um⟩ ADJ für Unzucht zugänglich; **liber** ~ Buch voller Zoten

★**patī** ⟨patior, passus sum 3.⟩ **1** ertragen, (er)leiden; **supplicium** ~ hingerichtet werden **2** sich hingeben, **Venerem** der Liebe **3** *fig* dulden **4** lassen; **nihil intactum** ~ nichts unversucht lassen **5** GRAM **patiendi modus** Passiv

patibilis ⟨e⟩ ADJ **1** erträglich **2** empfindsam; **natura** ~ empfindsames Wesen

patibulātus ⟨a, um⟩ ADJ mit dem Halsblock beladen

patibulum ⟨ī⟩ N Marterholz, Halsblock

patiēns ⟨entis, *adv* patienter⟩ ADJ **1** ertragend, erduldend; ~ **frigoris** gegen Kälte abgehärtet **2** geduldig **3** *fig* fest, hart **4** *fig* genügsam

★**patientia** ⟨ae⟩ F **1** das Ertragen, das Erdulden **2** Ausdauer, Abhärtung **3** Geduld **4** sexuelle Hingabe **5** Unterwürfigkeit **6** Unempfindlichkeit

patina ⟨ae⟩ F Pfanne, Schüssel

patinārius ⟨a, um⟩ ADJ Schüssel…

patrāre ⟨ō, āvī, ātum 1.⟩ vollbringen, ausführen, vollenden; **pacem** ~ Frieden schließen; **pater patratus** Bundespriester, *Vorsteher der Fetialen*

patrātus ⟨a, um⟩ PPP → patrare

★**patria** ⟨ae⟩ F Vaterland, -stadt, Heimat

patricē ADV väterlich

patricia ⟨ae⟩ F Patrizierin

patri-cīda ⟨ae⟩ M Vatermörder

★**patricius** **A** ⟨a, um⟩ ADJ patrizisch, adelig **B** ⟨ī⟩ M Patrizier, Adeliger

patrimōnium ⟨ī⟩ N Erbgut, Vermögen

patrīmus ⟨a, um⟩ ADJ mit noch lebendem Vater

patrissāre ⟨ō, -, - 1.⟩ nach dem Vater geraten

Landeskun

▶ patricii – die Oberschich der Gesellschaft

Als **patricii** (Patrizier) wurden die Mitglieder des römischen Adels un der Oberklasse bezeichnet. Sie übe nahmen nach Ende des etruskische Königtums die Macht im Staat. Da gehörte die Besetzung der hohen Staats- und Priesterämter. Im Zuge d Ständekämpfe lockerten sich einige Einschränkungen, als sich die **plebe** (Plebejer), also das gewöhnliche Vo ihr Recht auf Teilhabe an der polit schen Macht erstritten. Während d Kaiserzeit wurde das Patriziat vom **princeps** als Ehrentitel vergeben. Bekannte Patrizierfamilien waren u die Cornelii, Valerii, Claudii, Aemilia

★**patrius** ⟨a, um, *adv* patriē⟩ ADJ **1** terlich **2** ererbt **3** heimatlich; **se** ~ Muttersprache

patrōcinārī ⟨or, ātus sum 1.⟩ besc zen, **alicui** j-n

patrōcinium ⟨ī⟩ N **1** Patronat, Sc durch einen Patron **2** Verteidigung Gericht **3** *fig* Schutz, Beistand

Patroclus ⟨ī⟩ M *Freund des Achill*

patrōna ⟨ae⟩ F **1** Beschützerin **2** rin *eines Freigelassenen*

★**patrōnus** ⟨ī⟩ M **1** Schutzherr **2** richtlicher Vetreter; Anwalt, Vertei **3** *fig* Beschützer

patruēlis **A** ⟨e⟩ ADJ vom Onkel vä cherseits stammend **B** ⟨is⟩ M Cous *terlicherseits*

patruus **A** ⟨a, um⟩ ADJ des Onke ⟨ī⟩ M **1** Onkel *väterlicherseits;* ~ **m** Großonkel. **2** strenger Sittenrichte

patuī → patere *u.* → patescere

patulus ⟨a, um⟩ ADJ **1** offen ste **2** allen zugänglich **3** weit ausgeb

pauci-loquium ⟨ī⟩ N Wortkargh

paucitās ⟨ātis⟩ F geringe Anzahl

pauculus ⟨a, um⟩ ADJ sehr wer sehr wenige, ein paar

★**paucus** ⟨a, um⟩ **A** ADJ **1** wenig,

·ering 2 PL (nur) wenige; einige wenige
3 MPL ★ **pauci** die Oligarchen, die Opti-
naten C NPL **pauca** weniges; wenige
Vorte

aul(l)ātim ADV 1 allmählich 2 ein-
eln

aul(l)īs-per ADV ein Weilchen

aul(l)ulum A ⟨ī⟩ N ein wenig B ADV
in wenig

aul(l)ulus ⟨a, um⟩ ADJ gering, klein

aul(l)um A ⟨ī⟩ N wenig, Kleinigkeit,
'eilchen; ~ **interest** es ist nur ein klei-
er Unterschied; **paulo post** kurz nach-
er B ADV ein wenig, ein bisschen

ul(l)us ⟨a, um⟩ ADJ klein, gering, we-
g; ~ **sumptus** geringer Aufwand

uper ⟨eris⟩ ADJ 1 arm, **amicorum** an
eunden 2 *fig* ärmlich

uperāre ⟨ō, -, - 1.⟩ arm machen; be-
uben, **aliquem re** j-n einer Sache

uperculus ⟨a, um⟩ ADJ = **pauper**

uperiēs ⟨ēī⟩ F = **paupertas**

upertās ⟨ātis⟩ F Armut, Mangel,
ırftigkeit, Not

usa ⟨ae⟩ F Pause, Rast, Stillstand, En-

usaniās ⟨ae⟩ M *spartanischer Feld-
rr*

usārius ⟨ī⟩ M Ruderkommandant

usiās ⟨ae⟩, *akk* ⟨ān⟩ M *griech. Maler*

usill... = **pauxill...**

uxillātim ADV allmählich

uxillīsper ADV ein Weilchen

uxillulum ⟨ī⟩ N ein bisschen

uxillulus ⟨a, um⟩ ADJ ganz wenig

uxillum ADV ein wenig

uxillus ⟨a, um⟩ ADJ ganz wenig

ve-factus ⟨a, um⟩ ADJ erschreckt

vēre ⟨paveō, pāvī, - 2.⟩ A VI zittern,
n ängstigen B VT zittern, sich ängsti-
ı, **aliquid** vor etw

vēscere ⟨ēscō, -, - 3.⟩ = **pavere**

vī → pascere *u.* → pavere

vidus ⟨a, um, *adv* pavidē⟩ ADJ 1 zit-
ıd, zaghaft 2 erschreckend

vīmentum ⟨ī⟩ N Estrich

vīre ⟨iō, īvī, ītum 4.⟩ schlagen, fest-
npfen, **terram** ~ den Erdboden

vitāre ⟨ō, āvī, ātum 1.⟩ heftig be-
ı, sich sehr ängstigen

ō ⟨ōnis⟩ M Pfau

ōnīnus ⟨a, um⟩ ADJ 1 vom Pfau 2
unt

★**pavor** ⟨ōris⟩ M 1 Angst, Furcht, Entset-
zen, **alicuius rei** vor etw 2 Spannung,
ängstliche Erwartung

pāvus ⟨ī⟩ M = **pavo**

★**pāx**[1] ⟨pācis⟩ F 1 Friede, Friedens-
schluss; **in pace** in Friedenszeiten 2 PL
friedliche Zustände 3 Ruhe; **pace tuo
dixerim** nimm es mir nicht übel 4 Bei-
stand, Gnade *der Götter*

pax[2] INT 1 schwupp! 2 Ruhe!, still!

paxillus ⟨ī⟩ M kleiner Pfahl, Pflock

★**peccāre** ⟨ō, āvī, ātum 1.⟩ 1 straucheln
2 sich versprechen; sich versehen 3
sündigen 4 sich vergreifen, **in muliere**
an einer Frau

★**peccātum** ⟨ī⟩ N *u.* **peccātus**, *abl*
⟨ū⟩ M Vergehen; Versehen, Fehler

pecten ⟨inis⟩ M 1 Kamm 2 *fig* Weber-
kamm 3 *fig* Rechen, Harke 4 *fig* Kamm-
muschel 5 MUS Plektron, Stöckchen 6
Lied

pectere ⟨pectō, pexī, pexum 3.⟩ käm-
men; **fusti** ~ prügeln

★**pectus** ⟨oris⟩ N 1 Brust 2 Inneres;
Herz, Mut, Gemüt 3 Seele, Geist, Ver-
stand, Einsicht 4 Gesinnung

pecu, *dat u. abl* ⟨ū⟩ N = **pecus**[1]

pecuārius A ⟨a, um⟩ ADJ Vieh...; **res
pecuaria** Viehzucht B ⟨ī⟩ M Viehzüch-
ter

pecūlārī ⟨or, ātus sum 1.⟩ Staatsgelder
unterschlagen

pecūlātus ⟨ūs⟩ M Unterschlagung von
Staatsgeldern

pecūliāre ⟨ō, āvī, ātum 1.⟩ mit Besitz
ausstatten, beschenken

pecūliāris ⟨e, *adv* pecūliāriter⟩ ADJ 1
zum Privatbesitz gehörig 2 *fig* eigen
3 *fig* außerordentlich

pecūliātus ⟨a, um⟩ ADJ vermögend

pecūliōsus ⟨a, um⟩ ADJ vermögend

pecūlium ⟨ī⟩ N 1 Vermögen, Eigen-
tum 2 Sondervermögen *eines Familien-
mitgliedes*

★**pecūnia** ⟨ae⟩ F 1 Eigentum, Vermö-
gen 2 Geld(summe); **magna** ~ viel Geld

pecūniārius ⟨a, um⟩ ADJ Geld...; **res
pecuniaria** Geldgeschäft, Geld

pecūniōsus ⟨a, um⟩ ADJ 1 wohlha-
bend 2 gewinnbringend

★**pecus**[1] ⟨oris⟩ N Kleinvieh; Herde

pecus[2] ⟨udis⟩ F 1 Stück Vieh 2 Klein-
vieh; Schafe, Ziegen, Schweine

P

pedālis ⟨e⟩ ADJ einen Fuß lang/breit/dick
pedātus[1], *abl* ⟨ū⟩ M Angriff
pedātus[2] ⟨a, um⟩ ADJ mit Füßen; **male** ~ schlecht zu Fuß
pēdere ⟨pēdō, pepēdī, pēditum 3.⟩ furzen
★**pedes** ⟨itis⟩ M 1 Fußgänger 2 MIL Fußsoldat 3 Plebejer
★**pedester** ⟨tris, tre⟩ ADJ 1 zu Fuß, Fuß... 2 MIL der Fußsoldaten 3 zu Lande, Land... 4 *fig* einfach, gewöhnlich
pede-temptim *u.* **pede-tentim** ADV 1 Schritt für Schritt 2 *fig* vorsichtig, behutsam
pedica ⟨ae⟩ F Fußfessel, -schlinge
pēdīcāre ⟨ō, āvī, ātum 1.⟩ = **paedicare**
pēdīcō ⟨ōnis⟩ M = **paedico**
pēdis ⟨is⟩ M *u.* F Laus
pedisequa ⟨ae⟩ F Dienerin, Zofe
pedi-sequus ⟨ī⟩ M Diener, Lakai
peditāstellus ⟨ī⟩ M Fußsoldat
peditātus ⟨ūs⟩ M MIL Fußvolk
pēditum ⟨ī⟩ N Furz
pēdor ⟨ōris⟩ M = **paedor**
Pēgasēus ⟨a, um⟩ ADJ des Pegasus
Pēgasis A ⟨idis⟩ ADJ F des Pegasus B ⟨idis⟩ F Muse, Quellnymphe
Pēgasos *u.* **Pēgasus** ⟨ī⟩ M *geflügeltes Pferd des Bellerophon*
pēgī → pangere
pēgma ⟨atis⟩ N 1 Bücherbrett, -fach 2 *(im Theater)* Versenkungsmaschine
pē-ierāre ⟨ō, āvī, ātum 1.⟩ einen Meineid schwören; **ius peieratum** Meineid
★**pēior** ⟨ius⟩ ADJ *komp von* **malus**[1]
pelagius ⟨a, um⟩ ADJ Meer..., See...
★**pelagus** ⟨ī⟩ N Meer, Wassermasse
Pelasgī ⟨ōrum *u.* um⟩ MPL *nach Herodot Ureinwohner Griechenlands;* Griechen; **Pelasgias** ⟨adis⟩ ADJ F *u.* **Pelasgis**, ⟨idis⟩ ADJ F *u.* **Pelasgus** ⟨a, um⟩ ADJ pelasgisch, griechisch
Pēleus ⟨eī *u.* eos⟩ M *König in Thessalien, Vater des Achilles*
pēlex ⟨icis⟩ F = **paelex**
Peliās ⟨ae⟩ M *König von Iolkos, schickte Iason, um das Goldene Vlies zu holen*
pēlicātus ⟨ūs⟩ M = **paelicatus**
Pēlīdēs ⟨ae⟩ M Sohn des Peleus = Achill
Pella ⟨ae⟩ F *Hauptstadt von Makedonien;* **Pellaeus** ⟨a, um⟩ ADJ 1 aus Pella 2 makedonisch, alexandrinisch, ägyptis
pellāx ⟨ācis⟩ ADJ listig
Pellē ⟨ēs⟩ F = **Pella**
pellecebrae ⟨ārum⟩ FPL Verlocku Verführung
pel-lectus ⟨a, um⟩ PPP → pellicere
pel-legere ⟨legō, lēgī, lēctum 3.⟩ **perlegere**
★**pellere** ⟨pellō, pepulī, pulsum 3.⟩ stoßen, schlagen, klopfen, treffen; **fo** ~ an die Tür klopfen; **terram pede** ~ dem Fuß auf den Boden stampfen 2 Bewegung setzen 3 *(geistig)* beweg beeindrucken 4 verstoßen, vertreib ~ **a re** von etw abhalten; **flumen** ~ den Fluss zurückdrängen 5 verban 6 *(Durst)* löschen 7 *(Hunger)* stillen
pel-licere ⟨liciō, lēxī, lectum 3.⟩ an-, verlocken 2 auf seine Seite brin
pellicula ⟨ae⟩ F kleines Fell, Häutch **pelliculam curare** es sich gut gehen sen
pelliō ⟨ōnis⟩ M Kürschner
★**pellis** ⟨is⟩ F 1 Tierhaut, Fell, Pelz menschliche Haut 3 *fig* Hülle 4 *dukte aus Leder:* Lederdecke; Winter Schuh(riemen); Pelzmütze; Pergame
pellītus ⟨a, um⟩ ADJ mit einem Pelz deckt, mit Fell bekleidet
pel-lūcēre ⟨lūceō, lūxī, - 2.⟩ = **pe cere**
Pelopēias ⟨adis⟩ ADJ F *u.* **Pelop** ⟨idis⟩ ADJ F *u.* **Pelopēius** *u.* **P pēus** ⟨a, um⟩ ADJ des Pelops
Pelopidae ⟨ārum⟩ MPL Nachkom des Pelops
Peloponnēnsēs ⟨ium⟩ MPL die wohner der Peloponnes
Peloponnēsiacus ⟨a, um⟩ ADJ p ponnesisch
Peloponnēsiī ⟨ōrum⟩ MPL die wohner der Peloponnes
Peloponnēsius ⟨a, um⟩ ADJ pelo nesisch
Peloponnēsus ⟨ī⟩ F Peloponnes, *liche Halbinsel Griechenlands*
pelōris ⟨idis⟩ F Riesenmuschel
pelta ⟨ae⟩ F leichter, halbmondf ger Schild
peltastae ⟨ārum⟩ MPL mit der ausgerüstete Soldaten, Leichtbewa te
peltātus ⟨a, um⟩ ADJ mit der Pelt

affnet
:lvis ⟨is⟩ F Schüssel, Becken
:nārius ⟨a, um⟩ ADJ Vorrats...; **cella**
:naria Vorratskammer, *fig* Kornkam-
er
:nātēs ⟨ium⟩ MPL 1 Penaten, *Schutz-*
ötter des Hauses, der Familie u. des Staa-
s 2 Wohnung, Haus, Herd, Hof
nāti-ger ⟨gera, gerum⟩ ADJ die Pe-
ten tragend
ndēre¹ ⟨pendeō, pependī, - 2.⟩ 1
erab)hängen; **ab ore alicuius ~** *fig* an
Lippen hängen 2 schweben; schau-
'n 3 wiegen, schwer sein 4 *fig* ab-
ngig sein, beruhen; **ex patre ~** vom
ter abhängig sein 5 (*Freund*) ergeben
n, **e/de aliquo** j-m 6 *fig* unvollendet
gen bleiben 7 (*Person*) schwanken,
entschlossen sein 8 (*Prozess, Kriegs-*
ick) ungewiss sein
ndere² ⟨pendō, pependī, pēnsum
› A V/T 1 (ab)wiegen 2 beurteilen,
:) **re** nach etw 3 schätzen, achten; **ali-**
id magni ~ etw hoch schätzen 4
ld) zahlen 5 (*Strafe*) erleiden, büßen,
:uius rei wegen/für etw B V/I wiegen,
wer sein
ndulus ⟨a, um⟩ ADJ 1 hängend,
webend 2 *fig* schwankend, ungewiss
ıēia ⟨ae⟩ F Tochter des Peneus =
›hne
ıēis ⟨idis⟩ ADJ F u. **Pēnēius** ⟨a,
ı⟩ ADJ des Peneus
ıelopa ⟨ae⟩ F u. **Pēnelopē** ⟨ēs⟩
Gattin des Odysseus; **Pēnelopēus**
um⟩ ADJ zur Penelope gehörig
ıēos ⟨ī⟩ M = **Peneus**
ıes PRÄP +*akk* 1 im Besitz, in der Ge-
t, in der Macht, **aliquem** j-s 2 bei,
seiten, **aliquem** j-s; **culpa ~ aliquem**
die Schuld liegt bei j-m
etrābilis ⟨e⟩ ADJ 1 durchdringbar
'urchdringend
ıetrāle ⟨is⟩ N 1 (*eines Gebäudes*)
Innere, innere Räume 2 Heiligtum
etrālis ⟨e⟩ ADJ innerlich, inwendig
etrāre ⟨ō, āvī, ātum 1.⟩ A V/I ein-
gen, hineinkommen, vordringen,
ngen B V/T durchdringen, betreten
ēus ⟨ī⟩ M *Hauptfluss Thessaliens;*
ıēus ⟨a, um⟩ ADJ des Peneus
icillum ⟨ī⟩ N u. **pēnicillus** ⟨ī⟩
1 Pinsel 2 Malerei 3 *fig* Stil

pēniculus ⟨ī⟩ M Bürste; Schwamm
pēnis ⟨is⟩ M 1 Schwanz 2 männliches Glied 3 Unzucht
★**penitus** A ADV 1 inwendig, innerlich; bis ins Innerste 2 *fig* weithin, fern 3 tief, fest, genau 4 von Grund auf, völlig B ⟨a, um, *adv* penitē⟩ ADJ innerlich
★**penna** ⟨ae⟩ F 1 Feder 2 Flügel, Gefieder; **pennis se levare** auffliegen 3 Flug 4 Feder am Pfeil, Pfeil
pennātus ⟨a, um⟩ ADJ geflügelt
penni-pēs ⟨pedis⟩ ADJ = **pinnipes**
pēnsāre ⟨ō, āvī, ātum 1.⟩ 1 abwiegen 2 *fig* gegeneinander abwägen, vergleichen 3 bezahlen 4 *fig* erwägen, überlegen 5 *fig* ausgleichen
pēnsilis ⟨e⟩ ADJ aufgehängt, hängend, schwebend; **uva ~** getrocknete Traube
pēnsiō ⟨ōnis⟩ F 1 Zahlung 2 Rate; **~ praesens** Barzahlung 3 Miete, Pacht
pēnsitāre ⟨ō, āvī, ātum 1.⟩ 1 genau wiegen 2 *fig* bezahlen
pēnsum ⟨ī⟩ N 1 Wolle *für eine Tagesarbeit* 2 *fig* Wollarbeit 3 *fig* Aufgabe
pēnsus¹ ⟨a, um⟩ PPP → **pendere²**
pēnsus² ⟨a, um⟩ ADJ *fig* wichtig
Penthesilēa ⟨ae⟩ F *Königin der Amazonen*
penuārius ⟨a, um⟩ ADJ = **penarius**
penum ⟨ī⟩ N = **penus**
pēnūria ⟨ae⟩ F Mangel, **alicuius rei** an etw
penus ⟨oris⟩ N *u.* ⟨ūs *u.* ī⟩ M im Haus verwahrter Lebensmittelvorrat
pepēdī → pedere
pependī → pendere¹ *u.* → pendere²
pepercī → parcere
peperī → parere²
pepigī → pangere
peplum ⟨ī⟩ N weites Obergewand *der griech. Frauen*, Prachtgewand
pepulī → pellere
★**per** A PRÄP 1 ringsum, umher; **~-equitare** umher-reiten 2 durch-, hindurch, zer-; **~-fringere** zer-brechen 3 bis zum Ziel, hin-, völlig; **~-ficere** voll-enden 4 sehr; **~-magnus** sehr groß B *Suffix* hindurch; **parum-~** auf kurze Zeit C PRÄP +*akk* 1 (*örtl., instrumental, modal*) durch, über; **flumen ~ urbem fluit** der Fluss fließt durch die Stadt; **disponere ~ urbem** über die Stadt verteilen; **~ nuntios** durch Boten; **~ dolum** durch List 2

P

(örtl.) entlang; ~ **flumina** entlang den Flüssen 3 (zeitl.) durch, hindurch 4 (zeitl.) im Verlauf, während, in; ~ **somnium** im Traum 5 (zeitl.) nach Verlauf von 6 (bei Schwüren) bei, um ... willen; ~ **lovem** bei Jupiter 7 (kausal) wegen, infolge, aus; ~ **me (licet)** meinetwegen; ~ **misericordiam** aus Mitleid 8 unter dem Vorwand 9 mit Rücksicht auf, vor, an; **stat ~ me** es liegt an mir 10 (modal) mit, unter, in; ~ **vim** mit Gewalt; ~ **iocum** im Scherz 11 (Wendungen) ~ **litteras** schriftlich; ~ **omnia** ganz und gar; ~ **se** für sich, selbstständig; selbst

pēra ⟨ae⟩ F Ranzen

per-absurdus ⟨a, um⟩ ADJ ganz ungereimt

per-ācer ⟨ācris, ācre⟩ ADJ sehr scharf

per-acerbus ⟨a, um⟩ ADJ sehr herb

per-acēscere ⟨acēscō, acuī, - 3.⟩ sehr sauer/ärgerlich werden

perāctiō ⟨ōnis⟩ F Beendigung

per-āctus ⟨a, um⟩ PPP → per-agere

per-adulēscēns ⟨entis⟩ ADJ u. **per-adulēscentulus** ⟨a, um⟩ ADJ ganz jung

per-aequē ADV völlig gleich

★**per-agere** ⟨agō, ēgī, āctum 3.⟩ 1 umhertreiben 2 durchbohren 3 durchführen, vollenden, beenden 4 passiv sterben 5 (Zeit) durchleben 6 (Bühnenstück, Rolle) spielen 7 verurteilen 8 (mit Worten) formulieren 9 (Rede) vortragen

per-agitāre ⟨ō, āvī, ātum 1.⟩ 1 umherjagen 2 fig aufstacheln

per-agrāre ⟨ō, āvī, ātum 1.⟩ A V/T durchwandern, -streifen, -dringen B V/I sich verbreiten, sich ausdehnen

peragrātiō ⟨ōnis⟩ F Durchwanderung

per-amāns ⟨antis, adv peramanter⟩ ADJ sehr liebend, **alicuius** j-n; sehr liebevoll

per-ambulāre ⟨ō, āvī, ātum 1.⟩ durchwandern, -dringen

per-amplus ⟨a, um⟩ ADJ sehr groß, sehr weit

per-angustus ⟨a, um, adv perangustē⟩ ADJ sehr eng, sehr schmal

per-antīquus ⟨a, um⟩ ADJ uralt

per-appositus ⟨a, um⟩ ADJ sehr passend

per-arāre ⟨ō, āvī, ātum 1.⟩ 1 durchfurchen 2 fig niederschreiben

per-arduus ⟨a, um⟩ ADJ sehr schw… rig

per-argūtus ⟨a, um⟩ ADJ sehr sch… sinnig, sehr geistreich

per-attentus ⟨a, um, adv peratter… ADJ sehr aufmerksam

per-bacchārī ⟨or, ātus sum 1.⟩ du… schwärmen

per-bāsiāre ⟨ō, -, - 1.⟩ heftig küss…

per-beātus ⟨a, um⟩ ADJ sehr glück…

per-bellē ADV sehr fein, sehr hübs…

per-bene ADV sehr gut, sehr wohl

per-benevolus ⟨a, um⟩ ADJ … wohlwollend, **alicui** j-m

per-bibere ⟨bibō, bibī, - 3.⟩ 1 … aufsaugen 2 fig ganz in sich aufneh…

per-bītere ⟨ō, -, - 3.⟩ zugrunde ge…

per-bonus ⟨a, um⟩ ADJ sehr gut

per-brevis ⟨e, adv perbreviter⟩ sehr kurz; **perbrevi (tempore)** in kurzer Zeit

per-calēscere ⟨calēscō, caluī, - … ganz heiß werden

per-callēscerē ⟨callēscō, calluī, … 1 gefühllos werden 2 klug werde…

per-cārus ⟨a, um⟩ ADJ 1 sehr teu… fig sehr lieb

per-celebrāre ⟨ō, āvī, ātum 1.⟩ … all verbreiten; passiv in aller Munde

per-celer ⟨eris, ere, adv perceler… ADJ sehr schnell

★**per-cellere** ⟨cellō, culī, culsum 3… schlagen, stoßen, **aliquid** (an) et… treffen 3 (Feind usw.) niederwe… -schlagen 4 (Staat usw.) zugrunde … ten 5 fig erschrecken

per-cēnsēre ⟨eō, uī, - 2.⟩ 1 mus… besichtigen 2 (Rede) kritisiere… durchwandern 4 aufzählen 5 be… nen

per-cēpī → percipere

percepta ⟨ōrum⟩ NPL Lehr-, G… sätze

perceptiō ⟨ōnis⟩ F 1 das Einsam… 2 fig das Erfassen, Erkenntnis

per-ceptus ⟨a, um⟩ PPP → perci…

per-cīdere ⟨cīdō, cīdī, cīsum 3… zerschlagen 2 mit Knaben Unzuch… ben

per-ciēre ⟨cieō, -, - 2.⟩ 1 in Bewe… setzen, erregen 2 nennen

★**per-cipere** ⟨cipiō, cēpī, ceptum … ergreifen 2 auf-, annehmen 3 be…

P

ıen, gewinnen; **fructūs** ~ Früchte ern-
ɜn 4 *fig* bemerken, wahrnehmen, hö-
ɜn 5 (*geistig*) erfassen, begreifen, ler-
ɜn; *perf* kennen, wissen
ɜr-cīre ⟨ciō, -, citum 4.⟩ → perciere
ɜr-cīsus ⟨a, um⟩ PPP → percidere
ɜr-citus¹ ⟨a, um⟩ PPP → percire
ɜrcitus² ⟨a, um⟩ ADJ 1 erregt, ge-
izt, aufgebracht 2 reizbar, hitzig
ɜr-cōlāre ⟨ō, āvī, ātum 1.⟩ 1 durch-
ıihen 2 *fig* durchsickern lassen; *passiv*
ırchsickern
r-colere ⟨colō, coluī, cultum 3.⟩ 1
Ende führen 2 sehr schmücken 3
hr ehren, sehr feiern
r-colopāre ⟨ō, -, - 1.⟩ ohrfeigen
r-cōnārī ⟨or, - 1.⟩ versuchen
ɜr-contārī ⟨or, ātus sum 1.⟩ sich er-
ındigen, nachforschen; fragen
rcontātiō ⟨ōnis⟩ F 1 Befragung, Er-
ındigung, Ermittlung 2 Frage
rcontātor ⟨ōris⟩ M Ermittler
r-copiōsus ⟨a, um⟩ ADJ sehr wort-
ich
r-coquere ⟨coquō, coxī, coctum
⟩ 1 gar kochen, backen 2 (*Erde*) erhit-
n 3 (*Früchte*) reif machen 4 *fig*
hwärzen
r-crepere ⟨crepō, crepuī, - 1.⟩ laut
schallen
r-cruciārī ⟨or, - 1.⟩ sich sehr ängsti-
n
r-culī → percellere
r-culsus ⟨a, um⟩ PPP → percellere
r-cūnctārī ⟨or, ātus sum 1.⟩ = **per-
ntari**
r-cupere ⟨iō, -, - 3.⟩ sehr wünschen
r-cūrāre ⟨ō, āvī, ātum 1.⟩ völlig hei-
, ausheilen
r-cūriōsus ⟨a, um⟩ ADJ sehr neu-
rig
r-currere ⟨currō, (cu)currī, cursum
A VI hinlaufen, -eilen B VT 1
rchlaufen, -eilen 2 (*in der Rede*) der
he nach aufzählen, anführen; erwäh-
ı 3 (*mit dem Blick*) überfliegen; flüch-
durchlesen
cursātiō ⟨ōnis⟩ F Durchreise
cursiō ⟨ōnis⟩ F 1 flüchtige Erwäh-
ıg 2 schnelles Überdenken
-cursus ⟨a, um⟩ PPP → percurrere
-cussī → percutere
cussiō ⟨ōnis⟩ F 1 das Schlagen,

Schlag; ~ **digitorum** das Schnippen mit den Fingern 2 Takt, das Taktschlagen
percussor ⟨ōris⟩ M Mörder
per-cussus¹ ⟨a, um⟩ PPP → percutere
percussus² ⟨ūs⟩ M 1 Schlag, Stoß 2 *fig* Beleidigung
★**per-cutere** ⟨cutiō, cussī, cussum 3.⟩ 1 durchbohren, -stoßen 2 heftig erschüttern 3 schlagen, stoßen, treffen; **de caelo percuti** vom Blitz getroffen werden 4 MUS spielen, **lyram** die Leier 5 prägen, **nummos** Münzen 6 verwunden 7 (*seelisch*) schmerzlich berühren, verletzen 8 (*Feind*) töten, ermorden 9 hinrichten 10 **foedus** ~ ein Bündnis *durch Schlachtopfer* besiegeln 11 (*geistig*) erschüttern 12 hintergehen
per-depsere ⟨ō, uī, - 3.⟩ durchkneten, durcharbeiten
★**per-dere** ⟨dō, didī, ditum 3.⟩ 1 zugrunde richten, vernichten 2 verschwenden 3 verlieren
per-didī → perdere
per-difficilis ⟨e, *adv* perdifficiliter⟩ ADJ sehr schwer, sehr schwierig
per-dīscere ⟨discō, didicī, - 3.⟩ gründlich lernen, auswendig lernen; *perf* genau verstehen
per-disertē ADV sehr beredt
perditor ⟨ōris⟩ M Verderber, Zerstörer
★**perditus¹** ⟨a, um, *adv* perditē⟩ ADJ 1 verloren 2 hoffnungslos, verzweifelt 3 maßlos 4 verkommen, verrucht
per-ditus² ⟨a, um⟩ PPP → perdere
perditus³ ⟨ūs⟩ M Verlust
per-diuturnus ⟨a, um⟩ ADJ sehr lange dauernd, sehr langwierig
per-dīves ⟨itis⟩ ADJ sehr reich
perdīx ⟨īcis⟩ M *u.* F Rebhuhn
per-docēre ⟨doceō, docuī, doctum 2.⟩ gründlich (be)lehren
perdoctus ⟨a, um, *adv* perdoctē⟩ ADJ sehr gelehrt, sehr geschickt
perdolēscere ⟨dolēscō, doluī, - 3.⟩ tief bedauern, sich sehr ärgern
per-doluī → perdolescere
per-domāre ⟨ō, uī, itum 1.⟩ 1 völlig (be)zähmen 2 *fig* völlig unterwerfen
per-dormīscere ⟨īscō, -, - 3.⟩ durchschlafen
★**per-dūcere** ⟨dūcō, dūxī, ductum 3.⟩ 1 (*ans Ziel*) (hin)führen, (hin)bringen 2 (*Bauten*) anlegen 3 (*Frau*) j-m zuführen

P

4 *fig* fortsetzen, **in noctem** bis in die Nacht **5** *fig* veranlassen, verleiten, verführen **6** überziehen

perductāre ⟨ō, āvī, ātum 1.⟩ **1** herumführen **2** verkuppeln

perductor ⟨ōris⟩ M **1** Fremdenführer **2** Kuppler

per-ductus ⟨a, um⟩ PPP → perducere

per-dūdum ADV vor sehr langer Zeit

perduelliō ⟨ōnis⟩ F Hochverrat

per-duellis ⟨is⟩ M **1** Krieg führender Feind **2** persönlicher Feind

per-dūrāre ⟨ō, āvī, ātum 1.⟩ **1** aushalten **2** dauern

per-dūxī → perducere

per-edere ⟨edō, ēdī, ēsum 3.⟩ ganz verzehren, zernagen

Peredia ⟨ae⟩ F *scherz* Fressland

per-ēgī → peragere

per-egrē ADV **1** in der Fremde, im Ausland, auswärts **2** aus der Fremde **3** in die Fremde

peregrīnārī ⟨or, ātus sum 1.⟩ **1** in der Fremde sein/reisen **2** *fig* umherschweifen, -wandern **3** *fig* fremd sein, unbekannt sein

peregrīnātiō ⟨ōnis⟩ F Aufenthalt/Reise im Ausland

★**peregrīnus** **A** ⟨a, um⟩ ADJ **1** fremd, ausländisch **2** *fig* unwissend **B** ⟨ī⟩ M Fremder

per-ēlegāns ⟨antis, *adv* perēleganter⟩ ADJ sehr geschmackvoll, sehr gewählt

per-ēmī → perimere

per-ēmptus ⟨a, um⟩ PPP → perimere

perendiē ADV übermorgen

perendinus ⟨a, um⟩ ADJ übermorgig; **die perendino** übermorgen

Perenna ⟨ae⟩ F → Anna

per-ennis ⟨e⟩ ADJ **1** das ganze Jahr dauernd **2** dauernd; nie versiegend

perenni-servus ⟨ī⟩ M ewiger Sklave

perennitāre ⟨ō, -, - 1.⟩ lange erhalten

perennitās ⟨ātis⟩ F lange Dauer

★**per-eō** → perire

per-equitāre ⟨ō, āvī, ātum 1.⟩ **A** V/T durchreiten **B** V/I umherreiten

per-errāre ⟨ō, āvī, ātum 1.⟩ **1** durchirren, -streifen **2** umschlingen

per-excelsus ⟨a, um⟩ ADJ hoch emporragend

per-exiguus ⟨a, um, *adv* perexiguē⟩ ADJ sehr klein, sehr wenig

per-fabricāre ⟨ō, āvī, ātum 1.⟩ **1** f… tig zimmern **2** *fig* überlisten

per-facētus ⟨a, um, *adv* perfacē… ADJ sehr witzig

per-facilis ⟨e, *adv* perfacile⟩ ADJ sehr leicht **2** ADV sehr gern

per-familiāris **A** ⟨e⟩ ADJ sehr v… traut **B** ⟨is⟩ M vertrauter Freund

per-fēcī → perficere

perfectiō ⟨ōnis⟩ F **1** Vollendung… Vollkommenheit

per-fectus[1] ⟨a, um⟩ PPP → perfice…

perfectus[2] ⟨a, um, *adv* perfectē⟩ **1** vollendet **2** vollkommen

★**per-ferre** ⟨ferō, tulī, lātum 0.⟩ **1** (z… Ziel) (hin)tragen, (hin)bringen; *passiv* … gelangen; **se ~** sich hinbegeben **2** (B… *usw.*) überbringen, übergeben **3** ber… ten, melden **4** durchführen, vollen… **5** (*Gesetz*) durchsetzen **6** (*Last usw.*… tragen, erdulden

★**per-ficere** ⟨ficiō, fēcī, fectum 3.… vollenden **2** (*Handlung*) zustande b… gen, ausführen **3** (*Zeit*) durchleben… (*Krieg*) beenden **5** durchführen, ab… ten **6** (*Schrift*) verfassen **7** durchset… bewirken, erreichen

★**perfidia** ⟨ae⟩ F Treulosigkeit

perfidiōsus ⟨a, um, *adv* perfidi… ADJ = **perfidus**

★**per-fidus** ⟨a, um, *adv* perfide⟩ AD… treulos **2** unzuverlässig, unsicher

per-figere ⟨figō, fīxī, fīxum 3.⟩ du… bohren

perflābilis ⟨e⟩ ADJ dem Wind au… setzt, luftig

per-flāgitiōsus ⟨a, um⟩ ADJ sehr … terhaft

per-flāre ⟨ō, āvī, ātum 1.⟩ **A** … durchwehen, -blasen **B** V/I wehen

per-fluere ⟨fluō, flūxī, flūxum 3… durchfließen **2** *fig* auslaufen **3** hi… ßen, münden **4** *fig* überfließen

per-fodere ⟨fodiō, fōdī, fossum 3… durchgraben, -bohren **2** graben

per-forāre ⟨ō, āvī, ātum 1.⟩ **1** du… bohren **2** durchbrechen

perforātor ⟨ōris⟩ M Einbrecher

perfossor ⟨ōris⟩ M Einbrecher

per-frāctus ⟨a, um⟩ PPP → perfri… re

per-frēgī → perfringere

r-fricāre ⟨fricō, fricuī, frictum *u.* fri-
itum 1.⟩ 1 stark reiben 2 **ōs** ~ *fig* alle
ham ablegen
r-frīgē-facere ⟨faciō, -, - 3.⟩ eiskalt
achen
r-frīgidus ⟨a, um⟩ ADJ sehr kalt
r-fringere ⟨fringō, frēgī, frāctum
⟩ 1 durchbrechen, -bohren 2 *fig* sich
hn brechen, **aliquid** durch etw; ~ **ani-**
os Menschen mächtig ergreifen 3
er)brechen, zerschmettern 4 *fig* verei-
n, vernichten 5 *fig* verletzen
r-fruī ⟨fruor, frūctus sum 3.⟩ 1 ganz
skosten, genießen, **vitā** das Leben 2
llständig ausführen, **re** etw
rfuga ⟨ae⟩ M Überläufer, Flüchtling
r-fugere ⟨fugiō, fūgī, - 3.⟩ 1 flie-
n 2 (*zum Feind*) übergehen
rfugium ⟨ī⟩ N 1 Zuflucht(sort), Asyl
MIL Rückzugspunkt 3 *fig* Ausflucht
r-fundere ⟨fundō, fūdī, fūsum 3.⟩
übergießen, -schütten, färben, **oleo**
h salben; *passiv* baden 2 bestreuen,
decken 3 erfüllen, **sole** mit Sonne
(*mit Gefühlen*) ganz erfüllen
-fungī ⟨fungor, fūnctus sum 3.⟩ 1
nz verrichten; verwalten, **munere** ~
Amt 2 überstehen; **perfunctus**
n ich bin fertig 3 genießen, **epulis**
/) Speisen
fūsōrius ⟨a, um⟩ ADJ 1 oberfläch-
2 irreführend
gama ⟨ōrum⟩ NPL = **Pergamum**
gamēnus A ⟨a, um⟩ ADJ aus Per-
num B ⟨ī⟩ M Einwohner von Perga-
m
gameus ⟨a, um⟩ ADJ trojanisch
gamum ⟨ī⟩ N *u.* **Pergamus** ⟨ī⟩
die Burg von Troja 2 *Stadt in Großmy-*
, Hauptstadt des Pergamenischen Rei-
s
gere ⟨pergō, perrēxī, perrēctum
A VI 1 weitergehen, fortsetzen 2
brechen, sich anschicken; **perge!/**
gite! ans Werk! 3 fortfahren B VT
~ den Marsch fortsetzen
-gnōsere ⟨gnōscō, gnōvī, - 3.⟩ =
noscere
-grandis ⟨e⟩ ADJ sehr groß
-graphicus ⟨a, um⟩ ADJ sehr
au
-grātus ⟨a, um⟩ ADJ sehr ange-
m

per-gravis ⟨e, *adv* pergraviter⟩ ADJ sehr schwer, sehr wichtig, sehr gewichtig; *adv* sehr heftig
pergula ⟨ae⟩ F 1 Vorbau 2 ASTRON Sternwarte, Observatorium 3 Bordell
per-haurīre ⟨hauriō, hausī, haustum 4.⟩ 1 ganz austrinken 2 verschlingen
per-hibēre ⟨hibeō, hibuī, hibitum 2.⟩ 1 hinhalten, darbieten, aufbieten 2 erwähnen, erzählen 3 nennen, anführen
per-honōrificus ⟨a, um, *adv* perhonōrificē⟩ ADJ 1 sehr ehrenvoll 2 sehr ehrerbietig, **in aliquem** gegen j-n
perhorrēscere ⟨horrēscō, horruī, - 3.⟩ A VI erschauern, erbeben B VT sich entsetzen, zurückschrecken, **crudelitatem** vor der Grausamkeit
per-hūmānus ⟨a, um, *adv* perhūmāniter⟩ ADJ sehr freundlich
Periclēs ⟨is *u.* ī⟩ M *berühmter athenischer Staatsmann*
periclitārī ⟨or, ātus sum 1.⟩ A VT 1 versuchen, erproben 2 gefährden B VI 1 versuchen 2 gefährdet sein
periclum ⟨ī⟩ N = **periculum**
★**perīculōsus** ⟨a, um, *adv* perīculōsē⟩ ADJ gefährlich
★**perīculum** ⟨ī⟩ N 1 Versuch, Probe; ~ **alicuius facere** sich mit j-m messen 2 Gefahr; **periculo rei publicae** unter Gefahr für den Staat; **magno (cum) periculo** unter großer Gefahr; **periculi esse** gefährlich sein 3 JUR Anklage, Prozess; ~ **alicui facessere** j-n anklagen 4 Gerichtsprotokoll; Urteil 5 RHET das Gewagte
per-idōneus ⟨a, um⟩ ADJ sehr geeignet, sehr passend
perierāre ⟨ō, āvī, ātum 1.⟩ = **peierare**
per-iī → perire
per-illūstris ⟨e⟩ ADJ 1 sehr deutlich 2 sehr angesehen
per-imere ⟨imō, ēmī, ēmptum 3.⟩ 1 vernichten, zerstören; **lunam** ~ den Mond verdunkeln 2 töten 3 *fig* völlig vereiteln
per-inānis ⟨e⟩ ADJ ganz leer, wertlos
★**per-inde** ADV auf gleiche Weise, ebenso; **haud ~ ... quam** nicht sowohl ... als vielmehr; **haud ~** nicht sonderlich; ~ **ac/ut** ebenso wie; ~ **ac si** gleich als ob
per-īnfāmis ⟨e⟩ ADJ sehr übel
per-ingrātus ⟨a, um⟩ ADJ sehr un-

P

dankbar
per-inīquus ⟨a, um⟩ ADJ 1 sehr unangemessen 2 sehr ungehalten
periodus ⟨ī⟩ F Satzgefüge, Periode
Peripatēticus A ⟨a, um⟩ ADJ peripatetisch B ⟨ī⟩ M Peripatetiker, *Anhänger der Schule des Aristoteles*
peripetasma ⟨atis⟩ N Teppich, Decke
per-īrātus ⟨a, um⟩ ADJ sehr zornig, **alicui** auf j-n
★**per-īre** ⟨eō, iī, itum 0.⟩ 1 vergehen, verschwinden 2 umkommen; **peream, si** ich will des Todes sein, wenn 3 verloren gehen 4 JUR erlöschen 5 unsterblich verliebt sein, **aliquem** in j-n
perīrī ⟨perior, perītus sum 4.⟩ erfahren
periscelis ⟨idis⟩ F Knieband, Kniespange
peristasis ⟨is⟩ F Thema *eines Vortrages*
peristrōma ⟨atos⟩ N Teppich, Decke
peristȳl(i)um ⟨ī⟩ N Innenhof *des röm. Hauses*
perītia ⟨ae⟩ F Erfahrung, Kenntnis
peritum PPP → perire
★**perītus** ⟨a, um, *adv* perītē⟩ ADJ erfahren, kundig, bewandert, **rei militaris** im Kriegswesen, **iure** im Recht
per-iūcundus ⟨a, um, *adv* periūcundē⟩ ADJ sehr angenehm
per-iūrāre ⟨ō, āvī, ātum 1.⟩ = **peierare**
periūriōsus ⟨a, um⟩ ADJ meineidig
periūrium ⟨ī⟩ N Meineid
per-iūrus ⟨a, um⟩ ADJ eidbrüchig, meineidig
perl... *auch* = **pell...**
per-lābī ⟨lābor, lāpsus sum 3.⟩ A VT *etw* durcheilen, über *etw* gleiten, *aliquid* B VI hineinschleichen, unbemerkt hingelangen
per-lātē ADV sehr weit
per-latēre ⟨eō, uī, - 2.⟩ immer verborgen bleiben
per-lātus ⟨a, um⟩ PPP → perferre
per-lavāre ⟨lāvō, lāvī, - 1.⟩ ganz abwaschen, durchweichen
per-legere ⟨legō, lēgī, lēctum 3.⟩ 1 genau betrachten 2 durchlesen, **epistulam** einen Brief 3 ganz vorlesen, **senatum** die Senatorenliste
per-lepidē ADV sehr fein
per-levis ⟨e, *adv* perleviter⟩ ADJ 1 sehr leicht 2 *fig* sehr unbedeutend
per-libēns ⟨entis, *adv* perlibenter⟩ ADJ sehr gern
per-līberālis ⟨e, *adv* perlīberāli...⟩ ADJ 1 sehr gütig 2 sehr gut erzoge...
per-libēre ⟨libet, libuit, - 2.⟩ *unper...* es beliebt, ich habe große Lust
per-librāre ⟨ō, āvī, ātum 1.⟩ gle... machen
per-longinquus ⟨a, um⟩ ADJ ... langwierig
per-longus ⟨a, um, *adv* perlongē⟩ 1 sehr lang 2 sehr langwierig
per-lub... = **perlib...**
perlūcēns ⟨entis⟩ ADJ durchsichtig
per-lūcēre ⟨lūceō, lūxī, - 2.⟩ 1 du... scheinen, -schimmern 2 durchsic... sein
perlūcidulus ⟨a, um⟩ ADJ ziem... durchsichtig
perlūcidus ⟨a, um⟩ ADJ durchsic... sehr hell
per-luere ⟨luō, luī, lūtum 3.⟩ ab... len, abwaschen; *passiv* baden
per-lūstrāre ⟨ō, āvī, ātum 1.⟩ ... durchstreifen 2 *fig* betrachten, erwä...
per-madefacere ⟨faciō, fēcī, fac... 3.⟩ durchweichen
per-madēscere ⟨madēscō, mad... 3.⟩ 1 triefen 2 *fig* erschlaffen
per-magnus ⟨a, um⟩ ADJ sehr ... sehr bedeutend; **permagni intere...** liegt sehr viel daran
per-mānāre ⟨ō, āvī, ātum 1.⟩ 1 ... fließen 2 (*Kälte, Wärme*) durchdri... 3 (*Gift*) sich ergießen 4 sich verbr...
permānāscere ⟨āscō, -, - 3.⟩ 1 ... fließen 2 *fig* zu Ohren kommen
★**per-manēre** ⟨maneō, mānsī, mā...rus 2.⟩ 1 bleiben, ausharren 2 for...ern, fortbestehen 3 beharren, **in l...tate** auf der Freiheit
per-mānsī → permanere
permānsiō ⟨ōnis⟩ F 1 das Verble... 2 *fig* das Beharren
per-matūrēscere ⟨matūrescō, tūruī, - 3.⟩ völlig reif werden
per-meāre ⟨ō, āvī, ātum 1.⟩ A ... durchwandern B VI ans Ziel gelan...
per-meditātus ⟨a, um⟩ ADJ gut... bereitet
per-mētīrī ⟨mētior, mēnsus su...⟩ 1 ausmessen 2 *fig* durchwandern, ...ren
per-mingere ⟨mingō, mīnxī, -

ıpissen 2 (*Knaben*) missbrauchen
ɪr-mīrus ⟨a, um⟩ ADJ sehr wunderbar
ɪr-miscēre ⟨misceō, miscuī, mix-
ɪm 2.⟩ 1 vermischen, durcheinander-
ˑengen, (**cum**) **vino** mit Wein 2 *fig* ver-
nen, **alicui** mit j-m 3 *fig* verwirren, in
ıordnung bringen
ɪr-mīsī → permittere
ɪrmissiō ⟨ōnis⟩ F 1 Übergabe 2 Er-
ıbnis
ɪrmissum ⟨ī⟩ N Erlaubnis, Gunst
ɪr-missus[1] ⟨a, um⟩ PPP → permitte-

rmissus[2] ⟨ūs⟩ M Erlaubnis; **permis-**
mit Erlaubnis
ɪr-mittere ⟨mittō, mīsī, missum 3.⟩
(*bis ans Ziel*) schleudern, gehen lassen,
ıfen lassen; **se ~** sich stürzen 2
lacht usw.) überlassen, anvertrauen;
~ sich ergeben 3 *fig* aufgeben 4
erlauben, gestatten; **permittitur** es
erlaubt, man darf
rmixtē *u.* **permixtim** ADV ver-
ˈscht
rmixtiō ⟨ōnis⟩ F 1 Vermischung,
schung 2 Verwirrung
r-mixtus ⟨a, um⟩ PPP → permisce-

r-modestus ⟨a, um, *adv* permo-
stē⟩ ADJ 1 sehr bescheiden, 2 sehr
ıßvoll
r-molere ⟨ō, uī, - 3.⟩ 1 zermahlen
mit *j-m* schlafen, *aliquem*
r-molestus ⟨a, um, *adv* permo-
tē⟩ ADJ sehr beschwerlich; *adv* mit
ıßem Ärger
rmōtiō ⟨ōnis⟩ F Erregung
r-movēre ⟨moveō, mōvī, mōtum
1 bewegen 2 *fig* veranlassen 3 *fig*
ˈregen, ergreifen, erschüttern, erbit-
n; **irā permotus** aus Zorn 4 *fig* erre-
ı **invidiam** Neid
-mulcēre ⟨mulceō, mulsī, mul-
n 2.⟩ 1 streicheln 2 *fig* sanft berüh-
3 *fig* beruhigen, besänftigen
multum[1] ⟨ī⟩ N sehr viel; **permulto**
tior sehr viel sicherer
multum[2] ADV sehr viel; **~ interest**
iegt sehr viel daran
-multus ⟨a, um⟩ ADJ sehr viel
-mūtāre ⟨ō, āvī, ātum 1.⟩ 1 verän-
n, wechseln 2 um-, eintauschen 3
angene) loskaufen 4 mit Wechsel
bezahlen
permūtātiō ⟨ōnis⟩ F 1 Veränderung, Wechsel 2 Tausch, Umtausch, Austausch 3 Umsatz
perna ⟨ae⟩ F Hinterkeule, Schinken
per-necessārius ⟨a, um⟩ ADJ 1 sehr notwendig 2 sehr nahestehend
per-necesse ADV unbedingt notwendig
per-negāre ⟨ō, āvī, ātum 1.⟩ 1 entschieden leugnen 2 rundweg abschlagen
★**perniciēs** ⟨ēī⟩ F 1 Verderben, Untergang, Vernichtung 2 (*von Personen*) Pest
★**perniciōsus** ⟨a, um, *adv* perniciōsē⟩ ADJ verderblich, schädlich
pernīcitās ⟨ātis⟩ F Schnelligkeit
per-niger ⟨gra, grum⟩ ADJ ganz schwarz
pernīx ⟨īcis, *adv* pernīciter⟩ ADJ schnell, rasch, flink
per-nōbilis ⟨e⟩ ADJ sehr bekannt, sehr berühmt
pernoctāre ⟨ō, āvī, ātum 1.⟩ übernachten, die Nacht zubringen
pernōnidēs ⟨ae⟩ M Schinkenstück
per-nōscere ⟨nōscō, nōvī, - 3.⟩ genau kennenlernen, gründlich erforschen; *perf* genau kennen
per-nox, *abl* ⟨nocte⟩ ADJ die Nacht hindurch (dauernd)
per-numerāre ⟨ō, āvī, ātum 1.⟩ 1 aufzählen 2 auszahlen
per-obscūrus ⟨a, um⟩ ADJ sehr dunkel
per-opportūnus ⟨a, um, *adv* peropportūnē⟩ ADJ sehr gelegen, sehr willkommen
per-optātus ⟨a, um⟩ ADJ sehr erwünscht; *adv* ganz nach Wunsch
per-ōrāre ⟨ō, āvī, ātum 1.⟩ 1 die Rede beenden 2 die Schlussrede halten 3 vollständig erörtern
perōrātiō ⟨ōnis⟩ F 1 RHET Schlussteil der Rede, Epilog 2 Schlussrede
per-ōsculārī ⟨or, ātus sum 1.⟩ der Reihe nach küssen
per-ōsus ⟨a, um⟩ ADJ sehr hassend
per-parvulus ⟨a, um⟩ ADJ sehr klein
perparvum ⟨ī⟩ N sehr wenig
per-parvus ⟨a, um⟩ ADJ sehr klein
per-pāstus ⟨a, um⟩ ADJ gut genährt
per-paucī ⟨ae, a⟩ ADJ sehr wenige

per-paul(l)ulum *u.* **per-paul(l)um** ⟨ī⟩ N sehr wenig

per-pauxillum ⟨ī⟩ N sehr wenig

per-pavefacere ⟨faciō, fēcī, factum 3.⟩ sehr erschrecken

per-pellere ⟨pellō, pulī, pulsum 3.⟩ 1 stark anstoßen 2 sehr beeindrucken 3 eifrig betreiben, durchsetzen, bewirken

per-pendere ⟨pendō, pendī, pēnsum 3.⟩ 1 genau abwiegen 2 *fig* genau erwägen, gründlich untersuchen

perpendiculum ⟨ī⟩ N Bleilot, Richtblei; **ad ~** senkrecht, lotrecht

perperam ADV 1 falsch 2 aus Versehen

perpes ⟨petis⟩ ADJ ununterbrochen

perpessīcius ⟨a, um⟩ ADJ geduldig

perpessiō ⟨ōnis⟩ F 1 das Erdulden 2 Ausdauer

per-petī ⟨petior, pessus sum 3.⟩ 1 erdulden, ertragen 2 geschehen lassen

per-petrāre ⟨ō, āvī, ātum 1.⟩ zustande bringen, beenden

perpetuāre ⟨ō, āvī, ātum 1.⟩ fortsetzen; **~ verba** ununterbrochen reden

perpetuārius ⟨a, um⟩ ADJ ständig unterwegs

perpetuitās ⟨ātis⟩ F Fortdauer, Stetigkeit, Zusammenhang; **~ vitae** das ganze Leben; **ad perpetuitatem** für immer

perpetuō ADV beständig, fortwährend

★**perpetuus** ⟨a, um⟩ ADJ, ADV → perpetuō 1 *(örtl.)* fortlaufend, ununterbrochen, zusammenhängend 2 *(zeitl.)* beständig, fortwährend, stetig, ewig 3 *(zeitl.)* auf Lebenszeit 4 ganz; **vitā perpetuā** das ganze Leben hindurch 5 *(Erlass)* allgemeingültig

per-placēre ⟨eō, -, - 2.⟩ sehr gefallen

perplexābilis ⟨e, *adv* perplexābiliter⟩ ADJ verwirrend, doppeldeutig

perplexārī ⟨or, - 1.⟩ Verwirrung stiften

perplexus ⟨a, um, *adv* perplexē *u.* perplexim⟩ ADJ 1 ineinander verschlungen 2 *fig* verworren, undeutlich

per-pluere ⟨pluō, -, - 3.⟩ 1 den Regen durchlassen 2 *fig* sich ergießen

per-polīre ⟨iō, īvī *u.* iī, ītum 4.⟩ 1 glätten 2 feilen

perpolītus ⟨a, um⟩ ADJ verfeinert, fein gebildet

per-populārī ⟨or, ātus sum 1.⟩ ganz verwüsten, völlig ausplündern

per-pōtāre ⟨ō, āvī, ātum 1.⟩ 1 dur zechen 2 austrinken

perpōtātiō ⟨ōnis⟩ F Trinkgelage

per-premere ⟨premō, pressī, pr sum 3.⟩ *u.* **per-primere** ⟨prir pressī, pressum 3.⟩ ständig drücken

per-propinquus A ⟨a, um⟩ ADJ s nahe, nahe verwandt B ⟨ī⟩ M na Verwandter

per-prosper(us) ⟨a, um⟩ ADJ s glücklich

per-prūrīscere ⟨īscō, -, - 3.⟩ sehr werden

per-pulī → perpellere

per-pulsus ⟨a, um⟩ PPP → perpell

per-pūrgāre ⟨ō, āvī, ātum 1.⟩ 1 ve reinigen 2 *fig* ins Reine bringen gründlich widerlegen

per-putāre ⟨ō, -, - 1.⟩ auseinander zen

per-quam ADV überaus, sehr

per-quīrere ⟨quīrō, quīsīvī, quīsīt 3.⟩ sich genau erkundigen, **vias** r den Wegen

perquīsītor ⟨ōris⟩ M Besucher

per-quīsītus ⟨a, um⟩ PPP → perqu re

per-quīsīvī → perquirere

perrēctus ⟨a, um⟩ PPP → pergere

perrēptāre ⟨ō, āvī, ātum 1.⟩ üb herumkriechen

perrēxī → pergere

per-rīdiculus ⟨a, um, *adv* perrīc lē⟩ ADJ sehr lächerlich

per-rogāre ⟨ō, āvī, ātum 1.⟩ alle Reihe nach fragen, **sententias** nach rer Meinung

perrogātiō ⟨ōnis⟩ F Durchsetzun nes Gesetzes, Beschluss

per-rumpere ⟨rumpō, rūpī, rup 3.⟩ A V/I hindurchbrechen, einen bahnen B V/T 1 durchbrechen, ze len, aufreißen 2 eindringen, **pal** in die Sümpfe; **aliquem ~** sich zu drängen 3 *fig* überwinden, vernich

Persa ⟨ae⟩ M 1 Perser 2 Parther

★**per-saepe** ADV sehr oft

per-salūtāre ⟨ō, āvī, ātum 1.⟩ de he nach begrüßen

persalūtātiō ⟨ōnis⟩ F allseitige B ßung

per-sānāre ⟨ō, āvī, ātum 1.⟩ heilen

r-sapiēns ⟨entis, *adv* persapienter⟩ J sehr weise

r-scienter ADV sehr klug

r-scrībere ⟨scrībō, scrīpsī, scrīp-m 3.⟩ 1 niederschreiben, aufzeichnen (*amtlich*) protokollieren 3 (ver)bu-ıen 4 (*Geld*) anweisen 5 (*schriftlich*) ·richten, melden

rscrīptiō ⟨ōnis⟩ F 1 Niederschrift, fzeichnung 2 Protokoll 3 Eintragung das Rechnungsbuch, Buchung 4 Zah-ıgsanweisung

rscrīptor ⟨ōris⟩ M Buchhalter

r-scrūtāre ⟨ō, āvī, ātum 1.⟩ *u.* **per-rūtārī** ⟨or, ātus sum 1.⟩ 1 durchsu-en 2 *fig* untersuchen

rsectārī ⟨or, ātus sum 1.⟩ 1 eifrig ·folgen 2 *fig* eifrig nachforschen

secūtiō ⟨ōnis⟩ F 1 Verfolgung 2 ·richtliche Verfolgung

r-secūtus ⟨a, um⟩ PPERF → perse-i

sēius ⟨a, um⟩ ADJ des Perseus; → rseus

-sentīre ⟨sentiō, sēnsī, sēnsum tief fühlen, deutlich wahrnehmen

sentīscere ⟨īscō, -, - 3.⟩ = **persen-**

sephonē ⟨ēs⟩ F = **Proserpina**; Tod

-sequī ⟨sequor, secūtus sum 3.⟩ 1 ndig folgen, **aliquem** j-m 2 (*Feind* /.) verfolgen 3 einholen, erreichen bekämpfen 5 rächen, bestrafen, **ali-us mortem** j-s Tod 6 JUR gerichtlich folgen; **pecuniam ab aliquo ~** Geld j-m einklagen 7 eifrig betreiben; **iqua ~** das Altertum eifrig studieren erstreben 9 nachahmen 10 durch-chen, durchsuchen 11 (*Aufträge*) setzen, ausführen 12 (*mündlich*, *iftlich*) darstellen, erzählen

seus ⟨eī *u.* eos⟩ M 1 *Sohn des Zeus ler Danae, tötete die Medusa* 2 **Per-s V.** *letzter König von Makedonien*

sēus ⟨a, um⟩ ADJ des Perseus; → seus

sevērāns ⟨antis, *adv* persevēran-ADJ beharrlich, ausdauernd, **ali-us rei** in etw

sevērantia ⟨ae⟩ F 1 Beharrlich-Ausdauer 2 Hartnäckigkeit 3 lan-Dauer

sevērāre ⟨ō, āvī, ātum 1.⟩ A VI beharrlich bei *etw* bleiben, auf *etw* bestehen, (*in*) *re*; **navis perseverat** das Schiff setzt die Fahrt fort B VT bei *etw* bleiben, *etw* fortsetzen, *aliquid*; **~ cursum** weiterlaufen

Persia ⟨ae⟩ F Persien

Persicus[1] ⟨a, um, *adv* Persicē⟩ ADJ persisch

Persicus[2] ⟨a, um⟩ ADJ des Perseus; → Perseus

per-similis ⟨e⟩ ADJ sehr ähnlich

Persis A ⟨idis⟩ F Persien B ⟨idis⟩ ADJ F persisch

per-sistere ⟨sistō, stitī, - 3.⟩ verharren

Persius ⟨a, um⟩ *Name einer röm. gens*; **A. ~ Flaccus** *röm. Satiriker*

persōlla ⟨ae⟩ F Fratze

per-sōlus ⟨a, um⟩ ADJ ganz allein

per-solvere ⟨solvō, solvī, solūtum 3.⟩ 1 deutlich erklären 2 (*Schulden usw.*) auszahlen, bezahlen 3 (*Ehre usw.*) erweisen 4 (*Strafe*) (er)leiden, büßen

★**persōna** ⟨ae⟩ F 1 Maske 2 (*im Theater*) Rolle, Person 3 *fig* Charakter, Stand, Würde; **~ civitatis** Repräsentant des Staates; **~ potestatis** Amtsperson 4 Persönlichkeit 5 GRAM Person

per-sonāre ⟨ō, uī, - 1.⟩ A VI 1 widerhallen 2 erschallen lassen 3 MUS spielen, **citharā** auf der Leier B VT 1 mit Tönen füllen 2 laut verkünden, laut rufen 3 besingen

persōnātus ⟨a, um⟩ ADJ maskiert

perspectāre ⟨ō, āvī, ātum 1.⟩ genau ansehen

perspectē ADV einsichtsvoll

per-spectus[1] ⟨a, um⟩ PPP → perspicere

perspectus[2] ⟨a, um⟩ ADJ durchschaut, erkannt, bewährt

per-speculārī ⟨or, ātus sum 1.⟩ genau erforschen

per-spexī → perspicere

perspicāx ⟨ācis⟩ ADJ 1 scharfsichtig 2 *fig* einsichtig

★**per-spicere** ⟨spiciō, spexī, spectum 3.⟩ A VI hindurchschauen B VT 1 deutlich sehen 2 besichtigen, untersuchen 3 durchlesen 4 *fig* durchschauen, genau erkennen; **aliquid coniecturā ~** etw erraten

perspicientia ⟨ae⟩ F Erkenntnis, Durchblick

P

perspicuitās ⟨ātis⟩ F Deutlichkeit
perspicuus ⟨a, um, *adv* perspicuē⟩ ADJ 1 durchsichtig 2 *fig* deutlich
per-spissō ADV sehr langsam
per-stāre ⟨stō, stitī, stātūrus 1.⟩ 1 feststehen, stehen bleiben 2 *fig* andauern, bleiben 3 *fig* beharren, **in sententia** auf seiner Meinung
per-stitī → persistere *u.* → perstare
per-stringere ⟨stringō, strīnxī, strictum 3.⟩ 1 zusammenschnüren 2 streifen, berühren 3 *fig* unangenehm berühren, erschüttern 4 *fig* tadeln, verspotten 5 RHET flüchtig besprechen
per-studiōsus ⟨a, um, *adv* perstudiōsē⟩ ADJ sehr eifrig, **alicuius rei** in etw; **alicuius** ~ j-m sehr ergeben
★**per-suādēre** ⟨suādeō, suāsī, suāsum 2.⟩ 1 überzeugen; **mihi persuasum est** ich bin überzeugt 2 überreden, **alicui** j-n; **persuasus mori** entschlossen zu sterben
persuāsiō ⟨ōnis⟩ F 1 Überredung, Überzeugung 2 Glaube, Vorurteil
persuāstrīx ⟨īcis⟩ F Verführerin
per-suāsum PPP → persuadere
persuāsus, *abl* ⟨ū⟩ M Überredung
per-subtīlis ⟨e⟩ ADJ 1 sehr fein 2 (*Rede*) sehr durchdacht
per-taedēre ⟨taedet, taesum est 2.⟩ *unpersön.* Ekel empfinden, **negotii** über das Unternehmen
per-tegere ⟨tegō, tēxī, tēctum 3.⟩ ganz bedecken
per-temptāre ⟨ō, āvī, ātum 1.⟩ 1 überall betasten 2 *fig* probieren, erforschen 3 *fig* überdenken 4 (*von Übeln, Affekten*) völlig ergreifen
per-tendere ⟨tendō, tendī, tentum *u.* tēnsum 3.⟩ 1 durchsetzen 2 eilen
per-tentāre ⟨ō, āvī, ātum 1.⟩ = **pertemptare**
per-tenuis ⟨e⟩ ADJ 1 sehr dünn 2 *fig* sehr schwach
★**per-terrēre** ⟨eō, uī, itum 2.⟩ heftig erschrecken, einschüchtern
per-texere ⟨texō, texuī, textum 3.⟩ 1 zu Ende weben 2 *fig* vollenden
pertica ⟨ae⟩ F Stange, Latte, Messlatte
perticātus ⟨a, um⟩ ADJ mit einer Stange versehen, an einer Stange befestigt
per-timēre ⟨eō, -, - 2.⟩ sich sehr fürchten
pertimēscere ⟨timēscō, timuī, -
A VI in große Furcht geraten, sich
fürchten B VT sehr fürchten
pertinācia ⟨ae⟩ F 1 Beharrlichkei
Hartnäckigkeit, Starrsinn
per-tināx ⟨ācis, *adv* pertināciter⟩
1 lange anhaltend 2 (*Person*) beh
lich, ausdauernd 3 *pej* hartnäckig, st
sinnig 4 geizig
★**per-tinēre** ⟨eō, uī, - 2.⟩ 1 (*örtl.*)
erstrecken, reichen 2 *fig* betreffen,
gehen, **ad nos** uns 3 *fig* zu *etw* die
auf *etw* abzielen, *ad aliquid* 4 Ein
haben; **ad spem** ~ Hoffnung erwec
per-tingere ⟨ō, -, - 3.⟩ sich erstre
pertīsum PPP = **pertaesum**; → per
dere
per-tractāre ⟨ō, āvī, ātum 1.⟩ 1
tasten, befühlen 2 *fig* beeinflussen
pertractātē ADV abgedroschen
pertractātiō ⟨ōnis⟩ F Behandlung
schäftigung, **poetarum** mit Dichter
per-trectāre ⟨ō, āvī, ātum 1.⟩ =
tractare
per-tribuere ⟨uō, uī, - 3.⟩ von
Seiten erteilen
per-trīcōsus ⟨a, um⟩ ADJ sehr v
ckelt
per-trīstis ⟨e⟩ ADJ 1 sehr trauri
sehr mürrisch
per-trītus ⟨a, um⟩ ADJ sehr abger
alltäglich
per-tudī → pertundere
per-tulī → perferre
per-tumultuōsē ADV in großer A
gung
per-tundere ⟨tundō, tudī, tū(n
3.⟩ durchstoßen
★**per-turbāre** ⟨ō, āvī, ātum 1.⟩ 1
wirren, in Unordnung bringen 2 *fi*
ren 3 POL beunruhigen 4 *fig* aufr
aus der Fassung bringen
perturbātiō ⟨ōnis⟩ F 1 Verwir
Unordnung, Störung; ~ **caeli** *fig* st
sches Wetter 2 POL Umwälzung 3
denschaft, Aufregung
perturbātus ⟨a, um, *adv* pertur
ADJ 1 verworren, wirr, stürmisch
bestürzt, außer Fassung
per-turpis ⟨e⟩ ADJ sehr unanstän
per-tūsus ⟨a, um⟩ PPP → pertun
pērula ⟨ae⟩ F kleiner Ranzen
per-ungere ⟨ungō, ūnxī, ūnctu

estreichen, einreiben, salben
er-urbānus ⟨a, um⟩ ADJ **1** sehr fein, ehr witzig **2** übertrieben höflich
er-ūrere ⟨ūrō, ussī, ustum 3.⟩ **1** anz verbrennen **2** wund drücken **3** ntzünden **4** (*Leidenschaft*) quälen
er-ūtilis ⟨e, *adv* perūtiliter⟩ ADJ sehr ützlich
er-vādere ⟨vādō, vāsī, vāsum 3.⟩ **1** indurchgehen, durchdringen **2** sich erbreiten, **urbem** in der Stadt **3** gelan- en, **in Asiam** bis nach Asien
er-vagārī ⟨or, ātus sum 1.⟩ **A** V/I **1** mherschweifen **2** *fig* überall bekannt erden, allgemein werden **B** V/T **1** urchziehen **2** (*Begierde usw.*) durch- ingen, erfüllen
ervagātus ⟨a, um⟩ ADJ weit verbrei- t, allgemein (bekannt)
r-vagus ⟨a, um⟩ ADJ überall umher- hweifend
r-vāsī → pervadere
r-vāsus ⟨a, um⟩ PPP → pervadere
r-vehere ⟨vehō, vēxī, vectum 3.⟩ hindurchführen; *passiv* durch-, befah- n **2** hinführen, -fahren; *passiv* hinfah- n, -segeln, -kommen
r-velle ⟨volō, voluī, - 0.⟩ gern wol- n, sehr wünschen
r-vellere ⟨vellō, vellī, - 3.⟩ **1** rupfen (*Magen*) reizen **3** *fig* kränken **4** *fig* harf kritisieren **5** *fig* aufrütteln
r-vēnārī ⟨or, - 1.⟩ durchjagen
r-venīre ⟨veniō, vēnī, ventum 4.⟩ ankommen, **in urbem** in der Stadt **2** *einen Zustand*) kommen, geraten **3** fallen, **ad filiam** der Tochter
-ventum PPP → pervenire
versitās ⟨ātis⟩ F Verdrehtheit
versus ⟨a, um, *adv* perversē⟩ ADJ verkehrt, verdreht **2** falsch, widersin- , dumm **3** (*Charakter*) schlecht
-vertere ⟨vertō, vertī, versum 3.⟩ umstoßen, umkehren, umwerfen **2** vernichten, zugrunde richten, ver- ben
-vestīgāre ⟨ō, āvī, ātum 1.⟩ **1** auf- ren **2** *fig* genau erforschen
-vetus ⟨veteris⟩ ADJ *u.* **per-ve- stus** ⟨a, um⟩ ADJ sehr alt, uralt
-viam ADV zugänglich
vicax ⟨ācis, *adv* pervicāciter⟩ ADJ arrlich, unermüdlich; hartnäckig, ei- gensinnig; **~ recti** unermüdlich im Guten
per-vidēre ⟨videō, vīdī, vīsum 2.⟩ **1** überschauen, überblicken **2** genau sehen/ betrachten **3** *fig* genau erkennen **4** gründlich untersuchen
pervigil ⟨ilis⟩ ADJ stets wachsam
per-vigilāre ⟨ō, āvī, ātum 1.⟩ durchwachen
pervigilia ⟨ae⟩ F nächtliches Wachen
pervigilium ⟨ī⟩ N **1** Nachtwache **2** nächtliche Feier
per-vīlis ⟨e⟩ ADJ sehr preiswert
per-vincere ⟨vincō, vīcī, victum 3.⟩ **A** V/T **1** völlig besiegen **2** *fig* übertreffen **3** *fig* mit Mühe bewegen **4** erzwingen **5** beweisen, nachweisen **B** V/I **1** entscheidend siegen **2** *fig* seine Meinung durchsetzen, recht behalten
pervium ⟨ī⟩ N Durchgang
per-vius ⟨a, um⟩ ADJ **1** begehbar **2** *fig* offen, zugänglich
per-vīvere ⟨vīvō, vīxī, vīctūrus 3.⟩ weiterleben
per-volāre ⟨ō, āvī, ātum 1.⟩ **1** durchfliegen **2** *fig* durcheilen **3** hineilen
per-volg... = **pervulg...**
per-volō → pervelle
pervolūtāre ⟨ō, āvī, ātum 1.⟩ genau studieren
per-volvere ⟨volvō, volvī, volūtum 3.⟩ **1** herumwälzen **2** *fig* genau bekannt machen **3** genau durchlesen
pervors... = **pervers...**
pervort... = **pervert...**
per-vulgāre ⟨ō, āvī, ātum 1.⟩ **1** öffentlich bekannt machen **2** **se ~** sich preisgeben **3** häufig betreten, besuchen
pervulgātus ⟨a, um, *adv* pervulgātē⟩ ADJ bekannt; gewöhnlich
★**pēs** ⟨pedis⟩ M **1** Fuß; **pedibus captus** gelähmt; **pedem ferre** gehen, kommen; **pede collato** Mann gegen Mann; **pede secundo** helfend **2** (*eines Pferdes*) Huf **3** (*eines Raubvogels*) Kralle; *pl* Fänge **4** Schritt, Tritt, Gang; *pl* Wettlauf **5** SCHIFF Tau, Leine **6** (*als Längenmaß*) Fuß = *296 mm* **7** METR Versfuß; Versmaß
★**pessimus** ⟨a, um⟩ ADJ *sup* → malus[1]
pessulus ⟨ī⟩ M Riegel
pessum ADV zu Boden; **~ ire** *fig* zugrunde gehen; **~ dare** *fig* zugrunde richten

P

pesti-fer ⟨fera, ferum, *adv* pestiferē⟩ ADJ Unheil bringend, verderblich
pestilēns ⟨entis⟩ ADJ 1 ungesund 2 *fig* verderblich, unheilvoll
pestilentia ⟨ae⟩ F 1 Seuche, Pest 2 ungesunde Luft 3 ungesunde Gegend
★**pestis** ⟨is⟩ F 1 Pest, Seuche 2 ungesunde Witterung 3 *fig* Unglück, Verderben 4 Unheilstifter, Scheusal
petasō ⟨ōnis⟩ M Vorderschinken
petasunculus ⟨ī⟩ M kleiner Schinken
petasus ⟨ī⟩ M Reisehut
petauristārius ⟨ī⟩ M Akrobat
petaurum ⟨ī⟩ N Sprungbrett *der Gaukler*
★**petere** ⟨petō, petīvī *u.* petiī, petītum 3.⟩ 1 *(Ort)* aufsuchen; **mons astra petit** der Berg ragt bis zu den Sternen empor; **aliquem amplexu ~** j-n umarmen 2 *(feindlich)* angreifen; *fig* bedrohen 3 sich bittend an *j-n* wenden, *aliquem* 4 zu erlangen suchen, begehren; **salutem fugā ~** sein Heil in der Flucht suchen 5 fordern, verlangen 6 sich um *etw* bewerben, **consulatum** um das Konsulat 7 JUR beanspruchen; **is qui petit** Kläger 8 holen 9 *fig* entnehmen, entlehnen; **exemplum alicuius rei ab aliquo ~** sich in etw ein Beispiel an j-m nehmen
★**petītiō** ⟨ōnis⟩ F 1 Angriff, Hieb, Stich 2 das Ersuchen, das Bitten 3 Bewerbung, **muneris** um ein Amt 4 JUR gerichtlicher Anspruch, Klage
petītor ⟨ōris⟩ M 1 Bewerber 2 JUR Kläger
petorritum ⟨ī⟩ N vierrädriger offener Wagen
petra ⟨ae⟩ F Fels, Stein
petrō ⟨ōnis⟩ M alter Hammel
Petrōnius Arbiter *Günstling Neros, Verfasser des erotisch-satirischen Romanes „Satyricon" (oder „Satirae")*
petulāns ⟨antis, *adv* petulanter⟩ ADJ ausgelassen, frech, frivol
petulantia ⟨ae⟩ F Ausgelassenheit, Frechheit, Leichtfertigkeit
pexātus ⟨a, um⟩ ADJ mit einem Kleid aus reiner Wolle
pexī → pectere
pexus ⟨a, um⟩ PPP → pectere
Phaeāces ⟨um⟩ MPL die Phäaken; **Phaeācia** ⟨ae⟩ F Phäakenland; **Phaeācius** *u.* **Phaeācus** ⟨a, um⟩ ADJ Phäaken…; **Phaeāx** ⟨ācis⟩ M Ph… ke
phaecasia ⟨ōrum⟩ NPL weiße Schu…
phaecasiātus ⟨a, um⟩ ADJ mit w…ßen Schuhen
Phaedra ⟨ae⟩ F *Gattin des These… liebte ihren Stiefsohn Hippolytos; zurück…wiesen beging sie Selbstmord*
Phaedrus ⟨ī⟩ M *röm. Fabeldichter, F… gelassener des Augustus*
Phaethōn ⟨ontis⟩ M *Sohn des Hel… Sol;* **Phaethonteus** ⟨a, um⟩ ADJ … Phaethon; **Phaethontiades** ⟨u… FPL Schwestern des Phaethon; **Pha…thontis** ⟨idis⟩ ADJ F des Phaethon; **lucris ~** Schwan; **gutta ~** Bernstein
phalanga ⟨ae⟩ F Walze, Rolle
phalanx ⟨angis⟩ F MIL Phalanx, … schlossene) Schlachtreihe
phalārica ⟨ae⟩ F = **falarica**
phalerae ⟨ārum⟩ FPL 1 Schmuck … Pferde 2 MIL Auszeichnung, Orden… *fig* Schmuck
Phalēreus *u.* **Phalēreus** ⟨eī *u.* e… M Einwohner von Phalerum
Phalēricus ⟨a, um⟩ ADJ aus Phaler…
Phalērum ⟨ī⟩ N *Hafen von Athen*
phantasia ⟨ae⟩ F Gedanke, Einfall
Phantasus ⟨ī⟩ M *Gott der Träume*
pharetra ⟨ae⟩ F Köcher
pharetrātus ⟨a, um⟩ ADJ köche…gend
Pharītae ⟨ārum⟩ MPL die Einwoh… von Pharus
Pharius ⟨a, um⟩ ADJ aus Pharus
pharmacopōla ⟨ae⟩ M Zaubertr… verkäufer, Quacksalber
pharmacus ⟨ī⟩ M Giftmischer
Pharos ⟨ī⟩ M = **Pharus**
Pharsālia ⟨ae⟩ F Gebiet von Phars…
Pharsālicus *u.* **Pharsālius** ⟨a, … ADJ aus Pharsalos
Pharsālos *u.* **Pharsālus** ⟨ī⟩ F *Sta… Thesallien, heute Farsala*
Pharus ⟨ī⟩ F *kleine Insel vor Alexa… mit dem berühmten Leuchtturm*
phasēlos *u.* **phasēlus** ⟨ī⟩ M *u.* … Schwertbohne 2 *fig* leichtes Schiff
phasma ⟨atis⟩ N Erscheinung, … spenst
phiala ⟨ae⟩ F Trinkschale
Phīdiās ⟨ae⟩ M *größter Bildhauer u… gießer Athens z. Zt. des Perikles*

ilippēus ⟨a, um⟩ ADJ des Philippus
ilippī ⟨ōrum⟩ MPL *Stadt in Makedoni-*

ilippicus ⟨a, um⟩ ADJ des Philippus; ationes **Philippicae** philippische Re-n *des Demosthenes gegen Philipp II. u.* :eros *gegen Marcus Antonius*
ilippus ⟨ī⟩ M *Name makedonischer* nige; ~ **II.** *Vater Alexanders des Großen*
iloctēta ⟨ae⟩ M Philoktet, *Gefährte* s *Herkules;* **Philoctētaeus** ⟨a, um⟩ J des Philoktet; **Philoctētēs** ⟨ae⟩ = **Philocteta**
ilologia ⟨ae⟩ F **1** Gelehrsamkeit, ssenschaftliche Studien **2** Philologie
ilologus ⟨ī⟩ M **1** Gelehrter, Literat Philologe
ilomēla ⟨ae⟩ F **1** *Schwester der* ›kne, *in eine Nachtigall verwandelt* **2** Nachtigall
ilosophārī ⟨or, ātus sum 1.⟩ philo-›hieren, nachdenken, forschen
ilosophia ⟨ae⟩ F **1** Philosophie **2** 'losophische Schule **3** philosophi-›er Gegenstand
ilosophus **A** ⟨a, um⟩ ADJ philoso-sch **B** ⟨ī⟩ M Philosoph
ltrum ⟨ī⟩ N Liebestrank
lyra ⟨ae⟩ F Linde; Lindenbast
mus ⟨ī⟩ M Würfelbecher
egethōn ⟨ontis⟩ M Feuerstrom, ss *in der Unterwelt;* **Phlegethontis** 's⟩ ADJ F des Phlegethon
›ca ⟨ae⟩ F Seehund, Robbe
›ebē ⟨ēs⟩ F **1** *Beiname der Artemis/* na *als Mondgöttin* **2** Mondnacht
›ebi-gena ⟨ae⟩ M Sohn des Phoe- = Asklepios
›ebus ⟨a, um⟩ ADJ rein, leuchtend
›ebus ⟨ī⟩ M **1** *Kultname des Apollo* Sonnengott **2** Sonne; **sub utroque** ›ebo im Osten und im Westen
›enīca ⟨ae⟩ F *u.* **Phoenīcē** ⟨ēs⟩ 'hönikien; **Phoenīces** ⟨um⟩ MPL Phöniker, die Punier
enīcopterus ⟨ī⟩ M Flamingo
enissa ⟨ae⟩ F Phoenikerin, Punie- = Dido
enīx ⟨īcis⟩ M Phönix, *ägyptischer* ›dervogel, *der nach einer Lebenszeit* 500 *Jahren sich selbst verbrennt u. ver-*t *wieder aufersteht*
asis ⟨is⟩ F rednerischer Ausdruck

phrenēsis ⟨is⟩ F Wahnsinn, Geisteskrankheit
phrenēticus ⟨a, um⟩ ADJ wahnsinnig, geisteskrank
Phryges ⟨um⟩ MPL die Phrygier, *thrakisches Volk*
Phrygia ⟨ae⟩ F Phrygien, *in Kleinasien;* **Phrygiae** ⟨ārum⟩ FPL Trojanerinnen; **phrygiō** ⟨ōnis⟩ M Tuchsticker, Goldsticker; **Phrygius** ⟨a, um⟩ ADJ phrygisch, trojanisch
phthisis ⟨is⟩ F Schwindsucht
phy INT pfui!
phylaca ⟨ae⟩ F Gefängnis
phylacista ⟨ae⟩ M Kerkermeister
physica ⟨ae⟩ F *u.* **physica** ⟨ōrum⟩ NPL Physik, Naturlehre, Naturphilosophie
physicus **A** ⟨a, um, *adv* **physicē**⟩ ADJ die Natur betreffend, physikalisch, physisch **B** ⟨ī⟩ M Physiker, Naturforscher, Naturphilosoph
physiognōmōn ⟨onis⟩ M der den Charakter aufgrund der Gesichtszüge beurteilt
physiologia ⟨ae⟩ F Naturkunde, Naturphilosophie
piābilis ⟨e⟩ ADJ sühnbar
piāculāria ⟨ium⟩ NPL Sühneopfer
piāculāris ⟨e⟩ ADJ sühnend, Sühne…
piāculum ⟨ī⟩ N **1** REL Sühnopfer **2** Strafe **3** Schuld, Vergehen
piāmen ⟨inis⟩ N *u.* **piāmentum** ⟨ī⟩ N = **piaculum**
piāre ⟨ō, āvī, ātum 1.⟩ **1** verehren; **sacra ~** Opfer verrichten **2** versöhnen **3** REL sühnen **4** vergelten
pīca ⟨ae⟩ F Elster
picāre ⟨ō, āvī, ātum 1.⟩ mit Pech bestreichen, verpichen
picātus ⟨a, um⟩ ADJ **1** mit Pech bestrichen **2** nach Pech schmeckend
picea ⟨ae⟩ F Kiefer
Pīcēns ⟨entis⟩ ADJ aus Picenum
Pīcentēs ⟨ium *u.* um⟩ MPL die Einwohner von Picenum
Pīcēnum ⟨ī⟩ N *Landschaft an der Adria;* **Pīcēnus** ⟨a, um⟩ ADJ aus Picenum
piceus ⟨a, um⟩ ADJ aus Pech, Pech…; pechschwarz
Pictonēs ⟨um⟩ MPL *kelt. Stamm im heutigen Poitou*
pictor ⟨ōris⟩ M Maler

P

Pictor ⟨ōris⟩ M *Beiname in der gens Fabia*; → Fabius

pictūra ⟨ae⟩ F 1 Malerei 2 das Schminken 3 Gemälde; Stickerei 4 RHET Beschreibung

pictūrātus ⟨a, um⟩ ADJ be-, gestickt

pictus[1] ⟨a, um⟩ PPP → pingere

pictus[2] ⟨a, um⟩ ADJ 1 gemalt, gezeichnet 2 bemalt, angestrichen 3 bunt 4 (acu) ~ gestickt 5 RHET kunstvoll 6 leer

pīcus[1] ⟨ī⟩ M Specht

pīcus[2] ⟨ī⟩ M Vogel Greif

Pīeriae ⟨ārum⟩ FPL die Musen; **Pīerides** ⟨um⟩ FPL die Musen; **Pīeros** u. **Pīerus** ⟨ī⟩ M 1 MYTH *Stammesheros von Pieria, die Töchter wurden in Elstern verwandelt* 2 MYTH *Vater der Musen*

★**pietās** ⟨ātis⟩ F 1 Frömmigkeit, Pflichtgefühl 2 *(gegen Eltern)* Liebe, Verehrung, Dankbarkeit 3 *(gegen Freunde)* Anhänglichkeit, Treue 4 *(gegen das Vaterland)* Vaterlandsliebe 5 Gerechtigkeit der Götter, 6 Erbarmen

piger ⟨pigra, pigrum, *adv* pigrē⟩ ADJ 1 verdrossen, träge, faul 2 träge machend; verdrießlich

pigēre ⟨et, uit, - 2.⟩ *unpersön.* 1 es verdrießt; **piget me stultitae meae** *(gen)* meine Dummheit verdrießt mich 2 = **paenitet** 3 es erregt Scham

pigmentārius ⟨ī⟩ M Farben-, Salbenhändler

pigmentum ⟨ī⟩ N 1 Farbe 2 Schminke 3 RHET Schmuck

pignerāre ⟨ō, āvī, ātum 1.⟩ verpfänden, versetzen

pignerārī ⟨or, ātus sum 1.⟩ 1 als Pfand nehmen 2 sich aneignen, beanspruchen

pignerātor ⟨ōris⟩ M Pfandleiher

★**pignus** ⟨oris u. eris⟩ N 1 Pfand; **aliquid pignori dare** etw verpfänden 2 Hypothek 3 Geisel 4 Wetteinsatz 5 *fig* Bürgschaft, Beweis 6 PL liebe Angehörige

pigrāre ⟨ō, āvī, ātum 1.⟩ u. **pigrārī** ⟨or, - 1.⟩ träge sein, hinauszögern

pigritia ⟨ae⟩ F u. **pigritiēs** ⟨ēī⟩ F Trägheit, Unlust

pīla[1] ⟨ae⟩ F Mörser

pīla[2] ⟨ae⟩ F 1 Pfeiler, Säule 2 Damm

pila[3] ⟨ae⟩ F 1 (Spiel)Ball; **pilā ludere** Ball spielen 2 Ballspiel 3 Stimmkügelchen *der Richter* 4 Strohpuppe *zum Reizen der Stiere*

pilāre ⟨ō, āvī, ātum 1.⟩ die Haare a… rupfen, enthaaren

pīlātus ⟨a, um⟩ ADJ mit einem W… spieß bewaffnet

Pīlātus ⟨ī⟩ M → Pontius

pīleātus ⟨a, um⟩ ADJ = **pilleatus**

pīlentum ⟨ī⟩ N vierrädriger Pracht…gen

pīleolus ⟨ī⟩ M = **pilleolus**

pīleum ⟨ī⟩ N = **pilleum**

pīleus ⟨ī⟩ M = **pilleus**

pili-crepus ⟨ī⟩ M Ballspieler

pilleātus ⟨a, um⟩ ADJ mit einer Filz…pe geschmückt; **fratres pilleati** Ka… und Pollux

pilleolus ⟨ī⟩ M Käppchen

pilleum ⟨ī⟩ N u. **pilleus** ⟨ī⟩ M Filz…pe, *Kopfbedeckung des freien Römers*

pilōsus ⟨a, um⟩ ADJ (stark) behaart

★**pīlum** ⟨ī⟩ N 1 Mörserkeule, Stam… 2 MIL Wurfspieß

pilus[1] ⟨ī⟩ M 1 Körperhaar 2 *fig* Fa… Geringstes, Kleinigkeit

pīlus[2] ⟨ī⟩ M MIL Manipel der Triarie…

Pimpla ⟨ae⟩ F *Musenquelle in Pieri… Olymp*; **Pimplēa** ⟨ae⟩ F u. **Pimp…** ⟨idis⟩ F Muse; **Pimplēus** ⟨a, um⟩ der Pimpla, zu Pimpla gehörig

pīna ⟨ae⟩ F Steckmuschel

pinacothēca ⟨ae⟩ F u. **pinaco…cē** ⟨ēs⟩ F Gemäldegalerie

Pindarus ⟨ī⟩ M *griech. Dichter*

pīnētum ⟨ī⟩ N Fichtenwald

pīneus ⟨a, um⟩ ADJ Fichten…; **ard…** Feuer von Fichtenholz

★**pingere** ⟨pingō, pīnxī, pictum 3…⟩ bemalen; *passiv* sich schminken 2 z…nen, malen 3 färben 4 *(Toga)* best… 5 *fig* schmücken 6 RHET lebhaft … dern

pingue ⟨is⟩ N Fett *im Fleisch*

pinguēscere ⟨ēscō, -, - 3.⟩ fett … den

pinguiārius ⟨ī⟩ M Fettliebhaber

★**pinguis** ⟨e, *adv* pinguiter⟩ ADJ 1 … *wesen)* wohlgenährt, fett 2 *(Sache…* tig, ölig 3 fleischig 4 *(Boden…* fruchtbar, ergiebig 5 *fig* schwer… geistlos; **pingui Minervā** ohne fe… Bildung 6 *(Rede)* schwülstig 7 *(Zus…* behaglich, ruhig

pīni-fer ⟨fera, ferum⟩ ADJ u. **pīn…**

gera, gerum⟩ ADJ Fichten tragend
nna ⟨ae⟩ F 1 = **penna** 2 Flosse; Flug-
aut 3 Zinne, Mauerkrone
nnātus ⟨a, um⟩ ADJ gefiedert, geflü-
elt
nni-ger ⟨gera, gerum⟩ ADJ 1 geflü-
elt 2 mit Flossen
nni-pēs ⟨pedis⟩ ADJ mit Flügeln an
en Füßen
nnula ⟨ae⟩ F Federchen; *pl* Flügel-
en
nsere ⟨pīnsō, pīnsuī, pistum 3.⟩
ein stampfen, zerstoßen
nsitāre ⟨ō, -, - 1.⟩ zu stampfen pfle-
n
nus ⟨ūs *u.* ī⟩ F 1 BOT Fichte, Kiefer,
hre 2 BOT Pinie 3 Schiffsbauholz 4
hiff 5 Fackel 6 Fichtenkranz
nxī → pingere
per ⟨eris⟩ N Pfeffer
perātus ⟨a, um⟩ ADJ 1 gepfeffert 2
diebisch
piāre ⟨ō, -, - 1.⟩ piepen
pilāre ⟨ō, āvī, ātum 1.⟩ piepen
pulum ⟨ī⟩ N das Lärmen, das
himpfen; das Wimmern
aeeus ⟨eī⟩ M *u.* **Pīraeus** ⟨ī⟩ M *Ha-*
von Athen; **Pīraeus** ⟨a, um⟩ ADJ des
aeus
āta ⟨ae⟩ M Seeräuber
ātica ⟨ōrum⟩ NPL Seeräuberei
āticus ⟨a, um⟩ ADJ Seeräuber…, Pi-
en…
ithous ⟨ī⟩ M *König der Lapithen*
um ⟨ī⟩ N Birne
us ⟨ī⟩ F BOT Birnbaum
ae ⟨ārum⟩ FPL *Stadt in Etrurien, heute*
a
ānus A ⟨a, um⟩ ADJ aus Pisae B ⟨ī⟩
Einwohner von Pisae
cārī ⟨or, ātus sum 1.⟩ fischen; ~ **in**
e Sprichwort sich vergebliche Mühe
chen
cārius ⟨a, um⟩ ADJ Fisch…
cātor ⟨ōris⟩ M 1 Fischer 2 Fisch-
dler
cātōrius ⟨a, um⟩ ADJ Fischer…
cātus ⟨ūs⟩ M 1 Fischfang 2 *fig*
g
ciculus ⟨ī⟩ M Fischlein
cīna ⟨ae⟩ F 1 Fischteich 2 Wasser-
älter, Badebecken
cīnārius ⟨ī⟩ M Fischteichbesitzer

★**piscis** ⟨is⟩ M Fisch
piscōsus ⟨a, um⟩ ADJ fischreich
pisculentus ⟨a, um⟩ ADJ fischreich
Pīsistratidae ⟨ārum⟩ MPL die Söhne des Pisistratus, *Hippias u. Hipparch*
Pīsistratus ⟨ī⟩ M *Tyrann in Athen*
pistillum ⟨ī⟩ N Mörserkeule, Stampfer
pistor ⟨ōris⟩ M 1 Müller 2 Bäcker
pistōr(i)ēnsis ⟨e⟩ ADJ Bäcker…
pistrīlla ⟨ae⟩ F kleine Stampfmühle
pistrīnum ⟨ī⟩ N Stampfmühle
pistrīx ⟨īcis⟩ F 1 Bäckerin 2 = **pristis**
pistus ⟨a, um⟩ PPP → pinsere
pithēcium ⟨ī⟩ N Äffchen
pittacium ⟨ī⟩ N 1 Lederstückchen 2 Etikett *auf Weinflaschen* 3 Zettel
pītuīta ⟨ae⟩ F 1 Schleim 2 Verschleimung, Schnupfen
pītuītōsus ⟨a, um⟩ ADJ verschleimt
★**pius** ⟨a, um, *adv* piē⟩ ADJ 1 pflichtgemäß, richtig, angemessen 2 (*gegen die Götter*) fromm, gewissenhaft 3 (*gegen Eltern*) treu, ergeben, liebevoll 4 gerecht; mild, barmherzig 5 (*Handlung usw.*) rechtmäßig
pix ⟨picis⟩ F Pech, Teer
plācābilis ⟨e, *adv* plācābiliter⟩ ADJ 1 versöhnlich, mild; ~ **ad preces** zugänglich für Bitten 2 versöhnend
★**plācāre** ⟨ō, āvī, ātum 1.⟩ 1 ebnen, glätten 2 *fig* beruhigen, besänftigen 3 *fig* versöhnen, **civem rei publicae** (*dat*) den Bürger mit dem Staat
plācātus ⟨a, um, *adv* plācātē⟩ ADJ 1 besänftigt, versöhnt, **alicui** mit j-m 2 ruhig, gelassen, sanft
placenta ⟨ae⟩ F Kuchen
Placentia ⟨ae⟩ F *Stadt am Po, heute Piacenza;* **Placentīnus** ⟨a, um⟩ ADJ aus Placentia; **Placentīnus** ⟨ī⟩ M Einwohner von Placentia
★**placēre** ⟨placeō, placuī *u.* placitus sum, placitum 2.⟩ 1 gefallen, gefällig sein; **sibi** ~ mit sich zufrieden sein 2 Beifall finden 3 ★**placet** *unpersön.* es gefällt, es beliebt; man beschließt; **si placet** wenn's beliebt; **mihi placet** es ist mein Wille
★**placidus** ⟨a, um, *adv* placidē⟩ ADJ 1 (*Meer, Hügel*) flach, eben, glatt 2 *fig* sanft, ruhig, friedlich, still 3 (*Götter*) gnädig
placitāre ⟨ō, -, - 1.⟩ sehr gefallen

P

placitum ⟨ī⟩ N geäußerte Meinung
placitus ⟨a, um⟩ ADJ gefallend, beliebt, angenehm, *alicui* j-m, bei j-m
placūsia ⟨ae⟩ F *ein Schalentier*
plāga[1] ⟨ae⟩ F 1 Schlag, Hieb 2 Wunde 3 *fig* Verlust, Unfall
plaga[2] ⟨ae⟩ F 1 (*der Jäger*) Netz, Garn 2 Raum, Fläche; Gegend 3 Zone, Bezirk
plagiārius ⟨ī⟩ M Sklavenhändler
plāgi-gerulus ⟨a, um⟩ ADJ der Schläge bekommt
plāgi-patida ⟨ae⟩ M der Schläge erduldet
plagūsia ⟨ae⟩ F = **placusia**
plānctus[1] ⟨a, um⟩ PPP → **plangere**
plānctus[2] ⟨ūs⟩ M = **plangor**
planēta ⟨ae⟩ M Planet
plangere ⟨plangō, plānxī, plānctum 3.⟩ A V/T 1 (laut) schlagen 2 laut beklagen B V/I 1 (*von Schlägen*) erdröhnen, rauschen, tosen 2 laut trauern, laut klagen
plangor ⟨ōris⟩ M 1 lautes Klatschen, Schlagen 2 lautes Wehklagen; **plangorem dare** lautes Wehklagen erheben
plāni-loquus ⟨a, um⟩ ADJ offen redend
plānitia ⟨ae⟩ F *u.* **plānitiēs** ⟨ēī⟩ F Fläche, Ebene
planta[1] ⟨ae⟩ F BOT Setzling, Ableger
★**planta**[2] ⟨ae⟩ F Fußsohle, Fuß
plantāre[1] ⟨is⟩ N 1 Setzling, Ableger 2 PL Baumschule, Bäume, Pflanzen
plantāre[2] ⟨ō, -, - 1.⟩ pflanzen
plānum ⟨ī⟩ N Ebene, Fläche; **in/de plano** JUR außergerichtlich
planus[1] ⟨ī⟩ M Landstreicher, Abenteurer
★**plānus**[2] ⟨a, um, *adv* **plānē**⟩ ADJ 1 (*Gelände*) flach, eben, platt 2 *fig* deutlich, klar 3 **plane** deutlich, klar, ausdrücklich 4 ★ **plane** völlig; **plane nihil** gar nichts; **plane eruditus** hoch gebildet 5 **plane** *in Antworten* allerdings, gewiss
plānxī → **plangere**
Plataeae ⟨ārum⟩ F PL *Stadt in Böotien*
platanōn ⟨ōnis⟩ M BOT Platanenhain
platanus ⟨ī *u.* ūs⟩ F BOT Platane
platea *u.* **platēa** ⟨ae⟩ F Straße, Gasse
Platō ⟨ōnis⟩ M *Philos. aus Athen, Schüler des Sokrates, Lehrer des Aristoteles;* **Platōnicī** ⟨ōrum⟩ M PL die Anhänger Platons; **Platōnicus** ⟨a, um⟩ ADJ platonisch, des Plato
★**plaudere** ⟨plaudō, plausī, plausu… 3.⟩ A V/T 1 klopfen, klatschend sch… gen, zusammenschlagen 2 stamp… B V/I klatschen, Beifall spenden
plausibilis ⟨e⟩ ADJ beifallswürdig
plausor ⟨ōris⟩ M Beifallspender
plaustrum ⟨ī⟩ N 1 Lastwagen, Wa… 2 ASTRON Wagen, Großer Bär
plausus[1] ⟨a, um⟩ PPP → **plaudere**
plausus[2] ⟨ūs⟩ M 1 das Klatschen… Beifall
Plautīnus ⟨a, um⟩ ADJ des Plautus
Plautus ⟨ī⟩ M *254–184 v. Chr., röm. …mödiendichter, 20 Stücke erhalten*
★**plēbēius** A ⟨a, um⟩ ADJ 1 plebeji… bürgerlich 2 gewöhnlich B ⟨ī⟩ M … bejer

Landesku…

▶ plebeii – das einfache Volk

Als **plebs** wurden die römischen B… ger mit Ausnahme der Patrizier, spä… auch der **equites** (Ritter) bezeichne… Diese Bevölkerungsgruppe bestand vor allem aus Bauern und Handwe… kern. War das Volk in der Frühzeit … Entscheidungen der Patrizier gegen… über machtlos, so erstritten die Pl… bejer im Laufe der Ständekämpfe, auch zu den höchsten Ämtern zu… lassen zu werden (bis auf z. B. **inte… regnum** und bestimmte Priesterän… ter). Der Begriff wurde jedoch zun… mend negativ gebraucht; heute bedeutet *plebejisch* „ungebildet, ungehobelt".

plēbi-cola ⟨ae⟩ M Volksfreund
★**plēbs** ⟨plēbis⟩ F 1 (↔ *Patriziern*) …gerklasse, die Plebejer 2 Masse, P…
plectere ⟨plectō, plexī *u.* plexuī, …xum 3.⟩ flechten
plectī ⟨or, - 3.⟩ 1 geschlagen we… 2 *fig* bestraft werden, büßen
plectilis ⟨e⟩ ADJ geflochten
plēctrum ⟨ī⟩ N 1 MUS Plektrum, S…

l 2 Leier 3 lyrisches Gedicht
iades ⟨um⟩ FPL ASTRON die Pleja-
n
ias ⟨adis⟩ F Plejade; → Pleiades
ēnus ⟨a, um⟩ ADJ; ADV ⟨plēnē⟩ 1
ll, erfüllt 2 satt, befriedigt; *fig* über-
üssig 3 dick 4 schwanger, **alicuius**
n j-m 5 *fig* reichlich versehen, ausge-
ttet; ~ **annis** bejahrt 6 *(Stimme, Ton)*
rk, volltönend 7 *(Rede usw.)* ausführ-
n 8 vollständig, völlig, ganz 9 stark
sucht
rumque A ⟨plērīque⟩ N der
ßte Teil; ~ **noctis** der größte Teil
r Nacht B ADV meistens, gewöhnlich
rus ⟨a, um⟩ ADJ = **plerusque**
rus-que ⟨plēraque, plērumque⟩
1 der größte Teil; **pleraque oratio**
größte Teil der Rede 2 PL die meis-
, sehr viele; **plerique Belgae** die
isten Belger
x(u)ī → plectere
xus ⟨a, um⟩ PPP → plectere
āre ⟨ō, uī, ātum 1.⟩ zusammenfal-
, -rollen
ātrīx ⟨īcis⟩ F Büglerin, Garderoben-
dchen
ius ⟨a, um⟩ *röm. Gentilname* 1 **C.** ~
undus *der Ältere, Verfasser der Enzyk-*
ädie Naturalis historia, beim Vesuvaus-
ch ums Leben gekommen 2 **C.** ~ **Cae-**
us Secundus *der Jüngere, Statthalter*
Bithynien, erhalten 10 Bücher Briefe
dere ⟨ō, -, - 3.⟩ = **plaudere**
erēs ⟨ploera⟩ ADJ *komp* = **plures**; →
ltus
rābundus ⟨a, um⟩ ADJ jammernd
āre ⟨ō, āvī, ātum 1.⟩ A VI laut wei-
, wehklagen, jammern B VT laut be-
en
ātillum ⟨ī⟩ N *u.* **plōrātillus** ⟨ī⟩
eulerei
ātor ⟨ōris⟩ M Schreihals
ātus ⟨ūs⟩ M Geschrei, Wehklagen
tellum ⟨ī⟩ N Wägelchen
trum ⟨ī⟩ N = **plaustrum**
enum *u.* **ploxinum** ⟨ī⟩ N Wa-
kasten
re ⟨pluit, pluit, - 3.⟩ *unpersön.* es
et, **sanguine/sanguinem pluit** es
et(e) Blut
na ⟨ae⟩ F 1 Flaumfeder 2 Feder-
n 3 Bartflaum

plūmātile ⟨is⟩ N Brokatkleid
plūmātus ⟨a, um⟩ ADJ gefiedert
plumbeus ⟨a, um⟩ ADJ 1 bleiern 2 *fig* stumpf(sinnig) 3 bleischwer, drückend
plumbum ⟨ī⟩ N 1 Blei; ~ **album** Zinn 2 Bleikugel, -röhre, -stift, -feder
plūmeus ⟨a, um⟩ ADJ 1 aus Flaumfedern; **torus** ~ Federbett 2 leicht, zart
plūmōsus ⟨a, um⟩ ADJ gefiedert
plūrālia ⟨ium⟩ NPL Nomina im Plural
plūrālis A ⟨e, *adv* plūrāliter⟩ ADJ im Plural B ⟨is⟩ M Plural
★**plūrēs** ⟨plūra⟩ ADJ *komp* → multus
plūriē(n)s ADV mehrfach, oftmals
plūrimus ⟨a, um⟩ ADJ *sup* → multus
★**plūs** ⟨plūris⟩ N → multum
plūsculus ⟨a, um⟩ ADJ etwas mehr
plus-scius ⟨a, um⟩ ADJ mehr wissend
pluteum ⟨ī⟩ N *u.* **pluteus** ⟨ī⟩ M 1 MIL Schutzwand 2 MIL Brustwehr 3 Lehne *eines Speisesofas*, Speisesofa
Plūtō(n) ⟨ōnis⟩ M *Gott der Unterwelt;*
Plūtōnius ⟨a, um⟩ ADJ des Pluto
Plūtus ⟨ī⟩ M *Gott des Reichtums*
pluvere ⟨pluvit, plu(v)it, - 3.⟩ = **pluere**
pluvia ⟨ae⟩ F Regen; *pl* Regengüsse
pluviālis ⟨e⟩ ADJ Regen…
pluvius ⟨a, um⟩ ADJ Regen…, regnerisch
★**pōclum** *u.* **pōculum** ⟨ī⟩ N 1 Becher, Trinkgefäß, Pokal 2 Trank 3 Gift-, Zauber-, Liebestrank
podagra ⟨ae⟩ F Fußgicht, Podagra
podagricus *u.* **podagrōsus** ⟨a, um⟩ ADJ an Gicht leidend
pōdex ⟨icis⟩ M Gesäß
podium ⟨ī⟩ N 1 Trittbrett, Untergestell 2 Paneel, Wandbekleidung 3 Balkon
poecilē ⟨ēs⟩ F „bemalte" Halle *in Athen*
poēma ⟨atis⟩ N Gedicht, Dichtung
★**poena** ⟨ae⟩ F 1 Buße; **poenas dare/solvere/pendere alicuius rei** büßen für etw 2 Strafe, Rache; ~ **capitis** Todesstrafe; **poenae esse** bestraft werden 3 Beschwerlichkeit, Marter, Qual
poenālis ⟨e⟩ ADJ Straf…
poenārius ⟨a, um⟩ ADJ Straf…
Poenicus ⟨a, um⟩ ADJ = **Punicus**
poenīre ⟨iō, īvī *u.* iī, ītum 4.⟩ *u.* **poenīrī** ⟨ior, ītus sum 4.⟩ = **punire**
poenitet = **paenitet**; → paenitere
poenītiō ⟨ōnis⟩ F = **punitio**
Poenulus ⟨ī⟩ M Der junge Punier, *Titel*

P

einer Komödie des Plautus

Poenus A ⟨a, um⟩ ADJ punisch, karthagisch, phönikisch B ⟨ī⟩ M: **Poeni** *pl* Punier, Karthager, Phöniker

poēsis ⟨is⟩ F Dichtung, Dichtkunst

★**poēta** ⟨ae⟩ M 1 Dichter 2 Erfinder

poētica ⟨ae⟩ F *u.* **poēticē** ⟨ēs⟩ F Dichtkunst

poēticus ⟨a, um, *adv* poēticē⟩ ADJ dichterisch, Dichter...; **ars poetica** Dichtkunst

pol *u.* **pōl** INT bei Pollux!

polenta ⟨ae⟩ F Gerstenmehl

polentārius ⟨a, um⟩ ADJ aus Gerstenmehl

polīre ⟨iō, īvī, ītum 4.⟩ 1 glätten, polieren 2 *fig* verfeinern, feilen

polīticus ⟨a, um⟩ ADJ staatswissenschaftlich, politisch

polītus ⟨a, um, *adv* polītē⟩ ADJ 1 geglättet 2 *fig* schön eingerichtet 3 (*Person, Sache*) gebildet, elegant, fein

pollēns ⟨entis⟩ ADJ stark, mächtig

pollenta ⟨ae⟩ F = **polenta**

pollentārius ⟨a, um⟩ ADJ = **polentarius**

pollentia ⟨ae⟩ F Stärke

pollēre ⟨eō, -, - 2.⟩ (viel) vermögen, stark sein, Einfluss haben

pollex ⟨icis⟩ M 1 Daumen; **pollices premere** *Sprichwort* die Daumen drücken 2 *Maß* = ca. 2,5 cm

★**pol-licērī** ⟨eor, itus sum 2.⟩ 1 versprechen, anbieten; **se ducem ~** sich als Führer anbieten 2 RHET ankündigen

pollicitārī ⟨or, ātus sum 1.⟩ oft versprechen

pollicitātiō ⟨ōnis⟩ F Versprechen

pollicitum ⟨ī⟩ N das Versprechen

pollicitus ⟨a, um⟩ PPERF → polliceri

pollinārius ⟨a, um⟩ ADJ Mehl...

pollingere ⟨lingō, līnxī, līnctum 3.⟩ Leichen waschen und salben

Pōlliō ⟨ōnis⟩ M → Asinius

pol-lūcēre ⟨lūceō, lūxī, lūctum 2.⟩ 1 als Speise vorsetzen 2 bewirten 3 als Opfer darbringen

pollūctūra ⟨ae⟩ F leckeres Mahl

pol-lūctus ⟨a, um⟩ PPP → pollucere

pol-luere ⟨luō, luī, lūtum 3.⟩ 1 beschmutzen 2 *fig* entweihen, entehren

Pollūx ⟨ūcis⟩ M *Sohn von Zeus/Jupiter od. von Tyndareus u. Leda, Bruder des Kastor*; **uterque ~** Kastor und Pollux

pol-lūxī → pollucere

★**polus** ⟨ī⟩ M Pol, Himmel

Polybius ⟨ī⟩ M *griech. Geschichtsschreiber, kam als Geisel nach Rom*

Polycratēs ⟨is⟩ M *Tyrann auf Samo[s]*

Polyhymnia ⟨ae⟩ F *Muse des ern[sten] Gesanges*

Polyphēmos *u.* **Polyphēmus** ⟨… *einäugiger Kyklop*

Polyplūsius ⟨a, um⟩ ADJ *erdich[tet] griech. Familienname, etwa „Steinreich[“]*

pōlypus ⟨ī⟩ M 1 Meerespolyp 2 Polyp *in der Nase*

pōmārium ⟨ī⟩ N Obstgarten

pōmārius A ⟨a, um⟩ ADJ Obst... B … M Obsthändler

pōmērium ⟨ī⟩ N Maueranger

pōmi-fer ⟨fera, ferum⟩ ADJ Obst [tra]gend, obstreich

pōmōsus ⟨a, um⟩ ADJ obstreich

pompa ⟨ae⟩ F 1 Umzug, Festzug, [Pro]zession 2 Leichenzug 3 *fig* Zug, R… 4 (*eines Mahles*) Hauptgang 5 Pracht, Pomp 6 RHET Prunkrede

Pompēī ⟨ōrum⟩ MPL *Stadt südöstl. Neapel, 79 n. Chr. beim Ausbruch de[s Ve]suv verschüttet*; **Pompēiānum** ⟨… *Landgut Ciceros bei Pompeji*; **Pompēiānus**[1] ⟨a, um⟩ ADJ aus Pompeji; **Pompēiānus**[2] ⟨ī⟩ M Pompejaner

Pompēiānus[3] A ⟨a, um⟩ ADJ … Pompeius B ⟨ī⟩ M Anhänger des [Pom]peius

Pompēiī ⟨ōrum⟩ MPL = **Pompei**

Pompēius ⟨iī *u.* ī⟩ M *Name einer gens*; **Cn. ~ Magnus** *röm. Feldhe[rr und] Staatsmann*

Pompilius ⟨a, um⟩ → Numa

Pomptīnus ⟨a, um⟩ ADJ ponti[nisch]; **ager ~** *Sumpfgebiet in Latium*

pōmum ⟨ī⟩ N 1 Frucht; *pl* Ob[st] … Obstbaum

pōmus ⟨ī⟩ F Obstbaum

ponderāre ⟨ō, āvī, ātum 1.⟩ 1 a[bwä]gen 2 *fig* erwägen, beurteilen

ponderōsus ⟨a, um⟩ ADJ 1 sc[hwer,] gewichtig 2 *fig* mit gewichtigem …

pondō *indekl* 1 an Gewicht; **libr[a]** … von einem Pfund Gewicht 2 Pfun[d]

★**pondus** ⟨eris⟩ N 1 (*an der W[aage]*) Gewicht(sstück) 2 ein *röm.* Pfund = … 3 Gewicht 4 (*konkret*) schwerer K…

ast 5 Menge, Masse 6 Schwerkraft, leichgewicht 7 (von Worten) Gewicht, edeutung 8 fig Ansehen, Autorität achdruck 9 Festigkeit, Beständigkeit
ōne A ADV hinten B PRÄP +akk hinter
ōnere ⟨pōnō, posuī u. posīvī, positum u. postum 3.⟩ 1 setzen, stellen, legen 2 (Bauten, Statue) aufstellen, errichn, erbauen, anlegen 3 pflanzen 4 peisen) vorsetzen 5 (Kleid, usw.) ab-, eglegen 6 (als Weihgeschenk) niederlegen, weihen; **libros de manibus ~** Büer aus der Hand legen 7 senken, neien; **genua ~** niederknien 8 (Mannhaft) verlegen; versetzen, **in caelo** an en Himmel 9 (Tote) beisetzen, bestatn 10 (Haare) ordnen 11 (zur Verwahng) hinterlegen 12 anlegen, **pecuam** Geld 13 beruhigen, besänftigen; **nti se ponunt** die Winde legen sich 14 (Preise) aussetzen 15 einsetzen, **aliem custodem** j-n als Wächter 16 fig tzen, legen; **spem in consule ~** Hoffng auf den Konsul setzen 17 (bildlich) rstellen 18 aufgeben, verlieren; **belm ~** den Krieg beenden; **positis amgibus** ohne Umschweife 19 (in einen stand) versetzen; **aliquem in magna oria ~** j-n hochberühmt machen 20 festsetzen, bestimmen 21 fig zu etw chnen/zählen, **mortem in malis** den d zu den Übeln; **in dubio ~** in Zweifel hen; **aliquem principem ~** j-n für den ten ansehen 22 (Beispiel usw.) äun, behaupten 23 **positum esse** fig uhen, **in re** auf etw
ns ⟨pontis⟩ M 1 Brücke, Steg 2 üppeldamm 3 SCHIFF Schiffstreppe Fallbrücke 5 Plattform, Deck
nti-fex ⟨ficis⟩ M Pontifex, Priester, erpriester; **collegium pontificum** esterkollegium, urspr. 4, seit Caesar Mitglieder, dessen Vorsitzender Pontifex kimus genannt wurde
ntificālis ⟨e⟩ ADJ oberpriesterlich, ester…
ntificātus ⟨ūs⟩ M Würde eines erpriesters
ntificius ⟨a, um⟩ ADJ = **pontificalis**
ntius ⟨a, um⟩ Name einer röm. gens; ilatus kaiserlicher Prokurator von Ju-, Richter Jesu Christi
ntō ⟨ōnis⟩ M 1 Transportschiff, Floß

Landeskunde

▶ pontifices – römische Priester

Hauptaufgabe der zunächst 4, später 16 **pontifices** war die Kontrolle der öffentlichen und privaten Religionsausübung. Sie gaben zu religiösen Fragen Auskunft, legten die Gerichtstage (**dies fasti**) und die religiösen Feiertage (**dies nefasti**) fest und deuteten die **prodigia** (Wunderzeichen, unerklärliche Erscheinungen). Dies sicherte ihnen großen politischen Einfluss. Sie waren in einem Gremium (**collegium pontificum**) zusammengefasst und Oberpriester war der **pontifex maximus**. Dieser Titel war später dem Kaiser vorbehalten; heute wird das Wort „Pontifex (maximus)" als Synonym für „Papst" gebraucht.

2 MIL Ponton, Brückenschiff
★**pontus** ⟨ī⟩ M 1 Meer, hohe See 2 Woge
Pontus ⟨ī⟩ M 1 das Schwarze Meer 2 Landstriche um das Schwarze Meer, Pontus, *röm. Provinz*
popa ⟨ae⟩ M Opferdiener, Opferpriester
popellus ⟨ī⟩ M Pöbel
popīna ⟨ae⟩ F 1 Kneipe 2 Essen aus einer Kneipe
popīnō ⟨ōnis⟩ M Schlemmer
poples ⟨itis⟩ M Kniekehle; Knie
poposcī → poscere
populābilis ⟨e⟩ ADJ zerstörbar
populāre ⟨ō, āvī, ātum 1.⟩ 1 verwüsten, zerstören 2 plündern
★**populārēs** ⟨ium⟩ MPL Demokraten, Mitglieder der Volkspartei
populārī ⟨or, ātus sum 1.⟩ = **populare**
★**populāris** A ⟨e, *adv* populāriter⟩ ADJ 1 Volks… 2 volkstümlich, allgemein verbreitet 3 beim Volk beliebt 4 volksfreundlich, demokratisch; demagogisch 5 zum gleichen Volk gehörig, einheimisch B ⟨is⟩ M 1 Landsmann, Mitbürger 2 *fig* Standesgenosse

P

populāritās ⟨ātis⟩ F 1 Landsmannschaft 2 Bestreben dem Volk zu gefallen, (Trachten nach) Popularität

populātiō ⟨ōnis⟩ F Verwüstung, Plünderung

populātor ⟨ōris⟩ M Zerstörer, Plünderer

pōpuleus ⟨a, um⟩ ADJ Pappel…

pōpuli-fer ⟨fera, ferum⟩ ADJ Pappeln tragend, reich an Pappeln

pōpulnus ⟨a, um⟩ ADJ aus Pappelholz

★**populus**[1] ⟨ī⟩ M 1 Volk; **senatus ~que Romanus** Senat und Volk von Rom 2 Bevölkerung 3 die Patrizier 4 die Plebejer 5 Öffentlichkeit; Publikum

pōpulus[2] ⟨ī⟩ F BOT Pappel

porca ⟨ae⟩ F (weibliches) Schwein, Sau

porcella ⟨ae⟩ F Ferkelchen

porcellus ⟨ī⟩ M Schweinchen; Frischling

porcīna ⟨ae⟩ F Schweinefleisch

porcīnārius ⟨ī⟩ M Schweinehändler

porcīnus ⟨a, um⟩ ADJ Schweine…

Porcius ⟨a, um⟩ *Name einer röm. gens;* → Cato

porculus ⟨ī⟩ M Ferkel

porcus ⟨ī⟩ M Schwein

porēctus ⟨a, um⟩ PPP → poricere

porgere ⟨ō, -, - 3.⟩ = **porrigere**

poricere ⟨poriciō -, porēctum 3.⟩ = **porricere**

porrēctus[1] ⟨a, um⟩ PPP → porricere *u.* → porrigere

porrēctus[2] ⟨a, um⟩ ADJ 1 ausgestreckt, ausgedehnt, flach, gerade 2 tot 3 lang

por-rēxī → porrigere

porricere ⟨porriciō, -, porrēctum 3.⟩ als Opfer hinwerfen

★**por-rigere** ⟨rigō, rēxī, rēctum 3.⟩ 1 ausstrecken, -dehnen, -breiten, **alicui** zu j-m 2 *(Ort) passiv u.* **se ~** sich ausdehnen, sich erstrecken, reichen, liegen; sich ausstrecken 3 *(Feind)* niederwerfen 4 *(zeitl.)* verlängern, hinziehen, dehnen 5 vergrößern 6 hinstrecken 7 *fig* gewähren

porrīgō ⟨inis⟩ F Kopfgrind, Schuppen

★**porrō** ADV 1 *(örtl.)* weiter, vorwärts, in die Ferne 2 *(örtl.)* in der Ferne 3 *(zeitl.)* weiter, fernerhin 4 *(zeitl.)* früher 5 *fig* weiter, ferner 6 nun aber 7 *(im Gegensatz)* andererseits

Porsēna *u.* **Porsenna** *u.* **Porsīna** *u.* **Porsinna** ⟨ae⟩ M *König in Etruri[en,] wollte die vertriebenen Tarquinier wie[der] nach Rom zurückzuführen*

★**porta** ⟨ae⟩ F 1 Tor, Tür 2 Eingang, Z[u]gang

★**portāre** ⟨ō, āvī, ātum 1.⟩ 1 *(Last)* t[ra]gen, bringen, fortschaffen; *passiv* fahr[en] 2 überbringen

portātiō ⟨ōnis⟩ F Transport

por-tendere ⟨tendō, tendī, tent[um] 3.⟩ 1 ankündigen, vorhersagen, p[ro]phezeien 2 *passiv* bevorstehen, sich z[ei]gen

portentōsus ⟨a, um⟩ ADJ außer[ge]wöhnlich, unnatürlich, abenteuerlich

por-tentum[1] PPP → portendere

portentum[2] ⟨ī⟩ N 1 grauenha[ftes] Vorzeichen 2 Missgeburt, Scheusal, [Un]geheuer 3 *fig* Märchen

★**porticus** ⟨ūs⟩ F 1 Halle, Säulenga[ng] 2 MIL Laufgang 3 Vorplatz

portiō ⟨ōnis⟩ F 1 Anteil 2 *fig* Verh[ält]nis

portitor ⟨ōris⟩ M 1 Fährmann 2 Z[oll]einnehmer 3 *fig* Schnüffler

portōrium ⟨ī⟩ N Hafenzoll, Zoll, S[teu]er

portuōsus ⟨a, um⟩ ADJ reich an Hä[fen;] **sinus ~** eine Bucht mit vielen Häfen

★**portus** ⟨ūs⟩ M 1 Hafen 2 Flussm[ün]dung 3 *fig* Zufluchtsort

pos- = **post-**

pōsca ⟨ae⟩ F Essiggetränk

★**poscere** ⟨poscō, poposcī, - 3.⟩ 1 [for]dern, verlangen 2 *fig* erfordern 3 n[ach] *etw* forschen, *aliquid* 4 *(zum Kampf)* [he]rausfordern 5 JUR vor Gericht ford[ern] 6 anhalten, **tuam sororem** um d[eine] Schwester

positiō ⟨ōnis⟩ F 1 Stellung, Lage [2] Verfassung; *pl* Umstände 3 Aufgabe

positor ⟨ōris⟩ M Erbauer

positus[1] ⟨a, um⟩ PPP → ponere

positus[2] ⟨ūs⟩ M 1 Stellung, L[age,] Stand 2 Frisur

★**posse** ⟨possum, potuī, - 0.⟩ 1 kön[nen,] vermögen; **fieri potest, ut** es ist m[ög]lich, dass; **non possum non** ich m[uss;] **potest, ut** es ist möglich, dass; **qui [fieri potest?]** wie ist es möglich 2 es fertig[brin]gen, sich entschließen 3 Einfluss [ha]ben, Fähigkeiten besitzen

s-sēdī → possidere¹ u. → posside-
²
ssessiō ⟨ōnis⟩ F 1 Besitznahme 2
sitz, Leitung 3 Eigentum
ssessīvus ⟨a, um⟩ ADJ GRAM besitz-
zeigend
ssessor ⟨ōris⟩ M 1 Besitzer 2 JUR
klagter
s-sessus ⟨a, um⟩ PPP → possidere¹
→ possidere²
ssibilis ⟨e⟩ ADJ möglich
s-sidēre¹ ⟨sideō, sēdī, sessum 2.⟩
besitzen, innehaben 2 MIL besetzt
ten
s-sīdere² ⟨sīdō, sēdī, sessum 3.⟩ 1
Besitz nehmen, besetzen 2 *perf* in Be-
haben
ssum → posse
st A PRÄF nach-, hintan-; ~-ponere
tan-stellen B ADV 1 (*örtl.*) hinten, zu-
t 2 (*zeitl.*) nachher, später C PRÄP
k 1 (*örtl.*) hinter 2 (*zeitl.*) nach, seit;
ominum memoriam seit Menschen-
denken
te = post
t-eā ADV 1 darauf, nachher, später
erner, weiter, sodann
teā-quam KONJ = postquam
terī ⟨ōrum u. um⟩ MPL die Nach-
men
terior ⟨ius⟩ ADJ *komp* → posterus
teritās ⟨ātis⟩ F 1 Folgezeit, Zu-
ft 2 Nachwelt
terus ⟨a, um⟩, *komp* ⟨posterior,
, *sup* ⟨postrēmus, a, um u. postu-
s, a, um⟩ ADJ 1 (nach)folgend, kom-
d; **postero** *adv* am folgenden Tag 2
p **posterior** (*örtl., zeitl.*) der hintere,
spätere, der folgende 3 *komp* pos-
or schlechter, geringer 4 *sup* pos-
mus (*örtl.*) hinterster, letzter 5 *sup*
tremus *fig* geringster, schlechtester,
erster 6 *sup* **postumus** (*zeitl.*) letzter
p **postumus** JUR nachgeboren, nach
Tod des Vaters geboren
-genitī ⟨ōrum⟩ MPL die Nachge-
nen, die Nachkommen
-habēre ⟨eō, uī, itum 2.⟩ nach-
en, hintansetzen
-hāc ADV von jetzt an, später
-haec ADV nachher, später
-ibī hernach, hierauf
īculum ⟨ī⟩ N Hinterhaus

postīcum ⟨ī⟩ N Hintertür, Hinterseite
postīcus ⟨a, um⟩ ADJ hinten befindlich, Hinter…
post-id ADV hernach
postid-eā ADV = **postea**
post-illā(c) ADV nachher
★**postis** ⟨is⟩ F 1 Pfosten, Pfeiler, Türpfosten 2 Tür, Pforte
post-līminium ⟨ī⟩ N 1 Recht heimzukehren 2 Rückkehr
post-merīdiānus ⟨a, um⟩ ADJ Nachmittags…
post-modo u. **post-modum** ADV bald darauf
post-moerium ⟨ī⟩ N = **pomerium**
post-partor ⟨ōris⟩ M 1 Nacherwerber 2 Nachkomme
post-pōnere ⟨pōnō, posuī, positum 3.⟩ nachstellen, hintanstellen
post-prīncipia ⟨ōrum⟩ NPL Fortgang
★**post-quam** KONJ 1 nachdem, als 2 seitdem
★**postrēmō** ADV 1 zuletzt, schließlich, endlich 2 kurz, überhaupt
postrēmum ADV zum letzten Mal
★**postrēmus** ⟨a, um⟩ ADJ *sup* → posterus
★**postrī-diē** ADV am folgenden Tag
★**postulāre** ⟨ō, āvī, ātum 1.⟩ 1 fordern, verlangen; **nihil praetorem** ~ vom Prätor nichts verlangen 2 begehren, wollen 3 *fig* erfordern 4 JUR anklagen 5 JUR beantragen
postulātīcius ⟨a, um⟩ ADJ verlangt
postulātiō ⟨ōnis⟩ F 1 Forderung, Verlangen, Gesuch, **alicuius rei** nach etw 2 JUR Klage
postulātum ⟨ī⟩ N Forderung, Gesuch
postumus ⟨a, um⟩ ADJ *sup* → posterus
posuī → ponere
★**pōtāre** ⟨ō, āvī, (āt)um 1.⟩ 1 trinken 2 *fig* einsaugen
pōtātiō ⟨ōnis⟩ F Trinkgelage
pōtātor ⟨ōris⟩ M Zecher, Trinker
pote → potis
★**potēns** ⟨potentis, *adv* potenter⟩ ADJ 1 fähig, kundig 2 (*Staat, Person*) mächtig, einflussreich 3 (*Sache*) kräftig, wirksam 4 fähig, imstande; ~ **regni** regierungsfähig 5 ADV nach Kräften 6 *etw* beherrschend, Herr von *etw*, *alicuius rei* 7 der *etw* erlangt hat; ~ **iussi** der den Befehl

ausgeführt hat **8** *fig* glücklich
potentātus ‹ūs› M Macht, Herrschaft
★**potentia** ‹ae› F **1** Kraft, Stärke **2** Wirkung **3** POL, MIL Macht, Gewalt, Oberherrschaft, (politischer) Einfluss
potērium ‹ī› N Becher
potesse = posse
★**potestās** ‹ātis› F **1** Kraft, Macht, Gewalt, Wirksamkeit; **~ vitae necisque** Macht über Leben und Tod **2** POL Macht, Herrschaft; **aliquem in potestatem redigere** j-n unterwerfen **3** Beamter, Behörde **4** Möglichkeit, Gelegenheit, Erlaubnis, Vollmacht; **~ est** es ist gestattet, man kann, man darf
pōtīcius ‹ī› M Knabe, Junge
pōtiō ‹ōnis› F **1** das Trinken **2** Gift-, Zauber-, Liebestrank
★**potior** ‹potius› ADJ *komp* → potis
potīre ‹iō, īvī, ītum 4.› in die Gewalt bringen; *passiv* in die Gewalt geraten
★**potīrī** ‹ior, ītus sum 4.› **1** sich bemächtigen, erlangen; **voto** *(abl)* **~** das Gewünschte erreichen **2** (inne)haben, beherrschen, genießen; **rerum ~** die Macht besitzen
★**potis** ‹e›, *komp* ‹potior, ius›, *sup* ‹potissimus, a, um› ADJ **1** mächtig; **~ est** er kann; **pote est** es ist möglich **2** *komp* **potior** besser, richtiger, tüchtiger; **multitudine potiores quam Graeci** den Griechen zahlenmäßig überlegen; *adv* **potius** vielmehr, eher, lieber **3** *sup* ★**potissimus** bester, wichtigster; *adv* **potissimum** am wichtigsten, hauptsächlich, gerade
pōtitāre ‹ō, āvī, ātum 1.› tüchtig trinken
potītus ‹a, um› PPERF → potiri
pōtor ‹ōris› M Trinker
pōtrīx ‹īcis› F Trinkerin
potuī → posse
pōtulentus ‹a, um› ADJ **1** trinkbar **2** betrunken
pōtus[1] ‹a, um› ADJ **1** ausgetrunken **2** angetrunken
pōtus[2] ‹ūs› M **1** das Trinken **2** Getränk
★**prae** **A** PRÄF **1** vorn; **~-acutus** vorn zugespitzt **2** vorzeitig; **~-cox** früh-reif **3** *(örtl.)* voraus; **~-mittere** voraus-schicken **4** *(steigernd)* überaus, sehr; **~-dives** sehr reich **B** ADV voran, voraus; **i ~** geh voran **C** PRÄP *+abl* **1** *(örtl.)* vor; **~ se agere** vor sich hertreiben **2** im Vergle[ich] mit, gegenüber, mehr als; **~ omni[bus]** mehr als alle **3** *(kausal, hindernd)* [...] wegen; **~ lacrimis loqui non posse** [vor] Tränen nicht sprechen können
prae-acūtus ‹a, um› ADJ vorn zu[ge]spitzt
★**praebēre** ‹uī, itum, ēre 2.› **1** reich[en], hinhalten; **aures ~ alicui** j-m Ge[hör] schenken **2** gewähren, zur Verfüg[ung] stellen **3** preisgeben **4** *(Angst verd[...] usw.)* verursachen, erregen, bewi[rken] **5** (geschehen) lassen **6** sehen las[sen], zeigen; **se fortem ~** sich als tapfer [er]weisen
prae-cantāre ‹ō, āvī, ātum 1.› [be]sprechen, bezaubern
praecan(tā)trīx ‹īcis› F Zauberin
prae-cānus ‹a, um› ADJ vorzeitig [er]graut
prae-cavēre ‹caveō, cāvī, cautum› **A** VI **1** sich hüten, **a rege** vor dem [Kö]nig **2** Vorsorge treffen **B** VT verhü[ten], vorbeugen; **venenum ~** dem Gift [vor]beugen
prae-cēdere ‹cēdō, cessī, cessum› **A** VI vorangehen; vorangetragen [wer]den **B** VT **1** vorangehen, -fahren; [**clas**]**sem ~** der Flotte voransegeln **2** übertreffen, **Gallos virtute** die Ga[llier] an Tüchtigkeit
praecellēns ‹entis› ADJ hervorrag[end], ausgezeichnet, vortrefflich
prae-cellere ‹ō, -, - 3.› **A** VT [über]treffen **B** VI **1** Oberhaupt sein, [...] des Stammes **2** sich auszeichnen
prae-celsus ‹a, um› ADJ sehr ho[ch]
prae-cēpī → praecipere
★**prae-ceps** ‹cipitis› **A** ADJ, ADV ‹[...]ceps› **1** kopfüber **2** *(Ort)* abschü[ssig], schroff, abfallend **3** gefährlich **4** (sich) neigend, **in iram** zum Jähzo[rn] **5** Hals über Kopf, schleunigst; **fluvi**[...] reißender Fluss **6** blindlings, vo[rschnell], unbesonnen **B** N **1** schroffer Ab[hang] **2** Gefahr
praeceptiō ‹ōnis› F **1** Unterwei[sung], Vorschrift **2** PHILOS Vorstellung [...] Vorauserbe
praeceptīvus ‹a, um› ADJ vors[chrei]bend, ratend
praeceptor ‹ōris› M Lehrer
praeceptrīx ‹īcis› F Lehrerin

aeceptum ⟨ī⟩ N 1 Vorschrift, Befehl 2 Rat, Warnung 3 Lehre, Regel
ae-ceptus ⟨a, um⟩ PPP → praecipe-
ae-cerpere ⟨cerpō, cerpsī, cerp-
ım 3.⟩ 1 vor der Zeit pflücken/ernten
fig vorwegnehmen
aecessī → praecedere
aecessum PPP → praecedere
ae-cīdere ⟨cīdō, cīdī, cīsum 3.⟩ 1
rn abschneiden, zerschneiden 2 entrnen, nehmen 3 *fig* verweigern 4
sich kurzfassen 5 *fig* abbrechen
aecinctūra ⟨ae⟩ F Umgürtung
ae-cinere ⟨cinō, cinuī *u.* cecinī, -
⟩ A V/I 1 vorspielen, **sacrificiis ~** bei
n Opfern 2 eine Zauberformel hersa-
n B V/T vorhersagen
ae-cingere ⟨cingō, cinxī, cinctum
⟩ 1 (um)gürten; *passiv* sich gürten 2
umgeben, umkränzen
ae-cipere ⟨cipiō, cēpī, ceptum 3.⟩
vorher nehmen, gewinnen, vorweg-
hmen; **iter ~** einen Vorsprung gewin-
n 2 im Voraus genießen/empfinden
vorgreifen 4 vorschreiben, befehlen
unterrichten
aecipes ⟨is⟩ ADJ = **praeceps**
aecipitāre ⟨ō, āvī, ātum 1.⟩ A V/T
kopfüber hinabwerfen, **ex/de muro**
n der Mauer; *passiv u.* **se ~** sich hinab-
ırzen 2 *fig* vernichten, zugrunde rich-
3 *fig* übereilen, überstürzen B V/I 1
h hinabstürzen, hinabfallen, 2 *fig* ei-
, geraten 3 *fig* zu Ende gehen 4 *fig*
runde gehen, sinken
aecipitātiō ⟨ōnis⟩ F das Herabstür-

aecipitium ⟨ī⟩ N abschüssige Stelle
aecipuē ADV vor allem, besonders; ~
n zumal da
ecipuum ⟨ī⟩ N 1 das Wichtigste
/orrecht
ecipuus ⟨a, um⟩ ADJ 1 ausschließ-
, besonderer, eigen 2 (*Person, Sache*)
vorragend, außerordentlich 3 be-
ders geeignet, **ad aliquid** zu etw
e-cīsus[1] ⟨a, um⟩ PPP → praecidere
ecīsus[2] ⟨a, um, *adv* praecīsē⟩ ADJ
abschüssig 2 RHET abgebrochen,
:, bündig 3 ADV völlig
e-clārus ⟨a, um, *adv* praeclārē⟩
1 sehr hell, klar 2 *fig* glänzend,
herrlich, vortrefflich 3 *fig* angesehen, berühmt, berüchtigt
prae-clūdere ⟨clūdō, clūsī, clūsum 3.⟩ zu-, verschließen; versperren
praecō ⟨ōnis⟩ M 1 Ausrufer, Herold 2 *fig* Lobredner
prae-cōgitāre ⟨ō, āvī, ātum 1.⟩ vorher überdenken
prae-cognōscere ⟨cognōscō, cognōvī, cognitum 3.⟩ vorher erfahren
praecōnium ⟨ī⟩ N 1 Amt des Ausrufers 2 Bekanntmachung 3 *fig* Verherrlichung
praecōnius ⟨a, um⟩ ADJ des Ausrufers
prae-cōnsūmere ⟨sūmō, sūmpsī, sūmptum 3.⟩ vorher aufbrauchen
prae-coquis ⟨e⟩ ADJ = **praecox**
prae-cordia ⟨ōrum⟩ NPL 1 Zwerchfell 2 Eingeweide, Magen 3 Brust(höhle) 4 *fig* Gefühl, Sinn
prae-corrumpere ⟨rumpō, rūpī, ruptum 3.⟩ vorher bestechen
prae-cox ⟨cocis⟩ ADJ 1 frühreif 2 *fig* unzeitig, vorschnell
prae-currere ⟨currō, (cu)currī, cursum 3.⟩ 1 vorauslaufen, -eilen 2 (*zeitl.*) vorangehen 3 zuvorkommen, überholen 4 *fig* übertreffen, **aliquem/alicui celeritate ~** j-n an Schnelligkeit
praecursiō ⟨ōnis⟩ F 1 das Vorhergehen 2 Vorbereitung 3 Vorkampf
praecursor ⟨ōris⟩ M 1 Vorläufer 2 Kundschafter 3 PL MIL Vorhut
praecursōrius ⟨a, um⟩ ADJ vorauseilend
prae-cursus ⟨a, um⟩ PPP → praecurrere
★**praeda** ⟨ae⟩ F 1 Beute 2 Plünderung 3 Raub, geraubtes Gut 4 *fig* Gewinn, Vorteil 5 unterschlagener Fund
praedābundus ⟨a, um⟩ ADJ auf Beute ausgehend
praedāre ⟨ō, āvī, ātum 1.⟩ rauben
praedārī ⟨or, ātus sum 1.⟩ A V/I 1 Beute machen, plündern 2 *fig* sich bereichern B V/T 1 ausplündern 2 erbeuten, rauben
praedātiō ⟨ōnis⟩ F das Beutemachen, das Rauben, das Plündern
praedātor ⟨ōris⟩ M 1 Plünderer 2 *fig* Jäger
praedātōrius ⟨a, um⟩ ADJ Beute machend, räuberisch; **navis praedatoria**

P

Seeräuberschiff

praedātus[1] ⟨a, um⟩ ADJ mit Beute versehen

praedātus[2] ⟨ūs⟩ M das Beutemachen

praedēstinātiō ⟨ōnis⟩ F *(eccl.)* Vorherbestimmung

praediātor ⟨ōris⟩ M Aufkäufer von Grundstücken, Grundstücksmakler

praediātōrius ⟨a, um⟩ ADJ die Pfändung von Gütern betreffend

★**prae-dicāre** ⟨ō, āvī, ātum 1.⟩ 1 öffentlich ausrufen, bekannt machen 2 *fig* erklären 3 preisen, rühmen

praedicātiō ⟨ōnis⟩ F 1 Bekanntmachung 2 Lob 3 Aussage

praedicātor ⟨ōris⟩ M 1 Ausrufer 2 *fig* Lobredner

★**prae-dīcere** ⟨dīcō, dīxī, dictum 3.⟩ 1 vorher sagen, vorausschicken 2 vorhersagen 3 vorher festsetzen 4 vorschreiben, einschärfen, warnen

praedictiō ⟨ōnis⟩ F 1 das Vorhersagen 2 Weissagung, Prophezeiung

praedictum ⟨ī⟩ N 1 Voraussage 2 Weissagung 3 Befehl 4 Verabredung

praediolum ⟨ī⟩ N kleines Landgut

prae-discere ⟨discō, didicī, - 3.⟩ vorher lernen

★**prae-ditus** ⟨a, um⟩ ADJ begabt, versehen, ausgestattet; behaftet, **re** mit etw

praedium ⟨ī⟩ N Landgut, Grundbesitz

prae-dīves ⟨dīvitis⟩ ADJ sehr reich; ~ **cornu** reich gefülltes Horn

prae-dīvīnāre ⟨ō, āvī, ātum 1.⟩ vorausahnen

★**praedō** ⟨ōnis⟩ M Räuber; ~ **(maritimus)** Seeräuber

prae-docēre ⟨doceō, docuī, doctum 2.⟩ vorher unterrichten

prae-domāre ⟨ō, uī, - 1.⟩ im Voraus bändigen

prae-dūcere ⟨dūcō, dūxī, ductum 3.⟩ vor *etw* ziehen, *alicui rei*

prae-dulcis ⟨e⟩ ADJ 1 sehr süß 2 *fig* sehr lockend

prae-dūrus ⟨a, um⟩ ADJ sehr hart

prae-eō → praeire

★**prae-esse** ⟨sum, fuī, - 0.⟩ 1 leiten, verwalten; **exercitui** ~ ein Heer befehligen; **provinciae** ~ eine Provinz verwalten; **qui praesunt** die Vorgesetzten 2 Hauptperson sein 3 schützen, **moenibus** *(dat)* die Mauern

prae-fārī ⟨for, fātus sum 0.⟩ *Defe… vum* 1 als Eingangsformel/Vorwort v… ausschicken 2 vorbeten 3 vorher an… fen, **divos** die Götter 4 weissagen

praefātiō ⟨ōnis⟩ F Vorwort, Einleitu…

prae-fēcī → praeficere

praefectūra ⟨ae⟩ F 1 Vorstehera… 2 Richteramt 3 MIL Kommando, hö…re Offiziersstelle 4 Provinzialverwaltu… 5 *ital.* Kreisstadt *unter röm. Verwaltu…*

prae-fectus[1] ⟨a, um⟩ PPP → praefi…re

★**praefectus**[2] ⟨ī⟩ M 1 Vorsteher, Au…her; ~ **fabrum** Werkmeister 2 Offiz… Befehlshaber 3 höherer Beamter 4 (…*ßerhalb des röm. Staats)* Statthalter

prae-ferōx ⟨ōcis⟩ ADJ sehr wild

prae-ferrātus ⟨a, um⟩ ADJ 1 vorn Eisen beschlagen 2 *fig* in Ketten

★**prae-ferre** ⟨ferō, tulī, lātum 0.⟩ 1 …ran-, voraustragen 2 zeigen, zur Sc…tragen 3 *fig* vorschützen 4 *fig* vor…hen, **mortem servituti** den Tod … Knechtschaft 5 *(zeitl.)* vorwegnehm… 6 *passiv* vorbeieilen

prae-fica ⟨ae⟩ F Klagefrau

★**prae-ficere** ⟨ficiō, fēcī, fectum 3. … an die Spitze stellen, **classi** ~ der Fl… 2 betrauen mit

prae-fīgere ⟨fīgō, fīxī, fīxum 3.⟩ … vorn anschlagen/einschlagen 2 … beschlagen/versehen, **cuspidibus** … Spitzen 3 durchbohren

prae-fīnīre ⟨iō, īvī u. iī, ītum 4.⟩ … her bestimmen, festsetzen

prae-fluere ⟨fluō, -, - 3.⟩ vorbe…ßen, **aliquid** an etw

prae-fōcāre ⟨ō, āvī, ātum 1.⟩ e…cken, erwürgen

prae-fodere ⟨fodiō, fōdī, fossum … 1 einen Graben ziehen, **portas** vor … Toren 2 vorher vergraben

prae-for → praefari

prae-frāctus ⟨a, um⟩ PPP → prae…gere

praefrāctus[2] ⟨a, um, *adv* praefrā… ADJ 1 eckig 2 *fig* schroff

prae-frēgī → praefringere

prae-frīgidus ⟨a, um⟩ ADJ sehr k…

prae-fringere ⟨fringō, frēgī, frāc… 3.⟩ vorn abbrechen

prae-fuī → praeesse

prae-fulcīre ⟨fulciō, fulsī, fultum…

Landeskunde

praefectus – Präfekt

ie Präfekten waren höhere Verwaltungsbeamte und nahmen sowohl im zivilen ɛben als auch beim Heer wichtige Aufgaben wahr, die ihnen von einem rang-öheren Beamten übertragen wurden:

raefectus urbi / urbis	Gouverneur der Stadt Rom (*ursprünglich nur bei Abwesenheit der Konsuln, danach des Kaisers; später ständiges Amt*)
raefectus classis / classi	Admiral
aefectus navis	Kapitän
aefectus praetoriarum ohortium	Befehlshaber der Prätorianergarde (der kaiserlichen Leibwache)
aefectus fabrum	Werkmeister
aefectus custodum	Wachkommandant
aefectus vigilum	Feuerwehrkommandant
aefectus vehiculorum	Chef der kaiserlichen Post

ls Stütze gebrauchen **2** vorbauen

e-fulgēre ⟨fulgeō, fulsī, - 2.⟩ **1** vorleuchten **2** *fig* auffallen

e-gestīre ⟨iō, -, - 4.⟩ sich sehr freu-

egnāns ⟨antis⟩ ADJ *u.* **praegnās** s⟩ ADJ **1** schwanger **2** trächtig **3** voll **4** *fig* derb

e-gravāre ⟨ō, āvī, ātum 1.⟩ **A** V/T elasten **2** *fig* niederdrücken **3** *fig* unkeln **B** V/I überwiegen

e-gredī ⟨gredior, gressus sum 3.⟩ orausgehen, -ziehen, **agmen** dem r **2** zuvorkommen, **nuntios** den Bo- **3** vorbeigehen, **castra** am Lager

egressiō ⟨ōnis⟩ F das Vorrücken

e-gressus[1] ⟨a, um⟩ PPERF → prae-di

egressus[2] ⟨ūs⟩ M **1** das Voran-eiten **2** *fig* Entwicklung

-gustāre ⟨ō, āvī, ātum 1.⟩ vorher en, vorher zu sich nehmen

-hibēre ⟨eō, uī, itum 2.⟩ = prae-

-īre ⟨eō, iī *u.* īvī, itum 0.⟩ **1** vor- vorangehen **2** *fig* vorsprechen **3** orschreiben, verordnen

-iūdicāre ⟨ō, āvī, ātum 1.⟩ im us entscheiden; **opinio praeiudica-** rgefasste Meinung

-iūdicium ⟨ī⟩ N **1** Vorentschei-dung **2** vorgefasstes Urteil **3** maßgebendes Beispiel **4** schlimmes Vorzeichen

prae-lābī ⟨lābor, lāpsus sum 3.⟩ vorbeigleiten, -fahren, **aliquid** an etw

prae-lātus ⟨a, um⟩ PPP → praeferre

prae-ligāre ⟨ō, āvī, ātum 1.⟩ **1** vorn anbinden, **cornibus** (*dat*) an den Hörnern **2** umwinden **3** zubinden

prae-lūcēre ⟨lūceō, lūxī, - 2.⟩ **A** V/I vorausleuchten **B** V/T **1** voranleuchten lassen **2** *fig* übertreffen

prae-ludium ⟨i⟩ N (*nlat.*) Vorspiel

prae-mandāre ⟨ō, āvī, ātum 1.⟩ **1** im Voraus empfehlen **2** im Voraus auftragen

praemandātum ⟨ī⟩ N Steckbrief; **aliquem praemandatis requirere** j-n steckbrieflich suchen

prae-mātūrus ⟨a, um, *adv* praemātūrē⟩ ADJ vorzeitig, frühzeitig

prae-meditārī ⟨or, ātus sum 1.⟩ vorher bedenken, vorher erwägen

prae-mercārī ⟨or, ātus sum 1.⟩ vorher kaufen

prae-metuere ⟨uō- 3.⟩ **A** V/T im Voraus fürchten **B** V/I im Voraus in Furcht sein, **alicui** um j-n

prae-mittere ⟨mittō, mīsī, missum 3.⟩ **1** vorausschicken, *auch* RHET **2** vorausmelden lassen

P

★**praemium** ⟨ī⟩ N 1 Preis, Auszeichnung 2 Gunst, Lohn, Belohnung 3 Gewinn, Beute 4 Vorteil, Vorrecht 5 Heldentat

prae-monēre ⟨eō, uī, itum 2.⟩ 1 vorher an *etw* erinnern, mahnen, warnen, *aliquid* 2 vorhersagen

praemonitus ⟨ūs⟩ M Weissagung

prae-mōnstrāre ⟨ō, āvī, ātum 1.⟩ 1 vorher zeigen 2 weissagen

prae-morī ⟨morior, mortuus sum 3.⟩ vorzeitig sterben, absterben

prae-mūnīre ⟨iō, īvī, ītum 4.⟩ 1 vorn befestigen, schützen 2 vorbauen 3 *fig* vorausschicken

prae-natāre ⟨ō, āvī, - 1.⟩ vorüberschwimmen, -fließen, **domos** an den Häusern

prae-nāvigāre ⟨ō, āvī, ātum 1.⟩ vorbeisegeln, **vitam** *fig* am Leben

prae-nōmen ⟨inis⟩ N 1 Vorname 2 Titel

prae-nōscere ⟨nōscō, nōvī, nōtum 3.⟩ vorher kennenlernen

prae-nūbilus ⟨a, um⟩ ADJ sehr dunkel

praenūntia ⟨ae⟩ F Vorbotin, Vorzeichen

prae-nūntiāre ⟨ō, āvī, ātum 1.⟩ vorher verkünden

praenūntius A ⟨a, um⟩ ADJ vorher verkündend, **cladis** die Niederlage B ⟨ī⟩ M Vorbote, Vorzeichen

prae-occupāre ⟨ō, āvī, ātum 1.⟩ 1 MIL vorher besetzen, einnehmen 2 *fig* im Voraus verpflichten 3 *j-n* überraschen, *j-m* zuvorzukommen, *aliquem*

praeoccupātiō ⟨ōnis⟩ F frühzeitige Besetzung *eines Ortes*

prae-optāre ⟨ō, āvī, ātum 1.⟩ 1 lieber wollen 2 vorziehen

prae-pandere ⟨ō, -, - 3.⟩ vorn ausbreiten, vorn öffnen

★**prae-parāre** ⟨ō, āvī, ātum 1.⟩ vorbereiten, sich vornehmen

praeparātiō ⟨ōnis⟩ F Vorbereitung, Rüstung

praepedīmentum ⟨ī⟩ N Hindernis

prae-pedīre ⟨iō, iī, ītum 4.⟩ 1 vorn anbinden, vorn fesseln 2 *fig* hemmen, (ver)hindern; **verba** ~ stottern

prae-pendēre ⟨pendeō, pendī, - 2.⟩ vorn herabhängen

prae-pes A ⟨petis⟩ ADJ 1 REL vorausfliegend, günstig, Glück verkündenc schnell fliegend B ⟨petis⟩ M u. F Vc

prae-ponderāre ⟨ō, āvī, ātum 1. V/I das Übergewicht haben B V/T Übergewicht geben; *passiv* das Übe wicht bekommen

★**prae-pōnere** ⟨pōnō, posuī, posi 3.⟩ 1 voransetzen, -stellen, -legen RHET vorausschicken 3 an die Sp stellen, zum Befehlshaber machen; **quem navibus** (*dat*) ~ j-n an die Sp der Flotte stellen 4 vorziehen

prae-portāre ⟨ō, -, - 1.⟩ vorantra zur Schau tragen

praepositiō ⟨ōnis⟩ F 1 Voranstel 2 *fig* Vorzug 3 GRAM Präposition

praepositum ⟨ī⟩ NPL bevorzugte ge

prae-positus[1] ⟨a, um⟩ PPP → pra nere

praepositus[2] ⟨ī⟩ M = **praefectus**

praeposīvī *perf* → praeponere

prae-posterus ⟨a, um, *adv* prae terē *u.* praeposterō⟩ ADJ verkehrt; richtig, verkehrt handelnd

prae-posuī → praeponere

prae-potēns ⟨entis⟩ ADJ 1 sehr m tig, einflussreich 2 beherrschen

praepotentēs ⟨ium⟩ *mpl* die Mä gen

praeproperanter ADV sehr schn

prae-properus ⟨a, um, *adv* prae perē⟩ ADJ 1 sehr eilig, hastig 2 vo

prae-pūtium ⟨ī⟩ N Vorhaut

prae-quam ADV im Vergleich dam

prae-querī ⟨queror, questus sur vorher klagen

prae-rapidus ⟨a, um⟩ ADJ 1 seh ßend 2 *fig* sehr hitzig, vorschnell

prae-reptus ⟨a, um⟩ PPP → prae re

prae-ripere ⟨ripiō, ripuī, reptur 1 weg-, entreißen 2 *fig* wegschna entziehen 3 vereiteln

prae-rōdere ⟨rōdiō, rōsī, rōsu vorn abnagen

praerogātīva ⟨ae⟩ F 1 zuerst ab mende Zenturie 2 *fig* günstige V chen 3 Vorwahl 4 Vorrang

praerogātīvus ⟨a, um⟩ ADJ zuer stimmend

prae-rumpere ⟨rumpō, rūpī, tum 3.⟩ 1 vorn abbrechen, ab

P

RHET abbrechen
aerupta ⟨ōrum⟩ NPL steile Hänge
aeruptus ⟨a, um⟩ ADJ 1 schroff, ab-
:hüssig 2 *fig* abstoßend, hart
aes ⟨praedis⟩ M 1 Bürge, **alicuius**
;, für j-n 2 Vermögen des Bürgen
aesaepe ⟨is⟩ N 1 Krippe 2 *fig* Tisch
Stall 4 PL liederliche Häuser 5 Bie-
:nkorb
ae-saepīre ⟨saepiō, saepsī, saep-
ım 4.⟩ vorn versperren
aesaepis ⟨is⟩ F *u.* **praesaepium**
⟩ N = **praesaepe**
ae-sāgīre ⟨iō, īvī, - 4.⟩ *u.* **praesā-
īrī** ⟨ior, - 4.⟩ 1 vorausahnen, vorher
erken 2 prophezeien
aesāgītiō ⟨ōnis⟩ F Ahnung
aesāgium ⟨ī⟩ N 1 Ahnung 2 Weis-
gung, Prophezeiung
aesāgus ⟨a, um⟩ ADJ ahnend, weis-
gend
ae-scīre ⟨sciō, scīvī *u.* sciī, scītum
⟩ vorher wissen
ae-scīscere ⟨scīscō, scīvī *u.* sciī, -
⟩ vorher in Erfahrung bringen
ae-scius ⟨a, um⟩ ADJ vorher wis-
ıd, **alicuius rei** etw
e-scīvī → praesciscere *u.* praescire
e-scrībere ⟨scrībō, scrīpsī, scrīp-
n 3.⟩ 1 schriftlich davorsetzen 2
:schreiben, verordnen 3 *fig* vorschüt-
4 ein Bild entwerfen
escrīptiō ⟨ōnis⟩ F 1 (*einer Urkun-*
Überschrift, Titel, Einleitung 2 Vor-
rift, Verordnung 3 *fig* Vorwand 4
: Einwand 5 *fig* Vorherbestimmung
escrīptum ⟨ī⟩ N 1 vorgezeichnete
nze 2 *fig* Vorschrift, Regel
e-scrīptus ⟨a, um⟩ PPP → prae-
ibere
e-secāre ⟨secō, secuī, sectum 1.⟩
n abschneiden
e-sēdī → praesidere
esegmen ⟨inis⟩ N das Abgeschnit-
e
esēns A ⟨entis⟩ ADJ 1 persönlich
vesend); **aliquo praesente** in j-s Ge-
wart 2 gegenwärtig, jetzig, augen-
klich; **in re praesenti** an Ort und
le 3 sofortig; **in praesenti** für den
enblick; **pecunia ~** bares Geld 4
Imittel usw.) schnell wirkend, wirk-
5 offenkundig 6 (*Schutz usw.*) hilf-
reich 7 (*Bitte usw.*) dringend 8 ent-
schlossen B ⟨entis⟩ N Gegenwart, die
gegenwärtigen Verhältnisse
praesēnsiō ⟨ōnis⟩ F Ahnung
praesentārius ⟨a, um⟩ ADJ gegenwär-
tig; **aurum praesentarium** bares Geld
praesentia ⟨ae⟩ F 1 Gegenwart, An-
wesenheit; **in praesentia** jetzt 2 Wir-
kung
prae-sentīre ⟨sentiō, sēnsī, sēnsum
4.⟩ vorher empfinden, ahnen
praesēpe ⟨is⟩ N = **praesaepe**
praesēpis ⟨is⟩ F = **praesaepis**
praesēpium ⟨ī⟩ N = **praesaepium**
★**praesertim** ADV zumal, besonders; **~
cum** zumal da
prae-servīre ⟨iō, -, - 4.⟩ vorzugsweise
dienen
prae-ses A ⟨sidis⟩ ADJ schützend B
⟨sidis⟩ M *u.* F 1 Beschützer(in), 2 Vor-
gesetzter, Vorsteher 3 Statthalter
prae-sidēre ⟨sideō, sēdī, sessum 2.⟩
1 schützen, verteidigen, **alicui rei/ali-
quid** etw 2 leiten, verwalten; **exercitui
~** das Heer befehligen
★**praesidium** ⟨ī⟩ N 1 Schutz, Hilfe; **ali-
cui praesidio esse** j-n schützen 2 Be-
schützer 3 Hilfsmittel 4 Deckung, Be-
gleitung 5 MIL Besatzung 6 MIL Posten;
in praesidio esse auf Posten stehen
prae-sīgnificāre ⟨ō, -, - 1.⟩ vorher
anzeigen
prae-sīgnis ⟨e⟩ ADJ vor anderen aus-
gezeichnet
prae-sonāre ⟨ō, uī, - 1.⟩ vorher ertö-
nen
praestābilis ⟨e⟩ ADJ = **praestans**
praestāns ⟨antis, *adv* praestanter⟩ ADJ
ausgezeichnet
praestantia ⟨ae⟩ F Vorzüglichkeit,
omnium rerum in allen Dingen
★**prae-stāre** ⟨stō, stitī, stitum/stātūrus
1.⟩ A VI 1 sich auszeichnen 2 übertref-
fen, **aequalibus suis** (*dat*) seine Alters-
genossen 3 **praestat** *unpersön.* es ist
besser B VT 1 (*Sold usw.*) verschaffen,
geben, zahlen; **sententiam ~** seine
Stimme abgeben 2 leisten, erweisen; **fi-
dem ~** sein Wort halten 3 (*Tüchtigkeit
usw.*) an den Tag legen, zeigen; **se for-
tem ~** sich als tapfer erweisen 4 sich
verbürgen, **ministros** für die Diener
prae-sternere ⟨ō, -, - 3.⟩ 1 ausstreu-

P

en **2** *fig* den Weg ebnen

prae-stes ⟨itis⟩ M *u.* F Beschützer(in)

praestīgia ⟨ae⟩ F *u.* **praestīgiae** ⟨ārum⟩ FPL Blendwerk, Gaukelei

praestīgiātor ⟨ōris⟩ M Betrüger

praestīgiātrīx ⟨īcis⟩ F Betrügerin

prae-stināre ⟨ō, āvī, ātum 1.⟩ kaufen

prae-stitī → praestare

praestituere ⟨stituō, stituī, stitūtum 3.⟩ vorher festsetzen, vorschreiben

praestitus ⟨a, um⟩ PPP → praestare

praestō ADV **1** anwesend, bereit **2** entgegentretend **3** *fig* förderlich, günstig

praestōlārī ⟨or, ātus sum 1.⟩ bereitstehen, warten, **tibi** auf dich

prae-stringere ⟨stringō, strīnxī, strictum 3.⟩ **1** vorn zubinden **2** vorn berühren **3** *fig* blenden, verdunkeln

prae-struere ⟨struō, strūxī, strūctum 3.⟩ **1** vorn verbauen **2** vorbereiten

prae-suere ⟨suō, suī, sūtum 3.⟩ vorn benähen, bedecken

praesul ⟨sulis⟩ M *u.* **praesultātor** ⟨ōris⟩ M Vortänzer *bei Spielen u. Festzügen*

prae-sum → praeesse

prae-sūmere ⟨sūmō, sūmpsī, sūmptum 3.⟩ **1** vorher zu sich nehmen, vorher genießen **2** *fig* vorwegnehmen **3** *fig* vorher empfinden **4** vermuten

praesūmptiō ⟨ōnis⟩ F **1** Vorgenuss **2** RHET Vorwegnahme eines möglichen Einwandes **3** Vermutung, Erwartung

P

prae-temptāre ⟨ō, āvī, ātum 1.⟩ **1** vorher untersuchen **2** *fig* vorher versuchen

prae-tendere ⟨tendō, tendī, tentum 3.⟩ **1** hervorstrecken **2** vorstrecken, vor sich hinhalten **3** *fig* zur Schau tragen **4** *passiv* (*Ort*) sich erstrecken, vor gelegen sein **5** (*zum Schutz*) vorspannen, vorziehen, **alicui rei** vor etw **6** *fig* vorschützen, vorgeben

prae-tentāre ⟨ō, āvī, ātum 1.⟩ = **praetemptare**

prae-tentus ⟨a, um⟩ PPP → praetendere

prae-tepēscere ⟨tepēscō, tepuī, - 3.⟩ vorher warm werden, erglühen

★**praeter** **A** PRÄF vorüber-, vorbei-; **~-ire** vorüber-gehen **B** ADV **1** (*örtl.*) vorbei, vorüber **2** außer; **nemo ~ armatus** niemand außer einem Bewaffneten **3** **~ quam** mehr als **C** PRÄP *+akk* **1** (*örtl.*) … vorbei **2** *fig* außer, *nach Verneinu*… *auch* als; **~ haec** außerdem; **nihil** … **unum** nichts als das eine **3** neben, a… gesehen von; **~ te** abgesehen von … **4** über … hinaus, gegen; **~ modu**… übermäßig; **~ exspectationem** wider … warten **5** mehr als; **~ ceteros flore**… mehr als die anderen sich auszeichne…

praeter-agere ⟨agō, ēgī, āctum … vorbeitreiben

praeter-bītere ⟨bītō, -, - 3.⟩ vorb… gehen, **aliquid** an etw

praeter-dūcere ⟨dūcō, dūxī, d… tum 3.⟩ vorbeiführen

★**praeter-eā** ADV **1** weiter, ferner **2** … ßerdem **3** (*zeitl.*) weiterhin

★**praeter-eō** → praeterire

prae-terere ⟨terō, trīvī, - 3.⟩ vorn … reiben

praeter-fluere ⟨fluō, flūxī, - 3.⟩ v… beifließen, **moenia** an der Mauer

praeter-gredī ⟨gredior, gressus s… 3.⟩ vorüberziehen, **castra** am Lager

praeter-hāc ADV weiterhin, außerd…

praeter-iī → praeterire

★**praeter-īre** ⟨eō, iī *u.* īvī, itum 4.⟩ … V/I **1** (*örtl.*) vorbeigehen, -ziehen, -… ßen **2** (*zeitl.*) vergehen **B** V/T **1** (ö… vorbeigehen, -ziehen, -fließen, **moe**… an der Mauer **2** entgehen; **nemin**… **praeterit** es ist allgemein bekannt … (*beim Reden*) unerwähnt lassen, … schweigen **4** (*Erbschaft, Geschenk u*… übergehen, unberücksichtigt lassen, … terlassen **5** (*Tapferkeit*) übertref… überschreiten

praeter-itus[1] ⟨a, um⟩ PPP → praet… re

praeteritus[2] ⟨a, um⟩ ADJ vergang… früher; **praeteriti viri** verstorbene M… ner

praeter-lābī ⟨lābor, lāpsus sum 3… vorübergleiten, -fahren, -fließen, … **quid** an etw **2** *fig* entschlüpfen

praetermissiō ⟨ōnis⟩ F Weglass… Unterlassung

★**praeter-mittere** ⟨mittō, mīsī, … sum 3.⟩ **1** vorbeigehen lassen **2** … vergehen lassen, **3** unterlassen, **s**… ein Verbrechen **4** übergehen, **sile**… mit Stillschweigen **5** ungestraft las…

praeter-nāvigāre ⟨ō, -, - 1.⟩ mit

ıiff vorbeifahren
ıeter-propter ADV ungefähr, etwa
ıeter-quam ADV ausgenommen, ßer; ~ **quod** abgesehen davon, dass
ıetervectiō ⟨ōnis⟩ F das Vorbei- ıren; ~ **omnium** eine Stelle, an der al- vorbeifahren müssen
ıeter-vehī ⟨vehor, vectus sum 3.⟩ vorbeifahren, -segeln, -reiten, -zie- ı, **aliquid** an etw 2 *fig* übergehen
ıeter-volāre ⟨ō, āvī, ātum 1.⟩ 1 ·beifliegen, **aliquid** an etw 2 *fig* nell entschwinden 3 *fig* flüchtig hin- ggehen, **aliquid** über etw
e-texere ⟨texō, texuī, textum 3.⟩ äumen 2 *fig* einfassen 3 *fig* schmü- n 4 *fig* bemänteln 5 *fig* vorgeben
etexta ⟨ae⟩ F 1 Toga mit Purpur- atz, *der röm. Würdenträger u. der frei orenen Jugendlichen* 2 die römische gödie
etextātus ⟨a, um⟩ ADJ eine pur- verbrämte Toga tragend
etextum ⟨ī⟩ N Vorwand
e-textus[1] ⟨a, um⟩ PPP → praete- e
etextus[2], *abl* ⟨ū⟩ M 1 Schmuck, ·de 2 Vorwand; **sub praetextu** unter ı Vorwand
e-timēre ⟨eō, uī, - 2.⟩ im Voraus ·hten
etor ⟨ōris⟩ M 1 Vorsteher, Anfüh- Vorgesetzter; Statthalter 2 Bürger- ster *fremder Städte* 3 Prätor, *seit v. Chr. wurde den beiden Konsuln ein tor urbanus für die städtische Recht- chung zur Seite gestellt; ab 242 hr. zusätzlich für Streitigkeiten zwi- n Römern u. Fremden ein praetor pere- us; ihre Zahl stieg bis auf 18 unter Ne- Dauer der Amtszeit ein Jahr, entweder om od. in den Provinzen, gingen nach uf des Amtsjahres als Proprätoren od. halter in die Provinzen (pro praetore)* roprätor 5 **praetores aerarii** die ır der Staatskasse 6 *(bei nicht röm. ·rn)* Heerführer
tōriānus ⟨a, um⟩ ADJ zur kaiserli- Leibwache gehörig; **(miles)** ~ Prä- ner
tōricius ⟨a, um⟩ ADJ vom Prätor ehen
tōrium ⟨ī⟩ N 1 *Hauptplatz im La- ger* 2 Feldherrnzelt 3 Kriegsrat 4 Amtswohnung des Provinzstatthalters 5 kaiserliche Leibwache, die Prätorianer
praetōrius A ⟨a, um⟩ ADJ 1 präto- risch, des Prätors; proprätorisch, des Proprätors 2 Feldherrn...; **porta prae- toria** Vordertor zum Lager; **cohors prae- toria** Leibwache des Feldherrn/des Kai- sers B ⟨ī⟩ M ehemaliger Prätor, Mann von prätorischem Rang
prae-torquēre ⟨torqueō, torsī, tor- tum 2.⟩ umdrehen
prae-trepidāre ⟨ō, -, - 1.⟩ eilen
prae-truncāre ⟨ō, āvī, ātum 1.⟩ vorn abhauen
prae-tulī → praeferre
praetūra ⟨ae⟩ F 1 Prätur, Amt des Prä- tors 2 Statthalterschaft 3 *(bei nicht röm. Völkern)* Feldherrnwürde
prae-umbrāre ⟨ō, -, - 1.⟩ überschat- ten
prae-ut ADV wie, damit verglichen
prae-valēre ⟨eō, uī, - 2.⟩ 1 sehr stark sein 2 *fig* sehr viel gelten, den Vorrang haben 3 *(bei Abstimmungen)* die Mehr- heit haben
prae-validus ⟨a, um⟩ ADJ sehr stark, sehr mächtig
prae-vāricārī ⟨or, ātus sum 1.⟩ die Gegenpartei heimlich begünstigen, sei- nen Prozess unredlich führen
praevāricātiō ⟨ōnis⟩ F Pflichtverlet- zung
praevāricātor ⟨ōris⟩ M Pflichtverlet- zer, Anwalt, der die Gegenpartei be- günstigt, Scheinkläger
prae-vehī ⟨vehor, vectus sum 3.⟩ 1 vorausfahren, -reiten, -strömen, **aliquid** einer Sache 2 vorüberfahren, -reiten, -strömen, **aliquid** an etw
prae-venīre ⟨veniō, vēnī, ventum 4.⟩ zuvorkommen, überholen; **perfidiam** ~ einen Verrat vereiteln
prae-verrere ⟨ō, -, - 3.⟩ vorher fegen
prae-vertere ⟨vertō, vertī, versum 3.⟩ 1 voranstellen, vorangehen lassen, vorziehen 2 mehr gelten, **amori** als die Liebe 3 vorangehen 4 überholen, übertreffen, **ventos** die Winde 5 verei- teln, verhindern, **huic rei** dies
prae-vertī ⟨vertor, - 3.⟩ 1 sich zuvor begeben 2 sich zuerst zuwenden 3 zu- vorkommen, **aliquem** j-m 4 vorziehen

P

prae-vidēre ⟨vīdeō, vīdī, vīsum 2.⟩ 1 früher/zuvor erblicken 2 *fig* voraussehen

prae-vius ⟨a, um⟩ ADJ vorausgehend

prae-volāre ⟨ō, āvī, ātum 1.⟩ voranfliegen

praevort... = **praevert...**

prāgmaticus A ⟨a, um⟩ ADJ erfahren, sachkundig B ⟨ī⟩ M Rechtskundiger

prandēre ⟨prandeō, prandī, prānsum 2.⟩ A V/I frühstücken B V/T zum Frühstück essen; genießen

prandium ⟨ī⟩ N 1 zweites Frühstück *gegen Mittag* 2 Mahlzeit 3 Futter

prānsitāre ⟨ō, -, - 1.⟩ frühstücken

prānsor ⟨ōris⟩ M Frühstücksgast

prānsus ⟨a, um⟩ PPP → prandere

prasinātus ⟨a, um⟩ ADJ grün bekleidet

prasiniānus ⟨a, um⟩ ADJ Anhänger der grünen Zirkuspartei

prasinus A ⟨a, um⟩ ADJ lauchgrün B ⟨ī⟩ M Rennfahrer der grünen Zirkuspartei

prātēnsis ⟨e⟩ ADJ Wiesen...

prātulum ⟨ī⟩ N kleine Wiese

★**prātum** ⟨ī⟩ N Wiese

prāvitās ⟨ātis⟩ F 1 Verkrümmung 2 *fig* Schlechtigkeit 3 *fig* Verkehrtheit

prāvum ⟨ī⟩ N = **pravitas**

★**prāvus** ⟨a, um, *adv* prāvē⟩ ADJ 1 krumm, schief, missgestaltet 2 verkehrt, verschroben 3 schlecht, schlimm

★**precārī** ⟨or, ātus sum 1.⟩ 1 bitten, anrufen, anflehen 2 beten, **deos** zu den Göttern 3 *j-m Gutes od. Böses* wünschen 4 verwünschen

precārius ⟨a, um, *adv* precāriō⟩ ADJ 1 erbeten, erbettelt; **forma precaria** geborgte Gestalt 2 unbeständig, unsicher 3 ADV unter Bitten 4 ADV aus Gnade 5 ADV auf Widerruf

precātiō ⟨ōnis⟩ F Bitte, Gebet

precātor ⟨ōris⟩ M Fürbitter

★**precēs** ⟨um⟩ FPL 1 Bitte, Ersuchen 2 Gebet 3 Verwünschung 4 Wunsch

★**pre-hendere** ⟨hendō, hendī, hēnsum 3.⟩ 1 fassen, ergreifen, nehmen 2 ertappen 3 aufgreifen 4 *fig* in Besitz nehmen 5 erreichen

pre-hēnsus ⟨a, um⟩ PPP → prehendere

prēlum ⟨ī⟩ N 1 Presse 2 Kelter

★**premere** ⟨premō, pressī, pressum 3.⟩ 1 drücken, pressen; **aliquid ore** ~ kauen 2 Geschlechtsverkehr haben, **quam** mit einer Frau 3 auf *etw* sitz liegen, drücken; **solum** ~ den Boden treten 4 *(Ort)* oft besuchen 5 *(mit e Last)* belasten, beschweren 6 *fig* belä gen 7 *(mit Erde usw.)* bedecken, beg ben, verbergen 8 *(Heer usw.)* bed gen; *passiv* in Bedrängnis sein 9 ve gen 10 streifen, berühren, **litus** ~ am Ufer halten 11 eindrücken 12 du bohren, **aliquem hastā** j-n mit der La 13 ausdrücken, auslöschen; auspres **ubera** ~ melken 14 niederdrücken Boden schlagen; *passiv* sinken; **a premitur** der Theatervorhang fällt *(durch Worte)* abwerten 16 *(Angst* u unterdrücken 17 hemmen, brem **vestigia** ~ stehen bleiben 18 POL herrschen 19 zusammendrücken *(Geöffnetes)* schließen 21 zusammer sen, sich kurzfassen

prēndere ⟨prēndō, prēndī, prēn 3.⟩ = **prehendere**

pressāre ⟨ō, āvī, ātum 1.⟩ drüc pressen; **ubera (manibus)** ~ melken

pressī → premere

pressiō ⟨ōnis⟩ F 1 Druck 2 Stütz *fig* Hebel, Winde

pressūra ⟨ae⟩ F Druck

pressus[1] ⟨a, um, *adv* pressē⟩ ADJ presst, gedrückt, gedrängt, langsam **de presso** mit langsamen Schritte *(Stimme)* gedämpft, gemäßigt knapp, kurz 4 genau, bestimmt gernd, zurückhaltend

pressus[2] ⟨ūs⟩ M das Drücken, Dru

pressus[3] ⟨a, um⟩ PPP → premere

pretiōsus ⟨a, um, *adv* prētiōsē⟩ A kostbar, wertvoll, prächtig 2 teu verschwenderisch

★**pretium** ⟨ī⟩ N 1 Preis; **magno/p pretio emere** teuer/billig kaufe Geld, Bezahlung; **pretio** für Geld segeld 4 Lohn, Belohnung; **(opera est** es ist der Mühe wert 5 Vergel Strafe 6 Bestechung

Priamus ⟨ī⟩ M *letzter König von Tr*

Priāpus ⟨ī⟩ M *Gott der Fruchtbarke*

★**prīdem** ADV längst, vor langer Ze

prīdiānus ⟨a, um⟩ ADJ gestrig

prī-diē ADV am Tag vor *etw*, tags z vor *etw*; ~ **Idūs Maias** am Tag vo

en des Mai; ~ **insidiarum**
iēnē ⟨ēs⟩ F *Stadt in Ionien*
īm-aevus ⟨a, um⟩ ADJ jugendlich
īmārius ⟨a, um⟩ ADJ vornehm
īmās ⟨ātis⟩ M der Erste, Vornehmste
īmi-gen(i)us ⟨a, um⟩ ADJ ursprüng-
:h, allererst
imitiae ⟨ārum⟩ FPL **1** Erstlinge **2**
ster Ertrag **3** erste Waffentat
imitus ADV zum ersten Mal
īmō ADV **1** zum ersten Mal **2** zuerst,
fangs; **cum** ~ sobald als
im-ōrdium ⟨ī⟩ N **1** Ursprung **2** Re-
erungsantritt
imōrēs ⟨um⟩ MPL **1** die vordersten
ihen **2** *fig* die Vordersten, die Ersten
imōris ⟨e⟩ ADJ, *meist* PL **1** der vor-
rste, der vorderste Teil, vorn; **primori-**
s labris aliquid attingere *fig* sich nur
erflächlich mit etw beschäftigen **2**
: vornehmste
mulum ADV ganz am Anfang
mulus ⟨a, um⟩ ADJ der erste
mum **A** ⟨ī⟩ N **1** Vorhut **2** Anfang,
ginn; **in primo** am Anfang, zuerst **B**
/ **1** zuerst, fürs Erste **2** zum ersten
l; **hoc** ~ jetzt zum ersten Mal **3** (*in*
fzählungen) erstens **4** **ubi/cum/ut** ~
ald als; **quam** ~ möglichst bald
mum-dum ADV fürs Erste
mus ⟨a, um⟩ ADJ **1** der vorderste,
erste; **Idūs primi** die nächsten Iden;
uisque einer nach dem anderen, der
he nach **2** vorn, beginnend; **agmen**
mum Vorhut; **primā luce** bei Tages-
ruch; **prima sapientia** Anfang der
sheit **3** (*Person, Sache*) der vor-
mste, der wichtigste
1-ceps **A** ⟨cipis⟩ ADJ **1** der erste **2**
Rang) der angesehenste, der vor-
mste, der bedeutendste, Haupt…
⟨cipis⟩ M **1** Urheber, Begründer, An-
er **2** Ratgeber **3** Hauptperson,
r, Meister, Anführer **4** PL POL die
en Männer im Staat, die Vornehms-
die Großen, die Mächtigen **5** ~ **iu-**
tutis (*in der Republik*) Anführer der
erzenturien; (*in der Kaiserzeit*) Prinz
Herrscher, Fürst **7** (*seit Augustus*) Kai-
8 PL MIL Soldaten der zweiten
achtfront **9** SG MIL Manipel
cipālis ⟨e, *adv* prīncipāliter⟩ ADJ
er erste, ursprünglich **2** hauptsäch-
lich, Haupt… **3** kaiserlich **4** MIL zum Hauptplatz im Lager führend; **via** ~ die breite Querstraße des Lagers; **porta** ~ Seitentor des Lagers

★**prīncipātus** ⟨ūs⟩ M **1** erste Stelle, Vortritt; **principatum sententiae habere** seine Stimme zuerst abgeben können **2** POL, MIL höchste Stelle, Befehlshaberstelle, Herrschaft **3** Kaisertum, Prinzipat **4** Princeps **5** PHILOS oberster Grundsatz **6** Anfang, Ursprung

★**prīncipium** ⟨ī⟩ N **1** Anfang, Beginn, Ursprung; ~ **ducere ab aliquo** seine Abstammung von j-m ableiten **2** Urheber **3** *fig* Grund(lage) **4** *meist pl* Grundstoff, Element **5** MIL Hauptplatz des Lagers **6** POL zuerst abstimmende Tribus/Kurie **7** PL MIL Front

★**prior** **A** ⟨ius⟩ ADJ *komp* **1** (*örtl.*) der vordere, der vorderste *von zwei*, Vorder…; **pars** ~ der vordere Teil, Vorderteil **2** (*zeitl.*) der frühere, der erste *von zwei* **3** vorherig; **consul** ~ der vorherige Konsul **4** (*von Rang, Wert*) überlegen, höher stehend, wichtiger **B** ⟨ōris⟩ M: **priores** *pl* die Vorfahren

★**prīscus** ⟨a, um, *adv* prīscē⟩ ADJ **1** (*Person, Sache*) sehr alt, altertümlich **2** altehrwürdig **3** früher, ehemalig **4** nach alter Art, streng

★**prīstinus** ⟨a, um⟩ ADJ **1** ehemalig, früher, alt **2** gestrig

pristis ⟨is⟩ F **1** Seeungeheuer, *bes* Wal **2** *Name eines Schiffes*

★**prius** ADV eher, früher, vorher, zuerst

★**prius-quam** KONJ **1** ehe, bevor; ~ **redeo** bevor ich zurückgehe **2** lieber als

★**prīvāre** ⟨ō, āvī, ātum 1.⟩ **1** berauben; **aliquem ~ somno** j-m den Schlaf rauben **2** befreien, **re** von etw

★**prīvātim** ADV **1** privat, für seine Person **2** zu Hause **3** aus eigenen Mitteln

prīvātiō ⟨ōnis⟩ F das Befreitsein

prīvātum ⟨ī⟩ N Privatvermögen, -gebrauch, -besitz; **ex privato** aus eigenen Mitteln

★**prīvātus** **A** ⟨a, um⟩ ADJ **1** einer einzelnen Person gehörig, Privat…, persönlich, eigen **2** (*Person*) als Privatmann lebend **3** nicht kaiserlich **B** ⟨ī⟩ M Privatmann, gewöhnlicher Bürger

prīvīgna ⟨ae⟩ F Stieftochter

prīvīgnus ⟨ī⟩ M Stiefsohn, -kind

P

prīvi-lēgium ⟨ī⟩ N 1 Ausnahmegesetz 2 Vorrecht, Privileg

prīvus ⟨a, um⟩ ADJ 1 einzeln, je einer 2 eigen, besonders; seltsam 3 frei, **militiae** (*gen*) vom Militärdienst

prō[1] INT o!, *meist in Beschwörungsformeln*; ~ **Iuppiter!** beim Jupiter!

★**prō**[2] A PRÄF, *auch* **pro-** 1 vor-; **~-muntorium** Vor-gebirge 2 für, zum Schutz; **~-tegere** schützen 3 anstatt; **~-consul** Statthalter B PRÄP *+abl* 1 (*örtl.*) vor ... (hin/her); ~ **contione** vor der Volksversammlung; **sedere ~ aede Castoris** vor dem Kastortempel sitzen 2 für; ~ **Milone** für Milo; ~ **nihilo haberi** für nichts geachtet werden; **unus ~ cunctis** einer für alle; ~ **consule** Prokonsul 3 (*bei Gleichheit*) so gut wie, wie, als; **se ~ cive gerere** sich als Bürger benehmen 4 als Vergeltung/Bezahlung für 5 im Verhältnis zu, gemäß, entsprechend, nach, kraft; ~ **magnitudine** entsprechend der Größe; ~ **viribus** nach Kräften; ~ **mea parte** nach meinen Kräften

proavītus ⟨a, um⟩ ADJ von den Vorfahren ererbt

pro-avus ⟨ī⟩ M Urgroßvater; Ahnherr, Vorfahr

probābilis ⟨e, *adv* probābiliter⟩ ADJ 1 tauglich, gut 2 glaubhaft, glaubwürdig; wahrscheinlich

probābilitās ⟨ātis⟩ F Glaubhaftigkeit; Wahrscheinlichkeit

★**probāre** ⟨ō, āvī, ātum 1.⟩ 1 prüfen, untersuchen 2 (*Bauwerk*) besichtigen 3 beurteilen, **(ex/a) re** nach etw 4 anerkennen, billigen, gutheißen, **aliquem imperatorem** j-n als Feldherrn 5 *passiv u.* **se ~** *j-s* Beifall gewinnen, sich *bei j-m* beliebt machen, *alicui* 6 glaubhaft machen, beweisen 7 **aliquem pro aliquo ~** j-n als etw ausgeben

probātiō ⟨ōnis⟩ F 1 Prüfung, Besichtigung 2 Genehmigung 3 Beweisführung

probātor ⟨ōris⟩ M der *etw* gutheißt

probātus ⟨a, um⟩ ADJ 1 erprobt, bewährt 2 angenehm, beliebt

prober ⟨bra, brum⟩ ADJ = **probrosus**

prōbet = **prohibet**; → prohibere

probitās ⟨ātis⟩ F Rechtschaffenheit, Redlichkeit

probrōsus ⟨a, um, *adv* probrōsē⟩ ADJ 1 schändlich, entehrend 2 schimpfl… handelnd, lasterhaft

★**probrum** ⟨ī⟩ N 1 Beschimpfung, Be… digung 2 Schande 3 Schandtat 4 E… bruch

★**probus** ⟨a, um, *adv* probē⟩ ADJ 1 tü… tig, passend, gut 2 (*z. B. Silber*) echt (*sittlich*) ehrlich, anständig 4 ADV *Antworten*) recht so!, richtig!

procācitās ⟨ātis⟩ F Zudringlichk… Frechheit

procāx ⟨ācis, *adv* procāciter⟩ ADJ dringlich, frech, unverschämt

★**prō-cēdere** ⟨cēdō, cessī, cessum 1 vorwärtsschreiten, hervorkommen… MIL vorrücken 3 POL öffentlich ersc… nen, auftreten, **in contionem** in Volksversammlung 4 (*zeitl.*) fortsch… ten, verstreichen 5 *fig* vorwärtskom… 6 *fig* fortdauern 7 Fortschritte mach… **opere ~** mit dem Bau; **puer aetate p… cedit** der Junge wird älter 8 (*bis zu… nem Punkt*) kommen; **liberius altius…** ~ zu weit über das Thema hinausge… 9 *fig* gelingen, glücken 10 verlau… **bene** gut

procella ⟨ae⟩ F 1 Sturm, Unwette… stürmischer Angriff 3 *fig* Unruhe, … ruhr

pro-cellere ⟨ō, -, - 3.⟩ 1 darauf s… zen 2 **se ~** sich vordrängen

procellōsus ⟨a, um⟩ ADJ stürmi… Sturm erregend

procerēs ⟨um⟩ MPL die Vornehmst…

prōcēritās ⟨ātis⟩ F Schlankheit, h… Wuchs, Länge

prō-cērus ⟨a, um, *adv* prōcērē⟩ lang, schlank, hoch

prō-cessī → procedere

prōcessiō ⟨ōnis⟩ F 1 das Vorrü… des Heeres 2 feierlicher Umzug

prō-cessum PPP → procedere

prōcessus ⟨ūs⟩ M 1 das Fortschre… 2 Fortschritt, guter Fortgang, Wa… tum 3 glücklicher Ausgang, Glück

prōcinctus ⟨ūs⟩ M Kampfvorb… tung; **in procinctu** kampfbereit

prō-clāmāre ⟨ō, āvī, ātum 1.⟩ sc… en

prōclāmātiō ⟨ōnis⟩ F das Ausruf…

prōclāmātor ⟨ōris⟩ M Schreier

prōclīnāre ⟨ō, āvī, ātum 1.⟩ nach… beugen; *passiv* sich vorwärts ne…

roclinatus der Entscheidung nahe, auf bschüssiger Bahn

ō-clīvis ⟨e⟩ ADJ u. prō-clīvus ⟨a, m, adv prōclīve u. prōclīvī⟩ ADJ 1 vorärts geneigt, abschüssig 2 fig schwieg, dunkel 3 fig geneigt, bereit 4 fig icht (ausführbar)

ōclīvitās ⟨ātis⟩ F 1 abschüssige La-e, Abhang 2 fig Neigung

ocnē ⟨ēs⟩ F 1 Schwester der Philomele 2 Schwalbe

ō-cōnsul ⟨lis⟩ M Prokonsul, ehemajer Konsul, Statthalter

ōcōnsulāris A ⟨e⟩ ADJ prokonsulasch B ⟨is⟩ M Prokonsul

ōcōnsulātus ⟨ūs⟩ M Prokonsulat, nt des Prokonsuls; Statthalterschaft

ō-crāstināre ⟨ō, āvī, ātum 1.⟩ vergen, aufschieben

ōcrāstinātiō ⟨ōnis⟩ F Aufschub, rtagung

ō-creāre ⟨ō, āvī, ātum 1.⟩ 1 zeun, (ex/de) aliqua mit einer Frau 2 geren 3 fig hervorbringen, schaffen

ōcreātiō ⟨ōnis⟩ F Zeugung

ōcreātor ⟨ōris⟩ M 1 Erzeuger 2 fig höpfer 3 PL Eltern

ōcreātrīx ⟨īcis⟩ F Urheberin, Mutter

ō-cubuī → procumbere

ō-cūdō ⟨cūdī, cūsum, cūdere 3.⟩ 1 mieden, hämmern 2 fig formen 3 rvorbringen

ōcul ADV 1 in die Ferne 2 fern, in Ferne; ~ dubio (abl) ohne Zweifel; errare sehr irren 3 von fern

ō-culcāre ⟨ō, āvī, ātum 1.⟩ 1 nie-, zertreten 2 fig erniedrigen

-cumbere ⟨cumbō, cubuī, cubim 3.⟩ 1 (Person) sich vorbeugen 2 che) sich neigen 3 sich lagern, sich en 4 (Bittender usw.) sich niederwer-, niederfallen 5 fig einstürzen 6 fig ken, verfallen

-cūrāre ⟨ō, āvī, ātum 1.⟩ 1 besor-, verwalten 2 kaiserlicher Prokurasein 3 pflegen, corpus den Körper REL entsühnen

cūrātiō ⟨ōnis⟩ F 1 Besorgung, waltung 2 Amt eines Prokurators, serliche Finanzverwaltung 3 REL Sühg, Reinigung

cūrātor ⟨ōris⟩ M 1 Verwalter, lverteter 2 Prokurator, Verwalter der kaiserlichen Einkünfte

prō-currere ⟨currō, (cu)currī, cursum 3.⟩ 1 hervorlaufen, -stürmen 2 MIL vorrücken 3 (Ort) vorragen, sich erstrecken

prōcursāre ⟨ō, -, - 1.⟩ vorlaufen

prōcursum PPP → procurrere

prōcursus ⟨ūs⟩ M das Vorlaufen, das Vorstürmen

prōcurvus ⟨a, um⟩ ADJ vorwärts gekrümmt

procus ⟨ī⟩ M 1 Freier 2 fig Bewerber

prōd-āctus ⟨a, um⟩ PPP → prodigere

prōd-ambulāre ⟨ō, -, 1.⟩ hervorspazieren

prōd-ēgī → prodigere

★prō-dere ⟨dō, didī, ditum 3.⟩ 1 weitergeben 2 fig übergeben, überliefern, hinterlassen; **memoriā proditum est** es ist überliefert 3 fig berichten 4 hervorbringen, zum Vorschein bringen 5 veröffentlichen, bekannt machen 6 ernennen, **aliquem interregem** j-n zum Zwischenkönig 7 (Geheimnis) verraten 8 ausliefern, preisgeben; **fidem** ~ sein Wort brechen 9 (zeitl.) verschieben

★prōd-esse ⟨prōsum, prōfuī, - 0.⟩ nützlich sein, hilfreich sein

prō-dīcere ⟨dīcō, dīxī, dictum 3.⟩ (Termin) gerichtlich verschieben

prō-didī → prodere

prōdigentia ⟨ae⟩ F Verschwendung

prōd-igere ⟨igō, ēgī, āctum 3.⟩ 1 hervortreiben 2 fig verschwenden

prōdigiālis ⟨e, adv prōdigiāliter⟩ ADJ 1 Ungünstiges abwehrend 2 ungeheuerlich

prōdigiōsus ⟨a, um, adv prōdigiōsē⟩ ADJ unnatürlich

★prōdigium ⟨ī⟩ N 1 Wunderzeichen 2 Ungeheuerlichkeit, ungeheuerliches Ereignis 3 Ungeheuer, Scheusal

prōdigus ⟨a, um, adv prōdigē⟩ ADJ 1 verschwenderisch, **re** mit etw 2 reich, fruchtbar, **alicuius rei** an etw 3 nicht achtend, **vitae** sein Leben

★prōd-īre ⟨eō, iī, itum 0.⟩ 1 hervorgehen, -treten, herauskommen 2 öffentlich auftreten 3 SCHIFF auslaufen 4 fig erscheinen, sich zeigen 5 vorrücken, vordringen; **extra modum** ~ fig das Maß überschreiten 6 (Ort) hervorragen

★prōditiō ⟨ōnis⟩ F Verrat

prōditor ⟨ōris⟩ M Verräter

P

★**prō-dūcere** ⟨dūcō, dūxī, ductum 3.⟩ **1** vorführen, präsentieren **2** öffentlich auftreten lassen **3** *(Truppen)* ausrücken lassen **4** ausliefern **5** begleiten **6** *fig* hervorbringen, zeugen **7** großziehen, erziehen **8** weiter vorschieben, vorziehen **9** *(z. B. Schiffe)* hervorlocken, verlocken **10** *(rangmäßig)* befördern **11** *(örtl.)* ausdehnen **12** *(zeitl.)* (aus)dehnen, hinauszögern

prōducta ⟨ōrum⟩ NPL vorzuziehende Dinge

prōductiō ⟨ōnis⟩ F **1** Verlängerung **2** das Hinausschieben **3** Dehnung

prō-ductus¹ ⟨a, um⟩ PPP → producere

prōductus² ⟨a, um⟩ ADJ **1** verlängert, gedehnt **2** *(zeitl.)* in die Länge gezogen

prō-dūxī → producere

proeliārī ⟨or, ātus sum 1.⟩ **1** kämpfen **2** *(vor Gericht)* streiten, wettstreiten

proeliāris ⟨e⟩ ADJ Schlacht…

★**proelium** ⟨ī⟩ N **1** Kampf, Schlacht, Gefecht; ~ **navale** Seeschlacht **2** Zweikampf **3** Krieg **4** PL die Kämpfer

profānum ⟨ī⟩ N Ungeweihtes

★**pro-fānus** ⟨a, um⟩ ADJ **1** ungeweiht, profan **2** nicht eingeweiht **3** unrein **4** gottlos, *auch* Unheil verkündend

pro-fārī ⟨for, fātus sum 1.⟩ **1** aussprechen, reden **2** weissagen

profatus, *abl* ⟨ū⟩ M das Aussprechen

prō-fēcī → proficere

profectiō ⟨ōnis⟩ F **1** Aufbruch, Abmarsch **2** *fig* Herkunft

★**profectō** ADV **1** sicherlich, wirklich **2** jedenfalls

prō-fectum PPP → proficere

pro-fectus¹ ⟨a, um⟩ PPERF → proficisci

prō-fectus² ⟨ūs⟩ M Fortschritt, Erfolg

★**prō-ferre** ⟨ferō, tulī, lātum 0.⟩ **1** hervortragen, -bringen, heraustragen, herbeiholen, hintragen **2** vorstrecken, zeigen **3** *(als Erfinder)* hervorbringen, schaffen **4** *fig* bekannt machen **5** *fig* vortragen, verkünden **6** weitertragen; **gradum** ~ weitergehen **7** *(örtl.)* weiter ausdehnen **8** *(zeitl.)* verlängern **9** *(zeitl.)* verschieben; **res** ~ die öffentlichen Geschäfte vertagen = Gerichtsferien eintreten lassen

professae ⟨ārum⟩ FPL Prostituierte

professiō ⟨ōnis⟩ F **1** öffentliche Erklärung, Äußerung **2** Anmeldung *bei ein* *Behörde* **3** Beruf, Geschäft **4** Lehrstu

professor ⟨ōris⟩ M öffentlich ang stellter Lehrer, Professor

professus¹ ⟨a, um⟩ PPERF → profite

professus² ⟨a, um⟩ ADJ zugestande offenkundig; **ex professo** vorsätzlich

pro-fēstus ⟨a, um⟩ ADJ nicht festli alltäglich; **lux profesta** Werktag

★**prō-ficere** ⟨ficiō, fēcī, fectum 3.⟩ vorwärtskommen, fortschreiten **2** Fortschritte machen, gewinnen **3** (*… che*) helfen, nützen, dienen **4** (*Heilm tel*) wirken

★**proficīscī** ⟨ficīscor, fectus sum 3.⟩ aufbrechen, abreisen **2** MIL marsch ren **3** RHET fortfahren; übergehen von *etw* ausgehen **5** herkommen, stammen

★**pro-fitērī** ⟨fiteor, fessus sum 2.⟩ **1** … fen bekennen **2** öffentlich angeben, melden; **(nomen)** ~ sich zum Krie dienst melden **3** als sein Fach angeb Professor sein; **se amicum** ~ sich eir Freund nennen **4** versprechen

prō-flāre ⟨ō, āvī, ātum 1.⟩ hervorb sen

prōflīgāre ⟨ō, āvī, ātum 1.⟩ **1** nied schlagen, überwältigen **2** POL verni ten **3** *(moralisch)* erniedrigen **4** (*im müt*) niederdrücken **5** *fig* dem Ende hebringen

prōflīgātus ⟨a, um⟩ ADJ **1** niec trächtig **2** *(Alter, Zeit)* weit vorgerüc

prōfluēns **A** ⟨entis, *adv* prōfluent ADJ hervorfließend, -strömend **B** ⟨… tis⟩ **1** N Redestrom **2** F fließendes V ser

prō-fluere ⟨fluō, flūxī, - 3.⟩ **1** her fließen, -strömen, entspringen **2** sich hinbegeben, gleiten

★**pro-fugere** ⟨fugiō, fūgī, - 3.⟩ **A** flüchten **B** V/T fliehen, **dominum** dem Herrn

profugus **A** ⟨a, um⟩ ADJ **1** flüchti verbannt **B** ⟨ī⟩ M **1** Flüchtling **2** bannter

prō-fuī → prodesse

pro-fundere ⟨fundō, fūdī, fūsum **1** vergießen, hervorströmen lassen; *siv u.* **se** ~ sich ergießen, hervorströ **2** herabhängen lassen; *passiv* herab gen **3** *fig* aushauchen, ausstoßen

ɔfern, aufgeben 5 (*Geld*) verschwen-
ɛn 6 hin-, niederstrecken
ofundum ⟨ī⟩ N 1 Tiefe, Abgrund 2
eerestiefe, Meer
ofundus ⟨a, um⟩ ADJ 1 tief 2 hoch
fig unermesslich, unersättlich
ofūsus ⟨a, um, *adv* profūsē⟩ ADJ 1
ısgelassen 2 maßlos, verschwende-
ıch 3 kostspielig
ō-gener ⟨erī⟩ M Gatte der Enkelin
ō-generāre ⟨ō, āvī, ātum 1.⟩ zeu-
ːn
ōgeniēs ⟨ēī⟩ F 1 Abstammung, Ge-
hlecht 2 Nachkommenschaft 3
ıchkomme, Spross
ōgenitor ⟨ōris⟩ M Stammvater
ō-gignere ⟨gignō, genuī, genitum
⟩ 1 (er)zeugen 2 gebären
ō-gnāriter ADV klipp und klar
ōgnātus ⟨a, um⟩ ADJ erzeugt, gebo-
n, abstammend; **(ab/ex) aliquo ~** von
ı abstammend
ō-gredī ⟨gredior, gressus sum 3.⟩
heraus-, hervorgehen, auftreten 2
ːwärts-, weitergehen 3 MIL vorrücken
fig Fortschritte machen 5 RHET fort-
ːzen 6 *fig* zu weit gehen
ōgressiō ⟨ōnis⟩ F 1 *fig* Fortschritt
RHET Steigerung
ō-gressus[1] ⟨a, um⟩ PPERF → progre-

ōgressus[2] ⟨ūs⟩ M 1 das Vorwärts-
reiten, das Fortschreiten 2 MIL das
rücken 3 *fig* Anfang 4 *fig* Fort-
ıritt, Entwicklung
ōgymnastēs ⟨ae⟩ M Vorturner
h INT = **pro**[1]
ō-hibēre ⟨hibeō, hibuī, hibitum 2.⟩
ernhalten, abhalten, abwehren, **(ab)**
von etw; **senatu ~** vom Senat aus-
ließen 2 MIL abschneiden 3 (ver)-
dern 4 verbieten 5 schützen, be-
ıren, **a periculo** vor der Gefahr
ōhibitiō ⟨ōnis⟩ F Verbot
ō-icere ⟨iciō, iēcī, iectum 3.⟩ 1 vor-
fen 2 vor-, ausstrecken; *passiv* her-
ragen 3 hinauswerfen, wegjagen
erbannen 5 hin-, wegwerfen; **arma**
ie Waffen niederlegen 6 **se ~** sich
zen 7 *fig* verzichten, **aliquid** auf etw
g preisgeben 9 **se ~ in aliquid** sich
ːtw erniedrigen 10 (*zeitl.*) hinziehen,
ıalten

prōiectīcius ⟨a, um⟩ ADJ ausgesetzt
prōiectiō ⟨ōnis⟩ F das Ausstrecken
prō-iectus[1] ⟨a, um⟩ PPP → proicere
prōiectus[2] ⟨a, um⟩ ADJ 1 hervorspringend 2 *fig* außerordentlich, unmäßig 3 neigend 4 daliegend 5 *fig* verachtet 6 *fig* niedergeschlagen
★**proin** *u.* **pro-inde** ADV 1 demnach, daher, folglich 2 ebenso, auf gleiche Weise; **~ ac si** gleich als ob
pro-lābī ⟨lābor, lāpsus sum 3.⟩ 1 vorwärtsgleiten 2 herabfallen 3 sich hinreißen lassen; **~ longior quam** weitläufiger werden als 4 (*Bauwerk*) einstürzen 5 *fig* irren 6 *fig* sinken, verfallen
prōlāpsiō ⟨ōnis⟩ F das Ausgleiten
prōlātāre ⟨ō, āvī, ātum 1.⟩ 1 erweitern 2 *fig* aufschieben, verzögern 3 hinhalten 4 **vitam ~** sein Leben fristen
prōlātiō ⟨ōnis⟩ F 1 Vortrag, Erwähnung 2 Ausweitung 3 (*zeitl.*) Verschiebung, Aufschub
prō-lātus ⟨a, um⟩ PPP → proferre
prōlectāre ⟨ō, āvī, ātum 1.⟩ verlocken, reizen
★**prōlēs** ⟨is⟩ F 1 Sprössling 2 Nachkommenschaft 3 junge Mannschaft
prōlētāriī ⟨ōrum⟩ MPL Angehörige der untersten Gesellschaftsklasse
prōlētārius ⟨a, um⟩ ADJ 1 zur untersten Gesellschaftsklasse gehörig 2 *fig* niedrig, gewöhnlich
prō-licere ⟨iō-, - 3.⟩ an-, hervorlocken
pro-lixus ⟨a, um, *adv* prolixē⟩ ADJ 1 lang, wallend 2 ADV reichlich 3 geneigt, bereitwillig, gefällig 4 günstig
prologūmenē lex Gesetz mit Vorwort
prōlogus ⟨ī⟩ M 1 Vorrede, Vorwort 2 Sprecher des Prologs
prō-loquī ⟨loquor, locūtus sum 3.⟩ 1 (aus)sprechen 2 weissagen, verkünden
prō-lūdere ⟨lūdō, lūsī, lūsum 3.⟩ 1 ein Vorspiel machen 2 *fig* sich vorbereiten 3 (*Vortrag*) einleiten
prō-luere ⟨luō, luī, lūtum 3.⟩ 1 hervorspülen 2 wegspülen 3 befeuchten
prōlūsiō ⟨ōnis⟩ F Vorspiel, Probe
prōluviēs ⟨ēī⟩ F 1 Überschwemmung 2 Unrat
★**prōmere** ⟨prōmō, prōmpsī, prōmptum 3.⟩ 1 hervorholen 2 hervorbringen, zeigen 3 vortragen

prō-merēre ⟨eō, uī, itum 2.⟩ *u.* **prō-merērī** ⟨eor, itus sum 2.⟩ **1** verdienen **2** verschulden, sich zuziehen **3** erwerben, erlangen **4** sich verdient machen, **de multis** um vieles

prōmeritum ⟨ī⟩ N **1** Verdienst **2** Schuld

Promētheus ⟨eī *u.* eos⟩ M *Titan, schuf die Menschen u. stahl für sie das Feuer aus dem Olymp, von Zeus zur Strafe an den Kaukasus geschmiedet, wo ein Adler seine immer nachwachsende Leber fraß, von Herkules befreit;* **Promētheus** ⟨a, um⟩ ADJ des Prometheus; **Promēthiadēs** *u.* **Promēthīdēs** ⟨ae⟩ M Sohn des Prometheus = Deukalion

prōminēns **A** ⟨entis⟩ ADJ hervorragend **B** ⟨entis⟩ N Vorsprung, Ausläufer

prō-minēre ⟨eō, uī, - 2.⟩ **1** hervor-, herausragen, hervortreten, vorspringen **2** *fig* sich erstrecken

prōmiscam ADV ohne Unterschied

★**prōmiscus** *u.* **prōmiscuus** ⟨a, um, *adv* prōmisc(u)ē⟩ ADJ **1** gemischt; **conubia promiscua** Mischehe **2** *fig* gewöhnlich **3** ADV ohne Unterschied

prō-mīsī → promittere

prō-missiō ⟨ōnis⟩ F Versprechen

prōmissum ⟨ī⟩ N Versprechen, Zusage

prō-missus[1] ⟨a, um⟩ PPP → promittere

prōmissus[2] ⟨a, um⟩ ADJ **1** lang, lang herabhängend **2** vielversprechend

★**prō-mittere** ⟨mittō, mīsī, missum 3.⟩ **1** hervorfließen lassen **2** wachsen lassen **3** *fig* versprechen, geloben **4** *fig* sich zum Essen ansagen, **ad aliquem** bei j-m **5** *fig* voraussagen

prō-monēre ⟨eō, uī, - 2.⟩ im Voraus warnen, aufmerksam machen

prōmontōrium ⟨ī⟩ N = **promunturium**

prōmovēre ⟨moveō, mōvī, mōtum 2.⟩ **1** vorwärts bewegen, vorschieben **2** *(örtl.)* erweitern, ausdehnen **3** fördern **4** *(Person)* befördern, aufrücken lassen **5** offenbaren

prōmpsī → promere

prōmptāre ⟨ō, -, - 1.⟩ herausgeben

prōmptus[1], *nur* **in promptū** **1** **in promptu esse** sichtbar sein **2** bereit sein **3** **in promptu est** es ist leicht

★**prōmptus**[2] ⟨a, um, *adv* prōmptē⟩ A **1** sichtbar, offen **2** bereit, fertig, b reitwillig **3** schlagfertig, entschloss **4** freimütig **5** leicht, bequem; **pr mptum est** es ist leicht

prōmptus[3] ⟨a, um⟩ PPP → promer

prōmulgāre ⟨ō, āvī, ātum 1.⟩ öffe lich anschlagen, bekannt machen

prōmulsidāre ⟨is⟩ N Vorspeisen blett

prō-mulsis ⟨idis⟩ F Vorspeise

prōmunturium ⟨ī⟩ N **1** Vorsprung Vorgebirge

prō-mūtuus ⟨a, um⟩ ADJ *(Darleh* vorgestreckt

pro-nepōs ⟨ōtis⟩ M Urenkel

prō-nōmen ⟨inis⟩ N GRAM Fürw Pronomen

prō-nuba ⟨ae⟩ F **1** Brautjungfer Stifterin einer unglücklichen Ehe

prōnum ⟨ī⟩ N Abhang

prō-nūntiāre ⟨ō, āvī, ātum 1.⟩ **1** fentlich bekannt machen, ausrufen verkünden **3** MIL befehlen **4** bericht erzählen **5** vortragen, **sententias** M nungen **6** JUR entscheiden; **sententi ~** ein Urteil fällen **7** angeben, mel **8** RHET vortragen, deklamieren

prōnūntiātiō ⟨ōnis⟩ F **1** öffentli Bekanntmachung **2** Richterspruch RHET Vortrag **4** logische Aussage

prō-nūper ADV erst kürzlich

★**prōnus** ⟨a, um, *adv* prōnē⟩ ADJ **1** wärts geneigt, schräg **2** abschüssig **dus pronum** untergehendes Gestirn flüchtig **4** *fig* geneigt **5** *fig* günstig, getan **6** *fig* leicht, bequem

prooemium ⟨ī⟩ N Einleitung, Vorw Vorspiel

prō-pāgāre ⟨ō, āvī, ātum 1.⟩ **1** pflanzen **2** *(zeitl.)* verlängern **3** (ausdehnen, erweitern

prōpāgātiō ⟨ōnis⟩ F **1** Fortpflan **2** Ausweitung **3** Verlängerung

★**prōpāgō** ⟨inis⟩ F **1** Setzling, Abl **2** *fig* Sprössling, Kind

prō-palam ADV **1** öffentlich **2** o kundig

prōpatulum ⟨ī⟩ N freier Platz; **in patulo** in der Öffentlichkeit

prō-patulus ⟨a, um⟩ ADJ frei, off

★**prope** **A** ADV, *komp* ⟨propius⟩, ⟨proximē *u.* proxumē⟩ **1** *(örtl.)* r

P

der Nähe 2 *(zeitl.)* nahe (bevorste-nd) 3 *(zeitl.)* kurz vorher, soeben 4 beinahe, fast 5 gewissermaßen, so-sagen B PRÄP *+akk* 1 *(örtl.)* nahe bei, der Nähe von; ~ **castra** in der Nähe s Lagers 2 *(zeitl.)* nahe an, gegen, ı, gleich nach; **proxime solis occa-m** gleich nach Sonnenuntergang 3 nicht weit von, beinahe zu; **res ~ se-ssionem venit** es kam beinahe zu ei-n Abfall 4 **propius** näher an, ähnli-er; **proxime** sehr nahe an, sehr ähn-ı C ADJ, *komp* ‹propior, ius›, *sup* ·oximus, a, um› 1 *komp* *(örtl.)* näher; **ɔpior urbi** näher bei der Stadt 2 *np (zeitl.)* näher, später, jünger 3 *np fig* näher, ähnlicher; **propior vero** hrscheinlicher 4 *komp fig* näher ver-ndt, näher befreundet, vertrauter, **:ui** (mit) j-m 5 *komp* passender, ge-neter 6 *komp* wirksamer 7 *sup (örtl.)* nächste, sehr nah 8 *sup (zeitl.)* der ·te, der vorige 9 *sup (zeitl.)* der ·hstfolgende 10 *sup (vom Rang)* der hste 11 *sup* der ähnlichste, sehr ähn-; **proximus ac/atque** fast ganz so wie *sup fig* am nächsten stehend; sehr ·e verwandt, **alicui** (mit) j-m

pe-diem ADV nächstens, dem-hst

-pellere *u.* **pro-pellere** ‹pellō, ī, pulsum 3.› 1 vorantreiben, fort-ßen, -schleudern 2 vor sich hertrei-3 vertreiben 4 *fig* antreiben, be-gen

pe-modo *u.* **prope-modum** nahezu, beinahe, fast

-pendēre ‹pendeō, pendī, pēn-ı 2.› 1 herabhängen 2 überwiegen *g* sich neigen

pēnsus ‹a, um, *adv* prōpēnsē› ADJ erabhängend 2 *fig* geneigt 3 *fig* ıtig 4 nahe kommend

peranter ADV eilig, schnell

perantia ‹ae› F *u.* **properātiō** is› F Eile

perāre ‹ō, āvī, ātum 1.› A V/T be-eunigen B V/I eilen, sich beeilen

peri-pēs ‹pedis› ADJ schnell

pertius ‹ī› M **Sextus** ~ *aus Umbri-berühmter Elegiker*

perus ‹a, um, *adv* properē› ADJ *u.* ·periter› eilig, schnell

prō-pexus ‹a, um› ADJ nach vorn ge-kämmt, herabhängend

pro-pīnāre *u.* **prō-pīnāre** ‹ō, āvī, ātum 1.› 1 zutrinken 2 zu trinken ge-ben 3 preisgeben

propīnātiō ‹ōnis› F das Zutrinken

propinqua ‹ae› F Verwandte, Ange-hörige

propinquāre ‹ō, āvī, ātum 1.› A V/I 1 sich nähern 2 *(zeitl.)* nahe bevorste-hen B V/T beschleunigen

propinquitās ‹ātis› F 1 Nähe 2 *fig* Verwandtschaft

★**propinquus** A ‹a, um, *adv* propin-quē› ADJ 1 *(örtl.)* nahe liegend, benach-bart 2 *(zeitl.)* nahe bevorstehend 3 *fig* ähnlich 4 verwandt, **alicui** mit j-m B ‹ī› M Verwandter, naher Freund

propior ‹propius› ADJ *komp* → prope

propitiāre ‹ō, āvī, ātum 1.› versöh-nen, besänftigen

propitius ‹a, um› ADJ gewogen, güns-tig

propius A ADV *komp* → prope B ADJ *komp* → prope

propōla ‹ae› M Krämer

★**prō-pōnere** ‹pōnō, posuī, positum 3.› 1 öffentlich aufstellen 2 ausstellen 3 bekannt machen 4 (sich) vorstellen; **sibi spem** ~ sich Hoffnung machen 5 beschließen; **mihi propositum est** ich habe beschlossen 6 versprechen 7 vor-schlagen 8 vorbringen, vortragen; **ali-quid pro certo** ~ etw als sicher hinstel-len

prō-portiō ‹ōnis› F Verhältnis, Pro-portion

prōpositiō ‹ōnis› F 1 Vorstellung 2 Thema 3 Darlegung

prōpositum ‹ī› N 1 Vorsatz, Plan, Zweck 2 Lebensplan 3 Thema 4 These

prō-positus[1] ‹a, um› PPP → propone-re

prōpositus[2] ‹a, um› ADJ 1 bloßge-stellt, ausgesetzt 2 bevorstehend, dro-hend

prō-posuī → proponere

prō-praetor ‹ōris› M Proprätor, ehe-maliger Prätor, Statthalter *einer Provinz*

propriē ADV 1 jeder für sich 2 eigen, charakteristisch 3 ausschließlich 4 im eigentlichen Sinn

proprietās ‹ātis› F 1 das Eigentümli-

P

che, charakteristische Beschaffenheit 2 besondere Art 3 Eigentumsrecht, Besitz

★**proprius** ⟨a, um⟩ ADJ, ADV → propriē 1 eigen; **ager ~** eigener Acker 2 bleibend, beständig 3 charakteristisch 4 eigentlich; **proprium est alicuius** es ist typisch für j-n 5 persönlich

★**propter** A ADV (*örtl.*) nahe, in der Nähe, daneben B PRÄP *+akk* 1 (*örtl.*) nahe bei, neben 2 wegen, aus, durch

★**propter-eā** ADV deswegen, deshalb

prōpudiōsus ⟨a, um⟩ ADJ schamlos

prō-pudium ⟨ī⟩ N 1 Schandtat 2 schlechter Kerl

prōpūgnāculum ⟨ī⟩ N 1 Schutz (-wehr) 2 Verteidigungsgrund

prō-pūgnāre ⟨ō, āvī, ātum 1.⟩ A V/I 1 zum Kampf vorrücken 2 kämpfen, sich verteidigen B V/T verteidigen

prōpūgnātiō ⟨ōnis⟩ F Verteidigung

prōpūgnātor ⟨ōris⟩ M 1 Verteidiger 2 Verfechter, Beschützer

prō-pulī → propellere

prōpulsāre ⟨ō, āvī, ātum 1.⟩ 1 zurückschlagen 2 abwehren, abwenden

prōpulsātiō ⟨ōnis⟩ F Abwehr

prō-pulsus ⟨a, um⟩ PPP → propellere

prō-quaestōre M Proquästor, ehemaliger Quästor, *Provinzialbeamter*

prōra ⟨ae⟩ F 1 Vorderdeck, Bug 2 Schiff

prō-rēpere ⟨rēpō, rēpsī, rēptum 3.⟩ hervor-, fortkriechen

prōrēta ⟨ae⟩ M Oberbootsmann

prō-ripere ⟨ripiō, ripuī, reptum 3.⟩ A V/T fortreißen; **se ~** hervorstürzen, wegrennen B V/I eilen

prō-rogāre ⟨ō, āvī, ātum 1.⟩ 1 verlängern 2 aufschieben 3 vorher auszahlen, vorschießen

prōrogātiō ⟨ōnis⟩ F 1 Verlängerung 2 Aufschub, **diei** des Termins

prōrsa ⟨ae⟩ F Prosa

prōrsum ADV = **prorsus**[2]

prōrsus[1] ⟨a, um⟩ ADJ 1 nach vorwärts gerichtet 2 *fig* in Prosa

★**prōrsus**[2] ADV 1 vorwärts; **~ ire** *fig* vorangehen 2 geradewegs 3 durchaus, völlig 4 kurz, mit einem Wort

prō-ruere ⟨ruō, ruī, rutum 3.⟩ A V/I 1 hervorstürzen, -stürmen 2 nieder-, einstürzen B V/T 1 hervorreißen 2 einreißen, zerstören

prō-rumpere ⟨rumpō, rūpī, rupt… 3.⟩ A V/I 1 hervorbrechen, -stürzen los-, ausbrechen; **eo ~** sich so weit v… steigen 2 herausdringen B V/T herv… brechen lassen

prōsa ⟨ae⟩ F = **prorsa**

prōsāpia ⟨ae⟩ F Geschlecht, Famili…

proscaenium ⟨ī⟩ N Vorbühne, Bü…

prō-scindere ⟨scindō, scidī, sciss… 3.⟩ 1 aufreißen, pflügen, durchfurc… 2 *fig* kritisieren

prō-scrībere ⟨scrībō, scrīpsī, sc…tum 3.⟩ 1 öffentlich bekannt mach… ankündigen 2 (*zum Verkauf usw.*) öff…lich anbieten 3 (*Güter*) einziehen 4 ächten

prōscrīptiō ⟨ōnis⟩ F 1 Verkaufsan…bot 2 Ächtung; Beschlagnahme

prōscrīptus ⟨a, um⟩ PPP → proscr…re

prō-secāre ⟨secō, secuī, sectum 1… (*Opferteile*) abschneiden, opfern (*Acker*) pflügen

prōsecta ⟨ōrum⟩ NPL Opferstücke

prōsecūtus ⟨a, um⟩ PPERF → prose…

prō-seda ⟨ae⟩ F Prostituierte

prō-sēmināre ⟨ō, -, - 1.⟩ aussäen

★**prō-sequi** ⟨sequor, secūtus sum 3… begleiten 2 *j-m etw* mit auf den We… ben, *j-n* mit *etw* beschenken 3 (*m…lich, schriftlich*) weiterverfolgen, s…dern 4 (*feindlich*) verfolgen

prō-serere ⟨serō, seruī, sertum… hervorstrecken

prō-serpere ⟨ō, -, - 3.⟩ hervorkrie…

Prōserpina ⟨ae⟩ F *Gattin des H… Pluto, Herrin der Unterwelt*

prō-sicāre ⟨sicō, secuī, sectum… prosecare

prō-silīre ⟨siliō, siluī *u.* silīvī *u.* s… 4.⟩ 1 hervorspringen, -stürmen 2 rasch an *etw* machen, (*ad*) *aliquid*

prō-socer ⟨erī⟩ M Großvater der …tin

prō-spectāre ⟨ō, āvī, ātum 1.⟩ … die Ferne schauen, **aliquid** nach et… ausschauen, beobachten 3 Aussich… währen, **aliquid** auf etw

prō-spectus[1] ⟨a, um⟩ PPP → pros…re

prōspectus[2] ⟨ūs⟩ M 1 Fernsicht; …blick, **maris** auf das Meer 2 Blick … sichtskreis; **in prospectu esse** von…

chtbar sein 4 Anblick
'osper ⟨era, erum⟩ ADJ = **prosperus**
'osperāre ⟨ō, -, - 1.⟩ begünstigen
osperitās ⟨ātis⟩ F günstige Beschaf-
nheit, Gedeihen, Glück
'osperus ⟨a, um, *adv* prosperē *u.*
rosperiter⟩ ADJ 1 glücklich, günstig
2 beglückend
ō-spexī → prospicere
ō-spicere ⟨spiciō, spexī, spectum
⟩ A V/I 1 in die Ferne schauen, aus-
hauen 2 *fig* sorgen, **liberis** (*dat*) ~
r die Kinder B V/T 1 in der Ferne se-
en 2 Aussicht gewähren, **aliquid** auf
w 3 *fig* vorhersehen 4 beschaffen
ōspicientia ⟨ae⟩ F Vorsicht, Fürsor-

ō-stāre ⟨stō, stitī, - 1.⟩ 1 zum Ver-
uf stehen 2 (*Prostituierte*) sich öffent-
h anbieten
ō-sternere ⟨sternō, strāvī, strātum
⟩ 1 niederwerfen, -strecken 2 *fig* ver-
:hten 3 preisgeben, anbieten
ōstibilis ⟨is⟩ F Prostituierte
ōstibulum ⟨ī⟩ N Prostituierte
ō-stitī → prostare
ō-stituere ⟨stituō, stituī, stitūtum
öffentlich preisgeben
ōstitūta ⟨ae⟩ F Prostituierte
ōstitūtus ⟨a, um⟩ ADJ öffentlich
eisgegeben
ō-sum → prodesse
ōsus ⟨a, um⟩ ADJ = **prorsus**[1]
ō-tegere ⟨tegō, tēxī, tēctum 3.⟩ 1
n bedecken 2 *fig* beschützen
tēlum ⟨ī⟩ N 1 Zugseil 2 *fig* unun-
brochener Fortgang
-tendere ⟨tendō, tendī, tentum
hervor-, ausstrecken
-tenus ADV = **protinus**
-terere ⟨terō, trīvī, trītum 3.⟩ 1
der-, zertreten 2 vernichten 3 miss-
deln 4 verachten
-terrēre ⟨terreō, terruī, terrītum
verscheuchen, verjagen
tervitās ⟨ātis⟩ F Frechheit, Mutwil-

tervus ⟨a, um, *adv* protervē⟩ ADJ
eftig 2 frech, unverschämt 3 keck
-tēxī → protegere
thȳmē ADV mit Vergnügen
thȳmia ⟨ae⟩ F Geneigtheit
-tinus ADV 1 (*örtl.*) vorwärts, weiter

fort 2 (*örtl.*) unmittelbar sich anschließend, zusammenhängend 3 (*zeitl.*) ununterbrochen 4 sofort 5 (*zeitl.*) gleich anfangs

prō-tollere ⟨ō, -, - 3.⟩ 1 hervorstrecken 2 (*zeitl.*) verlängern

prōtotomus ⟨a, um⟩ ADJ zart

prō-trahere ⟨trahō, trāxī, tractum 3.⟩ 1 hervorziehen, -schleppen 2 *fig* drängen 3 *fig* ans Licht bringen 4 hinabziehen; *passiv* hinabsinken 5 (*zeitl.*) hinausziehen, verlängern

prō-trūdere ⟨trūdō, trūsī, trūsum 3.⟩ 1 vorwärtsstoßen 2 (*zeitl.*) hinausschieben

prō-tulī → proferre

prō-turbāre ⟨ō, āvī, ātum 1.⟩ 1 vertreiben, verjagen 2 niederwerfen

pro-ut KONJ so wie, je nachdem; ~ **res postulat** so wie die Sache es fordert

prō-vehere ⟨vehō, vēxī, vectum, vehere 3.⟩ 1 vorwärts bringen, wegbringen; *passiv* vorrücken 2 *passiv* wegfahren, -reiten 3 (*Zeit*) vorrücken 4 *fig* zu weit führen, verleiten; *passiv* zu weit gehen, sich hinreißen lassen 5 *fig* fördern; *passiv* aufsteigen

prō-venīre ⟨veniō, vēnī 4.⟩ 1 hervorkommen, -treten, auftreten 2 geboren werden 3 *fig* entstehen 4 vonstattengehen 5 gelingen

prōventus ⟨ūs⟩ M 1 das Hervorkommen, das Hervorwachsen 2 Geburt 3 Ertrag, Ernte 4 Fortgang, Erfolg

prōverbium ⟨ī⟩ N Sprichwort

prōvidēns ⟨entis, *adv* prōvidenter⟩ ADJ vorausschauend, vorsichtig, **alicuius rei** in/bei etw

prōvidentia ⟨ae⟩ F 1 Voraussicht 2 *fig* Fürsorge 3 Vorsicht 4 Vorsehung

★**prō-vidēre** ⟨videō, vīdī, vīsum 2.⟩ 1 früher sehen 2 von fern sehen 3 voraussehen 4 Sorge tragen, **de re/alicui rei** für etw; **proviso** mit Vorbedacht 5 vorsichtig handeln

prōvidus ⟨a, um, *adv* prōvidē⟩ ADJ 1 voraussehend, **futuri** die Zukunft 2 *fig* vorsichtig 3 *fig* vorsorglich

★**prōvincia** ⟨ae⟩ F 1 Provinz, *unterworfenes Gebiet außerhalb Italiens* 2 Verwaltung einer Provinz 3 (*bei nicht röm. Völkern*) Statthalterschaft 4 Amt, Geschäft 5 die Provence, *östl. Teil von Gallia Nar-*

P

bonensis 6 Provinz Asia
prōvinciālis A ⟨e⟩ ADJ Provinz… B ⟨is⟩ M Provinzbewohner
prōvīsere ⟨ō, -, - 3.⟩ nach *etw* sehen
prōvīsiō ⟨ōnis⟩ F = **providentia**
prō-vīsus[1] ⟨a, um⟩ PPP → providere
prōvīsus[2] ⟨ūs⟩ M 1 das Sehen in die Ferne 2 Sehkraft 3 *fig* Fürsorge
prō-vīvere ⟨vīvō, vīxī, - 3.⟩ weiterleben
★**prō-vocāre** ⟨ō, āvī, ātum 1.⟩ 1 herausrufen 2 hervorkommen lassen, wecken 3 auffordern; erregen, hervorrufen 4 herausfordern 5 JUR Berufung einlegen 6 sich berufen, **ad Catonem** auf Cato
prōvocātiō ⟨ōnis⟩ F Berufung *auf eine höhere Instanz;* **poena sine provocatione** Strafe, gegen die man keine Berufung einlegen kann
prōvocātor ⟨ōris⟩ M 1 Herausforderer 2 *Gladiator, der von der Seite angriff*
prō-volāre ⟨ō, āvī, ātum 1.⟩ 1 hervorfliegen 2 *fig* hervorstürmen
prō-volvere ⟨volvō, volvī, volūtum 3.⟩ 1 vorwärtsrollen 2 *passiv u.* **se ~** sich niederwerfen 3 *passiv* vertrieben werden, **fortunis** aus seinem Besitz 4 *passiv fig* herabsinken
prox INT mit Verlaub
proxenēta ⟨ae⟩ M Agent, Makler
proximē ADV *sup* → prope
proximī ⟨ōrum⟩ MPL 1 die Nächsten, die nächsten Nachbarn 2 die nächsten Verwandten, Vertraute, Gefolge
proximitās ⟨ātis⟩ F 1 Nähe, Nachbarschaft 2 *fig* Verwandtschaft
proximum ⟨ī⟩ N 1 Nachbarschaft 2 das Nächstfolgende; **~ est, ut** es folgt nun, dass 3 nächste Verwandtschaft
★**proximus** ⟨a, um⟩ ADJ *sup* → prope
★**prūdēns** ⟨entis, *adv* prūdenter⟩ ADJ 1 wissentlich, absichtlich 2 erfahren, kundig, **iuris civilis** im bürgerlichen Recht 3 klug, einsichtsvoll, verständig
★**prūdentia** ⟨ae⟩ F 1 das Vorherwissen 2 Kenntnis, Wissen, Erfahrung 3 Klugheit, Umsicht 4 Spruchweisheit
pruīna ⟨ae⟩ F 1 Reif 2 Schnee 3 PL Winter
pruīnōsus ⟨a, um⟩ ADJ bereift
prūna ⟨ae⟩ F glühende Kohle
prūnum ⟨ī⟩ N Pflaume
prūnus ⟨ī⟩ F Pflaumenbaum
prūrīgō ⟨inis⟩ F 1 Juckreiz 2 sexue… Erregung 3 juckender Grind
prūrīre ⟨iō, -, - 4.⟩ 1 jucken 2 geil s… 3 Lust auf Kampf haben
Prūsia *u.* **Prūsiās** ⟨ae⟩ M *König von … thynien, lieferte Hannibal an die Römer …*
prytanēum ⟨ī⟩ N Rathaus *der grie… Städte*
psallere ⟨psallō, psallī, - 3.⟩ die Zit… spielen, mit Zitherbegleitung singen
psaltērium ⟨ī⟩ N zitherartiges Sait… instrument
psēphisma ⟨atis⟩ N POL Beschluss … *griech.* Volksversammlung
Pseudolus ⟨ī⟩ M Lügenmaul, *Titel e… Komödie des Plautus*
pseudothyrum ⟨ī⟩ N Geheim-, H… tertür
psīlōthrum ⟨ī⟩ N Enthaarungsmitt…
psittacus ⟨ī⟩ M Papagei
psȳchomantīum ⟨ī⟩ N Totenorak…
psȳchrolūtēs ⟨ae⟩ M der kalt bad…
-pte *Suffix* selbst, eigen; **meāpte m…** mit meiner eigenen Hand
pthisis ⟨is⟩ F = **phthisis**
ptisana ⟨ae⟩ F Gerstengrütze
ptisanārium ⟨ī⟩ N Aufguss von G…tengrütze, Aufguss von Reis
pūbēns ⟨entis⟩ ADJ kräftig
pūberēs ⟨um⟩ MPL waffenfähige M…ner
★**pūbertās** ⟨ātis⟩ F 1 Geschlechts… 2 Zeugungskraft 3 erstes Barthaar
pūbēs[1] ⟨is⟩ F 1 junge Männer 2 M…ner, Leute, Volk 3 Intimbereich 4 B… Schamhaare
pūbēs[2], ⟨eris⟩ ADJ 1 erwachsen, …gungsfähig 2 *fig* kräftig
pūbēscere ⟨pūbescō, pūbuī, - 3.…⟩ geschlechtsreif werden 2 *fig* he…wachsen 3 Haare bekommen
pūblica ⟨ae⟩ F Prostituierte
pūblicānus ⟨ī⟩ M Steuerpächter *ir… Provinzen*
pūblicāre ⟨ō, āvī, ātum 1.⟩ 1 fü… Staatskasse einziehen, enteignen 2 …fentlich zugänglich machen 3 pre…ben 4 veröffentlichen
pūblicātiō ⟨ōnis⟩ F Beschlagnahm…
pūblicē ADV 1 öffentlich, von S… wegen, im Namen des Staates 2 i…teresse des Staates, amtlich 3

taatskosten 4 allgemein, insgesamt
ıblicitus ADV 1 von Staats wegen 2
ı der Öffentlichkeit
ıblicum ⟨ī⟩ N 1 Staatsgebiet, Ge-
ıeindeland 2 Staatseigentum, -vermö-
en 3 Staatseinkünfte, Steuern, Staats-
ıcht 4 Staatsmagazin 5 Staat, Ge-
ıeinwesen 6 Öffentlichkeit; **in publico**
ffentlich
ıblicus A ⟨a, um⟩ ADJ 1 öffentlich,
aatlich, Volks…, Staats… 2 auf Kosten
es Staates stattfindend 3 allgemein,
ewöhnlich; alltäglich 4 **res publica**
→ res B ⟨ī⟩ M Staatssklave, niederer
eamter
blius ⟨ī⟩ M *röm. Vorname, abgek. P.*
buī → pubescere
dēns ⟨entis, *adv* pudenter⟩ ADJ 1
hamhaft 2 bescheiden, schüchtern;
hil ~ ohne Schamgefühl
dēre ⟨pudeō, puduī, - 2.⟩ A V/I sich
hämen B V/T 1 mit Scham erfüllen 2
me pudet ich schäme mich, **civium**
r den Bürgern, **sceleris** wegen des
rbrechens
dibundus ⟨a, um⟩ ADJ verschämt
dīcus ⟨a, um, *adv* pudīcē⟩ ADJ
hamhaft, keusch
dor ⟨ōris⟩ M 1 Scham; Scheu; ~ **fa-**
ıe Scheu vor der Nachrede 2 Ehrge-
ıl, Ehrenhaftigkeit 3 Bescheidenheit
Schamhaftigkeit 5 Ehre 6 Schamröte
Schande
ella ⟨ae⟩ F 1 Mädchen 2 Tochter 3
ıge Frau 4 Geliebte
ellāris ⟨e, *adv* puellāriter⟩ ADJ mäd-
enhaft, Mädchen…, jugendlich
er ⟨puerī⟩ M 1 Kind; **a puero/pueris**
ı Kindheit an 2 Junge 3 Sohn 4 *fig*
ener, Sklave
era ⟨ae⟩ F Mädchen
erīlis ⟨e, *adv* puerīliter⟩ ADJ 1 kind-
ı, jugendlich 2 kindisch
erīlitās ⟨ātis⟩ F 1 Kindesalter 2
disches Betragen
eritia ⟨ae⟩ F Kindheit, Jugend
er-pera ⟨ae⟩ F die Gebärende
erperium ⟨ī⟩ N Geburt
erperus ⟨a, um⟩ ADJ die Entbindung
dernd
ertia ⟨ae⟩ F = **pueritia**
erulus ⟨ī⟩ M Bürschchen
a ⟨ae⟩ F Steiß

pugil ⟨ilis⟩ M Faustkämpfer, Boxer
pugilātōrius ⟨a, um⟩ ADJ von Faust-
kämpfern gebraucht; **follis** ~ Schlagball
pugilātus ⟨ūs⟩ M Faustkampf
pugilicē ADV nach Boxerart
pugillārēs ⟨ium⟩ MPL *u.* **pugillāria**
⟨ium⟩ NPL Schreibtafel
pūgiō ⟨ōnis⟩ F Dolch
pūgiunculus ⟨ī⟩ M kleiner Dolch
★**pūgna** ⟨ae⟩ F 1 Faustkampf, Schläge-
rei 2 Kampfspiel, Wettkampf 3 MIL
Kampf, Schlacht 4 MIL Schlachtreihe,
Stellung 5 *fig* lustiger Streich
pūgnāculum ⟨ī⟩ N Schanze
★**pūgnāre** ⟨ō, āvī, ātum 1.⟩ 1 kämpfen;
pugnam ~ eine Schlacht schlagen 2 *fig*
streiten 3 sich bemühen, **in aliquid** um
etw
pūgnāx ⟨ācis, *adv* pūgnāciter⟩ ADJ 1
kampflustig, kriegerisch 2 *fig* streitlus-
tig 3 eigensinnig
pūgneus ⟨a, um⟩ ADJ Faust…
pūgnus ⟨ī⟩ M 1 Faust 2 Faustschlag
pulcer ⟨cra, crum⟩ ADJ = **pulcher**
★**pulcher** ⟨chra, chrum, *adv* pulchrē⟩
ADJ 1 schön, reizend 2 *fig* herrlich, eh-
renvoll 3 ADV schön, ganz gut; **pulchre
vendere** teuer verkaufen; **pulchre eme-
re** billig kaufen
pulchritūdō ⟨inis⟩ F 1 Schönheit 2
fig Vortrefflichkeit, Pracht
pūlex ⟨icis⟩ M Floh
pullārius ⟨ī⟩ M Hühnerwärter, *der die
heiligen Hühner zu füttern hatte*
pullulāre ⟨ō, āvī, ātum 1.⟩ 1 keimen
2 *fig* wuchern 3 *fig* wimmeln, **colubris**
(*Abl.*) von Schlangen
pullus[1], A ⟨a, um⟩ ADJ jung B ⟨ī⟩ M 1
junges Tier 2 junges Huhn, Küken
pullus[2] ⟨a, um⟩ ADJ dunkel, schwärz-
lich
pulmentārium ⟨ī⟩ N = **pulmentum**
pulmentum ⟨ī⟩ N Fleischspeise
pulmō ⟨ōnis⟩ F Lunge
pulmōneus ⟨a, um⟩ ADJ Lungen…
pulpa ⟨ae⟩ F 1 Fleisch 2 Fruchtfleisch
pulpāmentum ⟨ī⟩ N Fleischspeise
pulpitum ⟨ī⟩ N Brettergerüst, Bühne,
Tribüne
★**pulsāre** ⟨ō, āvī, ātum 1.⟩ 1 schlagen,
stoßen, klopfen; **ostium** ~ ans Tor klop-
fen 2 misshandeln 3 *fig* erschüttern,
anregen, beunruhigen

P

pulsātiō ⟨ōnis⟩ F das Schlagen, das Stoßen, das Klopfen
pulsus[1] ⟨a, um⟩ PPP → pellere
pulsus[2] ⟨ūs⟩ M 1 Stoß, Schlag 2 *fig* Eindruck, Anregung
pultāre ⟨ō, -, - 1.⟩ klopfen, stoßen, **aliquid** an etw
pultātiō ⟨ōnis⟩ F das Anklopfen
pulvereus ⟨a, um⟩ ADJ Staub…
pulverulentus ⟨a, um⟩ ADJ 1 staubig 2 *fig* mühevoll
pulvīnar ⟨āris⟩ N 1 Götterpolster 2 Tempel 3 Göttermahl 4 *fig* Polstersitz
pulvīnāris ⟨e⟩ ADJ Polster…
pulvīnārium ⟨ī⟩ N 1 Götterpolster 2 Ankerplatz
pulvīnus ⟨ī⟩ M Kissen
★**pulvis** ⟨eris⟩ M (*u.* F) 1 Staub, Sand, Asche 2 *fig* Kampfplatz, Rennbahn 3 Ton, Töpfererde 4 Tummelplatz, Bahn
pulvisculus ⟨ī⟩ M Stäubchen; **cum pulvisculo** ganz und gar
pūmex ⟨icis⟩ M (*u.* F) Bimsstein
pūmicāre ⟨ō, āvī, ātum 1.⟩ mit Bimsstein glätten
pūmiceus ⟨a, um⟩ ADJ 1 aus Bimsstein 2 trocken
pūmicōsus ⟨a, um⟩ ADJ bimssteinartig, porös
pūmiliō ⟨ōnis⟩ M *u.* F Zwerg(in)
pūnctim ADV stichweise, mit der Spitze
pūnctiuncula ⟨ae⟩ F kleiner Stich
pūnctum ⟨ī⟩ N 1 Stich 2 Punkt 3 (*des Würfels*) Auge 4 Wahlstimme 5 *fig* Augenblick 6 Abschnitt
pūnctus[1] ⟨a, um⟩ PPP → pungere
pūnctus[2] ⟨ūs⟩ M = **punctum**
pungere ⟨pungō, pupugī, pūnctum 3.⟩ 1 stechen 2 *fig* verletzen, kränken
Pūni… → Poenus
Pūnicus ⟨a, um⟩ ADJ purpurfarben, purpurrot
★**pūnīre** ⟨iō, īvī, ītum 4.⟩ *u.* **pūnīrī** ⟨ior, ītus sum 4.⟩ 1 bestrafen 2 Rache nehmen, **aliquem** an j-m
pūnītiō ⟨ōnis⟩ F Bestrafung
pūnītor ⟨ōris⟩ M 1 Bestrafer 2 Rächer
pūpilla ⟨ae⟩ F 1 elternloses Mädchen 2 Pupille
pūpillus ⟨ī⟩ M elternloser Junge
puppis ⟨is⟩ F 1 SCHIFF Heck 2 Schiff 3 Rücken
pupugī → pungere

pūpula ⟨ae⟩ F 1 Pupille 2 Auge
pūpulus ⟨ī⟩ M kleiner Junge
pūpus ⟨ī⟩ M kleiner Junge
pūrgāmen ⟨inis⟩ N *u.* **pūrgāmetum** ⟨ī⟩ N 1 Schmutz, Unrat, Müll (*Person*) Abschaum, Gesindel 3 Reigungsmittel, Sühnemittel
★**pūrgāre** ⟨ō, āvī, ātum 1.⟩ 1 reinig 2 MED abführen 3 REL reinigen, sühn 4 *fig* rechtfertigen, entschuldigen freisprechen 6 berichtigen
pūrgātiō ⟨ōnis⟩ F 1 Reinigung 2 Rechtfertigung, Entschuldigung
pūrificāre ⟨ō, āvī, ātum 1.⟩ reinig säubern; **se ~** *fig* sich entsühnen
pūriter ADV → purus
★**purpura** ⟨ae⟩ F 1 Purpurschnecke Purpur(farbe) 3 Purpurkleid, -decke
purpurātus A ⟨a, um⟩ ADJ in Pur gekleidet B ⟨ī⟩ M hoher Beamter, H ling
★**purpureus** ⟨a, um⟩ ADJ 1 purpurn, 2 in Purpur gekleidet, 3 *fig* prächti
purpurissātus ⟨a, um⟩ ADJ mit Pur gefärbt; rot geschminkt
purpurissum ⟨ī⟩ N Purpurfarbe
pūrulenta ⟨ōrum⟩ NPL noch r Fleischstücke
pūrulentus ⟨a, um, *adv* pūruler ADJ eitrig
★**pūrus** ⟨a, um, *adv* pūrē *u.* pūriter⟩ 1 rein, sauber 2 (*Ort*) unbebaut, ur pflanzt 3 REL rituell rein, entsühne reinigend 4 rechtschaffen, ehr keusch 5 (*Sonne usw.*) klar, hell, he 6 einfach, bloß 7 RHET kor schlicht, einfach, natürlich 8 JUR ur dingt, ohne Vorbehalt 9 völlig
pūs ⟨pūris⟩ N 1 Eiter 2 Geifer
pusillus ⟨a, um⟩ ADJ 1 klein, winzi schwach 3 gering 4 kleinlich
pūsiō ⟨ōnis⟩ M kleiner Junge
pussula *u.* **pustula** ⟨ae⟩ F 1 chen 2 *fig* reines Silber
puta ADV zum Beispiel, nämlich
putāmen ⟨inis⟩ N Schale, Hülle
★**putāre** ⟨ō, āvī, ātum 1.⟩ 1 halten; *siv* für *etw* gelten, +*dopp. nom;* **se tum ~** sich für glücklich halten 2 legen 3 glauben, meinen; **deum** Gott glauben 4 schätzen, rechne *fig* ordnen 6 (*Baum usw.*) beschne 7 bereinigen

P

ıteal ⟨ālis⟩ N 1 Brunneneinfassung
Blitzmal, *vom Blitz getroffener, geweih-*
r Ort, brunnenähnlich ummauert
ıter ⟨tris, tre⟩ ADJ 1 faulig 2 *fig* ver-
llen, morsch 3 *fig* mürbe, schlaff
ıtēre ⟨eō, uī, - 2.⟩ faulig riechen, stin-
ən, re nach etw
ıtēscere ⟨pūtēscō, pūtuī, - 3.⟩ ver-
ulen, vermodern
ıteus ⟨ī⟩ M 1 Grube 2 Brunnen;
ıelle 3 unterirdisches Verlies
ıtīcius ⟨a, um⟩ ADJ = **poticius**
ıtidulus ⟨a, um⟩ ADJ widerlich
ıtidus ⟨a, um, *adv* pūtidē⟩ ADJ 1
ıl, moderig 2 *fig* welk 3 widerlich,
ıdringlich 4 RHET geziert, affektiert
tillus ⟨ī⟩ M kleiner Junge
tre-facere ⟨faciō, fēcī, factum 3.⟩
Fäulnis bringen, morsch machen
tridus ⟨a, um⟩ ADJ 1 faul, verfault
morsch 3 welk
tris ⟨e⟩ ADJ = **puter**
tuī → putere
tus ⟨a, um⟩ ADJ 1 rein 2 *fig* glän-
nd
dna ⟨ae⟩ F *Stadt im Süden Makedo-*
ns; Pydnaeī ⟨ōrum⟩ MPL die Ein-
hner von Pydna
elus ⟨ī⟩ F Badewanne
adēs ⟨ae *u.* is⟩ M *Freund des Orest;*
ladēus ⟨a, um⟩ ADJ des Pylades
ae ⟨ārum⟩ FPL 1 Engpass 2 die
ermopylen
a ⟨ae⟩ F 1 Scheiterhaufen 2 *fig*
bmal
amis ⟨idis⟩ F Pyramide
amus ⟨ī⟩ M *Liebhaber der Thisbe*
ēnaeus ⟨ī⟩ M *u.* Pȳrēnaeus
ltus⟩ M die Pyrenäen
ēnē *u.* Pyrēnē ⟨ēs⟩ F die Pyrenäen
rhus ⟨ī⟩ M *König von Epirus, besiegte*
Römer 279 v. Chr. bei Ausculum, von
Römern 275 v. Chr. bei Beneventum be-
t
hagorās ⟨ae⟩ M *Philos. u. Mathe-*
iker aus Samos; Pȳthagorēus *u.*
thagoricus ⟨a, um⟩ ADJ pythago-
ch
hia¹ ⟨ae⟩ F *Apollopriesterin in Delphi*
hia² ⟨ōrum⟩ NPL die pythischen
ele *zu Ehren des Apollo, alle acht, spä-*
alle vier Jahre aufgeführt
is ⟨idis⟩ F kleine Büchse, Dose

Q

q, Q ABK 1 = **Quintus** 2 = **-que** und; **S. P. Q. R.** = **Senatus Populusque Romanus** Senat und Volk von Rom; → populus¹ 3 **Q. (B.) F. F. S.** = **quod (bonum) felix faustumque sit** was (gut,) glücklich und günstig sein möge

★quā¹ ADV 1 (*interrogativ*) wo?, wie?, auf welche Weise?; **illuc ~ veniam?** wie soll ich dorthin kommen? 2 (*relativ*) wo, da wo 3 (*relativ*) wohin 4 (*relativ*) wie, auf welche Weise 5 insoweit, insofern 6 ~ ... ~ teils ... teils, sowohl ... als auch 7 irgendwo 8 irgendwie, etwa

quā² → quis *u.* → quī¹

quā-cumque *u.* quā-cunque ADV 1 wo nur immer, überall wo 2 wie auch immer, auf jede Weise

quādam-tenus ADV 1 bis zu einem gewissen Punkt 2 in gewisser Hinsicht

quadra ⟨ae⟩ F Viereck, Quader

quadrāgēnārius ⟨a, um⟩ ADJ vierzigjährig

quadrāgēnī ⟨ae, a⟩ NUM DISTR je vierzig

quadrāgē(n)simus ⟨a, um⟩ NUM ORD der vierzigste

quadrāgiē(n)s NUM ADV vierzigmal

quadrāginta *indekl* NUM CARD vierzig

quadrāns ⟨antis⟩ M 1 Viertelas, Heller 2 (*als Maßeinheit*) ein Viertel eines sextarius, *ca. 0,15 l* 3 Viertelpfund

quadrantal ⟨ālis⟩ N 1 *Hohlmaß, ca. 26 l* 2 Würfel

quadrantārius ⟨a, um⟩ ADJ 1 auf ein Viertel ermäßigt 2 ein Viertelas kostend

quadrāre ⟨ō, āvī, ātum 1.⟩ A V/T viereckig machen; vervollständigen, abschließen B V/I 1 viereckig sein 2 *fig* gleichmäßig sein, passen; **quadrat** es passt 3 zutreffen, stimmen, richtig sein

quadrātum ⟨ī⟩ N Viereck, Quadrat

★quadrātus ⟨a, um⟩ ADJ 1 viereckig; **littera quadrata** Großbuchstabe 2 *fig* untersetzt, gut gebaut

quadri... = *auch* **quadru...**

quadrī-duum ⟨ī⟩ N Zeitraum von vier

Q

Tagen, vier Tage
quadri-ennium ⟨ī⟩ N Zeitraum von vier Jahren, vier Jahre
quadri-fidus ⟨a, um⟩ ADJ in vier Teile gespalten
quadrīgae ⟨ārum⟩ FPL Viergespann; ~ **falcatae** Sichel-, Streitwagen
quadrīgālis ⟨e⟩ ADJ aus einem Viergespann
quadrīgārius **A** ⟨a, um⟩ ADJ zu einem Viergespann gehörig **B** ⟨ī⟩ M Rennfahrer
quadriiugī ⟨ōrum⟩ MPL Viergespann
quadri-iugis ⟨e⟩ ADJ *u.* **quadri-iugus** ⟨a, um⟩ ADJ vierspännig
quadri-lībris ⟨e⟩ ADJ vierpfündig
quadrīmulus ⟨a, um⟩ ADJ vierjährig
quadrīmus ⟨a, um⟩ ADJ vierjährig
quadringēnī ⟨ae, a⟩ NUM DISTR je vierhundert
quadringentēsimus ⟨a, um⟩ NUM ORD der vierhundertste
quadringentī ⟨ae, a⟩ NUM CARD vierhundert
quadringentiē(n)s ADV vierhundertmal; ~ **sestertium** 40 Millionen Sesterzen
quadrī-partītus ⟨a, um, *adv* quadrīpartītō⟩ ADJ in vier Teile geteilt, vierfach
quadri-rēmis **A** ⟨e⟩ ADJ mit vier Ruderreihen **B** ⟨is⟩ F Vierdecker, Schiff mit vier Ruderreihen
quadri-vium ⟨ī⟩ N Wegkreuzung
quadru... = *auch* **quadri...**
quadru-pedāns **A** ⟨pedantis⟩ ADJ auf vier Füßen gehend **B** ⟨pedantis⟩ M *u.* F Rennpferd
quadru-pēs **A** ⟨pedis⟩ ADJ vierfüßig **B** ⟨pedis⟩ M *u.* F Vierbeiner, Pferd
quadruplārī ⟨or, - 1.⟩ denunzieren
quadru-plex **A** ⟨plicis⟩ ADJ vierfach **B** ⟨plicis⟩ N das Vierfache
quadruplicāre ⟨ō, āvī, ātum 1.⟩ vervierfachen, vermehren
quadruplum ⟨ī⟩ N das Vierfache
quadru-plus ⟨a, um⟩ ADJ vierfach
quadrus ⟨a, um⟩ ADJ viereckig
quadruvium ⟨ī⟩ N = **quadrivium**
quaeritāre ⟨ō, āvī, ātum 1.⟩ **1** eifrig suchen **2** sich zu verschaffen suchen **3** eifrig fragen **4** erwerben, verdienen
★**quaerere** ⟨quaerō, quaesīvī *u.* quaesiī, quaesītum 3.⟩ **1** suchen, aufsuchen **2** vermissen **3** (*Sache*) erfordern **4** erwerben suchen, erwerben, erlang… gewinnen **5** bewerkstelligen **6** frag… befragen, forschen **7** wissenschaftl… untersuchen **8** JUR gerichtlich unter… chen, auf der Folter befragen **9** verh… deln, beraten **10** erstreben
quaesere ⟨ō, -, - 3.⟩ **1** suchen, zu… langen suchen **2** fragen **3** (er)bitt… **quaeso** bitte
quaesītor ⟨ōris⟩ M Untersuchun… richter
quaesītum ⟨ī⟩ N **1** Erwerb, Verdie… erworbenes Gut **2** Frage
quaesītus[1] ⟨a, um⟩ PPP → quaerer…
quaesītus[2] ⟨a, um⟩ ADJ **1** gesucht, … ziert **2** ausgesucht, außerordentlich
quaesīvī → quaerere
quaesticulus ⟨ī⟩ M kleiner Gewinn
★**quaestiō** ⟨ōnis⟩ F **1** das Suchen **2** … ge, Befragung **3** Untersuchung **4** gerichtliche Untersuchung, Vern… mung, Folterung, **alicuius rei/de re** … ner Sache, wegen etw; **quaestionem** … **bere de/ex aliquo** j-n verhören **5** … tersuchungsakte **6** Gerichtshof; **qu…** **tiones perpetuae** ständige Schwu… richte **7** wissenschaftliche Frage, Th… **8** RHET Stoff
quaestiuncula ⟨ae⟩ F kleine wis… schaftliche Frage, kleine Untersuchu…
★**quaestor** ⟨ōris⟩ M Quästor **1** (*in Königszeit*) Untersuchungsrichter, … richter, *je zwei* **2** (*während der Repu…*) Finanzbeamter, Schatzmeister, *u…* *zwei, dann bis zu 20* **3** (*in der Kaise…*) Geheimschreiber
quaestōrium ⟨ī⟩ N **1** (*im Lager*) … des Quästors **2** (*in der Provinz*) Amt… bäude des Quästors
quaestōrius **A** ⟨a, um⟩ ADJ des Q… tors **B** ⟨ī⟩ M ehemaliger Quästor
quaestuāria ⟨ae⟩ F Prostituierte
quaestuōsus ⟨a, um, *adv* quaes… sē⟩ ADJ **1** gewinnbringend, einträ… **2** gewinnsüchtig; reich
quaestūra ⟨ae⟩ F **1** Quästur, Am… Quästors **2** Kasse des Quästors
★**quaestus** ⟨ūs⟩ M **1** Erwerb, Ein… men **2** Gewerbe, *bes der Prostituier…*
quālibet ADV **1** überall **2** auf jed… liebige Weise
★**quālis** ⟨e⟩ ADJ, ADV → qualiter **1** (…

Landeskunde

quaestor – Quästor

Die **quaestura** (Quästur) war die unterste Stufe der Ämterlaufbahn (**cursus honorum**). Die Quästoren nahmen zunächst Aufgaben der Justiz und der öffentlichen Sicherheit wahr, später wurden sie auch in anderen Gebieten eingesetzt. Die Zahl der Quästoren betrug ursprünglich zwei, stieg aber bis zum Beginn der Kaiserzeit auf 20.

quaestores aerarii / urbani	Verwalter der Staatskasse, Schatzmeister (*sie beaufsichtigten die Staatsfinanzen*)
quaestores provinciales	Verwalter der Finanzen der Provinz (*sie waren im Gefolge der Statthalter tätig*)
quaestores militares	Verwalter der Legionen (*sie begleiteten die Konsuln im Krieg*)
quaestores classici	Verwalter der römischen Flotte (*sie wurden seit 267 v. Chr. im Militär eingesetzt*)

gativ) wie beschaffen?, was für ein? ~ **atio** was für eine Rede? **2** (*relativ*) solcher Art, wie **3** (*indefinit*) irgendwie beschaffen

ālis-cumque ⟨quāle-cumque⟩ ADJ (*relativ*) wie beschaffen auch immer (*indefinit*) jeder ohne Unterschied

ālis-libet ⟨quāle-libet⟩ ADJ von beliebiger Beschaffenheit/Art

ālis-nam ⟨quāle-nam⟩ ADV wie ...n eigentlich beschaffen?

ālitās ⟨ātis⟩ F Beschaffenheit, Eigenschaft

āliter ADV wie

āliter-cumque ADV wie auch im-

lubet ADV = **qualibet**

lum ⟨ī⟩ N *u.* **quālus** ⟨ī⟩ M geflochtener Korb, Wollkorb

m ADV **1** (*interrogativ u. ausrufend*) sehr, wie; ~ **diu** wie lange **2** (*vergleichend*) wie, als; **maior** ~ größer als; **non** ... ~ nicht so sehr ... als vielmehr; **o** ... ~ ich will lieber ... als; **nihil d** ~ nichts anderes als; **ante** ~ bevor möglichst, so ... wie möglich, +*sup*; ~ **me** möglichst gut; ~ **primum** möglichst bald

m-diū **A** ADV (*interrogativ*) wie lan- **B** KONJ so lange als, so lange wie

m-libet *u.* **quam-lubet** ADV **1** nach Belieben **2** so sehr auch

m-ob-rem ADV **1** (*interrogativ*) warum?, weshalb?, weswegen? **2** (*relativ*) weshalb, weswegen **3** (*relativer Anschluss*) und deshalb, und daher

quam-prīmum ADV möglichst bald

★**quam-quam** KONJ **1** obwohl **2** (*im Hauptsatz*) jedoch, freilich

★**quam-vīs** **A** ADV beliebig, noch so sehr, wie sehr auch; **divitiae** ~ **magnae** noch so großer Reichtum; ~ **multi** beliebig viele **B** KONJ wie sehr auch; mag auch; ~ **divites sint** wie reich sie auch sind

quā-nam ADV **1** wo denn? **2** wie denn?

★**quandō** **A** ADV **1** (*interrogativ*) wann? **2** (*indefinit nach si, nisi, ne, num, quo, cum*) irgendwann, je, jemals, einmal **B** KONJ +*ind* **1** (*zeitl.*) als, da; **tum** ~ damals als **2** (*kausal*) weil ja, da ja doch

quando-cumque *u.* **quando-cunque** ADV **1** (*relativ*) wann auch immer, sooft nur **2** (*indefinit*) irgendwann einmal

quandō-que **A** ADV irgendwann einmal **B** KONJ **1** (*zeitl.*) wann immer, sooft, sobald nur **2** (*kausal*) weil ja, da nun einmal

quandō-quidem KONJ da nun einmal, da allerdings

quanquam KONJ = **quamquam**

quantillus ⟨a, um⟩ ADJ (*interrogativ u. relativ*) wie klein, wie gering

quantītās ⟨ātis⟩ F Größe, Menge, Zahl

Q

quantō → quantus

quantō opere *u.* **quant-opere** ADV 1 *(interrogativ)* wie sehr? 2 **tantopere … ~** so sehr wie

quantulus ⟨a, um⟩ ADJ 1 *(interrogativ u. ausrufend)* wie klein, wie gering, wie wenig 2 *(relativ)* wie wenig

quantulus-cumque ⟨quantula-cumque, quantulum-cumque⟩ ADJ *u.* **quantulus-cunque** ⟨quantula-cunque, quantulum-cunque⟩ ADJ wie wenig auch immer, wie klein auch immer

quantum ⟨ī⟩ N 1 *(interrogativ, ausrufend, relativ)* wie viel, so viel; wie wenig, wie gering; **in ~** inwieweit, so weit als 2 *akk* so viel, insoweit, inwiefern; **~ fieri potest** soviel getan werden kann 3 *gen* **quanti** wie teuer?, für wie viel? 4 *abl* **quanto** wie viel, um wie viel, wie weit, wie sehr, *beim komp u. ähnlichen Begriffen;* **quanto maior?** um wie viel größer?; **quanto praestat** um wie viel besser ist er!; **quanto … tanto** je … desto

quantum-vīs A ADV sehr B KONJ so sehr auch, obwohl

★**quantus** ⟨a, um⟩ ADJ 1 *(interrogativ u. ausrufend)* wie groß, wie stark, wie lang, wie klein, wie gering, wie wenig; **~ vir!** welch ein Mann! 2 *(relativ)* so groß wie, so viel wie, so lange als 3 *(in Verbindung mit posse u. sup)* möglichst, größtmöglich

quantus-cumque ⟨quanta-cumque, quantum-cumque⟩ ADJ wie groß/viel auch immer, wie wenig/klein auch immer

quantus-libet ⟨quanta-libet, quantum-libet⟩ ADJ beliebig groß

quantus-quantus ⟨quanta-quanta, quantum-quantum⟩ ADJ = **quantuscumque**

quantus-vīs ⟨quanta-vīs, quantum-vīs⟩ ADJ so groß/viel du willst, beliebig groß

quā-propter ADV 1 *(interrogativ u. relativ)* weswegen 2 *(relativer Anschluss)* und deswegen

quā-quā ADV wohin nur

quāque ADV → usquequaque

★**quā-rē** ADV 1 *(interrogativ)* wodurch?, warum?, weshalb? 2 *(relativ)* weswegen, weshalb, wodurch, warum 3 *(relativer Anschluss)* und daher, und deshalb

quārta ⟨ae⟩ F 1 die vierte Stunde 2 der vierte Teil

quārtānus ⟨a, um⟩ ADJ zum vier… Tag gehörig, viertägig (wiederkehren…; **febris quartana** Wechselfieber

quārtārius ⟨ī⟩ M Viertelmaß = *0,14*…

quārtō *u.* **quārtum** ADV zum vier… Mal

quārtus A ⟨a, um⟩ NUM ORD der vi… B ⟨ī⟩ M 1 das vierte Buch 2 der vi… Meilenstein 3 Ururgroßvater

★**qua-si** A = **quam si** als wenn B KON… gleich wie, wie 2 wie wenn, als ob… **vero** gerade wie wenn C ADV 1 gle… wie, wie; **quasi sedatus** wie beru… 2 gewissermaßen 3 ungefähr, fast

quasillum ⟨ī⟩ N *u.* **quasillus** ⟨ī… Spinnkörbchen

quassāre ⟨ō, āvī, ātum 1.⟩ A V/… schütteln, erschüttern 2 zerschmet… 3 plagen, quälen 4 *fig* zerrüt… schwächen B V/I klappern, wackeln

quassātiō ⟨ōnis⟩ F heftiges Schüt…

quassus[1], *abl* ⟨ū⟩ M das Schütteln

quassus[2] ⟨a, um⟩ ADJ 1 beschädig… zitternd, schwach 2 *fig* zerrüttet

quassus[3] ⟨a, um⟩ PPP → quatere

quā-tenus A ADV 1 *(interrogativ)*… weit?, bis wie weit? 2 *(zeitl.)* wie la… 3 *(relativ)* so weit wie 4 *(relativ)* in… weit, inwiefern B KONJ da ja, weil j…

quater ADV viermal; **~ decies** vierz… mal

★**quatere** ⟨quatiō, -, quassum 3.… schütteln, schwingen 2 schlagen, …ßen, erschüttern 3 jagen, treiben … schädigen, zerschmettern 5 *fig* au… Fassung bringen 6 *fig* plagen, be… higen

quaternī ⟨ae, a⟩ NUM DISTR je vier

★**quattuor** *indekl* NUM CARD vier

quattuor-decim *indekl* NUM CARD zehn

quattuor-virī ⟨ōrum⟩ MPL Vier… nerausschuss

★**-que** KONJ, *angehängt* 1 und; **terrā… ri~** zu Wasser und zu Land 2 und s… und daher 3 und überhaupt, schließlich, kurz 4 *(erklärend)* und nämlich, das heißt 5 *(kontrastie…* und doch, und dabei; **dives m…** reich und doch arm 6 *(adversativ)*…

Q

(nach Verneinung) sondern **8** (bei Zah-
n) oder, bis; **ter quater~** drei- oder
ermal, drei- bis viermal **9** **-~ ... -~so-**
ohl ... als auch
ieentia ⟨ae⟩ F das Können
iem-ad-modum ADV **1** (interroga-
/) auf welche Weise? wie? **2** (relativ)
ie, sowie **3** wie zum Beispiel
ieō → quire
iercētum ⟨ī⟩ N = **querquetum**
ierceus ⟨a, um⟩ ADJ Eichen...
iercus ⟨ūs⟩ F **1** Eiche **2** Eichenlaub,
chenlaubkranz **3** Eicheln
ierēla u. **querella** ⟨ae⟩ F **1** Klage
Beschwerde **3** Unpässlichkeit
ierī ⟨queror, questus sum 3.⟩ **1** kla-
n, jammern, beklagen **2** (Tier) zwit-
hern, winseln, kreischen **3** sich bekla-
n, sich beschweren, **iniurias/de iniu-**
s über das Unrecht
eribundus ⟨a, um⟩ ADJ klagend,
mmernd
erimōnia ⟨ae⟩ F Klage, Beschwer-

erneus u. **quernus** ⟨a, um⟩ ADJ Ei-
en...
erquētum ⟨ī⟩ N Eichenwald
erulus ⟨a, um⟩ ADJ **1** klagend, kläg-
ı wimmernd **2** sich beklagend
estiō ⟨ōnis⟩ F Klage
estus¹ ⟨a, um⟩ PPERF → queri
estus² ⟨ūs⟩ M Klage, Wehklage,
¹ ⟨quae quod⟩ INDEF PR, adj u. subst
ch ⟨qui, qua, quod⟩), **1** (interrogativ)
adj welcher?, welche?, welches?, was
ein?; als subst wer?, was?; **quae ami-**
a was für eine Freundschaft **2** (aus-
end) welcher, welch ein **3** (relativ)
, welcher; als subst wer, was **4** (rela-
derjenige, welcher, statt is, qui **5** (re-
/) so viel wie, wie viel **6** (relativ)
od so viel **7** (relativ) **quo** um wie viel,
so; **quo ... eo** je ... desto **8** (relativ,
sekutiv) so dass er; **indignus es, cui**
m habeamus du bist nicht würdig,
s wir Vertrauen haben **9** (relativ, fi-
damit er **10** (relativ, kausal) da er,
er; **quippe ~** da er ja; **praesertim**
ımal da er **11** (relativ, konzessiv) ob-
l er, da er doch **12** (relativ beschrän-
d) soweit er; **quod sciam** soweit ich
3 **13** (relativer Anschluss) und dieser,
er nämlich **14** (indefinit) irgendein,
irgendwelcher **15** irgendeiner

★**quī²** **A** **~cum** mit dem, mit wem **B** ADV **1** (interrogativ) wie?, warum?, inwiefern?; **~ fit, ut ...?** wie kommt es, dass ...? **2** (interrogativ) wie hoch?, wie teuer? **3** (relativ) wodurch, womit **4** (indefinit) irgendwie **5** (in Wunschformeln) wenn doch

★**quia** KONJ **1** (interrogativ) warum?; **~nam?** warum denn? **2** (kausal) weil **3** **~ne** etwa weil?

quia-nam → quia

quicquam → quisquam

quicquid → quisquis

quī-cum → qui²

★**quī-cumque** ⟨quae-cumque, quod-cumque⟩ REL PR adj u. subst **1** wer auch immer, jeder der, jeder mögliche; **quodcumque** alles was **2** = **qualiscumque**

quī-cunque ⟨quae-cunque, quod-cunque⟩ REL PR = **quicumque**

★**quī-dam** ⟨quae-dam, quod-dam⟩ INDEF PR adj u. ⟨quid-dam⟩ INDEF PR subst **1** ein gewisser; irgendein(er); **quiddam mali** etwas Böses **2** PL gewisse, einige **3** sozusagen ein; **tacitus ~ sermo** eine Art stilles Gespräch **4** ganz, geradezu; **incredibilis quaedam magnitudo** eine geradezu unglaubliche Größe

★**quidem** ADV **1** (bekräftigend) gewiss, sicherlich, gerade; **qui ~ duo** gerade diese beiden **2** (beschränkend) wenigstens, freilich; **hoc ~ tempore** zu dieser Zeit freilich **3** (adversativ) aber, freilich, allerdings; **~ ... sed** zwar ... aber **4** nämlich, zwar **5** **ne ... ~** nicht einmal

quid-nī ADV warum nicht, +konjkt

quiēns PPR → quire

★**quiēs** ⟨ētis⟩ F **1** Ruhe, Erholung, **laborum** von den Mühen **2** Ruheplatz **3** Schlaf **4** Traum **5** Tod **6** Schlafenszeit **7** Schweigen, Stille **8** POL Friede, Neutralität

★**quiēscere** ⟨quiēscō, quiēvī, quiētum 3.⟩ **1** zur Ruhe kommen, ausruhen **2** schlafen **3** RHET innehalten **4** fig verstummen, schweigen **5** POL Frieden halten, neutral bleiben **6** fig Privatmann sein **7** fig unbesorgt sein

★**quiētus** ⟨a, um, adv quiētē⟩ ADJ **1** (Person, Sache) ruhig, still **2** fig sich ruhig verhaltend **3** fig friedlich, ungestört **4** POL neutral **5** (Person) zurückgezo-

Q

gen, in Muße lebend **6** *(geistig)* gelassen **7** *fig* energielos, kraftlos

quiēvī → quiescere

quī-libet ⟨quae-libet, quod-libet⟩ INDEF PR *adj u.* ⟨quid-libet⟩ INDEF PR *subst* jeder beliebige, der erste beste

★**quīn** **A** ADV **1** wie nicht, warum nicht **2** ja sogar, ja vielmehr **B** KONJ *+konjkt* **1** *(nach verneinten Ausdrücken)* dass; **non dubito, ~** ich zweifle nicht, dass **2** *(für qui non, quae non, quod non nach verneintem Subjekt des regierenden Satzes)* jeder; **nemo est, ~ sciat** jeder weiß **3** *(konsekutiv für ut non)* dass nicht, ohne dass, *bei verneintem Prädikat des regierenden Satzes;* **numquam accedo, ~ abs te abeam doctior** ich komme niemals, ohne dass ich gelehrter von dir weggehe **4** **non ~** nicht als ob nicht

quī-nam ⟨quae-nam, quod-nam⟩ INT PR, *adj u. subst* welcher denn?, was für einer denn?

Quīnctius ⟨a, um⟩ *Name einer röm. gens* **1** → Cincinnatus **2** **T. ~ Flaminius** *Sieger über Philipp V. von Makedonien*

quīnc-ūnx ⟨ūncis⟩ M **1** *(Münze)* 5/12 As **2** *(Hohlmaß)* 5/12 des sextarius = *0,225 l* **3** 1/5 einer Erbschaft **4** *(auf dem Würfel)* fünf Augen **5** BOT, MIL Kreuzstellung

quīndeciē(n)s ADV fünfzehnmal

quīn-decim *indekl* NUM CARD fünfzehn

quīndecim-prīmī ⟨ōrum⟩ MPL die 15 ersten Senatoren *eines Munizipiums*

quīndecim-virī ⟨ōrum⟩ MPL Fünfzehnmännerausschuss, *zur Aufsicht der Sibyllinischen Bücher*

quīngēnī ⟨ae, a⟩ NUM DISTR je fünfhundert

quīngentēsimus ⟨a, um⟩ NUM ORD der fünfhundertste

quīngentī ⟨ae, a⟩ NUM CARD fünfhundert

quīngentiē(n)s ADV fünfhundertmal

quīnī ⟨ae, a⟩ NUM DISTR **1** je fünf; **quini deni** je fünfzehn **2** fünf

quīnquāgēnārius ⟨a, um⟩ ADJ fünfzigjährig; fünfzig enthaltend

quīnquāgēnī ⟨ae, a⟩ NUM DISTR **1** je fünfzig **2** fünfzig

quīnquāgēsiē(n)s ADV fünfzigmal

quīnquāgēsima ⟨ae⟩ F ein Fünfzigstel

quīnquāgēsimus ⟨a, um⟩ NUM O[RD] der fünfzigste

quīnquāgiē(n)s ADV fünfzigmal

quīnquāginta *indekl* NUM CARD fün[fzig]

quīnquātrūs ⟨uum⟩ F die Quinq[uatren], *Feste zu Ehren der Minerva;* **~ ma[iores]** die großen Quinquatren *im März* **minores** die kleinen Quinquatren *im ...*

★**quīnque**[1] *indekl* NUM CARD fünf

quīnque[2] = **et quin;** → quin

quīnquennālis ⟨e⟩ ADJ **1** fünfjähr[ig] alle vier Jahre gefeiert; alle vier Ja[hre] stattfindend **2** fünf Jahre dauernd

quīnqu-ennis ⟨e⟩ ADJ **1** fünf Ja[hre] alt, fünfjährig **2** fünfjährig = alle [vier] Jahre gefeiert

quīnquennium ⟨ī⟩ N Zeitraum [von] fünf Jahren, fünf Jahre

quīnque-pertītus ⟨a, um⟩ ADJ f[ünf]teilig

quīnque-prīmī ⟨ōrum⟩ MPL die [fünf] ersten Senatoren *eines Munizipiums*

quīnque-rēmis ⟨is⟩ F Schiff mit [fünf] Ruderbänken

quīnque-virī ⟨ōrum⟩ MPL Fünfm[ä]nnerausschuss

quīnquiē(n)s ADV fünfmal

quīnqui-plex ⟨plicis⟩ ADJ fünffälti[g]

quīnquiplicāre ⟨ō, -, - 1.⟩ verfü[nffa]chen

quīntāna ⟨ae⟩ F *Querweg im röm. [La]ger*

Quīntiliānus ⟨a, um⟩ *röm. Bein[ame]* **M. Fabius ~** *aus Calagurris in Spa[nien,] Rhetoriklehrer in Rom, Verfasser von [„De] institutione oratoria"*

Quīntīlis **A** ⟨e⟩ ADJ des fünften [Mo]nats, des Juli **B** ⟨is⟩ M der fünfte M[onat] *des am 1. März beginnenden Jahres, s[eit 44 v. Chr.] zu Ehren Caesars Juli genannt*

Quīntius ⟨a, um⟩ = **Quinctius**

quīntus ⟨a, um⟩ NUM ORD der fü[nfte]; **quintum** fünfmal

Quīntus ⟨a⟩ *röm. Vorname, abgek.*

quīntus-decimus ⟨a, um⟩ NUM [ORD] der fünfzehnte

quīpiam ADV auf irgendeine Weis[e]

★**quippe** ADV **1** freilich, natürlich, [aller]dings, ja **2** **~ qui** da er ja

quippiam → quispiam

quippinī ADV warum denn n[icht?] selbstverständlich

★**quīre** ⟨queō, quīvī *u.* quiī, quitur...

önnen, imstande sein

uirīnālis ⟨e⟩ ADJ 1 des Quirinus 2 es Romulus

uirīnus A ⟨a, um⟩ ADJ 1 des Quiri-us 2 des Romulus B ⟨ī⟩ M 1 *alter* ·m. Gott 2 *Beiname des Romulus* 3 *Bei-ame des Janus* 4 *Beiname des Augustus* **populus Quirini** die Römer

uirīs ⟨ītis⟩ M, *meist* PL **Quirītes** ·um *u.* um⟩ 1 die Quiriten, *urspr. die* ·ewohner der sabinischen Stadt Cures 2 ·e Quiriten, *die röm. Vollbürger*

Landeskunde

Quirites – ein Ehrentitel für römische Vollbürger

Quiris war die ursprüngliche Bezeich-·ung und blieb die ehrenvolle Anrede ·ür einen römischen Vollbürger vor ·llem in der Volksversammlung. ·ußerdem blieb das Wort in einigen ·lten Wendungen erhalten, wie z. B. **enatus populusque Quiritium omanorum** (SPQR, das später zu **enatus populusque Romanus** ver-·infacht wurde). Die genaue Herkunft ·es Wortes ist umstritten.

is ⟨quid⟩, *gen* ⟨cuius⟩, *dat* ⟨cui⟩ A ·ON 1 *(interrogativ)* wer?, was?; **quid · gloria?** was ist Ruhm?; **quid tibi ?** was willst du? 2 *(indefinit)* irgendei-·, -jemand, irgendetwas, *meist subst,* ·*ch si, nisi, ne, num auch adj* = **qui, ·/quae, quod; dixerit ~** es könnte · sagen B ADV **quid** 1 *(interrogativ)* ·s?, wozu?, warum? 2 wie? **quid ita?** ·rum dies?, wieso?; **quid deinde/ ·n?** was weiter? **quid vero?** wie?, ja ·ch mehr; **quid, quod ...?** was soll ·n dazu sagen, dass ...?; **quid, si ...?** · soll man dazu sagen, wenn ...?; **·d enim?** denn wie?

s-nam ⟨quidnam⟩ INT PR 1 *(dir.)* · denn?, was denn? 2 *(indir.)* etwa je-·nd, etwa etwas

s-piam ⟨quae-piam, quidpiam/ ·ppiam⟩ *(subst) u.* ⟨quodpiam/quop-·m⟩ *(adj)* A INDEF PR jemand, irgendje-mand, irgendein beliebiger B ADV **quid-piam** etwas

★**quis-quam** ⟨quae-quam, quidquam/ quicquam⟩ INDEF PR, *subst u. adj* irgend-jemand, irgendeiner, überhaupt einer; **vix ~** kaum einer; **nec ~ unus** und kei-ner

★**quis-que** ⟨quae-que, quid-que⟩ *subst u.* ⟨quod-que⟩ *adj* PRON 1 *(indefinit)* je-der, jeder einzelne; **per se ~** jeder für seinen Teil 2 *(bei num ord)* **tertio quo-que die** an jedem dritten Tag 3 *(beim sup)* **optimus ~** gerade die Besten 4 *(vergleichend)* **ut ~** *(+sup)* **... ita** *(+sup)* je ... desto 5 = **uterque** 6 *(relativ)* = **quisquis** *u.* = **quicumque**

quisquiliae ⟨ārum⟩ FPL 1 Abfall, Keh-richt 2 *fig* Auswurf, Abschaum

★**quis-quis** ⟨quidquid/quicquid⟩ *(subst) u.* ⟨quodquod⟩ *(adj)* A REL PR 1 *(subst)* wer/was nur immer, jeder der, alles das; **~ adest** jeder Anwesende 2 *(subst)* jeder Einzelne 3 *(adj)* jeder beliebige, der erstbeste; **quoquo modo** unter allen Umständen B ADV **quidquid** je weiter, je mehr

quīvī → quire

★**quī-vīs** ⟨quae-vīs, quid-vīs⟩ *(subst) u.* ⟨quod-vīs⟩ *(adj)* INDEF PR jeder, den du willst, jeder beliebige, jeder mögliche; **~ unus** jeder Beliebige

quīvīscumque ⟨quavīscumque, quodvīscumque⟩ REL PR wer es auch sei, jeder

★**quō** A ADV 1 *(relativ)* wodurch, woher, weswegen 2 *(relativer Anschluss)* (und) dadurch, daher; **~ factum est, ut** da-durch geschah es, dass 3 um wie viel 4 *(relativer Anschluss)* (und) um so viel; **~ maior** um wie viel größer; **~ ... eo** je ... desto 5 *(interrogativ)* wohin?; **~ va-dis?** wohin gehst du? 6 *(interrogativ)* bis zu welchem Grad?, wie weit? 7 *(interro-gativ)* wozu? 8 *(relativ)* wohin 9 *(relati-ver Anschluss)* (und) dorthin 10 *(indefinit)* irgendwohin 11 *(indefinit)* irgendwie B KONJ *+konjkt* 1 damit dadurch 2 *(vor Komp.)* damit desto, damit umso 3 **non ~** nicht als ob, nicht als wenn

quo-ad A ADV 1 wie weit, so weit, in-wiefern; **~ facere potui** soweit ich es tun konnte 2 *(interrogativ)* wie lange? 3 *(interrogativ)* bis wohin? B KONJ 1

Q

solange (als) 2 bis (dass)
quō-circa ADV daher, demzufolge
★**quō-cumque** ADV wohin nur immer
quod[1] → qui[1]
★**quod**[2] A ADV 1 soweit, inwiefern; ~ **potero** soweit ich kann 2 weshalb, warum; **est,** ~ es gibt einen Grund, warum 3 *(relativer Anschluss)* (und) deshalb, (und) darum 4 also, nun; ~ **si** wenn also, denn wenn, selbst wenn, wenn aber B KONJ 1 *(kausal)* weil; **non** ~ *+konjkt* nicht als ob, nicht wie wenn 2 dass; **accedit,** ~ dazu kommt, dass; **nisi** ~ außer dass; **bene accidit/evenit** ~ recht geschieht es, dass 3 was das betrifft, dass; wenn 4 darüber dass, *nach Verben der Gemütsbewegung*
quōdam-modo ADV gewissermaßen; einigermaßen
★**quodsī** → quod[2]
quōiās = **cuias**
quōiātis = **cuiatis**; → cuias
quōius ⟨a, um⟩ ADJ = **cuius**
quoivīs = **cuivis**; → quivis
quō-libet ADV überallhin
quom = **cum**[2]
★**quō-minus** KONJ *+konjkt* 1 dass nicht; **per me stat/fit,** ~ ich bin schuld daran, dass nicht 2 dass *od. als inf übersetzt nach Verben des Hinderns u. Ä.*
★**quō-modo** ADV 1 *(interrogativ)* wie?, auf welche Weise? 2 *(relativ)* wie 3 *(relativer Anschluss)* auf diese Weise, so
quōmodo-cumque ADV 1 *(relativ)* wie auch immer 2 *(indefinit)* irgendwie
quōmodo-nam ADV *(interrogativ)* wie denn?
quō-nam ADV *(interrogativ)* wohin denn?
★**quondam** ADV 1 einst 2 manchmal 3 künftig
★**quon-iam** KONJ *+ind* 1 *(kausal)* weil ja, da ja 2 *(in der Überleitung)* nachdem also
quōpiam ADV irgendwohin
★**quoque**[1] ADV, *nachgestellt* auch; **alteri** ~ auch die anderen; **ne** … ~ nicht einmal
quōque[2] = **et quo**
quōque-versus ADV = **quoquoversus**
quō-quō ADV wohin nur immer
quōquōversum *u.* **quōquōversus** ADV nach allen Seiten
quōr = **cur**
quōrsum *u.* **quōrsus** ADV 1 *(intergativ)* wohin? 2 *(interrogativ)* wozu?
★**quot** *indekl* NUM 1 *(interrogativ)* wie vle?; ~ **cives?** wie viele Bürger? 2 *(rela* wie (viele); **tot** … ~ so viele … wie; ties … ~ so oft … wie
★**quot-annīs** ADV jährlich, alljährlich
quot-cumque *indekl relativ* wie vi auch immer; alle, die
quotēnī ⟨ae, a⟩ ADJ wie viele jedes
quotīd… = **cot(t)id…**
★**quotiē(n)s** ADV 1 *(interrogativ)* oft?, *auch im Ausruf* 2 *(relativ)* so oft
quotiē(n)s-cumque ADV sooft immer
quot-kalendīs ADV allmonatlich
quot-quot *indekl* NUM wie viele a immer
quotumus ⟨a, um⟩ ADJ der wievie
quotus ⟨a, um⟩ ADJ der wievielte; **q ta est hora?** wie viel Uhr ist es?
quotus-cumque ⟨quota-cumc quotum-cumque⟩ ADJ der wievi auch immer
quotus-quisque ⟨quota-quisc quotum-quisque⟩ ADJ wie wenige
quō-ūsque ADV 1 wie weit? 2 *fig* wiefern? 3 wie lange (noch)?
quō-vīs ADV überallhin
qūr = **cur**
quum = **cum**

R

R ABK 1 = **Romanus**, römisch, Römer **Rufus** 3 **R. I. P.** = **requiescat in pac** sie ruhe in Frieden
rabere ⟨iō, -, - 3.⟩ toben, wüten, r
rabidus ⟨a, um, *adv* rabidē⟩ AD send, ungestüm, stürmisch
★**rabiēs** ⟨eī *u.* ēs⟩ F 1 Raserei, Wut *nes Tieres)* Tollwut 3 *fig* Jähzorn 4 tige Gier 5 *fig* Begeisterung
rabiōsus ⟨a, um, *adv* rabiōsē⟩ AD tend, verrückt, rasend
rabula ⟨ae⟩ M Schreier, Rechtsve her

cēmi-fer ⟨fera, ferum⟩ ADJ 1 Bee-
en tragend 2 mit Trauben bekränzt
cēmus ⟨ī⟩ M 1 Weintraube, -beere
Traubensaft, Wein
dere ⟨rādō, rāsī, rāsum 3.⟩ 1 krat-
en, schaben 2 glätten 3 (*Literarisches*)
ilen 4 zerkratzen, verletzen 5 (*Ge-
hriebenes*) ausstreichen 6 scheren, ra-
eren 7 (*Ort*) berühren, streifen
diāre ⟨ō, -, - 1.⟩ *u.* **radiārī** ⟨or, - 1.⟩
rahlen, glänzen
diātus ⟨a, um⟩ ADJ strahlend
dīcitus ADV 1 mit der Wurzel 2 *fig*
n Grund auf
diōsus ⟨a, um⟩ ADJ strahlend
dius ⟨ī⟩ M 1 Stab 2 Speiche 3 Zei-
enstift 4 Weberschiffchen 5 längli-
e Olive 6 Halbmesser, Radius 7
rahl
dīx ⟨īcis⟩ F 1 Wurzel 2 Rettich, Ra-
eschen 3 unterer Teil, Fuß, Grund 4
Ursprung, Quelle, Stamm
eda ⟨ae⟩ F Reisewagen
edārius A ⟨a, um⟩ ADJ Kutschen…
⟨ī⟩ M Kutscher
etī ⟨ōrum⟩ MPL die Raeter, *kelt. Volk*
ischen Inn u. Rhein; **Raetia** ⟨ae⟩ F
etien, *Stammland der Raeter, von Dru-
u. Tiberius unterworfen, zur röm. Pro-
z gemacht;* **Raeticus** *u.* **Raetius**
Raetus ⟨a, um⟩ ADJ raetisch; **Rae-
s** ⟨ī⟩ M Raeter
lus ⟨a, um⟩ ADJ glatt, dünn
nenta ⟨ae⟩ F *u.* **rāmentum** ⟨ī⟩ N
itter; Stückchen, ein bisschen
nicēs *u.* **rāmitēs** ⟨um⟩ MPL Lun-
ngefäße
nnēnsēs *u.* **Ramnēs** ⟨ium⟩ MPL
iner der drei Urtribus in Rom 2 *die An-
örigen der ersten von Romulus gegrün-
en Ritterzenturien* 3 *fig* vornehme jun-
Herren
nōsus ⟨a, um⟩ ADJ verzweigt
nulus ⟨ī⟩ M Zweiglein; Wurzeltrieb
nus ⟨ī⟩ M 1 Ast, Zweig 2 Keule *des
kules* 3 PL Früchte 4 Flussarm
a ⟨ae⟩ F Frosch
cidus ⟨a, um, *adv* rancidē⟩ ADJ 1
kend, ranzig 2 *fig* ekelhaft
ācidēs ⟨ae⟩ M Räubersohn
ācitās ⟨ātis⟩ F Raubsucht
āx ⟨rapācis⟩ ADJ 1 reißend, unauf-
sam 2 *fig* fähig sich *etw* anzueignen,
alicuius rei 3 *fig* räuberisch

★**rapere** ⟨rapiō, rapuī, raptum 3.⟩ 1 ergreifen 2 *fig* rasch aufnehmen, genießen 3 aus-, zerreißen 4 wegreißen, fortschleppen, entführen 5 vor Gericht/ins Gefängnis schleppen 6 hinraffen 7 *fig* an sich reißen 8 *passiv u.* **se ~** forteilen 9 entreißen 10 rauben, erbeuten 11 plündern, verwüsten 12 *fig* fortreißen, treiben, drängen

raphanus ⟨ī⟩ M Rettich

rapiditās ⟨ātis⟩ F Schnelligkeit

★**rapidus** ⟨a, um, *adv* rapidē⟩ ADJ 1 reißend, schnell 2 raubgierig, wild

★**rapīna** ⟨ae⟩ F 1 Räuberei, Plünderung 2 Fang, Raub, Beute

raptāre ⟨ō, āvī, ātum 1.⟩ 1 gewaltsam fortschleppen, fortreißen 2 *fig* anklagen 3 rauben, plündern

raptim ADV eilends, hastig

raptor ⟨ōris⟩ A M Räuber, Entführer, Verführer B ADJ räuberisch

raptum ⟨ī⟩ N Raub, Beute

raptus[1] ⟨a, um⟩ PPP → rapere

raptus[2] ⟨ūs⟩ M 1 das Zerreißen, das Zerfleischen 2 Raub 3 Entführung

rapuī → rapere

rāpulum ⟨ī⟩ N kleine Rübe, Rettich

rāpum ⟨ī⟩ N Knolle, Rübe, Rettich

rārē-facere ⟨faciō, fēcī, factum 3.⟩ verdünnen, locker machen; *passiv* locker werden

rārēscere ⟨ēscō, -, - 3.⟩ 1 dünn/locker werden, sich auflösen 2 *fig* seltener/weniger werden

rāritās ⟨ātis⟩ F 1 Lockerheit, Durchlässigkeit 2 Seltenheit, geringe Zahl

★**rārus** ⟨a, um, *adv* rārē *u.* rārō⟩ ADJ 1 locker, dünn, weitmaschig 2 vereinzelt 3 selten, spärlich, wenig 4 ungewöhnlich, außerordentlich

rāsī → radere

rāsilis ⟨e⟩ ADJ glatt, poliert

rāster ⟨trī⟩ M *u.* **rāstrum** ⟨ī⟩ N zweizinkige Hacke, mehrzinkige Hacke

rāsus ⟨a, um⟩ PPP → radere

★**ratiō** ⟨ōnis⟩ F 1 Rechnung, Berechnung; **rationem alicuius rei habere/inire** etw berechnen; **in rationem inducere aliquid** etw in Rechnung stellen; **quantum in ratione est** soviel sich berechnen lässt 2 Rechenschaft; **rationem repetere/reddere** Rechenschaft

R

fordern/ablegen **3** Verzeichnis, Liste **4** Summe, Zahl **5** geschäftlicher Umgang **6** Geldgeschäft **7** Angelegenheit, Sache **8** Verbindung, Beziehung, Verhältnis; **rationem contrahere cum aliquo** mit j-m in Verbindung treten; **rationem habere cum aliquo** mit j-m zu tun haben; **pro ratione alicuius rei** im Verhältnis zu etw **9** Gebiet, Bereich **10** Erwägung, Berücksichtigung, Sorge; **rationem habere/ducere alicuius rei** auf etw Rücksicht nehmen; **ad nostrorum annalium rationem** in Hinblick auf unsere Geschichte **11** PL Vorteil, Interesse **12** vernünftiges Denken, Überlegung; **(cum) ratione** mit Überlegung, mit Absicht; **in ratione versari** Gegenstand der Überlegung sein; **~ est** es ist vernünftig **13** Vernunft, Geist; **nulla huiusce rei ~ est** diese Sache hat keinen Sinn **14** Methode; *pl* Maßregeln; Plan; **ratione** methodisch; **~ et consilium** planmäßige Überlegung **15** Denkart, Anschauungsweise, Prinzip, Standpunkt **16** Beweggrund, Motiv; **nullā ratione** ohne Grund **17** Beweisführung; Schlussfolgerung; **rationem concludere** die Beweisführung abschließen **18** philosophisches System **19** Theorie, Lehre, Wissenschaft; Schule **20** Lehr-, Grundsatz **21** Verfahren, Verhalten; **omni ratione** auf jede Weise; **qua ratione?** wie? **22** Beschaffenheit, Zustand; **~ Galliae** die Lage Galliens **23** Weg, Mittel

ratiōcinārī ⟨or, ātus sum 1.⟩ **1** (be-)rechnen **2** *fig* überlegen; folgern

ratiōcinātiō ⟨ōnis⟩ F **1** vernünftige Überlegung **2** Schlussfolgerung

ratiōcinātor ⟨ōris⟩ M **1** Rechnungsführer, Buchhalter **2** *fig* Berechner

ratiōnābilis ⟨e⟩ ADJ vernünftig

ratiōnālis ⟨e, *adv* ratiōnāliter⟩ ADJ **1** Vernunft…, vernünftig **2** logisch

★**ratis** ⟨is⟩ M **1** Floß, Kahn, Schiff **2** Fahrzeug; **ratibus iungere flumen** eine Schiffsbrücke über den Fluss schlagen

ratiuncula ⟨ae⟩ F **1** schwacher Grund **2** spitzfindiger Schluss

ratus[1] ⟨a, um⟩ PPERF → **reri**

ratus[2] ⟨a, um⟩ ADJ **1** berechnet; **pro rata (parte)** verhältnismäßig **2** feststehend, sicher **3** gültig, rechtskräftig

rauci-sonus ⟨a, um⟩ ADJ dumpf tönend

raucus ⟨a, um, *adv* raucē⟩ ADJ **1** hei… **2** *fig* dumpf tönend

raudusculum ⟨ī⟩ N kleiner Betrag

Rauracī *u.* **Rauricī** ⟨ōrum⟩ MPL *k… Stamm um Basel, von Caesar besiegt*

Ravenna ⟨ae⟩ F *Stadt an der Pom… dung*

rāvīre ⟨iō, -, - 4.⟩ sich heiser reden

ravis ⟨is⟩ F Heiserkeit

rāvistellus ⟨ī⟩ M Graukopf

rāvus ⟨a, um⟩ ADJ graugelb, fahl

re- PRÄF, *vor Vokalen red-* **1** zurü… **~-ducere** zurück-führen **2** wied… **~-stituere** wieder-herstellen **3** ent… gen-, wider-; **~-sistere** wider-stehen

rea ⟨ae⟩ F Angeklagte

reāpse ADV in der Tat, wirklich

Rēa Silvia ⟨ae⟩ F *von Mars Mutter Romulus u. Remus*

re-bellāre ⟨ō, āvī, ātum 1.⟩ **1** Krieg wieder aufnehmen **2** sich wie… erheben

rebellātiō ⟨ōnis⟩ F = **rebellio**

rebellātrīx ⟨īcis⟩ ADJ = **rebellis**

★**rebelliō** ⟨ōnis⟩ F Wiederaufnahme … Krieges, Aufstand

rebellis ⟨e⟩ ADJ aufständisch, rebel…

re-bītere ⟨ō, -, - 3.⟩ zurückkehren

re-boāre ⟨ō, -, - 1.⟩ widerhallen

re-calcitrāre ⟨ō, āvī, - 1.⟩ **1** nach… ten ausschlagen **2** *fig* störrisch sein

re-calefacere ⟨faciō, fēcī, factum… = **recalfacere**

re-calēscere ⟨calēscō, caluī, - 3.⟩ … der warm werden

re-calfacere ⟨faciō, fēcī, factum… wieder erwärmen

re-calvus ⟨a, um⟩ ADJ mit kahler…

re-candēscere ⟨candēscō, cand… 3.⟩ wieder weiß werden

re-cantāre ⟨ō, -, - 1.⟩ **A** V/I wide… len. **B** V/T **1** widerrufen **2** wegzau…

recāsūrus ⟨a, um⟩ PART *fut* → **re… re**[1]

★**re-cēdere** ⟨cēdō, cessī, cessum 3… zurückweichen, -gehen, -treten, sic… rückziehen **2** *perf* (*Ortschaft*) ent… liegen **3** weggehen, sich entferne… *fig* aufgeben; **ab armis ~** die Waffe… derlegen; **a vita ~** sich töten **5** *fig* … loren gehen, **ab aliquo** j-m

★**recēns** **A** ⟨entis, *adv* recenter⟩ …

ɪeben ankommend 2 *fig* unmittelbar ɪch *etw;* ~ **ab aetate** unmittelbar nach ner Zeit 3 (*Soldat usw.*) frisch, ausge-ht 4 (*Sache*) jung, neu, soeben ent-ɜnden B ADV eben erst, gerade

cēnsēre ⟨cēnseō, cēnsuī, cēnsum cēnsītum 2.⟩ 1 durchzählen, mustern (*vom Zensor*) in die Liste eintragen 3 in Gedanken durchgehen 4 aufzäh-ɴ 5 (*Sonne*) durchlaufen

cēnsiō ⟨ōnis⟩ F Musterung *der Bür-r durch den Zensor*, Volkszählung

cēpī → recipere

ceptāculum ⟨ī⟩ N 1 Behälter 2 ɪgazin, Stapelplatz 3 *fig* Zufluchtsort, ɪmmelplatz 4 Abzugskanal

ceptāre ⟨ō, āvī, ātum 1.⟩ 1 rasch rückziehen 2 wieder aufnehmen 3 bei sich aufnehmen

ceptiō ⟨ōnis⟩ F Aufnahme

ceptor ⟨ōris⟩ M 1 Hehler 2 Wieder-ɔberer

ceptrīx ⟨īcis⟩ F Hehlerin

eptus[1] ⟨a, um⟩ ADJ allgemein ange-mmen

eptus[2] ⟨ūs⟩ M 1 das Zurückneh-n, 2 Rückzug; **receptui canere** zum ckzug blasen 3 *fig* Zuflucht

ceptus[3] ⟨a, um⟩ PPP → recipere

cessī → recedere

essim ADV rückwärts

cessum PPP → recedere

essus ⟨ūs⟩ M 1 das Zurückgehen, Zurückweichen; **aestuum accessus** ~ Flut und Ebbe 2 MIL Rückzug 3 Zu-kgezogenheit, Einsamkeit 4 entlege-Ort, Schlupfwinkel, Versteck 5 *fig* ɪkel, Falte

cidere[1] ⟨cidō, cidī, cāsūrus 3.⟩ 1 ückfallen 2 (*in einen Zustand*) wieder allen 3 treffen 4 *fig* herabsinken, allen 5 fallen, **humi** zu Boden 6 ɡeraten, **in/ad aliquid** in etw 7 (*in ei-Zeit*) fallen 8 (*als Eigentum*) zufallen, **aliquem** j-m

īdere[2] ⟨cīdō, cīdī, cīsum 3.⟩ 1 ab-en, -schneiden 2 beschneiden 3 *fig* chränken, verkürzen 4 *fig* beseitigen

idī[1] → recidere[1]

īdī[2] → recidere[2]

dīvus ⟨a, um⟩ ADJ 1 rückfällig 2 wieder erstehend

inere ⟨ō, -, - 3.⟩ A VI widerhallen B VT 1 widerhallen lassen, nachbeten 2 im Wechselgesang preisen

re-cingere ⟨cingō, cinxī, cinctum 3.⟩ 1 losgürten, lösen 2 *passiv* sich ausziehen

reciper... = **recuper...**

★re-cipere ⟨cipiō, cēpī, ceptum 3.⟩ 1 zurücknehmen, -ziehen, -holen, -bringen, -führen; **ensem** ~ das Schwert wieder herausziehen 2 zurücknehmen, zurückgehen lassen 3 **se** ~ zurückgehen, zurückkehren; **se in castra** ~ sich ins Lager zurückziehen 4 wieder an sich ziehen 5 herabstimmen, **vocem** den Ton 6 (*beim Kauf*) zurückbehalten, sich vorbehalten 7 retten, befreien 8 (wieder) erobern; **animum** ~ wieder zur Besinnung kommen, wieder Mut bekommen 9 **se** ~ sich erholen, wieder Mut fassen 10 (wieder) aufnehmen 11 annehmen; **detrimenta** ~ Niederlagen erleiden 12 (*Geld*) einnehmen 13 (*Truppen*) an sich ziehen 14 (*in einen Stand*) aufnehmen; **in servitutem** ~ als Sklaven aufnehmen 15 (*vom Prätor*) eine Klage zulassen; **nomen alicuius** ~ eine Klage gegen j-n zulassen 16 gestatten 17 (*Verpflichtung*) auf sich nehmen, übernehmen 18 zusagen, versprechen

reciprocāre ⟨ō, āvī, ātum 1.⟩ A VT 1 hin und her bewegen; **animam** ~ ein- und ausatmen 2 *passiv* zurückfließen; in Wechselwirkung stehen B VI hin- und zurückfließen

reciprocus ⟨a, um, *adv* reciprocē⟩ ADJ zurückfließend

re-cīsus[1] ⟨a, um⟩ PPP → recidere[2]

recīsus[2] ⟨a, um⟩ ADJ abgekürzt, kurz gefasst

★re-citāre ⟨ō, āvī, ātum 1.⟩ 1 vorlesen, verlesen, **senatum** ~ die Senatorenliste 2 vortragen

recitātiō ⟨ōnis⟩ F 1 das Verlesen 2 Vortrag

recitātor ⟨ōris⟩ M Vorleser

re-clāmāre ⟨ō, āvī, ātum 1.⟩ 1 dagegen schreien, laut zurufen 2 laut Widerspruch erheben 3 widerhallen

reclāmātiō ⟨ōnis⟩ F Zuruf, Widerspruch

reclāmitāre ⟨ō, -, - 1.⟩ 1 laut widersprechen 2 sich sträuben, **alicui rei** gegen etw

R

re-clīnāre ⟨ō, āvī, ātum 1.⟩ 1 zurücklehnen, nach rückwärts biegen 2 *fig* legen 3 erfrischen

reclīnis ⟨e⟩ ADJ zurückgelehnt, rückwärts gebogen

re-clūdere ⟨clūdō, clūsī, clūsum 3.⟩ 1 wieder öffnen 2 *fig* enthüllen, offenbaren

recōgitāre ⟨ō, āvī, ātum 1.⟩ 1 bei sich überdenken 2 wieder an *etw* denken, de re

recognitiō ⟨ōnis⟩ F 1 das Wiedererkennen 2 Besichtigung

re-cognōscere ⟨nōscō, nōvī, nitum 3.⟩ 1 wiedererkennen 2 sich wieder erinnern, **verba** an die Worte 3 untersuchen, durchsehen

re-colere ⟨colō, coluī, cultum 3.⟩ 1 wieder anbauen, wieder bearbeiten 2 (*Ort*) wieder besuchen 3 *fig* von neuem pflegen 4 wiederherstellen, erneuern, **imagines subversas** die zerstörten Bilder 5 wieder schmücken, wieder bekleiden 6 nochmals überdenken

re-colligere ⟨ligō, lēgī, lēctum 3.⟩ wieder einsammeln, wiedergewinnen; **se** ~ sich fassen, sich erholen

re-commentārī ⟨or, ātus sum 1.⟩ sich ins Gedächtnis zurückrufen

re-comminīscī ⟨minīscor, - 3.⟩ sich wieder erinnern

re-compōnere ⟨pōnō, posuī, positum 3.⟩ 1 (wieder) ordnen 2 *fig* wieder besänftigen

re-conciliāre ⟨ō, āvī, ātum 1.⟩ 1 wiederherstellen 2 wieder vereinen, versöhnen 3 wiedergewinnen

R

reconciliātiō ⟨ōnis⟩ F Wiederherstellung, Versöhnung

re-concinnāre ⟨ō, -, - 1.⟩ wieder zurechtmachen, wieder ausbessern

re-condere ⟨condō, condidī, conditum 3.⟩ 1 zurückbringen 2 **oculos** ~ die Augen wieder schließen 3 aufbewahren, verwahren 4 verstecken, verheimlichen

reconditus ⟨a, um⟩ ADJ 1 versteckt, verborgen; **reconditum habere** versteckt halten 2 entfernt, entlegen 3 *fig* geheim 4 (*Charakter*) zurückhaltend 5 *fig* veraltet

re-coquere ⟨coquō, coxī, coctum 3.⟩ 1 wieder kochen 2 *fig* umschmelzen, umschmieden

★**re-cordārī** ⟨or, ātus sum 1.⟩ 1 sich innern, **causam** an den Grund 2 bed ken, beherzigen

recordātiō ⟨ōnis⟩ F Erinnerung, r **tris** an die Mutter

re-corrigere ⟨corrigō, corrēxī, - wieder aufrichten, verbessern

★**re-creāre** ⟨ō, āvī, ātum 1.⟩ 1 von N em schaffen 2 *fig* wiederbeleben, e schen; *passiv u.* **se** ~ sich erholen

re-crepāre ⟨ō, -, - 1.⟩ widerhallen; mer wieder ertönen

recrūdēscere ⟨crūdēscō, crūdu 3.⟩ 1 (*Wunde*) wieder aufbrechen 2 wieder ausbrechen

rēctā ADV geradewegs

rēctē ADV 1 geradeaus 2 recht, ric 3 günstig, gut, sicher; ~ **procedit a** jd. hat Erfolg 4 (*beim Verkauf*) gut, te 5 (*in Antworten*) richtig!, gut!, sc gut!

rēctiō ⟨ōnis⟩ F Lenkung, Leitung

rēctor ⟨ōris⟩ M Lenker, Leiter; ~ **n** Steuermann; ~ **equi** Reiter

rēctrīx ⟨īcis⟩ F Lenkerin, Leiterin

rēctum ⟨ī⟩ N das Rechte, das Rich

rēctus[1] ⟨a, um⟩ PPP → regere

★**rēctus**[2] ⟨a, um⟩ ADJ, ADV → recte 1 rade 2 geradeaus; **ostium rectum** dertür; **in rectum** geradeaus 3 recht, senkrecht 4 *fig* ruhig 5 *fig* tig, fehlerfrei; **rectum est** es gehört 6 *fig* schlicht, einfach 7 *fig* rechts fen 8 **casus** ~ GRAM Nominativ

re-cubāre ⟨ō, uī, - 1.⟩ liegen, ausr

re-cubuī → recubare *u.* → recum

rēcula ⟨ae⟩ F geringe Habe

recumbere ⟨cumbō, cubuī, - 3 sich zurücklehnen, sich hinlegen 2 senken 3 sich anlehnen, **alicui** r etw

re-cuperāre ⟨ō, āvī, ātum 1.⟩ wi erlangen, zurückgewinnen

recuperātiō ⟨ōnis⟩ F 1 Wiedere gung 2 Wiedergutmachung

recuperātor ⟨ōris⟩ M 1 Wiedere rer 2 JUR Richter in Ersatzfragen

recuperātōrius ⟨a, um⟩ ADJ zu Richtern in Ersatzfragen gehörig

re-cūrāre ⟨ō, āvī, ātum 1.⟩ wiede len

re-currere ⟨currō, (cu)currī, cu

.⟩ 1 zurücklaufen, -kehren 2 *fig* auf
w zurückkommen 3 *fig* seine Zuflucht
ehmen
cursāre ⟨ō, -, - 1.⟩ zurücklaufen, -ei-
n, -kehren
-cursum PPP → recurrere
cursus ⟨ūs⟩ M Rücklauf, Rückkehr,
ickfahrt; ~ **pelagi** Ebbe
-curvāre ⟨ō, āvī, ātum 1.⟩ zurück-
eugen
curvus ⟨a, um⟩ ADJ rückwärts gebo-
n
-cūsāre ⟨ō, āvī, ātum 1.⟩ 1 zurück-
eisen, ablehnen, sich weigern 2 JUR
nspruch erheben, protestieren
cūsātiō ⟨ōnis⟩ F 1 Ablehnung, Wei-
rung 2 JUR Einspruch, Protest
cutere ⟨cutiō, cussī, cussum 3.⟩ zu-
ckschlagen, erschüttern
cutītus ⟨a, um⟩ ADJ beschnitten
a ⟨ae⟩ F = **raeda**
-āctus ⟨a, um⟩ PPP → redigere
-ambulāre ⟨ō, -, - 1.⟩ zurückkom-
en
-arguere ⟨arguō, arguī, argūtum
widerlegen, Lügen strafen
ārius ⟨ī⟩ M = **raedarius**
-auspicāre ⟨ō, -, - 1.⟩ zurückkeh-

-dere ⟨dō, didī, ditum 3.⟩ 1 zu-
kgeben, -bringen; *passiv u.* **se** ~ zu-
kkehren 2 vortragen, aufsagen 3
ichten, erzählen 4 zu *etw* machen;
quem suum ~ j-n zu seinem Anhän-
machen 5 als Gegenleistung geben,
atten; **gratiam** ~ Dank abstatten 6
etzen 7 bezahlen; **debitum** ~ Schul-
bezahlen 8 (*Versprechen*) erfüllen
(*Strafe*) leiden, büßen 10 abliefern,
rgeben; zukommen lassen, 11 JUR
währen; **ius** ~ Recht sprechen 12 zu-
tehen 13 von sich geben, ausstoßen;
nam ~ die Seele aushauchen, ster-
14 erwidern, antworten 15 nachah-
n, darstellen 16 übersetzen
-didī → reddere
-ēgī → redigere
-ēmī → redimere
ēmptiō ⟨ōnis⟩ F 1 Freikauf 2 Be-
hung 3 Pacht
ēmptor ⟨ōris⟩ M 1 Unternehmer;
erant 2 Pächter 3 der einen Gefan-
en loskauft

redēmptūra ⟨ae⟩ F 1 Übernahme 2 Pacht
redēmptus ⟨a, um⟩ PPP → redimere
red-eō → redire
red-hibēre ⟨eō, uī, itum 2.⟩ 1 wiedergeben, erstatten 2 zurückgeben 3 zurücknehmen
★**red-igere** ⟨igō, ēgī, āctum 3.⟩ 1 zurücktreiben, -bringen 2 (*Geld*) eintreiben, einnehmen 3 (*in einen Zustand*) versetzen, zu *etw* machen; **Galliam sub/in potestatem** ~ Gallien in seine Gewalt bringen; **Galliam in provinciam** ~ Gallien zur Provinz machen; **ad vanum/ad irritum** ~ etw vereiteln 4 (*nach Anzahl, Wert usw.*) herabsetzen, beschränken; *passiv* herunterkommen
red-iī → redire
★**red-imere** ⟨imō, ēmī, ēmptum 3.⟩ 1 zurückkaufen 2 frei-, loskaufen 3 *fig* abwenden 4 wiedergutmachen 5 retten 6 (er)kaufen 7 pachten
redimīculum ⟨ī⟩ N 1 Band 2 Stirnband, Halskette 3 Bindemittel
redimīre ⟨iō, iī, ītum 4.⟩ umbinden, umwinden, bekränzen
red-integrāre ⟨ō, āvī, ātum 1.⟩ 1 wieder ergänzen 2 wiederherstellen, erneuern 3 *fig* wiederbeleben
red-ipīscī ⟨ipīscor, - 3.⟩ wiedererlangen
★**red-īre** ⟨eō, iī, itum 0.⟩ 1 zurückgehen, -kehren, -kommen 2 **ad se** ~ *fig* wieder zu sich kommen; **in sese** ~ seine alte Gestalt wieder annehmen; **ad officium** ~ sich wieder der Pflicht unterwerfen; **in gratiam** ~ sich aussöhnen; **in memoriam** ~ **alicuius** zurückdenken an j-n 3 (*in der Rede*) wieder zurückkommen 4 (*von Erträgen*) einkommen 5 *fig* greifen zu, geraten in 6 zufallen, **ad patres** den Patriziern
reditiō ⟨ōnis⟩ F Rückkehr
red-itum PPP → redire
★**reditus** ⟨ūs⟩ M 1 Rückkehr 2 ASTRON Kreislauf 3 Einkommen
redivia ⟨ae⟩ F = **reduvia**
redivīvum ⟨ī⟩ N altes Baumaterial
redivīvus ⟨a, um⟩ ADJ 1 wieder lebendig geworden 2 (*eccl.*) auferstanden 3 wieder benutzt, schon gebraucht
red-olēre ⟨eō, uī, - 2.⟩ riechen, duften, **thymo** nach Thymian

R

re-domitus ⟨a, um⟩ ADJ wieder bezwungen

re-dōnāre ⟨ō, āvī, ātum 1.⟩ wieder beschenken

Rēdonēs ⟨um⟩ MPL *gall. Stamm in der Bretagne*

★**re-dūcere** ⟨dūcō, dūxī, ductum 3.⟩ **1** zurückziehen, -schieben **2** zurückführen, -bringen, -rufen; **aestas reducitur** der Sommer kehrt zurück **3** MIL zurückziehen **4** **in gratiam ~** *fig* versöhnen; **in memoriam ~** ins Gedächtnis zurückrufen **5** *fig* wieder einführen, **morem** einen Brauch **6** **in formam ~** gestalten

reductiō ⟨ōnis⟩ F Rückführung, Wiedereinsetzung

re-ductus[1] ⟨a, um⟩ PPP → reducere

reductus[2] ⟨a, um⟩ ADJ **1** zurückgezogen **2** entlegen, entfernt

red-uncus ⟨a, um⟩ ADJ einwärts gebogen, gekrümmt

redundantia ⟨ae⟩ F Überfülle

red-undāre ⟨ō, āvī, ātum 1.⟩ **1** überfließen, überströmen, **sanguine** von Blut; **redundatus** überfließend **2** *fig* hineinströmen, sich ergießen **3** *fig* im Überfluss vorhanden sein **4** *fig* Überfluss haben, **re** an etw

reduvia ⟨ae⟩ F Kleinigkeit

re-dux ⟨ucis⟩ ADJ **1** zurückführend **2** zurückkehrend

re-dūxī → reducere

re-fēcī → reficere

re-fectus ⟨a, um⟩ PPP → reficere

re-fellere ⟨fellō, fellī, - 3.⟩ widerlegen

re-fercīre ⟨ferciō, fersī, fertum 4.⟩ **1** vollstopfen, anfüllen **2** anhäufen

referīre ⟨iō, -, - 4.⟩ zurückschlagen, -werfen

★**re-ferre** ⟨referō, rettulī, rel(l)ātum 0.⟩ **A** **1** zurücktragen, -bringen, -treiben **2** (*als Beute*) heimbringen **3** zurückwenden, -ziehen; **castra ~** das Lager zurückverlegen; **pedem/gradum/se ~** *u. passiv* sich zurückziehen, zurückweichen, zurückkehren **4** (*Geist, Blick*) zurücklenken, wieder richten **5** *fig* zurückführen auf, beziehen auf; **omnia ad virtutem ~** alles nach der Tüchtigkeit beurteilen **6** (*Geliehenes usw.*) zurückerstatten; vergelten, erwidern; **gratiam ~** Dank durch die Tat abstatten; **par pari ~** Gleiches mit Gleichem vergelten **7** *fig* erwidern, entgegnen **8** wiederholen **9** (*Töne*) wid… hallen lassen; *passiv* widerhallen **10** … neuern, wiederherstellen **11** *etw* ins … dächtnis zurückrufen, sich an *etw* e… nern, *aliquid* **12** wiedergeben, nach… men **13** (*Geld usw.*) überbringen, ab… fern **14** entrichten, **aera ludibus** … Schulgeld **15** übertragen, **consula…** **ad patrem** das Konsulat auf den V… **16** (*schriftlich, mündlich*) überlief… melden, berichten; **aliquem patren…** j-n als Vater angeben **17** (*amtlich*) v… gen, vortragen, Bericht erstatten **18** … schreiben, eintragen; **in reos ~** ankla… **19** zu *etw* zählen, **aliquem in deo…** **numerum** j-n zu den Göttern **B** *un… sön.* **refert** es liegt daran, es kommt … rauf an; es macht einen Untersch… **meā refert** mir liegt daran; **parvi re…** es liegt wenig daran; **nihil refert** e… gleichgültig; **quid refert?** was liegt … an?

re-fersī → refercire

rē-fert → referre

refertus ⟨a, um⟩ ADJ vollgestopft, … drängt, voll

re-fervēre ⟨eō, -, - 2.⟩ aufbrauser…

refervēscere ⟨ēscō, -, - 3.⟩ auf… sen

★**re-ficere** ⟨ficiō, fēcī, fectum 3.… noch einmal machen **2** ersetzen **3** … *amten*) wieder wählen, erneut wähl… wiederherstellen; **flammam ~** die F… me wieder anzünden **5** ergänzen … kräftigen, sich erholen lassen **7** … einnehmen

re-fīgere ⟨fīgō, fīxī, fīxum 3.⟩ **1** lo… chen, ab-, wegreißen **2** *fig* abscha… aufheben, **leges** Gesetze **3** *fig* e… cken **4** wieder befestigen

re-flāgitāre ⟨ō, -, - 1.⟩ zurückfor…

re-flāre ⟨ō, āvī, ātum 1.⟩ entgege… hen

reflātus ⟨ūs⟩ M Gegenwind

re-flectere ⟨flectō, flexī, flexum … rückwärts biegen, zurückwenden, … drehen; **pedem ~** zurückgehen … umstimmen **3** **se ~** *fig* weichen

re-fluere ⟨fluō, flūxī, flūxum 3… rückfließen, überfließen

refluus ⟨a, um⟩ ADJ **1** zurückflie… **2** (*in Ebbe u. Flut*) ab- und zuströr…

re-fōrmāre ⟨ō, āvī, ātum 1.⟩ …

talten, verwandeln
fōrmātiō ⟨ōnis⟩ F Umgestaltung, erbesserung
fōrmātor ⟨ōris⟩ M Umgestalter; Erneuerer
-formīdāre ⟨ō, āvī, ātum 1.⟩ 1 zuückschaudern, **bellum** vor dem Krieg fürchten
-fovēre ⟨foveō, fōvī, fōtum 2.⟩ 1 ieder erwärmen 2 *fig* neu beleben
frāctārius ⟨a, um⟩ ADJ widerspensg
-frāctus ⟨a, um⟩ PPP → refringere
-frāgārī ⟨or, ātus sum 1.⟩ 1 stimen *gegen*, **petitioni** gegen die Bewerung 2 im Widerspruch stehen
-frēgī → refringere
-frēnāre ⟨ō, āvī, ātum 1.⟩ zügeln, eherrschen; **aliquem a re ~** j-n von w zurückhalten
frēnātiō ⟨ōnis⟩ F Zügelung
-fricāre ⟨ō, uī, ātūrus 1.⟩ A V/T 1 ieder aufreißen 2 *fig* erneuern B V/I eder ausbrechen
-frīgerāre ⟨ō, āvī, ātum 1.⟩ 1 abhlen 2 *passiv* sich abkühlen, erkalten *fig* nachlassen
frīgēscere ⟨frīgēscō, frīxī, - 3.⟩ 1 kalten 2 *fig* erlahmen
fringere ⟨fringō, frēgī, frāctum 3.⟩ (auf)brechen, sprengen 2 *fig* breen, hemmen
frīxī → refrigescere
fugere ⟨fugiō, fūgī, fugitūrus 3.⟩ V/I 1 zurückweichen, fliehen; **a dicen-** ~ nicht über sich bringen zu sagen 2 dem Blick entschwinden B V/T sich chten, **tela** vor den Geschossen
ugium ⟨ī⟩ N 1 Zuflucht 2 Zuchtsort
fugus ⟨a, um⟩ ADJ zurückfliehend, eichend
fulgēre ⟨fulgeō, fulsī, - 2.⟩ (zurück)immern, strahlen, glänzen
fundere ⟨fundō, fūdī, fūsum 3.⟩ 1 ückgießen 2 zurückschleudern 3 *siv* zurückströmen, sich ergießen
ūtāre ⟨ō, āvī, ātum 1.⟩ 1 zurücklagen, -treiben 2 *fig* zurück-, abwei- 3 widerlegen
ālis ⟨e, *adv* rēgāliter⟩ ADJ 1 könig- 2 herrisch
elāre ⟨ō, āvī, ātum 1.⟩ wieder auftauen, wieder erwärmen

★**regere** ⟨regō, rēxī, rēctum 3.⟩ 1 (gerade) richten, lenken, leiten 2 *fig* regieren, beherrschen 3 *fig* bestimmen 4 *fig* zurechtweisen
re-gerere ⟨gerō, gessī, gestum 3.⟩ 1 zurücktragen, -schaffen, -werfen 2 *fig* zurückgeben, erwidern 3 aufschreiben
rēgia ⟨ae⟩ F 1 Palast des Königs, Residenz 2 MIL Königszelt 3 Hof, Hofstaat 4 Königsfamilie, Königshaus 5 Königswürde 6 Basilika, Säulenhalle
rēgi-ficus ⟨a, um, *adv* rēgificē⟩ ADJ königlich, prächtig
Rēgillus ⟨ī⟩ M *See in Latium, östl. von Rom*
regimen ⟨inis⟩ N 1 Lenkung, Leitung; **~ equitum** Kommando über die Reiterei 2 SCHIFF Steuerruder 3 *fig* Verwaltung, Regierung 4 *fig* Lenker, Leiter
★**rēgīna** ⟨ae⟩ F 1 Königin 2 *fig* Königstochter, Prinzessin
Rēgīnus A ⟨a, um⟩ ADJ aus Regium B ⟨ī⟩ M Einwohner von Regium
★**regiō** ⟨ōnis⟩ F 1 Gegend, Landschaft 2 *fig* Gebiet, Bereich 3 *fig* Himmelsraum 4 *fig* Grenzlinie, Grenze 5 Richtung, Linie; Lage; **rectā regione** in gerader Richtung 6 **e regione** geradeaus, in gerader Richtung; gerade gegenüber
Rēgion ⟨ī⟩ N = **Regium**
Rēgium ⟨ī⟩ N 1 **~ Lepidum** *Stadt in Oberitalien, heute Reggio Emilia* 2 *Stadt gegenüber von Messina, heute Reggio Calabria*
★**rēgius** ⟨a, um⟩ ADJ 1 königlich 2 *fig* prächtig 3 *fig* herrisch, tyrranisch
re-glūtināre ⟨ō, -, - 1.⟩ wieder auflösen
★**rēgnāre** ⟨ō, āvī, ātum 1.⟩ A V/I 1 König sein 2 *fig* herrschen 3 Alleinherrscher sein, den Herrn spielen B V/T beherrschen; *passiv* von einem König/Alleinherrscher regiert werden
rēgnātor ⟨ōris⟩ M Herrscher, Gebieter
★**rēgnum** ⟨ī⟩ N 1 Königtum, Königsherrschaft, -würde 2 Herrschaft, Regierung 3 Gewaltherrschaft, Despotie 4 Königreich 5 *fig* Eigentum, Gebiet
re-gredī ⟨gredior, gressus sum 3.⟩ 1 zurückgehen, -kehren 2 sich zurückziehen
regressiō ⟨ōnis⟩ F Rückkehr

R

re-gressus[1] ⟨a, um⟩ PPERF → regredi

regressus[2] ⟨ūs⟩ M 1 Rückkehr, Heimkehr 2 MIL Rückzug 3 *fig* Rücktritt 4 Zuflucht 5 JUR Ersatzanspruch

★**rēgula** ⟨ae⟩ F 1 Latte, Leiste, Schiene 2 Lineal 3 *fig* Richtschnur, Maßstab, Norm 4 Grundsatz, Regel

rēgulus ⟨ī⟩ M kleiner König, Häuptling, Fürst, Prinz

Rēgulus ⟨ī⟩ M *Beiname in der gens Atilia;* **M. Atilius ~** *Konsul 269 u. 256 v. Chr., röm. Feldherr im 1. Punischen Krieg*

★**rē-icere** ⟨iciō, iēcī, iectum 3.⟩ 1 zurückwerfen; *passiv u.* **se ~** niedersinken 2 zurücktreiben, -jagen 3 zurückstoßen, -drängen 4 *fig* zurück-, abweisen 5 wegwerfen, -stoßen, entfernen 6 verweisen, **ad senatum** an den Senat 7 verschieben, aufschieben

rē-iēcī → reicere

rēiectāre ⟨ō, -, - 1.⟩ zurückwerfen

rēiectiō ⟨ōnis⟩ F 1 Ablehnung 2 JUR Ablehnung eines ausgelosten Richters 3 RHET das Abwälzen, **in aliquem** auf j-n

rē-iectus[1] ⟨a, um⟩ PPP → reicere

rēiectus[2] ⟨a, um⟩ ADJ verwerflich

re-lābī ⟨lābor, lāpsus sum 3.⟩ 1 zurückgleiten, -fließen 2 zurückkommen

re-languēscere ⟨languēscō, languī, - 3.⟩ 1 erschlaffen, ermatten, erlahmen 2 *fig* nachlassen

relātiō ⟨ōnis⟩ F 1 das Hinführen 2 JUR das Zurückschieben *einer Beschuldigung auf den Ankläger* 3 Vergeltung 4 RHET Wiederholung 5 Bericht, Erzählung 6 POL Berichterstattung, Vortrag, Antrag 7 GRAM, PHILOS Beziehung, Verhältnis

relātor ⟨ōris⟩ M Berichterstatter

re-lātus[1] ⟨a, um⟩ PPP → referre

relātus[2] ⟨ūs⟩ M Vortrag, Berichterstattung, Erzählung

re-laxāre ⟨ō, āvī, ātum 1.⟩ 1 lockern, losmachen, lösen 2 erweitern; *passiv* sich weiten 3 *fig* nachlassen 4 *passiv u.* **se ~** sich losmachen 5 erleichtern, lindern; *passiv u.* **se ~** sich erholen, **(ex) re** von etw

relaxātiō ⟨ōnis⟩ F Erleichterung, Erholung

re-lēgāre ⟨ō, āvī, ātum 1.⟩ 1 wegschicken, entfernen 2 verbannen 3 *(Geschenk usw.)* zurückweisen 4 *fig* zuschieben, zuschreiben

relēgātiō ⟨ōnis⟩ F JUR Verbannu *mildeste Form ohne Verlust der Ehre des röm. Bürgerrechts*

re-legere ⟨legō, lēgī, lēctum 3.⟩ wieder zusammenlesen, zusammenn men 2 *fig* wieder durchreisen 3 *fig* w der lesen 4 wieder erwägen

re-lentēscere ⟨ēscō, -, - 3.⟩ wieder schlaffen, nachlassen

re-levāre ⟨ō, āvī, ātum 1.⟩ 1 er-, a heben 2 *fig* erleichtern 3 *fig* linde mildern 4 *fig* trösten; *passiv* sich er len 5 befreien

relictiō ⟨ōnis⟩ F böswilliges Verlass

re-lictus ⟨a, um⟩ PPP → relinquere

relicu(u)s ⟨a, um⟩ ADJ = **reliquus**

re-ligāre ⟨ō, āvī, ātum 1.⟩ 1 zurü auf-, umbinden 2 an-, festbinden 3 binden

★**religiō** ⟨ōnis⟩ F 1 Bedenken, Zwe Besorgnis 2 religiöse Bedenken, S pel; **mihi religioni est** ich mache ein Gewissen daraus; **aliquid religi habere** Bedenken haben wegen etw Gewissenhaftigkeit, Genauigkeit 4 F giosität, Gottesfurcht, Frömmigkeit Aberglaube 6 Religion, Gottesve rung, Glaube an Gott 7 Gottesdi 8 das Heilige, Heiligkeit 9 heilige pflichtung, Eid 10 Heiligtum, Kult-, terbild 11 Glaubenssatz 12 Religion vel, Sünde

religiōsus ⟨a, um, *adv* religiōsē⟩ 1 gewissenhaft, bedächtig 2 go fürchtig, fromm 3 heilig, ehrwürdi abergläubisch

★**re-linquere** ⟨linquō, līquī, lictum 1 zurücklassen; **arma ~** die Waffen derlegen; *passiv* zurückbleiben 2 *(i nem Zustand)* lassen; **insepultum ~** bestattet lassen; **in medio ~** unents den lassen 3 *(beim Tod)* hinterlasse *(als Rest)* übrig lassen; *passiv* übrig ben; **relinquitur, ut** es ist noch ü dass 5 *fig* überlassen; **sibi temp** sich Zeit lassen 6 verlassen; **cons ~** den Konsul im Stich lassen; **sig** desertieren 7 *fig* aufgeben, vernac sigen 8 ungestraft lassen, **legatur terfectum** den Mord am Gesandte unerwähnt lassen, übergehen

★**reliquiae** ⟨ārum⟩ FPL 1 Überreste,

e, Trümmer 2 Speisereste 3 Gebeine
4 Asche 5 *fig* Hinterlassenschaft
liquum ⟨ī⟩ N 1 Rest 2 Rückstand
liquus ⟨a, um⟩ ADJ 1 zurückgelas-
en, übrig; **reliquum est, ut** es bleibt
brig, dass 2 ausstehend, unerledigt
3 (*zeitl.*) künftig; **in reliquum (tempus)**
r die Folgezeit 4 PL die Übrigen
lligiō ⟨ōnis⟩ F = **religio**
-lūcēre ⟨lūceō, lūxī, - 2.⟩ zurück-
uchten, glänzen
lūcēscere ⟨lūcēscō, lūxī, - 3.⟩ wie-
er hell werden
-luctārī ⟨or, ātus sum 1.⟩ sich sträu-
n, sich widersetzen
-manēre ⟨maneō, mānsī, mānsum
⟩ 1 zurückbleiben 2 bleiben
mānsiō ⟨ōnis⟩ F das Zurückbleiben,
s Bleiben
meāre ⟨ō, āvī, ātum 1.⟩ A V/I zu-
ckgehen, -kommen B V/T nochmals
rchleben
medium ⟨ī⟩ N 1 Arznei, Medizin,
neni gegen Gift 2 *fig* Heil-, Hilfsmittel
melīgō ⟨inis⟩ F säumige Frau
mētīrī ⟨mētior, mēnsus sum 4.⟩ 1
eder messen, wieder beobachten 2
eder durchwandern 3 *fig* wieder be-
nken 4 **vomitu ~** erbrechen 5 er-
tten, bezahlen
nex ⟨igis⟩ M Ruderer
mī ⟨ōrum⟩ MPL 1 *belg. Stamm zwi-
en Marne u. Aisne* 2 *Ort in der Provinz
gica, heute Reims*
igāre ⟨ō, āvī, ātum 1.⟩ 1 rudern
fig tätig sein
igium ⟨ī⟩ N 1 das Rudern 2 Ru-
werk; **~ alarum** Flügel 3 die Ruder-
chte
migrāre ⟨ō, āvī, ātum 1.⟩ 1 zurück-
ndern 2 ausziehen
minīscī ⟨minīscor, - 3.⟩ 1 sich erin-
n, **alicuius rei/aliquid** an etw 2 aus-
ken 3 bedenken
miscēre ⟨misceō, miscuī, mixtum
(wieder) vermischen, **vera falsis ~**
res mit Falschem
mīsī → remittere
issiō ⟨ōnis⟩ F 1 das Zurückschi-
n 2 das Herablassen 3 *fig* das Nach-
en 4 Erlass 5 Erholung 6 Gelassen-
, Ruhe 7 RHET ruhiger Ton
issus[1] ⟨a, um⟩ PPP → remittere

remissus[2] ⟨a, um, *adv* remissē⟩ ADJ 1 abgespannt, schlaff, locker 2 *fig* lässig, träge 3 ruhig 4 sanft, gelassen 5 heiter
★**re-mittere** ⟨mittō, mīsī, missum 3.⟩ A V/T 1 zurückschicken, entlassen; **nuntium uxori ~** der Frau den Scheidebrief schicken 2 zurückwerfen; **calces ~** nach hinten ausschlagen 3 zurückgeben, vergelten 4 (*Echo usw.*) (wieder) von sich geben 5 hervorbringen, verursachen 6 verweisen, **ad senatum** an den Senat 7 loslassen, **habenas** die Zügel 8 (*Studien usw.*) ruhen lassen 9 *passiv u.* **se ~** nachlassen, milder werden; **remissus** ermattet 10 *fig* erfrischen, sich erholen lassen, **animum** den Geist 11 *fig* schenken, erlassen; **iniuriam ~** Unrecht verzeihen 12 *fig* verzichten, **odia sua rei publicae ~** zugunsten des Staates auf den persönlichen Hass 13 *fig* zugestehen, gönnen B V/I aufhören
Remmius ⟨a, um⟩ *Name einer röm. gens;* **lex Remmia de calumnia** *Gesetz, durch das ein Kläger, der keine Beweise vorbringen konnte, bestraft wurde*
re-mollēscere ⟨ēscō, -, - 3.⟩ 1 weich werden 2 *fig* verweichlicht werden 3 *fig* weich werden, sich erweichen lassen
re-mollīre ⟨iō, īvī, ītum 4.⟩ 1 wieder weich machen, auflockern 2 *fig* verweichlichen 3 *fig* umstimmen
re-mora ⟨ae⟩ F Verzögerung
re-morārī ⟨or, ātus sum 1.⟩ A V/I verweilen B V/T zurückhalten, aufhalten, warten lassen, abhalten
re-mordēre ⟨mordeō, mordī, morsum 2.⟩ 1 wieder beißen 2 *fig* quälen
re-morsum PPP → remordere
remōtum ⟨ī⟩ N Ferne
remōtus ⟨a, um, *adv* remōtē⟩ ADJ 1 fern, entlegen 2 *fig* frei, **a culpa** von Schuld 3 abgeneigt, **ab omni laude ~** jedem Lob
★**re-movēre** ⟨moveō, mōvī, mōtum 2.⟩ zurückbewegen, wegschaffen, entfernen, beseitigen, abbringen; **aliquem senatu ~** j-n vom Senat fernhalten; **remotis arbitris** ohne Zeugen
re-mūgīre ⟨iō, -, - 4.⟩ 1 wieder brüllen 2 zurückbrüllen 3 *fig* widerhallen
remulcum ⟨ī⟩ N Schlepptau; **navem remulco trahere** ein Schiff ins Schlepp-

R

tau nehmen

re-mūnerāre ⟨ō, āvī, ātum 1.⟩ *u.* **re-mūnerārī** ⟨or, ātus sum 1.⟩ 1 wieder beschenken 2 vergelten, belohnen

remūnerātiō ⟨ōnis⟩ F Vergeltung, Erkenntlichkeit

★**rēmus** ⟨ī⟩ M SCHIFF Ruder; **remos ducere/impellere** rudern

Remus ⟨ī⟩ M *Zwillingsbruder von Romulus, von diesem im Streit erschlagen*

rēn ⟨rēnis⟩ M Niere

re-narrāre ⟨ō, -, - 1.⟩ wieder erzählen

re-nāscī ⟨nāscor, nātus sum 3.⟩ wieder geboren werden, neu entstehen

re-nāvigāre ⟨ō, -, - 1.⟩ zurücksegeln

re-nīdēre ⟨eō, -, -⟩ 1 zurückstrahlen, -glänzen 2 *fig* vor Freude strahlen, lächeln 3 sich freuen

rēnō ⟨ōnis⟩ F Tierfell, Pelz

re-nōdāre ⟨ō, āvī, ātum 1.⟩ aufknoten

renovāmen ⟨inis⟩ N Erneuerung

re-novāre ⟨ō, āvī, ātum 1.⟩ 1 erneuern, wiederherstellen 2 wiederholen 3 erfrischen; *passiv u.* **se ~** sich erfrischen 4 hinzurechnen

renovātiō ⟨ōnis⟩ F Erneuerung; **~ singulorum annorum** Zinseszins

re-nuere ⟨nuō, nuī, - 3.⟩ 1 abwinken 2 *fig* ablehnen, zurückweisen 3 *fig* widersprechen, **crimini** dem Vorwurf

re-numerāre ⟨ō, āvī, ātum 1.⟩ zurückzahlen

re-nūntiāre ⟨ō, āvī, ātum 1.⟩ 1 zurückmelden, als Antwort berichten 2 amtlich berichten 3 (*Beamten*) als gewählt ausrufen 4 öffentlich angeben 5 **sibi ~** bedenken 6 kündigen, absagen 7 aufgeben, **officiis** (*dat*) Ämter

renūntiātiō ⟨ōnis⟩ F Bekanntmachung, Bericht

renūntius ⟨ī⟩ M Laufbursche

repāgula ⟨ōrum⟩ NPL 1 Türriegel, Torbalken 2 Schlagbaum 3 *fig* Schranken

re-pandus ⟨a, um⟩ ADJ rückwärts gekrümmt, aufwärts gebogen

reparābilis ⟨e⟩ ADJ ersetzbar

re-parāre ⟨ō, āvī, ātum 1.⟩ 1 wiedererwerben, -herstellen, erneuern 2 wiederholen, wieder beginnen 3 ersetzen 4 erfrischen, stärken 5 eintauschen

re-parcere ⟨parcō, percī, - 3.⟩ sparsam sein, **alicui rei** mit etw

repastinātiō ⟨ōnis⟩ F das Umgrab…

re-pectere ⟨pectō, -, pexum 3.⟩ w… der kämmen

★**re-pellere** ⟨repellō, reppulī, rep… sum 3.⟩ 1 zurückstoßen 2 zurückt… ben, -schlagen, vertreiben 3 *fig* fern… ten, abweisen, abwehren; **aliquem a** … ~ j-m die Hoffnung nehmen 4 *fig* … rückweisen 5 widerlegen

re-pendere ⟨pendō, pendī, pēns… 3.⟩ 1 zurückgeben, abgeben 2 bez… len 3 *fig* erwidern, vergelten; **vice** … Gleiches mit Gleichem vergelten 4 … setzen, wiedergutmachen

★**repēns** ⟨entis, *adv* repente, *auch* … pens⟩ ADJ 1 plötzlich, unerwarte… neu, gerade entstehend

re-pēnsāre ⟨ō, āvī, ātum 1.⟩ 1 … wiegen 2 vergelten, ersetzen

re-pēnsus ⟨a, um⟩ PPP → repend…

★**repente** ADV → repens

★**repentīnus** ⟨a, um, *adv* repenti… ADJ 1 plötzlich, unerwartet, unverm… 2 *fig* schnell wirkend 3 in Eile ausg… ben

re-percere ⟨percō, percī, - 3.⟩ = … parcere

re-percī → reparcere

repercussus[1] ⟨ūs⟩ M 1 Rückpra… Widerhall, **vocis** der Stimme

repercussus[2] ⟨a, um⟩ ADJ wide… lend, -scheinend, zurückstrahlend

re-percutere ⟨cutiō, cussī, cus… 3.⟩ 1 zurückschlagen, -stoßen 2 … widerhallen, zurückstrahlen

★**rēpere** ⟨rēpō, rēpsī, rēptum 3.⟩ … chen, schleichen

★**re-perīre** ⟨reperiō, repperī, repe… 4.⟩ 1 wieder zum Vorschein brin… wieder auffinden 2 finden; **reperiu… qui** es finden sich Leute, die, *passiv* … erweisen 3 erfahren, erkennen 4 … risch berichtet finden 5 erlanger… werben 6 *fig* erfinden, entdecken

repertor ⟨ōris⟩ M Erfinder, Urh… Schöpfer

re-pertus[1] ⟨a, um⟩ PPP → reperi…

repertus[2] ⟨a, um⟩ ADJ erfunden

★**re-petere** ⟨petō, petīvī *u.* petiī, … tum 3.⟩ A V/T 1 wieder angreif… (*Ortschaft*) wieder aufsuchen 3 zu… holen 4 nachholen 5 *fig* erneue… (*mündlich, schriftlich*) wiederholen

ieder überdenken, sich ins Gedächtnis
ırückrufen; **memoriā/memoriam ali-**
ıius rei ~ sich wieder an etw erinnern
▪ *fig* zurückzählen, zurückdatieren 9
reiheit usw.) wiedererlangen, wieder-
ewinnen 10 (*Unterlassenes*) nachholen
▪ zurückfordern; **res** ~ Schadenersatz
rdern; **pecuniae repentundae** Ersatz
r Gelderpressungen 12 verlangen, be-
ıspruchen; **poenam** ~ Strafe vollzie-
ɜn B V/I anfangen, beginnen, **a re** mit
w

petītiō ⟨ōnis⟩ F Wiederholung

petundae ⟨ārum⟩ FPL Ersatz für Er-
essungen

plēre ⟨eō, ēvī, ētum 2.⟩ 1 wieder
füllen; *passiv* sich wieder füllen 2
ıchlich anfüllen, versorgen, **frumento**
't Vorrat 3 schwängern 4 anstecken

plicāre ⟨ō, āvī, ātum 1.⟩ 1 zurück-
ugen, -biegen 2 entfalten, aufrollen,
lumen eine Schriftrolle 3 zurück-
ahlen 4 *fig* erwägen, bedenken

pōnere ⟨pōnō, posuī, positum 3.⟩
zurücklegen, -stellen 2 hinterlegen,
fbewahren; **odium** ~ den Hass verber-
n 3 (*Last*) weglegen 4 *fig* aufgeben
zurückgeben, als Ersatz geben 6 wie-
'herstellen, wiederholen 7 erwidern
hinstellen, -legen 9 *fig* rechnen *un-*
aliquem in deos j-n unter die Götter
fig setzen, beruhen lassen; **spem in**
tute ~ Hoffnung auf die Tüchtigkeit
zen

porrigere ⟨ō, -, - 3.⟩ wieder rei-
n

portāre ⟨ō, āvī, ātum 1.⟩ 1 zurück-
gen, -bringen; **se** ~ zurückkehren 2
davontragen, erlangen, gewinnen;
toriam ~ a rege über den König sie-
3 *fig* berichten

poscere ⟨ō, -, - 3.⟩ 1 zurückfordern
ordern, verlangen, **rationem ab ali-**
Rechenschaft von j-m

positōrium ⟨ī⟩ N 1 Tafelaufsatz 2
nt.) Schrank, Bibliothek

postus ⟨a, um⟩ ADJ entlegen, fern

pōtia ⟨ōrum⟩ NPL Trinkgelage

perī → reperire

pulī → repellere

raesentāre ⟨ō, āvī, ātum 1.⟩ 1
egenwärtigen, veranschaulichen 2
nahmen 3 bar bezahlen 4 sofort
tun, vollziehen; **iras** ~ Zorn sofort zei-
gen

repraesentātiō ⟨ōnis⟩ F 1 bildliche Darstellung 2 Barzahlung

★**re-prehendere** ⟨prehendō, prehendī, prehēnsum 3.⟩ 1 zurück-, festhalten, hemmen 2 nachholen 3 *fig* zurechtweisen, tadeln 4 RHET widerlegen

reprehēnsiō ⟨ōnis⟩ F 1 RHET das Innehalten 2 RHET Widerlegung 3 Tadel

reprehēnsor ⟨ōris⟩ M Tadler

re-prehēnsus ⟨a, um⟩ PPP → reprehendere

re-prēndere ⟨prēndō, prēndī, prēnsum 3.⟩ = **reprehendere**

re-pressī → reprimere

repressor ⟨ōris⟩ M Unterdrücker

re-primere ⟨primō, pressī, pressum 3.⟩ 1 zurückdrängen, -treiben; aufhalten, hemmen; ~ **pedem** stehen bleiben; *passiv u.* **se** ~ sich zurückhalten, sich enthalten 2 *fig* beschränken, beschwichtigen

reprōmissiō ⟨ōnis⟩ F Gegenversprechen

re-promittere ⟨mittō, mīsī, missum 3.⟩ ein Gegenversprechen geben

rēpsī → repere

rēptāre ⟨ō, āvī, ātum 1.⟩ kriechen, dahinkriechen, schleichen

rēptile ⟨is⟩ N Kriechtier

rēptilis ⟨e⟩ ADJ kriechend

rēptus ⟨a, um⟩ PPP → repere

★**repudiāre** ⟨ō, āvī, ātum 1.⟩ 1 zurückweisen, ablehnen; ~ **consilium senatūs a re publica** den Rat des Senats dem Staat entziehen 2 verstoßen, **uxorem** die Gattin

repudiātiō ⟨ōnis⟩ F Zurückweisung

repudiōsus ⟨a, um⟩ ADJ anstößig

re-pudium ⟨ī⟩ N 1 Zurückweisung 2 Verstoßung der Ehefrau, Trennung; **uxori ~ remittere** die Gattin verstoßen

re-puerāscere ⟨āscō, -, - 3.⟩ wieder zum Kind werden

repūgnāns ⟨antis, *adv* repūgnānter⟩ ADJ widersprechend, widerstrebend

repūgnantia[1] ⟨ium⟩ NPL Gegensätze

repūgnantia[2] ⟨ae⟩ F 1 Widerstreit 2 Widerspruch

re-pūgnāre ⟨ō, āvī, ātum 1.⟩ 1 Widerstand leisten 2 *fig* sich widersetzen 3 im Widerspruch stehen, **amicitiae** (*dat*)

R

zur Freundschaft

repulsa ⟨ae⟩ F **1** (*bei Wahlen usw.*) Zurückweisung; **repulsam accipere/ferre** durchfallen **2** *fig* abschlägige Antwort

re-pulsus[1] ⟨a, um⟩ PPP → repellere

repulsus[2] ⟨ūs⟩ M das Zurückwerfen, das Zurückprallen, Widerhall, Echo

re-pūrgāre ⟨ō, āvī, ātum 1.⟩ **1** (wieder) reinigen **2** *fig* beseitigen

★**re-putāre** ⟨ō, āvī, ātum 1.⟩ **1** berechnen **2** *fig* erwägen, bedenken

★**re-quiēs** ⟨ētis⟩ F Ruhe, Erholung; Ruheort

★**re-quiēscere** ⟨quiēscō, quiēvī, quiētum 3.⟩ **A** VI **1** (aus)ruhen, sich erholen **2** schlafen; **requiescat in pace** *Grabinschrift* er/sie ruhe in Frieden **3** *fig* sich beruhigen **B** VT ruhen lassen, zur Ruhe bringen

requiētus ⟨a, um⟩ ADJ ausgeruht

★**re-quīrere** ⟨quīrō, quīsīvī *u.* quīsiī, quīsītum 3.⟩ **1** wieder aufsuchen **2** *fig* vermissen **3** fordern, verlangen; *passiv* erforderlich sein **4** fragen, nachforschen, sich erkundigen, **a collega** beim Amtskollegen **5** untersuchen, prüfen

requīritāre ⟨ō, -, - 1.⟩ nach *etw* fragen, *aliquid*

★**rērī** ⟨reor, ratus sum 3.⟩ **1** rechnen, berechnen **2** *fig* meinen, glauben; **rem incredibilem** ~ die Sache für unglaublich halten

★**rēs** ⟨reī⟩ F **1** Sache, Ding, Gegenstand, etwas; **in omnibus rebus** in allem **2** Besitz, Vermögen; ~ **familiaris** Privatvermögen; **rem gerere** sein Vermögen verwalten **3** *meist pl* Macht, Herrschaft **4** PL Welt, Universum, Natur; **caput rerum** Hauptstadt der Welt **5** Sachlage, Verhältnisse, Schicksal; **si ~ poscat** wenn es die Sachlage erfordert; **pro re** nach den Umständen; ~ **secundae/prosperae** Glück; ~ **adversae** Unglück; ~ **male se habet** die Sache steht schlimm **6** *oft übersetzt mit* es ~ **se ita habent** es verhält sich so; ~ **venit ad arma atque pugnam** es kam zum Kampf **7** Rücksicht, Beziehung **8** Ursache, Grund; **quam ob rem** deshalb **9** Geschäft; Unternehmen, Angelegenheit; **rem gerere** Geschäfte machen; **alicui ~ cum aliquo est** jd. hat mit j-m zu tun; ~ **militaris** Kriegswesen; ~ **frumentaria** Getreidewesen; ~ **rustica** Landwirtschaft **10** JUR Rechts… che, Prozess **11** ~ **(publica)** Staat, … meinwesen **12** Vorteil, Nutzen **13** … Handlung; ~ **gestae** Taten **14** Maßre… **15** Krieg, Kampf **16** Ereignis, Begeb… heit, Vorfall; *pl* Geschichte; **rerum sc…** **tor** Geschichtsschreiber **17** Tatsac… Wirklichkeit, Wahrheit; **ut erat ~** wie… sich tatsächlich verhielt **18** **re (verā…** Wirklichkeit, in der Tat, tatsächlich **ipsā** tatsächlich **19** Natur, Wesen … Stoff, Inhalt, Gehalt

re-sacrāre ⟨ō, -, - 1.⟩ vom Fluch be… en

re-salūtāre ⟨ō, āvī, ātum 1.⟩ wie… grüßen

re-sānēscere ⟨sānēscō, sānuī, -… wieder gesund werden

re-sarcīre ⟨sarciō, sarsī, sartum 4… wieder ausbessern **2** wieder ersetze…

re-sciī → resciscere

★**re-scindere** ⟨scindō, scidī, sciss… 3.⟩ **1** wieder aufreißen **2** (er)öffne… abbrechen, einreißen, zerstören, … **tem** die Brücke **4** *fig* aufheben, ung… machen

re-scīscere ⟨scīscō, scīvī *u.* sciī, … tum 3.⟩ erfahren, entdecken

re-scissus ⟨a, um⟩ PPP → rescind…

re-scrībere ⟨scrībō, scrīpsī, scrīp… 3.⟩ **1** zurückschreiben, schriftlich … worten **2** widerlegen **3** neu schre… überarbeiten **4** (*im Rechnungsbuch*) … schreiben, gutschreiben, belaste… versetzen; **aliquem ad equum** ~ j-… Reiterei versetzen, j-n in den Ritters… erheben **6** nochmals ausheben, **n…** **legiones** weitere Legionen

re-secāre ⟨secō, secuī, sectum 1… abschneiden **2** *fig* entfernen **3** … men

re-secrāre ⟨ō, āvī, ātum 1.⟩ **1** in… dig bitten **2** = **resacrare**

re-sēdī → residere[1] *u.* → residere…

re-sequī ⟨sequor, secutus sum… antworten

re-serāre ⟨ō, āvī, ātum 1.⟩ **1** … schließen, öffnen **2** *fig* zugänglich… chen **3** offenbaren **4** anfangen

re-servāre ⟨ō, āvī, ātum 1.⟩ **1** … ten, retten **2** (bei)behalten **3** a… wahren, bewahren, zurückhalten

reses ⟨idis⟩ ADJ **1** zurückgeblieb…

g träge, untätig
-**sessum** PPP → residere[1] *u.* → resi-
ere[2]
-**sidēre**[1] ⟨sideō, sēdī, sessum 2.⟩ A
1 sitzen bleiben 2 *fig* ruhen 3 *fig* zu-
ckbleiben, übrig bleiben B V/T (*Fest*)
iern
-**sīdere**[2] ⟨sīdō, sēdī, sessum 3.⟩ 1
ch setzen, sich niederlassen, rasten 2
g sich senken, sinken 3 *fig* sich zurück-
ehen 4 *fig* nachlassen
siduum ⟨ī⟩ N Rest
siduus ⟨a, um⟩ ADJ 1 zurückblei-
end, übrig 2 rückständig
-**sīgnāre** ⟨ō, āvī, ātum 1.⟩ 1 entsie-
eln, öffnen 2 *fig* offenbaren 3 *fig* ver-
chten, ungültig machen 4 zurückzah-
n, -geben
-**silīre** ⟨siliō, siluī, sultum 4.⟩ 1 zu-
ckspringen 2 abprallen 3 Abstand
hmen 4 zusammenschrumpfen
sīnātus ⟨a, um⟩ ADJ mit Harz ge-
ürzt/bestrichen
sipere ⟨iō, -, - 3.⟩ 1 schmecken, **pi-
m** ~ nach Pech 2 *fig* erkennen lassen
sipīscere ⟨sipīscō, sipuī *u.* sipiī *u.*
īvī, - 3.⟩ 1 wieder zu Verstand kom-
en 2 wieder zu sich kommen 3 *fig*
eder Mut fassen
sistere ⟨sistō, stitī, - 3.⟩ 1 stehen
eiben, stillstehen, haltmachen 2 zu-
ckbleiben 3 (*in der Rede*) stocken, in-
halten 4 wieder festen Fuß fassen
Widerstand leisten, sich widersetzen
olūtus ⟨a, um⟩ ADJ 1 geil 2 zügel-

solvere ⟨solvō, solvī, solūtum 3.⟩
wieder auflösen, losbinden 2 öffnen,
eras einen Brief 3 *fig* aufheben, un-
tig machen, zerstören 4 *fig* entkräf-
5 *fig* zurückzahlen
sonāre ⟨ō, uī *u.* āvī, - 1.⟩ A V/I 1 wi-
hallen 2 *fig* ertönen, erklingen B V/T
erhallen lassen
onus ⟨a, um⟩ ADJ widerhallend
sorbēre ⟨eō, -, - 2.⟩ wieder ein-
lürfen; **mare resorbetur** es ist Ebbe
pectāre ⟨ō, āvī, ātum 1.⟩ A V/I zu-
ksehen, -blicken; hinsehen B V/T 1
ehen 2 *fig* berücksichtigen 3 *fig* er-
ten
spectus[1] ⟨a, um⟩ PPP → respicere
pectus[2] ⟨ūs⟩ M 1 das Zurückbli-
cken, Rückblick, **alicuius rei** nach etw
2 *fig* Rücksicht; **respectu alicuius rei** mit Rücksicht auf etw; ~ **mei** Rücksicht auf mich 3 Zufluchtsort, Rückhalt

re-spergere ⟨spergō, spersī, spersum 3.⟩ bespritzen

respersiō ⟨ōnis⟩ F das Bespritzen

re-spersus ⟨a, um⟩ PPP → respergere

★**re-spicere** ⟨spiciō, spexī, spectum 3.⟩ A V/I 1 zurückschauen, sich umsehen; **ad urbem** ~ zur Stadt zurückblicken 2 *fig* sich beziehen, **ad aliquem** auf j-n 3 Rücksicht nehmen, **ad aliquem** auf j-n B V/T 1 sich umsehen, **Eurydicen** nach Eurydike 2 überdenken 3 erwarten 4 berücksichtigen

respīrāmen ⟨inis⟩ N Luftröhre

re-spīrāre ⟨ō, āvī, ātum 1.⟩ 1 zurückwehen, -blasen 2 ausatmen; **animam** ~ die Luft aushauchen 3 aufatmen, wieder zu Atem kommen 4 *fig* sich erholen 5 *fig* nachlassen

respīrātiō ⟨ōnis⟩ F 1 das Aufatmen, das Atemholen 2 *fig* Pause 3 Ausdünstung

re-splendēre ⟨eō, uī, - 2.⟩ widerstrahlen

★**re-spondēre** ⟨spondeō, spondī, spōnsum 2.⟩ 1 dagegen versprechen 2 antworten, **his rebus** auf diese Äußerungen 3 JUR, REL Bescheid geben; **ius/de iure** ~ ein Rechtsgutachten erteilen 4 (*beim Namensaufruf*) sich melden; sich verantworten 5 *fig* entsprechen, **officio** seiner Verpflichtung 6 ähnlich sein 7 *fig* vergelten, **amori amore** Liebe mit Liebe 8 (*örtl.*) gegenüberliegen 9 *fig* gewachsen sein 10 *fig* bezahlen, **ad reliqua** den Rest

respōnsāre ⟨ō, -, - 1.⟩ 1 antworten 2 widerhallen 3 *fig* widerstehen

respōnsiō ⟨ōnis⟩ F Antwort, Entgegnung

respōnsor ⟨ōris⟩ M der Antwort gibt, der Bescheid gibt

★**respōnsum** ⟨ī⟩ N 1 Antwort 2 Rechtsbescheid 3 Orakel

re-spōnsus ⟨a, um⟩ PPP → respondere

★**rēspūblica** → res

re-spuere ⟨spuō, spuī, spūtum 3.⟩ 1 zurück-, ausspeien 2 *fig* zurückweisen, verschmähen, verachten

R

re-stāgnāre ⟨ō, -, - 1.⟩ **1** überfließen, austreten **2** überschwemmt sein, unter Wasser stehen

★**re-stāre** ⟨stō, stitī, - 1.⟩ **1** zurückbleiben, ausharren **2** Widerstand leisten **3** *fig* standhalten **4** übrig bleiben, noch am Leben sein **5** noch bevorstehen; **restat, ut** es bleibt noch, dass; **quod restat** künftig, in Zukunft

re-staurāre ⟨ō, āvī, ātum 1.⟩ **1** wiederherstellen, erneuern **2** von neuem beginnen, **bellum** einen Krieg

resticula ⟨ae⟩ F dünnes Seil, Schnur

re-stillāre ⟨ō, āvī, ātum 1.⟩ **1** wieder einträufeln **2** *fig* wieder einflößen

restīnctiō ⟨ōnis⟩ F das Löschen, das Stillen, **sitis** des Durstes

re-stinguere ⟨stinguō, stīnxī, stīnctum 3.⟩ **1** (aus)löschen **2** *fig* unterdrücken, dämpfen **3** *fig* vernichten, tilgen

re-stipulārī ⟨or, - 1.⟩ gegenseitig ein Versprechen fordern, sich dagegen versprechen lassen

restipulātiō ⟨ōnis⟩ F Gegenverpflichtung

restis ⟨is⟩ F **1** Seil, Strick, Tau **2** Lauchblatt

restitāre ⟨ō, -, -⟩ **1** zurückbleiben **2** *fig* zaudern

re-stitī → resistere *u.* → restare

★**re-stituere** ⟨uō, uī, ūtum 3.⟩ **1** zurückstellen **2** (*aus der Verbannung*) zurückführen, -bringen, -rufen **3** zurückgeben; **se ~** sich wieder aussöhnen, **patri** mit dem Vater **4** zurückversetzen; **consilia in integrum ~** Beschlüsse ungeschehen machen **5** (*König usw.*) wieder in seine Rechte einsetzen **6** wiederherstellen, wieder aufbauen **7** wiedergutmachen, ersetzen **8** aufheben, **iudicia** Urteilssprüche

restitūtiō ⟨ōnis⟩ F **1** Wiederherstellung **2** Wiedereinsetzung **3** (*aus der Verbannung*) **4** Begnadigung **5** Wiederaufnahme *in den Senat*

restitūtor ⟨ōris⟩ M **1** Wiederhersteller **2** *fig* Retter

restitūtus ⟨a, um⟩ PPP → restituere

restrictus ⟨a, um, *adv* restrictē⟩ ADJ **1** straff **2** bescheiden **3** *fig* spärlich, sparsam **4** *fig* streng

re-stringere ⟨stringō, strīnxī, strictum 3.⟩ **1** zurückziehen **2** zurückbinden **3** *fig* beengen **4** *fig* beschränke

re-sultāre ⟨ō, -, - 1.⟩ **1** zurücksp gen, -prallen **2** widerhallen **3** *fig* wic streben

re-sultum PPP → resilire

re-sūmere ⟨sūmō, sūmpsī, sūmpt 3.⟩ **1** wieder nehmen, wieder ergre **2** *fig* wiederaufnehmen, erneuern *fig* wiedererlangen

re-supīnāre ⟨ō, āvī, ātum 1.⟩ **1** rückbeugen, -stoßen; *passiv* sich zurü beugen **2** auf den Rücken werfen, gewaltigen **3** umreißen

resupīnus ⟨a, um⟩ ADJ **1** zurückge gen, rücklings **2** auf dem Rücken gend **3** *fig* stolz **4** *fig* träge

re-surgere ⟨surgō, surrēxī, surrēct 3.⟩ **1** wieder aufstehen **2** *fig* wieder wachen **3** *fig* wieder erstehen

resurrēctiō ⟨ōnis⟩ F (*eccl.*) Aufer hung

re-suscitāre ⟨ō, āvī, ātum 1.⟩ wie erregen, **iram** den Zorn

re-tardāre ⟨ō, āvī, ātum 1.⟩ **1** ve gern, aufhalten **2** hemmen; abhalte

retardātiō ⟨ōnis⟩ F Verzögerung

rēte ⟨is⟩ N Netz, Spinnennetz

re-tegere ⟨tegō, tēxī, tēctum 3. aufdecken, entblößen **2** öffnen **3** sichtbar machen; *passiv* sichtbar **4** *fig* entdecken, offenbaren

re-temptāre ⟨ō, āvī, ātum 1.⟩ wi versuchen; **preces ~** Bitten wiederh

re-tendere ⟨tendō, tendī, tentu tēnsum 3.⟩ ab-, entspannen

re-tentāre[1] ⟨ō, āvī, ātum 1.⟩ **1** rück-, festhalten **2** *fig* erhalten

re-tentāre[2] ⟨ō, āvī, ātum 1.⟩ = **temptare**

retentiō ⟨ōnis⟩ F **1** das Anhalten, Zurückhalten **2** *fig* Abzug

re-tentus ⟨a, um⟩ PPP → retende → retinere

re-terere ⟨terō, trīvī, trītum 3.⟩ a ben

re-texere ⟨texō, texuī, textum 3 wieder auftrennen **2** *fig* ungültig chen, widerrufen **3** *fig* erneuern, derholen

rētiārius ⟨ī⟩ M Netzfechter

reticentia ⟨ae⟩ F **1** das Stillsch gen, das Verschweigen *eines Fehlers Verkauf* **2** RHET plötzliches Abbrec

R

-ticēre ⟨eō, uī, - 2.⟩ A V/I 1 schwei-
en 2 nicht antworten B V/T verschwei-
en
ticulum ⟨ī⟩ N u. **reticulus** ⟨ī⟩ M
eines Netz, Tragenetz; Sieb
tināculum ⟨ī⟩ N 1 Halter, Band 2
igel, Leine 3 Haltetau, Ankertau
tinēns ⟨entis⟩ ADJ an *etw* festhaltend,
ris ~ an seinem Recht
-tinēre ⟨tineō, tinuī, tentum 2.⟩ 1
rück-, festhalten 2 zurückbehalten,
seinem Besitz behalten 3 (*Wut usw.*)
Schranken halten, zügeln 4 *fig* fes-
ln 5 (*Vermögen usw.*) beibehalten, er-
lten
tonāre ⟨ō, -, - 1.⟩ widerhallen
torquēre ⟨torqueō, torsī, tortum
⟩ 1 zurückdrehen, -wenden, -beugen
fig ändern, **mentem** die Gesinnung
torridus ⟨a, um, *adv* retorridē⟩ ADJ
verdorrt, dürr 2 *fig* schlau
ractāre ⟨ō, āvī, ātum 1.⟩ 1 zurück-
hen 2 *fig* widerrufen 3 sich weigern,
lehnen 4 wieder ergreifen 5 *fig* wie-
r bearbeiten 6 *fig* überdenken
ractātiō ⟨ōnis⟩ F 1 Weigerung,
lehnung 2 Beschäftigung in Gedan-
n
tractus ⟨a, um⟩ PPP entfernt, ver-
ckt
trahere ⟨trahō, trāxī, tractum 3.⟩
(*Flüchtling usw.*) zurückziehen, -brin-
n, -holen 2 abhalten; entfremden 3
~ sich zurückziehen 4 von neuem
hen 5 *fig* wieder ans Licht ziehen
(*aus einer Zahl*) streichen 7 hinziehen
(*in einen Zustand*) bringen
trectāre ⟨ō, āvī, ātum 1.⟩ = **retrac-
e**
tribuere ⟨uō, uī, ūtum 3.⟩ 1 zu-
kgeben, von Neuem geben 2 (*das
bührende*) zukommen lassen
rō A ADV 1 (*örtl.*) zurück, rückwärts,
h hinten, hinten 2 (*zeitl.*) vorher 3 ~
nere *fig* hintansetzen 4 dagegen,
gekehrt B PRÄP +*akk* hinter; ~ **metas**
ter den Zielsäulen
ro-agere ⟨agō, ēgī, āctum 3.⟩ 1
ücktreiben, -streichen 2 *fig* besänfti-
3 umkehren, ändern
ō-cēdere ⟨cēdō, cessī, cessum
zurückweichen
ōgradus ⟨a, um⟩ ADV zurückge-
hend
retrōrsum *u.* **retrōrsus** ADV 1 rückwärts 2 umgekehrt
retrōversum *u.* **retrōversus**[1] ADV rückwärts
retrōversus[2] ⟨a, um⟩ ADJ zurückgewandt
re-trūdere ⟨trūdō, trūsī, trūsum 3.⟩ zurückstoßen
retrūsus ⟨a, um⟩ ADJ entfernt, versteckt
rettudī → retundere
rettulī → referre
retudī → retundere
re-tundere ⟨retundō, re(t)tudī, retū(n)sum 3.⟩ 1 zurückstoßen 2 abstumpfen 3 *fig* abschwächen, dämpfen 4 vereiteln
retū(n)sus ⟨a, um⟩ ADJ 1 stumpf 2 *fig* stumpfsinnig, gefühllos
★**reus** A ⟨a, um⟩ ADJ schuldig, verpflichtet; ~ **dotis** zur Zahlung einer Mitgift verpflichtet B ⟨ī⟩ M Angeklagter, **parricidii** wegen Vatermordes; **reum facere** anklagen
re-vehere ⟨vehō, vēxī, vectum 3.⟩ 1 zurückfahren, -führen, -bringen 2 *passiv* zurückfahren, -reiten, -segeln 3 RHET zurückkommen
re-vēlāre ⟨ō, āvī, ātum 1.⟩ 1 enthüllen 2 *fig* offenbaren
re-vellere ⟨vellō, vellī *u.* vulsī *u.* volsī, vulsum 3.⟩ 1 weg-, ab-, losreißen 2 *fig* vertilgen 3 aufreißen, öffnen
re-venīre ⟨veniō vēnī, ventum 4.⟩ zurückkommen, heimkehren
rē-vērā ADV in Wahrheit, in der Tat
re-verberāre ⟨ō, -, - 1.⟩ zurückschlagen; *passiv* abprallen, **re** an/von *etw*
reverēns ⟨entis, *adv* reverenter⟩ ADJ ehrfürchtig, respektvoll
reverentia ⟨ae⟩ F 1 Scheu 2 Ehrfurcht, Ehrerbietung, Respekt, Achtung
re-verērī ⟨vereor, veritus sum 2.⟩ 1 scheuen, fürchten 2 Ehrfurcht haben, Respekt haben, **deos** vor den Göttern
re-verrere ⟨ō, -, - 3.⟩ wieder auseinanderkehren
reversiō ⟨ōnis⟩ F 1 GRAM Umstellung der Wörter 2 Umkehr, Rückkehr
★**re-vertere** ⟨vertō, vertī, versum 3.⟩ *u.* ★**revertī** ⟨vertor, vertī *u.* versus sum 3.⟩ zurückkehren, zurückkommen; **in**

R

gratiam cum aliquo ~ sich mit j-m wieder aussöhnen
re-vidēre ⟨eō, -, - 2.⟩ wieder hinsehen
re-vincere ⟨vincō, vīcī, victum 3.⟩ **1** besiegen, überwältigen **2** *fig* widerlegen
re-vincīre ⟨vinciō, vinxī, vinctum 4.⟩ **1** zurückbinden **2** fest-, anbinden **3** umwinden **4** *fig* fesseln
re-virēscere ⟨virēscō, viruī, - 3.⟩ **1** wieder grünen **2** *fig* sich verjüngen **3** wieder aufblühen
re-vīsere ⟨vīsō, vīsī, vīsum 3.⟩ **1** wieder sehen, wieder besichtigen **2** wieder besuchen **3** heimsuchen
re-vīvīscere ⟨vīvīscō, vīxī, - 3.⟩ **1** wieder aufleben **2** *fig* wieder erstarken
re-vīxī → reviviscere
revocābilis ⟨e⟩ ADJ widerruflich
revocāmen ⟨inis⟩ N Rückruf, Warnung
★**re-vocāre** ⟨ō, āvī, ātum 1.⟩ **1** zurückrufen **2** *fig* zurückziehen, -bringen, -wenden; **oculos ~** die Augen abwenden; **ad virtutem ~** zur Tugend zurückführen; **animos ad memoriam belli ~** wieder an den Krieg erinnern; **se ~ ad aliquid** zu etw zurückkehren **3** MIL abberufen, zurückbeordern **4** (*Sohn usw.*) zurück-, abhalten, abbringen **5** *fig* zurückverlangen **6** wiederherstellen, erneuern; **animos ~** wieder Mut fassen **7** (*Versprechen usw.*) widerrufen **8** beschränken **9** *fig* bringen, es zu *etw* kommen lassen; **rem ad manus ~** es zum Handgemenge kommen lassen; **in dubium ~** etw in Zweifel ziehen **10** *fig* verweisen, richten; **rem ad populum ~** die Entscheidung dem Volk überlassen **11** beurteilen **omnia ad lucrum** alles nach dem Gewinn **12** von Neuem rufen **13** (*Schauspieler*) zur Wiederholung auffordern **14** JUR erneut vor Gericht laden **15** eine Einladung erwidern
revocātiō ⟨ōnis⟩ F **1** Rückberufung, Abberufung **2** RHET das nochmalige Aussprechen, Wiederholung
re-volāre ⟨ō, āvī, ātum 1.⟩ **1** zurückfliegen **2** *fig* zurückeilen
re-volvere ⟨volvō, volvī, volūtum 3.⟩ **A** V/T **1** zurückrollen, -wälzen, -wickeln **2** *fig* zurückführen; **iter ~** den Weg zurückgehen; **~ iras** den Zorn von Neuem entfachen **3** wieder aufrollen, **librum** ein Buch wieder lesen **4** wieder üb[…] denken **5** wieder erzählen **B** *passiv* […] **se ~** **1** zurückrollen **2** vergehen **3** […] neut in *etw* geraten; **eo revolvitur** […] **ut** es kommt dahin, dass **4** zurückk[…] men, **ad consilium** auf den Plan
re-vomere ⟨ō, uī, - 3.⟩ wieder auss[…] en, wieder von sich geben
re-vorrere ⟨ō, -, - 3.⟩ = **reverrere**
revors... = **revers...**
revort... = **revert...**
★**rēx** ⟨rēgis⟩ M **1** König, Fürst, Herrsc[…] **2** Königssohn, Prinz **3** PL Königsp[…] Königsfamilie **4** REL Opferkönig **5** […] waltherrscher **6** *fig* Herr, Anführer

Landesku[…]

▶ rex – König

Anfangs (der Sage nach von 753-510 v. Chr.) wurde Rom von Könige[…] regiert, die in einer Person oberste[…] Heerführer, Priester und Richter waren. Nach der Sage regierten na[…] **Romulus** noch sechs weitere Köni[…] die immer rücksichtsloser wurden; deshalb vertrieb man um 510 v. Ch[…] den letzten König **Tarquinius Supe[…]bus**. Aus dem Königreich wurde e[…] **res publica**. Das Königtum war als Staatsform fortan verpönt und auch der Kaiserzeit vermieden es Augus[…] und seine Nachfolger, sich als Kön[…] zu bezeichnen.

rēxī → regere
Rhadamanthos *u.* **Rhadam[…]thus** ⟨ī⟩ M *Richter in der Unterwelt*
Rhaetī ⟨ōrum⟩ MPL = **Raeti**
Rhaetia ⟨ae⟩ F = **Raetia**
rhapsōdia ⟨ae⟩ F Gesang *Homers*
Rhēa ⟨ae⟩ F = **Rea**
rhēda ⟨ae⟩ F = **raeda**
Rhēnānus ⟨a, um⟩ ADJ des Rhein[…]
rhēnō ⟨ōnis⟩ M = **reno**
Rhēnus ⟨ī⟩ M Rhein
rhētor ⟨ōris⟩ M Redner, Lehrer de[…]dekunst

R

ētorica ⟨ae⟩ F u. **rhētŏrica**
›rum› NPL u. **rhētoricē** ⟨ēs⟩ F Rede-
.nst, Rhetorik
ētoricus ⟨a, um, *adv* rhētoricē⟩ ADJ
etorisch, rednerisch
īnocerōs ⟨ōtis⟩ M Nashorn
ō *indekl griech. Buchstabe*
odanus ⟨ī⟩ M Rhône
odiēnsis ⟨e⟩ ADJ aus Rhodos
odius A ⟨a, um⟩ ADJ aus Rhodos B
› M Einwohner von Rhodos
odos u. **Rhodus** ⟨ī⟩ F *Insel mit*
ichnamiger Hauptstadt
ombus ⟨ī⟩ M 1 Kreisel *der Zauberer,*
uberrad 2 Steinbutt
ythmicus ⟨a, um⟩ ADJ rhythmisch
ythmus ⟨ī⟩ M MUS, RHET Rhythmus
ytium ⟨ī⟩ N Trinkhorn
a ⟨ae⟩ F Kopftuch
inus ⟨ī⟩ M Ungeziefer; Laus
tum ⟨ī⟩ N u. **rictus** ⟨ūs⟩ M 1 geöff-
ter Mund, Rachen 2 Augenöffnung
ēre ⟨rīdeō, rīsī, rīsum 2.⟩ A VI 1 la-
en 2 zulächeln 3 (*Sache*) strahlen,
chten B VT 1 verlachen, verspotten
freundlich anlächeln
ibundus ⟨a, um⟩ ADJ lachend
iculārius A ⟨a, um⟩ ADJ lächerlich
⟨ī⟩ M Spaßmacher
iculum ⟨ī⟩ N Scherz, Spaß; **per ~** im
erz; **ad ~ convertere** ins Lächerliche
hen
iculus A ⟨a, um, *adv* rīdiculē⟩ ADJ
scherzhaft, komisch, witzig 2 lächer-
B ⟨ī⟩ M Spaßmacher
āre ⟨ō, āvī, ātum 1.⟩ 1 leiten 2 be-
ssern, befeuchten, tränken
ēns ⟨entis⟩ ADJ = **rigidus**
ēre ⟨eō, uī, - 2.⟩ 1 steif sein, **frigore**
Kälte 2 strotzen 3 starr emporra-

ēscere ⟨rigēscō, riguī, - 3.⟩ 1 er-
ren, steif werden 2 *fig* sich sträuben
dāre ⟨ō, -, - 1.⟩ steif/hart machen
dus ⟨a, um, *adv* rigidē⟩ ADJ 1 starr,
f, fest, hart 2 gerade ausgestreckt 3
r emporragend 4 (*Zensor usw.*) un-
gsam, unerbittlich 5 (*Tier, Krieg*)
l, grausam, streng
r ⟨ōris⟩ M 1 Starrheit, Steifheit 2
Kälte) Erstarrung 3 Frost 4 *fig* Här-
Strenge
ī → rigere u. → rigescere

riguus ⟨a, um⟩ ADJ 1 bewässernd 2 bewässert

rīma ⟨ae⟩ F 1 Riss, Ritze, Spalt; Leck; **ignea ~** *fig* Blitzstrahl 2 *fig* Ausflucht

rīmārī ⟨or, ātus sum 1.⟩ 1 aufwühlen 2 *fig* durchwühlen, -forschen

rīmōsus ⟨a, um⟩ ADJ voller Risse; **rimosa auris** *fig* Ohr eines Schwätzers

ringī ⟨or, - 3.⟩ 1 die Zähne fletschen 2 *fig* sich ärgern, unwillig sein

★**rīpa** ⟨ae⟩ F 1 Flussufer 2 *fig* Ufer, Rand

rīsī → ridere

rīsiō ⟨ōnis⟩ F das Lachen, Gelächter

rīsus[1] ⟨a, um⟩ PPP → ridere

rīsus[2] ⟨ūs⟩ M 1 das Lachen, Gelächter 2 Gegenstand des Spottes 3 Spott

★**rīte** ADV 1 gemäß dem Ritus 2 *fig* in feierlicher Form, nach Vorschrift, gehörig 3 *fig* mit Recht, recht 4 zum Glück

★**rītus** ⟨ūs⟩ M 1 heiliger Brauch 2 Brauch, Sitte; **ritu** nach Art von, wie; **ritu pecudum** wie die Tiere

rīvālis ⟨is⟩ M Rivale, Nebenbuhler

★**rīvus** ⟨ī⟩ M 1 Bach 2 Strom 3 ARCH Wassergraben, Kanal 4 *fig* Gang

rixa ⟨ae⟩ F Streit, **alicuius rei** um etw

rixārī ⟨or, ātus sum 1.⟩ streiten, zanken

rōbīginōsus ⟨a, um⟩ ADJ 1 verrostet 2 *fig* neidisch

rōbīgō ⟨inis⟩ F 1 Rost 2 BOT Mehltau 3 *fig* Zahnfäule 4 *fig* üble Gewohnheiten

rōborāre ⟨ō, āvī, ātum 1.⟩ stärken, kräftigen

rōboreus ⟨a, um⟩ ADJ aus Eichenholz

★**rōbur** u. **rōbus** ⟨oris⟩ N 1 Hartholz, Eichenholz 2 aus Eichenholz Gefertigtes: Eichenbank, -keule, -tor 3 (*physisch, geistig, moralisch*) Stärke, Kraft, Festigkeit 4 Kern 5 (*eines Ortes*) Mittelpunkt 6 MIL Kerntruppen

★**rōbustus** ⟨a, um, *adv* rōbustē⟩ ADJ 1 aus Eichenholz 2 *fig* stark, kräftig, rüstig 3 erwachsen

rōdere ⟨rōdō, rōsī, rōsum 3.⟩ 1 benagen, anfressen 2 *fig* herabsetzen, verkleinern

rogālis ⟨e⟩ ADJ Scheiterhaufen…

★**rogāre** ⟨ō, āvī, ātum 1.⟩ 1 fragen, **senatorem sententiam** einen Senator nach seiner Meinung; **populum/legem ~** POL ein Gesetz beantragen; **magistratum ~** einen Beamten zur Wahl vor-

R

schlagen **2** **sacramento** ~ MIL vereidigen **3** bitten, **aliquid** um etw **4** einladen **5** holen, **aquam** Wasser

★**rogātiō** ⟨ōnis⟩ F **1** Frage **2** POL Gesetzesantrag; **rogationem ferre/perferre** einen Gesetzesantrag stellen/durchbringen **3** Bitte, Aufforderung

rogātiuncula ⟨ae⟩ F **1** kurze Frage **2** vorgeschlagenes Gesetz, Verordnung

rogātor ⟨ōris⟩ M **1** Antragsteller **2** Stimmensammler **3** Bettler

rogātus, *abl* ⟨ū⟩ M Antrag, Bitte

rogitāre ⟨ō, āvī, ātum 1.⟩ mit Nachdruck fragen, wiederholt fragen

rogitātiō ⟨ōnis⟩ F Gesetzesantrag

rogus ⟨ī⟩ M **1** Scheiterhaufen **2** *fig* Grab, Vernichtung

★**Rōma** ⟨ae⟩ F **1** Rom **2** Göttin der Stadt Rom

★**Rōmānus** **A** ⟨a, um⟩ ADJ römisch **B** ⟨ī⟩ M Römer

Rōmuleus ⟨a, um⟩ ADJ des Romulus

Rōmulidēs ⟨ae⟩ M Nachkomme des Romulus

Rōmulus ⟨ī⟩ M *Sohn des Mars u. der Rea Silvia, Zwillingsbruder des Remus; Grü[nder] u. erster König von Rom*; **Rōmulus** [⟨a,] um⟩ ADJ des Romulus, römisch

ronchus ⟨ī⟩ M das Schnarchen

rōrāre ⟨ō, āvī, ātum 1.⟩ **A** V/I **1** ta[u]en den Tau fallen lassen; **rorat** es fällt [Tau] **2** *fig* triefen, feucht sein **B** V/T **1** be[tau]en **2** befeuchten; tröpfeln lassen

rōs ⟨rōris⟩ M **1** Tau(tropfen) **2** Fe[uch]tigkeit; ~ **vitalis** Muttermilch **3** ~ **m[ari]nus** Rosmarin

rosa ⟨ae⟩ F **1** Rose **2** Rosenstock

rosārius ⟨a, um⟩ ADJ aus/von Rose[n]

rōscidus ⟨a, um⟩ ADJ **1** tauend **2** [Tau] fallen lassend **3** betaut, benetzt

Rōscius ⟨a, um⟩ *Name einer röm. [Familie]* **1** **Q.** ~ *berühmter Schauspieler z. Zt. [Cice]ros* **2** **S.** ~ *aus Ameria, von Cicero ve[rtei]digt, Rede pro Sexto Roscio Amerino*

roseus ⟨a, um⟩ ADJ **1** Rosen... **2** [ro]senfarbig, rosig **3** *fig* jugendlich, sc[hön]

rōsī → rodere

rōsidus ⟨a, um⟩ ADJ = **roscidus**

rōsmarīnus ⟨ī⟩ M → ros

rōstra ⟨ōrum⟩ NPL → rostrum

Landesku[nde]

▶ Romulus und Remus

So berichtet Livius: Die Zwillinge **Romulus** und **Remus** waren die Enkelsöhne [des] **Numitor**, der als König die Stadt Alba Longa regierte. Durch einen Aufstand sei[nes] Bruders **Amulius** wurde Numitor vom Thron vertrieben und aus der Stadt verj[agt.] Um zu verhindern, dass Numitors Nachkommen ihm den Thron einst streitig machen könnten, zwang Amulius dessen Tochter **Rea Silvia**, Vestalin zu werd[en,] somit in lebenslanger Keuschheit zu leben und kinderlos zu bleiben. Als Rea S[ilvia] nach einer Zusammenkunft mit dem Gott **Mars** dennoch die Zwillinge Romulus [und] Remus gebar, ließ Amulius die Kinder auf dem Tiber aussetzen. Sie wurden an L[and] gespült, von einer Wölfin gerettet und gesäugt. Der königliche Hirte **Faustulus** f[and] die beiden und nahm sie zu sich nach Hause, wo er sie mit seiner Gattin **Ac[ca] Larentia** aufzog. Als die Zwillinge herangewachsen waren und die Geschichte i[hrer] Herkunft in Erfahrung gebracht hatten, halfen sie ihrem Großvater Numitor, [den] Thron von Alba Longa zurückzuerobern. Danach beschlossen sie an der Stelle, an [der] man sie ausgesetzt hatte, eine Stadt zu errichten: das spätere Rom. Vor der Stadtgründung hielten sie Auspizien ab, um zu entscheiden, nach wem die n[eue] Stadt benannt werden sollte. Romulus beobachtete den Vogelflug vom Palatin [aus,] Remus vom Aventin. Es war schließlich Romulus, der die meisten Vögel beobachtete. Daraufhin begann er, die rituelle Stadtgrenze zu ziehen. Weil Re[mus] sich darüber lustig machte, wurde er von seinem Bruder erschlagen. Romulus w[urde] der erste König von Rom. Nach seinem Tod wurde er als Gott **Quirinus** vere[hrt.]

R

strātus ⟨a, um⟩ ADJ mit Schiffs-
:hnäbeln verziert; **columna rostrata**
ıit Schiffsschnäbeln verzierte Marmor-
äule auf dem Forum Romanum
strum ⟨ī⟩ N 1 Schnabel, Schnauze
2 MIL, SCHIFF Schiffsschnabel, Ramm-
ɔorn 3 PL ★**rostra** Rednerbühne *auf*
em Forum Romanum; **escendere in ros-**
a die Rednerbühne besteigen; **descen-**
ere de rostris die Rednerbühne verlas-
:n
sus ⟨a, um⟩ PPP → rodere
ta ⟨ae⟩ F 1 Rad, Scheibe 2 Wagen 3
öpferscheibe 4 Schöpfrad 5 Folterrad
ɛr Griech. 6 Rolle 7 Kreis, Kreislauf
tāre ⟨ō, āvī, ātum 1.⟩ A V/T im Kreis
ɛrumdrehen, aufwirbeln B V/I sich im
'eis drehen, rollen
tundāre ⟨ō, āvī, ātum 1.⟩ rund ma-
ɪen, abrunden
tundus ⟨a, um, *adv* rotundē⟩ ADJ 1
nd, kreisrund, kugelrund 2 RHET ab-
:rundet; vollkommen
be-facere ⟨faciō, fēcī, factum 3.⟩
ten
bellum ⟨ī⟩ N Rotwein
bellus ⟨a, um⟩ ADJ rötlich
bēns ⟨entis⟩ ADJ 1 rot 2 schamrot
 prächtig, bunt
ber ⟨rubra, rubrum⟩ ADJ rot, gerötet
bēre ⟨eō, uī, - 2.⟩ rot sein
bēscere ⟨rubēscō, rubuī, - 3.⟩ rot
ɛrden, sich röten, *vor Scham* erröten
bētum ⟨ī⟩ N Brombeergesträuch
bicō(n) ⟨ōnis⟩ M Rubicon, *Fluss*
bicundus ⟨a, um⟩ ADJ rötlich
bidus ⟨a, um⟩ ADJ dunkelrot
bīginōsus ⟨a, um⟩ ADJ = **robigino-**
s
īgō ⟨inis⟩ F = **robigo**
bor ⟨ōris⟩ M 1 Röte, rote Farbe 2 ro-
 Schminke 3 Purpur 4 Schamröte,
ɾnesröte 5 Schande
rīca ⟨ae⟩ F 1 roter Ton 2 rot ge-
ıriebener Gesetzestitel 3 Rubrik
rīcātus ⟨a, um⟩ ADJ rot gefärbt
uī → rubere *u.* → rubescere
us ⟨ī⟩ M Brombeerstrauch
tāre ⟨ō, āvī, ātum 1.⟩ *u.* **rūctārī**
', ātus sum 1.⟩ A V/I rülpsen, aufsto-
ı B V/T ausspeien
tus ⟨ūs⟩ M das Rülpsen, das Aufsto-
ı

rudēns ⟨entis⟩ M *u.* F Schiffstau
rūdere ⟨ō, īvī, - 3.⟩ 1 brüllen 2 krachen
rudīmentum ⟨ī⟩ N erster Versuch, Vorschule, Probestück
rudis[1] ⟨is⟩ F 1 Rührlöffel, Quirl 2 Degen
★**rudis**[2] ⟨e⟩ ADJ 1 roh, unbearbeitet 2 (*Lebewesen*) jung, neu 3 *fig* nicht ausgebildet, unerfahren, ungeschickt
★**ruere**[1] ⟨ruō, ruī, rūtum 3.⟩ A V/I 1 (*Person, Sache*) (sich) stürzen, stürmen, rennen, eilen 2 sich überstürzen, übereilt handeln 3 (*Bauten*) einstürzen, zugrunde gehen B V/T niederreißen, hinwerfen, zerschlagen
ruere[2] ⟨ruō, ruī, rūtum 3.⟩ 1 aufwühlen, aufgraben, aufwirbeln 2 zusammenraffen 3 ausgraben
Rūfulī ⟨ōrum⟩ MPL *die vom Feldherrn bestimmten* Kriegstribunen
rūfulus ⟨a, um⟩ ADJ rötlich; **homo ~** Rotschopf
rūfus ⟨a, um⟩ ADJ rothaarig
Rufus ⟨ī⟩ M *röm. Beiname*
rūga ⟨ae⟩ F 1 Runzel, Falte 2 finsteres Wesen, Ernst
rūgāre ⟨ō, āvī, ātum 1.⟩ A V/T runzeln, **frontem** die Stirn B V/I Falten werfen
rūgōsus ⟨a, um⟩ ADJ faltig, runzelig
ruī → ruere[1] *u.* → ruere[2]
ruīna ⟨ae⟩ F 1 Einsturz, Verfall 2 PL Trümmer 3 MIL Niederlage, Verwüstung 4 POL Sturz, Fall, Untergang
ruīnōsus ⟨a, um⟩ ADJ 1 baufällig 2 verfallen
rullus A ⟨a, um⟩ ADJ grob B ⟨ī⟩ M Grobian
rūmi-ficāre ⟨ō, āvī, ātum 1.⟩ öffentlich preisen
rūmināre ⟨ō, -, - 1.⟩ *u.* **rūminārī** ⟨or, - 1.⟩ wiederkäuen
rūminātiō ⟨ōnis⟩ F das Wiederkäuen
★**rūmor** ⟨ōris⟩ M 1 dumpfes Geräusch 2 Beifall 3 Gerücht, Gerede 4 öffentliche Meinung, Ruf
★**rumpere** ⟨rumpō, rūpī, ruptum 3.⟩ 1 zerbrechen, zerreißen, zerhauen, sprengen; *passiv* platzen 2 (*Front*) durchbrechen 3 (*Weg*) bahnen 4 (*Quelle*) hervorbrechen lassen; *passiv u.* **se ~** hervorbrechen 5 *fig* verletzen, vernichten, vereiteln; **foedus ~** einen Vertrag brechen;

R

reditum alicui ~ j-m den Rückweg abschneiden 6 *fig* unterbrechen, stören
rūmusculus ⟨ī⟩ M Gerede, Geschwätz
★**rūpēs** ⟨is⟩ F 1 Fels(wand) 2 Klippe 3 Schlucht
rūpī → rumpere
ruptus ⟨a, um⟩ PPP → rumpere
rūrāre ⟨ō, -, - 1.⟩ *u.* **rūrārī** ⟨or, - 1.⟩ auf dem Land leben, Ackerbau treiben
rūri-cola ⟨ae⟩ F *u.* M 1 das Land bebauend, Bauer 2 Stier
rūri-gena ⟨ae⟩ M *u.* F Landbewohner(in)
★**rūrsum** *u.* ★**rūrsus** ADV 1 zurück, rückwärts 2 wieder, nochmals 3 dagegen, andererseits, umgekehrt
★**rūs** ⟨rūris⟩ N 1 Land (↔ *Stadt*); ~ **ire** aufs Land gehen; **rure** vom Land; **ruri/rure** auf dem Land 2 Landgut
rūssum ADV = **rursum**
russus ⟨a, um⟩ ADJ hellrot, rot
rūstica ⟨ae⟩ F grobe Bäuerin
rūsticānus A ⟨a, um⟩ ADJ ländlich, ländlich einfach B ⟨ī⟩ M Landbewohner, Bauer
rūsticārī ⟨or, -1.⟩ auf dem Land leben, sich auf dem Land aufhalten
rūsticātiō ⟨ōnis⟩ F Landleben
rūsticitās ⟨ātis⟩ F 1 ländliche Einfachheit 2 Unbeholfenheit
rūsticulus A ⟨a, um⟩ ADJ 1 ländlich 2 etwas unbeholfen B ⟨ī⟩ M einfacher Landbewohner
★**rūsticus** A ⟨a, um, *adv* rūsticē⟩ ADJ 1 (↔ *Stadt*) ländlich, Land; **homo** ~ Landbewohner; **mus** ~ Feldmaus; **res rusticae** Landwirtschaft 2 (*Sitten*) einfach, schlicht 3 ungeschliffen, linkisch, spröde B ⟨ī⟩ M Bauer
Rutēnī ⟨ōrum⟩ MPL *gall. Stamm in Aquitanien*
rutilāre ⟨ō, āvī, ātum 1.⟩ A V/T rötlich färben B V/I rötlich schimmern
rutilus ⟨a, um⟩ ADJ rötlich, hochrot, rotgelb
Rutulī ⟨ōrum⟩ MPL *Volk in Latium unter König Turnus*
rūtus ⟨a, um⟩ PPP → ruere[1] *u.* → ruere[2]

S

s, S ABK 1 = **Sextus** 2 = **salutem** *in Brie*… es grüßt dich 3 **S. C.** = **senatūs cons**…**tum** Senatsbeschluss 4 **S. D.** = **salut**… **dicit** es grüßt dich 5 **S. P. D.** = **salu**… **plurimam dicit** es grüßt dich ganz h…lich 6 **S. P. Q. R.** = **Senatus Populus**… **Romanus** Senat und Volk von Rom… populus
sabbatāria ⟨ae⟩ F Jüdin
sabbatum ⟨ī⟩ N Sabbat, Samstag
Sabellī ⟨ōrum⟩ MPL 1 *mittelital. Vö*… *sabinischer Abstammung* 2 *die oskisch*… *binischen Völker* 3 = **Sabini**
Sabellicus *u.* **Sabellus** ⟨a, um⟩ sabellisch, sabinisch, *auch* marsisch
Sabellus ⟨ī⟩ M Sabeller, Sabiner
Sabīna ⟨ae⟩ F Sabinerin
Sabīnī ⟨ōrum⟩ MPL die Sabiner, *Sta*… *im NO von Rom*
Sabīnum ⟨ī⟩ N (*erg.* **vinum**) Sabi… wein
Sabīnus ⟨a, um⟩ ADJ sabinisch
sabulum ⟨ī⟩ N grober Sand, Kies
saburra ⟨ae⟩ F Sand, *bes* Schiffssa…
saburrāre ⟨ō, āvī, ātum 1.⟩ mit Ba… beladen
saccāre ⟨ō, āvī, ātum 1.⟩ filtern
saccipērium ⟨ī⟩ N Umhängetasch…
saccō ⟨ōnis⟩ M Geldsack, Wuchere…
sacculus ⟨ī⟩ M Säckchen, Geldbeu…
saccus ⟨ī⟩ M 1 Sack 2 Mehl-, Ge…de-, Geldsack; **ad saccum ire** betteln… hen 3 Filter
sacellum ⟨ī⟩ N kleiner Tempel
★**sacer** ⟨sacra, sacrum⟩ ADJ 1 (*einer* … *heit*) geweiht, heilig; **dies sacri** Feier… 2 Religions… 3 ehrwürdig 4 eine… terirdischen Gottheit geweiht, verfl…
★**sacerdōs** ⟨dōtis⟩ M *u.* F Priester(i…
sacerdōtālis ⟨e⟩ ADJ priesterlich
sacerdōtium ⟨ī⟩ N Priesteramt
★**sacrāmentum** ⟨ī⟩ N 1 JUR Haft… *zweier vor Gericht streitender Parteie*… Prozess(führung) 3 Fahneneid, Kr…dienst 4 *fig* Eid; **falsum** ~ Meineid
sacrāre ⟨ō, āvī, ātum 1.⟩ 1 weihen

Landeskunde

sacerdos – staatlicher Priester

Als **sacerdotes** wurden Personen ɔezeichnet, die für die Ausübung der Religion in Rom zuständig waren. In Rom gab es keine in unserem Sinne strikte Trennung zwischen Priestern und Laien und viele Priesterämter waren gleichzeitig Teil der politischen Karriere. Nur wenige mussten strenge Regeln einhalten (zum Beispiel die Vestalinnen, die Jungfrauen bleiben mussten). Die Funktion der Priester var in erster Linie die Durchführung on Opfern und anderen Ritualen. Zu den wichtigsten Priesterkollegien ählten die **pontifices**, denen der **ontifex maximus** vorstand, die **irgines Vestales** sowie die **flamines**. ie Vestalinnen waren Priesterinnen er Vesta, die **flamines** standen im ienste einer bestimmten Gottheit, B. Jupiters (**flamen Dialis**).

n, widmen, **deo** einem Gott 2 verfluen 3 unverletzlich machen 4 als heiverehren 5 unsterblich machen, zur ttheit erheben

rārium ⟨ī⟩ N 1 Heiligtum, Tempel (Haus-)Kapelle

rātus ⟨a, um⟩ ADJ 1 *fig* geheiligt, weiht 2 *fig* vergöttlicht, erhaben

rificālis ⟨e⟩ ADJ Opfer…

rificāre ⟨ō, āvī, ātum 1.⟩ A VI opn, ein Opfer darbringen, **re** etw B VT ern

rificātiō ⟨ōnis⟩ F Opferung

rificium ⟨ī⟩ N 1 Opfer, heilige ndlung 2 (*mlat.*) Messopfer

ri-ficus ⟨a, um⟩ ADJ 1 opfernd; des ernden 2 Opfer…

rilegium ⟨ī⟩ N 1 Tempelraub 2 aubte Tempelgüter 3 Religionsfrevel

ri-legus A ⟨a, um⟩ ADJ 1 tempelberisch 2 gottlos, verrucht B ⟨ī⟩ Tempelräuber, -schänder

sacrō-sānctus ⟨a, um⟩ ADJ hochheilig, unverletzlich

★**sacrum** ⟨ī⟩ N 1 heiliger Gegenstand, heiliger Ort 2 Götterbild 3 Opfer(gabe) 4 Opferhymnus 5 heiliger Brauch 6 PL Gottesdienst, Feier, Fest 7 *fig* Geheimnisse, Mysterien

saec(u)lāris ⟨e⟩ ADJ 1 hundertjährig, Jahrhundert…; **carmen saeculare** Lied zur Jahrhundertfeier 2 weltlich, irdisch

★**saeculum** ⟨ī⟩ N 1 Menschen-, Zeitalter, Generation 2 Regierungszeit 3 Jahrhundert 4 langer Zeitraum 5 Zeitgeist

★**saepe** ADV oft; **quam saepissime** möglichst oft

saepe-numerō ADV oft, häufig

saepēs ⟨is⟩ F 1 Zaun 2 Gehege, Garten 3 Absperrung

saepīmentum ⟨ī⟩ N Umzäunung

saepīre ⟨saepiō, saepsī, saeptum 4.⟩ 1 umzäunen 2 *fig* umgeben, umhüllen 3 bedecken, schützen 4 verwahren

saeps ⟨is⟩ F = **saepes**

saepsī → saepire

saeptum ⟨ī⟩ N 1 Einfriedung, Gehege; **saepta domorum** Inneres der Häuser 2 PL Schranken, *für die Komitien*

saeptus ⟨a, um⟩ PPP → saepire

saeta ⟨ae⟩ F 1 Borste, Haar 2 Angelschnur

saeti-ger A ⟨gera, gerum⟩ ADJ Borsten tragend B ⟨ī⟩ M Eber

saevīre ⟨iō, iī, ītum 4.⟩ toben, wüten

saeviter ADV → saevus

saevitia ⟨ae⟩ F *u.* **saevitiēs** ⟨ēī⟩ F 1 Wut, Wildheit, Raserei 2 *fig* Grausamkeit, Härte, Strenge

saevitūdō ⟨inis⟩ F = **saevitia**

★**saevus** ⟨a, um, *adv* saevē⟩ ADJ *u.* ⟨saeviter⟩ 1 tobend, wild 2 *fig* heftig, hart, grausam, wütend

sāga ⟨ae⟩ F Wahrsagerin

sagācitās ⟨ātis⟩ F 1 Spürsinn 2 *fig* Scharfsinn, Klugheit

sagātus ⟨a, um⟩ ADJ mit einem Soldatenmantel bekleidet

sagāx ⟨ācis, *adv* sagāciter⟩ ADJ 1 scharf witternd/hörend 2 *fig* scharfsinnig, klug, schlau

sagīna ⟨ae⟩ F 1 Fütterung, Mast 2 Ernährung; Futter 3 Masttier

sagīnāre ⟨ō, āvī, ātum 1.⟩ 1 mästen 2

füttern **3** abspeisen
sāgīre ⟨iō, -, - 4.⟩ wittern
★**sagitta** ⟨ae⟩ F Pfeil
sagittārius **A** ⟨a, um⟩ ADJ Pfeil… **B** ⟨ī⟩ M **1** Bogenschütze **2** ASTROL Schütze
sagittātus ⟨a, um⟩ ADJ mit Pfeilen versehen
sagitti-fer ⟨fera, ferum⟩ ADJ Pfeile tragend, mit Pfeilen bewaffnet
sagulum ⟨ī⟩ N kurzer Mantel
sagum ⟨ī⟩ N **1** kurzer Umwurf *der Germanen u. Kelten* **2** Soldatenmantel; **in sagis esse** unter Waffen stehen
Saguntīnus **A** ⟨a, um⟩ ADJ aus Sagunt **B** ⟨ī⟩ M Einwohner von Sagunt
Saguntum ⟨ī⟩ N *u.* **Saguntus** ⟨ī⟩ F Sagunt, *Stadt in Hispania Tarraconensis*
sāgus ⟨a, um⟩ ADJ wahrsagend
★**sāl** ⟨salis⟩ M **1** Salz; *pl* Salzkörner **2** Meer **3** Salzgeschmack **4** *fig* Geschmack **5** Geist; Witz
salamandra ⟨ae⟩ F Salamander
Salamīna ⟨ae⟩ F = **Salamis**
Salamīnius **A** ⟨a, um⟩ ADJ von Salamis **B** ⟨ī⟩ M Einwohner von Salamis
Salamīs ⟨īnis⟩ F **1** *Insel vor der Küste Attikas* **2** *Stadt an der Ostküste von Zypern*
salārius **A** ⟨a, um⟩ ADJ Salz… **B** ⟨ī⟩ M Salzfischhändler
salāx ⟨ācis⟩ ADJ **1** geil **2** geil machend, stimulierend
salebra ⟨ae⟩ F **1** holprige Stelle **2** *fig* Schwierigkeit **3** *fig* Unebenheit
salebrōsus ⟨a, um⟩ ADJ holprig, rau
saliātus ⟨ūs⟩ M Amt eines Saliers
salictum ⟨ī⟩ N Weidengebüsch
salignus ⟨a, um⟩ ADJ Weiden…; **salignae crates** Weidengeflechte
Saliī ⟨ōrum *u.* um⟩ MPL die Salier, *altröm. Priesterkollegien; führten beim Fest des Mars Waffentänze auf u. sangen altertümliche Lieder*
S
salīllum ⟨ī⟩ N Salzfässchen
salīnae ⟨ārum⟩ FPL Salzgrube, Salzwerk, Saline
salīnum ⟨ī⟩ N Salzfass
sali-potēns ⟨entis⟩ M Meerbeherrscher, *Beiname des Neptun*
★**salīre** ⟨saliō, saluī *u.* saliī, saltum⟩ 4. **A** V/I **1** springen, hüpfen, tanzen **2** schlagen, klopfen **B** V/T bespringen
salīva ⟨ae⟩ F **1** Speichel **2** Nachgeschmack **3** Appetit
salix ⟨icis⟩ F Weide
Sallustiānus ⟨a, um⟩ ADJ des Sallu… → Sallustius
Sallustius ⟨a, um⟩ *Name einer rö… gens;* **C. ~ Crispus** *berühmter röm. …schichtsschreiber, 86–35 v. Chr.*
salmō ⟨ōnis⟩ M Lachs
salsāmentum ⟨ī⟩ N **1** Fischlake … marinierter Fisch
salsi-potēns ⟨entis⟩ M = **salipoten…**
★**salsus** ⟨a, um, *adv* salsē⟩ ADJ **1** ge…zen, salzig **2** *fig* beißend; witzig
★**saltāre** ⟨ō, āvī, ātum 1.⟩ **A** V/I tan… **B** V/T pantomimisch darstellen
saltātiō ⟨ōnis⟩ F das Tanzen, Tanz
saltātor ⟨ōris⟩ M Tänzer, Pantomim…
saltātōrius ⟨a, um⟩ ADJ Tanz…
saltātrīx ⟨īcis⟩ F Tänzerin
saltātus ⟨ūs⟩ M = **saltatio**
saltem ADV **1** wenigstens, jeden… doch **2** **non/neque ~** nicht einmal
saltim ADV = **saltem**
saltuōsus ⟨a, um⟩ ADJ waldig, gebi…
saltus[1] ⟨ūs⟩ M Sprung; **saltu venire** …sprungen kommen
★**saltus**[2] ⟨ūs⟩ M **1** Schlucht, Pass… Waldgebirge **3** Weideplatz im Geb… **4** Landgut **5** *fig* bedenkliche Lage
★**salūber** ⟨bris, bre⟩ ADJ *u.* **salūb…** ⟨e, *adv* salūbriter⟩ ADJ **1** gesund, für die Gesundheit **2** *fig* heilsam, teilhaft **3** *fig* stark; vernünftig
salūbritās ⟨ātis⟩ F **1** Heilkraft **2** …sundheit, Wohlbefinden
salum ⟨ī⟩ N **1** hoher Seegang **2** of… See **3** *fig* Meer von Drangsal
★**salūs** ⟨ūtis⟩ F **1** Wohlbefinden, Ges…heit **2** Genesung **3** Glück, Heil **4** …tung **5** Gruß
★**salūtāre** ⟨ō, āvī, ātum 1.⟩ **1** begrü… grüßen, willkommen heißen **2** **de…** die Götter verehren **3** anreden, **quem imperatorem** j-n als Kaiser **4** …suchen **5** Besuche empfangen
salūtāria ⟨ium⟩ NPL die Heilmittel
salūtāris ⟨e, *adv* salūtāriter⟩ AD… heilsam, vorteilhaft, gesund **2** wo… halten, unverletzt
salūtātiō ⟨ōnis⟩ F **1** Begrüßung, **2** Empfang, Besuch, Morgengruß *de… enten beim Patron oder Kaiser*
salūtātor ⟨ōris⟩ M Besucher

lūtātrīx ⟨īcis⟩ ADJ F grüßend
lūti-fer ⟨fera, ferum⟩ ADJ rettend
lūti-gerulus ⟨a, um⟩ ADJ einen ruß bringend
lvēre ⟨eō, -, - 2.⟩ gesund sein; **salve/lveto** sei gegrüßt; ~ **iubere aliquem** n grüßen lassen; ~ **ab aliquo** von j-m gegrüßt werden
lvus ⟨a, um, *adv* salvē⟩ ADJ 1 gend, unverletzt, unbeschädigt; **satis-e/satin salve?** steht es gut bei dir? 2 **lvo officio** ohne Pflichtverletzung
mbūca ⟨ae⟩ F 1 Harfe 2 Fallbrücke
mbūcina ⟨ae⟩ F *u.* **sambūcistria** e⟩ F Harfenspielerin
mius A ⟨a, um⟩ ADJ aus Samos B ⟩ M Einwohner von Samos
mos *u.* **Samus** ⟨ī⟩ F *Insel vor der Küs-loniens mit gleichnamiger Hauptstadt*
nābilis ⟨e⟩ ADJ heilbar
nāre ⟨ō, āvī, ātum 1.⟩ 1 heilen 2 *fig* eder zur Vernunft bringen; wiedergut-ichen
nātiō ⟨ōnis⟩ F Heilung
ncīre ⟨sanciō, sānxī, sānctum 4.⟩ 1 iligen, weihen 2 verordnen, bestim-en 3 bestätigen, genehmigen 4 bei afe verbieten, bestrafen
nctimōnia ⟨ae⟩ F 1 Heiligkeit, Ehr-rdigkeit 2 Unbescholtenheit
nctiō ⟨ōnis⟩ F 1 Strafbestimmung JUR Klausel, Vorbehalt
nctitās ⟨ātis⟩ F 1 Heiligkeit, Unver-zlichkeit, Ehrwürdigkeit 2 Unschuld Frömmigkeit
nctuārium ⟨ī⟩ N 1 Heiligtum 2 Ge-marchiv 3 (*mlat.*) Sakristei
nctus[1] ⟨a, um⟩ PPP → sancire
nctus[2] ⟨a, um, *adv* sānctē⟩ ADJ 1 ge-ligt, geweiht 2 heilig, unverletzlich ehrwürdig, erhaben, feierlich 4 sitt-gut, gewissenhaft, unschuldig, *bes* sch 5 fromm
daliārius ⟨a, um⟩ ADJ Sandalen...
dali-gerula ⟨ae⟩ F Sklavin, die Herrin die Sandalen nachträgt
dalium ⟨ī⟩ N Sandale
ē ADV 1 vernünftig, verständig 2 in Tat, gewiss 3 (*in Antworten*) ja, aller-gs 4 (*einräumend*) meinetwegen; **haec ~ falsa** das mag meinetwegen ch sein 5 (*verstärkend beim Imp.*) h; **abi ~** geh doch 6 (*steigernd*) ganz, durchaus; **non/haud ~** nicht sonderlich; **~ quam** überaus
sanguināre ⟨ō, āvī, ātum 1.⟩ bluten, blutig sein
sanguinārius ⟨a, um⟩ ADJ blutdürstig
sanguineus ⟨a, um⟩ ADJ 1 Blut... 2 blutig, blutbespritzt 3 blutrot
sanguinolentus *u.* **sanguinulentus** ⟨a, um⟩ ADJ 1 blutig, blutbefleckt 2 *fig* blutrot 3 *fig* verletzend 4 *fig* blutsaugerisch
★**sanguis** *u.* **sanguīs** ⟨inis⟩ M 1 (flüssiges) Blut; **alicui sanguinem mittere** j-n zur Ader lassen 2 Blutvergießen, Blutbad, Mord 3 *fig* Kraft, Stärke 4 Blutverwandtschaft, Geschlecht 5 Nachkomme, Kind, Enkel
saniēs ⟨ēī⟩ F 1 Eiter 2 *fig* Gift, Geifer
sānitās ⟨ātis⟩ F 1 Gesundheit 2 Vernunft, Besonnenheit 3 RHET besonnene Sprache 4 *fig* Vollständigkeit
sanniō ⟨ōnis⟩ F Grimassenschneider, Hanswurst
★**sānus** ⟨a, um, *adv* sānē⟩ ADJ 1 heil, gesund 2 *fig* unverdorben, fehlerfrei; **~ a vitiis** frei von Lastern 3 vernünftig, verständig 4 RHET maßvoll
sānxī → sancire
★**sapere** ⟨iō, īvī *u.* iī *u.* uī, - 3.⟩ 1 schmecken, **picem** nach Pech 2 riechen, **crocum** nach Safran 3 Geschmack haben 4 *fig* Verstand haben, weise sein; verstehen; **~ aude** wage dich deines eigenen Verstandes zu bedienen
★**sapiēns** A ⟨entis, *adv* sapienter⟩ ADJ weise, verständig B ⟨entis⟩ M 1 Weiser, Philosoph 2 Feinschmecker
★**sapientia** ⟨ae⟩ F Einsicht, Klugheit, Verstand, Philosophie
sapor ⟨ōris⟩ M 1 Geschmack 2 Leckerbissen; *pl* Wohlgeruch 3 *fig* Urteil, Verstand, Geschmack
Sapphicus ⟨a, um⟩ ADJ zu Sappho gehörig
Sapphō ⟨ūs⟩ F *bedeutendste lyrische Dichterin der Griechen aus Lesbos*
sarcina ⟨ae⟩ F 1 Bündel, Last; *pl* Gepäck 2 Leibesfrucht
sarcinārius ⟨a, um⟩ ADJ Gepäck...; **iumenta sarcinaria** Lasttiere
sarcinātor ⟨ōris⟩ M Flickschneider
sarcinātus ⟨a, um⟩ ADJ bepackt
sarcīre ⟨sarciō, sarsī, sartum 4.⟩ 1 fli-

S

cken, ausbessern, wiederherstellen 2 *fig* wiedergutmachen, ersetzen

sarcophagus ⟨ī⟩ M Sarg, Sarkophag

Sardinia ⟨ae⟩ F Sardinien, *Insel im Mittelmeer;* **Sardiniēnsis** ⟨e⟩ ADJ *u.* **Sardonius** *u.* **Sardōus** ⟨a, um⟩ ADJ sardisch, von Sardinien

Sardus ⟨ī⟩ M Sarde, Einwohner von Sardinien

sarīre ⟨sariō, saruī *u.* sarīvī, saritum 4.⟩ hacken, jäten

Sārmatae ⟨ārum⟩ MPL die Sarmaten, *osteuropäisches Nomadenvolk;* **Sarmaticus** ⟨a, um⟩ ADJ *u.* **Sarmatis** ⟨idis⟩ ADJ F sarmatisch

sarmen ⟨inis⟩ N *u.* **sarmentum** ⟨ī⟩ N 1 Zweig, Rebe 2 PL Reisig

sarsī → sarcire

sartor[1] ⟨ōris⟩ M Heger, Pfleger

sartor[2] ⟨ōris⟩ M Flickschneider

sartūra ⟨ae⟩ F Flicknaht, Flickstelle

sartus[1] ⟨a, um⟩ PPP → sarcire

sartus[2] ⟨a, um⟩ ADJ ausgebessert

sat ADV = **satis**

sata ⟨ōrum⟩ NPL Saaten, Anpflanzungen

sat-agere ⟨agō, ēgī, āctum 3.⟩ 1 (*Gläubiger*) befriedigen 2 beschäftigt sein

satagius ⟨a, um⟩ ADJ überängstlich

satan *indekl* M *u.* **satanās** ⟨ae⟩ M (*eccl.*) Gegner, Feind, *bes* Teufel

★**satelles** ⟨itis⟩ M *u.* F 1 Leibwächter 2 *fig* Begleiter, Diener 3 Helfershelfer

★**satiāre** ⟨ō, āvī, ātum 1.⟩ 1 sättigen 2 *fig* befriedigen 3 übersättigen; *passiv* satthaben, **ludo** (*Abl.*) das Spiel

satiās ⟨ātis⟩ F *u.* **satietās** ⟨ātis⟩ F 1 ausreichende Menge, Überfluss 2 *fig* Sättigung 3 Übersättigung, Ekel

satillum ⟨ī⟩ N das bisschen

satin *u.* **satine** = **satisne**; → satis

satiō ⟨ōnis⟩ F 1 das Säen 2 das Anpflanzen

satira ⟨ae⟩ F = **satura**

★**satis**, *komp* ⟨satius⟩ ADV 1 genug, genügend; ~ **magnus** genügend groß; ~ **amicorum** genügend Freunde; ~ **superque** mehr als genug 2 ~ **esse** genügen 3 ~ **habere** damit zufrieden sein 4 *komp* besser; **satius est** es ist besser

satis-dare ⟨dō, dedī, datum 1.⟩ Kaution stellen, Sicherheit geben

satisdatiō ⟨ōnis⟩ F Kaution, Bürgschaft

★**satis-facere** ⟨faciō, fēcī, factum ... *passiv* ⟨satis-fierī, fiō, factus sum fi... 1 befriedigen; **officio** (*dat*) ~ der Pfl... genügen; **alicui satisfit** jd. versch... sich Genugtuung 2 (*Gläubiger*) bez... len, **alicui** j-n 3 sich entschuldigen, **natui** beim Senat, **de iniuria** für das ... recht 4 hinreichend überzeugen, **ali...** j-n

satisfactiō ⟨ōnis⟩ F 1 Entschuldig... Rechtfertigung 2 Sühne, Buße, Buß...

satis-factus ⟨a, um⟩ PPP → satisfa... re

satis-fēcī → satisfacere

satius ADV *komp* → satis

sator ⟨ōris⟩ M 1 Pflanzer 2 *fig* Urhe...

satrapa ⟨ae⟩ M *u.* **satrapēs** ⟨is⟩ Satrap, Statthalter *einer persischen ... vinz*

satur ⟨ura, urum⟩ ADJ 1 satt, gesä... 2 *fig* befriedigt 3 *fig* voll, reichhal...

satura ⟨ae⟩ F 1 mit Früchten gef... Schüssel 2 *fig* Gemenge; **per satu...** ohne Ordnung 3 Satire, Samm... von Stegreifgedichten *vermischten ... halts u. in verschiedenen Versformen* Prosastück *in lockerem Gesprächsstil*

saturāre ⟨ō, āvī, ātum 1.⟩ 1 sätti... 2 *fig* stillen, befriedigen

saturēia ⟨ae⟩ F *u.* **saturēia** ⟨ōr... NPL Gartenkresse, Bohnenkraut

saturitās ⟨ātis⟩ F 1 Sättigung 2 Ü... fluss

Sāturnālia ⟨ōrum⟩ NPL die Satur... en, *Freudenfest im Dezember zur Er... rung an die Regierung des Saturn*

Sāturnia ⟨ae⟩ F Juno

Sāturnius A ⟨a, um⟩ ADJ des Sa... B ⟨ī⟩ M Sohn des Saturn

Sāturnus ⟨ī⟩ M 1 *altital. Gott als ... herr der Götter verehrt; seine Regie... wird mit dem goldenen Zeitalter glei... setzt;* **Saturni dies** Samstag 2 AST... Saturn

satus[1] ⟨ūs⟩ M 1 das Säen, das Pfla... 2 Saat 3 *fig* Zeugung, Ursprung; **He... les, Iovis satu editus** Herkules, Spross Jupiters

satus[2] ⟨a, um⟩ PPP → serere[2]

satyra ⟨ae⟩ F = **satura**

satyriscus ⟨ī⟩ M kleiner Satyr

Satyrus ⟨ī⟩ M 1 Satyr, *bockähnlich...*

ɛiter des Dionysos/Bacchus, vielfach mit
n Waldgöttern, den Faunen, gleichge-
tzt 2 PL Satyrspiel *parodistisches Nach-*
iel der Tragödie
uciāre ⟨ō, āvī, ātum 1.⟩ verwunden
uciātiō ⟨ōnis⟩ F Verwundung
ucius ⟨a, um⟩ ADJ 1 verwundet, ver-
ɛzt 2 *fig* liebeskrank 3 *fig* betrunken
fig schon halb verurteilt 5 beschädigt
viārī ⟨or, ātus sum 1.⟩ küssen
viātiō ⟨ōnis⟩ F das Küssen
violum ⟨ī⟩ N Küsschen
vium ⟨ī⟩ N 1 Kussmund 2 Kuss
xātilis ⟨e⟩ ADJ zwischen Felsen be-
dlich
xētum ⟨ī⟩ N felsenreiche Gegend
xeus ⟨a, um⟩ ADJ felsig, steinern, Fel-
n..., Stein...
xi-ficus ⟨a, um⟩ ADJ versteinernd
xōsus ⟨a, um⟩ ADJ steinig, felsig
xum ⟨ī⟩ N 1 Fels, Felsblock, großer
in; Baustein 2 Gestein 3 Steinmauer
1 ABK = **sculpsit** hat gestochen; →
ulpere
2 ABK = **scilicet** nämlich
bellum ⟨ī⟩ N 1 Schemel 2 *fig* ho-
Holzsohle *der Schauspieler u. Musikan-*

ber ⟨bra, brum⟩ ADJ rau (machend),
äbig, unsauber, räudig
bere ⟨scabō, scābī, - 3.⟩ schaben,
ben, kratzen
biēs ⟨ēī⟩ F 1 Rauheit 2 *fig* das Ju-
n, Reiz, Kitzel
billum ⟨ī⟩ N = **scabellum**
ena ⟨ae⟩ F 1 Bühne des Theaters;
ater; **in scaena esse** Schauspieler
1 2 heller Platz 3 (*für öffentliche Tä-*
eiten) Schauplatz 4 *fig* Publikum 5
Prunk 6 *fig* abgekartete Sache
enicus A ⟨a, um⟩ ADJ Bühnen...
⟨ī⟩ M Schauspieler
eva ⟨ae⟩ F zur Linken beobachtetes
zeichen, *daher urspr.* günstiges Vor-
hen, *später* ungünstiges Vorzeichen
ae ⟨ārum⟩ FPL 1 Leiter, Treppe 2
Sturmleiter 3 Treppenstufen
mus ⟨ī⟩ M 1 Ruderpflock 2 Boot
pellum ⟨ī⟩ N chirurgisches Mes-
Skalpell
pere ⟨scalpō, scalpsī, scalptum
1 scharren, kratzen 2 *fig* reizen 3
n, gravieren

scalprum ⟨ī⟩ N 1 Schnitzmesser, Messer zum Gravieren 2 Federmesser, Schusterahle 3 Meißel
scalpsī → scalpere
scalptūra ⟨ae⟩ F Gravur, Schnitzwerk
scalptus ⟨a, um⟩ PPP → scalpere
scalpurrīre ⟨iō, -, - 4.⟩ kratzen
scamnum ⟨ī⟩ N Bank, *auch* Thron
scandere ⟨scandō, scandī, scānsum 3.⟩ A VI (hin)aufsteigen B VT 1 be-, ersteigen 2 GRAM skandieren, **versūs** Verse
scapha ⟨ae⟩ F Boot
scaphium ⟨ī⟩ N 1 Trinkschale 2 Nachttopf
scapulae ⟨ārum⟩ FPL 1 Schulterblätter 2 Schultern, Achseln, Rücken
scāpus ⟨ī⟩ M Stiel, Stamm, Schaft
scarabaeus ⟨ī⟩ M Käfer
scarus ⟨ī⟩ M Papageifisch
scatēre ⟨eō, -, - 2.⟩ *u.* **scatere** ⟨ō, -, - 3.⟩ 1 sprudeln 2 *fig* voll sein, wimmeln, **beluis** (*Abl.*) von Tieren
scatūrīre ⟨iō, īvī, - 4.⟩ = **scatere**
scaturrīrē ⟨iō, īvī, - 4.⟩ = **scaturire**
scaurus ⟨a, um⟩ ADJ mit einem Klumpfuß
scelerāre ⟨ō, āvī, ātum 1.⟩ durch Frevel entweihen
★**scelerātus** ⟨a, um *adj*, *adv* **scelerātē**⟩ 1 durch Frevel entweiht 2 verbrecherisch, frevelhaf, 3 unheilvoll
scelerōsus ⟨a, um⟩ ADJ frevlerisch
scelerus ⟨a, um⟩ ADJ scheußlich
★**scelestus** ⟨a, um, *adv* **scelestē**⟩ ADJ 1 verbrecherisch 2 *scherz* listig, pfiffig 3 unheilvoll, unselig
★**scelus** ⟨eris⟩ N 1 Verbrechen, Frevel 2 Ruchlosigkeit 3 Schurke 4 Strafe für den Frevel
scēn... = **scaen...**
scēptrum ⟨ī⟩ N 1 Zepter 2 Herrschaft, königliche Würde 3 *scherz* Rohrstock
schedula ⟨ae⟩ F Zettel
schēma ⟨ae⟩ F 1 Figur, Stellung 2 Tracht, Kleidung 3 RHET Figur; verblümte Redewendung
schoenicula ⟨ae⟩ F Prostituierte
schoenobatēs ⟨ae⟩ M Seiltänzer
schoenus ⟨ī⟩ M 1 Binse 2 billige Binsencreme *der Prostituierte*
★**schola** ⟨ae⟩ F 1 Vortrag, Vorlesung 2

S

Lehrstätte, Schule, Philosophenschule
scholasticus **A** ⟨a, um⟩ ADJ Schul…, rhetorisch **B** ⟨ī⟩ M **1** Rhetor; Grammatiker; Gelehrter **2** Schüler, Student
scida ⟨ae⟩ F Zettel
scidī → scindere
sciēns **A** ⟨entis, *adv* scienter⟩ ADJ **1** wissend **2** wissentlich **3** kundig, geschickt **B** ⟨entis⟩ M Sachverständiger
★**scientia** ⟨ae⟩ F **1** Kenntnis, Wissen, **alicuius rei/de re** von etw **2** Einsicht **3** Wissenschaft, Theorie
sciī → scire
★**scī-licet** **A** **1** man kann **2** man denke nur **B** ADV **1** natürlich, selbstverständlich **2** nämlich, das heißt **3** natürlich, allerdings **4** leider, freilich
scīn' = **scisne**; → scire
★**scindere** ⟨scindō, scidī, scissum 3.⟩ **1** spalten, zer-, aufreißen, durchbrechen; **silvam ~** den Wald durchqueren **2** (*bei Tisch*) zerlegen **3** *fig* trennen; *passiv* sich trennen, sich teilen **4** (*Schmerz usw.*) wieder aufreißen, erneuern **5** *fig* unterbrechen, stören **6** *fig* zerstören
scintilla ⟨ae⟩ F **1** Funke **2** *fig* kleinster Rest, Kleinigkeit
scintillāre ⟨ō, -, - 1.⟩ Funken sprühen, funkeln, flackern
scīpiō ⟨ōnis⟩ M Stab, Stock, Stütze
Scīpiō ⟨ōnis⟩ M *Beiname in der gens Cornelia* **1** **P. Cornelius ~ Africanus maior** *Scipio der Ältere, Sieger von Zama* **2** **P. Cornelius ~ Aemilianus Africanus minor** *Scipio der Jüngere, Eroberer von Karthago u. Numantia*
★**scīre** ⟨sciō, scīvī *u.* sciī, scītum 4.⟩ **1** wissen, **de/ex aliquo** durch j-s Mitteilung; **quod sciam** soviel ich weiß **2** verstehen, können **3** entscheiden **4** meinen, glauben; **scires** man sollte meinen
scirpiculus ⟨ī⟩ M Binsenkorb
scirpus ⟨ī⟩ M **1** Binse **2** **in scirpo nodum quaerere** *Sprichwort* Schwierigkeiten suchen, wo keine sind
scīscere ⟨scīscō, scīvī, scītum 3.⟩ **1** zu erfahren suchen, erforschen **2** beschließen **3** billigen, genehmigen **4** stimmen, **legem** für ein Gesetz
scīscitāre ⟨ō, -, ātum 1.⟩ *u.* **scīscitārī** ⟨or, ātus sum 1.⟩ zu erfahren suchen, erforschen; **oracula ~** das Orakel befragen

S

scissor ⟨ōris⟩ M Vorschneider
scissūra ⟨ae⟩ F **1** Spaltung **2** Sch… Spalte, Riss
scissus[1] ⟨a, um⟩ PPP → scindere
scissus[2] ⟨a, um⟩ ADJ **1** zerrissen **2** runzelig **3** *fig* kreischend
scītāmenta ⟨ōrum⟩ NPL **1** Lecker…sen **2** *fig* stilistische Feinheiten
scītārī ⟨or, ātus sum 1.⟩ wissen wol… erforschen
scītulus ⟨a, um⟩ ADJ allerliebst
scītum[1] PPP → scire *u.* → sciscere
scītum[2] ⟨ī⟩ N **1** Beschluss, Ver…nung; **plebis ~** Volksbeschluss **2** p… sophischer Lehrsatz
scītus[1], *abl* ⟨ū⟩ M Beschluss
scītus[2] ⟨a, um, *adv* scītē⟩ ADJ **1** e…ren, klug **2** kundig **3** *fig* fein, schmackvoll, hübsch
sciūrus ⟨ī⟩ M Eichhörnchen
scīvī → scire *u.* → sciscere
scomber ⟨brī⟩ M Makrele
scōpa ⟨ae⟩ F **1** dünner Zweig **2** PL… sig
scopulōsus ⟨a, um⟩ ADJ felsig, …penreich, gefährlich
scopulus ⟨ī⟩ M **1** Felsen, Bergspit… Klippe **2** *fig* Hartherzigkeit
scordalus ⟨ī⟩ M Streithahn
scorpiō ⟨ōnis⟩ M *u.* **scorpio…** **scorpius** ⟨ī⟩ M **1** Skorpion, ASTROL **2** MIL Wurfmaschine **3** See…
scortārī ⟨or, - 1.⟩ huren
scortātor ⟨ōris⟩ M Frauenheld
scorteus ⟨a, um⟩ ADJ ledern, aus L…
scortillum ⟨ī⟩ N kleine Hure
scortum ⟨ī⟩ N **1** Fell, Haut **2** *fig* …tituierte
screātor ⟨ōris⟩ M Räusperer; ~ … ich räuspere mich
screātus ⟨ūs⟩ M das Räuspern
scrība ⟨ae⟩ M Schreiber, Sekretär
★**scrībere** ⟨scrībō, scrīpsī, scrīptum…⟩ **1** (auf)zeichnen **2** bemalen **3** sc…ben **4** niederschreiben **5** (*Schr…*) verfassen **6** (*Taten usw.*) beschre… berichten, erzählen, besingen **7** sc…lich ernennen, einsetzen **8** (*Geld…*) Anweisung zahlen **9** (*Kolonisten, S…ten*) ausheben
scrīb(i)līta ⟨ae⟩ F Käsegebäck
scrīnium ⟨ī⟩ N Kapsel, Schachtel
scrīpsī → scribere

rīptiō ⟨ōnis⟩ F 1 das Schreiben 2 :hriftliche Darstellung 3 Wortlaut
rīptitāre ⟨ō, āvī, ātum 1.⟩ 1 oft/re- ɛlmäßig schreiben 2 verfassen
rīptor ⟨ōris⟩ M 1 Schreiber, Ab- hreiber 2 Verfasser; ~ **legum** Gesetz- ɛber 3 Berichterstatter 4 Schriftstel- r, Geschichtsschreiber 5 Dichter
riptorium ⟨ī⟩ N *(mlat.)* Schreibstube ıes *Klosters*
rīptum ⟨ī⟩ N 1 Linie *auf dem Spiel- ett* 2 Geschriebenes: Buch, Abhand- ıg, Brief, Konzept 3 schriftliche Ver- dnung, Gesetz 4 Wortlaut
rīptūra ⟨ae⟩ F 1 das Schreiben 2 ɛsetz, Buchstabe des Gesetzes 3 hriftliches Testament 4 Weidegeld
rīptus¹ ⟨a, um⟩ PPP → scribere
rīptus² ⟨ūs⟩ M Beruf des Schreibers; **riptum facere** Sekretär sein
īpulum ⟨ī⟩ N = **scrupulum**
obis ⟨is⟩ M 1 Erdloch, Grube 2 Gra- n
ōfa ⟨ae⟩ F Mutter-, Zuchtschwein
ōfi-pāscus ⟨ī⟩ M Schweinezüchter
ūpōsus ⟨a, um⟩ ADJ schroff, rau
ūpulōsus ⟨a, um, *adv* scrūpulōsē⟩ ī 1 steinig 2 *fig* genau, gewissenhaft, gstlich
ūpulum ⟨ī⟩ N 1 *(als Gewicht)* = *1/24 er uncia = 1,137 g* 2 *(als Flächenmaß)* = *5 qm*
ūpulus ⟨ī⟩ M 1 spitzes Steinchen *fig* ängstliche Genauigkeit, Besorgnis
ūpus ⟨ī⟩ M 1 spitzer Stein 2 *fig* Be- gnis
ūta ⟨ōrum⟩ NPL altes Gerümpel, ım
ūtārī ⟨or, ātus sum 1.⟩ 1 durchsu- ɛn, -forschen, -wühlen 2 *fig* untersu- ɛn 3 suchen, aufstöbern
lpere ⟨sculpō, sculpsī, sculptum 1 schnitzen, meißeln 2 gravieren
lpsī → sculpere
lptūra ⟨ae⟩ F 1 Bildschnitzerei 2 lptur
lptus ⟨a, um⟩ PPP → sculpere
rra ⟨ae⟩ M 1 Witzereißer, Gaukler, r 2 Lebemann
rrārī ⟨or, - 1.⟩ 1 den Narren spielen schmarotzen; **alicui** ~ j-m den Hof chen
rrīlis ⟨e, *adv* scurrīliter⟩ ADJ när- risch
scurrīlitās ⟨ātis⟩ F Witzereißerei
scūtātus A ⟨a, um⟩ ADJ mit einem Langschild versehen, schwer bewaffnet B ⟨ī⟩ M Soldat mit Langschild
scūti-gerulus ⟨ī⟩ M Schildträger
scutra ⟨ae⟩ F flache Schüssel
scutula¹ ⟨ae⟩ F Rolle, Walze
scutula² ⟨ae⟩ F 1 flache Schüssel 2 *fig* rautenförmiger Gegenstand
scutulāta ⟨ōrum⟩ NPL Kleider mit Rau- tenmustern, karierte Kleider
scūtulum ⟨ī⟩ N kleiner Langschild
★**scūtum** ⟨ī⟩ N *rechteckiger* Langschild *aus Holz mit Lederbezug u. Eisenbeschlag*
Scylla ⟨ae⟩ F *hoher Felsen am Eingang in die Straße von Messina, gegenüber dem Strudel der Charybdis*
scyphus ⟨ī⟩ M Becher, Pokal; **inter scy- phos** beim Wein
Scytha *u.* **Scythēs** ⟨ae⟩ M Skythe, *meist pl, nomadisches Steppenvolk, urspr. im Gebiet der heutigen Ukraine;* **Scythia** ⟨ae⟩ F Skythenland; **Scythicus** ⟨a, um⟩ ADJ skythisch; **Scythis** ⟨idis⟩ *u.* ⟨idos⟩ F *u.* **Scythissa** ⟨ae⟩ F Skythin
sē¹ REFL PR, *akk der 3. Person* sich; **inter** ~ einander; **ad** ~ in seine(r) Wohnung
sē² *auch* **se**, *in Zusammensetzungen auch sed-* A PRÄF weg-, beiseite-; **se-cedere** weg-gehen B PRÄP *+abl* ohne; = **sine**; **se fraude esto** es soll ohne Verstoß sein
sē-³ halb; = **semi**; **se-libra** ein halbes Pfund
sē-⁴ sechs...; **semestris** sechsmonatig, -monatlich
sēbum ⟨ī⟩ N Talg
★**secāre** ⟨secō, secuī, sectum 1.⟩ 1 ab-, zerschneiden, mähen, sägen 2 MED operieren, amputieren 3 zerlegen 4 zerfleischen, zerstören, verwunden, be- schädigen; ~ **ungue genas** die Wangen zerkratzen 5 *(Fluss, Weg usw.)* durch- schneiden, teilen 6 *fig* durchlaufen 7 *fig* unterteilen, gliedern 8 *(Streitigkeit)* schlichten
★**sē-cēdere** ⟨cēdō, cessī, cessum 3.⟩ 1 weggehen, sich entfernen 2 sich zu- rückziehen 3 sich trennen
★**sē-cernere** ⟨cernō, crēvī, crētum 3.⟩ 1 absondern, trennen, **se a bonis** sich von den Guten 2 ausscheiden, ausmer- zen 3 *fig* unterscheiden

S

sē-cessī → secedere
sēcessiō ⟨ōnis⟩ F 1 Absonderung 2 POL Emigration, Trennung; ~ **plebis** Auszug des Volkes
sē-cessum PPP → secedere
sēcessus ⟨ūs⟩ M 1 das Fortgehen, Trennung 2 Abgeschiedenheit 3 einsamer Ort, Versteck 4 POL Trennung, Emigration
secius ADV *komp* → secus
sē-clūdere ⟨clūdō, clūsī, clūsum 3.⟩ 1 abschließen, absperren 2 *passiv* sich verstecken 3 absondern, trennen, verbannen 4 abschneiden, **flumen a monte** den Fluss vom Berg
sēcrētiō ⟨ōnis⟩ F Absonderung, Trennung
sēcrētum ⟨ī⟩ N 1 Abgeschiedenheit, Einsamkeit 2 einsamer Ort 3 Geheimnis, geheimes Treffen; **aliquem in secretum ducere** j-n beiseitenehmen
★**sēcrētus** ⟨a, um, *adv* sēcrētō⟩ ADJ 1 abgesondert, getrennt 2 entlegen, einsam 3 *fig* geheim, heimlich 4 ADV beiseite, abseits; heimlich, ohne Zeugen
secta ⟨ae⟩ F 1 Richtung, Bahn 2 *fig* Verfahren 3 POL Partei 4 PHILOS Schule, Lehre 5 REL Sekte
★**sectārī** ⟨or, ātus sum 1.⟩ 1 *j-m* stets folgen, *j-n* überall begleiten, *aliquem* 2 in *j-s* Diensten stehen, *aliquem* 3 erstreben 4 (*Tier, Person*) verfolgen, jagen 5 erforschen
sectārius ⟨a, um⟩ ADJ mit einer Gefolgschaft; **vervex** ~ Leithammel
sectātor ⟨ōris⟩ M Begleiter, Anhänger; *pl* Gefolge
sectilis ⟨e⟩ ADJ geschnitten
sectiō ⟨ōnis⟩ F 1 das Zerschneiden 2 RHET Einteilung der Rede 3 *fig* Güteraufkauf 4 Auktions-, Beutemasse
sector ⟨ōris⟩ M 1 Abschneider; ~ **collorum** Mörder 2 Güteraufkäufer
sectūra ⟨ae⟩ F 1 das Schneiden 2 Steinbruch
sectus ⟨a, um⟩ PPP → secare
sē-cubāre ⟨ō, uī, - 1.⟩ 1 allein liegen 2 *fig* allein leben
sēcubitus ⟨ūs⟩ M das Alleinschlafen
secuī → secare
sēcul... = **saecul...**
sē-cum mit sich; → se[1] *u.* → cum[1]
secundānī ⟨ōrum⟩ MPL Soldaten der zweiten Legion
secundāre ⟨ō, -, - 1.⟩ 1 begünstig **iter** die Fahrt 2 nachgeben
secundārius ⟨a, um⟩ ADJ von zweiten Sorte, zweiter
secundō ADV 1 zweitens 2 zum zw ten Mal
★**secundum**[1] A ADV 1 hinterher zweitens B PRÄP *+akk* 1 (*örtl.*) (dicht) h ter; ~ **me** hinter mir 2 (*örtl.*) längs, e lang; ~ **flumen** am Fluss entlang (*zeitl.*) gleich nach 4 (*Reihenfolge*) mittelbar nach 5 gemäß, zufolge, na ~ **naturam** gemäß der Natur 6 zugu ten von, für
secundum[2] ⟨ī⟩ N Glück; *pl* glückli Umstände
★**secundus** ⟨a, um, *adv* secundō *u* secundum⟩ ADJ 1 (*zeitl., vom Rang*) f ender, nächster, zweiter; **secundo** am folgenden Tag 2 nächster nach **ab Romulo rex** der nächste König n Romulus 3 (*an Qualität*) nachstehe geringer 4 begleitend; **secundo flu ne** 5 (*Person, Sache*) günstig, gewog **secundo populo** unter dem Beifall Volkes 6 glücklich; **res secundae** G
secūri-fer ⟨fera, ferum⟩ ADJ *u.* **se rīger** ⟨gera, gerum⟩ ADJ ein Beil gend
★**secūris** ⟨is⟩, *akk* ⟨im⟩, *abl* ⟨ī⟩ F 1 Axt 2 Hieb, Schlag, Wunde, Scha 3 *fig* höchste Gewalt, *röm.* Oberho
sēcūritās ⟨ātis⟩ F 1 Sorglosigkei Fahrlässigkeit 3 *fig* Sicherheit, Gefal sigkeit 4 Empfangsbestätigung
★**sē-cūrus** ⟨a, um, *adv* sēcūrē⟩ AD sorglos, unbesorgt, unbekümmert heiter, fröhlich, harmlos 3 fahrlä 4 (*Ort, Zeit*) sicher, gefahrlos
secus ADV, *komp* ⟨sequius *u.* seciu sētius⟩ 1 anders, auf andere W **non** ~ ebenso; ~ **ac/quam** ander 2 schlecht, falsch 3 weniger; ~ **vi** weniger Kräfte 4 *komp* anders, nich **nihilo setius** nichtsdestoweniger, noch 5 *komp* weniger gut
secūtus ⟨a, um⟩ PPERF → sequi
sēd-[1] → se[2]
★**sed**[2] KONJ 1 aber, jedoch, doch; ~ **men** aber dennoch 2 (*bei Übergä* doch; ~ **de hoc alias** doch darübe andermal 3 (*nach Verneinungen*)

ern
dāmen ⟨inis⟩ N Linderung
dāre ⟨ō, āvī, ātum 1.⟩ **1** zum Sinken
ringen **2** *fig* beruhigen, beschwichti-
en, besänftigen **3** *fig* hemmen
dātiō ⟨ōnis⟩ F Beruhigung
dātus ⟨a, um, *adv* sēdātē⟩ ADJ ruhig,
elassen, still
-decim *indekl* NUM CARD sechzehn
dēcula ⟨ae⟩ F kleiner Sessel
dentārius ⟨a, um⟩ ADJ im Sitzen ar-
eitend
dēre ⟨sedeō, sēdī, sessum 2.⟩ **1** sit-
n **2** eine Sitzung halten, zu Gericht
zen **3** (*an einem Ort*) sich aufhalten,
eiben **4** untätig dasitzen **5** zurückge-
gen leben **6** MIL untätig sein **7** (*Boot*
w.) festsitzen, hängen bleiben **8** *fig*
ef eingeprägt sein **9** *fig* fest beschlos-
n sein **10** (*Nebel usw.*) sich senken
dēs ⟨is⟩ F **1** Sitz, Sessel, Stuhl, Bank;
regia Thron **2** Wohnsitz, Wohnung,
eimat **3** Ruhestätte **4** Platz, Ort
dī → sedere *u.* → sidere
dīle ⟨is⟩ N Sitz, Sessel, Stuhl, Bank
d-itiō ⟨ōnis⟩ F **1** Streit **2** Aufruhr
ditiōsus ⟨a, um, *adv* sēditiōsē⟩ ADJ
führerisch, rebellisch
dūcere ⟨dūcō, dūxī, ductum 3.⟩ **1**
gführen, abziehen **2** entfernen
luctiō ⟨ōnis⟩ F das Beiseiteführen,
stium der Zeugen
luctus ⟨a, um⟩ ADJ zurückgezogen,
fernt, entlegen; **in seducto** in der Zu-
kgezogenheit
lulitās ⟨ātis⟩ F Geschäftigkeit; **~ of-**
iosa Dienstbeflissenheit
lulō ADV **1** fleißig, aufmerksam **2**
Absicht, vorsätzlich
lulus ⟨a, um⟩ ADJ fleißig, eifrig
es ⟨etis⟩ F **1** Saat **2** Anpflanzung
Saatfeld **3** *fig* dichte Menge
esta ⟨ae⟩ F *Stadt in Sizilien*; **Seges-**
nī ⟨ōrum⟩ MPL *u.* **Segestēnsēs**
m⟩ MPL die Einwohner von Segesta
mentum ⟨ī⟩ N **1** Abschnitt, Aus-
nitt **2** Gold-, Purpurbesatz
nis ⟨e, *adv* sēgniter⟩ ADJ langsam,
ge, schlaff, lässig
nitia ⟨ae⟩ F *u.* **sēgnitās** ⟨ātis⟩ F
sēgnitiēs ⟨ēī⟩ F Langsamkeit,
laffheit, Trägheit
gregāre ⟨ō, āvī, ātum 1.⟩ **1** abson-
dern **2** *fig* trennen, ausschließen
sēgrex ⟨gregis⟩ ADJ abgesondert
sē-iugāre ⟨ō, āvī, ātum 1.⟩ trennen
sēiūnctiō ⟨ōnis⟩ F Trennung
sē-iungere ⟨iungō, iūnxī, iūnctum 3.⟩
1 trennen **2** *fig* unterscheiden
sēlēctiō ⟨ōnis⟩ F Auswahl, Auslese
sē-lēctus ⟨a, um⟩ PPP → seligere
sē-lēgī → seligere
sē-lībra *u.* **selibra** ⟨ae⟩ F halbes Pfund
sē-ligere ⟨ligō, lēgī, lēctum 3.⟩ ausle-
sen, -wählen
sella ⟨ae⟩ F **1** Sessel, Stuhl **2** Lehrstuhl
3 Arbeitsstuhl **4** Thron **5** Nachtstuhl
6 Tragsessel **7** Kutschbock
sellārius ⟨a, um⟩ ADJ Sessel…
selli-sternium ⟨ī⟩ N Göttermahl
★**semel** ADV **1** (nur) einmal; **non ~** öfter;
ne ~ quidem nicht ein einziges Mal **2**
(*in Aufzählungen*) zuerst; **~ … iterum** zu-
erst … dann **3** ein für alle Mal **4** (*ohne
Betonung*) erst einmal; **cum/ut/ubi ~** so-
bald einmal
Semela ⟨ae⟩ F *u.* **Semelē** ⟨ēs⟩ F *von
Zeus Mutter des Dionysos/Bacchus*; **Se-
melēius** *u.* **Semelēus** ⟨a, um⟩ ADJ
zu Semele gehörig
★**sēmen** ⟨inis⟩ N **1** Samen(korn) **2** Setz-
ling **3** *fig* Stamm, Geschlecht **4** Nach-
komme **5** *fig* Ursache, Stoff
sēmēnstris ⟨e⟩ ADJ = **semestris**
sēmentis ⟨is⟩, *akk* ⟨em *u.* im⟩, *abl* ⟨e *u.*
ī⟩ F Aussaat, Saat
sēmentīvus ⟨a, um⟩ ADJ Saat…
sē-mēstris ⟨e⟩ ADJ **1** sechs Monate alt,
halbjährig **2** halbjährlich stattfindend,
sich auf sechs Monate erstreckend
sēm-ēsus ⟨a, um⟩ ADJ halb verzehrt
sē-met = *verstärktes* **se**[1]; **~ ipsum** sich
selbst
sēmi- PRÄF, *vor Vokal auch sēm- u. sē-*
halb
sēmi-adapertus ⟨a, um⟩ ADJ = **se-
miapertus**
sēmi-animis ⟨e⟩ ADJ *u.* **sēmi-ani-
mus** ⟨a, um⟩ ADJ halb tot
sēmi-apertus ⟨a, um⟩ ADJ halb offen
sēmi-bōs ⟨bovis⟩ M Minotaurus
sēmi-caper ⟨prī⟩ M Pan, Faun
sēmi-cinctium ⟨ī⟩ N schmaler Gürtel
um die Männertunika
sēmi-cremātus *u.* **sēmi-cremus**

⟨a, um⟩ ADJ halb verbrannt
sēmi-dea ⟨ae⟩ F Halbgöttin
sēmi-deus A ⟨a, um⟩ ADJ halbgöttlich B ⟨ī⟩ M Halbgott
sēmi-doctus ⟨a, um⟩ ADJ 1 halbgebildet 2 *fig* ungeschickt
sēmi-ēsus ⟨a, um⟩ ADJ = **semesus**
sēmi-fer A ⟨fera, ferum⟩ ADJ halb wild, halb tierisch B ⟨ferī⟩ M Halbwilder
sē-migrāre ⟨ō, āvī, ātum 1.⟩ aus-, wegziehen
sēmi-hiāns ⟨antis⟩ ADJ halb geöffnet
sēmi-homō ⟨inis⟩ A M halb Mensch und halb Tier B ADJ halb wild
sēmi-hōra ⟨ae⟩ F halbe Stunde
sēmi-lacer ⟨era, erum⟩ ADJ halb zerrissen
sēmi-lautus ⟨a, um⟩ ADJ halb gewaschen
sēmi-līber ⟨era, erum⟩ ADJ halb frei
sēmi-mās ⟨maris⟩ A M Zwitter, Hermaphrodit B ADJ kastriert
sēmi-mortuus ⟨a, um⟩ ADJ halb tot
sēmināre ⟨ō, āvī, ātum 1.⟩ 1 säen 2 zeugen, hervorbringen
sēminārium ⟨ī⟩ N 1 Baumschule, Pflanzstätte 2 *fig* Brutstätte, Anfang
sēminātor ⟨ōris⟩ M 1 Sämann 2 Urheber
sēmi-nex ⟨necis⟩ ADJ halb tot
sēmi-nūdus ⟨a, um⟩ ADJ halb nackt
sēmi-plēnus ⟨a, um⟩ ADJ halb voll, halb vollzählig; **navis semiplena** Schiff mit halber Besatzung
Semīramis ⟨idis *u.* idos⟩ F MYTH *Begründerin des assyrischen Reiches;* **Semīramius** ⟨a, um⟩ ADJ zu Semiramis gehörig
sēmi-rāsus ⟨a, um⟩ ADJ halb geschoren
sēmi-reductus ⟨a, um⟩ ADJ halb zurückgebogen
sēmi-rutus ⟨a, um⟩ ADJ halb eingerissen, halb zerstört, halb eingestürzt
sēmis ⟨issis⟩ *u. indekl* M 1 Hälfte eines zwölfteiligen Ganzen 2 halber As; **homo non semissis** Mensch, der keinen Heller wert ist 3 Hälfte 4 halber Morgen Land 5 Hälfte der Erbschaft 6 PL **semesses** *von Zinsen* sechs Prozent jährlich
sēmi-somnis ⟨e⟩ ADJ *u.* **sēmi-somnus** ⟨a, um⟩ ADJ schlaftrunken
sēmi-sōnārius ⟨ī⟩ M Hersteller v… schmalen Gürteln
sēmi-supīnus ⟨a, um⟩ ADJ halb … rückgelehnt
sēmita ⟨ae⟩ F 1 schmaler Fußw… Pfad, Bürgersteig 2 *fig* Bahn, Weg
sēmi-tāctus ⟨a, um⟩ ADJ halb berü…
sēmitālis ⟨e⟩ ADJ an den Fußweg… verehrt
sēmitārius ⟨a, um⟩ ADJ auf den Seit… wegen befindlich
sēmi-tēctus ⟨a, um⟩ ADJ halb bede…
sēmi-ūncia ⟨ae⟩ F = **semuncia**
sēmi-ustulandus ⟨a, um⟩ ADJ h… zu verbrennen
sēmi-ustulātus ⟨a, um⟩ ADJ halb v… brannt
sēmi-ustus ⟨a, um⟩ ADJ halb v… brannt
sēmi-vir ⟨ī⟩ A M 1 halb Mann … halb Stier = Minotaurus 2 Zwit… Hermaphrodit B ADJ 1 kastriert 2 … männlich 3 unanständig
sēmi-vīvus ⟨a, um⟩ ADJ matt, halb…
Semnonēs ⟨um⟩ MPL *germ. Stamm* … *schen Elbe u. Oder*
sēmōtus ⟨a, um⟩ ADJ 1 entfernt, er… gen 2 *fig* vertraulich, geheim 3 *fig* … ne; ~ **amicis** (*abl*) ohne Freunde
sē-movēre ⟨moveō, mōvī, mō… 2.⟩ 1 entfernen 2 ausschließen
★**semper** ADV 1 immer 2 *beim* s… ständig 3 von jeher
sempiternum ADV auf immer
★**sempiternus** ⟨a, um⟩ ADJ immer w… rend, beständig, ewig
Semprōniānus ⟨a, um⟩ ADJ des S… pronius
Semprōnius ⟨a, um⟩ A *Name* … *röm. gens;* → Gracchus B ADJ des S… pronius
semul ADV *u.* KONJ = **simul**
sēm-ūncia ⟨ae⟩ F 1 halbe Unze 2 … *wicht*) 1/24 Pfund = 13,6 g 3 1/24 der … schaft; **heres ex** ~ Erbe des 24. Tei… (*beim Zins*) 1/24 des Kapitals
sēm-ustulātus ⟨a, um⟩ ADJ = **se… stulatus**
sēm-ustus ⟨a, um⟩ ADJ = **semiust…**
sēnāriolus ⟨ī⟩ N unbedeutender S…
sēnārius A ⟨a, um⟩ ADJ 1 je s… enthaltend 2 sechsfüßig B ⟨ī⟩ M … Senar

S

nātor ⟨ōris⟩ M 1 Senator, Mitglied
ɛs Senats 2 (*nichtröm.*) Ratsherr
nātōrius ⟨a, um⟩ ADJ senatorisch,
ɛs Senats
nātus ⟨ūs⟩ M 1 (*in Rom*) Senat; **sena-**
's consultum Senatsbeschluss; **senatūs**
nsultum ultimum Feststellung des
ɔtstandes des Staates 2 Senatsver-
mmlung; ~ **frequens** beschlussfähige
natsversammlung 3 (*im Theater*) Se-
torenplätze 4 (*anderer Völker*) Staats-
:
neca ⟨ae⟩ M *Beiname in der gens An-*
ea
ıecta ⟨ae⟩ F hohes Alter
ıectus[1] ⟨a, um⟩ ADJ alt, bejahrt
ıectūs[2] ⟨ūtis⟩ F 1 hohes Alter 2 ~
ɜtionis Reife der Rede 3 die Greise 4
ɜues Haar 5 Verdrießlichkeit 6 *fig*
ıge Dauer
ıēre ⟨eō, -, - 2.⟩ alt sein
ıēscere ⟨senēscō, senuī, - 3.⟩ 1 alt
rden 2 *fig* abnehmen, schwinden,
ɾfallen 3 Einfluss verlieren
ıex A ⟨senis⟩ *komp* ⟨senior, ius⟩ ADJ
B ⟨senis⟩ M *u.* F Greis(in); **seniores**
Älteren

sēnī ⟨ae, a⟩ NUM DISTR je sechs, sechs auf einmal; **bis seni dies** zwölf Tage
senīlis ⟨e, *adv* senīliter⟩ ADJ gealtert, greisenhaft, Greisen…
senior ⟨ius⟩ *komp* → senex
senium ⟨ī⟩ N 1 Altersschwäche 2 das Schwinden, Verfall 3 *fig* Trauer
senius ⟨ī⟩ M der Alte
Sēnōnes ⟨um⟩, *akk* ⟨as⟩ MPL *gall. Stamm in Gallia Lugdunensis*
sēnsī → sentire
sēnsibilis ⟨e⟩ ADJ 1 spürbar 2 der Empfindung fähig
sēnsim ADV kaum merklich, allmählich, nach und nach
sēnsus[1] ⟨a, um⟩ PPP → sentire
★**sēnsus**[2] ⟨ūs⟩ M 1 (*physisch*) Gefühl, Empfindung 2 Wahrnehmung 3 Sinn 4 Besinnung, Bewusstsein 5 (*intellektuell*) Verstand 6 Seele; **imi sensūs** das Innerste der Seele 7 Verständnis, Geschmack 8 Ansicht, Meinung 9 Gedanke, Idee 10 Satz, Periode 11 Taktgefühl 12 Gesinnung 13 Rührung
★**sententia** ⟨ae⟩ F 1 Meinung, Ansicht; **meā sententiā** meiner Meinung nach 2 Wille, Beschluss; Grundsatz 3 POL Stim-

Landeskunde

senatus – die oberste Regierungsbehörde

e wichtigste Institution des römischen Staates war der **senatus** (Senat), der Rat der ten. Er bestand aus 300 Mitgliedern auf Lebenszeit (bei Sulla 600, bei Caesar 900, in r Kaiserzeit wieder 600), meist Adlige und ehemalige hohe Beamte, mit einem **inceps senatus** an der Spitze. Über ihre Aufnahme entschieden die **censores**. Bald ɔoch wurde es üblich, alle ehemaligen Magistrate in den Senat aufzunehmen. ɪßerliches Zeichen der Bedeutung der Senatoren war ein breiter Purpurstreifen **tus clavus**) auf der Toga. Aufgaben des Senats waren u. a. Bestätigung von ɛsetzen und Wahlen, Kontrolle der Beamten und Entscheidung in Krisensituatio-n, z. B. Krieg oder Notstand. In der Kaiserzeit bestand er meist aus Kaisertreuen ɪd verlor an politischer Bedeutung; Senatsbeschlüsse hatten jedoch Gesetzes-arakter.

ɛ Formel **SPQR**, **Senatus Populusque Romanus**, Senat und Volk von Rom, drückte s, dass über die römische Republik die Senatoren und das wahlberechtigte Volk ɛichermaßen entschieden. Die übliche Anrede des versammelten Senats lautete **tres conscripti** und stammte aus der Zeit der Ständekämpfe, als man begann, ch Plebejer in den Senat aufzunehmen. Die patrizischen Senatoren wurden als **tres**, die plebejischen als **conscripti** („in die Senatorenliste eingetragene") zeichnet.

S

me; **sententiam dicere/ferre/dare** seine Stimme abgeben **4** JUR Urteil(sspruch); **sententiam ferre** sein Urteil abgeben; **sententiam dicere** das Urteil verkünden **5** *(eines Wortes)* Bedeutung **6** *(einer Schrift)* Inhalt **7** Satz, Spruch, Sinnspruch

sentīna ⟨ae⟩ F **1** Kielwasser, Schiffsjauche **2** Kloake **3** *fig* Auswurf

★**sentīre** ⟨sentiō, sēnsī, sēnsum 4.⟩ **1** fühlen, empfinden, wahrnehmen; ~ **aliquem** mit j-m schlafen **2** kennenlernen **3** *(geistig)* wahrnehmen, merken, erkennen, einsehen; **quod senserim** soviel ich mir bewusst bin **4** meinen, denken, urteilen; **cum aliquo** ~ auf j-s Seite stehen **5** sich *etw* unter *etw* vorstellen; **eos bonos cives** ~ sich diese unter guten Bürgern vorstellen **6** sich äußern, abstimmen

sentis ⟨is⟩ M *u.* F Dornstrauch, -busch

sentus ⟨a, um⟩ ADJ **1** dornig, rau **2** struppig

senuī → senescere

se-orsum *u.* **se-orsus** ADV **1** getrennt, besonders, ohne; ~ **a rege** ohne König; **abs te ~ cogito** ich denke anders als du **2** ohne Zutun

★**sē-parāre** ⟨ō, āvī, ātum 1.⟩ **1** trennen **2** *fig* ausschließen

sēparātim ADV getrennt, für sich

sēparātiō ⟨ōnis⟩ F Trennung

sēparātus ⟨a, um⟩ ADJ, ADV → separatim **1** getrennt, verschieden, für sich **2** fern, entlegen

sepelībilis ⟨e⟩ ADJ was sich verbergen lässt

★**sepelīre** ⟨sepeliō, sepelīvī, sepultum 4.⟩ **1** begraben, bestatten **2** *fig* vernichten, unterdrücken **3** *passiv* in *etw* versinken; in Schlaf versinken

sēpēs ⟨is⟩ F = **saepes**

sēpia ⟨ae⟩ F Tintenfisch

sēpīre ⟨sepiō, sēpsī, sēptum 4.⟩ = **saepire**

sē-pōnere ⟨pōnō, posuī, positum 3.⟩ **1** beiseitelegen **2** sparen **3** reservieren **4** aussondern, trennen **5** unterscheiden, **re** von etw **6** entfernen **7** verbannen

sēpositus ⟨a, um⟩ ADJ **1** ausgesucht **2** entfernt, abgeschlossen

sēpse = **se ipse** sich selbst

★**septem** *indekl* NUM CARD sieben; ~ **st**…**lae** Siebengestirn des Großen Bären

September **A** ⟨bris, bre⟩ ADJ z… September gehörig **B** ⟨bris⟩ M Septe…ber

septem-decim *indekl* NUM CARD si…zehn

septem-fluus ⟨a, um⟩ ADJ sieber…mig

septem-geminus ⟨a, um⟩ ADJ …benfach; ~ **Nilus** der siebenarmige …

septem-pedālis ⟨e⟩ ADJ sieben… lang/hoch

septem-plex ⟨plicis⟩ ADJ siebenfac…

septem-triō ⟨ōnis⟩ M = **septentri**…

septem-vir ⟨ī⟩ M Mitglied eines …benmännerkollegiums

septemvirālis **A** ⟨e⟩ ADJ zum Sieb…männerkollegium gehörig **B** ⟨is⟩ … **septemvir**

septemvirātus ⟨ūs⟩ M Amt e… Septemvir

septēnārius ⟨a, um⟩ ADJ **1** aus sie… Teilen bestehend **2** siebenfüßig

septen-decim *indekl* NUM CARD = … **temdecim**

septēnī ⟨ae, a⟩ NUM DISTR **1** je sie… **2** SG siebenfach

septennium ⟨ī⟩ N Zeitraum von …ben Jahren

★**septen-triō** ⟨ōnis⟩ M **1** Siebenges… Wagen, Großer Bär; ~ **maior** Großer … ~ **minor** Kleiner Bär **2** Norden

septentriōnālia ⟨ium⟩ NPL nörd… Gegenden

septentriōnālis ⟨e⟩ ADJ nördlich

septiē(n)s ADV siebenmal

septimāna ⟨ae⟩ F Woche

septimānī ⟨ōrum⟩ MPL Soldaten … siebten Legion

septimānus ⟨a, um⟩ ADJ sieben..

Septimius ⟨a, um⟩ *Name einer gens;* → Severus

septimus ⟨a, um⟩ NUM ORD der si… **septimum** *adv* zum siebten Mal

septingentēsimus ⟨a, um⟩ NUM… der siebenhundertste

septin-gentī ⟨ae, a⟩ NUM CARD sie…hundert

septuāgēsimus ⟨a, um⟩ NUM OR… siebzigste

septuāgintā *indekl* NUM CARD sieb…

septu-ennis ⟨e⟩ ADJ siebenjährig

ptuennium ⟨ī⟩ N Zeitraum von sie-
n Jahren, sieben Jahre
ptumus ⟨a, um⟩ NUM ORD = **septi-**
us
pulch… = **sepulc…**
pulcrālis ⟨e⟩ ADJ Grab…, Leichen…;
ara Scheiterhaufen
pulcrētum ⟨ī⟩ N allgemeiner Be-
äbnisplatz
pulcrum ⟨ī⟩ N **1** Grab, Grabhügel,
ätte; **ara sepulcri** Scheiterhaufen **2**
abmal, -stein **3** der Tote **4** Tod
pultūra ⟨ae⟩ F **1** Begräbnis, Bestat-
ng **2** Verbrennung
pultus ⟨a, um⟩ PPP → sepelire
quana ⟨ae⟩ M die Seine
quanī ⟨ōrum⟩ MPL die Sequaner, *kelt.*
k; **Sēquanus** ⟨a, um⟩ ADJ sequa-
ch
uāx ⟨ācis⟩ ADJ schnell folgend
uester **A** ⟨tra, trum⟩ ADJ *u.* **se-**
ester ⟨tris, tre⟩ ADJ vermittelnd **B**
is *u.* trī⟩ M Vermittler
uestre ⟨is⟩ N = **sequestrum** ⟨ī⟩
eponierung *einer strittigen Sache* bei
em Unparteiischem
uī ⟨sequor, secūtus sum 3.⟩ **1** *j-m*
gen, *j-m* nachfolgen, *j-n/etw* beglei-
, **Caesarem ex urbe** Caesar aus der
dt **2** verfolgen **3** (*zeitl. der Reihe*
h) nachfolgen, -kommen; **et quae se-**
ntur und so weiter; **sequens** der fol-
de **4** RHET folgen, an die Reihe kom-
n **5** (*Ziel*) verfolgen **6** (*Ort*) aufsu-
n **7** (*logisch*) folgen, sich ergeben;
uitur daraus folgt **8** Folge leisten,
hgeben; ~ **aliquem** j-s Beispiel fol-
9 von selbst folgen, sich einstellen
(*als Besitz*) zufallen, zuteilwerden, **ali-**
m j-m
uius ADV *komp* → secus[2]
ABK = **Servius**
⟨Sēris⟩ M SG → Seres
⟨ae⟩ F kleiner Querbalken
pis ⟨is *u.* idis⟩ M *ägyptische Gottheit*
nāre ⟨ō, āvī, ātum 1.⟩ **A** V/T auf-
ern **B** V/I heiter sein
nitās ⟨ātis⟩ F **1** heiteres Wetter **2**
eiterkeit, Gunst
num ⟨ī⟩ N heiteres Wetter
nus ⟨a, um⟩ ADJ **1** heiter, hell, klar
eiteres Wetter bringend **3** *fig* heiter,
ich, ruhig

★**serere**[1] ⟨serō, seruī, sertum 3.⟩ **1** an-
einanderreihen, zusammenfügen; **lori-**
cae sertae Kettenpanzer **2** *fig* verknüp-
fen, aufeinanderfolgen; **bella ex bellis ~**
Krieg an Krieg reihen
★**serere**[2] ⟨serō, sēvī, satum 3.⟩ **1** säen,
pflanzen **2** besäen, bepflanzen **3** *fig*
zeugen, erzeugen **4** *fig* aussäen, aus-
streuen, verursachen
Sēres ⟨um⟩ MPL die Serer, Chinesen
serēscere ⟨ēscō, -, - 3.⟩ trocken wer-
den
sēria[1] ⟨ae⟩ F Tonne, Fass *für Öl u. Wein*
sēria[2] ⟨ōrum⟩ NPL ernste Dinge, Ernst
sērica ⟨ōrum⟩ NPL Seidenstoffe
Sēricus ⟨a, um⟩ ADJ **1** serisch, chine-
sisch **2** aus Seide
★**seriēs** ⟨ēī⟩ F **1** Reihe, Kette **2** Ahnen-
reihe
sēriō ADV → serius[2]
sērium ⟨ī⟩ N Ernst
sērius[1] ADV *komp* → serus
★**sērius**[2] ⟨a, um, *adv* sēriō⟩ ADJ **1** ernst
(-haft) **2** ADV im Ernst, ernstlich
★**sermō** *u.* **sermo** ⟨ōnis⟩ M **1** das Spre-
chen; Gespräch, Unterhaltung **2** Unter-
redung, gelehrtes Gespräch, Dialog **3**
Gerede, Gerücht **4** Inhalt des Gesprächs
5 Umgangssprache **6** Schrift in der
Umgangssprache **7** Mundart, Dialekt
8 Rede-, Ausdrucksweise
sermōcinārī ⟨or, ātus sum 1.⟩ **1** spre-
chen **2** ein gelehrtes Gespräch führen
sermunculus ⟨ī⟩ M Klatsch
sērō ADV → serus
★**serpēns** ⟨entis⟩ F Schlange, Drache
serpenti-gena ⟨ae⟩ M Schlangen-
sohn
serpere ⟨serpō, serpsī, serptum 3.⟩ **1**
kriechen, schleichen, **humi/per humum**
auf dem Boden **2** sich schlängeln
serpillum ⟨ī⟩ N *u.* **serpullum** ⟨ī⟩ N
Thymian
serra ⟨ae⟩ F Säge
serrātī ⟨ōrum⟩ MPL Serraten, *Denare*
serrula ⟨ae⟩ F kleine Säge
serta ⟨ōrum⟩ NPL Kranz, Girlande
sertus ⟨a, um⟩ PPP → serere[1]
serum[1] ⟨ī⟩ N **1** Molke **2** *fig* männlicher
Same
sērum[2] ⟨ī⟩ N späte Zeit; **in serum noc-**
tis bis tief in die Nacht; **sero diei** spät
am Tag

S

★**sērus** ⟨a, um, *adv* sērō⟩ ADJ 1 spät, zu spät, verspätet; **arbor sera** langsam wachsender Baum 2 ADV ★**sero** spät, zu spät, verspätet; **serius ocius** früher oder später; **paulo serius** ein wenig später, ein wenig zu spät

★**serva** ⟨ae⟩ F Sklavin

servantissimus ⟨a, um⟩ ADJ streng beobachtend

★**servāre** ⟨ō, āvī, ātum 1.⟩ 1 bewachen, beobachten; **serva!** gib Acht!, pass auf! 2 *fig* bewahren, beibehalten, an *etw* festhalten; **pacta ~** Verträge einhalten 3 aufbewahren, aufsparen, **se ad maiora** sich für Größeres 4 bleiben, **locum** an einem Ort 5 retten, schützen

servātiō ⟨ōnis⟩ F Verfahrensweise

servātor ⟨ōris⟩ M Retter, Erhalter

servātrīx ⟨īcis⟩ F Retterin, Erhalterin

★**servīlis** ⟨e, *adv* servīliter⟩ ADJ sklavisch, Sklaven...; **terror ~** Angst vor Sklaven

★**servīre** ⟨iō, īvī *u.* iī, ītum 4.⟩ 1 Sklave sein, dienen 2 POL untertan sein 3 gefällig sein 4 sich fügen, sich nach *etw* richten, *alicui rei* 5 sich widmen, sich hingeben 6 nützen, dienen 7 (*Grundstück*) belastet sein

★**servitium** ⟨ī⟩ N 1 Sklaverei, Knechtschaft; Sklavenstand 2 SG *u.* PL die Sklaven

servitrīcius ⟨a, um⟩ ADJ Sklaven...

servitūdō ⟨inis⟩ F Sklaverei

★**servitūs** ⟨ūtis⟩ F 1 Sklaverei, Knechtschaft 2 die Sklaven 3 *fig* Unterwürfigkeit, unbedingter Gehorsam 4 JUR Belastung *eines Grundstücks*

Servius ⟨a, um⟩ *röm. Vorname,* ABGEK. *Ser.*

servol... = **servul...**

servulicola ⟨ae⟩ F Straßenmädchen

servulus ⟨ī⟩ M junger Sklave

★**servus** A ⟨a, um⟩ ADJ 1 sklavisch, Sklaven... 2 (*Grundstück*) belastet B ⟨ī⟩ M Sklave, Diener

sēsama ⟨ae⟩ F Sesam

sescēnāris ⟨e⟩ ADJ = **sescennaris**

sescēnārius ⟨a, um⟩ ADJ sechshundert Mann stark

sescēnī ⟨ae, a⟩ NUM DISTR je sechshundert

sesc-ennāris ⟨e⟩ ADJ eineinhalbjährig

sescentēnī ⟨ae, a⟩ NUM DISTR = **sesceni**

sescentēsimus ⟨a, um⟩ NUM ORD der sechshundertste

ses-centī ⟨ae, a⟩ NUM CARD sechsh... dert

sescentiē(n)s ADV sechshundertma...

sescento-plāgus ⟨ī⟩ M der sechsh... dert Schläge bekommt

sēscu-plex ⟨plicis⟩ ADJ = **sesquiple...**

sēscuplum ⟨ī⟩ N das Eineinhalbfa...

sēsē REFL PR = **se**[1]

sēsque-opus ⟨eris⟩ N = **sesquiop...**

sēs-qui ADV um die Hälfte mehr, ein... halb; **~ maior** um die Hälfte größer, einhalbmal so groß

sēsqui-alter ⟨era, erum⟩ ADJ ein... halb

sēsqui-hōra ⟨ae⟩ F eineinhalb S... den

sēsqui-modius ⟨ī⟩ M einein... Scheffel

sēsqui-octāvus ⟨a, um⟩ ADJ ... Achtel enthaltend

sesqui-opus ⟨eris⟩ N eineinhalb ... werke

sēsquipedālis ⟨e⟩ ADJ eineinhalb ... lang

sēsqui-pēs ⟨pedis⟩ M eineinhalb ...

sēsquiplex ⟨plicis⟩ ADJ eineinhalb...

sēsqui-tertius ⟨a, um⟩ ADJ vier D... enthaltend

sessibulum ⟨ī⟩ N Sitz, Stuhl, Sess...

sessilis ⟨e⟩ ADJ 1 zum Sitzen gee... 2 feststehend 3 niedrig

sessiō ⟨ōnis⟩ F 1 das Sitzen 2 Sit... 3 Sitzgelegenheit

sessor ⟨ōris⟩ M 1 „Sitzer", Zusch... 2 Reiter 3 Einwohner

sessum PPP → **sedere** *u.* → **sidere**

sēstertia ⟨ōrum⟩ NPL 1000 Sesterz...

sēstertium ⟨ī⟩ N (*mit Zahladve... verbunden*) 100000 Sesterze; **vicie...** zwei Millionen Sesterze

sēs-tertius nummus M *u.* **sēs...tius** ⟨ī⟩ M der Sesterz, *Silber-, s... Messingmünze, gängigste röm. M... bis 217 v. Chr mit einem Wert von ... As = 1/4 Denar, später mit einem ... von 4 As, abgek. IIS, später HS od. N;* ... **mo sestertio** für eine Kleinigkeit

Sēstiānus ⟨a, um⟩ ADJ = **Sextianu...**

Sēstius ⟨a, um⟩ *Name einer röm.* ... → **Sextius**

sēsuma ⟨ae⟩ F = **sesama**

set KONJ = **sed**[2]

ta ⟨ae⟩ F = **saeta**
ti-ger ⟨gera, gerum⟩ ADJ = **saetiger**
tius ADV weniger → secus
u KONJ = **sive**
·vehī ⟨vehor, vectus sum 3.⟩ weg-
hren; **gyro ~** die Bahn verlassen
vēritās ⟨ātis⟩ F Strenge, Härte
vēritūdō ⟨inis⟩ F = **severitas**
vērus ⟨a, um, *adv* sevērē⟩ ADJ 1
eng, ernst 2 herb
vērus ⟨ī⟩ M *röm. Beiname;* **Septimius**
röm. Kaiser
vī = **serere**²
vocāre ⟨ō, āvī, ātum 1.⟩ 1 beiseite
fen, abrufen 2 trennen
vum ⟨ī⟩ N = **sebum**
indekl NUM CARD sechs
. ABK = **Sextus**
āgēnārius ⟨a, um⟩ ADJ sechzigjäh-

āgēnī ⟨ae, a⟩ NUM DISTR je sechzig
āgēsimus ⟨a, um⟩ NUM ORD der
hzigste
āgiē(n)s NUM ADV sechzigmal
āgintā *indekl* NUM CARD sechzig
cēnārius ⟨a, um⟩ ADJ = **sescena-**
s
cēnī ⟨ae, a⟩ NUM DISTR = **sesceni**
cent... = **sescent...**
decim *indekl* NUM CARD = **sedecim**
-ennis ⟨e⟩ ADJ sechsjährig; **dies ~**
t von sechs Jahren
ennium ⟨ī⟩ N Zeitraum von sechs
ren
iē(n)s ADV sechsmal
tāns ⟨antis⟩ M 1 ein Sechstel 2
Münze) 1/6 As = 2 unciae; *fig* Heller
der sechste Teil *einer Erbschaft* 3
ssigkeitsmaß) 1/6 sextarius = *0,09 l*
tārius ⟨ī⟩ M *Hohlmaß, ca. 0,54 l;*
oppen
tiānus ⟨a, um⟩ ADJ des Sextius
tīlis A ⟨e⟩ ADJ 1 der sechste; **men-**
~ der Monat Sextilis, *der später Au-*
hieß 2 August... B ⟨is⟩ M der Mo-
Sextilis, *später* August
tius ⟨a, um⟩ *röm. Gentilname;* **P. ~**
nd Ciceros
ula ⟨ae⟩ F 1/6 einer uncia, 72. Teil
s Ganzen
us ⟨a, um⟩ NUM ORD der sechste;
um zum sechsten Mal
us ⟨ī⟩ M *röm. Vorname, abgek. S. od.*
Sex.

★**sexus** ⟨ūs⟩ M Geschlecht
★**sī** KONJ 1 *(in Konditionalsätzen)* wenn, sofern nur 2 *(in Wunschsätzen)* o wenn doch 3 *(in Konzessivsätzen)* selbst wenn, wenn auch 4 *(in indir. Fragen. u. nach Verben des Erwartens, Versuchens u. Ä.)* ob, ob etwa; **quaesivit, ~** er fragte, ob 5 **perinde ac ~**wie wenn, gleich als wenn, *+konjkt* 6 **~ forte** wenn etwa; **nisi ~** außer wenn 7 **~ qui** wer etwa 8 **mirari, ~** sich wundern, dass
★**sibi** REFL PR *dat* sich; **quid ~ vult haec res?** was soll das bedeuten?
sībila ⟨ōrum⟩ NPL → **sibilus**²
sībilāre ⟨ō, āvī, ātum 1.⟩ A V/I zischen, pfeifen B V/T auszischen, -pfeifen
sībilus¹ ⟨a, um⟩ ADJ zischend, pfeifend
sībilus² ⟨ī⟩ M, PL *auch* ⟨sībila, ōrum⟩ N 1 das Zischen, das Pfeifen, 2 das Auspfeifen
sibi-met → **-met**
Sibulla *u.* **Sibylla** ⟨ae⟩ F Wahrsagerin, *bes die Sibylle von Cumae;* **Sibyllīnus** ⟨a, um⟩ ADJ sibyllinisch; **libri Sibyllini** sibyllinische Bücher, *alte Weissagebücher, der Sage nach von Tarquinius einer alten Frau abgekauft; auf dem Kapitol im Jupitertempel verwahrt u. in Notzeiten eingesehen*
★**sīc** ADV 1 so, auf diese Weise 2 folgendermaßen 3 in einer solchen Lage 4 *(in Antworten)* so ist es, ja 5 *(fortfahrend)* und so, daher 6 so ohne weiteres 7 so sehr, in dem Maß 8 ★ **ut ... ~** wie ... so
sīca ⟨ae⟩ F 1 Dolch 2 Meuchelmord
Sicambrī ⟨ōrum⟩ MPL = **Sigambri**
Sicānī ⟨ōrum⟩ MPL die Sikaner *in Sizilien;* **Sīcania** ⟨ae⟩ F *alter Name für* Sizilien; **Sīcanis** ⟨idis⟩ ADJ F *u.* **Sīcanius** *u.* **Sicānus** ⟨a, um⟩ ADJ sikanisch, sizilisch
sīcārius ⟨ī⟩ M Meuchelmörder; **inter sicarios** wegen Meuchelmordes
siccāre ⟨ō, āvī, ātum 1.⟩ 1 (aus)trocknen 2 trockenlegen, **paludes** Sümpfe 3 *fig* austrinken 4 *fig* melken
siccine so?, so also?
siccitās ⟨ātis⟩ F 1 Trockenheit, Dürre 2 *fig* Gesundheit 3 RHET Einfachheit, Knappheit
sicc-oculus ⟨a, um⟩ ADJ mit tränenlosen Augen

S

siccum ⟨ī⟩ N das Trockene, Festland

★**siccus** ⟨a, um, *adv* siccē⟩ ADJ 1 trocken, dürr 2 trocken machend 3 durstig 4 *fig* gesund 5 *fig* nüchtern, enthaltsam, mäßig 6 arm, armselig 7 (*Charakter*) kalt, gefühllos 8 RHET einfach, knapp

sicelissāre ⟨ō, -, - 1.⟩ in sizilischer Mundart sein

Sicilia ⟨ae⟩ F Sizilien

sīcīlicula ⟨ae⟩ F kleine Sichel

Siciliēnsis ⟨e⟩ ADJ sizilisch, von Sizilien

sīcin *u.* **sīcine** ADV = **siccine**

sīcubī KONJ wenn irgendwo

sīcula ⟨ae⟩ F 1 kleiner Dolch 2 *scherz* männliches Glied

Siculus A ⟨a, um⟩ ADJ sizilisch, von Sizilien B ⟨ī⟩ M Sikuler, Sizilier

sīcunde KONJ wenn von irgendwoher

★**sīc-ut** *u.* **sīc-utī** ADV 1 wie, so wie 2 (*vergleichend*) wie 3 wie wenn, als ob 4 wie zum Beispiel 5 so wie, in dem Zustand wie; ~ **sum** so wie ich hier stehe

sīdere ⟨sīdō, sēdī *u.* sīdī, sessum 3.⟩ 1 sich setzen, sich niederlassen 2 (*Nebel, Angst usw.*) sich senken; nachlassen 3 *fig* sitzen bleiben, festsitzen, liegen bleiben

sīdereus ⟨a, um⟩ ADJ 1 Sternen… 2 *fig* strahlend, herrlich 3 Sonnen…

★**sīdus** ⟨eris⟩ N 1 Sternbild, Stern 2 Gegend 3 Jahreszeit; **mutato sidere** in einer anderen Jahreszeit 4 Tag 5 Witterung, Sturm 6 Hitze 7 PL Himmel 8 Glanz, Zierde

Sigamber ⟨bra, brum⟩ ADJ sigambrisch

Sigambra ⟨ae⟩ F sigambrische Frau

Sigambrī ⟨ōrum⟩ MPL *germ. Stamm*

sigillāria ⟨ōrum⟩ NPL 1 kleine Figuren 2 *röm. Fest, bei dem man sich kleine Figuren schenkte* 3 Kunstmarkt

sigillātus ⟨a, um⟩ ADJ mit kleinen Figuren verziert

sigillum ⟨ī⟩ N 1 kleine Figur 2 Bild im Stempel, Siegel

★**sīgnāre** ⟨ō, āvī, ātum 1.⟩ 1 kennzeichnen 2 abbilden 3 färben, beflecken 4 versiegeln 5 schließen, beenden 6 (*Münze*) mit einem Stempel versehen, prägen 7 (*Gedächtnis*) einprägen 8 *fig* bemerken 9 *fig* auszeichnen, schmücken

sīgnātor ⟨ōris⟩ M Besiegler; ~ **fal**… Urkundenfälscher

sīgni-fer A ⟨fera, ferum⟩ ADJ Ste… tragend, mit Sternen; **orbis** ~ Tierk… B ⟨ferī⟩ M 1 Fahnenträger 2 Anfüh…

sīgnificāns ⟨antis, *adv* sīgnifican…⟩ ADJ deutlich, anschaulich

★**sīgni-ficāre** ⟨ō, āvī, ātum 1.⟩ 1 … chen geben 2 *fig* andeuten, ausd… cken, zu erkennen geben 3 bedeu… bezeichnen 4 voraussagen

sīgnificātiō ⟨ōnis⟩ F 1 Zeichen, … zeichnung 2 Beifall 3 RHET Nachdr… 4 Bedeutung 5 Ausspruch

★**sīgnum** ⟨ī⟩ N 1 Kennzeichen, M… mal, Zeichen; ~ **pedum** Fußspur … Wahrzeichen, Vorzeichen 3 MIL Bef… Kommando; Signal 4 MIL Parole, … sung 5 MIL Feldzeichen, Fahne; **si**… **ferre** aufbrechen; **signa inferre** h… den Feind angreifen; **signa conf**… sich zusammenziehen; angreifen 6 Abteilung, Schar 7 JUR Beweis; Bew… mittel 8 Götterbild, Statue 9 Si… 10 ASTRON Sternbild

silenda ⟨ōrum⟩ NPL Geheimnisse

silēns ⟨entis⟩ ADJ schweigend, still

silentēs ⟨um⟩ MPL die Verstorbene…

★**silentium** ⟨ī⟩ N 1 Stillschweigen, … le, Verschwiegenheit 2 Ungestör… 3 *fig* Muße, Ruhe 4 Ruhmlosigkeit

Sīlēnus ⟨ī⟩ M Silen, *Begleiter des Di… sos*

★**silēre** ⟨eō, uī, - 2.⟩ A V/I 1 schwei… still sein 2 *fig* ruhen B V/T versch… gen, unerwähnt lassen

silēscere ⟨ēscō, -, - 3.⟩ still wer… **venti silescunt** die Winde legen sic…

silex ⟨icis⟩ M *u.* F 1 Kiesel 2 Fels

silīgineus ⟨a, um⟩ ADJ Weizen…

silīgō ⟨inis⟩ F 1 Winterweizen 2 fe… Weizenmehl

siliqua ⟨ae⟩ F 1 Schote 2 PL Hü… früchte

sīlus ⟨a, um⟩ ADJ mit platter Nase

★**silva** ⟨ae⟩ F 1 Wald, Gehölz, Forst, 2 Strauch, Gestrüpp 3 *fig* große M… 4 unbearbeitetes Material, Konzep…

Silvānus ⟨ī⟩ M *röm. Gott des Wald… der Felder*

silvēscere ⟨ēsō, -, - 3.⟩ verwilder…

★**silvester** ⟨tris, tre⟩ ADJ *u.* **silve**… ⟨e⟩ ADJ 1 waldig, Wald… 2 im Wa…

end, aus den Wäldern; ländlich 3 *fig* ild, roh
via ⟨ae⟩ F → Rea
vi-cola ⟨ae⟩ F Waldbewohner
vi-cultrīx ⟨icis⟩ F im Wald lebend
vōsus ⟨a, um⟩ ADJ waldig, waldreich
nia ⟨ae⟩ F Affe
nile ⟨is⟩ N Gleichnis, Beispiel; **et si-ilia** und dergleichen mehr
nilis ⟨e, *adv* similiter⟩ ADJ ähnlich; **ri/vero ~** wahrscheinlich; **~ ac/atque** nlich wie
nilitūdō ⟨inis⟩ F 1 Ähnlichkeit; **pa-s** mit dem Vater 2 Nachbildung 3 eichnis 4 Einförmigkeit
nītū ADV zugleich
nius ⟨ī⟩ M = **simia**
n-plex ⟨plicis, *adv* simpliciter⟩ ADJ einfach, unvermischt 2 *fig* unkompli-rt 3 einzeln, ein einziger, allein 4 wöhnlich, unauffällig 5 *fig* natürlich, nlicht 6 *fig* ehrlich, offen, sorglos, na-7 ADV geradezu, lediglich, absolut
nplicitās ⟨ātis⟩ F 1 Einfachheit 2 Ehrlichkeit, Offenheit 3 Treuherzig-it
npulum ⟨ī⟩ N Schöpfkelle, Schöpf-fel; **fluctus in simpulo** *Sprichwort* rm im Wasserglas
npuvium ⟨ī⟩ N Opferschale
nul A ADV zugleich, gleichzeitig; **duo bella** zwei Kriege zur gleichen Zeit; **~ m** gleichzeitig mit; **~ … ~** teils … s, sowohl … als auch B KONJ ★ **~ ~ atque/~ ut** sobald als
nulācrum ⟨ī⟩ N 1 Bild, Abbild, Sta-, Götterbild 2 Spiegelbild 3 Traum-d 4 Schatten *eines Toten* 5 PHILOS bild 6 Nachbildung 7 Schein
nulāns ⟨antis⟩ ADJ nachahmend, **vo-n** Stimmen
nulāre ⟨ō, āvī, ātum 1.⟩ 1 ähnlich chen 2 abbilden, darstellen, nachah-n 3 *fig* vorgeben, heucheln 4 so tun ob; **simulabat sese properare** er tat als sei er in Eile
nulātē ADV → simulatus
nulātiō ⟨ōnis⟩ F 1 Verstellung, Heu-lei 2 PL Verstellungskünste 3 Vor-d, Schein, Täuschung
nulātor ⟨ōris⟩ M 1 Nachahmer 2 Heuchler
nulatque KONJ → simul

simulātus ⟨a, um, *adv* simulātē⟩ ADJ geheuchelt, scheinbar
simultās ⟨ātis⟩ F 1 Rivalität, Eifersucht 2 Feindschaft
simulter ADV auf ähnliche Weise; **~ itidem** ebenso wie
sīmus ⟨a, um⟩ ADJ plattnasig
★**sīn** KONJ, wenn aber, wenn dagegen; **~ autem/vero** wenn aber; **~ minus/aliter** wenn nicht, andernfalls
sināpi *indekl u.* **sināpis** ⟨is⟩ F Senf
sincēritās ⟨ātis⟩ F 1 Gesundheit 2 *fig* Aufrichtigkeit, Ehrlichkeit
★**sincērus** ⟨a, um, *adv* sincērē⟩ ADJ 1 rein, unverfälscht, echt 2 *fig* ehrlich, aufrichtig 3 *fig* unverdorben
sincipitāmentum ⟨ī⟩ N Vorderkopfstück
sinciput ⟨itis⟩ N 1 Vorderkopf 2 Hirn
sindon ⟨onis⟩ F Baumwolle
★**sine**[1] PRÄP *+abl* ohne
sine[2] → sinere
★**sinere** ⟨sinō, sīvī *u.* siī, situm 3.⟩ 1 (zu)lassen, (über)lassen, erlauben geschehen lassen; **sine!** mag sein!, schon gut! 2 sein lassen; **sinite** hört auf
singillātim ADV einzeln, im Einzelnen
singulāria ⟨ium⟩ NPL Auszeichnungen
★**singulāris** A ⟨e, *adv* singulāriter⟩ ADJ 1 einzeln, für sich 2 Einzel…, Privat…, Allein…; **certamen singulare** Zweikampf 3 GRAM Singular… 4 eigen, charakteristisch 5 ausgezeichnet; beispiellos B ⟨is⟩ M 1 MIL berittener Meldesoldat 2 PL MIL kaiserliche Elitetruppe 3 GRAM Singular, Einzahl
singulārius ⟨a, um, *adv* singulāriē⟩ ADJ einzeln
singulātim ADV einzeln, im Einzelnen
★**singulī** ⟨ae, a⟩ A NUM DISTR je ein, jeder einzelne; **singulis annis** jährlich; **in singulos annos** von Jahr zu Jahr B ADJ einzeln, allein, getrennt
singultāre ⟨ō, -, ātum 1.⟩ A V/I 1 schluchzen 2 röcheln B V/T herausschluchzen, aushauchen
singultim ADV stockend, mit Schluchzen
singultus ⟨ūs⟩ M 1 das Schluchzen 2 das Röcheln 3 Schluck 4 das Glucksen
singulus ⟨a, um⟩ ADJ → singuli
★**sinister** ⟨tra, trum, *adv* sinistrē⟩ ADJ 1 links, zur Linken, der linke 2 *fig* linkisch,

S

verkehrt, ungeschickt **3** REL glücklich, günstig, *da der Augur nach Süden schaut u. den Osten links von sich hat* **4** REL unheilvoll, ungünstig, *nach griech. Auffassung, bei der der Augur nach Norden schaut u. den Osten rechts von sich hat* **5** *fig* böse, übel

sinisteritās ⟨ātis⟩ F Ungeschicklichkeit

sinistra ⟨ae⟩ F linke Hand, linke Seite

sinistrōrsum *u.* **sinistrōrsus** ADV nach links (gewandt), links

Sinōpa ⟨ae⟩ F *u.* **Sinōpē** ⟨ēs⟩ F *Stadt am Schwarzen Meer*

sinuāre ⟨ō, āvī, ātum 1.⟩ biegen, krümmen; **arcum ~** den Bogen spannen

sīnum ⟨ī⟩ N weitbauchiges Tongefäß

sinuōsus ⟨a, um, *adv* sinuōsē⟩ ADJ gekrümmt, gewunden; faltenreich

★**sinus**[1] ⟨ūs⟩ M **1** Biegung, Krümmung, Bogen **2** SCHIFF aufgeblähtes Segel **3** Bucht, Meerbusen **4** Landzunge, Halbinsel **5** Schlucht **6** Bausch *der Toga; oft* = Brust, Schoß **7** Tasche, Geldbeutel **8** *fig* Liebe, Zärtlichkeit **9** *fig* Innerstes; **in sinu urbis** im Herzen der Stadt **10** *fig* Zufluchtsort

sīnus[2] ⟨ī⟩ M = **sinum**

sīparium ⟨ī⟩ N **1** kleiner Vorhang *bei der Komödie* **2** Komödie

sī-quandō KONJ wenn einmal

si-quidem KONJ **1** wenn nämlich, wenn wirklich, wenn allerdings **2** weil ja, da ja

sīremps(e) ADV ganz gleich, ebenso

Sīrēn ⟨ēnis⟩ F *u.* **Sīrēna** ⟨ae⟩ F **1** Sirene; *meist pl, sagenhafte Mädchen mit Vogelleibern, die durch ihren Gesang die Vorüberfahrenden ins Verderben lockten* **2** *fig* Verführerin

sīrius ⟨ī⟩ M Hundsstern

Sirmiō ⟨ōnis⟩ F *Halbinsel im Gardasee mit Landgut Catulls, heute Sirmione*

sirp... *auch* = **scirp...**

sirpe ⟨is⟩ M Saft der Sirpepflanze

sīs[1] = **si vis** wenn du willst; *beim Imp.* doch

sīs[2] = **suis**; → **suus**

siser ⟨eris⟩ N BOT Rapunzel

★**sistere** ⟨sistō, stitī *u.* stetī, statum 3.⟩ **A** V/T **1** hinstellen, -bringen, -führen **2** *(Bauwerk)* aufstellen, errichten **3** JUR vor Gericht bringen; **se ~** sich stellen, sich einfinden **4** aufhalten, zum Stehen bringen, beenden; **gradum/pedem/se** ... stehen bleiben **5** *(Macht usw.)* befes... gen, stärken **B** V/I **1** sich stellen, hint... ten; *perf* stehen **2** stehen bleiben **3** ... sich vor Gericht stellen **4** *(Zustand)* fo... bestehen, sich halten

sīstrum ⟨ī⟩ N Isisklapper

Sīsyphius ⟨a, um⟩ ADJ des Sisyphus

Sīsyphos *u.* **Sīsyphus** ⟨ī⟩ M MY... *Gründer von Korinth, in der Unterwelt v... dammt einen immer wieder herabrollen... Felsblock bergan zu wälzen*

sitella ⟨ae⟩ F Lostopf, Wahlurne

sitīculōsus ⟨a, um⟩ ADJ trocken

sitiēns ⟨entis, *adv* sitienter⟩ ADJ **1** dü... tend, lechzend, **alicuius rei** nach etw... *fig* gierig

sitīre ⟨iō, -, - 4.⟩ **1** dürsten, dur... sein, **aquam** nach Wasser **2** *fig* troc... sein **3** *fig* gierig sein, **honores** nach ... renstellen

★**sitis** ⟨is⟩, *akk* ⟨im⟩, *abl* ⟨ī⟩ F **1** Durs... Dürre, Trockenheit **3** *fig* Verlangen, ... **bertatis** nach Freiheit

situla ⟨ae⟩ F **1** Eimer **2** Losurne

★**situs**[1] ⟨ūs⟩ M **1** Lage, Stellung **2** B... Monument **3** langes Liegen **4** Untä... keit **5** Mangel an Pflege

situs[2] ⟨ūs⟩ M Schimmel, Rost, Schm...

situs[3] ⟨a, um⟩ ADJ **1** hingelegt, -gest... **2** erbaut **3** begraben **4** gelegen... wohnend **6** beruhend, liegend; **qu... tum in me situm est** soviel an mir l...

situs[4] ⟨a, um⟩ PPP → **sinere**

★**sī-ve** KONJ **1** oder wenn **2** oder; **~ ... tius** oder vielmehr **3** **~ ... ~** wenn ... weder ... oder wenn, sei es dass ... ... dass, ob entweder ... oder

sīvī → **sinere**

smaragdus ⟨ī⟩ M *u.* F **1** Smarag... grüner Halbedelstein

Smyrna ⟨ae⟩ F *Handelsstadt in Io... heute Izmir;* **Smyrnaeus** ⟨a, um⟩ ... aus Smyrna

sobol... = **subol...**

sōbrietās ⟨ātis⟩ F Nüchternheit, ... ßigkeit

sobrīna ⟨ae⟩ F Geschwisterkind, Co... ne

sobrīnus ⟨ī⟩ M Geschwisterkind, ... sin

sōbrius ⟨a, um, *adv* sōbriē⟩ AD... nüchtern **2** mäßig, enthaltsam **3** ...

S

·sonnen, vernünftig
cculus ⟨ī⟩ M leichte Sandale
ccus ⟨ī⟩ M 1 leichter Schuh, *der Grie-*
en 2 Schuh der Komödienschauspie-
· 3 *fig* Komödie 4 Stil der Komödie
cer *u.* **socerus** ⟨ī⟩ M 1 Schwieger-
ter 2 PL Schwiegereltern
cia ⟨ae⟩ F 1 Teilnehmerin, **alicuius**
an etw 2 Gehilfin, Gefährtin 3 Ehe-
u, Lebensgefährtin; ~ **tori** Ehefrau
ciābilis ⟨e⟩ ADJ gesellig, umgänglich
ciālis ⟨e, *adv* sociāliter⟩ ADJ 1 gesel-
, kameradschaftlich 2 bundesgenös-
ch, Bundesgenossen… 3 ehelich; **to-**
s ~ Ehebett
ciālitās ⟨ātis⟩ F Geselligkeit
ciāre ⟨ō, āvī, ātum 1.⟩ verbinden,
einigen, teilen
iātus ⟨a, um⟩ ADJ gemeinschaftlich
iennus ⟨ī⟩ M Kamerad
ietās ⟨ātis⟩ F 1 Gemeinsamkeit,
bindung 2 Teilnahme, **alicuius rei**
etw 3 Kameradschaft, Gesellschaft
Bündnis, Bundesgenossenschaft 5
ndelsgesellschaft
io-fraudus ⟨ī⟩ M der den Gefähr-
betrügt
ius A ⟨a, um⟩ ADJ 1 gemeinsam,
neinschaftlich 2 verbündet; **arma**
ia Waffenbündnis B ⟨ī⟩ 1 M Kame-
, Gefährte 2 Gehilfe, Teilnehmer; ~
ni Mitregent 3 Geschäftspartner 4
die Generalsteuerpächter *in Rom* 5
desgenosse, Verbündeter
ordia ⟨ae⟩ F 1 geistige Trägheit 2
glosigkeit
cors ⟨cordis⟩ ADJ, ADV *nur Komp.*
cordius⟩ 1 geistig träge, stumpfsin-
2 sorglos
ratēs ⟨is *u.* ī⟩ M *berühmter atheni-*
r Philos., Lehrer Platos; **Sōcraticus**
um⟩ ADJ sokratisch, des Sokrates
rus ⟨ūs⟩ F Schwiegermutter
ālicium ⟨ī⟩ N Freundschaftsbünd-
POL Geheimbund
ālicius ⟨a, um⟩ ADJ kameradschaft-

ālis A ⟨e⟩ ADJ kameradschaftlich,
eundet. B ⟨is⟩ M 1 Gefährte, Ka-
ad 2 Mitglied einer Bruderschaft
Priesterkollegium 4 Mitglied eines
eimbundes
ālitās ⟨ātis⟩ F 1 Freundschaft, Ka-
meradschaft 2 Tischgesellschaft 3
Priesterkollegium 4 Geheimbund
sōdēs INT wenn du so gut sein willst, gefälligst, *meist beim imp*
★**sōl** ⟨sōlis⟩ M 1 Sonne 2 Sonnenlicht, -wärme, -schein, Tag; **sub sole** bei Sonnenschein 3 *fig* öffentliche Tätigkeit 4 *fig* Stern, hervorragende Persönlichkeit
Sōl ⟨Sōlis⟩ M Sonnengott
sōlāciolum ⟨ī⟩ N schwacher Trost
★**sōlācium** ⟨ī⟩ N 1 Trost 2 *fig* Linderungsmittel 3 Zuflucht 4 Entschädigung, Ersatz 5 Tröster(in)
sōlāmen ⟨inis⟩ N Trost
sōlārī ⟨or, ātus sum 1.⟩ 1 trösten 2 lindern, mildern 3 entschädigen
sōlāris ⟨e⟩ ADJ Sonnen…
sōlārium ⟨ī⟩ N 1 Sonnenuhr 2 Sonnenhof, Terrasse, Flachdach
sōlātium ⟨ī⟩ N = **solacium**
solduriī ⟨ōrum⟩ MPL die Getreuen
soldus ⟨a, um⟩ ADJ = **solidus**
solea ⟨ae⟩ F 1 Sandale 2 Fußfessel
soleārius ⟨ī⟩ M Sandalenmacher
soleātus ⟨a, um⟩ ADJ Sandalen tragend
sōlemnis ⟨e⟩ ADJ = **sollemnis**
solennis ⟨e⟩ ADJ = **solemnis**
★**solēre** ⟨soleō, solitus sum *u.* soluī, solēre 2.⟩ 1 gewohnt sein, pflegen; **ut solet** wie gewöhnlich; **dicere** ~ zu sagen pflegen 2 mit *j-m* schlafen
solidāre ⟨ō, āvī, ātum 1.⟩ dicht machen, fest machen, zusammenfügen
soliditās ⟨ātis⟩ F 1 Dichte 2 Festigkeit 3 Dauerhaftigkeit
solidum ⟨ī⟩ N 1 fester Körper; **in solido** in Sicherheit 2 *fig* Festigkeit, Sicherheit 3 Gesamtsumme, -kapital
★**solidus** A ⟨a, um, *adv* solidē⟩ ADJ 1 dicht, massiv 2 fest, hart, dauerhaft 3 *fig* ganz, vollständig 4 *fig* echt, dauerhaft, wahrhaft B ⟨ī⟩ M *eine Goldmünze*
sōlistimus ⟨a, um⟩ ADJ = **sollistimus**
sōlitārius ⟨a, um⟩ ADJ alleinstehend, einsam; ungesellig
★**sōlitūdō** ⟨inis⟩ F 1 Einsamkeit, Zurückgezogenheit 2 Einöde, Wüste 3 *fig* Verlassenheit, Hilflosigkeit 4 Mangel, **alicuius rei** an etw
solitum ⟨ī⟩ N das Gewöhnliche, Gewohnheit; **ex solito** aus Gewohnheit
★**solitus** ⟨a, um⟩ ADJ gewohnt, gewöhnlich, üblich

S

solium ⟨ī⟩ N 1 Stuhl, Sessel 2 Thron 3 Königswürde, -reich 4 großer Lehnstuhl 5 Badewanne 6 Sarg

sōli-vagus ⟨a, um⟩ ADJ 1 allein umherschweifend 2 vereinzelt

sollemne ⟨is⟩ N 1 Feier 2 PL Opfer 3 Brauch, Gewohnheit

★**soll-emnis** ⟨e, *adv* sollemniter⟩ ADJ 1 alljährlich 2 feierlich, festlich 3 gewohnt, üblich

sollemnitās ⟨ātis⟩ F Feierlichkeit

soll-ers ⟨ertis, *adv* sollerter⟩ ADJ 1 kunstfertig, geschickt, erfinderisch 2 verschlagen, schlau

sollertia ⟨ae⟩ F 1 Kunstfertigkeit, Geschicklichkeit 2 Schlauheit, List

★**sollicitāre** ⟨ō, āvī, ātum 1.⟩ 1 bewegen, heftig erregen 2 *fig* erregen, reizen 3 (*Frieden*) erschüttern, stören 4 *fig* beunruhigen 5 (*Volk*) aufwiegeln 6 ermuntern, anregen 7 verführen

sollicitātiō ⟨ōnis⟩ F 1 Beunruhigung, Kummer 2 Aufwiegelung, Aufhetzung

sollicitātor ⟨ōris⟩ M Verführer, Aufwiegler

★**sollicitūdō** ⟨inis⟩ F Unruhe, Kummer, Sorge; ~ **provinciae** Sorge um die Provinz

★**solli-citus** ⟨a, um, *adv* sollicitē⟩ ADJ 1 heftig bewegt, erregt 2 *fig* unruhig, besorgt, betrübt; **aliquem sollicitum habere** j-n in Unruhe versetzen 3 gestört 4 ängstlich, vorsichtig, scheu

solli-ferreum ⟨ī⟩ N ganz aus Eisen bestehendes Geschoss, Wurfeisen

sollistimus ⟨a, um⟩ ADJ vollkommen, günstig

Solō ⟨ōnis⟩ M = **Solon**

Solōn ⟨ōnis⟩ M *Gesetzgeber Athens, einer der Sieben Weisen*

sōlstitiālis ⟨e⟩ ADJ 1 zur Sommersonnenwende gehörig; **dies** ~ längster Tag; **nox** ~ kürzeste Nacht; **orbis** ~ Wendekreis des Krebses 2 Sommer..., Sonnen...; **morbus** ~ Sonnenstich, *auch* Malaria

sōl-stitium ⟨ī⟩ N 1 Sommersonnenwende 2 Sommerzeit, -hitze

★**solum**[1] ⟨ī⟩ N 1 unterster Teil, Grund, Boden, Sohle 2 *fig* Fußboden 3 Fußsohle 4 Erde, Grund und Boden 5 *fig* Land, Gegend 6 Unterlage

★**sōlum**[2] ADV bloß, nur; **non** ~ ... **sed etiam** nicht nur ... sondern auch; r ~ **non** ... **sed ne** ... **quidem** nicht nicht ... sondern nicht einmal

sōlum-modo ADV nur, allein

★**sōlus** ⟨a, um⟩, *gen* ⟨sōlīus⟩, *dat* ⟨s ADJ 1 allein, einzig, bloß, nur 2 (*Pers* einsam, alleinstehend 3 (*Ort*) verlass öde 4 außerordentlich

solūtiō ⟨ōnis⟩ F 1 das Loslösen, Gelöstsein 2 Auflösung, Erschlaff 3 Lösung *einer Frage* 4 Bezahlung

solūtus[1] ⟨a, um⟩ PPP → solvere

solūtus[2] ⟨a, um, *adv* solūtē⟩ ADJ 1 se, locker; **crines soluti** offene Ha 2 zittrig, schlotternd 3 *fig* frei 4 schulden-, sorgen-, straffrei 5 *fig* zü los 6 *fig* nachlässig, schlaff, nachgie 7 (*Rede*) ungebunden, in Prosa; ßend, frei 8 (*Redner*) gewandt

★**solvere** ⟨solvō, solvī, solūtum 3. auflösen, losbinden, öffnen; (**ancor navem**) ~ die Anker lichten, abse 2 (*Schuld*) bezahlen; **solvendo non** zahlungsunfähig sein 3 (*Verpflicht* erfüllen; **fidem** ~ sein Wort halter *fig* erlösen, befreien; freisprechen, **lere** von einem Verbrechen 5 auflö trennen, vernichten; *passiv* sich a sen; **pontem** ~ eine Brücke abbre 6 *fig* schwächen, lähmen 7 *fig* au ben, beseitigen, beenden; **foedum** nen Vertrag brechen 8 *fig* erklä **enigma** ~ ein Rätsel lösen

somniāre ⟨ō, āvī, ātum 1.⟩ 1 träur **aurum** von Gold 2 an *etw* denken, *quid* 3 schwätzen

somnīculōsus ⟨a, um, *adv* somr lōsē⟩ ADJ schläfrig, träge

somni-fer ⟨fera, ferum⟩ ADJ 1 S bringend, einschläfernd 2 tödlich

★**somnium** ⟨ī⟩ N 1 Traum; **somnii** Träume haben; **per somnia** im T 2 Traumbild 3 *fig* Träumerei, l Wahn 4 Geschwätz

★**somnus** ⟨ī⟩ M 1 Schlaf 2 To Schläfrigkeit, Trägheit

sōna ⟨ae⟩ F = **zona**

sonābilis ⟨e⟩ ADJ tönend, klirrend

sonāns ⟨antis⟩ ADJ tönend, kling rauschend; wohltönend

★**sonāre** ⟨ō, uī, ātūrus 1.⟩ A V/I 1 nen, erschallen, rauschen, bra dröhnen 2 widerhallen B V/T 1

S

n/hören lassen 2 preisen, besingen bedeuten
ni-pēs ⟨pedis⟩ M Pferd
nitus ⟨ūs⟩ M Ton, Schall, Klang, Prasn, Krachen, Lärm
nor ⟨ōris⟩ M Ton, Getöse
nōrus ⟨a, um, *adv* sonōrē⟩ ADJ tönd, rauschend
ns A ⟨sontis⟩ ADJ schuldig, strafbar ⟨sontis⟩ M der Schuldige
nticus ⟨a, um⟩ ADJ gefährlich
nuī → sonare
nus ⟨ī⟩ M 1 Ton, Laut, Klang 2 Wort Stimme, Sprache, Aussprache 4 RHET der Darstellung
phia ⟨ae⟩ F Weisheit
phisma ⟨atis⟩ N Trugschluss
phista *u.* sophistēs ⟨ae⟩ M Sost, *gewerbemäßiger Lehrer der praktien Philosophie u. Beredsamkeit*
phoclēs ⟨is *u.* ī⟩ M *griech. Tragiker*
hōs[1] ADV gut!, ausgezeichnet!
hos[2] *u.* sophus A ⟨a, um⟩ ADJ se. B ⟨ī⟩ M der Weise
iō ⟨ōnis⟩ M männliches Glied
īre ⟨iō, īvī *u.* iī, ītum 4.⟩ 1 einschlä; *passiv* einschlafen; **sopitus** schlad 2 *fig* betäuben 3 *fig* beschwichti, beruhigen
or ⟨ōris⟩ M 1 (tiefer) Schlaf 2 Toschlaf 3 Schlaftrunk
ōrātus ⟨a, um⟩ ADJ 1 schlafend 2 chläfernd
ōri-fer ⟨fera, ferum⟩ ADJ Schlaf gend
acte ⟨is⟩ N *Berg nördl. von Rom*
bēre ⟨sorbeō, sorbuī *u.* sorpsī, - 2.⟩ chlürfen, hinunterschlucken 2 *fig* chlingen
bil(l)āre[1] ⟨ō, āvī, ātum 1.⟩ schlür-
bilō ADV schluckweise
bum ⟨ī⟩ N Vogelbeere
dēre ⟨eō, uī, - 2.⟩ 1 schmutzig sein nwidern, ⟨alicui⟩ j-n
dēs ⟨is⟩ F 1 Schmutz, Unrat 2 er(kleidung) 3 *fig* Gemeinheit 4 iedrige Herkunft 5 *fig* schmutzige nnung 6 Auswurf, Pöbel
dēscere ⟨ēscō, -, -⟩ 1 schmutzig len 2 *fig* wertlos werden
didātus ⟨a, um⟩ ADJ 1 schmutzig eidet 2 in Trauerkleidung

★**sordidus** ⟨a, um, *adv* sordidē⟩ ADJ 1 schwarz 2 schmutzig, unsauber 3 in Trauerkleidung 4 *fig* niedrig, gering, armselig 5 *fig* gemein, niederträchtig 6 *fig* geizig, habgierig
sorditūdō ⟨inis⟩ F Schmutz
sōrītēs ⟨ae⟩ M Trugschluss
★**soror** ⟨ōris⟩ F 1 Schwester 2 Cousine, Verwandte 3 Geliebte, Freundin
sorōrius ⟨a, um⟩ ADJ schwesterlich
★**sors** ⟨sortis⟩ F 1 Los, Lostäfelchen, -stäbchen 2 PL Weissagungstäfelchen, *auch* Losorakel 3 das Losen, Verlosung 4 Orakel, Weissagung 5 *(durch Los zugeteiltes)* Amt 6 Anteil; Erbteil 7 Schicksal 8 Stand, Rang 9 Geschlecht 10 Art, Sorte 11 Kapital
sorsum *u.* **sorsus** ADV = **seorsum**
sorti-legus A ⟨a, um⟩ ADJ prophetisch B ⟨ī⟩ M Weissager
sortīre ⟨iō, īvī, ītum 4.⟩ *u.* **sortīrī** ⟨ior, ītus sum 4.⟩ A V/I losen, **de re** um etw B V/T 1 auslosen, durch Los bestimmen, **provinciam ~** eine Provinz 2 *(durch Los)* erhalten, bekommen 3 aussuchen, erwählen
sortītiō ⟨ōnis⟩ F das Losen, **provinciae** um eine Provinz; **sortitione** nach Belieben
sortītō ADV durch das Los; durch Schicksal
sortītus[1] ⟨a, um⟩ ADJ erlost, durch das Los gezogen
sortītus[2] ⟨ūs⟩ M das Losen, Auslosung
sospes ⟨sospitis⟩ ADJ 1 wohlbehalten, unversehrt 2 glücklich, günstig
sospita ⟨ae⟩ F Retterin
Sospita ⟨ae⟩ F *Beiname der Juno*
sospitālis ⟨e⟩ ADJ heilsam
sospitāre ⟨ō, -, - 1.⟩ retten, bewahren
sōtēria ⟨ōrum⟩ NPL Geschenke zur Genesung
Sp. ABK = **Spurius**
★**spargere** ⟨spargō, sparsī, sparsum 3.⟩ 1 streuen, spritzen 2 bestreuen, besprengen 3 ausstreuen, säen 4 werfen, schleudern 5 *(Lebewesen)* verteilen, zerstreuen; trennen; **se ~** sich zerstreuen 6 *(Lebloses)* zerstreuen; zersplittern 7 *(Körper)* zerreißen 8 vergeuden 9 *(Bemerkung)* einstreuen
sparsus[1] ⟨a, um⟩ PPP → **spargere**
sparsus[2] ⟨a, um⟩ ADJ 1 zerstreut; **cri-**

S

nes sparsi wirres Haar **2** fleckig, bunt

Sparta ⟨ae⟩ F *Hauptstadt von Lakonien auf der Peloponnes*

Spartacus ⟨ī⟩ M *Gladiator, Anführer des Sklavenkrieges 73–71 v. Chr.*

Spartānus **A** ⟨a, um⟩ ADJ aus Sparta, spartanisch **B** ⟨ī⟩ M Spartaner

Spartiātēs ⟨ae⟩ M Spartiat, *spartanischer Vollbürger;* **Spartiāticus** ⟨a, um⟩ ADJ spartanisch

sparus ⟨ī⟩ M Speer, Jagdspeer

spatha ⟨ae⟩ F **1** breites zweischneidiges Schwert **2** *fig* Weberblatt

spatiārī ⟨or, ātus sum 1.⟩ auf und ab spazieren

spatiōsus ⟨a, um, *adv* spatiōsē⟩ ADJ **1** geräumig, weit **2** (*zeitl.*) lang, langwierig

★**spatium** ⟨ī⟩ N **1** Raum, Ausdehnung, Weite, Größe, Länge, Breite; **~ dare** Platz machen; **in ~ trahere** in die Länge ziehen **2** Zwischenraum, Entfernung **3** Weg(strecke) **4** Rennstrecke, -bahn **5** Lauf, **vitae** Lebenslauf **6** Spaziergang **7** Zeit(raum), Dauer, Frist; **eo spatio** zu dieser Zeit **8** Muße, Gelegenheit **9** Messleine, Lot

specere ⟨speciō, spexī, spectum 3.⟩ schauen, sehen, beobachten

speciālis ⟨e, *adv* speciāliter⟩ ADJ speziell, besonders

★**speciēs** ⟨ēī⟩ F **1** Blick, Anblick; **primā specie** auf den ersten Blick **2** Aussehen, äußere Erscheinung; **in speciem montis** wie ein Berg **3** Traumbild **4** Bild, Statue **5** Schönheit **6** *fig* Ansehen **7** Schein, Anschein; **(sub) specie/per speciem** scheinbar; **ad speciem** zum Schein **8** Idee **9** Ideal **10** Art, Unterabteilung *einer Gattung*

specillum ⟨ī⟩ N MED Sonde

specimen ⟨inis⟩ N **1** Kennzeichen, Beweis, Probe(stück) **2** Muster, Vorbild

speciōsus ⟨a, um, *adv* speciōsē⟩ ADJ **1** ansehnlich, schön **2** großartig **3** blendend, täuschend

spectābilis ⟨e⟩ ADJ **1** sichtbar **2** ansehnlich, prächtig

★**spectāc(u)lum** ⟨ī⟩ N **1** Schauplatz; *pl* Zuschauerplätze, Tribüne **2** Theater, Amphitheater **3** Schauspiel **4** Anblick

spectāmen ⟨inis⟩ N **1** Probe **2** Anblick, Schauspiel

★**spectāre** ⟨ō, āvī, ātum 1.⟩ **A** VI schauen, blicken **2** sich beziehen, **te** auf dich **3** gelegen sein, **ad orien**… **solem** nach Osten hin **B** VT **1** ansch… en, betrachten **2** *fig* berücksichtige… *fig* beurteilen, prüfen **4** *fig* erstreb… beabsichtigen, erwarten; **alte ~** hoch… naus wollen

spectātiō ⟨ōnis⟩ F **1** das Anscha… Besichtigung **2** Geldprüfung

spectātor ⟨ōris⟩ M **1** Zuschauer **2** Beobachter **3** *fig* Prüfer, Kritiker

spectātrīx ⟨īcis⟩ F **1** Zuschaueri… Beurteilerin

spectātus ⟨a, um, *adv* spectātē⟩ erprobt, bewährt, tüchtig

spectrum ⟨ī⟩ N Bild, Vorstellung

spēcula[1] ⟨ae⟩ F schwache Hoffnu…

specula[2] ⟨ae⟩ F **1** Beobachtungsst… **in speculis** auf der Lauer **2** Höhe, G…

speculārī ⟨or, ātus sum 1.⟩ **A** VI… hen, umherschauen **B** VT **1** beob… ten **2** erspähen, auskundschaften

speculāria ⟨ium *u.* ōrum⟩ NPL Fen… scheiben

speculātor ⟨ōris⟩ M **1** MIL Spä… Kundschafter, Spion **2** PL Leibw… des Feldherrn **3** Henker **4** Forsche…

speculātōriae ⟨ārum⟩ FPL Wa… schiff

speculātōrius ⟨a, um⟩ ADJ Spä… Wacht…

speculum ⟨ī⟩ N **1** Spiegel **2** *fig* … bild

specus ⟨ūs⟩ M *u.* N **1** Höhle, Grot… Schacht **3** Kanal **4** *fig* Vertiefung

spēlunca ⟨ae⟩ F Höhle, Grotte

spērābilis ⟨e⟩ ADJ was zu hoffen …

★**spērāre** ⟨ō, āvī, ātum 1.⟩ **1** erwa… hoffen **2** (*Übles*) befürchten

spērāta ⟨ae⟩ F Braut

spērātus ⟨ī⟩ M Bräutigam

★**spernere** ⟨spernō, sprēvī, sprētu…⟩ **1** zurückstoßen, entfernen **2** *fig* schmähen, verachten

★**spēs** ⟨speī⟩ F **1** Hoffnung, Erwar… Aussicht, **pacis** auf Frieden; **spem ponere** die Hoffnung auf etw se… **spem dimittere** die Hoffnung aufg… **2** Befürchtung

spexī → specere

sphaera ⟨ae⟩ F **1** Kugel **2** AS… Kreisbahn der Planeten **3** ASTRON…

ll des Weltalls
haeromachia ⟨ae⟩ F Faustkampf
hinx ⟨Sphingis⟩ F *weibliches Fabelwe-*
n; Darstellung meist als sitzende Löwin
t Kopf u. Brust einer jungen Frau
ca ⟨ae⟩ F 1 Ähre, Getreideähre 2
lde 3 ASTRON Kornähre
cere ⟨spiciō, spexī, spectum 3.⟩ =
ecere
ceus ⟨a, um⟩ ADJ Ähren...; **spicea**
ssis Getreideernte
culum ⟨ī⟩ N 1 Spitze, Wurfspieß 2
chel
cum ⟨ī⟩ N *u.* **spīcus** ⟨ī⟩ M = **spica**
na ⟨ae⟩ F 1 Distel 2 Stachel 3
ckgrat 4 Gräte 5 PL *fig* Spitzfindigkei-
6 Sorge, Pein, Qual
nētum ⟨ī⟩ N Dornenhecke
neus ⟨a, um⟩ ADJ dornig
ni-ger ⟨gera, gerum⟩ ADJ dornig,
chelig
nōsus ⟨a, um⟩ ADJ 1 dornig, sta-
lig 2 *fig* spitzfindig 3 *fig* quälend
ntēr ⟨ēris⟩ M *od.* N Armspange
nturnīcium ⟨ī⟩ N Unglücksvogel
ra ⟨ae⟩ F 1 kreisförmige Windung
Spirale
ābilis ⟨e⟩ ADJ 1 luftig 2 belebend
āculum ⟨ī⟩ N Luftloch
āmentum ⟨ī⟩ N 1 Luftloch, Spalt,
re 2 das Atemholen, Pause
āre ⟨ō, āvī, ātum 1.⟩ A VI 1 bla-
, wehen 2 *(Meer)* brausen 3 atmen
fig leben 5 duften 6 *fig* begeistert
B VT 1 aushauchen, -atmen 2
ft) verbreiten 3 erfüllt sein, **aliquid**
etw 4 trachten, **tribunatum** nach
Tribunenamt
itus ⟨ūs⟩ M 1 Lufthauch, Wind 2
dünstung 3 das Atmen; **uno spiritu**
inem Atemzug 4 Leben, Lebensluft
Seele, Geist 6 Wesen, Charakter;
; Hochmut 7 Begeisterung 8 Dich-
abe 9 Seufzer 10 GRAM Spiritus,
chlaut 11 Ton, Klang, Stimme 12
des Taktes
sāmentum ⟨ī⟩ N Pfropfen
sāre ⟨ō, āvī, ātum 1.⟩ 1 verdichten
g häufig hintereinander tun
sātiō ⟨ōnis⟩ F Verdichtung
sus ⟨a, um, *adv* spissē⟩ ADJ 1
t, dick; dicht 2 *fig* langsam, zö-
d 3 *fig* häufig hintereinander

splendēre ⟨eō, (ui), - 2.⟩ glänzen, strahlen, schimmern
splendēscere ⟨splendēscō, splenduī, - 3.⟩ erglänzen, Glanz bekommen
★**splendidus** ⟨a, um, *adv* splendidē⟩ ADJ 1 glänzend, strahlend 2 *(Stimme, Ton)* hell, deutlich 3 *fig* wohlklingend 4 *(Person, Stadt)* herrlich, prächtig, ruhmvoll
splendor ⟨ōris⟩ M 1 Glanz 2 *fig* Klarheit, heller Klang 3 *fig* Glanz, Pracht 4 *fig* Ruhm, Ansehen, Würde 5 Zierde
splenduī → splendere *u.* → splendescere
splēnium ⟨ī⟩ N Schönheitspflaster
★**spoliāre** ⟨ō, āvī, ātum 1.⟩ 1 die Kleider rauben 2 die Rüstung ausziehen, **hostem** dem Feind 3 *fig* plündern 4 *fig* berauben; **regem regno** ~ dem König die Herrschaft rauben
spoliārium ⟨ī⟩ N 1 Umkleideraum 2 *fig* Mördergrube
spoliātiō ⟨ōnis⟩ F 1 Beraubung, Plünderung 2 *fig* Raub
spoliātor ⟨ōris⟩ M Plünderer
spoliātrīx ⟨īcis⟩ F Plünderin
spolium ⟨ī⟩ N 1 abgezogenes Fell 2 PL ★ **spolia** dem erschlagenen Feind abgenommene Rüstung; **spolia opima** Ehrenrüstung, *die der siegreiche Feldherr dem besiegten Feind abgenommen hatte* 3 *fig* Beute 4 *fig* Siegespreis
sponda ⟨ae⟩ F 1 Bettstelle 2 Bett, Sofa; **Orciniana** ~ Totenbahre
spondālia *u.* **spond-aulia** ⟨ōrum⟩ NPL 1 Opfergesang mit Flötenbegleitung 2 Liedeinlage in der Tragödie
★**spondēre** ⟨spondeō, spopondī, spōnsum 2.⟩ 1 feierlich versprechen, förmlich geloben 2 bürgen, **aliquid** für etw 3 *(Tochter)* verloben, **viro** mit einem Mann 4 *(weissagend)* versprechen
spondēus *u.* **spondīus** ⟨ī⟩ M METR Spondeus
spongea *u.* **spongia** ⟨ae⟩ F Schwamm
spōnsa ⟨ae⟩ F Verlobte, Braut
spōnsālia ⟨ōrum *u.* ium⟩ NPL Verlobung; Verlobungsmahl; -geschenke
spōnsiō ⟨ōnis⟩ F 1 Gelöbnis, feierliches Versprechen 2 POL feierlicher Vertrag 3 JUR gegenseitige Verpflichtung *der streitenden Parteien, dass die verlieren-*

de Partei der gewinnenden Partei eine bestimmte Summe auszahlen muss
spōnsor ⟨ōris⟩ M Bürge
spōnsum ⟨ī⟩ N Gelöbnis, Zusage
spōnsus[1] ⟨ī⟩ M Verlobter, Bräutigam
spōnsus[2] ⟨ūs⟩ M Bürgschaft
spōnsus[3] ⟨a, um⟩ PPP → spondere
★**sponte** F *abl* 1 mit Zustimmung, **principis** des Fürsten 2 ★ **meā/tuā/suā sponte** von selbst, freiwillig, ohne Hilfe 3 für sich; **virtus sua sponte** die Tugend an sich
spopondī → spondere
sportella ⟨ae⟩ F 1 Körbchen 2 kalte Speisen
sportula ⟨ae⟩ F 1 Körbchen 2 Speisekörbchen 3 Geschenk *im Wert einer Mahlzeit* 4 *fig* kurze Spiele 5 Picknick
sprētor ⟨ōris⟩ M Verächter
sprētus ⟨a, um⟩ PPP → spernere
sprēvī → spernere
spuere ⟨uō, uī, ūtum 3.⟩ A VI spucken B VT ausspucken
spuī → spuere
spūma ⟨ae⟩ F Schaum, Gischt
★**spūmāre** ⟨ō, āvī, ātum 1.⟩ A VI schäumen B VT mit Schaum bedecken
spūmeus ⟨a, um⟩ ADJ schäumend
spūmi-fer ⟨fera, ferum⟩ ADJ *u.* **spūmiger** ⟨gera, gerum⟩ ADJ = **spumeus**
spūmōsus ⟨a, um⟩ ADJ schäumend
spurci-dicus ⟨a, um⟩ ADJ unflätig redend
spurci-ficus ⟨a, um⟩ ADJ unflätig
spurcus ⟨a, um, *adv* spurcē⟩ ADJ 1 unrein, schmutzig 2 *fig* unflätig
Spurius ⟨ī⟩ M *röm. Vorname, abgek. Sp.*
spūtāre ⟨ō, āvī, ātum 1.⟩ 1 ausspucken 2 an-, bespucken
spūtātor ⟨ōris⟩ M Spucker
spūtum ⟨ī⟩ N Spucke, Auswurf
spūtus ⟨a, um⟩ PPP → spuere
squālēre ⟨eō, uī, - 2.⟩ 1 rau sein,. starren, strotzen, **auro** von Gold 2 *fig* schmutzig sein 3 trauern
squālidus ⟨a, um, *adv* squālidē⟩ ADJ 1 rau, starrend 2 schmutzig 3 in Trauerkleidern, schmucklos 4 (*Ort*) verödet 5 RHET trocken
squālor ⟨ōris⟩ M 1 Rauheit, das Starren 2 Schmutz 3 Trauer, Trauerkleidung 4 Unwirtlichkeit
squāma ⟨ae⟩ F 1 Schuppe 2 Fisch 3 PL Schuppenpanzer
squāmi-fer ⟨fera, ferum⟩ ADJ **squāmi-ger** ⟨gera, gerum⟩ schuppig
squāmi-gerī ⟨ōrum⟩ MPL Fische
squāmōsus ⟨a, um⟩ ADJ schuppig
squilla ⟨ae⟩ F = Krabbe
st! INT schweig!, pst!
Stabiae ⟨ārum⟩ FPL *Stadt in Kampan… durch den Vesuvausbruch 79 n. Chr. … stört*; **Stabiānum** ⟨ī⟩ N Landgut … Stabiae
stabilīre ⟨iō, īvī, ītum 4.⟩ 1 befesti… 2 *fig* aufrechterhalten, sichern
★**stabilis** ⟨e, *adv* stabiliter⟩ ADJ 1 f… stehend, fest 2 zum Stehen geeig… 3 (*Person, Sache*) standhaft, dauer… zuverlässig; **stabile est** es steht fest
stabilitās ⟨ātis⟩ F *fig* Festigkeit, Da…
stabulāre ⟨ō, āvī, - 1.⟩ *u.* **stabul…** ⟨or, ātus sum 1.⟩ 1 im Stall stehe… *fig* sich aufhalten
stabulārius ⟨ī⟩ M Gastwirt
★**stabulum** ⟨ī⟩ N 1 Stall, Weidep… Viehhof 2 Herde 3 Gasthof 4 Bor…
stacta ⟨ae⟩ F *u.* **stactē** ⟨ēs⟩ F … rhensaft, -harz
★**stadium** ⟨ī⟩ N 1 Stadion, *griech. … einheit, etwa 190 Meter* 2 Rennb… Laufbahn 3 *fig* Wettstreit
stāgnāre ⟨ō, āvī, ātum 1.⟩ A V… überlaufen 2 überschwemmt sei… VT überschwemmen
★**stāgnum** ⟨ī⟩ N 1 Teich, Weihe… langsam fließendes Gewässer
stalagmium ⟨ī⟩ N Ohrgehänge
stāmen ⟨inis⟩ N 1 Grundfaden *i… nem Webstuhl* 2 *fig* Faden 3 *fig* Sc… salsfaden 4 *fig* Gewebe, Binde
★**stāre** ⟨stō, stetī, statum/stātūrus … (da)stehen 2 (*Soldaten*) aufgestellt 3 SCHIFF vor Anker liegen 4 emp… gen 5 zum Verkauf stehen 6 ko… **alicui centum talentis** (*abl*) ~ j-n… dert Talente kosten; **gratis** ~ nichts… ten 7 auf *j-s* Seite stehen, **a/cum Ca… re** auf Caesars Seite 8 beruhen, **iu… meo** auf meinem Urteil 9 **per aliq… stat** es hängt von j-m ab 10 stehen… ben, stillstehen 11 (*Geschoss*) ste… bleiben 12 untätig dastehen, z… 13 aufhören 14 (*Person, Sache*) fe… hen, standhalten; **bono animo** ~ …

utes sein 15 bestehen 16 bei *etw* blei-
n; **in fide ~** Wort halten 17 (*Dichter*)
ifall finden 18 bestimmt sein, be-
hlossen sein; **alicui (sententia) stat**
ist entschlossen
tārius A ⟨a, um⟩ ADJ 1 feststehend
fig ruhig B ⟨ī⟩ M Schauspieler in ei-
r Charakterrolle
tēra ⟨ae⟩ F Waage
tim ADV 1 auf der Stelle, sofort 2 ~
/**simulac** sobald als 3 *fig* beständig
tiō ⟨ōnis⟩ F 1 das Stillstehen, Stel-
ng 2 Standort, Platz, Aufenthaltsort
SCHIFF Ankerplatz 4 MIL Posten, Wa-
e; **in statione esse** Wache stehen 5
chmannschaft 6 Stelle *als Beamter*
tius ⟨ī⟩ M *röm. Beiname;* **P. Papinius**
epischer Dichter der Kaiserzeit, 1. Jh.
Chr.
tīva ⟨ōrum⟩ NPL Standlager
tīvus ⟨a, um⟩ ADJ feststehend
tor ⟨ōris⟩ M Amtsgehilfe
tor ⟨ōris⟩ M der Erhalter, *Beiname*
iters
tua ⟨ae⟩ F Standbild, Statue
tuārius ⟨a, um⟩ ADJ Bildgießer
tuere ⟨uō, uī, ūtum 3.⟩ 1 hin-, auf-
llen 2 errichten, erbauen, gründen
fig anordnen, einsetzen 4 JUR ent-
eiden 5 beschließen 6 *fig* meinen,
uben
tūra ⟨ae⟩ F Gestalt, Wuchs, Statur
tus[1] ⟨a, um⟩ PPP → sistere
tus[2] ⟨ūs⟩ M 1 Stand, Stellung 2 *fig*
tand, Lage, Beschaffenheit; **~ quo**
t.) gegenwärtiger Zustand 3 sichere
llung, Wohlstand 4 bürgerliche Stel-
g, Rang 5 GRAM Verbform, Modus
tus[3] ⟨a, um⟩ ADJ festgesetzt; **statā**
am festgesetzten Tag
tūtus[1] ⟨a, um⟩ PPP → statuere
tūtus[2] ⟨a, um⟩ ADJ stämmig
ga ⟨ae⟩ F Verdeck, Dach
a ⟨ae⟩ F Pfeiler, Säule, Grabsäule
la ⟨ae⟩ F Stern, Gestirn, Sternbild
lāns ⟨antis⟩ ADJ 1 glänzend, fun-
d, blitzend 2 sternenbedeckt
lātus ⟨a, um⟩ ADJ 1 mit Sternen 2
er die Sterne versetzt 3 blitzend
li-fer ⟨fera, ferum⟩ ADJ Sterne tra-
d
nma ⟨atis⟩ N 1 Kranz 2 *fig* Stamm-
m, Ahnentafel

stercorāre ⟨ō, āvī, ātum 1.⟩ mit Mist düngen
stercoreus ⟨a, um⟩ ADJ schmutzig
sterculīn(i)um ⟨ī⟩ N Mist-, Dunghaufen
stercus ⟨ōris⟩ N Mist, Dünger, Kot
★**sterilis** ⟨e⟩ ADJ 1 unfruchtbar 2 *fig* unergiebig; **amor ~** zurückgewiesene Liebe 3 *fig* nichtssagend 4 unfruchtbar machend
sterilitās ⟨ātis⟩ F 1 Unfruchtbarkeit 2 Misswuchs
★**sternere** ⟨sternō, strāvī, strātum 3.⟩ 1 aus-, hinbreiten, hinlegen, niederwerfen; *passiv u.* **se ~** hinsinken, sich lagern; **stratus** liegend 2 (*mit Gewalt*) niederwerfen, -hauen 3 ebnen, glätten 4 (*Weg*) pflastern 5 *fig* besänftigen 6 bestreuen, bedecken 7 (*Pferd*) satteln
sternuere ⟨uō, uī, - 3.⟩ A V/I 1 niesen 2 *fig* knistern B V/T niesend geben
sternūmentum ⟨ī⟩ N das Niesen
sterquilīn(i)um ⟨ī⟩ N = **sterculin(i)um**
stertere ⟨ō, -, - 3.⟩ schnarchen
stetī → stare *u.* → sistere
stibadium ⟨ī⟩ N Speisesofa, Bank
stigma ⟨atis⟩ N 1 Brandmal 2 Schandmal 3 Schnitt im Gesicht
stigmōsus ⟨a, um⟩ ADJ gebrandmarkt
stīlla ⟨ae⟩ F 1 Tropfen 2 *fig* ein bisschen
stīllāre ⟨ō, āvī, ātum 1.⟩ A V/I 1 tropfen 2 (*Rede*) tropfenweise fließen B V/T 1 tropfen lassen, vergießen 2 einflüstern
stīllārium ⟨ī⟩ N kleine Zugabe, Trinkgeld
stīlli-cidium ⟨ī⟩ N 1 fallender Tropfen 2 Tropfenfang, Dachrinne
stilus ⟨ī⟩ M 1 Stachel, Spitze 2 Schreibstift, Griffel; **stilum vertere** ausstreichen 3 das Schreiben 4 *fig* Stil
★**stimulāre** ⟨ō, āvī, ātum 1.⟩ 1 mit der Peitsche antreiben 2 *fig* quälen, beunruhigen 3 *fig* antreiben, anspornen
stimulātiō ⟨ōnis⟩ F Reiz, Ansporn
stimulātrīx ⟨īcis⟩ F Anstifterin
stimuleus ⟨a, um⟩ ADJ mit der Peitsche vollzogen
stimulus ⟨ī⟩ M 1 Stachel 2 MIL Pflöcke mit Widerhaken 3 Peitsche 4 *fig* Qual, Pein, Unruhe
stinguere ⟨ō, -, -⟩ auslöschen; *passiv*

verlöschen

stīpāre ⟨ō, āvī, ātum 1.⟩ 1 zusammendrängen, -pressen 2 vollstopfen, füllen 3 *fig* dicht umgeben

stīpātiō ⟨ōnis⟩ F 1 das Zusammendrängen 2 Gefolge

stīpātor ⟨ōris⟩ M ständiger Begleiter, Leibwächter

stipendiārius ⟨a, um⟩ ADJ 1 für Sold dienend 2 steuerpflichtig, tributpflichtig

★**stīpendium** *u.* **stipendium** ⟨ī⟩ N 1 MIL Sold, Lohn; **stipendia merere** Soldat sein 2 Kriegsdienst 3 Steuer, Abgabe, Tribut 4 *fig* Strafe, Buße

stīpes ⟨itis⟩ M 1 Pfahl 2 Holzklotz; Baum(stamm) 3 *fig* Dummkopf

stips ⟨stipis⟩ F 1 Geldbeitrag, Spende, Gabe, Almosen 2 *fig* Gewinn, Ertrag

stipula ⟨ae⟩ F 1 Halm, Strohhalm, Stoppel 2 PL Stroh 3 Rohrpfeife

stipulārī ⟨or, ātus sum 1.⟩ sich förmlich versprechen lassen

stipulātiō ⟨ōnis⟩ F 1 JUR förmliche Anfrage 2 JUR mündlicher Vertrag

stīria ⟨ae⟩ F Eiszapfen

stirpēs *u.* **stirpis** ⟨is⟩ F = **stirps**

★**stirps** ⟨is⟩ F 1 Wurzelstock, Stamm; (**cum**) **stirpe** mit Stumpf und Stiel, ganz 2 Pflanze, Staude, Strauch, Baum 3 *fig* Stamm, Herkunft 4 Wurzel, Grundlage 5 *fig* Familie, Geschlecht 6 *fig* Nachkomme

stitī → sistere

stlīs ⟨ītis⟩ F = **lis**

stlocus ⟨ī⟩ M = **locus**

stō → stare

Stōicus A ⟨a, um, *adv* Stōicē⟩ ADJ stoisch, *philosophische Richtung, röm. Hauptvertreter Seneca* B ⟨ī⟩ M stoischer Philosoph, Stoiker

stola ⟨ae⟩ F 1 Umhang *der vornehmen Frau* 2 Talar 3 Gewand *der Flötenspieler*

stolidus ⟨a, um, *adv* stolidē⟩ ADJ 1 dumm 2 (*Sache*) unwirksam

stomacacē ⟨ēs⟩ F MED Mundfäule

stomachārī ⟨or, ātus sum 1.⟩ 1 sich ärgern, unwillig sein 2 sich zanken

stomachicus A ⟨a, um⟩ ADJ magenkrank B ⟨ī⟩ M Magenkranker

stomachōsus ⟨a, um, *adv* stomachōsē⟩ ADJ 1 verärgert, unwillig, **re** über etw 2 Unmut verratend

★**stomachus** ⟨ī⟩ M 1 Schlund, Spei röhre 2 Magen 3 Geschmack; **aliq mei stomachi est** etw ist nach mein Geschmack 4 ~ **bonus** gute Laune Ärger, Unwille, Zorn

storea *u.* **storia** ⟨ae⟩ F Strohmatte

strabō ⟨ōnis⟩ M Schieler

strāgēs ⟨is⟩ F 1 das Niederstürz Zerstörung, Verwüstung; **stragem in se dare** sich gegenseitig niederreiß 2 das Sterben 3 Ermordung, Blut 4 ungeordneter Haufen

strāgulum ⟨ī⟩ N Decke, Teppich, ken

strāgulus ⟨a, um⟩ ADJ zum Ausbre bestimmt

strāmen ⟨inis⟩ N Streu, Stroh

strāmentum ⟨ī⟩ N 1 Stroh, Streu Packsattel

strāmineus ⟨a, um⟩ ADJ Stroh…; **s minei Quirites** Strohpuppen, *die r jährlich in den Tiber warf*

strangulāre ⟨ō, āvī, ātum 1.⟩ 1 drosseln 2 *fig* martern, quälen

strangūria ⟨ae⟩ F Harnzwang

stratēgus ⟨ī⟩ M Heerführer

stratiōticus ⟨a, um⟩ ADJ soldatisc

strātum ⟨ī⟩ N 1 Decke, Polster, Reitdecke 2 Packsattel 3 Pflaster

strātūra ⟨ae⟩ F das Pflastern

strātus ⟨a, um⟩ PPP → sternere

strāvī → sternere

strēna ⟨ae⟩ F 1 gutes Vorzeiche Neujahrsgeschenk

★**strēnuus** ⟨a, um, *adv* strēnuē⟩ AD kräftig 2 tatkräftig 3 unruhig

strepere ⟨ō, uī, itum 3.⟩ A VI 1 men, tosen, toben, kreischen 2 e nen, erklingen B VT rufen

strepitāre ⟨ō, -, - 1.⟩ lärmen

★**strepitus** ⟨ūs⟩ M Lärm, Geräu Klang

strictim ADV 1 knapp 2 *fig* flüc kurz, summarisch

strictūra ⟨ae⟩ F glühende Eisenm

strictus[1] ⟨a, um⟩ PPP → stringere

strictus[2] ⟨a, um, *adv* strictē *u.* → s tim⟩ ADJ 1 straff, stramm 2 RHET bündig

strīdēre[1] ⟨eō, -, - 2.⟩ *u.* **strīd** ⟨strīdō, strīdī, - 3.⟩ 1 zischen, pfe knirschen, knistern, summen 2 flüs

strīdor ⟨ōris⟩ M das Zischen, das

S

ı, das Sausen, das Klirren, das Schrei-
, das Knarren
īdulus ‹a, um› ADJ zischend, sau-
nd, knatternd
iga ‹ae› F alte Hexe
igāre ‹ō, -, - 1.› aufhören, rasten
ig(i)lis ‹is› F Schabeisen, Striegel
ingere ‹stringō, strīnxī, strictum
· 1 leicht berühren 2 (*Ort*) an *etw* sto-
n, an *etw* grenzen, *aliquid* 3 *fig* verlet-
ı 4 rühren, **alicuius animum** j-n 5
streifen, abpflücken, abschneiden 6
affen) ziehen 7 straff anziehen, zu-
nmenbinden 8 RHET zusammenfas-
9 schmieden
inxī → stringere
opha ‹ae› F *u.* **strophē** ‹ēs› F 1
, Trick 2 Strophe
ophiārius ‹ī› M Miedermacher
ophium ‹ī› N 1 Büstenhalter, Mie-
2 Strick 3 Kranz
ūctor ‹ōris› M 1 Bauarbeiter 2 An-
ıter *bei Tisch*
ūctūra ‹ae› F 1 Bau, Bauart 2 Ge-
uer, Mauer 3 RHET, GRAM Aufbau
ictus ‹a, um› PPP → struere
uere ‹struō, strūxī, strūctum 3.› 1
schichten, aufbauen, aufeinanderle-
2 (*Bauwerk*) erbauen, errichten 3
ordnen, aufstellen 4 einrichten,
anstalten 5 (*Böses*) anstiften 6 **ver-**
~ Verse dichten 7 ausrüsten
uēs ‹is› F 1 aufgeschichteter Hau-
2 Scheiterhaufen 3 REL Opferku-
n
udēre ‹eō uī, - 2.› 1 sich bemühen,
ben, **virtuti** nach Tugend 2 begüns-
n, fördern, **Pompeianis rebus** die
ıe des Pompeius 3 sich betätigen,
eris wissenschaftlich
udiōsus A ‹a, um, *adv* studiōsē›
1 eifrig, fleißig, sorgfältig 2 auf
eifrig bedacht, nach *etw* strebend,
ius rei in re 3 gewogen; Gönner, An-
ger; **Catonis** ~ Verehrer des Cato 4
begierig B ‹ī› M: **studiosi** *pl* Stu-
ten, Kunstliebhaber
udium ‹ī› N 1 eifriges Streben, Lust,
erde; ~ **lucri** Gewinnsucht; **studio**
Neigung 2 Teilnahme, Interesse;
dio/studiis aus Interesse 3 Partei-
keit; **sine ira et studio** ohne Zorn
Parteilichkeit 4 Beschäftigung, **ali-**
cuius rei mit etw 5 Wissenschaft, Kunst

stulti-loquus ‹a, um› ADJ dumm redend, schwätzend

★**stultitia** ‹ae› F 1 Dummheit, Einfalt 2 dumme Handlung; dumme Menschen

stulti-vidus ‹a, um› ADJ verkehrt sehend

★**stultus** A ‹a, um, *adv* stultē› ADJ dumm, einfältig B ‹ī› M Dummkopf

stūpa ‹ae› F = **stuppa**

stupe-facere ‹fēcī, factum, facere 3.› betäuben, verblüffen

stupefactus ‹a, um› ADJ erstaunt, außer sich

stupēre ‹eō, uī, - 2.› 1 starr/steif sein 2 *fig* staunen, außer sich sein

stupēscere ‹stupēscō, stupuī, - 3.› 1 stehen bleiben 2 *fig* entsetzt sein

stūpeus ‹a, um› ADJ = **stuppeus**

stupiditās ‹ātis› F Dummheit

stupidus ‹a, um› ADJ 1 verblüfft, verdutzt 2 dumm

stupor ‹ōris› M 1 Lähmung, Erstarrung 2 *fig* Staunen, Verblüffung 3 *fig* Dummheit 4 Dummkopf

stuppa ‹ae› F Werg, Flachs

stuppeus ‹a, um› ADJ aus Werg/Flachs

stuprāre ‹ō, āvī, ātum 1.› verführen, vergewaltigen

★**stuprum** ‹ī› N 1 Schande 2 Entehrung, Vergewaltigung; Ehebruch

stupuī → stupere *u.* → stupescere

Stygius ‹a, um› ADJ 1 des Styx, unterweltlich 2 tödlich, unheilvoll

Styx ‹Stygis› F 1 *Fluss in der Unterwelt* 2 Unterwelt

★**suādēre** ‹suādeō, suāsī, suāsum 2.› A V/I zureden B V/T 1 raten, empfehlen 2 reizen, **aliquid** zu etw 3 überreden

suāsiō ‹ōnis› F 1 Empfehlung 2 RHET Empfehlungsrede

suāsor ‹ōris› M Ratgeber, Fürsprecher

suāsōria ‹ae› F (*erg.* **oratio**) Empfehlungsrede

suāsōrius ‹a, um› ADJ anratend

suāsum ‹ī› N dunkler Fleck

suāsus[1] ‹a, um› PPP → suadere

suāsus[2] ‹ūs› M Rat

suāviloquentia ‹ae› F angenehme Rede

suāviolum ‹ī› N = **saviolum**

★**suāvis** ‹e, *adv* suāve *u.* suāviter› ADJ 1 angenehm 2 liebenswürdig 3

S

schmackhaft, lecker

suāvī-sāviātiō ⟨ōnis⟩ F Kuss

suāvitās ⟨ātis⟩ F 1 Annehmlichkeit 2 Liebenswürdigkeit

suāviter ADV → suavis

suāvitūdō ⟨inis⟩ F Süße

suāvium ⟨ī⟩ N = **savium**

★**sub** A PRÄF, *in der Zusammensetzung suf- vor f, sug- vor g, auch sum- vor m, suc- vor c, auch subs- u. su- vor s* 1 unten, unter-; **~-igere** unter-werfen 2 hinauf; **~-icere** hinauf-werfen 3 zu Hilfe; **~-currere** zu Hilfe eilen 4 unmittelbar nach; **~-inde** gleich darauf 5 heimlich; **~-ducere** heimlich wegnehmen 6 ziemlich, etwas; **~-albus** weißlich B PRÄP *+akk* 1 *(örtl. auf die Frage „wohin?")* unter ... (hin); unterhalb, nahe an, bis an 2 *(zeitl.)* gegen, um, bei; unmittelbar vor, unmittelbar nach C PRÄP *+abl* 1 *(örtl. auf die Frage „wo?")* unter, unterhalb *(a. fig)*; **~ divo** unter freiem Himmel; **~ hac condicione** unter der Bedingung; **~ specie** unter dem Vorwand 2 *(örtl.)* unten an, am Fuß von 3 *(örtl.)* unten in, tief in, im Inneren, im Hintergrund; **~ ossibus** im innersten Mark 4 *(örtl.)* unmittelbar hinter 5 *(zeitl.)* gegen, um 6 *(zeitl.)* innerhalb, während, bei; **~ sole** bei Sonnenschein

sub-absurdus ⟨a, um, *adv* sub-absurdē⟩ ADJ etwas verschroben

sub-accūsāre ⟨ō, -, - 1.⟩ ein wenig tadeln

subāctiō ⟨ōnis⟩ F Bearbeitung

sub-āctus ⟨a, um⟩ PPP → **subigere**

sub-agrestis ⟨e⟩ ADJ etwas bäurisch

sub-ālāris ⟨e⟩ ADJ unter der Achsel

sub-albus ⟨a, um⟩ ADJ weißlich

sub-amārus ⟨a, um⟩ ADJ etwas bitter

sub-aquilus ⟨a, um⟩ ADJ bräunlich

sub-auscultāre ⟨ō, -, - 1.⟩ heimlich zuhören, lauschen

sub-blandīrī ⟨ior, -4.⟩ etwas schmeicheln

sub-cingulum ⟨ī⟩ Gürtel

sub-crispus ⟨a, um⟩ ADJ etwas kraus

sub-custōs ⟨ōdis⟩ M Hilfswächter

sub-dere ⟨dō, didī, ditum 3.⟩ 1 unterlegen, -setzen, -stellen 2 *fig* anlegen, hinbringen, einflößen 3 *fig* unterwerfen 4 *fig* preisgeben 5 *fig* an *j-s Stelle* setzen 6 *fig* unterschieben

sub-didī → subdere

subditīvus ⟨a, um⟩ ADJ untergesc ben, unecht

sub-dolus ⟨a, um, *adv* subdolē⟩ hinterlistig, heimtückisch

sub-domāre ⟨ō, -, - 1.⟩ überwältig

sub-dubitāre ⟨ō, -, - 1.⟩ einigen Zw fel hegen

★**sub-dūcere** ⟨dūcō, dūxī, ductum 1 unten wegziehen, **ensem capiti** Schwert unter dem Kopf 2 entzieh vorenthalten 3 heimlich wegnehm *passiv u.* **se ~** sich heimlich entfer 4 hinaufziehen; **remos ~** die Ruder ziehen 5 **rationem ~** berechnen, er gen; **subductā ratione** mit Überlegu

subductiō ⟨ōnis⟩ F 1 SCHIFF das landziehen 2 Berechnung

sub-ductus ⟨a, um⟩ PPP → subduc

sub-dūxī → subducere

sub-ēgī → subigere

sub-eō → subire

sūber ⟨eris⟩ N Korkeiche; Kork

sub-esse ⟨sum, -, - 0.⟩ 1 darunter darunter/dahinter liegen, **alicui rei** ter/hinter etw 2 verborgen sein 3 tergeordnet sein 4 zugrunde liege *(örtl.)* in der Nähe sein, **alicui rei** von 6 *(zeitl.)* bevorstehen

subf... = **suff...**

subg... = **sugg...**

subhastātiō ⟨ōnis⟩ F Versteigeru

sub-horridus ⟨a, um⟩ ADJ zien rau, etwas abstoßend

sub-iacēre ⟨eō, -, - 2.⟩ 1 unten li 2 *fig* zu *etw* gehören, *alicui rei*

★**sub-icere** ⟨iciō, iēcī, iectum 3. werfen, stellen, legen unter; **ig templis ~** Feuer unter die Tempel se 2 *fig* unterordnen; **sententiam voci vocem ~** dem Wort einen Sinn unt gen 3 *(Provinz usw.)* unterwerfen preisgeben; versteigern lassen 5 u schieben; vorschieben, **testem** e Zeugen 6 in die Höhe werfen, he *passiv u.* **se ~** sich erheben 7 nahe anbringen, **alicui rei** an etw; **se ~** h rücken, sich nähern 8 überreiche einflößen, einflüstern; **sibi aliqu** sich etw vorstellen 10 an die von *etw* setzen; **integras copias v ratis ~** ausgeruhte Truppen an die von Verwundeten setzen 11 RHET h

gen; entgegnen, erwidern
biectāre ⟨ō, āvī, ātum 1.⟩ 1 darun-
r legen 2 von unten emporschleudern
biectiō ⟨ōnis⟩ F 1 RHET Veran-
haulichung 2 RHET Entgegnung *auf ei-*
n selbst gemachten Einwand 3 Unter-
hiebung 4 Unterwerfung
biectīvus ⟨a, um⟩ ADJ zum Subjekt
hörig
biector ⟨ōris⟩ M Fälscher
biectum ⟨ī⟩ N 1 Niederung 2 Sub-
kt
b-iectus[1] ⟨a, um⟩ PPP → subicere
biectus[2] A ⟨a, um⟩ ADJ 1 darunter
gend, unter *etw* liegend, *alicui rei*; **ver-**
s subiecti nachstehende Verse 2 an-
enzend, **viae** (*dat*) an die Straße 3 un-
worfen 4 unterwürfig 5 preisgege-
n, ausgesetzt B ⟨ī⟩ M Untertan
b-igere ⟨igō, ēgī, āctum 3.⟩ 1 hi-
uftreiben 2 *fig* unterwerfen 3 *fig*
ngen 4 be-, durcharbeiten 5 bilden,
ulen 6 (*Tier*) zähmen 7 bedrängen
-igitāre ⟨ō, āvī, ātum 1.⟩ erotisch
ühren
igitātiō ⟨ōnis⟩ F erotische Berüh-
g
-iī → subire
-inde ADV 1 gleich danach 2 im-
r wieder 3 allmählich
-invīsus ⟨a, um⟩ ADJ etwas ver-
st
-īrāscī ⟨īrāscor, - 1.⟩ etwas zürnen
-īrātus ⟨a, um⟩ ADJ etwas zornig
-īre ⟨eō, iī *u.* īvī, itum 0.⟩ 1 gehen,
en, kommen unter; **virgulta** ~ unter
Gebüsch kriechen 2 betreten 3
st) auf die Schultern nehmen 4 (*Un-*
enehmes) auf sich nehmen 5 hinauf-
en, -steigen, -fahren; **in montem** ~
Berg hinaufsteigen 6 herangehen,
nähern; **aliquem** ~ auf j-n losgehen
fig sich heranschleichen, sich ein-
eichen, **aliquid** an/in etw 8 (*Zu-*
d, Gedanke usw.) überkommen; **subit**
mir fällt ein 9 unmittelbar nachfol-
10 ersetzen
itō ADV plötzlich, unerwartet → su-
s
-itum[1] PPP → subire
itum[2] ⟨ī⟩ N unerwartetes Ereignis
itus ⟨a, um, *adv* subitō⟩ ADJ 1
zlich, unerwartet, dringend, eilig;
subitum est alicui es ist j-m zu plötzlich
2 ADV ★ **subito** plötzlich, unvermutet, hastig; aus dem Stegreif

sub-iungere ⟨iungō, iūnxī, iūnctum 3.⟩ 1 verbinden, hinzufügen; **tigres curru** ~ Tiger vor den Wagen spannen 2 unterwerfen

sub-lābī ⟨lābor, lāpsus sum 3.⟩ 1 heimlich heranschleichen 2 verfallen

sublātiō ⟨ōnis⟩ F 1 METR Hebung 2 PHILOS Erhebung 3 Aufhebung

sub-lātus[1] ⟨a, um⟩ PPP → sufferre *u.* → tollere

sublātus[2] ⟨a, um, *adv* sublātē⟩ ADJ 1 erhaben 2 stolz, hochmütig

sublectāre ⟨ō, -, - 1.⟩ ködern, locken

sub-legere ⟨legō, lēgī, lēctum 3.⟩ 1 unten auflesen, heimlich wegnehmen 2 *fig* ablauschen 3 nachwählen; **senatum** ~ den Senat durch Nachwahl ergänzen

sublestus ⟨a, um⟩ ADJ schwach, gering

★**sub-levāre** ⟨ō, āvī, ātum 1.⟩ 1 aufrichten, hochheben; **terrā** ~ vom Boden aufheben 2 unterstützen, fördern 3 erleichtern, mindern, lindern

sublevātiō ⟨ōnis⟩ F Erleichterung, Linderung

sublica ⟨ae⟩ F Brückenpfahl

sub-ligāre ⟨ō, āvī, ātum 1.⟩ unten anbinden; **lateri ensem** das Schwert an der Seite

sublīme *u.* **sublīmen** ADV in die Höhe; ~ **rapere** in die Höhe reißen

★**sublīmis** ⟨e, *adv* sublīme *u.* sublīmiter⟩ ADJ 1 hoch, schwebend 2 emporragend 3 *fig* erhaben 4 *fig* stolz 5 ADV in der/die Höhe

sublīmitās ⟨ātis⟩ F 1 Höhe 2 *fig* Erhabenheit, Schwung

sub-linere ⟨linō, līvī, litum 3.⟩ 1 unten beschmieren 2 **ōs alicui/alicuius** ~ *fig* j-n anschmieren, betrügen

sub-lingulō ⟨ōnis⟩ M Topflecker

sub-lūcēre ⟨luceō, lūxī, - 2.⟩ unten hervorleuchten

sub-luere ⟨luō, luī, lūtum 3.⟩ 1 unten abwaschen 2 unten bespülen

sub-lūstris ⟨e⟩ ADJ dämmrig

subm... *auch* → summ...

sub-merus ⟨a, um⟩ ADJ ziemlich rein

sub-ministrātor ⟨ōris⟩ M Vermittler

submissē ADV leise, gelassen

S

sub-mōrōsus ⟨a, um⟩ ADJ etwas mürrisch

sub-nāscī ⟨nāscor, nātus sum 3.⟩ nachwachsen

sub-nectere ⟨nectō, nexuī, nexum 3.⟩ 1 (unten) anbinden, **alicui rei** an etw 2 (unten) zusammenhalten

sub-niger ⟨gra, grum⟩ ADJ schwärzlich

sub-nīsus *u.* **sub-nīxus** ⟨a, um⟩ ADJ auf *etw* gestützt, an *etw* gelehnt, *re*

sub-notāre ⟨ō, āvī, ātum 1.⟩ 1 unterzeichnen 2 unten anmerken 3 zeigen, **aliquem** auf j-n

sub-nūbilus ⟨a, um⟩ ADJ leicht bewölkt

sub-olēre ⟨et, -, - 2.⟩ *unpersön.* **mihi subolet** ich merke

sub-olēs ⟨is⟩ F 1 Nachkommenschaft 2 Brut 3 Sohn

sub-olfacere ⟨faciō, -, - 3.⟩ riechen

sub-orīrī ⟨orior, ortus sum 4.⟩ allmählich nachwachsen

sub-ōrnāre ⟨ō, āvī, ātum 1.⟩ 1 heimlich ausrüsten 2 heimlich anstiften

subp... = **supp...**

subr... *auch* = **surr...**

sub-rancidus ⟨a, um⟩ ADJ schon ein wenig stinkend

sub-rēctus ⟨a, um⟩ PPP → subrigere *u.* → surgere

sub-rēmigāre ⟨ō, -, - 1.⟩ nachrudern

sub-rēpere ⟨rēpō, rēpsī, rēptum 3.⟩ 1 unter *etw* kriechen 2 *fig* sich heimlich einschleichen

subrēptīcius ⟨a, um⟩ ADJ heimlich

sub-rēxī → subrigere

sub-rīdēre ⟨rīdeō, rīsī, rīsum 2.⟩ lächeln; zulächeln

sub-rīdiculē ADV ein wenig lächerlich

sub-rigere ⟨rigō, rēxī, rēctum 3.⟩ emporrichten

sub-rubēre ⟨eō, -, - 2.⟩ rötlich sein

sub-ruere ⟨ruō, ruī, rutum 3.⟩ 1 untergraben, zum Einsturz bringen, niederreißen 2 *fig* wankend machen 3 vernichten

sub-rūfus A ⟨a, um⟩ ADJ etwas rötlich B ⟨ī⟩ M Rotkopf

sub-rūsticus ⟨a, um, *adv* subrūsticē⟩ ADJ etwas ländlich

sub-rutilus ⟨a, um⟩ ADJ etwas rötlich

sub-scrībere ⟨scrībō, scrīpsī, scrīptum 3.⟩ 1 darunterschreiben, un… hinschreiben, **alicui rei** unter etw 2 … terschreiben; unterstützen 3 aufsch… ben, verzeichnen 4 (*vom Zensor:* … *Grund für die Rüge*) vermerken 5 … die Klageschrift unterschreiben, Mit… ger sein 6 genehmigen 7 (*einem an… chen Schreiben*) eine Grußformel be… gen

subscrīptiō ⟨ōnis⟩ F 1 unten an… fügter Zusatz 2 Vermerk des Zens… 3 Unterschrift 4 Aufzeichnung, L… 5 JUR Anklageschrift; Mitanklage … Grußformel *am Ende eines Schreibens*

subscrīptor ⟨ōris⟩ M JUR Mitkläge…

sub-secīvus ⟨a, um⟩ ADJ = **subsici…**

sub-secūtus ⟨a, um⟩ PPERF → sub… qui

sub-sellium ⟨ī⟩ N 1 Bank, Sitzban… PL Gerichtssaal 3 Gericht, Prozess

★**sub-sequī** ⟨sequor, secūtus sum … 1 unmittelbar nachfolgen, **Plato…** dem Plato 2 begleiten 3 gleichk… men, **aliquid** einer Sache 4 nachahm…

sub-servīre ⟨iō, -, - 4.⟩ 1 unterwü… sein 2 behilflich sein

subsicīvus ⟨a, um⟩ ADJ 1 übrig … bend 2 (*zeitl.*) frei; **tempora subsi…** Freizeit; **opera subsiciva** Nebenarbe…

sub-sīdere ⟨sīdō, sēdī, sessum 3.… sich hinsetzen, sich niederlassen … **equae maribus subsidunt** die St… lassen sich von den Hengsten bega… 3 auflauern 4 (*Sache*) sich senken, … ken 5 *fig* vermindern 6 (*Person*) zur… bleiben, sich ansiedeln 7 (*Boot* … stecken bleiben

subsidiāriī ⟨ōrum⟩ MPL Reservet… pen

subsidiārius ⟨a, um⟩ ADJ Reserve…

★**sub-sidium** ⟨ī⟩ N 1 MIL Reserv… Hilfstruppen 2 *fig* Rückhalt, Beist… Hilfe, Zuflucht 3 Zufluchtsort, Asyl

sub-sīgnāre ⟨ō, āvī, ātum 1.⟩ 1 … tragen (lassen) 2 urkundlich verpfä… 3 *fig* sich verbürgen, **fidem** für … Glaubwürdigkeit

sub-silīre ⟨iō, uī, - 4.⟩ 1 empors… gen 2 hineinspringen

sub-sistere ⟨sistō, stitī, - 3.⟩ A … stehen bleiben 2 anhalten 3 zu… bleiben 4 Widerstand leisten, (st… halten B VT den Kampf bestehen

em mit j-m

ɔsōlānus ⟨ī⟩ M Ostwind

ɔ-sortīrī ⟨sortior, sortītus sum 4.⟩ Ersatz auslosen

ɔsortītiō ⟨ōnis⟩ F Auslosung des Er-zes

ɔstantia ⟨ae⟩ F 1 Wesen, Beschaf-heit 2 Vermögen 3 das Vorhanden-n

-sternere ⟨sternō, strāvī, strātum 1 darunterlegen, -streuen 2 unten treuen 3 *fig* preisgeben, ausliefern

-stituere ⟨tuō, tuī, tūtum 3.⟩ 1 unter/dahinter stellen 2 *fig* sich vor-len 3 *fig* Schuld geben, **alicui rei** an 4 an die Stelle setzen 5 als Nach-en einsetzen

-strictus ⟨a, um⟩ ADJ schmächtig

-stringere ⟨stringō, strīnxī, stric-n 3.⟩ 1 aufbinden, nach oben bin-; **carbasa** ~ die Segel einziehen 2 ET kürzer fassen

strūctiō ⟨ōnis⟩ F Unterbau

-struere ⟨struō, strūxī, strūctum 1 einen Unterbau herstellen 2 mit em Unterbau ausstatten

-suere ⟨suō, -, sūtum 3.⟩ unten ähen

sum → subesse

-tēmen ⟨inis⟩ N 1 Einschlag *des ebes* 2 Gewebe 3 *fig* Faden

ter A ADV unterhalb, unten B PRÄP (*auf die Frage „wohin?"*) unter …) C PRÄP +*abl* (*auf die Frage „wo?"*) un-alb, unter

ter-dūcere ⟨dūcō, dūxī, ductum heimlich entziehen

-terere ⟨terō, trīvī, trītum 3.⟩ un-abreiben

ter-fugere ⟨fugiō, fūgī, - 3.⟩ A eimlich entfliehen B VT sich *einer e* entziehen, *etw* vermeiden, *aliquid*

ter-lābī ⟨lābor, lāpsus sum 3.⟩ 1 r *etw* hinfließen, **muros** unter den ern 2 entgleiten, entschlüpfen

-terrāneus ⟨a, um⟩ ADJ unterir-h

texere ⟨texō, texuī, textum 3.⟩ 1 üllen 2 (*in die Rede*) einflechten 3 hließen, **alicui rei** an etw

tīlis ⟨e, *adv* subtīliter⟩ ADJ 1 fein, , zart 2 *fig* feinsinnig 3 *fig* ge-ackvoll 4 *fig* genau, gründlich 5 RHET schlicht, einfach

subtīlitās ⟨ātis⟩ F 1 Feinheit, Zartheit 2 *fig* Feinfühligkeit, Geschmack 3 *fig* Genauigkeit, Gründlichkeit 4 *fig* Schlichtheit, Einfachheit

sub-trahere ⟨trahō, trāxī, tractum 3.⟩ 1 unter *etw* hervorziehen, *alicui rei* 2 heimlich weg-, entziehen; **pecuniam** ~ Geld unterschlagen 3 *fig* wegnehmen, -ziehen 4 *passiv u.* **se** ~ sich zurückziehen

sub-ūcula ⟨ae⟩ F (Unter-)Hemd

sūbula ⟨ae⟩ F Ahle

subulcus ⟨ī⟩ M Schweinehirt

suburbānī ⟨ōrum⟩ MPL die Bewohner der Nachbarorte Roms

suburbānitās ⟨ātis⟩ F Nähe zur Stadt Rom

suburbānum ⟨ī⟩ N Landgut bei Rom

sub-urbānus ⟨a, um⟩ ADJ nahe bei Rom gelegen, vorstädtisch

sub-urbium ⟨ī⟩ N Vorstadt

subvectāre ⟨ō, āvī, ātum 1.⟩ herbeischaffen, zuführen

subvectiō ⟨ōnis⟩ F Zufuhr

sub-vehere ⟨vehō, vēxī, vectum 3.⟩ hinaufbringen, stromaufwärts bringen; *passiv* stromaufwärts fahren, hinauffahren

★**sub-venīrē** ⟨veniō, vēnī, ventum 4.⟩ 1 zu Hilfe kommen 2 abhelfen, **malo** einem Übel

sub-ventum PPP → subvenire

sub-vertere ⟨vertō, vertī, versum 3.⟩ 1 umstürzen 2 *fig* zerstören, vernichten

sub-volāre ⟨ō, -, - 1.⟩ auf-, hochfliegen

sub-volvere ⟨ō, -, - 3.⟩ emporwälzen

sub-vortere ⟨vortō, vorsī, vorsum 3.⟩ = **subvertere**

★**suc-cēdere** ⟨cēdō, cessī, cessum 3.⟩ 1 unter *etw* gehen; in *etw* eintreten; **tectum/tectis** ~ ein Haus betreten 2 *etw* auf sich nehmen, **oneri** eine Last 3 zu *etw* gehören 4 herangehen, sich nähern, vordringen, **ad castra** zum Lager 5 *fig* gelingen, glücken; **succedit mihi** es gelingt mir 6 emporsteigen 7 folgen, **Danais** den Danaern 8 (*im Amt*) *j-m* nachfolgen, *alicui* 9 ablösen, *alicui* j-n 10 (*örtl.*) sich anschließen 11 (*zeitl.*) später leben; folgen

suc-cendere ⟨cendō, cendī, cēnsum 3.⟩ 1 von unten anzünden 2 *fig* ent-

S

flammen
suc-cēnsēre ⟨eō, uī, - 2.⟩ = **suscensere**
suc-cēnsus ⟨a, um⟩ PPP → succendere
suc-cessī → succedere
successiō ⟨ōnis⟩ F 1 das Eintreten 2 Nach-, Erb-, Thronfolge 3 Erfolg
successīvus ⟨a, um, *adv* successīvē⟩ ADJ 1 nachfolgend 2 ADV nacheinander, nach und nach
successor ⟨ōris⟩ M 1 Nachfolger 2 Erbe
suc-cessum PPP → succedere
successus ⟨ūs⟩ M 1 das Heranrücken 2 Fortgang, Verlauf 3 Erfolg
suc-cīdere[1] ⟨cīdō, cīdī, cīsum 3.⟩ unten abhauen, unten abschneiden
suc-cidere[2] ⟨cidō, cidī, - 3.⟩ niedersinken, zu Boden fallen
suc-cīdī[1] → succidere[1]
suc-cidī[2] → succidere[2]
succiduus ⟨a, um⟩ ADJ herabfallend
⟨3.⟩ 1 aufschürzen; **succinctus** *fig* kurz 2 umgürten; **succinctus** gerüstet, bereit, fertig, *alicui rei* zu etw 3 ausrüsten, ausstatten, **cultro** mit einem Messer
suc-cinere ⟨cinō, -, - 3.⟩ 1 dazu singen 2 *fig* zustimmen
succingulum ⟨ī⟩ N Gürtel
suc-cipere ⟨cipiō, cēpī, ceptum 3.⟩ = **suscipere**
suc-cīsus ⟨a, um⟩ PPP → succidere[1]
suc-crēscere ⟨crēscō, crēvī, - 3.⟩ nachwachsen, sich ergänzen
suc-crispus ⟨a, um⟩ ADJ = **subcrispus**
suc-cubuī → succumbere
★**suc-cumbere** ⟨cumbō, cubuī, cubitum 3.⟩ 1 niederfallen, -sinken 2 *fig* unterliegen, erliegen, nachgeben; **tempori ~** sich der Zeit anpassen 3 mit *j-m* schlafen, **marito** mit dem Ehemann
★**suc-currere** ⟨currō, currī, cursum 3.⟩ 1 sich unterziehen, auf sich nehmen 2 zu Hilfe eilen 3 abhelfen, **malo** dem Übel 4 in den Sinn kommen, einfallen
suc-cussī → succutere
succutere ⟨cutiō, cussī, cussum 3.⟩ 1 emporschleudern 2 *fig* aufrütteln
sūcinum ⟨ī⟩ N Bernstein
sūcinus ⟨a, um⟩ ADJ aus Bernstein
sūctus ⟨a, um⟩ PPP → sugere
sucula[1] ⟨ae⟩ F Seilwinde

sucula[2] ⟨ae⟩ F Schweinchen
Suculae ⟨ārum⟩ FPL ASTRON die H
den
sūcus ⟨ī⟩ M 1 Saft, natürliche Feuch
keit 2 dicke Flüssigkeit 3 flüssige M
zin 4 PL Zaubersäfte 5 *fig* Geschm
6 *fig* Kraft, Frische
sūdāre ⟨ō, āvī, ātum 1.⟩ A VI
schwitzen. 2 triefen, **re** von etw 3
sich anstrengen B VT 1 ausschwit
2 durchschwitzen
sūdārium ⟨ī⟩ N Schweißtuch
sūdātiō ⟨ōnis⟩ F das Schwitzen
sūdātōrium ⟨ī⟩ N Schwitz
Schwitzraum *in den Thermen*
sūdātōrius ⟨a, um⟩ ADJ zum Schwi
dienlich
sudis ⟨is⟩ F 1 Spitzpfahl 2 Spitze,
chel
sūdor ⟨ōris⟩ M 1 Schweiß 2 Feuch
keit 3 *fig* Mühe, Anstrengung
sūdum ⟨ī⟩ N heiteres Wetter
sūdus ⟨a, um⟩ ADJ wolkenlos, heite
Suēbī ⟨ōrum⟩ MPL die Sueben,
germ. Stamm, 58 v. Chr. von Caesa
siegt; **Suēbia** ⟨ae⟩ F Land der Sue
Suēbicus *u.* **Suēbus** ⟨a, um⟩
suebisch; **Suēbus** ⟨ī⟩ M Suebe
suere ⟨suō, suī, sūtum 3.⟩ 1 nähen
sammennähen 2 *fig* zusammenfüg
suēscere ⟨suēscō, suēvī, suētum
A VI sich gewöhnen; *perf* gewöhnt
quod suesti wie du es gewöhnt bi
VT gewöhnen, **disciplinā** an die Disz
Suessiōnēs ⟨um⟩ MPL *Stamm in*
Belgica
Suētōnius ⟨a, um⟩ *Name einer*
gens; **C. ~ Tranquillus** *70–140 n.*
Verfasser von Kaiserbiografien
suētus ⟨a, um⟩ ADJ 1 gewöhnt, a
an Waffen 2 gewohnt, **alicui** für j-
suēvī → suescere
suf-farcināre ⟨ō, āvī, ātum 1.⟩ vo
cken, **re** mit etw
suf-fēcī → sufficere
suf-fectus ⟨a, um⟩ PPP → suffice
suf-ferre ⟨sufferō, sustulī, subla
3.⟩ 1 darunter halten 2 **se ~** sich
recht halten 3 *fig* ertragen
★**suf-ficere** ⟨ficiō, fēcī, fectum 3
VT 1 *etw* untermauern, den Grur
etw legen, *aliquid* 2 (*Wolle usw.*) fä
3 ersetzen, ergänzen 4 als Ersatz

n, nachwählen, **aliquem consulem** j-n
s Konsul 5 darbieten B VI 1 ausrei-
ıen; **sufficit** es genügt 2 imstande sein
ıf-fīgere ⟨fīgō, fīxī, fīxum 3.⟩ 1 hef-
n, anschlagen, **in cruce** ans Kreuz 2
eschlagen, **auro** mit Gold
ffīmen ⟨inis⟩ N = **suffimentum**
ffīmentum ⟨ī⟩ N Räucherwerk
ffīre ⟨iō, īvī *u.* iī, ītum 4.⟩ A VI räu-
ıern B VT 1 beräuchern 2 wärmen
f-flāre ⟨ō, āvī, ātum 1.⟩ aufblasen;
~ *fig* zornig sein
f-fōcāre ⟨ō, āvī, ātum 1.⟩ erwürgen
f-fodere ⟨fodiō, fōdī, fossum 3.⟩ 1
ıtergraben, **murum** die Mauer 2 von
ıten durchbohren
ffossiō ⟨ōnis⟩ F Untergrabung
f-frāctus ⟨a, um⟩ PPP → suffringere
ffrāgārī ⟨or, ātus sum 1.⟩ 1 für *j-n*
mmen, *j-n* wählen, *alicui* 2 *fig* be-
nstigen, **consiio** einen Plan; **aliquo**
ffragante auf j-s Empfehlung
ffrāgātiō ⟨ōnis⟩ F 1 Empfehlung 2
günstigung
ffrāgātor ⟨ōris⟩ M 1 Wähler 2 Für-
recher
f-frāgium ⟨ī⟩ N 1 Stimme; **ferre** ~
ne Stimme abgeben 2 Abstimmung,
ıhl 3 stimmberechtigte Zenturie 4
ıhl-, Stimmrecht 5 Zustimmung, Bei-
-fringere ⟨fringō, frēgī, frāctum
(unten) abbrechen
fugium ⟨ī⟩ N Zuflucht(sort)
-fundere ⟨fundō, fūdī, fūsum 3.⟩
darunter gießen; **rubor alicui suffun-**
ur jd. errötet 2 überziehen, färben
zu-, eingießen
-fūrārī ⟨or, - 1.⟩ unter der Hand
hlen
jambrī ⟨ōrum⟩ MPL = **Sigambri**
jere ⟨sūgō, sūxī, sūctum 3.⟩ A VI
ıgen B VT einsaugen
g... *auch* = **subg...**
-gerere ⟨gerō, gessī, gestum 3.⟩
darunter legen, *alicui rei* unter etw
ig nachschieben, folgen lassen 3 zu-
en; **ludum alicui** ~ j-m einen Streich
elen 4 liefern, gewähren 5 *fig* ein-
ıen, einflüstern; **aliquo suggerente**
j-s Rat
gestum ⟨ī⟩ N *u.* **suggestus** ⟨ūs⟩
1 Erhöhung 2 Rednerbühne 3 Tri-
büne, Tribunal

suggillāre ⟨ō, āvī, ātum 1.⟩ = **sugillare**
sug-gredī ⟨gredior, gressus sum 3.⟩ heranrücken, *ad aliquid* an etw
sūgillāre ⟨ō, āvī, ātum 1.⟩ 1 schlagen 2 *fig* beleidigen, verhöhnen
suī[1] → suere
★**suī**[2] REFL PR, *gen 3. Person* seiner, ihrer; **sui purgandi causā** um sich zu reinigen
suīllus ⟨a, um⟩ ADJ Schweine…
sulcāre ⟨ō, āvī, ātum 1.⟩ 1 pflügen, furchen 2 *fig* durchfahren; **harenam** ~ den Sand durchfurchen
sulcus ⟨ī⟩ M 1 Furche 2 Rinne, Einschnitt 3 das Pflügen
Sulla ⟨ae⟩ M *Beiname in der gens Cornelia*; **L. Cornelius ~ Felix** *Diktator 82–79 v. Chr.*; **Sullānī** ⟨ōrum⟩ MPL die Anhänger des Sulla; **Sullānus** ⟨a, um⟩ ADJ des Sulla
sulpur ⟨uris⟩ N Schwefel; **~ vivum** reiner Schwefel
sulpurāta ⟨ōrum⟩ NPL Schwefelfäden
sulpurātus ⟨a, um⟩ ADJ schwefelhaltig
sulpureus ⟨a, um⟩ ADJ Schwefel…
sultis = **si vultis**; → velle
sum → esse
symbol... = **symbol...**
★**sūmere** ⟨sūmō, sūmpsī, sūmptum 3.⟩ 1 nehmen, ergreifen; wegnehmen; **pecuniam ab aliquo** ~ Geld von j-m borgen 2 an/zu sich nehmen, **cibum** Nahrung 3 anlegen, anziehen, **togam** die Toga 4 ausgeben, verbrauchen 5 **tempus (sibi)** ~ sich Zeit nehmen; **animum** ~ Mut fassen; **supplicium de/ex aliquo** ~ die Todesstrafe an j-m vollziehen 6 *fig* (aus)wählen 7 (*Tag usw.*) festsetzen, bestimmen 8 *fig* unternehmen, beginnen, **bellum** einen Krieg 9 *fig* sich aneignen; sich anmaßen 10 RHET erwähnen 11 annehmen, behaupten
sum-m... = **sub-m...**
★**summa** ⟨ae⟩ F 1 höchste Stelle, oberster Rang; **~ imperii** Oberbefehl 2 *fig* Hauptsache 3 Summe, Gesamtzahl 4 Betrag, Menge 5 Geldsumme, Geld 6 Gesamtheit, das Ganze; Gesamtbegriff; **~ victoriae** völliger Sieg; **ad summam/in summa** im Ganzen, überhaupt, kurz
summārium ⟨ī⟩ N zusammenfassende Darstellung, Abriss
summātim ADV im Allgemeinen

S

summē ADV *sup* → superus

sum-mergere ⟨mergō, mersī, mersum 3.⟩ untertauchen, versenken; *passiv* versinken, ertrinken, untergehen

sum-mīsī → summittere

summissiō ⟨ōnis⟩ F 1 Senkung, **vocis** der Stimme 2 Unterordnung 3 Herabsetzung

sum-missus[1] ⟨a, um⟩ PPP → summittere

summissus[2] ⟨a, um, *adv* summissē⟩ ADJ 1 gesenkt 2 herabhängend 3 *fig* gelassen, ruhig 4 unterwürfig, demütig

★**sum-mittere** ⟨mittō, mīsī, missum 3.⟩ 1 niederlassen, -legen, senken; **genua ~** die Knie beugen; **fasces populo ~** die Rutenbündel vor dem Volk senken; **se ~** sich erniedrigen, sich herablassen 2 *fig* sinken lassen, nachlassen, vermindern; **animos ~** den Mut sinken lassen 3 unterwerfen 4 heimlich zuschicken 5 einen Nachfolger schicken 6 Hilfe schicken 7 Botschaft schicken 8 aufrichten, hochheben 9 (heran)wachsen lassen 10 hervorbringen

summ-opere = **summo opere** *adv* äußerst, sehr; → summus *u.* → opus

sum-movēre ⟨moveō, mōvī, mōtum 2.⟩ 1 wegschaffen, vertreiben, entfernen 2 (*vom Liktor*) wegdrängen 3 abtreten lassen 4 verbannen, **patriā** aus der Heimat 5 (*Örtlichkeit*) weiter hinausrücken 6 *fig* fernhalten, abwehren, **a maleficio** von einer Untat 7 (*Sorgen*) verscheuchen

summula ⟨ae⟩ F Sümmchen

summum A ⟨ī⟩ N größte Höhe, Spitze; **~ malorum** höchstes Maß an Übeln; **a summo** von oben B ADV höchstens, äußerstenfalls

★**summus** ⟨a, um⟩ ADJ *sup von* superus 1 (*örtl.*) höchster, oberster; der oberste Teil, der höchste Punkt, Gipfel; **~ mons** Gipfel des Berges 2 (*zeitl.*) äußerster, letzter 3 (*dem Grad nach*) bester, bedeutendster, Haupt...; **summum ius summa iniuria** *Sprichwort* das strengste formale Recht kann das größte sittliche Unrecht sein; **tempus summum** höchste Not; **summa res** Hauptsache 4 vollkommen; vollständig; **summa consensio** vollständige Übereinstimmung

sūmptuārius ⟨a, um⟩ ADJ den Aufwand betreffend

sūmptuōsus A ⟨a, um, *adv* sūmtuōsē⟩ ADJ 1 aufwendig, kostspie teuer 2 verschwenderisch B ⟨ī⟩ M V schwender

sūmptus[1] ⟨a, um⟩ PPP → sumere

★**sūmptus**[2] ⟨ūs⟩ M Aufwand, Kost **meo sumptu** auf meine Kosten

supellex ⟨lecitilis⟩ F 1 Hausrat, Mo liar 2 *fig* Ausstattung

★**super** A ADV 1 (*örtl.*) darüber, ob oberhalb 2 (*örtl.*) von oben her 3 (*ö* nach oben 4 *fig* außerdem 5 *fig* n mehr 6 *fig* vor allem 7 *fig* übrig PRÄP *+abl* 1 (*örtl. auf die Frage „w* über, oben auf 2 (*zeitl.*) während, 3 wegen, von; **hac re ~** wegen die Sache C PRÄP *+akk* 1 (*örtl. auf die Fra „wo?" u. „wohin?"*) über, oben auf; ob halb; zu ... hinauf; über ... hinaus (*zeitl.*) während, bei 3 über ... hina mehr als, vor; **~ decem milia** über ze tausend; **~ omnia** vor allem 4 *fig* auf **~ haec** außerdem

superā ADV *u.* PRÄP = **supra**

superābilis ⟨e⟩ ADJ übersteig überwindbar

★**superāre** ⟨ō, āvī, ātum 1.⟩ A V/I 1 vorragen 2 *fig* überlegen sein 3 Überfluss vorhanden sein 4 noch handen sein, übrig sein 5 überleb **alicui rei** etw B V/T 1 überschreiten, **pes** die Alpen 2 überwinden, besieg **hostem** den Feind 3 *fig* übertreffen; **quid vitā ~** etw überleben 4 überra 5 an *etw* vorbeigehen, *aliquid* 6 ur geln

★**superbia** ⟨ae⟩ F 1 Hochmut, S Übermut 2 Selbstbewusstsein

superbīre ⟨iō, -, - 4.⟩ hochmütig/s sein, sich brüsten, **re** wegen etw

★**superbus** ⟨a, um, *adv* superbē⟩ A hoch aufgerichtet, hochragend 2 hochmütig, übermütig, stolz 3 *fig* v lerisch 4 *fig* prächtig

superciliōsus ⟨a, um⟩ ADJ e streng

super-cilium ⟨ī⟩ N 1 Augenbrau 2 Stirn 3 *fig* finsteres Wesen, Stre 4 Hochmut 5 Wink *mit den Auge* Anhöhe, Hügel

super-ēminēre ⟨eō, -, - 2.⟩ A V/I vorragen B V/T überragen

per-esse ⟨sum, fuī, - 0.⟩ 1 übrig in/bleiben; **quod superest** übrigens noch am Leben sein 3 überleben, **mporibus** die Zeiten 4 im Überfluss rhanden sein, ausreichen 5 überflüs-g sein 6 überlegen sein

perficiārius ⟨a, um⟩ ADJ in Erb-cht stehend

perficiēs ⟨ēī⟩ 1 Oberfläche 2 Ge-ude

per-fluere ⟨fluō, flūxī, - 3.⟩ A V/I 1 erfließen 2 RHET überschwänglich in 3 im Überfluss vorhanden sein 4 Überfluss leben B V/T *fig* vorbeiflie-n, **aures** an den Ohren

perfluus ⟨a, um⟩ ADJ überflüssig

per-fuī → superesse

per-fundere ⟨fundō, fūdī, fūsum ⟩ 1 darübergießen, schütten; *passiv* **se ~** überströmen, sich ergießen, sich sbreiten 2 überschütten, bedecken

per-gredī ⟨gredior, gressus sum 1 überschreiten 2 *fig* überstehen *fig* übertreffen

per-iacere ⟨iaciō, iēcī, iectum *u.* tum 3.⟩ 1 darüberwerfen, darauf-rfen, darüberlegen, darauflegen 2 erspülen, -gießen 3 überschreiten übertreffen

er-iectus ⟨a, um⟩ PPP → superia-re

er-imminēre ⟨eō, -, - 2.⟩ darüber porragen

er-impendēns ⟨entis⟩ ADJ darü-hängend/schwebend

er-impōnere ⟨pōnō, posuī, posi-n 3.⟩ darauflegen

er-inicere ⟨iciō, iēcī, iectum 3.⟩ über/darauf werfen

erior ⟨ius⟩ ADJ *komp von* superus 1 *l.*) weiter oben befindlich, der obere; **us ~** höher gelegener Punkt, Anhö-Rednerbühne; **domus ~** der obere des Haues 2 vorhergehend 3 (*zeitl.*) ner, vorig; **annus ~** das vorige Jahr 4 r 5 höher stehend, überlegen 6 jreich; **superiorem haberi** für den jer gehalten werden

er-lābī ⟨lābor, lāpsus sum 3.⟩ da-er hingleiten

erlāt... = supralat...

er-natāre ⟨ō, -, - 1.⟩ darüber-wimmen, daraufschwimmen

supernus ⟨a, um, *adv* supernē⟩ ADJ 1 oben gelegen, der obere, hoch gelegen 2 ADV oben, auf der Welt, von oben

super-pōnere ⟨pōnō, posuī, positum 3.⟩ 1 darüberlegen, darauflegen, daraufsetzen, **alicui rei** auf/über etw 2 *fig* vorziehen, überordnen

super-scrībere ⟨scrībō, scrīpsī, scrīptum 3.⟩ darüberschreiben

superscrīptiō ⟨ōnis⟩ F Überschrift, Aufschrift

super-sedēre ⟨sedeō, sēdī, sessum 2.⟩ 1 auf *etw* sitzen, **equo** auf einem Pferd 2 *fig* sich *etw* sparen **labore** die Anstrengung 3 nicht wollen

super-stāre ⟨stō, stetī, - 1.⟩ darauf stehen, oben stehen auf, **alicui rei/aliquid** auf etw

★**super-stes** A ⟨stitis⟩ ADJ 1 über *j-m* stehend, überlegen 2 dabeistehend 3 überlebend; **pater filio ~** Vater, der den Sohn überlebt B ⟨stitis⟩ M Zeuge

superstitāre ⟨ō, -, - 1.⟩ vollständig vorhanden sein

superstitiō ⟨ōnis⟩ F 1 heiliger Schwur 2 Aberglaube; *pl* abergläubischer Kult 3 heilige Scheu, Götterfurcht

superstitiōsus ⟨a, um, *adv* superstitiōsē⟩ ADJ 1 abergläubisch 2 allzu ängstlich 3 prophetisch

super-struere ⟨struō, strūxī, strūctum 3.⟩ darüberbauen

super-sum → superesse

★**superus** A ⟨a, um⟩ ADJ, *komp* → superior, *sup* → supremus *u.* → summus 1 der obere, Ober...; **mare superum** das Adriatische Meer 2 zur Oberwelt gehörig; **dii superi** die himmlischen Götter B ⟨ī⟩ MPL 1 die himmlischen Götter 2 Oberwelt, die Menschen auf der Erde

supervacāneus ⟨a, um⟩ ADJ 1 überflüssig, unnötig 2 überzählig

super-vacuus ⟨a, um⟩ ADJ überflüssig, unnötig

super-vehī ⟨vehor, vectus sum 3.⟩ über *etw* hinaus fahren, **promunturium** über das Vorgebirge hinaus

super-venīre ⟨veniō, vēnī, ventum 4.⟩ 1 über *etw* kommen, *etw* bedecken 2 unvermutet dazukommen; **regi ~** dem König zu Hilfe kommen 3 überfallen, überraschen, **hostibus** die Feinde

super-vīvere ⟨vīvō, vīxī, vīctum 3.⟩

überleben, **gloriae** den Ruhm

super-volāre ⟨ō, āvī, - 1.⟩ über *etw* hinfliegen, *aliquid*

supīnāre ⟨ō, āvī, ātum 1.⟩ rückwärts beugen; umwenden; umwühlen; *passiv* sich zurückbeugen

supīnus ⟨a, um, *adv* supīnē⟩ ADJ 1 zurückgebogen, zurückgelehnt 2 auf dem Rücken liegend 3 sanft ansteigend 4 rückläufig 5 umgewendet 6 stolz 7 müßig, lässig 8 **verbum supinum** GRAM Supin

sup-pāctus ⟨a, um⟩ PPP → suppingere

sup-palpārī ⟨or, -1.⟩ ein wenig streicheln

sup-pār ⟨paris⟩ ADJ ziemlich gleich, fast gleichzeitig

sup-parasītārī ⟨or, - 1.⟩ als Schmarotzer ein wenig schmeicheln

supparum ⟨ī⟩ N *u.* **supparus** ⟨ī⟩ M Oberkleid aus Leinen, Bluse

suppeditāre ⟨ō, āvī, ātum 1.⟩ A V/I 1 reichlich vorhanden sein; **vita mihi suppeditat** ich lebe noch 2 ausreichen 3 taugen, **alicui rei** zu etw 4 **suppeditat** *unpersön.* man kann B V/T 1 reichlich gewähren, liefern, geben 2 *passiv* reichlich versehen sein, **re** mit etw

suppeditātiō ⟨ōnis⟩ F Überfluss

suppernātus ⟨a, um⟩ ADJ *fig* niedergehauen

★**sup-petere** ⟨ō, īvī *u.* iī, ītum 3.⟩ 1 ausreichen, gewachsen sein, **alicui rei** einer Sache 2 reichlich vorhanden sein

suppetiae ⟨ārum⟩ FPL Hilfe, Beistand; **suppetias venire** zu Hilfe eilen

sup-pīlāre ⟨ō, āvī, ātum 1.⟩ 1 rauben, stehlen 2 bestehlen

sup-pingere ⟨pingō, pēgī, pāctum 3.⟩ 1 unten anschlagen 2 beschlagen

sup-plaudere ⟨plaudō, plausī, plausum 3.⟩ = **supplodere**

supplēmentum ⟨ī⟩ N 1 Ergänzung 2 MIL Rekrutierung, Verstärkung

★**sup-plēre** ⟨pleō, plēvī, plētum 2.⟩ 1 nachfüllen, wieder auffüllen 2 *fig* vervollständigen, ergänzen 3 *fig* ersetzen

★**supplex** A ⟨icis, *adv* suppliciter⟩ ADJ demütig bittend, **alicui** j-n B ⟨icis⟩ M Schutzflehender, Schützling

supplicāre ⟨ō, āvī, ātum 1.⟩ 1 demütig bitten, anflehen, **alicui** j-n 2 beten, **dis** zu den Göttern

supplicātiō ⟨ōnis⟩ F 1 Buß- und B fest 2 Dankfest, **alicuius** für j-n

suppliciter ADV → supplex

★**supplicium** ⟨ī⟩ N 1 demütiges Bitt Flehen 2 Opfer- und Betfest, Opfer Buße, Genugtuung 4 Strafe, *bes* Tod strafe, Hinrichtung 5 Folter, Qual

sup-plōdere ⟨plōdō, plōsī, plōsum aufstampfen; **pedem** mit dem Fuß

supplōsiō ⟨ōnis⟩ F das Aufstampfe

sup-pōnere ⟨pōnō, posuī, posit 3.⟩ 1 unterlegen, -setzen, -stellen; **quem tumulo ~** j-n beerdigen 2 *fig* terwerfen, -ordnen 3 *fig* hinzufüger unten ansetzen, **alicui rei** an etw 5 die Stelle setzen 6 unterschieben

sup-portāre ⟨ō, āvī, ātum 1.⟩ her tragen, -bringen

suppositīcius ⟨a, um⟩ ADJ 1 a send, **alicui** j-n 2 untergeschoben, echt

suppositiō ⟨ōnis⟩ F Unterschiebu

suppostrīx ⟨īcis⟩ F Unterschieberi

sup-pressī → supprimere

suppressiō ⟨ōnis⟩ F 1 Unterdrück 2 Unterschlagung

suppressus ⟨a, um⟩ ADJ gedämpft, se

sup-primere ⟨primō, pressī, press 3.⟩ 1 hinabdrücken, versenken 2 unterdrücken 3 aufhalten, hemr **vocem ~** leise reden, schweigen 4 unterschlagen, **pecuniam** Geld 5 verbergen, verschweigen

sup-pūrāre ⟨ō, āvī, ātum 1.⟩ A V tern B V/T zum Eitern bringen

suppūrātiō ⟨ōnis⟩ F das Eitern, schwür

suppus ⟨a, um⟩ ADJ 1 = **supinus** **superbus**

sup-putāre ⟨ō, āvī, ātum 1.⟩ ausr nen, berechnen

★**suprā** A ADV 1 (*örtl.*) oberhalb, 2 (*örtl.*) darüber hinaus 3 oben, vo **ut ~ dixi** wie ich oben gesagt hab (*zeitl.*) vorher, früher; **~ repetere** w ausholen 5 *fig* darüber hinaus, meh PRÄP *+akk* 1 (*örtl.*) oberhalb, oben über; **~ Massiliam** oberhalb von Ma 2 (*örtl.*) über … hin; jenseits 3 *zeitl.* **~ hanc memoriam** vor unserer Ze (*Maß, Rang*) über … hinaus, höher

ehr als; ~ **duos menses** über zwei Mo-
ıte; ~ **modum** über die Maßen 5 au-
ɛr
prēmum A ⟨ī⟩ N Ziel; **ad ~ venire**
ıs Ziel gelangen B ADV zum letzten
al
prēmus ⟨a, um⟩ ADJ *sup von* **super-**
s 1 *(örtl.)* höchster, oberster; **montes**
premi die Gipfel der Berge 2 *(zeitl.)*
:tzter, jüngster; **certamen supremum**
ıtscheidender Kampf 3 äußerster
pter ADV *u.* PRÄP = **subter**
r… = **Syr…**
ra ⟨ae⟩ F Wade
rculus ⟨ī⟩ M 1 Zweig 2 Setzling
rditās ⟨ātis⟩ F Taubheit
rdus ⟨a, um⟩ ADJ 1 taub 2 *fig* un-
ıpfindlich 3 lautlos, still
rgere ⟨surgō, surrēxī, surrēctum 3.⟩
A V/T aufrichten, erheben B V/I 1 auf-
:hen, sich erheben 2 *(Redner)* auftre-
ı 3 aufsteigen, sich zeigen; **sol surgit**
e Sonne geht auf 4 *(zeitl.)* anbrechen
heranwachsen, entstehen
piculus ⟨ī⟩ M = **scirpiculus**
pite *u.* **surpuit** → **surripere**
rēctus ⟨a, um⟩ PPP → **surgere** *u.* →
brigere
-rēpere ⟨rēpō, rēpsī, rēptum 3.⟩ =
brepere
-rēptus ⟨a, um⟩ PPP → **surripere**
rēxe = **surrexisse**; → **surgere**
rēxī → **surgere**
rigere ⟨rigō, rēxī, rēctum 3.⟩ =
brigere *u.* = **surgere**
-ripere ⟨ripiō, ripuī, reptum 3.⟩ 1
ımlich wegnehmen, stehlen; **diem ~**
Zeit vergeuden 2 **se ~** *fig* sich weg-
leichen 3 *passiv fig* durch Beste-
ıng sich der Strafe entziehen
-rogāre ⟨ō, āvī, ātum 1.⟩ nachwäh-
lassen
rupere ⟨rupiō, rupuī, ruptum 3.⟩ =
ripere
rupticius ⟨a, um⟩ ADJ 1 geraubt,
tohlen 2 verstohlen
sum *u.* **sūrsus** ADV 1 aufwärts, in
Höhe 2 oben, in der Höhe
[1] ⟨suis⟩ M *u.* F Schwein, Wildschwein
[2] ADV aufwärts; **~que deque** auf und
der, gleichgültig
-cēnsēre ⟨cēnseō, cēnsuī, cēn-
n 2.⟩ zürnen

sus-cēpī → **suscipere**
susceptiō ⟨ōnis⟩ F 1 Übernahme 2
Empfang
susceptor ⟨ōris⟩ M Unternehmer
★**sus-cipere** ⟨cipiō, cēpī, ceptum 3.⟩ 1
auffangen 2 auf-, abstützen 3 *(Kind)*
vom Boden aufnehmen *u. damit als sei-
nes anerkennen* 4 *(Kind)* zeugen 5 an-,
aufnehmen, **aliquem in civitatem** j-n
als Bürger; **aliquem inimicum ~** sich
j-n zum Feind machen 6 *fig* auf sich
nehmen, **prodigia** die Sühnung der Vor-
zeichen 7 *fig* annehmen; zugestehen 8
fig erwidern 9 *fig* unternehmen, ver-
richten; **consilium ~** einen Plan fassen
10 *(Leiden)* erdulden 11 unterstützen
sus-citāre ⟨ō, āvī, ātum 1.⟩ 1 aufrich-
ten 2 aufscheuchen 3 *fig* erregen, an-
spornen, verursachen 4 aufwecken 5
(mlat.) auferwecken
suspectus[1] ⟨ūs⟩ M 1 das Aufblicken
2 Höhe 3 *fig* Bewunderung
suspectus[2] ⟨a, um⟩ ADJ 1 verdächtig,
verdachterregend 2 misstrauisch
su-spectus[3] ⟨a, um⟩ PPP → **suspicere**
★**sus-pendere** ⟨pendō, pendī, pēn-
sum 3.⟩ 1 auf-, erhängen 2 hochhe-
ben, erheben 3 stützen 4 schweben
lassen 5 *fig* unentschieden lassen; *pas-
siv* schweben 6 *fig* unterbrechen, hem-
men 7 *fig* auf die Folter spannen
sus-pendī → **suspendere**
suspendium ⟨ī⟩ N das Auf-, Erhängen
suspēnsūra ⟨ae⟩ F hängender Fußbo-
den
sus-pēnsus[1] ⟨a, um⟩ PPP → **suspende-
re**
suspēnsus[2] ⟨a, um⟩ ADJ 1 hochgeho-
ben 2 schwebend 3 *fig* abhängig, **ex re**
von etw 4 *fig* schwankend, unentschie-
den; **in suspenso esse** unentschieden
sein 5 *fig* gespannt; ängstlich, unruhig
su-spexī → **suspicere**
suspicāre ⟨ō, -, - 1.⟩ *u.* **suspicārī**
⟨or, ātus sum 1.⟩ argwöhnen, vermuten
suspicāx ⟨ācis⟩ ADJ 1 misstrauisch 2
Argwohn erregend, verdächtig
★**su-spicere** ⟨spiciō, spexī, spectum 3.⟩
A V/I nach oben schauen B V/T 1 aufbli-
cken, **aliquid** zu etw 2 *fig* bewundern 3
fig beargwöhnen
★**suspīciō** ⟨ōnis⟩ F 1 Argwohn, Ver-
dacht; **suspicionem alicui facere/affer-**

S

re bei j-m den Verdacht erregen; **alicui in suspicione esse** j-m verdächtig sein; **in suspicionem venire** Verdacht schöpfen *od.* in Verdacht geraten; **suspicionem habere** den Verdacht hegen *od.* im Verdacht stehen 2 Verdachtsgrund 3 Vermutung, Ahnung

suspīciōsus ⟨a, um, *adv* suspīciōsē⟩ ADJ 1 argwöhnisch 2 verdächtig

su-spīrāre ⟨ō, āvī, ātum 1.⟩ A V/I 1 (auf)atmen 2 seufzen 3 sich sehnen, **in aliqua** nach einer Frau B V/T sich sehnen, **aliquem** nach j-m

suspīritus ⟨ūs⟩ M tiefes Atemholen, das Seufzen, das Keuchen

suspīrium ⟨ī⟩ N 1 tiefes Aufatmen 2 Atemnot, Keuchen 3 Atem 4 Seufzer

susque dēque → sus²

★**sustentāre** ⟨ō, āvī, ātum 1.⟩ 1 hochhalten, aufrecht halten; *passiv* sich aufrecht halten 2 stützen; *passiv fig* sich trösten 3 ernähren 4 (*Lasten*) aushalten, ertragen; sich behaupten 5 aufhalten 6 *fig* erträglich machen 7 verschieben, verzögern

★**sus-tinēre** ⟨tineō, tinuī, tentum 2.⟩ 1 hochhalten, aufrecht halten; stützen 2 (*Belastung*) aushalten, ertragen 3 *fig* standhalten, **impetum** dem Angriff 4 *fig* wagen, *+inf*/+ *AcI* 5 *fig* auf sich nehmen, übernehmen; **honorem ~** ein Ehrenamt 6 ernähren 7 (*Würde usw.*) (be)wahren, erhalten 8 zurückhalten, anhalten; **se ~** sich enthalten, **a respondendo** einer Antwort 9 verzögern, verschieben

sus-tollere ⟨ō, -, - 3.⟩ 1 emporheben, aufrichten 2 wegnehmen, entführen

sustulī → sufferre *u.* → tollere

sūsum ADV = **sursum**

susurrāre ⟨ō, -, - 1.⟩ A V/I flüstern, summen, säuseln B V/T summen

susurrus¹ ⟨ī⟩ M das Surren, das Summen, das Säuseln; das Flüstern

susurrus² ⟨a, um⟩ ADJ flüsternd, säuselnd, zischend

sūtilis ⟨e⟩ ADJ 1 zusammengenäht 2 geflochten

sūtor ⟨ōris⟩ M Schuster, Flickschuster

sūtrīnum ⟨ī⟩ N Schusterhandwerk

sūtrīnus ⟨a, um⟩ ADJ Schuster…

sūtum ⟨ī⟩ N Gewand; *pl* Panzer

sūtus ⟨a, um⟩ PPP → suere

suum ⟨ī⟩ N das Seine, das Ihre, sei ihre Sache; seine/ihre Pflicht; *meist* sein/ihr Eigentum; **de suo dare** aus s nen Mitteln geben

★**suus** ⟨a, um⟩ POSS PR *reflexiv 3. Person u. pl* A ADJ 1 sein, ihr; **sui iuris e** sein eigener Herr sein 2 sein/ihr lieb Lieblings…; **sua arbor** sein/ihr Lieblin baum 3 eigen, üblich, angemessen; s **tempore** zur rechten Zeit; **suo iure** vollem Recht 4 günstig, geeignet, v teilhaft 5 selbstständig B PL *subst* die Seinen, die Ihren, seine/ihre An hörigen

sūxī → sugere

Sybaris ⟨is⟩ F *griech. Kolonie in Lu nien*; **Sybarītānī** ⟨ōrum⟩ MPL die bariten; **Sybarīticus** ⟨a, um⟩ AD aus Sybaris 2 erotisch; **Sybar** ⟨idis⟩ F die Sybaritin

sȳcophanta ⟨ae⟩ M Denunziant

sȳcophantārī ⟨or, - 1.⟩ sich Gaune en ausdenken, **alicui** gegen j-n

sȳcophantia ⟨ae⟩ F Betrügerei, l ge

sȳcophantiōsē ADV auf Gaunerart

syllaba ⟨ae⟩ F 1 Silbe 2 PL Verse

syllabātim ADV silbenweise

syllogismus ⟨ī⟩ M Syllogismus, l scher Schluss

symbola ⟨ae⟩ F Beitrag *zu einem E*

symbolum ⟨ī⟩ N *u.* **symbolus** ⟨ Kennzeichen, Erkennungsmarke

symphōnia ⟨ae⟩ F 1 Einklang, monie 2 Konzert 3 Kapelle, Orche

symposion *u.* **symposium** ⟨ī Gastmahl

syngrapha ⟨ae⟩ F Handsch Schuldschein, Wechsel

syngraphus ⟨ī⟩ M 1 Vertrag 2 R pass

Syrācosius A ⟨a, um⟩ ADJ syrak nisch, aus Syrakus B ⟨ī⟩ M Syrakus

Syrācūsae ⟨ārum⟩ FPL Syrakus, *auf Sizilien*; **Syrācūsānus** *u.* **Syrā sius** ⟨a, um⟩ ADJ aus Syrakus; **Syrā sius** ⟨ī⟩ M Syrakusaner

Syrī ⟨ōrum⟩ MPL die Syrer; **Syria** F 1 Syrien 2 das Seleukidenreich syrien; **Syriacus** ⟨a, um⟩ ADJ syris

sȳrinx ⟨ingis⟩ F Rohr, Schilfrohr

Syrius ⟨a, um⟩ ADJ syrisch

Syrticus ⟨a, um⟩ ADJ syrtisch, an

rten wohnend
rtis ⟨is⟩ F 1 Syrte, *Name zweier Sand-*
'nke an der Nordküste von Afrika 2 *fig*
ndbank, Klippe
rus A ⟨a, um⟩ ADJ syrisch B ⟨ī⟩ M
rer

T

ABK 1 = **Titus** 2 = **tribunus plebis**
lkstribun
ella ⟨ae⟩ F 1 Brettchen, Täfelchen
Spielbrett 3 POL Stimmtäfelchen 4
hreib-, Wachstafel, Notizbuch 5 Brief
JUR Vertrag, Urkunde, Protokoll
ellārius A ⟨a, um⟩ ADJ 1 Abstim-
ngs… 2 Brief…; **navis tabellaria**
tschiff B ⟨ī⟩ M Briefbote
ēre ⟨eō, -, - 2.⟩ 1 schmelzen, ver-
sen 2 *fig* schwinden 3 nass sein,
fen, **re** von etw
erna ⟨ae⟩ F 1 Hütte 2 Gasthaus,
berge 3 Bude, Laden 4 Werkstatt
ernāc(u)lum ⟨ī⟩ N 1 Hütte, Bude
MIL Zelt 3 REL Beobachtungszelt
ernārius ⟨ī⟩ M Wirt, Krämer
ēs ⟨is⟩ F 1 Fäulnis, Verwesung 2
che 3 *fig* Schwindsucht 4 Pest, Seu-
5 *fig* Gift; Verderben
ēscere ⟨tābescō, tābuī, - 3.⟩ 1 ver-
sen, verfaulen 2 schmelzen, zerge-
3 dahinschwinden, -siechen 4 *fig*
verzehren
idus ⟨a, um⟩ ADJ 1 sich auflösend,
wesend 2 schmelzend 3 verzehrend
īnum ⟨ī⟩ N Durchgang *im röm.*
s zwischen Atrium u. Peristylium
uī → tabescere
ula ⟨ae⟩ F 1 Brett, Tafel 2 Spiel-
t, Brettspiel 3 Gedächtnistafel 4
nälde, Bild 5 JUR Gesetzestafel; **duo-**
im tabulae Zwölftafelgesetze 6
tionstafel 7 Wechseltisch 8 Re-
n-, Schreibtafel; *pl* Rechnungsbuch;
ulas conficere ein Rechnungsbuch
en; **tabulae publicae** öffentliches
ıldbuch; **tabulae novae** Herabset-
zung der Schulden durch Einführung neuer Schuldbücher 9 PL Schreiben, Abschrift, *bes* Brief 10 PL Liste, Verzeichnis 11 PL POL Zensusliste, Stimmenverzeichnis 12 PL JUR Vertrag, Schuldverschreibung; Testament; Urkunde, Dokument; Protokoll; **tabulae publicae** Staatsarchiv

tabulārium ⟨ī⟩ N Archiv

tabulārius ⟨ī⟩ M 1 Rechnungsführer 2 Vorsteher des Archivs

tabulātiō ⟨ōnis⟩ F 1 Täfelung 2 Stockwerk

tabulātum ⟨ī⟩ N Bretterboden, Gebälk, Stockwerk

tabulātus ⟨a, um⟩ ADJ mit Brettern belegt, getäfelt

tabulīnum ⟨ī⟩ N = **tablinum**

tābum ⟨ī⟩ N 1 Jauche 2 Eiter 3 Gift 4 Seuche

★**tacēre** ⟨eō, uī, itum 2.⟩ A V/I schweigen; verstummen; **tacentes loci** verschwiegene Orte B V/T verschweigen

tacitum ⟨ī⟩ N 1 Geheimnis 2 Stille

taciturnitās ⟨ātis⟩ F 1 Stillschweigen 2 Verschwiegenheit

taciturnus ⟨a, um⟩ ADJ 1 schweigsam 2 still, leise 3 (*Buch*) ungelesen

★**tacitus** ⟨a, um, *adv* tacitē *u.* tacitō⟩ ADJ 1 verschwiegen, unerwähnt 2 *fig* schweigend ertragen; **assensio tacita** schweigend angenommener Beifall 3 *fig* still, heimlich, unbemerkt 4 stillschweigend 5 *fig* stumm, lautlos, ruhig; **per tacitum** in stillem Lauf 6 ADV unbemerkt, heimlich

Tacitus ⟨ī⟩ M *röm. Beiname*; **P. Cornelius ~** *röm. Geschichtsschreiber, 54–117 n. Chr., Hauptwerke: Agricola, Germania, Historiae, Annales*

tāctiō ⟨ōnis⟩ F 1 Berührung 2 Tastsinn, Gefühl

tāctus[1] ⟨a, um⟩ PPP → tangere

tāctus[2] ⟨ūs⟩ M 1 Berührung 2 Tastsinn 3 *fig* Wirkung 4 Berührbarkeit

taeda, **ae** F 1 Kiefer, Fichte; *pl* Fichtenwald 2 Kienholz 3 Kiefernbrett 4 Fackel 5 Hochzeitsfackel 6 Hochzeit 7 Geliebte 8 Marterwerkzeug

★**taedēre** ⟨taedet, taeduit *u.* taesum est 2.⟩ *unpersön.* es ekelt (an); **vitae** (*gen*) **me taedet** ich bin lebensmüde

taedi-fer ⟨fera, ferum⟩ ADJ fackeltragend

T

★**taedium** ⟨ī⟩ N Ekel, Widerwille, **alicuius rei** vor/gegen etw; ~ **affere alicui** j-n anekeln

Taenara ⟨ōrum⟩ NPL *Vorgebirge in Lakonien, heute Kap Matapan; galt als Eingang zur Unterwelt;* **Taenaridēs** ⟨ae⟩ M Lakedämonier; **Taenaris** ⟨idis⟩ ADJ F *u.* **Taenarius** ⟨a, um⟩ ADJ 1 lakonisch, spartanisch 2 unterirdisch

taenia ⟨ae⟩ F 1 Band, Binde, Kopfbinde 2 Papyrusstreifen

taesum est → taedere

★**taeter** ⟨tra, trum, *adv* taetrē⟩ ADJ 1 hässlich 2 *fig* abscheulich, schändlich

tagere ⟨tagō, taxī, - 3.⟩ = **tangere**

tālāria ⟨ium⟩ NPL 1 Knöchel 2 Flügelschuhe 3 Foltergeräte 4 langes Gewand

tālāris ⟨e⟩ ADJ bis zu den Knöcheln reichend

talassiō ⟨ōnis⟩ M *u.* **talass(i)us** ⟨ī⟩ M *altröm. Hochzeitsruf*

tālea ⟨ae⟩ F 1 Setzling 2 Eisenstab 3 Spitzpfahl

★**talentum** ⟨ī⟩ N 1 (*griech. Gewichtseinheit*) Talent, *ca. 20–30 kg* 2 (*Münze*) Talent

★**tālis** ⟨e, *adv* tāliter⟩ ADJ 1 so beschaffen, solch, ~ **ac/ atque** wie; ★ ~ … **qualis** ein solcher … wie 2 so groß, so bedeutend 3 so schlecht 4 folgender; **talibus respondit** er antwortete folgendermaßen

talpa ⟨ae⟩ M *u.* F Maulwurf

tālus ⟨ī⟩ M 1 Fußknöchel 2 Ferse 3 Spielwürfel

★**tam**[1] ADV 1 so, so sehr; ~ **potens** so mächtig 2 ★ ~ … **quam** je … desto; **non** ~ … **quam** nicht so sehr … als vielmehr

tam[2] ADV = **tamen**

tam-diū ADV 1 so lange; ~ … **quam (-diu)** so lange … wie 2 sehr lange 3 seit so langer Zeit

★**tamen** ADV 1 dennoch, doch, jedoch; **et** ~ und dennoch; **neque** ~ doch nicht; **at/sed/verum** ~ gleichwohl, indessen 2 doch wenigstens; **si non … (at)** ~ wenn nicht … so doch wenigstens 3 doch endlich

tamendem ADV = **tamen**

tamen-etsī KONJ = **tametsi**

Tamesa ⟨ae⟩ M *u.* **Tamesis** ⟨is⟩ M Themse

★**tam-etsī** KONJ 1 obwohl 2 jedoch

tamquam A ADV (*vergleichend*) so w… gleichsam, sozusagen; **ita/sic** … ~ sc… wie B KONJ *+konjkt* = **tamquam si** gle… wie wenn, gleich als ob

Tanais ⟨is *u.* idis⟩ M *Fluss, heute Do…*

Tanaquīl ⟨īlis⟩ F *Gattin des Königs … quinius Priscus*

★**tandem** ADV 1 endlich, schließlich 2 (*interrogativ*) denn … eigentli… **quousque tandem** wie lange d… noch? 3 (*abschließend*) schließlich, …

★**tangere** ⟨tangō, tetigī, tāctum 3.⟩ 1 berühren, anfassen 2 (*Ort*) betreten, … reichen 3 angrenzen, **locum** an ei… Ort 4 nehmen 5 (*Speise*) essen, ge…ßen 6 benetzen, bespritzen 7 … schmieren 8 (*mit Schwefel*) beräuch… 9 schlagen, treffen; **fulmine/de c… tactus** vom Blitz getroffen 10 sich … j-m vergreifen, *aliquem* 11 töten … (*geistig*) rühren, bewegen 13 erwäh… 14 betrügen, **pecuniā** um Geld

tanquam = **tamquam**

Tantaleus ⟨a, um⟩ ADJ des Tantal…

Tantalidēs ⟨ae⟩ M Nachkomme … Tantalus

Tantalis ⟨idis *u.* idos⟩ F *Niobe, … mione u. Helena*

Tantalos *u.* **Tantalus** ⟨ī⟩ M *Sohn … Zeus, wurde wegen seiner Vergehen i… Unterwelt mit ewigem Hunger u. Durs… straft*

tantillum ⟨ī⟩ N so wenig

tantillus ⟨a, um⟩ ADJ so klein

tantīs-per ADV 1 so lange; ~ … … so lange … bis 2 unterdessen, vorl…

tant-opere ADV so sehr; ~ … **qua… pere** so sehr … wie

tantulum ⟨ī⟩ N solche Kleinigkeit

tantulus ⟨a, um⟩ ADJ so klein, s… ring

★**tantum** A ⟨ī⟩ N 1 so Großes, so v… ~ **temporis** so viel Zeit; **alterum** ~ … pelt so viel; **in** ~ so weit, so sehr 2 so viel, so wenig, solche Kleinigke… **modo** auch nur so viel 3 *gen* **tant…** einen solchen Preis, so teuer, so h… **tanti mihi est** *+inf* es ist mir die … wert; es ist mir gleichgültig 4 *abl* **t…** (um) so viel, so weit, so sehr, dest… **tanto maior** dreimal so groß; **quan…**

T

je … desto **B** ADV **1** so sehr, so viel, › weit; nur so viel, so wenig **2** *(zeitl.)* eben **3** nur, bloß; **non ~ … sed etiam** icht nur … sondern auch **4** **~ non** beiahe, fast **5** **~ quod** kaum dass, gerade; ur insofern weil; **~ quod non** nur noch, ass nicht

ntum-modo ADV nur, lediglich

ntundem **A** ⟨ī⟩ N ebenso viel; **tantem facere** ebenso hoch einschätzen **I** ADV ebenso weit; **~ patēre** sich eben- weit erstrecken

ntus ⟨a, um⟩ ADJ **1** so groß, so bedeutend; **~ natu** so alt **2** so viel; **tanta ra** so viele Wunderdinge **3** nur so oß, so klein, so wenig

ntus-dem ⟨tantadem, tantundem⟩ J ebenso groß

pēs ⟨ētis⟩ M = **tapete**

p(p)ēte ⟨is⟩ N *u.* **tap(p)ētum** ⟨ī⟩ Teppich, Decke

rdāre ⟨ō, āvī, ātum 1.⟩ **A** V/I zögern V/T **1** verzögern, aufhalten, hemmen entkräften, abstumpfen

rdēscere ⟨tardēscō, tarduī, - 3.⟩ gsam werden

rdi-loquus ⟨a, um⟩ ADJ langsam rechend

rdi-pēs ⟨pedis⟩ ADJ hinkend

rditās ⟨ātis⟩ F **1** langsames Tempo, ngsamkeit; Verzögerung **2** *fig* geistige ngsamkeit, Trägheit

rditūdō ⟨inis⟩ F = **tarditas**

rdiusculus ⟨a, um⟩ ADJ etwas langn

rduī → tardescere

rdus **A** ⟨a, um, *adv* tardē⟩ ADJ **1** ngsam, träge **2** lange dauernd **3** zö- rnd **4** (zu) spät kommend **5** lähmend *fig* geistig träge, stumpfsinnig, dumm RHET gemessen **B** ⟨ī⟩ M Dummkopf

rentīnus, **A** ⟨a, um⟩ ADJ aus Tarent ⟨ī⟩ M Einwohner von Tarent

rentum ⟨ī⟩ N *u.* **Tarentus** ⟨ī⟩ M ent, *alte Hafenstadt in Kalabrien*

rpēius **A** ⟨a, um⟩ *röm. Beiname;* **Tara** *der Sage nach die Tochter des Sp. Tarus, öffnete den sabinischen Belagerern röm. Burg* **B** ⟨a, um⟩ ADJ tarpejisch; **ns ~** tarpejischer Felsen, *Steilabhang Kapitols, von dem Hochverräter gerzt wurden*

pessīta *u.* **tarpezīta** ⟨ae⟩ M = **trapezita**

Tarquiniī ⟨ōrum⟩ MPL *Stadt im südlichen Etrurien, Heimat des gleichnamigen etruskischen Königsgeschlechts, heute Tarquinia*

Tarracīna ⟨ae⟩ F *u.* **Tarracīnae** ⟨ārum⟩ FPL *Hafenstadt in Latium, heute Terracina;* **Tarracīnēnsis** ⟨e⟩ ADJ aus Tarracina; **Tarracīnēnsis** ⟨is⟩ M Einwohner von Tarracina

Tartara ⟨ārum⟩ FPL = **Tartarus**

Tartareus ⟨a, um⟩ ADJ **1** des Tartarus, unterweltlich **2** *fig* schrecklich

Tartarus ⟨ī⟩ M Unterwelt

tat *u.* **tatae** INT he!, ei!

tata ⟨ae⟩ M *Lallwort* Papa

Tatius ⟨ī⟩ M *Titus Tatius, König der Sabiner, Mitregent des Romulus*

taureus ⟨a, um⟩ ADJ Rinder…; **taurea terga** Rinderhäute

Taurī ⟨ōrum⟩ MPL *skythisches Volk;* **Tauricus** ⟨a, um⟩ ADJ taurisch

tauri-fōrmis ⟨e⟩ ADJ in Gestalt eines Stieres

taurīnus ⟨a, um⟩ ADJ Stier…

Tauromenē ⟨ēs⟩ F = **Tauromenium**; **Tauromenitānus** ⟨a, um⟩ ADJ aus Tauromenium

Tauromenium ⟨ī⟩ N *Stadt an der Ostküste Siziliens, heute Taormina*

taurus ⟨ī⟩ M Stier, *auch* ASTROL

Taurus ⟨ī⟩ M *Gebirge in Kleinasien*

taxāre ⟨ō, āvī, ātum 1.⟩ **1** hart/wiederholt berühren **2** schätzen

taxātiō ⟨ōnis⟩ F Schätzung

taxus ⟨ī⟩ F Eibe *mit giftigen Beeren*

tē[1] PERS PR, *akk u. abl* → tu

-te[2] *Suffix, zur Verstärkung, an Pronomina angehängt;* **tute** du (aber)

tech(i)na ⟨ae⟩ F listiger Streich

tēctor ⟨ōris⟩ M Stuckateur, Freskenmaler

tēctōrium ⟨ī⟩ N **1** Tünche, Putz **2** Wandmalerei; Stuck **3** *fig* Schminke

tēctōrius ⟨a, um⟩ ADJ **1** zum Dachdecken dienlich **2** zur Stuckarbeit gehörig, Stuck…; **opus tectorium** Stuckarbeit, Wandmalerei

★**tēctum** ⟨ī⟩ N **1** Dach **2** Zimmerdecke **3** Zimmer **4** Haus, Wohnung **5** Betthimmel

tēctus[1] ⟨a, um⟩ PPP → tegere

tēctus[2] ⟨a, um, *adv* tēctē⟩ ADJ **1** be-

T

deckt **2** mit einem Dach versehen; **navis tecta** Schiff mit Verdeck **3** (*Liebe usw.*) versteckt, verborgen, heimlich **4** geschützt **5** (*Person*) zurückhaltend

tēd PERS PR *akk u. abl* = **te**; → tu

★**tegere** ⟨tegō, tēxī, tēctum 3.⟩ **1** (be)decken **2** bekleiden **3** bestatten **4** verstecken, **a re** vor etw; *passiv* sich verstecken **5** *fig* verheimlichen **6** *fig* schützen, **a re** vor etw **7** *fig* beschönigen

tēgillum ⟨ī⟩ N kleine Decke, Kapuze

teg(i)men ⟨inis⟩ N *u.* **teg(i)mentum** ⟨ī⟩ N **1** Decke; ~ **caeli** Himmelsgewölbe **2** Bekleidung **3** Fell **4** Harnisch **5** *fig* Schutz

tēgula ⟨ae⟩ F **1** Dachziegel; *pl* Ziegeldach **2** PL Deckplatten

tegumen ⟨inis⟩ N = **tegimen**

tegumentum ⟨ī⟩ N = **tegimentum**

tegus ⟨oris⟩ N = **tergus**[2]

tēla ⟨ae⟩ F **1** Gewebe **2** Spinnengewebe **3** Längsfaden *eines Gewebes;* **licia telae addere** weben **4** Webstuhl **5** Webschiffchen **6** Webkunst

Telamō(n) ⟨ōnis⟩ M *Vater des Aias (Aiax) u. Teukros (Teucer);* **Telamōniadēs** ⟨ae⟩ M *u.* **Telamōnius** ⟨ī⟩ M Aias

Tēlemachus ⟨ī⟩ M *Sohn des Odysseus u. der Penelope*

★**tellūs** ⟨ūris⟩ F **1** die Erde **2** Erde, Erdboden, -oberfläche **3** Grund(stück); Landgut **4** Landschaft, Reich, Gebiet, Gegend **5** Fußboden

★**tēlum** ⟨ī⟩ N **1** Wurfwaffe, Geschoss, Lanze, Pfeil, Schleuder **2** Blitz *Jupiters;* Dreizack *Neptuns* **3** Dolch, Schwert, Axt **4** *fig* Waffe **5** Schutzmittel **6** Hilfsmittel, Antrieb

temerāre ⟨ō, āvī, ātum 1.⟩ beflecken, entweihen; **aliquam** ~ eine Frau vergewaltigen; **fluvios venenis** ~ die Flüsse vergiften

T

temerārius ⟨a, um, *adv* temerāriē⟩ ADJ **1** zufällig **2** (*Person*) unbesonnen, waghalsig, verwegen **3** unüberlegt

★**temere** ADV **1** zufällig, planlos, unbesonnen **2** ohne Grund, grundlos **3** ohne Weiteres; **non** ~ kaum; **non/haud** ~ **est** es steckt etw dahinter

★**temeritās** ⟨ātis⟩ F **1** blinder Zufall **2** Unbesonnenheit, Leichtfertigkeit, Verwegenheit; unüberlegtes Urteil

tēmētum ⟨ī⟩ N berauschendes … tränk, Met, Wein, Most

temnere ⟨temnō, tempsī, tempt… 3.⟩ verachten, verschmähen

temperāmentum ⟨ī⟩ N **1** rich… Mischung; ~ **caeli** gemäßigtes Klima … Mittelweg **3** Mäßigung

temperāns ⟨antis, *adv* temperant…⟩ ADJ mäßig, maßvoll, enthaltsam

★**temperantia** ⟨ae⟩ F Mäßigu… Selbstbeherrschung

★**temperāre** ⟨ō, āvī, ātum 1.⟩ **A** V/… maßhalten, sich mäßigen **2** mit … gebrauchen, schonen, **alicui rei** etw… **alicui** j-m Einhalt gebieten **3** sich f… halten **B** V/T **1** einrichten, ordnen… (*Wein, Gift usw.*) richtig mischen **3** t… perieren, richtig wärmen/kühlen **4** … dern, besänftigen **5** fernhalten, bew… ren, **a re** von/vor etw **6** richtig leiten… gieren

temperātiō ⟨ōnis⟩ F **1** richtige … schaffenheit **2** zweckmäßige Einr… tung **3** ordnendes Prinzip

temperātor ⟨ōris⟩ M Ordner, Ge… ter

temperātūra ⟨ae⟩ F richtige … schung

temperātus ⟨a, um, *adv* temper…⟩ ADJ **1** gemäßigt **2** *fig* maßhaltend;… hig, besonnen

temperī ADV zur rechten Zeit; **tem…rius** früher, zu früh

temperiēs ⟨ēī⟩ F **1** richtige Besc… fenheit **2** milde Wärme

temperius ADV *komp* → **temperi**

★**tempestās** ⟨ātis⟩ F **1** Zeitabsch… Zeit, Zeitpunkt **2** Wetter **3** Unwe… Gewitter, Sturm **4** *fig* Ansturm **5** stürmische Zeit **6** Unglück **7** *fig* … nichter, Störer

tempestīvitās ⟨ātis⟩ F rechte Ze…

tempestīvum ⟨ī⟩ N rechter … punkt, günstige Gelegenheit

tempestīvus ⟨a, um, *adv* tempe… *u.* tempestīvō⟩ ADJ *u.* ⟨tempestīv…⟩ zeitgemäß, rechtzeitig **2** *fig* gee… passend, günstig; **parum** ~ ungel… **3** *fig* reif **4** frühzeitig

★**templum** ⟨ī⟩ N **1** Heiligtum, Te… **2** Beobachtungskreis für die Vogels… **3** Anhöhe **4** weiter Raum

temporālis ⟨e⟩ ADJ **1** eine Zeit

Landeskunde

templum – Heiligtum der Römer

Mit dem Begriff **templum** wurde ursprünglich ein abgegrenzter Bereich bezeichnet, in dem ein **augur** seine Beobachtungen machen und deuten konnte. Erst später errichtete man feste Gebäude, die von Säulen und Treppen umgeben waren. Im erhöht angelegten Innenraum befand sich das Götterbild; davor stand der Altar. Dazu kamen je nach Größe und Ausstattung des Tempels eine Vorhalle sowie Nebenräume. Andere lateinische Begriffe für Heiligtum sind delubrum und **fanum**.

nd, vorübergehend **2** GRAM zeitlich; rbum temporale Zeitwort, Verb

nporārius ⟨a, um⟩ ADJ **1** den Umnden angepasst **2** nur kurze Zeit uernd, vorübergehend

nporī ADV = **temperi**

npsī → temnere

nptāmen ⟨inis⟩ N *u.* **temptāentum** ⟨ī⟩ N **1** Probe, Versuch **2** suchung

nptāre ⟨ō, āvī, ātum 1.⟩ **1** berüh**2** nach *etw* streben, *etw* versuchen, *quid* **3** angreifen **4** (*Krankheit*) befal**5** untersuchen, prüfen **6** in Versuung führen, beunruhigen; **iudicium cuniā** ~ versuchen die Richter zu bechen; **precibus** ~ mit Bitten bestürn

nptātiō ⟨ōnis⟩ F **1** Versuch, Erprong **2** Anfall *einer Krankheit* **3** Angriff

nptātor ⟨ōris⟩ M Versucher

nptus ⟨a, um⟩ PPP → temnere

npus¹ ⟨oris⟩ N **1** Zeit(spanne); ~ Tageszeit; **in omne** ~ für immer; **tempore** aus dem Stegreif; **hoc tem-e** zu dieser Zeit; **haec tempora** unse-Zeit; **ad/in** ~ eine Zeit lang **2** Zeitkt **3** Lebenszeit **4** Dauer, Frist **5** t; ~ **ponere in re** seine Zeit verwenauf etw **6** passende Zeit, günstiger Augenblick; **ipso tempore** gerade zur rechten Zeit; **ad** ~/(**in**) **tempore** im richtigen Augenblick; ~ **est** es ist an der Zeit **7** Umstände, Verhältnisse, Lage **8** Not, Gefahr; (**in**) **hoc/tali tempore** unter solchen Umständen; **ex/pro tempore** nach Lage der Dinge **9** METR Zeit *zur Aussprache einer Silbe*, Quantität **10** GRAM Tempus

★**tempus²** ⟨oris⟩ N **1** Schläfe **2** PL Gesicht, Kopf

tēmulentus ⟨a, um⟩ ADJ betrunken

tenācitās ⟨ātis⟩ F **1** das Festhalten **2** *fig* Geiz

tenāx ⟨ācis, *adv* tenāciter⟩ ADJ **1** festhaltend **2** fest, zäh **3** *fig* hartnäckig, störrisch **4** geizig

★**tendere** ⟨tendō, tetendī, tentum 3.⟩ **A** V/T **1** (an)spannen; **insidias** ~ **alicui** j-m einen Hinterhalt legen **2** auf-, ausspannen; **tenta** ~ Zelte aufschlagen **3** ausstrecken, -breiten; -dehnen, verlängern; **manūs** ~ die Hände ausstrecken, **matri** nach der Mutter **4** reichen; *fig* verleihen **5** richten, lenken; **fugam ad aliquem** ~ zu j-m fliehen **6** (*Geschosse*) abschießen **sagittas arcu** ~ Pfeile mit dem Bogen abschießen **7** MUS mit Saiten bespannen **B** V/I **1** MIL lagern **2** MIL sich aufstellen **3** eilen, marschieren, sich begeben; **quo tendis?** wo willst du hin? **4** auf *j-n* losgehen, sich auf *j-n* werfen, **in hostem** auf den Feind **5** *fig* sich erstrecken, reichen; **quorsum haec tendunt?** wohin zielen diese Worte? **6** hinneigen **7** streben, **ultra** noch weiter **8** sich anstrengen **9** streiten, kämpfen

tendicula ⟨ae⟩ F **1** Seil **2** *fig* Fallstrick

★**tenebrae** ⟨ārum⟩ FPL **1** Dunkelheit; **tenebris** bei Dunkelheit **2** Nacht **3** dunkler Ort, Kerker **4** Bordell **5** Schlupfwinkel **6** *fig* dunkles Schicksal, schlechte Lage **7** *fig* Unklarheit **8** dunkle Herkunft **9** Blindheit **10** *fig* Schwermut

tenebricōsus ⟨a, um⟩ ADJ dunkel

tenebricus *u.* **tenebrōsus** ⟨a, um⟩ ADJ dunkel

tenellulus ⟨a, um⟩ ADJ äußerst zart

tenellus ⟨a, um⟩ ADJ sehr zart

★**tener** ⟨era, erum, *adv* tenerē⟩ ADJ **1** dünn, fein, zart **2** *fig* jugendlich, jung; **annus** ~ Frühling; **a teneris unguiculis** von klein auf **3** empfindsam **4** weich-

T

lich 5 zärtlich, verliebt

★**tenēre** ⟨teneō, tenuī, tentum 2.⟩ A V/T 1 (fest)halten, **manu** mit der Hand 2 umarmen; **aliquem complexu ~** j-n umarmen 3 *(geistig)* erfassen, begreifen, kennen **tenes(ne)?** kapierst du es? 4 richten, **oculos sub astra** die Augen auf die Sterne; **iter ~** einen Weg einschlagen 5 erreichen; **regnum ~** die Herrschaft erlangen 6 überführt haben 7 besitzen; **prima ~** den ersten Platz einnehmen 8 *(Platz)* einnehmen, bewohnen 9 sich aufhalten, **locum** an einem Ort 10 MIL besetzt halten 11 *(Truppen)* befehligen 12 *(Raum)* einnehmen; **teneri re** in etw enthalten sein, zu etw gehören 13 *(Besitz)* behalten, bewahren 14 *(Festung usw.)* MIL erfolgreich verteidigen 15 *(in einem Zustand)* erhalten; **se quietem ~** sich ruhig halten 16 beibehalten, **cursum** den Kurs 17 *(geistig)* fesseln, erfreuen 18 *(Gefühle usw.)* beherrschen 19 verpflichten, binden; *passiv* zu *etw* verpflichtet sein; **poenā teneri** Strafe verdienen 20 zurückhalten, aufhalten; **me ~/teneri non possum, quin** ich kann mich nicht zurückhalten *etw zu tun* 21 *(Tränen usw.)* unterdrücken; verschweigen 22 hinhalten, warten lassen 23 fernhalten, abhalten, **a re** von etw 24 halten für, *+dopp akk* B V/I 1 fahren; **ventus adversum tenet alicui** der Wind weht j-m entgegen 2 sich halten, dauern

teneritās ⟨ātis⟩ F Zartheit

tenesmos ⟨ī⟩ M Darmkrampf

tennitur = **tenditur**; → tendere

tenor ⟨ōris⟩ M 1 ununterbrochener Lauf, Schwung 2 *fig* Verlauf, Dauer; **uno tenore** in einem fort 3 Eigenart, Grundhaltung 4 Ton einer Silbe

tēnsa ⟨ae⟩ F Prozessionswagen

tent... *auch* = **tempt...**

tentōrium ⟨ī⟩ N Zelt

tentus ⟨a, um⟩ PPP → tendere *u.* → tenere

tenuāre ⟨ō, āvī, ātum 1.⟩ 1 dünn machen, verdünnen 2 *passiv* abmagern 3 vermindern, verringern, herabsetzen 4 *(Dichter)* zart ausspinnen

★**tenuis** ⟨e, *adv* tenuiter⟩ ADJ 1 dünn, fein, zart; **aurum tenue** Goldfäden 2 schmal, eng 3 schmächtig, zierlich 4 seicht, flach 5 *(Flüssigkeit)* klar, rein 6 unbedeutend, schwach 7 *(Stand)* ni[…] rig 8 *(Kost usw.)* arm, ärmlich, spär[…] 9 RHET schlicht, einfach 10 gründli[…] genau 11 ADV leichthin, obenhin

tenuitās ⟨ātis⟩ F 1 Feinheit 2 Mag[…]keit 3 *fig* Dürftigkeit, Armseligkeit 4 Schlichtheit, Einfachheit

tenus[1] ⟨oris⟩ N Schnur mit Schlinge

tenus[2] *indekl* N, *nach gen od. abl* bis bis zu; **Tauro ~ regnare** bis an den T[…]rus herrschen; **verbo ~** nur dem Na[…] nach

tepe-facere *u.* **tepē-facerē** ⟨fa[…] fēcī, factum 0.⟩ erwärmen, erhitzen

tepe-factāre ⟨ō, -, - 1.⟩ erwärmen

tepēre ⟨eō, uī, - 2.⟩ 1 warm sein 2 verliebt sein 3 *fig* lau in der Liebe s[…]

tepēscere ⟨tepēscō, tepuī, - 3.⟩ A (lau)warm werden; erkalten B V/T erw[…]men

tepidārium ⟨ī⟩ N Tepidarium, *lau[…]mes Wasserbecken in röm. Thermen,* thermae

tepidārius ⟨a, um⟩ ADJ mit lau[…]mem Wasser

tepidus ⟨a, um, *adv* tepidē⟩ AD[…] (lau)warm, mild 2 kühl, schon erkal[…] 3 *fig* erkaltet

tepor ⟨ōris⟩ M 1 milde Wärme 2 K[…] 3 *fig* Mattigkeit

tepuī → tepere *u.* → tepescere

★**ter** ADV 1 dreimal 2 zum dritten M[…]

ter-centum *indekl* NUM CARD = **tre[…]**

ter-deciē(n)s ADV dreizehnmal

terebinthīnus ⟨a, um⟩ ADJ von Terebinthe

terebinthus ⟨ī⟩ F BOT Terpentinb[…]

terebrāre ⟨ō, āvī, ātum 1.⟩ […] durchbohren, durchlöchern

terēdō ⟨inis⟩ F Holzwurm

Terentiānus ⟨a, um⟩ ADJ des Ter[…]us

Terentius ⟨a, um⟩ *röm. Gentilnam[…]* **P. Terentius Afer** *Komödiendichter[…] Karthago, 185–159 v. Chr.* 2 **M. ~ V[…]** *Gelehrter u. Schriftsteller, 116–28 v. Ch[…]*

★**terere** ⟨terō, trīvī, trītum 3.⟩ 1 (ab[…]ben 2 polieren, glätten 3 abnutzen[…] tragen 4 Geschlechtsverkehr ha[…] **aliquem** mit j-m 5 *(Getreide)* dres[…] 6 zerreiben, zermahlen 7 *fig* aufre[…] mürbe machen 8 oft benutzen; **vi[…]**

T

nen Weg häufig gehen 9 *(Zeit)* ver-ingen; vergeuden

res ⟨etis⟩ ADJ 1 länglich rund 2 *(Per-n)* rundlich 3 glatt, zierlich 4 ele-ant, geschmackvoll

reus ⟨eī *u.* eos⟩ M *Gatte der Prokne, egen Vergewaltigung seiner Schwägerin ilomela in einen Wiedehopf verwandelt*

rgēre¹ ⟨tergeō, tersī, tersum 2.⟩ *u.* **rgere²** ⟨tergō, tersī, tersum 3.⟩ 1 trocknen, reinigen 2 ~ **palatum** *fig* n Gaumen kitzeln 3 *fig* sühnen

rgīnum ⟨ī⟩ N Lederpeitsche

rgi-versārī ⟨or, ātus sum 1.⟩ sich äuben, Ausflüchte gebrauchen

rgiversātiō ⟨ōnis⟩ F das Zögern, rzögerung

rgum ⟨ī⟩ N *u.* **tergus¹** ⟨ī⟩ M 1 Rü-en; **tergum vertere** fliehen; **a tergo** Rücken, hinten, von hinten; **post ter-m** hinter sich 2 *(von Tieren)* Körper 3 Rückseite 4 *fig* Oberfläche 5 Haut, l, Leder 6 *aus Leder gefertigter Gegen-nd*: Schlauch; Lederschild; Handpauke **terga** Rinderhäute

gus² ⟨oris⟩ N 1 *(von Tieren)* Rücken Rückenstück, Schinken 3 Haut, Fell

mentum ⟨ī⟩ N Schaden

minālia ⟨ium⟩ NPL die Terminalien, *t zum Jahresende am 23. Februar*

mināre ⟨ō, āvī, ātum 1.⟩ 1 be-, ab-enzen 2 *fig* be-, einschränken 3 *fig* timmen, bemessen 4 *fig* beenden RHET mit einer Klausel abschließen

minātiō ⟨ōnis⟩ F 1 Festsetzung Grenze 2 *fig* Abgrenzung; Urteil 3 ET Klausel, Abschluss einer Periode

minus ⟨ī⟩ M 1 Grenzstein; *pl* Gren-Grenzgebiet 2 *fig* Schranke 3 *fig* En-Schluss 4 ~ **ante/post quem** Zeit-nkt, vor/nach dem etw geschieht

nī ⟨ae, a⟩ NUM DISTR 1 je drei 2 drei-h 3 drei zusammen, zu dritt

ra ⟨ae⟩ F 1 *(Weltkörper)* die Erde 2 *Stoff)* Erde 3 Erdboden, Boden; **ad ram** zu Boden 4 Land; **terrā marique** Land und zu Wasser; **a terrā** von der dseite 5 PL Unterwelt; **in terris** in Unterwelt 6 Land, Landschaft 7 PL Welt; **orbis terrarum** Erdkreis; **ubi arum?** wo auf der Welt?

ēnus ⟨a, um⟩ ADJ 1 aus Erde 2 auf Erde befindlich; Erd..., Land... 3 *fig* irdisch, sterblich 4 unterirdisch

★**terrēre** ⟨eō, uī, itum 2.⟩ 1 erschrecken 2 aufscheuchen, -jagen 3 abschrecken, **a re** von etw

terrester ⟨tris, tre⟩ ADJ *u.* **terrestris** ⟨e⟩ ADJ 1 irdisch, Erd... 2 Land...

terreus ⟨a, um⟩ ADJ aus Erde

★**terribilis** ⟨e⟩ ADJ schrecklich, furchtbar, **alicui** für j-n

terrificāre ⟨ō, -, - 1.⟩ erschrecken

terri-ficus ⟨a, um⟩ ADJ schreckenerregend

terri-gena ⟨ae⟩ M *u.* F erdgeboren

territāre ⟨ō, āvī, - 1.⟩ erschrecken

territōrium ⟨ī⟩ N Gebiet, Territorium

★**terror** ⟨ōris⟩ M 1 Schrecken, Angst 2 schreckenerregende Gestalt, Schreckbild 3 Schreckensnachricht

terr-ūncius ⟨ī⟩ M = **teruncius**

tersī → tergere

tersus¹ ⟨a, um⟩ PPP → tergere

tersus² ⟨a, um⟩ ADJ 1 rein, sauber 2 *fig* fein

tertiānus ⟨a, um⟩ ADJ zum Dritten gehörig; **febres tertianae** am dritten Tag auftretende Fieberanfälle

tertius ⟨a, um⟩ NUM ORD 1 der dritte; **tertia hora** dritte Stunde; **tertia Saturnalia** dritter Tag der Saturnalien 2 **tertio/tertium** zum dritten Mal, drittens

tertius-decimus ⟨a, um⟩ NUM ORD, *auch getrennt* der dreizehnte

Tertulliānus ⟨ī⟩ M *Quintus Septimius Florens Tertullianus, ca. 155–200 n. Chr., lat. chr. Schriftsteller*

ter-ūncius ⟨ī⟩ M 1 drei Zwölftel *eines zwölfteiligen Ganzen*, ein Viertel; **heres ex teruncio** Erbe eines Viertels 2 *(als Münze)* ein Viertelas, ein Vierzigstel eines Denars 3 *fig* Heller; **ne ~ quidem** nicht das Mindeste

ter-venēficus ⟨ī⟩ M Erzgiftmischer

tesca *u.* **tesqua** ⟨ōrum⟩ NPL Einöden

tessera ⟨ae⟩ F 1 Würfel 2 Kennmarke; ~ **frumentaria** Marke zum Getreideempfang 3 ~ **(hospitalis)** Erkennungsmarke für Gastfreunde 4 MIL Täfelchen mit dem Kennwort 5 MIL Parole, Befehl

testa ⟨ae⟩ F 1 Ziegelstein 2 Tongefäß; Urne 3 Scherbe; **testarum suffragia** Scherbengericht 4 *(der Schalentiere)* Schale 5 *fig* Schale, Decke 6 PL *fig* das Beifallklatschen

testāceus ⟨a, um⟩ ADJ aus Ziegelstein

testāmentārius A ⟨a, um⟩ ADJ Testament… B ⟨ī⟩ M Testamentfälscher

★**testāmentum** ⟨ī⟩ N Testament, Letzter Wille

★**testārī** ⟨or, ātus sum 1.⟩ A V/T 1 als Zeugen anrufen 2 bezeugen 3 beteuern, versichern; bekunden B V/I ein Testament machen

testātiō ⟨ōnis⟩ F 1 Anrufung zum Zeugen 2 Zeugenaussage

testātus ⟨a, um⟩ ADJ offenkundig

testi-ficārī ⟨or, ātus sum 1.⟩ 1 als Zeugen anrufen 2 bezeugen, feierlich versichern, beweisen

testificātiō ⟨ōnis⟩ F 1 Bezeugung, Zeugenbeweis 2 Feststellung

★**testimōnium** ⟨ī⟩ N 1 Zeugnis vor Gericht, Zeugenaussage 2 Beweis

★**testis**¹ ⟨is⟩ M *u.* F Zeuge, Zeugin, Augenzeuge, Mitwisser

testis² ⟨is⟩ M, *meist* PL Hoden

testū N *nur abl* Schüssel, Tongefäß

testūdō ⟨inis⟩ F 1 Schildkröte 2 Schildpatt 3 *Gegenstände in der Form des Schildkrötenpanzers*: Laute, Lyra; Schutz-, Schilddach 4 Schale des Seeigels

testula ⟨ae⟩ F Tontäfelchen, Scherbe; **testularum suffragia** Scherbengericht

tē-te PERS PR *akk verstärktes te*; → tu

tetendī → tendere

tēter ⟨tra, trum⟩ ADJ = **taeter**

Tēthys ⟨yos⟩ F 1 *Meeresgöttin* 2 Meer

tetigī → tangere

tetrarchēs ⟨ae⟩ M Tetrarch, *Herrscher über ein Viertel des Reiches*

tetrarchia ⟨ae⟩ F Tetrarchie, Gebiet eines Tetrarchen

tetricus ⟨a, um⟩ ADJ finster, streng

tetulī = **tuli**; → ferre

Teucer ⟨crī⟩ M 1 *Halbbruder des Aias (Aiax), bester Bogenschütze der Griechen vor Troja* 2 MYTH *König von Troja*; **Teucrī** ⟨ōrum⟩ MPL die Trojaner; **Teucria** ⟨ae⟩ F Land um Troja, Troas; **Teucrius** *u.* **Teucrus**¹ ⟨a, um⟩ ADJ troisch

Teucrus² ⟨ī⟩ M = **Teucer**

Teutones ⟨um⟩ MPL *u.* **Teutonī** ⟨ōrum⟩ MPL die Teutonen, *germ. Volk*; **Teutonicus** ⟨a, um⟩ ADJ 1 teutonisch 2 germanisch

★**texere** ⟨texō, texuī, textum 3.⟩ 1 weben, flechten 2 *fig* zusammenfüg… 3 verfertigen 3 *fig* verfassen

tēxī → tegere

textile ⟨is⟩ N Gewebe

textilis ⟨e⟩ ADJ gewebt, geflocht…; **pestis ~** vergiftetes Gewand

textor ⟨ōris⟩ M Weber

textōrium ⟨ī⟩ N Spinnengewebe

textōrius ⟨a, um⟩ ADJ Web…

textrīnum ⟨ī⟩ N Webstube, Weber…

textum ⟨ī⟩ N 1 Gewebe, Kleid 2 Gefüge, Bau; **pinea texta** Schiffe

textūra ⟨ae⟩ F = **textum**

textus¹ ⟨a, um⟩ PPP → texere

textus² ⟨ūs⟩ M 1 Gewebe 2 *fig* Zus…menhang der Rede, Text

texuī → texere

thalamus ⟨ī⟩ M 1 Zimmer, Schlafz…mer; Wohnung 2 Ehebett 3 Ehe, Hc…zeit

thalassicus ⟨a, um⟩ ADJ Meer…, …manns…

Thalēa ⟨ae⟩ F = **Thalia**

Thalīa ⟨ae⟩ F *Muse der heiteren D… kunst u. der Komödie*

Thapsos *u.* **Thapsus** ⟨ī⟩ F 1 *Stac… der Ostküste Siziliens* 2 *Stadt an der N… küste Afrikas, Sieg Caesars über die Por… janer 46 v. Chr.*

theātrālis ⟨e⟩ ADJ Theater…

★**theātrum** ⟨ī⟩ N 1 Theater, Zuscha… raum 2 Amphitheater, Zirkus 3 T… terpublikum; die Zuschauer, die Zuh… 4 *fig* Bühne, Betätigungsfeld

Thēbae ⟨ārum⟩ FPL Theben 1 *die… bentorige, von König Kadmos gegrür… Hauptstadt von Böotien* 2 *ehem… Hauptstadt Oberägyptens* 3 *das hor… sche Theben in Mysien*

Thēbais ⟨idis⟩ F Thebanerin; **Thē… nus** ⟨a, um⟩ ADJ aus Theben

Thēbē ⟨ēs⟩ F = **Thebae**

thēca ⟨ae⟩ F 1 Büchse, Kapsel, Ka… 2 Futteral

thema ⟨atis⟩ N 1 Thema, Gegens… 2 ASTRON Konstellation, Stellung… Sterne *zur Geburtszeit*

thermae ⟨ārum⟩ FPL 1 warme Que… Bäder 2 Thermen *der Römer*

thermulae ⟨ārum⟩ FPL = **thermae**

thēsaurārius ⟨a, um⟩ ADJ Schatz…

thēsaurus ⟨ī⟩ M 1 Schatz, Reic… 2 Schatzkammer 3 *fig* Vorratskar…

Landeskunde

▶ theatrum – Theater

ange waren nur Theaterbauten
rlaubt, die nach Ende der Spielsaison
vieder beseitigt wurden. Erst 55 v. Chr.
eß **Pompeius** das erste steinerne
heater in Rom weihen. Die Bühne lag
or einem mehrgeschossigen Büh-
enbau, der als Kulisse und Künstler-
ugang diente. Ein halbkreisförmiger
eier Platz vor der Bühne war den
lagistraten vorbehalten. Daran
nschließend erhoben sich Stufenrei-
en mit mehreren Zugängen für die
uschauer. In solchen Theatern wur-
en Tragödien, Komödien, Possen
nimi) und Pantomimen (**pantomimi**)
ufgeführt. Tier- und Gladiatorenspiele
agegen fanden im Amphitheater
mphitheatrum), Wagenrennen im
rkus (**circus**) statt.

fig Fundgrube
essalia ⟨ae⟩ F Thessalien, *Landschaft Norden Griechenlands*; **Thessalicus** um⟩ ADJ *u.* **Thessalis**, ⟨idis⟩ ADJ F **Thessalius** *u.* **Thessalus** ⟨a, ⟩ ADJ thessalisch
tis ⟨idis⟩ F **1** *Nereide, Mutter des ill* **2** Meer
asus ⟨ī⟩ M Bacchusreigen
lus ⟨ī⟩ M Kuppeldach eines Tempels
rāx ⟨ācis⟩ M Brustpanzer
ācia ⟨ae⟩ F *Landschaft im Nordosten Griechenland u. östl. von Makedonien*;
rācius ⟨a, um⟩ ADJ thrakisch
aecius ⟨a, um⟩ ADJ thrakisch; **rae(i)ssa** ⟨ae⟩ F Thrakerin;
raex ⟨aecis⟩ M Thraker
onus ⟨ī⟩ M erhöhter Sitz, Thron
cȳdidēs ⟨is *u.* ī⟩ M *athen. Gechtsschreiber, Verfasser der Geschichte Peloponnesischen Krieges*; **Thūcȳdius** ⟨a, um⟩ ADJ des Thukydides
lē ⟨ēs⟩ F *Insel im hohen Norden*; **ulti-** ~ = äußerster Norden
nnus ⟨ī⟩ M = **thynnus**

Thūriae ⟨ārum⟩ FPL *u.* **Thūriī** ⟨ōrum⟩ MPL *Nachfolgestadt von Sybaris*; **Thūrīnum** ⟨ī⟩ N Gebiet um Thurii *im heutigen Kalabrien*; **Thūrīnus** ⟨a, um⟩ ADJ aus Thurii; **Thūrīnus** ⟨ī⟩ M Einwohner von Thurii
thūs ⟨thūris⟩ N = **tus**
thya ⟨ae⟩ F = **citrus**
Thybris ⟨idis⟩ M = **Tiberis**
Thyias ⟨adis⟩ F Bacchantin
thyius ⟨a, um⟩ ADJ = **citreus**
Thȳlē ⟨ēs⟩ F = **Thule**
thymum ⟨ī⟩ N *u.* **thymus** ⟨ī⟩ M Thymian
thynnus ⟨ī⟩ M Thunfisch

Landeskunde

▶ thermae – die Kunst des Bades

Gerade der römischen Oberschicht war das regelmäßige Bad wichtig. Da nur wenige Häuser eigene Bäder hatten, gab es öffentliche Badeanstalten, die Thermen. Meist gehörten dazu:

palaestra	Sportplatz
apodyterium	Umkleideraum
caldarium	Warmbaderaum mit Warmwasserbecken
tepidarium	Raum mit lauwarmem Wasserbecken
frigidarium	Kaltbaderaum mit Kaltwasserbecken
natatio	Schwimmbecken

Die Anlagen verfügten z. T. über Fußboden- und Wandheizungen aus Hohlziegeln. Die Ruinen der Thermen sind immer noch imposant, z. B. die Caracalla-Thermen in Rom (ca. 350 Meter lang, über 320 Meter breit). In Deutschland sind Ruinen der Kaiserthermen in Trier (3. Jahrhundert n. Chr.) erhalten. In Österreich befinden sich Überreste einer Thermenanlage im Archäologischen Park Carnuntum.

thyrsi-ger ⟨gera, gerum⟩ ADJ den Thyrsus tragend

thyrsus ⟨ī⟩ M 1 Stängel 2 Thyrsus, *der mit Efeu u. Weinlaub umwundene Stab des Dionysos/Bacchus* 3 *fig* Stachel

Ti. ABK = **Tiberius**

tiāra ⟨ae⟩ F *u.* **tiārās** ⟨ae⟩ M 1 Turban 2 Tiara 3 *fig* Diadem, Krone

Tib. ABK = **Tiberius**

Tiberiānus ⟨a, um⟩ ADJ des Tiberius

Tiberis ⟨is⟩ M 1 Tiber, *Fluss durch Rom, früher Albula, umbenannt, nachdem der König Tiberinus in ihm ertrunken war, heute Tevere* 2 Flussgott Tiber

Tiberius ⟨ī⟩ M *röm. Vorname;* ~ **Claudius Nero** *Nachfolger des Augustus, röm. Kaiser 14–37 n. Chr.*

tībia ⟨ae⟩ F 1 Schienbein 2 MUS Rohrflöte, *meist pl;* **tibiis canere** Flöte spielen

tībī-cen ⟨inis⟩ M 1 Flötenspieler; **ad tibicinem** mit Flötenbegleitung 2 *fig* Pfeiler, Säule

tībīcina ⟨ae⟩ F Flötenspielerin

tībīcinium ⟨ī⟩ N Flötenspiel

Tibullus ⟨ī⟩ M *röm. Beiname;* **Albius** ~ *röm. Elegiker, 54–19 v. Chr.*

Tībur ⟨uris⟩ F *alte, hoch gelegene Stadt in Latium, Luftkurort der Römer, heute Tivoli;* **Tīburnus** ⟨a, um⟩ ADJ aus Tibur; **Tīburnus** ⟨ī⟩ M *u.* **Tīburs** ⟨burtis⟩ M Einwohner von Tibur; **Tīburtīnum** ⟨ī⟩ N Landgut bei Tibur; **Tīburtīnus** ⟨a, um⟩ ADJ aus Tibur; **Tīburtīnus** ⟨ī⟩ M Einwohner von Tibur; **Tīburtus** ⟨ī⟩ M MYTH *Gründer von Tibur*

tigillum ⟨ī⟩ N kleiner Balken

tīgnārius ⟨a, um⟩ ADJ zum Bauholz gehörig; **faber** ~ Zimmermann

tīgnum ⟨ī⟩ N Balken; ~ **traversum** Querbalken; ~ **cavum** Fahrzeug

tigris ⟨is *u.* idis⟩ M *u.* F Tiger

Tigris ⟨is *u.* idis⟩ M *Fluss in Mesopotamien*

T

Tigurīnī ⟨ōrum⟩ MPL *helvetischer Stamm um die heutigen Städte Bern u. Fribourg*

tilia ⟨ae⟩ F Linde

time-facere ⟨faciō, -, factum 3.⟩ in Furcht versetzen, erschrecken

timendus ⟨a, um⟩ ADJ furchtbar, schrecklich, **alicui** für j-n

timēns ⟨entis⟩ ADJ ängstlich

★**timēre** ⟨eō, uī, - 2.⟩ 1 fürchten 2 mit Angst wahrnehmen 3 sich scheuen 4 es aufnehmen müssen, **monstra** mit geheuern

timiditās ⟨ātis⟩ F Ängstlichk Schüchternheit

★**timidus** ⟨a, um, *adv* timidē⟩ ADJ än lich, schüchtern

★**timor** ⟨ōris⟩ M 1 Furcht, Befürcht Besorgnis; ~ **belli** Angst vor ei Krieg; **in timore esse** in Sorge sei Ängstlichkeit, Schüchternheit 3 giöse Scheu, Ehrfurcht 4 Abergla 5 Gegenstand der Furcht, Schrecke

tīnctor ⟨ōris⟩ M Färber

tīnctus ⟨a, um⟩ PPP → tingere

tinea ⟨ae⟩ F 1 Motte 2 Raupe

★**tingere** ⟨tingō, tīnxī, tīnctum 3. befeuchten, bestreichen; **fontem m camine** ~ die Quelle vergiften 2 ein chen 3 färben, **comam** das Haar

tinnīmentum ⟨ī⟩ N Geklingel

tinnīre ⟨iō, īvī, ītum 4.⟩ 1 kling klimpern 2 *fig* laut singen, schreie

tinnītus ⟨ūs⟩ M das Klingeln

tinnulus ⟨a, um⟩ ADJ 1 klingend, gelnd, schallend 2 RHET hohl

tintinnābulum ⟨ī⟩ N Klingel, G chen

tintinnāculus ⟨a, um⟩ ADJ kling schallend

tīnus ⟨ī⟩ F BOT Schneeball

tīnxī → tingere

tippula ⟨ae⟩ F Wasserspinne

Tīresiās ⟨ae⟩ M *blinder Seher in Th*

tīrō ⟨ōnis⟩ A M 1 MIL Rekrut 2 A ger, junger Mann B ADJ noch unge

tīrōcinium ⟨ī⟩ N 1 MIL Rekruter ~ **deponere** den ersten Feldzug mi chen 2 MIL die Rekruten 3 *fig* Une renheit 4 Probestück

tīrunculus ⟨ī⟩ M 1 junger Soldat Anfänger, Neuling

tīs PERS PR *gen* = **tui**

tisana ⟨ae⟩ F = **ptisana**

tisanārium ⟨ī⟩ N = **ptisanarium**

Tītān ⟨ānis⟩ M Titan; *meist pl* die nen, *altes Göttergeschlecht, von Ze siegt u. in den Tartaros geschleuder* **tānia** ⟨ae⟩ F Titanentochter; **Tit cus** ⟨a, um⟩ ADJ titanisch, Titan **Tītānis** ⟨idis⟩ F Titanentochter; **nis** ⟨idis *u.* idos⟩ ADJ F *u.* **Tītā** ⟨a, um⟩ ADJ titanisch, Titanen...; **nus** ⟨ī⟩ M = **Titan**

tibil(l)īcium ⟨ī⟩ N Kleinigkeit
tiēnsēs *u.* **Titiēs** ⟨ium⟩ MPL 1 *Ange-*
örige der drei ältesten patriz. Tribus in
om neben den Luceres u. Ramnes 2 *die*
ngehörigen der gleichnamigen Ritterzen-
rie
illārē ⟨ō, -, - 1.⟩ 1 kitzeln 2 *fig* reizen
illātiō ⟨ōnis⟩ F 1 das Kitzeln 2 *fig*
eiz
tius ⟨a, um⟩ A *Name einer röm. gens*
ADJ von Titus Tatius angeordnet
ubanter ADV schwankend, unsicher
ubantia ⟨ae⟩ F 1 das Wanken 2 *fig*
s Stammeln
ubāre ⟨ō, āvī, ātum 1.⟩ 1 wanken,
umeln 2 *fig* unsicher sein 3 *fig* stam-
eln, stocken
ubātiō ⟨ōnis⟩ F 1 das Wanken 2 *fig*
s Stottern, Verlegenheit
ulus ⟨ī⟩ M 1 Anschlag, Bekanntma-
ung 2 Auf-, Inschrift 3 Buchtitel 4
Titel, Ehrenbezeichnung; **regis** ~ Kö-
gstitel 5 Ruhm, Ansehen 6 Vorwand
us ⟨ī⟩ M *röm. Vorname, abgek. T.*
yos ⟨ī⟩ M *Riese; in der Unterwelt zer-*
ckt ein Geier seine immer wieder nach-
chsende Leber
culliō ⟨ōnis⟩ F Wucherer
dillus ⟨a, um⟩ ADJ dünn
īnus ⟨a, um⟩ ADJ aus Tuffstein
us ⟨ī⟩ M Tuffstein
ga ⟨ae⟩ F 1 Toga, *in Falten gelegtes Obergewand vornehmer Männer über der Tunika, ein halbkreisförmiges Stück Wollstoff, so umgelegt, dass die linke Hand u. der rechte Arm frei blieben, meist weiß, in dunklem naturfarbenem Wollstoff Zeichen der Trauer u. der ärmeren Schichten;* ~ **praetexta** Toga mit breitem Purpurstreifen, *Kleidung der frei geborenen Jungen u. der obersten Beamten;* ~ **pura/virilis** Männertoga, *die gewöhnliche Toga der Männer ohne Streifen* 2 Kleidung im Frieden 3 Friede 4 Beredsamkeit, öffentliche Tätigkeit 5 PL die Klienten 6 Prostituierte
togāta ⟨ae⟩ F 1 **fabula** ~ Komödie mit römischen Inhalten 2 Straßenmädchen
togātulus ⟨ī⟩ M Klient
togātus A ⟨a, um⟩ ADJ mit der Toga bekleidet, echt römisch; **gens togata** die Römer B ⟨ī⟩ M 1 römischer Bürger; Bürger im Friedenskleid 2 Klient
togula ⟨ae⟩ F kleine Toga, hübsche Toga
tolennō ⟨ōnis⟩ M Hebebalken, Hebemaschine, Kran
tolerābilis ⟨e, *adv* tolerābiliter⟩ ADJ 1 erträglich, leidlich, **alicui** für j-n 2 geduldig
tolerantia ⟨ae⟩ F Geduld
★**tolerāre** ⟨ō, āvī, ātum 1.⟩ 1 ertragen, aushalten, erdulden 2 erträglich machen 3 notdürftig erhalten
tolerātiō ⟨ōnis⟩ F Kraft zu ertragen

Landeskunde

toga – Kleidungsstück der Bürger

ie **toga** war die traditionelle Kleidung des römischen Bürgers bei offiziellen nlässen, ursprünglich aus Wolle, meist weiß, bei gewöhnlichen Leuten und bei auer dunkel (**pulla**). Die Toga wurde über der **tunica** getragen. Sie bestand aus nem halbkreisförmigen oder ellipsenförmigen Stück Stoff, das kunstvoll um den örper gelegt wurde; der rechte Arm und die linke Hand blieben frei. Unterschieden urden folgende Arten der Toga:

ga praetexta	mit einem breiten Purpurstreifen *für Priester, Würdenträger und Jungen*
ga virilis / pura	die gewöhnliche Toga ohne Streifen *ab dem 17. Lebensjahr*
ga picta	purpurne Toga mit goldenen Sternen *für den siegreichen Feldherrn während des Triumphzugs*

der Kaiserzeit wurde die Toga mehr und mehr durch einen mantelartigen erwurf aus Wolle (**lacerna**), oft mit Kapuze, ersetzt.

tollēnō ⟨ōnis⟩ M = **tolenno**
★**tollere** ⟨tollō, sustulī, sublātum 3.⟩ 1 auf-, hochheben 2 (*Pflanze*) aufwachsen lassen 3 (*Gebäude*) in die Höhe bauen; *passiv u.* **se ~** sich erheben; **signa ~** aufbrechen 4 (*Neugeborenes*) von der Erde aufheben *u. damit als sein eigenes anerkennen* 5 (*Kind*) zeugen 6 (*in ein Fahrzeug*) (auf)nehmen 7 *fig* beginnen 8 (*lobend*) verherrlichen 9 *fig* ermutigen, aufrichten, **animum alicuius** j-n 10 wegnehmen, -bringen, entfernen, beseitigen, *auch fig; passiv* verloren gehen 11 *fig* aufheben, abschaffen; **legem ~** ein Gesetz abschaffen 12 *fig* vernichten, vereiteln; **nomen ~** den Namen ausstreichen; **alicui spem ~** j-m die Hoffnung nehmen 13 *fig* weglassen
Tolōsa ⟨ae⟩ F *Stadt in Gallia Narbonensis, heute Toulouse;* **Tolōsānus** ⟨a, um⟩ ADJ aus Tolosa; **Tolōsātēs** ⟨ium⟩ MPL die Einwohner von Tolosa
tolūtārius ⟨a, um⟩ ADJ trabend
tolūtim ADV im Trab
Tomī ⟨ōrum⟩ MPL *u.* **Tomis** ⟨idis⟩ F *Stadt am Schwarzen Meer, Verbannungsort Ovids, heute Constanța;* **Tomītae** ⟨ārum⟩ MPL die Einwohner von Tomi; **Tomitānus** ⟨a, um⟩ ADJ aus Tomi
tomus ⟨ī⟩ M 1 Einband *einer Bücherrolle* 2 Band 3 Werk, Buch
tonāre ⟨ō, uī, - 1.⟩ A V/I 1 donnern; **tonat** es donnert; **tonans** der Donnerer = Saturn, Jupiter 2 *fig* laut tönen, krachen 3 (*Redner*) laut sprechen B V/T laut ertönen lassen, laut besingen
tondēre ⟨tondeō, totondī, tōnsum 2.⟩ 1 scheren, rasieren 2 *passiv* sich rasieren (lassen) 3 (*Sträucher usw.*) beschneiden, mähen, pflücken, abweiden
tonitrus ⟨ūs⟩ M Donner, Donnerschlag
tōnsilis ⟨e⟩ ADJ beschnitten
tōnsillae ⟨ārum⟩ FPL Mandeln *im Hals*
tōnsitāre ⟨ō, -, - 1.⟩ scheren
tōnsor ⟨ōris⟩ M Barbier, Friseur
tōnsōrius ⟨a, um⟩ ADJ Scher..., Rasier...; **culter ~** Rasiermesser
tōnstrīna ⟨ae⟩ F *u.* **tōnstrīnum** ⟨ī⟩ N Barbierstube
tōnstrīx ⟨īcis⟩ F Friseurin
tōnsūra ⟨ae⟩ F das Scheren, Schur
tōnsus¹ ⟨a, um⟩ PPP → tondere
tōnsus² ⟨ūs⟩ M Haarschnitt, -tracht

tonuī → tonare
tonus ⟨ī⟩ M 1 Ton 2 Silbe 3 Donn
topanta *indekl* NPL das Ganze
tōph... = **tof...**
topiārius A ⟨a, um⟩ ADJ zur Ku gärtnerei gehörig B ⟨ī⟩ M Kunstgärt
toral ⟨ālis⟩ N Bettdecke
toreuma ⟨atis⟩ N getriebene Arb Relief
tormentum ⟨ī⟩ N 1 Winde 2 Wurfmaschine; Geschoss 3 Folterw zeug 4 *fig* Druck, Zwang, Marter
tormina ⟨um⟩ NPL Kolik
tornamentum ⟨i⟩ N Turnier
tornāre ⟨ō, āvī, ātum 1.⟩ drechseln
tornus ⟨ī⟩ M Drechslerwerkzeug, ßel
torōsus ⟨a, um⟩ ADJ muskulös, schig
torpēdō ⟨inis⟩ F 1 Erstarrung 2 Zi rochen
★**torpēre** ⟨eō, uī, - 2.⟩ 1 starr/steif 2 *fig* träge sein 3 betäubt sein
torpēscere ⟨torpēscō, torpuī, - 3. erstarren 2 träge werden 3 (*geistig* lahmen
torpidus ⟨a, um⟩ ADJ erstarrt, betä
torpor ⟨ōris⟩ M 1 Erstarrung 2 Be bung 3 Trägheit
torpuī → torpere *u.* → torpescere
torquātus ⟨a, um⟩ ADJ mit einer kette geschmückt
Torquātus ⟨a, um⟩ *röm. Beiname*
★**torquēre** ⟨torqueō, torsī, tortum 1 drehen, winden, umdrehen 2 kre lassen 3 wälzen, wegwenden 4 *schosse*) schleudern, werfen 5 ve hen, verrenken 6 foltern, ein Ve anstellen 7 *fig* genau untersuche (*z. B. Gang der Kriege*) lenken, leite *fig* quälen, beunruhigen
torquēs *u.* **torquis** ⟨is⟩ M *u.* Halskette 2 Zuggeschirr *für Tiere*
torrēns A ⟨entis⟩ ADJ 1 glühend, erhitzt 2 schnell fließend, reißen ⟨entis⟩ M 1 Wildbach 2 *fig* Redef
torrēre ⟨torreō, torruī, tostum 2 trocknen, dörren, **fruges** Früchte 2 ten, braten, backen; **tosta liba** Ku 3 ausdörren 4 *fig* durchglühen
torrēs ⟨is⟩ F sengende Hitze
torridus ⟨a, um⟩ ADJ 1 gedörrt, a trocknet, trocken 2 (*durch Kälte*) zu

engezogen **3** *fig* mager; **macie ~** ab-
magert **4** sengend, heiß
rsī → torquere
rtilis ⟨e⟩ ADJ gedreht, gewunden
rtor ⟨ōris⟩ M Folterknecht
rtuōsus ⟨a, um⟩ ADJ **1** gewunden **2**
g verwickelt **3** *fig* unverständlich
rtus[1] ⟨a, um⟩ ADJ **1** gedreht, gewun-
en **2** *fig* verschlungen **3** *fig* spitzfindig
rtus[2] ⟨ūs⟩ M Krümmung, Windung
rtus[3] ⟨a, um⟩ PPP → torquere
rus ⟨ī⟩ M **1** Wulst, zusammengedreh-
s Seil **2** Schleife **3** Muskel; **lacerto-**
m tori Armmuskeln **4** Erhebung **5**
ssen **6** Sofa; Bett **7** Totenbahre **8**
ebett **9** Ehe, Liebe
rvitās ⟨ātis⟩ F *fig* finsteres Aussehen,
renge
rvus ⟨a, um, *adv* torviter⟩ ADJ finster,
ld aussehend, ernst, streng
sillae ⟨ārum⟩ FPL = **tonsillae**
strīna ⟨ae⟩ F = **tonstrina**
stus ⟨a, um⟩ PPP → torrere
indekl NUM so viele; **~ ... quot** so vie-
... wie
i-dem *indekl* NUM ebenso viele
iē(n)s ADV **1** so oft **2** ebenso oft
ondī → tondere
um ⟨ī⟩ N das Ganze
us ⟨a, um⟩, *gen* ⟨tōtīus⟩, *dat* ⟨tōtī⟩
J **1** ganz, ungeteilt; **tota Gallia** ganz
llien **2** PL alle, insgesamt
icon *u.* **toxicum** ⟨ī⟩ N Gift
ABK **1** = **tribunus** Tribun **2** = **tribuni-**
s des Tribunen, tribunizisch
... *auch* = **trans...**
bālis ⟨e⟩ ADJ **1** Balken... **2** balken-
g, -stark
bea ⟨ae⟩ F **1** Trabea, Staatskleid,
ße Tunika mit purpurroten Querstreifen
fig Ritterstand
beātae ⟨ārum⟩ FPL *röm. Dramen*
beātus ⟨a, um⟩ ADJ im Königskleid,
Staatskleid
bs ⟨trabis⟩ F **1** Balken, *bes* Querbal-
2 Baum **3** Schiff **4** Dach **5** Fackel
Tisch **7** männliches Glied
ctābilis ⟨e, *adv* tractābiliter⟩ ADJ **1**
ührbar **2** *fig* zugänglich, freundlich,
ig
ctāre ⟨ō, āvī, ātum 1.⟩ **1** herumzie-
, -zerren **2** betasten, anfassen **3**
dhaben, bearbeiten; gebrauchen **4**

fig verwalten, betreiben **5** *fig* behandeln, sich benehmen **6** *fig* untersuchen **7** *(Stoff)* abhandeln, besprechen **8** *fig* verhandeln, **condiciones/de condicionibus** über Bedingungen

tractātiō ⟨ōnis⟩ F **1** Handhabung, Gebrauch **2** *fig* Behandlung **3** *fig* Benehmen, Verhalten **4** RHET besonderer Gebrauch *eines Wortes* **5** RHET ausführliche Abhandlung

tractātor ⟨ōris⟩ M Masseur

tractātrīx ⟨īcis⟩ F Masseurin

tractātus ⟨ūs⟩ M **1** = **tractatio** **2** Erörterung, Abhandlung

tractim ADV **1** nach und nach **2** ziehend; **~ tangere aliquem** j-m eins überziehen **3** langsam

tractum ⟨ī⟩ N zum Spinnen vorbereitete Wolle

tractus[1] ⟨a, um⟩ ADJ **1** herstammend, ausgehend, **a re** von etw **2** *fig* fließend, flüssig

tractus[2] ⟨ūs⟩ M **1** das Ziehen, Zug **2** Bahn, Lauf; Strömung **3** *(des Krieges)* langsamer Verlauf, Verzögerung **4** *fig* Ausdehnung, Verlauf, Richtung **5** *fig* Landstrich, Gegend **6** RHET ruhiger Stil

tractus[3] ⟨a, um⟩ PPP → trahere

★**trā-dere** ⟨dō, didī, ditum 3.⟩ **1** übergeben, abliefern; **per manus ~** von Hand zu Hand geben **2** anvertrauen, überlassen **3** empfehlen **4** ausliefern; verraten **5** **se ~** sich hingeben, sich widmen **6** *(Erbteil)* hinterlassen **7** überliefern, erzählen, berichten, mitteilen; **memoriae ~** der Nachwelt überliefern; **tradunt** man berichtet, *+AcI*; **traditur/traduntur** man berichtet, es wird erzählt, *+NcI* **8** vortragen, lehren

trā-didī → tradere

trāditiō ⟨ōnis⟩ F **1** Auslieferung, Übergabe, **alicui** an j-n **2** *fig* Überlieferung **3** *fig* Vortrag **4** *fig* Bericht

trāditor ⟨ōris⟩ M Verräter

★**trā-dūcere** ⟨dūcō, dūxī, ductum 3.⟩ **1** hinüberführen, -bringen; hindurchführen **2** über *etw* führen, **exercitum flumen** das Heer über einen Fluss **3** *(in einen Zustand)* versetzen, **aliquem ad metum** j-n in Angst **4** hinüberziehen **5** vorbeiführen **6** verhöhnen, lächerlich machen **7** **se ~** sich zeigen **8** bekannt machen **9** *(Zeit)* verbringen; **vi-**

T

tam tranquille ~ das Leben ruhig zubringen **10** auf *etw* anwenden, **rationem ad id genus** die Methode auf diese Art

trāductiō ⟨ōnis⟩ F **1** Versetzung *in einen Stand* **2** Verlauf *der Zeit* **3** Bloßstellung **4** RHET uneigentlicher Gebrauch eines Wortes

trā-ductus ⟨a, um⟩ PPP → traducere

trādux ⟨ucis⟩ M Weinranke

trā-dūxī → traducere

tragicōmoedia ⟨ae⟩ F Tragikomödie

tragicus **A** ⟨a, um, *adv* tragicē⟩ ADJ **1** tragisch, in Tragödien dargestellt; **tragice** wie in der Tragödie **2** RHET erhaben, pathetisch **3** *fig* traurig, schrecklich **B** ⟨ī⟩ M Tragödienschauspieler

tragoedia ⟨ae⟩ F **1** Trauerspiel, Tragödie, *auch fig* **2** PL Tragödienpathos **3** PL großer Lärm

Landeskunde

▶ tragoedia – die römische Tragödie

Wie die römische Komödie bezog auch die Tragödie ihre Stoffe von griechischen Vorbildern, brachte jedoch eine römische Sonderform hervor, die **fabula praetexta**, in der die Schauspieler in der **toga** als römische Helden auftraten. Als erste Tragödie wurde die Bearbeitung eines griechischen Stoffes von **Livius Andronicus** in Rom zusammen mit einer Komödie 240 v. Chr. aufgeführt. Die wichtigsten Tragödiendichter waren **Ennius**, **Pacuvius** und **Accius**, sowie in der Kaiserzeit **Seneca**, dem neun Tragödien zugeschrieben werden.

tragoedus ⟨ī⟩ M Tragödienschauspieler

trāgula ⟨ae⟩ F **1** Wurfgeschoss mit Schwungriemen **2** *fig* Intrige

trahāx ⟨ācis⟩ ADJ raffgierig

★**trahere** ⟨trahō, trāxī, tractum 3.⟩ **1** ziehen, zerren, schleppen **2** hin und her ziehen **3** *fig* zerrütten; **pecuniam** ~ Geld verprassen **4** fortschleppen, *fig* ablenken **5** plündern, rauben; w… nehmen; **socios** ~ die Bundesgenos… ausplündern **7** hinter sich herzieh… **onera** Lasten **8** verursachen **9** ein… hen, auf sich ziehen; **aquam** ~ Wa… trinken; **animam** ~ atmen; **ignes** ~ Feuer fangen **10** *fig* annehmen, bek… men; **in exemplum** ~ zum Vorbild n… men **11** sich aneignen, an sich rei… **12** hervor-, herausziehen; **suspiria** ~ seufzen **13** *fig* herleiten, entnehm… **originem** ~ seine Herkunft herle… **14** zusammenziehen **15** hinziehen, … ten; *passiv* sich hingezogen fühlen … *fig* veranlassen, verleiten **17** ausle… deuten; **aliquid in virtutem** etw als … ferkeit **18** beziehen, **ad/in aliquid** … etw **19** überlegen **20** in die Länge … hen, verlängern **21** (*Wolle*) spinnen … *fig* hinziehen, verzögern, **bellum** … Krieg **23** verbringen; **vitam** das Leb…

Trāiānus ⟨ī⟩ M *M. Ulpius Traianus, …* *Kaiser 98–117 n. Chr*

★**trā-icere** ⟨iciō, iēcī, iectum 3.⟩ **A** **1** hinüberwerfen, -bringen, -scha… **2** *fig* übertragen **3** MIL über *einen* … bringen, transportieren, **copias flu…** Truppen über den Fluss; *passiv u.* … hinüberfahren **4** (*Örtlichkeit*) über… ren, **montem** ~ das Gebirge **5** hinü… werfen; **murum iaculo** ~ den Spieß … die Mauer werfen **6** durchstoßen, -… ren **7** durchbrechen, **aciem** … Schlachtreihe **B** V/I **1** übersetzen, … berfahren **2** *fig* herüberdringen; **na…** ~ hinüberschwimmen **3** übergre… **ad nos** auf uns

trāiectiō ⟨ōnis⟩ F **1** Überfahrt, … über das Meer **2** ~ **stellae** Sternsch… pe **3** *fig* das Hinüberschieben, **in a…** auf einen anderen **4** *fig* Übertrei… **5** RHET Umstellung

trā-iectus[1] ⟨a, um⟩ PPP → traicer…

trāiectus ⟨ūs⟩ M **1** Überfahrt **2** Ü… gangsort

trālātus[1] ⟨ūs⟩ M feierlicher Um… Prozession

trā-lātus[2] ⟨a, um⟩ PPP = **translatu…** transferre

trā-loquī ⟨or, - 3.⟩ hererzählen

trāma ⟨ae⟩ F **1** Kette des Geweb… *fig* Nichtigkeit

āmes ⟨itis⟩ M 1 Querweg, Seitenweg, ıßpfad 2 Weg 3 Gang, Lauf
ā-nāre *u.* **trā-natāre** ⟨ō, āvī, ātum ⟩ A V/I hinüberschwimmen B V/T 1 ırchschwimmen 2 *fig* durchfliegen, ·ilen, -dringen
ənquillāre ⟨ō, āvī, ātum 1.⟩ beruhiən
ənquillitās ⟨ātis⟩ F 1 Ruhe 2 Mee·sstille, ruhiges Wetter 3 Friede, Ruhe *fig* Gemütsruhe
ənquillum ⟨ī⟩ N = **tranquillitas**
ənquillus ⟨a, um, *adv* tranquillē *u.* anquillō⟩ ADJ 1 ruhig, still, windstill *fig* friedlich
ənquillus ⟨ī⟩ M *röm. Beiname;* → ıetonius
āns A PRÄF, *vor d, l,* M, N, *i, v, später* ·ch vor anderen Konsonanten trā-, vor s ān- 1 über-; **~-ire** hinüber-gehen 2 ın)durch-; **~-figere** durchbohren 3 rüber hinaus, jenseits; **~-alpinus** jen·its der Alpen gelegen B PRÄP *+akk* 1 ·tl. auf die Frage „wohin?")* über, über hin, über … hinaus; **~ Alpes** über ɛ Alpen 2 *(örtl. auf die Frage „wo?")* ıseits; **~ Rhenum** jenseits des Rheins
nsāctor ⟨ōris⟩ M Vermittler
ns-āctus ⟨a, um⟩ PPP → transigere
ns-adigere ⟨igō, ēgī, āctum 3.⟩ ırchbohren
nsalpīnī ⟨ōrum⟩ MPL jenseits der ɔen wohnende Völker
ns-alpīnus ⟨a, um⟩ ADJ jenseits ˑ Alpen gelegen
n-scendere ⟨scendō, scendī, ēnsum 3.⟩ A V/T 1 überschreiten, eigen 2 *fig* übertreten, verletzen B 1 hinübergehen, -steigen 2 *fig* über·hen, **ad aliquid** zu etw
n-scrībere ⟨scrībere, scrīpsī, scrīpn 3.⟩ 1 um-, abschreiben 2 JUR um·reiben lassen 3 schriftlich übertra·ı 4 versetzen, aufnehmen
nscrīptiō ⟨ōnis⟩ F 1 *(schriftlich)* ertragung 2 JUR Übertragung eines ·brechens *auf einen anderen*
ns-currere ⟨currō, (cu)currī, curn 3.⟩ A V/I 1 hinüber-, hinlaufen 2 ɛrgehen, **ad melius** zu etw Besserem ·orbeilaufen, -fahren, -segeln 4 *(Zeit)* nell vergehen B V/T 1 schnell durchn 2 RHET kurz abhandeln; übergehen
trāns-d… = **tra-d…**
trāns-ēgī → transigere
trānsenna ⟨ae⟩ F 1 Vogelnetz 2 *fig* Fallstrick 3 Gitter
★**trāns-eō** → transire
★**trāns-ferre** ⟨ferō, tulī, lātum 0.⟩ 1 hinübertragen, -bringen; **se ~** sich begeben 2 vorbeitragen 3 versetzen, verlegen, verpflanzen 4 lenken, wenden; **se ad aliquid ~** sich einer Sache zuwenden 5 übertragen; *passiv* übergehen 6 abschreiben, **in tabulas** in Listen 7 übertragen, übersetzen, **ex Graeco in Latinum** vom Griechischen ins Lateinische 8 *(Wort)* im übertragenen Sinn gebrauchen 9 verwandeln, **in aliquid** in etw 10 verschieben, **in proximum annum** auf das nächste Jahr
trāns-fīgere ⟨fīgō, fīxī, fīxum 3.⟩ 1 durchbohren 2 hindurchstoßen
trāns-figūrāre ⟨ō, āvī, ātum 1.⟩ umgestalten, verwandeln
trāns-fodere ⟨fodiō, fōdī, fossum 3.⟩ = **transfigere**
trānsfuga ⟨ae⟩ M Überläufer
trāns-fugere ⟨fugiō, fūgī, - 3.⟩ zum Feind überlaufen
trāns-fundere ⟨fundō, fūdī, fūsum 3.⟩ 1 umgießen; *passiv* hinüberströmen 2 *fig* übertragen 3 **latius transfusus** umfassender
★**trāns-gredī** ⟨gredior, gressus sum 3.⟩ A V/I 1 hinübergehen, -steigen, **per montes** über die Berge, **Rheno** *(dat)* über den Rhein 2 *fig* übergehen, **ad aliquem** zu j-m B V/T überschreiten
trānsgressiō ⟨ōnis⟩ F 1 Übergang, **~ amnis** über den Strom 2 RHET Übergang 3 **~ verborum** RHET Veränderung der Wortstellung
trāns-gressus[1] ⟨a, um⟩ PPERF → transgredi
trānsgressus[2] ⟨ūs⟩ M Übergang, **amnis** über den Strom
trāns-igere ⟨igō, ēgī, āctum 3.⟩ A V/T 1 durchbohren 2 *fig* durchführen; **transactum est** es ist vorbei 3 erledigen, beilegen 4 *(Zeit)* verbringen B V/I eine Vereinbarung treffen
trāns-iī → transire
trān-silīre ⟨siliō, siluī *u.* silīvī *u.* siliī, - 4.⟩ A V/I hinüberspringen B V/T 1 über-

T

springen 2 *fig* durcheilen 3 *fig* überschreiten 4 übergehen

★**trāns-īre** ⟨eō, iī *u.* īvī, itum 0.⟩ A VI 1 hinübergehen, **in Italiam** nach Italien 2 (*zum Feind*) übergehen 3 (*einer Sache*) beitreten; **in/ad sententiam alicuius ~** j-s Meinung beitreten 4 sich verwandeln 5 (*thematisch*) übergehen 6 vorbeigehen, -ziehen, -reiten 7 (*Zeit*) vergehen 8 hindurchgehen, -fahren, -ziehen 9 *fig* hindurchdringen B VT 1 überschreiten, -steigen 2 durchreisen; **iter ~** einen Weg zurücklegen 3 *fig* übertreten, verletzen 4 *fig* überstehen 5 (*Redner*) besprechen 6 vorübergehen, -fahren, **aliquem** an j-m 7 *fig* übertreffen 8 RHET übergehen, **silentio** stillschweigend 9 (*Zeit*) verbringen

trānsitiō ⟨ōnis⟩ F 1 Übergang 2 Übertritt, **ad aliquem** zu j-m 3 RHET Überleitung 4 Ansteckung 5 Durchgang

trāns-itus[1] ⟨a, um⟩ PPP → transire

★**trānsitus**[2] ⟨ūs⟩ M 1 Übergang(sort), Pass, Furt, **alicuius rei** über etw 2 *fig* Übertritt, **ad hostem** zum Feind 3 *fig* Übergang 4 Durchgang, -zug 5 das Vorübergehen 6 **in transitu** im Vorübergehen, flüchtig, oberflächlich

trānslātīcius ⟨a, um⟩ ADJ 1 überliefert, herkömmlich 2 gewöhnlich

trānslātiō ⟨ōnis⟩ F 1 Übertragung, **ad aliquem** auf j-n 2 Übersetzung 3 RHET übertragener Gebrauch eines Wortes, Metapher 4 RHET Vertauschung; Umstellung der Wörter 5 JUR Ablehnung *eines Richters od. Klägers* 6 JUR Entkräftung *einer Beschuldigung*

trānslātīvus ⟨a, um⟩ ADJ ablehnend

trānslātor ⟨ōris⟩ M Übertrager, *von Verres, der als Quästor die Partei wechselte u. mit der Kasse zu Sulla überging*

trāns-lātus[1] ⟨a, um⟩ PPP → transferre

trānslātus[2] ⟨ūs⟩ M Umzug, Prozession

trāns-legere ⟨ō, -, - 3.⟩ ganz vorlesen

trāns-lūcēre ⟨eō, -, - 2.⟩ 1 durchschimmern 2 durchsichtig sein

trāns-marīnus ⟨a, um⟩ ADJ überseeisch

trānsmissiō ⟨ōnis⟩ F *u.* **trānsmissus** ⟨ūs⟩ M Überfahrt

★**trāns-mittere** ⟨mittō, mīsī, missum 3.⟩ A VT 1 hinüberschicken, -schaffen, übersetzen; **vim in aliquem ~** Gewalt gegen j-n anwenden 2 überschreit… durcheilen 3 durchlassen 4 über… ben, anvertrauen, überlassen 5 widm… 6 nicht berücksichtigen; **aliquid sil… tio ~** etw schweigend übergehen … (*Zeit*) verbringen, verstreichen lassen… überstehen B VI übersetzen, **in Afric…** nach Afrika

trāns-movēre ⟨moveō, mōvī, m… tum 2.⟩ 1 hinüberschaffen, verle… 2 *fig* zuschreiben; **gloriam in se ~** … Ruhm zuschreiben

trāns-mūtāre ⟨ō, āvī, ātum 1.⟩ … tauschen

trāns-padānus A ⟨a, um⟩ ADJ … seits des Po wohnend B ⟨ī⟩ M Trans… daner

trāns-pōnere ⟨pōnō, posuī, posit… 3.⟩ hinübersetzen, -bringen

trāns-portāre ⟨ō, āvī, ātum 1.⟩ … überbringen, -schaffen; **flumen ~** ü… den Fluss übersetzen

trānsrhēnānī ⟨ōrum⟩ MPL rechtsr… nische Stämme

trāns-rhēnānus ⟨a, um⟩ ADJ jen… des Rheins gelegen, rechtsrheinisch

trānstiberīnī ⟨ōrum⟩ MPL die jen… des Tibers ansässigen Einwohner Ro…

trāns-tiberīnus ⟨a, um⟩ ADJ jen… des Tibers wohnend

trāns-tinēre ⟨eō, -, - 2.⟩ hindurc… hen

trānstrum ⟨ī⟩ N 1 Querbalken 2 … derbank

trāns-tulī → transferre

trānsvectiō ⟨ōnis⟩ F 1 Überfahrt … **cuius rei** über etw 2 das Vorüberfa… 3 das Vorüberreiten, Musterung

trāns-vehere ⟨vehō, vēxī, vectum… 1 hinüberführen, -schaffen; *passiv* h… berfahren, übersetzen 2 vorbeifüh… -tragen; *passiv* vorbeifahren, -zie… -reiten 3 *passiv* (*Zeit*) verstreichen, v… bergehen

trāns-verberāre ⟨ō, āvī, ātum… durchstechen, -bohren

trānsversārius ⟨a, um⟩ ADJ Quer…

trānsversum ⟨ī⟩ N die Quere … **transverso/de transverso** in die Q… kommend, störend

trānsversus ⟨a, um, *adv* trānsv… ADJ 1 quer liegend, schräg, Quer… ten…; **via transversa** Seitenst…

ansverso foro quer über den Markt 2 die Quere kommend, störend
ins-vertere ⟨vertō, vertī, versum⟩ umkehren, schwenken
ins-volāre ⟨ō, āvī, ātum 1.⟩ A V/I hüberfliegen, -eilen B V/T überfliegen
insvorsus ⟨a, um⟩ ADJ = transversus
ins-vortere ⟨vortō, vortī, vorsum⟩ = transvertere
pezīta ⟨ae⟩ M Geldwechsler
senna ⟨ae⟩ F = transenna
asumennus u. Trasumēnus ⟨a, m⟩ ADJ trasumenisch; ~ lacus Trasuenersee, *Sieg Hannibals über die Römer, ute Lago Trasimeno*
-v... = trans-v...
xī → trahere
cēnī ⟨ae, a⟩ NUM DISTR je dreihunrt
centēsimus ⟨a, um⟩ NUM ORD der eihundertste
-centī ⟨ae, a⟩ NUM CARD dreihundert
centiē(n)s ADV dreihundertmal
-decim *indekl* NUM CARD dreizehn
mebundus ⟨a, um⟩ ADJ zittrig
me-facere ⟨faciō, fēcī, factum 3.⟩ tern lassen, erschüttern; *passiv* zittern
mendus ⟨a, um⟩ ADJ furchtbar, recklich
mere ⟨ō, uī, -, ere 3.⟩ A V/I zittern, ben B V/T zittern, virgas vor den Ru-
mēscere ⟨ēscō, -, - 3.⟩ A V/I erzit-, erbeben B V/T vor *etw* erschrecken, fürchten, *aliquid*
mor ⟨ōris⟩ M 1 das Zittern, das Be-; ~ terrae Erdbeben 2 Schrecken
mui → tremere
mulus ⟨a, um, *adv* tremulē⟩ ADJ u. emulum⟩ 1 zitternd, bebend 2 flarnd, flatternd 3 Zittern erregend
pidanter ADV ängstlich
pidāre ⟨ō, āvī, ātum 1.⟩ 1 ängstlich und her laufen, in Verwirrung sein *Tier*) zappeln 3 (*Flügel, Flamme*) flat-, flackern 4 zittern, zucken, beben ich ängstigen 6 (*Person*) schwanken, chlüssig sein
pidātiō ⟨ōnis⟩ F 1 Unruhe, Verwir-g 2 *fig* Ratlosigkeit
pidus ⟨a, um, *adv* trepidē⟩ ADJ 1 uhig, verwirrt, nervös; **res trepidae** Verwirrung, missliche Lage 2 (*Sache*) wogend; kochend 3 zitternd 4 ängstlich, besorgt, 5 ratlos 6 beunruhigend

★**trēs** ⟨tria⟩ NUM CARD drei; ein paar; **tria verba** drei Worte, ein paar Worte
Trēverī *u.* **Trēvirī** ⟨ōrum⟩ MPL *germ.--kelt. Stamm an der Mosel;* **Augusta Treverorum** *Hauptstadt der Treveri, heute Trier*
tri- PRÄF drei-; **tri-angulus** drei-eckig
triangulum ⟨ī⟩ N Dreieck
tri-angulus ⟨a, um⟩ ADJ dreieckig
triāriī ⟨ōrum⟩ MPL MIL Triarier, Soldaten des dritten Gliedes, Reserve
trias ⟨ados⟩ F Einheit von drei Teilen
tribas ⟨adis⟩ F lesbische Frau
tribuārius ⟨a, um⟩ ADJ Tribus...
★**tribuere** ⟨uō, uī, ūtum 3.⟩ 1 einteilen 2 zuteilen, verleihen 3 *fig* schenken, gewähren 4 widmen 5 *fig* zusprechen, zuerkennen, zugestehen; **alicui multum ~** j-m hohen Wert beimessen 6 zu Willen sein 7 zuschreiben; **alicui aliquid superbiae ~** j-m etw als Hochmut auslegen
tribuī → tribuere
tribūlis A ⟨e⟩ ADJ zur gleichen Tribus gehörig B ⟨is⟩ M 1 Tribus-, Bezirksgenosse 2 Mann vom Land
tribulus ⟨ī⟩ M = Bürzeldorn, *ein Unkraut*
tribūnal ⟨ālis⟩ N 1 erhöhter Amtssessel *des Tribunen* 2 Richterstuhl 3 erhöhter Feldherrnsitz *im Lager* 4 Sitz des Prätors *im Theater* 5 Grabstätte, -denkmal 6 Richterkollegium; **pro tribunali** vor Gericht
tribūnātus ⟨ūs⟩ M Amt des Tribunen
tribūnicius ⟨a, um⟩ ADJ tribunizisch; **potestas tribunicia** Amtsgewalt des Tribunen; **comitia tribunicia** Volksversammlung zur Wahl der Tribunen
★**tribūnus** ⟨ī⟩ M Tribun 1 Vorsteher einer der drei Stammtribus in Rom, *an ihrer Spitze der tribunus Celerum* 2 **~ Celerum** *in der Königszeit* Reiteroberst 3 **~ aerarius** Zahlmeister, *Gehilfe des Quästors* 4 **~ militum/militaris** Militärtribun, Oberst, *in jeder Legion sechs;* **tribuni militum consulari potestate/tribuni consulares** Militärtribunen mit Konsulargewalt, *444–367 v. Chr. oberste Staatsbehörde statt der Konsuln, meist aus dem Plebejerstand* 5 **~ cohortis** *in der Kaiserzeit* Befehlshaber der 1. Prätorianerkohorte 6

~ **plebis/plebi** Volkstribun, *erst zwei, dann fünf, schließlich zehn, Schutzbehörde der plebs, urspr. nur mit Vetorecht, später mit umfassender Gewalt*

★**tribus** ⟨ūs⟩ F 1 Stamm, *ein Drittel des Volkes, urspr. drei Tribus: Ramnes, Tities, Luceres* 2 Abteilung der römischen Vollbürger, Steuerbezirk 3 PL die Stimmen einer Tribus 4 *fig* die Stimmen einer Zunft

Landeskunde

▶ tribus – Wahl- und Steuerbezirk

Die **tribus** war ursprünglich eine Unterteilung des römischen Volkes auf ethnischer Basis. Die Untergliederung ging nach der Überlieferung auf **Romulus** zurück, der das römische Volk in drei Gruppen eingeteilt haben soll: **Titienses**, **Ramnenses** und **Luceres**. Es wird vermutet, dass diese Urtribus den drei Stämmen, aus denen sich das römische Volk zu dieser Zeit zusammensetzte (Sabiner, Latiner, Etrusker), entspricht. Die Aufteilung in **tribus** wurde später nach Gebieten vorgenommen: 4 tribus in Rom, 16 auf dem Land; nach 241 v. Chr. betrug die Zahl der tribus 35. Die Einteilung richtete sich nach dem Wohnsitz und war Grundlage für Besteuerung (**census**), Wahlen und Aufruf zum Kriegsdienst.

tributārius ⟨a, um⟩ ADJ die Abgaben betreffend, tributpflichtig; **necessitas tributaria** Notwendigkeit Abgaben zu zahlen

tribūtim ADV tribusweise, in den Tributkomitien

tribūtiō ⟨ōnis⟩ F Verteilung; ~ **aequabilis** Gleichgewicht

★**tribūtum** ⟨ī⟩ N 1 Abgabe, Steuer 2 Tribut 3 *fig* Geschenk 4 *fig* Beitrag

tribūtus[1] ⟨a, um⟩ ADJ tribusweise organisiert

tribūtus[2] ⟨ūs⟩ M Abgabe, Steuer

tribūtus[3] ⟨a, um⟩ PPP → tribuere

trīcae ⟨ārum⟩ FPL 1 Widerwärtigke[…] 2 Dummheiten, Possen

trīcārī ⟨or, ātus sum 1.⟩ Schwierig[…]ten machen, Ausflüchte suchen

trīcēnī ⟨ae, a⟩ NUM DISTR je dreißig

tri-ceps ⟨cipitis⟩ ADJ dreiköpfig

trīcēsimus ⟨a, um⟩ NUM ORD der d[…]ßigste

trichila ⟨ae⟩ F Laube, Laubhütte

trīciē(n)s ADV dreißigmal

triclīnium ⟨ī⟩ N 1 Speisesofa *für […] Personen* 2 Speisezimmer *im röm. H[…]*

trīcō ⟨ōnis⟩ M der Streitsüchtige

tri-corpor ⟨oris⟩ ADJ mit drei Körp[…]

tri-cuspis ⟨idis⟩ ADJ dreizackig, […] spitzig

tri-dēns A ⟨entis⟩ ADJ dreizahni[…] ⟨entis⟩ M Dreizack

tridenti-fer ⟨fera, ferum⟩ ADJ *u.* **denti-ger** ⟨gera, gerum⟩ ADJ […] Dreizack führend

Tridentum ⟨ī⟩ N *Ort in Raetia, h[…] Trient*

★**trī-duum** ⟨ī⟩ N Zeitraum von dre[…]gen; **hoc** ~ diese drei Tage

triennia ⟨ium⟩ NPL das alle drei J[…] gefeierte Bacchusfest

triennium ⟨ī⟩ N Zeitraum von […] Jahren, drei Jahre

triēns ⟨entis⟩ M 1 ein Drittel […] *zwölfteiligen Ganzen* 2 (*Münze*) Drit[…] 3 **heres ex triente** JUR Erbe eines […]tels *der Erbmasse* 4 (*Hohlmaß*) 1/3 s[…]rius = *1/6 l* 5 *fig* Becher

triērarchus ⟨ī⟩ M Kommandant […] Triere

triēris A ⟨e⟩ ADJ mit drei Ruder[…] ausgestattet B ⟨is⟩ F Schiff mit dre[…]derdecks, Dreidecker, Triere

trietēricus ⟨a, um⟩ ADJ jedes […] Jahr gefeiert

trietēris ⟨idis⟩ F 1 = **triennium** 2 […]ennia

trifāriam ADV an drei Stellen

trifaux ⟨faucis⟩ ADJ aus drei Ra[…] (kommend)

tri-fidus ⟨a, um⟩ ADJ dreifach ge[…]ten, dreizackig

tri-fōrmis ⟨e⟩ ADJ dreigestaltig, […] drei Teilen bestehend

tri-fūr ⟨fūris⟩ M Erzgauner

tri-furcifer ⟨ferī⟩ M Erzgauner

-geminus ⟨a, um, *adv* trigemi-
ım⟩ ADJ 1 Drillings…; **trigemini fra-**
es Drillinge 2 dreigestaltig, -köpfig
dreifach
gēsimus ⟨a, um⟩ NUM ORD = **tricesi-**
us
gintā *indekl* NUM CARD dreißig
gōnālis ⟨e⟩ ADJ dreieckig
-lībris ⟨e⟩ ADJ dreipfündig
-linguis ⟨e⟩ ADJ 1 dreizüngig 2
eisprachig
-līx ⟨īcis⟩ ADJ mit drei Fäden/Drähten;
rica auro ~ Rüstung aus dreifachem
olddraht
mēnium ⟨ī⟩ N Zeitraum von drei
onaten, ein Vierteljahr
mē(n)stris ⟨e⟩ ADJ drei Monate dau-
nd/alt
meter ⟨trī⟩ M = Trimeter
-modium ⟨ī⟩ N Gefäß, das drei
heffel fasst
mus ⟨a, um⟩ ADJ dreijährig
nī ⟨ae, a⟩ NUM DISTR 1 je drei 2 drei-
ch
nitās ⟨ātis⟩ F Dreiheit
nobantēs ⟨um⟩ MPL *Stamm in Bri-*
nnien
noctiālis ⟨e⟩ ADJ in drei Nächten
-nummus ⟨ī⟩ M (*Münze*) drei Sester-
n
nummus ⟨ī⟩ M Dreigroschenstück,
el einer Komödie des Plautus
num nūndinum N *u.* **trī-nūn-**
um ⟨ī⟩ N = **nundinae**
ōbolus ⟨ī⟩ M 1 drei Obolen, eine
lbe Drachme 2 *fig* Kleinigkeit
-parcus ⟨a, um⟩ ADJ sehr geizig
partītus ⟨a, um, *adv* tripartītō⟩ ADJ
in drei Teile geteilt 2 ADV in drei Tei-
3 ADV in drei Teile
pertītus ⟨a, um⟩ ADJ = **tripartitus**
pēs ⟨pedis⟩ ADJ dreifüßig
plex A ⟨icis, *adv* tripliciter⟩ ADJ drei-
h B ⟨icis⟩ N das Dreifache; **tripli-**
s ⟨ium⟩ MPL drei Schreibtäfelchen
plus ⟨a, um⟩ ADJ dreifach
udiāre ⟨ō, āvī, ātum 1.⟩ den Waf-
tanz tanzen
pudium ⟨ī⟩ N 1 Waffentanz im
eischritt, *der Salischen Priester* 2
egstanz *bei anderen Völkern* 3 ~ **sol-**
imum günstige Vorzeichen
ūs ⟨podis⟩ M 1 dreifüßiger Kessel
2 dreifüßiger Stuhl *der Pythia in Delphi;*
Orakel *in Delphi*
tri-quetrus ⟨a, um⟩ ADJ 1 dreieckig 2
sizilisch
tri-rēmis A ⟨e⟩ ADJ mit drei Ruder-
decks B ⟨is⟩ F Schiff mit drei Ruder-
decks, Dreidecker, Trireme, Galeere
trīs *indekl* NUM CARD *akk* = **tres**
★**trīstis** ⟨e, *adv* trīste⟩ ADJ 1 traurig 2
schmerzlich 3 (*Miene usw.*) finster, mür-
risch, ohne Humor 4 (*Geschmack usw.*)
widerlich, herb, bitter 5 (*Traum usw.*)
unheilvoll, ungünstig 6 rau, kalt, hart
7 schrecklich, gefährlich
★**trīstitia** ⟨ae⟩ F *u.* **trīstitiēs** ⟨ēī⟩ F 1
Traurigkeit, Trauer 2 Unfreundlichkeit,
finsterer Ernst, Härte 3 üble Laune
tri-sulcus ⟨a, um⟩ ADJ 1 dreifurchig 2
fig dreizackig
trīt-avus ⟨ī⟩ M Urahn
trīticeus ⟨a, um⟩ ADJ Weizen…
trīticum ⟨ī⟩ N Weizen
Trītōn ⟨ōnis⟩ M 1 *Sohn des Poseidon/*
Neptun, Meeresgott 2 *Fluss u. See in Liby-*
en
trītor ⟨ōris⟩ M der Reiber
trītūra ⟨ae⟩ F das Dreschen
trītus[1] ⟨a, um⟩ PPP → terere
trītus[2] ⟨a, um⟩ ADJ 1 abgerieben, abge-
nutzt 2 (*von Wegen*) abgetreten 3 *fig*
oft gebraucht 4 *fig* geübt
trītus[3] ⟨ūs⟩ M das Reiben
triumphālis ⟨e⟩ ADJ 1 Triumph… 2
der einen Triumph gehalten hat
triumphāre ⟨ō, āvī, ātum 1.⟩ A VI 1
einen Triumph halten, im Triumph ein-
ziehen 2 *fig* siegen 3 *fig* jubeln B VT
völlig besiegen
triumphātor ⟨ōris⟩ M Triumphator
★**triumphus** ⟨ī⟩ M 1 Triumph 2 *fig* Tri-
umphzug, Sieg → *s. Info-Fenster nächste*
Seite
trium-vir ⟨ī⟩ Triumvir, Mitglied eines
Dreimännerkollegiums; → triumvirātus
triumvirālis ⟨e⟩ ADJ zu einem Drei-
männerkollegium gehörig, von einem
Dreimännerkollegium verhängt
triumvirātus ⟨ūs⟩ M Triumvirat, Drei-
männerkollegium → *s. Info-Fenster*
nächste Seite
tri-venēfica ⟨ae⟩ F Erzgiftmischerin
trīvī → terere
Trivia ⟨ae⟩ F Hekate, *an den Dreiwegen*

T

Landeskur

▶ triumphus – Einzug des siegreichen Feldherrn

Nach einem großen Sieg wurde der erfolgreiche Feldherr mit einem Triumphz geehrt. Dabei zog er mit seinem Heer durch die **porta triumphalis** in Rom ein Während des Umzugs waren die wichtigsten Beutestücke und Gefangenen zu sehe Der Feldherr, in Purpurgewändern und mit einem Lorbeerkranz auf dem Kopf, fu auf einem Triumphwagen. Hinter ihm stand ein Sklave, der einen goldenen Kra über seinen Kopf hielt und ihm ständig zuzuflüstern hatte:
hominem te esse memento!
Denke daran, du bist nur ein Mensch!
Nach der Ankunft auf dem Kapitol brachte der Triumphator ein Opfer dar und leg seinen Lorbeerkranz als Demutsgeste in den Schoß einer Jupiterstatue. Ein Festma beendete den Triumphzug.

u. Kreuzungen verehrte Göttin als Beschützerin der Wege u. Tore

trivium ⟨ī⟩ N **1** Dreiweg, Scheideweg, Kreuzung **2** *fig* öffentliche Straße

tri-vius ⟨a, um⟩ ADJ zu Kreuzungen gehörig, an Dreiwegen verehrt

Trōas **A** ⟨adis⟩ ADJ F trojanisch **B** ⟨adis⟩ F **1** Troerin **2** *Landschaft in Kleinasien*

trochlea ⟨ae⟩ F Flaschenzug, Winde

trochus ⟨ī⟩ M Spielreifen *für Kinder*

troclea ⟨ae⟩ F = **trochlea**

Trōes ⟨um⟩ MPL → Tros

Trōia ⟨ae⟩ F Troja *Homers*

Trōiānus **A** ⟨a, um⟩ ADJ troisch, trojanisch **B** ⟨ī⟩ M Troer, Trojaner

Landeskunde

▶ triumviratus – Triumvirat

Ursprünglich bezeichnet der Begriff **triumviratus** ein Kollegium aus drei Beamten. Daneben sind auch politische Triumvirate geschlossen worden, das bekannteste 60 v. Chr. zwischen **Caesar**, **Pompeius** und **Crassus** (sog. Erstes Triumvirat) oder das von **Octavian**, **Antonius** und **Lepidus** (sog. Zweites Triumvirat, 43 v. Chr.). Diese Triumvirate dienten dazu, die Machtinteressen der Partner durchzusetzen; in beiden Fällen ging daraus später ein Alleinherrscher hervor.

Trōicus ⟨a, um⟩ ADJ = **Troianus**

Trōiu-gena **A** ⟨ae⟩ ADJ M *u.* F aus ja, trojanisch **B** ⟨ae⟩ M Trojaner, Rö

Trōius ⟨a, um⟩ ADJ = **Troianus**

tropaeum ⟨ī⟩ N **1** Siegeszeic -denkmal **2** Sieg **3** Denkmal

tropus ⟨ī⟩ M RHET bildlicher Gebra eines Wortes

Trōs ⟨ōis⟩, PL ⟨Trōes, um⟩ M Troer, janer

Trōus ⟨a, um⟩ ADJ = **Troianus**

tr. pl. ABK = **tribunus plebis** Volkstr

trucīdāre ⟨ō, āvī, ātum 1.⟩ **1** nie metzeln **2** *fig* zugrunde richten **3** kauen **4** *fig* verunglimpfen **5** *fig* au schen

trucīdātiō ⟨ōnis⟩ F das Niedermet

truculentus ⟨a, um, *adv* truculen ADJ **1** unfreundlich, finster **2** v grimmig

Truculentus ⟨ī⟩ M *Titel einer Kom des Plautus*

trūdere ⟨trūdō, trūsī, trūsum 3. (ver)drängen, (weg)stoßen **2** *fig* w sen lassen; *passiv u.* **se** ~ hervorwac **3** treiben, drängen

trudis ⟨is⟩ F Brechstange

trūgōnus ⟨ī⟩ M = **trygonus**

trulla ⟨ae⟩ F **1** Schöpfkelle **2** Nach schirr **3** Pechpfanne *zum Transport Feuer*

truncāre ⟨ō, āvī, ātum 1.⟩ besch den, verstümmeln, stutzen

truncus[1] ⟨a, um⟩ ADJ **1** verstüm

T

beraubt 3 unvollständig

ncus² ⟨ī⟩ M 1 Baumstamm, Pfahl 2 Wurzel 3 Rumpf *des Körpers*

isāre ⟨ō, -, - 1.⟩ fest stoßen

isī → trudere

isus ⟨a, um⟩ PPP → trudere

ıtina ⟨ae⟩ F Waage

x ⟨trucis⟩ ADJ 1 furchtbar, schreckh 2 rau 3 wild, trotzig

gōnus ⟨ī⟩ M Stachelrochen

⟨tuī⟩, *dat* ⟨tibi⟩, *akk u. abl* ⟨tē⟩ PERS PR

ātim ADV auf deine Art

a ⟨ae⟩ F 1 MUS Tuba, *gerade Trompe-* 2 *fig* Krieg 3 *fig* Anstifter 4 *fig* hohe esie

er ⟨eris⟩ N 1 Höcker, Buckel, Beule, schwür 2 *fig* großer Fehler 3 Trüffel

icen ⟨inis⟩ M Tubabläser, Trompe-

ula ⟨ae⟩ F kleine Trompete

us ⟨ī⟩ M 1 Röhre, Rohr 2 PL Röhheizung 3 *fig* weibliche Scham

ērī ⟨tueor, tuitus sum *u.* tutātus sum tūtus sum 2.⟩ A V/I schauen B V/T 1 sehen, betrachten 2 *fig* beschützen, teidigen 3 (*Würde usw.*) bewahren (*Tempel usw.*) in gutem Zustand erhal- 5 ernähren

us ⟨ī⟩ M = **tofus**

urium ⟨ī⟩ N Hütte, Schuppen

⟨tuor, - 3.⟩ = **tueri**

→ ferre

lius ⟨a, um⟩ A *Name einer röm.* s; → Cicero; **Tullia** *Tochter Ciceros* ADJ des Tullius

n A ADV 1 (*zeitl.*) damals 2 darauf, dann 3 dann, da 4 (*bei Aufzählungen*) n, ferner; **primum ... deinde ... ~** tens ... dann ... ferner. B KONJ 1 **~** ~ bald ... bald 2 **cum ... ~** sowohl als auch besonders

ne-facere ⟨faciō, fēcī, factum 3.⟩ chwellen lassen 2 *fig* aufblähen

ēre ⟨eō, uī, - 2.⟩ 1 geschwollen , strotzen 2 schwellen, steigen 3 *Stolz usw.*) sich aufblähen 4 (*vor n*) aufbrausen 5 (*Volk*) in Unruhe , gären 6 RHET schwülstig sein

ēscere ⟨tumēscō, tumuī, - 3.⟩ 1 chwellen, steigen 2 *fig* aufbrausen *Krieg*) ausbrechen

idus ⟨a, um, *adv* tumidē⟩ ADJ 1 geschwollen, strotzend, **re** von etw 2 *fig* aufgeblasen 3 *fig* stolz 4 *fig* aufrührerisch, unruhig 5 (*Meer usw.*) stürmisch 6 RHET schwülstig

★**tumor** ⟨ōris⟩ M 1 Geschwulst 2 *fig* Erregung, Unruhe 3 *fig* aufbrausender Zorn 4 *fig* Aufgeblasenheit, Stolz 5 *fig* Wollust 6 RHET Schwulst

tumuī → tumere *u.* → tumescere

tumulāre ⟨ō, āvī, ātum 1.⟩ begraben

tumulōsus ⟨a, um⟩ ADJ hügelig

tumultuāre ⟨ō, -, - 1.⟩ *u.* **tumultuārī** ⟨or, ātus sum 1.⟩ 1 unruhig sein, lärmen 2 meutern 3 bestürzt sein 4 **tumultuatur** es herrscht Unruhe

tumultuārius ⟨a, um⟩ ADJ 1 (*Person*) in Eile zusammengerafft 2 (*Sache*) in Eile hergestellt, ungeordnet

tumultuōsus ⟨a, um, *adv* tumultuōsē⟩ ADJ 1 unruhig, lärmend 2 Unruhe verursachend, aufregend

★**tumultus** ⟨ūs⟩ M 1 Unruhe, Lärm, Getümmel 2 Gewitter, Sturm 3 Kriegslärm, Tumult 4 Sorge, Aufregung

★**tumulus** ⟨ī⟩ M 1 Erdhaufen 2 Grabhügel, Grab

★**tunc** ADV 1 damals 2 dann, da

tundere ⟨tundō, tutudī, tūnsum *u.* tūsum 3.⟩ 1 stoßen, schlagen 2 dreschen 3 zerstoßen 4 (*mit Worten*) bestürmen

★**tunica** ⟨ae⟩ F Tunika, *ärmelloses, wollenes Unterkleid der röm. Frauen u. Männer*

tunicātus ⟨a, um⟩ ADJ mit der Tunika bekleidet

★**turba** ⟨ae⟩ F 1 Unruhe, Lärm, Verwirrung 2 PL Intrigen, Streit 3 Menschenmenge 4 (*von Tieren, Sachen*) Menge

★**turbāre** ⟨ō, āvī, ātum 1.⟩ A V/I 1 Verwirrung stiften; **turbatur** es herrscht Verwirrung 2 in Unruhe sein B V/T 1 in Unruhe bringen, verwirren; **rem ~** Bankrott machen 2 aufwühlen 3 verscheuchen, zerstreuen 4 *fig* stören 5 *fig* beunruhigen, aufregen

turbātor ⟨ōris⟩ M Unruhestifter, Aufwiegler, Kriegshetzer

turbātus ⟨a, um, *adv* turbātē⟩ ADJ 1 unruhig, stürmisch 2 erbittert

turbēlae *u.* **turbellae** ⟨ārum⟩ FPL Unfug

turben ⟨inis⟩ 1 N Wirbelwind 2 M Kreisel

★**turbidus** ⟨a, um, *adv* turbidē⟩ ADJ 1

T

unruhig, stürmisch 2 aufgewühlt, trübe 3 (*Zustand*) unruhig, bewegt 4 aufrührerisch 5 *fig* verwirrt, erschrocken

turbineus ⟨a, um⟩ ADJ wirbelnd

turbō[1] ⟨inis⟩ F 1 Wirbel, Windung, Strudel 2 Wirbelwind, Sturm 3 *fig* Verwirrung 4 PL unruhige Zeiten 5 Kreisel *zum Spielen* 6 Wirbel an der Spindel

turbulentus ⟨a, um, *adv* turbulentē⟩ ADJ *u.* ⟨turbulenter⟩ 1 aufgeregt, stürmisch 2 *fig* unruhig, erregt, leidenschaftlich 3 unruhestiftend, aufrührerisch

turdus ⟨ī⟩ M Drossel

tūreus ⟨a, um⟩ ADJ Weihrauch…

turgēre ⟨turgeō, tursī, - 2.⟩ 1 geschwollen sein, strotzen 2 RHET schwülstig sein

turgēscere ⟨ēscō, -, - 3.⟩ 1 anschwellen 2 *fig* zornig werden 3 RHET schwülstig werden

turgidulus ⟨a, um⟩ ADJ etwas geschwollen

turgidus ⟨a, um⟩ ADJ 1 geschwollen, strotzend 2 RHET schwülstig

tūribulum ⟨ī⟩ N Räucherpfanne

tūri-cremus ⟨a, um⟩ ADJ von Weihrauch brennend

tūri-fer ⟨fera, ferum⟩ ADJ Weihrauch tragend/bringend

turma ⟨ae⟩ F 1 MIL Reiterabteilung 2 Haufen, Schar

turmātim ADV abteilungsweise

turpāre ⟨ō, āvī, ātum 1.⟩ 1 entstellen, beschmutzen 2 *fig* entehren

turpe ⟨is⟩ N 1 das Böse, das sittlich Schlechte 2 Schande

turpiculus ⟨a, um⟩ ADJ ziemlich hässlich

turpilucri-cupidus ⟨a, um⟩ ADJ gierig auf schändlichen Gewinn

★**turpis** ⟨e, *adv* turpe *u.* turpiter⟩ ADJ 1 hässlich, entstellt 2 hässlich klingend 3 *fig* schändlich 4 *fig* unanständig

turpitūdō ⟨inis⟩ F 1 Hässlichkeit 2 *fig* Schande 3 *fig* Gemeinheit

★**turris** ⟨is⟩ F 1 Turm 2 MIL Belagerungsturm 3 hoher Bau, Burg 4 Taubenschlag

turrītus ⟨a, um⟩ ADJ 1 mit Türmen versehen 2 *fig* turmhoch

tursī → turgere

turtur ⟨uris⟩ M Turteltaube

turturilla ⟨ae⟩ F Turteltäubchen

tūs ⟨tūris⟩ N Weihrauch

Tuscī ⟨ōrum⟩ MPL die Etrusker

Tusculānum ⟨ī⟩ N Landgut bei Tu lum, *bes das von Cicero*

Tusculānus A ⟨a, um⟩ ADJ aus Tu lum B ⟨ī⟩ M Einwohner von Tuscul

tūsculum ⟨ī⟩ N ein wenig Weihra

Tusculum ⟨ī⟩ N *alte Stadt in Lat*

Tusculus ⟨a, um⟩ ADJ aus Tuscul

Tuscus ⟨a, um, *adv* Tuscē⟩ ADJ e kisch

tussīre ⟨iō, -, - 4.⟩ husten

tussis ⟨is⟩ F Husten

tūtāmen ⟨inis⟩ N *u.* **tūtāment** ⟨ī⟩ N Schutz(mittel)

tūtāre ⟨ō, -, - 1.⟩ *u.* **tūtārī** ⟨or, sum 1.⟩ 1 (be)schützen, verteidige bewahren 3 abwehren

tūtātus ⟨a, um⟩ PPERF → tueri

tūte[1] PERS PR = *verstärktes* **tu**

tūtē[2] ADV → tutus

★**tūtēla** ⟨ae⟩ F 1 Schutz, Fürsorge, sicht; **esse in ~ alicuius** unter j-s Sc stehen 2 Vormundschaft 3 Vermö des Mündels 4 Erhaltung 5 Ernäh 6 Schutzherr 7 Schützling

tūtimet *u.* **tūtin(e)** PERS PR = *verstä* **tu**

tūtō[1] ADV → tutus

tūtor ⟨ōris⟩ M 1 Beschützer 2 mund

tutudī → tundere

tūtum ⟨ī⟩ N Sicherheit, sicherer O

★**tūtus** ⟨a, um, *adv* tūtē *u.* tūtō⟩ A sicher, geschützt 2 (*Weg usw.*) ge los, ungefährdet 3 (*Ratschlag usw.*) sichtig 4 sorglos 5 **tuto** in Siche sicher

tuum ⟨ī⟩ N deine Aufgabe/Pflicht Gewohnheit; **tua** dein Eigentum

★**tuus** ⟨a, um⟩ A POSS PR (*adj*) 1 **tua bona** deine Güter; **desiderium t** Sehnsucht nach dir 2 für dich gür passend; **tuo tempore** zu einer für günstigen Zeit B POSS PR (*subst*) ⟨tuī⟩ 1 der Deine 2 PL deine Ange gen/Freunde

tympanotriba ⟨ae⟩ M Tamb schläger

tympanum ⟨ī⟩ N 1 Handpauke, burin 2 Wagenrad, Rad ohne Spei

Tyndareus ⟨eī⟩ M *König in S*

yndaridae ⟨um⟩ MPL Kinder des ndareus

panum ⟨ī⟩ N = **tympanum**

pus ⟨ī⟩ M Figur, Bild

rannicus ⟨a, um, *adv* tyrannicē⟩ DJ **1** tyrannisch **2** ADV wie ein Tyrann

rannis ⟨idis⟩ F **1** Alleinherrschaft, rannei **2** Gebiet eines Tyrannen

rannus ⟨ī⟩ M **1** (Allein-)Herrscher, rst **2** Tyrann, Gewaltherrscher

rius **A** ⟨a, um⟩ ADJ **1** aus Tyros **2** rpurfarben **B** ⟨ī⟩ M Einwohner von ros

ros ⟨ī⟩ F *alte Handelsstadt der Phöniker der Ostküste des Mittelmeeres*

rrhēnī ⟨ōrum⟩ MPL die Tyrrhener, *ımmvolk Etruriens;* **Tyrrhēnia** ⟨ae⟩ Etrurien; **Tyrrhēnus** ⟨a, um⟩ ADJ rhenisch

rus ⟨ī⟩ F = **Tyros**

U. ABK = **urbs** Stadt, *meist Rom*

er¹ ⟨eris⟩ N **1** Mutterbrust **2** (*eines res*) Euter, Zitze **3** *fig* Fülle **4** frucht-rer Boden

er², ⟨eris⟩ ADJ, ADV *nur komp* ⟨ūbe-s⟩ *u. sup* ⟨ūberrimē⟩ **1** fruchtbar, er-big, reich, **alicuius rei** an etw **2** *fig* ch **3** ADV *komp* ausführlicher

ertās ⟨ātis⟩ F **1** Fruchtbarkeit, Ergie-keit **2** Fülle, Überfluss

ertim ADV reichlich

ī **A** ADV **1** (*interrogativ*) wo? ~ **gen-m?** wo in aller Welt? **2** (*relativ*) wo KONJ **1** +*ind* als, sobald als **2** jedes l wenn **3** **est** ~ +*konjkt* gelegentlich

-cumque *u.* **ubi-cunque** ADV **1** *ativ)* wo auch immer, überall wo **2** *definit)* wo immer es sei, überall

iī ⟨ōrum⟩ MPL die Ubier, *germ. Stamm*

-nam ADV wo denn (nur)?

-quāque ADV überall

-que ADV **1** überall **2** wo auch im-r

-ubi ADV = **ubicumque**

Ubius ⟨a, um⟩ ADJ ubisch

ubi-vīs ADV wo du willst, überall

ūdus ⟨a, um⟩ ADJ **1** feucht, nass **2** bewässert **3** *fig* betrunken **4** frisch, biegsam

ulcerāre ⟨ō, āvī, ātum 1.⟩ **1** wund drücken **2** *fig* verwunden

ulcerōsus ⟨a, um⟩ ADJ **1** voll von Geschwüren **2** *fig* verletzt

★**ulcīscī** ⟨ulcīscor, ultus sum 3.⟩ **1** rächen; *passiv* gerächt werden **2** sich an *j-m* rächen, *j-n* bestrafen, *aliquem*

ulcus ⟨eris⟩ N **1** Geschwür **2** *fig* wunde Stelle **3** *fig* Geilheit

Ulixēs ⟨is *u.* ī *u.* eī⟩, *akk auch* ⟨en⟩, *vok* ⟨e⟩ M Odysseus, *listenreicher Held vor Troja, irrte nach dem Fall Trojas zehn Jahre umher, bis er nach Ithaka zurückkehrte*

★**ūllus** ⟨a, um⟩ ADJ irgendein, irgendjemand, *meist in negativen Sätzen;* **sine ulla spe** ohne jede Hoffnung

ulmeus ⟨a, um⟩ ADJ von Ulmen

ulmi-triba ⟨ae⟩ M der mit Ulmenruten Gepeitschte

ulmus ⟨ī⟩ F Ulme

ulna ⟨ae⟩ F **1** Ell(en)bogen; Arm **2** (*Längenmaß*) Elle, *0,37 m*

ulpicum ⟨ī⟩ N Lauch

ulter ⟨tra, trum⟩ ADJ *im Positiv ungebräuchlich, nur noch* → **ultra** *u.* → **ultro**

★**ulterior** ⟨ius, *adv* ulterius⟩ ADJ *komp* **1** jenseitig **2** entfernter, weiter **3** (*zeitl.*) weiter, ferner, vergangen **4** *fig* ärger, mehr **5** ADV weiter, mehr **6** ADV länger; **ulterius iusto** über das Maß

ultima ⟨ōrum⟩ NPL äußerste Grenze

ultimum ⟨ī⟩ N **1** Ende, Schluss, letzter Augenblick **2** das Äußerste, Gipfel

★**ultimus** ⟨a, um⟩ ADJ *sup* **1** (*örtl.*) der äußerste, der entfernteste; der letzte, der hinterste; **ultima via** der letzte Teil des Weges **2** (*zeitl.*) der älteste, der erste **3** der letzte, der jüngste **4** (*von Grad, Rang*) der höchste, der größte; **dimicatio ultima** Entscheidungskampf **5** (*von Grad, Rang*) der unterste, der niedrigste, der letzte, der geringste

ultiō ⟨ōnis⟩ F Rache, Strafe, **alicuius rei** für etw

ultor ⟨ōris⟩ **A** M Rächer **B** ADJ rächend, strafend

★**ultrā** (*erg.* **parte**) **A** ADV **1** (*örtl.*) weiter hinaus, jenseits **2** (*zeitl.*) länger, weiter-

hin 3 *fig* mehr B PRÄP +*akk* 1 (*örtl.*) über … hinaus, jenseits 2 (*zeitl.*) über, länger als 3 *fig* über, mehr als
ultrīx ⟨īcis⟩ 1 F Rächerin 2 ADJ rächend
★**ultrō** ADV 1 (*örtl.*) hinüber, zur anderen Seite; ~ **(et) citro** 2 *fig* überdies, obendrein 3 von selbst, freiwillig
ultus ⟨a, um⟩ PPERF → **ulcisci**
ululāre ⟨ō, āvī, ātum 1.⟩ A V/I 1 heulen, laut schreien 2 von Geschrei erfüllt sein B V/T heulend anrufen
ululātus ⟨ūs⟩ M 1 Geheul, Geschrei 2 Wehklagen 3 Siegesgeschrei
ulva ⟨ae⟩ F Schilf
Umber ⟨bra, brum⟩ ADJ umbrisch
umbilīcus ⟨ī⟩ M 1 Nabel 2 *fig* Mittelpunkt 3 *fig* Kopf einer Buchrolle, *Ende des Stabes* 4 *fig* Meeresschnecke
umbō ⟨ōnis⟩ M 1 Schildbuckel 2 Schild 3 Ell(en)bogen
★**umbra** ⟨ae⟩ F 1 Schatten 2 Dunkelheit, Nacht 3 (*in der Malerei*) Schattierung 4 schattiger Ort 5 *fig* ständiger Begleiter 6 ungebetener Gast 7 Geist; *pl* Unterwelt 8 *fig* Schutz, Zuflucht 9 ruhiges Privatleben 10 Studierzimmer 11 Trugbild 12 Schein, Vorwand
Umbra ⟨ae⟩ F Umbrerin
umbrāculum ⟨ī⟩ N 1 schattiger Ort, schattiger Gang 2 Sonnenschirm
umbrāticus ⟨a, um⟩ ADJ 1 Schatten…; **homo** ~ Faulenzer 2 im Studierzimmer betrieben 3 behaglich lebend
umbrātilis ⟨e⟩ ADJ 1 beschaulich, behaglich 2 RHET schulmäßig
Umbrī ⟨ōrum⟩ MPL die Umbrer, *ital. Stamm zwischen Tiber u. Adria*; **Umbria** ⟨ae⟩ F Umbrien
umbri-fer ⟨fera, ferum⟩ ADJ 1 Schatten spendend 2 die Verstorbenen fahrend
umbrōsus ⟨a, um⟩ ADJ 1 schattig 2 dunkel 3 Schatten spendend
ūmectāre ⟨ō, āvī, ātum 1.⟩ befeuchten
ūmectus ⟨a, um⟩ ADJ feucht
ūmēre ⟨eō, -, - 2.⟩ feucht/nass sein
★**umerus** ⟨ī⟩ M 1 Schulter, Achsel; **umeris sustinere** auf den Schultern tragen 2 (*eines Tieres*) Vorderbug
ūmēscere ⟨ēscō, -, - 3.⟩ feucht werden
ūmidum ⟨ī⟩ N 1 feuchter Ort/Boden 2 PL wässerige Teile

★**ūmidus** ⟨a, um, *adv* ūmide⟩ AD feucht, nass 2 saftig
ūmi-fer ⟨fera, ferum⟩ ADJ feucht
★**ūmor** ⟨ōris⟩ M 1 Feuchtigkeit, Flüs keit; ~ **lacteus** Milch; ~ **roscidus** 2 BOT Saft
★**um-quam** ADV = **unquam**
★**ūnā** ADV zusammen, gemeinsam; ~ **nire** gemeinsam kommen
ūn-animāns ⟨antis⟩ ADJ einträcl einig
ūn-animis ⟨e⟩ ADJ *u.* **ūn-animus** um⟩ ADJ einig, einträchtig
ūncia ⟨ae⟩ F 1 ein Zwölftel; **here uncia** Erbe eines Zwölftels 2 (*Mü* Unze = 1/12 As 3 (*Gewicht*) Unze = 27 4 *fig* Kleinigkeit
ūnciārius ⟨a, um⟩ ADJ ein Zwölftel tragend/enthaltend; **fenus unciar** Zinsen von einem Zwölftel des Kap = *8,33% jährlich*
uncīnātus ⟨a, um⟩ ADJ hakenförm
ūnctiō ⟨ōnis⟩ F das Salben
ūnctitāre ⟨ō, -, - 1.⟩ oft salben
ūnctiusculus ⟨a, um⟩ ADJ etwas fe
ūnctor ⟨ōris⟩ M Sklave zum Einsal
ūnctōrium ⟨ī⟩ N Raum zum Einsa *in den Thermen*
ūnctus ⟨a, um⟩ ADJ 1 gesalbt, p miert 2 fettig, schmierig 3 (*Verm usw.*) reich, üppig 4 (*Abendessen*) le 5 *fig* bestochen
uncus[1] ⟨ī⟩ M 1 Haken, Widerhake *fig* **uncum decutere** eine Gefahr ver den
uncus[2] ⟨a, um⟩ ADJ gekrümmt, g gen, hakenförmig
★**unda** ⟨ae⟩ F 1 Welle, Woge 2 Strom, Flut, Strömung, Gewässer 3 Strudel, unruhig wogende Menge, L he
undāre ⟨ō, āvī, ātum 1.⟩ 1 wo strömen 2 sieden
★**unde** ADV, *interrogativ u. relativ* 1 von wo, woher 2 *fig* wovon
ūn-dē… *zum Ausdruck von Neune len*; **undeviginti** neunzehn; **unden gesimus** der neunundachtzigste
ūn-deciē(n)s ADV elfmal
ūn-decim *indekl* NUM CARD elf
ūndecimus ⟨a, um⟩ NUM ORD der
ūndecim-virī ⟨ōrum⟩ MPL Elfmä kollegium

U

de-cumque ADV 1 woher auch im-
er 2 überall
-dēnī ⟨ae, a⟩ NUM DISTR je elf; **pedes**
Hexameter und Pentameter
de-unde ADV woher auch immer
dique ADV 1 woher auch immer,
n allen Seiten 2 überall 3 in jeder
nsicht
dōsus ⟨a, um⟩ ADJ wellenreich, wo-
nd
gere ⟨ungō, ūnxī, ūnctum 3.⟩ 1
ben, parfümieren 2 bestreichen, be-
tzen 3 *(Speise)* fett machen
guen ⟨inis⟩ N = **unguentum**
guentāria ⟨ae⟩ F Salbenhandel
guentārium ⟨ī⟩ N Salbengeld
guentārius A ⟨a, um⟩ ADJ Sal-
n... B ⟨ī⟩ M Salbenhändler
guentum ⟨ī⟩ N Salbe, Salböl, Par-
n
guere ⟨unguō, ūnxī, ūnctum 3.⟩ =
gere
guiculus ⟨ī⟩ M 1 Nagel 2 Nägel-
en 3 Fingerspitze; **unguiculis** durch
d durch
guis ⟨is⟩ M 1 Nagel 2 Kralle, Klaue,
ze, Huf; **ad/in unguem** aufs Genaues-
transversus unguis ein Finger breit
gula ⟨ae⟩ F *u.* **ungulus** ⟨ī⟩ M 1
f 2 Pferd; **omnibus ungulis** mit allen
ften 3 Kralle, Klaue
-animus ⟨a, um⟩ ADJ = **unanimus**
-color ⟨ōris⟩ ADJ einfarbig
cus ⟨a, um, *adv* ūnicē⟩ ADJ 1 allein,
zig 2 einzigartig, einmalig
-fōrmis ⟨e⟩ ADJ einförmig, einfach
-gena ⟨ae⟩ M *u.* F 1 von einer Ab-
mmung, Bruder, Schwester 2 einzig
ō ⟨ōnis⟩ F einzelne große Perle
re ⟨iō, iī, ītum 4.⟩ vereinigen
tās ⟨ātis⟩ F 1 Einheit, Gesamtheit
Einigkeit
us-modī ADV von einer Art
versālis ⟨e⟩ ADJ allgemein
versitās ⟨ātis⟩ F 1 Gesamtheit 2
ganze Rede 3 *fig* Welt(all)
versum ⟨ī⟩ N 1 Gesamtheit 2
tall
-versus *u.* **ūni-vorsus** ⟨a, um,
ūniversē *u.* ūnivorsē⟩ ADJ 1 ge-
nt, sämtlich, ganz 2 PL alle zusam-
n 3 allgemein, gemeinschaftlich 4
verse/in universum im Allgemeinen,
überhaupt

ūn-oculus ⟨a, um⟩ ADJ einäugig

★**unquam** ADV irgendeinmal, jemals; **nec ~** und niemals; **nemo ~** nie jemand

★**ūnus** ⟨a, um⟩ NUM CARD 1 einer; **una castra** ein Lager; **ad unum omnes** alle ohne Ausnahme; **in unum cogere** zu einem Ganzen vereinigen 2 nur einer, ein einziger; *oft mit adv übersetzt* bloß, nur; **Ubii uni** nur die Ubier; **nemo/nullus ~** kein Einziger 3 *(beim sup)* einzigartig; **homo ~ doctissimus** der allergelehrteste Mann 4 ein und derselbe 5 *(indefinit)* irgendein

★**ūnus-quisque** ⟨ūnaquaeque, ūnumquidque *(subst)* *u.* ūnumquodque *(adj)*⟩ INDEF PR ein jeder, jeder einzelne

ūnxī → ungere

ūpiliō ⟨ōnis⟩ M Ziegenhirt, Schafhirt

urbānitās ⟨ātis⟩ F 1 Stadtleben, städtische Lebensart 2 feine Aussprache 3 feiner Witz 4 schlechter Witz

★**urbānus** A ⟨a, um, *adv* urbānē⟩ ADJ 1 städtisch, stadtrömisch 2 *fig* geschmackvoll, gebildet 3 witzig, geistreich 4 dreist B ⟨ī⟩ M 1 Städter, Römer 2 Witzbold

urbi-capus ⟨ī⟩ M Städteeroberer

★**urbs** ⟨urbis⟩ F 1 Stadt, Hauptstadt 2 (die Stadt) Rom 3 Oberstadt, Burg 4 die Stadtbewohner 5 *fig* Hauptsache

Landeskunde

▶ urbs – ab urbe condita

Nach der Sage wurde Rom 753 v. Chr. gegründet. Die Formel **ab urbe condita** (seit Gründung der Stadt), wurde zum festen Bezugspunkt für Zeitangaben.

urceus ⟨ī⟩ M Krug

ūrēdō ⟨inis⟩ F MED Kornbrand

★**ūrere** ⟨ūrō, ussī, ustum 3.⟩ 1 (ver)brennen 2 MED ausbrennen 3 *(Farbe)* einbrennen 4 durch Feuer zerstören 5 *(Feld usw.)* austrocknen, ausdörren, versengen 6 *(vom Frost)* zum Erfrieren bringen; *passiv* erfrieren 7 *fig* wund drücken, peitschen 8 *(Leidenschaft)* entfachen; *passiv* entbrannt sein; **uri in aliquo**

U

in j-n verliebt sein 9 *fig* beunruhigen

★**urg(u)ēre** ⟨urg(u)eō, ursī, - 2.⟩ A V/T 1 drängen, treiben, stoßen 2 *fig* verdrängen 3 *fig* verfolgen, bedrängen 4 (*Ort*) ganz nahe liegen, **aliquid** bei etw 5 (*zeitl.*) nahe bevorstehen 6 hartnäckig betonen 7 eifrig betreiben; **iter ~** den Marsch beschleunigen; **occasionem ~** eine Gelegenheit gierig ergreifen B V/I andringen, sich drängen

ūrīna ⟨ae⟩ F 1 Harn, Urin 2 *fig* Samen

★**urna** ⟨ae⟩ F 1 Krug, Topf 2 (*Hohlmaß*) Urne, Eimer = *ca. 13 l* 3 Losurne 4 *fig* Wahl durch das Los 5 Totenurne

ursa ⟨ae⟩ F 1 Bärin 2 ASTRON Bär

ursī → urgere

ursīna ⟨ae⟩ F Bärenfleisch

ursīnus ⟨a, um⟩ ADJ Bären…

ursus ⟨ī⟩ M 1 Bär 2 Bärenjagd

urtīca ⟨ae⟩ F 1 Brennnessel 2 Seenessel

ūrus ⟨ī⟩ M Auerochse

Ūsipetēs ⟨um⟩ MPL *u.* **Ūsip(i)ī** ⟨ōrum⟩ MPL *germ. Stamm am rechten Unterrhein*

ūsitātus ⟨a, um, *adv* ūsitātē⟩ ADJ gebräuchlich, gewöhnlich, üblich

uspiam ADV 1 irgendwo 2 irgendwie

usquam ADV 1 irgendwo; **nec ~** und nirgends 2 *fig* irgendwohin 3 bei irgendeiner Gelegenheit 4 irgendwie

★**ūsque** A ADV 1 in einem fort, ununterbrochen 2 (*örtl., zeitl.*) von … her, von … an; **~ a Capitolio** vom Kapitol her 3 (*örtl., zeitl.*) ★**~ ad** bis … zu; **~ eo** bis dahin; **~ dum** so lange bis B PRÄP +*akk* bis zu, *auch nachgestellt*

ūsque-quāquē ADV 1 überall 2 (*zeitl.*) immer

ūsquin = **usque-ne**; → usque

ussī → urere

ūssūra ⟨ae⟩ F → usura

ustilāre ⟨ō, āvī, ātum 1.⟩ = **ustulare**

ustor ⟨ōris⟩ M Leichenverbrenner

ustulāre ⟨ō, āvī, ātum 1.⟩ an-, verbrennen

ustus ⟨a, um⟩ PPP → urere

ūsū-capere ⟨capiō, cēpī, captum 3.⟩ (*Eigentumsrecht*) durch Verjährung erwerben, ersitzen

ūsū-capiō ⟨ōnis⟩ F Eigentumsrecht durch Verjährung

ūsū-facere ⟨faciō, fēcī, factum 3.⟩ = **usucapere**

U

ūsūra ⟨ae⟩ F 1 (*zeitlich beschränkt*) brauch, Nutzungsrecht 2 Frist 3 sen; **perscribere usuram** Geld auf sen ausleihen 4 *fig* Zugabe

ūsūrārius ⟨a, um⟩ ADJ 1 der Nutz dienend 2 verzinst

★**ūsurpāre** ⟨ō, āvī, ātum 1.⟩ 1 be zen, genießen, ausüben 2 beans chen 3 (*rechtmäßig*) in Besitz neh 4 sich anmaßen 5 (*Wort*) gebrauc erwähnen 6 nennen, **Caecilium sap tem** den Caecilius weise

ūsurpātiō ⟨ōnis⟩ F 1 Gebrauch, nutzung, Ausübung 2 JUR Missbrau

ūsus[1] ⟨a, um⟩ PPERF → uti

★**ūsus**[2] ⟨ūs⟩ M 1 Gebrauch, Ver dung, Benutzung 2 JUR Nießbrauc lange Benutzung, Verjährung 4 gang, Bekanntschaft, **Scipionis** mit pio; **~ amicitiae** Umgang in der Fre schaft 5 praktische Tätigkeit, übung; **usu venire** sich ereigner Brauchbarkeit, Nutzen, Vorteil; **ex alicuius/usui alicui esse** für j-n vo haft sein, j-m nützen 7 Bedarf, Be nis; **~ est/adest** es ist notwendig

★**ut** A KONJ 1 (*zeitl.* +*ind*) sobald (als) rade als, sobald wie; **~ Romam veni** bald er nach Rom kam; **~ primum** bald als 2 (*zeitl.* +*ind*) seit(dem); **qui dies, ~** der fünfte Tag, seitdem 3 +*konjkt*) dass, damit, um zu; **edimu vivamus** wir essen um zu leben; wi sen, damit wir leben 4 (*bei Verber Fürchtens u. Ä.*) dass nicht; **timeo ~ tineas** ich fürchte, dass du es nich trägst 5 (*konsekutiv*) dass, sodas **non** dass nicht 6 (*konzessiv*) ge dass, selbst wenn, wenn auch; **~ d vires, tamen est laudanda volu** wenn auch die Kräfte fehlen, ist der le dennoch zu loben 7 (*in Wunschsä* dass doch B ADV 1 (*örtl.*) w (*interrogativ*) wie?; **~ vales?** wie ge dir? 3 (*ausrufend*) wie, wie sehr 4 *tiv*) wie, auf welche Weise; **perge ~ tuisti** mach weiter, wie du angefa hast 5 (*vergleichend*) wie; **~ init sic finis est** wie der Anfang, so is Ende 6 **~ quisque … ita/sic** je nach ein jeder … so, je … desto 7 (*gege lich*) wenn auch … so doch, zw aber; **~ nihil boni est in morte, sic**

nihil mali wenn auch nichts Gutes im
d ist, so doch sicher nichts Schlechtes
wie; ~ **supra demonstravimus** wie
r oben gezeigt haben 9 (*kausal*) als;
ogenes ~ Cynicus Diogenes als Kyni-
r; ~ **qui** da er ja, weil er ja 10 wie
nn, wie einmal; **homo, ~ erat furio-**
s der Mensch, rasend wie er war 11
e wenigstens, wie nur; ~ **tum res**
ant bei der damaligen Lage 12 ~ **si**
onjkt wie wenn, als ob 13 (*zur Einlei-*
ng von Beispielen) zum Beispiel; ~ **si**
zum Beispiel wenn
-cumque A ADV wie auch immer, je
chdem; ~ **res postulat** je nachdem,
e es die Sache erfordert B KONJ (*zeitl.*)
bald nur
er[1] ⟨tris⟩ M Schlauch *für Flüssigkeiten*
er[2] ⟨utra, utrum⟩ PRON, *subst u. adj* 1
terrogativ u. relativ) welcher (von bei-
n); **uter nostrum?** welcher von uns
iden? 2 (*indefinit*) einer von beiden
er-cumque ⟨utracumque, utrum-
mque⟩ PRON, *subst u. adj* 1 (*relativ*)
r immer von den beiden 2 (*indefinit*)
der beliebige von beiden; **utrocumque**
odo auf jede Weise
er-libet ⟨utralibet, utrumlibet⟩
ON, *subst u. adj* 1 (*relativ*) wer immer
n beiden 2 (*indefinit*) jeder beliebige
n beiden
er-que ⟨utraque, utrumque⟩ INDEF
subst u. adj 1 jeder von beiden, bei-
; ~ **consul** jeder der beiden Konsuln,
ide Konsuln 2 PL (*zwei Einheiten*) bei-
; **utraque castra** beide Lager 3 PL
vei einzeln gedachten Mehrheiten) beide
rum ⟨ī⟩ N *u.* **uterus** ⟨ī⟩ M 1 Un-
leib, Bauch 2 MED Gebärmutter 3
d 4 Geburtswehen
r-vīs ⟨utravīs, utrumvīs⟩ INDEF PR 1
ler beliebige von beiden 2 beide
[1] = **ut**
[2] ⟨ūtor, ūsus sum 3.⟩ 1 benutzen,
rauchen, **re** etw; **Ciceronis verbis ~**
eros Worte gebrauchen 2 *fig* genie-
n, **re** etw 3 haben, besitzen; **Trebo-**
utor amico ich habe den Trebonius
n Freund 4 ausüben, beweisen, zei-
; **auctoritate suā ~** seinen Einfluss
tend machen 5 Umgang haben, **rege**
dem König 6 brauchen, nötig ha-
, **re** etw

ūtibilis ⟨e⟩ ADJ brauchbar, nützlich
★**ūtilis** ⟨e, *adv* ūtiliter⟩ ADJ 1 brauchbar, nützlich 2 vorteilhaft
★**ūtilitās** ⟨ātis⟩ F 1 Brauchbarkeit, Nutzen 2 Vorteil 3 Wohl 4 nützliche Einrichtung
★**uti-nam** KONJ +*konjkt* o dass doch, wenn doch
uti-quam ADV in jedem Fall
utī-que[1] 1 und wie 2 und damit; = **et ut**
uti-que[2] ADV 1 unbedingt, auf jeden Fall 2 wenigstens 3 *fig* besonders, zumal
ūtor → uti
ut-pote ADV nämlich, weil ja; **utpote qui** der ja
★**utrimque** ADV von/auf beiden Seiten
utrō ADV (*interrogativ*) wohin?; auf welche der beiden Seiten?
utrobī ADV (*interrogativ*) auf welcher der beiden Seiten?
utrobī-dem ADV beiderseits
utr-obīque ADV auf beiden Seiten, überall; in beiden Fällen
utrōlibet ADV wohin es beliebt
utrōque *u.* **utrōque-versum** *u.* **utrōque-vorsum** ADV nach beiden Seiten/Richtungen
★**utrum** ADV (*in Entscheidungsfragen*): ★ ~ ... **an** ob ... oder
ut-ut ADV = **utcumque**
★**ūva** ⟨ae⟩ F 1 Traube, Weintraube 2 *fig* Wein(stock)
ūvēscere ⟨ēscō-, - 3.⟩ 1 feucht werden 2 *fig* sich betrinken
ūvidulus ⟨a, um⟩ ADJ ein wenig feucht, ein wenig nass
ūvidus ⟨a, um⟩ ADJ 1 feucht, nass 2 *fig* betrunken
★**uxor** ⟨ōris⟩ F Ehefrau, Gattin
uxōrius A ⟨a, um⟩ ADJ der Ehefrau gehörig, die Ehefrau betreffend; **res uxoria** Ehestand; Mitgift B ⟨ī⟩ M Pantoffelheld

V

v., V. ABK **1** = **valeo/vales/valetis**; → valere **2** *Zahlzeichen* = 5

Vacalus ⟨ī⟩ M die Waal, *Mündungsarm des Rheins*

★**vacāre** ⟨ō, āvī, ātum 1.⟩ **1** leer sein/stehen, frei sein, unbebaut sein, unbewohnt sein **2** herrenlos sein **3** *fig* von *etw* frei sein, *etw* nicht haben, *(a) re*; **metu ~** frei von Furcht sein **4** Muße haben **5** sich widmen, **clientium negotiis** den Angelegenheiten der Klienten **6** **vacat** es steht frei

vacātiō ⟨ōnis⟩ F **1** das Freisein, Entlastung, Befreiung **2** MIL Beurlaubung **3** Ablösesumme *für Freistellung vom Kriegsdienst*

vacca ⟨ae⟩ F Kuh

vaccillāre ⟨ō, āvī, ātum 1.⟩ = **vacillare**

vaccīnium ⟨ī⟩ N BOT Hyazinthe

vacē-fierī ⟨fīō, - 0.⟩ frei werden

vacillāre ⟨ō, āvī, ātum 1.⟩ **1** wackeln, wanken **2** *fig* unzuverlässig sein

vacīvitās ⟨ātis⟩ F Leere, Mangel

vacīvus ⟨a, um, *adv* vacīvē⟩ ADJ **1** leer, frei, **alicuius rei** von etw; **~ auris** willig **2** ADV in Muße

vacuāre ⟨ō, āvī, ātum 1.⟩ entleeren, entvölkern, **re** von etw

vacuē-facere ⟨faciō, fēcī, factum 3.⟩ frei machen, entleeren, entvölkern

vacuitās ⟨ātis⟩ F **1** das Freisein, Befreiung, **doloris** von Schmerz **2** das Freiwerden *eines Amtes*

vacuum ⟨ī⟩ N **1** Leere, leerer Raum **2** das Freie

★**vacuus** ⟨a, um⟩ ADJ **1** leer, frei, ohne; **culpā ~** ohne Schuld **2** menschenleer, einsam **3** *(Festung)* offen stehend, zugänglich **4** *(Mädchen)* ledig, unverheiratet **5** *(Landgut usw.)* unbesetzt, herrenlos, ohne Erbe **6** unbeschäftigt **7** sorglos, unbefangen **8** nichtig, wertlos

vadārī ⟨or, ātus sum 1.⟩ **1** durch Bürgschaft zum Erscheinen vor Gericht verpflichten **2** **vadato** nach geleisteter Bürgschaft; **vadatus** verpflichtet

★**vādere** ⟨ō, -, - 3.⟩ gehen, schreiten

vadimōnium ⟨ī⟩ N **1** Versicher[...] vor Gericht zu erscheinen **2** Bürgsch[...] **~ concipere** sich schriftlich verbür[...] **3** das Erscheinen vor Gericht **4** V[...]handlungstermin

vadōsus ⟨a, um⟩ ADJ voller Untiefe[...]

★**vadum** ⟨ī⟩ N **1** seichte Stelle, Furt, [...]tiefe; **in vado esse** *fig* in Sicherheit [...] **2** Gewässer, Meer, Flussbett

vae INT wehe; **vae me** weh mir, o je

vae... = **ve...**

vafer ⟨fra, frum, *adv* vafrē⟩ ADJ sch[...] verschmitzt, spitzfindig

vafritia ⟨ae⟩ F Schlauheit, Verschm[...]heit

★**vagāre** ⟨ō, āvī, - 1.⟩ *u.* ★ **vagārī** [...] ātus sum 1.⟩ **1** umherstreifen, -sch[...]fen **2** SCHIFF kreuzen **3** sich ausbre[...] **4** RHET abschweifen

vāgīna ⟨ae⟩ F **1** Scheide *des Schwe*[...] **2** Hülle, Hülse **3** MED Scheide

vāgīre ⟨iō, īvī *u.* iī, ītum 4.⟩ *(Baby)* w[...]mern, schreien

vāgītus ⟨ūs⟩ M **1** *(eines Babys)* Wimmern, das Weinen **2** das Mecke[...]

vāgor ⟨ōris⟩ M = **vagitus**

★**vagus** ⟨a, um, *adv* vagē⟩ ADJ **1** um[...]schweifend; **vage effusus** weit verst[...] **2** *(Schicksal usw.)* schwankend, u[...]ständig **3** *(Fest usw.)* ungebunden, [...]gellos **4** ungenau, unbestimmt, a[...]mein **5** RHET weitschweifig

vāh *u.* **vaha** INT au, ach

★**valdē** ADV **1** sehr; **~ timere** sehr fü[...]ten; **~ longus** sehr lange **2** *(in Ant*[...]*ten)* gewiss

valēns ⟨entis, *adv* valenter⟩ ADJ **1** [...]tig **2** wirksam **3** gesund **4** *fig* mäc[...] einflussreich

valentulus ⟨a, um⟩ ADJ körpe[...] stark

★**valēre** ⟨valeō, valuī, valitūrus 2.⟩ [...] stark/kräftig sein; **pedibus ~** gu[...] Fuß sein **2** gesund sein **3** *(in Brie*[...] *Grußformeln)* **~ aliquem iubere** j-m [...]bewohl sagen; **vale** leb wohl; **valeas** hab dich wohl, weg mit dir; **valeat** [...]nug von ihm **4** *fig* Einfluss/Macht [...]ben; **multum ~** großen Einfluss ha[...] **5** zur Geltung kommen; **promissum** [...]lebat das Versprechen wurde geha[...] **6** geeignet sein, dienen **7** sich au[...]

…ziehen; **definitio in omnes valet** die …rschrift gilt für alle 8 gelten, wert …in 9 bedeuten, heißen; **hoc verbum** …id valet? was bedeutet dieses Wort?

…leriānus ⟨a, um⟩ ADJ des Valerius

…lerius ⟨a, um⟩ *Name einer patriz. …ns* 1 **C. ~ Catullus** → Catullus 2 **M. … Martialis** → Martialis 3 **M. ~ …essal(l)a Corvinus** *Redner z. Zt. Ciceros, …und und Mäzen des Ovid u. des Tibull*

…ētūdinārium ⟨ī⟩ N Krankenhaus

…ētūdinārius A ⟨a, um⟩ ADJ kränk…h B ⟨ī⟩ M Patient

…ētūdō ⟨inis⟩ F 1 Gesundheitszu…nd 2 Krankheit, Schwäche

…gus ⟨a, um⟩ ADJ krummbeinig

…idus ⟨a, um, *adv* validē⟩ ADJ 1 kräf…, stark 2 MIL stark, befestigt 3 *(Heil…ttel usw.)* wirksam 4 gesund 5 *fig* …ichtig, gültig 6 RHET gewaltig, zün…nd

…itūd… = **valetud…**

…itūrus ⟨a, um⟩ PART *fut* → valere

…lāre ⟨ō, āvī, ātum 1.⟩ 1 *(Gelände)* …festigen 2 *fig* schützen

…lāris ⟨e⟩ ADJ des Walls; **corona ~** MIL …enkranz

…lēs *u.* ★ **vallis** ⟨is⟩ F Tal

…lum ⟨ī⟩ N 1 Wall 2 *fig* Schutzwehr

…lus ⟨ī⟩ M 1 Pfahl 2 Zahn *eines Kam…s* 3 Pfahlwerk 4 Wall, Verschanzung

…uī → valere

…vae ⟨ārum⟩ FPL Flügeltür

…ndalī ⟨ōrum⟩ MPL die Vandalen, *…m. Volk östl. der Oder, später in Südspa…n u. Nordafrika*

…ēscere ⟨ēsō, -, - 3.⟩ 1 verschwin…, vergehen 2 abnehmen

…i-dicus ⟨a, um⟩ ADJ verlogen

…iloquentia ⟨ae⟩ F Prahlerei

…i-loqui-dōrus ⟨ī⟩ M Prahlhans

…i-loquus ⟨a, um⟩ ADJ 1 großspre…risch, prahlerisch 2 verlogen

…itās ⟨ātis⟩ F 1 Nichtigkeit, leerer …ein 2 Angeberei, Selbstgefälligkeit, …hlerei 3 Misserfolg, Zwecklosigkeit

…itūdō ⟨inis⟩ F Lügengespinst

…um ⟨ī⟩ N 1 Leere 2 Wahn, Schein, …bildung; **ex vano** aus falscher Quelle …PL Nichtigkeiten

…us ⟨a, um⟩ ADJ 1 leer, hohl; **imago …a** Schattenbild 2 *(Ort)* dünn bevöl… 3 *fig* nichtig 4 *fig* erfolglos, vergeblich 5 *fig* lügnerisch, prahlerisch 6 *(Testament)* grundlos, falsch, ungültig

vapor ⟨ōris⟩ M 1 Dampf, Dunst, Rauch 2 Wärme, Hitze

vapōrāre ⟨ō, āvī, ātum 1.⟩ A V/I heiß werden, dampfen B V/T 1 beräuchern 2 erwärmen

vapōrārium ⟨ī⟩ N Dampfrohr, -heizung

vapōs ⟨ōris⟩ M = **vapor**

vappa ⟨ae⟩ F 1 sauer gewordener Wein 2 *fig* Taugenichts

vāpulāre ⟨ō, āvī, ātum 1.⟩ 1 Prügel bekommen 2 *fig* eine Schlappe erleiden 3 zugrunde gerichtet werden

vāpulāris ⟨e⟩ ADJ Prügel…

Vāriānus ⟨a, um⟩ ADJ des Varus

★**variāre** ⟨ō, āvī, ātum 1.⟩ A V/T 1 bunt machen, färben 2 *fig* grün und blau schlagen 3 *fig* wechseln, verändern; *passiv* voneinander abweichen B V/I 1 bunt sein 2 *fig* vielfältig sein, sich verändern, schwanken, wechseln 3 verschiedener Meinung sein; **variat** es herrscht Meinungsverschiedenheit 4 wechselnden Erfolg haben

variātiō ⟨ōnis⟩ F Verschiedenheit

vāricus ⟨a, um⟩ ADJ die Beine grätschend

★**varietās** ⟨ātis⟩ F 1 Buntheit 2 Verschiedenheit, Mannigfaltigkeit 3 Unbeständigkeit, **fortunae** des Schicksals 4 Meinungsverschiedenheit

★**varius** ⟨a, um, *adv* variē⟩ ADJ 1 vielfältig, bunt, schillernd 2 *fig* gemischt, unterschiedlich 3 *fig* wechselhaft, unentschieden 4 *fig* vielseitig 5 *(Charakter)* unbeständig, launisch 6 ADV auf verschiedene Weise; mit wechselndem Glück

varix ⟨icis⟩ F Krampfader

Varrō ⟨ōnis⟩ M *Beiname in der gens Terentia;* → Terentius; **Varrōniānus** ⟨a, um⟩ ADJ des Varro

vārus A ⟨a, um⟩ ADJ 1 gekrümmt 2 krummbeinig 3 *fig* entgegengesetzt B ⟨ī⟩ M *(einer Person)* O-Bein

Vārus ⟨ī⟩ M *röm. Beiname;* **P. Quinctilius ~** *röm. Feldherr und Statthalter in Germanien, 9 n. Chr. im Teutoburger Wald von dem Cheruskerfürsten Arminius besiegt*

vas[1] ⟨vadis⟩ M Bürge

★**vās**[2] ⟨vāsis⟩ N 1 Gefäß, Geschirr 2 PL

V

Haushaltsgeräte **3** PL MIL Gepäck; **vasa conclamare** das Signal zum Aufbruch geben **4** PL Hoden

vasallus ⟨i⟩ M (*mlat.*) Lehnsmann, Vasall

vāsārium ⟨ī⟩ N Ausstattungsgeld *für einen Provinzstatthalter*

vāsculārius ⟨ī⟩ M Anfertiger von Metallgefäßen

vassallus ⟨i⟩ M = **vasallus**

★**vāstāre** ⟨ō, āvī, ātum 1.⟩ **1** leer machen, entvölkern **2** verwüsten, ausplündern **3** *fig* zerrütten

vāstātiō ⟨ōnis⟩ F Verwüstung

vāstātor ⟨ōris⟩ M Verwüster, Zerstörer; ~ **ferarum** Jäger des Wildes

vāstātrīx ⟨īcis⟩ F Verwüsterin

vāstitās[1] ⟨ātis⟩ F **1** Leere, Verödung **2** Verwüstung, Zerstörung

vastitās[2] ⟨ātis⟩ F ungeheure Größe, Koloss

vāstitiēs ⟨ēī⟩ F Verwüstung, Zerstörung

★**vāstus**[1] ⟨a, um, *adv* vāstē⟩ ADJ **1** leer, öde, menschenleer, **a re** von etw **2** verwüstet **3** *fig* plump, roh, ungebildet

★**vastus**[2] ⟨a, um, *adv* vastē⟩ ADJ **1** weit, weit ausgedehnt, riesig; **vaste** weithin **2** unförmig, ungeschlacht

vāsum ⟨ī⟩ N = **vas**[2]

★**vātēs** ⟨is⟩ M *u.* F **1** Seher(in), Wahrsager(in) **2** Sänger(in), Dichter(in)

Vāticānus **A** ⟨ī⟩ M Vatikan, *Hügel in Rom* **B** ⟨a, um⟩ ADJ vatikanisch

vāticinārī ⟨or, ātus sum 1.⟩ **1** weissagen, vorhersagen, prophezeien **2** *fig* warnen **3** *fig* lehren **4** *fig* schwärmen

vāticinātiō ⟨ōnis⟩ F Weissagung

vāticinius ⟨a, um⟩ ADJ = **vaticinus**

vāticinus ⟨a, um⟩ ADJ weissagend, prophetisch; **furor** ~ seherisches Rasen

vatillum ⟨ī⟩ N Schaufel, Becken, Pfanne

vātis ⟨is⟩ M *u.* F = **vates**

★**-ve**[1] *Partikel* oder; **plus minusve** mehr oder weniger; **-ve … -ve/aut/vel** entweder … oder

vē-[2] PRÄF *zum Ausdruck der Abweichung vom Normalen*; **ve-cors** wahnsinnig

vēcordia ⟨ae⟩ F Wahnsinn

vē-cors ⟨cordis⟩ ADJ wahnsinnig, verrückt

vectāre ⟨ō, āvī, ātum 1.⟩ führen, fahren, bringen; *passiv* reiten, fahren, [...]geln

★**vectīgal** ⟨ālis⟩ N **1** Steuer, Abgab[e] **2** PL Staatseinkünfte; ~ **portorium** Ha[...]zoll **3** Einnahmequelle **4** (*von Privat[per]sonen*) Einkünfte

vectīgālis ⟨e⟩ ADJ **1** zu den Staats[ein]künften gehörig **2** als Abgabe bez[ahlt] **3** steuerpflichtig; **aliquem sibi vect[iga]lem facere** sich j-n steuerpflichtig [ma]chen

vectiō ⟨ōnis⟩ F das Fahren, das Re[iten]

vectis ⟨is⟩ M **1** Hebel, Hebebaum[,] Brechstange **3** Querriegel

vector ⟨ōris⟩ M **1** Träger **2** Passag[ier,] Fahrgast **3** Reiter

vectōrius ⟨a, um⟩ ADJ Transport…; **[na]vigium vectorium** Transportschiff

vectūra ⟨ae⟩ F **1** das Fahren **2** Tr[ans]port, Zufuhr **3** Fahr-, Frachtpreis

vectus ⟨a, um⟩ PPP → vehere

vegēre ⟨eō, -, - 2.⟩ erregen

vegetābilis ⟨e⟩ ADJ belebend

vegetātiō ⟨ōnis⟩ F Belebung

vegetus ⟨a, um⟩ ADJ **1** (*körperlich*) [kräft]ig **2** (*geistig*) rege, lebhaft

vē-grandis ⟨e⟩ ADJ **1** klein, winzi[g …] sehr groß

★**vehemēns** ⟨entis, *adv* vehemen[ter]⟩ ADJ **1** heftig, leidenschaftlich, stürm[isch] **2** streng, hart **3** *fig* heftig, stark, ge[wal]tig; **vulnus** ~ tiefe Wunde **4** ADV au[ßer]ordentlich, höchst

vehementia ⟨ae⟩ F **1** Hitze, Lei[den]schaftlichkeit **2** Heftigkeit, Stärke

★**vehere** ⟨vehō, vēxī, vectum 3.⟩ **A** **1** fortschaffen, bewegen, fahren, [füh]ren, ziehen, bringen; **per triumph[um]** im Triumph aufführen **2** *passiv* fa[hren,] reiten, segeln, fliegen **B** V/I fahren, [rei]ten, sich tragen lassen; **quadrigis** [~ im] Viergespann fahren

vehic(u)lum ⟨ī⟩ N Fahrzeug, Wa[gen,] Schiff, Sänfte

Vēī ⟨ōrum⟩ MPL Veii, *alte etrusk[ische] Stadt nördl. von Rom*; **Vēiēns** ⟨e[ntis]⟩ ADJ aus Veii; **Vēiēns** ⟨entis⟩ M Ein[woh]ner von Veii; **Vēientānus** ⟨a, um⟩ [ADJ] aus Veii

Vēiī ⟨ōrum⟩ MPL = **Vei**

Vēius ⟨a, um⟩ ADJ aus Veii

★**vel** **A** KONJ **1** oder, oder auch **2** vielmehr; ~ **potius** oder besser,

ɪlmehr **3** ★ ~ ... ~ entweder ... oder, i es ... oder sei es, teils ... teils **B** ADV (*steigernd*) ja sogar, selbst **2** (*abmil-*rnd) wohl, leicht **3** schon **4** doch we-ɟstens **5** besonders, so zum Beispiel
lābrum ⟨ī⟩ N *Lebensmittelmarkt in* *m zwischen Palatin u. Tiber*
laeda ⟨ae⟩ F = **Veleda**
lāmen ⟨inis⟩ N **1** Hülle, Decke **2** wand, Schleier **3** Fell
lāmentum ⟨ī⟩ N **1** Hülle, Decke, *ch fig* **2** PL weiße Wollbinden
lāre ⟨ō, āvī, ātum 1.⟩ **1** verhüllen, ɾschleiern, bedecken **2** **velatus** MIL bewaffnet **3** umwinden, bekränzen *fig* verheimlichen, überdecken
lia ⟨ae⟩ F *Stadtteil in Rom*
i-fer ⟨fera, ferum⟩ ADJ Segel tra-nd
itārī ⟨or, ātus sum 1.⟩ **1** mit leich-ı Waffen kämpfen **2** *fig* streiten
itāris ⟨e⟩ ADJ zu den Leichtbewaff-ɛen gehörig
itātiō ⟨ōnis⟩ F **1** kleine Gefechte ɾ Leichtbewaffneten **2** *fig* Neckerei
i-volāns ⟨antis⟩ ADJ *u.* **vēlivolus** um⟩ ADJ mit Segeln
le ⟨volō, voluī, - 0.⟩ **1** wollen, ver-gen, wünschen; **velim nolim** ich ɡ wollen oder nicht; **volo hoc facias** will, dass du das tust; **velim** ich ɫlte, ich möchte; **vellem** ich hätte ge-llt **2** **aliquo** ~ irgendwohin reisen llen; **aliquem** ~ j-n zu sprechen wün-en; **aliquem aliquid** ~ etw von j-m llen; **bene/male** ~ **alicui** j-m wohl-llen/übelwollen; **alicuius causā** ~ es ː mit j-m meinen; **quid tibi vis?** was t dir ein? **3** bestimmen, beschließen, ɔrdnen; **velitis iubeatis** ihr möget be-ließen, *Einleitungsformel der Gesetzes-schläge* **4** behaupten, vorgeben; **ato physicum se voluit** Strato gab ı für einen Physiker aus **5** lieber wol-vorziehen **6** bedeuten, bezwecken
lere ⟨vellō, vellī *u.* volsī *u.* vulsī, vol-n *u.* vulsum 3.⟩ **1** rupfen, zupfen, **cui aurem** j-n am Ohr **2** ausrupfen, ɔfen; *passiv* sich die Haare entfernen sen **3** ab-, aus-, einreißen
lī → vellere
licāre ⟨ō, āvī, ātum 1.⟩ **1** rupfen **2** kritisieren **3** *fig* anregen

vellicātiō ⟨ōnis⟩ F das Necken, Stichelei, Nörgelei
vellus ⟨eris⟩ N **1** Wolle; *pl* Fäden **2** Fell **3** PL *Wollähnliches*: Baumwolle; Schneeflocken; Schäfchenwolken
vēlōcitās ⟨ātis⟩ F **1** Schnelligkeit, Geschwindigkeit **2** RHET Lebhaftigkeit
★**vēlōx** ⟨ōcis, *adv* vēlōciter⟩ ADJ schnell, eilig; gewandt
★**vēlum** ⟨ī⟩ N **1** SCHIFF Segel; **vela ventis dare** mit vollem Wind segeln **2** Hülle, Vorhang **3** (*im Amphitheater*) Sonnensegel **4** PL Schiff
★**vel-ut(ī)** ADV **1** wie, gleichwie **2** wie, wie zum Beispiel **3** **velut** (**si**) als ob, wie wenn
vēmēns ⟨entis⟩ ADJ = **vehemens**
★**vēna** ⟨ae⟩ F **1** Ader, Vene, Arterie **2** PL Puls **3** BOT Ader **4** Metallader **5** Wasserader **6** Ritze, Spalt **7** PL Inneres, Herz **8** PL Wesen, Charakter **9** PL Stimmung
vēnābulum ⟨ī⟩ N Jagdspieß
vēnālicius **A** ⟨a, um⟩ ADJ verkäuflich **B** ⟨ī⟩ M Sklavenhändler
vēnālis **A** ⟨e⟩ ADJ **1** verkäuflich **2** *fig* käuflich, bestechlich **3** *fig* verraten und verkauft **B** ⟨is⟩ M zum Verkauf stehender Sklave
★**vēnārī** ⟨or, ātus sum 1.⟩ **A** V/I zur Jagd gehen; **venantes** die Jäger **B** V/T jagen, zu gewinnen versuchen
vēnāticus ⟨a, um⟩ ADJ Jagd..., Jäger...; **canis** ~ Jagdhund
vēnātiō ⟨ōnis⟩ F **1** Jagd **2** Tierhetze **3** Wildfleisch
vēnātor ⟨ōris⟩ M **1** Jäger **2** *fig* Forscher
vēnātōrius ⟨a, um⟩ ADJ Jagd..., Jäger...; **galea venatoria** Jägerkappe
vēnātrīx ⟨īcis⟩ **A** F Jägerin **B** ADJ jagend
vēnātūra ⟨ae⟩ F Jagd
vēnātus ⟨ūs⟩ M **1** Jagd **2** *fig* Fischfang **3** *fig* Wild
★**vendere** ⟨vendō, vendidī, venditum 3.⟩ **1** verkaufen **2** versteigern, verpachten **3** *fig* verschleudern **4** öffentlich anpreisen, empfehlen
vendibilis ⟨e⟩ ADJ **1** leicht verkäuflich **2** *fig* beliebt
vendidī → vendere
venditāre ⟨ō, āvī, ātum 1.⟩ **1** (zum

V

Verkauf) anbieten 2 verschachern 3 *fig* anpreisen, empfehlen
venditātiō ⟨ōnis⟩ F Zurschaustellung
venditor ⟨ōris⟩ M Verkäufer
venēfica ⟨ae⟩ F Giftmischerin, Zauberin
venēficium ⟨ī⟩ N 1 Giftmischerei 2 Gifttrank 3 Liebestrank 4 Zauberei
venē-ficus A **a, um** ADJ 1 Gift mischend 2 Zauber… B ī M Giftmischer, Zauberer
venēnāre ⟨ō, āvī, ātum 1.⟩ vergiften
venēnātus ⟨a, um⟩ ADJ 1 vergiftet, giftig 2 *fig* schädlich; **iocus** ~ beißender Witz 3 Zauber…
venēni-fer ⟨fera, ferum⟩ ADJ giftig
★**venēnum** ⟨ī⟩ N 1 Zaubermittel 2 Trank, Saft, Gift(trank) 3 *fig* giftige Reden 4 *fig* Unheil 5 Schönheitsmittel, Schminke 6 Farbe, Purpur
vēn-eō → venire²
venerābilis ⟨e⟩ ADJ ehrwürdig, verehrungswürdig
venerandus ⟨a, um⟩ ADJ ehrwürdig
★**venerāre** ⟨ō, -, - 1.⟩ *u.* ★**venerārī** ⟨or, ātus sum1.⟩ 1 verehren, anbeten 2 ehrfurchtsvoll begrüßen 3 anflehen
venerātiō ⟨ōnis⟩ F 1 Hochachtung, Verehrung 2 Würde
venerius ⟨a, um⟩ ADJ Liebes…, erotisch
Venerius ⟨a, um⟩ ADJ 1 der Venus geweiht/heilig 2 **iactus** ~ Venuswurf, *bester Wurf beim Würfelspiel*
Venetī ⟨ōrum⟩ MPL 1 illyrischer Stamm in der Gegend von Padua 2 kelt. Volk in der heutigen Bretagne
venetus A ⟨a, um⟩ ADJ meerfarbig, bläulich; **factio veneta** *im Zirkus* die blau gekleidete Rennfahrerpartei B ⟨ī⟩ M Rennfahrer der Blauen
vēnī → venire¹
★**venia** ⟨ae⟩ F 1 Gefälligkeit, Gnade, Nachsicht, Erlaubnis; **veniam alicui dare** j-m einen Gefallen erweisen 2 Vergebung, Verzeihung
veniī → venire²
★**venīre¹** ⟨veniō, vēnī, ventum 4.⟩ 1 kommen; **venitur** man kommt 2 zurückkommen 3 (*Feind*) herankommen, vorrücken 4 (*vor Gericht*) auftreten 5 (*Zeit*) anbrechen; **venturus** zukünftig, bevorstehend 6 (*in eine Lage*) kommen, geraten; **in periculum** in Gefahr; **in c… suetudinem** ~ zur Gewohnheit werc… **in invidiam** ~ **alicui** von j-m bene… werden; **in partem alicuius rei** ~ etw teilnehmen; **res venit ad manu…** kommt zum Handgemenge 7 ersc… nen, sich zeigen; **mihi in mentem v…** es fällt mir ein 8 BOT abstammen 9 … *stand*) entstehen; eintreten, sich e… nen 10 (*Erbe usw.*) zufallen, zuteil… den 11 (*in der Rede*) auf/zu *etw* kom…

Sprachgebra…

▶ veni, vidi, vici

Ich kam, ich sah, ich siegte – in dies… Kurzbericht fasste **Caesar** seinen Si… über König **Pharnakes** in Kleinasie… Die sprachliche Kürze steht für ent… schlossenes Handeln und schneller Erfolg.

vēn-īre² ⟨eō, iī, - 0.⟩ verkauft wer… versteigert werden, verpachtet wer…
vēnō → venus¹
★**venter** ⟨tris⟩ M 1 Bauch, Unterlei… Magen; Gefräßigkeit 3 Gebärmutte… Fötus, Kind 5 *fig* Wölbung
ventilāre ⟨ō, āvī, ātum 1.⟩ 1 in … Luft schwingen, schwenken 2 fäc… 3 *fig* anfachen 4 *fig* besprechen, … tern
ventiō ⟨ōnis⟩ F das Kommen
ventitāre ⟨ō, āvī, ātum 1.⟩ oft k… men, regelmäßig kommen
ventōsus ⟨a, um, *adv* ventōsē⟩ A… windig 2 (*z. B. Pferd*) schnell wie … Wind 3 *fig* unbeständig, wetter… disch 4 *fig* eitel, prahlerisch
ventriōsus ⟨a, um⟩ ADJ dickbäuc…
ventulus ⟨ī⟩ M ein wenig Wind, B…
ventum PPP → venire¹
★**ventus¹** ⟨ī⟩ M 1 Wind; **dare verba … tis** sein Versprechen nicht halten … Umstände, Verhältnisse 3 *fig* Un… Unheil 4 *fig* Gerede, Ruf
ventus² ⟨ūs⟩ M das Kommen
vēnus¹ ⟨ī⟩ M, *nur dat u. akk* Verkau… **num ire** verkauft werden; **ponere** … zum Verkauf anbieten
venus² ⟨eris⟩ F 1 Liebe, Geschle…

V

rkehr 2 Liebesbund 3 *fig* Schönheit Venuswurf, *bester Wurf beim Würfel-* 'el

nus ⟨eris⟩ F 1 *Göttin der Schönheit u.* *Liebe* 2 ASTRON der Planet Venus

nustās ⟨ātis⟩ F 1 Schönheit 2 Lie- nswürdigkeit, Charme 3 Lust

nustulus ⟨a, um⟩ ADJ anmutig

nustus ⟨a, um⟩ ADJ 1 schön, anmu- 2 liebenswürdig, charmant

pallidus ⟨a, um⟩ ADJ leichenblass

prēcula ⟨ae⟩ F kleiner Dornen- auch

prēs ⟨is⟩ M *u.* F Dornenstrauch

⟨vēris⟩ N 1 Frühling; **primo vere** Frühlingsbeginn 2 **ver aetatis** *fig* Ju- nd

āx ⟨ācis, *adv* vērāciter⟩ ADJ die hrheit sagend

bēna ⟨ae⟩ F, *meist* PL heilige Kräu- , heilige Zweige *von Ölbaum, Myrte* Ä.

bēnātus ⟨a, um⟩ ADJ mit heiligen eigen bekränzt

ber ⟨eris⟩ N 1 Peitsche 2 Schleu- riemen 3 *fig* Schlag, Stoß, Wurf; ~ **idum** Steinwurf 4 PL Prügel 5 *fig* würfe

berābilis ⟨e⟩ ADJ die Peitsche ver- nend

berābundus ⟨a, um⟩ ADJ prü- nd

berāre ⟨ō, āvī, ātum 1.⟩ 1 prügeln schlagen, stoßen, treffen 3 *fig* peit- en 4 *fig* verletzen

bereus ⟨a, um⟩ ADJ = **verberabilis**

berō ⟨ōnis⟩ M Schurke, Schuft

bēx ⟨ēcis⟩ ADJ = **vervex**

bivēlitātiō ⟨ōnis⟩ F Wortgefecht

bōsus ⟨a, um⟩ ADJ wortreich, weit- weifig, weitläufig

bum ⟨ī⟩ N 1 Wort, Ausdruck 2 PL le, Aussage; **verba facere** einen Vor- g halten, reden 3 Äußerung, Sprich- t 4 Formel 5 PL Witze 6 Redensart, ase 7 PL leere Worte; Schein; **alicui ba dare** j-n täuschen 8 GRAM Verb, twort 9 **verbo** dem Wort nach, ohne teres; **uno verbo** mit einem Wort, es mit einem Wort zu sagen; **ad ver- n** aufs Wort, wörtlich

cingetorīx ⟨igis⟩ M *König der Ar- er, Führer des Gallieraufstandes 52 v. Chr., bei Alesia besiegt*

verculum ⟨ī⟩ N junger Frühling

vērē ADV → verus

verēcundārī ⟨or, - 1.⟩ sich scheuen, schüchtern sein

★**verēcundia** ⟨ae⟩ F 1 Scheu, Schüchternheit, Zurückhaltung 2 Anstand, Schamgefühl 3 Verehrung, Hochachtung, Ehrfurcht

verēcundus ⟨a, um, *adv* verēcundē⟩ ADJ 1 scheu, schüchtern, bescheiden 2 rücksichtsvoll 3 schamhaft

verēdus ⟨ī⟩ M Jagdpferd, Kurierpferd

verenda ⟨ōrum⟩ NPL Schamteile

verendus ⟨a, um⟩ ADJ ehrwürdig

★**verērī** ⟨vereor, veritus sum 2.⟩ A VI 1 sich scheuen, sich fürchten, nicht wagen 2 besorgt sein 3 Scham empfinden B VT 1 scheuen, verehren 2 (be)fürchten, **ne** dass, **ne non/ut** dass nicht; **veritus/verens** aus Furcht

verētrum ⟨ī⟩ N Geschlechtsteil

★**vergere** ⟨ō, -, - 3.⟩ A VI 1 sich drehen, sich senken 2 sich neigen, sich erstrecken, **ad septentriones** nach Norden 3 *(zeitl.)* sich nähern; sich dem Ende nähern 4 dazu neigen B VT 1 eingießen 2 *passiv* sich neigen

vergiliae ⟨ārum⟩ FPL die Plejaden, das Siebengestirn

Vergilius ⟨a, um⟩ *Name einer röm. gens;* **Publius ~ Maro** *70–19 v. Chr., röm. Epiker, Verfasser des röm. Nationalepos Aeneis, des Lehrgedichtes Georgica u. der Hirtengedichte Bucolica*

vēri-dicus ⟨a, um⟩ ADJ die Wahrheit sagend

vērī-similis ⟨e⟩ ADJ wahrscheinlich

vērī-similitūdō ⟨inis⟩ F Wahrscheinlichkeit

★**vēritās** ⟨ātis⟩ F 1 Wahrheit, Wirklichkeit 2 Naturtreue; **veritatem imitari** naturgetreu sein 3 Unparteilichkeit 4 Aufrichtigkeit

veritus ⟨a, um⟩ PPERF → vereri

vēri-verbium ⟨ī⟩ N Wahrhaftigkeit

verminātiō ⟨ōnis⟩ F zuckender Schmerz

vermis ⟨is⟩ M Wurm

verna ⟨ae⟩ M *u.* F 1 Haussklave, im Haus geborener Sklave 2 *fig* Inländer; **~ liber** in Rom geschriebenes Buch

vernāculus A ⟨a, um⟩ ADJ 1 inländisch, einheimisch, *bes* römisch; **crimen vernaculum** vom Ankläger selbst erfundener Vorwurf 2 in Rom üblich, großstädtisch B ⟨ī⟩ M Spaßmacher

vernāre ⟨ō, -, - 1.⟩ wie im Frühling werden, sich verjüngen; **humus vernat** der Boden wird wieder grün; **avis vernat** der Vogel singt Frühlingslieder

vernīlis ⟨e, *adv* vernīliter⟩ ADJ 1 sklavisch 2 kriecherisch

vernīlitās ⟨ātis⟩ F kriecherische Höflichkeit

vernula ⟨ae⟩ M *u.* F = **verna**

vernus ⟨a, um⟩ ADJ Frühlings…

★**vērō** ADV 1 in der Tat, wirklich, tatsächlich; **et ~** und tatsächlich; **nec ~ non** und jedenfalls; **enim ~** ja tatsächlich 2 jawohl, freilich, allerdings; **ego ~** ich freilich; **minime ~** keineswegs 3 (*steigernd*) sogar; **aut ~** oder gar erst; **si ~** wenn gar; **iam ~** ferner, nun 4 aber, jedoch, *nachgestellt*; **neque ~** aber nicht

Vērōna ⟨ae⟩ F *Stadt in Oberitalien, Geburtsort des Catull*; **Vērōnēnsis** ⟨e⟩ ADJ aus Verona; **Vērōnēnsis** ⟨is⟩ M Einwohner von Verona

verpa ⟨ae⟩ F männliches Glied

verpus ⟨ī⟩ M der Beschnittene

verrere ⟨verrō, -, versum 3.⟩ 1 (aus)kehren, fegen 2 *fig* zusammenscharren, -fegen 3 am Boden schleifen 4 durchstreifen, -furchen 5 fortreißen, -schleppen

verrēs ⟨is⟩ M Eber

Verrēs ⟨is⟩ M *röm. Beiname in der gens Cornelia*; **C. Cornelius ~** *73–71 v. Chr. Proprätor in Sizilien, wegen Erpressung u. Bereicherung von Cicero angeklagt*; **Verria** ⟨ōrum⟩ NPL von Verres veranstaltetes Fest zu seinen eigenen Ehren

verrīnus ⟨a, um⟩ ADJ Eber…; **ius verrīnum** Schweinebrühe, *im Wortspiel mit ius Verrinum, dem verrinischen Recht*

Verrīnus ⟨a, um⟩ ADJ des Verres

Verrius ⟨a, um⟩ ADJ des Verres

verrūca ⟨ae⟩ F 1 Warze 2 *fig* kleiner Fehler

verrūtum ⟨ī⟩ N = **verutum**

★**versāre** ⟨ō, āvī, ātum 1.⟩ 1 hin und her wenden, oft drehen, herumdrehen 2 (*Person*) hin und her treiben 3 *fig* hin und her wenden, drehen und wenden; **rem aliquo ~** der Sache irgendeine Richtung geben 4 in Angst verset[…] beunruhigen, quälen 5 bearbeiten, sich zu gewinnen versuchen 6 a[…] gen, deuten 7 überlegen

★**versārī** ⟨or, ātus sum 1.⟩ 1 sich […] und her drehen, sich wälzen, kre[…] 2 sich aufhalten, sich befinden, […] **aliquo** bei j-m 3 (*in einer Lage*) le[…] sein; stattfinden; **alicui ante/ob oc[…]** ~ j-m vor Augen schweben 4 tätig […] **in opere esse** am Werk sein 5 beru[…] sich beschränken, **in re** auf etw

versātilis ⟨e⟩ ADJ 1 beweglich, d[…] bar 2 *fig* wendig, vielseitig

versi-capillus ⟨a, um⟩ ADJ das […] verändernd, ergrauend, älter werde[…]

versi-color ⟨ōris⟩ ADJ 1 die F[…] wechselnd 2 bunt, schillernd

versiculus ⟨ī⟩ M 1 kleiner Vers 2 […]ne Zeile

versificātiō ⟨ōnis⟩ F das Verse[…]chen

versi-pellis ⟨e⟩ ADJ 1 die Ge[…] wechselnd 2 *fig* verschmitzt, schlau[…]

versōria ⟨ae⟩ F Tau zum Wenden […] Segel; **versoriam cape** kehr um

versum ADV = **versus**[2]

versūra ⟨ae⟩ F 1 Ecke, Windung 2 […]leihe; **versurā (dis)solvere** eine Sc[…] durch eine Anleihe tilgen; *fig* vom […]gen in die Traufe kommen

versus[1] ⟨a, um⟩ PPP → vertere u[…] verrere

versus[2] A ADV gegen … hin, nac[…] hin, auf … zu, *nachgestellt*; **in Italia[…]** nach Italien; **~ versus** nach allen S[…] hin; **sursum ~** nach oben B PRÄP […] *meist nachgestellt* zu … hin; **~ Ca[…]lium** zum Kapitol hin

★**versus**[3] ⟨ūs⟩ M 1 Furche 2 Reihe […]nie 3 Zeile 4 Vers

versūtus ⟨a, um⟩ ADJ 1 wendig, […]wandt 2 *fig* schlau, verschlagen, li[…]

vertebra ⟨ae⟩ F Gelenk, Wirbel

★**vertere** ⟨vertō, vertī, versum 3.⟩ […] 1 wenden, drehen, hinwenden, hi[…]ken, richten, **Romam** nach Rom 2 […] wenden; **pecuniam ad/in se ~** sich aneignen 3 *fig* zuschreiben, beime[…] 4 zu *etw* machen, als *etw* ansehen[…] **quid in crimen ~** etw zum Vorwurf […]chen 5 umwenden, umdrehen; **gra[…]** ~ umkehren; **hostes in fugam ~**

inde in die Flucht schlagen; **terga ~**
ehen 6 (*Erde*) umwühlen, umpflügen
umstürzen, umwerfen 8 *fig* zugrunde
:hten, vernichten; **regem ~** den König
irzen 9 *fig* verändern, verwandeln,
echseln; **comas ~** die Haare färben;
ntentiam ~ die Meinung ändern; **so-**
m ~ das Land verlassen, auswandern
übersetzen, **librum ex Graeco in La-**
um ein Buch aus dem Griechischen
Lateinische B VI/*passiv*/**se ~** 1 sich
enden, sich drehen; sich hinwenden;
o ~ einen anderen Weg einschlagen
(*örtl.*) nach *einer Richtung* hin liegen,
h erstrecken, **in septentriones** nach
rden 3 ablaufen, ausschlagen; **alicui**
alo ~ j-s Unglück werden 4 sich um-
ehen, kreisen 5 sich bewegen; **se**
in fugam ~ fliehen 6 (*an einem Ort*)
h befinden, sein; **ante ora ~** vor Au-
n schweben 7 (*Zeit*) vergehen; **anno**
rtente im Verlauf des Jahres 8 beru-
n, abhängen, **in re** auf/von etw/von
n; **vertitur, utrum ... an** die Frage
eht sich darum, ob ... oder 9 sich ver-
ndeln, wechseln; **omnia vertuntur** al-
verändert sich; **in rabiem ~** in Wahn-
n umschlagen; **alite/in avem ~** sich
einen Vogel verwandeln
'tex ⟨icis⟩ M 1 (*im Wasser*) Wirbel,
udel 2 Wirbelwind 3 Flammenwirbel
ASTRON Drehpunkt des Himmels, Pol
Scheitel; Kopf 6 Gipfel, Spitze 7 Hö-
Berg; **a vertice** von oben her
tī → vertere
ticōsus ⟨a, um⟩ ADJ reich an Stru-
n
tīgō ⟨inis⟩ F 1 Umdrehung, das
isen 2 Strudel 3 Schwindel
ū ⟨ūs⟩ N Spieß, Jagd-, Bratspieß
uīna ⟨ae⟩ F Spieß
um[1] ⟨ī⟩ N = **veru**
um[2] A KONJ 1 aber 2 (*nach Vernei-*
ng) sondern; **non exercitus, ~ amici**
ht Truppen, sondern Freunde 3 (*die*
e abbrechend) doch B ADV (*bestäti-*
d) allerdings, ja
um[3] ⟨ī⟩ N 1 das Wahre, Wirklich-
; **veri similis** wahrscheinlich 2 das
htige, **~ est** es ist vernünftig
um-tamen KONJ 1 aber doch,
chwohl 2 also, wie gesagt
us ⟨a, um, *adv* vērē⟩ ADJ *u.* → vērō

1 wahr, wirklich, echt, eigentlich 2 (*Person*) wahrheitsliebend, aufrichtig, offen; **iudex ~** ehrlicher Richter 3 (*Sache*) richtig, recht und billig, vernünftig 4 **vere** der Wahrheit gemäß; in Wahrheit, wirklich, tatsächlich; aufrichtig; vernünftig

verūtum ⟨ī⟩ N Wurfspieß

vervēx ⟨ēcis⟩ M Hammel

Vesaevus ⟨ī⟩ M = **Vesuvius**

vēsānia ⟨ae⟩ F Wahnsinn

vēsāniēns ⟨entis⟩ ADJ = **vesanus**

vē-sānus ⟨a, um⟩ ADJ 1 wahnsinnig, rasend 2 ungeheuer, gewaltig

Vesbius ⟨ī⟩ M = **Vesuvius**

vēscī ⟨or, -, - 3.⟩ 1 sich nähren, leben, **lacte** von Milch 2 speisen 3 *fig* genießen, **aurā aetheriā** oberweltliche Luft

vēsculus ⟨a, um⟩ ADJ schmächtig

vēscus ⟨a, um⟩ ADJ 1 fressend, zehrend 2 abgezehrt, mager, dünn, dürftig

vēsīca ⟨ae⟩ F 1 Blase, Harnblase 2 Beutel 3 *fig* Scheide 4 Laterne 5 *fig* Redeschwulst

vēsīcula ⟨ae⟩ F Bläschen

vespa ⟨ae⟩ F Wespe

Vespasiānus ⟨ī⟩ M → Flavius

★**vesper** ⟨erī⟩, *abl* ⟨vesperō *u.* vespere⟩ M 1 Abendstern 2 Abend, -stunde; **vesperi/vespere** abends, am Abend 3 Abendessen 4 Westen

vespera ⟨ae⟩ F Abend, Abendzeit

vesperāscere ⟨āscō, vesperāvī, - 3.⟩ Abend werden, dunkel werden; **vesperascit** es wird Abend

vespertīnus ⟨a, um⟩ ADJ 1 abendlich, Abend... 2 westlich

vesperūgō ⟨inis⟩ F Abendstern

vespillō ⟨ōnis⟩ M Leichenträger

Vesta ⟨ae⟩ F 1 Hestia, Vesta; **ad Vestae** (*erg.* **aedem**) beim Vestatempel; **a Vestae** (*erg.* **aede**) vom Vestatempel 2 Herd, Herdfeuer 3 Vestatempel

Vestālis ⟨e⟩ A ADJ 1 der Vesta geweiht 2 *fig* jungfräulich B F Vestalin, Vestapriesterin, *zu 30-jähriger Jungfräulichkeit verpflichtete Priesterin; 4, später 6 Vestalinnen hüteten das heilige Feuer der Vesta*

★**vester** POSS PR A ⟨vestra, vestrum⟩ ADJ 1 euer; **odium vestrum** euer Hass 2 gegen euch; **odium vestrum** der Hass gegen euch B ⟨vestrī⟩ M der Eure, euer Herr/Freund

V

vestiārium ⟨ī⟩ N 1 Kleiderkammer, Garderobe 2 Sklavenkleidung

vestiārius A ⟨a, um⟩ ADJ Kleider... B ⟨ī⟩ M Kleiderhändler, -wart

★**vestibulum** ⟨ī⟩ N 1 Vorplatz, -hof; Vorhalle 2 *fig* Eingang, Zugang 3 RHET Anfang einer Rede

vestīgāre ⟨ō, āvī, ātum 1.⟩ 1 aufspüren 2 *fig* ausfindig machen 3 aufsuchen

★**vestīgium** ⟨ī⟩ N 1 Fußspur, Fährte; ~ **premere** stillstehen 2 *fig* Spur, Merkmal 3 PL Überreste, Trümmer 4 Tritt, Schritt; **vestigia vertere** sich umdrehen; **vestigia referre** zurückgehen 5 Fußsohle, Fuß 6 Standort, Stelle 7 *fig* Zeitpunkt, Moment; **e/in vestigio** augenblicklich, ohne weiteres

vestīmentum ⟨ī⟩ N 1 Kleid, Kleidungsstück 2 Decke, Teppich

vesti-plica ⟨ae⟩ F Büglerin

★**vestīre** ⟨iō, īvī *u.* iī, ītum 4.⟩ 1 (be)kleiden 2 bedecken, überziehen, bepflanzen 3 *fig* einkleiden 4 schmücken

★**vestis** ⟨is⟩ F 1 Kleidung, Kleid; **vestem mutare** sich umziehen, Trauerkleidung anlegen 2 Teppiche, Decken 3 *fig* Schlangenhaut 4 *fig* Schleier, Gewebe 5 *fig* Bart

vesti-spica ⟨ae⟩ F Garderobenmädchen

vestītus ⟨ūs⟩ M 1 Kleidung; **vestitum mutare** Trauerkleidung anlegen 2 *fig* Bedeckung 3 Ausschmückung

Vesuvius ⟨ī⟩ M Vesuv, *Vulkan in Kampanien*

★**vetāre** ⟨ō, uī, itum 1.⟩ 1 verbieten, verwehren, nicht gestatten, **aliquem** j-m 2 abraten, **aliquid** von etw 3 (*Formel der Tribunen*) das Veto einlegen 4 verhindern

veter ⟨eris⟩ ADJ = **vetus**

★**veterānus** A ⟨a, um⟩ ADJ 1 langjährig, alt 2 MIL altgedient, bewährt B ⟨ī⟩ M Veteran, altgedienter Soldat

veterāria ⟨ōrum⟩ NPL Vorräte an altem Wein

veterātor ⟨ōris⟩ M der alt und kundig geworden ist, „alter Fuchs"

veterātōrius ⟨a, um, *adv* veterātōriē⟩ ADJ durchtrieben, schlau

veternōsus ⟨a, um⟩ ADJ 1 schläfrig, träumerisch 2 matt, kraftlos

veternus ⟨ī⟩ M 1 alter Schmutz Schlafkrankheit; Lethargie 3 *fig* Trägh

vetitum ⟨ī⟩ N Verbot

vetula ⟨ae⟩ F die Alte

vetulus A ⟨a, um⟩ ADJ ziemlich al ⟨ī⟩ M der Alte

★**vetus** A ⟨eris⟩ ADJ 1 alt, bejahrt 2 schon lange vorhanden, langjährig erfahren, erprobt 4 ehemalig, frü **aetas** ~ Vorzeit B ⟨eris⟩ 1 MPL die ten, die alten Schriftsteller, die Klass 2 FPL die alten Wechselbuden 3 N Geschichte, altes Sprichwort; *pl* das A das Ehemalige

vetustās ⟨ātis⟩ F 1 Greisenalter 2 ter, lange Dauer 3 alte Bekanntsch langjährige Erfahrung 4 alte Zeit, Al tum 5 Nachwelt

★**vetustus** ⟨a, um⟩ ADJ 1 alt, von hem Alter 2 alt, lange bestehend 3 her, ehemalig 4 altmodisch, altert lich

vexāmen ⟨inis⟩ N Erschütterung

★**vexāre** ⟨ō, āvī, ātum 1.⟩ 1 stark be gen, rütteln, erschüttern 2 *fig* hart nehmen, heimsuchen 3 *fig* verhee plündern 4 *fig* beunruhigen; quäle (*mit Worten*) angreifen

vexātiō ⟨ōnis⟩ F 1 Erschütterung *fig* Strapaze 3 Misshandlung

vexātor ⟨ōris⟩ M der misshandelt, renfried

vēxī → vehere

vexillum ⟨ī⟩ N 1 MIL Feldzeichen *Kennzeichnung* 2 rote Signalfahne die zu einer Fahne gehörige Mannsc

★**via** ⟨ae⟩ F 1 Straße, Landstraße, G

Sprachgebra

▶ veto

Mit der Formel **veto** (ich verbiete, *sinngemäß*: Einspruch!) konnte de Volkstribun jede Entscheidung eine Magistrats oder des Senats blockier um das Volk zu schützen. Daraus le sich das Vetorecht ab, das heute i vielen Institutionen verankert ist, z im Sicherheitsrat der Vereinten Nationen.

V

Weg, Bahn, Pfad, Gang; **dare alicui am** j-m Platz machen; **rectā viā** geradewegs; *fig* geradeheraus 3 *(im Körper)* hre, Speise-, Luftröhre 4 Spalt, Ritze Streifen 6 Gang, Marsch, Reise, ırt, Lauf; **in via** auf der Reise 7 *fig* ɛg, Bahn 8 *fig* Art und Weise, Metho-; **aliā viā** auf andere Weise; **viā** meɔdisch 9 *fig* Mittel

lis ⟨e⟩ ADJ Weg...

ticātus ⟨a, um⟩ ADJ mit Reisegeld sgestattet

ticum ⟨ī⟩ N 1 Reisegeld 2 Ersparse

ticus ⟨a, um⟩ ADJ Reise...

tor ⟨ōris⟩ M 1 Wanderer, Reisender Amtsbote 3 Bote

rāre ⟨ō, āvī, ātum 1.⟩ A VT schwinn, schwenken, in Bewegung versetı, schütteln; *passiv* zittern, zucken; **has** ~ Lanzen schwenken; **spicula** ~ eße werfen B VI 1 zittern, zucken, ben 2 schimmern, glitzern; **oratio vins** schwungvolle Rede 3 *(Ton)* schril-

ānus A ⟨a, um⟩ ADJ Dorf... B ⟨ī⟩ Dorfbewohner

ārius A ⟨a, um⟩ ADJ stellvertretend ⟨ī⟩ M 1 Stellvertreter, Ersatzmann 2 chfolger

ātim ADV 1 straßenweise, von Gasse Gasse 2 in Einzelgehöften

e *u.* **vicem** ADV 1 wegen, mit Rückıt; **rei publicae** ~ wegen des Staates wie, **Sardanapali** ~ wie Sardanapal statt, anstatt

ēnī ⟨ae, a⟩ NUM DISTR 1 je zwanzig 2 nzig auf einmal

ēnsimus ⟨a, um⟩ NUM ORD = **vicesis**

ēs → vicis

ēsima ⟨ae⟩ F 1 der zwanzigste Teil Steuer von fünf Prozent

ēsimus ⟨a, um⟩ NUM ORD der zwanste

ēssis ⟨is⟩ M 20 As

→ vincere

ē(n)s ADV zwanzigmal

na ⟨ae⟩ F Nachbarin

nālis ⟨e⟩ ADJ Nachbar..., nachbar-

nia ⟨ae⟩ F *u.* **vīcīnitās** ⟨ātis⟩ F 1 hbarschaft, die Nachbarn 2 *fig* Nähe 3 *fig* Ähnlichkeit

vīcīnum ⟨ī⟩ N 1 Nachbarschaft, Nähe 2 PL nahe Gegend

★**vīcīnus** A ⟨a, um⟩ ADJ 1 *(örtl.)* benachbart, nahe, in der Nähe 2 *(zeitl.)* nahe bevorstehend B ⟨ī⟩ M Nachbar

★**vicis** *gen* SG, *nom und dat sg fehlen, akk* ⟨em⟩, *abl* ⟨e⟩, *nom u. akk* PL ⟨es⟩, *abl* PL ⟨ibus⟩ F 1 Abwechslung, Wechsel; ~ **sermonum** Wechselgespräch; **versā vice** umgekehrt 2 Schicksal, Los 3 Platz, Stelle; **vicem alicuius praestare** j-s Stelle vertreten 4 Aufgabe, Rolle 5 Erwiderung 6 **in vicem** → invicem

vicissim ADV 1 wiederum, andererseits 2 abwechselnd

vicissitūdō ⟨inis⟩ F Wechsel, Abwechslung, Gegenseitigkeit

★**victima** ⟨ae⟩ F 1 Opfertier, Schlachtopfer 2 *fig* Opfer

vīctitāre ⟨ō, āvī, ātum 1.⟩ sich nähren; **bene libenter** ~ gerne gut essen

★**victor** ⟨ōris⟩ A M Sieger, Besieger B ADJ siegreich, Sieges...; **currus** ~ Triumphwagen

★**victōria** ⟨ae⟩ F 1 Sieg; **victoriam reportare ab aliquo** den Sieg über j-n davontragen 2 *fig* Siegesruhm

Victōria ⟨ae⟩ F Siegesgöttin

victrīx ⟨īcis⟩ A F Siegerin, Besiegerin B ADJ siegreich, den Sieg meldend

victuma ⟨ae⟩ F = **victima**

vīctūrus ⟨a, um⟩ PART *fut* → vivere

victus[1] ⟨a, um⟩ PPP → vincere

★**vīctus**[2] ⟨ūs⟩ M 1 Lebensunterhalt, Nahrung 2 Lebensweise, Leben; **victūs parsimonia** sparsame Lebensweise

vīculus ⟨ī⟩ M kleines Dorf

★**vīcus** ⟨ī⟩ M 1 Dorf 2 Gehöft 3 Stadtteil, Stadtviertel 4 Straße, Gasse

vidē-licet A es ist offensichtlich, *+AcI* B ADV 1 offenbar, selbstverständlich, natürlich 2 *(erklärend)* nämlich

★**vidēre** ⟨videō, vīdī, vīsum 2.⟩ A *absolut* 1 sehen, sehen können 2 die Augen offen haben, erwacht sein B VT 1 sehen, wahrnehmen; **videres** man hätte sehen können 2 wiedersehen 3 als Augenzeuge sehen, erleben 4 *(Ort, Person)* be-, aufsuchen 5 sich umsehen, **sibi locum** nach einem Platz für sich 6 *(geistig)* begreifen, erkennen, wissen 7 überlegen, bedenken 8 zusehen, darauf

V

achten; **vide scribas** achte darauf, dass du schreibst; **videant consules, ne quid detrimenti res publica capiat** *Formel des senatūs consultum ultimum* die Konsuln sollen darauf achten, dass der Staat keinen Schaden nimmt, 9 besorgen, ausfindig machen 10 beabsichtigen 11 anschauen, betrachten 12 zuschauen, Zuschauer sein 13 als Vorbild ansehen

★**vidērī** ⟨videor, vīsus sum 2.⟩ 1 gesehen werden, sichtbar werden, sichtbar sein, erscheinen, sich zeigen 2 scheinen, gelten; **poena mihi levis est visa** mir schien die Strafe milde 3 **(mihi) videor** ich glaube (von mir), ich denke, ich ...; **satis de hac re dixisse mihi videor** ich denke, ich habe genug über diese Sache gesprochen 4 **alicui videtur** es scheint j-m richtig, jd. beschließt; **senatui visum est** der Senat beschloss; **si videtur** wenn es beliebt

vīdī → videre

vidua ⟨ae⟩ F 1 Witwe 2 geschiedene Frau

viduāre ⟨ō, āvī, ātum 1.⟩ 1 zur Witwe machen 2 *fig* berauben, leer machen

viduitās ⟨ātis⟩ F 1 Witwenstand 2 Mangel, **copiarum** an Vorräten

vīdulus ⟨ī⟩ M Reisekorb; Fischkorb

viduus ⟨a, um⟩ ADJ 1 verwitwet 2 unverheiratet, ledig 3 *fig* einsam 4 beraubt, ohne; **~ pharetrā** ohne Köcher

★**vigēre** ⟨eō, uī, - 2.⟩ 1 frisch/stark sein 2 *fig* Ansehen genießen 3 herrschen

vigēscere ⟨ēscō, -, - 3.⟩ erstarken, lebhaft werden

vīgēsimus ⟨a, um⟩ NUM ORD = **vicesimus**

vīgessis ⟨is⟩ M = **vicessis**

vigil A ⟨ilis⟩ ADJ 1 wach 2 *fig* wachsam; **ignis ~** immer brennendes Feuer B ⟨ilis⟩ M Wächter

vigilāns ⟨antis, *adv* vigilanter⟩ ADJ 1 wachend, wach 2 *fig* wachsam; aufmerksam, fürsorglich

vigilantia ⟨ae⟩ F 1 Wachsamkeit 2 unermüdliche Fürsorge

★**vigilāre** ⟨ō, āvī, ātum 1.⟩ A V/I 1 wachen, wach bleiben 2 *fig* wachsam sein B V/T 1 durchwachen, **noctes** Nächte 2 wachend verrichten/zustande bringen, **carmen** ein Gedicht

★**vigilia** ⟨ae⟩ F 1 das Wachen, Nachtwache 2 PL durchwachte Nächte 3 das Wachestehen, Wache; **vigilias ag**… Wache halten 4 (Zeit der) Nachtwa… Viertel der Nacht; **prima ~** Zeit der… ten Nachtwache 5 Wachtposten 6 Wachsamkeit, Fürsorge 7 Posten, … 8 nächtliche Feier

vigiliārium ⟨ī⟩ N Wächterhäusche…

vī-gintī NUM CARD *indekl* zwanzig

vīgintī-virī ⟨ōrum⟩ MPL Kollegium … zwanzig Männern

vigor ⟨ōris⟩ M Lebenskraft, Energie

vīlica ⟨ae⟩ F 1 Verwalterin, Frau e… Verwalters 2 Landschönheit

vīlicāre ⟨ō, āvī, ātum 1.⟩ Verwalter

vīlicus ⟨ī⟩ M Verwalter

★**vīlis** ⟨e, *adv* vīliter⟩ ADJ 1 *fig* von ge… gem Wert 2 *fig* verachtet 3 *fig* üb… zu haben

vīlitās ⟨ātis⟩ F 1 niedriger Preis 2 Wertlosigkeit 3 *fig* Geringschätzung

★**vīlla** ⟨ae⟩ F Landhaus, -gut

vīllic... = **vilic...**

villōsus ⟨a, um⟩ ADJ zottig, haarig,

vīllula ⟨ae⟩ F kleines Landgut

villus ⟨ī⟩ M zottiges Haar *der Tiere*

vīmen ⟨inis⟩ N 1 Weidenrute 2 PL … dengebüsch; Flechtwerk 3 *fig* Korb

Vīminālis collis M *einer der sieben … gel Roms zwischen Quirinal u. Esquili…*

vīmineus ⟨a, um⟩ ADJ aus Flechtw…

vīn' = **visne**; → velle

vīnārium ⟨ī⟩ N Weinkrug

vīnārius A ⟨a, um⟩ ADJ Wein... B … M Weinhändler

★**vincere** ⟨vincō, vīcī, victum 3.⟩ A … 1 siegen, Sieger sein, **Olympiā** bei … Olympischen Spielen; **causā ~** den … zess gewinnen; **vicisti** du hast Rec… sich mit seiner Meinung durchse… 3 im Vorteil sein B V/T 1 besie… überwinden; **hostes proelio** die Fe… in der Schlacht 2 überbieten 3 überstimmen 4 *fig* umstimmen, rü… 5 *fig* übertreffen, übersteigen 6 überzeugend darstellen

★**vincīre** ⟨vinciō, vinxī, vinctum 4… fesseln, binden 2 befestigen 3 um… den, bekränzen, umgeben 4 *fig* … pflichten, **animum alicuius donis** … mit Geschenken 5 *fig* bezauber… RHET verbinden, **sententias** Sätze … hemmen, einschränken

Landeskunde

villa – Gutshof oder Luxusvilla

ı der späten Republik und in der Kaiserzeit bezeichnete **villa** ein landwirtschaftlich ›enutztes Gut (**villa rustica**) oder auch ein luxuriöses Landhaus zur Erholung reicher tadtbewohner (**villa suburbana**). Eine villa rustica bestand in der Regel aus einem auptgebäude und mehreren Neben- bzw. Wirtschaftsgebäuden, die innerhalb ines gemauerten Hofs lagen. Die Verwalter (**villicus** und **villica**) wohnten im auptgebäude und verfügten über städtische Annehmlichkeiten wie z. B. mehrere /ohn- und Arbeitsräume, Mosaiken und beheizbare Baderäume. Die Vorderseite es Haupthauses bestand aus einem Säulengang (**porticus**). Sklaven und Freige-ıssene (**familia rustica**) verrichteten die je nach Jahreszeit anfallende Arbeit auf den eldern; das Grundstück bezeichnete man als **fundus** oder **praedium**.

ıclum ⟨ī⟩ N = **vinculum**
ctus ⟨a, um⟩ PPP → vincire
ıculum ⟨ī⟩ N 1 Fessel, Schnur, ick, Seil 2 PL Gefängnis; **rumpere vin-** ıa fliehen; **ex vinculis causam dicere** h gefesselt vor Gericht verantworten *fig* Hindernis, Schranke 4 *fig* Band, demittel 5 PL Umarmungen
ıdelicī ⟨ōrum⟩ MPL *kelt. Volk um Wer-* *h u. Lech*
-dēmia ⟨ae⟩ F 1 Weinlese 2 Wein-ıben 3 Herbst
dex ⟨icis⟩ A M u. F 1 Rechtsbei-nd; Bürge *vor Gericht* 2 Retter(in), **ıriae** vor dem Unrecht 3 Rächer(in), ;trafer(in) B ADJ rächend, strafend
dicāre ⟨ō, āvī, ātum 1.⟩ 1 bean-ıchen, als Eigentum fordern 2 in iheit setzen 3 strafend einschreiten; **socios** gegen die Bundesgenossen 4 ;trafen, tadeln 5 **se** ~ sich rächen, **de aliquo** an j-m
diciae ⟨ārum⟩ FPL JUR Rechtsan-ıch; **vindicias dare secundum liber-** **em/servitutem** vorläufig für frei/un-erklären
dicta ⟨ae⟩ F 1 Freilassung *eines* *ıven* 2 Befreiung, **alicuius rei** einer he *od.* von etw 3 Stab, *mit dem der* *ıve berührt u. damit in die Freiheit ent-* *en wurde* 4 Rache, Strafe
dobona ⟨ae⟩ F *Ort in der Provinz* *nonia, heute Wien*
ea ⟨ae⟩ F 1 Weinstock 2 Weinberg, be 3 MIL Schutzdach *der Belagerer in* *Form einer Weinlaube*

vīnētum ⟨ī⟩ N Weinberg
vīnitor ⟨ōris⟩ M Winzer
vinnulus ⟨a, um⟩ ADJ lieblich, süß
vīnolentia ⟨ae⟩ F Trunksucht
vīnolentus ⟨a, um⟩ ADJ 1 betrunken 2 trunksüchtig 3 mit Wein zubereitet
vīnōsus ⟨a, um⟩ ADJ 1 voll Wein, betrunken 2 trunksüchtig 3 Wein…
vīnul… = **vinol…**
★**vīnum** ⟨ī⟩ N 1 Wein; *pl* Weinsorten 2 das Weintrinken 3 Weintrauben
vinxī → vincire
viola ⟨ae⟩ F 1 BOT Veilchen, Levkoje 2 Veilchenfarbe
violābilis ⟨e⟩ ADJ verletzbar
★**violāre** ⟨ō, āvī, ātum 1.⟩ 1 misshandeln, verletzen 2 verwüsten 3 vergewaltigen 4 (*Tempel usw.*) entweihen, beflecken 5 brechen, **foedus** einen Vertrag 6 *fig* beleidigen
violārium ⟨ī⟩ N Veilchenbeet
violārius ⟨ī⟩ M Violettfärber
violātiō ⟨ōnis⟩ F Verletzung, Schändung; ~ **templi** Tempelschändung
violātor ⟨ōris⟩ M Verletzer, Schänder; ~ **templi** Tempelschänder
violēns ⟨entis, *adv* violenter⟩ ADJ = **violentus**
violentia ⟨ae⟩ F Gewalttätigkeit; Wildheit, Härte, Tücke
violentus ⟨a, um⟩ ADJ gewalttätig, ungestüm, heftig, wild
vīpera ⟨ae⟩ F Viper, Schlange
vīpereus ⟨a, um⟩ ADJ 1 Schlangen…, schlangenartig 2 giftig
vīperīnus ⟨a, um⟩ ADJ = **vipereus**

★**vir** ⟨virī⟩ M 1 (erwachsener) Mann 2 tüchtiger Mann, Held 3 Ehemann 4 Liebhaber 5 Manneskraft, Zeugungskraft 6 MIL (einfacher) Soldat 7 PL Menschen, Leute 8 der Einzelne

virectum ⟨ī⟩ N das Grün, **nemorum** der Wälder

virēns ⟨entis⟩ ADJ = **viridis**

virēre ⟨eō, uī, - 2.⟩ 1 grünen, grün sein 2 *fig* frisch sein, kräftig sein

vīrēs ⟨vīrium⟩ FPL → vis¹

virēscere ⟨virēscō, viruī, - 3.⟩ grün werden, sprießen

virētum ⟨ī⟩ N = **virectum**

virga ⟨ae⟩ F 1 Zweig, Gerte 2 BOT Pfropfreis, Setzling 3 Rute 4 Stab 5 PL Stockschläge 6 Besen 7 Linie *im Stammbaum* 8 *farbiger* Streifen *an Kleid*

virgātor ⟨ōris⟩ M „Prügelmeister"

virgātus ⟨a, um⟩ ADJ 1 aus Ruten geflochten 2 mit Streifen versehen

virgeus ⟨a, um⟩ ADJ Reisig…

virgidēmia ⟨ae⟩ F Schläge

Virgilius ⟨ī⟩ M = **Vergilius**

virgināle ⟨is⟩ N jungfräuliche Scham

virginālis ⟨e⟩ ADJ jungfräulich

virginārius ⟨a, um⟩ ADJ Jungfrauen…, Mädchen…; **feles** ~ Mädchenräuber

Virginēsvendōnidēs ⟨ae⟩ M Mädchenhändler

virgineus ⟨a, um⟩ ADJ 1 jungfräulich, mädchenhaft 2 **aqua virginea** Wasser aus der Aqua Virgo *in Rom, der von M. Agrippa angelegten Wasserleitung*

virginitās ⟨ātis⟩ F Jungfräulichkeit

★**virgō** ⟨inis⟩ F 1 Jungfrau, *auch* ASTROL; **dea** ~ jungfräuliche Göttin = Diana 2 Mädchen 3 junge Frau 4 **Aqua Virgo** → virgineus 5 **charta** ~ noch nicht herausgegebene Schrift

virgula ⟨ae⟩ F 1 Zweiglein 2 Stäbchen; ~ **divina** Wünschelrute

virgultum ⟨ī⟩ N Buschwerk

viridāre ⟨ō, -, - 1.⟩ A V/I grünen B V/T grün machen; *passiv* grün werden

viridārium ⟨ī⟩ N *u.* **viridiārium** ⟨ī⟩ N Park

★**viridis** ⟨e⟩ ADJ 1 grün, grünlich 2 gras-, baumreich 3 *fig* jugendlich, frisch

viriditās ⟨ātis⟩ F 1 das Grün 2 *fig* Jugendfrische, Rüstigkeit

★**virīlis** ⟨e, *adv* virīliter⟩ ADJ 1 männlich; **sexus** ~ männliches Geschlecht 2 persönlich; **pro virili parte** nach Krä… 3 eines Mannes würdig, mutig 4 GR… männlich, maskulin

virītim ADV 1 Mann für Mann, ein… 2 Mann gegen Mann

virōsus¹ ⟨a, um⟩ ADJ mannstoll

vīrōsus² ⟨a, um⟩ ADJ übel riechen…

★**virtūs** ⟨ūtis⟩ F 1 Mannhaftigkeit, M…neswürde, Tatkraft 2 Tapferkeit, … Kraft 3 PL Heldentaten 4 *allg.* Tüch…keit, Wert 5 PL Vorzüge 6 Tugend, …gendhaftigkeit, Moral; Ehrenhaftigke…

Virtūs ⟨ūtis⟩ F *Göttin der Tapferkei… Krieg*

viruī → virere *u.* → virescere

vīrulentus ⟨a, um⟩ ADJ giftig

vīrus ⟨ī⟩ N 1 Schleim 2 Gift, Sch…gengift 3 *fig* Geifer 4 salziger … schmack

vīs¹, *akk* ⟨vim⟩ *abl* ⟨vī⟩ F, PL ⟨v…ium⟩ 1 Kraft, Stärke Gewalt; **summ…** mit der größten Anstrengung 2 … kraft, Mut, Energie 3 Waffengewal… Gewalttat, Vergewaltigung, Druck; … **facere** Gewalt anwenden; **alicui vim** … **cere** j-m Gewalt antun; **vi/per vim** … waltsam, *auch* gezwungen 5 Bedrän… 6 *fig* Kraft, Macht, Einfluss, Wirksam… 7 *fig* Inhalt, Bedeutung, Wesen 8 M…ge, Masse; **vis auri** eine Menge Gol… Zeugungskraft 10 PL ★ **vires** *fig* Kr… Mittel, Vermögen; **pro viribus** nach K…ten 11 PL MIL Streitmacht, Trup… Heer 12 PL geistige Kräfte, Fähigkei…

vīs² du willst; **qui-vis** jeder, den du w…

viscātus ⟨a, um⟩ ADJ 1 mit Vogel… bestrichen 2 *fig* lockend

vīscera 1 Fleisch 2 Eingeweide, in… Organe 3 *fig* das eigene Fleisch … Blut, das eigene Kind 4 *fig* die eige… Schriften 5 *fig* die Lieblinge 6 *fig* … Innerste; **in visceribus haerere** tie… Gedächtnis sitzen; ~ **causae** das Wes…liche in der Sache 7 *fig* Vermö… Geldmittel

vīscerātiō ⟨ōnis⟩ F 1 Fleischsp… *an das Volk* 2 Abfütterung

viscum ⟨ī⟩ N *u.* **viscus**¹ ⟨ī⟩ M 1 M… 2 Vogelleim 3 *fig* Köder

★**vīscus**² ⟨eris⟩ N = **viscera**

vīsendus ⟨a, um⟩ ADJ sehenswert

★**vīsere** ⟨vīsō, vīsī, - 3.⟩ 1 genau a…hen, besichtigen; **visendi causā** v…

mmen um zu besichtigen 2 *fig* nach-
hen 3 be-, aufsuchen
ī → visere
iō ⟨ōnis⟩ F 1 das Sehen, Anblick 2
cheinung 3 *fig* Vorstellung, Idee
itāre ⟨ō, āvī, ātum 1.⟩ oft sehen, oft
suchen
pillō ⟨ōnis⟩ M = **vespillo**
um ⟨ī⟩ N 1 Erscheinung, Bild 2
umbild 3 PHILOS Vorstellung
us¹ ⟨a, um⟩ PPP → videre *u.* PPERF →
leri
us² ⟨ūs⟩ M 1 das Sehen, Anblick,
ck 2 Erscheinung, Aussehen, Gestalt
a ⟨ae⟩ F 1 Leben(szeit); **vitam pone-**
das Leben lassen 2 Lebenshauch,
le 3 Lebensweise 4 Lebensunter-
t 5 Lebensbeschreibung, Biografie
Lebensglück 7 die lebenden Men-
en 8 Schatten *in der Unterwelt*
ibundus ⟨a, um⟩ ADJ immer aus-
chend, **tela** den Geschossen
ilia ⟨ōrum⟩ NPL 1 lebenswichtige
perteile 2 Totenkleid
ilis ⟨e, *adv* vītāliter⟩ ADJ 1 Leben
ndend, belebend 2 Lebens… 3 le-
nswert 4 **lectus ~** Totenbahre
ire ⟨ō, āvī, ātum 1.⟩ *etw* (ver)mei-
, *einer Sache* ausweichen, *aliquid*; **se**
um ~ mit sich selbst unzufrieden sein
tiō ⟨ōnis⟩ F Vermeidung, **doloris**
Schmerz
llius ⟨ī⟩ M *Name einer röm. gens;*
us ~ *röm. Kaiser 69 n. Chr., von Vespa-*
gestürzt
llus ⟨ī⟩ M 1 Kälbchen 2 Eidotter
us ⟨a, um⟩ ADJ vom Weinstock
āre ⟨ō, āvī, ātum 1.⟩ 1 verderben,
etzen, beschädigen 2 *(Mädchen)*
führen, schänden 3 *fig* (ver)fälschen
EL für ungeeignet erklären *wegen un-*
stiger Vorzeichen
īgō ⟨inis⟩ F Hautkrankheit, Flechte
ōsus ⟨a, um, *adv* vitiōsē⟩ ADJ 1 feh-
mangelhaft 2 unrichtig, falsch 3
gegen die Auspizien geschehen 4
erhaft
s ⟨is⟩ F 1 Weinrebe, -stock 2 Wein
IL Kommandostab des Zenturio
sator ⟨ōris⟩ M Winzer
um ⟨ī⟩ N 1 Fehler, Mangel 2 Fehl-
, Verstoß, Vergehen 3 REL ungünsti-
Vorzeichen, Formfehler *bei den Au-*
gurien 4 Laster, Schuld; **in vitio esse** schuld sein; **vitio dare/vertere** als Fehler anrechnen 5 Schändung

vītor ⟨ōris⟩ M Korbflechter

vitreārius ⟨ī⟩ M Glasbläser

vitreus ⟨a, um⟩ ADJ 1 gläsern, aus Glas 2 *fig* klar, durchsichtig, glänzend 3 *fig* schillernd 4 trügerisch; **fama vitrea** trügerischer Ruhm 5 *fig* zerbrechlich

vītricus ⟨ī⟩ M Stiefvater

vitrum¹ ⟨ī⟩ N Kristall, Glas

vitrum² ⟨ī⟩ N BOT Waid

Vitrūvius ⟨ī⟩ M *Architekt u. Ingenieur z. Zt. des Caesar u. Augustus, Verfasser von „De architectura libri decem"*

vitta ⟨ae⟩ F Binde, Kopfbinde *der Opfertiere, Priester, frei geborenen Frauen u. Dichter*

vittātus ⟨a, um⟩ ADJ mit einer Binde geschmückt

vitulīna ⟨ae⟩ F Kalbfleisch

vitulīnus ⟨a, um⟩ ADJ Kalb(s)…

★**vitulus** ⟨ī⟩ M 1 Jungtier, Kalb, Fohlen 2 **~ marinus** Seehund

★**vituperāre** ⟨ō, āvī, ātum 1.⟩ 1 tadeln, bemängeln 2 REL ungültig machen

vituperātiō ⟨ōnis⟩ F 1 Tadel 2 tadelnswertes Benehmen

vituperātor ⟨ōris⟩ M Tadler, Kritiker

vīvācitās ⟨ātis⟩ F Lebenskraft

vīvārium ⟨ī⟩ N Gehege, Behälter für lebende Tiere, Tiergarten, Fischbassin

vīvāx ⟨ācis⟩ ADJ 1 langlebig, zäh 2 *fig* dauerhaft 3 *fig* lebhaft

★**vīvere** ⟨vīvō, vīxī, vīctūrus 3.⟩ 1 leben; **octoginta annos/annis ~** achtzig Jahre leben; **ne vivam, si** ich will des Todes sein, wenn 2 noch leben; *fig* fortbestehen 3 leben, sich ernähren, **lacte** von Milch 4 sich aufhalten 5 Umgang haben 6 das Leben genießen 7 **vive** *als Abschiedsgruß* leb wohl

vīvidus ⟨a, um⟩ ADJ 1 belebt 2 *fig* voller Lebenskraft 3 naturgetreu

vīvi-rādīx ⟨īcis⟩ F BOT Ableger

vīvum ⟨ī⟩ N 1 das Lebendige 2 das lebendige Fleisch 3 Innerstes 4 Kapital

★**vīvus** ⟨a, um, *adv* vīvē⟩ ADJ 1 lebend; **vivo Attico** zu Lebzeiten des Atticus 2 *fig* frisch 3 *fig* natürlich 4 naturgetreu 5 lebhaft

★**vix** ADV 1 kaum, mit Mühe; **~ quisquam** kaum jemand 2 *(zeitl.)* kaum erst, kaum noch, gerade

vix-dum ADV kaum noch, kaum erst

vīxī → vivere

★**vocābulum** ⟨ī⟩ N 1 Benennung, Bezeichnung, Wort 2 Name 3 GRAM Substantiv 4 Vorwand

vōcālis A ⟨e, *adv* vōcāliter⟩ ADJ 1 stimmbegabt, sprechend 2 klangvoll, singend B ⟨is⟩ F Vokal, Selbstlaut

★**vocāre** ⟨ō, āvī, ātum 1.⟩ 1 rufen, herbei-, berufen; **auxilio/auxilium ~** zu/um Hilfe rufen 2 (*Götter usw.*) anrufen, anflehen 3 abberufen 4 JUR vorladen 5 (*als Gast*) einladen 6 herausfordern 7 *fig* reizen 8 (be)nennen; *passiv* heißen; **aliquem hostem ~** j-n einen Feind nennen 9 (*in eine Lage*) versetzen, bringen; **in odium ~** verhasst machen; **in crimen ~** beschuldigen

vocātiō[1] ⟨ōnis⟩ F 1 Einladung 2 Vorladung vor Gericht

vocātiō[2] ⟨ōnis⟩ F = **vacatio**

vocātīvus ⟨ī⟩ M GRAM Vokativ, Anredefall

Grammatik

▶ vocativus – Vokativ

Den **Vokativ** (Anredefall) gibt es nicht als Kasus im Deutschen. Er wird im Lateinischen benutzt, wenn eine Person direkt angesprochen wird. Lediglich in der o-Deklination hat er eine eigene Endung, nämlich **-e**. Endet ein Substantiv der o-Deklination auf **-ius**, so lautet die Vokativ-Endung **-i**. In allen übrigen Deklinationen ist der Vokativ gleich lautend mit dem Nominativ.

veni, Marce	komm, Marcus!
Et tu, mi fili?	Auch du, mein Sohn?

vocātor ⟨ōris⟩ M Gastgeber

vocātus ⟨ūs⟩ M 1 das Rufen, das Flehen 2 **vocatu** auf Einladung

vōci-ferāre ⟨ō, -, - 1.⟩ *u.* **vōci-ferārī** ⟨or, ātus sum1.⟩ laut rufen, schreien, lärmen

vōciferātiō ⟨ōnis⟩ F Geschrei, Gejammer

vocitāre ⟨ō, āvī, ātum 1.⟩ 1 zu nennen pflegen 2 laut rufen, schreien

vocīvus ⟨a, um⟩ ADJ = **vacivus**

vōcula ⟨ae⟩ F 1 schwache Stimm… *fig* leiser Ton 3 PL *fig* üble Nachred…

★**volāre** ⟨ō, āvī, ātum 1.⟩ 1 fliegen 2 eilen

Volāterrae ⟨ārum⟩ FPL *Stadt in Et… en, heute Volterra*

volāticus ⟨a, um⟩ ADJ 1 fliegend 2 stürmend 3 *fig* flüchtig, unbeständ…

volātilis ⟨e⟩ ADJ 1 geflügelt 2 flüc… vergänglich 3 schnell

volātus ⟨ūs⟩ M das Fliegen, Flug

Volcae ⟨ārum⟩ MPL die Volker, *kelt.*

Volcānius ⟨a, um⟩ *adj* des Vul… dem Vulcan geweiht

Volcānus ⟨ī⟩ M Vulcan, *Gott des Fe… u. der Schmiedekunst*

volēns ⟨entis, *adv* volentiter⟩ ADJ 1 … sichtlich 2 willig, gern 3 geneigt, … wogen, gnädig; **dis volentibus** d… die Gnade der Götter

volg… = **vulg…**

volitāns ⟨antis⟩ M Fliege

volitāre ⟨ō, āvī, ātum 1.⟩ 1 umhe… gen 2 fliegen, eilen, sich verbreite… umhereilen, -flattern, hin und her la… 4 *fig* sich brüsten 5 nach Höhe… streben

voln… = **vuln…**

volō → velle

volp… = **vulp…**

Volscī ⟨ōrum⟩ MPL die Volsker, *Vo… Latium*; **Volscus** ⟨a, um⟩ ADJ vols…

volsella ⟨ae⟩ F kleine Zange

volsus ⟨a, um⟩ PPP = **vulsus**; → ve…

volt… = **vult…**; → velle

Volt… = **Vult…**

volūbilis ⟨e, *adv* volūbiliter⟩ A… drehbar, beweglich 2 sich schnell… hend, rollend, kreisend 3 *fig* unbe… dig 4 redegewandt

volūbilitās ⟨ātis⟩ F 1 Beweglic… 2 das Kreisen 3 *fig* Unbeständi… 4 RHET Gewandtheit

volucer A ⟨cris, cre⟩ ADJ 1 geflü… fliegend 2 *fig* schnell 3 *fig* flüchtig, … gänglich B ⟨cris⟩ N Vogel

volucris ⟨is⟩ F Vogel

voluī → velle

★**volūmen** ⟨inis⟩ N 1 Krümmung, … dung, Kreislauf 2 Buch(rolle); **~ ev… re** ein Buch entrollen, ein Buch les… Band *eines mehrteiligen Werkes*

luntārius A ⟨a, um⟩ ADJ freiwillig
⟨ī⟩ M Freiwilliger
luntās ⟨ātis⟩ F 1 Wille, Wunsch,
rlangen, Absicht, Entschluss; **volunta-**
auf Wunsch, mit Genehmigung 2
ier Wille, Bereitwilligkeit; **voluntate**
iwillig, gern 3 Letzter Wille 4 Gesin-
ng 5 Zuneigung, Wohlwollen 6 Ge-
hmack 7 Bedeutung
lup(e) ADV erfreulich, angenehm
luptābilis ⟨e⟩ ADJ angenehm
luptārius A ⟨a, um⟩ ADJ 1 Vergnü-
n..., Lust...; **disputatio voluptaria**
kussion über Genuss 2 Vergnügen
reitend 3 dem Genuss ergeben B
M Genussmensch, Epikureer
luptās ⟨ātis⟩ F 1 Vergnügen, Freu-
, Genuss; **in voluptate esse** Vergnü-
n genießen 2 sinnliches Vergnügen,
st 3 PL Vergnügungen, *bes* Schau-
ele 4 Freude
luptuōsus ⟨a, um⟩ ADJ vergnüglich
lūtāre ⟨ō, āvī, ātum 1.⟩ A V/T 1 rol-
, herumwälzen 2 *fig* ertönen lassen
fig überdenken, überlegen 4 *(den*
ist) beschäftigen B V/I/*passiv*/**se** ~ 1
h wälzen 2 *fig* sich befinden
lūtātiō ⟨ōnis⟩ F 1 das Herumwäl-
2 *fig* Unruhe; Unbeständigkeit
lūtus ⟨a, um⟩ PPP → volvere
va ⟨ae⟩ F = **vulva**
vere ⟨volvō, volvī, volūtum 3.⟩ 1
lzen, rollen, (um)drehen 2 im Wirbel
hen, emporwirbeln; **pulvis volvitur**
ub wirbelt auf 3 zu Boden strecken
passiv sich wälzen, sich rollen, sich
hen 5 *(Bücherrolle)* aufrollen, lesen
fortrollen, -reißen; herabrollen, -stür-
; *passiv* fließen 7 **orbem** ~ MIL einen
is bilden 8 *(Redner)* geläufig vortra-
9 *(Leidenschaft)* hegen 10 überle-
, erwägen 11 *(Zeit)* durchleben; *pas-*
u. **se** ~ ablaufen; **volventibus annis**
Lauf der Jahre 12 *(Götter)* bestimmen
ner ⟨eris⟩ N 1 Pflug(schar) 2 das
gen 3 *fig* männliches Glied
nere ⟨ō, uī, itum 3.⟩ A V/I sich er-
chen B V/T ausspeien, spucken, von
geben
nica ⟨ae⟩ F 1 Geschwulst, Eiterbeu-
2 *fig* Unheil
nis ⟨eris⟩ M = **vomer**
nitāre ⟨ō, -, - 1.⟩ sich erbrechen

vomitiō ⟨ōnis⟩ F das Erbrechen
vomitor ⟨ōris⟩ M der sich erbricht
vomitus ⟨ūs⟩ M 1 das Erbrechen 2 *fig* Schimpfwörter
vorācitās ⟨ātis⟩ F Gefräßigkeit
vorāgō ⟨inis⟩ F 1 Schlund, Abgrund 2 Strudel 3 *fig* Verprasser
vorāre ⟨ō, āvī, ātum 1.⟩ 1 verschlingen, fressen 2 *fig* gierig lesen 3 *fig* eilig zurücklegen
vorāx ⟨ācis⟩ ADJ gefräßig
vors... = **vers...**
vort... = **vert...**
★**vōs** ⟨vestri/vestrum⟩, *dat/abl* ⟨vobis⟩, *akk* ⟨vos⟩ PERS PR ihr
Vosegus ⟨ī⟩ M die Vogesen
voster ⟨vostra, vostrum⟩ POSS PR = **vester**
votāre ⟨ō, uī, itus 1.⟩ = **vetare**
vōtīvus ⟨a, um⟩ ADJ durch Gelübde versprochen
★**vōtum** ⟨ī⟩ N 1 gelobtes Opfer, Weihegeschenk 2 Gelübde; **voti damnatus** zur Erfüllung des Gelübdes verpflichtet 3 Verwünschung, Fluch 4 Gebet 5 Wunsch, Verlangen 6 Denkmal
★**vovēre** ⟨voveō, vōvī, vōtum 2.⟩ 1 REL versprechen, weihen, geloben 2 wünschen, erflehen
★**vōx** ⟨vōcis⟩ F 1 Stimme; ~ **magna/parva** laute/leise Stimme 2 Laut, Ton 3 Aussprache 4 Betonung 5 Rede, Sprache 6 Wort, Ausdruck, Bezeichnung 7 Äußerung, Ausruf; **unā voce** einstimmig 8 POL Gebot, Befehl 9 REL Formel, Zauberspruch
Vulc... = **Volc...**
★**vulgāre** ⟨ō, āvī, ātum 1.⟩ 1 verbreiten, zugänglich machen 2 allen preisgeben 3 allgemein bekannt machen; *passiv* bekannt werden, sich verbreiten 4 *(Schrift)* veröffentlichen
vulgāria ⟨ium⟩ NPL das Alltägliche
vulgāris ⟨e, *adv* vulgāriter⟩ ADJ 1 allgemein üblich, alltäglich, gewöhnlich; **liberalitas** ~ Freigebigkeit gegenüber allen; **coetus** ~ Volksmenge; **sermo** ~ Volkssprache 2 für jeden zu haben
vulgata ⟨ae⟩ F Vulgata, *„allgemein verbreitete Übersetzung" der Bibel ins Lat. durch Hieronymus*
vulgātor ⟨ōris⟩ M der Geheimnisse ausplaudert

V

vulgātus ⟨a, um⟩ ADJ **1** allgemein bekannt, weit verbreitet **2** preisgegeben, für jeden zu haben
vulgō ADV → vulgus
★**vulgus** ⟨ī⟩ N, *akk auch* ⟨um⟩ M **1** Volk, Leute, Publikum **2** *pej* Pöbel **3** Masse **4** MIL die gewöhnlichen Soldaten **5** **in vulgus** allgemein **6** **vulgo** in Menge, massenhaft; vor aller Welt; allgemein, gewöhnlich **7** **vulgo** in der Landessprache
★**vulnerāre** ⟨ō, āvī, ātum 1.⟩ **1** verwunden **2** *fig* verletzen, kränken
vulnerātiō ⟨ōnis⟩ F **1** Verwundung **2** *fig* Verletzung
vulni-ficus ⟨a, um⟩ ADJ Wunden schlagend, verwundend
★**vulnus** ⟨eris⟩ N **1** Wunde, Verwundung **2** *fig* Verletzung, Beschädigung, Riss, Schnitt **3** Schlag, Stoß, Stich, Biss **4** Lanze, Schwert, Pfeil **5** *fig* Verlust, Schaden **6** *fig* Niederlage **7** *fig* Schmerz, Kummer, Kränkung
vulpēcula ⟨ae⟩ F Füchslein
vulpēs ⟨is⟩ F **1** Fuchs **2** Fuchsfell
vulpīnus ⟨a, um⟩ ADJ Fuchs…
vulsus ⟨a, um⟩ ADJ **1** mit ausgerupften Haaren, bartlos **2** *fig* einfältig
vultuōsus ⟨a, um⟩ ADJ **1** mit finsterer Miene **2** Grimassen schneidend
vultur ⟨uris⟩ M **1** Geier **2** *fig* Nimmersatt
vulturius ⟨ī⟩ M **1** Geier, Raubvogel **2** *fig* habsüchtiger Mensch **3** Erbschleicher **4** *(im Würfelspiel)* schlechter Wurf
Vulturnus ⟨ī⟩ M *Fluss in Kampanien*
★**vultus** ⟨ūs⟩ M **1** Gesichtsausdruck, Miene **2** Gesicht; **vultum ad sidera tollere** das Gesicht zu den Sternen erheben **3** Aussehen, äußere Gestalt
vulva ⟨ae⟩ F Gebärmutter

W

wambasia ⟨iorum⟩ NPL *(mlat.)* Leibrock
wanna ⟨ae⟩ F *(mlat.)* großer Weidenkorb
wantus ⟨ī⟩ M *(mlat.)* Handschuh
warantus ⟨ī⟩ M *(mlat.)* Bürge
werra ⟨ae⟩ F *(mlat.)* **1** Verwirrung Krieg

X

X **1** *Zahlzeichen* = 10 **2** *auf Münzen* = narius Denar
Xanthippē ⟨ēs⟩ F *Ehefrau des Sokr*
xenium ⟨ī⟩ N **1** Gastgeschenk **2** PL nia *Titel des 13. Buches der Epigram Martials*
xystus ⟨ī⟩ M **1** *(bei den Römern)* Ter se **2** *(bei den Griechen)* gedeckter S lengang *als Trainingsort der Athleten*
Siehe unter **hy** und **i**.

Z

Zama ⟨ae⟩ F *Stadt in Numidien, Sieg pios über Hannibal 202 v. Chr.*
zāmia ⟨ae⟩ F Schaden, Verlust
zēlotypia ⟨ae⟩ F Eifersucht
zēlotypus ⟨a, um⟩ ADJ eifersüchtig
Zēnō(n) ⟨ōnis⟩ M *Name griech. Ph* **1** *Lehrer des Perikles* **2** *Begründer der schen Schule in Athen* **3** *Epikureer, Le des Cicero u. des Atticus*
zephyrus ⟨ī⟩ M Westwind; Wind
zmaragdus ⟨ī⟩ M *u.* F = **smaragd**
zōna ⟨ae⟩ F **1** Gürtel **2** Frauengü *als Zeichen der Jungfräulichkeit* **3** Männer) Geldgurt **4** Erdgürtel, Zon ASTRON die Gürtelsterne
zōnārius **A** ⟨a, um⟩ ADJ Gürtel…, tel… **B** ⟨ī⟩ M Gürtelmacher
zōnula ⟨ae⟩ F kleiner Gürtel
zōthēca ⟨ae⟩ F Ruhezimmer
zōthēcula ⟨ae⟩ F kleines Ruhezim
zuchara ⟨ae⟩ F *(mlat.)* Zucker

eutsch – Latein

A

chen Aquae (-arum) Gran(n)i *fpl*
PRÄP (*örtl., zeitl.*) a, ab +*abl*; ~ **und zu**
erdum
bild simulacrum, -i *n*
ɔringen deterrere, -eo, -ui, -itum *2.*
von etw aliquem a re)
decken detegere, -tego, -texi, -tec-
ı *3.*
end vesper, -eri *m*; **am** ~ vesperi; **es**
'd ~ advesperascit
ends sub vesperum, vesperi
enteuer casus, -us *m*
r sed, at, vero; autem *nachgestellt*; ~
ht neque vero
erglaube superstitio, -onis *f*
ahren proficisci, -ficiscor, -fectus
n *3.*; (*per Schiff*) naves solvere, solvo,
/i, solutum *3.*
allen deficere, -ficio, -feci, -fectum
von j-m ab aliquo)
ühren abducere *od.* deducere, -du-
-duxi, -ductum *3.*
gabe tributum, -i *n*
gehen (*von der Bühne*) exire, -eo, -ii,
m *0.*
geneigt alienus, -a, -um (**einer Sa-**
a re)
gesandter legatus, -i *m*
gewandt aversus, -a, -um
alten **1** (*fernhalten*) arcere, -eo,
- *2.*, prohibere, -eo, -ui, -itum *2.*
ı **etw** a re) **2** **Spiele** ~ ludos habere
, -ui, -itum *2.*)
ängigkeit dicio, -onis *f*
ärten durare, -o, -avi, -atum *1.* (**ge-**
etw ad aliquid)
ärtung duritia, -ae *f*
assen (*aufhören*) desistere, -sisto,
, -stitum *3.*, desinere, -sino, -sii, -si-
3. (**von etw** re)

ablegen **A** V/T deponere, -pono, -posui, -positum *3.*; **einen Eid** ~ ius iurandum dare (do, dedi, datum *1.*) **B** V/I (*Schiff*) navem solvere (solvo, solvi, solutum *3.*)
ablehnen recusare, -o, -avi, -atum *1.*
ablenken avertere, -verto, -verti, -versum *3.*; (**seine**) **Gedanken von etw** ~ animum avertere a re
abliefern tradere, -do, -didi, -ditum *3.*; **Geld** ~ pecuniam deferre (-fero, -tuli, -latum *0.*)
ablösen (*an j-s Stelle treten*) succedere, -cedo, -cessi, -cessum *3.* (**j-n** alicui)
Abmarsch profectio, -onis *f*
abmessen (di)metiri, -metior, -mensus sum *4.*
abmühen: **sich** ~ laborare, -o, -avi, -atum *1.* (**mit etw** in re)
abnehmen (*weniger werden*) decrescere, -cresco, -crevi, -cretum *3.*
Abneigung invidia, ae *f*
abreisen proficisci, -ficiscor, -fectus sum *3.* (**von einem Ort** ab/ex loco)
abreißen (*niederreißen*) rescindere, -scindo, -scidi, -scissum *3.*
abschaffen tollere, tollo, sustuli, sublatum *3.*; **ein Gesetz** ~ legem abrogare (-o, -avi, -atum *1.*)
abschließen **1** (*absperren*) claudere, claudo, clausi, clausum *3.* **2** (*beenden*) finire, -io, -ivi, -itum *4.* **3** **einen Vertrag** ~ foedus facere (facio, feci, factum *3.*)
Abschluss (*Ende*) finis, -is *m*
abschneiden desecare, -seco, -secui, -sectum *1.*; **von der Zufuhr** ~ commeatu intercludere (-cludo, -clusi, -clusum *3.*)
abschrecken deterrere, -eo, -ui, -itum *2.* (**von etw** a re)
abschüssig praeruptus, -a, -um
abschütteln excutere, -cutio, -cussi, -cussum *3.*
absegeln navem (naves) solvere (solvo, solvi, solutum *3.*)
Absicht voluntas, -atis *f*; **ich habe die** ~ mihi in animo est; **in der** ~, **dass** eo consilio, ut

absichtlich consulto
abstammen oriri, orior, ortus sum *4.* (**von j-m** ab/ex aliquo); **abstammend** ortus (-a, -um)
Abstammung origo, -inis *f*
Abstand spatium, -i *n*
Abstieg descensus, -us *m*
abstoßend horridus, -a, -um
abstreifen destringere, -stringo, -strinxi, -strictum *3.*
Abteilung classis, -is *f*
abtreten (*weggehen*) abire, -eo, -ii, -itum *0.*
abwägen pendere, pendo, pependi, pensum *3.*
abwarten exspectare, -o, -avi, -atum *1.*
abwaschen abluere, -luo, -lui, -lutum *3.*
Abwechslung varietas, -atis *f*
abwehren arcere, arceo, arcui, - *2.*, defendere, -fendo, -fendi, -fensum *3.*
abweichen dissentire, -sentio, -sensi, -sensum *4.*
abweisen repellere, repello, reppuli, repulsum *3.*
abwenden avertere, -verto, -verti, -versum 3. (**von etw** a re)
abwesend absens, -sentis; **~ sein** abesse (absum, afui, - *0.*)
Abwesenheit absentia, -ae *f*; **in meiner ~** me absente
abwinken abnuere, -nuo, -nui, -nuiturus *3.*
abwischen detergere, -tergeo, -tersi, -tersum *2.* (**den Tisch** mensam)
Abzeichen insigne, -is *n*
abziehen 1 (*weggehen*) abire, -eo, -ii, -itum *0.* 2 (*wegnehmen*) abstrahere, -traho, -traxi, -tractum *3.*
Abzug (*Weggang*) abitus, -us *m*
ach INT heu!
Achse axis, -is *m*
acht octo *indekl*; **je ~** octoni (-ae, -a); **alle ~ Tage** octavo quoque die
Acht: **sich in ~ nehmen vor j-m/etw** cavere (caveo, cavi, cautum *2.*) aliquem/aliquid
achte(r, -s) octavus, -a, -um
achten 1 (*schätzen*) diligere, -ligo, -lexi, -lectum *3.* 2 (*würdigen*) aestimare, -o, -avi, -atum *1.* *+gen*; **gering ~** parvi aestimare; **nicht ~** neglegere (-lego, -lexi, -lectum *3.*); **für nichts ~** pro nihilo habere (-eo, -ui, -itum *2.*) 3 **~ j-n/etw** animadvertere ad aliquem/ quid
ächten proscribere, -scribo, -scri -scriptum *3.* (**j-n** aliquem); aquā et interdicere (-dico, -dixi, -dictum *3.*; alicui)
achtgeben animadvertere -ve -verti, -versum *3.* (**auf j-n/etw** ad quem/aliquid) ad aliquem (aliquid)
achthundert octingenti, -ae, -a
achtmal octies
Achtung (*Respekt*) reverentia, -ae *f* j-m alicuius)
Ächtung proscriptio, -onis *f*
achtzehn duodeviginti *indekl*
achtzig octoginta *indekl*
Acker ager, agri *m*
Acker... agrarius, -a, -um
Ackerbau agricultura, -ae *f*; **~ bet ben** agros colere (colo, colui, cultun
Ackergesetz lex agraria (legis -ae
Ackerland ager, agri *m*
Adel (*Person, Stand*) nobilitas, -atis *f* **ter ~** genus antiquum (generis -i *n*); **~ sein** nobili loco natum esse (sum, - *0.*)
Adelspartei optimates, -(i)um *mpl*
Ädil aedilis, -is *m*
Adler aquila, -ae *m*
adlig nobilis, -e
Adliger nobilis, -is *m*
Affe simia, -ae *f*
ahnen divinare, -o, -avi, -atum **nichts ahnend** inopinans (-antis)
Ahnen PL maiores, -um *mpl*
ähnlich similis, -e
Ähnlichkeit similitudo, -inis *f* (**mit** alicuius); **die ~ des Sohnes mit dem ter** similitudo filii patris
ahnungslos inopinans, -antis
Ähre spica, -ae *f*
albern stultus, -a, -um
all omnis, -e; **vor ~em** imprimis
alle cuncti, -orum *mpl*, omnes, *mpl*, *fpl*; **~ bis auf den letzten M** ad unum omnes; **~ drei Tage t** quoque die
allein 1 (*ohne Begleiter*) solus, -a, *gen* -ius; **~ leben** secum vivere vixi, victurus *3.*); **j-n ~ lassen** reling (-linquo, -liqui, -lictum *3.*) aliquer (*einzig*) unus, -a, -um

einherrschaft dominatio, -onis *f*
einherrscher tyrannus, -i *m*
erdings 1 (*gewiss*) sane 2 (*jedoch*) idem
erlei varius, -a, -um
erletzte(r, -s) ultimus, -a, -um
es omnia, -ium *npl*; **~, was** quidquid; odcumque; quaecumque *npl*; **~, was verlangst** quidquid poscis
gemein A ADJ 1 (*allen gemeinsam*) mmunis, -e, publicus, -a, -um 2 (*alle reffend*) universus, -a, -um B ADV **es ~ bekannt** inter omnes constat (+)
jährlich ADV quotannis
mählich ADV paulatim
zu groß nimius, -a, -um
zu sehr nimis, nimium
en Alpes, -ium *fpl*
A KONJ 1 (*zu der Zeit, als*) cum *njkt* 2 (*nachdem*) cum *+ind* 3 (*Festllung von Verschiedenheitt*) atque, ac; **schreibt anders, ~ er denkt** scribit ter ac sentit 4 **~ ob** quasi B ADV *i komp*) quam; **größer ~** maior quam
o ergo; igitur *nachgestellt*
vetus, veteris; (*Person*) grandis natu; *che*) antiquus, -a, -um; **zehn Jahre ~** tem annos natus; **~e Frau** anus (-us **~er Mann** senex (senis *m*); **~er Soldat** eranus (-i *m*); **~ werden** inveterasce- (-asco, -avi, - *3.*); **älter** maior (natu); **ester** maximus (natu)
ar ara, -ae *f*; altaria, -ium *npl*
enburg Aldenburgum
er (*Lebensalter*) aetas, -atis *f*; (*Greisenr*) senectus, -utis *f*; (*hohes Alter, auch Sachen*) vetustas, -atis *f*; **im ~ von Jahren** triginta annos natus
ern (*alt werden*) senescere, senesco, ui, - *3.*
ersgenosse aequalis, -is *m*
ertum antiquitas, -atis *f*; **im ~** antis temporibus
ertümlich priscus, -a, -um
estenrat senatus, -us *m*
eise formica, -ae *f*
me nutrix, -icis *f*
phitheater amphitheatrum, -i *n*
t munus, -eris *n*; (*Staatsamt*) magitus, -us *m*; **~ des Prätoren** praetura *f*); **ein ~ verwalten** munere fungi gor, functus sum *3.*); **ein ~ niederlegen** se abdicare (-o, -avi, -atum *1.*) magistratu
Ämterlaufbahn cursus (-us *m*) honorum
Amtsbereich, **Amtsbezirk** provincia, -ae *f*
Amtsgewalt potestas, atis *f*
Amtssessel sella (-ae *f*) curulis
an PRÄP 1 (*örtl.*) in *+abl* 2 (*Richtung*) in *+akk*, ad *+akk*; **~ ... vorbei** praeter *+akk*
Anbau 1 (*Bebauung*) cultura, ae *f* 2 (*Gebäude*) adiectio, -onis *f*
anbauen (*Pflanzen*) serere, sero, sevi, satum *3.*
anbeten adorare, -o, -avi, -atum *1.*, venerari, -or, -atus sum *1.*
Anbetung adoratio, -onis *f*
anbieten offerre, offero, obtuli, oblatum *0.*, praebere, -eo, -ui, -itum *2.*
anbinden alligare, -o, -avi, -atum *1.*
Anblick 1 (*Blick*) aspectus, -us *m*, conspectus, -us *m* 2 (*äußere Erscheinung*) species, -ei *f*
anblicken aspicere, -spicio, -spexi, -spectum *3.*, intueri, -tueor, -tuitus sum *2.*
andauernd continenter *adv*
Andenken memoria, ae *f*
andere(r, -s) alius, -a, -ud (*gen* alterius, *dat* alii), *auch subst gebraucht*; (*von zweien*) alter, -a, -um (*gen* alterius, *dat* alteri), *auch subst gebraucht*; **die ~n** (*die Übrigen*) ceteri; **die einen ... die ~n** alii ... alii; **~r Meinung sein** dissentire (-sentio, -sensi, -sensum *4.*)
ändern mutare, -o, -avi, -atum *1.*; **sich ~** mutari
Andernach Antunnacum, -i *n*
andernfalls aliter
anders aliter (**als** atque, ac)
anderswo alibi
Änderung commutatio, -onis *f*
andeuten significare, -o, -avi, -atum *1.*
Andrang impetus, -us *m*
androhen minari, -or, -atus sum *1.*
anerkennen 1 agnoscere, agnosco, agnovi, agnitum *3.* (+ *dopp akk*); **j-n als Sohn ~** aliquem filium agnoscere 2 (*gutheißen*) probare, -o, -avi, -atum *1.*
Anfang initium, -i *n*, principium, -i *n*; **am ~** initio; **von ~ an** ab initio; **am ~ des Frühlings** vere ineunte
anfangen incipere, incipio, coepi,

coeptum 3., ordiri, ordior, orsus sum *4.*
anfangs initio, primo
Anfeindung obtrectatio, -onis *f*
anfertigen fabricare, -o, -avi, -atum *1.*, conficere, -ficio, -feci, -fectum *3.*
anfeuern incitare, -o, -avi, -atum *1.*
anflehen implorare, -o, -avi, -atum *3.* (**j-n um etw** aliquem aliquid)
anführen **1** (*leiten*) praeesse, -sum, -fui, - *0.* (alicui/alicui rei); **ein Heer ~** exercitui praeesse (-sum, -fui, - *0.*) **2** (*Beispiel*) afferre, affero, attuli, allatum *0.*
Anführer dux, ducis *m*
anfüllen implere, -eo, -evi, -etum *2.*
angeben (*sagen*) dicere, dico, dixi, dictum *3.*
angeblich **A** ADJ qui (quae, quod) dicitur; **der ~e Vater des Kindes** qui pater pueri esse dicitur **B** ADV ut dicitur, ut aiunt *als Einschub*
angeboren innatus, -a, -um
angehen pertinere, -eo, -ui, - *3.* (**j-n/etw** ad aliquem/aliquid); **es geht mich nichts an** non est meum
Angehöriger propinquus, -i *m*
Angeklagter reus, -i *m*
Angelegenheit res, rei *f*
angemessen commodus, -a, -um
angenehm iucundus, -a, -um, gratus, -a, -um, dulcis, -e
angesehen nobilis, -e
angespannt (*aufmerksam*) attentus, -a, -um
angreifen aggredi, -gredior, -gressus sum *3.*, petere, -o, -ivi, -itum *3.*, adire, -eo, -ii, -itum *0.*
angrenzend finitimus, -a, -um
Angriff impetus, -us *m*
Angst timor, -oris *m*, metus, -us *m*; **~ haben vor j-m/etw** timere aliquem/aliquid; **in ~ und Schrecken versetzen** perterrere (-terreo, -terrui, -territum *2.*)
ängstigen terrere, -eo, -ui, -itum *2.*; **sich ~** trepidare, -o, -avi, -atum *1.*
ängstlich timidus, -a, -um
Anhänger POL fautor, -oris *m*
Anhänglichkeit fides, fidei *f*
anheften (af)figere, -figo, -fixi, -fixum *3.* (**an etw** ad aliquid/alicui rei)
Anhöhe collis, -is *m*
anhören audire, -io, -ivi, -itum *4.*
Anker ancora, -ae *f*; **die ~ lichten** ancoras tollere (tollo, sustuli, sublatum *3.*), naves solvere (solvo, solvi, solut *3.*)
Anklage (*vor Gericht*) accusatio, -oni (*Beschuldigung*) crimen, -inis *n*
anklagen accusare, -o, -avi, -atum
anklopfen pulsare, -o, -avi, -atun (**an die Tür** fores)
ankommen **1** (*eintreffen*) adven -venio, -veni, -ventum *4.* **2** (*wichtig s* referre, refero, rettuli, relatum *0.*; **kommt darauf an** refert
ankündigen denuntiare, -o, - -atum *1.*
Ankunft adventus, -us *m*
Anlage **1** (*Veranlagung*) ingenium, **2** (*Park*) hortus, -i *m* **3** (*Beilage*) adc mentum, -i *n*
Anlass causa, -ae *f*
anlegen **1** (*bauen*) aedificare, -o, - -atum *1.*; **eine Straße ~** viam mu (-io, ivi, itum *4.*) **2** (*Kleid*) indu -duo, -dui, -dutum *3.*
anleiten instruere, -struo, -str -structum *3.* (**zu etw** ad aliquid)
Anliegen (*Bitte*) postulatio, -onis *f* **ist mir ein ~** mihi cordi est
anlocken allicere, -licio, -lexi, -lec *3.*
Anmarsch adventus, -us *m*
anmaßend arrogans, -antis
Anmaßung arrogantia, -ae *f*
Anmut gratia, -ae *f*
anmutig amoenus, -ae, -um
annehmen **1** accipere, -cipio, -c -ceptum *3.* **2** (*glauben*) putare, -o, -atum *1.* (**dass** +*AcI*)
Annehmlichkeit iucunditas, -atis
anordnen **1** (*sortieren*) compon -pono, -posui, -positum *3.* **2** (*befel* iubere, iubeo, iussi, iussum *3.*
Anordnung **1** (*Einteilung*) compos -onis *f* **2** (*Befehl*) iussum, -i *n*
anpflanzen serere, sero, sevi, sa *3.*
anrechnen: **zum Lob ~** laudi dare dedi, datum *1.*); **als Fehler ~** vitio d
anrücken accedere, -cedo, -cessi, sum *3.*
anschauen spectare, -o, -avi, -atur intueri, -tueor, -tuitus sum *2.*
Anschein species, -ei *f*; **den ~ ha von etw** speciem alicuius rei ha (-eo, -ui, -itum *2.*); **es hat den ~,**

er krank wäre videtur aegrotare

scheinend *durch* videri; **er ist ~ nk** videtur aegrotare

schicken: **sich ~** parare, -o, -avi, um *1.* (**zu etw** aliquid; **etw zu tun** *+inf*)

schlag insidiae, -arum *fpl*

schlagen affigere, -figo, -fixi, -fi- n *3.* (**an etw** alicui rei/ad aliquid)

schließen adiungere, -iungo, -iun- -iunctum *3.* (**an etw** alicui rei/ad ali- d), **sich ~** sequi (sequor, secutus n *3.*; **j-m** aliquem)

chließend deinde

schuldigung crimen, -inis *n*

sehen a(d)spicere, -spicio, -spexi, ectum *3.*; **~ als j-n** habere (-eo, -ui, m *2.*) pro aliquo

sehen auctoritas, -atis *f*

ehnlich pulcher, -chra, -chrum

sicht **1** (*Anblick*) aspectus, -us *m* **2** *inung*) sententia, -ae *f*; **der ~ sein, s** censere (censeo, censui, censum + *AcI*)

iedeln collocare, -o, -avi, -atum *1.*; ~ considere, -sido, -sedi, -sessum *3.*

siedler colonus, -i *m*

iedlung colonia, ae *f*

pannen contendere, -tendo, -ten- -tentum *3.*, *auch fig*; **Pferde (an den gen) ~** equos curru iungere (iungo, xi, iunctum *3.*)

pornen incitare, -o, -avi, -atum *1.*

prache oratio, -onis *f*; **eine ~ an halten** verba facere (facio, feci, fac- *3.*) apud aliquem

prechen alloqui, -loquor, -locutus *3.*

pruch (*Forderung*) postulatio, -onis **n ~ nehmen** occupare, -o, -avi, m *1.*

pruchslosigkeit modestia, -ae *f*

tacheln incitare, -o, -avi, -atum *1.*

tand pudor, -oris *m*

tändig honestus, -a, -um; **sich ~ ehmen** honeste se gerere (gero, i, gestum *3.*)

tatt **A** PRÄP pro *+abl* **B** KONJ **~ zu …** um abest, ut … ut; **~ zu loben, ta- e er** tantum aberat, ut laudaret, ut peraret

telle von pro *+abl*

toßen offendere, -fendo, -fendi, sum *3.*, *v/t u. v/i*

anstreben (ap)petere, -peto, -petivi, -petitum *3.*

anstrengen: **sich ~** contendere, -tendo, -tendi, -tentum *3.*, laborare, -o, -avi, -atum *1.*

Anstrengung labor, -oris *m*

Ansturm impetus, -us *m*

Antrag POL rogatio, -onis *f*

antreiben incitare, -o, -avi, -atum *1.*, impellere, -pello, -puli, -pulsum *3.*

antreten (*ein Amt*) inire, -eo, -ii, -itum *0.*

Antrieb impetus, -us *m*; **aus eigenem ~** meā (tuā, suā *usw.*) sponte

antun afferre, affero, attuli, allatum *0.*; **j-m Gewalt ~** vim inferre (infero, intuli, illatum *0.*) alicui

Antwort responsum, -i *n*

antworten respondere, -spondeo, -spondi, -sponsum *2.*

anvertrauen credere (-do, -didi, -ditum *3.*), committere (-mitto, -misi, -missum *3.*), mandare (-o, -avi, -atum *1.*)

Anwalt patronus, -i *m*

anwenden adhibere, -hibeo, -hibui, -hibitum *2.*

anwerben conscribere, -scribo, -scripsi, -scriptum *3.*

anwesend praesens, -entis; **~ sein** adesse (sum, fui, - *0.*)

Anwesende: **der ~** is, qui adest

Anzahl numerus, -i *m*

Anzeige indicium, -i *n*

anzeigen **1** (*offenbaren*) indicare, -o, -avi, -atum *1.* **2** (*Anzeige erstatten*) denuntiare, -o, -avi, -atum *1.*

anziehen **1** (*heranziehen*) attrahere, -traho, -traxi, -tractum *3.* **2** (*Kleid*) induere, -duo, -dui, -dutum *3.*

Anzug (*Kleid*) vestis, -is *f*

anzünden accendere, -cendo, -cendi, -censum *3.*; (*in Brand setzen*) inflammare, -o, -avi, -atum *1.*

Apfel malum, -i *n*

Apfelbaum malus, -i *f*

Apostel apostolus, -i *m*

April Aprilis, -is *m*

Arbeit **1** labor, -oris *m* **2** (*Werk*) opus, operis *n*

arbeiten laborare, -o, -avi, -atum *1.*

Arbeiter faber, -bri *m*

Architekt architectus, -i *m*

Ärger **1** (*Empfindung*) aegritudo, -inis *f*

2 (*Ärgernis*) offensio, -onis *f*

ärgerlich **1** (*Ärger empfindend*) stomachosus, -a, -um; **~ werden** exasperari (-or, -atus sum *1.*) **2** (*Ärger erregend*) molestus, -a, -um

ärgern offendere, -fendo, -fendi, -fensum *3.*; **sich ~ über etw** moleste ferre (fero, tuli, latum *0.*) aliquid

Argwohn suspicio, -onis *f*

argwöhnisch suspiciosus, -a, -um

arm **1** pauper, pauperis **2** (*elend*) miser, -era, -erum

Arm bracchium, -i *n*

armselig miser, -era, -erum

Armut paupertas, -atis *f*, inopia, -ae *f*

Art **1** (*Weise*) modus, -i *m*, ratio, -onis *f*; **auf jede mögliche ~** quoquo modo **2** (*Gattung*) genus, -eris *n*

Arznei medicina, -ae *f*

Arzt medicus, -i *m*

As (*Münzeinheit*) as, assis *m*

Asche cinis, cineris *m*

Ast ramus, -i *m*

Asyl asylum, -i *n*

Atem spiritus, -us *m*, anima, -ae *f*

Athlet athleta, -ae *m*

atmen spirare, -o, -avi, -atum *1.*

auch etiam; quoque *nachgestellt*; **wenn ~** etiamsi

auf[1] PRÄP **1** (*Richtung*) in *+akk* **2** (*örtl.*) in *+abl* **3** **~ … hin** ad *+akk*

auf[2] **A** INT **~ !** age!, agedum! **B** ADV (*geöffnet*) **~ sein** apertum esse

aufbahren feretro imponere (-pono, -posui, -positum *3.*)

aufbauen aedificare, -o, -avi, -atum *1.*

aufbewahren conservare, -o, -avi, -atum *1.*

aufbrauchen consumere, -sumo, -sumpsi, -sumptum *3.*

aufbrechen proficisci, -ficiscor, -fectus sum *3.*

aufbürden imponere, -pono, -posui, -positum *3.*

aufdecken detegere, -tego, -texi, -tectum *3.*

aufdringlich molestus, -a, -um

Aufenthalt mora, -ae *f*

auferlegen imponere, -pono, -posui, -positum *3.*

aufessen comedere, -edo, -edi, -esum *3.*

auffällig insignis, -e

auffangen excipere, -cipio, -c -ceptum *3.*

auffinden investigare, -o, -avi, -a *1.*

auffordern iubere, iubeo, iussi, sum *3.*, adhortari, -or, -atus sum (**etw zu tun** ut *+konjkt*)

auffressen comedere, -edo, -esum *3.*

Aufgabe **1** (*das Aufgeben*) abdica -onis *f* **2** (*Auftrag*) munus, -eris *n*, ne tium, -i *n*; **eine ~ erfüllen** munus e qui (-sequor, -secutus sum *3.*)

aufgeben omittere, -mitto, -misi, - sum *3.*; **die Hoffnung ~** desperare -avi, -atum *1.*)

aufgehen (*Sonne, Mond*) oriri, o ortus sum *4.*

aufhalten **1** (*zurückhalten*) retin -tineo, -tinui, -tentum *2.* **2** **sich ~** ve ri, -or, -atus sum *1.*

aufhängen (sus)pendere, -pe -pendi, -pensum *3.*

aufheben **1** (*hochheben*) levare, -avi, -atum *1.* **2** (*beseitigen*) tollere, lo, sustuli, sublatum *3.* **3** **ein Gese** legem abrogare (-o, -avi, -atum *1.*)

aufheitern delectare, -o, -avi, -atu

aufhören desinere, -sino, -sii, -s *3.*, desistere, -sisto, -stiti, - *3.* (**mit** re)

auflauern insidias parare (-o, -atum *1.*; **j-m** alicui)

auflösen dissolvere, -solvo, -solvi, lutum *3.*

aufmerksam attentus, -a, -um

aufnehmen excipere/recipere, -c -cepi, -ceptum *3.*

aufpassen animum attendere (-te -tendi, -tentum *3.*; **auf etw** ad aliqu

aufrechterhalten sustinere, -ti -tinui, -tentum *2.*

aufregen excitare, -o, -avi, -atum

aufreizen concitare, -o, -avi, -atu

aufrichten erigere, -rigo, -rexi, tum *3.*; **wieder ~** restituere (-uo, -utum *3.*)

aufrichtig verus, -a, -um

aufrufen vocare, -o, -avi, -atum *1*

Aufruhr seditio, -onis *f*

aufsagen recitare, -o, -avi, -atum

aufschichten exstruere, -struo, xi, -structum *3.*

fschieben differre, differo, distuli, atum *0.*
fschrecken excitare, -o, -avi, -atum
fschreiben conscribere, -scribo, ripsi, -scriptum *3.*
fschrift inscriptio, -onis *f*
fschub mora, -ae *f*
fsicht cura, -ae *f* (**über etw** alicuius ; **die ~ über etw führen** curare (-o, i, -atum *1.*) aliquid
'springen exsilire, -silio, -silui, -sul- n *4.*
'spüren investigare, -o, -avi, -atum
fstand seditio, -onis *f*
'ständisch rebellis, -e
'stehen surgere, surgo, surrexi, surtum *3.*; **wieder ~** resurgere (-go, -re- -rectum *3.*)
'steigen ascendere, -scendo, -scen- -scensum *3.* (**auf ein Pferd** in equum)
'stellen **1** (*hinstellen*) collocare (-o, i, -atum *1.*) **2** (*errichten*) statuere *od.* ıstituere, -uo, -ui, -utum *3.*; **sich ~** ısistere (-sisto, -stiti, - *3.*) **3** **das Heer Schlachtordnung ~** aciem instruere ;uo, -struxi, - *3.*); **Wachen ~** stationes ponere (-pono, -posui, -positum *3.*)
suchen **1** (*Ort*) adire, -eo, -ii, -itum **2** (*Person*) convenire, -venio, -veni, ntum *4.*, **einen Freund** amicum
tauchen emergere, -mergo, -mer- -mersum *3.*, *auch fig*
'trag mandatum, -i *n*
tragen mandare, -o, -avi, -atum *1.*
treten **1** exsistere, -sisto, -stiti, - *3.* *in Versammlungen usw.*) prodire, -eo, -itum *0.*
wachen expergisci, -pergiscor, rectus sum *3.*
wachsen adolescere, -olesco, -ole- - *3.*
'wand sumptus, -us *m*
wecken (e somno) excitare, -o, , -atum *1.*
wenden impendere, -pendo, -pen- -pensum *3.*
wiegeln sollicitare, -o, -avi, -atum
wühlen excitare, -o, -avi, -atum *1.*
zählen enumerare, -o, -avi, -atum

aufzeichnen (in)scribere, -scribo, -scripsi, -scriptum *3.*
aufzeigen demonstrare, -o, -avi, -atum *1.*
aufziehen (*erziehen*) educare, -o, -avi, -atum *1.*
Auge oculus, -i *m*; **vor ~n haben** ante oculos habere (-eo, -ui, -itum *2.*)
Augenblick momentum, -i *n*; **entscheidender ~** discrimen, -inis *n*; **im rechten ~** (in) tempore
augenblicklich statim
Augenlicht lumina (-orum *npl*) oculorum
Augst Augusta Raurica
August Augustus, -i *m*
aus PRÄP **1** (*Herkunft, Material*) e, ex *+abl* **2** (*Ursache*) propter, ob *+akk*
ausbessern sarcire, sarcio, sarsi, sartum *4.*; **ein Schiff ~** reficere (-ficio, -feci, -fectum *3.*) navem
ausbilden erudire, -io, -ivi, -itum *4.*
ausbrechen VI **1** erumpere, -rumpo, -rupi, -ruptum *3.* **2** (*entstehen*) oriri, orior, ortus sum *4.*
ausbreiten (ex)pandere, pando, pandi, passum/pansum *3.*; **sich ~** vagari (-or, -atus sum *1.*)
Ausbruch eruptio, -onis *f*
Ausdauer **1** patientia, -ae *f* **2** (*Standhaftigkeit*) constantia, -ae *f*
ausdauernd **1** patiens, -entis **2** (*standhaft*) constans, -antis
ausdehnen extendere, -tendo, -tendi, -tentum *3.*
ausdenken: **sich ~** fingere, fingo, finxi, fictum *3.*
ausdrücken exprimere, -primo, -pressi, -pressum *3.*, *auch fig*
auseinanderfallen dilabi, -labor, -lapsus sum *3.*
auseinandergehen discedere, -cedo, -cessi, -cessum *3.*
auseinanderlaufen discurrere, -curro, -curri, -cursum *3.*
auserlesen (d)electus, -a, -um; (*vortrefflich*) egregius, -a, -um
ausfahren VI **1** proficisci, -ficiscor, -fectus sum *3.* **2** SCHIFF enavigare, -o, -avi, -atum *1.*
Ausfall MIL excursio, -onis *f*
ausfindig machen investigare, -o, -avi, -atum *1.*

Ausflug excursio, -onis *f*
ausführen 1 (*Ware*) exportare, -o, -avi, -atum *1.* 2 (*durchführen*) perficere, -ficio, -feci, -fectum *3.*
Ausführung actio, -onis *f*
ausfüllen explere, -eo, -evi, -etum *2.*
Ausgang exitus, -us *m*, *auch fig*
ausgebreitet passus, -a, -um; **mit ~en Händen** passis manibus
ausgedehnt latus, -a, -um
ausgehen 1 in publicum prodire (-eo, -ii, -itum *0.*) 2 (*schwinden*) deficere, -ficio, -feci, -fectum *3.* (**j-m** aliquem) 3 (*enden*) evenire, -venio, -veni, -ventum *4.*
ausgezeichnet egregius, -a, -um, insignis, -e
ausgießen (ef)fundere, -fundo, -fudi, -fusum *3.*
ausgraben effodere, -fodo, -fodi, -fossum *3.*
aushalten tolerare, -o, -avi, -atum *1.*, sustinere, -tineo, -tinui, -tentum *2.*
ausharren perseverare, -o, -avi, -atum *1.*
aushauchen exspirare, -o, -avi, -atum *1.*; **das** (*od.* **sein**) **Leben ~** animam efflare (-o, -avi, -atum *1.*)
aushöhlen cavare, -o, -avi, -atum *1.*
auskundschaften explorare, -o, -avi, -atum *1.*
Auskunft explicatio, -onis *f*; **um ~ bitten** rogare (-o, avi, -atum *1.*); **j-m ~ geben über etw** docere (doceo, docui, doctum *2.*) aliquem aliquid
auslachen irridere, -rideo, -risi, -risum *3.*
Ausländer peregrinus, -i *m*
ausländisch alienus, -a, -um, peregrinus, -a, -um
auslaufen 1 emanare, -o, -avi, -atum *1.* 2 SCHIFF naves solvere (solvo, solvi, solutum *3.*)
auslegen (*deuten*) interpretari, -or, -atus sum *1.*
auslesen eligere, -ligo, -legi, -lectum *3.*
ausliefern tradere/dedere, -do, -didi, -ditum *3.*
auslöschen exstinguere, -stinguo, -stinxi, -stinctum *3.*
ausmessen metiri, metior, mensus sum *4.*
Ausnahme exceptio, -onis *f*; **alle ohne ~** ad unum omnes
ausnehmen excipere, -cipio, -c -ceptum *3.*
ausnutzen abuti, -utor, -usus sum
auspeitschen virgis caedere (cae cecidi, caesum *3.*)
ausreichend satis
ausreißen 1 (*herausreißen*) evell -vello, -velli, -vulsus *3.* 2 (*fliehen*) (e gere, fugio, fugiturus sum *3.*
ausrichten proficere, -ficio, -feci, tum *3.*; **einen Gruß ~** salutem nunt (-o, -avi, -atum *1.*); **ohne etw ausger tet zu haben** infectā re
ausrotten exstinguere, -stinguo, - xi, -stinctum *3.*
ausrücken MIL exire, -eo, -ii, -itur
ausrufen exclamare, -o, -avi, -atur **j-n zum König ~** aliquem regem de rare (-o, -avi, -atum *1.*)
ausruhen (re)quiescere, -quie -quievi, -quietum *3.*
ausrüsten (ex)ornare, -o, -avi, -atu
Ausrüstung ornamentum, -i *n*
Aussaat sementis, -is *f*
aussagen (*vor Gericht*) testari, -or, - sum *1.*
ausschließen excludere, -cludo, si, -clusum *3.* (**von etw** re)
ausschmücken exornare, -o, -atum *1.* (**mit etw** re)
Ausschmückung exornatio, -oni
ausschneiden exsecare, -o, -atum *1.*
ausschöpfen exhaurire, -hau -hausi, -haustum *4.*
Ausschweifung luxuria, -ae *f*
aussehen speciem habere (habeo, bui, habitum *2.*; **wie jd** alicuius); **s als ob** videri (videor, visus sum *2.*)
Aussehen species, -ei *f*, facies, - habitus, -us *m*
außer A PRÄP 1 praeter *+akk*; (*nach neinung*) nisi 2 **~ sich** perturbatus -um B KONJ **~ dass** praeterquam **wenn** nisi
außerdem praeterea
äußere(r, -s) exterior, -ius, ulte -ius
außerhalb extra *+akk*
außerordentlich A ADJ eximius -um B ADV *durch Superl.* **~ schnel** lerrime

ßerste(r, -s) extremus, -a, -um, ulti-
ɪs, -a, -um
ßerung dictum, -i *n*
ssetzen exponere, -pono, -posui, ɔsitum *3.*; **sich einer Gefahr ~** se of-re (offero, obtuli, oblatum *0.*) periculo
ssicht prospectus, -us *m*; **in ~ stel-** proponere (-pono, -posui, -positum
ssprechen pronuntiare, -o, -avi, um *1.*
sspruch dictum, -i *n*
sstatten (ex)ornare, -o, -avi, -atum
sstellen exponere, -pono, -posui, situm *3.*
sstoßen **1** eicere, -icio, -ieci, -iec-n *3.*; **aus dem Senat ~** senatu movere ɔveo, movi, motum *2.*) **2** *fig* **einen** **rei ~** exclamare (-o, -avi, -atum *1.*)
strecken tendere, tendo, tetendi, tum *3.*; **sich ~** se sternere (sterno, avi, stratum *3.*)
streuen spargere, spargo, sparsi, rsum *3.*
suchen eligere, -ligo, -legi, -lec-n *3.*
tauschen commutare, -o, -avi, ɪm *1.* (**gegen etw** re)
teilen distribuere, -tribuo, -tribui, ɔutum *3.*
üben fungi, fungor, functus sum *3.*; **Amt ~** munere fungi
wahl **1** (*das Auswählen*) electio, is *f*; **2** **eine ~ von Büchern** libri se-ti
wählen eligere, -ligo, -legi, -lec- *3.*
wandern emigrare, -o, -avi, -atum *1.*
wärtig exterus, -a, -um
weg *fig* via (-ae *f*) salutis
weichen cedere, cedo, cessi, ces-ı *3.*
wendig: **~ lernen** ediscere, -disco, ici, - *3.*
zeichnen ornare, -o, -avi, -atum *1.*; **~ vor j-m** excellere (-cello, -, - *3.*) ui
zeichnung beneficium, -i *n*
ziehen (*Kleid*) exuere, -uo, -ui, ım *3.*
orität auctoritas, -atis *f*
securis, -is *f*

B

Bach rivus, -i *m*
Backe gena, -ae *f*
Bad (*Ort*) balneum, -i *n*
Badeanstalt thermae, -arum *fpl*
baden V/I lavari, lavor, lautus sum *1.*
Baden-Baden Aquae, -arum *fpl*
Bahn **1** via, -ae *f* **2** ASTRON, SCHIFF cursus, -us *m*
Bahre (*für Tote*) feretrum, -i *n*.
bald mox, brevi; **~ … ~** modo … modo; **~ darauf** paulo post, brevi; **so ~ wie möglich** *od.* **möglichst ~** quam primum
Balken trabs, trabis *f*
Ball pila, -ae *f*; **~ spielen** pilā ludere (ludo, lusi, lusum *3.*)
Band vinculum, -i *n*
bändigen domare, -o, -ui, -itum *1.*
Bank (*zum Sitzen*) scamnum, -i *n*
Bär ursus, -i *m*
Barbar barbarus, -i *m*
barmherzig misericors, -cordis
Barmherzigkeit misericordia, -ae *f*
Bart barba, -ae *f*
Basel Basilia, -ae *f*
Bauch venter, -tris *m*
bauen aedificare, -o, -avi, -atum *1.*
Bauer agricola, -ae *m*, rusticus, -i *m*
bäuerlich rusticus, -a, -um
Bauernhof fundus, -i *m*
Bauholz materia, -ae *f*
Baum arbor, -oris *f*
Baumstamm truncus, -i *m*
Bauwerk aedificium, -i *n*; **~e errichten** aedificia exstruere (-struo, -struxi, -structum *3.*)
beabsichtigen intendere, -tendo, -tendi, -tentum *3.*
beachten observare, -o, -avi, -atum *1.*; **nicht ~** neglegere (-lego, -lexi, -lectum *3.*)
Beamter magistratus, -us *m*
beanspruchen vindicare, -o, -avi, -atum *1.*
beantragen rogare, -o, -avi, -atum *1.*; **ein Gesetz ~** legem ferre (fero, tuli, latum *0.*) *od.* rogare (-o, -avi, -atum *1.*)

bearbeiten **1** tractare, -o, -avi, -atum *1.* **2** *(Boden)* colere, colo, colui, cultum *3.*
Bearbeitung *(vom Acker)* cultura, -ae *f*
beaufsichtigen observare, -o, -avi, -atum *1.*
beauftragen mandare, -o, -avi, -atum *1.* (**j-n mit etw** alicui aliquid)
bebauen *(Acker)* colere, colo, colui, cultum *3.*
beben tremere, tremo, tremui, - *3.*; **die Erde bebt** terra movetur
Beben tremor, -oris *m*
Becher poculum, -i *n*
bedacht studiosus, -a, um (**auf etw** alicuius rei)
bedauern dolere, -eo, -ui, -iturus *2.*
Bedauern miseratio, -onis *f*
bedecken tegere, tego, texi, tectum *3.*
bedenken considerare, -o, -avi, -atum *1.*, cogitare, -o, -avi, -atum *1.*
Bedenken *(Zweifel)* dubitatio, -onis *f*; **~ haben** dubitare (-o, -avi, -atum *1.*)
bedeuten *(heißen)* significare, -o, -avi, -atum *1.*; **das hat nichts zu ~** pro nihilo habendum est
bedeutend magnus, -a, -um; **ein sehr ~er Mann** vir summus (viri -i *m*); **eine ~e Sache** res (rei *f*) magni momenti
Bedeutung **1** *(Sinn)* significatio, -onis *f* **2** *(Wichtigkeit)* gravitas, -atis *f*; **es ist von ~** interest (+ *AcI*/*inf*); **eine Sache von so großer ~** res (rei *f*) tanti momenti
bedienen ministrare, -o, -avi, -atum *1.*; **sich ~** uti (utor, usus sum *3.*; **eines Stockes** baculo *abl*)
Bedingung condicio, -onis *f*; **unter der ~, dass** ea lege ut
bedrängen premere, premo, pressi, pressum *3.*, urgere, urgeo, ursi, - *2.*
bedrohlich minax, -acis; **~e Lage** periculum (-i *n*)
bedrücken gravare, -o, -avi, -atum *1.*
bedürfen egere, -eo, -ui, - *2.* (**einer Sache** re)
Bedürfnis necessitas, -atis *f*
beeilen: **sich ~** festinare *od.* properare (-o, -avi, -atum *1.*)
beeindrucken permovere, -moveo, -movi, -motum *2.*
beeinflussen movere, moveo, movi, motum *2.*

beenden finire, -io, -ivi, -itum *4.*; **Krieg ~.** bellum conficere (-ficio, -[...] -fectum *3.*)
beerdigen humare, -o, -avi, -atum
Beere baca, ae *f*
befallen invadere, -vado, -vasi, -va[...] *3.*; **von einer Krankheit ~ werden** m[...] bo affici (-ficior, -fectus sum *3.*)
Befehl imperium, -i *n*; **auf ~** iussu; [...]ne **~** iniussu; **den ~ geben, dass/d[...] nicht** imperare (-o, -avi, -atum *1.*), u[...] *+konjkt*
befehlen imperare, -o, -avi, -atu[...] (**dass** ut *+konjkt*; **dass nicht** ne *+kon[...]* iubere, iubeo, iussi, iussum *2.* (+ *Ac[...]*
befehligen praeesse, -sum, -fui, [...] (**ein Heer** exercitui)
Befehlshaber praefectus, -i *m*
befestigen **1** *(zur Verteidigung)* m[...]re, -io, -ivi, -itum *4.* **2** *(fest machen)* [...]re, figo, fixi, fixum *3.*
Befestigung munitio, -onis *f*; *(Bau[...]ke)* munitiones, -um *fpl*
befinden: **sich ~** esse (sum, fui, fut[...] *0.*), versari (-or, -atus sum, *1.*)
Befinden valetudo, -inis *f*
beflecken maculare, -o, -avi, -atu[...]
befolgen *(Rat)* sequi, sequor, sec[...] sum *3.*; **j-s Willen ~** voluntati ali[...] oboedire (-io, -ivi, -itum *4.*)
befördern **1** perferre, -fero, -tuli, [...]tum *0.* **2** *(im Amt)* promovere, -mo[...] -movi, -motum *2.*
befragen interrogare, -o, -avi, -atu[...] (**j-n wegen etw** aliquem aliquid); **Orakel ~** adire (-eo, -ii, -itum *0.*) or[...]lum
befreien liberare, -o, -avi, -atu[...] (**von etw/j-m** re/ab aliquo)
Befreier liberator, -oris *m*
Befreiung liberatio, -onis *f*
befreundet amicus, -a, -um
befürchten metuere, -uo, -ui, - [...] mere, -eo, -ui, - *2.*
Befürchtung metus, -us *m*
begabt *(klug)* ingeniosus, -a, -um
Begabung ingenium, -i *n*
begeben: **sich ~** se conferre (con[...] contuli, collatum *0.*)
Begebenheit factum, -i *n*
begegnen occurrere, -curro, -[...] -cursum *3.*
begehen committere, -mitto, -[...]

B

issum *3.* (**ein Verbrechen** scelus)
gehren cupere, -io, -ivi, -itum *3.*
gierde cupiditas, -atis *f*, libido, -inis
nach etw alicuius rei)
gierig cupidus, -a, -um (**nach etw**
cuius rei)
ginn initium, i *n*; **zu ~ des Sommers**
state ineunte
ginnen *VT* *u.* *VI* incipere, incipio,
epi, coeptum *3.*
gleiten comitari, -or, -atus sum *1.*
gleiter 1 comes, -itis *m* 2 (*Partner*)
ius, -i *m*
glückwünschen gratulari, -or,
us sum *1.*
graben sepelire, sepelio, sepelivi,
ultum *4.*
gräbnis sepultura, -ae *f*
greifen (*verstehen*) comprehendere,
ehendo, -prehendi, -prehensum *3.*
grenzen finire, -io, -ivi, -itum *4.*
griff 1 (*Bezeichnung*) nomen, -inis *n*
m ~ (sein), etw zu tun facturus esse
gründen (*erklären*) probare, -o, -avi,
um *1.*
grüßen salutare, -o, -avi, -atum *1.*
günstigen favere, faveo, favi, fau-
n *2.* (**j-n** alicui)
haglich commodus, -a, -um
halten retinere, -tineo, -tinui, -ten-
n *2.*; **im Gedächtnis ~** memoriā tene-
teneo, tenui, tentum *2.*)
handeln 1 (*Thema*) tractare, -o,
, -atum *1.* 2 (*ärztlich*) curare, -o,
, -atum *1.*
harren perseverare, -o, -avi, -atum
auf etw in re)
harrlich assiduus, -a, -um
harrlichkeit perseverantia, -ae *f*
haupten 1 (*aussagen*) affirmare, -o,
, -atum *1.*, contendere, -tendo, -ten-
-tentum *3.*; **~, dass nicht** negare (-o,
, -atum *1.*) 2 (*behalten*) obtinere, -ti-
, -tinui, -tentum *2.*
hauptung dictum, -i *n*
hausung domicilium, -i *n*
herrschen regere, rego, rexi, rec-
3.; **sich ~** se continere (-tineo, -ti-
-tentum *2.*)
hindern impedire, -io, -ivi, -itum *4.*
hörde magistratus, -us *m*
hüten custodire, -io, -ivi, -itum *4.*
hutsam cautus, -a, -um

bei PRÄP 1 (*räuml.*) ad *+akk*; (*bei Personen*) apud *+akk* 2 (*zeitl.*) *meist durch abl od. adv* **~ Tag** diu; **~ Nacht** noctu, nocte
beibehalten servare, -o, -avi, -atum *1.*
beibringen 1 (*lehren*) docere, doceo, docui, doctum *2.* (**j-m etw** aliquem aliquid) 2 **j-m eine Niederlage ~** cladem afferre (affero, attuli, allatum *0.*) alicui
beide 1 **~ zusammen** ambo, -ae, -o 2 (*jeder von beiden*) uterque, utraque, utrumque 3 **auf ~n Seiten** utrimque; **keiner von ~n** neuter → *s. Info-Fenster nächste Seite*
Beifall (*Applaus*) plausus, -us *m*; **~ klatschen** plausum dare (do, dedi, datum *1.*)
beifügen apponere, -pono, -posui, -positum *3.*
Beil securis, -is *f*
beilegen 1 (*dazulegen*) apponere, -pono, -posui, -positum *3.* 2 **Streitigkeiten ~** controversias componere (-pono, -posui, positum *3.*)
Bein 1 (*Unterschenkel*) crus, cruris *n*; (*Oberschenkel*) femur, -oris *n* 2 *fig* pes, pedis *m*
beinah, **beinahe** paene
Beiname cognomen, -inis *n*
beipflichten assentiri, -sentior, -sensus sum *4.* (**in etw** in re)
beiseite: **~ gehen** secedere (-cedo, -cessi, -cessum *3.*)
beiseitelassen omittere (-mitto, -misi, -missum *3.*)
Beispiel exemplum, i *n*; **ein ~ geben** exemplum edere (-do, -didi, -ditum *3.*); **(wie) zum ~** velut
beispielsweise exempli causā
beißen mordere, mordeo, momorsi, morsum *2.*
Beistand 1 (*Hilfe*) auxilium, -i *n* 2 (*Helfer vor Gericht*) advocatus, -i *m*; **j-m ~ leisten** adesse (adsum, adfui, - *0.*) alicui
beistehen adesse, adsum, adfui, - *0.*
bekämpfen oppugnare, -o, -avi, -atum *1.*
bekannt notus, -a, -um; **es ist allgemein ~** inter omnes constat
bekanntlich *durch* constat (+ *AcI*)
Bekanntmachung edictum, -i *n*
bekennen confiteri, -fiteor, -fessus sum *2.*, fateri, fateor, fassus sum *2.*
beklagen queri, queror, questus sum *3.*; **sich ~** queri (**bei j-m** cum aliquo;

B

Gramm

▶ beide

Lat. **duo** (Plural) bezeichnet zwei Personen bzw. Dinge und antwortet auf die Fra „wie viele?".

Ibi obviam ei venerunt duo consules.	Dort kamen ihm die beiden Konsuln entgegen.

Ambo (Plural) bezeichnet zwei bereits genannte Personen bzw. Dinge, wobei die als Einheit angesehen werden.

Ambo consules ad bellum profecti sunt.	Beide Konsuln sind in den Krieg aufgebrochen.

Uterque, utraque, utrumque (Singular) wird zur Bezeichnung von zwei schon genannten Personen bzw. Dingen verwendet, wobei jede bzw. jedes einzelne für s hervorgehoben wird.

..., cum cecidit fato consul uterque pari. (Ovid)	..., als beide (= jeder der beiden) Kons durch das gleiche Schicksal fielen.

Der folgende Satz macht den Unterschied deutlich:

Duo senatores mihi obviam sunt facti; ambos salutavi, uterque resalutavit.

Die beiden (als Zahlenangabe = zwei) Senatoren sind mir entgegengekommen; i habe beide (= zusammen, als Einheit) begrüßt, beide (= jeder einzelne von beid haben zurück gegrüßt.

über etw aliquid)

bekleiden **1** vestire, -io, -ivi, -itum *4.* **2** (*Amt*) fungi, fungor, functus sum *3.* (+*abl*, **ein Amt** munere)

bekommen (*erhalten*) accipere, -cipio, -cepi, -ceptum *3.*; nancisci, nanciscor, nactus sum *3.*

bekräftigen affirmare *od.* confirmare, -o, -avi, -atum *1.*

bekränzen coronare, -o, -avi, -atum *1.*

bekriegen bello persequi (-sequor, -secutus sum *3.*)

bekümmert aeger, -gra, -grum

beladen **A** VT onerare, -o, -avi, -atum *1.* **B** ADJ onustus, -a, -um

belagern obsidere, -sideo, -sedi, -sessum *2.*

Belagerung obsidio, -onis *f*

belanglos inanis, -e

belasten **1** onerare, -o, -avi, -atum *1.* **2** *fig* gravare, -o, -avi, -atum *1.*

belästigen molestum esse (sum, fui, - *0.*; **j-n** alicui)

belebt celeber, -bris, -bre

belegen **1** (*beweisen*) probare, -o, -atum *1.* **2** (*Sitzplatz usw.*) occupare -avi, -atum *1.*

belehren docere, doceo, docui, tum *2.*

Belehrung (*Unterricht*) doctrina, a

beleidigen offendere, -fendo, -fe -fensum *3.*

beleidigend contumeliosus, -a, -

Beleidigung offensio, -onis *f*

beleuchten illustrare, -o, -avi, -a *1.*, *auch fig*

belieben libere, libet, libuit *2.*; **es liebt** libet

beliebig **A** ADJ quilibet, quael quodlibet (*adj*)/quidlibet (*subst*); q quaevis, quodvis (*adj*)/quidvis (*subs* ADV ut libet

beliebt gratus, -a, -um (**bei j-m** al

bellen latrare, -o, -avi, -atum *1.*

B

len latratus, -us *m*
ohnen praemio (aliquem) afficere
:io, -feci, -fectum *3.*)
ohnung praemium, -i *n*
nächtigen: **sich einer Sache ~** re
iri (potior, potitus sum *4.*); *aber*: **sich**
' Herrschaft ~ rerum potiri
nerken animadvertere, -verto,
'ti, -versum *3.*
nerkenswert notabilis, -e
nitleiden misereri, -eor, -itus sum
i-n alicui; **etw** alicuius rei)
nühen: **sich ~** studere (-eo, -ui, - *2.*;
etw alicuius rei); **sich darum ~, zu**
id studere, ut … *+konjkt*
nühung studium, -i *n*
achbart 1 vicinus, -a, -um 2
chbarvolk) finitimus, -a, -um
achrichtigen certiorem facere
io, feci, factum *3.*); **benachrichtigt**
'den certiorem fieri (fio, factus sum

ehmen: **sich ~** se gerere (gero,
si, gestum *3.*)
eiden invidere, -video, -vidi, -vi-
2. (**j-n** alicui); **beneidet werden** in-
ae esse (sum, fui, - *0.*; **von j-m** alicui)
ennen nominare *od.* appellare, -o,
, -atum *1.* (**nach etw** a re)
ennung vocabulum, -i *n*
ötigen egere, -eo, -ui, - *2.* (**etw** re)
utzen uti, utor, usus sum *3.* (**etw**

bachten observare, -o, -avi, -atum

uem commodus, -a, -um
aten *VT u. VI* consulere, -sulo, -su-
-sultum *3.*
auben privare, -o, -avi, -atum *1.* (**ei-**
Sache re)
echnung ratio, -onis *f*
edsamkeit eloquentia, -ae *f*
edt eloquens, -entis
eit paratus, -a, -um (**zu etw** ad ali-
); **~ machen** expedire, -io, -ivi,
n *4.*
eiten parare, -o, -avi, -atum *1.*
eitmachen → bereit
eits iam
eitwillig promptus, -a, -um
euen paenitere, -eo, -ui, - *2.*; **ich**
eue etw me paenitet alcuius rei
mons, montis *m*; **am Fuß des ~s**
sub monte; **auf dem Gipfel des ~s** in summo monte
Berg… montanus, -a, um
Bergbewohner montanus, -i *m*
Bergwald saltus, -us *m*
Bergwerk metalla, -orum *npl*
berichten referre, refero, rettuli, relatum *0.*
berichtigen corrigere, -rigo, -rexi, -rectum *3.*
beritten equester, -tris, -tre
Berlin Berolinum
berücksichtigen respicere, -spicio, -spexi, -spectum *3.*
Beruf (*Tätigkeit*) officium, -i *n*, munus, -eris *n*
berufen convocare, -o, -avi, -atum *1.*
beruhen positum esse (sum, fui, - *0.*; **auf etw** in re)
beruhigen placare, -o, -avi, -atum *1.*; **sich ~** acquiescere (-quiesco, -quievi, -quietum *3.*)
berühmt clarus, -a, -um, celeber, -bris, -bre
Berühmtheit (*Berühmtsein*) claritas, -atis *f*, nobilitas, -atis *f*
berühren tangere, tango, tetigi, tactum *3.*, contingere, -tingo, -tigi, -tactum *3.*
besänftigen placare, -o, -avi, -atum *1.*
Besatzung praesidium, -i *n*
beschaffen[1] (com)parare, -o, -avi, -atum *1.*
beschaffen[2] affectus, -a, -um; **so ~** talis; **wie ~** qualis
beschäftigen occupare, -o, -avi, -atum *1.*; **sich ~ mit etw** versari (-or, -atus sum *1.*) in re
Beschäftigung studium, -i *n*
beschämen pudere, pudeo, pudui, - *2.*; **es beschämt mich** pudet me
bescheiden modestus, -a, -um
Bescheidenheit modestia, -ae *f*
beschenken donare, -o, -avi, -atum *1.* (**mit etw** re)
beschimpfen ignominiā afficere (-ficio, -feci, -fectum *3.*)
Beschimpfung ignominia, -ae *f*
beschleunigen maturare, -o, -avi, -atum *1.*
beschließen 1 constituere, -stituo, -stitui, -stitutum *3.*, decernere, -cerno, -crevi, -cretum *3.* 2 (*beenden*) finire,

B

-io, -ivi, -itum *4.*

Beschluss decretum, -i *n;* **ein ~ des Senats** senatūs consultum (-i *n*)

beschmutzen maculare, -o, -avi, -atum *1.*

beschreiben describere, -scribo, -scripsi, -scriptum *3.*

beschuldigen arguere, -uo, -ui, -utum *3.*

Beschuldigung crimen, -inis *n*

beschützen protegere, -tego, -texi, -tectum *3.*

Beschützer custos, -odis *m*

Beschwerde querela, -ae *f*

beschweren 1 *(bedrücken)* gravare, -o, -avi, -atum *1.* 2 **sich ~** queri (queror, questus sum *3.*)

beschwerlich molestus, -a, -um

Beschwerlichkeit molestia, -ae *f*, gravamen, -minis *f*

beschwören obsecrare, -o, -avi, -atum *1.*

beseitigen tollere, tollo, sustuli, sublatum *3.*

besetzen occupare, -o, -avi, -atum *1.*

besichtigen visere, viso, visi, - *3.*

besiegen superare, -o, -avi, -atum *1.*, vincere, vinco, vici, victum *3.*

besingen canere, cano, cecini, cantatum *3.*, cantare, -o, -avi, -atum *1.*

Besitz possessio, -onis *f*; **im ~ von etw** penes *+akk*

besitzen possidere, -sideo, -sedi, -sessum *2.*; **ich besitze einen Garten** mihi est hortus

besondere(r, -s) singularis, -e

besonders imprimis, praecipue; **~ da** *od.* **weil** praesertim cum *+konjkt*

besonnen moderatus, -a, -um, modicus, -a, -um

besorgen curare, -o, -avi, -atum *1.*

Besorgnis metus, -us *m*, timor, -oris *m*

besorgt anxius, -a, -um; **~ sein um etw** timere (-eo, -ui, - *2.*) alicui rei

besprechen colloqui, -loquor, -locutus sum *3.* (**etw** de re)

besser melior, -ius; **es ist ~** praestat (+ *inf/AcI*)

bessern corrigere, -rigo, -rexi, -rectum *3.*

Besserung correctio, -onis *f*

Bestand *(Fortbestehen)* diuturnitas, -atis *f*; **~ haben** durare (-o, -avi, -atum *1.*)

beständig A ADJ 1 *(dauernd)* diu nus -a, -um, sempiternus, -a, -un *(standhaft)* constans, -antis B ADV (: *dig)* perpetuo

Beständigkeit 1 *(Dauer)* diuturn -atis *f* 2 *(Standhaftigkeit)* consta -ae *f*

bestärken confirmare, -o, -avi, -a *1.*

bestatten sepelire, sepelio, sep sepultum *4.*

Bestattung funus, -eris *n*

beste(r, -s) optimus, -a, -um

bestechen corrumpere, -rumpo, - -ruptum *3.*

Bestechung corruptio, -onis *f*

bestehen 1 constare, -sto, -stiti, turus *1.* (**aus etw** ex re); consistere, to, -stiti *3.* (**in etw** in re) 2 **Gefahr** pericula ferre (fero, tuli, latum *0.*)

besteigen ascendere *od.* conscen -scendo, -scendi, -scensum *3.*

bestellen 1 *(Feld)* colere, colo, c cultum *3.* 2 **einen Gruß ~** salutem tiare (-o, -avi, -atum *1.*)

bestimmen 1 *(festlegen)* statuere constituere, -uo, -ui, -utum *3.*; *(im aus)* destinare, -o, -avi, -atum *1.* **zum Konsul ~** aliquem consulem c nare 2 *(auswählen)* eligere, -ligo, -lectum *3.*; **einen Platz für das L ~** locum castris eligere

bestimmt certo

bestimmte(r, -s) certus, -a, -um

bestrafen punire, -io, -ivi, -itum 4 aliquem); vindicare, -o, -avi, -atum in aliquem); **bestraft werden für** poenas dare (do, dedi, datum *1.*) ali rei

bestreiten *(verneinen)* negare, -o, -atum *1.*

bestürmen oppugnare, -o, -avi, - *1.*

bestürzt attonitus, -a, -um

Bestürzung consternatio, -onis *f*

besuchen visitare, -o, -avi, -atum sere, viso, visi, - *3.*, adire, -eo, -ii, *0.*); **regelmäßig ~** frequentare (-o, -atum *1.*); **die Schule ~** scholam quentare; **Gegenden ~** loca obire -ii, -itum *0.*)

betagt vetus, -eris

beteiligt particeps, -cipis

ten orare, -o, -avi, -atum *1.*, precari, ·, -atus sum *1.* (**zu j-m** aliquem)
trachten spectare, -o, -avi, -atum *1.*; *ufmerksam*) intueri, -eor, -tuitus sum, contemplari, -or, -atus sum *1.*; (*prü-nd*) considerare, -o, -avi, -atum *1.*; **sich als j-n** se putare (-o, -avi, -atum *1.*) ali-em; **als Feind ~** pro hoste habere (ha-o, habui, habitum *2.*)
trächtlich amplus, -a, -um
tragen ■ (*ausmachen*) efficere, -fi-, -feci, -fectum *3.* ■ **sich ~** se gerere ·ro, gessi, gestum *3.* + *adv*)
trauern lugere, lugeo, luxi, luctum
treffen attinere, -tineo, -tinui, -ten-n *2.* (**etw** ad aliquid)
treiben exercere, -eo, -ui, -itum *2.*, ere, ago, egi, actum *3.*
treiben agitatio, -onis *f*; **auf ~ Han-als** Hannibale auctore
treten intrare, -o, -avi, -atum *1.*, ini-eo, -ii, -itum *0.*
treuen curare, -o, -avi, -atum *1.*
triebsamkeit industria, -ae *f*
trübt maestus, -a, -um; **~ sein** dole-(-eo, -ui, -iturus *2.*)
trug fraus, fraudis *f*; dolus, -i *m*
trügen fallere, fallo, fefelli, - *3.*; de-ere, -cipio, -cepi, -ceptum *3.*
trunken ebrius, -a, -um
t lectus, -i *m*; **zu (ins) ~ gehen** quieti dare (do, dedi, datum *1.*)
tler mendicus, -i *m*
ugen flectere, flecto, flexi, flexum *3.*
unruhigen (per)turbare, -o, -avi, um *1.*, sollicitare, -o, -avi, -atum *1.*
urteilen aestimare *od.* existimare, -avi, -atum *1.*, iudicare, -o, -avi, um *1.*, **nach etw** ex re
ute praeda, -ae *f*; **~ machen** praeda-or, -atus sum *1.*)
ölkerung (*Einwohner*) incolae, um *mpl*
ölkerungszahl multitudo (-inis *f*) ninum
vor antequam, priusquam
vorstehen imminere, -eo, -, - *2.*; endere, -eo, -, - *2.*; instare, -sto, -sti-staturus *1.*
wachen custodire, -io, -ivi, -itum *4.*
waffnen armare, -o, -avi, -atum *1.*
waffnung armatura, -ae *f*

bewahren (con)servare, -o, -avi, -atum *1.* (**vor etw** ex re/ a re)
bewährt probatus, -a, -um
bewältigen (*Aufgabe*) absolvere, -solvo, -solvi, -solutum *3.*
bewässern irrigare, -o, -avi, -atum *1.*
bewegen (com)movere, -moveo, -movi, -motum *2.*
Bewegung motus, -us *m*; **(sich) in ~ setzen** moliri (-ior, -itus sum *4.*)
beweinen deflere, -fleo, -flevi, -fletum *2.*
Beweis argumentum, -i *n*; **~ sein, als ~ dienen** indicio esse (sum, fui, - *0.*)
beweisen demonstrare, -o, -avi, -atum *1.*
Beweismittel argumentum, -i *n*
bewerben: **sich ~** petere (-o, -ivi, -itum *3.*); **sich um ein Amt ~** magistratum petere
bewilligen concedere, -cedo, -cessi, -cessum *3.*
bewirken efficere, -ficio, -feci, -fectum *3.*
bewohnen incolere, -colo, -colui, -cultum *3.*; habitare, -o, -avi, -atum *1.*
Bewohner incola, ae *m*
bewölkt nubilus, -a, -um
bewundern admirari, -or, -atus sum *1.*; **von j-m bewundert werden** admirationi esse (sum, fui, - *0.*) alicui
bewundernswert admirabilis, -e
Bewunderung admiratio, -onis *f*
bewusst (*wissend*) conscius, -a, -um, **sich einer Sache ~ sein** sibi conscium esse alicuius rei
Bewusstsein conscientia, ae *f*
bezahlen solvere, solvo, solvi, solutum *3.*
bezähmen domare, -o, -ui, -itum *1.*
bezeichnen (*benennen*) appellare, -o, -avi, -atum *1.*
Bezeichnung (*Wort*) vox, vocis *f*
bezeugen (con)testari, -or, -atus sum *1.*
bezichtigen insimulare, -o, -avi, -atum *1.*
beziehen: **sich ~** pertinere (-tineo, -tinui, -tentum *2.*; **auf etw** ad aliquid)
Bezirk regio, -onis *f*
bezweifeln dubitare, -o, -avi, -atum *1.* (**etw** aliquid/de re)
bezwingen ■ (*bändigen*) domare, -o,

B

-ui, -itum *1.* **2** *(besiegen)* vincere, vinco, vici, victum *3.*
Bibliothek bibliotheca, -ae *f*
biegen flectere, flecto, flexi, flexum *3.*
Biene apis, -is *f*
bieten praebere, -eo, -ui, -itum *2.*
Bild imago, -inis *f*; *(Götterbild)* simulacrum, -i *n*; *(Gemälde)* pictura, -ae *f*
bilden **1** *(gestalten)* fingere, fingo, finxi, fictum *3.* **2** *(ausmachen)* efficere, -ficio, -feci, -fectum *3.* **3** *(ausbilden)* erudire, -io, -ivi, -itum *4.*
Bildung humanitas, -atis *f*; *(Gelehrsamkeit)* doctrina, -ae *f*
billig **1** *(Ware)* vilis, -e; **~ kaufen** parvo emere (emo, emi, emptum *3.*) **2** *(gerecht)* aequus, -a, -um
billigen probare, -o, -avi, -atum *1.*
binden vincire, vincio, vinxi, vinctum *4.*
Birnbaum pirus, -i *f*
Birne pirum, -i *n*
bis **A** PRÄP *(zeitl., räuml.)* ad, usque ad *+akk*; **~ jetzt** adhuc; **~ zur** *(od.* **in die)** **Stadt** usque in urbem **B** KONJ donec, dum
bisher adhuc
Biss morsus, -us *m*
bisweilen interdum, nonnumquam
bitte quaeso *als Einschub*
Bitte **1** preces, precum *fpl* **2** *(Flehen)* supplicium, -i *n*
bitten orare, -o, -avi, -atum *1.*, rogare, -o, -avi, -atum *1.*, implorare, -o, -avi, -atum *1.*, petere, peto, petivi, petitum *3.*; **j-n** ab aliquo; **um etw** aliquid
bitter acerbus, -a, -um
blasen **1** *(Wind)* flare, -o, -avi, -atum *1.* **2** **Flöte ~** tibia canere (cano, cecini, cantatum *3.*)
Blatt folium, -i *n*
blau caeruleus, -a, -um
Blei plumbum, -i *n*; **aus ~** plumbeus (-a, -um)
bleiben manere, maneo, mansi, mansurus *2.*
blenden (oc)caecare, -o, -avi, -atum *1.*
blendend splendidus, -a, -um
Blick aspectus, -us m; **auf den ersten ~** primā specie; **die ~e abwenden** vultūs vertere (verto, verti, versum *3.*)
blind caecus, -a, -um
blindlings temere
Blitz fulmen, -inis *n*
blitzen fulgere, fulgeo, fulsi *2.*
Blockade obsidio, -onis *f*
blöd hebes, -etis
blöken *(von Schafen)* balare, -o, -atum *1.*
blond flavus, -a, -um
bloß **A** ADV *(nur)* solum, modo **B** *(nackt)* nudus, -a, -um
blühen florere, -eo, -ui *2.*
Blume flos, floris *m*
Blut sanguis, -inis *m*; **geronnene** cruor (-oris *m*)
Blutbad caedes, -is *f*
Blüte flos, floris *m*
blutig **1** *(blutbefleckt)* cruentus, -a, **2** *(Kampf)* atrox, -ocis
Blutsverwandter consanguineus *m*
Boden humus, -i *f*, solum, i *n*; **auf ~ liegen** humi iacere (-eo, -ui, -itum
Bogen arcus, -us *m*
Bogenschütze sagittarius, -i *m*
Bohne faba, -ae *f*
bohren forare, -o, -avi, -atum *1.*
Boot navicula, ae *f*
bösartig malignus, -a, -um
böse malus, -a, -um, improbus, -a,
Böses malum, -i *n*; **~ sprechen übe** maledicere (-dico, -dixi, -dictum *3.*) cui
boshaft malitiosus, -a, -um
Bosheit malitia, -ae *f*
böswillig malitiosus, -a, -um
Bote nuntius, -i *m*
Botschaft nuntius, -i *m*
Brand incendium, -i *n*; **in ~ stecke** cendere (-cendo, -cendi, -censum *3*
Brandstiftung incendium, -i *n*
Brandung aestus, -us *m*
Brauch **1** *(Sitte)* mos, moris *m* **2** *wohnheit)* institutum, -i *n*
brauchbar utilis, -e (**zu etw** alicu ad aliquid)
brauchen *(benötigen)* indigere, -ec *2.* (**etw** re); **ich brauche Vieles** multi bus mihi opus est
braun fuscus, -a, -um
Braut sponsa, -ae *f*
Bräutigam sponsus, -i *m*
brav bonus, -a, -um
brechen **A** VT frangere (frango, fractum *3.*), rumpere (rumpo, rupi, tum *3.*; **das Schweigen** silentia *np*

frangi (frangor, fractus sum *3.*), rumpi
mpor, ruptus sum *3.*); **es bricht** fran-
:ur
:it latus, -a, -um
:ite latitudo, -inis *f*
:nnen flagrare, -o, -avi, -atum *1.*, ar-
re, ardeo, arsi, arsum *2.*; (*Sonne*) ure-
uro, ussi, ustum *3.*
:tt tabula, ae *f*
ef epistula, -ae *f*, litterae, -arum *fpl*
ngen **1** (ap)portare (-o, -avi, -atum
ferre (fero, tuli, latum *0*) **2** (*in einen*
stand) redigere (-igo, -egi, -actum *3.*);
glück ~ exitio esse (sum, fui, - *0.*);
Ziel ~ perducere (-duco, -duxi,
ıctum *3.*); **in seine Gewalt ~** in pote-
tem suam redigere
ɔt panis, is *m*
icke pons, pontis *m*; **eine ~ über**
n Fluss bauen pontem in flumine fa-
'e (facio, feci, factum *3.*)
ıder frater, fratris *m*
illen mugire, -io, -ivi, -itum *4.*
ımmen fremere, fremo, fremui, fre-
:um *3.*
ınnen puteus, -i *m*
ıst pectus, pectoris *n*
ısten: **sich ~** se iactare (-o, -avi,
um *1.*)
:h liber, libri *m*
:he fagus, -i *f*
:herei bibliotheca, ae *f*
:hse pyxis, -idis *f*
:hstabe littera, -ae *f*
:ht sinus, -us *m*
dapest Aquincum
de taverna, -ae *f*
g SCHIFF prora, -ae *f*
ıne scaena, -ae *f*; **die ~ betreten** in
enam prodire (-eo, -ii, -itum *0.*)
ıdel fascis, -is *m*
ıdesgenosse socius, -i *m*
ıdnis foedus, foederis *n*; societas,
s *f*; **ein ~ schließen** foedus facere
io, feci, factum *3.*)
ıt varius, -a, -um
g arx, arcis *f*
ge obses, -sidis *m* (**für etw** alicuius
sponsor, -oris *m*
ger civis, -is *m*
gerkrieg bellum civile (belli *n* -is)
gerlich civilis, -e
gerrecht civitas, -atis *f*

Bürgerschaft civitas, -atis *f*
Busen (*Brust*) mamma, -ae *f*; (*Wölbung*) sinus, -us *m*
büßen luere, luo, lui, luiturus *3.* (**für etw** aliquid)

C

Charakter mores, -um *mpl*; **ein Mann von ~** vir constans (viri *m* -antis)
charakterfest constans, -antis
Charakterstärke constantia, -ae *f*
Chor chorus, -i *m*
Christ Christianus, -i *m*
christlich Christianus, -a, -um
Christus Christus, -i *m*; **vor (nach) Christi Geburt** ante (post) Christum natum
Computer computatrum, -i *n* → *s. Info-Fenster nächste Seite*
Cousin consobrinus, -i *m*

D

da **A** ADV **1** (*zeitl.*) tum; **~ endlich** tum demum **2** (*örtl.*) ibi, illic; **von ~** inde; **~!** ecce!; **~ sein** adesse (-sum, -fui, - *0.*) **B** KONJ (*weil*) quod *+ind*, quia *+ind*; cum *+konjkt*; **~ ja** quoniam
dabei **1** (*örtl.*) prope; **~ sein** interesse (-sum, -fui, - *0.*; **bei etw** alicui rei) **2** (*in dieser Hinsicht*) in ea re
dabeistehen astare, asto, astiti, - *1.*
Dach tectum, -i *n*
Dachziegel tegula, -ae *f*
dafür: **~ sein** id probare (-o, -avi, -atum *1.*); **ich kann nichts ~** haec non mea culpa est
dagegen **A** KONJ at, sed **B** **~ sein** id improbare (-o, -avi, -atum *1.*)
daheim domi; **~ und im Krieg** domi

D

Wortsch

▶ Computer

Es verging in den letzten zwei Jahrtausenden wohl kaum ein Tag, an dem nicł irgendwo auf der Welt etwas auf Latein geschrieben wurde. Wir können uns heutzutage mit Hilfe von Neologismen (Wortneuschöpfungen) auch über Them wie Computer (**computatrum**) auf Lateinisch unterhalten. Leidenschaftliche Lat nisten benutzen in den zahlreichen Internetforen und Chatrooms diese und ähnlic Wörter (vgl. Info bei **Internet**):

Computer	**computatrum** 〈i〉 *n*
Bildschirm	**quadrum** 〈i〉 (**visificum**) *n*
Maus	**mus** 〈muris〉 *m*
Tastatur	**pinnae** 〈arum〉 *fpl*
etw tippen	(**computatro / pinnis**) **aliquid scribere**
Drucker	**impressorium** 〈i〉 *n*
etw ausdrucken	**aliquid imprimere**
CD, CD-ROM	**discus** 〈i〉 **compactus** *m*
etw speichern	(**in horreo**) **aliquid condere**
etw löschen	**aliquid delere**

bellique

daher **A** ADV (*örtl., kausal*) inde; **~ kommt es** eo fit **B** KONJ itaque; igitur *nachgestellt*

dahin (*örtl.*) eo

dahinraffen rapere, rapio, rapui, raptum *3.*

daliegen iacere, iaceo, iacui, iaciturus *2.*

damals tum, tunc

damit **A** ADV eo **B** KONJ ut *+konjkt*; **~ nicht** ne *+konjkt*

Damm agger, -eris *m*

danach deinde

dank (*wegen*) gratiā *+gen nachgestellt*

Dank gratia, -ae *f*; **~ abstatten** gratiam referre (refero, rettuli, relatum *0.*); **~ schulden** gratiam debere (-eo, -ui, -itum *2.*); **~ sagen** gratias agere (ago, egi, actum *3.*)

dankbar gratus, -a, -um

danken (*mit Worten*) gratias agere (ago, egi, actum *3.*); (*mit der Tat*) gratiam referre (refero, rettuli, relatum *0.*)

dann deinde, tum, tunc

daraufhin tum, tunc, deinde

darauflegen imponere, -pono, -posui, -positum *3.*

darbringen offerre, offero, obtuli, oblatum *0.*; **Opfer ~** sacrificare (-o, -atum)

darin intus

darlegen demonstrare, -o, -avi, -a *1.*, exponere, -pono, -posui, -positu

darstellen fingere, fingo, finxi, fic *3.*

darüber **1** (*örtl., Richtung*) supe (eam *usw.*) **2** **~ hinaus** supra

darum **1** (*räuml.*) circum id **2** (*de gen*) itaque; propterea

darunter **1** (*räuml.*) sub eo (eā *usw* (*Richtung*) sub id (eam *usw.*)

das → der

dass **1** *final* ut *+konjkt*; **~ nich** *+konjkt*; **~ doch (nicht)!** utinam *+konjkt* **2** *nach Ausdrücken des Fürcł u. des Hinderns*: ne *+konjkt* **3** *nach neinten Ausdrücken*: quin *+konjkt* **4** *abhängigen Aussagesätzen, unpe Ausdrücken, nach iubere, vetare, si pati durch AcI* **5** **dadurch, ~** cum **6** *faktisch* quod; **es trifft sich gut, ~** ne accidit, quod

dauerhaft solidus, -a, -um

dauern (*fortbestehen*) manere, ma mansi, mansurus *2.*

dauernd perpetuus, -a, -um

Daumen pollex, -icis m; **die ~ drü**

Grammatik

das

…eht **das** als Demonstrativpronomen …r mehrere Gegenstände, Begriffe …sw., so ist das Lateinische in der …iedergabe der Mehrzahl oft genauer …s das Deutsche und zieht den Plural …or.

…as (= diese Worte) …abe ich nicht …esagt.	**Ea non dixi.**

…n Gegensatz zum Deutschen richtet …ch das Genus des Demonstrativpro…omens nach dem folgenden Sub…antiv:

…as ist meine …utter.	**Haec est mater mea.**
…as ist mein …ater.	**Hic est pater meus.**

…lices premere (premo, pressi, pres…n *3.*)

…vonjagen V/T fugare, -o, -avi, -atum

…vontragen asportare, -o, -avi, …um *1.*; **den Sieg ~** victoriam reportare …-avi, -atum *1.*)

…wischen inter id (eam *usw.*)

…wischenkommen intercedere, …do, -cessi, -cessum *3.*

…ke tegimentum, -i *n*

…ken (*bedecken*) tegere, tego, texi, …tum *3.*

…n tuus, -a, -um

…phin delphinus, -i *m*

…nnach igitur *nachgestellt*

…nütig supplex, -icis, humilis, -e

…ar (*Münze*) denarius, -i *m*

…ken cogitare, -o, -avi, -atum *1.*; **~ j-n/etw** memorem esse (sum, fui, -) meminisse (memini *0.*) alicuius/ali…us rei

…ken cogitatio, -onis *f*

…kmal monumentum, -i *n*

…kvermögen ratio, -onis *f*

…kweise mens, mentis *f*, ratio, -onis *f*

denkwürdig memorabilis, -e

denn nam; enim *nachgestellt*; **~ nicht** neque enim

dennoch tamen

Denunziant delator, -oris *m*

der, die, das **1** PERS PR *betont* is, ea, id **2** REL PR (*welcher usw.*) qui, quae, quod **3** DEM PR **~ da** iste, ista, istud

Grammatik

▶ der, die, das

Im Gegensatz zum Deutschen kennt das Lateinische den bestimmten Artikel (der, die, das) nicht. **uxor** kann also je nach Zusammenhang „die Ehefrau", „eine Ehefrau" oder „Ehefrau" bedeuten.

derartig eiusmodi; talis, -e

derjenige, diejenige, dasjenige is, ea, id; **~, welcher** is, qui

derselbe, dieselbe, dasselbe idem, eadem, idem; **~ wie** idem ac

deshalb itaque; propterea, ideo

desto eo; **je … ~** quo … eo

deswegen itaque; propterea, ideo

deuten interpretari, -or, -atus sum *1.*

deutlich clarus, -a, -um, planus, -a, -um; **~ werden** apparere (-eo, -ui, iturus *2.*)

Dezember December, -bris *m*

dich te

dicht densus, -a, -um

dichten versūs facere (facio, feci, factum *3.*)

Dichter poeta, -ae *m*

dichterisch poeticus, -a, -um

Dichtkunst ars (artis *f*) poetica

Dichtung (*Gedicht*) carmen, -inis *n*

dick crassus, -a, -um

Dicke crassitudo, -inis *f*

die → der

Dieb fur, -is *m*

Diebstahl furtum, -i *n*

dienen servire, -io, -ivi, -itum *4.*

Diener **1** (*Sklave*) servus, -i *m* **2** (*frei, untergeordnet*) minister, -tri *m*

Dienerin serva, -ae *f*, ancilla, -ae *f*

Dienerschaft familia, -ae *f*

D

Dienst officium, -i *n*; **einen ~ erweisen** officium praestare (-sto, -stiti, -staturus *1.*)
Dienstag dies (-ei *m*) Martis
diese(r, -s) hic, haec, hoc; is, ea, id; **~r, ~, ~s da** iste, ista, istud
diesseitig citerior, -ius
diesseits PRÄP citra (+ *akk*), cis (+ *akk*); **~ der Alpen (liegend)** cisalpinus (-a, -um)
Diktator dictator, -oris *m*
Diktatur dictatura, -ae *f*
diktieren dictare, -o, -avi, -atum *1.*
Ding res, rei *f*
Dinkel far, farris *n*
dir tibi; **mit ~** tecum
diskutieren disputare, -o, -avi, -atum *1.*
Disziplin disciplina, -ae *f*
doch **1** (*aber*) sed **2** (*jedoch*) tamen **3** (*Wunsch*) **wenn ~** utinam +*konjkt*; **wenn ~ nicht** utinam ne +*konjkt*
Dolch pugio, -onis *m*
Dolmetscher interpres, -etis *m*
Donner tonitrus, -us *m*
donnern tonare, -o, -ui, - *1.*
Donnerstag dies (-ei *m*) Iovis
doppelköpfig anceps, -cipitis
doppelt duplex, -icis
Dorf vicus, -i *m*
Dorn spina, -ae *f*
dörren V/T torrere, torreo, torrui, tostum *2.*
dort ibi, illic; **von ~** inde
dorthin illuc, eo
drängen urgere, urgeo, ursi, - *2.*
draußen foris; **nach ~** foras; **von ~** foris
drehen torquere, torqueo, torsi, tortum *2.*
drei tres, tria; **je ~** terni (-ae, a); **~ Jahre** triennium (-i *n*); **~ Tage** triduum (-i *n*)
Dreieck triangulum, -i *n*
dreifach triplex, -icis
Dreifuß tripus, -odis *m*
dreigeteilt tripartitus, -a, -um
dreihundert trecenti, -orum
dreimal ter
Dreimännerbund triumviratus, -us *m*
dreißig triginta *indekl*
dreist audax, -acis
Dreistigkeit audacia, -ae *f*
dreiteilig tripartitus, -a, -um
dreizehn tredecim *indekl*
dringend **A** ADJ gravis, -e **B** ADV n nopere
drinnen intus
dritte(r, -s) tertius, -a, -um
drohen **1** (*bevorstehen*) imminere (neo, -, - *2.*), instare (-sto, -stiti, -stat *1.*) **2** (*mit Worten*) minari (-or, -atus *1.*)
drohend **1** (*bevorstehend*) immin -entis **2** (*Worte*) minax, -acis
dröhnen strepere, strepo, strepui,
Drohungen minae, -arum *fpl*
drücken premere, premo, pressi, p sum *3.*
drückend gravis, -e
du tu
Duft odor, -oris *m*
dulden pati, patior, passus sum *3.*
dumm stultus, -a, -um
Dummheit stultitia, -ae *f*
Dummkopf homo (-inis *m*) stultus
Dünger stercus, -oris *n*
dunkel obscurus, -a, -um
Dunkelheit tenebrae, -arum *fpl*
dünn tenuis, -e
durch PRÄP **1** (*räuml.*) per +*akk* **2** (z per +*akk od. durch den bloßen akk* **3** *tel, Werkzeug) durch den bloßen abl;* **ne Rede von Cicero** oratione Cicer
durchaus prorsus
durchbohren percutere, -cutio, si, -cussum *3.*
durchbrechen perrumpere, -ru -rupi, -ruptum *3.*
durchführen peragere, -ago, -actum *3.*
durchlaufen percurrere, -curro, ri, -cursum *3.*
durchnehmen (*behandeln*) trac -o, -avi, -atum *1.*
durchqueren proficisci, -fici -fectus sum *3.* (**etw** per +*akk*)
durchschauen perspicere, -sp -spexi, -spectum *3.* (**durch etw** pe quid, **j-n** animum alicuius)
durchsetzen **1** efficere, -ficio, -fectum *3.* **2** (*durch Bitten*) impet -o, -avi, -atum *1.*; **sich ~** valere -ui, -iturus *2.*)
durchstreifen pervagari, -or, sum *1.*
durchwandern peragrare, -o,

um *1.*
fen: **ich darf** mihi licet
r macer, -cra, -crum
rst sitis, -is *f*
sten sitire, -io, -ivi, -itum *4.*
ter ater, atra, atrum

n **A** ADJ (*waagrecht*) aequus, -a, ı; (*flach*) planus, -a, -um **B** ADV modo
nbürtig par, paris
nda ibidem
ne campus, -i *m*
nfalls etiam
nso item; ~ **viel** tantundem *+gen*; ~ **e ... wie** totidem ... quot; ~ **wenig wie** non magis ... quam
t verus, -a, -um
l nobilis, -e
lstein gemma, -ae *f*
u hedera, -ae *f*
priusquam, antequam *+ind/konjkt*)
matrimonium, -i *n*
frau uxor (-oris *f*), coniu(n)x (-ugis *f*)
malig pristinus, -a, -um; **~er Kon**consularis (-is *m*)
mals olim, quondam
mann maritus, -i *m*
paar coniuges, -um *mpl*
r potius; (*zeitl.*) prius
bar honestus, -a, -um
e **1** honor (*od.* honos), honoris *m* **2** *m*) gloria, -ae *f*; ~ **erweisen** hono-tribuere (-uo, -ui, -utum *3.*); **in ho-~n stehen** in magno honore esse ı, fui,- *0.*)
en colere, colo, colui, cultum *3.*
enamt honor (*od.* honos), -oris *m*
enhaft, **ehrenvoll** honestus, -a,
urcht reverentia,-ae *f*
gefühl honestas, -atis *f*
geiz ambitio, -onis *f*
geizig ambitiosus, -a, -um
ich probus, -a, -um, bonus, -a, -um
os infamis, -e

Ei ovum, -i *n*
Eiche quercus, -us *f*
Eid **1** ius iurandum (iuris iurandi *n*) **2** (*Diensteid*) sacramentum, -i *n*
Eidechse lacerta, -ae *f*
Eifer **1** studium, -i *n* **2** (*Tätigkeit*) industria, -ae *f*
eifrig studiosus, -a, -um
eigen (*Besitz*) meus (tuus, suus), -a, -um; **aus ~en Mitteln** de privato
Eigenschaft qualitas, -atis *f*; **gute ~** ars (artis *f*)
eigentlich **A** ADJ (*wirklich*) verus, -a, -um **B** ADV (*Hervorhebung*) quidem; (*Frage*) tandem; **wer ~?** quis tandem?
Eigentum res, rei *f*; **dies ist mein (dein, sein) ~** hoc meum (tuum, suum) est
Eigentümer possessor, -oris *m*, dominus, -i *m*
eigentümlich proprius, -a, -um
Eile festinatio, -onis *f*
eilen festinare (-o, -avi, -atum *1.*), contendere (-tendo, -tendi, -tentum *3.*)
eilends properanter
Eilmarsch iter magnum (itineris *n*)
ein(e, r) **1** (*irgendeiner*) aliquis, aliqua, aliquid *auch subst gebraucht* (**von** ex) **2** (*ein gewisser*) quidam, quaedam, quiddam **3** **wenn ~ ...** si quis ...; **der ~e ... der andere** alter ... alter; **die ~en ... die anderen** alii ... alii → *s. Info-Fenster nächste Seite*
einander **1** inter nos (vos, se) **2** (*gegenseitig*) alius alium; (*zwei*) **sie helfen ~** alter alterum adiuvat
einäschern incendere, -cendo, -cendi, -censum *3.*
einbilden: **sich etw ~** fingere (fingo, finxi, fictum *3.*) aliquid
einbrechen irrumpere, -rumpo, -rupi, -ruptum *3.* (**in etw** in aliquid)
eindringen invadere, -vado, -vasi, -vasum *3.* (**in etw** in *+akk*)
Eindruck impressio, -onis *f*; **den ~ erwecken** videri (videor, visus sum *2.*); **~ auf die Zuhörer machen** animos audientium commovere (-moveo, -movi, -motum *3.*)
einerseits: **~ ... andererseits** et ... et; **~ nicht ..., andererseits aber** neque ... et
einfach simplex, -icis

Gramm

▶ ein

Im Lateinischen gibt es keinen unbestimmten Artikel (ein, eine). Das Zahlwort un **una, unum** bedeutet eigentlich „ein einziger, eine einzige, ein einziges" und ka nach Zusammenhang mit dem Artikel „ein, eine" oder mit dem Indefinitpronom „einer, eine, eines" übersetzt werden:

Quot villae tibi sunt? – Una (villa mihi est).	Wie viele Landhäuser hast du? – (Ich ha eines [und nur eines].

Wenn „ein" so viel wie „irgendein" bedeutet, kann es im Lateinischen mit der Indefinitpronomen **aliquis** oder **quidam** wiedergegeben werden.

Einer sagte ...	**Dixit aliquis ...**
Ich habe in einem Buch gelesen ...	**Legi in libro quodam ...**

E

Einfachheit simplicitas, -atis *f*
Einfahrt (*Zugang*) aditus, -us *m*
Einfall **1** (*Gedanke*) cogitatio, -onis *f* **2** MIL incursio, -onis *f*
einfallen **1** (*Gedanke*) in mentem venire (venio, veni, ventum *4.*) **2** MIL irrumpere, -rumpo, -rupi, -ruptum *3.* **3** (*einstürzen*) corruere, -ruo, -rui, -ruiturus *3.*
Einfalt stultitia, ae *f*
einfältig stultus, -a, -um
einflößen *fig* inicere, -icio, -ieci, -iectum *3.*
Einfluss auctoritas, -atis *f*; **~ haben** valere (-eo, -ui, -iturus *2.*), **großen ~ haben** multum valere, magnā auctoritate esse (sum, fui, - *0.*)
einführen **1** (*neue Sitten*) inducere, -duco, -duxi, -ductum *3.* **2** (*Waren*) importare, -o, -avi, -atum *1.*
einfüllen implere, -eo, -evi, -etum *2.*
Eingang (*Tür*) ianua, -ae *f* (**in/zu etw** alicuius rei)
eingebildet superbus, -a, -um
Eingeborene(r) indigena, -ae *m/f*
eingedenk memor, -oris (**einer Sache** alicuius rei)
eingestehen fateri, fateor, fassus sum *2.*
Eingeweide intestina, -orum *npl*
einhalten (*beachten*) observare, -o, -avi, -atum *1.*
einheimisch domesticus, -a, -um, patrius, -a, -um
einholen (*bei der Verfolgung*) consequi, -sequor, -secutus sum *3.*
einig concors, -cordis
einige nonnulli, -ae, -a
einigen: **sich ~** pacisci (paciscor, tus sum *3.*); **wir ~ uns über den Fri** pax convenit inter nos
Einigkeit concordia, -ae *f*
einjagen inicere, -icio, -ieci, -iectu
einkaufen (co)emere, -emo, -emptum *3.*
einladen invitare, -o, -avi, -atum
Einladung invitatio, -onis *f*
einlassen **1** admittere, -mitto, -missum *3.* **2** **sich ~** descendere, do, -scendi, -scensum *3.* (**auf etw** a quid)
Einleitung exordium, -i *n*
einleuchtend clarus, -a, -um; **es** apparet (+ *AcI*)
einmal **1** (*Zahlbegriff*) semel **2** **nic** ne ... quidem **3** **auf ~** (*plötzlich*) s **4** (*zeitl.*) quondam
einmeißeln insculpere, -sc -sculpsi, -sculptum *3.*
einnehmen **1** (*erobern*) occupar -avi, -atum *1.* **2** (*eine Stelle*) tener neo, tenui, tentum *2.* **3** (*Geld*) acci -cipio, -cepi, -ceptum *3.*
einprägen: **sich etw ~** aliquid m riae mandare (-o, -avi, -atum *1.*)
einräumen (*zugestehen*) conce -cedo, -cessi, -cessum *3.*
einreden persuadere, -suadeo, - -suasum *2.* (**j-m etw** alicui aliquid)

ıreihen inserere, -sero, -serui, -ser-
n *3.* (**etw in etw** aliquid alicui rei)
ıreißen (*abreißen*) rescindere, -scin-
, -scidi, -scissum *3.*
ırichten instituere, -uo, -ui, -utum

ırichtung institutum, -i *n*
ıs (*Zahlwort*) unus, -a, -um
ısam solus, -a, -um, desertus, -a, -um
ısamkeit solitudo, -inis *f*
ısammeln colligere, -ligo, -legi,
ctum *3.*
ıschlafen obdormiscere, -dormisco,
ɔrmivi, - *3.*
ıschlagen ■ (*Nagel*) figere, figo,
, fixum *3.* ■ **einen Weg ~** viā uti
ɔr, usus sum *3.*)
ıschließen includere, -cludo, -clusi,
usum *3.*, claudere, claudo, clausi,
usum *3.*
ıschneiden incidere, -cido, -cidi,
ɜum *3.*
ıschränken coercere, -eo, -ui,
ım *2.*
ıschreiten animadvertere, -verto,
rti, -versum *3.* (**gegen j-n** in aliquem)
ıschüchtern terrere, -eo, -ui, -itum

sehen intellegere, -lego, -lexi, -lec-
n *3.* (+ *AcI*)
setzen instituere, -uo, -ui, -utum *3.*;
h ~ für j-n adesse (-sum, -fui, - *0.*) ali-

sicht (*Weisheit*) sapientia, -ae *f*
st olim (*auch in Zukunft*); aliquando,
ɔndam
sturz ruina, -ae *f*; **zum ~ bringen**
ruere, -ruo, -rui, -rutum *3.*
stürzen concidere, -cido, -cidi, - *3.*;
Haus stürzt ein domus corruit
teilen (*anordnen*) disponere, -pono,
sui, -positum *3.*
tracht concordia, -ae *f*
trächtig concors, -cordis
treffen venire, venio, veni, ventum

treiben (*Geld*) exigere, -igo, -egi,
ɛum *3.*
treten ■ intrare, -o, -avi, -atum *1.*
etw aliquid); (*Ereignis*) incedere, -ce-
-cessi, -cessum *3.*; **in das politische**
en ~ accedere (-cedo, -cessi, -ces-
ı *3.*) ad rem publicam ■ *fig* favere,
faveo, favi, fautum *2.* (**für j-n** *od.* **etw** ali-
cui *od.* alicui rei)
Eintritt introitus, -us *m*
einverstanden: **~ sein** consentire, -sentio, -sensi, -sensum *4.* (**mit etw** de re/cum re)
einwandern immigrare, -o, -avi, -atum *1.*
einweihen ■ dedicare, -o, -avi, -atum *1.* ■ (*einführen*) initiare, -o, -avi, -atum *1.* (**in etw** re)
einwilligen consentire, -sentio, -sensi, -sensum *4.* (**in etw** alicui rei)
Einwohner incola, -ae *m/f*
Einzelheiten singula, -orum *npl*
einzeln singulus, -a, -um
einziehen ingredi, -gredior, -gressus sum *3.* (**in eine Stadt** in urbem)
einzig unus, -a, -um, solus, -a, -um, unicus, -a, -um
einzigartig singularis, -e
Eis glacies, -ei *f*
Eisen ferrum, -i *n*
eisern ferreus, -a, -um
Eiter sanies, -ei *f*
Ekel taedium, -i *n*
ekeln: **es ekelt mich vor etw** taedet me alicuius rei
Elefant elephantus, -i *m*
Element elementum, -i *n*
elend miser, -era, -erum
Elend miseria, -ae *f*
elf undecim *indekl*; **je ~** undeni (-ae, -a)
Elfenbein ebur, eboris *n*
elfmal undecies
Eltern parentes, -um *mpl*
E-Mail litterae electronicae (-arum *fpl*) → *s. Info-Fenster nächste Seite*
empfangen accipere *od.* suscipere, -cipio, -cepi, -ceptum *3.*
empfinden sentire, sentio, sensi, sensum *4.*; **etw schmerzlich ~** dolere (-eo, -ui, -iturus *2.*) aliquid
empört indignatus, -a, -um (**über etw** aliquid)
Ende finis, -is *m*; exitus, -us *m*; **zu ~ führen** conficere (-ficio, -feci, -fectum *3.*); **ein ~ nehmen** desinere (-sino, -sii, -situm *3.*); **am ~ des Jahres** anno exeunte
enden finem habere (-eo, -ui, -itum *2.*)
endlich denique, tandem, demum
endlos infinitus, -a, -um

Wortsch

E

▶ E-Mail

Im Folgenden finden Lateinbegeisterte einige nützliche Phrasen, um Korresponde per E-Mail auf Latein führen zu können.

Terentia Ciceroni s.d. (= salutem dicit)	Lieber Cicero ... (*wörtlich*: Terentia grü Cicero)
S.V.B.E.E.V. (= Si vales, bene est. Ego valeo.)	Ich hoffe, es geht dir gut. Mir geht es g
Quid agis?	Was treibst du? / Wie geht es dir?
Quomodo vales?	Wie geht es dir?
Cur ad proximas litteras non rescripsisti?	Wieso hast du auf meine letzte Mail ni geantwortet?
Litterae tuae mihi (non) allatae sunt.	Ich habe deine Mail (nicht) erhalten.
Maxime delectatus / delectata sum litteris tuis.	Ich habe mich über deine Mail sehr gefreut.
Haec igitur, cura ut valeas.	So viel für den Moment, mach's gut.
Claudia / Marcus impertit tibi multas salutes.	Claudia / Markus lässt dich herzlich grüßen.
adiungere	anhängen, als Anhang einfügen
mittere	(ab)schicken
accipere	empfangen

energisch strenuus, -a, -um, fortis, -e, vehemens, -entis

eng angustus, -a, -um

Engpass angustiae, -arum *fpl*

Enkel nepos, -otis *m*

entbehren carere, -eo, -ui, -iturus *2.* (**etw** re)

entblößen (de)nudare, -o, -avi, -atum *1.*

entblößt nudus, -a, -um

entdecken invenire, -venio, -veni, -ventum *4.*

entfallen: **es ist mir ~** me fugit (fallit, praeterit; *+AcI*)

entfernen removere, -moveo, -movi, -motum *2.*; **sich ~** discedere (-cedo, -cessi, -cessum *3.*)

entfernt remotus, -a, -um; **~ sein** distare (-sto, -, - *1.*), abesse (absum, afui, - *0.*), (**von etw** a re)

entflammen (*anzünden*) accendere, -cendo, -cendi, -censum *3.*

entfremden abalienare, -o, -avi, -atum *1.* (**j-m** ab aliquo)

entgegen **A** PRÄP contra *+akk* **B** ADV obviam

entgegenbringen (*Achtung*) off offero, obtuli, oblatum *0.*

entgegengehen obviam ire (ec itum *0.*), obire, -eo, -ii, -itum *0.*

entgegengesetzt contrarius, -a,

entgegenkommen obviam ve (venio, veni, ventum *4.*)

entgegenschicken obviam mi (mitto, misi, missum *3.*)

entgegenstehen (*hinderlich sein* stare, -sto, -stiti, -staturus *1.*

entgegenstehend adversus, -a,

entgegenstellen opponere, -p -posui, -positum *3.*

entgegenstrecken ostendere, do, -tendi, -tentum *3.*

entgegentreten obviam ire (ec itum *0.*), occurrere, -curro, -curri, sum *3.*

entgegnen respondere, -spon -spondi, -sponsum *2.*

entgehen effugere, -fugio, -fugi, - turus *3.* (**j-m** aliquem; **einer Sache** quid)

thalten **1** continere, -tineo, -tinui, ntum *2.* **2** **sich einer Sache ~** absti- re (-tineo, -tinui, -tentum *2.*) re/a re

thaltsam abstinens, -entis

thaltsamkeit abstinentia, -ae *f*

thüllen (*verraten*) aperire, aperio, erui, apertum *3.*

kommen effugere, -fugio, -fugi, giturus *3.* (**j-m** aliquem; **einer Sache** quid); evadere, -vado, -vasi, -vasum (**j-m** ab aliquo; **einer Sache** ex re)

lang (*längs*) secundum *+akk*

lassen dimittere, -mitto, -misi, issum *3.*

lassung (di)missio, -onis *f*

laufen effugere, -fugio, -fugi, -fugi- us *3.* (**j-m** aliquem; **einer Sache** ali- id)

legen remotus, -a, -um

reißen eripere, -ripio, -ripui, -rep- n *3.*

richten solvere, solvo, solvi, solu- n *3.*; **Abgaben ~** tributa pendere ndo, pependi, pensum *3.*)

rinnen evadere, -vado, -vasi, -va- n *3.* (**j-m** ab aliquo; **einer Sache** ex re)

scheiden (di)iudicare, -o, -avi, ım *1.*, decernere, -cerno, -crevi, -cre- n *3.*; **sich für j-n ~** aliquem sequi (se- or, secutus sum *3.*)

scheidung **1** (*Vorgang*) diiudica- -onis *f* **2** (*Ergebnis*) decretum, -i *n* (*entscheidender Moment*) discrimen, s *n*

schließen: **sich ~** constituere, -sti- , -stitui, -stitutum *3.* (**zu etw** aliquid)

schlossen paratus, -a, -um

schlossenheit praesentia (-ae *f*) mi

schluss consilium, -i *n*

schuldigen excusare, -o, -avi, ım *1.* (**bei j-m** alicui, apud aliquem)

schuldigung excusatio, -onis *f*

setzlich horribilis, -e

sprechen (*Erwartungen*) responde- -spondeo, -spondi, -sponsum *2.*

sprechend PRÄP pro *+abl*

stehen oriri, orior, ortus sum *4.*, ci, nascor, natus sum *3.*, exsistere, o, -stiti, - *3.*

stellt deformis, -e

weder ... oder aut ... aut; vel ...

entwenden surripere, -ripio, -ripui, -reptum *3.*

entwickeln (*wachsen*) crescere, cresco, crevi, cretum *3.*; **sich ~** (*entstehen*) oriri (orior, ortus sum *4.*)

entwischen effugere, -fugio, -fugi, -fugiturus *3.* (**j-m** aliquem; **einer Sache** aliquid)

entziehen (*wegnehmen*) detrahere, -traho, -traxi, -tractum *3.*, subducere, -duco, -duxi, -ductum *3.*

entzünden inflammare, -o, -avi, -atum *1.*

er, **sie**, **es** *betont* is, ea, id

erbarmen: **sich ~** misereri, misereor, miseritus sum *2.* (**j-s** alicuius; **einer Sache** alicuius rei)

erbauen aedificare, -o, -avi, -atum *1.*, construere, -struo, -struxi, -structum *3.*

Erbe[1] M heres, -edis *m*

Erbe[2] N heredium, -i *n*

erbeuten capere, capio, cepi, captum *3.*

erbitten petere, peto, petivi, petitum *3.*

erbittert (*Schlacht*) acer, -cris, -cre; (*feindselig*) infensus, -a, -um

erblicken conspicere, -spicio, -spexi, -spectum *3.*

erbrechen *auch reflexiv* (*sich übergeben*) vomere, -o, -ui, -itum *3.*

Erbschaft hereditas, -atis *f*

Erdbeben terrae motus (-us *m*)

Erdboden solum, -i *n*, humus, i *f*; **dem ~ gleichmachen** solo (ad)aequare (-o, -avi, -atum *1.*)

Erde terra, -ae *f*, tellus, -uris *f*; **aus ~** terrenus (-a, -um)

erdichten fingere, fingo, finxi, fictum *3.*

Erdkreis orbis (-is *m*) terrarum

Erdreich humus, -i *f*

erdrücken opprimere, -primo, -pressi, -pressum *3.*

erdulden tolerare, -o, -avi, -atum *1.*

ereignen: **sich ~** incidere *od.* accidere (-cido, -cidi, - *3.*), evenire (-venio, -veni, -ventum *4.*); **es ereignet sich, dass** accidit, ut *+konjkt*

Ereignis res, rei *f*

ererbt (*von den Ahnen*) patrius, -a, -um

erfahren[1] ADJ (*fachkundig*) peritus, -a, -um

erfahren[2] 1 (*Neuigkeit*) comperire, -perio, -peri, -pertum *3.*, cognoscere, -gnosco, -gnovi, -gnitum *3.*, certiorem fieri (fio, factus sum *3.*); **ich erfahre** certior fio 2 (*eine Erfahrung machen*) experiri, -perior, -pertus sum *4.*

Erfahrung 1 (*Übung*) usus, -us *m* 2 (*Kenntnis*) peritia, -ae *f* 3 (*Wissen*) scientia, -ae *f*; **ich spreche aus ~** expertus dico

erfassen percipere, -cipio, -cepi, -ceptum *3.*

erfinden invenire, -venio, -veni, -ventum *4.*

Erfindung 1 (*das Erfinden*) inventio, -onis *f* 2 (*das Erfundene*) inventum, i *n*

Erfolg eventus, -us *m*, successus, -us *m*; **~ haben in etw** proficere (-ficio, -feci, -fectum *3.*) in re

erfolglos A ADJ irritus, -a, -um B ADV frustra

erfolgreich A ADJ felix, felicis B ADV prospere, non frustra

erforschen explorare, -o, -avi, -atum *1.*, investigare, -o, -avi, -atum *1.*

erfragen quaerere, quaero, quaesivi, quaesitum *3.* (**etw von j-m** aliquid ex aliquo *od.* de aliquo)

erfreuen delectare, -o, -avi, -atum *1.*

erfreulich iucundus, -a, -um

erfrischen recreare, -o, -avi, -atum *1.*

erfüllen 1 (*vollmachen*) complere, -pleo, -plevi, -pletum *2.*, *auch fig*; **j-n mit Bewunderung ~** aliquem admiratione imbuere (-uo, -ui, -utum *3.*) 2 (*Anspruch*) explere, -pleo, -plevi, -pletum *2.* (**eine Hoffnung** spem)

ergänzen supplere, -pleo, -plevi, -pletum *2.*

ergeben: **sich ~** se dedere (-do, -didi, -ditum *3.*)

Ergebnis eventus, -us *m*

ergreifen 1 capere, capio, cepi, captum *3.*, capessere, -o, -ivi, -itum *3.* 2 (*geistig*) (com)prehendere, -prehendo, -prehendi, -prehensum *3.* 3 (*rauben*) corripere, -ripio, -ripui, -reptum *3.*

Erhabenheit maiestas, -atis *f*

erhalten 1 (*bewahren*) (con)servare, -o, -avi, -atum *1.*; (*beibehalten*) obtinere, -tineo, -tinui, -tentum *2.*; **~ bleiben** manere (maneo, mansi, mansurus *2.*) 2 (*empfangen*) accipere, -cipio, -cepi, -ceptum *3.*

erheben tollere, tollo, sustuli, sutum *3.*; **sich ~** (ex)surgere (surgo, suxi, surrectum *3.*)

erheblich valde

erhoffen sperare, -o, -avi, -atum *1*

erhöhen 1 (*höher machen*) altiorencere (facio, feci, factum *3.*) 2 *fig* (*mehren*) augere, augeo, auxi, auctu

erholen: **sich ~** se recreare (-o, -atum *1.*), convalescere, -valesco, -v - *3.*

Erholung quies, -etis *f*

erhören exaudire, -io, -ivi, -itum *4*

erinnern (ad)monere, -eo, -ui, -itu (**an etw** de re); **sich ~** meminisse, m ni *0.* (**an etw** alicuius rei); recordari, -atus sum *1.* (**an etw** aliquid)

Erinnerung 1 (*Mahnung*) admon -onis *f* 2 (*Andenken*) memoria, -ae

erkennen (*begreifen*) intellegere, -l -lexi, -lectum *3.*; (*kennenlernen*) (cog cere, -gnosco, -gnovi, -gnitum *3.*

Erkenntnis cognitio, -onis *f*

erklären 1 (*erläutern*) explicare, -avi, -atum *1.* 2 (*darlegen*) decla -o, -avi, -atum *1.*; **j-m den Krieg ~** lum alicui indicere (-dico, -dixi, -di *3.*); **j-n zum Feind ~** aliquem hoster dicare (-o, -avi, -atum *1.*)

erkranken in morbum incidere (- -cidi, - *3.*)

erkundigen: **sich ~** quaerere, qu quaesivi, quaesitum *3.* (**nach etw** quid; **bei j-m** ex *od.* ab aliquo)

erlangen 1 adipisci, -iscor, -eptus *3.* 2 (*zufällig*) nancisci, nanciscor, tus sum *3.* 3 (*erbitten*) impetrare -avi, -atum *1.*

Erlass edictum, -i *n*

erlauben concedere, -cedo, - -cessum *3.*, permittere, -mitto, - -missum *3.*; **es ist erlaubt** licet (lic

Erlaubnis permissus, -us *m*, venia *f*; **mit ~** permissu

erleben experiri, -perior, -pertus *4.*, videre, video, vidi, visum *2.*

Erlebnis res, rei *f*, eventus, -us *m*

erledigen conficere, -ficio, -feci, tum *3.*

erlegen necare, -o, -avi, -atum *1.*

erleichtern levare, -o, -avi, -atum

erleiden pati, patior, passus sum

Niederlage ~ cladem accipere (-ci-
), -cepi, -ceptum *3.*)
esen (*Speise*) exquisitus, -a, -um
euchten illustrare, -o, -avi, -atum
auch fig
ösen liberare, -o, -avi, -atum *1.* (**von**
v re, a re)
nächtigen potestatem dare (do,
di, datum *1.*; **j-n** alicui, **zu etw** alicuius
)
nahnen (ad)monere, -eo, -ui, -itum
(ad)hortari, -or, -atus sum *1.*
norden necare, -o, -avi, -atum *1.*,
:idere, -cido, -cidi, -cisum *3.*
ıordung caedes, -is *f*; **nach der ~**
s Anführers duce occiso
nüden fatigare, -o, -avi, -atum *1.*
ıuntern adhortari, -or, -atus sum *1.*
ıunterung adhortatio, -onis *f*
ıutigen confirmare, -o, -avi, -atum
erigere, -rigo, -rexi, -rectum *3.*
ähren alere, -o, -ui, -(i)tum *3.*
ennen creare, -o, -avi, -atum *1.* (**j-n**
n Konsul aliquem consulem)
euern renovare, -o, -avi, -atum *1.*
st severus, -a, -um, gravis, -e
st severitas, -atis *f*, gravitas, -atis *f*
ten **1** metere, meto, (messem feci),
ssum *3.* **2** *fig* percipere, -cipio, -cepi,
ptum *3.*
bern expugnare, -o, -avi, -atum *1.*,
ere, capio, cepi, captum *3.*
berung expugnatio, -onis *f*
ffnen aperire, aperio, aperui, aper-
ı *3.*
rtern disserere, -sero, -serui, -ser-
ı *3.*, disputare, -o, -avi, -atum *1.*
roben experiri, -perior, -pertus sum

:gen excitare, -o, -avi, -atum *1.*,
)movere, moveo, movi, motum *2.*;
tig ~ sollicitare (-o, -avi, -atum *1.*)
:gung motus, -us *m*
:ichen **1** assequi *od.* consequi, -se-
r, -secutus sum *3.*; (*durch Anstren-*
g) adipisci, -iscor, -eptus sum *3.*;
ch Zufall) nancisci, nanciscor, nactus
ı *3.*; (*durch Bitten*) impetrare, -o, -avi,
m *1.* **2** (*durchsetzen*) efficere, -ficio,
i, -fectum *3.* **3** **zu ~ suchen** petere
o, petivi, petitum *3.*) **4** (*gleichkom-*
) adaequare, -o, -avi, -atum *1.*
chten exstruere, -struo, -struxi,
-structum *3.*
erschaffen creare, -o, -avi, -atum *1.*
erscheinen **1** (*sichtbar werden*) appa-
rere, -eo, -ui, - *2.* **2** (*scheinen*) videri, vi-
deor, visus sum *2.*
Erscheinung **1** (*Aussehen*) species, -ei
f **2** **schreckliche ~** monstrum, -i *n*
erschlagen necare, -o, -avi, -atum *1.*,
occidere, -cido, -cidi, -cisum *3.*
erschöpfen (*ermüden*) (de)fatigare, -o,
-avi, -atum *1.*
erschöpft (de)fatigatus, -a, -um
Erschöpfung (de)fatigatio, -onis *f*
erschrecken **A** *V/T* (per)terrere, -eo,
-ui, -itum *2.* **B** *V/I* (per)terreri, -eor, -itus
sum *2.* (**vor etw** re)
erschrocken (per)territus, -a, -um
erschüttern **1** concutere *od.* percute-
re, -cutio, -cussi, -cussum *3.* **2** (*seelisch*)
commovere, -moveo, -movi, -motum *2.*
ersehnen desiderare, -o, -avi, -atum *1.*
erst **1** (*in Aufzählung*) primum **2** (*an-*
fangs) primo **3** (*endlich*) demum
erstarren torpescere, torpesco, torpui,
- *3.*
Erstaunen stupor, -oris *m*; **in ~ ver-**
setzen obstupefacere (-facio, -feci, -fac-
tum *3.*)
erstaunlich mirabilis, -e, mirus, -a,
-um
erste(r, -s) primus, -a, -um, princeps,
-cipis; **zum ~n Mal** primum
erstechen transfigere, -figo, -fixi, -fi-
xum *3.*
erstens primum
erstreben appetere, -peto, -petivi, -pe-
titum *3.*
erstrecken: **sich ~** pertinere, -tineo,
-tinui, - *2.*, patere, -eo, -ui, - *2.*
erstürmen expugnare, -o, -avi, -atum
1.
ertappen deprehendere, -prehendo,
-prehendi, -prehensum *3.* (**j-n auf fri-**
scher Tat in ipso facinore)
ertönen sonare, -o, -ui, - *1.*; (*Instru-*
ment) canere, cano, cecini (cantatum)
3.; **eine Trompete ertönt** tuba canit
Ertrag fructus, -us *m*
ertragen tolerare, -o, -avi, -atum *1.*, su-
stinere (-tineo, -tinui, -tentum *2.*)
erwachsen adultus, -a, -um
erwägen deliberare, -o, -avi, -atum *1.*
Erwägung deliberatio, -onis *f*

erwähnen (com)memorare, -o, -avi, -atum *1.*
erwärmen calefacere, -facio, -feci, -factum *3.*
erwarten exspectare, -o, -avi, -atum *1.*; **schneller als erwartet** opinione celerius
Erwarten: **wider ~** contra opinionem
Erwartung spes, spei *f*; exspectatio, -onis *f*
erweisen praestare, -sto, -stiti, -staturus *1.*; **sich ~** se praebere (-eo, -ui, -itum *2.*), (*nur lobend*) se praestare (-sto, -stiti, -staturus *1.*); **sich als tapfer ~** fortem se praestare; **j-m Ehre ~** alicui honorem tribuere (-uo, -ui, -utum *3.*); **j-m Wohltaten ~** beneficia conferre (confero, contuli, collatum *0.*) in aliquem
erweitern amplificare, -o, -avi, -atum *1.*
Erwerb (*Gewinn*) quaestus, -us *m*
erwerben (com)parare, -o, -avi, -atum *1.*
erwidern respondere, -spondeo, -spondi, -sponsum *2.*
Erz aes, aeris *n*
erzählen narrare, -o, -avi, -atum *1.* (**von etw** de re)
Erzählung **1** (*Geschichte*) fabula, -ae *f* **2** (*das Erzählen*) narratio, -onis *f*
erzeugen gignere, gigno, genui, genitum *3.*
Erzeugung procreatio, -onis *f*
erziehen educare, -o, -avi, -atum *1.*, erudire, -io, -ivi, -itum *4.*
Erzieher praeceptor, -oris *m*, paedagogus, -i *m*
Erziehung educatio, -onis *f*
erzürnen irritare, -o, -avi, -atum *1.*
Esel asinus, -i *m*
essen **1** edere, edo, edi, esum *3.* **2** (*Hauptmahlzeit einnehmen*) cenare, -o, -avi, -atum *1.*
Essen (*Nahrung*) cibus, -i *m*
Essen (*Nahrung*) Assindia
Essig acetum, -i *n*
Etrusker PL Etrusci, -orum *mpl*
etwa **1** (*im Fragesatz*) num *Fragepartikel*; **~ nicht** nonne *Fragepartikel*; **oder ~** an *Fragepartikel* **2** (*ungefähr*) fere *nachgestellt*; **~ Folgendes** haec fere
etwas **A** INDEF PR aliquid **B** ADV (*ein wenig*) paulum
euch **1** *dat* vobis **2** *akk* vos **3** **mit ~** vobiscum
euer vester, -tra, -trum
ewig aeternus, -a, -um, sempiternus, -um
Exil exilium, -i *n*

F

Fabel fabula, -ae *f*
Fabrik officina, -ae *f*
Fachausdruck terminus techr (termini *m* -i)
Fackel fax, facis *f*
Faden filum, -i *n*
fähig idoneus, -a, -um (**zu etw** ac quid); **~ sein** posse (possum, potui,
Fähigkeit facultas, -atis *f*
Fahne signum, -i *n*
Fahneneid sacramentum, -i *n*
Fahnenträger signifer, -eri *m*
fahren **A** VI **1** vehi, vehor, vectus *3.* **2** SCHIFF navigare, -o, -avi, -atu **B** VT (*transportieren*) vehere, veho, vectum *3.*
Fahrer (*Wagenlenker*) auriga, -ae *m*
Fahrt cursus, -us *m*; **eine ~ ma** SCHIFF navigare (-o, -avi, -atum *1.*)
Fährte vestigium, -i *n*
Fahrzeug **1** vehiculum, -i *n* **2** sc navigium, -i *n*
Fall casus, -us *m*
Falle *fig* insidiae, -arum *fpl*
fallen **1** cadere, cado, cecidi, ca *3.* **2** (*im Kampf*) necari, necor, ne sum *1.*
fällen caedere, caedo, cecidi, caesu
Fallgrube fovea, -ae *f*
falls (*wenn*) si
falsch falsus, -a, -um
fälschlich falso
Familie familia, -ae *f*
Familienname nomen gentile (r nis -is *n*)
Familienvater pater (patris *m*) lias
fangen capere, capio, cepi, captu
Farbe color, -oris *m*

ben tingere, tingo, tinxi, tinctum *3.*
t etw re)
s dolium, -i *n*
sen *(ergreifen)* (com)prehendere,
ehendo, -prehendi, -prehensum *3.;*
en Plan ~ consilium capere (capio,
i, captum *3.)*
sung: **mit ~ tragen** aequo animo
e (fero, tuli, latum *0.);* **sich aus der**
ringen lassen perturbari (-or, -atus
ı *1.)*
: *(bei Zahlen)* fere *nachgestellt;* paene
gestellt
l 1 *(faulig)* putidus, -a, -um 2 *(träge)*
er, -gra, -grum
lheit pigritia, ae *f*
ruar Februarius, -i *m*
hter gladiator, -oris *m*
er penna, -ae *f*
en purgare, -o, -avi, -atum *1.*
len 1 *(nicht da sein)* abesse, absum,
, - *0.;* **es fehlt nicht viel daran, dass**
multum abest, quin *+konjkt* 2 *(ver-*
st werden) deesse, -sum, -fui, - *0.* 3
ngeln) deficere, -ficio, -feci, -fectum
es fehlt an etw aliquid deficit 4
digen) peccare, -o, -avi, -atum *1.*
ler 1 error, -oris *m* 2 *(Schaden, Las-*
vitium, -i *n* 3 *(Sünde)* peccatum, -i
ch habe einen ~ gemacht erravi
r caerimonia, -ae *f*
rlich sollemnis, -e
rn celebrare, -o, -avi, -atum *1.;* **ei-**
Triumph ~ triumphum agere (ago,
actum *3.)*
rtage feriae, -arum *fpl*
e ignavus, -a, -um
heit ignavia, -ae *f*
1 *(zart)* tenuis, -e 2 *(gut)* bonus, -a,

d 1 *(Landesfeind)* hostis, is *m* 2
sönlicher Feind) inimicus, -i *m; (Geg-*
adversarius, -i *m*
dlich inimicus, -a, -um, infestus,
um; *oft durch* hostium *gen pl;* **~es**
r exercitus (-us *m)* hostium
dschaft inimicitiae, -arum *fpl;* **in**
ben mit j-m inimicitias gerere (gero,
i, gestum *3.)* cum aliquo
dselig infensus, -a, -um
heit 1 *(Zartheit)* tenuitas, -atis *f* 2
ieren) elegantia, -ae *f*
1 ager, -gri *m* 2 *(Ebene)* campus, -i

m
Feldfrüchte fruges, -um *fpl*
Feldherr imperator, -oris *m*, dux, ducis *m*
Feldherrnzelt praetorium, -i *n*
Feldlager castra, -orum *npl*
Feldmaus mus rusticus (muris rustici) *m*
Feldzeichen signum, -i *n*
Feldzug expeditio, -onis *f*
Fell pellis, -is *f*
Fels, **Felsen** 1 saxum, -i *n* 2 *(Felswand)* rupes, -is *f*
Fenster fenestra, -ae *f*
Ferien feriae, -arum *fpl*
fern A ADJ longinquus, -a, -um B ADV *(auch:* **von ~**) procul; **~ der Heimat** procul a domo
Ferne longinquitas, -atis *f;* **aus weiter ~** e longinquo
fernhalten arcere, -eo, -ui, - *2.;* **sich ~** (se) abstinere, -tineo, -tinui, -tentum *2.* (**von etw** re)
Ferse calx, calcis *f*
fertig paratus, -a, -um; (**sich**) **~ machen** parare (-o, -avi, -atum *1.)*
fertigen 1 conficere, -ficio, -feci, -fectum *3.* 2 *(als Handwerker)* fabricari, -or, -atus sum *1.*
fertigstellen conficere, -ficio, -feci, -fectum *3.*
Fessel vinculum, -i *n*
fesseln vincire, vincio, vinxi, vinctum *4.*
fest 1 *(stark)* firmus, -a, -um 2 *(standhaft)* stabilis, -e
Fest festum, -i *n*
festbinden vincire, vincio, vinxi, vinctum *4.*
festhalten tenere, teneo, tenui, tentum *2.*, retinere *od.* obtinere, -tineo, -tinui, -tentum *2.*
festhängen haerere, haereo, haesi, haesurus *2.*
festigen firmare, -o, -avi, -atum *1.*
Festigkeit stabilitas, -atis *f;* firmitas, -atis *f*, *auch fig*
Festland continens, -entis *f*, terra continens (terrae, -entis *f)*
festlegen sancire, sancio, sanxi, sanctum *4.*
festnehmen comprehendere, -prehendo, -prehendi, -prehensum *3.*
festsetzen *(bestimmen)* statuere *od.*

F

constituere, -uo, -ui, -utum *3.*
festsitzen haerere, haereo, haesi, haesurus *2.*
feststehen: **es steht fest** constat (+ *AcI*)
Festtag dies festus (diei festi) *m*
Festung oppidum munitum (oppidi -i *n*)
Festzug pompa, -ae *f*
fett pinguis, -e
Feuer ignis, -is *m*; **loderndes ~** flamma (-ae *f*); **mit ~ und Schwert** flammā ferroque
Feuersbrunst incendium, -i *n*
Feuerstelle focus, -i *m*
feurig 1 (*glühend*) igneus, -a, -um 2 (*stürmisch*) acer, acris, acre
Fibel (*Spange*) fibula, -ae *f*
Fichte pinus, -us *od.* -i *f*
Fieber febris, -is *f*; **das ~ steigt** febris crescit
Figur 1 forma, -ae *f* 2 RHET figura, -ae *f*
finden 1 (*zufällig*) invenire, -venio, -veni, -ventum *4.*; (*durch Suchen*) reperire, reperio, repperi, repertum *4.* 2 (*halten für*) putare, -o, -avi, -atum *1.* **j-n gut ~** aliquem bonum putare
Finger digitus, -i *m*
Fingernagel unguis, -is *m*
Fisch piscis, -is *m*
fischen piscari, -or, -atus sum *1.*
Fischer piscator, -oris *m*
flach planus, -a, -um
Fläche aequor, aequoris *n*
Flamme flamma, -ae *f*; **in ~n aufgehen** deflagrare (-o, -avi, -atum *1.*); **in ~n stehen** ardere (ardeo, arsi, arsum *2.*)
Flanke latus, -eris *n*
Fleck macula, -ae *f*
flehen implorare, -o, -avi, -atum *1.* (**zu j-m** aliquem)
Flehen supplicium, -i *n*
flehend supplex, -icis
Fleisch caro, carnis *f*
Fleiß industria, -ae *f*
fleißig industrius, -a, -um, sedulus, -a, -um
flicken sarcire, sarcio, sarsi, sartum *4.*
Fliege musca, -ae *f*
fliegen volare, -o, -avi, -atum *1.*
fliehen fugere, fugio, fugi, fugitum *3.*, fugae se mandare (-o, -avi, -atum *1.*)

fließen manare, -o, -avi, -atum *1.*, re, fluo, fluxi, - *3.*
flink promptus, -a, -um; velox, -oci
Floß ratis, -is *f*
Flöte tibia, -ae *f*; **~ blasen, ~ spi** tibia canere (cano, cecini, cantatun
Flotte classis, -is *f*
Flucht fuga, -ae *f*; **in die ~ schl** fugare (-o, -avi, -atum *1.*)
flüchten fugere, fugio, fugi, fugi *3.*
flüchtig 1 fugitivus, -a, -um 2 (*r lässig*) neglegens, -entis
Flüchtling 1 profugus, -i *m* 2 (*er fener Sklave*) fugitivus, -i *m*
Flügel 1 (*Vogel*) ala, -ae *f* 2 MIL c -us *n*
Fluss fluvius, -i *m*, flumen, -inis *n*

Wortsc

▶ Flüsse

Die lateinischen Namen der Flüsse meistens maskulin. Nach alter Vo stellung wohnten in ihnen Flussgö bzw. -göttinnen oder Quellnymph nach denen sie benannt wurden.

Rhenus ⟨i⟩ *m*	Rhein
Danuvius ⟨i⟩ *m*	Donau
Moenus ⟨i⟩ *m*	Main
Albis ⟨is⟩ *m*	Elbe
Tiberis ⟨is⟩ *m*	Tiber
Rhodanus ⟨i⟩ *m*	Rhône
Athesis ⟨is⟩ *m*	Etsch
Mosella ⟨ae⟩ *m*	Mosel
Sequana ⟨ae⟩ *m*	Seine

flussabwärts secundo flumine
flussaufwärts adverso flumine
flüssig liquidus, -a, -um; **~ mach** quefacere (-facio, -feci, -factum *3.*)
Flut fluctus, -us *m*
folgen sequi, sequor, secutus s (**j-m** aliquem); (*im Amt*) succedere do, -cessi, -cessum *3.*
folgend 1 (*darauffolgend*) poster -um 2 (*jetzt folgend*) hic, haec, ho **~en Tag** postero die; **~e Worte** verba *npl*

lgendes hoc *n*, haec *npl*
gern concludere, -cludo, -clusi, -clu-
m *3.* (**dass** *+AcI*)
glich ergo; igitur *nachgestellt*
lter tormentum, -i *n*
tern torquere, torqueo, torsi, tortum
cruciare, -o, -avi, -atum *1.*
'dern postulare, -o, -avi, atum *1.*,
scere, posco, poposci, - *3.*, exigere,
o, -egi, -actum *3.*; **vor Gericht ~** in
vocare (-o, -avi, -atum *1.*)
'dern (ad)iuvare, -iuvo, -iuvi, -iutum
augere, augeo, auxi, auctum *2.*, alere,
, alui, altum *u.* alitum *3.*
rderung postulatum, -i *n*
rm forma, -ae *f*
rmel formula, -ae *f*
men formare, -o, -avi, -atum *1.*
mulieren 1 (*mündlich*) verbis ef-
re (effero, extuli, elatum *0.*) 2 (*schrift-*
ı) conscribere, -scribo, -scripsi, -scrip-
n *3.*
'schung (*wissenschaftliche*) pervesti-
tio (-onis *f*) scientiae
t (*entfernt*) procul; **in einem ~** semper
tbestehen manere, maneo, mansi,
nsurus *2.*
tbewegen amovere, -moveo, -mo-
-motum *2.*
tfahren (*weitermachen*) pergere,
'go, perrexi, perrectum *3.*, continua-
-o, -avi, atum *1.*, perseverare, -o,
i, -atum *1.*
tfliegen avolare, -o, -avi, -atum *1.*
tgehen discedere, -cedo, -cessi,
ssum *3.*
tnehmen adimere, -imo, -emi,
nptum *3.*
tpflanzen: **sich ~** procreari, -or,
us sum *1.*
tschaffen amovere, -moveo, -mo-
-motum *2.*
tschleppen abstrahere, -traho,
xi, -tractum *3.*
tschritt progressus, -us *m*; **~e ma-**
en proficere (-ficio, -feci, -fectum *3.*),
gredi, -gredior, -gressus sum *3.*
tsetzen continuare, -o, -avi, -atum *1.*
tziehen *VI* discedere, -cedo, -cessi,
ssum *3.*
um forum, -i *n*
ge 1 interrogatio, -onis *f*, quaestio,
s *f* 2 (*Angelegenheit*) res, rei *f*

Grammatik

▶ Frage

Abhängig von der erwarteten Antwort auf eine Frage werden folgende Fragepartikel verwendet:

nonne, num (jeweils am Anfang des Fragesatzes),
oder **-ne** (angehängt).

Nonne cibus ad vitam necessarius est?
Ist Essen nicht notwendig zum Leben?
erwartete Antwort: Ja!
Num sidera numerasti?
Hast du etwa die Sterne gezählt?
erwartete Antwort: Nein!
Scripsitne ad te pater?
Hat dir dein Vater geschrieben?
offene Frage

fragen (inter)rogare, -o, -avi, -atum *1.*; quaerere, quaero, quaesivi, quaesitum *3.* (j-n ex/ab aliquo); **j-n um Rat ~** aliquem consulere (-sulo, -sului, -sultum *3.*)
Frau 1 femina, -ae *f*, mulier, -is *f* 2 (*Ehefrau*) uxor, -oris *f*, coniux, -iugis *f*; **vornehme ~** matrona, -ae *f*; **alte ~** anus (-us *f*); **junge ~** virgo (-inis *f*)
frech protervus, -a, -um
Frechheit protervitas, -atis *f*, audacia, -ae *f*
frei 1 liber, -era, -erum; **~ geboren** ingenuus, -a, -um 2 (*ohne*) vacuus, -a, -um; **~ sein** vacare (-o, -avi, -atum *1.*; **von etw** re) 3 **~e Zeit** otium (-i *n*)
Freier procus, -i *m*
freigebig liberalis, -e
Freigebigkeit liberalitas, -atis *f*
Freigelassener libertus, -i *m*
Freiheit libertas, -atis *f*, licentia, -ae *f*
freikaufen redimere, -imo, -emi, -emptum *3.*
freilassen liberare, -o, -avi, -atum *1.*; (*Sklaven*) manumittere, -mitto, -misi, -missum *3.*
freilich (*zwar*) quidem *nachgestellt*; (*allerdings*) sane
freimütig liber, -era, -erum

F

F

freisprechen absolvere, -solvo, -solvi, -solutum *3.* (**von etw** alicuius rei/(de) re; **von der Todesstrafe** capitis)
Freitag dies (-ei *m*) Veneris
freiwillig A ADJ voluntarius, -a, -um B ADV meā (tuā, suā *usw.*) sponte
Freizeit otium, -i *n*; **~ haben** vacare (-o, -avi, -atum *1.*)
fremd 1 (*nicht eigen*) alienus, -a, -um 2 (*ausländisch*) peregrinus, -a, -um
fremdartig alienus, -a, -um
Fremde (*Land*) terrae externae (terrarum, -arum *fpl*); **in der/die ~** peregre
Fremder 1 peregrinus, -i *m* 2 (*Gastfreund*) hospes, -itis *m*
fressen devorare, -o, -avi, -atum *1.*
Freude 1 (*äußere*) laetitia, -ae *f* 2 (*innere*) gaudium, -i *n*; **j-m ~ machen** aliquem delectare (-o, -avi, -atum *1.*); **es macht mir ~** iuvat me; **~ haben an etw** delectari (-or, -atus sum *1.*) re
freudig laetus, -a, -um
freuen: **sich ~** gaudere (gaudeo, gavisus sum *2.*), laetari (laetor, laetatus sum *1.*; **über etw** re); **es freut mich** iuvat me
Freund amicus, -i *m*
Freundin amica, -ae *f*
freundlich comis, -e
Freundlichkeit comitas, -atis *f*
Freundschaft amicitia, -ae *f*; **~ schließen** amicitiam iungere (iungo, iunxi, iunctum *3.*)
freundschaftlich familiaris, -e
Frevel nefas *n indekl*, scelus, -eris *n*
frevelhaft nefarius, -a, -um
Freveltat scelus, eris *n*
Frieden pax, pacis *f*; **~ schließen** pacem facere (facio, feci, factum *3.*)
friedlich placidus, -a, -um
frieren algere, algeo, alsi, - *2.*
frisch 1 (*neu*) recens, -entis 2 (*kühl*) frigidus, -a, -um
Friseur tonsor, -oris *m*
froh laetus, -a, -um
Fröhlichkeit laetitia, -ae *f*
fromm pius, -a, -um
Frömmigkeit pietas, -atis *f*
Frosch rana, -ae *f*
Frost frigus, -oris *n*
Frucht fructus, -us *m*
fruchtbar fertilis, -e
früh A ADJ (*frühzeitig*) maturus, -a, -um B ADV (*am Morgen*) mane, primā lu
früher A ADJ prior, prius; (*ehem* pristinus, -a, -um B ADV ante, ar prius
Frühling ver, veris *n*
frühmorgens mane, primā luce
Frühstück ientaculum, -i *n*; (*gegen tag*) prandium, -i *n*
frühstücken ientare, -o, -avi, -atu
frühzeitig maturus, -a, -um
Fuchs vulpes, -is *f*
fühlen sentire, sentio, sensi, sensu
führen ducere, duco, duxi, ductun **ein Leben ~** vitam agere (ago, egi, tum *3.*); **Gespräche ~** colloquia ha (habeo, habui, habitum *2.*); **die St führt (nach)** via fert (in); **Krieg ~** be gerere (gero, gessi, gestum *3.*); **es f zu weit** longum est
Führer M dux, ducis *m/f*
Führung ductus, -us *m*; **unter Cae ~** Caesare duce
Fülle copia, -ae *f*, abundantia, -ae
füllen complere, -eo, -evi, -etum *2*
Fundament fundamentum, -i *n*
fünf quinque *indekl*; **je ~** quini (-ae,
fünfmal quinquies
fünfte(r, -s) quintus, -a, -um
fünfzehn quindecim *indekl*
für PRÄP 1 *durch den bloßen dat*; **ich ge ~ dich** tibi consulo 2 (*zum Schut Stelle von*) pro *+abl*; **~ das Vaterland** patria
Furcht timor, -oris *m*, metus, -us *r* **~ geraten** extimescere (-timesco, -t - *3.*); **in ~ und Schrecken versetzen** terrere (-terreo, -terrui, -territum *2*
furchtbar atrox, -ocis
fürchten, **sich ~** timere, timeo, tir *2.*, metuere, metuo, metui, - *3.*, ve vereor, veritus sum *2.* (**dass** ut *+k* **dass nicht** ne *+konjkt*)
furchterregend terribilis, -e
furchtlos impavidus, -a, -um
furchtsam timidus, -a, -um
Fürsorge cura, -ae *f*
Fürst princeps, -cipis *m*
Furt (*seichte Stelle*) vadum, -i *n*
Fuß pes, pedis *m*; **zu ~** pedibus; a **der Alpen** sub Alpibus; **auf vertra ~ mit j-m stehen** familiariter uti usus sum *3.*) aliquo
Fußboden solum, -i *n*, pavimentu

ßbodenheizung hypocaustum, -i

ßmarsch iter pedestre (itineris -tris

ßsoldat pedes, -itis *m*
ßspur vestigium, -i *n*
ßtruppen pedites, -um *mpl*
tter pabulum, -i *n*, cibus, -i *m*; **~ ho-**
ı pabulari (-or, -atus sum *1.*)
tern nutrire, nutrio, nutrivi *u.* nutrii,
tritum *4.*

G

be donum, -i *n*
bel furca, -ae *f*
ns anser, -eris *f*
ız **A** ADJ omnis, -e; totus, -a, -um;
ıctus, -a, -um **B** ADV **1** *(völlig)* omni-
2 *(durchaus)* prorsus
rten hortus, -i *m*
st **1** hospes, -itis *m* **2** *(Tischgenosse)*
ıviva, -ae *m*
stfreundlich hospitalis, -e
stfreundschaft hospitium, -i *n*
stgeber convivator, -oris *m*
sthaus taberna, -ae *f*
te coniux, -iugis *m*
tin coniux, -iugis *f*, uxor, -oris *f*
tung genus, -eris *n*
ımen palatum, -i *n*
ächteter proscriptus -i *m*
bären parere, pario, peperi, partum

bäude aedificium, -i *n*
beine ossa, ossium *npl*
bell latratus, -us *m*
ben dare, do, dedi, datum *1.*; **sich**
he ~ operam dare; **es gibt (einen**
t) est (deus); **es gibt Leute, die** sunt
+konjkt
bet preces, -um *fpl*
biet agri, -orum *mpl*, fines, -ium *mpl*,
io, -onis *f*
bieten imperare, -o, -avi, -atum *1.*
bieter dominus, -i *m*

Gebieterin domina, -ae *f*
gebildet doctus, -a, -um, eruditus, -a, -um, humanus, -a, -um
Gebirge montes, -ium *mpl*
Gebirgs... montanus, -a, -um
geboren natus, -a, -um; **~ werden** nasci (nascor, natus sum *3.*)
Gebot praeceptum, -i *n*
Gebrauch usus, -us *m*
gebrauchen uti, utor, usus sum *3.* (**etw** re)
gebräuchlich usitatus, -a, -um
gebrechlich debilis, -e
Geburt ortus, -us *m*; **vor (nach) Christi ~** ante (post) Christum natum
Geburtstag (dies, diei) natalis, -is *m*; **~ feiern** diem natalem agere (ago, egi, actum *3.*)
Gedächtnis memoria, -ae *f*; **im ~ haben** memoriā tenere (teneo, tenui, - *2.*); **aus dem ~** memoriter
Gedanke **1** *(Denken)* cogitatio, -onis *f* **2** *(Meinung)* sententia, -ae *f*
gedeihen crescere, cresco, crevi, cretum *3.*
gedenken **1** *(sich erinnern)* recordari, -or, -atus sum *1.* (**j-s** aliquem; **einer Sache** aliquid); **gedenke!** memento! (+ *inf/AcI*) **2** *(beabsichtigen)* cogitare, -o, -avi, -atum *1.* (+ *inf*)
Gedenkstein monumentum, -i *n*
Gedicht carmen, -inis *n*
gediegen solidus, -a, -um
Gedränge turba, -ae *f*
Geduld patientia, -ae *f*
geduldig patiens, -entis
geeignet idoneus, -a, -um, aptus, -a, -um (**für etw** alicui rei, ad aliquid)
Gefahr periculum, -i *n*, discrimen, -inis *n*; **in ~ geraten** in periculum venire (venio, veni, ventum *4.*); **in ~ schweben** in periculo esse (sum, fui, - *0.*); **~en überstehen** pericula ferre (fero, tuli, latum *0.*)
gefährlich periculosus, -a, -um
Gefährte comes, -itis *m*, socius, -i *m*
gefallen placere, placeo, placui, placitum *2.*
Gefallen: **j-m einen ~ tun** alicui gratum facere (facio, feci, factum *3.*); **~ finden an etw** delectari (delector, delectatus sum *2.*) re
Gefälligkeit gratia, -ae *f*

gefangen captivus, -a, -um; **~ nehmen** capere, capio, cepi, captum *3.*
Gefangener captivus, -i *m*
Gefangenschaft captivitas, -atis *f*; **in ~ geraten** capi (capior, captus sum *3.*)
Gefängnis carcer, -eris *m*, vincula, -orum *npl*
Gefäß vas, vasis *n* (*pl* vasa, -orum *n*)
Gefecht proelium, -i *n*
Gefühl sensus, -us *m*; **kein ~ haben** nihil sentire (sentio, sensi, sensum 4.)
gegen PRÄP **1** (*freundlich*) erga *+akk*; (*feindlich*) contra *+akk*; (*freundlich u. feindlich*) in *+akk*; **verteidigen ~ j-n** defendere (defendo, defendi, defensum *3.*) ab aliquo **2** (*Richtung*) adversus, in *+akk* **3** (*ungefähr*) circa *+akk*
Gegend regio, -onis *f*
Gegenstand res, rei *f*
Gegenteil contrarium, -i *n*; **im ~** immo
gegenüber PRÄP contra (+ *akk*); **mir ~** in me
Gegenwart praesentia, -ae *f*; **in meiner (deiner) ~** me (te) praesente
gegenwärtig praesens, -entis
Gegner adversarius, -i *m*
geheim **A** ADJ occultus, -a, -um **B** ADV clam
Geheimnis secretum, -i *n*
gehen ire, eo, ii, itum *0.*, incedere, -cedo, -cessi, -cessum *3.*, vadere, vado, vasi, - *3.*; **ins Haus ~** domum intrare (-o, -avi, -atum *1.*); **~ lassen** mittere (mitto, misi, missum *3.*); **es geht mir gut** valeo
gehenlassen → gehen
Gehilfe minister, -tri *m*
Gehör: **~ schenken** aures praebere (praebeo, praebui, praebitum *2.*)
gehorchen parere, pareo, parui, pariturus *2.*, oboedire, -io, -ivi, -itum *4.*
gehören **1** (*Besitz*) esse, sum, fui, f… rus *0.* (**j-m** alicui, alicuius), possidere … deo, -sedi, -sessum, *2.* **2** (**zu etw) ~** … tinere, -tineo, -tinui, - *2.* (ad aliquic… **es gehört sich** decet (decuit *2.*), opo… (oportuit *2.*; *+inf/AcI*)
Geisel obses, obsidis *m*
Geist animus, -i *m*, mens, mentis *f* … genium, -i *n*, spiritus, -us *m*
geistreich magni ingenii
Geiz avaritia, -ae *f*
geizig avarus, -a, -um
Gelächter risus, -us *m*
Gelände loca, orum *npl*
gelangen pervenire, -venio, -… -ventum *4.*
gelb flavus, -a, -um
Geld pecunia, -ae *f*, aes, aeris *n*; **vi…** magna pecunia
Geldstück nummus, -i *m*
gelegen **1** (*räuml.*) situs, -a, … **günstig ~** opportunus, -a, -um; **h… ~** altior, ius, *komp* **2** (*vorteilhaft*) **ist (daran) ~** meā interest; **~ kom…** bene accidere (-cido, -cidi, - *3.*)
Gelegenheit occasio, -onis *f*; **ei… bietet sich** occasio offertur
Gelehrsamkeit doctrina, -ae *f*
gelehrt doctus, -a, -um
Gelehrter homo doctus (hominis …
geleiten comitari, -or, -atus sum
Gelenk artus, -us *m*, articulus, -i *m*
gelingen contingere, -tingo, -tigi, … tum *3.*; **es gelingt mir, …** mihi co… git, ut … *+konjkt*
geloben vovere, voveo, vovi, votu… spondere, spondeo, spopondi, spo… *2.*
gelten **1** (*Einfluss haben*) valere, v… valui, - *2.*; **viel ~** multum valere **2**

Gramm…

▶ gehören

Zur Bezeichnung eines Besitzverhältnisses standen den Römern verschiedene Ausdrücke zur Verfügung.
Es gibt allerdings feine Unterschiede:

Matri est liber.	Die Mutter hat <u>ein Buch</u>. *betont die Sache*
Matris est liber.	<u>Die Mutter</u> hat ein Buch. *betont die Besitzerin*
Mater librum possidet.	Die Mutter <u>besitzt</u> ein Buch. *das Buch ist ihr Eigen…*
Mater librum habet.	Die Mutter hat ein Buch. *allgemein*

sehen werden als) putari, -or, -atus sum (+ dopp nom)
lübde votum, -i *n*
mahl maritus, -i *m*
mahlin uxor, -oris *f*, coniux, -iugis *f*
mälde tabula picta (-ae *f*)
näß secundum *+akk*
meinde civitas, -atis *f*
neinsam A ADJ communis, -e B ADV unā (**mit j-m** cum aliquo)
meinschaft societas, -atis *f*
meinwesen res (rei *f*) publica (-ae)
metzel caedes, -is *f*
müt animus, -i *m*
nau A ADJ diligens, -entis, accuratus, -a, -um B ADV diligenter, accurate; (durch u. durch) penitus
nial ingeniosus, -a, -um
nießen frui, fruor, fructus sum *3.*, delectari, -or, -atus sum *1.* (**etw** re)
nosse socius, -i *m*
nug satis; **~ Geld** satis pecuniae
nügen satis esse (sum, fui, - *0.*)
nügend satis
nugtuung satisfactio, -onis *f*; **~ fordern** res repetere (-peto, -petivi, -petitum *3.*)
nuss fructus, -us *m*; **sich dem ~ hingeben** voluptatibus se tradere (trado, tradidi, traditum *3.*)
nusssucht luxuria, -ae *f*
ometrie geometria, -ae *f*
päck impedimenta, -orum *npl*
ade A ADJ rectus, -a, -um B ADV **~ richtig** recte; (*genau*) ipse, ipsa, ipsum; **deshalb** ob id ipsum; **~ etwas tun** facturum esse (sum, fui, - *0.*)
adeaus recte
adewegs rectā viā
adezu *Verstärkung von* ADJ quidam, quaedam, quiddam; **eine ~ bewundernswerte Tugend** admirabilis quaedam virtus
ät instrumentum, -i *n*
aten (*zufällig gelangen*) pervenire, -venio, -veni, -ventum *4.*; **in Gefahr ~** venire in periculum
äumig amplus, -a, -um
äusch strepitus, -us *m*
echt iustus, -a, -um, (*Anteil*) aequus, -a, -um
echtigkeit iustitia, -ae *f*, aequitas, -atis *f*

Gerede rumor, -oris *m*
Gericht iudicium, -i *n*; **vor ~** (*örtl.*) in iudicio; (*Richtung*) apud iudices; **vor ~ stehen** ante iudices destitutum esse (sum, fui, - *0.*); **vor ~ stellen** in ius vocare (-o, -avi, -atum *1.*)
Gerichtshalle, Gerichtssaal basilica, -ae *f*
Gerichtstag dies fastus (diei -i *m*)
Gerichtsverhandlung iudicium, -i *n*
gering 1 parvus, -a, -um 2 (*unwichtig*) tenuis, -e 3 (*Abstammung*) humilis, -e
geringachten → achten
gern libenter
gernhaben amare, -o, -avi, -atum *1.*
Geruch odor, -oris *m*
Gerücht fama, -ae *f*, rumor, -oris *m*
gesamt universus, -a, -um, cunctus, -a, -um
Gesamtheit summa, -ae *f*; **die ~ der Bürger** omnes cives
Gesandter legatus, -i *m*
Gesandtschaft legatio, -onis *f*
Gesang 1 (*das Singen*) cantus, -us *m* 2 (*Gedicht*) carmen, -inis *n*
Geschäft 1 (*Laden*) taberna, -ae *f* 2 (*Handel*) negotium, -i *n*; **~e machen/treiben** negotia gerere (gero, gessi, gestum *3.*)
geschehen fieri, fio, factus sum *0.*, accidere, -cido, -cidi, - *3.*; **es geschieht, dass** fit, ut
gescheit callidus, -a, -um
Geschenk donum, -i *n*, munus, -eris *n*
Geschichte 1 (*Erzählung*) fabula, -ae *f* 2 (*historische Ereignisse*) res gestae (rerum -arum *fpl*) 3 (*Geschichtswerk*) historia, -ae *f*
Geschichtsschreiber (rerum) scriptor, -oris *m*
Geschichtsschreibung historia, -ae *f*
Geschicklichkeit sollertia, -ae *f*
geschickt sollers, -ertis
Geschirr vasa, -orum *npl*
Geschlecht 1 genus, -eris *n* 2 (*Volksstamm*) gens, gentis *f*
Geschlechtsname gentilicium nomen (-i -inis *n*)
geschlossen clausus, -a, -um
geschmackvoll elegans, -antis
Geschöpf animal, -alis *n*
Geschoss, Geschoß (*Lanze*) telum, -i

n

Geschrei clamor, -oris *m*; **~ erheben** clamorem tollere (tollo, sustuli, sublatum *3.*)

Geschütz tormentum, -i *n*

geschwätzig loquax, -acis

Gesellschaft societas, -atis *f*

Gesetz lex, legis *f*; **ein ~ beantragen** legem ferre (fero, tuli, latum *0.*) *od.* rogare (-o, -avi, -atum *1.*)

gesetzlich legitimus, -a, -um

G

Gesicht os, oris *n*; vultus, -us *m*; **zu ~ bekommen** conspicere (-spicio, -spexi, -spectum *3.*)

Gesichtsausdruck vultus, -us *m*

Gesinnung animus, -i *m*; **edle ~** liberalitas (-atis *f*)

gespannt intentus, -a, -um

Gespräch sermo, -onis *m*, colloquium, -i *n*

Gestalt 1 forma, -ae *f*, figura, -ae *f* 2 (*äußerer Anblick*) species, -ei *f*

Gestaltung compositio, -onis *f*

gestehen fateri, fateor, fassus sum *2.*, confiteri, -fiteor, -fessus sum *2.*

gestern heri

Gestirn sidus, -eris *n*

gestrig hesternus, -a, -um

gesund 1 sanus, -a, -um, salvus, -a, -um 2 (*kräftig*) validus, -a, -um; **~ sein** valere, -eo, -ui, -iturus *2.*; **(wieder) ~ werden** convalescere, -valesco, -valui, - *3.* 3 (*heilsam*) saluber, -bris, -bre

Gesundheit, Gesundheitszustand valetudo, -inis *f*

Getöse strepitus, -us *m*

Getränk potio, -onis *f*

Getreide frumentum, -i *n*; **~ holen** frumentari (-or, -atus sum *1.*)

Getreidespeicher horreum, -i *n*

Getreidevorrat copia (-ae *f*) rei frumentariae

gewachsen par, paris

gewähren praebere, -eo, -ui, -itum *2.*

gewährleisten praestare, -sto, -stiti, -staturus *1.*

Gewährsmann auctor, -oris *m*

Gewalt 1 vis *f* (*sg nur akk* vim, *abl* vi; *pl* vires, virium *usw.*) 2 (*Amtsgewalt*) potestas, -atis *f*; **in seine ~ bringen** in potestatem suam redigere (-igo, -egi, -actum *3.*); **j-m ~ antun** alicui vim inferre (infero, intuli, illatum *0.*)

Gewaltherrschaft tyrannis, -idis

Gewaltherrscher tyrannus, -i *m*

gewaltig ingens, -entis

gewaltsam per vim; vi

Gewand vestis, -is *f*

Geweih cornua, -uum *npl*

geweiht sacer, sacra, sacrum

Gewicht 1 pondus, -eris *n* 2 (*Ein*
auctoritas, -atis *f*

gewichtig gravis, -e, *auch fig*

Gewimmel turba, -ae *f*

Gewinn lucrum, -i *n*; **~ bringen**
gewinnbringend

gewinnbringend fructuosus, -a,

gewinnen 1 (*erreichen*) consequi,
quor, -secutus sum *3.* 2 (*Gunst*) con
re, -o, -avi, -atum *1.*; **die Legionen
Geld für sich ~** sibi legiones pec
conciliare 3 (*Kampf, Wettbewerb*) v
re, vinco, vici, victum *3.* (**Schlacht**
elio, in pugna)

gewiss A ADJ 1 (*sicher*) certus, -a,
2 (*bestimmt*) quidam, quaedam, q
dam; **in ~em Sinne** quodam mod
ADV certe

Gewissen conscientia, -ae *f*

gewissenhaft A diligens, -enti
ADV diligenter

Gewissenhaftigkeit diligentia,

gewissenlos impius, -a, -um

gewissermaßen quasi

gewogen benevolus, -a, -um; **j-
sein** alicui favere (faveo, favi, fautu

gewöhnen assuefacere, -facio,
-factum *3.* (**an etw** re); **sich ~** consu
re (-suesco, -suevi, suetum *3.*; **an**
alicui rei)

Gewohnheit 1 consuetudo, -ini
(*Sitte*) mos, moris *m*

gewöhnlich A ADJ usitatus, -a,
B ADV *durch* solere, soleo, solitus
2. (+ *inf*); **wie ~** ut solet; **Cato sag
dies** Cato hoc dicere solebat

gewohnt consuetus, -a, -um; **nic**
insuetus (-a, -um); **~ sein** solere (s
solitus sum *2.*; +*inf*)

Gewürz condimentum, -i *n*

Gier aviditas, -atis *f*, cupiditas, -at

gierig avidus, -a, -um, cupidus, -a
(**nach etw** alicuius rei)

gießen fundere, fundo, fudi, fusu

Gift venenum, -i *n*; **~ nehmen** ven
haurire (haurio, hausi, haustum *4.*)

tig venenatus, -a, -um
fel vertex, -icis *m*; *oft durch adj* sum-
s, -a, -um; **~ des Ruhms** summa glo-
(-ae -ae *f*)
diator gladiator, -oris *m*
diatorenkampf (*Schauspiel*) mu-
gladiatorium (muneris -i *n*)
nz splendor, -oris *m*
nzen splendere, -eo, -ui, - *2.*
nzend praeclarus, -a, -um, splendi-
, -a, -um, illustris, -e
s vitrum, -i *n*
sern vitreus, -a, -um
ube 1 REL fides, -ei *f*; religio, -onis *f*
(*Meinung*) opinio, -onis *f*; **j-m ~**
enken fidem habere (-eo, -ui, -itum
alicui
uben putare, -o, -avi, -atum *1.*, cre-
e, credo, credidi, creditum *3.*, arbi-
i, -or, -atus sum *1.*, opinari, -or, -atus
1., reri, reor, ratus sum *2.*, iudicare,
-avi, -atum *1.*; **j-m ~** credere alicui;
n hätte ~ können crederes
ich A ADJ aequus, -a, -um, (com)-
paris, aequalis, -e; **zu ~en Teilen**
uis partibus B ADV 1 (*ebenso*) aeque;
roß aeque magnus, aequā magnitu-
e 2 **~ als wenn** velut si, tamquam si
njkt 3 (*sofort*) statim, continuo, con-
im
chaltrig aequalis, -e
chgültig neglegens, -entis (**gegen**
alicuius, in aliquem; **gegen etw** ali-
us rei, in aliquid)
chkommen (ad)aequare, -o, -avi,
m *1.* (**j-m** aliquem)
chmachen aequare, -o, -avi,
m *1.* (**dem Erdboden** solo)
chmut aequus animus (-i -i *m*)
chmütig aequo animo
chsam quasi; **~ wie** tamquam
chwohl (at) tamen
chzeitig simul
ten labi, labor, lapsus sum *3.*
d membrum, -i *n*
ck 1 (*äußeres*) fortuna, -ae *f* 2 (*Vor-*
res secundae (rerum -arum *fpl*) 3
cklicher Zustand) felicitas, -atis *f* 4
cksgefühl) beatitudo, -inis *f*; **~ ha-**
bei etw fortunā uti (utor, usus
3.); **~ wünschen** gratulari (-or, -atus
1.)
ken contingere, -tingo, -tigi, -tac-
tum *3.*; **es glückt** contingit, ut +*konjkt*
glücklich 1 felix, -icis, fortunatus, -a,
-um 2 (*vorteilhaft*) prosper(us), -a, -um
3 (*innerlich*) beatus, -a, -um
Glückwunsch gratulatio, -onis *f*
glühen ardere, ardeo, arsi, arsurus *3.*,
auch fig
Glut aestus, -us *m*, ardor, -oris *m*
Gnade 1 (*Verzeihung*) venia, -ae *f* 2
(*Gnadenerweis*) beneficium, -i *n*; **um ~**
bitten veniam precari (-or, -atus sum
1.); **j-m eine ~ erweisen** beneficium
conferre (confero, contuli, collatum *0.*)
in aliquem
gnädig 1 (*günstig*) propitius, -a, -um 2
(*mild*) clemens, -entis
Gold aurum, -i *n*
golden aureus, -a, -um
goldgelb flavus, -a, -um
Gönner fautor, -oris *m*
Gott deus, -i *m*
Götterbild simulacrum, -i *n*
Götterspruch fatum, -i *n*
Gottesdienst sacra, -orum *npl*
gottesfürchtig religiosus, -a, -um, pi-
us, -a, -um
Gottesverehrung religio, -onis *f*, dei
cultus (-us *m*)
Gottheit numen, -inis *n*
Göttin dea, -ae *f*
göttlich divinus, -a, -um
gottlos impius, -a, -um
Gottlosigkeit impietas, -atis *f*
Grab sepulcrum, -i *n*
graben fodere, fodio, fodi, fossum *3.*
Graben fossa, -ae *f*; **einen ~ ziehen**
fossam ducere (duco, duxi, ductum *3.*)
Grabhügel tumulus, -i *m*
Grabmal monumentum, -i *n*
Grad gradus, -us *m*
Grammatik grammatica, -ae *f*
Gras gramen, -inis *n*
grässlich atrox, -ocis
gratulieren gratulari, -or, -atus sum *1.*
grau canus, -a, -um
Gräueltat scelus, -eris *n*
grausam crudelis, -e, saevus, -a, -um
Grausamkeit crudelitas, -atis *f*, saevi-
tia, -ae *f*
greifen capere, capio, cepi, captum *3.*
(**zu den Waffen** arma)
Greis senex, senis *m*
Greisen... senilis, -e

G

Greisenalter senectus, -utis *f*
Grenze finis, -is *m*
grenzenlos infinitus, -a, -um
Grenzwall limes, -itis *m*
Grenzzeichen terminus, -i *m*
Grieche Graecus, -i *m*
Griechenland Graecia, -ae *f*
griechisch Graecus, -a, -um
Griffel stilus, -i *m*
grimmig saevus, -a, -um
Groll odium, -i *n*
groß magnus, -a, -um; **so ~** tantus (-a, -um); **wie ~** quantus (-a, -um); **zu ~** nimius (-a, -um)

großartig magnificus, -a, -um
Größe 1 magnitudo, -inis *f* 2 (*Würde*) dignitas, -atis *f*
Großeltern avi, -orum *mpl*
größer maior, -ius; **~ werden** augeri (augeor, auctus sum *2.*)
Großmutter avia, -ae *f*
größte(r, -s) maximus, -a, -um
größtenteils maximam partem
Großvater avus, -i *m*
Grube fovea, -ae *f*
grün 1 viridis, -e 2 (*unreif*) immaturus, -a, -um; **~ werden** virescere (viresco, virui, - *3.*)
Grund 1 (*Ursache*) causa, -ae *f*; **es liegt kein ~ vor, weswegen** non est quod *+konjkt*; **ich habe keinen ~ zu** non habeo quod *+konjkt*; **aus diesem ~** eā (quā *od.* hac) de causā 2 (*Boden*) fundus, -i *m*
gründen condere, -do, -didi, -ditum *3.*; **eine Kolonie ~** coloniam deducere (-duco, -duxi, -ductum *3.*)
Gründer conditor, -oris *m*
Grundlage fundamentum, -i *n*
gründlich A ADJ diligens, -entis; accuratus, -a, -um B ADV diligenter, accurate, (*durch u. durch*) penitus
Grundsatz ratio, -onis *f*
Grundstück 1 fundus, -i *m* 2 (*Landgut*) praedium, -i *n*
Gründung: **seit der ~ der Stadt Rom** ab urbe condita
Gruß salutatio, -onis *f*; **j-s ~ erwidern** resalutare (-o, -avi, -atum *1.*) aliquem
grüßen salutare, -o, -avi, -atum *1.*; **sei gegrüßt!** salve!
Gunst 1 favor, -oris *m* 2 (*Gefälligkeit*) gratia, -ae *f*
günstig secundus, -a, -um, prospe[…] -a, -um; **~er Zeitpunkt** opportu[…] (-atis *f*)
gut A ADJ bonus, -a, -um; **wenig** […] deterior (-ius); **~en Tag!** salve! (*sg*) […] vete! (*pl*) B ADV bene
Gut 1 (*Landgut*) praedium, -i *n*, villa […] *f* 2 (*Besitz*) bona, -orum *npl* 3 (*[…] strebter Besitz*) bonum, -i *n*
Gutachten arbitrium, -i *n*
Güte 1 (*gute Qualität*) bonitas, -ati[…] (*Wohlwollen*) benignitas, -atis *f*
gutheißen probare, -o, -avi, -atu[…]
gütig benignus, -a, -um
Gutsherr dominus (-i *m*) fundi
Gutsverwalter vilicus, -i *m*

H

Haar crinis, -is *m*, capillus, -i *m*
Habe F res, rerum *fpl*; **meine ~** […] (-orum *npl*)
haben habere, -eo, -ui, -itum *2.*; **~** carere (-eo, -ui, -iturus *2.*; **etw**[…] **ich habe** mihi est *sg*, mihi sunt […] **Gedächtnis ~** memoriā tenere (t[…] tenui, tentum *2.*); **Schmerzen ~** d[…] (-eo, -ui, -iturus *2.*)
Habgier avaritia, -ae *f*
habgierig avarus, -a, -um
Habicht accipiter, -tris *m*
Hafen portus, -us *m*
Hafer avena, -ae *f*
Haft custodia, -ae *f*; **in ~ halten** c[…] diā tenere (teneo, tenui, tentum *2*[…]
Hagel grando, -inis *f*
Hahn gallus, -i *m*
Hain lucus, -i *m*
halb A ADJ dimidius, -a, -um; **~e** […] **de** dimidia pars horae B ADV 1 se[…] (*nur in Zusammensetzungen*); **~ offe**[…] miapertus (-a, -um) 2 **~ so groß** […] dio minor
Halbinsel paeninsula, -ae *f*
halboffen → halb
Hälfte dimidium, -i *n*
Halle atrium, -i *n*

ıls collum, -i *n*
ılskette torquis, -is *m/f*
ılt: **~ machen** → haltmachen
lten ■ (*festhalten*) tenere (teneo, te-
ıi, tentum *2.*), habere (-eo, -ui, -itum
; **etw in der Hand ~** aliquid (in) manu
nere ■ **~ für** putare (-o, -avi, -atum
, existimare (-o, -avi, -atum *1.*), (+ *dopp*
k); habere (-eo, -ui, -itum *2.*; *im Aktiv*
t + pro, *selten* + *dopp akk*)
ltmachen consistere, -sisto, -stiti, -

ıltung habitus, -us *m*
ınd manus, -us *f*; **rechte ~** dextra (-ae
in j-s Händen penes aliquem; **j-m in**
e Hände fallen in manus alicuius inci-
ıre (incido, incidi, - *3.*); **~ voll** →
andvoll
ındel mercatura, -ae *f*, commercium,
n; **~ treiben** negotiari (-or, -atus sum

ndeln ■ (*tun*) agere, ago, egi, actum
■ (*Handel treiben*) negotiari (-or, -atus
m *1.*) ■ **es handelt sich um ...** agitur
...
ndgreiflich manifestus, -a, -um
j; **~ werden** vim afferre (affero, attuli,
atum *0.*)
ındler mercator, -oris *m*
ındlung ■ (*das Handeln*) actio, -onis
■ (*Tat*) factum, -i *n*
ındvoll manus, -us *f*
ındwerker faber, -bri *m*
ngen ■ VI pendere, pendeo, pe-
ndi, - *2.* (**an etw** a re/ex re); **~ bleiben**
erere, haereo, haesi, haesurus *2.* (**an**
w ad aliquid, **in etw** in re) ■ VT su-
endere, -pendo, -pendi, pensum *3.*
ngenbleiben → hängen
rt durus, -a, -um
rte duritia, -ae *f*
rtherzig durus, -a, -um
rtnäckig pertinax, -acis
rtnäckigkeit pertinacia, -ae *f*
se lepus, -oris *m*
ss odium, -i *n*
ssen odisse, odi *Defektivum*; **von j-m**
hasst werden odio esse (sum, fui, - *0.*)
cui
sslich foedus, -a, -um, turpis, -e
sslichkeit turpitudo, -inis *f*
uch spiritus, -us *m*
uchen spirare, -o, -avi, -atum *1.*

Haufen acervus, -i *m*
häufig **A** ADJ creber, -bra, -brum; frequens, -entis **B** ADV saepe, crebro
Haupt caput, -itis *n*, *auch fig*
Häuptling princeps, -cipis *m*
Hauptmann centurio, -onis *m*
Hauptsache caput, -itis *n*, res gravissima (rei -ae *f*); **in der ~** quod ad summam rei attinet
hauptsächlich **A** ADJ praecipuus, -a, -um **B** ADV imprimis
Hauptstadt *fig* caput, -itis *n*
Haus domus, -us *f*, tectum, -i *n*, aedes, -ium *fpl*; **zu ~(e)** domi; **nach ~(e)** domum; **von zu ~e** domo
Hausfrau domina, -ae *f*, mater (matris *f*) familias
Hausgötter penates, penatium *mpl*
Haushalt administratio (-onis *f*) rerum domesticarum
Hausherr dominus, -i *m*, pater (patris *m*) familias
häuslich domesticus, -a, -um
Haustür ianua, -ae *f*
Haut cutis, -is *f*
heben tollere, tollo, sustuli, sublatum *3.*
Heck puppis, -is *f*
Heer exercitus, -us *m*
Heereszug agmen, -inis *n*
Heerführer imperator, -oris *m*, dux, ducis *m*
Heft libellus, -i *m*
heften figere, figo, fixi, fixum *3.* (**an etw** in re)
heftig vehemens, -entis, acer, -cris, -cre
Heftigkeit vehementia, -ae *f*
heil (*unversehrt*) integer, -gra, -grum
Heil salus, -utis *f*; **sein ~ in der Flucht suchen** fugā salutem petere (peto, petivi, petitum *3.*)
heilen sanare, -o, -avi, -atum *1.*; mederi, medeor, - *2.* (**j-n** alicui)
heilig sacer, -cra, -crum, sanctus, -a, -um
Heiligtum **1** (*Ort*) sacrarium, -i *n* **2** (*Gegenstand*) sacrum, -i *n*
Heilkraut herba, ae *f*
Heilkunde, **Heilkunst** medicina, -ae *f*
Heilmittel medicamentum, -i *n*, remedium, -i *n* (**gegen etw** alicuius rei)
Heilquellen aquae, -arum *fpl*

H

heilsam saluber, -bris, -bre
heim (*nach Hause*) domum
Heimat, Heimatstadt patria, -ae *f*
heimisch patrius, -a, -um
heimkehren (domum) reverti, -vertor, -versus sum *3.*
heimlich **A** ADJ occultus, -a, -um **B** ADV clam, secreto
heimzahlen (*rächen*) ulcisci, ulciscor, ultus sum *3.* (**j-m etw** aliquem pro re)
heiraten **1** (*eine Frau*) in matrimonium ducere (duco, duxi, ductum *3.*) **2** (*einen Mann*) nubere, nubo, nupsi, nuptum *3.* (**j-n** alicui)
heiß calidus, -a, -um
heißen **1** (*Ort*) nominari, -or, -atus sum *1.* **2** (*Person*) vocari, -or, -atus sum *1.*; **wie es heißt** ut dicunt; **das heißt** id est
heiter **1** (*wolkenlos*) serenus, -a, -um **2** (*froh*) hilaris, -e
heizen calefacere, -facio, -feci, -factum *3.*
Held vir fortissimus (viri -i *m*)
Heldentat facinus forte (facinoris -is *n*)
helfen adesse, -sum, -fui, - *0.* (**j-m** alicui); (ad)iuvare, -iuvo, -iuvi, -iutum *1.* (**j-m** aliquem)
Helfer adiutor, -oris *m*
hell **1** clarus, -a, -um **2** (*Stimme*) acutus, -a, -um; **~er Tag** lux (lucis *f*)
Helligkeit lux, lucis *f*
Helm galea, -ae *f*
Hemd tunica, -ae *f*
Henne gallina, -ae *f*
her (*hierher*) huc
herab deorsum
herabfallen decidere, -cido, -cidi, - *3.*
herabsteigen descendere, -scendo, -scendi, -scensum *3.* (**vom Pferd** ex equo)
herabstürmen praecipitare, -o, -avi, -atum *1.*
heran huc
heran... *in Zusammensetzungen* ad-
heranführen adducere (-duco, -duxi, -ductum *3.*)
herangehen accedere, -cedo, -cessi, -cessum *3.*, adire *od.* subire, -eo, -ii, -itum *0.* (**an etw** ad aliquid)
heranlaufen accurrere, -curro, -curri, -cursum *3.*
heranmachen: **sich ~** accedere (-cedo, -cessi, -cessum *3.*)
heranrücken VI accedere, -ce -cessi, -cessum *3.*
heranschaffen apportare, -o, -atum *1.*
heranstürmen accurrere, -cu -curri, -cursum *3.*
herantreten accedere, -cedo, -c -cessum *3.*
heranwachsen adolescere, adole adolevi, adultum *3.*
heranwachsend adolescens, -ent
heranziehen (*hinzuziehen*) adhib -eo, -ui, -itum *2.* (**zu etw** ad aliquid)
herauf sursum
heraus foras
herausfliegen evolare, -o, -avi, -a *1.*
herausfordern provocare, -o, -atum *1.*
herausführen educere, -duco, -d -ductum *3.*
herausgeben edere, -do, -didi, tum *3.*
herausgehen egredi, -gredior, -g sus sum *3.*, exire, -eo, -ii, -itum *0.*, e dere, -cedo, -cessi, -cessum *3.*
herauslocken elicere, -licio, -licui citum *3.*
herausragen eminere, -mineo, nui, - *2.*
herausreißen evellere, -vello, -v -vulsum *3.*
herausrufen evocare, -o, -avi, -a *1.*
herausspringen exsilire, -silio, -s -sultum *4.*
heraustragen efferre, effero, ex elatum *0.*
heraustreten exsistere, -sisto, -st *3.*
herausziehen extrahere, -traho, xi, -tractum *3.*
herb acerbus, -a, -um; asper, -erum
herbei huc
herbei... *in Zusammensetzungen* ad
herbeibringen afferre, affero, at allatum *0.*
herbeieilen accurrere, -curro, -c -cursum *3.*, advolare, -o, -avi, -atum
herbeifliegen advolare, -o, -atum *1.*
herbeiholen arcessere, -o, -ivi, -i

rbeilaufen, **herbeirennen** accrrere, -curro, -curri, -cursum *3.*
rbeirufen advocare, -o, -avi, -atum arcessere, -o, -ivi, -itum *3.*
rbeischaffen, **herbeitragen** portare, -o, -avi, -atum *1.*
rberge (*Gasthaus*) deversorium, -i *n*
rbringen admovere, -moveo, -mo--motum *2.*
rbst autumnus, -i *m*
rd focus, -i *m*
rde grex, gregis *m*
rein intro
reinbrechen irrumpere, -rumpo, ıpi, -ruptum *3.*
reinkommen introire, -eo, -ii, um *0.*
rkunft origo, -inis *f*; **von niedriger** humili loco natus (-a, -um)
rnach postea
rold praeco, -onis *m*
rr dominus, -i *m*
rrichten apparare, -o, -avi, -atum *1.*
rrin domina, -ae *f*
rrlich praeclarus, -a, -um, magnifis, -a, -um
rrlichkeit magnificentia, -ae *f*
rrschaft **1** regnum, -i *n* **2** (*Oberbeıl*) imperium, -i *n* **3** (*Gewaltherrschaft*) 'annis, -idis *f*; **sich der ~ bemächtin/die ~ an sich reißen** rerum potiri ɔr, -itus sum *4.*)
rrschen **1** (*als König*) regnare, -o, /i, -atum *1.* **2** (*mit höchster amtlicher ıcht*) imperare, -o, -avi, -atum *1.*; **über ~** imperium tenere (teneo, tenui, ıtum *2.*) in aliquem **3** (*vorhanden sein*) ;e, sum, fui, futurus *0.*; **es herrscht ≥ Meinung** opinio est (+ *AcI*)
rrscher dominus, -i *m*, princeps, pis *m*
rrschsucht cupiditas (-atis *f*) impe-
rstellen fabricare, -o, -avi, -atum *1.*, :ere, facio, feci, factum *3.*, conficere, :io, -feci, -fectum *3.*, creare, -o, -avi, um *1.*
rum: **um ... ~** circa *+akk*; **um den ıch ~** circa mensam
rum... *in Zusammensetzungen* circm-
rumgehen circumire (-eo, -ii, -itum *0.*, **um etw** aliquid)
herumstehen circumstare (-sto, -steti, - *1.*, **um etw** aliquid)
herunter deorsum
hervor: **aus ... ~** e, ex *+abl*
hervor... *in Zusammensetzungen* e-, ex-
hervorbringen gignere, gigno, genui, genitum *3.*, parere, pario, peperi, partum *3.*
hervorgehen oriri, orior, ortus sum *4.* (**aus etw** ex re); **es geht daraus hervor, dass** apparet (+ *AcI*)
hervorkommen provenire, -venio, -veni, -ventum *4.*
hervorragend egregius, -a, -um
hervorrufen *fig* excitare, -o, -avi, -atum *1.*
Herz **1** (*Körperteil*) cor, cordis *n* **2** (*Seele*) animus, -i *m*; **j-m am ~en liegen** alicui cordi esse (sum, fui, - *0.*)
hetzen V/T agitare, -o, -avi, -atum *1.*
heuer hoc anno
heute hodie; **bis ~** adhuc; **~ noch** hodie quoque
heutig hodiernus, -a, -um; **am ~en Tag** hoc die
heutzutage hodie
Hieb ictus, -us *m*
hier hic; **von ~** hinc
hierauf deinde
hierher, **hierzu** huc
Hilfe auxilium, -i *n*; **zu ~ kommen** auxilio venire (venio, veni, ventum *4.*); **~ bringen** auxilium ferre (fero, tuli, latum *0.*); **zu ~ schicken** auxilio mittere (mitto, misi, missum *3.*); **j-n um ~ bitten** auxilium petere (-o, -ivi, -itum *3.*) ab aliquo; **mit ~** ope *+gen*
hilflos inops, inopis
Hilfskräfte auxilia, -orum *npl*
Hilfsmittel subsidium, -i *n*
Hilfstruppen auxilia, -orum *npl*
Himmel caelum, -i *n*; **unter freiem ~** sub divo
himmlisch caelestis, -e
hin (*örtl.*) eo; **~ und her** ultro et citro; **~ und her gehen** commeare (-o, -avi, -atum *1.*); **~ und her werfen** iactare (-o, -avi, -atum *1.*)
hinab deorsum
hinab... *in Zusammensetzungen* de-
hinabsteigen descendere, -scendo, -scendi, -scensum *3.*

hinabstürzen: **sich ~** praecipitare, -o, -avi, -atum *1.*
hinabwerfen deicere, -icio, -ieci, -iectum *3.*, praecipitare, -o, -avi, -atum *1.*
hinauf sursum; **den Berg ~** in adversum montem
hinauf... *in Zusammensetzungen oft* sub-, e-, ex-
hinaufsteigen ascendere, -scendo, -scendi, -scensum *3.*
hinaus foras
hinaus *in Zusammensetzungen* pro-, e-, ex-
hinausgehen exire, -eo, -ii, -itum *0.*, excedere, -cedo, -cessi, -cessum *3.*, egredi, -gredior, -gressus sum *3.*
hinaustreiben exigere, -igo, -egi, -actum *3.*
hinauswerfen eicere, -icio, -ieci, -iectum *3.*
hinbringen deducere *od.* traducere, -duco, -duxi, -ductum *3.*
hinderlich: **~ sein** obesse (-sum, -fui, -*0.*, **einer Sache** alicui rei)
hindern **1** impedire, -io, -ivi, -itum *4.*, prohibere, -hibeo, -hibui, -hibitum *2.* (**j-n an etw** aliquem re; *meist +inf*) **2** (*hinderlich sein*) obstare, -sto, -stiti, -staturus *1.* (**j-n** alicui)
Hindernis impedimentum, -i *n*
hindurch per *+akk*
hinein intro
hinein... *in Zusammensetzungen* in-
hineinfahren invehi, -vehor, -vectus sum *3.*
hineinfallen incidere, -cido, -cidi, - *3.*
hineinführen inducere *od.* introducere, -duco, -duxi, -ductum *3.*
hineingehen ingredi, -gredior, -gressus sum *3.*, inire, -eo, -ii, -itum *0.*
hineingeraten incidere, -cido, -cidi, - *3.*
hineinlegen imponere, -pono, -posui, -positum *3.*
hineintragen inferre, infero, intuli, illatum *3.*
hineinwerfen inicere, -icio, -ieci, -iectum *3.*
hinfallen cadere, cado, cecidi, casurus *3.*
hinführen adducere, -duco, -duxi, -ductum *3.*
hingehen adire, -eo, -ii, -itum *0.*

hinken claudicare, -o, -avi, -atum
hinkommen pervenire, -venio, -v -ventum *4.* (**zu etw** ad aliquid)
hinreichend **A** ADJ sufficiens, -e **B** ADV satis
hinreißen *fig* permovere, -mo -movi, -motum *2.*
hinrichten, **~ lassen** supplicio affi (-ficio, -feci, fectum *3.*)
Hinrichtung supplicium, -i *n*
hinstellen ponere, pono, posui, p tum *3.*, statuere, statuo, statui, statu *3.* (**auf den Tisch** in mensa); **sich ~** sistere (-sisto, -stiti *3.*)
hinstrecken (*aus-, niederstrecken*) rigere, -rigo, -rexi, -rectum *3.*
hinten post; (**von**) **~** a tergo; **~** post esse (sum, fui, -*0.*); **von ~ anfan** ab extremo ordiri (ordior, orsus, sun
hinter PRÄP post *+akk*; **~ dem Rüc** post tergum
hintere(r, -s) (*von zweien*) poste -ius
Hinterhalt insidiae, -arum *fpl*; **j-m nen ~ legen** insidias parare (-o, -atum *1.*) alicui
hinterhältich insidiosus, -a, -um
hinterlassen relinquere, -linquo, qui, -lictum *3.*
Hinterlist dolus, -i *m*
hinterlistig dolosus, -a, -um
hinterste(r, -s) postremus, -a, -ur
hintreiben appellere, -pello, - -pulsum *3.*
hinüber trans *+akk*
hinüber *in Zusammensetzungen* tra
hinüberbringen transportare, -avi, -atum *1.*
hinüberführen traducere, -d -duxi, -ductum *3.*
hinübergehen transire, -eo, -ii, - *0.*
hinüberspringen transilire, - -silui (*auch* -silivi *u.* -silii), - *4.*
hinübertragen transportare, -o, -atum *1.*
hinunter deorsum
hinunter *in Zusammensetzungen* d
hinunterschlingen devorare, -avi, -atum *1.*
hinweisen monstrare, -o, -avi, -a *1.* (**auf etw** aliquid)
hinwerfen proicere, -icio, -ieci,

m *3.*
nziehen (*in die Länge ziehen*) trahere, aho, traxi, tractum *3.*; **sich ~** trahi (trar, tractus sum *3.*)
nzu eo
nzu *in Zusammensetzungen* ad-
nzufügen addere, -do, -didi, -ditum adicere, -icio, -ieci, -iectum *3.* (**zu etw** cui rei)
nzukommen accedere, -cedo, -ces-cessum *3.*, *auch fig*
nzutreten accedere, -cedo, -cessi, essum *3.*
nzuziehen adhibere, -hibeo, -hibui, bitum *2.*
rsch cervus, -i *m*
rschkuh cerva, -ae *f*
rte pastor, -oris *m*
rtenflöte (h)arundo, -inis *f*
rtengedicht carmen bucolicum rminis -i *n*)
tze aestus, -us *m*
zig *fig* acer, acris, acre
ch altus, -a, -um; **hohe Ehre** magnus nor (-i -oris *m*); **hohe See** altum (-i *n*); **ragen** eminere, -eo, -ui, - *2.*; **~ schätn** magni aestimare (-o, -avi, -atum *1.*)
cherfreut laetissimus, -a, -um
chheben tollere, tollo, sustuli, subum *3.*
chmut superbia, -ae *f*
chmütig superbus, -a, -um
chst summe, *meist durch sup*; **~ ücklich** felicissimus (-a, -um)
chste(r, -s) summus, -a, -um, supre-ıs, -a, -um; **aufs Höchste schätzen** ırimi aestimare (-o, -avi, -atum *1.*)
chstens summum; **~ fünf** summum inque
chverrat proditio, -onis *f*
chwasser flumen auctum (-inis -i *n*)
chzeit nuptiae, -arum *fpl*; **~ feiern** lemnia (-ium *n*) nuptiarum celebrare , -avi, -atum *1.*)
f ▪ (*freier Platz beim Haus*) area, -ae *f* (*Bauernhof*) fundus, -i *m* ▪ (*Herrscherhnsitz*) aula, ae *f*
fbeamter purpuratus, -i *m*
ffen sperare, -o, -avi, -atum *1.* (+ *AcI*)
ffentlich utinam *Wunschpartikel* ɔnjkt; **~ kommen sie** utinam veniant
ffnung spes, spei *f*; **die ~ aufgeben** sperare (-o, -avi, -atum *1.*); **die ~ auf**
den Feldherrn setzen spem ponere (pono, posui, positum *3.*) in imperatore
höflich humanus, -a, -um
höhe(r, -s) superior, -ius
Höhe altitudo, -inis *f*
Hoheit maiestas, -atis *f*
Höhepunkt fastigium, -i *n*, *häufig durch adj* summus, -a, -um; **~ des Ruhms** summa gloria (-ae -ae *f*)
hohl cavus, -a, -um
Höhle caverna, -ae *f*
holen 1 (*herrufen*) arcessere, -o, -ivi, -itum *3.* 2 (*herbringen*) petere, peto, petivi, petitum *3.*, apportare, -o, -avi, -atum *1.*; **Wasser ~** aquam petere; MIL aquari (-or, -atus sum *1.*); **Holz ~** lignum petere; MIL lignari (-or, -atus sum *1.*)
Holz lignum, -i *n*
hölzern ligneus, -a, -um
Honig mel, mellis *n*
horchen auscultare, -o, -avi, -atum *1.*
hören audire, -io, -ivi, -itum *4.*; **auf j-n ~** parere (-eo, -ui, -iturus *2.*)
Horn (*Material, Instrument*) cornu, -us *n*
hübsch pulcher, -chra, -chrum
Hügel collis, -is *m*
Huhn gallina, -ae *f*
Hülle velamen, -inis *n*
Hund canis, -is *m*
hundert centum; **je ~** centeni (-ae, -a)
hundertmal centies
hundertste(r, -s) centesimus, -a, -um
Hunger fames, -is *f*
hungern esurire, -io, -ivi (*od.* -ii), -iturus *4.*, fame laborare, -o, -avi, -atum *1.*
Hungersnot fames, -is *f*
hüpfen salire, salio, salui, saltum *4.*
husten tussire, tussio, -, - *4.*
Husten tussis, -is *f*
hüten custodire, -io, -ivi, -itum *4.*; **sich ~** cavere (caveo, cavi, cautum *2.*; **vor dem Hund** canem, a cane)
Hüter custos, -odis *m*
Hütte casa, -ae *f*

H

I

ich ego
ideal optimus, -a, -um
Idee (*Einfall*) cogitatio, -onis *f*
Iden PL Idūs, -uum *fpl*; **an den ~ des März** (*15. März*) Idibus Martiis
ihr 1 PERS PR vos 2 POSS PR *refl* suus, -a, -um 3 POSS PR *nicht refl* eius (*sg*); eorum, earum (*pl*)
immer semper; **~ wieder** iterum iterumque, semel atque iterum; **für ~** in perpetuum; **~ wenn** cum *+ind*; **~ während** sempiternus, -a, -um
imstande: **~ sein** posse, possum, potui, - *0.* (+ *inf*)
in PRÄP 1 (*Richtung*) in *+akk*; **~ die Stadt** in urbem 2 (*örtl.*) in *+abl*; **~ der Stadt** in urbe 3 (*Zeitangabe, auch Fristen*) *meist durch den bloßen Abl.*; **~ diesem Jahr** hoc anno; **~ zwei Tagen** biduo; **im Kindesalter** in pueritia
indessen (*inzwischen*) interea
Infanterie peditatus, -us *m*
innehaben obtinere, -tineo, -tinui, -tentum *2.*
innen intus; **außen und ~** extra et intus
innere(r, -s) 1 interior, -ius *komp* 2 (*inländisch*) internus, -a, -um
innerhalb PRÄP intra *+akk*
innerlich A ADJ intestinus, -a, -um B ADV intus

Gramm…

▶ ich: Personalpronomen

Die Personalpronomen (ich, du, er, usw.) werden meist nur wiederge… ben, wenn sie besonders betont si…

Tu dives es, ego pauper.	Du bist reich, ich arm.

Zudem verfügt das Lateinische nic… über ein Personalpronomen für di… 3. Person Singular (er, sie, es); stat… dessen wird eine Form eines Demonstrativpronomens (oft **is, ea,** … verwendet:

Ea laudat, ille tacet.	Sie lobt, er schweigt.

In der Regel jedoch begnügt sich … Lateinische mit der bloßen Verbfo…

amat	er / sie / es liebt

innerste(r, -s) intimus, -a, -um
innewohnen inesse, -sum, -fui, (**einer Sache** in re)
innig intimus, -a, -um
insbesondere imprimis
Inschrift inscriptio, -onis *f*
Insel insula, -ae *f*
insgeheim secreto
Interesse studium, -i *n*
Internet interrete, -is *n*

Wortsc…

▶ Internet

Das Internet hält auch für Lateinfans wahre Schätze bereit. Ob Originaltexte, Lat… Foren oder Latein-Chats – es gibt viel zu entdecken.

Internet	**interrete** ⟨is⟩ *n*
www	TTT (Tela Totius Terrae)
Chat	**colloquium** ⟨i⟩ *n* **interretiale**
chatten	**per (inter)rete colloqui / sermocinari**
downloaden	**(ex rete) extrahere**
Suchmaschine	**instrumentum** ⟨i⟩ *n* **investigatorium**
online gehen	**(cum rete) coniungi**
offline gehen	**(rete) disiungi**
Link	**copula** ⟨ae⟩ *f* / **nexus** ⟨us⟩ *m*

:wischen interea, interim
isch terrester, -tris, -tre
endein INDEF PR **1** aliqui, aliquae, quod **2** (*nach si, nisi, ne, num, quo*) i, quae, quod **3** (*in verneintem Satz*) us, -a, -um
endeine(r, -s) INDEF PR **1** aliquis, qua, aliquid **2** (*nach si, nisi, ne, m, quo*) quis, quid **3** (*in verneintem tz*) quisquam, quaequam, quidquam
endetwas aliquid
endwann aliquando
endwas aliquid
endwo usquam
eführen fallere, fallo, fefelli, - *3.*
en: **sich ~** errare, -o, -avi, -atum *1.*; **ı irre mich** erro
'ahrt error, -oris *m*
:um error, -oris *m*

J

1 (*Bestätigung*) sane **2** ~ **sogar** immo (*allerdings*) quidem **4** (+ *Imperativ*) rch fac +*konjkt*; **geh ~ weg** fac abeas; ıicht! *durch* cave *sg*, cavete *pl* +*konjkt*, +*konjkt*; **mach das ~ nicht!** cave *od.* istud facias
d venatio, -onis *f*, venatus, -us *m*; **f die ~ gehen** venari (-or, -atus sum venatum ire (eo, ii, itum *0.*)
en **1** (*Wild usw.*) venari, -or, -atus sum *1.* **2** (*scheuchen*) fugare, -o, -avi, -atum *1.*
Jäger venator, -oris *m*
Jahr annus, -i *m*; **in diesem ~** hoc anno
Jahreszeit tempus (-oris *n*) anni
Jahrhundert saeculum, -i *n*
jährlich ADV quotannis
Jähzorn iracundia, -ae *f*
jähzornig iracundus, -a, -um
jammern lamentari, -or, -atus sum *1.*
Januar Ianuarius, -i *m*
jauchzen exsultare, -o, -avi, -atum *1.*
jawohl sane
je **A** ADV **1** (*jemals*) umquam **2** (*jeweils*) ~ **ein** singuli (-ae, -a); ~ **zwei** bini (-ae, -a); ~ **drei** terni (-ae, -a); ~ **zehn** deni (-ae, -a); ~ **hundert** centeni (-ae, -a) **B** KONJ: ~ **... desto** quo ... eo, quanto ... tanto; ~ **nachdem** prout
jede(r, -s) **A** ADJ omnis, -e, quisque, quaeque, quodque **B** INDEF PR quisque, quaeque, quidque; **~, der** quicumque, quisquis; ~ **Beliebige** quivis, quaevis, quidvis; ~ **Einzelne** (unus)quisque, (una)quaeque, (unum)quidque; ~ **von beiden** uterque
jedoch sed; autem *nachgestellt*; at
jemals umquam
jemand aliquis; (*nach si, nisi, ne, num, quo*) quis; (*in verneintem Satz*) quisquam; **es könnte ~ sagen** dixerit aliquis; **kaum ~** vix quisquam; **ich habe ~en, den ich schicken kann** habeo quem mittam
jene(r, -s) ille, illa, illud
jenseitig ulterior, -ius
jenseits ultra +*akk*, trans +*akk*
jetzt nunc; **bis ~** adhuc
Joch iugum, -i *n*; **das ~ abwerfen** iu-

Sprachgebrauch

ja

n eigenes Wort für „ja" gibt es im Lateinischen nicht. Bejaht haben die Römerinnen ıd Römer, indem sie die Kernaussage der Frage wiederholten, meistens das Verb.

idistine hunc hominem?	Hast du diesen Menschen gesehen?
Vidi.	– Ja. (*wörtlich*: Ich habe gesehen.)

ɔenfalls bejahend sind folgende Ausdrücke: **ita (est), sic (est), maxime, sane, recte xisti.**

acine in domo habitas?	Wohnst du in diesem Haus?
Ita est. / Sic est.	– Ja. (*wörtlich*: So ist es.)

gum exuere (-uo, -ui, -utum *3.*)
jubeln exsultare, -o, -avi, -atum *1.*
Jugend **1** *(bis 16 Jahre)* pueritia, -ae *f* **2** *(16–30 Jahre)* adulescentia, -ae *f* **3** *(30–45 Jahre)* iuventus, -utis *f*; **von ~ auf** a puero, a pueris **4** *(junge Leute)* iuventus, -utis *f*
jugendlich puerilis, -e
Juli Iulius, i *m*
jung **1** parvus, -a, -um **2** *(etwa 17–25 Jahre)* adulescentulus, -a, -um **3** *(bis zum 30. Jahr)* adulescens, -entis **4** *(etwa 20–45 Jahre)* iuvenis, -is; **~e Leute** adulescentes (-ium *mpl*); iuvenes (-um *mpl*); **~er Mann** adulescens (-entis *m*); iuvenis (-is *m*); **~es Mädchen** puella (-ae *f*)
Junge puer, pueri *m*
jünger minor (-oris *komp*) natu
Junges *(von Tieren)* pullus, -i *m*
Jungfrau virgo, -inis *f*
Juni Iunius, i *m*

K

Käfig cavea, -ae *f*
kahl **1** *(ohne Haare)* calvus, -a, -um **2** *(ohne Blätter)* nudus, -a, -um
Kahn linter, -tris *f*
Kaiser imperator, -oris *m*, Caesar, -aris *m*
kaiserlich imperatorius, -a, -um
Kalb vitulus, -i *m*
Kalenden *(der erste Tag im Monat)* PL Kalendae, -arum *fpl*
Kalender fasti, -orum *mpl*
kalt frigidus, -a, -um
Kälte frigus, -oris *n*
Kamel camelus, -i *m*
Kamerad **1** socius, -i *m* **2** MIL commilito, -onis *m*
Kamin focus, -i *m*
Kamm **1** *(zum Kämmen)* pecten, -inis *m* **2** *(bei Tieren)* crista, -ae *f* **3** *(des Gebirges)* iugum, -i *n*
Kammer cella, -ae *f*
Kampf pugna, -ae *f*, proelium, -i *n*, certamen, -inis *n*; **in den ~ ziehen** ad gnam proficisci (proficiscor, profe sum *3.*)
kämpfen pugnare, -o, -avi, -atum certare, -o, -avi, -atum *1.*, contend -tendo, -tendi, -tentum *3.*; **um etw ~** gnare de re
kampferprobt pugnandi peritus -um)
Kaninchen cuniculus, -i *m*
Kapitän magister (-tri *m*) navis
Kapitulation deditio, -onis *f*
kapitulieren se dedere (dedo, de deditum *3.*)
Karren carrus, -i *m*
Karte **1** charta, -ae *f* **2** *(Landkarte* bula, -ae *f*
Käse caseus, -i *m*
Kastell castellum, -i *n*
Katze felis, -is *f*
Kauf emptio, -onis *f*
kaufen emere, emo, emi, emptum **teuer (billig) ~** magno (parvo) eme
Käufer emptor, -oris *m*
käuflich venalis, -e
Kaufmann mercator, -oris *m*
kaum vix
keck audax, -acis
Kehle iugulum, -i *m*
Keiler aper, apri *m*
Keim **1** BOT germen, -inis *n* **2** *fig* men, -inis *m*
kein(e) ADJ nullus, -a, -um; **~ von den** neuter (neutra, neutrum)
keine(r, -s) nemo; **~ der Freunde** mo amicorum; **~ von beiden** ne (neutra, neutrum); **und ~** neque quam
keinesfalls, keineswegs minim
Kelch calix, -icis *m*
kennen scire, scio, scivi *od.* scii, sc *4.*; **nicht ~** ignorare (-o, -avi, -atum **lernen** → kennenlernen
kennenlernen (cog)noscere, nc novi, notum *3.*
Kenntnis **1** notitia, -ae *f*; **j-n in ~ zen über etw** aliquem certiorem fa (facio, feci, factum *3.*) de re (+ *AcI*) **Kenntnisse** *(Wissen)* scientia (-ae *f*)
Kennzeichen signum, -i *n*
kennzeichnen notare, -o, -avi, -a *1.*
kennzeichnend: *meist durch Gen*

t ~ **für einen Tyrannen** tyranni est
rker carcer, -eris *m*
rn **1** nucleus, -i *m* **2** (*Trauben*) gra-
um, -i *n*
tte catena, -ae *f*
ule clava, -ae *f*
nd infans, -antis *m*, puer, pueri *m*; *pl*
nder liberi, -orum *mpl*
ndheit pueritia, -ae *f*
ndlich puerilis, -e
nn mentum, -i *n*
rche **1** templum, -i *n* **2** (*eccl*) eccle-
a, -ae *f*
rschbaum cerasus, -i *f*
rsche cerasum, -i *n*
ste arca, -ae *f*, cista, -ae *f*
age **1** querela, -ae *f* **2** (*vor Gericht*)
cusatio, -onis *f*
agen queri, queror, questus sum *3.*
ber etw aliquid)
äger accusator, -oris *m*
ang sonus, -i *m*
ar clarus, -a, -um; **es ist ~, dass ...** ap-
aret (+ *AcI*)
asse classis, -is *f*
atschen (*in die Hände*) plaudere,
audo, plausi, plausum *3.*
aue (*Kralle*) unguis, -is *m*
eid vestimentum, -i *n*, vestis, -is *f*
eiden vestire, -io, -ivi, -itum *4.*
eidung vestes, -ium *fpl*
eidungsstück vestis, -is *f*, vesti-
entum, -i *n*
ein parvus, -a, -um, exiguus, -a, -um
ent cliens, -entis *m*
ma caelum, -i *n*
ngen sonare, sono, sonui, sonaturus
ppe scopulus, -i *m*
rren sonare, sono, sonui, sonaturus
opfen pulsare, -o, -avi, -atum *1.* (**an**
w aliquid); **das Herz klopft** cor palpi-
t
ug prudens, -entis
ugheit prudentia, -ae *f*
abe puer, pueri *m*
app exiguus, -a, -um; ~ **werden** defi-
re, -ficio, -feci, -fectum *3.*
arren crepare, -o, -ui, -itum *1.*
echt servus, -i *m*
echtschaft servitus, -utis *f*
ie genu, -us *n*

knirschen: **mit den Zähnen ~** dentibus frendere (frendo, -, fre(n)sum *3.*)
Knochen os, ossis *n*
Knoten nodus, -i *m*
knüpfen nectere, necto, nexi, nexum *3.*
kochen **A** *vi* fervere, ferveo, ferbui, - *2.* **B** *vt* coquere, coquo, coxi, coctum *3.*
Kohorte cohors, -tis *f*
Kollege collega, -ae *m*
Kollegium collegium, -i *m*
Kolonie colonia, -ae *f*
Kolonist colonus, -i *m*
komisch **1** (*lustig*) ridiculus, -a, -um **2** (*seltsam*) mirificus, -a, -um
kommandieren praeesse, -sum, -fui, - *0.* (**ein Heer** exercitui)
Kommando imperium, -i *n*; **auf ~** imperio, ad imperium
kommen venire, venio, veni, ventum *4.*; **~ lassen** arcessere, -o, -ivi, -itum *3.*; **zu Hilfe ~** auxilio venire; **so kommt (kam) es, dass ...** ita fit (factum est), ut ...; **wie kommt es, dass ...?** qui fit, ut ...?; **auf etw ~** invenire (-venio, -veni, -ventum *4.*) aliquid; **dazu kommt, dass ...** accedit, quod/ut ...; **an die Regierung ~** imperio potiri (potior, potitus sum *4.*)
kommenlassen → kommen
König rex, regis *m*; **~ sein** regnare (-o, -avi, -atum *1.*)
Königin regina, -ae *f*
königlich regius, -a, -um, regalis, -e; *durch Gen.* regis
Königsburg regia, -ae *f*
Königsherrschaft regnum, -i *n*
können posse, possum, potui, - *0.*; **ich kann nichts dafür** non mea culpa est; **das kannst du glauben!** id credas (velim)!; **es könnte einer sagen** dixerit aliquis; **man hätte glauben ~** crederes
Konsul consul, -is *m*; **ehemaliger ~** consularis (-is *m*)
Konsulat consulatus, -us *m*; **unter dem ~ von Ti. Aemilius und Q. Fabius** consulibus Ti. Aemilio et Q. Fabio
Kopf caput, -itis *n*
kopfüber praeceps, -cipitis; **~ (herab)-stürzen** *v/t/v/i* praecipitare (-o, -avi, -atum *1.*)
Korn **1** (*einzelnes*) granum, -i *n* **2** (*Ge-*

K

treide) frumentum, -i *n*
Körper corpus, -oris *n*
Körperkraft robur, -oris *n*
Kost *(Essen)* cibus, -i *m*
kostbar pretiosus, -a, -um
kosten **1** *(Preis)* constare, -sto, -stiti, -staturus *1.*; **viel/wenig/nichts/ zehn Talente ~** magno/parvo/nihilo/decem talentis *(abl)* constare **2** *(Geschmack)* degustare, -o, -avi, -atum *1.*
Kosten PL sumptus, -us *m (sg)*; **~ verursachen** impensam facere (facio, feci, factum *3.*); **auf eigene ~** meo (tuo, suo *usw.*) sumptu
Krach fragor, -oris *m*; **~ machen** fragorem edere (edo, edidi, editum *3.*)
Krachen fragor, -oris *m*
Kraft robur, -oris *n*; vis *f (sg nur akk* vim, *abl* vi; *pl* vires, virium *usw.*); **mit aller ~** summā ope, summā vi; **nach Kräften** pro viribus; **aus eigener ~** ipse (ipsa, ipsum)
kräftig validus, -a, -um; **~ sein** vigere (vigeo, vigui, - *2.*)
kräftigen firmare, -o, -avi, -atum *1.*
kraftlos invalidus, -a, -um
Krähe cornix, -icis *f*
krähen cantare, -o, -avi, -atum *1.*
Kralle unguis, -is *m*
Kranich grus, gruis *f/m*
krank aeger, -gra, -grum; **~ sein** aegrotare (-o, -avi, -atum *1.*; **an etw** re); morbo laborare (-o, -avi, -atum *1.*)
kränken violare, -o, -avi, -atum *1.*
Krankheit morbus, -i *m*
kränklich aeger, -gra, -grum
Kränkung iniuria, -ae *f*
Kranz corona, -ae *f*
Kraut herba, -ae *f*
Kreide creta, -ae *f*
Kreis **1** orbis, -is *m* **2** MATH circulus, -i *m*
Kreuz crux, crucis *f*
kreuzigen cruci affigere (-figo, -fixi, -fixum *3.*)
kriechen repere, repo, repsi, reptum *3.*
Krieg bellum, -i *n*; **den ~ erklären** bellum indicere (-dico, -dixi, -dictum *3.*); **~ führen** bellum gerere (gero, gessi, gestum *3.*); **den ~ in die Länge ziehen** bellum ducere (duco, duxi, ductum *3.*); **den ~ beenden** bellum conficere (-ficio, -feci, -fectum *3.*); **im ~ und im Frieden** domi bellique/domi belloque; **in den ziehen** ad bellum proficisci (-ficisc -fectus sum *3.*)
Krieger miles, -itis *m*
kriegerisch bellicus, -a, -um
Kriegs... bellicus, -a, -um
Kriegsdienst militia, -ae *f*; **~ leis** stipendia merere (mereo, merui, m tum *2.*)
kriegserfahren belli peritus (-a, -
Kriegsgefangener captivus, -i *m*
Kriegsrat consilium, -i *n*
Kriegsschiff navis longa (navis -ae
Kriegstribun tribunus (-i *m*) milit
Kriegswesen res militaris (rei -is *f*)
Krokodil crocodilus, -i *m*
Krone corona, -ae *f*
krönen coronare, -o, -avi, -atum *1.*
Krug **1** urna, -ae *f* **2** *(mit zwei Henk* amphora, -ae *f*
krumm curvus, -a, -um
Krümmung sinus, -us *m*
Küche culina, -ae *f*
Kugel globus, -i *m*
Kuh vacca, -ae *f*
kühl frigidus, -a, -um
kühn audax, -acis, temerarius, -a, -u
Kühnheit audacia, -ae *f*
Küken pullus, -i *m*
Kultur cultus (-us *m*) atque human (-atis *f*)
Kummer aegritudo, -inis *f*
kümmern: **sich ~** curare (-o, - -atum *1.*; **um etw** aliquid)
Kunde[1] *(Käufer)* emptor, -oris *m*
Kunde[2] *(Nachricht)* nuntius, -i *m* (ü **etw** alicuius rei); **~ erhalten** certio fieri (fio, factus sum *0.*; **über/von** alicuius rei)
kundig peritus, -a, -um (**einer Sa** alicuius rei)
Kundschafter explorator, -oris *m*
Kunst ars, artis *f*; **die schönen Kür** artes bonae *pl*
Künstler artifex, -ficis *m*
künstlich manu factus (-a, -um)
Kunstwerk artificium, -i *n*
Kupfer aes, aeris *n*
Kurie *(Versammlungsort der Senato* curia, -ae *f*
Kurs cursus, -us *m*
kurz **A** ADJ brevis, -e **B** ADV brevite **darauf** paulo post; **~ vorher, vor**

m paulo ante
rze brevitas, -atis *f*
rzlich nuper
sine consobrina, -ae *f*
ss osculum, -i *n*
ssen osculari, -or, -atus sum *1.* **(j-n** quem)
ste litus, -oris *n*
tscher auriga, -ae *m*

L

byrinth labyrinthus, -i *m*
heln subridere, -rideo, -risi, -risum
hen ridere, rideo, risi, risum *2.*
chen risus, -us *m*
herlich ridiculus, -a, -um
den (*Last*) imponere, -pono, -posui, ositum *3.* (**auf etw** alicui rei, in aliquid)
den taberna, -ae *f*
dung onus, -eris *n*
ge **1** (*Ort*) situs, -us *m*; **günstige ~** portunitas (-atis *f*) loci **2** (*Situation*) ndicio, -onis *f*; **in dieser misslichen** in hoc discrimine rerum; **in schwieri-r ~** in rebus arduis
ger MIL castra, -orum *npl*; **ein ~ auf-hlagen** castra ponere (pono, posui, situm *3.*); **zum ~ gehörig** castrensis,
ern **A** VT reponere, -pono, -posui, ositum *3.* **B** VI (*ein Lager haben*) con-disse, -sedi *3.*
m **1** (*gelähmt*) debilis, -e **2** (*hinkend*) udus, -a, -um
mm agnus, -i *m*
mpe lucerna, -ae *f*
nd **1** terra, -ae *f* **2** (↔ *Stadt*) rus, ru-n **3** (*Acker*) ager, agri *m*; **auf dem ~** ri; **aufs ~** rus; **vom ~** rure; **an ~ gehen** redi (-gredior, -gressus sum *3.*) in ter-n
nd... rusticus, -a, -um
den VI navem appellere (-pello, -pu-pulsus sum *3.*); **am Ufer ~** navem ad am appellere

Landgut praedium, -i *n*, villa rustica (villae -ae *f*)
Landhaus villa, -ae *f*
Landkarte tabula, -ae *f*
ländlich rusticus, -a, -um
Landschaft regio, -onis *f*
Landsleute cives, -ium *mpl*
Landsmann civis, -is *m*
Landweg iter pedestre (itineris -tris *n*)
Landwirt agricola, -ae *m*
Landwirtschaft res rustica (rei -ae *f*)
lang **A** ADJ **1** (*räuml.*) longus, -a, -um **2** (*zeitl.*) **~ dauernd** diuturnus (-a, -um) **B** ADV (*Zeit*) diu; **länger** diutius; **am längsten** diutissime; **viele Jahre ~** multos annos
lange (*Zeit*) diu; **wie ~?** quamdiu?
Länge **1** (*räuml.*) longitudo, -inis *f* **2** (*zeitl.*) longinquitas, -atis *f*; **in die ~ ziehen** trahere (traho, traxi, tractum *3.*)
längs (*entlang*) secundum *+akk*
langsam **1** tardus, -a, -um **2** (*bedächtig*) lentus, -a, -um
Langschild scutum, -i *n*
längst (*Zeit*) pridem
langweilig molestus, -a, -um
langwierig diutinus, -a, -um
Lanze hasta, -ae *f*
Lappen pannus, -i *n*
Lärm strepitus, -us *m*
lärmen strepere, strepo, strepui, strepitum *3.*
lassen **1** (*befehlen, veranlassen*) iubere, iubeo, iussi, iussum *2.* (+ *AcI*); curare, -o, -avi, -atum *1.* (+ *Gerundiv*); **Caesar ließ die Gefangenen fesseln** Caesar captivos vinciri iussit; **Caesar ließ eine Brücke bauen** Caesar pontem faciendum curavit **2** (*zulassen*) sinere, sino, sivi, situm *3.* (+ *AcI*) **3** **sich ... ~** *durch Passiv*; **sich erschrecken ~** terreri (terreor, territus sum *2.*) **4** **nichts unversucht ~** nihil praetermittere (-mitto, -misi, -missum *3.*); **es dazu kommen ~** committere (-mitto, -misi, -missum *3.*); **lasst uns gehen** eamus; **im Stich ~** deserere (-sero, -serui, -sertum *3.*); **den Mut sinken ~** animo deficere (-ficio, -feci, -fectum *3.*); **eine Gelegenheit vorübergehen ~** occasionem praetermittere (-mitto, -misi, -missum *3.*)
Last onus, -eris *n*
Laster (*Fehler*) vitium, -i *n*

L

lasterhaft vitiosus, -a, -um
lästig molestus, -a, -um
Lasttier iumentum, -i *n*
Lastwagen plaustrum, -i *n*
lateinisch Latinus, -a, -um; **~ sprechen** Latine loqui (loquor, locutus sum *3.*)
Laterne lucerna, -ae *f*
Laub frons, frondis *f*
Lauf cursus, -us *m*
laufen currere, curro, cucurri, cursum *3.*
Läufer cursor, -oris *m*
lauschen auscultare, -o, -avi, -atum *1.* (**an der Tür** ad fores)
laut **A** ADJ **1** clarus, -a, -um **2** (*Stimme*) magnus, -a, -um **B** ADV magnā voce; **~ rufen** clamitare (-o, -avi, -atum *1.*)
Laute fides, -ium *fpl*
lauter (*alle*) omnes, -ium
leben vivere, vivo, vixi, victurus *3.*, vitam agere (ago, egi, actum *3.*); **leb wohl!** vale!
Leben **1** vita, -ae *f* **2** (*Lebenshauch*) anima, -ae *f*; **ums ~ kommen** vitam amittere (-mitto, -misi, -missum *3.*); **sich das ~ nehmen** mortem sibi consciscere (-scisco, -scivi, -scitum *3.*); **aus dem ~ scheiden** de vita decedere (-cedo, -cessi, -cessum *3.*)
lebendig vivus, -a, -um
Lebensalter aetas, -atis *f*
Lebensart cultus, -us *m*
Lebensbeschreibung vita, -ae *f*
Lebensende (vitae) exitus, -us *m*
Lebensjahr aetatis annus (-i *m*); **im zehnten ~** decimum annum agens (-ntis)
Lebensmittel PL **1** (*Nahrungsmittel*) cibaria, -orum *npl* **2** (*Lebensunterhalt*) victus, -us *m*
Lebensmittelversorgung res frumentaria (rei -ae *f*)
lebensnotwendig ad vitam necessarius (-a, -um)
Lebensunterhalt victus, -us *m*
Lebewesen animal, -alis *n*
Lebewohl: **~!** vale!
lebhaft alacer, -cris, -cre
Lebhaftigkeit alacritas, -atis *f*
Lebzeiten: **zu j-s ~** aliquo vivo (*abl. abs.*)
lecker delicatus, -a, -um

Leder corium, -i *n*
ledig caelebs, -libis
leer **1** (*geleert*) vacuus, -a, -um *+ab* … **sein** vacare, -o, -avi, -atum *1.* *+ab* … (*vergeblich*) vanus, -a, -um
Legat legatus, -i *m*
legen ponere, pono, posui, positum … (col)locare, -o, -avi, -atum *1.*; **sich ~** … cumbere (-cumbo, -cubui, -cubitum … **auf etw** alicui rei); **an den Tag ~** p… se ferre (fero, tuli, latum *0.*)
Legion legio, -onis *f*
Legionär legionarius, -i *m*, (*Soldat*) … les, -itis *m*
Lehm lutum, -i *n*
Lehre **1** doctrina, -ae *f*; praeceptu… *n* **2** (*Ausbildung*) disciplina, -ae *f*
lehren docere, doceo, docui, doctu… (*+ dopp akk*, **j-n etw** aliquem aliquid…
Lehrer magister, -tri *m*
Lehrerin magistra, -ae *f*
Leib corpus, -oris *n*
Leibwache **1** custodes (-um *mpl*) … poris **2** (*des Kaisers*) praetoria co… (-ae cohortis *f*)
Leibwächter custos (-odis *m*) corp…
Leiche **1** corpus, -oris *n* **2** (*eines Ti*… cadaver, -eris *n*
leicht **A** ADJ (*zu tragen*) levis, -e; … *tun*) facilis, -e **B** ADV **1** (*wenig*) lev… **2** (*mühelos*) facile; **~ verwundet** lev… vulneratus; **~ zu sagen** facile dictu
Leichtigkeit levitas, -atis *f*, *auch* …
Leichtsinn levitas, -atis *f*
leichtsinnig levis, -e
Leid **1** (*Unglück*) malum, -i *n* … (*Schmerz*) dolor, -oris *m*; **j-m ein ~ tun** iniuriam alicui facere (facio, … factum *3.*)
leiden laborare, -o, -avi, -atum *1.*, … patior, passus sum *3.* (**an etw** re/ex … **an einer Krankheit ~** laborare mor…
Leiden malum, -i *n*
Leidenschaft cupiditas, -atis *f*, ar… -oris *m*
leidenschaftlich ardens, -entis
leider *meist unübersetzt*, quod dole…
leidtun: **es tut mir leid, dass …** d… (*+ AcI*) …
Leier lyra, -ae *f*
leihen **1** (*entleihen*) mutuum (-am) … mere (sumo, sumpsi, sumptum *3.*; … **j-m** ab aliquo); **Geld von j-m ~** mut…

cuniam sumere ab aliquo 2 *(verlei-*
n) mutuum (-am) dare (do, dedi, da-
n *1.*; **j-m** alicui) 3 *fig* **j-m sein Ohr**
alicui aures praebere (-eo, -ui, -itum
ntuch, **Leinwand** linteum, -i *n*
se A ADJ lenis, -e B ADV leniter, sup-
essa voce
sten 1 *(erfüllen)* praestare, -sto, -sti-
-staturus *1.* 2 *(vollenden)* perficere,
cio, -feci, -fectum *3.*; **einen Dienst ~**
icium praestare; **einen Eid ~** ius iu-
ndum dare (do, dedi, datum *1.*)
stung 1 *(Abgabe)* munus, -eris *n* 2
eleistetes) opus, -eris *n*
ten 1 ducere, duco, duxi, ductum *3.*
fig regere, rego, rexi, rectum *3.*; **ein**
iel ~ ludo praeesse (-sum, -fui, - *0.*)
ter dux, ducis *m*, praefectus, -i *m*
tung 1 ductus, -us *m* 2 *fig* modera-
, -onis *f*; **unter j-s ~** aliquo auctore;
t der ~ betraut werden praefici
ken regere, rego, rexi, rectum *3.*
nen discere, disco, didici,- *3.*
en legere, lego, legi, lectum *3.*
ser SG qui legit; *pl* qui legunt
zte(r, -s) 1 ultimus, -a, -um, supre-
us, -a, -um 2 *(äußerster)* extremus,
-um; **bis auf den letzten Mann** ad
um omnes
uchte lumen, -inis *n*
chten lucere, luceo, luxi, - *2.*
gnen negare, -o, -avi, -atum *1.*
ute homines, -um *mpl*
ht 1 lux, lucis *f* 2 *(Lampe usw.)* lu-
n, -inis *n*; **ans ~ bringen** proferre
ero, -tuli, -latum *0.*) in lucem
b carus, -a, -um; **~ gewinnen** adama-
(-o, -avi, -atum *1.*)
be 1 amor, -oris *m* 2 *(ohne Sinnlich-*
t) caritas, -atis *f*; **aus ~** amore motus
ben 1 amare, -o, -avi, -atum *1.* 2
rehren) diligere, -ligo, -lexi, lectum *3.*
benswert, **liebenswürdig** ama-
s, -e
ber libentius, potius; **~ wollen** malle
alo, malui, - *0.*)
d carmen, -inis *n*
fern 1 praebere, -eo, -ui, -itum *2.* 2
rbeibringen) supportare, -o, -avi,
um *1.*
gen 1 *(Ort)* (situm) esse (sum, fui, -
2 *(auf dem Boden)* iacere, -eo, -ui,
-iturus *2.*; **im Sterben ~** moriturum esse
(sum, fui, - *0.*); **j-m liegt (daran)** interest
(-fuit *0.*) alicui (**an etw** ad aliquid *od.*
+AcI)
lindern (sub)levare, -o, -avi, -atum *1.*
Linie linea, -ae *f*
linke(r, -s) sinister, -tra, -trum; laevus,
-a, -um
links sinistrā; **nach ~** ad sinistram
Lippe labrum, -i *n*
List dolus, -i *m*
listig dolosus, -a, -um
Literatur litterae, -arum *fpl*
Lob laus, laudis *f*
loben laudare, -o, -avi, -atum *1.*
lobenswert laudabilis, -e
Lobredner laudator, -oris *m*
Locke *(Haar)* cirrus, -i *m*
locken 1 *(heranlocken)* allicere, -licio,
-lexi, -lectum *3.* 2 *(herauslocken)* elicere,
-licio, -licui, -licitum *3.*
lockern laxare, -o, -avi, -atum *1.*
Löffel cochlear, -aris *n*
Lohn 1 *(Geld)* merces, -edis *f*, pretium,
-i *n* 2 *(Belohnung)* praemium, -i *n*
Lorbeer, **Lorbeerbaum** laurus, -i *f*
Lorbeerkranz laurea, -ae *f*
Los sors, sortis *f*
losbrechen oriri, orior, ortus sum *4.*;
ein Geschrei bricht los clamor tollitur;
ein Sturm bricht los tempestas cooritur
löschen 1 exstinguere, -stinguo, -stin-
xi, -stinctum *3.* 2 *(wegstreichen)* delere,
-eo, -evi, -etum *2.*
Lösegeld: **für j-n ~ zahlen** aliquem
pretio redimere (-imo, -emi, -emptum *3.*)
losen sortiri, sortior, sortitus sum *4.*
(**um etw** de re)
lösen solvere, solvo, solvi, solutum *3*;
ein Rätsel ~ aenigma solvere
losgehen 1 *fig* petere, peto, petivi,
petitum *3.* (**auf j-n** aliquem) 2 *(begin-*
nen) incipere, incipio, coepi, coeptum *3.*
loskaufen redimere, -imo, -emi, -emp-
tum *3.*
loslassen mittere, mitto, misi, missum
3.
lossagen: **sich ~** se abdicare (-o, -avi,
-atum *1.*; **von etw** re)
losschicken mittere, mitto, misi, mis-
sum *3.*
Löwe leo, -onis *m*
Löwin leaena, -ae *f*

Lücke lacuna, -ae *f*
Luft aer, aeris *m* (*akk*: aerem *u.* aera)
Lüge mendacium, -i *n*
lügen mentiri, mentior, mentitus sum *4.*
lügnerisch mendax, -acis
Lust voluptas, -atis *f*, libido, -inis *f*
lustig laetus, -a, -um
Luxus luxus, -us *m*

M

machen facere, facio, feci, factum *3.*; **~ zu** facere, facio, feci, factum *3.* (+ *akk, im Passiv + dopp nom*); **sich verdient ~** bene mereri (mereor, meritus sum *2.*); **zur Provinz ~** in provinciam redigere (-igo, -egi, -actum *3.*)
Macht **1** (*Einfluss*) potentia, -ae *f* **2** (*Amtsgewalt*) potestas, -atis *f* **3** POL opes, -um *fpl* **4** (*Gewalt, Wucht*) vis *f*; **die ~ an sich reißen** rerum potiri (potior, potitus sum *4.*)
mächtig **1** potens, -entis **2** POL opulentus, -a, -um **3** (*riesig*) ingens, -entis
Mädchen puella, -ae *f*
Magd ancilla, -ae *f*
Magen stomachus, -i *m*
mager macer, -cra, -crum
Mahl **1** cena, -ae *f*; epulae, -arum *fpl* **2** (*Gastmahl*) convivium, -i *n*; **das ~ einnehmen** epulari, -or, -atus sum *1.*
mahlen molere, molo, molui, molitus *3.*
Mahlzeit cena, -ae *f*
mahnen monere, -eo, -ui, -itum *2.*
Mai Maius, -i *m*
Majestät maiestas, -atis *f*
Mal[1]: **zum ersten, zweiten, dritten ~** primum, iterum, tertium; **zum letzten ~** postremum
Mal[2] (*Zeichen*) signum, i *n*
malen pingere, pingo, pinxi, pictum *3.*
Maler pictor, -oris *m*
man *meist durch das Passiv*
manche nonnulli, -orum *mpl*; quidam, quaedam, quoddam (*adj*)/quiddam (*subst*) *nachgestellt*
mancherlei varii, -orum *mpl*
manchmal interdum, nonnumqua
Mangel inopia, -ae *f*; **~ haben** ca (-eo, -ui, -iturus *2.*; **an etw** re)
mangeln deesse, -sum, -fui, - *0.* alicui); **es mangelt an allem** omnia sunt
Manipel (*Drittel einer Kohorte, etwa* Mann) manipulus, -i *m*
Mann **1** vir, viri *m* **2** (*Ehemann*) m tus, -i *m*; **alter ~** senex (senis *m*); **jun ~** iuvenis (-is *m*); **~ für ~** viritim
Männertoga toga (-ae *f*) virilis
männlich **1** (*Person*) virilis, -e **2** (masculus, -a, -um
Mannschaft manus, -us *f*
Mantel pallium, -i *n*
Märchen fabula, -ae *f*

Gramm

▶ man

Für „man" gibt es kein eigenes lateinisches Wort. Das unbestimmt Subjekt wird im Lateinischen daher a eine der folgenden Arten wiederge geben:

Passiv
cogor – man zwingt mich
ich werde gezwungen
cogitur – man zwingt ihn/sie
er/sie wird gezwungen

3. Person Plural
cogunt – man zwingt
sie (die Leute) zwingen

1. Person Plural
cogimus – man zwingt
wir zwingen (der/die Sprechende schließt sich selbst mit ein)

2. Person Singular
cogis – man zwingt
du zwingst (angesprochen wird ein fiktive Person, die für alle anderen steht)

rkt, Marktplatz forum, -i *n*
rmor marmor, -oris *n*; **aus ~** mar-
›reus, -a, -um
rs Mars, Martis *m*
rsch iter, itineris *n*
rschieren proficisci, -ficiscor, -fec-
; sum *3.*; iter facere (facio, feci, fac-
n *3.*)
rschweg iter, itineris *n*
rsfeld campus (-i *m*) Martius
rter cruciatus, -us *m*
rtern cruciare, -o, -avi, -atum *1.*
rz Martius, -i *m*
schine machina, -ae *f*
ß mensura, -ae *f*; modus, -i *m*; ~
lten → maßhalten
sse 1 (*Menge*) vis *f* 2 (*Volk*) vulgus, -i

ßhalten modum servare (-o, -avi,
um *1.*)
ßigen temperare, -o, -avi, -atum *1.*
w alicui rei); moderari, -or, -atus
n *1.* (**etw** alicui rei)
ßigung 1 (*Mäßigen*) moderatio,
nis *f* 2 (*Maßhalten*) temperantia, -ae *f*
ßlos immodicus, -a, -um
ßlosigkeit intemperantia, -ae *f*
ßvoll modestus, -a, -um
terial materia, -ae *f*
thematik mathematica, -orum *npl*
thematiker mathematicus, -i *m*
thematisch mathematicus, -a,
n
trose nauta, -ae *m*
uer 1 murus, -i *m* 2 (*einer Stadt*
v.) moenia, -ium *npl*
ul os, oris *n*
ultier mulus, -i *m*
us mus, muris *m*
dizin (*Medikament, Wissenschaft*)
›dicina, -ae *f*
er 1 mare, maris *n* 2 (*hohe See*) al-
n, -i *n*); **am ~ gelegen** maritimus
, -um)
er... maritimus, -a, -um
erbusen sinus, -us *m*
erenge fretum, -i *n*
eresgrund imum (-i) mare (-is *n*)
eresspiegel aequor, -oris *n*
hl farina, -ae *f*
hr A ADJ 1 (*komp zu „sehr"*) magis; ~
magis quam; **umso ~, desto ~** eo
gis; **je ~, desto besser** quo magis,
eo melius; 2 (*komp zu „viel"*) plus, pluris;
~ wert sein pluris esse (sum, fui, - *0.*) 3
(*komp zu „viele"*) **~ Menschen** plures homines B ADV **nicht ~** non iam
mehrere (com)plures, -a, -ium
meiden (e)vitare, -o, -avi, -atum *1.*
Meile mille passūs *mpl*; *pl* milia (-ium
npl) passuum
mein meus, -a, -um
Meineid periurium, -i *n*; **einen ~ schwören** periurare, -o, -avi, -atum *1.*
meinen putare, -o, -avi, -atum *1.*, arbitrari, -or, -atus sum *1.*, censere, censeo, censui, censum *2.*, opinari, -or, -atus sum *1.* (+ *AcI*)
meinetwegen (*von mir aus*) per me licet (+ *AcI*)
Meinung sententia, -ae *f*, opinio, -onis *f*; **meiner ~ nach** puto (+ *AcI*); **anderer ~ sein als jd** dissentire (-sentio, -sensi, -sensum *4.*) ab aliquo
meißeln sculpere, sculpo, sculpsi, sculptum *3.*
meist plerumque
meisten A ADJ **die ~** plerique, pleraeque, pleraque, plurimi, -ae, -a; **die ~ Menschen** plurimi (-orum *mpl*) B ADV **am ~** maxime, plurimum; **am ~ können** plurimum posse (possum, potui, - *0.*)
meistens plerumque
Meister magister, -tri *m*
meistern superare, -o, -avi, -atum *1.*
melden nuntiare, -o, -avi, -atum *1.* (**j-m etw** alicui aliquid)
Menge 1 copia, -ae *f* 2 (*Vielzahl*) multitudo, -inis *f*; vis *f*; **eine ~ Gold** vis auri
Mensch homo, -inis *m*; **ich bin kein ~, der** non is sum, qui *+konjkt*
menschenfreundlich humanus, -a, -um
Menschenrecht ius (iuris *n*) humanum (-i)
Menschenwürde humanae naturae dignitas (-atis *f*)
menschlich humanus, -a, -um
Menschlichkeit humanitas, -atis *f*
merken animadvertere, -verto, -verti, -versum *3.*, sentire, sentio, sensi, sensum *4.*; **sich etw ~** memoriae mandare (-o, -avi, -atum *1.*) aliquid
messen metiri, metior, mensus sum *4.*
Messer culter, -tri *m*
Metall metallum, -i *n*

M

Meuterei seditio, -onis *f*
meutern seditionem facere (facio, feci, factum *3.*)
mich me
Miene vultus, -us *m*
mieten conducere, -duco, -duxi, -ductum *3.*
Milch lac, lactis *n*
mild 1 lenis, -e 2 (*Person*) clemens, -entis
Milde 1 lenitas, -atis *f* 2 (*Person*) clementia, -ae *f*
mildern mollire, -io, -ivi, -itum *4.*, lenire, -io, -ivi, -itum *4.*; **j-s Elend ~** aliquem miseriā levare (-o, -avi, -atum *1.*)
Militär milites, -um *mpl*
Militär... militum *gen pl*
militärisch militaris, -e
Militärtribun tribunus (-i *m*) militum
mir mihi; **mit ~** mecum
mischen miscere, misceo, miscui, mixtum *2.*
missachten contemnere, -temno, -tempsi, -temptum *3.*
missbrauchen abuti, -utor, -usus sum *3.* (**etw** re)
missfallen displicere, -eo, -ui, -itum *2.* (**j-m** alicui, *+AcI*)
Missgeschick res (rerum *fpl*) adversae (-arum)
Missgunst invidia, -ae *f*
misstrauen diffidere, -fido, -fisus sum *3.* (**j-m** alicui)
misstrauisch suspiciosus, -a, -um
mit PRÄP 1 (*zusammen mit*) cum *+abl*; **~ dem Freund** cum amico 2 (*Hilfsmittel*) *bloßer abl*; **~ Geld bestechen** pecunia corrumpere (-rumpo, -rupi, -ruptum *3.*)
mitbringen apportare, -o, -avi, -atum *1.*
Mitbürger civis, -is *m*
miteinander 1 (*zusammen*) unā 2 (*untereinander*) inter se; **~ sprechen** colloqui (-loquor, -locutus sum *3.*)
mitgeben addere, -do, -didi, -ditum *3.*
Mitgefühl misericordia, -ae *f*
Mitgift dos, dotis *f*
Mitleid misericordia, -ae *f*; **~ haben** misereri (misereor, miseritus sum *2.*; **mit j-m** alicui); **~ erregen** misericordiam movere (moveo, movi, motum *2.*)
mitleidig misericors, -cordis; **ein ~es Herz haben** misericordem esse (sum, fui, - *0.*)
mitmachen interesse, -sum, -fui, (**bei etw** alicui rei)
Mitmensch alter, alterius *m*; *pl* -orum *mpl*
mitnehmen secum ducere (d duxi, ductum *3.*)
mitspielen ludo interesse (-sum, -f *0.*)
Mittag meridies, -ei *m*; **am ~** mer **zu ~ essen** cibum meridianum sur (sumo, sumpsi, sumptum *3.*)
Mittags... meridianus, -a, -um
Mitte medium, -i *n*; *meist durch adj* dius, -a, -um; **auf der ~ der Brück** medio ponte; **in unserer ~** cum no
mitteilen nuntiare, -o, -avi, -atu (**j-m etw** alicui aliquid)
Mittel 1 (*Werkzeug*) instrumentum, **mit allen Mitteln** omnibus modi (*Geld, Hilfsmittel*) *pl* opes, -um *fpl*; **au genen Mitteln** privatim; de privato
mittellos inops, inopis
mittelmäßig mediocris, -cre
Mittelmeer mare (-is *n*) nostrum mare (-is *n*) mediterraneum (-i)
Mittelpunkt centrum, -i *n*
mitten (*räuml., zeitl.*) medius, -a, -u **im Haus** in media domo; **~ im Som** mediā aestate; **~ in die Dinge hinei** in medias res
Mitternacht media nox (-ae noct **um ~** mediā nocte
mittlere(r, -s) medius, -a, -um
Mittwoch dies (-ei *m*) Mercurii
mitunter interdum
mitwissend conscius, -a, -um (**bei** alicuius rei)
Mitwisser conscius, -i *+gen*
mögen 1 (*wollen*) velle, volo, volui, **ich möchte** velim 2 (*bei Zugestän sen u. Wünschen häufig durch konjkt od. perf ausgedrückt*) **er mag gehen es mag sein** licet (+ *AcI bzw. inf*); **~ auch rufen** licet vocent
möglich qui (quae, quod) fieri po **es ist ~** licet; **alles Mögliche tun** or facere (facio, feci, factum *3.*)
Möglichkeit facultas, -atis *f*, pote -atis *f* (**zu etw** alicuius rei), **etw zu** alicuius rei faciendi; **es besteht di dass** fieri potest, ut *+konjkt*
möglichst quam (+ *sup*); **~ sch**

M

am celerrime; ~ **lange** quam diutissi-
e; ~ **bald** quam primum
nat mensis, -is *m*
nd luna, -ae *f*; **der ~ nimmt ab** luna
crescit; **der ~ nimmt zu** luna crescit
ndfinsternis lunae defectio (-onis

ntag dies (-ei *m*) lunae
rd nex, necis *f*; caedes, -is *f* (**an j-m**
cuius); **einen ~ begehen** caedem fa-
re (facio, feci, factum *3.*)
rder interfector, -oris *m*
rgen cras
rgen mane *n*, *indekl*; **am ~** mane;
n frühen ~ bene mane; **bis zum ~**
lucem
rgenröte aurora, -ae *f*
rgens mane
rgig crastinus, -a, -um
saikboden pavimentum (-i *n*) tes-
llatum (-i)
icke culex, -icis *m*
ide fessus, -a, -um
ihe opera, -ae *f*, labor, -oris *m*; **Mü-**
n auf sich nehmen labores subire
o, -ii, -itum *0.*); **sich (große) ~ geben,**
ss (magnopere *od.* maxime) operam
re (do, dedi, datum *1.*), ut *+konjkt*; **~**
rschwenden operam perdere (perdo,
rdidi, perditum *3.*); **(nur) mit ~** (*kaum*)
gre; **mit großer ~** aegerrime; **keine ~**
heuen labori non parcere (parco, pe-
rci, parsurus *3.*)
ihevoll laboriosus, -a, -um
ihsal labor, -oris *m*
ihselig aeger, -gra, -grum
nd os, oris *n*; **den ~ halten** tacere
ceo, tacui, tacitum *2.*)
inden influere, -fluo, -fluxi, -fluxum

indung os, oris *n*, ostium, -i *n*
inter alacer, -cris, -cre; laetus, -a,
n
inze nummus, -i *m*
rren fremere, fremo, fremui, fremi-
n *3.*
irrisch morosus, -a, -um
sik ars (artis *f*) musica (-ae)
sisch musicus, -a, -um
skel nervus, -i *m*, musculus, -i *m*
ße (*Freizeit*) otium, -i *n*
ssen **1** debere, debeo, debui, debi-
n *2.* **2** (*durch das Gerundiv*) deben-
dum esse **3** (*Verpflichtung*) oportet/
oportuit (+ *AcI*) **4** (*notwendig sein*) ne-
cesse est (+ *AcI*)
Muster exemplum, -i *n*; **als ~ dienen**
exemplo esse (sum, fui, - *0.*)
mustern oculis lustrare (-o, -avi, -atum
1.)
Mut **1** animus, -i *m*, virtus, -utis *f*, for-
titudo, -inis *f* **2** (*Waghalsigkeit, oft neg.*)
audacia, -ae *f*; **guten Mutes sein** bono
animo esse (sum, fui, - *0.*); **den ~ verlie-
ren** animo deficere (-ficio, -feci, -fectum
3.), animum demittere (-mitto, -misi,
-missum *3.*); **den ~ haben** audere (au-
deo, ausus sum *2.*)
mutig fortis, -e, audax, -acis, temera-
rius, -a, -um
mutlos animo demissus (-a, -um); **~
werden** animo deficere (-ficio, -feci,
-fectum *3.*)
Mutter mater, -tris *f*
Muttersprache sermo (-onis *m*) pa-
trius (-i)

N

Nabel umbilicus, -i *m*
nach **A** PRÄP **1** (*örtl., Richtung*) in *+akk*;
~ Italien in Italiam **2** (*zeitl.*) post *+akk*;
~ Christi Geburt post Christum natum
3 (*gemäß*) secundum *+akk* **B** ADV **~
und ~** paulatim
nachahmen imitari, -or, -atus sum *1.*
Nachahmung imitatio, -onis *f*
Nachbar vicinus, -i *m*
Nachbarschaft vicinitas, -atis *f*
nachbilden effingere, -fingo, -finxi,
-fictum *3.*
nachdem postquam *+ind perf* → *s. Info-
-Fenster nächste Seite*
nachdenken cogitare, -o, -avi, -atum
1., meditari, -or, -atus sum *1.* (**über etw**
de re)
nacheifern aemulari, -or, -atus sum *1.*
(**j-m** aliquem)
nacheinander deinceps
Nachfahren posteri, -orum *mpl*

Gramma

▶ nachdem

Für die Wiedergabe der deutschen Konjunktion „nachdem" gibt es im Lateinisch mehrere Möglichkeiten:

postquam + Indikativ Perfekt

Postquam ei osculum dedit, abiit.	Nachdem er/sie ihm einen Kuss gegeben hatte, ging er/sie weg.

cum + Konjunktiv Plusquamperfekt, wenn das Verb des Hauptsatzes in der Vergangenheit steht.

Cum ei osculum dedisset, abiit.	Nachdem er/sie ihm einen Kuss gegeben hatte, ging er/sie weg.

Ablativus absolutus mit PPP

Osculo ei dato abiit.	Nachdem er/sie ihm einen Kuss gegeben ha (*wörtlich:* Nachdem ihm ein Kuss gegeben worden war), ging er/sie weg.

N

Nachfolge (*im Amt*) successio, -onis *f*; **j-s ~ antreten** succedere, -cedo, -cessi, -cessum *3.* (alicui)

nachfolgen **1** (con)sequi, -sequor, -secutus sum *3.* (**j-m** aliquem) **2** (*im Amt*) succedere, -cedo, -cessi, -cessum *3.* (**j-m** alicui)

Nachfolger successor, -oris *m*

nachfragen quaerere, quaero, quaesivi, quaesitum *3.*

nachgeben (con)cedere, -cedo, -cessi, -cessum *3.* (**j-m** alicui)

nachher postea

Nachhut agmen (-inis *n*) novissimum (-i)

Nachkommen posteri, -orum *mpl*

Nachkommenschaft progenies, -ei *f*, proles, -is *f*

nachlassen cessare, -o, -avi, -atum *1.*, desinere, -sino, -sii, -situm *3.*

nachlässig neglegens, -entis

Nachlässigkeit neglegentia, -ae *f*

Nachmittag tempus (-oris *n*) postmeridianum (-i); **am ~** post meridiem

nachmittags post meridiem

Nachmittags... postmeridianus, -a, -um

Nachricht nuntius, -i *m*; **j-m ~ geben** aliquem certiorem facere (facio, feci, factum *3.*; (+ *AcI*); **~ erhalten** certior fieri (fio, factus sum *3.*)

nachrücken succedere, -cedo, -ce -cessum *3.* (**j-m** alicui)

Nachsicht venia, -ae *f*; **~ haben j-m** veniam dare (do, dedi, datum *1.*) cui

nachsichtig clemens, -entis; **~** **mit j-m** indulgere (-dulgeo, -dulsi, - tum *2.*) alicui

nächste(r, -s) proximus, -a, -um; **~n Verwandten** proximi (-orum *m* **am ~n Tag** postridie

nachstehen (*weniger sein*) cedere, do, -cessi, cessum *3.*, **j-m in nichts ~** hil cedere alicui in re

nachstellen **1** (*auflauern*) insidias rare (-o, -avi, -atum *1.*) **2** (*Wort*) pos nere (-pono, -posui, -positum *3.*)

Nächstenliebe caritas, -atis *f*

Nacht nox, noctis *f*; **in der ~** nocte

Nachteil incommodum, -i *n*, detrim tum, -i *n*

nachteilig: **sich ~ auswirken** d mento esse (sum, fui, - *0.*)

nächtlich nocturnus, -a, -um

nachts noctu, nocte

Nachtwache vigiliae, -arum *fpl*

nachweisen demonstrare, -o,

um *1.*
chwelt posteri, -orum *mpl*; **der ~**
erliefern memoriae prodere (-do, -di-
-ditum *3.*)
cken cervices, -um *fpl*
:kt nudus, -a, -um
del acus, -us *f*
gel 1 clavus, -i *m* 2 (*am Finger*) un-
is, -is *m*
ne A ADJ propinquus, -a, -um B
P: **~ (bei)** prope *+akk* C ADV prope;
war ~ dran zu … non multum afuit,
in … *+konjkt*
he propinquitas, -atis *f*; **in der ~**
n) prope *+akk*
hen (*sich nähern*) appropinquare, -o,
i, -atum *1.*
her 1 propior, -ius 2 **~ kommen** ap-
pinquare (-o, -avi, -atum *1.*)
hern: sich ~ appropinquare, -o, -avi,
um *1.*(**j-m** alicui, **einer Sache** ad ali-
id)
hren alere, alo, alui, altum *od.* ali-
n *3.*; **sich ~** vesci (vescor, - *3.*; **von**
v re)
hrung cibus, -i *m*
hrungsmittel cibaria, -orum *npl*
me nomen, -inis *n*
nentlich nominatim
nlich nam, enim *nachgestellt*
nu INT **~!** ecce!
se 1 nasus, -i *m* 2 (*Geruchsorgan*)
es, -ium *fpl*
tion natio, -onis *f*
tur natura, -ae *f*; **von ~ aus** naturā
türlich A ADJ naturalis, -e; **es ist ~**
twendig) necesse est B ADV quippe,
nirum
bel nebula, -ae *f*
ben iuxta *+akk*, prope *+akk*
blig nebulosus, -a, -um
ffe nepos, -otis *m*
hmen 1 carpere, carpo, carpsi,
ptum *3.*, sumere, sumo, sumpsi,
nptum *3.* 2 (*an sich nehmen*) adime-
-imo, -emi, -emptum *3.* 3 (*wegneh-*
n) demere, demo, dempsi, demptum
4 (*annehmen*) accipere, -cipio, -cepi,
ptum *3.*; **auf sich ~** suscipere (-cipio,
pi, -ceptum *3.*), subire (-eo, -ii, -itum

d invidia, -ae *f*
disch invidus, -a, -um (**auf j-n** alicui)

neigen inclinare, -o, -avi, -atum *1.*; **sich ~** vergere (*klass. ohne perf u. ohne ppp*), se inclinare (-o, -avi, -atum *1.*)
nein 1 (*meist durch einen kurzen verneinten Satz ausgedrückt*) non ita 2 (*im Gegenteil*) immo; **ja oder ~** aut etiam aut non

Sprachgebrauch

▶ nein

„Nein" wird indirekt ausgedrückt, z. B. durch Wiederholung des Kerngedankens der Frage + **non**:

Eum vidistine?	Hast du ihn gesehen?
Non vidi.	Nein.
Wörtlich:	Ich habe nicht gesehen.

Stärker ist der feste Ausdruck **non ita (est)**.
Völlige Ablehnung drückt **minime vero** aus.

nennen 1 appellare, -o, -avi, -atum *1.*, nominare, -o, -avi, -atum *1.*, vocare, -o, -avi, -atum *1.* 2 (*einen Namen geben*) nomen dare (do, dedi, datum *1.*; **j-n** alicui)
Nerv nervus, -i *m*
Nest nidus, -i *m*; **ein ~ bauen** nidum facere (facio, feci, factum *3.*)
Netz rete, -is *n*
neu 1 novus, -a, -um 2 **von Neuem** denuo
Neugier curiositas, -atis *f*
neugierig curiosus, -a, -um
Neuheit novitas, -atis *f*
Neuigkeit res (rei *f*) nova (-ae)
neulich nuper
Neumond luna (-ae *f*) nova (-ae)
neun novem *indekl*; **je ~** noveni (-ae, -a)
neunhundert nongenti, -ae, -a
neunmal novie(n)s
neunte(r, -s) nonus, -a, -um
neunzehn undeviginti *indekl*
neunzig nonaginta *indekl*
nicht 1 non; **und ~** neque, nec; **aber ~** neque vero, neque tamen; **~ einmal** ne … quidem; **~ nur …, sondern auch** non

modo (*od.* non solum) ..., sed etiam; **~ mehr** non iam; **noch ~** nondum; **~ da sein** abesse (-sum, -fui, - *0.*) **2** (*vor adj und adv*) haud **3** (*in Wunschsätzen*) ne, *+konjkt perf*); noli(te) (+ *inf*) **4** (*in Fragesätzen*) nonne; **oder ~** an non, necne **5** (*in Finalsätzen*) **damit ~** ne *+konjkt*

nichtig vanus, -a, -um

nichts nihil *n*, nullius rei; **und ~** neque quicquam; **~ außer** nihil nisi; **~ mehr** nihil iam; **für ~ achten** nihili aestimare (-o, -avi, -atum *1.*)

nichts ahnend inopinans, -antis

nichtsdestoweniger nihilo minus

nicht wollen nolle, nolo, nolui, - *0.*

nie numquam

niederbrennen **A** *V/T* deurere, -uro, -ussi, -ustum *3.* **B** *V/I* deflagrare, -o, -avi, -atum *1.*

niederhauen trucidare, -o, -avi, -atum *1.*

niederkämpfen debellare, -o, -avi, -atum *1.*

niederknien procumbere, -cumbo, -cubui, -cubitum *3.*

Niederlage clades, -is *f*; **j-m eine ~ bereiten** alicui cladem afferre (affero, attuli, allatum *0.*); **eine ~ erleiden** cladem accipere (-cipio, -cepi, -ceptum *3.*)

niederlassen: **sich ~** considere (-sido, -sedi, -sessum *3.*), **im Schatten** in umbra, **im Gebiet der Ubier** in finibus Ubiorum

niederlegen deponere, -pono, -posui, -positum *3.*; **ein Amt ~** magistratu se abdicare (-o, -avi, -atum *1.*)

niederreißen deicere, -icio, -ieci, -iectum *3.*

niederschlagen affligere, -fligo, -flixi, -flictum *3.*, occidere, -cido, -cidi, -cisum *3.*; **einen Aufruhr ~** tumultum opprimere (-primo, -pressi, -pressum *3.*)

niederstoßen affligere, -fligo, -flixi, -flictum *3.*

niederstrecken (pro)sternere, -sterno, -stravi, -stratum *3.*

niederwerfen prosternere, -sterno, -stravi, -stratum *3.*; **sich ~** procumbere (-cumbo, -cubui, -cubitum *3.*)

niedlich lepidus, -a, -um

niedrig humilis, -e

niemals numquam

niemand nemo; **und ~** neque quisquam; **damit ~** ne quis; **sodass ~** ut mo

nirgends nusquam, nullo loco

noch **1** (*bis jetzt*) adhuc; **~ immer** et nunc; **~ heute** etiam hodie, hodie q que; **~ nicht** nondum; *bleibt oft unü setzt*: **~ am selben Tag** eodem die (*hinzufügend beim komp*) etiam; **~ mal** iterum

nochmals iterum

Norden septentriones, -um *mpl*; **i** sub septentrionibus

nördlich septentrionalis, -e

Not **1** inopia, -ae *f* **2** (*Elend*) mis -ae *f* **3** (*Notlage*) angustiae, -arum **4** (*Gefahr*) discrimen, -inis *n*

notgedrungen necessitate coa (-a, -um *ppp*)

nötig, **notwendig** necessarius, -um; **es ist ~** opus (*od.* necesse) e *AcI*)

Notwendigkeit necessitas, -atis *f*

November November, -bris *m*

nun **1** (*in der Gegenwart*) nunc **2** (*in Vergangenheit*) tum; **von ~ an** ex tempore

nur **1** (*beschränkend*) modo, tan *fällt bei Zahlenangaben weg* **2** (*schließlich*) solum *adv*; nihil nisi; **~ Gute** nemo nisi bonus; **nicht ~ ...,** **dern auch** non modo (*od.* non so ..., sed etiam

Nuss nux, nucis *f*

nutzen (*gebrauchen*) uti, utor, usus *3.* (**etw** re)

Nutzen **1** utilitas, -atis *f*; usus, -u **2** (*Vorteil*) emolumentum, i *n*; **es von ~** usui est

nützen prodesse, prosum, profui,

nützlich utilis, -e; **~ sein** prod (prosum, profui, - *0.*)

nutzlos **1** inutilis, -e **2** (*vergeblich* nus, -a, -um

Nymphe nympha, -ae *f*

O

ɔ **weh** INT **~!** vae!
1 (*in Fragen*) num, -ne 2 (*nach Ver-*
ı *des Wartens und Versuchen*) si; **~ ...**
er utrum ... an, -ne ... an, ... an
en supra; *bei subst durch adj* summus,
-um; **~ auf dem Hügel** in summo
le; **~ und unten** supra et subter;
n **~ her** desuper
endrein insuper
erbefehl imperium, -i *n*; **den ~ ha-**
n über etw praeesse (-sum, -fui, - *0.*)
:ui rei
erbefehlshaber imperator, -oris
ere(r, -s) superior, -ius
erfeldherr imperator, -oris *m*
erfläche superficies, -ei *f*
erhalb PRÄP supra *+akk*
erherrschaft summum imperium
-i *n*)
erkörper corpus, -oris *n*
erpriester pontifex (-icis *m*) maxi-
s (-i)
erschenkel femur, -oris *n*
erst tribunus (-i *m*) militum
erste(r, -s) summus, -a, -um, supre-
s, -a, -um
gleich quamquam *+ind*; etsi, etiamsi
d bzw. konjkt); cum, quamvis *+konjkt*
rigkeit magistratus, -us *m*
st poma, -orum *npl*
stbaum arbor (-oris *f*) pomifera
e)
wohl quamquam (*+ind*; etsi, etiamsi
d bzw. konjkt); cum, quamvis (*+konjkt*)
ıse bos, bovis *m*
e vastus, -a, -um
er 1 (*zwischen zwei Möglichkeiten*) vel
(*ausschließend*) aut 3 (*zur Entschei-*
ıg) sive 4 (*in Doppelfragen*) an; **~**
ht (*in Fragen*) an non, necne; **entwe-**
... **~** aut ... aut, vel ... vel
n forax, -acis *m*
en apertus, -a, -um; **~ stehen** patere,
, -ui, - *2.*
enbar manifestus, -a, -um; **~ wer-**
den apparere, -pareo, -parui, -pariturus *2.*
offenkundig manifestus, -a, -um
öffentlich A ADJ publicus, -a, -um B ADV publice, palam; **~ bekennen** profiteri (-fiteor, -fessus sum *2.*)
Öffentlichkeit publicum, -i *n*
öffnen aperire, aperio, aperui, apertum *4.*
oft saepe
ohne sine *+abl*; **~ Schuld** nullā culpā; **~ Pflichtverletzung** salvo officio
ohnmächtig impotens, -entis
Ohr auris, -is *f*; **j-m zu Ohren kommen** ad aures alicuius venire (venio, veni, ventum *4.*)
Oktober October, -bris *m*
Öl oleum, -i *n*
Oldenburg Antiqua civitas
Olive, Olivenbaum oliva, -ae *f*
Onkel 1 (*Bruder der Mutter*) avunculus, -i *m* 2 (*Bruder des Vaters*) patruus, -i *m*
Opfer 1 (*für die Götter*) sacrificium, -i *n*; supplicium, -i *n*; **~ darbringen** sacra facere (facio, feci, factum *3.*) 2 (*Betroffener*) victima, -ae *f* 3 (*Verzicht*) iactura, -ae *f*; **etw zum ~ bringen** iacturam facere (facio, feci, factum *3.*) alicuius rei
opfern immolare, -o, -avi, -atum *1.*, sacrificare (-o, -avi, -atum *1.*)
Opferpriester haruspex, -icis *m*

O

Wortschatz

▶ Obstbäume

Das Wort für Baum – **arbor** ⟨arboris⟩ – sowie alle Baumnamen sind feminin, die jeweilige Frucht des Baumes ist in der Regel ein Neutrum:

malus ⟨i⟩ *f*	Apfelbaum
malum ⟨i⟩ *n*	Apfel
pirus ⟨i⟩ *f*	Birnbaum
pirum ⟨i⟩ *n*	Birne
cerasus ⟨i⟩ *f*	Kirschbaum
cerasum ⟨i⟩ *n*	Kirsche
ficus ⟨i *u.* us⟩ *f*	Feigenbaum, *a.* Feige
arbor persica ⟨ae⟩ *f*	Pfirsichbaum
malum persicum ⟨i⟩ *n*	Pfirsich

Opferschauer haruspex, -icis *m*
Opfertier hostia, -ae *f*
Orakel, **Orakelspruch** oraculum, -i *n*; **ein ~ verkünden** oraculum edere (edo, edidi, editum *3.*)
ordnen 1 componere, -pono, -posui, -positum *3.* 2 (*verteilen*) disponere, -pono, -posui, -positum *3.*
Ordnung ordo, -inis *m*; **~ halten** ordinem servare (-o, -avi, -atum *1.*)
ordnungsgemäß rite
Orient oriens, -entis *m*
Ort locus, -i *m* (*pl* loca, -orum *npl*); **an diesem ~** hoc loco; **am richtigen ~** in loco, suo loco; **an einem anderen ~** alio loco; **an welchem ~?** ubi?
ortskundig peritus (-a, -um) locorum
Oslo Ansloa
Osten oriens, -entis *m*; **im ~** in oriente
Osnabrück Ansibarium
östlich ad orientem spectans (-antis)
Ozean Oceanus, -i *m*

P

paar: **ein ~** nonnulli, -orum *mpl*
Paar par, paris *n*
packen 1 capere, capio, cepi, cap[…] *3.* 2 (*zusammenpacken*) colligere, -[…] -legi, -lectum *3.*
Palast regia, -ae *f*
Palme, **Palmzweig** palma, -ae *f*
Panzer (*einer Rüstung*) lorica, -ae *f*
Park horti, -orum *mpl*
Partei pars, partis *f*; POL factio, -o[…]
Pass iugum, -i *n*
passen convenire, -venio, -veni, -[…] tum *4.* (**zu etw** alicui rei)
passend aptus, -a, -um, idoneus[…] -um (**zu etw** ad aliquid)
Patrizier patricius, -i *m*
patrizisch patricius, -a, -um

Wortsc[…]

▶ Ortsfragen und -angaben

Fragen:			
wo?	**ubi?**	wohin? woher?	**quo?** **unde?**
Ortsangaben:			
<u>oben</u>	**supra**	nach oben	**sursum**
über	**super** + *akk* (*Richtung*) + *abl* (*Ort*)	von oben herab	**ex alto**
<u>unten</u>	**infra**	nach unten	**deorsum**
unter	**sub** + *akk* (*Richtung*) + *abl* (*Ort*)	von unten	**ab imo**
<u>rechts</u>	**dextra**	nach rechts von rechts	**ad dextram** **a dextra**
<u>links</u>	**sinistra**	nach links von links	**ad sinistram** **a sinistra**
<u>vorn(e)</u>	**a fronte**	nach vorne	**in priorem partem**
vor	**ante** + *akk*	von vorne	**a fronte**
<u>hinten</u>	**post, a tergo**	nach hinten	**in partem posterior[…]**
hinter	**post** + *akk*	von hinten	**a tergo**

P

ron patronus, -i *m*
z pellis, -is *f*
iaten penates, -ium *mpl*
le margarita, -ae *f*
son persona, -ae *f*, homo, -inis *m*
sönlich ipse, ipsa, ipsum
t pestilentia, -ae *f*; *fig* pestis, -is *f*
hl palus, -i *m*
u pavo, -onis *m*
il sagitta, -ae *f*
rd equus, -i *m*
sich persicum, -i *m*
inze planta, -ae *f*
inzen serere, sero, sevi, satum *3.*
ege **1** cultus, -us *m* **2** (*Sorge für etw*) atio, -onis *f*
egen **1** (*Kranke*) curare, -o, -avi, um *1.* **2** (*Wissenschaft*) colere, colo, ui, cultum *3.* **3** (*gewohnt sein*) solere, eo, solitus sum *2.*
cht officium, -i *n*; **es ist j-s ~** alius est (+ *inf*); **seine ~ erfüllen** officio gi (fungor, functus sum *3.*); **seine ~ säumen** officio deesse (-sum, -fui, -
chtbewusstsein pietas, -atis *f*, icium, -i *n*
chttreu pius, -a, -um
chtvergessen neglegens (-entis) cii; impius, -a, -um
icken carpere, carpo, carpsi, carpn *3.*
ıg aratrum, -i *n*
igen arare, -o, -avi, -atum *1.*
rte porta, -ae *f*
sten postis, -is *m*
losoph philosophus, -i *m*
losophie philosophia, -ae *f*
losophisch philosophicus, -a, -um
it pirata, -ae *m*
gen vexare, -o, -avi, -atum *1.*
n consilium, -i *n*; **einen ~ fassen** ısilium inire (-eo, -ii, -itum *0.*)
ttfüßig plautus, -a, -um
tz locus, -i *m* (*pl* loca, -orum); **~ nehmen** considere (-sido, -sedi, -sessum *3.*)
bejer plebeius, -i *m*
bejisch plebeius, -a, -um
tzlich **A** ADJ repentinus, -a, -um **B** subito, repente
ndern (*Stadt*) diripere, -ripio, -ripui, ıtum *3.*
nderung direptio, -onis *f*

Pöbel vulgus, -i *n*
Politik rerum publicarum scientia (-ae *f*); **~ treiben** rem publicam gerere (gero, gessi, gestum *3.*)
politisch civilis, -e; *durch gen* rei publicae; **politisches Denken** ratio (-onis *f*) civilis (-is)
Posten **1** locus, -i *m* (*pl* loca, -orum *npl*) **2** MIL statio, -onis *f*
Pracht **1** magnificentia, -ae *f* **2** (*Glanz*) splendor, -oris *m*
prächtig magnificus, -a, -um
Präfekt praefectus, -i *m*
prägen (*Münzen*) percutere, -cutio, -cussi, -cussum *3.*
prahlen gloriari, -or, -atus sum *1.*, se iactare, -o, -avi, -atum *1.*
prahlerisch gloriosus, -a, -um
Prätor praetor, -oris *m*; **Amt des Prätors** praetura (-ae *f*)
Praxis (*Übung*) usus, -us *m*
Preis **1** pretium, -i *n* (**für etw** alicuius rei); **hoch im ~ stehen** magni esse (sum, fui, - *0.*) **2** (*Belohnung*) praemium, -i *n*
preisen laudare, -o, -avi, -atum *1.*, praedicare, -o, -avi, -atum *1.*; **j-n glücklich ~** beatum dicere (dico, dixi, dictum *3.*) aliquem
Priester sacerdos, -otis *m*
Priesteramt sacerdotium, -i *n*
Priesterin sacerdos, -otis *f*
Prinzipat principatus, -us *m*
privat privatus, -a, -um
Privatbesitz res (rerum *f*) privatae (-arum)
Privatmann homo (hominis *m*) privatus (-i)
Probe **1** (*Prüfung*) probatio, -onis *f*; **auf die ~ stellen** temptare, -o, -avi, -atum *1.* **2** (*Beweis*) exemplum, -i *n*
probieren **1** (*kosten*) degustare, -o, -avi, -atum *1.* **2** (*versuchen*) temptare, -o, -avi, -atum *1.*
Prokonsul (*ehemaliger Konsul*) proconsul, -is *m*; **Amt des ~** proconsulatus (-us *m*)
Prophet propheta, -ae *m*
Proprätor (*ehemaliger Prätor; Statthalter einer Provinz*) propraetor, -oris *m*
Prosa oratio (-onis *f*) soluta (-ae)
prost INT **~!** prosit!
Proviant cibus, -i *m*; MIL commeatus,

P

-us *m*
Provinz provincia, -ae *f*
Provinzbewohner provincialis, -is *m*
Prozess causa, -ae *f*, lis (litis *f*); **einen ~ führen** causam agere (ago, egi, actum *3.*)
prüfen probare, -o, -avi, -atum *1.*, examinare, -o, -avi, -atum *1.*
Prüfung probatio, -onis *f*, examen, -inis *n*
Prunk apparatus, -us *m*, pompa, -ae *f*
prunkvoll splendidus, -a, -um
pünktlich in tempore
Puppe pupa, -ae *f*
Purpur purpura, -ae *f*
purpurn, **purpurrot** purpureus, -a, -um
putzen purgare, -o, -avi, -atum *1.*
Pyramide pyramis, -idis *f*

Q

Quadrat quadratum, -i *n*
Qual cruciatus, -us *m*
quälen vexare, -o, -avi, -atum *1.*, cruciare, -o, -avi, -atum *1.*
Quästor quaestor, -oris *m*
Quästur quaestura, -ae *f*
Quelle fons, fontis *m*
quer **A** ADJ transversus, -a, -um **B** ADV transverse
Quiriten (*röm. Bürger*) Quirites, -um *mpl*

R

Rabe corvus, -i *m*
Rache ultio, -onis *f*
rächen: **(sich) ~** ulcisci, ulciscor, ultus sum *3.* **(j-n** aliquem; **an j-m** aliquem; **für etw** aliquid; **an j-m für etw** aliquem pro re)

Rand **1** margo, -inis *f* **2** (*eines Gefä*
labrum, -i *n*; **am ~e des Verderben**
summo discrimine
Rang gradus, -us *m*, locus, -i *m*; **er**
~ *im Theater* cavea, -ae *f*
Rangordnung ordo, -inis *f*
Rappe (*schwarzes Pferd*) equus (-i *m*
ger (-gri)
rasch **A** ADJ celer, celeris, celere
ADV cito, celeriter
rasen (*toben*) furere, furo, -, - *3.*, sae
-io, -ii, -itum *4.*
Rasen (*Grasfläche*) caespes, -itis *m*
rasend furiosus, -a, -um
Raserei furor, -oris *m*
Rast quies, quietis *f*
rasten quiescere, quiesco, quievi, c
tum *3.*
rastlos impiger, -gra, -grum
Rat consilium, -i *n*; **j-n um ~ fra**
consulere (-sulo, -sului, -sultum *3.*)
quem; **j-m einen ~ erteilen** consu
alicui; **auf j-s ~** aliquo auctore
raten **1** (*beraten*) suadere, suadeo,
si, suasum *2.* **(j-m** alicui) **2** (*mutma*
conicere, -icio, -ieci, -iectum *3.*
Rathaus curia, -ae *f*
Ratschlag consilium, -i *n*
Rätsel aenigma, -atis *n*
Ratsversammlung senatus, -us
rau **1** asper, -era, -erum **2** (*unsau*
scaber, -bra, -brum
Raub rapinae, -arum *fpl*
rauben rapere, rapio, rapui, raptu
Räuber latro, -onis *m*
Raubtier bestia, -ae *f*
Raubvogel bestia (-ae *f*) rapax (-a
Rauch fumus, -i *m*
Raum spatium, -i *n*
rauschen strepere, strepo, stre
strepitum *3.*
Rauschen strepitus, -us *m*
Rebe vitis, -is *f 2.*
Rechenschaft ratio, -onis *f*; **j-m ~**
ben über etw rationem reddere
-didi, -ditum *3.*) alicui alicuius re
re; **~ fordern von j-m über etw** r
nem reposcere (-posco, -, - *3.*) aliqu
ab aliquo alicuius rei
rechnen **1** ratiocinari, -or, -atus su
2 **zu etw ~** in numero habere (-eo,
-itum *2.*); **damit ~, dass** sperare (-o,
-atum *1.*), ut *+konjkt*

chnung ratio, -onis *f*
:ht **A** ADJ rectus, -a, -um; **zur ~en**
it (in) tempore **B** ADV **1** recte; **~**
n recte agere **2** *(sehr) durch sup*; **~**
t saepissime
cht **1** *(menschlich)* ius, iuris *n* **2**
ittlich) fas *n indekl*; **mit ~** merito, iure;
n ~s wegen suo iure; **ich habe das ~**
eum est; **~ sprechen** ius dicere (dico,
ci, dictum *3.*)
:hte(r, -s) dexter, -t(e)ra, -t(e)rum
chte *(Hand)* dextra, -ae *f*
:htfertigen purgare, -o, -avi, -atum

:htmäßig iustus, -a, um
:hts dextrā
:htschaffen probus, -a, -um
chtschaffenheit probitas, -atis *f*
chtsgelehrter iuris peritus (-i *m*)
:htskundig iuris consultus (-a, -um)
chtssache causa, -ae *f*
chtsstreit lis, litis *f*
:htzeitig (in) tempore
de **1** oratio, -onis *f*; **eine ~ halten**
ationem habere (-eo, -ui, -itum *2.*); **ei-**
~ beenden perorare (-o, -avi, -atum
2 **es ist die ~ von etw** mentio fit ali-
ius rei
legewandt facundus, -a, -um, di-
tus, -a, -um
dekunst ars (artis *f*) dicendi
len loqui, loquor, locutus sum *3.*
deweise sermo, -onis *m*
llich probus, -a, -um
dlichkeit probitas, -atis *f*
dner orator, -oris *m*
dnertribüne rostra, -orum *npl*
gel **1** *(Norm)* lex, legis *f* **2** *(Vorschrift)*
gula, -ae *f*
elmäßig ordine, constanter
gen pluvia, -ae *f*; **es fällt ~** pluit
genguss imber, -bris *m*
ieren **1** regere, rego, rexi, rectum
2 MIL imperare, -o, -avi, -atum *1.* **3**
König) regnare, -o, -avi, -atum *1.*
gierung **1** imperium, -i *n* **2** *(könig-*
) regnum, -i *n*; **der Staat hat eine**
te ~ res publica bene administratur
nen: **es regnet** pluit
1 caprea, -ae *f*
ben terere, tero, trivi, tritum *3.*
ch dives, -itis; opulentus, -a, -um; **~**
n an etw abundare (-o, -avi, -atum

1.) re
Reich **1** imperium, -i *n* **2** *(Königreich)* regnum, -i *n*; **Römisches ~** imperium (-i *n*) Romanum (-i)
reichen **1** *(anbieten)* praebere, -eo, -ui, -itum *2.* **(j-m etw** alicui aliquid) **2** *(genug sein)* satis esse (sum, fui, - *0.*) **3** *(sich erstrecken)* pertinere, -tineo, -tinui, - *2.*
reichlich **A** ADJ largus, -a, -um **B** ADV largiter, liberaliter
Reichtum divitiae, -arum *fpl*; opes, opum *fpl*
reif maturus, -a, -um
reifen maturescere, maturesco, maturui, - *3.*
Reigen chorus, -i *m*; **den ~ tanzen** choros ducere (duco, duxi, ductum *3.*)
Reihe ordo, -inis *m*; **eine ~ von** multi (-ae, -a); **der ~ nach** ordine
reihen *(aneinanderreihen)* serere, sero, serui, sertum *3.*
rein **1** purus, -a, -um **2** *(unvermischt)* merus, -a, -um
reinigen **1** purgare, -o, -avi, -atum *1.* **2** *(abwaschen)* abluere, -luo, -lui, -lutum *3.* **3** *(sühnen)* lustrare, -o, -avi, -atum *1.*
Reinigungsopfer lustrum, -i *n*
Reise iter, itineris *n*; **zu einer ~ aufbrechen** proficisci (-ficiscor, -fectus sum *3.*); **eine ~ machen** iter facere (facio, feci, factum *3.*)
reisen **1** iter facere (facio, feci, factum *3.*) **2** SCHIFF navigare, -o, -avi, -atum *1.*
Reisender viator, -oris *m*
reißen: **an sich ~** arripere (-ripio, -ripui, -reptum *3.*); **die Herrschaft an sich ~** rerum potiri (potior, potitus sum *4.*)
reißend rapidus, -a, -um
reiten equo vehi (vehor, vectus sum *3.*)
Reiter eques, -itis *m*
Reiterei equitatus, -us *m*
Reiteroberst praefectus (-i *m*) equitum
reizen *(aufregen)* incitare, -o, -avi, -atum *1.*, lacessere, -o, -ivi, -itum *3.*
rekrutieren *(Truppen)* conscribere (-scribo, -scripsi, -scriptum *3.*)
Religion religio, -onis *f*
Rennbahn circus, -i *m*
rennen currere, curro, cucurri, cursum *3.*
Rennen cursus, -us *m*
reparieren reficere, -ficio, -feci, -fec-

tum *3.*

Republik res (rei *f*) publica (-ae)

republikanisch *durch gen* rei publicae

Reserve MIL subsidium, -i *n*

Respekt reverentia, -ae *f*

Rest 1 reliquum, -i *n*; *oft durch adj* reliquus, -a, -um; **der ~ der Truppen** copiae reliquae 2 *(Überbleibsel)* reliquiae, -arum *fpl*

retten servare, -o, -avi, -atum *1.* **(vor etw** a re/ex re)

Rettung 1 *(Gerettetwerden)* salus, -utis *f* 2 *(Retten)* conservatio, -onis *f*

Reue paenitentia, -ae *f* **(über etw** alicuius rei)

reuen: **es reut mich** paenitet (paenituit) me **(etw** alicuius rei)

Rezept 1 *(des Arztes)* praeceptum (-i *n*) medici 2 *(Kochrezept)* praeceptum (-i *n*) culinarum (-i)

richten 1 iudicare, -o, -avi, -atum *1.* **(über j-n** de aliquo) 2 *(lenken)* dirigere, -rigo, -rexi, -rectum *3.* **(auf etw** ad aliquid); **Worte an j-n ~** verba habere (-eo, -ui, -itum *2.*) cum aliquo; **sich nach j-m ~** obtemperare (-o, -avi, -atum *1.*) alicui

Richter iudex, -icis *m*

richtig rectus, -a, -um, iustus, -a, -um

Richtschnur regula, -ae *f*

Richtspruch iudicium, -i *n*

Richtung regio, -onis *f*; **in gerader ~** rectā regione

riesig ingens, -entis, immanis, -e

Rind bos, bovis *m*

Rinde cortex, -icis *m*

Ring anulus, -i *m*

ringen luctari, -or, -atus sum *1.*, *auch fig*

ringsum circum *adv*, circa *adv*; **alles ~** omnia circa

Ritter eques, -itis *m*

ritterlich equester, -tris, -tre *adv*

Ritterstand ordo (ordinis *m*) equester (-tris)

Ritze rima, -ae *f*

Rivale aemulus, -i *m*

roh 1 *(grob)* rudis, -e 2 *(ungekocht)* crudus, -a, -um

Röhre fistula, -ae *f*

rollen A *v/t* volvere, volvo, volvi, volutum *3.* B *v/i* volvi, volvor, volutus sum *3.*

Rom Roma, -ae *f*, urbs, urbis *f*

römisch Romanus, -a, -um

Rose rosa, -ae *f*

rösten torrere, torreo, torrui, tostun

rot 1 ruber, -bra, -brum 2 *(Haar)* ru -a, -um

Rücken 1 tergum, -i *n* 2 *(von Tie* dorsum, -i *n*; **im ~** a tergo; **j-m de kehren** discedere (-cedo, -cessi, -cess *3.*) ab aliquo

Rückkehr reditus, -us *m*

Rücksicht respectus, -us *m*, ra -onis *f*; **~ nehmen** rationem hab (-eo, -ui, -itum *2.*; **auf j-n/etw** alicui, cui rei)

rücksichtslos *(frech)* protervus, -um

rücksichtsvoll verecundus, -a, -ur

rückwärts retro *adv*

Rückweg reditus, -us *m*

Rückzug receptus, -us *m*; **zum ~ sen** receptui canere (cano, cecini, ca tum *3.*)

Ruder remus, -i *m*

Ruf 1 *(das Rufen)* vocatus *m*, *nur abl* **auf j-s ~**vocatu 2 *(Ansehen)* fama, -

rufen 1 vocare, -o, -avi, -atum *1.* *(ausrufen)* exclamare, -o, -avi, -atum

rügen vituperare, -o, -avi, -atum *1.*

Ruhe 1 *(äußerlich)* quies, -etis *f* 2 *nerlich)* tranquillitas, -atis *f* 3 *(M* otium, -i *n* 4 *(Schweigen)* silentium,

ruhen quiescere, quiesco, quievi, q tum *3.*

ruhig 1 *(äußerlich)* quietus, -a, -um *(innerlich)* tranquillus, -a, -um 3 *(sch gend)* silens, -entis

Ruhm gloria, -ae *f*, laus, laudis *f*

rühmen praedicare, -o, -avi, -atum **sich ~** gloriari, -or, -atus sum *1.*, **(ei Sache** re)

ruhmvoll gloriosus, -a, -um

rühren (com)movere, -moveo, -m -motum *2.*

Ruinen ruinae, -arum *fpl*

Rumpf truncus, -i *m*

rund rotundus, -a, -um

rüsten parare, -o, -avi, -atum *1.*, **z Krieg ~** bellum parare

rüstig strenuus, -a, -um

Rüstung *(Waffen)* arma, -orum *npl*

Rute virga, -ae *f*

Rutenbündel *(der Liktoren)* fas -ium *mpl*

S

t seges, -etis *f*, sementis, -is *f*
he res, rei *f*; **es ist ~ des Lehrers**
gistri est
hverhalt res, rei *f*
k saccus, -i *m*
n serere, sero, sevi, satus *3.*
t sucus, -i *m*
je fabula, -ae *f*, fama, -ae *f*
je serra, -ae *f*
jen dicere, dico, dixi, dictum *3.*, (+
); **sagt(e) er/sie** inquit *als Einschub;*
sage (*ich behaupte*) *Defektivum, nur*
präs aio; **ja ~** affirmare (-o, -avi,
um *1.*); **nein ~** negare (-o, -avi, -atum
j-m Dank ~ gratias agere (ago, egi,
um *3.*) alicui
jenhaft fabulosus, -a, -um
te nervus, -i *m*
teninstrument fides, -ium *fpl*
be unguentum, -i *n*
ben ungere, ungo, unxi, unctum *3.*
z sal, salis *m*
nen, **Samenkorn** semen, -inis *n*;
ausstreuen sementem facere (facio,
i, factum *3.*)
nmeln colligere, -ligo, -legi, -lectum

nmlung 1 (*Sammeln*) collectio,
is *f* 2 (*Zusammenstellung*) corpus,
is *n*; **eine ~ von Büchern** multi libri
nstag dies (-ei *m*) Saturni
ntliche universi, -ae, -a
d (h)arena, -ae *f*
ft 1 lenis, -e 2 (*friedfertig*) placidus,
-um
ger cantor, -oris *m*
g 1 arca, -ae *f* 2 (*Sarkophag*) sarco-
gus, -i *m*
tigen satiare, -o, -avi, -atum *1.* (**j-n**
etw aliquem re)
z sententia, -ae *f*
ber lautus, -a, -um
bern purgare, -o, -avi, -atum *1.*
er acidus, -a, -um
gen sugere, sugo, suxi, suctum *3.*
le columna, -ae *f*

Säulenhalle porticus, -us *f*
schaben radere, rado, rasi, rasum *3.*
Schachtel capsa, -ae *f*; capsella, -ae *f*
schaden nocere, -eo, -ui, -itum *2.*, obesse, obsum, obfui, - *0.*; **es schadet nicht** non obest (+ *inf*)
Schaden 1 (*Verlust*) damnum, -i *n* 2 (*Nachteil*) detrimentum, -i *n* 3 (*Unheil*) calamitas, -atis *f*; **~ erleiden** damnum facere (facio, feci, factum *3.*)
schädigen damno afficere (-ficio, -feci, -fectum *3.*; **j-n** aliquem)
schädlich noxius, -a, -um (**für j-n** alicui)
Schaf ovis, -is *f*
Schäfer pastor, -oris *m*
schaffen 1 (*erschaffen*) creare, -o, -avi, -atum *1.* 2 (*transportieren*) vehere, veho, vexi, vectum *3.*, **an einen Ort** in locum 3 (*tun*) **j-m zu ~ machen** alicui negotium facessere (-o, -ivi, -itum *3.*) 4 **ich schaffe es** mihi contingit ut (+*konjkt od.* +*inf*)
Schale 1 (*Obst usw.*) putamen, -inis *n* 2 (*Gefäß*) patera, -ae *f*
Schall sonitus, -us *m*
Scham pudor, -oris *m*
schämen: **ich schäme mich** me pudet (**wegen etw** alicuius rei)
Schamgefühl pudor, -oris *m*
schamlos impudicus, -a, -um
Schande ignominia, -ae *f*; dedecus, -oris *n*; infamia, -ae *f*; **es ist eine ~** dedecus est
schändlich turpis, -e
Schandtat flagitium, -i *n*
Schanzwerk munitio, -onis *f*
Schar 1 turba, -ae *f* 2 MIL agmen, -inis *n*; manus, -us *f*
scharf 1 (*Werkzeug*) acutus, -a, -um 2 (*Augen, Verstand*) acer, acris, acre 3 (*Geschmack*) acutus, -a, -um
Scharfblick *fig* ingenium (-i *n*) acre (acris)
Schärfe 1 acies, -ei *f* 2 (*Geschmack*) acrimonia, -ae *f*
schärfen acuere, -uo, -ui, -utum *3.*
Scharfsinn sagacitas, -atis *f*
scharfsinnig acutus, -a, -um, sagax, -acis
Schatten umbra, -ae *f*
schattig umbrosus, -a, -um, opacus, -a, -um

S

Schatz **1** thesaurus, -i *m* **2** *(Vermögen)* opes, -um *fpl* **3** *(Reichtümer)* divitiae, -arum *fpl*
schätzen **1** *(wertschätzen)* diligere, -ligo, -lexi, -lectum *3.*; **hoch/mehr/am meisten ~** magni/pluris/plurimi aestimare (-o, -avi, -atum *1.*) **2** *(in Steuerklassen einteilen)* censere, censeo, censui, censum *2.*
Schau: **zur ~ tragen** prae se ferre (fero, tuli, latum *0.*)
schaudern horrere, -eo, -ui, - *2.* **(vor etw** aliquid)
schauen spectare, -o, -avi, -atum *1.*
Schauspiel spectaculum, -i *n*
Schauspieler histrio, -onis *m*, actor, -oris *m*
Scheibe orbis, -is *m*
scheiden **A** *V/T* *(trennen)* dividere, -vido, -visi, -visum *3.* **B** *V/I* *(weggehen)* discedere, -cedo, -cessi, -cessum *3.*; **aus dem Leben ~** e vita migrare (-o, -avi, -atum *1.*)
Schein **1** *(Anschein)* species, -ei *f*; **zum ~** specie **2** *(Licht)* lux, lucis *f*
scheinbar *durch* videri, videor, visus sum *2.*; **er ist ~ krank** aegrotus esse videtur
scheinen **1** videri, videor, visus sum *2.*; **es scheint, dass er kommen wird** videtur venturus esse **2** *(leuchten)* lucere, luceo, luxi, - *2.*
Scheitel vertex, -icis *m*
Scheiterhaufen rogus, -i *m*; **einen ~ errichten** rogum exstruere (-struo, -struxi, -structum *3.*)
Schenke taberna, -ae *f*
Schenkel crus, -uris *n*
schenken donare, -o, -avi, -atum *1.*, largiri, -ior, -itus sum *4.*; **Glauben ~** fidem habere (-eo, -ui, -itum *2.*); **das Leben ~** *(leben lassen)* vitam concedere (-cedo, -cessi, -cessum *3.*)
scheren **1** *(schneiden)* tondere, tondeo, totondi, tonsum *2.*; radere, rado, rasi, rasum *3.* **2** **sich um etw ~** curare (-o, -avi, -atum *1.*) aliquid
Scherz iocus, -i *m*; **im ~** ioco, per iocum
scherzen iocari, -or, -atus sum *1.*
scheu verecundus, -a, -um
Scheu verecundia, -ae *f*
scheuen vereri, -eor, -itus sum *2.*, timere, -eo, -ui, - *2.*
Scheune horreum, -i *n*
Scheusal monstrum, -i *n*
scheußlich foedus, -a, -um
Scheußlichkeit foeditas, -atis *f*
schichten *(aufeinanderlegen)* stru… struo, struxi, structum *3.*
schicken **1** mittere, mitto, misi, … sum *3.* **2** **es schickt sich** decet **(für** aliquem)
Schicksal fortuna, -ae *f*; sors, sort… fatum, -i *n*
Schicksalsschlag casus, -us *m*
Schiedsrichter arbiter, -tri *m*
schief pravus, -a, -um
Schiff navis, -is *f*; **mit dem ~ fah…** nave vehi (vehor, vectus sum *3.*); nav… re, -o, -avi, -atum *1.*
Schiffbruch naufragium, -i *n*
schiffbrüchig naufragus, -a, -um
Schiffs… navalis, -e
Schild[1] *M* **1** *(Langschild)* scutum, -i … *(Rundschild)* clipeus, -i *m*; **im ~e füh…** moliri, -ior, -itus sum *4.*
Schild[2] *N* *(Tafel)* titulus, -i *m*
schildern narrare, -o, -avi, -atum …
Schildkröte testudo, -inis *f*
Schilf, **Schilfrohr** (h)arundo, -inis…
Schimmel[1] *(Pilzüberzug)* situs, -us …
Schimmel[2] *(weißes Pferd)* equus (-… albus (-i)
schimmern micare, mico, micui, … splendere, -eo, -ui, - *2.*, fulgere, ful… fulsi, - *2.*
Schimpf *(Schande)* contumelia, -ae…
schimpfen increpare, -o, -ui *od.* … -itum/-atum *1.*
schimpflich turpis, -e
Schlacht **1** pugna, -ae *f*, *(Gefecht)* … elium, -i *n* **2** *(Kampflinie)* acies, -ei *f* … **ne ~ beginnen** proelium commit… (-mitto, -misi, -missum *3.*)
schlachten caedere, caedo, ce… caesum *3.* **Opfertiere ~** hostias mac… (-o, -avi, -atum *1.*)
Schlachtordnung, **Schlachtre…** MIL acies, -ei *f*
Schlaf somnus, -i *m*
schlafen dormire, -io, -ivi, -itum … **gehen** cubitum ire (eo, ii, itum *0.*)
Schlafzimmer cubiculum, -i *n*
Schlag plaga, -ae *f*; **Schläge** verb… -um *npl*

S

ılagen 1 pulsare, -o, -avi, -atum *1.*; **t Ruten ~** virgis caedere (caedo, ceci- caesum *3.*); **zu Boden ~** affligere (-fli- -flixi, -flictum *3.*); **ans Kreuz ~** cruci gere (-figo, -fixi, -fixum *3.*) 2 *(besie- ı)* vincere, vinco, vici, victum *3.*, pel- e, pello, pulsi, pulsum *3.*; **in die ıcht ~** fugare (-o, -avi, -atum *1.*)

ılamm limus, -i *m*

ılange serpens, -entis *f*

ılank procerus, -a, -um

ılappe *(Niederlage)* clades, -is *f*; **eine erleiden** cladem accipere (-cipio, -ce- -ceptum *3.*)

ılau callidus, -a, -um

ılauheit calliditas, -atis *f*

ılecht A ADJ malus, -a, -um, *komp* or, peius, *sup* pessimus (-a, -um); *(un- lich)* improbus, -a, -um B ADV male

ılechtigkeit 1 malitia, -ae *f* 2 *(Un- 'lichkeit)* improbitas, -atis *f*

ıleppen trahere, traho, traxi, trac- n *3.*

ıleuder funda, -ae *f*

ıleudern iactare, -o, -avi, -atum *1.*, ere, iacio, ieci, iactum *3.*

ılicht simplex, -icis

ılichten: **Streitigkeiten ~** contro- sias dirimere (-imo, -emi, -emptum

ıließen A VT 1 *(Tür)* claudere, udo, clausi, clausum *3.* 2 *(beenden)* ıcludere, -cludo, -clusi, -clusum *3.* *fig* **ein Bündnis ~** foedus facere (fa- , feci, factum *3.*); **Freundschaft ~** icitiam iungere (iungo, iunxi, iunc- n *3.*); **Frieden ~** pacem facere (facio, ı, factum *3.*) 4 *(folgern)* concludere, ıdo, -clusi, -clusum *3.* B VI terminari, -atus sum *1.*

ließlich denique, postremo, tan- n

limm malus, -a, -um

ıloss[1] *(zum Verschließen)* claustrum,

ıloss[2] *(Burg)* arx, arcis *f*

ıluck haustus, -us *m*

ılund fauces, -ium *fpl*

ılupfwinkel latebra, -ae *f*

ıluss 1 *(Ende)* finis, -is *m*; **zum ~** ıtremo 2 *(Folgerung)* conclusio, -onis einen **~ ziehen** coniecturam facere io, feci, factum *3.*)

Schmach contumelia, -ae, ignominia, -ae *f*

schmackhaft iucundus, -a, -um

schmählich turpis, -e

Schmähung contumelia, -ae *f*

schmal angustus, -a, -um

schmälern minuere, -uo, -ui, -utum *3.*

schmecken 1 *(Geschmack haben)* sa- pere, -io, -ivi, - *3.* **(nach etw** aliquid) 2 *(Genuss bereiten)* placere, -eo, -ui, -itum *2.* **(j-m** alicui)

Schmeichelei 1 blanditia, -ae *f* 2 *(Kriecherei)* adulatio, -onis *f*

schmeicheln 1 blandiri, -ior, -itus sum *4.* 2 *(kriecherisch)* adulari, -or, -atus sum *1.*

schmeichelnd blandus, -a, -um

Schmeichler adulator, -oris *m*

Schmerz dolor, -oris *m*; **~ empfinden** dolere (-eo, -ui, -iturus *2.*; **über etw** ali- quid); **~ verursachen** dolorem facere (facio, feci, factum *3.*)

schmerzen dolere, -eo, -ui, -iturus *2.*; **mich schmerzt die Wunde** dolorem ca- pio ex vulnere

schmerzvoll dolorosus, -a, -um

Schmied faber, fabri *m*

schmieden fabricare, -o, -avi, -atum *1.*

Schmuck 1 *(Verzierung)* decus, -oris *n*, ornamentum, -i *n* 2 *(Gegenstände)* orna- menta, -orum *npl*

schmücken ornare, -o, -avi, -atum *1.*

Schmuckstück ornamentum, -i *n*

Schmutz sordes, -is *f*

schmutzig sordidus, -a, -um, scaber, -bra, -brum

Schnabel rostrum, -i *n*

Schnee nix, nivis *f*; **es fällt ~** nives ca- dunt

schneiden 1 secare, seco, secui, sec- tum *1.* 2 *(Haare)* tondere, tondeo, to- tondi, tonsum *2.*

schnell A ADJ celer, celeris, celere; ve- lox, -ocis B ADV cito, celeriter, velociter

Schnelligkeit celeritas, -atis *f*

Schnupfen gravedo, -inis *f*

Schnur linea, -ae *f*

schnüren (con)stringere, stringo, strinxi, strictum *3.*

schon iam; **~ längst** iam diu

schön pulcher, -chra, -chrum

schonen parcere, parco, peperci, par- surus *3.* **(j-n/etw** aliquem/aliquid)

S

Schönheit pulchritudo, -inis *f*, forma, -ae *f*
schöpfen haurire, haurio, hausi, haustum *4.*
Schoß gremium, -i *n*
schrecken (per)terrere, -eo, -ui, -itum *2.*
Schrecken terror, -oris *m*; **j-m einen ~ einjagen** terrorem inicere (-icio, -ieci, -iectum *3.*) alicui; **in ~ versetzen** terrere, -eo, -ui, -itum *2.*
schrecklich terribilis, -e, atrox, -ocis
Schrei clamor, -oris *m*; **einen ~ ausstoßen** clamorem edere (edo, edidi, editum *3.*)
schreiben scribere, scribo, scripsi, scriptum *3.*
Schreiber scriba, -ae *m*
Schreibstift stilus, -i *m*
schreiten vadere, vado, -, - *3.*, gradi, gradior, gressus sum *3.*
Schrift **1** (*Buchstaben*) litterae, -arum *fpl* **2** (*Buch*) liber, -bri *m* **3** (*Abhandlung*) scriptum, -i *n* **4** (*Darstellung*) scriptura, -ae *f* **5** (*Schreibweise*) ratio (-onis *f*) scribendi
schriftlich **A** ADJ scriptus, -a, -um **B** litteris; **~ niederlegen** scribere (scribo, scripsi, scriptum *3.*)
Schriftsteller scriptor, -oris *m*
Schriftzeichen littera, -ae *f*
schrill acutus, -a, -um
Schritt gradus, -us *m*; passus, -us; **den ersten ~ zu etw tun** initium fa[cere] (facio, feci, factum *3.*) alicuius rei
schroff asper, -era, -erum
Schuh calceus, -i *m*
Schuld culpa, -ae *f*
schulden debere, -eo, -ui, -itum *2.*
Schulden PL aes alienum *n* (aeris ...; **große ~** magnum aes alienum; **~ ...chen** aes alienum conflare, (-o, ... -atum *1.*)
schuldig noxius, -a, -um (**einer Sa[che]** alicuius rei); **~ sein** in noxa esse (s[um], fui, - *0.*)
Schule **1** schola, -ae *f* **2** (*Elemen[tar]schule*) ludus, -i *m*; **zu j-m in die ~ ...hen** scholam alicuius frequentare -avi, -atum *1.*)
Schüler discipulus, -i *m*
Schülerin discipula, -ae *f*
Schulter umerus, -i *m*
schütteln quassare, -o, -avi, -atu[m] ... **den Kopf ~** (*zur Verneinung*) ren[uere] (-nuo, -nui, - *3.*)
Schutz **1** praesidium, -i *n* **2** (*Fürs[orge]*) tutela, -ae *f*; **unter j-s ~ stehen** in ... cuius tutela esse (sum, fui, - *0.*)
Schutzbefohlener cliens, -entis

Landesku[nde]

▶ Schule – römische Erziehung

Vor allem die Kinder der vornehmen Familien wurden in Rom häufig von eine[m] Privatlehrer (**paedagogus** oder **custos**), meist einem Sklaven oder Freigelassenen, [zu] Hause unterrichtet. Dennoch gab es auch schon zu Zeiten der Republik richtig[e] Schulen. Sie waren allen zugänglich, die dafür bezahlen konnten. In der „Grun[d]schule" vermittelte ein **ludi magister** den Kindern, die mindestens sechs Jahre waren, eine Grundbildung. Die Kinder lernten auf Wachstäfelchen (**pugillares**) [und mit] einem Griffel (**stilus**) schreiben. Für das Rechnen behalfen sie sich mit „Fingerzähle[n]" oder sie benutzten eine Art Rechenschieber, auf dem verschiebbare Knöpfe in vertikalen Reihen nebeneinander angeordnet waren (**abacus**). Die zweite Bildungsstufe beim **grammaticus** dauerte drei oder vier Jahre (ungefähr bis zum sechzehnten Lebensjahr) und beinhaltete das Studium der lateinischen und gri[e]chischen Sprache und Literatur, die Lektüre und Rezitation von Texten und Grundkenntnisse in Geografie, Geschichte, Astronomie, Geometrie und Philosoph[ie]. Die letzte Stufe der Bildung, die gleichzeitig Voraussetzung für eine öffentliche Tätigkeit war, vermittelte der **rhetor**, der Rhetorik, die griechischen und lateinisch[en] Klassiker und Recht lehrte.

S

ützen protegere, -tego, -texi, -tec-
n *3.*, tueri, tueor, tutus sum *2.*, tutari,
, -atus sum *1.* (**vor etw** a re)
utzgeist genius, -i *m*
utzherr patronus, -i *m*
wach 1 (*kraftlos*) infirmus, -a, -um,
alidus, -a, -um 2 (*gering*) parvus, -a,
ı
wäche infirmitas, -atis *f*, debilitas,
s *f*
wächen 1 infirmare, -o, -avi,
um *1.* 2 (*verringern*) minuere, -uo,
-utum *3.*
walbe hirundo, -inis *f*
wamm spongia, -ae *f*
wanken nutare, -o, -avi, -atum *1.*
wanz cauda, -ae *f*
warz 1 (*Farbe*) niger, -gra, -grum 2
ster) ater, atra, atrum
weben pendere, pendeo, pependi,
.; **vor Augen ~** ob oculos versari,
, -atus sum *1.*); **in Gefahr ~** in pericu-
esse (sum, fui, - *0.*)
weigen tacere, -eo, -ui, -itum *2.*, si-
, -eo, -ui, - *2.*
weigen silentium, -i *n*
wein sus, suis *f*, porcus, -i *m*
weiß sudor, -oris *m*
wer 1 (*im Gewicht*) gravis, -e 2
wierig) difficilis, -e; **~ an etw tragen**
moleste ferre (fero, tuli, latum *0.*) ali-
d
were gravitas, -atis *f*
wert gladius, -i *m*; **das ~ zücken**
dium destringere (-stringo, -strinxi,
ictum *3.*)
wester soror, -oris *f*
wiegersohn gener, -eri *m*
wierig difficilis, -e
wierigkeit difficultas, -atis *f*
wimmen nare, no, navi, - *1.*, nata-
-o, -avi, -atum *1.*; **über den Fluss ~**
ium tranatare (-o, -avi, -atum *1.*)
winden deficere, -ficio, -feci, -fec-
3.
witzen sudare, -o, -avi, -atum *1.*
wören iurare, -o, -avi, -atum *1.*
hs sex *indekl*; **je ~** seni (-ae, -a)
hshundert sescenti, -ae, -a
hsmal sexies
hste(r, -s) sextus, -a, -um
hzehn sedecim *indekl*
hzig sexaginta *indekl*

See[1] M lacus, -us *m*
See[2] F (*Meer*) mare, -is *n*; **zur ~ fahren** navigare (-o, -avi, -atum *1.*); **in ~ stechen** naves solvere (solvo, solvi, solutum *3.*)
See... maritimus, -a, -um
Seefahrt navigatio, -onis *f*
Seele 1 animus, -i *m* 2 (*Leben*) anima, -ae *f*
Seemann nauta, -ae *m*
Seeräuber pirata, -ae *m*
Segel velum, -i *n*; **die ~ setzen** vela facere (facio, feci, factum *3.*)
segeln navigare, -o, -avi, -atum *1.*
Segen (*Gebetsworte*) bona omina (-orum ominum *n*)
sehen videre, video, vidi, visum *2.*, cernere, cerno, crevi, cretum *3.*; **sieh da!** ecce!
Seher(in) vates, -is *m/f*
Sehne nervus, -i *m*
sehnen: **sich ~** desiderare (-o, -avi, -atum *1.*; **nach etw** aliquid)
Sehnsucht desiderium, -i *n*
sehr 1 valde 2 (*nur bei Verben u. adj. Partizipien*) magnopere 3 (*durch den sup*) **~ schön** pulcherrimus (-ae, -a) 4 **so ~** tantopere, adeo; **zu ~** nimis; **~ viele** permulti (-ae, -a); **~ wenige** perpauci (-ae, -a)
Sehvermögen sensus (-us *m*) vidiendi
sein[1] (*Hilfsverb*) esse, sum, fui, - *0.*; **es sei denn, dass** nisi
sein[2] suus, -a, -um *refl.*; *bleibt unübersetzt, wenn unbetont*; eius *nicht refl.*; **die ~en** sui (-orum *mpl*)
seit PRÄP ab *+abl*, ex *+abl*; **~ Langem** diu; **~ jener Zeit** ex illo tempore
seitdem A ADV ex eo tempore; *relativ* ex quo (tempore) B KONJ cum *+ind*
Seite 1 latus, -eris *n* 2 (*im Buch*) pagina, ae *f* 3 POL pars, -tis *f*; **von allen ~n** undique; **auf beiden ~n** utrimque; **auf j-s ~ stehen** stare (sto, steti, staturus *1.*) ab aliquo; **j-m zur ~ stehen** adesse (-sum, -fui, - *0.*) alicui
selbst A DEM PR ipse, ipsa, ipsum B ADV (*sogar*) etiam
Selbstbewusstsein fiducia (-ae *f*) mei (tui, nostri, vestri)
Selbstmord mors (mortis *f*) voluntaria (-ae); **~ begehen** mortem sibi consciscere (-scisco, -scivi, -scitum *3.*)

S

selbstverständlich A ADJ manifestus, -a, -um B ADV scilicet, nimirum
Selbstvertrauen fiducia (-ae *f*) mei (tui, nostri, vestri)
selten A ADJ rarus, -a, -um B ADV raro
seltsam mirus, -a, -um
Senat senatus, -us *m*
Senator senator, -oris *m*; *pl auch*: patres, patrum *mpl*
Senats... senatorius, -a, -um
Senatsbeschluss senatūs consultum (-i *n*)
Senatssitzung, **Senatsversammlung** senatus, -us *m*; **eine ~ abhalten** senatum habere (-eo, -ui, -itum *2.*)
senden mittere, mitto, misi, missum *3.*
senken 1 (*Kopf*) demittere, -mitto, -misi, -missum *3.* 2 (*Steuer*) deminuere, -uo, -ui, -utum *3.*
September September, -bris *m*
Sessel sella, -ae *f*
Sesterz (*kleinste römische Münze*) sestertius, -i *m*
setzen ponere, pono, posui, positum *3.*; **j-m die Krone aufs Haupt ~** coronam capiti alcuius imponere (-pono, -posui, -positum *3.*); **sich ~** (con)sidere (sido, sedi, sessum *3.*)
Seuche pestilentia, -ae *f*
seufzen gemere, gemo, gemui, gemitum *3.*
sich 1 REFL PR, *dat* sibi; *akk* se 2 *bei manchen Verben sowie im Passiv bei fehlender handelnder Person bleibt es unübersetzt*: **~ nähern** appropinquare (-o, -avi, -atum *1.*); **~ freuen** gaudere (gaudeo, gavisus sum *2.*)
sicher A ADJ 1 (*gewiss*) certus, -a, -um 2 (*geschützt*) tutus, -a, -um 3 (*sorglos*) securus, -a, -um B ADV certe
Sicherheit securitas, -atis *f*
sicherlich certe, profecto
sichern munire, -io, -ivi, -itum *4.*
sichten cernere, cerno, crevi, cretum *3.*
sieben septem *indekl*; **je ~** septeni (-ae, -a)
siebenhundert septingenti, -ae, -a
siebenmal septies
siebte(r, -s) septimus, -a, -um
siebzehn septendecim *indekl*
siebzig septuaginta *indekl*
Siedler colonus, -i *m*
Siedlung colonia, -ae *f*
Sieg victoria, -ae *f*; **den ~ über j-n vontragen** victoriam reportare (-o, -atum *1.*) ab aliquo; **einen ~ erringen** toriam parere (pario, peperi, partum
Siegel sigillum, -i *n*
siegen vincere, vinco, vici, victur (**über j-n** aliquem)
Sieger victor, -oris *m*
Siegerin victrix, -icis *f*
Siegesfeier triumphus, -i *m*
Siegespreis palma, -ae *f*
Siegeszeichen tropaeum, -i *n*
siegreich *durch* SUBST victor, -oris victrix, -icis *f*
Signal signum, -i *n*
Silber argentum, -i *n*
silbern argenteus, -a, -um
singen cantare, -o, -avi, -atum *1.*, c re, cano, cecini, cantatum *3.*
sinken (*Sonne*) occidere, -cido, -cisum *3.*; **den Mut ~ lassen** animo ficere (-ficio, -feci, -fectum *3.*)
Sinn 1 (*Gefühl*) sensus, -us *m* 2 (*G nung*) animus, -i *m*; **im ~ haben** in mo habere (-eo, -ui, -itum *2.*); **kommt etw in den ~** mihi aliqui mentem venit
Sippe gens, gentis *f*
Sitte mos, moris *m*
Sitz sedes, -is *f*
sitzen sedere, sedeo, sedi, sessum
Sitzplatz sedes, -is *f*
Sklave servus, -i *m*
Sklaverei servitus, -utis *f*; **in di schleppen** in servitutem abducere co, -duxi, -ductum *3.*); **in die ~ ver fen** sub corona vendere (vendo, ven venditum *3.*)
Sklavin serva, -ae *f*
so 1 (*beim Verb*) ita, sic *adv*; **~ ... wi** ... ut 2 (*beim adj u. adv*) tam; **~** ... tam ... quam 3 **~ beschaffen** talis, **~ groß** tantus (-a, -um); **~ groß** ... tantus ... quantus; **~ lange** tamdi **lange bis** donec; **~ oft** totiens; **~** tantopere; **(nur) ~ viel** tantum *n*; **~ le** tot *num*, *indekl*; **~ weit** eo
sobald ubi (primum), ut (primum), (primum), simulac, simulatque (*alle perf*)
sofort statim
sogar etiam, vel
sogenannt qui (quae, quod) dicit

S

hle vestigium, -i *n*
hn filius, -i *m*; **mein ~!** mi fili!
lange 1 (*bis*) dum, donec, quoad,
e +ind) 2 (*wie*) quamdiu *+ind*
che(r, -s) talis, -e
d stipendium, -i *n*
dat miles, -itis *m*
daten... militaris, -e
dner miles (-itis *m*) mercen(n)arius
len 1 (*müssen*) debere, -eo, -ui, -itum
durch das Gerundiv u. konjkt **man soll**
en laudandum est; **er soll kommen**
iat 2 (*Gerücht*) *durch* dici, dicor, dic-
sum *3.* **Caesar soll kommen** Caesar
ire dicitur 3 (*abwägend durch konjkt*)
r sollte glauben? quis credat?
mmer aestas, -atis *f*; **im ~** aestate
derbar mirus, -a, -um
dern sed; **nicht nur ... ~ auch** non
do/non solum ... sed etiam
ne sol, solis *m*
nenaufgang solis ortus (-us *m*);
~ primā luce
nenwende solstitium, -i *n*
ntag 1 dies (-ei *m*) solis 2 (*eccl*)
es, -ei *m*) dominicus, -i *m*
ft cum (*+ind*)
hist sophista (*auch* -es), -ae *m*
ge cura, -ae *f*
gen curare, -o, -avi, -atum *1.* (**für j-n/**
v aliquem/aliquid; **dafür, dass** ut);
videre, -video, -vidi, -visum *2.*, consu-
e, -sulo,- sului, -sultum *3.* (**für j-n/etw**
cui/alicui rei); **für den Staat ~** curare
n publicam/rei publicae providere
gfalt cura, -ae *f*, diligentia, -ae *f*
gfältig diligens, -entis
glos securus, -a, -um
iel quantum *n*; **~ ich weiß** quantum
o
vohl: ~ ... als auch et ... et; **~ ... als**
ch ganz besonders cum ... tum
nge fibula, -ae *f*
nnen tendere, tendo, tetendi, ten-
n *3.*
nnung (*Erwartung*) exspectatio,
is *f*
rsam parcus, -a, -um
rsamkeit parsimonia, -ae *f*
ß iocus, -i *m*; **es macht mir ~** me iu-
ßig iocosus, -a, -um

spät A ADJ serus, -a, -um B ADV **(zu) ~** sero
später A ADJ posterus, -a, -um B ADV postea, post; **wenige/viele Tage ~** paucis/multis diebus post
spätere(r, -s) posterior, -ius
spazieren ambulare, -o, -avi, -atum *1.*
Speer hasta, -ae *f*
Speise 1 cibus, -i *m* 2 (*Gerichte*) **die ~n** epulae (-arum *fpl*)
speisen V/I cenare, -o, -avi, -atum *1.*
Speisezimmer triclinium, -i *n*
spenden donare, -o, -avi, -atum *1.*, largiri, largior, largitus sum *4.*; **Beifall ~** plausum dare (do, dedi, datum *1.*)
Spiegel speculum, -i *n*
Spiel ludus, -i *m*; **Olympische ~e** Olympia (-orum *npl*)
spielen 1 ludere, ludo, lusi, lusum *3.* (**mit etw** re) 2 MUS canere, cano, cecini, cantatum *3. +abl*; **Flöte ~** tibiā canere
Spielzeug oblectamenta, -orum *npl*
Spieß hasta, -ae *f*
Spion speculator, -oris *m*
spitz acutus, -a, -um
Spitze 1 acumen, -inis *n* 2 *Gipfel* vertex, -icis *m* 3 *Leitung* **an der ~ einer Sache stehen** praeesse (-sum, -fui, - *0.*) alicui rei; **an die ~ stellen** praeficere (-ficio, -feci, -fectum *3.*), **einer Sache** alicui rei
Spott ludibrium, -i *n*
Sprache 1 lingua, -ae *f* 2 (*Umgangssprache*) sermo, -onis *m*
Sprachlehrer grammaticus, -i *m*
sprechen dicere, dico, dixi, dictum *3.*, loqui, loquor, locutus sum *3.* (**über etw** de re)
Sprecher orator, -oris *m*
Sprichwort proverbium, -i *n*; **ein ~ sagt** in proverbio est
springen salire, salio, salui, saltum *4.*; **ins Wasser ~** in aquam se praecipitare (-o, -avi, atum *1.*)
spritzen A V/T spargere, spargo, sparsi, sparsum *3.* B V/I prosilire, -silio, -silui, - *4.*
Spross stirps, -pis *f*
Spruch proverbium, -i *n*, dictum, -i *n*
Sprung saltus, -us *m*
Spur vestigium, -i *n*
spüren sentire, sentio, sensi, sensum *4.*
Staat 1 res (rei *f*) publica (-ae) 2 (*Bür-*

S

gerschaft) civitas, -atis *f*
staatlich publicus, -a, -um
Staatskasse, **Staatsschatz** aerarium, -i *n*
Stachel stimulus, -i *m*
Stadt 1 *(auf dem Land)* oppidum, -i *n* 2 *(größer)* urbs, urbis *f*
Stadtbewohner oppidanus, i *m*; urbanus, -i *m*
städtisch oppidanus, -a, -um, urbanus, -a, -um
Stadtmauer moenia, -ium *npl*
Stadtstaat civitas, -atis *f*
Stadtteil 1 vicus, -i *m* 2 *(in Rom)* tribus, -us *f*
Stall stabulum, -i *n*
Stamm 1 *(Baumstamm)* truncus, -i *m* 2 *(Personen)* gens, gentis *f*
stammen ortum (prognatum) esse (sum, fui, - *0.*)
Stand 1 *(Stehen)* status, -us *m* 2 *(Rang)* ordo, -inis *m*; **Leute niedrigen ~es** homines humili loco nati (orti)
Standbild 1 statua, -ae *f*, signum, i *n* 2 *(eines Gottes)* simulacrum, -i *n*
standhaft constans, -antis, firmus, -a, -um
Standhaftigkeit constantia, -ae *f*
standhalten resistere, -sisto, -stiti, - *3.*
ständig A ADJ assiduus, -a, -um, perpetuus, -a, -um B ADV perpetuo, semper
stark firmus, -a, -um, robustus, -a, -um, validus, -a, -um; **~ sein** valere (-eo, -ui, -iturus *2.*)
Stärke robur, -oris *n*, firmitas, -atis *f*, vires, -ium *fpl*
stärken (con)firmare, -o, -avi, -atum *1.*; **sich ~** se recreare (-o, -avi, -atum *1.*)
statt A PRÄP pro *+abl* B KONJ tantum abest, ut ..., ut ...; **~ dich zu loben, tadle ich dich** tantum abest, ut te laudem, ut te reprehendam
stattfinden 1 esse, sum, fui, - *0.* 2 *(geschehen)* fieri, fio, factus sum *3.*, evenire, -venio, -veni, -ventum *4.*
Statthalter proconsul, -is *m*; propraetor, -oris *m*
Statthalterschaft proconsulatus, -us *m*
stattlich amplus, -a, -um
Statue statua, -ae *f*
Staub pulvis, -eris *m*
staunen stupere, stupeo, stupui, (**über etw** re); mirari, -or, -atus sur (**über etw** aliquid)
stechen 1 pungere, pungo, pup punctum *3.* 2 *(Schmerzen, Insekten)* r dere, mordo, momordi, morsum *3.*
stecken A V/I haerere, haereo, ha haesum *2.*; **~ bleiben** haerere (hae haesi, haesum *2.*) B V/T 1 figere, f fixi, fixum *3.* (**in etw** in aliquid) 2 **Brand ~** incendere, -cendo, -ce -censum *3.*
steckenbleiben → stecken
stehen 1 stare, sto, steti, staturus *(da sein)* esse, sum, fui, - *0.*; **in Blüt** florere (-eo, -ui, - *2.*); **j-m im Weg ~** stare (-sto, -stiti, -staturus *1.*) alicu **bleiben** consistere (-sisto, -stiti, - **zum ~ bringen** retinere (-tineo, -ti tentum *2.*); **zur Verfügung ~** non de (-sum, -fui, - *3.*); **auf vertrautem Fuß j-m ~** familiariter uti (utor, usus sum aliquo
stehenbleiben → stehen
stehlen furari, -or, -atus sum *1.*
steigen ascendere, -scendo, -sce -scensum *3.* (**auf etw** aliquid/in aliqu **aus dem Schiff ~** ex nave egredi (- dior, -gressus sum *3.*)
steil arduus, -a, -um
Stein 1 lapis, -idis *m* 2 *(Kieselstein* lex, -icis *m* 3 *(Felsen)* saxum, -i *n*
steinern lapideus, -a, -um
steinigen lapidibus obruere (-ruo, -rutum *3.*)
Stelle 1 *(Ort)* locus, -i *m* (*pl* loca *n* *(Posten)* munus, -eris *n*; **zur ~ sein** a se (-sum, -fui, - *0.*); **die ~n** *(im Buch)* (-orum *mpl*)
stellen 1 ponere, pono, posui, posi *3.*, collocare, -o, -avi, -atum *1.*; **vor richt ~** ante iudices destituere (-sti -stitui, -stitutum *3.*); **Geiseln ~** obs dare (do, dedi, datum *1.*); **vor Auge** proponere (-pono, -posui, -positum 2 **sich ~** consistere (-sisto, -stiti, -
Stellung 1 *(Position)* status, -us *auch fig* 2 **geachtete ~** dignitas, -a
stellvertretend vicarius, -a, -um **j-n/für etw** alicuius/alicuius rei)
Stellvertreter vicarius, -i *m*
stempeln signare, -o, -avi, -atum
sterben mori, morior, mortuus *(par*

iv moriturus) sum *3.*, animam efflare
-avi, -atum *1.*); mortem obire (-eo,
-itum *0.*); de vita decedere (-cedo,
ssi, -cessum *3.*); **an einer Krankheit/**
einer Wunde ~ morbo/ex vulnere
ri
rbend moriens, -entis
rblich mortalis, -e, moribundus, -a,
n
rn stella, -ae *f*, sidus, -eris *n*, astrum,
i
rnbild sidus, -eris *n*
ts semper
uer¹ N SCHIFF gubernaculum, -i *n*
uer² F **1** (*direkte*) tributum, -i *n* **2**
direkte) vectigal, -alis *n*
uermann gubernator, -oris *m*
uern gubernare, -o, -avi, -atum *1.*
uerruder gubernaculum, -i *n*
ch **1** ictus, -us *m* **2** (*eines Insekts*)
ıctum, -i *n* **3** **im ~ lassen** deserere
ro, -serui, -sertum *3.*)
efel caliga, -ae *f*
efsohn privignus, -i *m*
er taurus, -i *m*
l quietus, -a, -um
le quies, quietis *f*, silentium, -i *n*
len **1** (*beruhigen*) sedare, -o, -avi,
um *1.*; **den Durst ~** sitim explere
), -evi, -etum *2.*) **2** **Blut ~** sanguinem
primere (-primo, -pressi, -pressum *3.*)
(*Säugling*) lacte suo alere (alo, alui, al-
n *u.* alitum *3.*) infantem
lschweigend silentio
nme **1** vox, vocis *f*; **mit lauter ~**
gnā voce **2** (*Meinung*) sententia, -ae
seine ~ abgeben sententiam ferre
o, tuli, latum *0.*)
nmung animus, -i *m*; **in trauriger**
ein tristi animo esse (sum, fui, - *3.*)
n frons, frontis *f*
ck baculum, -i *n*, fustis, -is *m*
ckwerk tabulatum, -i *n*
llen cuniculus, -i *m*
lz superbus, -a, -um
lz superbia, -ae *f*
rch ciconia, -ae *f*
ren turbare, -o, -avi, -atum *1.*
ß ictus, -us *m*
ßen **A** V/T percutere, -cutio, -cussi,
ssum *3.* **B** V/I offendere, -fendo, -fen-
-fensum *3.*
afe poena, -ae *f*, supplicium, -i *n*; **ei-**
ne ~ verbüßen poenam persolvere (-solvo, -solvi, -solutum *3.*)

strafen punire, -io, -ivi, -itum *4.*

Strahl radius, -i *m*

Strand litus, -oris *n*

Strapaze labor, -oris *m*

Straßburg Argentorate

Straße via, -ae *f*; **eine ~ führt an einen Ort** iter in locum fert

Straßenräuber latro, -onis *m*

sträuben: **sich ~** repugnare, -o, -avi, -atum *1.* (**gegen etw** alicui rei), horrere, -eo, -ui, - *2.* (**vor etw** aliquid)

streben studere, studeo, studui, - *2.* (**nach etw** alicui rei/+ *inf*)

Strecke spatium, -i *n*

strecken tendere, tendo, tetendi, tentum *3.*

streicheln permulcere, -mulceo, -mulsi, -mulsum *2.*

streifen **A** V/T (*leicht berühren*) stringere, stringo, strinxi, strictum *3.* **B** V/I (*wandern*) migrare, -o, -avi, -atum *1.*, **durch einen Ort** per locum

Streit **1** (*Streitigkeit*) lis, litis *f*, controversia, -ae *f* **2** (*Wettstreit*) certamen, -inis *n*

streiten **1** (*sich zanken*) litigare, -o, -avi, -atum *1.* **2** (*wettstreiten*) certare, -o, -avi, -atum *1.*

Streitigkeit controversia, -ae *f*

Streitkräfte copiae, -arum *fpl*, vires, virium *fpl*

streng severus, -a, -um

Strenge severitas, -atis *f*

streuen spargere, spargo, sparsi, sparsum *3.*

streunen vagari, -or, -atus sum *1.*

Strich linea, -ae *f*

Stroh stramentum, -i *n*

Strom (*großer Fluss*) amnis, -is *m*

strömen fluere, fluo, fluxi, fluxum *3.*

Strömung flumen, -inis *n*

struppig horridus, -a, -um

Stück **1** (*Teil*) pars, -tis *f* **2** (*abgebrochenes*) fragmentum, -i *n* **3** (*Werk*) opus, -eris *n*; **aus freien ~en** ultro

studieren litteris studere (-eo, -ui, - *2.*)

Studium studium, -i *n*

Stufe gradus, -us *m*

Stuhl sella, -ae *f*, sedes, -is *f*

Stunde hora, -ae *f*

Sturm tempestas, -atis *f*, procella, -ae *f*

stürmisch vehemens, -entis, turbidus, -a, -um
Sturmwind procella, -ae *f*
Sturz ruina, -ae *f*
stürzen **A** VT praecipitare, -o, -avi, atum *1.*, deicere, -icio, -ieci, -iectum *3.*; **den Staat ~** rem publicam evertere (-verto, -verti, -versum *3.*); **sich ~** ruere (ruo, rui, rutum *3.*); **sich auf j-n ~** petere (peto, petivi, petitum *3.*) aliquem; **sich in Gefahren ~** pericula subire (-eo, -ii, -itum *0.*) **B** VI **1** cadere, cado, cedidi, casurus *3.* **2** (*Lawine*) ruere, ruo, rui, rutum *3.*; **zu Boden ~** corruere (-ruo, -rui, -ruiturus *3.*); **ins Unglück ~** in mala irruere (-ruo, -rui, - *3.*)
Stute equa, ae *f*
Stütze praesidium, -i *n*
stützen fulcire, fulcio, fulsi, fultum *4.*; **sich ~** niti, nitor, nisus sum *3.* (**auf etw** re)
suchen quaerere, quaero, quaesivi, quaesitum *3.*; **zu erreichen ~** petere (peto, petivi, petitum *3.*); **sein Heil in der Flucht ~** fugā salutem petere
Sucht cupiditas, -atis *f*
Süden meridies, -ei *m*; **nach ~** in meridiem
südlich meridianus, -a, -um
sühnen lustrare, -o, -avi, -atum *1.*
Sumpf palus, -udis *f*
Sumpfgebiet paludes, -um *fpl*
sumpfig paluster, -tris, -tre
Sünde peccatum, -i *n*
sündigen peccare, -o, -avi, -atum *1.*
süß **A** ADJ **1** (*Geschmack*) dulcis, -e **2** (*angenehm*) suavis, -e **B** ADV suaviter
Süße (*Geschmack*) dulcedo, -inis *f* (*Lieblichkeit*) suavitas, -atis *f*

T

Tadel reprehensio, -onis *f*
tadeln vituperare, -o, -avi, -atum *1.*, reprehendere, -prehendo, -prehendi, -prehensum *3.*
Tafel tabula, -ae *f*
Tag dies, diei *m*; **bei ~** diurnus, -a, -um; interdiu; **am ~ vorher** pridie; **am** genden **~** postero die, postridie; **~ zu ~** in dies; **eines ~es** quondam **wird ~** lucescit; **in den ~ hinein** in d
Tagesanbruch prima (-ae) lux (luc **bei ~** primā luce; **vor ~** ante lucem
Tageslicht lux, lucis *f*
täglich **A** ADJ cottidianus, -a, -um ADV cottidie
tagsüber interdiu
Tal vallis, -is *f*
Talent **1** (*Begabung*) ingenium, -i *n* doles, -is *f* **2** (*Geldbetrag*) talentum,
Tante **1** (*Schwester des Vaters*) am -ae *f* **2** (*Schwester der Mutter*) matert -ae *f*
tanzen saltare, -o, -avi, -atum *1.*
tapfer fortis, -e
Tapferkeit fortitudo, -inis *f*; vi -utis *f*
Tat **1** factum, -i *n*, res gesta (rei -ae (*oft Untat*) facinus, -oris *n*; **~en vollb gen** res gerere (gero, gessi, gestum **in der ~** profecto, re verā
tätig agens, -entis
Tätigkeit actio, -onis *f*
tatkräftig strenuus, -a, -um
tatsächlich profecto, re verā
taub surdus, -a, -um
Taube columba, -ae *f*
tauchen **A** VT mergere, mergo, m mersum *3.* **B** VI se mergere
taugen idoneum esse (sum, fui, - **nichts ~** nihili esse (sum, fui, - *0.*)
tauglich idoneus, -a, -um (**zu etw** aliquid)
tauschen mutare, -o, -avi, -atum (**etw gegen etw** aliquid re)
täuschen fallere, fallo, fefelli, - *3.*, cipere, -cipio, -cepi, -ceptum *3.*; **sic** errare, -o, -avi, -atum *1.* (**in etw** in
tausend mille; **zweitausend** duo m
tausendmal millies
tausendste(r, -s) millesimus, -a,
Teich stagnum, -i *n*
Teil pars, partis *f*; **zum ~** ex parte
teilen dividere, -vido, -visi, -visum **unter sich** inter se
teilnehmen interesse, -sum, -fui, (**an etw** alicui rei)
Teilnehmer comes, -itis *m/f*
Tempel templum, -i *n*, aedes, -is *f*
Testament testamentum, -i *n*

T

er 🅰 ADJ *(lieb)* carus, -a, -um; **~ sein**
gno constare (-sto, -stiti, -staturus *1.*)
ADV *(beim Kauf)* magno
eater theatrum, -i *n*
eorie ratio, -onis *f*
ermen *(warme Bäder od. Quellen)*
ermae, -arum *fpl*
ron solium, -i *n*; **den ~ innehaben**
gnare (-o, -avi, -atum *1.*)
f altus, -a, -um
fe altitudo, -inis *f*
r animal, -alis *n*, bestia, -ae *f*
rhetze venatio, -onis *f*
rleiche cadaver, -eris *n*
er tigris, -is *m od. f*
ch mensa, -ae *f*; **bei ~e liegen** accu-
re (-o, -, - *1.*); **sich zu ~e legen** accum-
re (accumbo, accubui, accubitum *3.*);
~ inter cenam
chgenosse conviva, -ae *m*
el 1 *(einer Person)* nomen, -inis *n*, ti-
us, -i *m* 2 *(eines Buches)* inscriptio,
nis *f*
en saevire, -io, -ii, -itum *4.*
chter filia, -ae *f*
d mors, mortis *f*; **gewaltsamer ~** nex
cis *f*); **zum ~ verurteilen** capitis dam-
re (-o, -avi, -atum *1.*)
desstrafe supplicium, -i *n*; **die ~**
hängen über j-n supplicium sumere
mo, sumpsi, sumptum *3.*) de aliquo
geweiht moriturus, -a, -um
ga toga, -ae *f*; **die ~ anlegen** togam
nere (sumo, sumpsi, sumptum *3.*)
pf urna, -ae *f*
porta, -ae *f*, ostium, -i *n*;
icht stultus, -a, -um
en strepere, strepo, strepui, strepi-
n *3.*
mortuus, -a, -um
en necare, -o, -avi, -atum *1.*, interfi-
e, -ficio, -feci, -fectum *3.*, caedere,
do, cecidi, caesum *3.*, occidere, -ci-
-cidi, -cisum *3.*
cht habitus, -us *m*
chten studere, studeo, studui, - *2.*
ch etw alicui rei); **j-m nach dem Le-**
n ~ vitae alcuius insidias parare (-o,
i, -atum *1.*)
ge piger, -gra, -grum; iners, inertis
gen 1 portare, -o, -avi, -atum *1.*, fer-
fero, tuli, latum *0.* 2 *(Waffen, Kleider)*
ere, gero, gessi, gestum *3.*; **zur**
Schau ~ prae se ferre
Trägheit pigritia, -ae *f*, inertia, -ae *f*
Träne lacrima, -ae *f*; **unter vielen ~n** multis cum lacrimis; **~n vergießen** lacrimas effundere (-fundo, -fudi, -fusum *3.*)
tränken imbuere, -buo, -bui, -butum *3.*
Transport commeatus, -us *m*
transportieren vehere, veho, vexi, vectum *3.*
Traube uva, -ae *f*
trauen fidem habere (-eo, -ui, -itum *2.*), confidere, -fido, -fisus sum *3.* (**j-m** alicui); **sich ~** audere, audeo, ausus sum *2.*
Trauer 1 maeror, -oris *m*, dolor, -oris *m* 2 *(Klage, bsd. um Tote)* luctus, -us *m*
trauern 1 maerere, -eo, -ui, - *2.*, dolere, -eo, -ui, -iturus *2.* 2 *(mit äußeren Zeichen)* lugere, lugeo, luxi, luctum *3.* (**um j-n** aliquem)
Trauerspiel tragoedia, -ae *f*
Traum somnium, -i *n*; **im ~** per somnium
träumen somniare, -o, -avi, -atum *1.* (**von etw** de re, **von j-m** de aliquo)
traurig tristis, -e; maestus, -a, -um
Traurigkeit tristitia, -ae *f*, maestitia, -ae *f*
treffen 1 *(vom Pfeil)* ferire, -io, -, - *4.*; percutere, -cutio, -cussi, -cussum *3.* vulnerare, -o, -avi, -atum *1.* 2 *(begegnen)* invenire, -venio, -veni, -ventum *4.*; **sich mit j-m ~** invenire aliquem 3 *(auf eine Person stoßen)* incidere, -cido, -cidi, - *3.*; **ein Unglück trifft mich** calamitas mihi accidit; **es trifft sich, dass** accidit, ut
treffend *(passend)* aptus, -a, -um
treiben 1 agitare, -o, -avi, -atum *1.*, agere, ago, egi, actum *3.*, propellere, -pello, -puli, -pulsum *3.* 2 **Ackerbau ~** agriculturae studere (-eo, -ui, - *2.*); **Geschäfte ~** negotium gerere (gero, gessi, gestum *3.*)
trennen 1 dividere, -vido, -visi, -visum *3.*, secernere, -cerno, -crevi, -cretum *3.* 2 *(absondern)* separare, -o, -avi, -atum *1.*; **sich ~** discedere (-cedo, -cessi, -cessum *3.*; **von j-m** ab aliquo)
Treppe scalae, -arum *fpl*
treten pedem ponere (pono, posui, positum *3.*; **auf etw** in re)
treu fidus, -a, -um fidelis, -e
Treue fides, -ei *f*; **die ~ halten** fidem servare (-o, -avi, -atum *1.*)

treulos perfidus, -a, -um
Treulosigkeit perfidia, -ae *f*
Tribun tribunus, -i *m*
Tribut tributum, -i *n*, stipendium, -i *n*
Trier Augusta Treverorum
trinken potare, -o, -avi, -atum *1.*, bibere, bibo, bibi, - *3.*; **Gift ~** venenum haurire (haurio, hausi, haustum *4.*)
Trinkgefäß poculum, -i *n*
Triumph triumphus, -i *m*; **einen ~ feiern** triumphare (-o, -avi, -atum *1.*); **~ über die Gallier** triumphus Gallorum
Triumphbogen arcus, -us *m*
triumphieren triumphare, -o, -avi, -atum *1.*
Triumphzug triumphus, -i *m*
trocken aridus, -a, -um
Trommel tympanum, -i *n*
Trompete tuba, -ae *f*
tropfen stillare, -o, -avi, -atum *1.*
Tropfen gutta, -ae *f*
Tross impedimenta, -orum *npl*
Trost solacium, -i *n*
trösten consolari, -or, -atus sum *1.* (**wegen etw** de re)
trotzdem tamen
trotzen resistere, -sisto, -stiti, - *3.*
trotzig ferox, -ocis
trüb 1 (*Himmel*) nubilus, -a, -um 2 (*Wasser*) turbidus, -a, -um
trügerisch dolosus, -a, -um
Trümmer ruinae, -arum *fpl*, reliquiae, -arum *fpl*
Truppen copiae, -arum *fpl*; **~ ausheben** copias conscribere (-scribo, -scripsi, -scriptum *3.*)
Tuba tuba, -ae *f*
tüchtig bonus, -a, -um, strenuus, -a, -um, probus, -a, -um
Tüchtigkeit virtus, -utis *f*
Tücke fraus, -dis *f*
Tugend virtus, -utis *f*
tun 1 facere, facio, feci, factum *3.* 2 (*tätig sein*) agere, ago, egi, actum *3.*; gerere, gero, gessi, gestum *3.*; **so ~, als ob** simulare (-o, -avi, -atum *1.*); **so ~ als ob nicht** dissimulare (-o, -avi, -atum *1.*); **Böses ~** malefacere (-facio, -feci, -factum *3*); **seine Pflicht ~** officio fungi (fungor, functus sum *3.*); **alles ~, um zu** nihil praetermittere (-mitto, -misi, -missum *3.*), quin *+konjkt*
Tunika tunica, -ae *f*
Tunnel cuniculus, -i *m*
Tür 1 porta, -ae *f*, ianua, -ae *f* 2 (*z… flügelige*) fores, -ium *fpl*
Türflügel foris, -is *f*
Turm turris, -is *f*
Tyrann tyrannus, -i *m*

U

übel A ADJ malus, -a, -um; **mir wir…** nauseo B ADV male; **~ nehmen** mol… ferre (fero, tuli, latum *0.*)
Übel malum, -i *n*
übelnehmen → übel
Übeltäter homo (-inis *m*) maleficu…
üben exercere (-eo, -ui, -itum *2.*); **sic…** exerceri (-eor, -itus sum *2.*); **sich in Waffen ~** armis exerceri
über PRÄP 1 (*örtl.: oberhalb*) supra +… super *+abl* 2 (*Richtung*) supra *+akk*, per *+akk* 3 (*hinüber*) trans *+akk*; (… … *hin*) super *+akk* 4 (*von, betreffs*… *+abl*
überall passim, ubique; **~, wo** ubic… que; **von ~ her** undique
überaus maxime; *durch sup*; **~** … laetissimus (-a, -um)
überblicken 1 perlustrare, -o, … -atum *1.* 2 (*geistig*) animo compl… (-plector, -plexus sum *3.*)
überbringen deferre, -fero, -tuli, … tum *0.*
Überdruss taedium, -i *n*
überdrüssig: **ich bin einer Sach…** taedet me alicuius rei
übereinstimmen consentire, -se… -sensi, -sensum *4.* (**mit j-m** cum ali… **über etw** aliquid); **nicht ~** disse… (-sentio, -sensi, -sensum *4.*)
Übereinstimmung consensus, -u…
Überfahrt (*Überfahren*) transitus, … *m*, traiectus, -us *m*
Überfall impetus, -us *m*
überfallen opprimere, -primo, -pr… -pressum *3.*, incidere, -cido, -cidi, -…
überfließen (*im Überfluss haben*) undare, -o, -avi, -atum *1.* (**von etw** …

U

erfluss abundantia, -ae *f*, copia, -ae
n ~ haben abundare (-o, -avi, -atum
etw re)
erführen **1** traducere, -duco, -duxi,
ctum *3.* **2** (*vor Gericht*) convincere,
co, -vici, -victum *3.*; **des Verrats ~**
ditionis convincere
ergang transitus, -us *m*
ergeben **1** mandare, -o, -avi,
um *1.*, tradere, -do, -didi, -ditum *3.*
(*ausliefern*) dedere, -do, -didi, -ditum
3 **sich ~** (*erbrechen*) vomere (-o, -ui,
m *3.*)
ergehen (*nicht berücksichtigen*)
eterire, -eo, -ii, -itum *0.*; (*auslassen*)
ittere, -mitto, -misi, -missum *3.*
ergießen perfundere, -fundo, -fudi,
sum *3.*
erhäufen onerare, -o, -avi, -atum *1.*
erhaupt omnino
erheblich superbus, -a, -um
erheblichkeit superbia, -ae *f*
erlassen **1** permittere, -mitto, -mi-
-missum *3.* **2** (*anvertrauen*) commit-
e, -mitto, -misi, -missum *3.*
erlaufen **1** abundare, -o, -avi,
um *1.* **2** transire, -eo, -ii, -itum *0.*,
n Feind ad adversarium
erläufer perfuga, -ae *m*, transfuga,
m
erleben superesse, -sum, -fui, - *0.*
/ etw alicui/ alicui rei)
erlebend superstes, -itis
erlegen[1] considerare, -o, -avi,
um *1.*, deliberare, -o, -avi, -atum *1.*,
itare, -o, -avi, -atum *1.* (**etw** aliquid,
l)
erlegen[2] superior, -ius; **j-m ~ sein**
erare (-o, -avi, -atum *1.*) aliquem
erlegt consulto
erlegung deliberatio, -onis *f*, ratio,
is *f*; **mit ~** consulto
erliefern tradere/prodere, -do, -di-
-ditum *3.*
ermäßig **A** ADJ nimius, -a, -um **B**
nimis
ermorgen perendie
ermut petulantia, -ae *f*
ermütig petulans, -antis
ernehmen suscipere, -cipio, -cepi,
ptum *3.*
erragen imminere, -eo, -, - *2.* (**etw**
ui rei)

überraschen **1** (*ertappen*) deprehendere, -hendo, -hendi, -hensum *3.* (**bei etw** in re) **2** (*überfallen*) opprimere, -primo, -pressi, -pressum *3.*
überreden persuadere, -suadeo, -suasi, -suasum *2.* (**j-n dazu, dass** alicui, ut)
Überreste reliquiae, -arum *fpl*
überschreiten (*hinausgehen*) superare, -o, -avi, -atum *1.* (**über etw** aliquid); transire, -eo, -ii, -itum *0.*, *auch fig*
Überschrift inscriptio, -onis *f*
überschütten obruere, -ruo, -rui, -rutum *3.*, *auch fig*
überschwemmen inundare, -o, -avi, -atum *1.*
übersetzen[1] (con)vertere, -verto, -verti, -versum *3.*; **aus dem Griechischen ins Lateinische ~** ex Graeco in Latinum vertere
übersetzen[2] **A** VT **1** transportare, -o, -avi, -atum *1.*, traicere, -icio, -ieci, -iectum *3.* **2** (*über einen Wasserweg*) traducere, -duco, -duxi, -ductum *3.* **B** VI transgredi, -gredior, -gressus sum *3.*
übersiedeln transmigrare, -o, -avi, -atum *1.*
überspringen (*auslassen*) omittere, -mitto, -misi, -missum *3.*
überstehen **A** VI eminere, -eo, -ui, - *2.* **B** VT perfungi, -fungor, -functus sum *3.* (**etw** re), **Gefahren** periculis
übersteigen **1** transcendere, -scendo, -scendi, -scensum *3.* **2** (*hinausgehen*) superare, -o, -avi, -atum *1.* (**über etw** aliquid)
übertragen **1** (*anvertrauen*) mandare, -o, -avi, -atum *1.*, committere, -mitto, -misi, -missum *3.* **2** (*Amt, Provinz*) deferre, -fero, -tuli, -latum *0.* (**j-m** ad aliquem); **die Leitung der Flotte dem Konsul ~** consulem classi praeficere (-ficio, -feci, -fectum *3.*) **3** transferre, -fero, -tuli, -latum *0.* (**auf etw** in aliquid)
übertreffen superare, -o, -avi, -atum *1.*, vincere, vinco, vici, victum *3.* (**j-n** aliquem, **in etw** re); praestare, -sto, -stiti, -staturus *1.* (**j-n** alicui, **in etw** re)
übertreiben **1** (*maßlos handeln*) modum excedere (-cedo, -cessi, -cessum *3.*; **etw** alicuius rei) **2** verbis augere (augeo, auxi, auctum *2.*)
übertreten **A** VT violare, -o, -avi, -atum *1.* **B** VI transire, -eo, -ii, -itum *0.*

U

übertrieben nimis; **~ streng** nimis severus
überwachen custodire, -io, -ivi, -itum *4.*
überwältigen superare, -o, -avi, -atum *1.*, vincere, vinco, vici, victum *3.*
überwintern V/I hiemare, -o, -avi, -atum *1.*
überzeugen persuadere, -suadeo, -suasi, -suasum *2.* (**j-n** alicui, *+AcI*); **ich bin überzeugt** mihi persuasum est (*+ AcI*)
übrig **1** reliquus, -a, -um; **~ sein** superesse (-sum, -fui, - *3.*); **~ bleiben** relinqui (-linquor, -lictus sum *3.*); **~ lassen** relinquere (-linquo, -liqui, -lictum *3.*); **es bleibt nichts anderes ~ als** *fig* nihil relinquitur nisi **2** **die ~en** (*die restlichen*) reliqui (-orum *mpl*); (*die anderen*) ceteri (-orum *mpl*)
übrigens ceterum
Übung **1** (*Handlung*) exercitatio, -onis *f* **2** (*Gebrauch*) usus, -us *m*
Ufer **1** ripa, -ae *f* **2** (*des Meeres*) litus, -oris *n*
Uhr **1** horologium, -i *n* **2** (*Stunde*) hora, -ae *f*; **wie viel ~ ist es?** quota hora est?; **um wie viel ~?** quotā horā?; **um fünf ~** quintā horā
um **A** PRÄP (*örtl.: ringsum*) circum *+akk*, (*nahe bei*) circa (*+akk* **B** KONJ **1** (*damit*) **~ zu** ut *+konjkt*, *verneint* ne *+konjkt*, ad (*+ Gerundiv*) **2** *durch Supin; durch part fut* **3** **~ … willen** causā *nachgestellt*
umarmen complecti, -plector, -plexus sum *3.*
Umarmung complexus, -us *m*
umbiegen flectere, flecto, flexi, flexum *3.*
Umfang **1** circuitus, -us *m* **2** (*Größe*) magnitudo, -inis *f*
umfassen **1** complecti, -plector, -plexus sum *3.* **2** *fig* comprehendere, -hendo, -hendi, -hensum *3.*
umfliegen circumvolare, -o, -avi, -atum *1.*
Umgang **1** (*mit Personen*) usus, -us *m*; **~ haben mit j-m** uti (utor, usus sum *3.*) aliquo **2** (*mit Waren*) commercium, -i *n*
umgänglich affabilis, -e
Umgänglichkeit affabilitas, -atis *f*
umgeben **A** V/T circumdare, -do, -dedi, -datum *1.* **B** PPP circumdatus, -a, -um
Umgebung regio, -onis *f*; **in de[…] von etw** circum aliquid
umgürten cingere, cingo, cinxi, […]tum *3.*
Umhang velamen, -inis *n*
umherirren errare, -o, -avi, -atu[m …]
umherstreifen vagari, -or, -atus […] *1.*
umhüllen velare, -o, -avi, -atum *1*
umkommen perire, -eo, -ii, -itu[m …] occidere, -cido, -cidi, -casum *3.*
umliegend (*benachbart*) vicinus, […] -um
umpflügen arare, -o, -avi, -atum […]
umringen circumstare, -sto, -steti […]
umschließen **1** circumcludere, […]do, -clusi, -clusum *3.* (**mit etw** re) **2** […] *inhalten*) continere, -tineo, -tinui, […]tum *2.*
Umsicht diligentia, -ae *f*
umsichtig diligens, -entis
umso *beim komp* eo
umsonst **1** (*vergeblich*) frustra, ne[…]quam **2** (*kostenlos*) gratis
Umstände res, rei *f*; **unter dieser[…]** quae cum ita sint; **unter keinen ~[…]** quaquam, minime; **~ machen** mo[…] facere (facio, feci, factum *3.*)
umstehen circumstare, -sto, -steti […]
Umsturz (*Untergang*) interitus, -u[s …] **auf ~ bedacht sein** novis rebus stu[…] (-eo, -ui, - *2.*)
umstürzen evertere, -verto, -v[…] -versum *3.*
Umweg circuitus, -us *m*; **einen ~ […]chen** circuitu uti (utor, usus sum *3.*)
umwenden **A** V/T (con)vertere, -v[…] -verti, -versum *3.* **B** V/I **sich ~** conv[…] -vertor, -versus sum
umwerfen evertere, -verto, -v[…] -versum *3.*
umzäunen saepire, saepio, sa[…] saeptum *4.*
umziehen: **sich ~** vestem mutare […] -avi, -atum *1.*)
umzingeln circumvenire, -venio, […]ni, -ventum *4.*, cingere, cingo, c[…] cinctum *3.*
unabhängig sui iuris
unabsichtlich non consulto
unähnlich dissimilis, -e (**j-m** alic[…] **einer Sache** alicuius rei/alicui rei)
unangebracht intempestivus, -a, […]

angenehm ingratus, -a, -um
auflöslich inexplicabilis, -e
bedeutend levis, -e
begrenzt infinitus, -a, -um
beherrscht intemperans, -antis
beherrschtheit intemperantia, : *f*
bekannt ignotus, -a, -um
bekümmert neglegens, -entis (**um w** alicuius rei)
beliebt invidiosus, -a, -um (**bei j-m** ud aliquem)
bequem incommodus, -a, -um
berührt integer, -gra, -grum
berührtheit integritas, -atis *f*
bescheiden immodestus, -a, -um
bescholten integer, -gra, -grum
bescholtenheit integritas, -atis *f*
besiegbar invictus, -a, -um
besonnen **A** ADJ temerarius, -a, n **B** ADV temere
besonnenheit temeritas, -atis *f*
besorgt securus, -a, -um
beständig inconstans, -antis, mobi- -e
beteiligt expers, -tis (**an etw** ali- us rei)
bewusst **A** ADJ inscius, -a, -um **B** V me (te *usw.*) insciente
brauchbar inutilis, -e (**zu etw** ad quid)
d **1** et; -que; atque (*enger verknüp- d*); **~ nicht** neque **2** (*final*) neve; **~ mand** neque quisquam; **~ nichts** ne- e quicquam
dankbar ingratus, -a, -um
eben iniquus, -a, -um
ehrenhaft inhonestus, -a, -um
ehrlich improbus, -a, -um
einig discors, -cordis; **~ sein** dissen- e (-sentio, -sensi, -sensum *4.*)
einigkeit discordia, -ae *f*
endlich infinitus, -a, -um
erfahren imperitus, -a, -um (**mit w** alicuius rei)
ermesslich immensus, -a, -um
ermüdlich impiger, -gra, -grum
erschrocken impavidus, -a, -um
erträglich non ferendus (-a, -um)
erwartet subitus -a, -um, inopina- ;, -a, -um
fähig (*untauglich*) iners, -ertis; **~ n, etw zu tun** aliquid facere non posse (possum, potui, - *0.*)
Unfall calamitas, -atis *f*
unfreiwillig **A** ADJ invitus, -a, -um **B** ADV *meist durch* ADJ **ich habe es ~ getan** invitus feci
unfreundlich asper, -era, -erum, durus, -a, -um
unfruchtbar infecundus, -a, -um
ungebildet rudis, -e
ungefähr circa, circiter; fere *nachgestellt*
ungehalten subiratus, -a, -um; **~ sein über etw** aegre ferre (fero, tuli, latum *0.*) aliquid
ungeheuer ingens, -entis
Ungeheuer monstrum, -i *n*
ungehorsam non oboediens (-entis); **~ sein** non obtemperare (-o, -avi, -atum *1.*)
ungelegen intempestivus, -a, -um
ungenutzt: **~ vorübergehen lassen** praetermittere (-mitto, -misi, -missum *3.*)
ungerecht iniustus, -a, -um, iniquus, -a, -um
Ungerechtigkeit iniuria, -ae *f*, iniquitas, -atis *f*
ungern aegre; *durch adj* invitus, -a, -um; **ich habe es ~ getan** invitus feci
ungeschickt iners, -ertis
ungestraft impunis, -e
ungesund insalubris, -e
ungetan infectus, -a, -um
Ungetüm monstrum, -i *n*
ungewiss incertus, -a, -um
ungewöhnlich **A** ADJ inusitatus, -a, -um **B** ADV, *bei* ADJ *u.* ADV solito (+ *komp*); **~ oft** solito saepius
ungewohnt insuetus, -a, -um
ungewollt invitus, -a, -um
unglaublich incredibilis, -e
ungleich iniquus, -a, -um, impar, imparis
Unglück **1** (*Unglücksfall*) calamitas, -atis *f* **2** (*Elend*) miseria, -ae *f*, res (rerum *fpl*) adversae (-arum); **im ~** in rebus adversis; **ins ~ geraten** in calamitatem incidere (-cido, -cidi, - *3.*)
unglücklich **1** infelix, -icis **2** (*elend*) miser, -era, -erum
Unglücksfall calamitas, -atis *f*, casus, -us *m*
Unglückstag dies (diei *m*) ater (atri)

U

ungünstig adversus, -a, -um

Unheil malum, -i *n*

unhöflich inhumanus, -a, -um

Unkenntnis inscientia, -ae *f*, ignorantia, -ae *f*

unklar obscurus, -a, -um

unklug imprudens, -entis

unkriegerisch imbellis, -e

unkundig imperitus, -a, -um

unmäßig A ADJ immodicus, -a, -um B ADV immodice

Unmäßigkeit intemperantia, -ae *f*

unmenschlich inhumanus, -a, -um

unmittelbar A ADJ proximus, -a, -um, *auch fig* B ADV ~ **vor/nach** (*zeitl.*) sub *+akk*; ~ **vor der Nacht** sub noctem; ~ **nach der Schlacht** sub ipsam pugnam

unmöglich qui (quae, quod) fieri non potest (potuit *0.*); **es ist** ~ fieri non potest, ut *+konjkt*

unnütz inutilis, -e

unrecht: **jdm ~ tun** iniuriam facere (facio, feci, factum *3.*) alicui

Unrecht iniuria, -ae *f*; **zu** ~ iniuriā; **ein ~ begehen** iniuriam committere (-mitto, -misi, -missum *3.*); **erlittenes** ~ iniuria (-ae *f*) illata (-ae)

unredlich improbus, -a, -um

Unruhe 1 turba, -ae *f*, perturbatio, -onis *f* 2 (*seelisch*) motus (-us *m*) animi; **in ~ geraten** commoveri, -moveor, -motus sum *2.*

unruhig 1 inquietus, -a, -um 2 (*ängstlich*) anxius, -a, -um 3 (*aufgeregt*) sollicitus, -a, -um; ~ **werden** sollicitari, -or, -atus sum *1.*

uns 1 *dat* nobis 2 *akk* nos 3 **mit** ~ nobiscum

Unschuld innocentia, -ae *f*

unschuldig innocens, -entis; ~ **sein an etw** insontem esse (sum, fui, - *0.*) alicuius rei

unser noster, -tra, -trum

unsicher incertus, -a, -um

unsterblich immortalis, -e

Unsterblichkeit immortalitas, -atis *f*

Untat facinus, -oris *n*; **eine ~ begehen** facinus committere (-mitto, -misi, -missum *3.*)

untätig ignavus, -a, -um, iners, -ertis

untauglich inutilis, -e (**zu etw** alicuius rei/ad aliquid)

unten infra; *durch adj* inferior, -ius, extremus -a, -um; **von oben bis ~** a s
mo ad imum

unter PRÄP 1 (*Richtung*) sub *+akk*
(*örtl.*) sub *+abl* 3 (*zwischen*) inter *+a*

unterbrechen interrumpere, -rum
-rupi, -ruptum *3.*, intermittere, -m
-misi, -missum *3.*, intervenire, -ve
-veni, -ventum *4.*

unterdessen interea, interdum

unterdrücken opprimere, -pri
-pressi, -pressum *3.*

untere(r, -s) inferior, -ius

untereinander inter se

Unterfeldherr legatus, -i *m*

Untergang 1 interitus, -us *m*, pe
cies, -ei *f* 2 (*Sonne*) occasus, -us *m*

untergehen 1 (*Sonne*) occidere,
do, -cidi, -casum *3.* 2 SCHIFF subme
-mergor, -mersi, -mersus sum *3.*; *fig*
terire, -eo, -ii, -iturus *0.*

unterhalb infra *+akk*

unterhalten 1 (*ernähren*) alere,
alui, altum *u.* alitum *3.* 2 **sich ~** (*im*
spräch) disputare, -o, -avi, -atum *1.*,
loqui, -loquor, -locutus sum *3.*

Unterhaltung 1 colloquium, -i
(*Vergnügen*) oblectamentum, -i *n*, ob
tatio, -onis *f*

Unterhändler legatus, -i *m*

unterirdisch subterraneus, -a, -ur

Unterirdische PL inferi, -orum *m*

Unterkleid tunica, -ae *f*

unterlassen omittere/praetermitt
-mitto, -misi, -missum *3.*

unterliegen 1 succumbere, -cum
-cubui, -cubitum *3.* (**j-m/ einer Sa**
alicui/alicui rei) 2 (*im Kampf*) vinci,
cor, victus sum *3.*

unternehmen incipere, -cipio, -c
-ceptum *3.*; **eine Arbeit ~** laborem
cipere (-cipio, -cepi, -ceptum *3.*)

Unternehmung inceptum, -i *n*

Unterredung colloquium, -i *n*

Unterricht institutio, -onis *f*, disc
na, -ae *f*

unterrichten 1 docere, doceo, dc
doctum *2.*, instituere, -uo, -ui, -utur
2 (*benachrichtigen*) certiorem facere
cio, feci, factum *3.*)

untersagen interdicere, -dico, -
-dictum *3.* (**j-m etw** alicui re); vetare,
to, vetui, vetitum *1.* (**j-m etw** aliqu
aliquid)

terscheiden discernere, -cerno, evi, -cretum *3.*; **sich ~** differre (diffe- -, - *0.*)
terschenkel crus, cruris *n*
terschied discrimen, -inis *n*; **es ist** **großer ~, ob ... oder** magnopere erest, utrum ... an
terste(r, -s) infimus, -a, -um, imus, -um
terstützen (ad)iuvare, -iuvo, -iuvi, tum *1.*; adesse, -sum, -fui, - *0.* (**j-n** ali-)
terstützung auxilium, -i *n*
tersuchen exquirere, -quiro, -quisi- -quisitum *3.*
tersuchung quaestio, -onis *f*
tertauchen **A** VT (sub)mergere, ergo, -mersi, -mersum *3.* (**in etw** in quid) **B** VI (sub)mergi, -mergor, -mer- sum *3.*
terwegs in itinere
terwelt inferi, -orum *mpl*, Orcus, -i
terwerfen subicere, -icio, -ieci, ctum *3.*, pacare, -o, -avi, -atum *1.*; **h ~** se subicere
treu infidus/perfidus, -a, -um
treue perfidia, -ae *f*
tüchtig iners, -ertis
überlegt **A** ADJ temerarius, -a, -um ADV temere
unterbrochen **A** ADJ perpetuus, -um **B** ADV perpetuo
verheiratet (*Mann*) caelebs, -libis; *au*) non nupta (-ae)
verletzlich *fig* sanctus, -a, -um
verletzt incolumis, -e
vermischt purus, -a, -um
vermutet subito
vernünftig **A** ADJ rationis expers rtis) **B** ADV sine ratione
verrichtet infectus, -a, -um; **unver- hteter Dinge** infectā re
verschämt impudens, -entis
versehens ex (de) improviso
versehrt incolumis, -e
verständig insipiens, -entis
verzüglich statim, protinus
vorhergesehen improvisus, -a, n
vorsichtig incautus, -a, -um
wetter tempestas, -atis *f*
wichtig levis, -e; **es ist ~** non inter- est (+ *AcI*)
unwillig invitus, -a, -um; **~ sein über etw** indignari (-or, -atus sum *1.*) aliquid
unwillkommen ingratus, -a, -um
unwirksam inutilis, -e; **~ sein** effectu carere (careo, carui, cariturus *2.*)
unwissend ignarus, -a, -um (**bezüglich einer Sache** alicuius rei)
unwürdig indignus, -a, -um (**einer Sache** re)
unzählig innumerabilis, -e
unzufrieden non contentus (-a, -um; **mit etw** re)
unzuverlässig incertus, -a, -um
üppig luxuriosus, -a, -um
Üppigkeit luxuria, -ae *f*
uralt priscus, -a, -um
Urgroßvater proavus, -i *m*
Urheber auctor, -oris *m*
Urne urna, -ae *f*
Ursache causa, -ae *f* (**für etw** alicuius rei); **ohne ~** sine causa
Ursprung origo, -inis *f*
Urteil iudicium, -i *n*
urteilen iudicare, -o, -avi, -atum *1.* (**über etw** aliquid/de re)
Urteilsspruch iudicium, -i *n*

V

Vase vas, -is *n*, (*pl* vasa, -orum)
Vater pater, -tris *m*
Vaterland patria, -ae *f*
väterlich (*des Vaters*) patrius, -a, -um; (*wie ein Vater*) paternus, -a, -um
Vaterstadt patria, -ae *f*
verabreden componere, -pono, -posui, -positum *3.*
verabscheuen detestari, -or, -atus sum *1.*
verachten contemnere, -temno, -tempsi, -temptum *3.*, despicere, -spicio, -spexi, -spectum *3.*, spernere, sperno, sprevi, spretum *3.*
Verachtung contemptio, -onis *f*
verändern mutare, -o, -avi, -atum *1.*
Veränderung commutatio, -onis *f*

Veranlagung ingenium, -i *n*
veranlassen iubere, iubeo, iussi, iussum *2.* (*+AcI*), commovere, -moveo, -movi, -motum *3.*, impellere, -pello, -puli, -pulsum *3.*, adducere, -duco, -duxi, -ductum *3.* (**dass** ut)
Veranlassung causa, -ae *f*; **auf seine ~** eo auctore
veranstalten parare, -o, -avi, -atum *1.*
Verb verbum, -i *n*
Verband MED fomentum, -i *n*
verbannen expellere, -pello, -puli, -pulsum *3.*
verbannt exul, -lis
Verbannter exul, -lis *m*
Verbannung exilium, -i *n*; **in die ~ schicken** expellere (-pello, -puli, -pulsum *3.*)
verbergen occultare, -o, -avi, -atum *1.*, abdere, -do, -didi, -ditum *3.*
verbessern 1 (*Fehler beseitigen*) emendare, -o, -avi, -atum *1.* 2 (*besser machen*) corrigere, -rigo, -rexi, -rectum *3.*
verbieten vetare, veto, vetui, vetitum *1.* (*+ AcI*)
verbinden 1 (con)iungere, iungo, iunxi, iunctum *3.* 2 (*Wunde*) obligare, -o, -avi, -atum *1.*
verborgen occultus, -a, -um; **~ sein** latere (-eo, -ui, - *2.*)
Verbot 1 (*Verbotenes*) vetitum, -i *n* 2 (*Verbieten*) interdictio, -onis *f*; **gegen das ~** contra vetitum
verbrauchen consumere, -sumo, -sumpsi, -sumptum *3.*
Verbrechen scelus, -eris *n*; **ein ~ begehen** scelus committere (-mitto, -misi, -missum *3.*)
verbrecherisch scelestus, -a, -um
verbreiten diffundere, -fundo, -fudi, -fusum *3.*; **sich ~** se diffundere
verbrennen A VT (comb)urere, -uro, -ussi, -ustum *3.*, (con)cremare, -o, -avi, -atum *1.* B VI comburi, -uror, -ustus sum *3.*
verbringen (*Zeit*) agere, ago, egi, actum *3.*
Verbündeter socius, -i *m*
verbürgen: **sich ~ für j-n** praestare (-sto, -stiti, -staturus *1.*) aliquem
Verdacht suspicio, -onis *f*; **~ erregen** suspicionem movere (moveo, movi, motum *2.*)
verdächtig suspectus, -a, -um
verdächtigen suspicere, -spicio, -
xi, -spectum *3.*
verdanken debere, -eo, -ui, -itum
verderben A VI (*schlecht werden*) rumpi, -rumpor, -ruptus sum *3.* B (*schlecht machen*) corrumpere, -rum -rupi, -ruptum *3.*
Verderben (*Untergang*) pernicies, - exitium, -i *n*; **~ bringend** pernicio -a, -um
verdienen (*einen Verdienst haben, w dig sein*) merere, -eo, -ui, -itum *2.*; **verdient machen um etw** bene me de re; **Lob ~** laude dignum esse (s fui, - *0.*)
Verdienst meritum, -i *n*
verdient merito, iure
verdoppeln duplicare, -o, -avi, -a *1.*
verdrossen piger, -gra, -grum
verdunkeln obscurare, -o, -avi, -a *1.*
verehren colere, colo, colui, cultum vereri, vereor, veritus sum *2.*
Verehrung cultus, -us *m*, venera -onis *f*
vereinbaren componere, -pono, - sui, -positum *3.*; **wie vereinbart** v ex composito
Vereinbarung condicio, -onis *f*
vereinigen coniungere, -iungo, -iu -iunctum *3.*
verfassen componere, -pono, -po -positum *3.*
verfluchen exsecrari, -or, -atus su
verfolgen persequi, -sequor, -sec sum *3.*
Verfügung: **zur ~ stehen** non de (sum, fui, - *0.*)
vergangen praeteritus, -a, -um, a quus, -a, -um
vergänglich caducus, -a, -um
vergeblich A ADJ vanus, -a, -um ADV frustra, nequiquam
vergehen praeterire, -eo, -ii, -itum
Vergehen delictum, -i *n*, crimen, *n*
vergessen oblivisci, -liviscor, - sum *3.* (**etw** alicuius rei)
Vergessen oblivio, -onis *f*
vergeuden dissipare, -o, -avi, -atur (*Zeit, Mühe*) perdere, -do, -didi, -ditu

V

rgießen effundere/profundere, ndo, -fudi, -fusum *3.*

rgleich 1 comparatio, -onis *f* 2 *mpromiss)* compositio, -onis *f*; **einen schließen** pacisci (paciscor, pactus m *3.*)

rgleichen comparare, -o, -avi, um *1.*, conferre, confero, contuli, col-um *0.* (**etw mit etw** aliquid cum re, **tereinander** inter se)

rgnügen voluptas, -atis *f*

rgnügt laetus, -a, -um

rgrößern augere, augeo, auxi, auc-m *2.*; amplificare, -o, -avi, -atum *1.*

rhaften comprehendere, -hendo, endi, hensum *3.*, in vincula conicere io, -ieci, -iectum *3.*)

rhalten: **sich ~** se habere (habeo, bui, habitum *2.*)

rhalten ratio, -onis *f*

rhältnis 1 (*zu j-m od. etw*) ratio, nis *f*; **im ~ zu** pro *+abl* 2 (*Lage*) con-io, -onis *f*; **diese ~se** ea *npl* 3 (*Ver-ndtschaft*) necessitudo, -inis *f*

rhältniswort praepositio, -onis *f*

rhandeln agere, ago, egi, actum *3.* **er etw** de re)

rhängnisvoll fatalis, -e

rhasst odiosus, -a, -um, invisus, -a, n; **~ sein** *auch*: odio esse (sum, fui, -

rheimlichen celare, -o, -avi, -atum **j-m etw** aliquem aliquid)

rheiraten (*mit einem Mann*) in ma-monio collocare (-o, -avi, -atum *1.*), matrimonium dare (do, dedi, datum **eine Frau mit einem Mann** aliquam cui

rherrlichen celebrare, -o, -avi, um *1.*, illustrare, -o, -avi, -atum *1.*

rhindern prohibere, -hibeo, -hibui, bitum *2.*, impedire, -io, -ivi, -itum *4.*

rhöhnen irridere, -rideo, -risi, -ri-m *2.*

rhüllen velare, -o, -avi, -atum *1.*

rirren **sich ~** errare, -o, -avi, -atum *1.*

rjagen fugare, -o, -avi, -atum *1.*

rkaufen vendere, vendo, vendidi, nditum *3.*; **teuer ~** magno vendere; **Sklave ~** sub corona vendere; **ver-uft werden** venire (veneo, venii, - *0.*)

rkehr 1 (*Kommen u. Gehen*) com-eatus, -us *m* 2 (*Handel*) commercium, -i *n*

verkehrt (*falsch*) A ADJ pravus, -a, -um B ADV perperam

verkleinern minuere, -uo, -ui, -utum *3.*

verknüpfen conectere, -necto, -nex(u)i, -nexum *3.*

verkünden (pro)nuntiare, -o, -avi, -atum *1.*

verlachen (ir)ridere/deridere, -rideo, -risi, -risum *2.*

verlangen postulare, -o, -avi, -atum *1.*, poscere, posco, poposci, - *3.*, appetere, -peto, -petivi, -petitum *3.*

Verlangen cupido, -inis *f*, desiderium, -i *n* (**nach etw** alicuius rei)

verlassen[1] 1 (*zurücklassen*) relinquere, -linquo, -liqui, -lictum *3.*, deserere, -sero, -serui, -sertum *3.* 2 (*Ort*) egredi, -gredior, -gressus sum *3.*, **einen Ort** loco 3 (*zur Neige gehen*) deficere, -ficio, -feci, -fectum *3.*; **eine Stadt ~** (ex) urbe egredi 4 **sich auf j-n ~** (con)fidere (-fido, -fisus sum *3.*) alicui

verlassen[2] 1 (*Ort*) desertus, -a, -um 2 (*allein*) solus, -a, -um

verleben (*Zeit*) agere, ago, egi, actum *3.*, degere, dego, -, - *3.*

verleihen 1 mutuum (-am *f*) dare (do, dedi, datum *1.*; **an j-n** alicui) 2 (*darreichen*) praebere, -eo, -ui, -itum *2.*

verleiten inducere, -duco, -duxi, -ductum *3.* (**zu etw** ad aliquid); **sich ~ lassen** induci, -ducor, -ductus sum *3.*

verlernen dediscere, -disco, -didici, - *3.*

verletzen violare, -o, -avi, -atum *1.*; laedere, laedo, laesi, laesum *3.*, *auch fig*

verlieben: **sich in j-n ~** amore alicuius capi (capior, captus sum *3.*)

verlieren amittere, -mitto, -misi, -missum *3.*, perdere, -do, -didi, -ditum *3.*; **den Mut ~** animo deficere (-ficio, -feci, -fectum *3.*); **das Augenlicht ~** oculis privari (-or, -atus sum *1.*); **eine Schlacht ~** proelio/in acie vinci (vincor, victus sum *3.*)

verloben: **sich ~** sponsalia facere (facio, feci, factum *3.*)

Verlobung sponsalia, -orum *od.* -ium *npl*

verlocken pellicere, -licio, -lexi, -lectum *3.* (**zu etw** ad aliquid)

verloren: ~ **gehen** amitti (-mittor, -missus sum *3.*); ~ **sein** perisse (perii *0.*); **~e Mühe** opera (-ae *f*) perdita (-ae)

verlorengehen → verloren

verlosen sortiri, -ior, -itus sum *4.*

Verlust damnum, -i *n*, detrimentum, -i *n*; **einen ~ erleiden** damnum facere (facio, feci, factum *3.*); **mit ~** cum detrimento

Vermächtnis **1** testamentum, -i *n* **2** (*das Vermachte*) legatum, -i *n*

vermehren augere, augeo, auxi, auctum *2.*; **sich ~** augeri (augeor, auctus sum *3.*)

vermeiden vitare, -o, -avi, -atum *1.*

Vermessenheit superbia, -ae *f*

vermieten locare, -o, -avi, -atum *1.* (**an j-n** alicui)

vermindern minuere, -uo, -ui, -utum *3.* (**um etw** de re)

vermischen (com)miscere, -misceo, -miscui, -mixtum *3.* (**mit etw** re/cum re)

vermissen desiderare, -o, -avi, -atum *1.*

vermitteln **1** (*zustande bringen*) conciliare, -o, -avi, -atum *1.* **2** (*vermittelnd eingreifen*) intercedere, -cedo, -cessi, -cessum *3.*

vermögen valere, -eo, -ui, -iturus *2.*, posse, possum, potui, - *0.*; **viel ~** multum posse/valere

Vermögen (*Besitz*) res (rei *f*) familiaris (-is), opes, -um *fpl*

vermuten suspicari, -or, -atus sum *1.*, conicere, -icio, -ieci, -iectum *3.*; **man vermutet, dass** suspicio est (+ *AcI*); **wie ich vermute** ut opinor

vermutlich **A** ADJ (*angenommen*) opinabilis, -e **B** ADV *durch Einschübe* quantum conicere licet; ut opinor

Vermutung opinio, -onis *f*

vernachlässigen neglegere, -lego, -lexi, -lectum *3.*; **die Pflicht ~** officio deesse (-sum, -fui, - *0.*)

verneinen negare, -o, -avi, -atum *1.*

vernichten delere, -eo, -evi, -etum *2.*, exstinguere, -stinguo, -stinxi, -stinctum *3.*; **vernichtet werden** interire (-eo, -ii, -iturus *0.*)

Vernichtung pernicies, -ei *f*, interitus, -us *m*

Vernunft ratio, -onis *f*; **mit ~** prudenter

vernünftig **A** ADJ ratione praed (-a, -um), prudens, -entis **B** ADV pruc ter

verordnen edicere, -dico, -dixi, - tum *3.*, **dass** ut +*konjkt*; **einem Kran eine Medizin ~** morbo remedium ponere (-pono, -posui, -positum *3.*)

Verordnung edictum, -i *n*

Verpflegung res (rei *f*) frument (-ae)

verpflichten obligare, -o, -avi, -a *1.* (**zu etw** alicui rei); **zu etw verpflic sein** debere (-eo, -ui, -itum *2.*) aliqu

Verpflichtung officium, -i *n*

verprügeln verberare, -o, -avi, -a *1.*

Verrat proditio, -onis *f*

verraten (*Freund*) prodere, -do, -c -ditum *3.*; (*offen zeigen*) prae se ferre ro, tuli, latum *0.*)

Verräter proditor, -oris *m*

verreisen proficisci, -ficiscor, -fe sum *3.*

verrichten fungi, fungor, functus *3.* (**etw** re); gerere, gero, gessi, gestu (**etw** aliquid)

verringern minuere, -uo, -ui, -utur

verrückt insanus, -a, -um; **~ sein** c rare (-o, -avi, -atum *1.*)

Vers versus, -us *m*

versagen (*nicht leisten*) deficere, -fi -feci, -fectum *3.*; **die Kräfte ~ mir** v me deficiunt

versammeln cogere, cogo, co coactum *3.*; **sich ~** convenire, -ve -veni, -ventum *4.*, **an einem Ort** in cum

Versammlung **1** coetus, -us *m*, c cilium, -i *n* **2** (*des Volkes*) contio, -or

versäumen **1** praetermittere, -mi -misi, -missum *3.* **2** (*nicht teilnehn* non interesse (-sum, -fui, - *0.*, **etw** al rei); **die Gelegenheit ~** occasior praetermittere

verschaffen parare, -o, -avi, -atun

verschenken donare, -o, -avi, -a *1.* (**etw an j-n** aliquid alicui)

verscheuchen fugare, -o, -avi, -a *1.*

verschieben **1** (*wegschieben*) mov moveo, movi, motum *2.*, **vom Ort** loco **2** (*zeitl.*) differre, differo, dis dilatum *0.*, **auf den nächsten Tag**

.terum diem
schieden 1 (*vielfältig*) varius, -a,
ı 2 (*unähnlich*) dissimilis, -e 3 (*un-
chiedlich*) diversus, -a, -um; **~ sein**
erre, differo, -, - *0.* 4 **verschiedene**
·*hrere*) (com)plures, (-a, -ium)
schiedenartig varius, -a, -um
schlagen (*schlau*) callidus, -a, -um
schleiern dissimulare, -o, -avi,
ım *1.*
schließen claudere, claudo, clau-
clausum *3.*
schlimmern deteriorem facere
:io, feci, factum *3.*)
schlingen devorare, -o, -avi,
ım *1.*
schmähen spernere, sperno, spre-
spretum *3.*, aspernari, -or, -atus sum

schonen parcere, parco, peperci,
surus *3.* (**j-n/etw** alicui/alicui rei)
schütten obruere, -ruo, -rui, -ru-
ı *3.*
schweigen tacere, -eo, -ui, -itum

schwenden 1 profundere, -fun-
-fudi, -fusum *3.* 2 (*durchbringen*)
ısumere, -sumo, -sumpsi, -sumptum
3 (*Zeit*) terere, tero, trivi, tritum *3.*
t etw re)
schwenderisch prodigus, -a, -um
'**schwendung** luxuria, -ae *f*
schwinden discedere, -cedo, -ces-
-cessum *3.*
schwören: **sich ~** coniurare, -o,
i, -atum *1.*
'**schwörung** coniuratio, -onis *f*
sehen VT (*ausstatten*) afficere, -fi-
, -feci, -fectum *3.* (**mit etw** re)
'**sehen** (*Irrtum*) error, -oris *m*; **aus ~**
imprudentiam
senken (de)mergere, -mergo, -mer-
-mersum *3.*
setzen 1 promovere, -moveo, -mo-
-motum *2.* 2 (*in einen Zustand*) redi-
e, redigo, redegi, redactum *3.*
sichern affirmare/confirmare, -o,
i, -atum *1.* (+ *AcI*)
sinken (de)mergi, -mergor, -mersus
n *3.*
söhnen placare, -o, -avi, -atum *1.*
mit j-m aliquem alicui); **sich ~** pla-
i, -or, -atus sum *1.*

versöhnlich placabilis, -e
versorgen providere, -video, -vidi, -visum *2.* (**j-n mit j-m** alicui aliquid)
verspeisen edere, edo, edi, esum *3.*
versperren intercludere, -cludo, -clusi, -clusum *3.*, **dem Feind den Weg** hosti viam
verspotten deridere, -rideo, -risi, -risum *2.*
versprechen 1 promittere, -mitto, -misi, -missum *3.*, polliceri, -liceor, -licitus sum *2.* 2 (*hoffen lassen*) videri, videor, visus sum *2.* (+ *NcI fut*); **diese Arbeit verspricht gut zu werden** hic labor bene eventurus esse videtur
Versprechen promissum, -i *n*; **sein ~ halten** promissum facere (facio, feci, factum *3.*)/servare (-o, -avi, -atum *1.*)
Verstand mens, mentis *f*
verständig intellegens, -entis, sapiens, -entis
Versteck latebrae, -arum *fpl*
verstecken occultare, -o, -avi, -atum *1.*; **sich ~** se abdere (-do, -didi, -ditum *3.*), **an einem Ort** in locum
versteckt abditus, -a, -um; **sich ~ halten** latere (-eo, -ui, - *2.*)
verstehen 1 (*hören*) audire, -io, -ivi, -itum *4.* 2 (*geistig*) scire, scio, scii (*auch*: scivi), scitum *4.*, intellegere, -lego, -lexi, -lectum *3.*; **nicht ~** nescire (nescio, nescii, nescitum *4.*)
verstoßen abigere, -igo, -egi, -actum *3.*
verstreichen: **~ lassen** praetermittere, -mitto, -misi, -missum *3.*
Versuch temptatio, -onis *f*
versuchen conari, -or, -atus sum *1.*, temptare, -o, -avi, -atum *1.*
vertauschen mutare, -o, -avi, -atum *1.*
verteidigen defendere, -fendo, -fendi, -fensum *3.* (**vor etw/gegen etw** a re)
Verteidiger defensor, -oris *m*
verteilen 1 distribuere, -uo, -ui, -utum *3.* 2 (*ordnen*) disponere, -pono, -posui, -positum *3.*
Vertrag foedus, -eris *n*; **einen ~ schließen** foedus inire (-eo, -ii, -itum *0.*); **einen ~ brechen** foedus rumpere (rumpo, rupi, ruptum *3.*)
vertrauen (con)fidere, -fido, -fisus sum *3.* (**j-m** alicui, **auf etw** re)
Vertrauen fides, -ei *f*; **j-m etw im ~**

sagen secreto alicui aliquid dicere
vertraut familiaris, -e; **~ machen** assuefacere (-facio, -feci, -factum *3.*; **mit etw** re/ad aliquid)
Vertrauter familiaris, -is *m*
vertreiben fugare, -o, -avi, -atum *1.*, pellere, pello, pepuli, pulsum *3.*, propellere, -pello, -puli, -pulsum *3.*
verunstalten deformare, -o, -avi, -atum *1.*
verursachen causam esse (sum, fui, - *0.*; **etw** alicuius rei); **Kosten ~** impensam facere (facio, feci, factum *3.*)
verurteilen damnare, -o, -avi, -atum *1.*, **zum Tode** capitis
vervielfältigen multiplicare, -o, -avi, -atum *1.*
verwalten administrare, -o, -avi, -atum *1.* (**etw** aliquid); fungi, fungor, functus sum *3.* (**etw** re); **eine Provinz ~** provinciae praeesse (-sum, -fui, - *0.*)
Verwalter **1** (pro)curator, -oris *m* **2** (*eines Landguts*) vilicus, -i *m*
Verwaltung administratio, -onis *f*
verwandeln mutare, -o, -avi, -atum *1.*, (con)vertere, -verto, -verti, -versum *3.* (**in etw** in aliquid); **sich ~** mutari (-or, -atus sum *1.*)
Verwandlung mutatio, -onis *f*
verwandt propinquus, -a, -um (**mit j-m** alicui)
Verwandter propinquus, -i *m*, cognatus, -i *m*
Verwandtschaft propinquitas, -atis *f*, cognatio, -onis *f*
verwechseln confundere (-fundo, -fudi, -fusum *3.*; **etw mit etw** aliquid re)
verweichlichen mollire, -io, -ivi, -itum *4.*
verweigern negare, -o, -avi, -atum *1.*
verweilen versari, -or, -atus sum *1.*
verwenden **1** (*benutzen*) uti, utor, usus sum *3.* (**etw** re) **2** (*aufwenden*) consumere, -sumo, -sumpsi, -sumptum *3.*, collocare, -o, -avi, -atum *1.*; **Arbeit/Zeit auf etw ~** laborem/tempus collocare alicui rei; **Geld für etw ~** pecuniam consumere re
verwirren (per)turbare, -o, -avi, -atum *1.*
Verwirrung perturbatio, -onis *f*; **in ~ geraten** perturbari (-or, -atus sum *1.*)
verwunden vulnerare, -o, -avi, -atum *1.*
verwunderlich mirus, -a, -um
verwundert (ad)miratus, -a, -um
Verwunderung admiratio, -on (**über j-n/ etw** alicuius/alicuius rei)
verwüsten vastare, -o, -avi, -atum
verzehren (*verbrauchen*) consum -sumo, -sumpsi, -sumptum *3.*
verzeihen ignoscere, -gnosco, -gr -gnotum *3.* (**j-m** alicui, **etw j-m** a rei alicuius), **dem Sohn den Fehler** licto filii
Verzeihung venia, -ae *f*; **j-n um ~ ten** veniam petere (-o, -ivi, -itum *3* aliquo
Verzögerung mora, -ae *f*
verzweifeln desperare, -o, -avi, -a *1.* (**an etw** de re)
Veteran MIL veteranus, -i *m*
Vetter consobrinus, i *m*
Vieh **1** (*Schafe usw.*) pecus, -oris **2** (*ein Stück Kleinvieh*) pecus, pecudis
Viehhirt pastor, -oris *m*
viel **A** ADJ multus, -a, -um; **~e** r (-ae, -a); **~es** multa (-orum *npl*) **B** multum; *beim komp* multo; **~ grö** multo maior; **~ später** multo post
vielleicht fortasse; forsitan; haud an *+konjkt*
vielmehr potius
vielseitig multiplex, -plicis
vier quattuor *indekl*, **je ~** quaterni -a)
viereckig quadratus, -a, -um
Viergespann quadrigae, -arum *fp*
vierhundert quadringenti, -ae, -a
viermal quater
vierte(r, -s) quartus, -a, -um
vierzig quadraginta *indekl*
Villa villa, -ae *f*
Vogel avis, -is *f*
Vogelschau auspicium, -i *n*; **ein anstellen** auspicari (-or, -atus sum
Vokabel vocabulum, -i *n*
Volk **1** populus, -i *m*, natio, -on gens, gentis **2** (*einfaches Volk*) pl plebis *f* **3** (*Pöbel*) vulgus, -i *n*; **M aus dem ~** homo de plebe
Volkspartei populares, -ium *mpl*
Volksstamm gens, gentis *f*, n -onis *f*
Volkstribun tribunus (-i *m*) plebis
Volksversammlung contio, -on

V

mitia, -orum *npl*
ll plenus, -a, -um (**von etw** re)
llbringen conficere, -ficio, -feci, ctum *3.*; **eine Tat ~** rem gerere (gero, ssi, gestum *3.*)
llenden **1** perficere, -ficio, -feci, ctum *3.* **2** (*Lebensjahr*) complere,), -evi, -etum *2.*
llig plane, omnino
llkommen perfectus, -a, -um
llmacht **1** potestas, -atis *f* **2** (*Auf-g*) mandatum, -i *n*
n PRÄP **1** (*aus, her*) a, ab *+abl* **2** (*von herab*) de *+abl* **3** (*über*) de *+abl* **4** *bloßer abl od. gen* **ein Mann ~ hoher eisheit** vir magnae sapientiae; **ein eg ~ drei Tagen** via tridui **5** **einer vielen** unus ex multis; **~ Neuem** de-o; **~ da an** inde; **~ dort** inde
nnöten: **~ sein** opus esse (sum, fui, -
r PRÄP **1** (*örtl. und zeitl.*) ante *+akk* **2** *r, zum Schutze von*) pro *+abl* **3** (*Ab-hr, Schutz vor*) ab *+abl* **4** (*hindernder und*) prae *+abl* **5** (*in Gegenwart*) coram *bl* **6** **~ allem** imprimis, praecipue
ran- *in Zusammensetzungen* ante-, ae-
rangehen anteire, -eo, -ii, - *0.* (**j-m** cui)
ranstellen (*Wort*) praeponere, -po-, -posui, -positum *3.*
rantragen praeferre, -fero, -tuli, tum *0.*
rantreiben propellere, -pello, -puli, ulsum *3.*
raus: **im ~** ante
rausgehen antecedere, -cedo, ssi, -cessum *3.* (**j-m** aliquem/alicui)
raussagen praedicere, -dico, -dixi, ctum *3.*
rausschicken praemittere, -mitto, isi, -missum *3.*
raussehen providere, -video, -vidi, sum *2.*
rbedeutung omen, -inis *n*
rbei: **an etw ~** praeter aliquid; **es ist** actum est
rbeieilen praetercurrere, -curro, -)curri, -cursum *3.*
rbeifahren *VI* praetervehi, -vehor, ctus sum *3.*
rbeifliegen praetervolare, -o, -avi, -atum *1.*
vorbeigehen praeterire, -eo, -ii, -itum *0.* (**an j-m** aliquem)
vorbereiten (ap-)parare, -o, -avi, -atum *1.*
Vorbild **1** exemplum, -i *n*; **als ~ dienen** exemplo esse (sum, fui, - *0.*) **2** (*Autorität*) auctor, -oris *m*
vordere(r, -s) prior, -ius
vorderste(r, -s) primus, -a, -um
vordringen procedere, -cedo, -cessi, -cessum *3.*
Vorfahr proavus, -i *m*
Vorfahren maiores, -um *mpl*
Vorfall casus, -us *m*
Vorgänge res, rerum *fpl*
vorgehen **1** (*vorn gehen*) anteire, -eo, -ii, - *0.* (**j-m** alicui) **2** animadvertere, -verto, -verti, -versum *3.* (**gegen j-n** in aliquem)
vorhaben in animo habere (-eo, -ui, -itum *2.*)
Vorhaben **1** propositum, -i *n* **2** (*Plan*) consilium, -i *n*
Vorhalle vestibulum, -i *n*
vorhanden: **~ sein** esse (sum, fui, - *0.*)
vorher antea
vorhergehend prior, -ius
Vorherrschaft principatus, -us *m*
vorhersagen praedicere, -dico, -dixi, -dictum *3.*
vorhersehen providere, -video, -vidi, -visum *2.*
vorkommen accidere, -cido, -cidi, - *3.*
vorlesen recitare, -o, -avi, -atum *1.*
vormals olim
Vormund tutor, -oris *m*
vorn a fronte
Vorname praenomen, -inis *n*
vornehm nobilis, -e
vornehmen: **sich etw ~** aliquid sibi proponere (-pono, -posui, -positum *3.*)
Vorrang principatus, -us *m*
Vorrat copia, -ae *f* (**an etw** alicuius rei)
vorrücken procedere, -cedo, -cessi, -cessum *3.*
Vorschlag **1** consilium, -i *n* **2** (*Bedingung*) condicio, -onis *f*; **einen ~ machen** consilium dare (do, dedi, datum *1.*)
vorschlagen proponere, -pono, -posui, -positum *3.*
vorschreiben praescribere, -scribo, -scripsi, -scriptum *3.*

Vorschrift praeceptum, -i *n*; **eine ~ beachten** praeceptum tenere (teneo, tenui, tentum *2.*)

vorsehen: **sich ~** cavere (caveo, cavi, cautum *2.*; **vor etw** aliquid)

Vorsicht prudentia, -ae *f*

vorsichtig A ADJ cautus, -a, -um, prudens, -entis B ADV caute, prudenter

Vorsorge providentia, -ae *f*: **~ treffen** providere (-video, -vidi, -visum *2.*; **dass** ut, **für etw** alicui rei)

vorstehen 1 (*hervorragen*) eminere, -eo, -ui, - *2.* 2 (*leiten*) praeesse (-sum, -fui, - *0.*; **einer Sache** alicui rei)

vortäuschen simulare, -o, -avi, -atum *1.*

Vorteil 1 commodum, -i *n*, emolumentum, i *n* 2 (*Gewinn*) lucrum, -i *n*; **zu j-s ~** commodo alicuius

vorteilhaft 1 commodus, -a, -um, utilis, -e 2 (*profitabel*) lucrosus, -a, -um; **~ sein für j-n** commodo esse (sum, fui, - *0.*) alicui

Vortrag oratio, -onis *f*

vortragen 1 (*berichten*) referre, refero, rettuli, relatum *0.* 2 (*vorlesen*) recitare, -o, -avi, -atum *1.*; **ein Gedicht ~** carmen canere (cano, cecini, cantatum *3.*)

vortrefflich praeclarus, -a, -um

vorübergehen praeterire, -eo, -ii, -itum *0.*; **~ lassen** praetermittere (-mitto, -misi, -missum *3.*)

Vorwand causa, -ae *f*; **unter dem ~** per causam

vorwärts protinus

vorwärtsschreiten prodire (-eo, -ii, -itum *0.*)

vorwerfen 1 (*hinwerfen*) obicere (-icio, -ieci, -iectum *3.*) 2 (*zum Vorwurf machen*) crimini dare (do, dedi, datum *1.*; **j-m etw** alicui aliquid)

Vorwurf crimen, -inis *n*; **zum ~ machen** crimini dare (do, dedi, datum *1.*)

Vorzeichen 1 omen, -inis *n*; prodigium, -i *n* 2 (*durch Vogelschau*) auspicium, -i *n*

vorzeitig praematurus, -a, -um

vorziehen *fig* praeferre, -fero, -tuli, -latum *0.*

Vorzug virtus, -utis *f*

vorzüglich (*ausgezeichnet*) egregius, -a, -um

W

Waage libra, -ae *f*

Wache (*Wachen*) custodia, -ae *f*, vig -ae *f*; **~ halten** excubare (-o, -avi, -a *1.*)

wachen vigilare, -o, -avi, -atum *1.*

Wachposten PL praesidia, -orum

Wachs cera, -ae *f*

wachsam vigil, -lis

Wachsamkeit vigilantia, -ae *f*

wachsen crescere, cresco, crevi, tum *3.*

Wächter(in) custos, -odis *m/f*

Waffe 1 (*Geschoss*) telum, -i *n* 2 **Waffen** (*zur Verteidigung*) arma (-o *npl*); **zu den ~n greifen** arma ca (capio, cepi, captum *3.*)

Waffenstillstand indutiae, -arum **einen ~ schließen** indutias facere cio, feci, factum *3.*)

Wagemut audacia, -ae *f*

wagemutig audax, -acis

wagen audere, audeo, ausus sum

Wagen currus, -us *m*

Wagenlenker auriga, -ae *m*

Wahl 1 (*zu einem Amt*) creatio, -o 2 (*Auswahl*) delectus, -us *m*

wählen 1 (*zu einem Amt*) creare, -avi, -atum *1.*, **j-n zum König** aliq regem 2 (*auswählen*) deligere, -ligo, gi, lectum *3.* (**für etw** alicui rei)

Wahnsinn dementia, -ae *f*

wahnsinnig mente captus (-a, -ur

wahr verus, -a, -um

während A PRÄP inter *+akk*, per + in *+abl*; **~ der Nacht** inter noctem **des Waffenstillstands** per indutias **meiner Abwesenheit** me absente KONJ 1 (*zeitl.*) dum *+ind präs* 2 (*adve tiv*) cum *+konjkt*

wahrhaft vere

Wahrheit veritas, -atis *f*; **die ~ sa** verum dicere (dico, dixi, dictum *3.*)

wahrnehmen (*bemerken*) animad tere, -verto, -verti, -versum *3.*

Wahrsager vates, -is *m*

Wahrsagerei vaticinatio, -onis *f*

hrscheinlich **A** ADJ verisimilis, -e ADV *Umschreibung durch* verisimile t (+ *AcI*); **~ hat Marcus das getan** ve-imile est Marcum ea fecisse
ald silva, -ae *f*
aldgebirge saltus, -us *m*
all vallum, -i *n*
alzen volvere, volvo, volvi, volutum *3.*
and paries, parietis *m*
anderer viator, -oris *m*
ndern migrare, -o, -avi, -atum *1.*
anderung iter, itineris *n*
ange gena, -ae *f*
anken labi, labor, lapsus sum *3.*; **ankend machen** labefacere (-facio, ·ci, -factum *3.*)
nn quando
are merx, -cis *f*
arm calidus, -a, -um
ärme calor, -oris *m*
arnen (ad)monere, -moneo, -monui, ·onitum *2.* (**dass** ne, **vor etw** de re)
arten exspectare, -o, -avi, -atum *1.*
arum cur, quare
as **A** REL PR quod; quae *npl*; **~ auch mer** quodcumque **B** INT PR quid
aschen lavare, lavo, lavi, lautum *1.*
asser aqua, -ae *f*; **~ holen** aquari (-or, ·tus sum *1.*); **zu ~ und zu Land** terrā arique
asserburg Aquaburgum
asserleitung aquaeductus, -us *m*
eben texere, texo, texui, textum *3.*
echsel **1** (*Abwechslung*) vices *fpl*, *sg*: ·is, *akk* vicem, *abl* vice **2** (*Veränderung*) mutatio, -onis *f*
echseln **A** V/T mutare, -o, -avi, ·um *1.* **B** V/I mutari, -or, -atus sum *1.*
echselvoll varius, -a, -um
ecken excitare, -o, -avi, -atum *1.*, **aus m Schlaf** somno
eder: **~ ... noch** neque ... neque
eg[1]: (*fort*) **~!** abi! (*sg*), abite! (*pl*)
eg-[2] *in Zusammensetzungen* a-/ab- (*a · Konsonanten*)
eg **1** via, -ae *f* **2** (*zum Ziel*) iter, itine- *n*; **sich auf den ~ machen** proficisci ·ciscor, -fectus sum *3.*); **im ~ stehen** stare (-sto, -stiti, -staturus *1.*); **j-m s dem ~ gehen** aliquem vitare (-o, ·i, -atum *1.*)
egbringen auferre, aufero, abstuli, latum *0.*

wegen PRÄP propter *+akk*, ob *+akk*, causā, gratiā *beide nachgestellt +gen*; (*vor, hindernder Grund*) prae *+abl*
wegfliegen avolare, -o, -avi, -atum *1.*
wegführen abducere, -duco, -duxi, -ductum *3.*
weggehen abire, -eo, -ii, -itum *0.*, discedere/decedere, -cedo, -cessi, -cessum *3.*; **von zu Hause ~** domo exire (-eo, -ii, -itum *0.*)
weglaufen fugere, fugio, fugi, fugitum *3.*
wegnehmen adimere, -imo, -emi, -emptum *3.*
wegreißen avellere, -vello, -velli (*auch*: -vulsi), -vulsum *3.*
wegschaffen removere, -moveo, -movi, -motum *2.*
wegschicken dimittere, -mitto, -misi, -missum *3.*
wegtragen auferre, aufero, abstuli, ablatum *0.*
wegwerfen abicere, -icio, -ieci, -iectum *3.*
wehe INT **~!** vae!
wehen flare, -o, -avi, -atum *1.*
wehren: **sich ~** resistere, -sisto, -stiti *3.*
weiblich femininus, -a, -um
weich mollis, -e; **~ machen** mollire (-io, -ivi, -itum *4.*)
weichen cedere, cedo, cessi, cessum *3.*
weichlich mollis, -e
weichmachen → weich
Weide, **Weideland** pascua, -orum *npl*
weiden **A** V/T (*auf die Weide führen*) pascere, pasco, pavi, pastum *3.* **B** V/I (*fressen*) pasci, pascor, pastus sum *3.*
weigern: **sich ~** (recusare, -o, -avi, -atum *1.*)
weihen dedicare, -o, -avi, -atum *1.*
weil quod, quia *+ind*; cum *+konjkt*
Wein vinum, -i *n*
weinen flere, -eo, -evi, -etum *2.* (**über etw** de re)
Weinstock vitis, -is *f*
Weintraube uva, -ae *f*
weise sapiens, -entis; **~ sein** sapere (-io, -ii, - *3.*)
Weise (*Art*) modus, -i *m*, ratio, -onis *f*; **auf diese ~** hoc modo; **auf welche ~** quo modo
Weiser sapiens, -entis *m*
Weisheit sapientia, -ae *f*

W

weiß 1 albus, -a, -um 2 *(glänzend)* candidus, -a, -um; **~ sein** albere (-eo, -, - *2.*)
weissagen vaticinari, -or, -atus sum *1.*
Weissager 1 vates, -is *m* 2 *(Eingeweideschauer)* haruspex, -icis *m* 3 *(Vogelschauer)* augur, -uris *m*
Weissagung *(das Geweissagte)* vaticinatio, -onis *f*
weit A ADJ 1 *(groß)* amplus, -a, -um 2 *(ausgedehnt)* vastus, -a, -um 3 *(breit)* latus, -a, -um B ADV 1 *(fern)* procul 2 *vor komp*: multo 3 **~ reisen** longum iter facere (facio, feci, factum *3.*); **bei Weitem** multo, longe; **~ und breit** longe lateque
weitaus longe *(+sup)*
Weite 1 amplitudo, -inis *f* 2 *(des Weges)* longinquitas, -atis *f*
weitergehen iter pergere (pergo, perrexi, perrectum *3.*)
weiterhin *durch* pergere, pergo, perrexi, perrectum *3.* (+ *inf*)
Weizen triticum, -i *n*
welche(r, -s) 1 qui, quae, quod 2 *(von beiden)* uter, utra, utrum; **~ von uns beiden?** uter nostrum?
Welle unda, -ae *f*
Welt 1 *(Weltall)* mundus, -i *m* 2 *(bewohnte Erde)* orbis (-is *m*) terrarum; **überall auf der ~** ubique terrarum 3 **zur ~ bringen** *(gebären)* parere (pario, peperi, partum *3.*)
wem cui
wen quem
wenden (con)vertere, -verto, -verti, -versum *3.*; **sich an j-n ~** adire (-eo, -ii, -itum *0.*) aliquem
wenig A ADV paulum, paulisper; **ein ~ Wein** paulum vini; **~ später** paulo post; **~ kosten** parvo constare (-sto, -stiti, -staturus *1.*); **zu ~** parum; **~er** minus; **am ~sten** minime B SUBST **~e** pauci, -ae, -a; **~es** pauca (-orum *npl*)
wenigstens 1 *(beschränkend)* quidem *nachgestellt* 2 *(versichernd)* certe; **ich ~** equidem
wenn 1 *(bedingend)* si; **~ nicht** nisi; **~ jd/etw** si quis/quid 2 *(in Wunschsätzen)* **~ doch (nicht)!** utinam (ne)! 3 *(zeitl.)* **(immer) ~** cum *+ind* 4 *(konzessiv)* **~ auch** etsi, etiamsi
wer quis; **~ auch immer** quicumque, quaecumque, quodcumque; quisquis, quidquid; **~ von beiden?** uter?

werden fieri, fio, factus sum *0.*; *in Verbindung mit adj u. adv häufig durch Verben auf -escere*; **mein Eigentum ~** me… fieri; **alt ~** senescere (senesco, senui, …
werfen 1 iacere, iacio, ieci, iactu… 2 *(wiederholt werfen)* iactare, -o, … -atum *1.*; **zu Boden ~** prosternere (-s… no, -stravi, -stratum *3.*); **sich auf et…** se conicere (-icio, -ieci, -iectum *3.*) in … quid
Werk opus, operis *n*
Werkstätte officina, -ae *f*
Werkzeug instrumentum, -i *n*
wert 1 *(würdig)* dignus, -a, -um (e… **Sache** re) 2 *(vom Preis)* **~ sein** … (sum, fui, - *0.*; *+gen*); constare (-sto, -s… -staturus *1.*; *+abl/gen*); **viel ~ sein** m… pretii esse; **mehr ~ sein** pluris cons…
Wert pretium, -i *n*
wertlos vilis, -e
wertvoll pretiosus, -a, -um
Wesen 1 *(Lebewesen)* animal, -alis … *(Beschaffenheit, Charakter)* natura, -a…
wesentlich praecipuus, -a, -um
weshalb qua de causa, quam ob r…
wessen cuius
Westen occidens, -entis *m*; **im ~** ad… cidentem
westlich ad occidentem spectans (… tis)
Wette sponsio, -onis *f*; **um die ~** ce… tim
Wetteifer studium, -i *n*
wetteifern certare, -o, -avi, -atum
Wetter 1 tempestas, -atis *f* 2 *(Kl…* caelum, -i *n*
Wettkampf certamen, -inis *n*
Wettlauf cursus, -us *n*
wichtig gravis, -e; **es ist (für mich…** (meā) interest; **etwas Wichtiges** res … *f)* magni momenti
Wichtigkeit momentum, -i *n*
Widder aries, -ietis *m*
wider PRÄP *(gegen)* contra *+akk*
widerlegen convincere, -vinco, … -victum *3.*
Widersacher adversarius, -i *m*
widersetzen: **sich ~** resistere (-si… -stiti, - *3.*)
widersprechen obloqui, -loquor, … cutus sum *3.* (**j-m** alicui)
Widerstand pugna, -ae *f*; **ohne ~** … lo resistente; **~ leisten** resistere, -si…

iti, - *3.*
derstandsfähig patiens, -entis
egen etw alicuius rei)
derstehen resistere, -sisto, -stiti, - *3.*
derwillig invitus, -a, -um
dmen ▮1 (*zueignen*) dedicare, -o, -avi,
um *1.*, **j-m ein Buch** alicui librum ▮2
ıfwenden) **Zeit einer Sache ~** tempus
nsumere (-sumo, -sumpsi, -sumptum
in re ▮3 **sich einer Sache ~** se dedere
o, -didi, -ditum *3.*) alicui rei
drig adversus, -a, -um; **~e Umstände**
; (rerum *fpl*) adversae (-arum)
e ▮1 (*bei Vergleichen: bei adj u. adv*)
am; (*bei Verben*) ut; (*gleichsam*) quasi;
wenn velut (si), quasi; **derselbe ~**
em atque/qui; **~ es heißt** ut dicunt
AcI) ▮2 *relativ* (*auf welche Weise*) que-
admodum, quomodo; (*wie beschaffen*)
alis, -e; (*wie groß*) quantus, -e; (*wie*
l) quantum; (*wie viele*) quot; (*wie sehr*)
antopere ▮3 (*fragend*) quomodo?;
i?; quā? ▮4 **~ zum Beispiel** velut
eder rursus, denuo, iterum; **immer ~**
rum atque iterum; **~ aufbauen** refice-
(-ficio, -feci, fectum *3.*)
ederbekommen recipere, -cipio,
epi, -ceptum *3.*
edererlangen recuperare, -o, -avi,
um *1.*
ederherstellen reficere, -ficio, -fe-
-fectum; **die Kräfte ~** vires reficere
ederholen (*zurückholen, von Neuem*
ginnen) repetere, -peto, -petivi, -peti-
n *3.*
ederholt (*oft*) saepe
ederholung repetitio, -onis *f*
ederum rursus, iterum
egen pendere, pendo, pependi, pen-
n *3.*
esbaden Aquae Mattiacae, Aquā-
n Mattiacārum *fpl*
ese pratum, -i *n*
d ▮1 (*wild lebend*) ferus, -a, -um ▮2
ıbändig) ferox, -ocis ▮3 (*grausam*) sae-
s, -a, -um; **~es Tier** bestia, -ae *f*
ld (*wilde Tiere*) ferae, -arum *fpl*
ldheit ▮1 ferocia, -ae *f* ▮2 (*Grausam-*
t) saevitia, -ae *f*
lle voluntas, -atis *f*; **gegen meinen ~n**
invito; **göttlicher ~** numen (-inis *n*)
len: **um … willen** causā *+gen*, gratiā
en beide nachgestellt

willig ▮A ADJ promptus, -a, -um ▮B ADV
libenter
willkommen gratus, -a, -um; **sei/seid**
mir ~ salve/salvete
Willkür (*ohne Rücksicht*) licentia, -ae *f*
Wind ventus, -i *m*; **gegen den ~** vento
adverso
Winkel angulus, -i *m*
Winter hiems, hiemis *f*
Winter... hibernus, -a, -um
winterlich hibernus, -a, -um
Wintersonnenwende bruma, -ae *f*
Wipfel cacumen, -inis *n*
wir nos
Wirbel vertex, -icis *m*
wirken (*wirksam sein*) efficacem esse
(sum, fui, - *0.*); **langsam ~d** tardus (-a,
-um)
wirklich ▮A ADJ verus, -a, -um ▮B ADV
vero, profecto
Wirklichkeit res (rei *f*) vera (-ae); **in ~**
re verā
wirksam efficax, -acis
Wirksamkeit efficacitas, -atis *f*
Wirkung effectus, -us *m*; **eine ~ haben**
auf j-n movere (moveo, movi, motum *2.*)
animum alicuius
Wirt hospes, -itis *m*
Wirtshaus taberna, -ae *f*
wissbegierig curiosus, -a, -um
wissen ▮1 scire, scio, scii (*auch*: scivi),
scitum *4.* ▮2 (*kennengelernt haben*) novis-
se (novi *3.*); **nicht ~** nescire (-scio, -scii
(*auch*: -scivi), -scitum *4.*); ignorare (-o,
-avi, -atum *1.*); **genau ~** non ignorare;
jeder weiß nemo ignorat (*alle +AcI*)
Wissen scientia, -ae *f*; **ohne j-s ~** ali-
quo inscio; **ohne mein ~** me inscio;
meines ~s quod scio
Wissenschaft ▮1 litterae, -arum *fpl* ▮2
(*einzelne Wissenschaft*) doctrina, -ae *f*
Witwe vidua, -ae *f*
Witwer viduus, -i *m*
witzig facetus, -a, -um
wo ubi; **~ auch immer** ubicumque; **~**
auf der Welt? ubi terrarum?; **von ~**
aus unde → *s. Info-Fenster nächste Seite*
wodurch quā re
Woge unda, -ae *f*, fluctus, -us *m*
wogen undare, -o, -avi, -atum *1.*
woher unde
wohin quo; **~ auch immer** quocumque
→ *s. Info-Fenster Seite 583*

Grammatik

▶ wo?

Auf die Frage „wo?" steht in der Regel **in** + Ablativ:

Puellae in horto currunt.	Die Mädchen laufen im Garten (herum).

Bei Städten und kleinen Inseln steht allerdings der Ablativ ohne **in** (**ablativus loci**):

Carthagine habito.	Ich wohne in Karthago.

Gehören die Städte- und Inselnamen der **a**- oder **o**-Deklination an und stehen sie im Singular, dann wird der Lokativ verwendet, dessen Formen denen des Genitivs gleichen.

Romae sumus.	Wir sind in Rom.

Beachte auch die folgenden erstarrten Lokativformen zur Angabe des Ortes:

domi	zu Hause
domi meae	bei mir zu Hause
domi militiaeque	im Krieg und im Frieden
ruri	auf dem Land
humi	auf dem Boden

wohl 1 (*gut*) bene; **~ bekannt** bene notus (-a, -um) 2 (*in Fragen*) **wer könnte ~ leugnen?** quis dubitet (dubitaverit)? **kannst du ~ sagen?** potesne dicere? 3 (*vielleicht*) haud scio an; **dies kann ~ (nicht) geschehen** haud scio an id fieri (non) possit
Wohl salus, -utis *f*
Wohlbefinden valetudo, -inis *f*
wohlbehalten salvus, -a, -um
Wohlergehen salus, -utis *f*
wohlgesinnt benignus, -a, -um; **j-m ~ sein** favere (faveo, favi, fautum *2.*) alicui
wohlhabend opulentus, -a, um
Wohlstand opulentia, -ae *f*
Wohltat beneficium, -i *n*; **j-m ~en weisen** beneficia conferre (conf contuli, collatum *0.*) in aliquem
Wohlwollen benevolentia, -ae *f* **gen j-n** erga aliquem)
wohlwollend benevolus, -a, -um
wohnen habitare, -o, -avi, -atum *1.* colere, -colo, -colui, -cultum *3.*, **an nem Ort** in loco
Wohnsitz sedes, -is *f*
Wohnung habitatio, -onis *n*
Wolf lupus, -i *m*
Wölfin lupa, -ae *f*
Wolke nubes, -is *f*
Wolle lana, -ae *f*
wollen 1 velle, volo, volui, - *0.*; **nicl** nolle (nolo, nolui, - *0.*); **lieber ~** m (malo, malui, - *0.*) 2 (*werden, im Be sein*) *durch fut bzw. umschreibendes* **ich will verreisen** iter facturus sum **~ wir!** (*lasst uns*) *durch die 1. Pers konjkt präs*; **~ wir gehen!** eamus!
woran unde; **~ liegt es?** quae est ca
worin in quo, in qua, in quibus
Wort 1 verbum, -i *n* 2 (*einzelnes*) v bulum, -i *n* 3 (*Ausspruch*) dictum, **aufs ~ gehorchen** dicto audientem (sum, fui, - *0.*); **sein ~ halten/breche** dem servare (-o, -avi, -atum *1.*)/frang (frango, fregi, fractum *3.*)
wörtlich ad verbum
Wuchs magnitudo (-inis *f*) corporis
Wucht vis, *akk* vim, *abl* vi *f*
Wunde vulnus, -eris *n*
Wunder miraculum, -i *n*
wunderbar mirus, -a, -um
wundern: **sich ~** mirari, -or, -atus su
Wunsch 1 (*Verlangen*) desiderium, 2 (*das Gewünschte*) optatum, -i *n*
wünschen 1 (*verlangen*) optare, -avi, -atum *1.* 2 (*begehren*) cupere, -ivi, -itum *3.*
Würde dignitas, -atis *f*, maiestas, -a
würdig dignus, -a, -um (**einer Sache**
Würfel 1 (*Spielwürfel*) alea, -ae *f*; **d ist gefallen** alea iacta est 2 (*Form*) bus, -i *m*
Wurfgeschoss telum, -i *n*
Wurfmaschine tormentum, -i *n*
Wurfspieß pilum, -i *n*
Wurm vermis, -is *m*
Würzburg Artaunum
Würze condimentum, -i *n*

Grammatik

wohin?

uf die Frage „wohin?" stehen in der Regel **in** (in … hinein) oder **ad** (nach … hin) mit em Akkusativ:

ostes in castra fugiunt.	Die Feinde flüchten sich in ihr Lager.
d Ciceronem venit.	Er kommt zu Cicero.

ei Städten und kleinen Inseln steht allerdings meist Akkusativ ohne **in**:

eapolim veniam.	Ich werde nach Neapel kommen.

ber:

Siciliam / Galliam venire	nach Sizilien / Gallien kommen

d mit Städtenamen bedeutet „in die Umgebung von":

d Romam venerunt.	Sie kamen in die Umgebung von Rom.

rzel radix, -icis *m*
rzen condire, condio, condivi, con-um *4.*
st vastus, -a, -um
t furor, -oris *m*
ten saevire, saevio, saevii, saevitum
tend saevus, -a, -um

Z

tenax, -acis
igkeit tenacitas, -atis *f*
l numerus, -i *m*
len solvere, solvo, solvi, solutum *3.*
len **A** *VT* numerare, -o, -avi, -atum **B** *VI* esse (sum, fui, - *0.*) in numero (**zu** /**zu etw** alicuius/alicuius rei)
lreich numerosus, -a, -um, multi, , -a
men domare, domo, domui, domi-n *1.*
n dens, dentis *m*
ken: **sich ~** rixari (-or, -atus sum *1.*)
t tener, -era, -erum
tlich tener, -era, -erum

Zauber… magicus, -a, -um
Zauberei ars (artis *f*) magica (-ae)
zaudern cunctari, -or, -atus sum *1.*
Zaumzeug frenum, -i *n*
Zehe digitus (-i *m*) pedis
zehn decem *indekl*
zehnmal decies
Zehnmänner decemviri, -orum *mpl*
zehnte(r, -s) decimus, -a, -um
Zeichen signum, -i *n*; **es ist ein ~ von Klugheit** prudentiae/prudentis est (+ *inf*)
Zeigefinger index, -icis *m*
zeigen **1** (de)monstrare, -o, -avi, -atum *1.*, ostendere, -tendo, -tendi, -tentum *3.* **2** **sich ~** (*erscheinen*) apparere (-eo, -ui, -iturus *2.*) **3** (*sich erweisen*) se praebere (-eo, -ui, -itum *2.*; *+akk*) **4** (*nur lobend*) se praestare (-sto, -stiti, -staturus *1.*; *+akk*); **sich als weise ~** sapientem se praebere, (-eo, -ui, -itum *2.*)/se praestare (-sto, -stiti, -staturus *1.*)
Zeile versus, -us *m*
Zeit **1** (*Zeitabschnitt*) tempus, -oris *n* **2** (*Zeitumstände*) tempestas, -atis *f*; **zu der ~, als** eo tempore, quo; **~ verbringen mit etw** tempus consumere (-sumo, -sumpsi, -sumptum *3.*) in re; **zur ~ des Darius** Darei aetate/temporibus; **zur rechten ~** ad tempus, (in) tempore, suo tempore; **eine ~ lang** aliquamdiu; **es ist ~** id tempus est; **mit der ~** paulatim
Zeitalter aetas, -atis *f*, saeculum, -i *n*

Zeitgenosse aequalis, -is *m*
Zeitpunkt tempus, -oris *n*
Zeitraum spatium, -i *n*; **ein ~ von zwei Jahren** biennium (-i *n*); **ein ~ von zwei Tagen** biduum (-i *n*)
Zelle cella, -ae *f*
Zelt tabernaculum, i *n*; **ein ~ aufschlagen** tabernaculum tendere (tendo, tetendi, tentum *3.*)
Zensor censor, -oris *m*
Zensoramt, **Zensur** censura, -ae *f*
zerbrechen **A** VT frangere, frango, fregi, fractum *3.* **B** VI frangi, frangor, fractus sum *3.*
zerdrücken comprimere, -primo, -pressi, -pressum *3.*
zerfallen dilabi, -labor, -lapsus sum *3.*
zerfetzen, **zerfleischen** lacerare, -o, -avi, -atum *1.*
zerreißen (di)scindere, -scindo, -scidi, -scissum *3.*, rumpere, rumpo, rupi, ruptum *3.*
zerschneiden secare, seco, secui, sectum *1.*
zerstören delere, -eo, -evi, -etum *2.*; evertere, -verto, -verti, -versum *3.*
zerstreuen dissipare, -o, -avi, -atum *1.*; **sich ~** animum remittere (-mitto, -misi, -missum *3.*)
Zeuge testis, -is *m*; **als ~ aussagen** testificari (-or, -atus sum *1.*)
zeugen esse, sum, fui, - *0.* (**von etw** alicuius rei); **es zeugt von Dummheit** stultitiae est
Zeugnis testimonium, -i *n*
Ziege capra, -ae *f*
Ziegel **1** later, -eris *m* **2** (*Dachziegel*) tegula, -ae *f*; **aus ~n** latericius (-a, -um)
Ziegenbock caper, -pri *m*
ziehen **A** VT **1** (*schleppen*) trahere, traho, traxi, tractum *3.*, ducere, duco, duxi, ductum *3.* **2** (*Wagen*) vehere, veho, vexi, vectum *3.* **3** **das Schwert ~** gladium (de)stringere (-stringo, -strinxi, -strictum *3.*); **Schiffe an Land ~** naves subducere (-duco, -duxi, -ductum *3.*) **4** **einen Schluss ~** coniecturam facere (facio, feci, factum *3.*); **Nutzen ~** fructum capere (capio, cepi, captum *3.*) **B** VI (*gehen*) migrare, -o, -avi, -atum *1.*; **in den Krieg ~** ad bellum proficisci (-ficiscor, -fectus sum *3.*)
Ziel **1** destinatum, -i *n* **2** (*im Zirkus*) meta, -ae *f* **3** (*Absicht*) consilium, -i (*Endpunkt*) finis, -is *m*
ziemen: **sich ~** decere (-eo, -ui, - 2. **ziemt sich nicht** dedecet
ziemlich **A** ADJ aliquantus, -a, -ur ADV *durch komp*; admodum; **~ sc** callidior; **~ viel** aliquantum (**von etw** cuius rei)
Zierde decus, -oris *n*
Zimmer conclave, -is *n*
Zimmermann faber, -bri *m*
Zinn plumbum (-i *n*) album (-i)
Zirkus circus, -i *m*
Zirkusspiele circenses, -ium *mpl*
zittern trepidare, -o, -avi, -atum *1.*, mere, tremo, tremui, - *3.*
Zittern tremor, -oris *m*
zögern dubitare, -o, -avi, -atum cunctari, -or, -atus sum *1.*, cessare -avi, -atum *1.*
Zögern cunctatio, -onis *f*; **ohne ~** mora
Zorn ira, -ae *f*; **in ~ geraten** irasci, cor, - *3.*
zornig iratus, -a, -um; **~ sein** ir irascor, - *3.*
zu[1] **A** PRÄP ad *+akk*; **~m Berg** ad n tem; **~ etw machen** facere (facio, factum *3.*, *+ dopp akk*), reddere (re reddidi, redditum *3.*) **B** ADV (*zu meist durch komp*; **~ kalt** frigidior (**~ groß** nimius (-a, -um); **~ sehr** ni **~ spät** sero; **~ viel** nimius (-a, -um mium; **~ wenig** parum
zu[2]: **~ sein** clausum esse
zu-[3] *in Zusammensetzungen* ad-
Zubehör instrumentum, -i *n*
zubereiten apparare, -o, -avi, -atu
Zucker, **Zuckersaft** saccharum,
zudecken tegere, tego, texi, tectu
zuerst **1** (*in der Aufzählung*) prim (*zum ersten Mal*) primum **3** (*als Er* primus, -a, -um
Zufall casus, -us *m*; **durch ~** casu,
zufällig **A** ADJ fortuitus, -a, -um ADV casu, forte
Zuflucht (*Zufluchtsort*) refugium, -
zufrieden contentus, -a, -um (**mit** re); **damit ~ sein** satis habere (-eo, -itum *2.*; *+inf*); **nicht damit ~ sein** pa habere (*+ inf*)
Zufriedenheit animi tranqui (-atis *f*)

fügen inferre, infero, intuli, illatum j-m Schmerz alicui dolorem

fuhr commeatus, us *m*

g 1 (*als Handlung*) tractus, -us *m* 2 *eereszug*) agmen, -inis *n* 3 (*Feldzug*) peditio, -onis *f* 4 (*Charakterzüge*) **vie-vortreffliche Züge** multa praeclara

gang aditus, -us *m* (**zu etw** ad/in ali-id)

geben (*gestehen*) confiteri, -fiteor, ssus sum *2.*

gegen: **~ sein** adesse (-sum, -fui, - *0.*)

gellosigkeit intemperantia, -ae *f*

geln coercere, -eo, -ui, -itum *2.*

gestehen concedere, -cedo, -cessi, ssum *3.*

gleich simul

grunde gehen perire, -eo, -ii, um *0.*

grunde richten perdere, -do, -di-ditum *3.*, praecipitare, -o, -avi, um *1.*

gtier iumentum, -i *n*

hause (*Heim*) domicilium, -i *n*

hören aures praebere (-eo, -ui, -itum j-m alicui)

hörer PL qui audiunt

kunft res (rerum *fpl*) futurae (-arum); **~** in posterum *adv*

künftig A ADJ futurus, -a, -um B V in posterum

lassen 1 sinere, sino, sivi, situm *3.*, ti, patior, passus sum *3.* 2 admittere, itto, -misi, -missum *3.* (**zu etw** ad ali-id)

letzt 1 (*in der Aufzählung*) postremo (*zum letzten Mal*) postremum 3 (*als zter*) ultimus, -a, -um

liebe gratiā *nachgestellt* (**j-m** alicuius)

mal praesertim; **~ da** praesertim cum *onjkt*

mindest saltem

nächst primo

nehmen crescere, cresco, crevi, etum *3.*

nge lingua, -ae *f*

rechtweisen castigare, -o, -avi, um *1.*

rück[1] retro

rück- *in Zusammensetzungen* re-

rückbehalten retinere, -tineo, -ti-i, -tentum *2.*

rückbewegen removere, -moveo, -movi, -motum *2.*

zurückbleiben remanere, -maneo, -mansi, -mansurus *2.*

zurückblicken respicere, -spicio, -spexi, -spectum *3.* (**auf etw** ad aliquid)

zurückbringen reportare, -o, -avi, -atum *1.*

zurückerhalten recuperare, -o, -avi, -atum *1.*

zurückerstatten restituere, -uo, -ui, -utum *3.*

zurückfahren (*mit dem Wagen*) curru revehi (-vehor, -vectus sum *3.*)

zurückfallen recidere, -cido, -cidi, -casurus *3.*)

zurückfordern repetere, -peto, -petivi, -petitum *3.* (**etw von j-m** aliquid ab aliquo)

zurückführen reducere, -duco, -duxi, -ductum *3.*

zurückgeben reddere, -do, -didi, -ditum *3.*

zurückgehen redire, -eo, -ii, -itum *0.*

zurückgewinnen recuperare, -o, -avi, -atum *1.*

zurückhalten retinere, -tineo, -tinui, -tentum *2.*

zurückholen 1 (*Person*) reducere, -duco, -duxi, -ductum *3.* 2 (*Sache*) repetere, -peto, -petivi, -petitum *3.*

zurückkehren reverti, -vertor, -versus sum *3.*

zurücklassen relinquere, -linquo, -liqui, -lictum *3.*

zurücklaufen recurrere, -curro, -curri, -cursum *3.*

zurücklegen 1 reponere, -pono, -posui, -positum *3.* 2 (*aufbewahren*) servare, -o, -avi, -atum *1.* 3 **einen Weg ~** iter conficere (-ficio, -feci, -fectum *3.*)

zurückrufen revocare, -o, -avi, -atum *1.*

zurückschicken remittere, -mitto, -misi, -missum *3.*

zurückschrecken abhorrere, -eo, -ui, - *2.* (**vor etw** a re)

zurücktreiben redigere, -igo, -egi, -actum *3.*

zurückweichen recedere, -cedo, -cessi, -cessum *3.* (**vor j-m/vor etw** ab aliquo/a re)

zurückweisen reicere, -icio, -ieci, -iectum *3.*

zurückwerfen repellere, repello, reppuli, repulsum *3.*
zurückziehen (*zurückwandern*) remigrare, -o, -avi, -atum *1.*; **sich ~** se recipere (-cipio, -cepi, -ceptum *3.*)
zusammen[1] unā; **~ mit j-m** unā cum aliquo
zusammen-[2] *in Zusammensetzungen* con-/com-
zusammenbinden colligare, -o, -avi, -atum *1.*
zusammenbrechen, zusammenfallen corruere, -ruo, -rui, -ruiturus *3.*
zusammenfließen confluere, -fluo, -fluxi, - *3.*
Zusammenfluss confluens, -entis *m*
zusammenfügen conserere, -sero, -serui, -sertum *3.*
zusammengehören separari (-or, -atus sum *1.*) non posse (possum, potui, - *0.*)
zusammenhalten **A** VT continere, -tineo, -tinui, -tentum *2.* **B** VI consociatum esse (sum, fui, - *0.*)
Zusammenhang **1** (*innerlich*) cohaerentia, -ae *f* **2** (*äußerlich*) contextus, -us *m*; **im ~ mit etw stehen** pertinere (-tineo, -tinui, -tentum *2.*) ad aliquid
zusammenhängen cohaerere, -haereo, -haesi, -haesum *2.*
zusammenkommen convenire, -venio, -veni, -ventum *4.* (**bei j-m** ad aliquem)
Zusammenkunft conventus, -us *m*
zusammenrufen convocare, -o, -avi, -atum *1.*
Zusammensetzung compositio, -onis *f*
zusammenstellen componere, -pono, -posui, -positum *3.*
Zusammenstoß concursus, -us *m*
zusammenstoßen collidi, -lidor, -lisus sum *3.*
zusammentragen conferre, confero, contuli, collatum *0.*
zusammentreffen congredi, -gredior, -gressus sum *3.*
zusammenzählen computare, -o, -avi, atum *1.*
zusammenziehen contrahere, -traho, -traxi, -tractum *3.*
zuschauen spectare, -o, -avi, -atum *1.* (**bei etw** aliquid)
Zuschauer spectator, -oris *m*
zuschreiben tribuere, -uo, -ui, -utu
zusprechen adiudicare, -o, -avi, -a *1.*
Zustand status, -us *m*, condicio, -o
zustande ADV: **etw ~ bringen** com tere (-mitto, -misi, -missum *3.*); **~ k men** fieri (fio, factus sum *0.*)
zustimmen assentiri, -sentior, -se sum *4.* (**in Bezug auf etw** de re/in r
zustoßen (*widerfahren*) accidere, -c -cidi, - *3.*
zuteilen tribuere, -uo, -ui, -utum
Zutritt aditus, -us *m*; **jd hat ~** a aditus est
zuverlässig certus, -a, -um, fidus -um
Zuversicht fiducia, -ae *f*
zuweisen attribuere, -tribuo, -tr -tributum *3.*
zwanzig viginti *indekl*
zwanzigmal vicies
zwanzigste(r, -s) vicesimus, -a, -
zwar quidem *nachgestellt*; **~ ..., abe** si ... tamen; ut ... ita; **~ nicht ...,** **doch ...** non quidem ... sed tamen
Zweck propositum, -i *n*
zweckmäßig utilis, -e
zwei duo, duae, duo; **~ Jahre** bienn (-i *n*); **~ Tage** biduum (-i *n*); **je ~** (-ae, -a)
zweideutig anceps, -cipitis, ambig -a, -um
zweifach duplex, -plicis
Zweifel dubium, -i *n*
zweifelhaft dubius, -a, -um
zweifellos sine dubio
zweifeln dubitare, -o, -avi, -atum
Zweig ramus, -i *m*
zweimal bis
zweite(r, -s) secundus, -a, -um; **~n Mal** iterum
Zwiespalt dissensio, -onis *f*
Zwillinge gemini, -orum *mpl*
Zwillingsbruder geminus, -i *m*
zwingen cogere, cogo, coegi, coac *3.*
zwischen PRÄP inter *+akk*
Zwischenraum intervallum, -i *n*
zwölf duodecim *indekl*; **je ~** duo (-ae, -a)
zwölfmal duodecies
zwölfte(r, -s) duodecimus, -a, -um

xtras

Deklinationen

1 Die Deklination der Substantive

Die erste oder a-Deklination

		f
Singular	*Nominativ*	**filia** | Tochter
	Genitiv	fili**ae**
	Dativ	fili**ae**
	Akkusativ	fili**am**
	Ablativ	fili**ā**
	Vokativ	fili**a**!
Plural	*Nominativ*	fili**ae**
	Genitiv	fili**ārum**
	Dativ	fil**iīs**
	Akkusativ	fili**ās**
	Ablativ	fil**iīs**
	Vokativ	fili**ae**!

Die zweite oder o-Deklination

		m	m	n
Singular	*Nominativ*	**dominus** | Herr	**puer** | Kind	**donum** | Ga
	Genitiv	domin**ī**	puer**ī**	don**ī**
	Dativ	domin**ō**	puer**ō**	don**ō**
	Akkusativ	domin**um**	puer**um**	don**um**
	Ablativ	domin**ō**	puer**ō**	don**ō**
	Vokativ	domin**e**!	puer!	don**um**!
Plural	*Nominativ*	domin**ī**	puer**ī**	don**a**
	Genitiv	domin**ōrum**	puer**ōrum**	don**ōrum**
	Dativ	domin**īs**	puer**īs**	don**īs**
	Akkusativ	domin**ōs**	puer**ōs**	don**a**
	Ablativ	domin**īs**	puer**īs**	don**īs**
	Vokativ	domin**ī**!	puer**ī**!	don**a**!

Maskulina — Nominativ Singular auf **-us** und **-er**

Neutra — Nominativ, Akkusativ, Vokativ Singular auf -

Nominativ, Akkusativ, Vokativ Plural auf **-a**

e dritte Deklination, Konsonantenstämme

		m	f	n
gular	*Nominativ*	**honor** | Ehre	**legiō** | Legion	**carmen** | Gesang
	Genitiv	honōr**is**	legiōn**is**	carmin**is**
	Dativ	honōr**ī**	legiōn**ī**	carmin**ī**
	Akkusativ	honōr**em**	legiōn**em**	carmen
	Ablativ	honōr**e**	legiōn**e**	carmin**e**
	Vokativ	honor!	legiō!	carmen!
ral	*Nominativ*	honōr**ēs**	legiōn**ēs**	carmin**a**
	Genitiv	honōr**um**	legiōn**um**	carmin**um**
	Dativ	honōr**ibus**	legiōn**ibus**	carmin**ibus**
	Akkusativ	honōr**ēs**	legiōn**ēs**	carmin**a**
	Ablativ	honōr**ibus**	legiōn**ibus**	carmin**ibus**
	Vokativ	honōr**ēs**!	legiōn**ēs**!	carmin**a**!

skulina und Feminina — Ablativ Singular auf **-e**
Genitiv Plural auf **-um**

utra — Nominativ, Akkusativ, Vokativ Plural auf **-a**

e dritte Deklination, i-Stämme

		f	n
gular	*Nominativ*	**turris** | Turm	**mare** | Meer
	Genitiv	turr**is**	mar**is**
	Dativ	turr**ī**	mar**ī**
	Akkusativ	turr**im**	mar**e**
	Ablativ	turr**ī**	mar**ī**
	Vokativ	turr**is**!	mar**e**!
ral	*Nominativ*	turr**ēs**	mar**ia**
	Genitiv	turr**ium**	mar**ium**
	Dativ	turr**ibus**	mar**ibus**
	Akkusativ	turr**īs/ēs**	mar**ia**
	Ablativ	turr**ibus**	mar**ibus**
	Vokativ	turr**ēs**!	mar**ia**!

ninina — Ablativ Singular auf **-i**
Genitiv Plural auf **-ium**

utra — Nominativ, Akkusativ, Vokativ Plural auf **-ia**

Die dritte Deklination, Mischklasse

		m	f	n
Singular	*Nominativ*	**imber** | Regen	**urbs** | Stadt	**os** | Knoche
	Genitiv	imbr**is**	urb**is**	oss**is**
	Dativ	imbr**ī**	urb**ī**	oss**ī**
	Akkusativ	imbr**em**	urb**em**	os
	Ablativ	imbr**e**	urb**e**	oss**e**
	Vokativ	imber!	urbs!	os!
Plural	*Nominativ*	imbr**ēs**	urb**ēs**	oss**a**
	Genitiv	imbr**ium**	urb**ium**	oss**ium**
	Dativ	imbr**ibus**	urb**ibus**	oss**ibus**
	Akkusativ	imbr**ēs**	urb**ēs**	oss**a**
	Ablativ	imbr**ibus**	urb**ibus**	oss**ibus**
	Vokativ	imbr**ēs**!	urb**ēs**!	oss**a**!

Maskulina und Feminina	Ablativ Singular auf **-e**
	Genitiv Plural auf **-ium**
Neutra	Nominativ, Akkusativ, Vokativ Plural auf **-a**

Die vierte oder u-Deklination

		m	n
Singular	*Nominativ*	**currus** | Wagen	**cornū** | Horn
	Genitiv	curr**ūs**	corn**ūs**
	Dativ	curr**uī**	corn**ū**
	Akkusativ	curr**um**	corn**ū**
	Ablativ	curr**ū**	corn**ū**
	Vokativ	curr**us**!	corn**ū**!
Plural	*Nominativ*	curr**ūs**	corn**ua**
	Genitiv	curr**uum**	corn**uum**
	Dativ	curr**ibus**	corn**ibus**
	Akkusativ	curr**ūs**	corn**ua**
	Ablativ	curr**ibus**	corn**ibus**
	Vokativ	curr**ūs**!	corn**ua**!

Maskulina	Nominativ Singular auf **-us**
	Genitiv Plural auf **-uum**
Neutra	Nominativ, Akkusativ, Vokativ Singular auf -
	Nominativ, Akkusativ, Vokativ Plural auf **-ua**

: fünfte oder e-Deklination

		f	m/f
gular	*Nominativ*	**rēs** | Sache	**diēs** | Tag/Termin
	Genitiv	reī	diēī
	Dativ	reī	diēī
	Akkusativ	rem	diem
	Ablativ	rē	diē
	Vokativ	rēs!	diēs
ral	*Nominativ*	rēs	diēs
	Genitiv	rērum	diērum
	Dativ	rēbus	diēbus
	Akkusativ	rēs	diēs
	Ablativ	rēbus	diēbus
	Vokativ	rēs!	diēs!

ninina Nominativ Singular auf **-es**

Die Deklination der Adjektive

: erste Deklination, Adjektive auf -us, -a, -um

		m	f	n
gular	*Nominativ*	bon**us** | gut	bon**a**	bon**um**
	Genitiv	bonī	bonae	bonī
	Dativ	bonō	bonae	bonō
	Akkusativ	bonum	bonam	bonum
	Ablativ	bonō	bonā	bonō
	Vokativ	bone	bona	bonum
ral	*Nominativ/ Vokativ*	bonī	bonae	bonā
	Genitiv	bonōrum	bonārum	bonōrum
	Dativ	bonīs	bonīs	bonīs
	Akkusativ	bonōs	bonās	bonā
	Ablativ	bonīs	bonīs	bonīs

Die zweite Deklination, Adjektive auf -er (mit stammeigenem -e-)

		m	f	n
Singular	*Nominativ/ Vokativ*	liber | frei	libera	liberum
	Genitiv	liberī	liberae	liberī
	Dativ	liberō	liberae	liberō
	Akkusativ	liberum	liberam	liberum
	Ablativ	liberō	liberā	liberō
Plural	*Nominativ/ Vokativ*	liberī	liberae	libera
	Genitiv	liberōrum	liberārum	liberōrum
	Dativ	liberīs	liberīs	liberīs
	Akkusativ	liberōs	liberās	libera
	Ablativ	liberīs	liberīs	liberīs

Bei einigen Adjektiven entfällt in allen Formen das (stammfremde) **-e**, z. B.: **pulcher, pulchra, pulchrum**.

Die dritte Deklination, i-Stämme: dreiendige Adjektive

		m	f	n
Singular	*Nominativ/ Vokativ*	ācer | scharf	ācris	ācre
	Genitiv	ācris	ācris	ācris
	Dativ	ācrī	ācrī	ācrī
	Akkusativ	ācrem	ācrem	ācre
	Ablativ	ācrī	ācrī	ācrī
Plural	*Nominativ/ Vokativ*	ācrēs	ācrēs	ācria
	Genitiv	ācrium	ācrium	ācrium
	Dativ	ācribus	ācribus	ācribus
	Akkusativ	ācrēs	ācrēs	ācria
	Ablativ	ācribus	ācribus	ācribus

Die dritte Deklination, i-Stämme: zweiendige Adjektive

		m/f	n
Singular	*Nominativ/ Vokativ*	gravis | schwer	grave
	Genitiv	gravis	gravis
	Dativ	gravī	gravī

	Akkusativ	grav**em**	grave
	Ablativ	grav**ī**	grav**ī**
ral	*Nominativ/ Vokativ*	grav**ēs**	grav**ia**
	Genitiv	grav**ium**	grav**ium**
	Dativ	grav**ibus**	grav**ibus**
	Akkusativ	grav**ēs**	grav**ia**
	Ablativ	grav**ibus**	grav**ibus**

e dritte Deklination, einendige Adjektive auf -x

		m/f	n
gular	*Nominativ/ Vokativ*	fēlī**x** | glücklich	fēlī**x**
	Genitiv	fēlīc**is**	fēlīc**is**
	Dativ	fēlīc**ī**	fēlīc**ī**
	Akkusativ	fēlīc**em**	fēlī**x**
	Ablativ	fēlīc**ī**	fēlīc**ī**
ral	*Nominativ/ Vokativ*	fēlīc**ēs**	fēlīc**ia**
	Genitiv	fēlīc**ium**	fēlīc**ium**
	Dativ	fēlīc**ibus**	fēlīc**ibus**
	Akkusativ	fēlīc**ēs**	fēlīc**ia**
	Ablativ	fēlīc**ibus**	fēlīc**ibus**

e dritte Deklination, einendige Adjektive auf -ns

		m/f	n
gular	*Nominativ/ Vokativ*	sapiē**ns** | weise	sapiē**ns**
	Genitiv	sapient**is**	sapient**is**
	Dativ	sapient**ī**	sapient**ī**
	Akkusativ	sapient**em**	sapiē**ns**
	Ablativ	sapient**ī/-e**	sapient**ī/-e**
ral	*Nominativ/ Vokativ*	sapient**ēs**	sapient**ia**
	Genitiv	sapient**ium**	sapient**ium**
	Dativ	sapient**ibus**	sapient**ibus**
	Akkusativ	sapient**ēs**	sapient**ia**
	Ablativ	sapient**ibus**	sapient**ibus**

Maskulina	Ablativ Singular auf -**i** Genitiv Plural auf -**ium**
Neutra	Nominativ, Akkusativ, Vokativ Plural auf -**ia**

Die dritte Deklination, einendige Konsonantenstämme

		m/f	n
Singular	*Nominativ/ Vokativ*	pauper | arm	pauper
	Genitiv	pauper**is**	pauper**is**
	Dativ	pauperī	pauperī
	Akkusativ	pauper**em**	pauper
	Ablativ	pauper**e**	pauper**e**
Plural	*Nominativ/ Vokativ*	pauper**ēs**	pauper**a**
	Genitiv	pauper**um**	pauper**um**
	Dativ	pauper**ibus**	pauper**ibus**
	Akkusativ	pauper**ēs**	pauper**a**
	Ablativ	pauper**ibus**	pauper**ibus**

Maskulina	Ablativ Singular auf -**e** Genitiv Plural auf -**um**
Neutra	Nominativ, Akkusativ, Vokativ Plural auf -**a**

Komparativ

		m/f	n
Singular	*Nominativ/ Vokativ*	long**ior** | länger	long**ius**
	Genitiv	long**iōris**	long**iōris**
	Dativ	long**iōrī**	long**iōrī**
	Akkusativ	long**iōrem**	long**ius**
	Ablativ	long**iōre**	long**iōre**
Plural	*Nominativ/ Vokativ*	long**iōrēs**	long**iōra**
	Genitiv	long**iōrum**	long**iōrum**
	Dativ	long**iōribus**	long**iōribus**
	Akkusativ	long**iōrēs**	long**iōra**
	Ablativ	long**iōribus**	long**iōribus**

ronomina

Personalpronomen

		1. Person	2. Person	3. Person (reflexiv)
gular	*Nominativ/ Vokativ*	**ego** | ich	**tū** | du	- | sich
	Genitiv	meī	tuī	suī
	Dativ	mihi	tibi	sibi
	Akkusativ	mē	tē	sē
	Ablativ	(ā) mē	(ā) tē	(ā) sē
ral	*Nominativ/ Vokativ*	**nōs** | wir	**vōs** | ihr	- | sich
	Genitiv	nostrī/ nostrum	vestrī/ vestrum	suī
	Dativ	nōbīs	vōbīs	sibi
	Akkusativ	nōs	vōs	sē
	Ablativ	(ā) nōbīs	(ā) vōbīs	(ā) sē

nichtreflexives Pronomen der 3. Person dient das Demonstrativ-
nomen **is, ea, id.**

Demonstrativpronomen

		m	f	n
gular	*Nominativ*	**is** | der, er	**ea** | die, sie	**id** | das, es
	Genitiv	**eius**	**eius**	**eius**
	Dativ	**eī**	**eī**	**eī**
	Akkusativ	**eum**	**eam**	**id**
	Ablativ	**eō**	**eā**	**eō**
ral	*Nominativ*	**eī**	**eae**	**ea**
	Genitiv	**eōrum**	**eārum**	**eōrum**
	Dativ	**eīs/iīs**	**eīs/iīs**	**eīs/iīs**
	Akkusativ	**eōs**	**eās**	**ea**
	Ablativ	**eīs/iīs**	**eīs/iīs**	**eīs/iīs**

		m	f	n
Singular	*Nominativ*	**hic** | dieser	**haec** | diese	**hoc** | dieses
	Genitiv	huius	huius	huius
	Dativ	huīc	huīc	huīc
	Akkusativ	hunc	hanc	hoc
	Ablativ	hōc	hāc	hōc
Plural	*Nominativ*	hī	hae	haec
	Genitiv	hōrum	hārum	hōrum
	Dativ	hīs	hīs	hīs
	Akkusativ	hōs	hās	haec
	Ablativ	hīs	hīs	hīs

3 Relativ- und Interrogativpronomen

		m	f	n
Singular	*Nominativ*	**quī** | welcher, der	**quae** | welche, die	**quod** | welches, das
	Genitiv	cuius	cuius	cuius
	Dativ	cuī	cuī	cuī
	Akkusativ	quem	quam	quod
	Ablativ	quō	quā	quō
Plural	*Nominativ*	quī	quae	quae
	Genitiv	quōrum	quārum	quōrum
	Dativ	quibus	quibus	quibus
	Akkusativ	quōs	quās	quae
	Ablativ	quibus	quibus	quibus

onjugationen

Wörterbuch ist hinter jedem Verb mit seinen Stammformen jeweils eine ıl aufgeführt, die angibt, zu welcher Konjugation das betreffende Verb ıört, z. B. **cōgere** ⟨cōgō, coēgī, coāctum 3.⟩. Hier eine Übersicht über die htigsten Formen der vier regelmäßigen Konjugationen (**1.** bis **4.**). Die Zahl ·rhalten die unregelmäßigen Verben und ihre Komposita.

dikativ Präsens Aktiv

onjugation	Personalendungen
oder ā-Konjugation	laud-o, lauda-s, lauda-t, lauda-mus, lauda-tis, lauda-nt
. oder ē-Konjugation	mone-o, mone-s, mone-t, mone-mus, mone-tis, mone-nt
. oder konsonantische Konjugation	reg-o, reg-i-s, reg-i-t, reg-i-mus, reg-i-tis, reg-u-nt
. oder gemischte Konjugation	capi-o, capi-s, capi-t, capi-mus, capi-tis, capi-u-nt
. oder ī-Konjugation	audi-o, audi-s, audi-t, audi-mus, audi-tis, audi-u-nt

dikativ Imperfekt Aktiv

onjugation	Personalendungen
oder ā-Konjugation	lauda-ba-m, lauda-ba-s, lauda-ba-t, lauda-ba-mus, lauda-ba-tis, lauda-ba-nt
. oder ē-Konjugation	mone-ba-m, mone-ba-s, mone-ba-t, mone-ba-mus, mone-ba-tis, mone-ba-nt
. oder konsonantische Konjugation	reg-eba-m, reg-eba-s, reg-eba-t, reg-eba-mus, reg-eba-tis, reg-eba-nt
. oder gemischte Konjugation	capi-eba-m, capi-eba-s, capi-eba-t, capi-eba-mus, capi-eba-tis, capi-eba-nt

4. oder ī-Konjugation	audi-eba-m, audi-eba-s, audi-eba-t, audi-eba-mus, audi-eba-tis, audi-eba-nt

Indikativ Futur Aktiv

Konjugation	Personalendungen
1. oder ā-Konjugation	lauda-b-o, lauda-bi-s, lauda-bi-t, lauda-bi-mus, lauda-bi-tis, lauda-bu-nt
2. oder ē-Konjugation	mone-b-o, mone-bi-s, mone-bi-t, mone-bi-mus, mone-bi-tis, mone-bu-nt
3. oder konsonantische Konjugation	reg-a-m, reg-e-s, reg-e-t, reg-e-mus, reg-e-tis, reg-e-nt
3. oder gemischte Konjugation	capi-a-m, capi-e-s, capi-e-t, capi-e-mus, capi-e-tis, capi-e-nt
4. oder ī-Konjugation	audi-a-m, audi-e-s, audi-e-t, audi-e-mus, audi-e-tis, audi-e-nt

Konjunktiv Präsens Aktiv

Konjugation	Personalendungen
1. oder ā-Konjugation	laud-e-m, laud-e-s, laud-e-t, laud-e-mus, laud-e-tis, laud-e-nt
2. oder ē-Konjugation	mone-a-m, mone-a-s, mone-a-t, mone-a-m mone-a-tis, mone-a-nt
3. oder konsonantische Konjugation	reg-a-m, reg-a-s, reg-a-t, reg-a-mus, reg-a-t reg-a-nt
3. oder gemischte Konjugation	capi-a-m, capi-a-s, capi-a-t, capi-a-mus, capi-a-tis, capi-a-nt
4. oder ī-Konjugation	audi-a-m, audi-a-s, audi-a-t, audi-a-mus, audi-a-tis, audi-a-nt

njunktiv Imperfekt Aktiv

onjugation	Personalendungen
oder ā-Konjugation	lauda-re-m, lauda-re-s, lauda-re-t, lauda-re-mus, lauda-re-tis, lauda-re-nt
oder ē-Konjugation	mone-re-m, mone-re-s, mone-re-t, mone-re-mus, mone-re-tis, mone-re-nt
oder konsonantische Konjugation	reg-ere-m, reg-ere-s, reg-ere-t, reg-ere-mus, reg-ere-tis, reg-ere-nt
oder gemischte Konjugation	cape-re-m, cape-re-s, cape-re-t, cape-re-mus, cape-re-tis, cape-re-nt
oder ī-Konjugation	audi-re-m, audi-re-s, audi-re-t, audi-re-mus, audi-re-tis, audi-re-nt

likativ Präsens Passiv

onjugation	Personalendungen
oder ā-Konjugation	laud-o-r, lauda-ris, lauda-tur, lauda-mur, lauda-mini, lauda-ntur
oder ē-Konjugation	mone-o-r, mone-ris, mone-tur, mone-mur, mone-mini, mone-ntur
oder konsonantische Konjugation	reg-o-r, reg-e-ris, reg-i-tur, reg-i-mur, reg-i-mini, reg-u-ntur
oder gemischte Konjugation	capi-o-r, cape-ris, capi-tur, capi-mur, capi-mini, capi-u-ntur
oder ī-Konjugation	audi-o-r, audi-ris, audi-tur, audi-mur, audi-mini, audi-u-ntur

Indikativ Perfekt Aktiv

Perfektaktivstämme: laudav-, monu-, audiv-, rex-, cep-

Konjugation	Personalendungen
1. oder ā-Konjugation	laudav-i, laudav-isti, laudav-it, laudav-imus, laudav-istis, laudav-erunt
2. oder ē-Konjugation	monu-i, monu-isti, monu-it, monu-imus, monu-istis, monu-erunt
3. oder konsonantische Konjugation	rex-i, rex-isti, rex-it, rex-imus, rex-istis, rex-erunt
3. oder gemischte Konjugation	cep-i, cep-isti, cep-it, cep-imus, cep-istis, cep-erunt
4. oder ī-Konjugation	audiv-i, audiv-isti, audiv-it, audiv-imus, audiv-istis, audiv-erunt

Infinite

Konjugation	Infinitiv Präsens, Perfekt, Futur Aktiv und Präsens Passiv
1. oder ā-Konjugation	lauda-re, laudav-isse, lauda-turum esse, lauda-ri
2. oder ē-Konjugation	mone-re, monu-isse, moni-turum esse, mone-ri
3. oder konsonantische Konjugation	rege-re, rex-isse, rec-turum esse, reg-i
3. oder gemischte Konjugation	cape-re, cep-isse, cap-turum esse, cap-i
4. oder ī-Konjugation	audi-re, audiv-isse, audi-turum esse, audi-ri

Unregelmäßige Verben

	esse | sein	**posse** | können	**ferre** | tragen	**ire** | gehen
äsens Indikativ	ich bin	ich kann	ich trage	ich gehe
	sum	possum	ferō	eō
	es	potes	fers	īs
	est	potest	fert	it
	sumus	possumus	ferimus	īmus
	estis	potestis	fertis	ītis
	sunt	possunt	ferunt	eunt
perfekt Indikativ	ich war	ich konnte	ich trug	ich ging
	eram	poteram	ferēbam	ībam
	erās	poteras	ferēbās	ībās
	erat	poterāt	ferēbat	ībat
	erāmus	poterāmus	ferebāmus	ībāmus
	erātis	poterātis	ferebātis	ībātis
	erant	poterant	ferēbant	ībant
tur I	ich werde sein	ich werde können	ich werde tragen	ich werde gehen
	erō	poterō	feram	ībō
	eris	poteris	feres	ībis
	erit	poterit	ferēt	ībit
	erimus	poterimus	ferēmus	ībimus
	eritis	poteritis	ferētis	ībitis
	erunt	poterunt	ferent	ībunt
rfekt Indikativ	ich bin gewesen	ich habe gekonnt	ich habe getragen	ich bin gegangen
	fuī	potuī	tulī	iī
	fuistī	potuistī	tulistī	istī
	fuit	potuit	tulit	iit
	fuimus	potuimus	tulimus	iimus
	fuistis	potuistis	tulistis	īstis
	fuērunt	potuērunt	tulērunt	iērunt

Zahlen

Zahlzeichen		Grundzahlen (Kardinalzahlen) *wie viele?*	Ordnungszahlen (Ordinalzahlen) *der wievielte?*	Einteilungszahlwörter (Distributivzahlen) *wie viele jedes Mal?*	Zahladverbien (Numeraladverbien) *wie oft?*
1	I	unus ⟨a, um⟩ *ein*	primus ⟨a, um⟩ *der erste*	singuli ⟨ae, a⟩ *je ein*	semel *einmal*
2	II	duo ⟨ae, o⟩	secundus / alter ⟨a, um⟩	bini ⟨ae, a⟩	bis
3	III	tres ⟨ia⟩	tertius	terni / trini	ter
4	IV	quattuor	quartus	quaterni	quater
5	V	quinque	quintus	quini	quinquies
6	VI	sex	sextus	seni	sexies
7	VII	septem	septimus	septeni	septies
8	VIII	octo	octavus	octoni	octies
9	IX	novem	nonus	noveni	novies
10	X	decem	decimus	deni	decies
11	XI	undecim	undecimus	undeni	undecies
12	XII	duodecim	duodecimos	duodeni	duodecies
13	XIII	tredecim	tertius decimus	terni deni	ter decies
14	XIV	quattuordecim	quartus decimus	quaterni deni	quater decies
15	XV	quindecim	quintus decimus	quini deni	quinquies decies
16	XVI	sedecim	sextus decimus	seni deni	sexies decies
17	XVII	septendecim	septimus decimus	septeni deni	septies decies
18	XVIII	duodeviginti	duodevicesimus	duodeviceni	duodevicies
19	XIX	undeviginti	undevicesimus	undeviceni	undevicies

		viginti unus	vicesimus primus	viceni singuli	vicies semel
22	XXII	duo et viginti / viginti duo	alter et vicesimus / vicesimus alter	bini et viceni / viceni bini	bis et vicies / vicies bis
28	XXVIII	duodetriginta	duodetricesimus	duodetriceni	duodetricies
29	XXIX	undetriginta	undetricesimus	undetriceni	undetricies
30	XXX	triginta	tricesimus	triceni	tricies
40	XL	quadraginta	quadragesimus	quadrageni	quadragies
50	L	quinquaginta	quinquagesimus	quinquageni	quinquagies
60	LX	sexaginta	sexagesimus	sexageni	sexagies
70	LXX	septuaginta	septuagesimus	septuageni	septuagies
80	LXXX	octoginta	octogesimus	octogeni	octogies
90	XC	nonaginta	nonagesimus	nonageni	nonagies
100	C	centum	centesimus	centeni	centies
101	CI	centum (et) unus	centesimus primus	centeni singuli	centies semel
200	CC	ducenti ⟨ae, a⟩	ducentesimus	duceni	ducenties
300	CCC	trecenti ⟨ae, a⟩	trecentesimus	treceni	trecenties
400	CD	quadringenti ⟨ae, a⟩	quadringentesimus	quadringeni	quadringenties
500	D	quingenti ⟨ae, a⟩	quingentesimus	quingeni	quingenties
600	DC	sescenti ⟨ae, a⟩	sescentesimus	sesceni	sescenties
700	DCC	septingenti ⟨ae, a⟩	septingentesimus	septingeni	septingenties
800	DCCC	octingenti ⟨ae, a⟩	octingentesimus	octingeni	octingenties
900	CM	nongenti ⟨ae, a⟩	nongentesimus	nongeni	nongenties
1000	M	mille	millesimus	singula milia	milies
2000	MM	duo milia	bis millesimus	bina milia	bis milies
1 000 000	$\lvert\overline{X}\rvert$	decies centena milia	decies centies millesimus	decies centena milia	decies centies milies

Maße und Gewichte

Die antiken Maße und Gewichte waren nicht – wie heute – normiert. In verschiedenen Regionen wurden oft unterschiedliche Systeme gebrauch Selbst bei Maßen und Gewichten, die im ganzen Römischen Reich verbre waren, waren Schwankungen unvermeidlich.

1 Längenmaße

1 digitus	(= Fingerbreite, Zoll)		ca. 18,5 mm
1 pēs	(= Fuß)	16 digiti	ca. 30 cm
1 cubitus	(= Elle)	1 ½ pedes	ca. 45 cm
1 passus	(= Doppelschritt)	5 pedes	ca. 1,5 m
1 mīlle passūs	(= 1 röm. Meile)	1000 passus	ca. 1,5 km

Der Plural der römischen Meile lautet **mīlia passuum:**
duo mīlia passuum = 2 (röm.) **Meilen**

2 Flächenmaße

1 pēs quadrātus	(= Quadratfuß)	0,09 m^2
1 iūgerum	(= Morgen)	ca. 0,25 ha = 2500 m^2

3 Flüssigkeitshohlmaße (für Wasser, Wein usw.)

1 cyathus	(= Dose)	½ sextarius	ca. 0,05 l
1 quartārius		¼ sextarius	ca. 0,14 l
1 hēmīna		½ sextarius	ca. 0,25 l
1 sextārius		2 heminae	ca. 0,5 l
1 congius	(= Kanne)	6 sextarii	ca. 3 l
1 urna	(= Urne)	½ amphora	ca. 13 l
1 amphora	(= Amphore)	2 urnae	ca. 26 l
1 culleus	(= Schlauch)	20 amphorae	ca. 520 l

Trockenhohlmaße (für Getreide)

1 modius	(= Scheffel)	16 sextarii	ca. 8 l
1 medimnus		6 modii	ca. 52 l

Gewichte

1 talentum	ca. 26 kg
1 as, lībra	ca. 327 g
1 ūncia	ca. 27 g
1 scrūpulum	ca. 1 g

Münzen

Bronze

e ersten Münzen der römischen Republik stammen aus dem 3. Jahrhundert Chr. Sie wurden aus Kupfer oder Bronze geschlagen und trugen als Motiv f der Rückseite meist einen Schiffsrumpf und auf der Vorderseite meist rschiedene Götterbilder.

s (grave oder **lībrālis)**

spünglich wog der As 1 römisches Pfund (ca. 327 g).
r As verfiel in Wert und Gewicht im Verlauf des zweiten Punischen Krieges f **1 uncia**, ca. 100 v. Chr. sogar auf ½ uncia. Zur Zeit Caesars kostete eine gesration Brot für eine Person 1 As, ein Liter Wein 3 bis 4 Asse.

Silber

e ersten römischen Silbermünzen wurden gegen 269 v. Chr. geschlagen. e Silberprägung im großen Stil setzte in Rom aber um ca 180 v. Chr. t dem Denar ein. Ihre Gestaltung ist vielfältig, da die einzelnen Münzeister die Münzen frei gestalten konnten. Meist finden sich Motive aus der ythologie und der römischen Geschichte.

1 dēnārius
Hauptmünze, ein Denar entsprach zur Zeit Caesars dem Tageseinkomme eines Arbeiters.

1 sēstertius
Urspünglich ¼ Denar, später 4 As.

3 Gold

In größerem Ausmaß ließ erst Caesar eine Goldmünze prägen.

1 aureus
Urspünglich ca. 8 g, entsprach 25 Silberdenaren und war der Monatsloh eines einfachen Arbeiters.

4 Währungsreform

Unter Caesar selbst und unter Augustus wurde eine umfassende Währungsreform durchgeführt; neben der Gold- und Silberwährung wurden wieder der **as** aus Kupfer, **dupondius** (= 2 asses) und **sestertius** (= 4 asses) aus Messing eingeführt. Es ergab sich folgendes Schema:

Gold	Silber	Messing	Messing	Kupfer
1 aureus	25 denarii	100 sestertii	200 dupondii	400 asses
	1 denarius	4 sestertii	8 dupondii	16 asses
		1 sestertius	2 dupondii	4 asses
			1 dupondius	2 asses
				1 as

Im 3. Jahrhundert n. Chr. ließen Luxusbauprojekte, anhaltende Grenzkrie und innenpolitische Unsicherheiten den Wert des einst so stabilen Dena inflationär sinken. Kaiser Diokletian schuf um 300 n. Chr. eine neue Silbermünze zu ca. 3 g, die zunächst 50, dann 100 Denaren entsprach, und bremste die Inflation durch staatliche Preiskontrolle.

chrift und Aussprache

Das lateinische Alphabet

s lateinische Alphabet hatte am Ende der Republik 21 Buchstaben. In der gusteischen Zeit kamen Y und Z zur phonetisch richtigen Wiedergabe von echischen Fremdwörtern hinzu. Bis dahin war man in diesen Fällen mit V d S ausgekommen. Das lateinische Alphabet bestand nun aus den folnden 23 Buchstaben:

CDEFGHIKLMNOPQRSTVXYZ

e uns jetzt noch die vielen Inschriften zeigen, schrieben die Römer nur mit oßbuchstaben (Majuskeln); erst in späterer Zeit kamen die Kleinbuchstaben nuskeln) hinzu. Wir schreiben in unseren Texten die Eigennamen sowie e Ableitungen und vielfach das erste Wort eines neuen Abschnittes oder ch eines jeden Satzes mit großen Anfangsbuchstaben.

Die lateinische Schrift

e Römer hatten je nach dem folgenden Laut drei verschiedene Laute und dementsprechend in der Schrift drei verschiedene Buchstaben: vor E und I, **K** vor A und Konsonanten, **Q** vor den Vokalen O und V. Von nen hat sich Q nur in der Verbindung QU (z. B. in **quis**), K nur in einigen örtern (größtenteils Namen) erhalten. Im Übrigen hat sich C als einziger mmloser K-Laut durchgesetzt.

nge bezeichnete C nicht nur den stimmlosen (= K), sondern auch den mmhaften Gaumenlaut (= G). Der Überlieferung nach entstand um e Mitte des 3. Jahrhunderts v. Chr. **G** aus C durch Hinzufügung eines Strichs.

t **V** wurden sowohl der Vokal **U** wie der Halbvokal **V**, mit **I** sowohl der Vokal vie der Halbvokal **J** bezeichnet. Erst im Mittelalter wurde eine Unterscheing zwischen U und V sowie zwischen I und J gebräuchlich. Die endgültige nführung der Minuskeln **j** und **v** geht auf den französischen Humanisten erre de la Ramée (gest. 1572) zurück. Wir unterscheiden in unseren Texten eistens U und V (**usus, verus**), verwenden aber I für Vokal und Halbvokal (**ibi, iam**). Nur in den Verbindungen **qu-**, **ngu-** und **su-** vor Vokalen wird **u** Halbvokal von uns verwendet (**quartus, lingua, suavis**).

Den Römern waren nicht nur Satzzeichen unbekannt, sondern sie ver zichteten auch weitgehend auf die Trennung der einzelnen Wörter im S. Wir trennen in unseren lateinischen Texten die Wörter voneinander und verwenden Satzzeichen im Großen und Ganzen nach den Normen unser Muttersprache. Es ist aber zu beachten, dass Partizipialkonstruktionen und der AcI, da sie keine Sätze sind, nicht durch ein Komma vom übrige Satz getrennt werden sollten.

Ebenso vermieden es die Römer, die Silben der einzelnen Wörter zu trennen. Wir verfahren dagegen wie folgt:

- Ein einzelner Konsonant tritt zur folgenden Silbe: **pa-ter, Epi-charmus, lu-xus.**
- Von zwei oder mehr Konsonanten wird der letzte zur folgenden Silbe gezogen: **om-nis, sump-tus.**
- Muta cum liquida (b, p; d, t; g, c + l, r) bleiben jedoch ungetrennt: **tene-brae, ca-pra, cas-tra.**
- Zusammengesetzt Wörter werden nach ihren Bestandteilen getrennt: **ab-ire, post-ea, sic-ut.**

3 Die lateinische Aussprache

Die Aussprache des Lateinischen war in der langen Zeit seines Bestehens einem ständigen Wechsel unterworfen. Im Folgenden soll – soweit wir es feststellen können – vorwiegend die Aussprache des Lateinischen in sei Blütezeit, d. h. in den Tagen Caesars und Ciceros, der Repräsentanten de klassischen Prosa, aufgezeigt werden.

Die kurzen Vokale wurden offen ausgesprochen (in **locus** wie in dt. „offer die langen geschlossen (in **cena** wie in dt. „Schnee").

der Aussprache ist genau auf die Quantität der Vokale zu achten: **pulus** „Volk", aber **pōpulus** „Pappel"; **lectus** „Bett", aber **lēctus** „gelesen". Wörterbuch werden nur die langen Vokale gekennzeichnet (**ā, ē, ī, ō, ū**). sprünglich kurze Laute wurden vor **-ns** und **-nf** stets gelängt (**infāns, antis**), wobei das **n** nur noch schwach ausgesprochen wurde.

phthonge (= die Verbindung zweier Vokale in einer Silbe: **ae, au, eu, oe,** sowie altlateinisch **ai** und **ei**) galten als lang. **ae** und **oe** wurden allgemein ndestens bis zum Ende der Republik und von den gebildeten Römern bis in die Kaiserzeit als Diphthonge ausgesprochen, **eu** und **ui** wurden wie **u** (also nicht wie in unserem Fremdwort „neutral") und **u** + **i** ausgesprochen.

nsonanten und Halbvokale

Bis zum 5. Jahrhundert n. Chr. wurde **c** auch vor **e**, **i**, **y** und vor **ae**, **oe**, **eu** wie **k** gesprochen.

Im Inlaut, also **zwischen Vokalen**, wurde **h** meist nur ganz schwach gesprochen oder war völlig stumm (**prehendo** wird oft als **prendo** geschrieben).
Im Anlaut, **vor Vokalen**, sprachen die Gebildeten das **h** gut hörbar. Es nicht zu sprechen galt als ungebildet (**erus** statt **herus** etc.). **ch**, **ph**, **th** fehlten der lateinischen Sprache zunächst; wir finden sie nur in griechischen Fremdwörtern.

,t Die Verschlusslaute (mutae) **c/p/t** wurden im Gegensatz zum Deutschen ohne folgenden **h**-Laut gesprochen. Die Verbindung **c** + **h** wurde **k** + **h** gesprochen, sch also wie **s** + **kh**; **schola** darf daher nicht wie das deutsche Lehnwort „Schule" gesprochen werden. **p** + **h** wurden nicht wie heute üblich als **f** gesprochen, sondern in klassischer Zeit und noch im Jahrhundert danach als **p** + **h**.

i Im Anlaut **vor einem Vokal** war **i** Halbvokal, stand lautlich also zwischen dem Vokal **i** und dem Konsonanten **j**; wir sprechen es w (**iam**, **iacus**). In Fremdwörtern aus dem Griechischen bleibt der Vokalcharakter des kurzen **i** erhalten.
i zwischen zwei Vokalen wurde etwa wie **ij** oder **jj** gesprochen: **e** wie **ejjus**, **maior** wie **maijor** usw.
Bei den Komposita von **iacio** ist darauf zu achten, dass die Vereinfachung **abicio** usw. keinen Einfluss auf die Aussprache hat: „abjikio". Die dem Stammvorausgehende Silbe ist entweder pos tionslang oder von Natur aus lang.

gn Im Inlaut wurde **gn** höchstwahrscheinlich wie **ng** (z. B. wie in dt „Enge") + **n** gesprochen: **magnus** = „mangnus". Mit demselben ist **n** vor **g**, **c** und **q** zu sprechen: **angina**: „anggina"; **ancora**: „angkora" usw.

r Zungen-**r**

s war stimmlos wie das deutsch **ß** in „beißen", **st** und **sp** sind wie **ß** bzw. **ß** + **p** zu sprechen. Stimmhaft (wie in dt. „Rose") war **s** nur v **stimmhaften Konsonanten** in griechischen Fremdwörtern (**sma ragdus**) und vielleicht in der Zusammensetzung (**transveho**).

t war immer stimmlos und wurde auch in der Silbe **-ti-** als **t** + **i** (nic **z** + **i**) gesprochen (**ac-ti-o**).

u In der klassischen Prosa war **u** nicht nur nach **q** Halbvokal, etwa v **w** auf Englisch, sondern auch nach **ng** (**lingua**, sprich lingwa) ur nach **s** vor folgendem **a** und **e** (**suadeo**: swadeo). Ausnahmen: **su-ere** („nähen"), **su-e**, **su-es** (von sus „Schwein"). **qu** galt in der Metrik nicht als zwei Konsonanten.

v entsprach etwa dem englischen **w**.

x hat den metrischen Wert von zwei Konsonanten (**ks**).

z war ein stimmhafter Reibelaut, etwa dem deutschen stimmhafte in „Rose" entsprechend, mit einem schwachen vorhergehenden (= stimmhaftes **ds**). Es hat den metrischen Wert von zwei Konsonanten.

›rtbetonung

eisilbige Wörter werden auf der ersten Silbe betont.

›a ab 250 v. Chr. gilt für den Wortakzent das Dreisilbengesetz (**Paenulti-gesetz**). Das bedeutet: Der Akzent liegt auf der vorletzten Silbe enultima), wenn

lie vorletzte Silbe einen langen Vokal hat:
Rō-mā-nus (sprich *románus*)
lie vorletzte Silbe einen Diphthong (= zwei Vokalen als Doppellaut) hat:
n-cau-tus (sprich *incáutus*)
auf die vorletzte Silbe mindestens zwei Konsonanten folgen
ru-men-tum (sprich *fruméntum*)

ntung! Muta cum liquida (= b, p / g, c / d, t + l, r) längen den voraus-henden Vokal nicht: **te-ne-brae** (sprich *ténebrae*).

die vorletzte Silbe weder naturlang noch positionslang, wird die drittletzte be betont: **a-gra-rius** (sprich *agrárius*), **co-me-do** (sprich *cómedo*).

rd eine einsilbige Partikel wie -**que**, -**ve** oder -**ne** an ein Wort angehängt, d immer dessen Schlusssilbe betont: **omníque, filióve**. Ist eine solche tikel bereits fester Bestandteil des Wortes, so gilt weiterhin das Drei-engesetz: **ítaque** „deshalb", aber **itáque** „und so".

Römischer Kalender

Der ursprüngliche römische Kalender war ein Mond-Kalender und hatte Tage. Er begann im März. Der römische (Julianische) Kalender mit Jahres beginn im Januar und zwölf Monaten geht auf Iulius Caesar zurück.

1 Jahr

Das Jahr wurde meist nach den amtierenden Konsuln benannt:

Natus est Augustus M. Tullio Cicerone C. Antonio conss. XIIII. Kal. Oc
Augustus wurde am 14. Tag vor den Kalenden des Oktober (= 18. Septemb im Jahr der Konsuln Marcus Tullius Cicero und Gaius Antonius geboren.

2 Monate

Iānuārius **Augustus** **December**	31 Tage Nonae am 5. Tag Idus am 13. Tag
Aprīlis **Iūnius** **September** **November**	30 Tage Nonae am 5. Tag Idus am 13. Tag
Mārtius **Māius** **Iūlius** **Octōber**	31 Tage Nonae am 7. Tag Idus am 15. Tag
Februārius	28 Tage Nonae am 5. Tag Idus am 13. Tag

Alle vier Jahre wurde ein Schalttag (**dies intercalaris**) eingefügt, in dem der 24. Februar doppelt (**bis**) zählte.

Jeder Monat hat drei Haupttage, auf die sich alle anderen bezogen: Kalendae, Nonae und Idus.

wurde gezählt, wie weit der jeweilige Tag vom nächsten Haupttag entfernt
r:

te diem sextum Idus Martias
Tag vor den Iden des März (= 10. März).

ge nach den Iden wurden mit den Kalenden des Folgemonats bezeichnet.
r Haupttag und der bezeichnete Tag wurden dabei mitgerechnet:
. III. KAL. FEB.
te diem III Kalendas Februarias
Tag vor den Kalenden des Februar
30. Januar; gezählt wurden: 30. und 31. Januar sowie 1. Februar).

allgemeine Formel lautete:
. (ante diem)
Ordnungszahl (*im Akkusativ m*)
olgender Haupttag (*im Akkusativ*)
Monat (*als Adjektiv zu Kalendae, Nonae, Idus*)

Haupttage selbst wurden im *Ablativ* genannt:
lendis Ianuariis
den Kalenden des Januar
1. Januar)

Tage direkt vor dem Haupttag wurden mit **pridie** (= am Tag davor)
zeichnet:
die Kalendas Februarias
Tag vor den Kalenden des Februar
31. Januar)

Wochentage

Römer kannten ebenfalls 7 Wochentage, diese lauten ab etwa
) v. Chr. wie folgt:

nae diēs	Montag
ārtis diēs	Dienstag
ercūriī diēs	Mittwoch
vis diēs	Donnerstag
neris diēs	Freitag
turnī diēs	Samstag
lis diēs	Sonntag

Römische Geschichte

	Die Königszeit (753 v. Chr. bis 510 v.Chr.)
753 v. Chr.	Sagenhafte **Gründung Roms** auf sieben Hügeln.
510	Sturz des letzten Königs Tarquinius Superbus und Gründu der **Res Publica**. Die Befugnisse des Königs werden auf z Konsuln übertragen.
	Die Republik (510 v. Chr. bis 27 v.Chr.)
450	**„Zwölftafelgesetz"**: Eine schriftliche Zusammenfassung v öffentlichem und privatem Recht wird dem Volk zum ers Mal auf dem Forum zugängig gemacht.
450-280	Die Römer dehnen ihren Herrschaftsbereich auf der Ap ninhalbinsel kontinuierlich aus.
kurz nach 400	Soziale Spannungen in Rom beginnen zu wachsen. Die Plebejer sind zunehmend unzufrieden mit den politische Verhältnissen.
387	**Galliersturm** auf Rom. Echte Quellen der römischen Geschichte gehen verloren. Zerstörung Roms.
367	Die Verbesserung der wirtschaftlichen Situation und die politische Gleichstellung der Plebejer werden per Gesetz realisiert.
300	Plebejer können, wie Patrizier, die höchsten Priesterämt ausüben.
287	Ende der Ständekämpfe zwischen Patriziern und Plebeje
264–241	**Erster Punischer Krieg** gegen die Seehandelsmacht Karthago.
um 240	Livius Andronicus (ca. 284-204) übersetzt die Odyssee ins Lateinische. 240 findet die erste Aufführung eines griech schen Theaterstückes auf Latein statt.

–201 **Zweiter Punischer Krieg.** Scipio besiegt 202 Hannibal, der die Karthager anführt, bei Zama (Nordafrika).

201 Die Patrizier bauen ihre Führungsposition weiter aus. Es kommt zu einer Verelendung und Proletarisierung des italischen Bauerntums.

Die **Lex Calpurnia** soll die Provinzbevölkerung vor den Übergriffen zu gieriger römischer Beamter schützen.

-146 **Dritter Punischer Krieg.** Karthago wird zerstört. Alle Staaten im Mittelmeerraum sind nun unterworfen oder durch Verträge an Rom gebunden.

Die Krise der Republik

Tiberius Gracchus setzt ein Agrargesetz für die Verbesserung des römischen Bauerntums durch, wogegen der Senat heftigen Widerstand leistet.

T. Gracchus stirbt in einer von seinen Gegnern organisierten Massenschlägerei.

Als **Gaius Gracchus**, Tiberius' jüngerer Bruder, versucht, die Reformen des Bruders fortzuführen, wird er ermordet.

89 **Bundesgenossenkrieg.** Die Italiker erhalten das römische Bürgerrecht.

-100 Der nobilitätsfeindliche *homo novus* **Gaius Marius** ist ohne Unterbrechung Konsul.

-82 **Bürgerkrieg** zwischen Marius und Sulla. Aus dem grausamen Krieg geht **Sulla**, der die Interessen der Optimaten vertritt, siegreich hervor.

–79 Diktatur Sullas, die er 79 freiwillig niederlegt.

Verschwörung Catilinas.

Triumvirat (Bündnis) zwischen (Gaius Julius) **Caesar**, **Pompeius** und **Crassus**.

-51 Caesar erobert Gallien.

49-48 **Bürgerkrieg** zwischen Caesar und Pompeius.

48–44 **Caesar** lässt sich zum Diktator ernennen und hat die Ma als Alleinherrscher inne. Die Republik besteht zum Schei ihren Ämtern und Institutionen weiter.

März 44 Caesar wird von Brutus und republiktreuen Verschwörer ermordet.

43 Die Mörder Caesars werden von dessen Anhängern bei **Philippi** besiegt.

Die Kaiserzeit (27 v. Chr. bis 476 n. Chr.)

27 v. Chr. – 68 n. Chr. Julisch-claudische Dynastie

27-14 n. Chr. **Octavian** (= **Augustus**), der Großneffe Caesars, wird Alle herrscher Roms. Die Stadt erlebt nach den vielen Kriegs- jahren eine kulturelle Blüte (Vergil, Horaz, Ovid).

14-68 Aus der julisch-claudischen Familie stammen Augustus' Nachfolger über Rom: **Tiberius**, **Caligula**, **Claudius** und **Nero**.

9 n. Chr. Im **Teutoburger Wald** siegt Arminius der Cherusker über Römer, die fortan keine Eroberungszüge mehr jenseits c Grenzmauer (Limes) in Germanien wagen.

64 Nach dem Brand von Rom werden die Christen von Kais Nero grausam verfolgt. Der Apostel Paulus wird enthaup

69-96 Flavische Dynastie

70 Kaiser **Vespasians** Sohn **Titus** erobert Jerusalem. Salomo Tempel wird zerstört.

79 Titus wird Kaiser. Ausbruch des Vesuvs, bei dem **Pompej** zerstört wird. Bedeutende Funde geben heute Aufschlus über den römischen Alltag.

80 Das **Kolosseum** wird fertig gestellt.

187 Adoptivkaiser und antoninische Dynastie

117 Kaiser **Trajan**. Bei seinem Tod 117 hat das Römische Reich seine größte Ausdehnung erreicht.

-138 Kaiser **Hadrian** lässt vielerorts eindrucksvolle Bauwerke errichten (in Britannien, an Rhein und Donau; in Rom u. a. das Pantheon und die Engelsburg).

-180 **Antoninus Pius** und **Mark Aurel** sind die letzten beiden Adoptivkaiser.

5 In Rom und im gesamten Reich wütet die Pest.

3-235 Severische Kaiser

Septimius Severus verschafft den Soldaten Privilegien, die deren Sozialprestige verbessern.

5-284 Soldatenkaiser

n 250 Erste große Christenverfolgung. Heiligenlegenden der christlichen Märtyrer entstehen. Die Christen fliehen in die Katakomben.

4-364 Tetrarchie und konstantinische Dynastie

3 Das Reich wird vom Kaiser **Diokletian** in vier Bereiche aufgeteilt.

3–311 Letzte Christenverfolgung unter Diokletian.

2 Kaiser **Konstantin** stellt die Religion der Christen anderen Religionen gleich.

4 Konstantin macht **Byzantion** (das spätere **Konstantinopel**) zur Reichshauptstadt.

0 Einweihung Konstantinopels.

7 Konstantin wird auf dem Sterbebett getauft und geht als erster christlicher Kaiser in die Geschichte ein.

364-476	## Die letzten Kaiser
376	Germanische Stämme durchbrechen die Donaugrenze. Westgoten, Vandalen und Sueben richten innerhalb der Reichsgrenzen eigene Königreiche ein.
392	Kaiser **Theodosius** verbietet die Ausübung nicht christlic Kulte. Die Verehrung alter römischer Gottheiten wird untersagt.
395	Das Reich wird unter Theodosius' zwei Söhnen aufgeteilt **Honorius** erhält den Westen, **Arcadius** den Osten.
410	Rom wird unter Alarich von den **Westgoten** besetzt und geplündert.
455	Plünderung Roms durch die **Vandalen**.
476	Der letzte Kaiser von Westrom, **Romulus Augustulus**, wi von dem germanischen Söldnerführer Odoaker abgesetz Dies bedeutet das Ende des Weströmischen Reiches.
	## Das römische Reich nach 476 n. Chr.
489	Der Ostgotenkönig **Theoderich** besiegt Odoaker, den Herrscher Italiens.
526	Theoderich stirbt in Ravenna.
527–565	**Justinian** vereint Ost- und Westrom kurz wieder. Danach hält sich das oströmische Reich bis zur Eroberun Konstantinopels durch die Türken (1453).
6.–8. Jh.	Das stark geschrumpfte Westrom wird von Langobarden eingenommen, Osteuropa von slawischen Völkern, Germ nien und Gallien von westgermanischen Stämmen wie Franken, Alemannen, Sachsen, Friesen, Bajuwaren usw. besetzt.

llustrationen

m in der Kaiserzeit

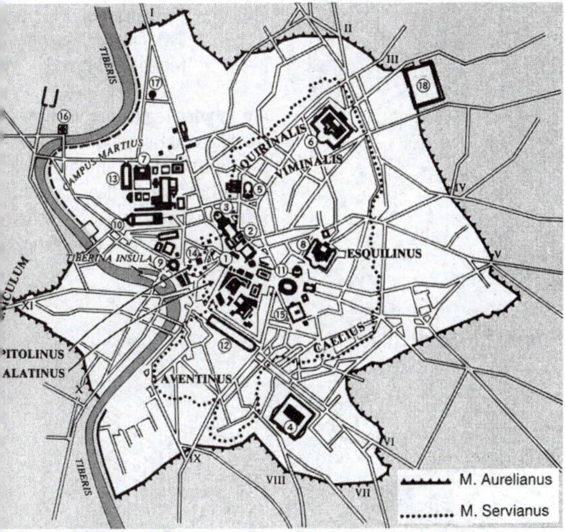

1 Forum Romanum
2 Forum Augusti
3 Forum Traiani
4 Thermae Caracallae
5 Thermae Constantini
6 Thermae Diocletiani
7 Thermae Neronianae
8 Thermae Traiani
9 Thermae Marcelli
10 Theatrum Pompeii
11 Amphitheatrum Flavium (Colosseum)
12 Circus Maximus
13 Stadium Domitiani
14 Capitolium
15 Templum Divi Claudii
16 Mausoleum Hadriani
17 Mausoleum Augusti
18 Castra Praetoria

I Porta Flaminia
II Porta Salaria
III Porta Nomentana
IV Porta Tiburtina
V Porta Praenestina
VI Porta Latina
VII Porta Appia
VIII Porta Ardeatina
IX Porta Ostiensis
X Porta Portuensis
XI Porta Aurelia

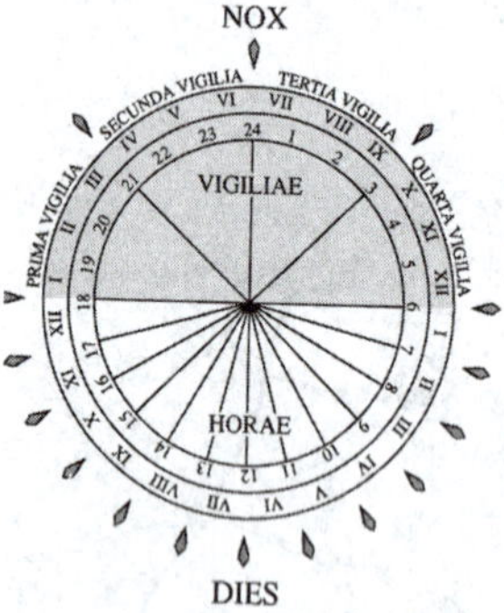

Uhrzeiten

HORAE 12 Stunden bei Tag (DIES)

VIGILIAE 12 Stunden bei Nacht (NOX) in vier Abschnitte (vigilia = Wachzeit)

Am Tag der Tagundnachtgleiche i Frühling und Herbst entsprach ein Stunde 60 Minuten, ansonsten war länger oder kürzer, denn sie richte sich nach dem Zeitraum zwischen Sonnenaufgang und -untergang.

Römische Stadtvilla

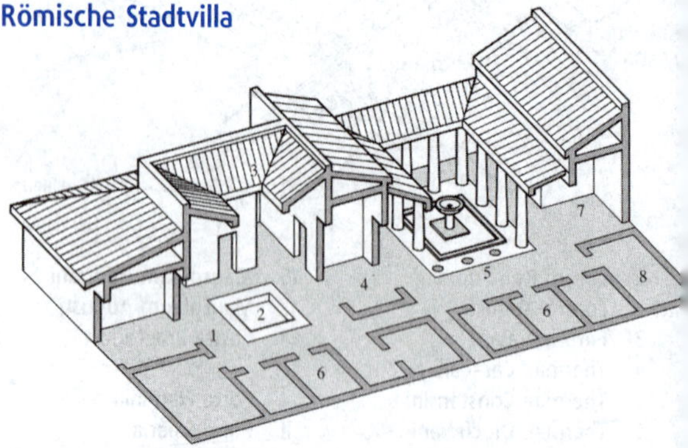

1 **atrium** (Eingangshalle)
2 **impluvium** (Regenwasserbecken)
3 **compluvium** (Dachöffnung)
4 **tablinum** (Durchgang)
5 **peristylium** (großer Säulenhof)
6 **cubiculum** (Schlafzimmer)
7 **exedra** (Gesellschaftsraum)
8 **triclinium** (Speisesaal)

mische Kleidung

1 **toga** (in Falten gelegtes Gewand vornehmer Männer)
2 **tunica** (Untergewand, für Frauen bodenlang)
3 **lacerna** (Mantel gegen Regen und Kälte, oft mit Kapuze)
4 **palla** (Umhang der vornehmen Frau)
5 **stola** (Oberkleid der vornehmen Frau)
6 **paenula** (Reise- und Regenmantel, oft mit Kapuze)

Legionär und Zenturio

1 **galea** (einfacher Lederhelm)
2 **crista** (Helmbusch von Offizieren)
3 **sagum** (Soldatenmantel)
4 **lorica** (lederner Brustpanzer mit Metallbeschlägen)
5 **phalerae** (militärische Orden und Auszeichnungen)
6 **scutum** (Langschild des Legionärs
7 **balteum** (Gurt mit Schwertkoppel
8 **gladius** (Schwert)
9 **tunica** (kurzes Untergewand)
10 **caliga** (lederner Soldatenstiefel)

navis longa triremis
Kriegsschiff mit drei Ruderreihen

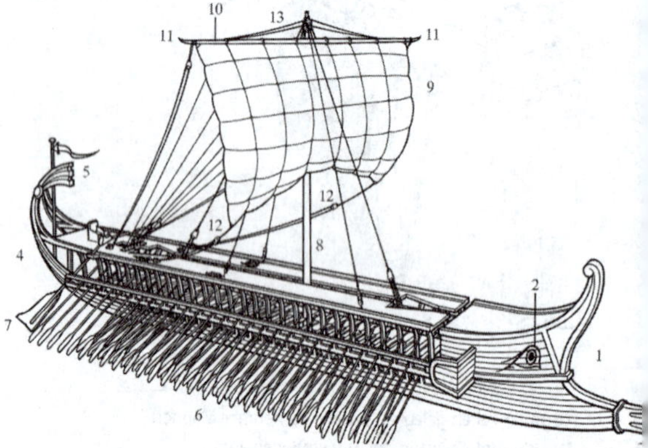

1 **prora** (Bug)
2 **oculus** (Auge als Glücksbringer)
3 **rostrum** (Rammsporn)
4 **puppis** (Heck)
5 **aplustra** (Heckverzierung)
6 **remi** (Ruder)
7 **gubernaculum** (Steuerruder)
8 **malus** (Mast)
9 **velum** (Segel)
10 **antenna** (Rahe, Segelstange)
11 **cornu** (Ende der Segelstange)
12 **pes** (Tau zwischen Segel und Bordwand)
13 **funis** (Leine)

ateinische Zitate und Sprüche

tein	Quelle / Erklärung	Deutsch
ovo	Horaz, *Ars poetica*	„vom Ei" → von Beginn an
urbe condita	Livius	seit Gründung der Stadt
absurdum		zum Sinnlosen
honorem		zu Ehren, ehrenhalber
lea iacta est.	Caesar (laut Sueton)	Der Würfel ist geworfen.
ma et fac quod vis.	Augustinus	Liebe und (dann) tue, was du willst.
nno Domini		im Jahre des Herrn
nte Christum natum		vor Christi Geburt
udiatur et altera ars.	antiker Rechtsgrundsatz	Es soll auch die andere Seite gehört werden.
urea mediocritas	Horaz, *Carmina*	goldener Mittelweg
ve, Caesar, morituri salutant.	Sueton (eigentlich *Ave imperator*)	Ave, Kaiser, die Todgeweihten grüßen dich.
arpe diem.	Horaz, *Carmina*	Genieße den Tag.
asus belli		Kriegsfall, Kriegsgrund
ave canem.	Fußbodenmosaik in Pompeji	Hüte dich vor dem Hund.
eterum censeo arthaginem esse elendam.	Cato der Ältere (laut Plutarch, dort auf Griechisch)	Im Übrigen bin ich der Meinung, dass Karthago zerstört werden müsse.
ogito ergo sum.	Descartes	Ich denke, also bin ich.
orpus delicti		Körper des Verbrechens
um laude	Promotionsnote	„mit Lob" → gut
urriculum vitae		Lebenslauf
e facto	juristische Formel	tatsächlich, in der Praxis

De gustibus non est disputandum.	Redewendung der Scholastik	Über Geschmäcker kanr man nicht streiten.
de iure	Antonym zu *de facto*	laut Gesetz, rechtlich
Deo gratias.	Bibel	Gott sei Dank.
Deus ex machina	Übersetzung aus dem Griechischen	unerwarteter Helfer
Dominus vobiscum.	Bibel	Der Herr sei mit euch.
Errare humanum est.	Hieronymus	Irren ist menschlich.
Et tu, Brute?	Caesar zugeschrieben	Auch du, Brutus?
Fabula docet.		Die Fabel / Geschichte le
Fiat lux.	Bibel	Es werde Licht.
Fortes fortuna adiuvat.	altes Sprichwort der Römer	Den Mutigen hilft das Glück.
Gaudeamus igitur iuvenes dum sumus.	Studentenlied	Lasst uns also fröhlich se solange wir jung sind.
Gutta cavat lapidem.	Ovid, *Epistulae ex Ponto*	Steter Tropfen höhlt der Stein.
Habeas corpus!	Anfang mittelalterlicher Haftbefehle	Du sollst den Körper bringen!
Habemus papam.	Verkündung bei der Papstwahl	Wir haben einen (neuen Papst.
Hannibal ad portas	Cicero, *Philippische*	Hannibal vor den Toren
hic et nunc		hier und jetzt
Hic iacet ...	Grabinschrift	Hier liegt ...
Hic Rhodus hic salta.	Äsop	Beweis es auf der Stelle.
Hominem te esse memento.	Ausspruch zum Triumphator	Bedenke, dass du ein Mensch bist.
homo novus		Emporkömmling
homo sapiens	Linné (1758)	verständiger Mensch
honoris causa		ehrenhalber
id est (i.e.)		das ist, das heißt

in absentia		in Abwesenheit
in abstracto		im Allgemeinen
in dubio pro reo	Grundsatz der römischen Rechtsprechung	im Zweifel für den Angeklagten
in effigie		„im Abbild" → bildlich
in extenso		ausführlich
in flagranti	Tribonianus	auf frischer Tat
in honorem		zu Ehren
in medias res	Horaz, *Ars poetica*	unmittelbar
in memoriam		in/zur Erinnerung
in natura		„in Natur" → in Wirklichkeit
in nomine ...		im Namen ...
In principio erat verbum.	Bibel	Am Anfang war das Wort.
in salvo		in Sicherheit
in spe		voraussichtlich, zukünftig
in summa		im Ganzen, überhaupt
Ipse dixit.		Er selbst hat es gesagt.
Ite, missa est.	liturgische Formel	Geht, ihr seid gesandt.
ius civile		bürgerliches Recht
Labor omnia vincit.	Vergil, *Georgica*	(Harte) Arbeit besiegt alles.
lapsus calami		Schreibfehler
lapsus linguae		Versprecher
licentia poetica	Seneca	dichterische Freiheit
loco citato		am angeführten Ort
Lupus in fabula.	Terenz	(Er ist) der Wolf in der Geschichte.
magna cum laude	Promotionsnote	„mit großem Lob" → sehr gut
mala fide		in böser Absicht

manu propria		eigenhändig
Manus manum lavat.	Seneca (nach Epicharm)	Eine Hand wäscht die andere.
Mater semper certa est.	römisches Rechtssprichwort	Die Mutter ist immer sicher.
Memento mori.	mittelalterliches Mönchslatein	Denke daran, dass du sterblich bist.
mens sana in corpore sano	verkürzt aus Juvenal, *Satire 10*	ein gesunder Geist in einem gesunden Körper
nolens volens		ob man will oder nicht
Noli me tangere.	Johannesevangelium	Rühr mich nicht an.
Nomen est omen.	Plautus	Der Name ist ein Zeichen.
non plus ultra	Spruch des Herakles an den Säulen des Herakles	nicht mehr weiter, nicht darüber hinaus
Non scholae sed vitae discimus.	Seneca (eigentlich *non vitae sed scholae discimus*)	Nicht für die Schule, sondern für das Leben lernen wir.
nuda veritas	Horaz, *Carmina*	die nackte Wahrheit
nulla poena sine lege	Rechtsprinzip	keine Strafe ohne Gesetz
Numerus clausus	Einschränkung der Zulassung an Schulen und Universitäten	geschlossene Zahl
Nunc est bibendum.	Horaz, *Carmina*	Jetzt muss man trinken.
Omnia vincit amor.	Vergil, *Bucolica*	Liebe besiegt alles.
opere citato		im zitierten Werk
Ora et labora.	Grundsatz der Benediktiner	Bete und arbeite.
O tempora, o mores!	Cicero, *Rede gegen Verres*	O (was für) Zeiten, o (was für) Sitten!
panem et circenses	Juvenal	Brot und Spiele
Pax vobiscum.	liturgische Formel	Friede (sei) mit euch.

Thomas Eich

Hans Sterneder
Dichter und Mystiker

Leben und Schaffen eines
aussergewöhnlichen Schriftstellers

Eich-Verlag

1. Auflage 2008

ISBN 978-3-940964-15-1

Umschlagfoto: Nachlass Hans Sterneders (siehe Bildnachweis S. 81)
Umschlaggestaltung und Satz: Thomas Eich
Druck und Bindung: www.ab1-druck-verlag.de
Printed in Germany

www.eich-verlag.de

Inhaltsverzeichnis

Editorial
Hans Sterneder im Eich-Verlag

Liebe Leserinnen und Leser,
als Hans Sterneder im März 1981 starb, waren viele seiner Bücher seit über fünfzehn Jahren nicht mehr publiziert worden. Nach seinem Tod erschienen nur noch vier seiner Werke als Neuauflagen und das auch nur als Taschenbuch. In den ersten Jahren des neuen Jahrtausends verschwand das literarische Werk Hans Sterneders dann komplett vom Buchmarkt. Lediglich in Antiquariaten wurden noch alte Sterneder-Ausgaben gehandelt.

War es schon traurig genug, dass bis dahin kaum noch Bücher dieses großen Dichters verlegt wurden, so war das gänzliche Verschwinden vom Buchmarkt fast schon tragisch. Umso größer war meine Freude, als sich mir im Herbst 2007 die Gelegenheit bot, einen eigenen Verlag gründen und mich der Neuauflage des Sterneder-Werks widmen zu können.

Die vorliegende Schrift soll einen knappen Einblick ins Leben und Schaffen Hans Sterneders geben und dazu beitragen, diesen wundervollen Dichter und sein tiefgründiges Werk wieder neu ins Bewusstsein der literarisch und spirituell interessierten Leserschaft zu rücken.

Das vorrangige Ziel des Eich-Verlags ist die Neuauflage der vierzehn zu Lebzeiten des Dichters publizierten Bücher. Wenn dies erreicht ist, wollen wir uns weiteren Schriften Hans Sterneders zuwenden wie beispielsweise seinem Roman „Zauber der Dorfweihnacht“, seinem „Weltnotspiel“ sowie anderen bisher unveröffentlichten Manuskripten.

Ich kann nur jedem Leser ans Herz legen, sich auf die Gedanken Hans Sterneders einzulassen, seine wunderbare Sprache zu genießen und die unerhörte Geistestiefe seiner Werke in Herz und Seele aufzunehmen. Es steckt so viel Freude, Liebe und Beglückung in den Zeilen seiner Bücher, dass sie jedem Menschen etwas zu geben vermögen. Lassen Sie es einfach auf sich wirken.

Ihr Thomas Eich

Hans Sterneder
(1889 – 1981)
österreichischer
Dichter und Mystiker

Hans Sterneder - Dichter und Mystiker

Hans Sterneder (* 7. Februar 1889 in Eggendorf/Niederösterreich; † 24. März 1981 in Bregenz), österreichischer Dichter, Prof. h. c., Träger des höchsten Ordens für Wissenschaft und Kunst I. Klasse (1976), Mitglied im österreichischen P.E.N. und im V.G.S. (Verband der geistig Schaffenden Österreichs). Sterneder verfasste Landstreicher-, Entwicklungs- und Einweihungsromane, Hymnen, Mysterienspiele und spirituelle Sachbücher. In den 1920er Jahren zählte er zu den bedeutendsten Vertretern einer neuen deutschen Romantik. Später galt er als Dichter des Menschheits-Urwissens.

Der Mensch

Hans Sterneder wurde am 7. Februar 1889 als unehelicher Sohn eines Gutsbesitzersohnes und einer Bauernmagd in Eggendorf/Niederösterreich geboren. In der Nähe des Benediktinerstifts Göttweik erlebte er u. a. eine wechselvolle, aber glückliche Kindheit. Zunächst lebte er in der Armeleuthausung der Großmutter, dann auf dem Rittergut des reichen Großvaters.

Nach der Matura (Abitur) ereilten ihn mehrere Schicksalsschläge und trieben ihn hinaus auf die Landstraße. Von 1909 bis 1911 zog er zwei Jahre als Walzbruder quer durch Europa. Dabei lernte er den Naturforscher Ernst Haeckel, den Maler Hans Thoma und den Schriftsteller Hermann Löns kennen und freundete sich mit ihnen an.

Nach seinen Wanderjahren wurde er auf Drängen der reichen Verwandtschaft Bahnbeamter. Doch die staubige Amtsstube war für ihn, den Naturliebhaber, nur schwer zu ertragen, er fühlte sich eigenen Angaben zufolge „wie ein gefangener Adler im Käfig“[1].

Durch Vermittlung von Peter Rosegger lernte er den Dichter Richard Voß kennen, dem er um 1912 seine erste Erzählung sandte. Das Urteil des bekannten Schriftstellers: „Du bist ein Dichter und wirst bestimmt ein guter Dichter“[2].

Voß lud Sterneder zu sich ein und wurde sein väterlicher Freund und Förderer. Er finanzierte dem angehenden Dichter die Ausbildung zum Volksschullehrer, und Sterneder verbrachte viel Zeit auf Voß' Landsitz in der Nähe von Berchtesgaden, der damals ein Treffpunkt von Aristokratie und Hochfinanz, aber auch ein Sammelplatz höchster Geistigkeit war. Hier lernte er unter anderem Rainer Maria Rilke, Paul Heyse und Hugo von Hofmannsthal kennen.

Nach Abschluss seiner Ausbildung wurde Sterneder Lehrer in niederösterreichischen Gebirgsdörfern. In der Beschaulichkeit dieser Dörfer entfaltete sich sein literarisches Schaffen. Doch es war anfangs nicht von Erfolg gekrönt. 1916 war sein erster Roman fertig, aber niemand wollte ihn verlegen.

Erst 1921 erschien „Der Bauernstudent“ im renommierten Leipziger L.-Staackmann-Verlag, der zu dieser Zeit viele österreichische Schriftsteller unter Vertrag hatte. 1922 und 1924 folgten die beiden Romane „Der Sonnenbruder“ und „Der Wunderapostel“. Schnell fanden Sterneders Werke ihre Lesergemeinde. Noch in den 1920er Jahren erhielt er vom österreichischen Staat eine Ehrenpensionierung und bis 1938 publizierte er insgesamt zehn Bücher.

Während des Zweiten Weltkriegs wurde Sterneders öffentliches Schaffen zunehmend eingeschränkt. Zwar wurden 1941/42 in Wien zwei Dissertationen über sein Leben und Werk verfasst, doch 1944 wurde er von der Gestapo inhaftiert und eingekerkert. Im gleichen Jahr wurde der Staackmann-Verlag durch einen Bombenangriff zerstört und mit ihm Sterneders Lebenswerk.

Nach dem Krieg musste Hans Sterneder sich eine neue Existenz aufbauen. Nach seiner Befreiung aus der Gestapo-Haft kam aber erst mal eine für ihn sehr bittere Zeit. Viele Jahre konnte er, durch die Kerkerhaft gesundheitlich geschwächt, gar nicht oder nur sehr eingeschränkt schaffen, und erst nach und nach gelang es ihm, seine Bücher neu aufzulegen.

Als 1956 sein erstes Nachkriegsbuch erschien, lag seine letzte Buchveröffentlichung bereits 18 Jahre zurück. Obwohl in der Folgezeit mit „Die große Verwandlung" und „Also spricht die Cheops-Pyramide" wahre Meisterwerke der Einweihungsliteratur entstanden, konnte Sterneder nie an seine Erfolge der 1920er und 1930er Jahre anknüpfen. Seine Bücher, die auch literarisch höchsten Anforderungen gerecht werden, fanden nur noch Platz in esoterischen Verlagen und spielten im sonstigen Literaturbetrieb kaum noch eine Rolle.

Hans Sterneder starb am 24. März 1981 im Alter von 92 Jahren in Bregenz.

Der Dichter

Die Kritik reagierte in den 1920er Jahren nahezu euphorisch auf Sterneders erste Romane und stellte ihn schnell auf eine Stufe mit bekannten Schriftstellern wie Adalbert Stifter, Gerhard Hauptmann oder Gottfried Keller.

Dr. Friedrich Castelle beispielsweise nannte Sterneder „ein Stück Thoma in der Dichtkunst" (gemeint ist der Maler Hans Thoma) und zählte seinen ersten Roman „Der Bauernstudent" „zu den wertvollsten der Gegenwart"[3].

Ida Bon-Ed sah Sterneders Erstling „von einer tiefen Freude an Natur und heimatlicher Erde erfüllt" und schrieb weiter: „Ich kenne den Geschmack anderer Leute nicht, aber was mich betrifft, so ruht es meine Seele aus, solch gesundes, stilles Buch zu lesen."[3]

Auch Karl Strecker zeigte sich beeindruckt: „Es liegt viel Sonne auf den Blättern dieses Buches ... Welch ein sinnig feiner Poet."[3]

Sterneders zweiter Roman „Der Sonnenbruder" stieß auf ähnlich positive Resonanz. Dr. Egbert Delpy bezeichnete ihn in der Rheinisch-Westfälischen Zeitung als „dichterische Glanzleistung"[3] und Franz Carl Endres als „ein Geschenk an das deutsche Volk, wie ich kein schöneres weiß."[3]

Adolf Potthoff jubelte geradezu: „Das Hohelied der Landstraße, wie es seit Eichendorff nicht wieder erklungen ist. [...] Ich wüsste nicht, wann ich in einem modernen Buche ein Kapitel von der poetischen Kraft gelesen hätte, wie es das erste Kapitel des Landstreicherromans ist. Dieses Verbundensein mit der Natur, dieses Weben und Leben mit Baum und Strauch, diese geradezu franziskanische Versunkenheit in die Wunder der Welt und dieses edle Menschentum in den ‚Sonnenbrüdern', die hier durch Sonne und Regen, durch Schnee und Eis über die Straßen der Erde laufen, heimatlos überall und doch in der Natur zu Hause wie der König in seinem Palaste nicht daheim sein kann – das ist etwas ganz Wunderbares."[4]

Die Schwäbische Tageszeitung schrieb: „Das deutsche Schrifttum ist durch dieses Buch um einen der schönsten Romane der neuen deutschen Romantik bereichert worden. Ein Reichtum innerlichen Erlebens, eine Fülle stimmungsvoller Bilder aus deutschen Landen undmitten drin Menschenfreundschaften von bezwingender Treuherzigkeit."[3]

Der Reichslandbund sprach von einem „Meisterstück, das für den weiteren Werdegang des Bauerndichters zu hohen Erwartungen berechtigt"[3], und die Berliner Morgenzeitung schrieb: „In wundervollen Bildern deutscher Landschaften, in prächtigen Menschen, im Stimmungszauber märchenhafter Romantik offenbart sich die kosmische Sehnsucht, die, wie in dem Verfasser, auch in vielen Menschen unserer Tage lebt. Ihnen vermag dieses Buch Richtung und feierliche Erhebung zu geben."[3]

Die Tägliche Rundschau, Berlin, schrieb über Sterneders dritten Roman „Der Wunderapostel": „Es ist ein Buch, das durch den geistigen Reichtum seiner Gedanken derart anregt und befruchtet, dass man alles andere darüber vergisst."[3]

Die Rheinisch-Westfälische Zeitung bewertete den „Wunderapostel" als die „Schöpfung eines intuitiven Dichtergeistes von zwingender Gewalt" und als „eine der wundervollsten Leistungen in der Romandichtung der Zeit nach 1900". Sie stellte Sterneder „in die erste Reihe unserer deutschen Epiker überhaupt"[3].

Wilhelm Schwaner sah im „Wunderapostel" „das beste, größte und tiefste Buch, das ich je gelesen habe"[3], und Ludwig Huna sprach von einem „berauschenden Dithyrambus von Lebensfreude, der einen mitreißt: hin zum Weben der Gottheit, das man jeden Augenblick zu hören, zu sehen, sicher aber zu fühlen meint! Dieses Werk hat einen namenlosen Reichtum in meine Seele gelegt, und ich werde zeitlebens von seinen Schönheiten und Weisheiten nicht loskommen."[3]

Der bekannte Fotograf Kurt Hielscher hatte in „Sonnenbruder" und „Wunderapostel" etwas gefunden, was er nicht für möglich gehalten hatte: „Ich bin Jahr um Jahr durch Deutschlands Herrlichkeit, durch die Wundergartenpracht Italiens, durch die sonnendurchlohte Toteinsamkeit der Hochebene Spaniens gezogen und habe Herz und Augen geöffnet für alle Wunder der Natur, habe aber stets geglaubt, dass sich dies seligste Wanderglück nicht mit Worten ausdrücken lässt. Doch da hat mir das Schicksal Hans Sterneders ‚Sonnenbruder' und ‚Wunderapostel' in die Hand gegeben und aus ihnen ist mir mit überwältigender Wucht all das entgegengeströmt, was hehrstes Naturerleben, inbrünstigste Gottoffenbarung meiner Wanderseligkeit war. Deutscher, willst du den Geist Gottes und der Natur dich umwehen fühlen, von dem ich geglaubt, dass er unverkündbar sei, dann lies diese Bücher."[5]

Der Mystiker

In einem Artikel anlässlich des 80. Geburtstags des Dichters bezeichnete F. Dietrich Hans Sterneder als „Künder und Deuter des menschlichen Urwissens" und nannte ihn einen „begnadeten Wegweiser zum Urquell aller Weisheit, Schönheit und Liebe"[6].

Schon die Kritik der 1920er Jahre hatte neben dem schriftstellerischen Können Sterneders stets die tiefe Natur- und Gottverbundenheit in seinen Werken hervorgehoben.

Die Wiener Volkszeitung beispielsweise bezeichnete ihn als „wahrhaftigen Dichter, Gestalter, Seher und Prediger" und als „dithyrambischen Schwelger in Gott-Geist"[5] und die Deutsche Zeitung, Berlin, lobte seine „kraftvolle Lehre vom Sieg alles Guten und Schönen"[3].

Wilhelm Schwaner pries Sterneders „Wunderapostel" in seiner pädagogischen Zeitschrift „Der Volkserzieher" als „ferne, sanfte, erlösende Himmelsmusik": „Alle Tiefen indischer, babylonischer, chaldäischer und ägyptischer Weisheit sind erschlossen."[3] Und die Neue Freie Presse, Wien, schrieb über das Tagebuch eines Besinnlichen „Frühling im Dorf": „Dieses Buch ist über alles Sagen und Begreifen köstlich. Eines der erhabensten mystischen Werke, sonnenhaft-gewaltig und doch wieder einfach klar, dass es jeder verstehen kann. Eine neue Sehnsucht gibt Sterneder den Menschen in diesem Werk, die hinaushebt über den Materialismus unserer Tage."[5]

In ihrer Dissertation über Sterneders religiöse Dichtungen hob Helen Fail ihn auf eine Stufe mit den Mystikern Meister Eckhart und Jakob Böhme. Sie kam zu dem Schluss: „Die häufigen Übereinstimmungen und Parallelen mit der Mystik, die bisher nachgewiesen werden konnten, beschränken sich nicht nur auf Jakob Böhme, sondern greifen auch über Meister Eckhart auf ihre Vertreter in allen Zeiten über. Denn die Mystik aller Zeiten ist stets die gleiche; als ihren größten Sprecher und geistigen Vertreter können wir wohl Meister Eckhart bezeichnen. Bei einer Übereinstimmung mit ihm oder auch seinem schlesischen Erneuerer und Vollender kann wohl daher auch Sterneder als ein Mystiker angesprochen, seine Lehren als mystisch belegt gelten."[7]

Ekkard Sauser nannte Sterneder in seinem Artikel fürs Biographisch-Bibliographische Kirchenlexikon (1995) „einen mystischen Pädagogen", der „im Dienste der Beseelung des kulturellen Lebens überhaupt" gestanden habe und dadurch „für das religiöse Leben Österreichs und darüber hinaus zu einem stillen, bedeutsamen Anreger [wurde], in allem Seele und Geist zu entdecken. So wirkte er, gewollt-ungewollt, gegen alle Verknöcherung religiösen Lebens, religiöser Formen sowie religiösen Brauchtums. Er leistete dadurch der Kirche Österreichs einen großen Dienst, obwohl dies ‚offiziell' kaum zur Kenntnis genommen wurde"[8].

Gero von Wilpert bezeichnete Sterneders philosophische Ausrichtung in seinem „Deutschen Dichterlexikon" als „kosmisch-astrologischen Naturglauben"[9], die Deutsche Biographische Enzyklopädie nannte es naturverbundene „kosmisch-religiöse Lebenseinstellung"[10] und Sterneder selbst

„kosmisch-biologisches Lebenserkennen". In einem Radio-Interview Ende der 1950er Jahre erläuterte er, was er darunter verstand und wie es dazu gekommen war. Ausgangspunkt war sein Roman „Der Wunderapostel":

„Mit diesem Buch ist dann die Wende in meinem Leben eingetreten. Bis dahin war ich ein unbefangener Schriftsteller. Ich habe – um das Wort zu gebrauchen – fabuliert. Dann aber habe ich mich einer anderen Art der Dichtkunst zugewandt: nämlich dass Dichtung erfüllt sein sollte mit kosmisch-biologischem Lebenserkennen, denn meiner Empfindung nach ist Kunst, und wenn sie noch so edel und noch so erhaben und sittlich noch so hoch ist, wohl eine unsägliche Beglückung für den Menschen, sie ist aber nicht das Letzte, was Kunst geben sollte, denn Kunst sollte, so wie das in den Frühzeiten der Menschen war, eigentlich dem Sakralen dienen. Sie sollte nicht nur entzücken, ergötzen, beglücken, sondern sie sollte auch Erkennen geben. Und da das höchste und letzte Erkennen der Menschheit nur das Erkennen sein kann um den Sinn des Lebens, so habe ich mich vom Wunderapostel an schon bemüht bis zum heutigen Tag und werde das immer tun: Kunst mit Erkennen zu vermählen und zu vereinen ..., die Kunst als edles Gefäß benützen, das ich mit dem Wein kosmo-biologischer Erkenntnis gefüllt habe."[11]

Hans Sterneder
war ein großer Bewunderer
des Naumburger Doms
und seiner zwölf Stifterfiguren

Sein Schaffen und seine Entdeckungen

Als Hans Sterneder seine Laufbahn als Dichter begann, war er ein unbekannter Schriftsteller wie viele andere auch. Doch schon früh nahm er Tuchfühlung mit den Großen seiner Zunft auf und freundete sich mit vielen von ihnen an: mit Hermann Hesse, Hermann Löns, Hugo von Hofmannsthal, den Literaturnobelpreisträgern Karl Gjellerup und Paul Heyse, und als väterlicher Freund und Gönner mit Richard Voß.

Doch schon der Beginn seines literarischen Schaffens ließ erahnen, dass sein Weg eine andere Richtung nehmen würde als die eines „normalen" Schriftstellers. Es war um das Jahr 1912, wenige Monate, nachdem er von seiner Wanderschaft zurückgekehrt war, als zum ersten Mal der Ruf einer besonderen Aufgabe an ihn erging. Fritz Arno Weisse beschrieb es in einer Dissertation über Leben und Werk Hans Sterneders so:

„Das qualvolle Jahr, das der heimgekehrte Wanderer als Bahnbeamter in Gloggnitz am Semmering zubrachte, trug den schöpferischen Augenblick in sich. Heute sagt der Dichter darüber: ‚Gott legte eines Nachts seinen Finger auf mein Herz.' Und er musste sich hinsetzen und schreiben. Schreiben ohne Entwurf, ohne Plan. ‚Ich weiß niemals, wie das Ende der Geschichte sein wird, an der ich gerade arbeite. Ich schreibe nicht, sondern es wird mit mir geschrieben.'"[12]

Trotz dieser selbstempfundenen Berufung hat Sterneder in seinen ersten Romanen fabuliert, wie er selbst es nannte, Geschichten erzählt, wunderbare Geschichten zwar und auf ungemein liebreiche und beglückende Art und Weise, aber er hat eben „nur" erzählt. Im Bauernstudent von seiner Kindheit und Jugend, im Sonnenbruder von seinen Wanderjahren.

Erst mit dem Wunderapostel 1924 kam der Umschwung. Auf einmal wurde deutlich, welche Berufung an ihn ergangen war, auf einmal war er nicht mehr nur Erzähler, auf einmal war er Dichter, Mystiker, Künder eines Wissens, das nicht seinem eigenen Denken entsprungen, sondern ihm zugeflossen war aus Quellen, die man nur als göttlich bezeichnen kann. Eine Lebensaufgabe brach sich Bahn.

Die große Aufgabe

Der Lebensweg Hans Sterneders scheint nur ein einziges Ziel zu haben, auf eine einzige Erfüllung hinauszulaufen, einer einzigen Aufgabe zu dienen. Mehrfach hat er diese Aufgabe in seine Werke hineingeschrieben. Angesprochen werden seine Romanfiguren, aber gemeint ist immer nur einer: Sterneder selbst. So lässt er beispielsweise den Wunderapostel sagen:

„Ja, Beatus, du bist ein Erkorener, erwählt für ein großes Werk. Und du musst es vollbringen! Musst deiner Aufgabe dienen und ihr dein Leben weihen mit all seinen Kräften."[13]

Wenn der Wunderapostel dem Bischof von Beatus' Berufung erzählt, beschreibt er exakt die Aufgabe, zu der Hans Sterneder sich erwählt fühlte:

„Draußen in der Stadt harrt in sehnsüchtiger Hingabe mein geistiger Sohn, der vom Schicksal bestimmt ist, mit lebendigem Wort den Geist des Wassermann-Äons heraufzuführen und das ewige Ur-Wissen zu bringen. [...] Und er, mein Sohn, wird es sein, der die Schleier löst und die Morgenröte der Menschheit heraufführt. [...] Und plötzlich werden die rauschenden Wasser brausend auf ihn zuströmen und einbrechen in seine Brust und die ältesten Zeichen der Erde werden zu ihm reden. Und er wird besitzen ‚Urwissen' und ‚Weg'. Und wird bereit sein für seine große Bestimmung."[14]

Mehr als 40 Jahre später legte Sterneder einer anderen seiner Hauptfiguren ganz ähnliche Worte in den Mund. In seinem Einweihungsroman „Also spricht die Cheops-Pyramide" spricht ein alter Ägypter zu dem jungen deutschen Wissenschaftler Oswald Niebergall, den er in die Geheimnisse des Menschheits-Urwissens einweiht. Gemeint ist wieder der Dichter selbst, wenn es heißt:

„Du, Bruder, bist bestimmt, dieses geheime Menschheits-Urwissen von seinen Fesseln zu befreien, es aus den Höhlen des Stoffwahns und aus der Vergessenheit zu heben und den Menschen aufzuzeigen, dass sie, die Durstenden, allerorts an den ‚heiligen Brunnen des Lebens' stehen.

Du hast die Aufgabe, die Siegel aufzubrechen, die Bänder zu lösen und den Heißverlangenden das Wasser und das Licht einzugießen, damit sie wiedererwachen und auferstehen zum wahren wirklichen Leben, zum Leben des königlichen, gottgeistigen Menschentums!"[15]

Mutter Natur

Die Aufgabe war gestellt, doch wie sie erfüllen?

Eine grundlegende Voraussetzung und tiefgreifende Wurzel seines späteren Schaffens war Hans Sterneders innige Liebe zur Natur.

Er war zwar Spross eines Rittergutsgeschlechts, aber nur unehelicher Spross. Seine Mutter war eine Bauernmagd. Und weil der reiche Großvater zunächst gegen die Verbindung des Sohnes mit der armen Magd war und Sterneders Mutter den

Lebensunterhalt verdienen musste, wuchs der kleine Hans in den ersten Jahren bei der armen Großmutter auf. Zeitweise sogar in einer „Armeleuthausung" außerhalb des Dorfes inmitten von Wiesen und Feldern.

Was auf den ersten Blick wie bittere Armut aussieht, war für den kleinen Hans das pure Glück. Die Liebe von Mutter und Großmutter hegten ihn, der Duft der Blumen, Gräser und Feldfrüchte umfing ihn. Er war gewissermaßen hineingeboren in den Schoß der Erde und die Geborgenheit der Schöpfung.

Nachdem ihn das Schicksal zwischenzeitlich auf den Gutshof des Großvaters geführt, die zerrissene Familie geeint und den jungen Hans zum Rittergutserben gemacht hatte, streckte es ihn nach der Matura (Abitur) mit mehreren Schlägen nieder und stieß ihn hinaus auf die Landstraße. Ähnlich seiner Romanfigur Beatus Klingohr trieb es ihn 1909–1911 zwei Jahre als Walzbruder kreuz und quer durch Europa.

War der Anlass Verzweiflung und das Leben auf der Landstraße oftmals hart und mühselig, so war doch die Zeit seiner Wanderschaft ein großer Segen für ihn und seine Aufgabe. In ihr vertiefte sich seine Liebe und Hingabe zur Natur. Wieder erlebte er sie hautnah, schmeckte den Wind auf den Lippen, fühlte den Regen auf der Haut und versenkte sich mehr und mehr in ihr Sein und Walten, entdeckte ihre geistigen Ursprünge und erkannte viele ihrer Geheimnisse. So sagte er später:

„Das Aufkräuseln einer Staubwolke auf der Landstraße war mir tausendmal wichtiger als alle Ehren und Ämter, die mich an die ‚Realität' des Lebens gebunden, aber vom mystisch-magischen Leben der Natur entfernt hätten."[16]

Großen Anteil an der Berufung Sterneders zum spirituellen Dichter und Mystiker hatte auch eine Begegnung mit Valentin Zeileis, einem bekannten Naturheiler, der eine ganz eigene und bis heute praktizierte Strahlentherapie entwickelt hatte. Ihm widmete Sterneder später seinen Roman „Der Wunderapostel“. Doch die Umstände ihres Kennenlernens waren für Sterneder sehr schmerzhaft.

Ende des Ersten Weltkriegs war er nach Wien übersiedelt und machte dort eine Ergänzungsausbildung zum Lehrer an Bürgerschulen. Gleichzeitig arbeitete er vormittags als Volksschullehrer und gab nachmittags Privatunterricht. Er litt unter Hunger, Heimweh und der Entfremdung von der Natur. Tag und Nacht arbeitete oder lernte er. Schließlich legte er seine Abschlussprüfung nach zwei statt nach drei Jahren und mit Auszeichnung ab. Danach aber brach er zusammen.

Unterernährung und Überanstrengung hatten seine Nerven zerrüttet. Sein Gesundheitszustand war derart schlecht, dass ein bekannter Nervenarzt und Professor der Mutter wenig Hoffnung machte und eine Besserung ausschloss. So lebte Sterneder drei Jahre lang als „lebender Leichnam“, wie er es später nannte, unfähig zu arbeiten, zu schreiben oder auch nur zu lesen. Im Nachhinein schrieb er diesen bitteren Jahren eine große geistige Bedeutung zu:

„Damals vollzog sich an mir das Vogel-Phönix-Mysterium. Der irdische Mensch wurde weggebrannt, damit aus seiner Asche der mystisch-geistige Mensch auferstehen konnte. Seither verstehe ich das Lazarus-Mysterium in den Evangelien. Auch der Sinn der frühchristlichen Crypta und der altägyptischen dreitägigen Einsperrung der Priester in die Grabkammer wurde mir klar. Es ist sehr eigentümlich, dass diese meine ‚Grablegung‘ drei Jahre dauerte.“[17]

Als sein Zustand sich auch nach drei Jahren noch nicht gebessert hatte, suchte Sterneder den damals berühmten Naturheiler Valentin Zeileis in Gallspach auf. Der empfing ihn mit den Worten: „Sie sind ein Todeskandidat.“ Trotzdem gelang es ihm, den Gesundheitszustand des Dichters zu bessern. Nach kurzer Zeit war Sterneder völlig wiederhergestellt.

Seine Dankbarkeit und Verbundenheit Zeileis gegenüber war entsprechend groß. Er sah in ihm einen „großen Eingeweihten“, der ihm viele geistige Zusammenhänge enthüllte und ihn auf seine spätere Aufgabe vorbereitete. Er sagte einmal:

„Zeileis, mit dem ich auch späterhin noch jahrelang in Verbindung blieb, hat mir das ganze Reich der Mystik und kosmischen All-Einheit erschlossen. Er zeigte mir die Wege, die ich zu gehen hatte und führte mich dorthin, wo meine eigene Arbeit beginnen musste.“[18]

Das Menschheits-Urwissen

Das zentrale Thema, um das Sterneders Werk beständig kreist und all seine literarischen Arbeiten seit dem Wunderapostel sich ranken, ist das von ihm so benannte „Menschheits-Urwissen“, als dessen Künder er sich fühlte.

Was er damit meinte, beschrieb er in seinem „Bericht über mein Schaffen und meine Entdeckungen“ um 1950 so:

„Es gibt in Ewigkeit keine neuen und verschiedenen Erkenntnisse oder Schöpfungs- und Lebenswahrheiten!

Es gibt in aller Ewigkeit nur eine Wahrheit, von der die Menschen mehr oder weniger oder ganz sich entfernen können, so wie in unserer heutigen Zeit.

Aus dieser ewigen Urerkenntnis erblühten alle Hochkulturen der Völker der Erde. Sie ist der ewige Lebensboden der Menschheit. [...]

Aus diesem Ur-Wissen erwuchsen die romanisch-gotischen Dome ebenso wie die unsterblichen Plastiken, ein Nibelungenlied und der Parsifal Wolfram von Eschenbachs ebenso wie die unvergänglichen Werke Albrecht Dürers oder Leonardo da Vincis und vor allem der höchste, erhabenste und edelste Geistschatz der abendländischen Seele: die Gralssage.

Aus diesem Ur-Wissen erwuchsen die Geistgrate eines Kepler, Newton, Böhme und Paracelsus.

Der magisch-geheimnisvolle Name für dieses Ur-Wissen, diese kosmische Ur-Erkenntnis war im Mittelalter: – BAUHÜTTEN-GEHEIMNIS.

Dieses Wissen der Bauhütten-Meister ist uns also in Architektur, Bildhauerei, Malerei, Dichtkunst und christlicher Mystik vermacht. Aber es ist uns nicht augenfällig, sondern geheim und verschleiert überkommen. Und zwar in der Form unvergleichlicher Tarnung: – einer überwältigend weisen und hochkünstlerischen, geheimnisvollen Symbolik.

Wer den Schlüssel zu dieser Symbolik zu finden vermag, der vermag der abendländischen Menschheit ihr Höchstes, Wichtigstes und Lebensentscheidendstes zu geben: – der vermag sie zum ‚Brunnen des ewigen Lebens' zu führen, und ihr dadurch die ‚ewige Menschheits-Ur-Religion' wieder zu geben. Er leitet damit die Auferstehung und Wiedergeburt der abendländischen Menschheit ein! [...]

Wer diese Bücher schreibt, welche diese verlorene Erkenntnis wiederbringen, wird die notwendigsten und zeitlosesten Bücher bringen, die heute, morgen und in hundert Jahren ebenso aktuell, notwendig und entscheidend sein werden wie am ersten Tage des Erscheinens."[19]

Der Tierkreis

Eine ganz zentrale Bedeutung innerhalb dieses Menschheits-Urwissens kommt dem Tierkreis zu. Im Tierkreis sieht Sterneder das älteste und heiligste Wissen der Menschheit, den zwölfstufigen Entwicklungsweg alles irdischen Daseins und den Kreis der Unsterblichkeit des Lebens.

Dieses Wissen findet sich laut Sterneder in allen alten Kulturen rund um den Erdball. In seinem Alterswerk „Also spricht die Cheops-Pyramide" beschreibt er, wie sich das Tierkreiswissen den Frühvölkern erschloss und was sich dahinter verbirgt:

„Da der Entwicklungsweg des Lebens am einfachsten bei den Pflanzen zu ergründen war, weil er bei ihnen in der kurzen, leicht überschaubaren Zeit der 365 Tage des Erdenjahres sich kundtat, durchforschten sie zuerst dieses Reich.

Und sie fanden, dass der Entwicklungsweg des pflanzlichen Lebens aus zwölf Stufen bestand.

Als sie diese zwölf Stufen ergründet hatten, wandten sie sich der Welt der Tiere zu. Und sie erlebten mit Staunen – auch der Weg dieses Reiches stand auf den gleichen zwölf Stufen.

Und als sie schließlich den Entwicklungsweg des Menschen durchforschten, tat sich ihnen das gleiche Ergebnis auf! Auch der Entwicklungsweg des menschlichen Lebens war genau auf die gleichen zwölf Stufen gestellt.

Und sie sahen mit Ehrfurcht, dass Gott den Weg alles irdischen Lebens in die Einheit gefügt hat.

Um dieses Staunen vollends zu krönen, fanden sie bei der Durchforschung des geistigen Weges des Menschen – der uns aus der Frühzeit als der sogenannte Einweihungsweg überliefert ist, in dem sich der Tiermensch zum Gottmenschen emporringt – genau dieselben zwölf Stufen!

So ist es begreiflich, dass für sie die Zwölf zur heiligen Zahl wurde.

Denn sie ist die Zahl, in der das unsichtbare Leben sich sichtbar offenbart.

Da die Frage um das Leben die älteste Frage der Menschheit ist und die errungene Erkenntnis des Lebens ihr heiligstes Wissen war, so ist den Völkern der Erde für dieses Urwissen keine Felsplatte breit und kein Bauwerk hoch genug gewesen, um es darauf aufzuzeichnen.

Darum schrieben sie dieses Urwissen an den Himmel, diese gewaltigste Scheibe der Erde.

Und das umso mehr, als innerhalb eines Jahres über diesen Himmel die Sonne ging, die ja ihrerseits wieder der Erhalter aller Geschöpfe auf Erden ist.

Denn ohne Sonne würde es auf der Erde wohl die von Gott ursprünglich erdachten und geschaffenen Geistwesen geben, nie aber wären die stofflichen Körper möglich!

Und so teilten sie das Himmelsrund, das in Wirklichkeit nur ein unermesslicher Ozean von Milliarden und Abermilliarden von Sternen, Sonnen und ganzen Spiralnebeln ist, also eine einzige Sternentafel ohne Anfang und Ende, gedanklich in genau 12 Felder, entsprechend den 12 körperlichen Entwicklungsstufen, in denen sich das in Wirklichkeit ewig unsichtbare geistige Leben in sichtbaren Körpern offenbart.

Und in diese 12 Felder senkten sie, ebenfalls wieder gedanklich, die von Ewigkeit her bekannten 12 Bilder, die es am Himmel sichtbar ebenso wenig gibt wie die 12 Felder. Diese seltsamen 12 Bilder waren weder Spielerei noch Willkür, sondern die zutiefst durchdachten, erschöpfendsten und treffendsten Symbole für die 12 Entwicklungszustände alles irdischen Lebens."[20]

Menschheits-Urwissen und Tierkreis sind für Sterneder unlösbar verknüpft mit dem Einweihungsweg, dem Weg des Menschen aus der Stoffgefangenschaft zur Geist-Freiheit, dem königlichen Pfad der Selbsterlösung, zurück in die wahre Heimat, zurück zu Gott.

Sterneders Ziel und Berufung war es, das Wissen um den Sinn des Lebens und die Urerkenntnis der einen ewig unwandelbaren Wahrheit den Menschen wieder zugänglich zu machen, es emporzuheben aus den Mythen und Symbolen vergangener Zeiten und es für jeden erkennbar und nachvollziehbar in seinen Büchern auszubreiten. So schrieb er:

„Die Bücher, die durch Jahrhunderte über das kosmische Geist-Wissen geschrieben worden sind, sind Legion! Unendlich viele dieser Bücher sind flüchtig, oberflächlich und seicht. Sehr viele sind verschleiert, verborgen und zu schwer, so wie die Werke des Giganten Paracelsus. Und viele andere wieder sind derart abstrakt oder trocken gelehrt, dass die breite Masse an sie nicht herankann.

Und fast jedes dieser Werke bringt nur einen kleineren oder größeren Teil dieser Materie. Keines aber bringt das Wichtigste: jene Auszüge und Zusammenstellungen aus dem riesenhaften Ur-Schatz, die klar, verballt und lückenlos das ergeben würden, was ich ‚den WEG' nennen möchte.

Jenen Weg, den jeder lichtsuchende Mensch klar und lückenlos gehen kann, um am Ende ein sehender, wissender, bewusst lebender, kosmischer Mensch zu werden.

Diese Werke müssen aus der unausschöpfbaren Fülle der Materie streng gesichtet das herausheben, was das ‚Urgerüst' dieses kosmischen Weltwissens ist und somit den ‚Weg', also das Erkenntnisgut für die innere Entwicklung zum kosmischgeistigen Menschen liefert.

Der Leser muss durch diese Werke das erhalten, was man bei den alten Kulturvölkern den ‚EINWEIHUNGSWEG' der Priesterschulen nannte. Zu diesem Zwecke darf die Darstellung nicht in abstrakter, wissenschaftlich-trockener Form erfolgen, sondern muss mit den Mitteln der dichterischen Sprache und der Popularität geoffenbart werden.

Das Bringen dieses streng nur auf den Einweihungsweg Bemessenen ist das völlig Neue auf dem Riesengebiet der okkulten Literatur.

Dieser Einweihungs-Weg ist das Fundament jeder Religion, doch in unerhört verschleierter, symbolischer Form.

Meine Bücher werden diese Schleier heben und die Schlüssel bringen. [...]

Nach fast zehnjähriger Forschung ist es mir gelungen, Schlüssel und Weg zu entdecken, und somit vermag ich dieses ewige und heiligste Urgut der Menschheit: das ‚Bauhütten-Geheimnis', auf dem die ganze Kultur des Abendlandes steht, unserer nothaften Zeit wiederzugeben."[21]

Die große Verwandlung

Umkehr und Verwandlung, Abkehr von Materialismus und Stoffgefangenschaft und Hinwendung zu Geistwissen und Gotteinheit – das sind nach Sterneder die zentralen Merkmale jenes königlichen Pfades. In der Vorrede zu seinem Mysterienspiel über den Einweihungsweg „Die Große Verwandlung" schrieb er:

„Wenn wir also wollen, dass alles Elend und die chaotische Friedlosigkeit ein Ende nehmen, dann müssen wir uns von unserer gänzlich verkehrten Lebensanschauung befreien und uns umstellen und verwandeln, so wie eine schwerfällige, erdgebundene Raupe sich verwandeln muss, wenn sie ein entfesselter, dem Licht zuschwebender Schmetterling werden will.

Also: Wir müssen vom fesselnden Stoff zum befreienden Geist, vom Vergänglichen zum Unsterblichen, vom blinden Wahn zur schauenden Wirklichkeit, vom Dämon zu Gott gehen.

Nur auf diesem Wege kommen wir von unserem trügerischen, materialistischen Weltbild zur ewig unverrückbaren kosmisch-geistigen Erkenntnis, und durch diese zur Befreiung und großen Verwandlung: – zur geistigen Auferstehung und zum inneren und äußeren Frieden.

Das ist der Weg zur Überwindung aller Kriege und aller Not.

Einen anderen Weg zur Erlösung und zum Frieden, wonach alle Menschen schreien, gibt es nicht! In keinem Himmel und auf keiner Erde.

Es ist der uralte Erlösungsweg, den die Weisen aller Völker der Menschheit seit undenklichen Zeiten gehen.“[22]

Hans Sterneder
war in jungen Jahren zwei Jahre
als Walzbruder kreuz und quer
durch Europa gezogen.
Er war ein sehr naturverbundener
und naturliebender Mensch.

Das literarische Werk

Die Bücher Hans Sterneders zeichnen sich durch eine sehr bunte Vielfalt literarischer Formen und poetischer Stilmittel aus. Neben Heimat-, Landstreicher- und Einweihungsromanen finden sich hochspirituelle Sachbücher, Hymnen, Mysterienspiele, Erzählungen und Tagebücher.

Sterneder verstand es wie kaum ein anderer, auf der Klaviatur der literarischen Möglichkeiten immer wieder den richtigen Ton zu treffen und die Herrlichkeit Gottes, das Menschheits-Urwissen und den geheimnisvollen Einweihungsweg in immer neuen Bildern und mit immer neuen Stilmitteln zu besingen.

Es ist ihm gelungen, ein neues, hohes Kunstideal nicht nur theoretisch oder literaturhistorisch zu begründen, sondern durch sein eigenes Schaffen neu zu etablieren. In seiner Schrift „Das kosmische Weltbild" führt er dieses Kunstverständnis im Rahmen seiner Ausführungen über die Menschheitsentwicklung auf die Frühzeiten der Menschheit zurück:

„Darum dienten all ihre Künste, ob Architektur, Bildhauerei, Malerei, Dichtkunst oder Musik nur dem einen und einzigen Zweck: der Verherrlichung und Lobpreisung Gottes und der verschleierten Aufzeigung des geheimen, göttlichen Sinnes des Lebens. Jede Kunstform war dortmals nur eine andere Art von Gottesdienst. Alles Kunstschaffen war eine sakrale Handlung.

In jenen Frühzeiten gab es keine profane, weltliche Kunst. In diesen gottgeeinten, gottgetragenen und im vollen kosmischen Lebenswissen stehenden Frühzeiten entstanden jene gigantischen, nie mehr erreichten Kulturvermächtnisse, die bis zum heutigen Tage die höchsten Geistschätze der Menschheit sind: der Völker-Tierkreis, die indischen Upanishaden der Veden, der babylonische Gilgamensch, der persische Zend-Avesta, das Ägyptische Totenbuch und die Cheops-Pyramide, das peruanische Sonnentor, die nordische Edda und ihre geheimnisumhüllten Runen, Moses' Pentateuch und die vier Evangelientiere."[23]

Sterneder war der große Erneuerer dieses urzeitlichen Kunstideals. Er hat es in der heutigen Zeit neu errichtet und sein Schaffen ganz in den Dienst dieser gegen jeden Zeitgeist gerichteten Form künstlerischen Schaffens gestellt. Entsprechenden Anklang fanden seine Werke bei vielen Menschen und finden ihn bis heute.

Weltweite Verbreitung

Schon in den ersten Jahren seines Schaffens erreichten die Bücher Hans Sterneders weltweite Verbreitung. Zwar gab es kaum fremdsprachige Übersetzungen, aber auf allen fünf Kontinenten fanden sich Sterneder-Liebhaber. So schrieb Fritz Arno Weisse 1941:

„Sterneder hat die Pressestimmen über seine Werke nicht gesammelt, weil sie für ihn nichts anderes bedeuten, als die jeweilige persönliche Stellungnahme eines kritischen Fachmannes. Weitaus mehr kündet ihm ein anderer Gradmesser seiner Bedeutung: Die Briefe aus der Feder des Lesers. Mit einem Stolz, zu dem kaum ein zweiter Dichter unserer Zeit berechtigt wäre, weist er heute auf eine Sammlung von rund 25 000 Briefen aus allen fünf Erdteilen.

Und gerade der ‚Wunderapostel' ließ seine Wirkungswellen über die ganze Erde kreisen. Ein flüchtiger Blick auf die

Absender einiger Briefe diene zum Beweis: Da schrieben ihm deutsche Bauern, Arbeiter, Bürger, Gutsbesitzer, Mitglieder alter Fürstenhäuser, Hochschüler, Universitätsprofessoren, ferner Leser aus Russland, aus Italien, aus Frankreich, mexikanische Priester, argentinische Plantagenbesitzer, brasilianische Kaufleute, Ingenieure aus Peru, Chile und Bolivien, Kaufleute aus New York, eine Diamantenhändlerin aus San Franzisco, Deutsche aus Australien, Engländer aus Indien, eine Plantagenbesitzerin aus Java, mehrere Pflanzer aus Afrika, eine indische Fürstin, chinesische Studenten, Universitätsprofessoren aus Tokio. Unter diesen Briefen, deren Vielfalt nicht mehr zu übersehen ist, befindet sich kein einziges Autogrammansuchen der üblichen Art. Sie alle sind ernste Zeugnisse des Dankes und der glühenden Zustimmung. Lebensverzweifelte Menschen schreiben dem Dichter, sein Buch hätte sie vor dem Selbstmord bewahrt. Ungezählte danken ihm, dass er ihrem zerstörten oder inhaltsleeren Leben Ziel und Halt gegeben hatte, Tausende schreiben ihm, dass sie, die bisher blind durch die Welt gingen, durch sein Werk sehend geworden wären und sich in die Wunder des Alleinheits-Wissens eingefügt fühlten. Es sind Briefe darunter, deren Schreiber in Sterneders Büchern ein tägliches Evangelium gefunden haben und durch ihn zu einem überzeugten, lebendigen Gotterkennen gekommen sind, fern vom dogmenerstickten Christentum der Kirchen unserer Zeit.

Alle diese Stimmen, die erst der ‚Wunderapostel' zum Erklingen gebracht hatte, stärkten in Hans Sterneder die Gewissheit, dass er wahrhaftig ein Gerufener sei. Er fühlte sich als göttliches Werkzeug zur Erlösung der Seelen. Von nun an sollte sein Leben der Kunst allein gehören."[24]

In seinem um das Jahr 1950 entstandenen Aufsatz „Bericht über mein Schaffen und meine Entdeckungen" sprach Sterneder bereits von über 60 000 Briefen aus allen fünf Erdteilen, die ihm Menschen aller Altersstufen, aller sozialen Stände und aller Bildungsgrade geschrieben hätten.

Noch heute finden sich Werke Hans Sterneders in vielen Bibliotheken der Welt, allein in den USA in über 30, so beispielsweise in der Library of Congress (Washington), in der Columbia University, der Harvard University, der Yale University oder der New York Public Library. Aber auch in anderen Ländern sind die verschiedenen Titel zu finden, so etwa in den Universitäten von Alberta und Calgary (Kanada), in der British Library, der University of London und in Oxford (alle Großbritannien), in der Niederländischen Nationalbibliothek, in der Lunds universitets bibliotek (Schweden), in der Universitetsbiblioteket i Bergen (Norwegen), den Universitäten von Padua und Milano (Italien), der Biblioteca de Catalunya (Spanien) sowie in der Tel Aviv University (Israel) oder der Waseda University in Tokyo (Japan).

Im Folgenden ein kurzer Überblick über die zu Lebzeiten des Dichters erschienenen Werke Hans Sterneders.

Der Bauernstudent

Heimat- und Entwicklungsroman, 1921

„Meine Kindheits- und Jugendgeschichte (Dichtung und Wahrheit)"

Hans Sterneder

Der Erfolg von Sterneders Erstling, der schon in den ersten vier Jahren fünf Auflagen erreichte, erklärt sich nicht zuletzt durch die dichterische Gestaltungskraft seines Schöpfers und seiner tiefempfundenen, lebendigen Liebe zu seiner österreichischen Heimat. In der ihm eigenen unnachahmlichen Art schafft Sterneder liebenswürdige Figuren, kraftvolle Bilder und eine wunderbare Geschichte. Um es mit Ida Bon-Ed zu sagen: „Das Buch ist ein Idyll."[3]

Erzählt wird die Geschichte des jungen Wolf Hess, seine Kindheit bei der Großmutter in einem kleinen Bauerndorf, seine Lehr- und Studienjahre und schließlich sein Reifen zum Schriftsteller, der schlussendlich sein erstes selbstverfasstes Buch in Händen hält: „Die Wiederkehr des Heiligen Gral".

Mögen sich die Wünsche des Kommentators der Deutschen Zeitung von Anfang der 1920er Jahre erfüllen: „So geh hinaus in die Welt, du starkes, schönes Buch; wirb dir viele Freunde und verkünde das alte Wort: ‚Selig sind, die reinen Herzens sind, denn sie werden Gott schauen.'"[3]

Der Sonnenbruder

Landstreicherroman, 1922

„Einführung zu innigstem Naturerleben. Die Literaturkritik behauptet, dass es der schönste Landstreicherroman sei. (Er erzählt von meinem 2-jährigen Leben auf der Landstraße)"

Hans Sterneder

Ein schwerer Schicksalsschlag hat Beatus Klingohr hinausgetrieben auf die Landstraße, fort aus der Geborgenheit seines alten Lebens, hinaus auf die harte Straße und hinein in die bunte Welt der Landstreicher und Vagabunden. Über ein Jahr ist er nun schon unterwegs, ein Heimatloser und Getriebener.

Doch das Schicksal meint es gut mit ihm. Beatus ist ein Liebling der großen Mutter Natur. Mit warmer Liebe offenbart sie ihm all ihre Schönheiten. So erlebt er beides: Himmel und Hölle, Freude und Niedergeschlagenheit. Als er sich schließlich aufmacht, einen Mann zu finden, den alle nur den „Wunderapostel" nennen, beginnt eine dramatische Suche auf Leben und Tod ...

Die Geschichte vom „Sonnenbruder" Beatus Klingohr ist eine ganz besonders köstliche Dichtung. Sie schenkt dem Leser viel Sonne, Freude und Liebe zur Natur, ihren Geschöpfen und ihrem Schöpfer. „Das Hohelied der Landstraße, wie es seit Eichendorff nicht wieder erklungen ist." (Adolf Potthoff, 1923) [4]

Der Wunderapostel

Einweihungsroman, 1924

„In dieser Zeit höchster Seelenkämpfe trat ein Mensch in mein Leben, ein Großer der Erde, ein gewaltiger, weltüberwindender, indischer Meister, dem, wie Shakespeare sagt, Dinge zwischen Himmel und Erde offenbar waren, von denen sich unser Menschenhirn nichts träumen lässt. [...] *Im ‚Wunderapostel' ist davon so viel niedergelegt als notwendig ist, um den Sinn des Lebens und der Schöpfung zu enthüllen."*

Hans Sterneder

„Der Wunderapostel" war Sterneders dritter Roman und die Fortsetzung seines Landstreicherromans „Der Sonnenbruder". Er machte ihn vom fabulierenden Schriftsteller zum spirituellen Dichter, zum großen Mystiker des 20. Jahrhunderts und zum Künder des bereits heraufziehenden Wassermann-Zeitalters.

Lange hat Beatus Klingohr den geheimnisvollen Fremden gesucht, von dem die Walzbrüder nur in Ehrfurcht sprechen und von dem er selber sich Linderung seiner tiefen Seelenwunden erhofft. Nun endlich steht er vor ihm: Der Wunderapostel.

Und Beatus bleibt bei ihm, zieht an seiner Seite durch die Lande und erlebt Unglaubliches. Der fremdländische Meister weiht ihn ein in tiefe Schöpfungsgeheimnisse, erschließt ihm den Sinn des Lebens und schenkt ihm Herzensfrieden und Glückseligkeit ...

Die Zwei und ihr Gestirn

Astrologischer Roman, 1927

„Ein astrologischer Roman, der in Schottland, Italien und Ägypten spielt und in sehr bunter Handlung an der Hand von Astrologie und Horoskopie die Probleme von Zufall oder Schicksal, Unsterblichkeit, Karma und Wiedergeburt [darlegt].“

Hans Sterneder

Ein junger schottischer Lord, ein italienischer Hirtenjunge und die Schicksalsfäden, die beide über Inkarnationen hinweg miteinander verweben. Das sind die Zutaten, aus denen Hans Sterneder diesen einzigartigen Roman über Reinkarnation, Karma und Unsterblichkeit zubereitet hat.

Der junge Lord Clarance O'Neill verliebt sich unsterblich in Isabel, die Tochter des Schlossgärtners. Eine Liaison, die für das alte schottische Adelsgeschlecht völlig inakzeptabel ist. Mit steinerner Härte stellen sich Großvater und Vater gegen die Verbindung. Clarence flieht nach Ägypten. Doch als die Ablehnung der Familie ihn auch dort trifft, hat er nur noch einen Zufluchtsort: Italien, Neapel und dort seinen Freund Nazzaro. Mit ihm verbindet Clarence eine innige Freundschaft seit Kindertagen. Bei ihm erhofft er sich Linderung seiner Seelenpein.

Doch das Schicksal will es anders. In einer aufrüttelnden Schlussszene findet das Karma der beiden Freunde seine Erfüllung.

Der Sang des Ewigen

Das Hohelied der schöpferischen Urkraft, 1928

„Ein kosmisches Epos, in welchem die Gottheit
die Weisheit, Macht und Herrlichkeit
ihrer Schöpfung offenbart."

Hans Sterneder

„Der Sang des Ewigen" ist ein grandioser Hymnus, eine einzigartige Offenbarung, ein dichterisches Monument von unerhörter Größe. Hier stimmt Allvater selbst das Lied Seiner Allmacht an. In zu Versen geformter Prosa enthüllt Er Sein innerstes Wesen. In feinen Rhythmen von gewaltiger Kraft feiert Er das Werk Seiner Schöpfung.

Die freien Rhythmen dieses Liedes bringen alle grundlegenden Gedanken Hans Sterneders auf den Punkt. Der Dichter findet im Rausch der Worte Bilder von hinreißender Wirkung. Ein Kritiker bezeichnete den „Sang des Ewigen" 1928 als Krönung von Sterneders Schaffen, und der Dichter Ludwig Huna schrieb:

„Hier braust tiefes Empfinden in heiliger Andacht auf. Auf wenigen Seiten klingt hier in rhythmisch bewegter Prosa, nur rein äußerlich in Versen geformt, der Hymnus der Gottheit auf die Erde herab, denn die Gottheit selbst stimmt ihn an und enthüllt in dichterischen Akkorden ihr waltendes Sein und Wesen. Wie ein einsamer Komet wird dieses völlig unkirchliche, aber erhabene Gloria in excelsis durch die Welt der dichterischen Erzeugnisse von heute ziehen."[25]

Frühling im Dorf / Sommer im Dorf

Tagebuch eines Besinnlichen, 1928 und 1930

„Der Untertitel dieser beiden Bücher heißt:
‚Tagebuch eines Besinnlichen'.
Die Natur und das Menschenleben
werden von ihrem kosmisch-geistigen Lebensurgrund
aus betrachtet und geoffenbart
und der Mensch hineingeführt
in den tieferen Sinn des Seins."

Hans Sterneder

Zwei hochinteressante und abwechslungsreiche Bücher in Tagebuchform. Hier offenbart sich die vielgestaltige Weltsicht Hans Sterneders. Volkskundliche Hinweise auf altes Brauchtum und Bauernwissen stehen gleichberechtigt neben Naturbeobachtungen, mystischen Erfahrungen, alltäglichen Begebenheiten und spirituellen Erkenntnissen.

Die Wiener Volkszeitung bezeichnete den ersten Band „Frühling im Dorf" 1928 als Sterneders „gereiftestes, innigstes und innerlichstes Werk, das Bekenntnisbuch eines wahrhaftigen Dichters, Gestalters, Sehers und Predigers."[5] Und der Berliner Lokalanzeiger nannte es „ein Buch für stille Stunden, von dem man wünschen möchte, dass es recht viele Leser findet."[5]

Über den zweiten Band „Sommer im Dorf" schrieb Nanda Herbermann 1931 in der katholischen Kulturzeitschrift „Der Gral": „Das ist eines von jenen Büchern, die man nicht mehr aus der Hand legen möchte, bis man es durchgelesen hat. In ihm vereinigen sich scharfer Geist, eine kritische Beobachtungsgabe, ein mitfühlendes Herz und ein köstliches Gemüt. Noch mehr als im ‚Frühling im Dorf' erreicht hier der Dichter eine geistige sowie künstlerische Höhe, die über die Erde mit ihren tausend Schönheiten, mit ihren Menschen, Pflanzen, Tieren hinaufführt in das Reich des Geistes, wo vom Materialismus unserer Tage gar nichts mehr zu spüren ist, wo Gott ist und Ewigkeit."[26]

Einige Kapitelüberschriften:

Gottsehnsucht – Heubodennächte meiner Jugend – Wunder des Sternenhimmels – Über die Einsamkeit des Menschen – Das magische Zeichen der unsichtbaren Wesen – Der Landbriefträger und Meister Eckhart – Die zwölf Apostel und die kosmische Symbolik im Christentum – Die Kunst sich freuen zu können – Aus der Bhagavad Gita – Das Rotkehlchen – Magie des Wortes – Persisches Wortspiel – Das Glück des Schweigens – Meise und Adler – Feier im Morgentau – Der Ruf aus dem Jenseits – Das Geheimnis der Sphinx

Sommernacht-Mysterium – Rosen-Wunder – Morgengebet der Kreatur – König Salomos Morgenpsalm – Ameisen-Predigt – Über die heimlich klagenden Seelen – Jugend, zu dir will ich reden – Sonnabend-Behagen im Dorf – Nachtgedanken vor Trinitatis – Ein Wort aus den Upanishaden – Der heilige Dominikus – Das Stäubchen, ein Weltall – Der altägyptische Sonnen-Hymnus – Glühwürmchen-Nacht – Staat, wie steht es mit deiner Tierliebe? – Das Firmament, der Leib Gottes – Der Mythos des Blitzes – Gott segnet das Brot

Die Neugeburt der Ehe

Ein Lebensbuch, 1931

„Die drei Riesenprobleme der Menschheit, die Glück und Gedeihen sowohl des einzelnen Menschen wie des ganzen Volkes entscheidend bestimmen, nämlich: Liebe, Ehe und Zeugung werden in ihrem tiefen kosmischen Sinn und ihren verborgenen kosmischen Gesetzmäßigkeiten enthüllt und aufgezeigt."

Hans Sterneder

Dieses wundervolle Ehebuch hat Sterneder der Jugend und ihren Eltern gewidmet. Es ist ein einzigartiges Plädoyer für die Reinheit, die für Sterneder der Urgrund aller Schöpfung ist. Wer in ihr lebt, lebt in Gott, wer sie verliert, verliert auch die Verbindung zu seinem Schöpfer, löst sich aus der Ordnung und baut mit am Chaos und am sittlichen Verfall.

Sterneder enthüllt die geistigen Urgründe des Lebens und macht deutlich, dass die Wurzel des ganzen Geschlechtslebens – das seinen edelsten Ausdruck in der Liebe und Ehe findet – nicht im Irdisch-Leiblichen, sondern im Kosmisch-Geistigen liegt. Er entwirft das Ideal der geschlechtlichen Lebenshaltung und verantwortungsbewussten Eheführung, indem er die kosmisch-biologischen Gesetze um Leben, Geschlecht, Liebe, Ehe und Zeugung aufzeigt.

Dieses Buch ist völlig gegen den heutigen Zeitgeist geschrieben, aber die Lektüre lohnt sich für jeden, der sich mit Fragen rund um Ehe, Zeugung und Geschlechtsleben beschäftigt.

Der seltsame Weg des Klaus Einsiedel

Autobiographischer Roman, 1933

„Dieser Roman ist meine genaue Lebensgeschichte
und die Geschichte meines Geschlechtes
(Ebenfalls viel kosmisches
Erkenntnisgut hineingewoben).“

Hans Sterneder

„Der seltsame Weg des Klaus Einsiedel“ ist das autobiographischste Buch Hans Sterneders. Obwohl es ein Roman ist und keine Autobiographie, erfährt der Leser so viel über Herkunft und Leben des Dichters wie in keinem anderen seiner Werke.

Die als Tagelöhnerin arbeitende Großmutter, der Sterneder schon in der Barbara Maatz des „Wunderapostels“ ein literarisches Denkmal setzte. Der alte Ur, der für alle Schäferfiguren im Werk des Dichters Pate stand. Der reiche, aber kranke Vater. Die liebevolle, einfache und herzensgute Mutter. Der zunächst so hart erscheinende und ihm doch so innig zugetane Großvater. Sie alle bilden das Figurenensemble für eine Lebensgeschichte, die bei allen Brüchen und Schicksalsschlägen nie das Geborgene, Beglückende verliert und die in der Sterneder eigenen Lieblichkeit der Sprache die Ursprünge seines späteren Dichterlebens zeichnet.

Ein Buch voller Schönheit, Anmut und Liebreiz. Ein Hochgenuss für jeden Sterneder-Liebhaber.

Der Edelen Not

Vision um die Naumburger Figuren, 1938

„In Form einer Erzählung eine
dichterische Sinndeutung
der weltberühmten, unsterblichen
Naumburger Sandsteinfiguren."

Hans Sterneder

Der Naumburger Dom und seine berühmten Stifterfiguren haben Sterneders Geist in ganz besonderer Weise angezogen. Während seiner Wanderschaft 1909–1911 hat er mehrere Monate dort verbracht und sich ganz in ihren geheimen Zauber versenkt. Später schrieb er einmal, dass ihm in der Versenkung in diese Figuren die geistigen Zusammenhänge offenbar wurden, die er als „Bauhütten-Geheimnis" bezeichnete. Mit dieser kleinen Erzählung hat er dem steinernen Denkmal ein literarisches an die Seite gestellt.

Mit der Eindringlichkeit ehrfürchtiger Liebe gestaltet er Schicksal und Idee eines edlen Menschentums, das, in unvergänglicher Form zu Stein geworden, als ewiges Symbol über uns Macht hat. Es ist ein Seelendrama von erschütternder Wucht, das diese Menschen erlebt und erlitten haben und das in Sterneders ergreifender Erzählung von Utas Sehnsucht und Liebe mit einer Anschaulichkeit, wie sie nur die Legende besitzt, den Leser in ihren Bann schlägt.

Tierkreisgeheimnis und Menschenleben

Astrologisches Sachbuch, 1956

„Der Tierkreis ist aus der Denkweise der Frühmenschen entstanden und nicht aus der unsrigen! Die Denkweise unserer Zeit heißt noch immer: Die Schöpfung und unsere Welt ist in ihrem Urgrund stofflich. Der Stoff ist alles. Die Denk- und Erlebensweise der Frühzeit war genau umgekehrt: Sie sagte: Der Urgrund aller Schöpfung ist Gott. Der ganze Weltenraum ist von Gott durchdrungen und erfüllt. Der Geist ist in Ewigkeit das Primäre. Darum müssen die Menschen zur Natur, zum gottesgründigen Geheimnis der Schöpfung und des Lebens zurückkehren."

Hans Sterneder

Für Sterneder war der Tierkreis das zentrale Element seiner Lehre vom Menschheits-Urwissen. Im Tierkreis erkannte er das älteste Wissen der Menschheit, ihren heiligen Lebensboden.

In diesem Sachbuch der besonderen Art, das man neben dem „Wunderapostel" getrost zum Hauptwerk des Dichters rechnen darf, legt er in unnachahmlicher Weise die Zusammenhänge des Lebens dar. Es ist eine eindrucksvolle Zusammenschau des zwölfstufigen Weges alles irdischen Lebens auf der Basis des Tierkreises. Alle irdische Entwicklung und auch die geistige Entwicklung des Menschen führt Sterneder auf die gleichen urgöttlichen Gesetze zurück. Ein Meisterwerk astrologisch-spiritueller Sinndeutung.

Die große Verwandlung.

Mysterienspiel über den Einweihungsweg, 1958

„Mein Mysterien-Spiel will dem Menschen – der der König des Lebens sein sollte – jenen uralten und einzigen „Königlichen Pfad" der Selbstbefreiung aufzeigen, damit jeder, der sich nicht mit bloßem Ächzen und Stöhnen begnügen, sondern die gewaltige Tat der „Großen Verwandlung" und der Ich-Befreiung vollziehen will, ihn gehen und sich erlösen kann. Denn nur in dieser bewussten Selbsterlösung liegt der Schlüssel zum Menschheitsglück und Erdenfrieden!"

Hans Sterneder

Hans Sterneder zeichnet in seinem Mysterienspiel den Weg des Menschen vom machtberauschten Sklaven finsterer Triebe zum klarbewussten König des Lebens, zum Hüter des Heiligen Gral.

Die Figur des Königs steht stellvertretend für jeden Menschen, der sich aufmacht, den „königlichen Pfad" zu gehen, aber auch stellvertretend für die ganze Menschheit, die sich früher oder später aus ihrer Stoffgefangenschaft lösen und den Weg zurück zu Gott gehen muss.

Der Weg, den der König geht, ist ein innerer Weg, der den Prozess der Selbsterkenntnis veranschaulicht. Vom ersten, leisen Ahnen bis hin zum bewussten Überwinden, zum gezielten Streben nach Vollkommenheit. Dieses Buch ist ein Juwel und ein einzigartiger Aufruf zu wahrem Geistleben.

Das kosmische Weltbild

Zwei Aufsätze, 1963

„Es gibt in aller Ewigkeit nur eine Wahrheit, von der die Menschen mehr oder weniger oder ganz sich entfernen können, so wie in unserer heutigen Zeit. Aus dieser ewigen Urerkenntnis erblühten alle Hochkulturen der Völker der Erde. Sie ist der ewige Lebensboden der Menschheit.“

Hans Sterneder

„Das kosmische Weltbild“ gehört zum Spätwerk des Dichters. Hier hat Hans Sterneder der geist- und herzlosen materialistischen Weltanschauung unserer Tage ein geisterfülltes und auf den Ursprung alles Lebens ausgerichtetes Weltbild entgegengestellt, das den kosmischen Zusammenhängen des Seins und der geschichtlichen Entwicklung der Menschheit Rechnung trägt.

Herzstück dieses Buches ist ein Vortrag, den der Dichter an der Universität Tübingen gehalten hat und in dem er in kurzen Zügen die Entwicklungsgeschichte der Menschheit aufrollt und in Beziehung setzt zum kosmisch-geistigen Urwissen.

Ergänzt wird der Vortrag durch einen Aufsatz, den Sterneder etwa zehn Jahre früher verfasst und an der Zäsur zu einer neuen Schaffensperiode angesiedelt hat.

Also spricht die Cheopspyramide

Einweihungsroman, 1968

„Was ist das Leben? Das ganze Denken der Gelehrten müsste einzig nur auf diese Frage aller Fragen, diese Urfrage der Schöpfung gerichtet sein. Auf die Frage, was dieses hohe, heilige, nahezu göttlich-gewaltige Leben ist, das alles weiß, alles plant, alles baut, alles trägt, erhält und unverlierbar behält! Das nicht sichtbar ist, das nicht greifbar ist, das überhaupt nicht zu sein scheint – und das dennoch die urgründigste Wirklichkeit sein muss, himmelhoch über die scheinbare Sinnenwelt der stofflichen, hinfälligen Körper hinaus!"

Hans Sterneder

„Also spricht die Cheops-Pyramide" erschien kurz vor Sterneders 80. Geburtstag und ist ein klassischer Einweihungsroman. Mit ihm kehrt der Dichter zurück zu den Wurzeln seines spirituellen Schaffens. Ähnlich wie im „Wunderapostel" 40 Jahre zuvor erzählt er von einem nach Wissen und Erkenntnis strebenden jungen Mann, der einem geheimnisvollen Adepten begegnet und von ihm in wunderbarer Weise in das Menschheits-Urwissen eingeführt wird.

Ein alter Ägypter enthüllt dem deutschen Ingenieur Oswald Niebergall das versunkene Menschheits-Urwissen und zeigt auf, dass in ihm allein die Antwort auf das brennende Forschen nach dem Sinn des Lebens zu finden ist. „Also spricht die Cheops-Pyramide" ist das wundervolle Meisterwerk eines begnadeten Dichters und das Vermächtnis eines großen Mystikers.

Hans Sterneder
Der Dichter des „Wunderapostels“
Anfang der 1920er Jahre

Hans Sterneder:

Mein Weg zum Wunderapostel

(aus einem gleichnamigen Faltblatt aus den 1920er Jahren)

Als Kind war ich fromm, doch als ich zum Jüngling heranwuchs, begann ich zu grübeln. Dinge und Lebensumstände, die ich mir nicht zu erklären vermochte, und die Lehren der materialistischen Naturwissenschaften zogen mich als blutjungen Menschen in ihren Bann.

Ich las Darwin und Haeckel, revoltierte immer stolzer und freute mich, dass es ohne Gott ging! Ich erinnere mich heute noch, was es mir für eine Genugtuung bereitete, Gott zu entthronen und mit dem „guten alten Märchen“ der Bibel „aufzuräumen“!

Ich glaube, mehr oder weniger stark macht diesen Kampf jeder Mensch durch, in dem es innerlich überhaupt brennt, der nicht blind und stumpf durch das Leben geht. Und dieser Prozess ist geradezu notwendig, denn wer sich das bewusste Gotteswissen erringen will, muss das bloß gefühlsmäßige Gottesahnen von sich tun! Wohl dem, welchem bei diesem ungeheuerlichen Kampfe die Natur Helferin ist! Ich meine: der Sinn für die Herrlichkeiten und Schönheiten der Natur hat.

Wer in meinem „Wunderapostel“ das achte Kapitel liest, der wird sehen, dass eine einzige Blume, wenn sie nur liebevoll und tief genug betrachtet wird, nicht nur die Gewalt des Lebens, sondern auch mit unentrinnbarer, zwingender Wucht die Existenz Gottes zu künden vermag.

Diese innige und tiefe Hingabe an die Natur brachte mich

immer mehr in Zwiespalt mit den scheinbar so stolzen Lehren des Materialismus, der an das Ende seiner Forschungen stets sein verzweifelt dumpfes Ignorabimus – wir können es nicht wissen – setzte, und es gerade dort setzen musste, wo die Rätsel des Lebens verborgen waren, wo die unsichtbaren Webstühle Gottes am Werk sein mussten, die all diese herrlichen Daseinsformen bauten und schufen.

Wohl vermochte ich bald den Wahn des Materialismus von mir zu tun, der nur die Gehäuse des Lebens durchforscht, von diesem selbst aber nichts wusste; aber ich stand nun einsamer, ärmer und verzweifelter da, wie in den Zeiten meiner Gottabkehr, denn ich fühlte nun das Göttliche – fand aber keinen bewussten Weg zu ihm.

Und um mich blühten die Blumen, sangen die Vögel, erlebten Menschen Leid und Freud und Tod, über mir kreisten die Sterne, und alles, alles rief mir zu, dass in ihnen der Pulsschlag des Lebens hämmere, durch sie die Harmonien des Kosmos pulsten, göttliche Weisheit dahinter am Werke sei.

Und ich konnte die Weisheit nicht ergründen, nicht hinter die Webstühle Gottes treten!

Auch die Philosophie, der ich mich gleichzeitig zugewandt, löste das Rätsel des Lebens nicht, denn sie war ja letzten Endes nur Spekulation – obendrein Individualspekulation.

Da warf ich mich in meiner Not über die Bibel. In dem Heiligen Buche musste eine Gewalt sein von unerhörter Macht, da es Jahrtausende bestehen konnte. Es gab aber nur eine Gewalt, welche dies vermochte: die Wahrheit!

Und mir war es, als ob sich ungeheure Geheimnisse, seltsam verschleiert, hinter ihrer testamentarischen Wortschönheit verbürgen. Aber die Geheimnisse sprangen von selbst nicht auf!

Da versenkte ich mich in die mittelalterlichen Mystiker, in die uralten heiligen Bücher Indiens, und überall wuchtete es mir mit Urweltengewalt entgegen: Gott, Gott, Gott! – diese Bücher wiesen mir die Bibel als den heiligen Schrein tiefsten kosmischen Naturerkennens, Gottwissens.

In dieser Zeit höchster Seelenkämpfe trat ein Mensch in mein Leben, ein Großer der Erde, ein gewaltiger, weltüberwindender, indischer Meister, dem, wie Shakespeare sagt, Dinge zwischen Himmel und Erde offenbar waren, von denen sich unser Menschenhirn nichts träumen lässt. Und nun begannen die großen Jahre meines Lebens. Weise führte er mich in die Geheimnisse der Natur. Rätsel um Rätsel sprang auf, immer gewaltiger enthüllte sich das Geheimnis des Lebens, das keine Wissenschaft durch ihre Methode zu lösen vermag! Im „Wunderapostel" ist davon so viel niedergelegt als notwendig ist, um den Sinn des Lebens und der Schöpfung zu enthüllen. Ich weiß, dass dies ein Teil der Ewigen Wahrheit ist, jener Wahrheit, von der die heiligen Schriften Chinas, die Upanishaden, Veden und die Predigten Buddhas künden, die uns aus der Bibel, den Büchern Moses und den Evangelien entgegentönt; der Wahrheit, von welcher Hermes, Plato, Keppler, Paracelsus, die großen Mystiker Eckhart und Jakob Böhme und der große Eingeweihte Goethe wussten und sprachen.

Und die den Völkern aller Zeiten bewusst war, solange sie nicht in die Nebeltäler des Materialismus versanken und dadurch das Licht der Erkenntnis verloren.

Es ist vielleicht das Tragische in der Menschheitsgeschichte, dass die Menschen, die seit Urtagen glühend nach jener Ewigen Wahrheit suchen, diese allezeit blindwütig von sich stießen, so sie sich ihnen in den verschiedensten Hüllen nahte!

Alchemie war Torheit, Astrologie lächerlicher Aberglaube, Schicksal und Gesetzmäßigkeit in allem Geschehen Altweiberwahn! Wie viel besser würde jeder Ablehnende gehandelt haben und auch heute noch handeln, wenn er das eine getan hätte, das einzig ein Recht zu urteilen gibt: wenn er sich durch eingehendes und sorgfältiges Studium selbst überzeugte.

Was alle Wissenschaft nicht zu entschleiern und zu geben vermag, verleiht die Hingabe an die Ewige Wahrheit: Erkennen des heiligen Kreislaufes des Lebens und der Wechselbeziehung alles Seienden vom Kleinsten bis zum ganzen Kosmos und damit Halt in sich und Halt im Weltall. Sie zerstört den Wahn vom blinden, sinnlosen Zufall, unter dessen Herrschaft nichts bestehen könnte, und richtet mit sieghafter Majestät das strahlende Königreich der göttlichen Weltenordnung von Ursache und Wirkung, dem Schicksal, auf. Dies aber führt zu des Menschen höchsten Gütern: zu Lebensehrfurcht, Lebensbeglückung und zu tiefem inneren Frieden.

Um meinen Brüdern in Zeiten schwerer Seelennot diesen Frieden zu bringen, schrieb ich den „Sonnenbruder“ und den „Wunderapostel“. Möchten diese beiden Bücher Vielen Erlösung werden!

Wer ist der Wunderapostel?

Der Wunderapostel ist die zentrale Gestalt in Sterneders Anfang der 1920er Jahre geschriebenen Romanen „Der Sonnenbruder" und „Der Wunderapostel". Hauptfigur der Bücher ist Beatus Klingohr, Sohn eines Geigenbaumeisters aus dem Erzgebirge. Die Geschichte beginnt im Sommer 1857 und spielt im Vagabunden- und Landstreicher-Milieu.

Durch glückliche Umstände hatte Beatus schon früh Ruhm und Reichtum erlebt und die Gipfel weltlichen Erfolges erklommen. In ganz Europa war sein Name bekannt geworden. Doch dann hatte ein Schicksalsschlag ihm alles zunichte gemacht. Schmerz und Verzweiflung hatten ihn hinausgetrieben auf die Landstraße. Heimatlos war er umhergezogen, ohne Ziel, ohne Perspektive und ohne inneren Frieden. Immer auf der Flucht vor sich selbst, vor seinen eigenen, bitteren Erinnerungen.

Da hörte er eines Tages von einem Mann, den alle den Wunderapostel nannten und der über ungewöhnliche Kräfte und Fähigkeiten verfügen sollte. Beatus schöpfte Hoffnung. Er wollte den geheimnisvollen Mann finden und sich ihm anvertrauen. Eine lange und gefährliche Suche begann.

Davon erzählt der erste Roman „Der Sonnenbruder".

Hier die Passage, in der Beatus Klingohr zum ersten Mal vom Wunderapostel hört. Ein anderer Walzbruder, Heini Vögeli, genannt der Vögeli-Heini, zeichnet von ihm das magisch-mystische Bild eines geheimnisvollen Zauberers:

„„Wenn du je dem Wunderapostel begegnen solltest, dann schau, dass du dich an den halten kannst. Von dem wirst du

Dinge erfahren und sehen – falls er dich an sich herankommen lässt – die dir jeden Zweifel nehmen werden.'

‚Der Wunderapostel, wer ist das?', fragte Beatus beinahe ungestüm.

‚Das ist ein geheimnisvoller Zauberer. Einige behaupten sogar, dass er aus Asien her ist. Ausschaun tut er danach. Und es heißt, dass er sein Lebtag auf der Landstraße gewesen ist.'

‚Wieso kommt er aber zu dem Namen Wunderapostel?'

‚Das ist sein Kundenname; der Name, den die Kunden[27] für ihn aufgebracht haben und unter dem man ihn weit und breit kennt. Wenn du nach Königsberg hinaufkommst und einen Kunden nach dem Wunderapostel fragst oder wenn du in Italien unten bist, überall wirst du erfahren, dass er gar wohl bekannt ist.'

Beatus lauschte gespannt.

‚Du musst wissen, dass er von unseren Leuten wie ein Heiliger und Weiser verehrt wird. Es gibt keinen zweiten Kunden, mit Ausnahme des Evangelisten, der so bekannt und verehrt ist und der solche Macht über die Walzbrüder hat wie der Wunderapostel. Denn er ist so weise, dass ihm alle geheimen Kräfte der Natur dienstbar sind. Es geht die Sage über ihn, dass er mit allen Pflanzen und Tieren im Bunde ist und all ihre Geheimnisse kennt.

Ja es wird sogar behauptet, dass er mit Pflanzen und Tieren reden kann, wie andere mit Menschen reden, und dass es darum nichts gibt in der Welt, was er nicht kann und weiß.

Sogar wo die Schätze unter der Erde liegen, sollen sie ihm sagen. Und es mag leicht sein, dass er zu jeder Minute Geld heben kann, denn es heißt, man habe ihn noch nie betteln sehen. Und einige schwören sogar darauf' – hier senkte Vögeli-Heini unwillkürlich seine Stimme zum Flüsterton – ‚dass er mit Geistern im Verkehr steht! Und so muss es wohl auch sein, denn er soll derartige Wunder an Kranken verübt haben, dass sie ohne die Hilfe der Unsichtbaren gar nicht möglich erscheinen. Einer erzählte einmal in der Penne, es war in Heilbronn, dass er ihm in den Wald nachgeschlichen sei und gesehen habe, wie der Alte einen Strauch berührte und sich aus diesem ein Wesen gelöst hätte, zu dem er lange gesprochen habe, und dass dieses schließlich durch die Luft davongeschwebt sei. So unfassbar das klingt, ich könnte es doch glauben, denn ich bin der festen Meinung, dass es für den Heiligen nichts gibt, das er sich nicht untertan zu machen wüsste.

Und sollte diese ganze Geschichte auch nur geflunkert gewesen sein, Tatsache ist, dass er durch Händeauflegen Schwerkranke gesund und Lahme gehend machen kann. Ich habe darüber den alten Evangelisten gefragt und der hat es mir bestätigt. Und was der alte Evangelist sagt, ist so wahr wie das Wort Gottes.'"[28]

Im zweiten Roman „Der Wunderapostel" begegnet Beatus Klingohr dem geheimnisvollen Fremden zum ersten Mal. Sofort hat er den Eindruck, es mit einem besonderen Menschen zu tun zu haben. Hier die entsprechende Passage im Roman:

„Auf diesem Antlitz lag die Hoheit, wie sie das Haupt weiser, sagenumwobener Könige längst verklungener Jahrtausende geziert haben mag, gepaart mit einer derart sonnenhaften Klarheit, die nur Auserwählte kennzeichnet, deren Geist in alle Höhen und Tiefen des Seins gedrungen, und dem sich Geheimnisse der Schöpfung geoffenbart, die sich den andern Sterblichen eifersüchtig verschließen. Der assyrisch gehaltene dunkle Bart, in dem die ersten Silberfäden spielten, unterstrich noch diesen Eindruck. So denken wir Menschen uns das Antlitz eines Erhabenen. Doch so sehr dieses Antlitz auch leuchtete, wurde es dennoch überstrahlt von dem blendenden Glanz zweier Augen, die so mächtig waren wie die Majestät der Sonne vor der Erhabenheit des Himmels.

Beatus war nicht fähig, sich zu bewegen. Wuchtig lag die

Ehrfurcht vor der Größe dieses Erhabenen, dem er sich so einfältig hatte nähern wollen, auf ihm und drohte ihn zu erdrücken. Gewaltig, wie eine Sturzflut, brach die Nichtigkeit seines Seins in ihn ein. Als er aber seine Blicke neuerdings auf die zwei milden Sonnen richtete und die unendliche Güte fühlte, die von diesem Gesichte ausging, war doch wieder eine unerklärliche, wohlige Ruhe in ihm und freudige Zuversicht senkte sich in sein Herz.

Die machtvolle Gestalt, die dem Gliederbau des hünenhaften alten Evangelisten nur wenig nachgab, ragte wie eine Säule gegen das Blau des Himmels. Das stark angegraute Haupt von den Strahlen der in seinem Rücken stehenden Sonne wie von einem Heiligenschein umspielt. So sah er lange ins Dorf hinab. Unten, neben dem fließenden Brünnlein vor ihrem Hause, gewahrte Beatus die anheimelnde Gestalt der alten Barbara Maatz. Es war alles so klein dort unten zu den Füßen der Gestalt vor ihm, die aufragte wie der heilige Leib eines Weltüberwinders.

Und die alte Barbara Maatz, die so klein da unten am Brünnlein stand, gab Beatus plötzlich gläubigen Mut, dass er sich leicht und freudig vom Boden erhob. Laut raschelte das Laub des alten Holderbaumes von Munderfing. Ruhig wandte sich der Wunderapostel um, und als er die Gestalt aus den Zweigen treten und über den mit Sternblumen übersäten Hang auf sich zukommen sah, legte sich ein so freudiges, gütiges Lächeln auf das Antlitz des heißgesuchten Meisters, dass es Beatus' Sinne verwirrte und sein Schritt unsicher wurde. Gleichzeitig aber war es ihm, als flute eine starke, bebende Welle von Liebe in sein Herz.

Ohne einen Laut über seine Lippen bringen zu können, trat Beatus vor den Wunderapostel, die Hände hilflos herabhängend, seine weit geöffneten Augen mit der ganzen Kraft seines Glaubens auf den Ersehnten gerichtet.

Doch wie vor einer überirdischen Erscheinung taumelte Beatus zurück, als der Wunderapostel die Arme öffnete und ihn mit den Worten an seine Brust zog:

‚Sei mir gegrüßt, Beatus, mein Sohn! Ich habe lange auf dich gewartet!'"[29]

Schnell merkte Beatus, dass er es hier mit keinem gewöhnlichen Menschen zu tun hatte, dass der Wunderapostel mehr war – ein Meister, ein Avatar, ein Heiliger. Der Wunderapostel selbst enthüllte sich ihm schließlich als einer jener Großen Brüder, jener Helfer der Menschheit, jener Meister des Fernen Ostens, der aus einem verborgenen Kloster des Himmalaya nach Europa gekommen war, um für sich und seine Brüder einen geeigneten Platz zu suchen. Denn die Großen Brüder wollten den Menschen des Westens in den bevorstehenden Erschütterungen der Weltenwende zur Seite stehen und ihnen helfen.

„‚Deshalb beschlossen sie, dass vorerst ein Bruder hinübergehen sollte, um die Seele der abendländischen Menschheit bis ins Letzte zu ergründen und die passendste Stätte zu suchen und zu bereiten für ihren Aufenthalt.

Die Wahl traf mich.'

Einen Augenblick, als verstünde er die Worte nicht, als vermöge er sie nicht zu erfassen, blieb Beatus regungslos, dann schleuderte es ihn förmlich von der Brust des Sprechers, und mit großen Augen starrte er den vor ihm Sitzenden an. So verharrte er eine Weile. Der Meister aber lächelte sein rätselhaftes, leises, seltsames Lächeln, das so gütig und mit irdischem Sinn nicht zu ergründen war, hob die Hand, die den großen Smaragd trug und legte sie Beatus auf die Stirne. Und der Jünger fühlte, wie Ruhe in ihn einzog, die an Gleichmut grenzte. Ihm wurde wundersam wohl und still in seinem Herzen.

Und der Erhabene fuhr fort:

‚So habe ich vor einer Zahl von Jahren das schweigsame Kloster verlassen und mich aufgemacht auf den Weg nach Westen. Ich bin durch ganz Europa gezogen, und unser gemeinsamer Freund, der Fürst der Zigeuner, hat mir dabei große Dienste geleistet. So habe ich die verschiedenen Strahlungen der abendländischen Erde und der Seelen ihrer Völker kennengelernt.

Es war mir selbstverständlich, dass ich die Stätte des kommenden abendländischen Klosters meiner ‚Großen Brüder' innerhalb der uns wohlbekannten gewaltigen Gebirgskette zu suchen hatte, die ihr die Alpen nennt.

Denn die hohen Gebirge tragen von Urtagen her Kräfte der Reinheit und heimliche Mächte des kosmischen Lebens in sich, von denen die heutige Menschheit noch nicht das Leiseste ahnt. Die Grate dieser Gebirge sind gewaltige Antennen, welche die kosmischen Kräfte des Alls in ganz besonderem Maße anziehen und in ihrem Leib bewahren.'"[30]

Leseproben

Sie sind doch rechte Komödianten, diese Menschen!
(„Der Sonnenbruder“, 4. Kapitel[31])

Auf den Holzzäunen hockten Gartenrotschwänzchen, die sich nicht genugtun konnten mit Knicksen und Kopfnicken, und aus dem Gezweig der Bäume rief ihm bald da, bald dort ein munterer Spottvogel gute Reise zu. Und als nun gar noch das selig schmelzende Flöten des goldleuchtenden Pirols im letzten Obstanger, ein Stück außerhalb des Dorfes, einsetzte, da wurde dem Walzbruder so überströmend froh im Herzen, dass er mit seinem Stock übermütig in der Luft herumfuchtelte.

Und plötzlich warf er das Ränzel ins Gras, zog seine Schuhe aus, steckte die Socken hinein, band die Schnürriemen zusammen und hing sie mit dem Ränzel über die Achsel. Dichter Staub lag auf der Landstraße und bald waren seine Füße ganz grau. Dies aber schien ihm solchen Spaß zu machen, dass er mit der ganzen Sohle aufpatschte. Immer wieder sah er mit schmunzelndem Gesicht auf seine Füße. Da bemerkte er, wie dick der Staub in den Wagengleisen lag, und schon marschierte er in ihnen, dass die Füße darin versanken. Wie prickelnd wohlig es in dem mollig durchwärmten Staubmehl zu gehen war! Als hätte es ein Bäcker in einer Riesenpfanne vorgewärmt. Und wie drollig die Sandkörnchen kitzelten! Das Allerköstlichste aber waren die immerfort zwischen den

Zehen aufsteigenden, sonndurchflimmerten, tanzenden Staubsäulchen. Er konnte sich gar nicht genug satt freuen daran und wäre beinah in ein Ochsengespann hineingerannt, wenn der Knecht dem sonderbaren Kauz, der da mit gesenktem Kopf, eine ganze Fahne hinter sich herwehend, im wirbelnden Staube trappte, nicht im letzten Augenblick ein kräftiges „Öhöö“ entgegengerufen hätte. Und der Knecht hatte guten Grund, „Närrischer Teufel“ vor sich hin zu brummen, denn als er sich nach ihm umwandte, sah er ihn bereits wieder im Wagengleise mit hochgekrümmtem Rücken und zu Boden gesenktem Kopf Staubwolken aufwirbeln. Beatus Klingohr aber freute sich an den Staubsäulchen, die besonders neben der großen Zehe aufpufften, als hätten sie selber ihren springlebendigen Spaß daran. Und war es denn nicht auch wunderbar! Oft tanzten ganze Sonnenstrahlen in den wirbelnden Körnchen und gleich wieder sah es aus wie kreisende, winzige Welten. In seinem Frohmut kam ihm der Gedanke, unheimlichen Aufruhr anzustiften. Und schon verrichteten seine Füße gewaltige Pflugarbeit. Aber ein Fuß ist kein Pflug, und als die linke große Zehe unerwartet an einen im Staubmull vergrabenen Stein anstieß, dass vor seinen Augen Funken stoben, zuckte das glückselige Walzbrüderlein so jäh zusammen, dass die an ihm vorbeischießende Schwalbe gar nicht begreifen konnte, weshalb es mit seinem rechten Beine plötzlich so seltsam ins Knie schnappte und das linke verschnörkelt beinah bis zum Kinn hinaufzog. Eben hatte der Mensch noch so heiter getan und nun schnitt er Grimassen, dass es zum Gotterbarmen war. Sie sind doch rechte Komödianten, diese Menschen! Und die Schwalbe schoss weiter, mit offenem Schnabel kunstgerecht Insekt um Insekt im gleitenden Fluge haschend. Es konnte sich aber vielleicht verlohnen, so ein Menschlein wieder einmal genauer zu beobachten. Und so drehte die Seglerin und schoss zurück.

Richtig! Da seht euch den sonderbaren Kauz an! Hat sich in den Straßengraben gehockt, hält die linke Großzehe in beiden Händen und drückt an ihr derart aus Leibeskräften, scheint's, dass er vor Schmerz die Augen zukneifen muss. Was das für einen Sinn haben soll, das weiß der liebe Gott! Sind doch manchmal arg verrückte Querköpfe, die Menschen!

Beatus Klingohr aber ist so angelegentlich mit den Signalzeichen beschäftigt, die seine große Zehe zum Hirn hinauffunkt, dass er die neugierige Schwalbe gar nicht bemerkt. Diese aber stellt ihrerseits fest, dass die Schmerzgrimassen, die der ulkige Mensch aus einem unbekannten Grunde zieht, allmählich abflauen, während jener feststellt, dass die so unliebsam angerempelte Großzehe ganz wesentlich anschwillt.

Schließlich ist es, wie es immer ist. Geduld ist die größte Tugend – aber wer übt sie beharrlich! Und so scheint auch der Mensch da für seine Übungen nicht die nötige Ausdauer zu haben, denn plötzlich probiert er ganz merkwürdige Dinge mit der Zehe, vergisst vollkommen seine Grimassen, die er doch üben wollte, fährt in der Luft herum mit ihr, lässt sie knicksen und turnen und tupft sie dann mehrmals ganz vorsichtig auf die Erde. Was der Unsinn bedeuten soll, ist ja nicht herauszukriegen – es ist dies für gewöhnlich auch schwer, wenn eben keine rechte Ursache zu finden ist, die dem Gebaren zugrunde liegt. Doch so viel ist der Schwalbe klar: Der Mensch hat wie immer keine Ausdauer, wird schließlich der Sache überdrüssig und setzt seine Reise fort.

Kindisch und wenig dem wahren Lebensernst zuneigend, wie dieser Mensch schon zu sein scheint, lässt ihm aber der Übermut auch jetzt keine Ruhe. Statt sich seiner geraden Glieder zu erfreuen, muss er einen Hinkenden nachäffen! Aber er hat das gut weg; er macht es äußerst gelungen, wie er auftritt und den Stock setzt. Schließlich aber hat eine Schwalbe Wichtigeres zu tun, als hinter solchen Unsinnigkeiten herzufliegen, und so weiß sie nicht, was dieser Kauz noch alles getrieben haben mag.

Der hinkte noch eine Weile kläglich, fürsorglichst selbst dem kleinsten Steinchen ausweichend, verfiel aber allgemach wieder in strammen Wanderschritt und hatte seine Augen bald links, bald rechts von der obstbaumgesäumten Straße. Ringsum dehnte sich weites, hügeliges Fruchtland, das nach Süden zu die Wälder auseinanderdrängte und gelbe Gerste und grünen Klee die Hänge hinaufschob. Hinter diesen Wäldern ragten die hohen Vorberge der Alpen auf, auf deren Abhängen das gleißende Licht des heißen Sommertages wie ein zarter Silberhauch lag. Wahllos hingestreut im weiten Bauerngau lagen Dörfer, durch versteckte Straßen verbunden, die man nur an den endlosen Obstbaumzeilen erriet. Und allerorts Landvolk mit Pferde- und Ochsengespannen, die abgeernteten Kornfelder umpflügend.

Und über diesem üppigen Fruchtland brütet glühheiße Sonne, unter der alles reift, und große, weißballige Wolken schweben regungslos am tiefblauen Himmel.

Beatus ist so heiter wie der Tag selber und pfeift sich ein Lied ums andere.

Die Königin der Nacht

(„Der Wunderapostel", 11. Kapitel[32]*)*

Behaglich sitzen Meister Leonhard Burkhard, sein Freund, der Oberlehrer Konrad Hahn, und Maria im Obstgarten am Wehrgang draußen beim Rödertor. Lau ist der Abend, und der Mond scheint anheimelnd durch die Kronen der Bäume.

Sie haben sich Tisch und Stühle aus dem Gartenhäuschen vor die Kakteensammlung getragen und warten geduldig auf das lautlose Aufbrechen der keuschen Wunderblüte. Die Männer haben rubinleuchtenden Wein in den Gläsern und daneben einen großen, grün glasierten Krug.

Sie reden von den drei seltsamen Wanderern. Von dem rätselhaften Alten. Geben sich den buntesten Vermutungen hin.

Plötzlich schellt die Gartenglocke durch die Stille. Überrascht blicken sich die drei fragend an. Dann erhebt sich Leonhard Burkhard kopfschüttelnd und verschwindet unter den dunklen Bäumen.

Er prallt fast zurück, als er dem geheimnisvollen Fremden mit seinen beiden Begleitern gegenübersteht.

Beatus lüftet den Hut und redet ihn mit den Worten an:

„Verzeihen Sie unsere Störung! Aber man hat uns gesagt, Herr Oberlehrer Hahn befände sich hier in diesem Garten; dürfte ich einige Worte mit ihm reden?"

Der Bäckermeister, dem noch immer der Schreck in der Kehle steckt und den dabei doch etwas wie stolze Freude durchfährt, bejaht dies und bittet sie, hereinzukommen. Rasch verriegelt er die Pforte hinter den Eintretenden.

Herzlich geht Beatus Klingohr auf den mittelgroßen, graubärtigen Mann zu:

„Herr Oberlehrer, Sie sind mir längst ein guter Bekannter!

Ich soll Ihnen herzlichste Grüße bestellen von Ihrem lieben Vater aus Bernau!"

„Was, von meinem Vater? Sie kennen meinen guten, alten Vater?"

„Und ob ich ihn kenne!", antwortet Beatus mit warmer Stimme. „Ein treuer Freund ist er mir! Ungefähr vor Jahresfrist bin ich das letzte Mal bei ihm gewesen. Die Stunden, die ich in seinem Hause verbracht habe, gehören zu den kostbaren meines Lebens."

Da sieht ihn der Oberlehrer überrascht an und ruft aus:

„Ja, dann sind Sie am Ende gar der Beatus?"

Und als der Angeredete stumm nickt, breitet Konrad Hahn seine Arme weit aus und drückt ihn stürmisch an seine Brust.

„Seien Sie mir herzlich willkommen in Rothenburg, mein lieber Beatus!"

Und ihn an den Händen haltend und treuherzig ansehend:

„Und nehmen Sie es mir nicht übel, dass ich Sie so anrede wie mein Vater! Aber Sie müssen wissen, ich war heuer über Ostern bei ihm unten und er hat mir so viel von Ihnen erzählt, dass Sie mir wie ein Bruder geworden sind!"

Erstaunt und verwundert gucken die beiden Burkhardischen auf die zwei, die auf so seltsame Art miteinander bekannt sind.

„So lebt er also noch, mein alter, guter Hahnvater?", kam es freudig von Beatus' Munde.

„Ja und ob er lebt! Er ist seit Jahren nicht so frisch gewesen!"

So gibt ein Wort das andere und Leonhard Burkhard, der die Gastlichkeit und Gutmütigkeit selber ist und eine angenehme Gesellschaft über alles schätzt und es als einen ganz besonderen Glücksfall empfindet, den geheimnisvollen Alten in seinem Garten zu haben, lädt sie, sich ehrerbietig an den

Wunderapostel wendend, ein, seine Gäste zu sein und, falls sie Lust hätten, das Aufbrechen der Blüten der Königin der Nacht mitzufeiern.

Würdevoll nickt der Wunderapostel. Im Nu stehen weitere Stühle um den Tisch, füllen sich die neuen Gläser mit würzigem Wein.

Wie stolz und erstaunt ist aber der Bäckermeister, als der königliche Fremde eingehend die große Kakteensammlung betrachtet und jedes ihrer kostbaren Exemplare mit lateinischem Namen zu nennen weiß, Namen, die nicht einmal der Oberlehrer kennt, und von Eigenschaften und Heilkräften berichtet, von denen ihr Besitzer nicht das Leiseste geahnt. Wie ein lernfrohes Kind hört er zu und sein Herz hüpft ihm dabei immer lebendiger im Leibe.

In einer Viertelstunde hat er mehr der Wunder erfahren, als er an seinen Pfleglingen in zwei Jahrzehnten beobachtet. Staunen erfüllt alle Zuhörer, wie stets, wenn der Weise spricht.

Der sieht zum Mond empor, neigt sich zur Königin der Nacht und sagt nach kurzem, prüfendem Blick:

„Wir wollen nun scharf die Knospe hier beobachten! In kaum fünf Minuten werden die gelben Kelchfähnchen sich zu bewegen beginnen.“

Alle verlassen ihre Plätze und stellen sich dicht vor die mannshohe, schlanke Säule, gespannt auf die Knospe blickend, die sich ungefähr in halber Höhe befindet. Da geht auch schon ein leises Zerren durch die vielen goldgelben Lanzettblättchen, ein Zucken läuft mehrmals durch sie und behutsam öffnen sich die Kapselbänder wie zahlreiche zum Himmel erhobene Finger. In schneeiger Keuschheit liegt die Krone im Ring der goldenen Hüllblätter. Nach geraumer Zeit öffnet sich mit leisem Ruck der Kelch. Langsam, ganz, ganz langsam lösen sich die weißen Blätter, spreiten sie sich, offenbart sich ein himmlischer Stern! Doch so herrlich das Erleben bisher war, das Göttlichste erschließt sich erst jetzt ihren Blicken. Ein goldgelber Kranz von langen, fadendünnen, leise erzitternden Staubgefäßen richtet sich auf zu einem himmlischen Kronenreif, in inbrünstiger Liebe die sternförmige Narbe umgebend, die nun in silbriger Mondnacht dem heiligsten Mysterium des Lebens entgegenharrt. Dazu entströmt dem Kelch ein unirdischer Duft, dass alle wie beklommen sind. Atem des Göttlichen umweht sie.

Sie wissen nicht, wie lange sie geschaut, wie sie sich gesetzt. Sie hören nur plötzlich die Stimme des würdevollen Fremden, welche durch die Stille der Nacht klingt, als käme sie von weit her; Raunen von oben.

Und die Stimme redet also:

„Groß ist die Stunde, Brüder, die ihr erlebt. Größer als ihr es trotz der Schauer, die eure Seelen durchfließen, ahnt! Wir haben das Mysterium des Lebens geschaut. Wir haben die Offenbarung vom Sinn des Lebens mitgefeiert.

Wer von euch hat es begriffen? Wer von euch hat das Walten der ewigen Macht erfasst?

Alle aber fühlen wir ein Erschauern in uns, die grenzenlose Ehrfurcht vor dem Geheimnis des Lebens! Und uns allen ist es, als wären wir der Gottheit selber nahe gewesen, als hätte uns der Hauch ihres Odems berührt! Ja, Brüder, groß ist die Stunde und heilig!

Groß und heilig ist das Mysterium des Blühens!

Sieben Jahre in Gleichmut stand diese unscheinbare, beinahe unschöne, stachelbewehrte Stange. Wäre sie nicht Jahr um Jahr ein Stück größer geworden, wahrlich, man hätte nicht gewusst, dass sie lebte! Was ging all die sieben Jahre in ihr vor? Was fühlte sie, was ersehnte sie? Was wissen wir von ihrem Streben? Und plötzlich weiß sie, dass ihre Zeit da ist, treibt sie eine Knospe, bildet sie eine Blüte von nicht mehr irdischer, sondern himmlischer Schönheit! Ist das nicht Zauberei?!

Gedankenlos blickt der Mensch gewöhnlich auf die Blüte. Die aber, die in der heutigen Zeit noch Sinn und Liebe für ein Blütenwunder haben, die es noch zu beglücken, denen es noch ein Erlebnis zu sein vermag, die nehmen es dankbar als ein Geschenk der Natur.

Und doch müsste jede einzelne Blüte auf Erden, wo immer sie steht, die Menschen mit Unruhe erfüllen und in ihnen ein Ahnen erwecken, das sie, wenn sie sich noch Zeit nähmen für die unauffälligen Predigten Gottes und sich diesem Ahnen tief genug hingäben – unentrinnbar in den Schoß der Gottheit führen würde!

Wenn alle Gotteshäuser der Erde versänken und alle heiligen Bücher verloren gingen, vermöchte allein diese eine Blüte dem, der willens ist zu hören, Kirche und Buch und Predigt des Priesters zu ersetzen, vermöchte ihn fromm zu machen und demütig. Denn wer sich der Sprache dieser Blüte hingäbe mit aller Inbrunst, der würde den Ewigen selber schauen!

Die Menschen aber haben so wenig Zeit mehr für das Göttliche – und Gottes Predigten sind ganz, ganz leise, denn der Ewige liebt es, keinen Lärm zu machen.

Viele aber fragen mit Spott und Geringschätzung, wo denn das Göttliche zu suchen und zu finden sei – denn sie seien ihm nirgends begegnet. Und sie lachen und sagen, Gott sei lange, lange gestorben. Und sie sagen, dass es nichts Göttliches in der Welt gebe, die Seele ein bloßes Gerede wäre und das Leben nichts anderes sei, als das Ergebnis aus Kraft und Stoff.

Wie arm ist die Welt geworden, wie leer an Licht die Herzen solcher Menschen! Ihnen ist das Leben kein Wunder mehr, ihnen ist das Sein ein Jammertal. Freudlos ist ihr Weg.

Wie anders dagegen jener, der sich dem Raunen der Natur

noch hinzugeben, der noch zu hören vermag! Er sucht das Wunder nicht in den Winden, er richtet sein Auge nicht in die Fernen – er fühlt den Hauch des göttlichen Lebens allüberall, sieht ringsum das Wunder, fühlt sich eins mit allem Seienden und in dieser Gemeinsamkeit innig verbunden mit Gott.

So kommt und lasset uns mit feinem Ohr hinhören, was diese königliche Blüte predigt!“

Hier hält der Sprecher ein, als wolle er seinen ehrfürchtig lauschenden Hörern Gelegenheit geben zur Kraftsammlung für neues Erleben.

Welten kreisen

(„Die große Verwandlung“, Prolog[33])

ERZENGEL MICHAEL, ganz in Eisen, Helm auf dem Kopf, große Flügel, das mit beiden Händen gehaltene Schwert vor sich gestellt:

Welten kreisen,
Engel preisen,
Lichtschein schwinget
durch das weite Himmelszelt.
Und der Liebe Lied durchdringet
ewiglich die ganze Welt.
Alles geht die Bahn des Friedens,
und die großen Sterne schreiten
durch das goldne Maß der Zeiten
mit dem wohlbemess'nen Schritte
um des Weltenrundes Mitte,
wo auf hohem Herrscherthrone
sitzt die Gottheit mit der Krone.
Alles ist von Glück erfüllet,
und die Welt ist eingehüllet
in des Schöpfers große Gnad.
Und wie sanfter Himmelsregen
strömt des Vaters heiliger Segen
auf die Kreatur herab.
So ist einst die Welt gewesen.
Eingehüllt war jedes Wesen
durch den hehren Bruderklang
in der Einheit Hochgesang.
Und in diesem Liebesreigen,

dem sich höchste Engel beugen,
vollführte unterm Himmelsglanz
der reine Mensch den Lebenstanz.
Doch weh, wohin sind
Liebe, Fried und Glück gekommen?
Weh, weh, sie sind in Nichts zerronnen
vor Machtbegier und Geldessucht,
vor Seelenmord
und Brudermord.
Die Gottesehrfurcht ist dahingeschwunden,
und klaffend steht mit tausend Wunden
die Menschheit auf dem Erdenfeld.
Und sündiglich ist ganz entstellt
ihr einst so lichtes Angesicht.
Der Finsternis hat sich der Mensch geeint.
Der Erden-Engel schmerzlich weint.
Die ganze Welt im Blute liegt,
vom Irrsinn schauerlich durchpflügt.
Die Menschheit steht in schwerer Schuld,
von Satan heftiglich umbuhlt,
und schreit in bitterarger Not
empor zu ihrem einst'gen Gott.
Dass Er sie von der Pein befrei
und ihrem Herzen die Erlösung sei.
Er sie in ewigen Frieden hebe
und sie im alten Paradiese lebe.
Doch Gott ist stumm
und regt sich nicht.
Streng steht auf Seinem Angesicht
das unbestechlich' Weltgericht.
Und dieses spricht das Weltgericht:
Wer sich verfehlt,
muss sich erlösen!

Wess' Schuld gezählt,
der muss dem Bösen
schwören ab!
Lasst drum den Staub
und heget die Liebe,
seid nimmermehr Raub
dämonischer Triebe!
Vollziehet mit Lust
die heilige Handlung,
öffnet die Brust,
vollführt die Verwandlung.
Steiget hinab zu euerer Seele,
damit sie euch wähle
und führe zum ewigen Gotte zurück!
Dann habt ihr den Segen,
dann habt ihr das Glück ...
Damit alles ihr schauet,
und tief euch erbauet,
und jeder sich stärk
zum erhabenen Werk,
so sehet und höret das Spiel!
Es zeigt euch die Irrung,
es weist die Entwirrung,
es führt euch zum Ziel.

Anmerkungen

1 Weisse, Diss., S. 20.
2 Weisse, Diss., S. 23.
3 Alles aus Buchempfehlungen Staackmann-Verlag 1927.
4 Potthoff, Sonnenbruder, S. 414.
5 Alles aus Buchempfehlungen Staackmann-Verlag 1930.
6 Dietrich, Wunderapostel, S. 136.
7 Fail, Diss., S. 91 f.
8 Sauser, Hans Sterneder, Sp. 1423 f.
9 Wilpert, Dichterlexikon, S. 767.
10 Vierhaus, DBE, S. 518.
11 Sandner, Mensch und Kosmos.
12 Weisse, Diss., S. 21.
13 Sterneder, Wunderapostel, S. 464.
14 Sterneder, Wunderapostel, S. 149 f.
15 Sterneder, Cheops-Pyramide, S. 74.
16 Weisse, Diss., S. 19
17 Weisse, Diss., S. 30.
18 Weisse, Diss., S. 31
19 Sterneder, Weltbild, S. 51–54.
20 Sterneder, Cheops-Pyramide, S. 56–58.
21 Sterneder, Weltbild, S. 56–58.
22 Sterneder, Verwandlung, S. 9.
23 Sterneder, Weltbild, S. 9.
24 Weisse, Diss., S. 33–34.
25 Aus Buchempfehlungen Staackmann-Verlag 1928.
26 Herbermann, Sommer im Dorf, S. 154.
27 Kunden = die reisenden Handwerksburschen der damaligen Zeit

28 Sterneder, Sonnenbruder, S. 102 f.
29 Sterneder, Wunderapostel, S. 35 f.
30 Sterneder, Wunderapostel, S. 467 f.
31 Sterneder, Sonnenbruder, S. 76-80.
32 Sterneder, Wunderapostel, S. 211-215.
33 Sterneder, Verwandlung, S. 13-15.

Bildnachweis

Alle Fotos stammen aus dem Nachlass Hans Sterneders im Franz-Michael-Felder-Archiv der Vorarlberger Landesbibliothek, Bregenz.

Buchumschlag
S. 9
S. 19
S. 33
S. 53

Literaturverzeichnis

DIETRICH, F. (Theodor Czepl) (1969): Der „Wunderapostel" des Wassermann-Zeitalters. Zum 80sten Geburtstag Hans Sterneders. In: Die andere Welt – Monatsschrift für geistiges Leben u. alle Gebiete der Geisteswissenschaften, Jg. 11, H. 2, S. 136–140.

FAIL, HELENE (1942): Hans Sterneders religiöse Dichtungen. Dissertation. Wien.

HERBERMANN, NANDA (1931): Sterneder, Hans: Sommer im Dorf. In: Der Gral. Monatsschrift für Dichtung und Leben, Jg. 26, H. 2, S. 154.

POTTHOFF, ADOLF (1923): Sterneder, Hans, Der Sonnenbruder. Leipzig, 1922. Staackmann. In: Die schöne Literatur, Jg. 1923, H. 21/22, 15. November 1923, S. 414.

SANDNER, DR. OSKAR: Mensch und Kosmos, Querschnitt durch das Leben und Werk von Hans Sterneder, Radiosendung oO, oJ.

SAUSER, EKKART (1995): Hans Sterneder. In: Bautz, Friedrich Wilhelm; Bautz, Traugott (Hg.): Shelkov, Vladimir Andreyevich bis Stoss, Andreas. Hamm (Westf.): Bautz (Biographisch-bibliographisches Kirchenlexikon/begr. und hrsg. von Friedrich Wilhelm Bautz. Fortgef. von Traugott Bautz, Bd. 10), X, S. Spalten 1423–1424.

STERNEDER, HANS (2009): Die große Verwandlung. Mysterienspiel über den Einweihungsweg. Werlenbach: Eich-Verlag.

STERNEDER, HANS (2008): Also spricht die Cheops-Pyramide. Werlenbach: Eich-Verlag.

STERNEDER, HANS (2008): Das kosmische Weltbild. Werlenbach: Eich-Verlag.

STERNEDER, HANS (2008): Der Wunderapostel. Werlenbach: Eich-Verlag.

VIERHAUS, RUDOLF (Hg.) (2005): Deutsche Biographische Enzyklopädie (DBE). 2., überarb. u. erw. Ausg. München: Saur.

WEISSE, FRITZ ARNO (1941): Hans Sterneder, sein Leben und Werk. Dissertation. Wien.

WILPERT, GERO VON (1988): Deutsches Dichterlexikon. biographisch-bibliographisches Handwörterbuch zur deutschen Literaturgeschichte. 3., erw. Aufl. Stuttgart: Kröner (Kröners Taschenausgabe; 288).

Hans Sterneder im Eich-Verlag

Der Bauernstudent
Heimat- und Entwicklungsroman
ISBN 978-3-940964-10-6

Der Sonnenbruder
Landstreicherroman
ISBN 978-3-940964-00-7

Der Wunderapostel
Einweihungsroman
ISBN 978-3-940964-01-4

Die Zwei und ihr Gestirn
Astrologischer Roman
ISBN 978-3-940964-07-6

Der Sang des Ewigen
Hymnus
ISBN 978-3-940964-03-8

Frühling im Dorf
Tagebuch eines Besinnlichen
ISBN 978-3-940964-12-0

Sommer im Dorf
Tagebuch eines Besinnlichen
ISBN 978-3-940964-13-7

Die Neugeburt der Ehe
Ein Lebensbuch
ISBN 978-3-940964-11-3

Der seltsame Weg des Klaus Einsiedel
Autobiographischer Roman
ISBN 978-3-940964-10-6

Der Edelen Not
Vision um die Naumburger Figuren
ISBN 978-3-940964-06-9

Tierkreisgeheimnis und Menschenleben
Astrologisches Sachbuch
ISBN 978-3-940964-08-3

Die große Verwandlung
Mysterienspiel über den Einweihungsweg
ISBN 978-3-940964-05-2

Das kosmische Weltbild
Zwei Aufsätze
ISBN 978-3-940964-04-5

Also spricht die Cheopspyramide
Einweihungsroman
ISBN 978-3-940964-02-1

Zum Zeitpunkt der Drucklegung dieses Buches sind noch nicht alle Werke Hans Sterneders als Neuauflage erschienen.

Bitte informieren Sie sich über den aktuellen Stand auf unserer Homepage:

www.eich-verlag.de